中国

2014
与全球金融风险发展报告

叶永刚 宋凌峰 张 培 等 著

ZHONGGUO
YUQUANQIU
JINRONGFENGXIANFAZHANBAOGAO

人民出版社

前　言

在经历了 2010 年短暂的恢复性快速增长后，2012 年受到主权债务危机和部分国家财政政策紧缩的影响，全球经济增长速度下降，呈现出缓慢复苏的态势。在此背景下，不同国家的经济增长速度都普遍下降，但不平衡性增长的特征仍然比较突出。中国经济金融发展势头总体良好，各项经济金融指标保持平稳。然而，由于世界经济下行风险仍然存在，国际金融市场波动较大，国内经济复苏和金融稳定仍面临一系列挑战，加之国内正在进行经济结构调整和金融体系改革，在保持经济增速的前提下，防范和管理区域性、系统性的宏观金融风险仍然是十分艰巨的任务。

《2014 中国与全球金融风险发展报告》在参考前三年系列报告的研究框架与分析方法的基础上，突出了"金融风险变化与经济发展"的主题，加强了金融风险变化对区域经济、金融发展的影响上的创新研究，并从全球和中国的视角提出了针对性的建议。另外，在研究对象上，该报告依据世界各国的经济实力发展变化情况，较《2013 中国与全球金融风险报告》新增了 9 个代表性国家，分别是欧洲地区的瑞士、荷兰、瑞典、挪威、波兰、比利时和奥地利，以及亚洲地区的泰国和印度尼西亚。

本书研究表明 2012－2013 年间全球金融体系运行平稳，系统性金融风险降低，部分发达国家金融波动较大，发展中国家风险演变趋势值得关注。

从全球经济和金融风险来看，全球经济缓慢复苏，通货膨胀水平下降，结构性风险突出。在发达国家中，美国经济增长速度较快，成为维持全球经济稳定的重要因素；欧元区国家经济增长较为缓慢，通货膨胀水平较高，是全球经济波动的主要原因；发展中国家增长速度明显放慢，呈现出中等速度增长的新态势，通货膨胀水平较高，成为影响未来全球经济稳定和宏观金融风险的新诱因。从国别来看，部分欧元区核心国家金融风险较大，印度的金融风险有所上升。法国和意大利金融活跃程度有所上升，但金融规模和信贷规模都呈现下降趋势，并且银行信贷不良资产率也处于较高水平，反映主权债务危机对欧洲国家的金融体系影响在继续深化。印度的银行不良贷款率上升，不良贷款准备金率下降，反映银行金融风险在上升。

从中国经济和金融情况来看，宏观金融风险状况总体保持稳定，但一些重点领域的局部金融风险值得关注，这些风险有可能在经济体系中蔓延和放大，对整个宏观金融风险状况造成影响。具体表现在以下几个方面：第一，地方政府债务偿还对于土地出让金收入的依赖性较高，存在隐忧；第二，由于全球经济不景气和国内产能过剩的影响，工业企业偿债能力下降；第三，银行业金融机构不良贷款余额上升，信贷风险抬头。从区域层面看，中国地区发展结构性差异明显，西部地区面临的金融风险仍然较高。从 2012 年宏观金融风险综合指数排名情况上看，青海省、西藏自治区和浙江省面临的金融风险为 31 个省、市、自治区中的前三位水平。

在内容安排上，全书分为 2 卷，8 篇，78 章。上卷为中国篇，第 1—2 章为中国宏观金融风险总论和比较研究；第 3—13 章为第 1 篇，研究东部整体和 10 个省、市的宏观金融风险；第 14—17 章为第 2 篇，研究东北整体和 3 个省份的宏观金融风险；第 18—24 章为第 3 篇，研究中部整体和 6 个省份的宏观金融风险；第 25—37 章为第 4 篇，研究西部整体和 12 个省、市、自治区的宏观金融风险。下卷为全球篇，第 38—54 章为第 5 篇，研究欧洲整体和德国、英国、法国、俄罗斯、意大利、西班牙、葡萄牙、希腊、爱尔兰、瑞士、荷兰、瑞典、挪威、波兰、比利时和奥地利的宏观金融风险；第 55—60 章为第 6 篇，研究美洲整体和美国、加拿大、墨西哥、巴西、阿根廷的宏观金融风险；第 61—70 章为第 7 篇，研究亚洲整体和日本、韩国、澳大利亚、印度、泰国、印度尼西亚以及中国香港、台湾、澳门地区的宏观金融风险；第 71—77 章为第 8 篇，研究中东非洲整体和沙特阿拉伯、阿联酋、土耳其、埃及、南非和伊朗的宏观金融风险；第 78 章为全球宏观金融风险总论。本书对中国和全球宏观金融风险的研究属于阶段性成果，考察的时间段主要是 2009—2012 年，也使用了能够获取的 2013 年与 2014 年的部分数据。后续研究将对中国与全球的风险状况进行持续跟踪，并按年度公开发布。

本书是武汉大学中国金融工程与风险管理研究中心的关于全球宏观金融风险监测与金融工程系统建设的标志性成果，也是教育部哲学社会科学发展报告培育项目"中国与全球金融风险发展报告"（批准号：13JBGP018）的重要研究成果。武汉大学中国金融工程与风险管理研究中心是湖北省高校人文社会科学重点研究基地，是经济与管理学院、计算机学院、数学与统计学院、国际软件学院、信息管理学院共建的交叉性研究平台。武汉大学中国金融工程与风险管理研究中心任务之一是依托应用经济学、理论经济学、数学、计算机学和信息管理学等学科，建设全球宏观金融风险监测与金融工系统。本书研究依赖于全球宏观金融风险监测和金融工程系统提供的硬件设备和数据支持。

本书由叶永刚、宋凌峰和张培总体设计。各章的主要作者是：第 1 章，张培；第 2、18、23 章，王凌伟；第 3、7、12 章，吴为；第 4、5、6、8 章，闫萌；第 9、10、11、13 章，杨格；第 14 章，车桂娟、宋淑莹；第 15 章，车桂娟、阳浪；第 16、17、36、37 章，郭亚琳；第 19、20、21 章，黄琨；第 22、53、60 章，章先锋；第 24、52、54 章，程骧；第 25、26、27 章，余巍；第 28、29、30、31 章，刘浩；第 32、33、34、35 章，苏新；第 38、39 章，田长艳；第 40、42、43 章，乔路；第 41、44、45 章，滕东琦；第 46、47、48 章，周丹；第 49、50、51 章，周靓；第 55、56 章，刘宇奇；第 57、58、59 章，周子瑜；第 61、62 章，张梦露；第 63、64、65 章，陶斯源；第 66、67、77 章，柴文剑；第 68 章，喻方禹、牛红燕；第 69、70 章，喻方禹、吴良顺；第 71、72、73 章，吴义能；第 74、75、76 章，张光兴；第 78 章，宋凌峰。另外，王凌伟、苏新、郭亚琳、周子瑜、牛红燕、滕东琦、吴义能等参与了审稿工作。

感谢教育部、武汉大学人文社会科学研究院、经济与管理学院和金融系为本书提供的硬件软件设施和经费支持。感谢为研究提供数据处理和分析的所有老师与同学。本书的出版得到了人民出版社领导的大力支持，巴能强编辑和车金凤编辑做了卓有成效的工作，在此一并感谢。本书对中国与全球宏观金融风险的研究在不断探索和深入，存在的问题和不足将在后续研究中进行完善和修正。

武汉大学中国金融工程与风险管理研究中心
2014 年 9 月 4 日

目　　录

中　国　篇

全　球　篇

第1章　中国宏观金融风险研究

2013 年，在世界经济呈现出缓慢复苏和低速增长的背景下，中国经济金融发展势头总体良好，各项经济金融指标保持平稳。但由于世界经济下行风险仍然存在，国际金融市场波动较大，经济复苏和金融稳定仍面临一系列挑战，加之国内正在进行经济结构调整和金融体系改革，在保持经济增速的前提下，防范和管理区域性、系统性的宏观金融风险仍然是十分艰巨的任务。本章从中国四大经济部门的金融风险状态、形成原因与发展趋势入手进行深入分析，提出防范和化解中国宏观金融风险的政策建议。

第1节　中国经济金融运行概况

2013 年，世界经济增长速度缓慢，全球金融体系继续调整，国际金融市场波动较大，发达国家量化宽松货币政策对中国经济和金融的溢出效应明显，与此同时，中国国内面临稳定经济增长、调整经济结构、改革金融体系等一系列艰巨任务。面对国内外经济金融错综复杂的形势，中国继续实施积极的财政政策和稳健的货币政策，经济金融运行基本平稳。

一、中国宏观经济运行情况

根据国家统计局的初步核算，2013 年中国名义国内生产总值（GDP）达到 56.88 万亿元（按现价计算），同比增长 7.7%（按不变价计算）。分季度来看，四个季度同比分别增长 7.7%、7.5%、7.8%、7.7%。分产业看，第一、第二、第三产业的增长率分别为 4%、7.8%、8.3%。从产业增加值占 GDP 的比重看，第一、第二、第三产业分别占比 10%、43.9%、46.1%。从拉动经济增长的主要动力来看，消费、投资和净出口分别拉动经济增长 3.9 个、4.2 个和 −0.3 个百分点。2013 年，中国居民消费价格指数（CPI）同比上涨 2.6%，工业生产者出厂价格指数（PPI）同比下降 1.9%。2013 年，中国公共财政收入 12.91 万亿元，同比增长 10.2%，财政支出 13.97 万亿元，同比增长 10.9％。全年财政赤字占 GDP 比重为 2.1％。2013 年全年，城镇新增就业 1310 万人。年末城镇登记失业率为 4.05％，略低于上年末的 4.09％。城镇居民人均可支配收入 26955 元，实际增长 7％（扣除价格因素），农村居民人均纯收入 8896 元，实际增长 9.3％（扣除价格因素）。[①]

从以上数据来看，中国经济增长总体平稳，产业结构在调整中不断优化，但经济的内生增长动力不强，体现为消费拉动经济增长的比例较上一年有所下降。展望未来，经济下行压力较大，经济结构调整和转变经济发展方式的任务艰巨。

二、中国金融运行情况

2013 年，中国金融运行基本平稳。根据中国人民银行的统计，2013 年年末，广义货币（M2）余额 110.7 万亿元，同比增长 13.6％。社会融资总规模 17.29 万亿元，增长 9.7％，其中，人民币贷款占全年社会融资规模的 51.4％，较上年低 0.6 个百分点，以委托贷款、信托贷款和未贴现的银行承兑汇票方式合计融资占社会融资规模的 29.9％，占比较上年提高 7.0 个百分点。

分行业来看，2013 年银行业总资产规模和存贷款规模增速均位于 13％ 左右，银行业金融机构不良贷款率 1.49％，商业银行拨备覆盖率 282.7％，资本充足率 12.21％，净利润增长 15.23％。银行业总体运行平稳，存贷款平稳增长，拨备整体较为充足、不良贷款率保持在较低水平，但盈利增速有所放缓。

证券期货业方面，2013 年市场主体发展总体稳健，上市公司数量、证券期货经营机构数量和投资者类型均有所增加，证券期货类公司基金创新业务。虽然部分上市公司业绩下滑，但并未对证券公司和期货公司利润造成太大影响，只是一些证券公司负债增长较快。

保险业方面，保险行业资产规模持续增长，偿付能力充足，经营效益大幅提高。

金融市场整体运行平稳，市场化改革不断推进，表现为利率、汇率、资产价格等波动率明显上升。

---

① 数据来源：《2014 中国金融稳定报告》，中国人民银行，2014 年 4 月。

三、中国宏观金融风险总体情况

从总体来看，中国宏观金融风险状况保持稳定，但一些重点领域的局部金融风险值得关注，这些风险有可能在经济体系中蔓延和放大，对整个经济体系风险状况造成影响。具体表现在以下几个方面：

（一）地方政府债务偿还存在隐忧

审计署 2013 年 12 月 30 日公布的全国政府性债务审计结果显示，截至 2013 年 6 月底，地方政府负有偿还责任的债务为 108859.17 亿元，负有担保责任的债务为 26655.77 亿元，可能承担一定救助责任的债务为 43393.72 亿元。省、市、县三级政府负有偿还责任的债务余额 105789.05 亿元，比 2010 年年底增加 38679.54 亿元，年均增长 19.97%。截至 2012 年年底，有 3 个省级、99 个市级、195 个县级、3465 个乡镇政府负有偿还责任债务的债务率高于 100%，从行业债务状况看，截至 2013 年 6 月底，全国政府还贷高速公路和取消收费政府还贷二级公路债务余额分别为 19422.48 亿元和 4433.86 亿元，债务偿还压力较大。地方政府债务风险的另一个方面表现为还款过度依赖土地出让收入。根据审计署的统计，截至 2012 年年底，11 个省级、316 个市级、1396 个县级政府承诺以土地出让收入偿还的债务余额为 34865.24 亿元，占省、市、县三级政府负有偿还责任债务余额 93642.66 亿元的 37.23%。一旦土地出让价格下降，地方政府还款能力将大幅度下降。[①]

（二）工业企业偿债能力下降

根据中国人民银行的统计，2013 年年末，5000 户工业企业资产负债率上升至 62.2%，同比上升 0.4 个百分点，流动比率为 104.1%，下降 1.3 个百分点，速度比率为 75%，同比下降 1 个百分点，利息保障倍数为 4.4 倍，同比下降 0.1 倍。结合过往几年的数据可以看出，我国工业企业资产负债率处于不断上升趋势，资产的长期化和债务的短期化趋势明显，偿债能力有所下降。

（三）银行业金融机构信贷存在风险隐患

截至 2013 年年末，银行业金融机构不良贷款余额 1.18 万亿元，不良贷款率 1.49%。银行业金融机构拨备整体较为充足，截至 2013 年年末，商业银行拨备覆盖率 282.7%，同比下降 12.81 个百分点；贷款损失准备

---

① 数据来源：《全国政府性债务审计结果》，中华人民共和国审计署，2013 年 12 月 30 日。

充足率321.21%，比上年下降10.33个百分点，拨贷比2.83%，比上年提高0.01个百分点。虽然不良贷款保持较低水平，但地方政府融资平台、房地产和产能过剩行业的风险不容忽视。地方政府融资平台贷款逐步进入还债高峰期，约37.5%的贷款在2013年至2015年内到期。房地产贷款增速回升，房地产市场大幅波动对银行信贷资产质量的影响值得关注。部分产能过剩行业信贷风险上升，光伏、钢铁、船舶、平板玻璃等行业不良贷款增加较快。

（四）家户部门债务水平较低

家户部门金融资产的一个显著特点是：居民存款理财化。截至2013年年末，住户存款余额44.5万亿元，增速下降8.1个百分点，银行存续理财资金余额9.5万亿元，同比增长41.8%。与此同时，个人不良贷款余额有所增加，但不良率依然保持下降。截至2013年年末，个人贷款不良率1.6%，比年初降低0.1个百分点。个人住房按揭贷款、个人信用卡贷款和个人汽车贷款不良率分别为0.3%、1.3%和1.2%。总体来看，家户部门债务水平较低。

第2节　中国公共部门风险分析

一、中国公共部门资产负债表的编制

公共部门资产负债表由中央银行资产负债以及政府部门资产负债组成。其中，政府部门资产负债表由中央政府资产负债表和地方政府资产负债表合并而成。中央银行资产负债表的明细项目划分遵循《中国金融年鉴》的货币当局的资产负债表中的明细项目。政府部门的明细账目划分遵循《中国会计年鉴》的明细账目。政府部门的基础货币与中央银行的储备货币的账目重叠，故从政府部门的负债账目中剔除基础货币。且中央银行资产账目中含有对政府部门的债权，中央银行与政府部门资产负债表合并的时候我们对这个账目进行了冲销。如表1.1所示。

表 1.1 公共部门资产负债表

（单位：亿元）

年份	2008 年	2009 年	2010 年	2011 年	2012 年	2013 年
公共部门资产合计	805265.9	887546.2	1038846	1143816	1226765	
中央银行资产	190900	211868.5	243853.8	265577.9	279223.5	301965.8
国外资产	162543.52	185333.00	215419.60	237898.1	241416.90	272233.53
对存款货币银行债权	8432.5	7161.92	9485.70	10247.5	16701.08	13147.90
对非货币金融机构债权	11852.66	11530.15	11325.81	10644.0	10038.62	8907.36
对非金融部门债权	44.12	43.96	24.99	25.0	24.99	24.99
其他资产	8027.2	7799.46	7597.67	6763.3	11041.91	7652.04
政府资产	614365.9	675677.7	794991.7	878238.2	947541.2	—
经营性资产（国有企业净资产）	166210.80	198720.3	234171.1	272991.0	319754.7	
非经营性资产（行政事业单位净资产）	61284.82	69196.18	77623.51	87598.14	96005.68	
土地	386870.27	407761.26	483197.09	517649.04	531780.86	569484.12
公共部门负债合计	248094.6	298989.7	344741.7	—	466743.9	497749.5
中央银行负债	190132.2	206304.1	234997.6	258244	273783.9	288668
储备货币	129222.33	143985.00	185311.08	224641.8	252345.17	271023.09
不计入储备货币的金融性公司存款	591.20	624.77	657.19	908.37	1348.85	1330.27
发行债券	45779.83	42064.21	40497.23	23336.7	13880.00	7762.00
国外负债	732.59	761.72	720.08	2699.4	1464.24	2088.27
自有资金	219.75	219.75	219.75	219.8	219.75	219.75
其他负债	13586.45	18648.64	7592.23	6437.97	4525.91	6244.57
政府负债	57962.44	92685.56	109744.1	—	192960	209081.5
外债	2275.04	2516.53	2569.22	2354.72	2301.40	2092.83
内债	55687.40	90169.03	107174.91	—	190658.59	206 988.65（2013 年 6 月）
公共部门所有者权益合计	557171.3	588556.5	694104.3		760021.1	

数据来源：

1. 中央银行的资产负债表及其明细项目来自《中国金融年鉴》。

2. 国有净资产分为全国国有企业（经营性资产）和行政事业单位（非经营性资产）两部分，数据来自《中国会计年鉴》国有企业资产负债表和行政事业单位资产负债简表。

3. 政府部门的内债数据来自审计署发布的《全国政府性债务审计结果》。

4. 政府部门的外债来自国家外汇管理局的网站《中国对外债务总表》。

5. 2000 年土地资产总值来自记者采访国土资源部部长的相关报道（王一娟，政府供地行为将严格规范，《经济参考报》2001.6.1），土地价格的增长率来自中国土地交易价格指数（资料来源：国家统计局，国家发改委，国家信息中心）。

二、中国公共部门宏观金融风险分析

(一)中央银行货币错配风险较大

从中国人民银行公布的资产负债表可以看出,国外资产占到总资产的比重逐年上升,2013年国外资产占总资产的比重达到90.15%,其中绝大部分是中央银行的外汇储备。与此同时,对金融机构和非金融机构等传统类型资产占比不断下降,由此形成的外汇占款已成为长期困扰中央银行的重要难题,集中反映为货币储备占中央银行总负债的比重逐年上升,2013年这一指标达到93.89%。长期的货币错配一方面影响央行货币政策的效果,另一方面由于外汇贬值本币升值将导致资产缩水和负债增加。如图1.1所示。

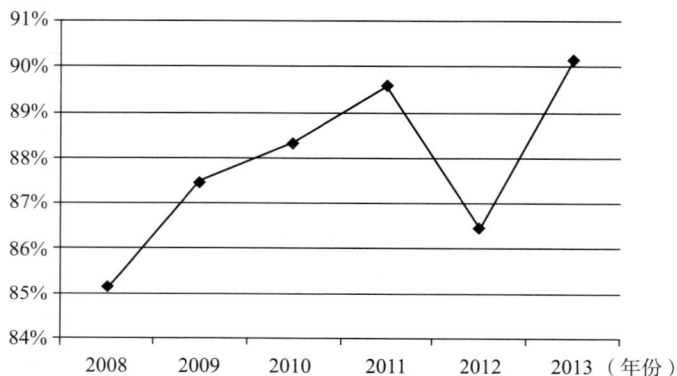

图1.1 中国央行国外资产占总资产比重

(二)政府性债务风险总体可控,但存在结构性风险

根据国家审计署2013年12月30日公布的全国政府性债务审计结果,截至2012年12月底,全国各级政府负有偿还责任的债务为190658.59亿元,负有担保责任的债务为27707.00亿元,可能承担一定救助责任的债务为59326.32亿元。政府负有偿还责任的债务余额与当年GDP(518942亿元)的比率为36.74%,政府外债占GDP的比率为0.91%,政府负有偿还责任债务的债务率为105.66%,政府负有偿还责任债务的逾期债务率为5.38%,以上指标均低于国际货币基金组织公布的参考值。加之我国的政府性债务主要用于经济社会发展和与人民生活条件改善相关的项目建设,大多有相应的资产和收入作为偿债保障,且由历史经验来看,各年度全国政府负有担保责任的债务和可能承担一定救助责任的债务,由财政资金实际偿还的比率最高分别为19.13%和14.64%,由此判断政府性债务风险总体可控。

然而,政府债务的结构性风险依然存在。具体表现为地方政府负有偿还责任的债务增长较快，部分地方和行业债务负担较重，地方政府性债务的偿还对土地出让收入的依赖程度较高等。根据国家审计署 2013 年 12 月 30 日公布的全国政府性债务审计结果，截至 2013 年 6 月底，省市县三级政府负有偿还责任的债务余额为 105789.05 亿元，比 2010 年年底增加 38679.54 亿元，年均增长 19.97%，有 3 个省级、99 个市级、195 个县级、3465 个乡镇政府负有偿还责任债务的债务率高于 100%，各级政府承诺以土地出让收入偿还的债务余额占政府负有偿还责任债务余额的 37.23%。

第 3 节　中国金融部门风险分析

本节分析中所指的金融部门包括各类银行和非银行金融机构。由于商业银行的资产规模占到中国金融部门总资产比重超过 90%，并综合考虑数据的可获得性和匹配性，暂未考虑证券、保险、信托等其他非银行金融机构的资产负债表。

根据中国银行业监督管理委员会网站统计数据，截至 2012 年 12 月末，我国银行业金融机构境内外本外币资产总额为 133.6 万亿元，其中，大型商业银行资产总额 60.0 万亿元，占比 44.9%，股份制商业银行资产总额 23.5 万亿元，占比 17.6%。两类机构总资产占比达到 62.5%。银行业金融机构境内本外币负债总额为 125.0 万亿元，大型商业银行负债总额 56.1 万亿元，占比 44.9%；股份制商业银行负债总额 22.2 万亿元，占比 17.8%，两类机构总负债占比达到 62.7%。银行业金融机构、大型商业银行和股份制商业银行的资产负债率分别为 93.6%、93.5% 和 94.5%。截至 2012 年 12 月末，商业银行不良贷款率为 0.95%，存贷比 65.3%，平均资产利润率为 1.3%，加权平均资本充足率 13.3%。从中国人民银行网站公布其他存款性公司[①]资产负债表结构性数据来看，2012 年年底，其他存款性公司对非金融机构（主要是企业）、其他存款性金融机构、其他居民部门债权占总资产比重分别达到 40%、17.7% 和 12%，在负债方面，其他存款性公司对非金融机构及住户负债占总负债比重达到 66.7%。

从银行业金融机构资产负债表中可以看到以下风险信息。首先，中国银行业金融机构的宏观金融风险总体可控，主要表现为不良贷款率、存贷比、

---

① 这里的其他存款性公司包括：国有商业银行、股份制商业银行、城市商业银行和农村商业银行、外资银行、中国农业发展银行。

平均资产利润率和加权平均资本充足率等指标均处于可控区间内。其次，中国银行业金融机构的资产质量受宏观经济运行状况影响较大，存在不良贷款集中爆发的风险。主要原因是银行贷款行业的集中度高，贷款客户的集中度高，一旦宏观经济增长出现放缓，风险容易呈现系统性爆发的态势。最后，中国银行业金融机构负债渠道较为单一，债务的偿还存在较大的刚性。另外，一些负债以理财产品的形式从资产负债表内转移到表外，增加了隐性债务。

第4节　中国企业部门风险分析

本节通过编制中国上市企业资产负债表，并在此基础上计算反映宏观金融风险的或有权益资产负债表对中国上市企业部门宏观金融风险进行分析。

一、中国上市企业账面资产负债表分析

中国上市企业包括在国内主板（上海和深圳证券交易所）上市的 2098 家非金融板块企业为样本（数据年份从 2008 年第 1 季度至 2014 年第二季度），通过加总其财务报表得到中国上市企业账面资产负债表[①]。

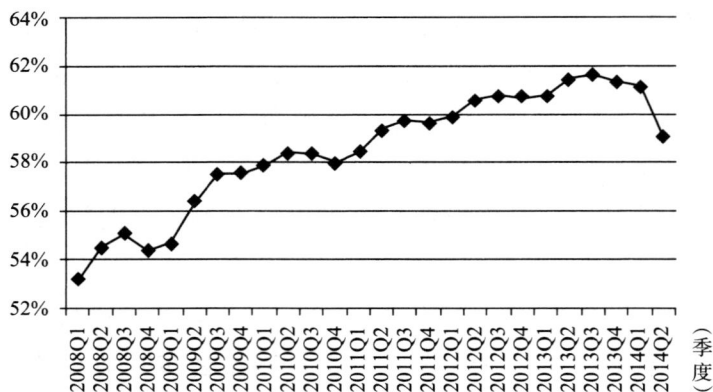

图 1.2　中国上市企业账面资产负债率

从图 1.2 可以看出，2013 年中国主板上市的企业资产负债率处于高位，第三季度达到 61.6%，与人民银行公布的 5000 户工业企业资产负债率 62.2% 接近，反映出企业的总体风险水平较高。主要原因有以下几个方面：首先，中国企业近些年来的利润开始下降，上市企业资产回报率的中位数从 2007 年的 10% 下跌至 2013 年的 6%；其次，全球金融危机以来，中国企业

---

　①　数据来源：根据中国上市企业年报数据整理。

的外债不断增加,以此来获得较廉价的美元贷款。中国企业未偿还的外债在过去三年中增加了一倍,2013年年底达到8632亿元,其中,80%的外债的期限都短于1年。截至2014年第二季度人民币贬值约为2.5%,而美元利率也有上升预期,因此期限错配和利率错配将可能使得中国企业的金融风险在未来几个季度出现上升。尽管中国官方的外汇储备足够覆盖所有的外债,如果私人领域出现大规模违约,而政府未能及时作出政策调整,这可能使得这些企业不得不退出国际市场。从负债的结构来看,2013年第4季度,流动负债占总负债的比重达到71.7%,短期负债比重较大加大了企业的债务负担。

二、中国上市企业或有权益资产负债表分析

2013年,通过或有权益分析得到的违约距离指标来看,企业部门指标呈现上升的态势,说明企业部门风险水平有下降的预期,这一预期在2014年第二季度得到体现,违约距离明显增加,说明中国上市企业的风险得到了控制并有所降低。主要原因是在2013年至2014年期间,国家密集出台政策支持小微企业的成长,一是鼓励小微企业加大创新力度;二是鼓励和引导创业投资基金支持中小微企业,创新科技金融产品和服务;三是扩大小微企业所得税优惠政策实施范围;四是延长小微企业员工社会保险补贴、享受财政贴息;五是成倍扩大中央财政新兴产业创投引导资金规模,加快设立国家新兴产业创业投资引导基金,完善市场化运行长效机制,实现引导资金有效回收和滚动利用,破解创新型中小企业融资难题。

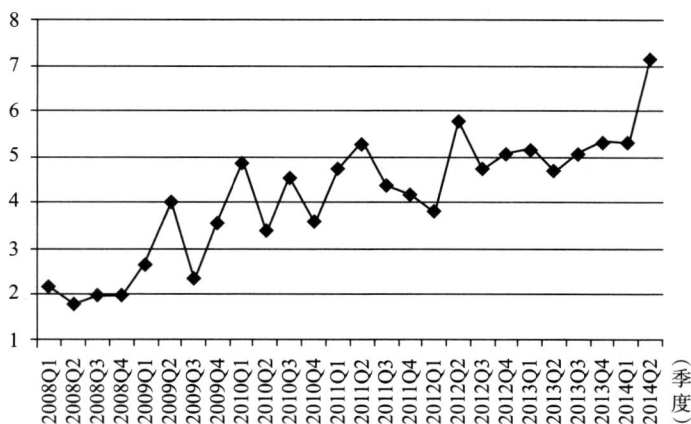

图1.3 中国上市企业违约距离

第 5 节　中国家户部门风险分析

　　根据国家统计局发布的《中国资产负债表编制方法》中的定义，家户部门指常住居民户组成的集合，包括城镇常住居民户、农村常住居民户和城乡个体经营者。由于相关工作还在进行中，中国官方尚未系统性地公布家户部门资产负债表的数据，一些学者和研究机构对此进行了估计。西南财经大学中国家庭金融调查与研究中心（2013）发布了《中国家庭金融调查报告》，该报告较为全面地研究了城乡居民资产负债状况；李扬（2013）在其所著的《中国国家资产负债表 2013——理论、方法与风险评估》中尝试编制了中国居民资产负债表并进行了分析。马骏（2012）编制了中国居民部门 2002—2010 年的资产负债表并对资产负债表中看到的经济现象进行了分析。本节通过整理中国家户部门资产负债有关数据，对家户部门宏观金融风险进行分析。

　　表 1.2[①] 列出了 2009—2013 年中国家户部门资产负债表，本研究参考了李扬（2013）的分类方法和部分数据，其中 2012—2013 年金融资产和金融负债数据根据中国人民银行公布的《金融机构人民币信贷收支表》得到。

表 1.2　中国家户部门资产负债表

（单位：亿元）

项　　目	2009 年	2010 年	2011 年	2012 年	2013 年
非金融资产	791506	871851	1044416	1180857	1341269
房产	739113	809023	962875		
汽车	35123	44637	54458		
农村生产性固定资产	17270	18191	27083		
金融资产	410869	494832	578034	644748	732333
通货	31982	37691	42652	46460	49788
存款	268650	315642	363332	406191.59	461370.00
股票、债券、基金、证券保证金、保险准备金等其他	110237	123436	131296		
理财	—	18063	40754		

---

　　① 数据来源：历年《中国统计年鉴》、《中国金融年鉴》、《中国汽车工业年鉴》、《金融机构人民币信贷收支表》。

续表

项　目	2009 年	2010 年	2011 年	2012 年	2013 年
总资产	1202375	1366683	1622450	1825605	2073602
金融负债（贷款）	81787	112542	136012	161299.99	198503.79
消费性贷款	55334	75064	88717	104357.17	129721.02
经营类贷款	26453	37478	47295	56942.82	68782.77
净资产	1120588	1254141	1486438	1664305	1875098

从上表的数据可以看出，中国家户部门总体资产负债率较低，均不足 10%，表面看来总体风险不大，但从家户部门资产结构来看，房产等非金融资产的价值占总资产的比重接近 70%，其中的主要推动因素是房价上涨，人均居住面积扩大以及城镇人口相对规模增长等因素。考虑到房产等非金融资产的变现能力较低，我们计算了金融负债占金融资产的比重，发现这一比例呈逐年上升趋势。

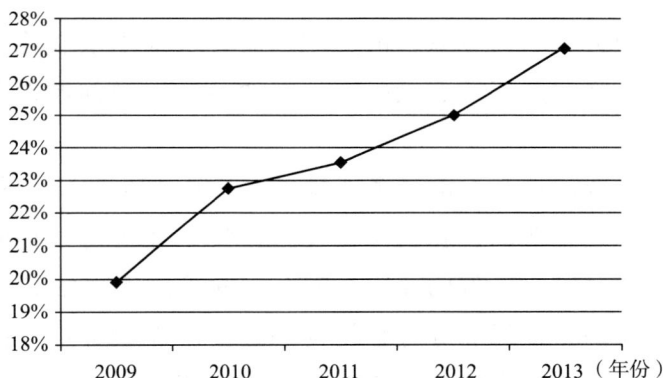

图 1.4　中国家户部门金融资产占金融负债比重

考虑在金融资产的子项目中，存款占比持续下降，股票、基金、保险、理财等风险资产比重明显上升，这些风险资产的市场价值波动剧烈，反映出居民金融资产暴露于更大的市场风险之中，这一现象值得关注。

横向地与其他发达国家相比，中国居民整体债务负担处于相对较低水平，个人消费性贷款不良率较低，综合以上分析可以得知，中国居民整体上的债务清偿风险较低。

第 6 节　结论及政策建议

本章对中国经济金融的总体运行状况、整体宏观金融风险以及四部门宏观金融风险进行了研究，主要得出以下结论：

第一，中国经济未来下行压力较大，经济结构调整和转变经济发展方式的任务艰巨，但中国金融业总体运行平稳，金融业对实体经济的发展起到了重要的支撑作用。

第二，从总体来看，中国宏观金融风险状况保持稳定，但一些重点领域的局部金融风险值得关注，这些风险有可能在经济体系中蔓延和放大，对整个经济体系风险状况造成影响。具体表现在以下几个方面：

（1）地方政府债务偿还对于土地出让金收入的依赖性较高，存在隐忧。

（2）由于全球经济不景气和国内产能过剩的影响，工业企业偿债能力下降。

（3）银行业金融机构不良贷款余额上升，信贷风险抬头。

（4）家户部门总体债务水平较低。

基于本章对中国宏观金融风险的整体分析，提出我国宏观金融风险防控的政策建议：

第一，防范地方政府债务风险的累积，需要从根本上破除体制上的制约因素，主要涉及转变政府职能、投融资体制改革、财税体制改革、金融体制改革等。

第二，针对企业部门存在的债务风险，一方面要加强企业债务风险的监测，另一方面要加强企业的创新支持力度，打造企业可持续盈利能力，通过创新来化解因产能过剩而导致的成本上升、利润下降等现象。

第三，银行业和非银行业等金融机构一方面要加大金融支持实体经济的支持力度，另一方面要警惕地方融资平台、房地产行业以及一些产能过程行业中所蕴含的金融风险，积极做好自身的风险防控工作。

第四，要积极防范外部冲击导致的宏观金融风险。随着中国经济与世界经济的逐步融合和金融自由化程度的加深，我国需警惕跨境资本流动引发的整体和局部的系统性金融风险。

参 考 文 献

［1］李扬：《中国国家资产负债表 2013——理论、方法与风险评估》，中国社会科学出版社，2013 年。

［2］中国人民银行金融稳定分析小组：《2014 中国金融稳定报告》，中国金融出版社，2014 年。

［3］马骏等：《中国国家资产负债表研究》，社会科学文献出版社，2012 年。

第2章　中国宏观金融风险比较研究

本章从区域层面展开结构化的比较分析，并结合省域层面的相关数据测算各省的风险指标，建立中国宏观金融风险综合指数排序，从而为我国区域经济发展政策制定与宏观风险管理提供参考。综合而言，区域层面，西部地区面临的金融风险较高；省域层面，青海省、西藏自治区和浙江省的宏观金融风险指数相对较高。

第1节　引　言

2012年，全球经济缓慢复苏，我国面临着复杂的国际国内环境，经济金融运行基本平稳，未发生系统性、区域性金融风险。

经济发展方面，四大区域经济发展的差距进一步缩小，东部、中部、西部和东北地区2012年的地区生产总值占全国地区生产总值的比重分别为51.3%、20.2%、19.8%和8.7%，中部和西部地区生产总值占比分别较2011年上升0.1和0.6个百分点。然而，各个区域经济增速均有所放缓，东部、中部、西部和东北地区生产总值加权平均增长率分别为9.3%、11.0%、12.5%和10.2%，较2011年均有所下降。

金融发展方面，四大区域金融运行总体平稳，区域金融发展失衡问题有所缓解，中部和西部地区银行业资产总额占比较2011年有所提升，且东部、中部、西部和东北地区银行业资产总额增速分别为16.3%、19.5%、21.3%和16.1%，区域间金融发展更趋协调。①

---

① 数据来源：各区域地区生产总值数据均来自《2012年中国统计年鉴》，国家统计局；各区域地区生产总值加权平均增长率和银行业资产数据均来自《2012年中国区域金融运行报告》，中国人民银行。

第 2 节　中国公共部门风险比较

本节从四大区域的公共部门账面资产负债表出发，分析财政收支及缺口变化情况，对区域间和省域间公共部门面临的风险进行分析与评估。

2012 年，我国各大区域的财政收入增速有所放缓，中部、西部地区财政收入增速高于东部和东北地区，且各大区域财政预算缺口占地区生产总值的比重均有所上升，公共部门面临的财政风险均有所上升。

长期以来，受到国家发展战略与资源禀赋的影响，我国各大区域间公共部门的结构化差异较为明显。2012 年，四大区域公共部门预算收支均呈上升态势，除西部地区外，其他地区的预算收入增速均高于预算支出增速。由于国家"西部大开发"战略的进一步实施和西部地区经济发展相对落后，西部地区面临的财政预算缺口不断扩大，其财政预算缺口占地区生产总值比重远高于其他三大区域。其中，2012 年，东部、中部、西部和东北地区的财政预算缺口占地区生产总值的比重分别为 3.14％、9.50％、16.95％和 9.69％，东部、中部和西部地区的该指标水平较 2011 年均有所上升，如图 2.1 所示。同时，在严峻的国际经济形势以及国内经济下行态势初现的大环境下，西部地区公共部门面临的债务偿付风险相对其他地区而言较高，应谨防区域性风险的发生。

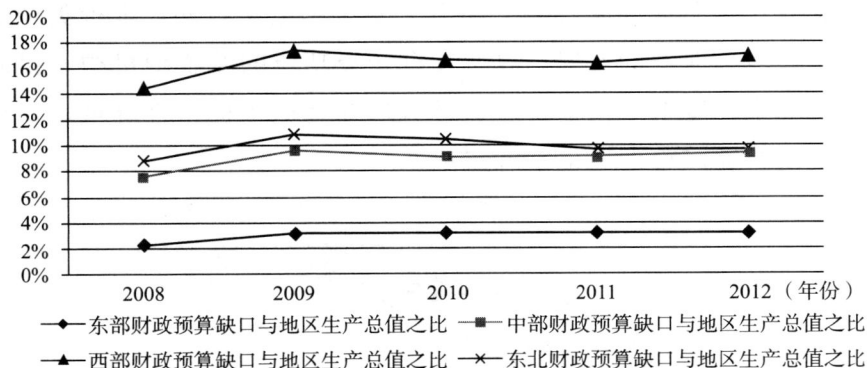

图 2.1　2008－2012 年四大区域地方财政预算缺口与地区生产总值之比

第 3 节　中国金融部门风险比较

本节主要针对中国四大区域以及所涵盖省份的银行类、保险类风险状况进行比较分析，其中银行类主要针对各省份银行业存贷结构和不良贷款率等情况，而保险类主要针对保险深度、赔付率等情况，以此来反映金融部门的风险结构。综合而言，中部区域金融部门的风险相对较低，西部地区银行业和保险业的风险均较为突出。

一、四大区域银行类比较分析

2012年，全国银行业发展良好，各区域均稳步发展。从数据上看，全国银行类金融机构的资产总额于2012年年底达到124.5万亿元，同比增长17.7%，其中，东部、中部、西部和东北地区银行类金融机构的资产总额分别达到740615.74亿元、185111亿元、230287.6亿元和88886.5亿元，增速分别为16.3%、19.5%、21.3%和16.1%。从整体结构上看，中部、西部和东北地区与东部地区的差距仍然较为明显，然而，随着金融深化发展与国家发展战略的调整，中部和西部地区资产总额增速较快，占全国比重进一步上升，区域间的差距呈现缩小态势。

另外，从存贷比指标上看，四大区域银行类金融机构的存贷比均在75%以下，且呈平稳发展态势，整体面临的偿付风险相对较小，仍在可控范围内。其中，除东北地区以外，其他三大区域的存贷比指标水平均有所降低，如图2.2所示。2012年，中部地区的存贷比为64.94%，明显低于其他三大区域，在一定程度上说明其银行类金融机构稳健经营，同时也凸显出中部地区银行类金融机构对地区发展的支撑力度相对不足。另外，银行类金融机构的理财产品和表外业务的发展，以及具有融资功能的非金融机构和民间借贷的兴起，在一定程度上使得银行类金融机构存贷比指标水平降低，但其潜在的信用风险与行业风险传导也不容忽视。

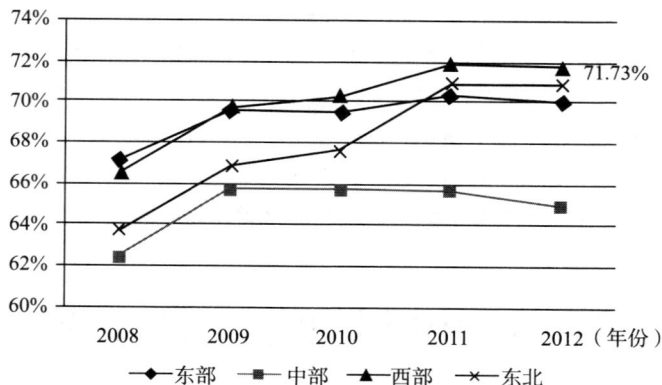

图2.2　2008-2012年四大区域银行业存贷比

从银行类金融机构的资产期限结构上看，2012 年，四大区域的中长期贷款占比指标水平较 2011 年均有所降低，整体呈下降态势，面临的流动性风险相对较低。其中，中部地区的该指标水平于 2012 年为 50.62%，较 2011 年降低 8.4 个百分点，降幅为四大区域中最大的地区。这种情况说明中部地区银行类金融机构为控制风险而调整经营策略，进而使得中部地区银行类金融机构为地区市场主体发展所提供的长期支持力度有所降低。另外，虽然西部地区的中长期贷款占比指标水平呈现下降态势，但其绝对值仍处于高位，于 2012 年达到 66.53%。这在一定程度上显示出西部地区仍面临着较大的期限错配风险，须进一步调整。

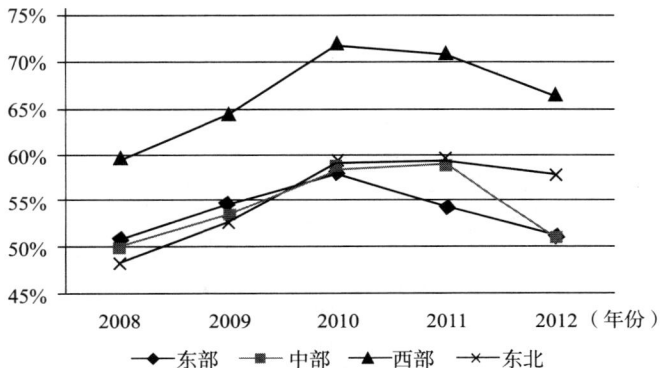

图 2.3　2008—2012 年四大区域银行业中长期贷款占比

二、四大区域保险类比较分析

2012 年，四大区域的保险业发展状况不佳，保费收入增长缓慢，保险深度进一步下降，保险业服务地方经济发展的程度有所降低。其中，东北地区的保险深度于 2012 年降至 2.26%，为四大区域中最低水平，如图 2.4 所示。随着我国市场化改革进程的推进，保险资金运用有了进一步的放开，这意味着保险业将在服务地方经济发展中发挥更为重要的作用，因此，应合理配置保险资源，在保证行业偿付能力的情况下，有效防控相关投融资风险，进而较好地发挥经济发展保障功能，推动地方经济平稳快速发展。

2012 年，四大区域保险业的赔付率均呈上升态势，但整体赔付率指标水平相对较低，其所面临的赔付风险仍在可控范围内。其中，东部、中部、西部和东北地区的保险赔付率指标于 2012 年分别上升至 30.44%、28.78%、31.06% 和 30.95%，西部和东北地区保险业所面临的赔付风险相对较高。

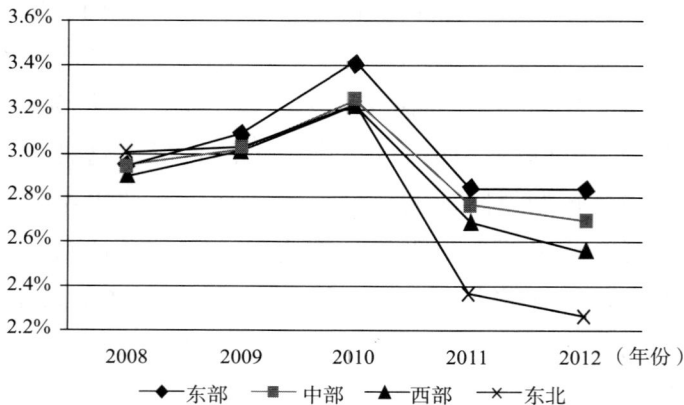

图 2.4　2008－2012 年四大区域保险深度

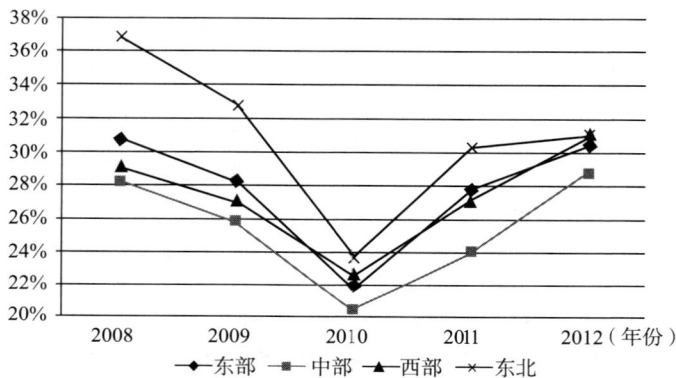

图 2.5　2008－2012 年四大区域保险赔付率

第4节　中国企业部门风险比较

本节基于四大区域上市企业在 2008 年第一季度至 2013 年第三季度间的公开数据，编制企业部门的合并资产负债表与或有权益资产负债表，并根据相关指标对各个区域的企业部门宏观金融风险进行比较。

综合而言，在四大区域中，中部地区上市企业部门面临的偿付风险相对较低。另外，东北地区上市企业部门面临的短期偿债压力较大，流动性风险较高。然而，上市公司是企业部门中质量较高的群体，以上市公司的数据来代表整个企业部门进行风险分析会有一定的低估。

一、上市企业资产负债表比较分析

从发展态势上看，四大区域上市企业部门的账面资产负债率相对稳定，整体维持在 55%—65% 的区间内，负债水平不高，资本结构错配风险较低。截至 2013 年第三季度，西部地区上市企业部门的账面资产负债率达到 62.89%，高于其他三大区域；同时，由于行业分布和企业发展战略方面的差异，中部地区上市企业部门的账面资产负债率仅为 59.15%，是四大区域中的最低水平，如图 2.6 所示。

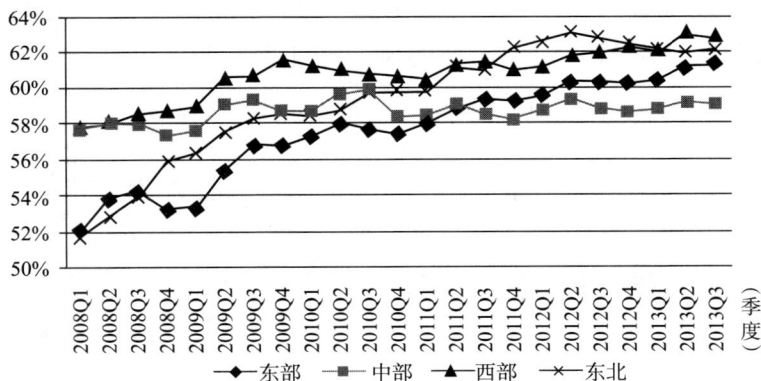

图 2.6　2008—2013 年四大区域上市企业资产负债率

在 2012 年第一季度至 2013 年第三季度期间，除东北地区外，其他三大区域上市企业部门的流动比率指标均在 1 以上，流动性相对良好，不存在显著的期限错配风险，如图 2.7 所示。然而，东北地区上市企业部门的流动比率总体保持在 1 以下，面临着较为严重的期限错配风险，短期偿债压力较大。从流动比率指标变动情况上看，东北地区上市企业部门的该指标于 2013 年第三季度上升至 0.96，企业的流动性问题有所缓解，但仍须防范上市企业部门资产负债率上升带来的偿付风险。

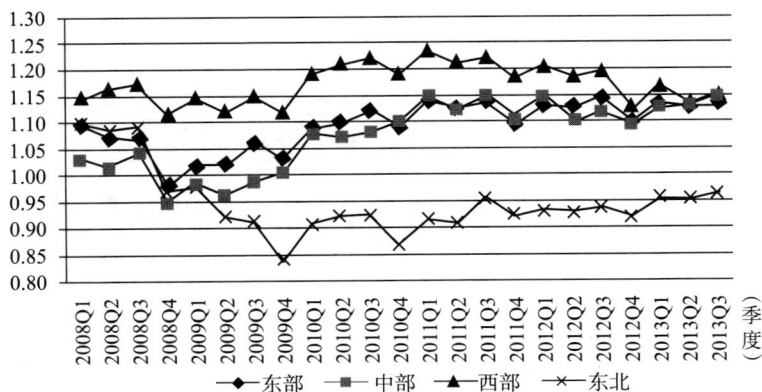

图 2.7　2008—2013 年四大区域上市企业流动比率

二、上市企业或有资产负债表比较分析

截至2013年第三季度，四大区域上市企业部门的或有资产负债率均在50％以下，其所面临的潜在风险较低。其中，西部地区上市企业部门的该指标水平最低，为21.4％，如图2.8所示。上市企业部门的该情况受证券市场变动的影响程度较大，而受当地经济波动的影响程度较小，因此，基于或有权益资产负债表的分析，四大区域的风险变化态势较为一致。

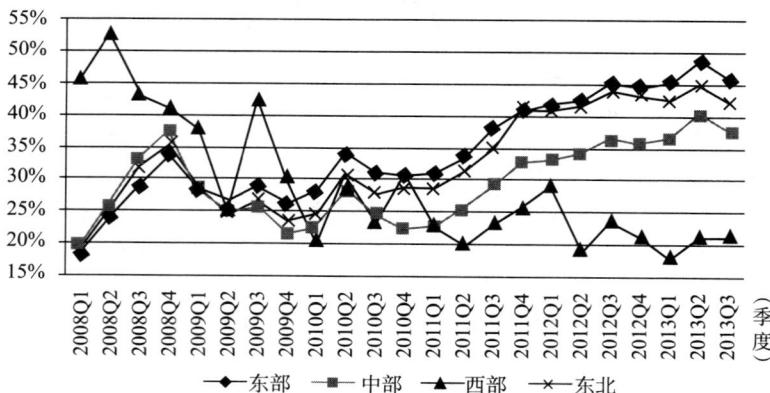

图2.8 2008－2013年四大区域上市企业或有资产负债率

从违约距离指标上看，四大区域上市企业部门在2012年至2013年第三季度期间均保持着稳定的发展态势，该指标水平也较为稳定，基本保持在4以上，该情况说明四大区域上市企业部门所面临的信用违约风险较低。其中，东北地区上市企业部门的指标水平为四大区域中最高，于2013年第三季度达到9.26，其面临的违约风险明显低于其他三大区域，如图2.9所示。

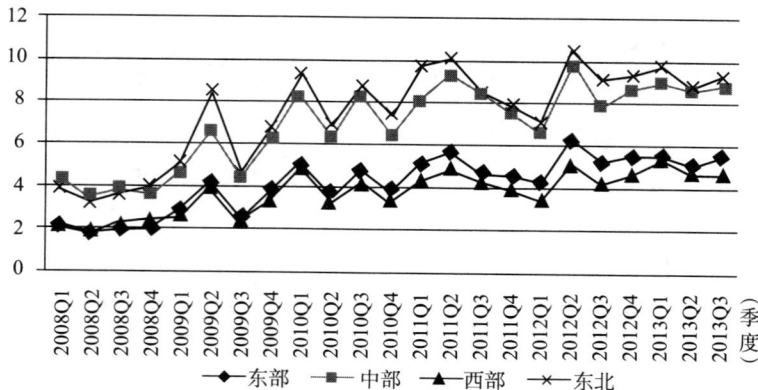

图2.9 2008－2013年四大区域上市企业违约距离

第 5 节　中国家户部门风险比较

中国家户部门的区域风险研究主要从四大区域家户部门的居民储蓄存款规模和存贷比指标展开。经分析得出，四大区域家户部门整体所面临的偿付风险较低，其中，东北地区家户部门的潜在偿付风险相对较高。

从居民储蓄存款规模上看，四大区域的居民储蓄存款规模均呈稳定上升的态势，家户部门的整体收入状况较为稳定。其中，2012 年，东部、中部、西部和东北地区的居民储蓄存款规模分别达到 210921.06 亿元、62578.4 亿元、79291.58 亿元和 34219.8 亿元，东部地区的居民储蓄存款规模仍远高于其他三大区域，而中部和东北地区的居民储蓄存款规模增长较为缓慢，如图 2.10 所示。

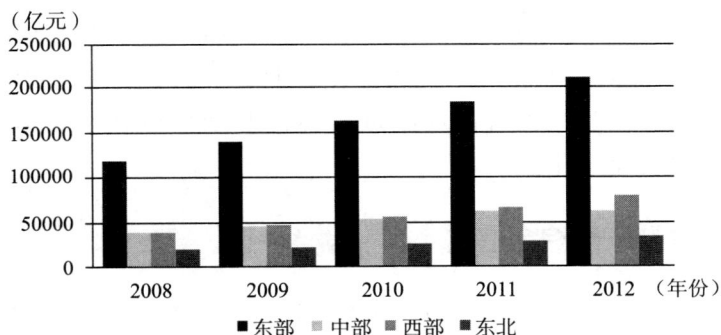

图 2.10　2008－2012 年四大区域家户部门储蓄存款

从家户部门存贷比指标上看，四大区域的该指标水平呈现不同的演变态势，但均在 30％以下，显示出各区域家户部门所面临的偿付风险较低。2012 年，东部、中部、西部和东北地区的"个人消费贷款/居民储蓄存款"分别为 27.21％、23.20％、16.76％和 15.92％。其中，东部和西部地区的该指标水平较 2011 年有所降低，而中部和东北地区的该指标水平均呈上升态势，如图 2.11 所示。

综上所述，四大区域家户部门的居民储蓄存款均呈稳定增长的态势，整体负债水平较低，其所面临的偿付风险不高。其中，东北地区家户部门的潜在偿付风险相对较高。随着金融深化程度的加深，居民对资产多元化配置的需求会逐步增加，尤其是金融资产配置方面，因此，应关注家户部门风险状况的演变，有效防范相关风险的发生。

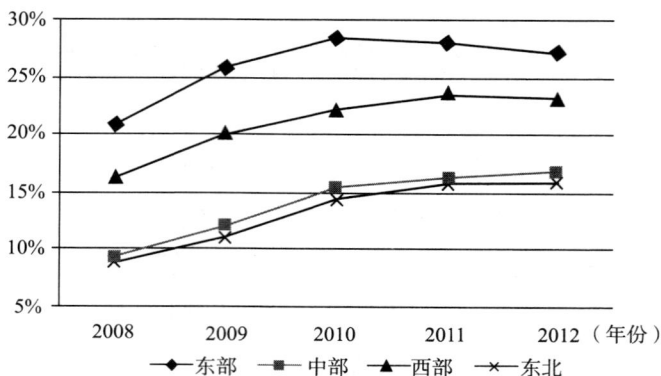

图 2.11　2008－2012 年四大区域家户部门存贷比

第 6 节　中国宏观金融风险综合指数比较

本节将基于四大部门的风险比较，综合各部门主要指标，并纳入宏观经济运行指标构建宏观金融风险综合指数，进而计算 2011 年、2012 年中国各省份的风险指数，以此对各省份风险进行纵向和横向的比较，来反映中国宏观金融风险的结构性变化。

一、宏观金融风险综合指数

综合考虑公共部门、企业部门、金融部门、家户部门以及宏观经济运行的风险指标，并设定相应权重来构建宏观金融风险综合指数。其中，公共部门风险指数主要考虑地方财政金融风险，以赤字率为主，同时考虑一般预算收入增长，共两项指标；金融部门风险指数以不良资产率和存贷比为主，同时考虑金融深度、保险深度和证券化率，共五项指标；上市企业风险指数以违约距离和资产负债率为主，同时考虑流动比率和净利润率，共四项指标；家户部门风险指数以家户部门存贷比为主，同时考虑城镇居民家庭人均消费性支出与人均可支配收入之比、农村居民家庭人均生活消费与人均纯收入之比，共三项指标；宏观经济运行风险指数以实际 GDP 增长率为主，同时考虑全社会固定资产投资增速、进出口总额增速，共三项指标。

综合以上五大类风险指数，即构建宏观金融风险综合指数一级风险指标。结合我国实际情况，将二级风险指标体系财政金融风险指数、金融部门金融风险指数、企业部门金融风险指数、家户部门金融风险指数、宏观经济运行风险指数的权重分别设定为 30%、20%、20%、10% 和 10%。进一步对三级风险指标体系的权重进行设定，详见表 2.1①。

表 2.1　中国宏观金融风险综合指数

宏观金融风险综合指数	地方财政金融风险（30%）	X_{11}：地方财政预算缺口/GDP（80%）[+]
		X_{12}：一般预算收入增长（20%）[−]
	金融部门金融风险（25%）	X_{21}：不良贷款率（30%）[+]
		X_{22}：存贷比（30%）[+]
		X_{23}：金融深度（银行业资产/GDP）（20%）[+]
		X_{24}：保险深度（保费收入/GDP）（10%）[−]
		X_{25}：证券化率（10%）[+]
	上市企业金融风险（25%）	X_{31}：违约距离（30%）[−]
		X_{32}：企业部门资产负债率（30%）[+]
		X_{33}：流动比率（20%）[−]
		X_{34}：净利润率（20%）[−]
	家户部门金融风险（10%）	X_{41}：家户部门存贷比（个人消费贷款/居民储蓄）（50%）[+]
		X_{42}：城镇居民家庭人均消费性支出与人均可支配收入之比（30%）[+]
		X_{43}：农村居民家庭人均生活消费与人均纯收入之比（20%）[+]
	宏观经济运行风险（10%）	X_{01}：实际 GDP 增长率（60%）[−]
		X_{02}：全社会固定资产投资增速（20%）[−]
		X_{03}：进出口总额增速（20%）[−]

在确定指标及权重的基础上，综合 31 省份各项指标数据，对其进行标准化，过程如下：

（1）如果该指标与风险呈正相关关系，那么标准化过程为：

$$\frac{该项风险指标-31 省份中的最小值}{31 省份中的最大值-31 省份中的最小值}$$

（2）如果该指标与风险呈负相关关系，那么标准化过程为：

$$\frac{31 省份中的最大值-该项风险指标}{31 省份中的最大值-31 省份中的最小值}$$

---

①　注：该指数设计沿用《2012 年中国与全球宏观金融风险报告》中的宏观金融风险综合指数相关指标和权重，并对二级风险指标权重进行调整。（）中的数据为各指标权重；[]中的符号表示该指标与风险的相关性，"＋"即与风险正相关，该指标越大风险越高，"−"即与风险负相关，该指标越大风险越低；简单起见，认为风险与各指标呈单向关联。以上各指标数据均来源于历年《中国统计年鉴》、《银监会年报》、《中国金融稳定性报告》、《中国区域金融运行报告》等。

综合以上各项指标分数，即可得到我国各省份在 2011 年和 2012 年的宏观金融风险综合指数，指数越高风险越大，反之则风险越小。

二、省域宏观金融风险综合指数排名

基于我国各省四大部门金融风险指标以及宏观经济运行指标，编制 2011－2012 年省域宏观金融风险综合指数，详见表 2.2。与 2011 年宏观金融风险指数对比，可以明确 2012 年各省份的宏观金融风险变化情况。2011 年与 2012 年的宏观金融风险指数对比显示，全国各个省份的宏观金融风险水平整体呈上升态势，部分省份有所下降，如河北省、山东省、安徽省、山西省、云南省、西藏自治区和宁夏回族自治区等。

表 2.2　2011－2012 年中国省域宏观金融风险综合指数

区域	省份	宏观金融风险综合指数		区域	省份	宏观金融风险综合指数	
		2012 年	2011 年			2012 年	2011 年
东部地区	北京	41.14	35.84	中部地区	湖南	42.56	41.41
	天津	39.45	33.66		安徽	40.34	40.62
	河北	40.80	45.96		江西	39.28	38.03
	上海	44.33	40.62		河南	40.81	39.34
	江苏	40.91	38.9		湖北	45.11	38.2
	浙江	49.61	39.37		山西	39.28	40.73
	福建	43.41	38.51	西部地区	重庆	39.93	35.91
	山东	42.17	44.63		四川	40.69	39.56
	广东	42.75	38.05		贵州	39.22	29.24
	海南	43.91	40.04		云南	43.47	45.3
东北地区	辽宁	46.12	43.09		西藏	55.22	62.59
					陕西	36.81	30.86
					甘肃	45.55	49.08
	吉林	41.05	37.18		宁夏	43.23	54.43
					青海	58.19	45.66
					新疆	46.01	40.46
	黑龙江	41.07	27.51		内蒙古	47.40	34.76
					广西	44.48	42.07

同时，相比于 2011 年，31 个省份的风险状况排名于 2012 年有所变化，如图 2.12 所示。其中，江西省、贵州省和陕西省的宏观金融风险综合指数排最后三位，面临的宏观金融风险较低。而青海省的风险水平则有所上升，超过西藏自治区，成为宏观金融风险最高的省份。

另外，表 2.3 给出各省份 2012 年宏观金融风险综合指数分解指标所反映的风险最大或最小的情况。

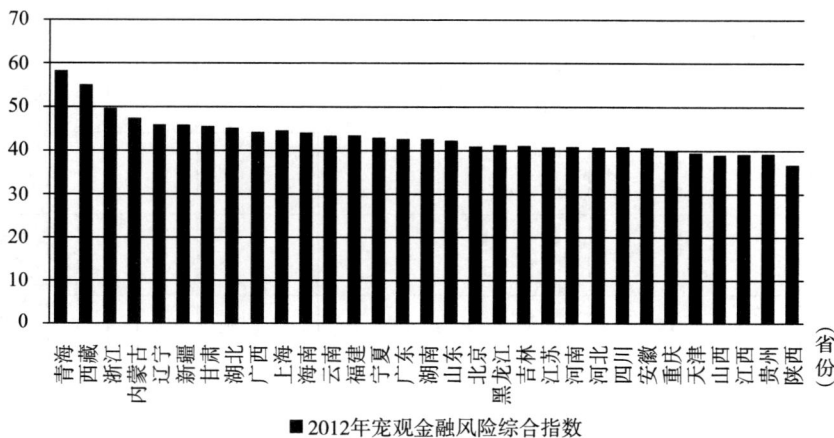

图 2.12　2012 年中国省域宏观金融风险排名

表2.3　2012年中国省域宏观金融风险综合指数的分解指标

地区	公共部门		金融部门					企业部门				家户部门			宏观经济运行		
	X11	X12	X21	X22	X23	X24	X25	X31	X32	X33	X34	X41	X42	X43	X01	X02	X03
北京																	
天津					最大												
河北																	最大
上海															最大		
江苏																	
浙江																	
福建			最大														
山东												最大					
广东	最小																
海南															最小		
山西																	
安徽																	
江西																	
河南										最大			最大				
湖北							最大										
湖南								最大									
内蒙古																最大	
广西								最小									
重庆			最小	最小					最大								
四川				最大													
贵州										最小	最小					最小	
云南												最小	最小				
西藏		最小							最小		最大						最小
陕西						最大											
甘肃		最大															
宁夏														最大			
青海																	
新疆							最小							最小			
辽宁						最小											
吉林																	
黑龙江																	

第 7 节　结论及政策建议

本章从区域层面对中国宏观金融风险进行了结构化对比分析，并根据中国 31 个省份的相关风险指标及宏观经济运行指标构建了 2012 年中国宏观金融风险综合指数。总体而言，区域层面，西部地区面临的金融风险较高；省域层面，青海省、西藏自治区和浙江省面临的金融风险为 31 个省份中的前三位水平。

公共部门方面，相关风险主要源于地方财政收支缺口的不断扩大，其中，西部地区公共部门的地方一般预算缺口占地方生产总值的比重于 2012 年达到 16.95%，远高于其他三大区域，其所面临的债务偿付风险较高。因此，应采取措施适当控制地方财政支出规模，优化支出结构，谨防由于公共部门的风险暴露而导致系统性风险的发生。

金融部门方面，四大区域的金融发展深化程度各不相同，结构化差异仍然较为明显。西部地区的金融发展基础相对较差，在近几年的快速发展的过程中，相关风险也逐渐显现。其中，西部地区银行类金融机构存贷比指标于 2012 年达到 71.73%，为四大区域之首，该地区金融部门面临的偿付风险相对较高。同时，保险业方面，西部地区的保险业发展程度有待进一步提高，保险深度相对较低，而保险赔付率呈上升态势，其所面临的保险赔付风险也相对较高。另外，由于当前国内经济形势的演变，房地产行业发展受阻，各个区域均出现不良贷款增多的情况，对金融部门的冲击影响较大。

企业部门方面，2012 年，四大区域的上市企业部门均稳定发展，而受到国内外经济形势不佳的拖累，整体盈利水平不佳。然而，从资产负债表与或有权益资产负债表上分析，中部地区上市企业部门面临的偿付风险相对较低，而东北地区上市企业部门面临的短期偿债压力较大，流动性风险较高。

家户部门方面，传统的储蓄与消费思维对居民的深远影响，居民储蓄存款稳步增加，而消费贷款则未出现大幅度的上升，其占居民储蓄存款的比重较低，使得家户部门整体所面临的偿付风险较低。其中，东北地区家户部门的居民储蓄存款规模较低，增速缓慢，而其个人消费贷款占居民储蓄存款指标呈不断上升态势，显示出其面临的偿付风险相对较高。

总而言之，随着国家整体发展战略的不断推进，区域经济金融一体化程度的深化，区域间金融风险的传导效应会更加显著，加之国内外经济金融形势复杂多变，极易导致"以点带面"的系统性金融风险发生。因此，我国应积极推进宏观审慎监管，有效防范风险的交叉传递，进而维护金融、经济的稳定发展。在后续章节关于国内区域和省份的宏观金融风险报告中，将根据各地区的风险状况，提出相应的应对措施和政策建议。

参 考 文 献

[1] 国家统计局：《2008－2013 年中国统计年鉴》。

[2] 中国人民银行：《2008－2012 年中国区域金融运行报告》。

[3] 中国银监会：《中国银行业监督管理委员会 2012 年报》。

第3章 东部宏观金融风险总论

2012 年，由于国际金融危机及国内经济发展方式转型，中国东部、中部、西部及东北各区域均出现经济发展增速回落，其中，东部地区经济增速延续 2011 年低于中西部地区的态势。东部地区自改革开放以来一直是中国经济发展中最为重要的区域之一，其经济规模与金融发展均相对中国其他区域领先，受经济结构调整、国际金融危机和房地产市场调控等影响的程度也较大。总体而言，东部地区宏观金融风险同 2011 年相比变化不大，公共部门和企业部门相关风险指标较为平稳，而金融部门和家户部门的风险有所缓解。同时，东部地区风险还存在较为集中的现象。

第1节 东部经济金融运行概况

一、东部经济运行概况

2012 年，面对复杂严峻的国内外环境，东部地区以加快转变经济方式为主线，产业转型升级步伐加快。如图 3.1 所示，2012 年东部地区整体经济保持增长，地区生产总值达 29.6 万亿元，占全国总额的 51.3%，较 2011 年下降 0.7 个百分点，东部地区加权平均增长率为 9.3%，同全国平均水平相比较低。

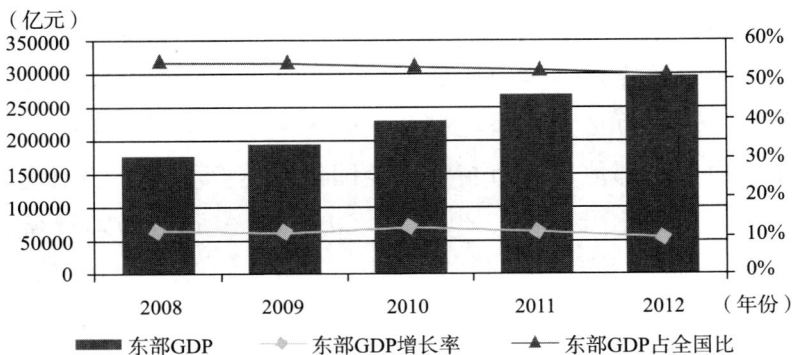

图 3.1　2008－2012 年东部 GDP 及相关数据

2012 年，东部地区生产总值占全国比例达 51.3％，较 2011 年有所减少，但还保持在一半的水平以上，仍然是中国经济发展中最重要的区域。如图 3.2 所示，在东部地区生产总值中，广东、山东、江苏、浙江仍旧保持超过 10％的高比重，在全国 GDP 中也占有较大的份额。

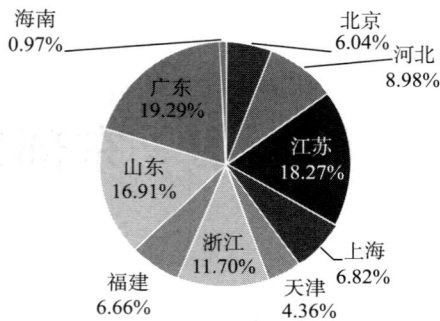

图 3.2 2012 年东部各省市 GDP 占比

二、东部金融运行概况

2012 年，在国家实施稳健货币政策下，东部金融业加大对国民经济重点领域和薄弱环节的支持力度，货币信贷增长向常态回归，金融服务实体经济能力继续增强，东部地区金融运行整体保持平稳，银行业金融机构资产规模呈现增长态势，金融机构改革力度不断提高，融资结构持续优化，金融生态环境建设取得新进展。

2012 年，东部地区银行业金融机构营业网点的机构个数、从业人数以及资产总额在全国占比分别为 39.5％、44.3％和 59.5％，虽然东部地区机构个数占比有所上升，但金融从业人数占比、金融资产总额占比则有所下降，其中，北京、广东、江苏、上海、浙江和山东六个区域的银行业资产总额占全国比重达 49.4％，同时，外资银行资产的 93.5％和农村合作机构资产的 48.8％均集中在东部区域；2012 年，东部地区银行业资产同比增长 16.3％，在全国各区域中处于较低水平。截至 2012 年年末，东部地区本外币各项存款达 53.8 万亿元，同比增长 13.6％，在全国四区域中增速最低。受物价及居民收入等影响，东部地区居民储蓄存款增速较 2011 年有所回升，人民币储蓄存款余额增速达 14.6％，提高 2.7 个百分点；东部地区人民币单位存款增速降低 0.1 个百分点，而其他区域增速保持正增长。同时，东部本外币各项贷款余额达 37.69 万亿元，增速在全国四区域中处于最低水平。

证券业方面，东部地区上市企业占全国比重达 65.0％，其比重仍占全国六成以上，且占比呈上升态势。2012 年，沪、深 A 股市场筹资累计共 3128 亿元，同 2011 年相比下降 38.34％，其中，广东、北京、上海三地的 A 股筹资额居全国前三位，共占 2012 年 A 股筹资总额的 40.1％，较 2011 年提高 4.2 个百分点；全年沪深交易所累计实现债券筹资 2722.8 亿元，东部地区债券融资占全国比重达 72.6％。创业板市场稳步发展，全年流通市值 3335 亿元，比 2011 年增加 33.2%。

保险业方面，截至 2012 年年末，全国共有保险法人公司 153 家，其中东部地区保险法人总部数量占全国的 86.9%，较 2011 年提高 0.5 个百分点，集中度继续提高；东部地区保费收入占比达 54.5%，较 2011 年提高 0.6 个百分点，其中，广东、江苏、山东三个省保费收入超过千亿元，排名全国前三。总体而言，东部地区不断推动保险公司改革，推进产品服务创新，完善监管制度机制，加强信息化建设，通过新产品开发、业务模式创新等，使东部地区保险服务经济社会发展和履行社会责任能力得到提升。

第 2 节　东部公共部门风险分析

2012 年，东部地区一般预算收支均保持上升态势，一般预算缺口有所增长，一般预算缺口占 GDP 比重呈现稳中有升，东部区域公共部门风险有一定程度的增大。如图 3.3 所示，2012 年，东部区域实现一般预算收入 32678.98 亿元，同比增长 13.7%，增速下降 8.3 个百分点；一般预算支出 41974.56 亿元，同比增长 12.89%，增速比 2011 年降低 12.5 个百分点；一般预算收支规模增速比 2011 年有较大幅度下降。

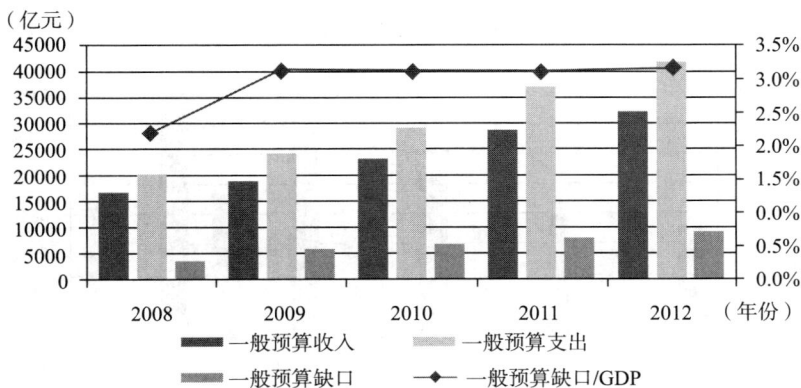

图 3.3　东部一般预算收支情况

2012 年，东部地区一般预算缺口达 9295.58 亿元，较 2011 年增长 10.13%，增速降低 7.5 个百分点，一般预算缺口占 GDP 的比重由 2011 年的 3.11% 提升至 3.14%。总体而言，东部地区公共部门一般预算缺口占 GDP 比重自 2007 年以来呈现出上升态势，同时该指标连续四年超过 3% 的水平，表明东部地区公共部门风险在经历了金融危机后已出现一定程度的显现，虽然该指标与全国其他区域相比仍相对较低，但应尽早提高警惕并采取防范措施，防止东部地区公共部门财政风险进一步扩大。

第3节　东部金融部门风险分析

一、银行类风险分析

本节主要运用资产负债表的方法对东部地区银行业和保险业进行宏观风险分析，通过资产和权益关系揭示东部地区金融部门的风险状况及抗风险能力。

（一）资本结构错配分析

2012年，东部地区银行总资产达740615.7亿元，同比增长16.1％，在全国各区域中处于较高水平；贷款余额达到376875.7亿元，比2011年同期增长13.15％，增速基本与2011年持平；存款余额达到538140.9亿元，比2011年同期增长13.6％，增长率比2011年提高1.7个百分点，如图3.4所示。东部地区2012年存贷款余额增速均有所上升，同时存款余额增速相对较高，存贷比由2011年的70.31％下降至70.03％。东部地区银行业整体尚保持较为合理的状况，但其存贷比自2008年保持在波动中上升的态势，应提前采取控制措施，防范资本结构错配风险暴露。

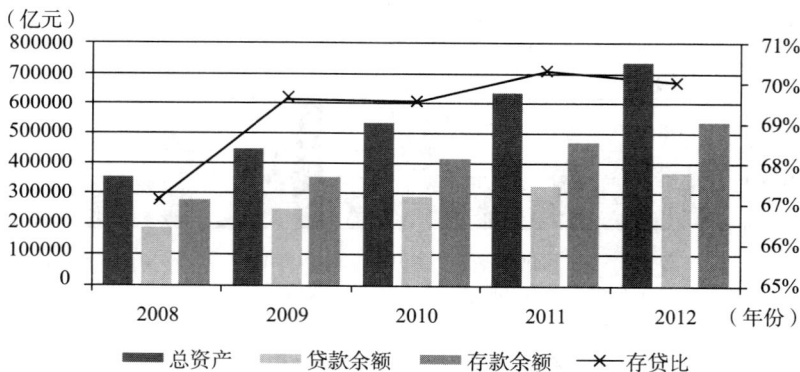

图3.4　东部银行业资本结构

（二）期限错配风险分析

2012年，东部地区银行类金融机构贷款总额和中长期贷款在总体上均保持增长，其中中长期贷款达192478.9亿元，短期贷款157649.4亿元，分别比2011年同期增长6.3％和18.27％，中长期贷款增速提高0.4个百分点，短期贷款增速降低8.2个百分点，如图3.5所示。由于2012年短期贷款增速仍相对中长期贷款增速较高，东部地区中长期贷款占比在 2012 年为 51.07％，比 2011 年下降 3.3 个百分点，贷款中长期化情况得到进一步缓解。

（亿元）

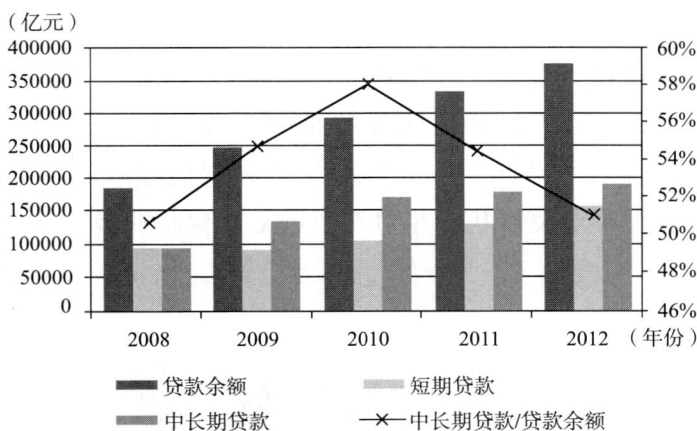

图 3.5　东部金融部门贷款结构

图例：贷款余额　短期贷款　中长期贷款　中长期贷款/贷款余额

（三）货币错配风险分析

同其他区域相比，东部地区处于沿海地带，其经济发展的外向程度相对较高，因此东部区域外币存贷款比重也显著高于其他地区。2012 年，东部地区外币存贷款均呈上升态势，其中外币存款余额为 19478.42 亿元，外币贷款余额为 30188.25 亿元，分别比 2011 年增长 55.19％和 24.4％，外币存款增速提高 37.3 个百分点，外币贷款增速提高 15.11 个百分点，如图 3.6 所示。2012 年，东部地区外币存贷比指标由 2011 年的 193.35％下降为 154.98％，较 2011 年减少 38.36 个百分点，下降幅度较大，基本回落到 2008 年的水平，货币错配风险有所缓解，考虑到东部地区外币存贷规模相对较大，仍应及时采取措施控制外币贷款的快速增长。

（亿元）

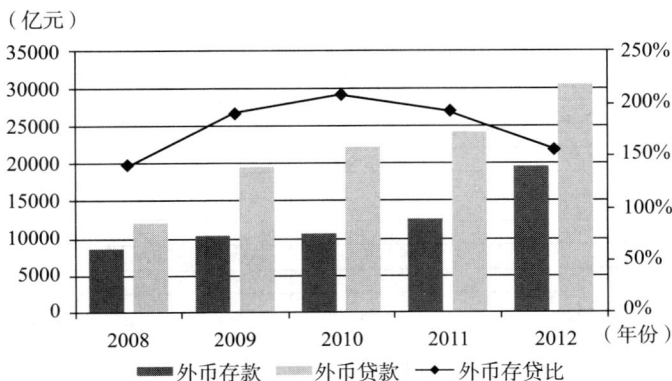

图 3.6　东部银行业外币存贷比

图例：外币存款　外币贷款　外币存贷比

二、保险业风险分析

（一）保险深度

2012 年，东部地区保费收入达到 8392.1 亿元，比上一年增长 693 亿元，同比增加 9 个百分点，保险深度仍保持下降趋势，在 2012 年达到 2.84％，较 2011 年基本持平，如图 3.7 所示。同 2011 年保险业发展的明显下滑相比，2012 年东部地区保险业发展状态相对有所恢复，保险业发展下滑风险得到一定缓解。

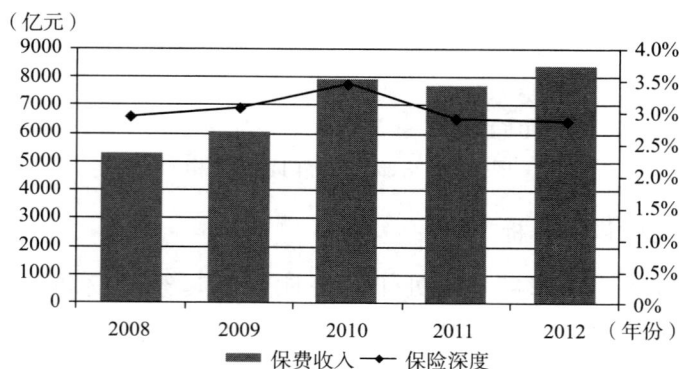

图 3.7　东部保险深度

（二）保费增长率和赔付率

东部地区保费增长率自 2008 年以来一直呈现较大波动，在 2011 年首次出现负增长现象后，于 2012 年回归到正水平；同时东部地区保险赔付率也在 2012 年进一步上升，达到 30.44％，比 2011 年提高 2.72 个百分点。同 2011 年相比，东部地区保险赔付率及保费增长率均有所提高，赔付率开始回升，而保费增长率仍呈整体下降趋势，应警惕保险业整体规模下滑风险。

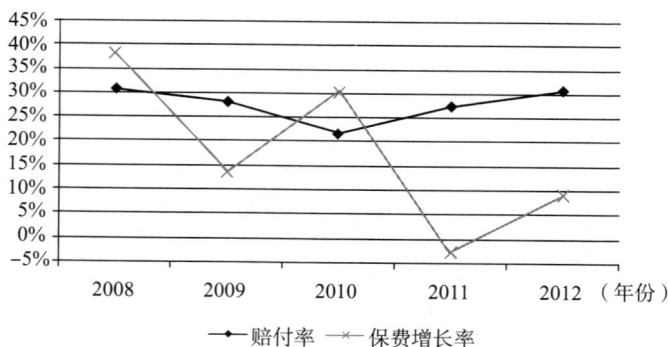

图 3.8　东部保险业赔付率和保费增长率

第 4 节　东部上市企业部门风险分析

一、盈利能力分析

东部地区企业净利润率在 2012 年至 2013 年第三季度呈现先降后升的态势。2012 年，东部地区上市企业净利润率分别为 4.87%、4.78%、4.72% 和 4.58%，到 2013 年开始逐步上升，分别达到 4.76%、4.85% 和 4.94%，企业净利润率的下降趋势有所缓解，企业盈利能力水平有所提高。

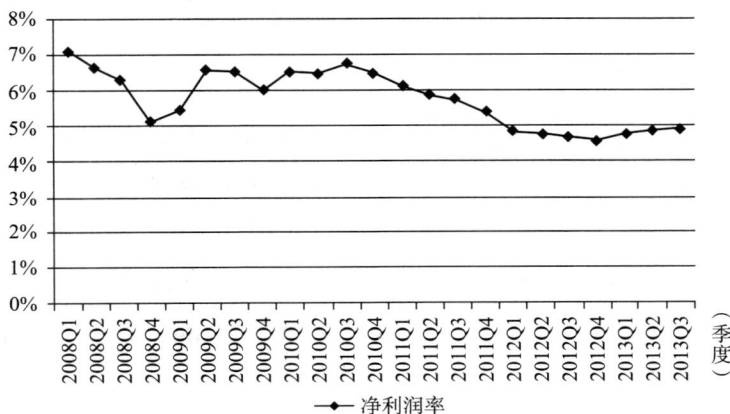

图 3.9　东部上市企业净利润率

二、账面价值资产负债表分析

（一）资本结构错配分析

2012 年至 2013 年第三季度，东部上市企业部门总资产和总负债保持上升态势，其资产负债率也有所上升，如图 3.10 所示，东部上市企业部门账面资产负债率在 2012 年四个季度分别为 59.57%、60.26%、60.33% 和 60.19%，并于 2013 年第三季度继续上升至 61.37%，为近年来最高水平。总体来说，虽然东部上市企业账面资产负债率整体不高，资本结构相对国内其他区域较为合理，但应警惕其进一步上升，防范偿付风险。

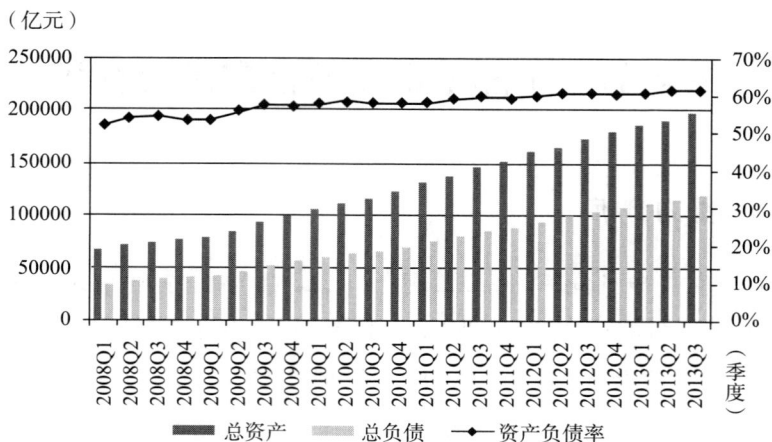

图 3.10 东部上市企业资本结构

（二）期限错配风险分析

2012 年，东部上市企业部门流动比率总体上保持平稳，流动性相对良好。如图 3.11 所示，2012 年四个季度，东部上市企业部门流动比率分别为 113.21％、112％、114.36％ 和 109.71％，并于 2013 年第三季度达到 113.1％。从走势上来看，东部上市企业部门的流动比率保持波动中上升，且在考察期内均保持在 100％ 以上的水平，表明东部上市企业部门流动资产已经足以满足流动负债的要求，流动性风险较小。

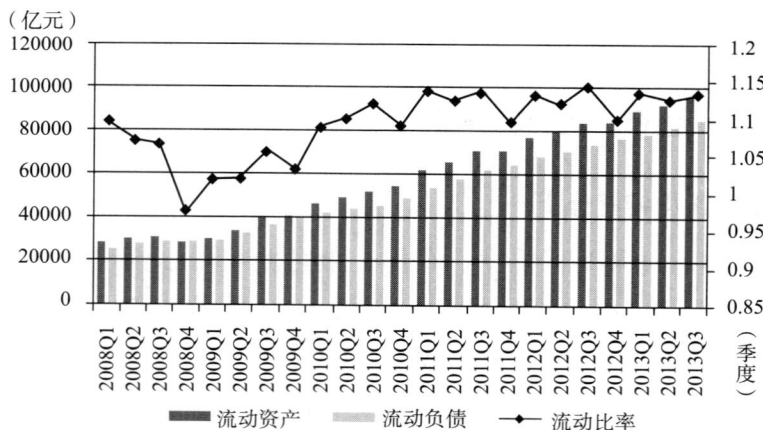

图 3.11 东部上市企业流动比率

三、或有权益资产负债表分析

东部区域上市企业部门或有资产负债率在考察期内保持了一定的上升态势，如图 3.12 所示，2012 年四个季度或有资产负债率分别是 41.67％、42.4％、45.12％ 和 44.52％，并于 2013 年第二季度达到 48.65％，为 2008

年以来的最高水平，而在 2013 年第三季度降低为 45.59％。自 2008 年以来，东部地区上市企业部门或有资产负债率表现出明显的上升特征，应警惕其增长态势，防范债务风险。

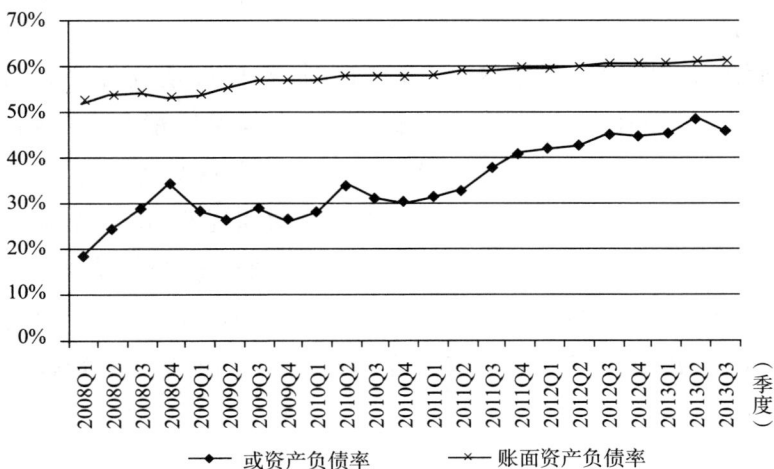

图 3.12　东部上市企业或有资本结构

自 2008 年以来，东部地区上市企业部门的违约距离随季度波动较大，但大体上保持了上升态势。如图 3.13 所示，2012 年四个季度，东部地区上市企业部门违约距离分别为 4.16、6.25、5.17 和 5.48，在 2013 年第一、二季度分别下降至 5.46 和 4.98，但在随后的第三季度反弹上升至 5.49，说明 2013 年东部上市企业违约的可能性进一步降低，抗风险能力有所增强。

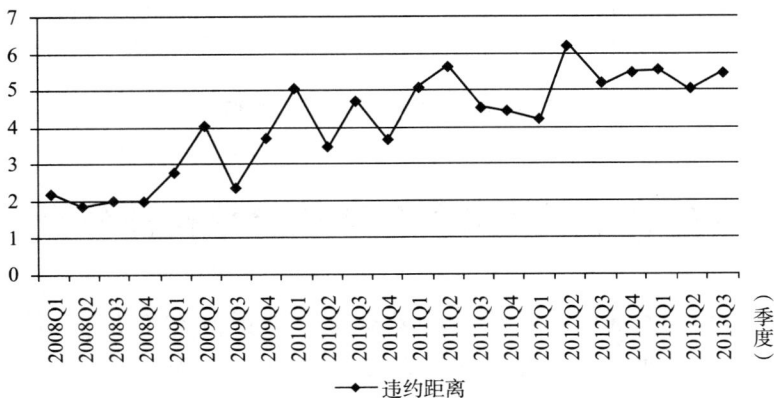

图 3.13　东部上市企业违约距离

第 5 节　东部家户部门风险分析

2012 年，东部地区家户部门收入有较大幅度提高，其中，城镇居民人均可支配收入达到 296007.9 元，比上一年增加 11.86％，增速降低了 1.72 个百分点；农村人均纯收入达到 119647.2 元，比上一年增加 12.66％，增速降低 1.83 个百分点。由于东部沿海地区经济发展较快，家户部门收入在全国各区域中处于较高水平，居民生活水平较高。

在存贷结构方面，东部地区家户部门存贷款规模逐渐提高，且增速有所提高。如图 3.14 所示，2012 年，东部地区城乡居民储蓄存款达到 210921.06 亿元，比 2011 年增长 14.63％，增速提高 2.15 个百分点；个人消费贷款达到 57389.77 亿元，比 2011 年增长 11.23％，增速提高 0.56 个百分点，个人消费贷款与城乡居民储蓄存款的比率由 2011 年的 28.04％降为 27.21％。总体而言，东部地区家户部门贷款与储蓄比率在 2012 年进一步回落，但其值在全国各区域中处于较高水平，家户部门在利用金融工具来管理自身资产时也应警惕其中风险。

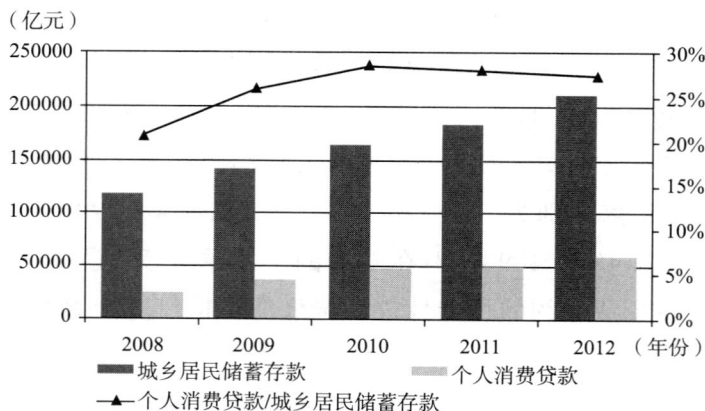

图 3.14　东部家户部门资产结构

第 6 节　东部宏观金融风险结构性分析

在东部地区四大部门总量分析的基础上，考虑到东部各省不同的经济基础与发展特点，反映出差异化的风险特征，本节主要对东部各省的金融风险进行结构性分析，包括公共部门、金融部门、上市企业部门与家户部门的比较分析。

一、东部各省市公共部门比较分析

2012 年，东部地区一般预算收支总规模保持上升，一般预算缺口也有所增长。如图 3.15 所示，东部各地区 2012 年一般预算财政收入占东部财政收入比重超过 10％的有广东、江苏、上海、山东、浙江、北京，各地财政收入与其经济总量基本相呼应；如图 3.16 所示，东部各地区 2012 年一般预算财政支出占东部财政收入比重占前几位的有广东、江苏、山东、上海、浙江、北京，一般预算收入占比和一般预算支出占比的排名与 2011 年一致。

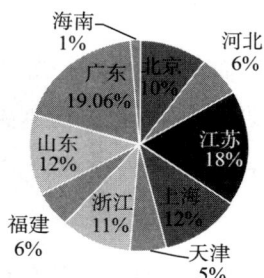

图 3.15　2012 年东部各省市
一般预算财政收入占比

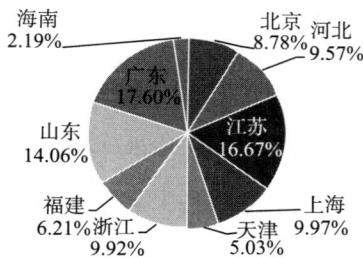

图 3.16　2012 年东部各省市
一般预算财政支出占比

而从一般预算缺口占 GDP 比重来看，东部地区该指标与 2011 年相比出现小幅度上涨，财政风险与之前相比有所增长，但整体水平依然相对较低。

如图 3.17 和 3.18 所示，海南、山东、天津、北京在 2012 年出现一般预算缺口占 GDP 比重上升现象，其中海南、河北及福建分别达到 17.83％、7.28％和 4.22％，风险相对偏高；山东省一般预算缺口占 GDP 比重达 3.68％，财政风险水平在东部地区相对一般；而其他区域则均保持在 3％的水平之下。在东部各区域中，经济发展程度较高、财政收支规模较大的几个区域，如广东、江苏、山东、浙江、上海、北京等财政风险均相对较小，而海南省和河南省虽然财政风险较大，但其绝对规模相对东部区域较小。总体而言，东部地区财政风险整体上并不明显，但应对海南、河北及福建等风险集中区域给予关注，防范其风险扩大或传递。

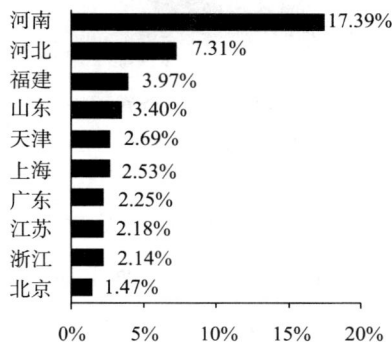

图 3.17　2011 年东部各省市
一般预算缺口/GDP

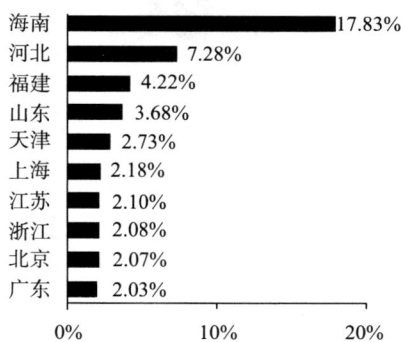

图 3.18　2012 年东部各省市
一般预算缺口/GDP

二、东部各省市金融部门比较分析

东部地区金融部门整体在总量规模上处于全国领先地位，其发达程度远高于全国平均水平，但东部地区内不同省市的金融发达程度还存在着较大的差异，一方面，北京、上海作为我国大多金融机构的总部所在地和金融中心，一直引领着我国金融业的发展，同时如广东、浙江、江苏等经济规模较大、发展程度较高的省份也是我国的金融大省，而另一方面，如海南、福建和河北等省市的金融发展则相对落后。以下主要对东部各区域金融发展中的银行业和保险业进行区域比较分析，以研究其金融结构性特点。

（一）银行类风险分析

2012年，东部各省银行业资产在东部总资产的份额中，广东依然居于首位，资产占有份额19.27％，且比重呈上升态势；其次是北京17.75％、江苏13.04％、上海12.19％、浙江11.47％，海南占比处在最末位，其份额为0.98％，如图3.20所示。总体来看，东部地区各区域银行业总资产份额占比同区域经济规模大体保持一致，其中北京、上海作为全国金融中心，银行业总资产份额相对于其GDP所占份额较高，而山东、河北虽然GDP占东部地区份额较高，但由于其主要以第二产业为主，银行业总资产份额相对较低。

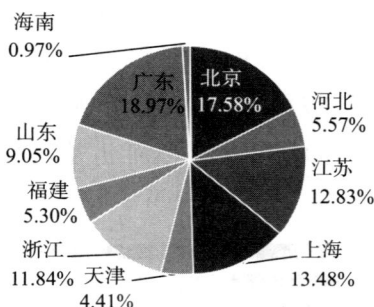

图3.19　2011年东部各省市
金融部门资产份额

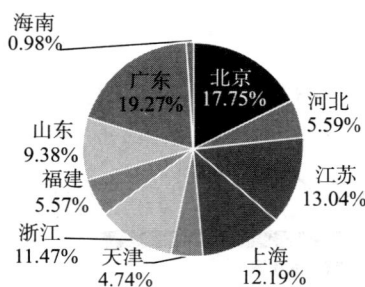

图3.20　2012年东部各省市
金融部门资产份额

2012年，东部地区银行业存贷比总体呈下降态势。其中，天津、福建、浙江、海南、上海等地区银行存贷比上升，而其余各区域均有所下降，同时上升下降幅度明显小于2011年。同时应注意到，浙江、福建、山东和天津的存贷比例都超过了75％，其中天津市存贷比高达90.65％，流动性风险较大。

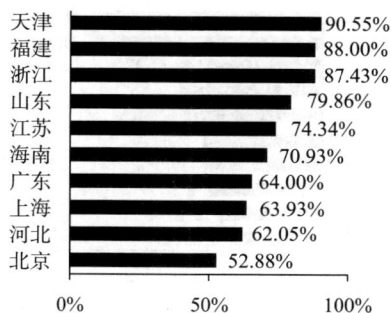

图 3.21　2011 年东部各省市
金融部门存贷比

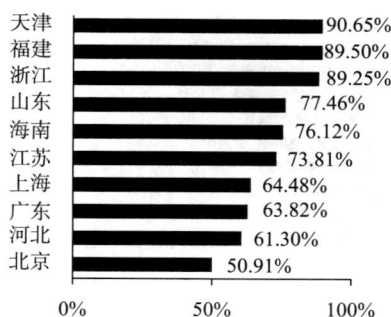

图 3.22　2012 年东部各省市
金融部门存贷比

2012 年，由于外币存款大量增长，东部金融部门外币存贷比出现较大幅度下滑，比 2011 年下降 38.36 个百分点，达到 154.98％。受东部各区域经济外向程度不同所影响，其外币存贷比也存在明显的差异，如图 3.23 所示。总体上看，除河北、海南外，东部其他区域外币存贷比均出现不同程度下降，由于河北、海南外币存贷规模在东部相对较小，从整体上看，东部区域货币错配风险有所减缓，但应对海南的高外币存贷比引起重视，采取相关措施控制其货币错配风险，防范其风险的扩大和蔓延。

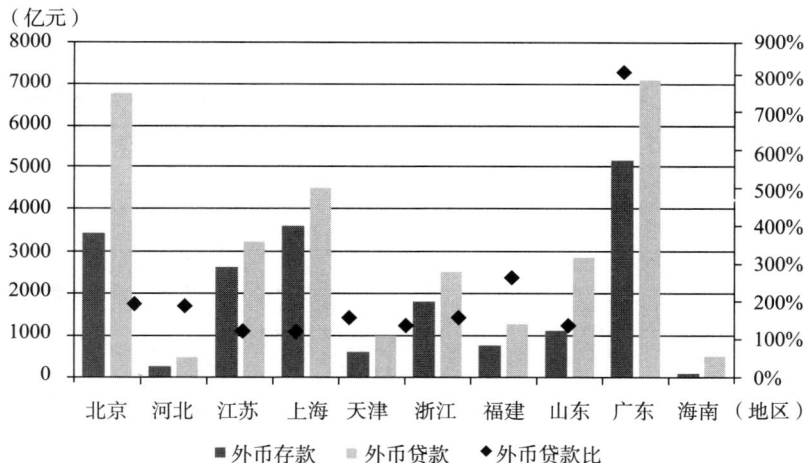

图 3.23　2012 年东部各省市金融部门外币存贷结构

（二）保险类风险分析

同 2011 年相比，东部地区保险深度在 2012 年有所下降，但下降程度较 2011 年相比有所缓和，其中北京、上海、浙江、山东的保险深度较 2011 年有所上升，而其他区域出现不同程度下降，如图 3.25 所示。

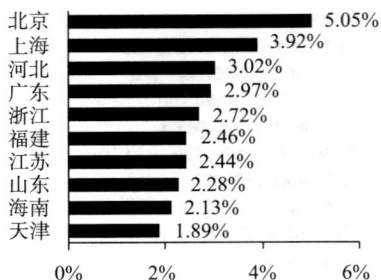

图 3.24　2011 年东部各省市保险深度

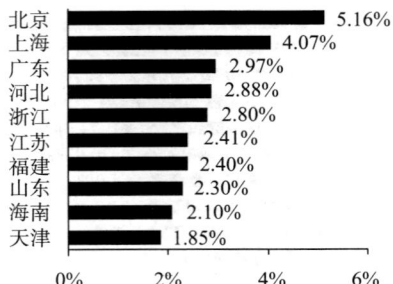

图 3.25　2012 年东部各省市保险深度

三、东部各省市企业部门比较分析

东部地区经济发展总体水平高，经济金融辐射能力强，在国民经济中发挥着重要的支撑和带动作用。以下将从盈利能力、资本结构、流动性等方面对东部各区域上市企业部门的风险状况进行对比分析。

东部各区域上市企业部门净利润率在 2012 年下半年普遍出现下滑现象，如表 3.1 所示。以 2012 年第三季度为基准，其中浙江、福建、山东与广东企业部门净利润率有小幅度上升，而其他地区则普遍下滑；而在 2013 年前三个季度，东部地区企业部门净利润率则普遍呈上升态势，仅江苏、福建、山东出现一定程度下滑。

表 3.1　2012 第三季度—2013 年第三季度东部各省市上市企业部门净利润率

	2012Q3	2012Q4	2013Q1	2013Q2	2013Q3
北京	4.39％	4.26％	4.77％	4.60％	4.62％
河北	3.58％	3.34％	3.83％	4.28％	3.97％
江苏	5.45％	5.02％	5.10％	5.05％	4.77％
上海	5.23％	4.89％	4.18％	4.63％	4.76％
天津	1.54％	1.21％	1.45％	6.06％	5.43％
浙江	6.26％	6.32％	5.97％	6.55％	6.45％
福建	4.71％	4.96％	4.54％	4.06％	4.17％
山东	4.98％	5.00％	5.59％	4.77％	5.40％
广东	6.77％	6.85％	6.48％	7.42％	7.88％
海南	6.27％	6.14％	3.05％	4.87％	7.94％

2012 年至 2013 年上半年，东部地区上市企业账面资产负债率和或有资产负债率稳中有升，流动比率保持在较为安全的水平，违约距离在波动中呈现上升态势，违约风险并不明显。截至 2013 年第三季度，东部各区域上市企业部门账面资产负债率从高到低依次为河北、天津、广东、北京、福建、

山东、海南、上海、江苏、浙江，其中河北省上市企业部门账面资产负债率达到 68.58%，而浙江省则为 54.63%；或有资产负债率排名与账面资产负债率排名大体相同；在东部各区域中，仅上海市与河北省上市企业部门流动比率低于 100%，其余各区域均保持在较高水平，期限错配风险较低。

（亿元）

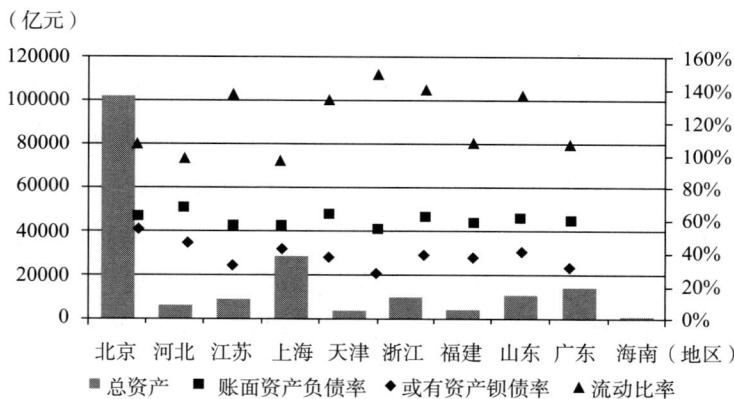

图 3.26 2013 年第三季度东部各省市上市企业资本结构

四、东部各省市家户部门比较分析

2012 年，福建省居民个人消费贷款占储蓄比例继续居于东部各省首位，比 2011 年增长 0.55 个百分点，达到 44.56%，同时，江苏、上海、浙江、广东也相对较高，均超过 25%，北京、天津、山东相对中等，而海南、河北两省则水平较低，保持在 20% 以下，基本同 2011 年排名一致，如图 3.27 所示。由于东部地区经济发展水平较高，家户部门收入在全国各地区中也处于较高水平，居民生活水平较高，另外，由于东部金融相对发达，居民利用金融管理自身资产的意识较强，个人消费贷款占储蓄的比例也相对较高，贷款偿付风险也较大。

（亿元）

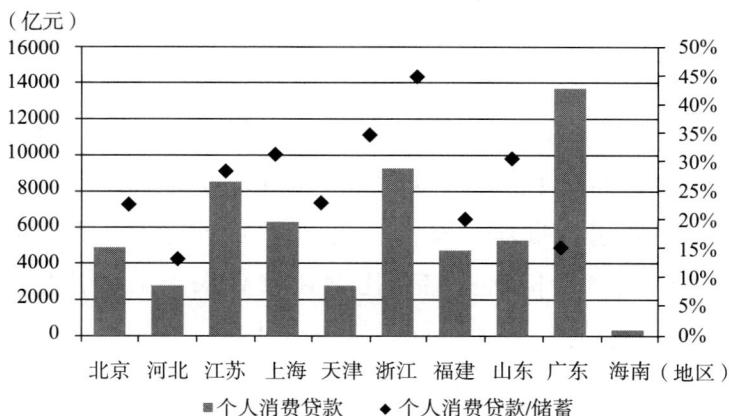

图 3.27 2012 年东部各省市家户部门资产结构

第7节　结论及政策建议

2012 年，东部地区一般预算收支均保持上升态势，一般预算缺口有所增长，一般预算缺口占 GDP 比重稳中有升，虽然与全国其他区域相比仍然相对较低，但东部地区该指标连续三年超过 3％的水平，表明东部地区公共部门在经历了金融危机之后已显现出一定程度的风险。同时应注意到，东部各区域间公共部门财政风险差异较大，经济发展程度较高、财政收支规模较大的几个区域，如广东、江苏、山东、浙江、上海、北京等财政风险均相对较小，而海南、河南及福建虽然绝对规模相对东部其他区域较小，但其一般预算缺口占 GDP 比重较高，应对海南、河北、福建等风险集中区域给予关注，防范其风险扩大或传递。

金融部门方面，东部地区银行业存贷比在 2011 年的基础上有所下降，但总体上仍保持 2008 年以来的上升态势，其中天津、福建、浙江等地存在存贷比较高的现象，资本结构错配风险较为集中；由于外币存款的大量增加，东部地区外币存贷比在 2012 年进一步下降，但海南、山东两省外币存贷比在处于较高水平，货币错配风险有所增长；由于短期贷款增速较高，东部地区中长期贷款占比在 2012 年进一步下降，贷款中长期化趋势得到一定程度的缓解。同时，东部区域保费收入有所增长，保险深度基本保持 2011 年的水平。

东部地区上市企业部门盈利能力在 2012 年保持下降态势，但在 2013 年有所上升，账面资产负债率和或有资产负债率在稳定中有所上升，而流动性水平则有所提高，保持在相对安全的水平，违约距离在波动中呈现上升态势，相关风险较小。

家户部门方面，东部地区家户部门收入有了较大幅度的提高，居民生活水平得到不断改善，同时由于东部金融相对发达，居民利用金融管理自身资产的意识较强，个人消费贷款占储蓄的比例也相对较高，相关风险也较大，其中福建省居民个人消费贷款占储蓄比例在较高水平上保持增长，于 2012 年达到 44.56％，相关风险较大，同时江苏、上海、浙江、广东等地居民个人消费贷款占储蓄比例也较高，应引起警惕。

总体而言，东部地区宏观金融风险同 2011 年相比变化不大，公共部门和企业部门相关风险指标较为平稳，而金融部门和家户部门的风险有所缓解；同时，东部地区风险还存在较为集中的现象。针对以上对于东部地区四大部门宏观风险的总量分析和结构性分析，提出以下相应风险防范及管理措施。

第一，东部地区应进一步扩大内需，通过促进投资消费结构、调整城乡收入结构，注重国民收入分配结构的优化，并通过改革垄断行业、提高最低工资、提高农业补贴等方式，提高国民可支配收入中居民收入的比重以及初次分配中劳动报酬的比重，从而缩小收入分配差距；另外，注重对于技术创新的投入，对于节能环保、高端装备制造、信息技术、生物、新能源、新材料等战略性新兴产业给予政策支持，培养其逐步发展成为支柱甚至主导产业。

第二，东部各省市的地方政府应不断调整、优化财政支出结构，减少经济建设支出，加大对于民生、基础教育、公共医疗等社会事业的财政支出比重，使居民的基本公共服务需求得到保障，同时，地方政府应精简人员机构，提高政府服务效率。

第三，东部各省市企业应积极面对东部区域向中西部地区的产业转移趋势，加强东部与中西部企业的对接与协调，通过建立高效稳定的对接协调机制，加强区域间产业的协调与沟通，促进东部区域与中西部区域间劳动密集型产业的转移；政府应充分发挥市场的调节作用，合理运用产业转移规律，在借鉴国际产业转移经验的基础上，采取有效措施对区域间产业转移进行引导，避免东部区域产业向中西部区域的无序转移。

参 考 文 献

[1] 冉光和，李敬，熊德平，温涛：《中国金融发展与经济增长关系的区域差异——基于东部和西部面板数据的检验和分析》，载《中国软科学》2006 年第 2 期，第 102—110 页。

[2] 孙文娟：《东部沿海省市区域金融发展差异研究》，中国海洋大学，2011 年。

[3] 李剑：《金融结构、产业结构与经济增长——基于我国东部地区数据的面板 VAR 分析》，载《金融发展研究》2013 年第 9 期，第 20—25 页。

[4] 吴拥政：《区域金融发展与经济增长的实证分析——基于东部十省

市地级市区数据与分位数回归方法》，载《区域金融研究》2009 年第 3 期，第 12—17 页。

［5］中国人民银行：《2008－2012 年中国金融运行报告》。

［6］中国人民银行：《2008－2012 年中国区域金融运行报告》。

［7］中国统计局：《2009－2013 年中国统计年鉴》。

第 4 章　北京市宏观金融风险研究

北京市作为中国的政治、文化和国际交流中心，同时也是中国经济金融的决策中心和管理中心，综合经济实力保持在全国前列。根据《2012 中国城市竞争力蓝皮书》研究显示，北京获得城市综合竞争力第三名，仅次于香港、台北。近年来，北京的金融业发展速度迅猛，以金融街、中关村、CBD中央商务区等为代表的金融中心占据国际重要地位，对全国乃至全球金融业的发展都具有深远的意义。本章首先对北京市经济金融运行状况进行基本的概述，然后针对北京市四大经济部门运行中存在的宏观风险作了进一步的分析，接下来对北京市金融街功能区所面临的风险展开了专题分析，得到金融街功能区总体经济金融风险较小，盈利能力较强的结论。最后就相关风险情况提出了相应的政策建议。

通过风险分析，发现北京市金融部门面临较为严重的货币错配风险，同时，上市企业部门的盈利能力有所下降，或有资产负债率水平高于同期东部其他省市平均水平，具有潜在的违约风险。

李焱（2009）认为首都金融业受国际金融危机影响增速放缓已是不争的事实，当前更迫切需要梳理和解决的是充分吸取经验并积极寻求应对危机的良策，他研究了在金融危机的影响下，被称为"北京金融双子星"的金融街和 CBD 是如何发展、如何有效规避风险的；曹彦（2011）对北京金融产业集群进行了研究，认为金融服务业的发展已逐步成为了现代金融产业的基本组织形式，随着后金融危机时代的到来，北京金融业的发展机遇与风险并存。

谭敏（2012）研究了北京金融发展与经济发展之间的关联性，认为金融发展对经济发展的影响力较强，但经济发展对金融发展的作用却相对较弱，北京金融的发展依赖于全国乃至全球经济的发展；姜玉英（2012）研究了北京市城市与乡镇居民可支配收入的增长模式，认为其平均每人可支配收入与GDP 具有较强的正相关关系。但随着我国经济的迅速发展，人均可支配收入与 GDP 的增长差距开始扩大，且分化日益明显；李艳、刘再杰（2012）对北京建设世界城市所投入的财政支出规模进行了分析，认为与世界上其他发达城市相比，财政支出规模仍存在一定差距且具有相应风险。

第1节 北京市经济金融运行概况

一、北京市经济运行概况

2012 年，在复杂的国内外环境中，北京市政府加速转变经济发展方式，合理调整产业布局，经济总体运行状况较为平稳。2012 年，北京市实现地区生产总值 17879.4 亿元，较 2011 年增长 10.01%，其中，第一、二、三产业分别贡献 150.20 亿元、4059.27 亿元和 13669.93 亿元，三大产业结构由去年的 0.85：23.40：75.75 变化为 0.84：22.70：76.46，第三产业对经济增长的贡献日益突出，产业结构的调整体现了北京经济发展的特征及优势所在。

北京市于 2012 年完成全社会固定资产投资 6462.8 亿元，同比增长 9.3%，可见政府对通过投资促进经济发展的方式越发重视。其中，民间投资较 2011 年增长 4.9%，民间投资的大幅增长，一方面体现了民间金融市场的投资活跃，另一方面也表现出了政府对于民间资本市场的逐步放宽。

从政府财政收支来看，北京市于 2012 年完成地方公共财政预算收入 3314.93 亿元，同比增长 10.3%。地方公共财政预算支出 3685.31 亿元，同比增长 13.6%。财政支出重点投入对象为教育、城乡社区事务以及社会保障和就业，总体来看支出结构较为合理且得到了进一步的优化。但是，财政支出增速要快于收入增速，政府部门应予以一定关注，避免支出增速过快而导致缺口进一步扩大。

2012 年，北京市的城乡居民消费支出 6203.3 亿元，占 GDP 总量的 34.70%，内需有待进一步提高。其中，农村居民占总消费支出的 6.66%，城镇居民占 93.34%，由此可见农村居民消费水平严重乏力。在消费价格方面，由于受到原材料成本价格上涨、商品产量供不应求、经济发生通货膨胀等因素的影响，全年居民消费价格比去年上涨 3.3%。

二、北京市金融运行概况

2012 年，北京市金融业运行状况整体呈现出稳健发展的良好态势，实现增加值 2592.5 亿元，同比增长 14.4%，占地区生产总值比重的 14.6%。金融业是带动全市经济增长和财政收入增长的第一支柱产业，战略产业地位进一步巩固。其中银行业金融机构盈利水平较为稳定，但增速有所下降；证券业金融机构市场交易活跃性乏力，新兴业务增长迅速；保险业金融机构资产规模保持稳定增长，资金运用稳健，融资渠道不断拓宽，市场秩序得到了进一步规范。

北京市银行业金融机构发展健康稳定，信贷资源配置效率提升。其中资产规模持续扩大，年末资产总额同比增长 17.2%；利润增速有所下降，同比增长 2.5%；资产质量不断改善，不良贷款率比 2011 年年末回落 0.1 个百分点；存贷款规模不断扩大，截至 2012 年年末，北京市金融部门本外币存款余额达到 84837.3 亿元，同比增长 13.13%。本外币贷款余额为 43189.5 亿元，同比增长 8.84%。

对于证券业金融机构，证券业务活跃性下降，上市公司筹资总额有所下降。截至 2012 年年末，证券类金融机构总成交额达到 85412.9 亿元，较 2011 年上涨 8%。其中股票、基金以及债券的成交额分别为 44993.4 亿元，2355.9 亿元和 37388.6 亿元。此外，股票市场新增客户 551.5 万户，同比增长 5.75%。北京市上市公司总数位居全国第二，总市值同比增长 3.8%。

同时，北京市保险公司资产总额达到 3608.7 亿元，较 2011 年上涨 15.2%。获得保费收入 923.1 亿元，较 2011 年上涨 12.5%。此外，保险赔付费用也有所增加，达到 286.2 亿元。同时，北京市保险密度比上年增加 144 元/人，保险深度比上年增长了 0.1 个百分点。保险业社会保障功能进一步增强。

北京市金融市场在 2012 年的交易情况较为活跃，不断加大金融产品和服务的创新力度，社会融资结构持续改善，融资渠道不断拓宽，直接融资方式发展迅速，其中债券市场成为主要融资渠道，直接融资占比超过七成。货币市场交易活跃，净融出资金规模大幅增加。2012 年，北京地区金融机构同业拆借和债券回购双向累计成交 172.7 万亿元，同比增长 42.9%，占全国交易量的 45.8%。票据市场业务增长较快，同时稳健货币政策适时适度预调微调使得金融体系流动性趋于宽松票据贴现利率降中趋稳。

第 2 节　北京市公共部门风险分析

2012 年，北京市的地方一般预算收支规模保持稳定增长，其中全市完成地方公共财政预算收入 3314.93 亿元，同比增长 10.3%，如图 4.1 所示。虽然保持了两位数的增长态势，但影响财政增收的不确定因素还是较多，一是经济形势总体趋紧，部分行业市场疲软，产品滞销、积压，造成企业经营困难，影响税收征收；二是政策性减税影响较大，随着国家房地产调控政策继续施行，全国各大中城市楼市成交日渐低迷，当地居民对房地产市场普遍持观望态度，全市房产总交易量呈下降态势，必然带来房产类税源的减少。综合这两个原因可以看出，北京市政府面临着潜在的财政风险。

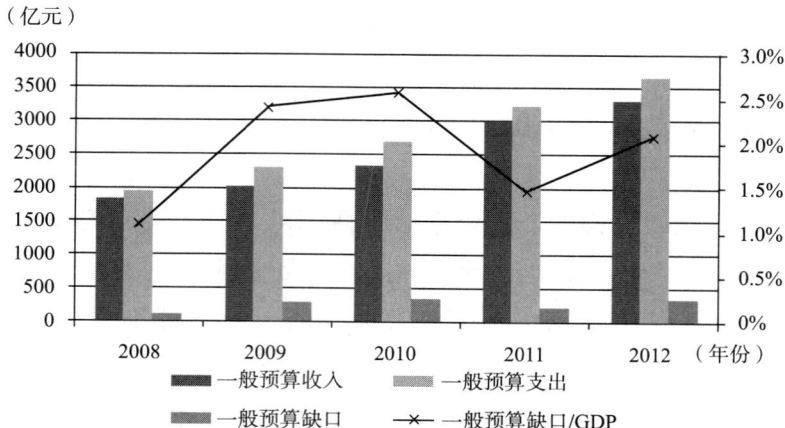

图 4.1　北京市地方财政一般预算收支情况

截至 2012 年年末，北京市财政一般预算支出为 3685.31 亿元，较 2011 年上涨 13.6%。支出主要用于体育、传媒、教育、交通运输等方面的加强和完善。财政支出重点投入对象为教育、城乡社区事务以及社会保障和就业，分别占比 13.1%、9.0% 和 8.8%。

2012 年，北京市一般预算缺口达到 370.38 亿元，同比增长 54.94%，一般预算缺口占 GDP 的比重为 2.07%，较 2011 年的 1.47% 而言，增长规模尤为显著。但由于目前国际上公认较安全的缺口规模是维持在 GDP 的 3% 以内，因此北京市的财政缺口占 GDP 的比重仍维持在安全范围内。根据凯恩斯关于适度的财政缺口有时可以作为一项财政政策刺激经济增长的观点，可以看出，北京市公共部门的财政缺口风险并不明显，并且这较低的财政缺口占比率在一定程度上可推动当地经济金融的发展。总体来看，北京市财政预算收支结构较为合理且得到了进一步的优化。

在财政预算收支增长率方面，由于预算收入增速放慢，由 2011 年的 27.71% 下降到 2012 年的 10.27%，而支出增速在 2012 年达到 13.56%，支出增速快于收入增速，二者比值上涨到了 1.32 的水平，因而使得一般预算缺口有所扩大，如图 4.2 所示。这种现象表明北京市财政收支情况存在潜在风险，虽然公共部门的财务风险尚不明显，但相关部门应予以高度重视，控制预算支出增速，以免缺口进一步扩大。

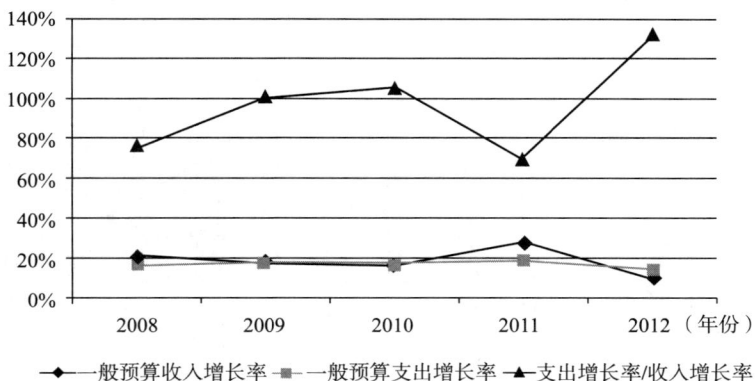

图 4.2　北京市地方财政一般预算收支增长率

第 3 节　北京市金融部门风险分析

2012 年，金融业对北京市经济增长的贡献率达到 24.7％，居各行业首位。因此，分析北京市金融部门所面临的风险，具有非常重要的意义。本节主要运用资产负债表的方法对北京市银行业和保险业进行风险分析，通过资产和权益关系揭示北京市金融部门的风险状况及抗风险能力。

一、银行类风险分析

2012 年，北京市银行业金融机构总体发展状况良好，资产规模不断壮大，截至 2012 年 12 月，总资产规模达到 131459.7 亿元，同比增长 17.2％；实现利润同比增长 2.5％，增速有所放缓；资产质量得到改善，不良贷款率较上年下降 0.1 个百分点；法人机构达到 71 个，同比增长 14.52％。总体看来，2012 年北京市银行业金融机构呈现稳步壮大态势，资产结构也得到了进一步优化，不良贷款所致的风险有所缓解。

（一）资本结构错配分析

2012 年北京市银行业金融机构人民币各项存款余额 81389.6 亿元，同比增长 12.03％。同时，在债券市场发展加快和信贷有效需求不足等因素影响下，北京市金融机构人民币贷款增速整体放缓。截至 2012 年年末，贷款余额为 36441.3 亿元，同比增长 9.14％，如图 4.3 所示。

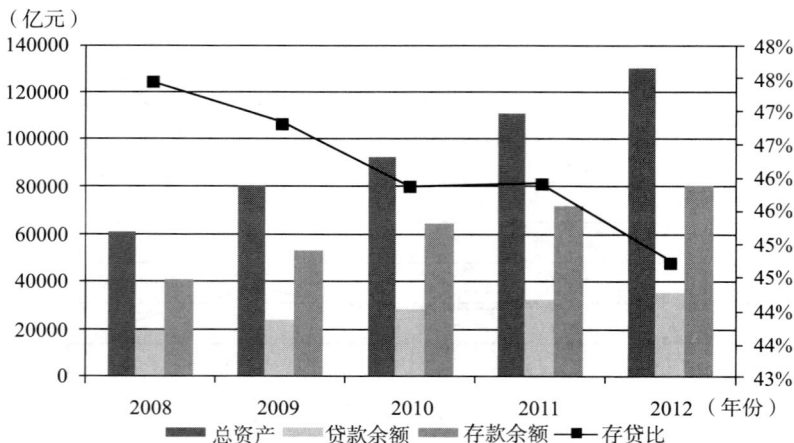

图 4.3　北京市银行类金融机构存贷款结构

2008 年以来，北京市金融机构的存贷比水平总体呈现出下降态势，2012 年由上年的 45.93％回落至 44.77％，远低于全国平均水平，与我国央行规定的商业银行最高存贷比 75％相比有一定差距。造成此现象的主要原因为北京市资本市场相对发达，其企业通过资本市场的融资渠道较为丰富，直接融资方式应用广泛，从而对银行类金融机构的信贷融资需求弱于全国其他省市。尽管较低的存贷比水平提高了银行抵御风险的能力，但同时会造成大量资金闲置，资金成本的增加会大幅度地降低银行的盈利能力，由于商业银行是以盈利为目的的，因此北京市的银行业应在保证风险可控的前提下，适度扩张信贷规模。

总体而言，北京市银行类金融机构存贷结构较为稳定，不存在明显的资本结构错配风险。

（二）货币错配风险分析

2012 年，北京市银行类金融机构外币存贷款规模较 2011 年均有所上升，但外币存贷比近两年出现了回落，如图 4.4 所示。北京市银行类金融机构外币存款余额在 2012 年达到 548.5 亿美元，同比增长 47.3％，贷款余额达到 1073.6 亿美元，同比增长 7.5％。近几年外币贷款余额均超过了存款余额，这种外币存贷款之间的不均衡体现了外界对人民币升值的普遍预期。外币存贷比自 2008 年金融危机后开始上升，在 2010 年达到了 325％的峰值，然后开始逐渐回落，在 2012 年降至 196％，表明其货币错配风险在一定程度上得到缓解。但北京市外币存款规模仍相对较小，由于外向型经济对外币贷款的需求较大，与全国其他省市相比，其外币贷款占总贷款余额的比例较高，达到 18.52％，因此金融部门面临的货币错配风险不容轻视，应及时采取相应措施以提高货币错配风险管理水平，合理适度地降低外币存贷比例，防范因汇率波动而带来的损失。

（亿美元）

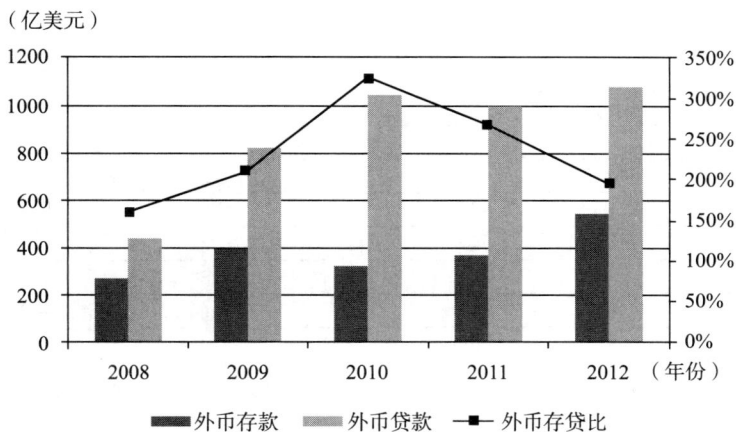

图 4.4　北京市金融部门外币存贷款余额和外币存贷比

二、保险类风险分析

北京市金融业较为发达，经济现代化程度较高，企业和个人对于保险业服务需求较大，保险业发展具有良好的基础，北京市也成为全国保险业最为发达的地区之一。截至 2012 年年末，北京市保险公司资产规模不断壮大，总资产达到 3608.7 亿元，同比增长 15.2%。保费收入为 923.1 亿元，其中财产险和人身险的保费收入分别上涨 14.8% 和 11.5%。全行业积极应对国内外经济环境变化所带来的风险，市场总体呈现平稳发展态势。

保费收入自 2011 年出现下滑后，2012 年再次提高到 923.1 亿元，同比增长 12.45%，而保费深度除 2005 年和 2010 年出现较大幅度增长外，其余年份较为稳定，基本维持在 5.1% 的水平上下波动，2012 年为 5.16%，较 2011 年增长 0.11 个百分点，远远高于我国平均保险深度 2.98% 的水平，如图 4.5 所示。该情况反映出保险业在北京市国民经济中占有重要地位，这一方面保证了保险业健康、有序地发展，另一方面它能够为北京市经济金融主体提供良好的风险管控措施，为金融业的发展起到助推器和稳定器的作用。

保费增长率虽然在 2011 年出现了负增长，但经过调整，在 2012 年实现了 12.45% 的增长率。北京市保费增长率在 2003 年至 2012 年间波动较为剧烈，在一定程度上反映出了北京市保险行业的不稳定性风险。同时，保费增长率也是保险业扩张的一个缩影，北京市保费增长率由 2011 年的

－15.06％上升至12.45％，表明保险业呈现出扩张态势，且具有一定的增长持续性。

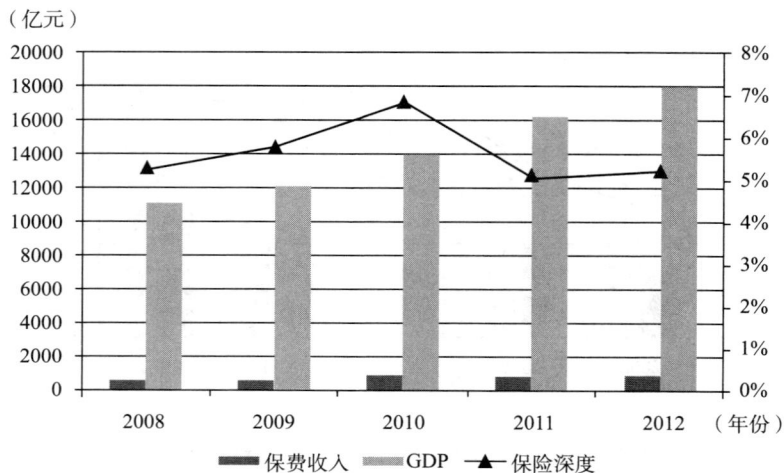

图4.5　北京市保险业保费收入与保险深度

2012年，北京市保险业赔付支出达286.2亿元，同比增长22.94％，增速提高了6.37个百分点，如图4.6所示。同时，保险业赔付率较为稳定，围绕20％的水平上下波动，该比率较低，始终处于可控范围内。保费增长率与赔付率之间的差额在2012年得到缩减，赔付风险有所缓解。总体而言，北京市保险行业发展状况良好，不存在严重系统性风险，但应警惕保费收入下行趋势，尽量减少由于其波动带来的不确定性风险。

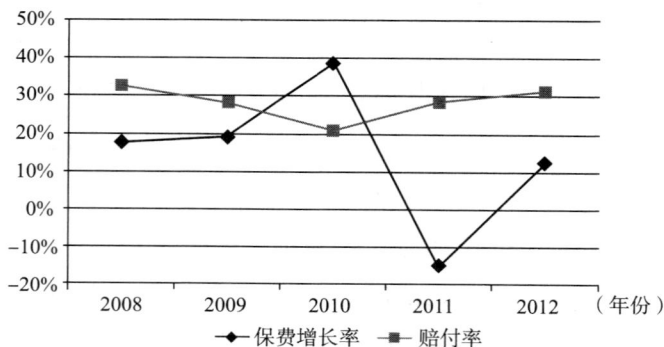

图4.6　北京市保险业保费增长率与赔付率

第4节　北京市上市企业部门风险分析

2012年，北京市上市企业的经营状况有所下滑，净利润率逐季度下降，账面资产负债率与或有资产负债率均有所上升，财务状况有所恶化，上市企业面临的总体风险较大。本节主要选取利润表、资产负债表和或有权益资产负债表中的核心指标对北京市上市企业部门进行风险分析，所选分析样本为2008 年至 2013 年第三季度北京板块的 149 家上市企业，其中不包含创业板块和金融行业的相关上市企业。

一、盈利能力分析

自 2011 年第一季度开始，北京市上市企业部门的净利润率出现持续下滑状态，并于 2012 年年末下降至 4.26%，创 2008 年以来最低水平，如图 4.7 所示。造成这一现象的主要原因是受实体经济下滑影响，铝行业、光伏行业、房地产行业等出现市场环境低迷、成本上升等现象，净利润率的逐年下降表明北京市上市企业经营状态有所恶化，反映出其相关风险较大。虽然自 2013 年开始，净利润率得到小幅回升，但仍低于 5% 的水平，净利润率相对较低，由此表明北京市上市企业部门盈利能力较差。

因此，企业在增加销售收入额，扩大销售规模的同时，必须有效控制成本，注意改进经营管理方式，提高盈利水平，以获得更多的净利润，这样才能使销售净利率保持不变或有所提高。

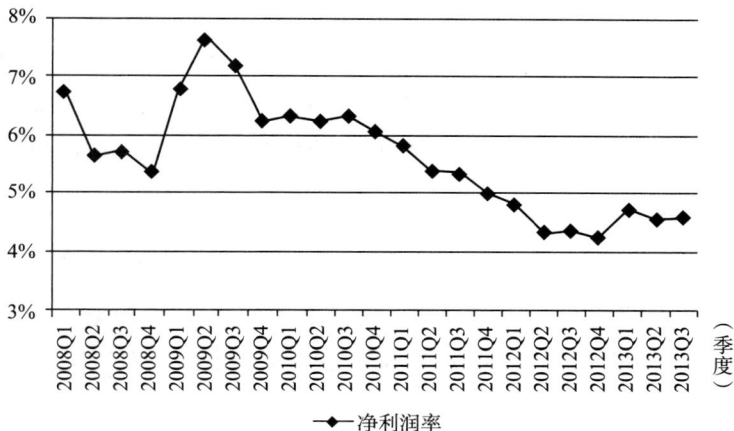

图 4.7 北京市上市企业净利润率

二、账面价值资产负债表分析

北京市上市企业部门的总资产于第三季度达到 102553.01 亿元，同比增长 13.29%，总负债达到 64605.90 亿元，同比增长 14.7%，总负债增长速度快于总资产增长速度，加剧了企业的偿付风险。

（一）资本结构错配分析

自 2009 年开始，企业资产负债率呈现出平稳上升态势，在 2013 年第三季度末达到 63％，如图 4.8 所示。通常情况下，我国较为合理的资产负债率水平应为 40％左右，上市企业一般不超过 60％。但由于北京资本市场发达，企业部门融资渠道广泛，融资方式多样化，且举债目的大多是由于经济形势利好，企业为扩充其生产规模和业务范畴所致。

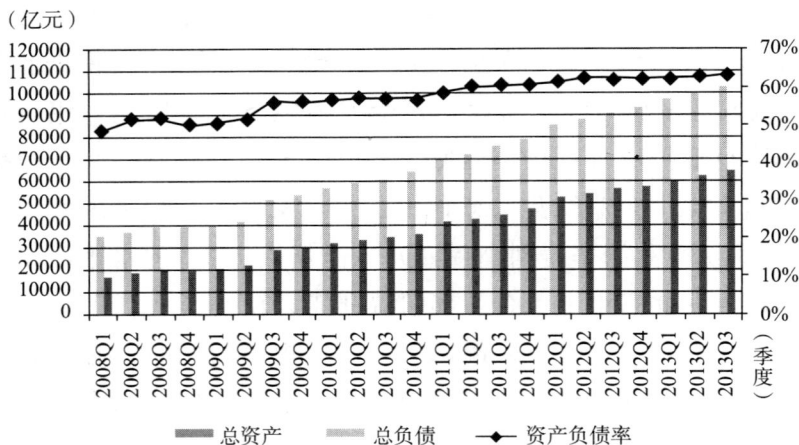

图 4.8　北京市上市企业部门账面资产负债率

总体而言，北京市上市企业部门资本结构较为稳健，资产负债率在全国其他省市中处于较低水平。但由于资产负债率自 2009 年一直处于不断上升的态势，企业部门应对此保持高度警惕，及时防范资本结构错配风险。

（二）期限错配分析

2008 年至 2013 年第三季度末，北京市上市企业的流动资产和流动负债除个别季度出现负增长外，其余时间基本处于稳定上升的态势，如图 4.9 所示。流动比率除 2008 年第一季度达到 1.15 外，其他年份都相对稳定，基本维持在 1—1.1 的区间水平内。北京上市企业流动比率在 2012 年的前三个季度内均为 1.08，总体上维持了自 2008 年以来的水平。总体看来，北京市上市企业的流动比率基本保持在 1.05 左右，资金流动性较好，偿还短期债务的能力较强，未出现明显的期限错配风险。

（亿元）

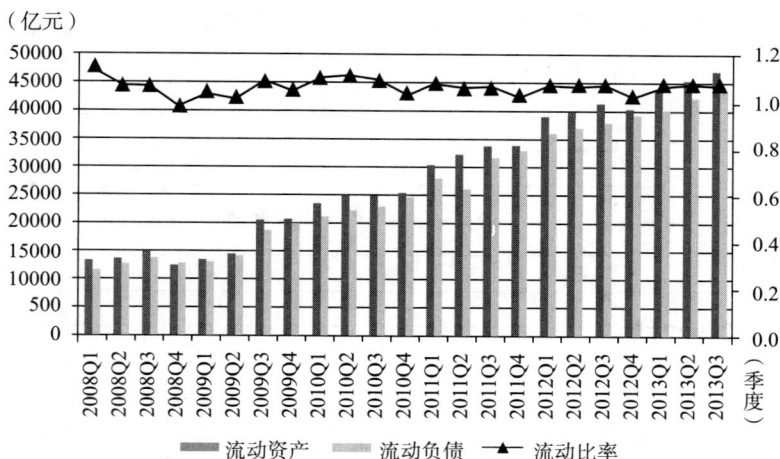

图 4.9　北京市上市企业部门流动比率

三、或有权益资产负债表分析

与账面资产负债率相比，或有资产负债率的水平相对较低，2013 年第二季度末仅与账面资产负债率相差 6.89 个百分点，如图 4.10 所示。或有资产负债率的不断上升表明北京市上市企业在股权二级交易市场的状况不容乐观，2013 年第三季度末 54.54% 的或有资产负债率高于同期东部其他省市平均水平，潜在违约风险不容忽视，相关部门应采取有效措施以防范危机的发生。

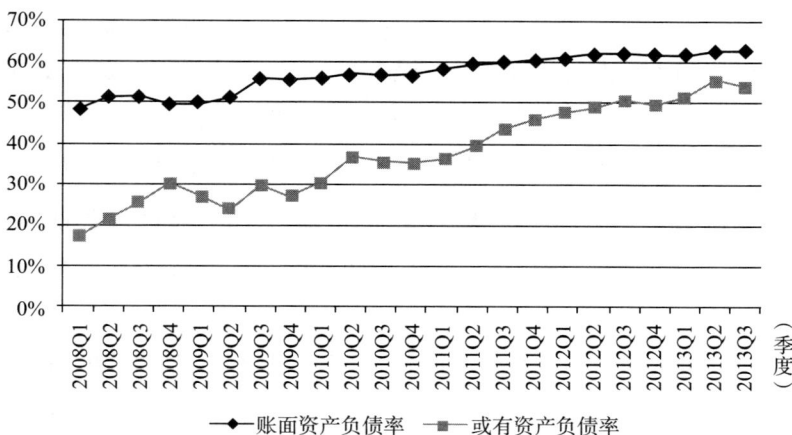

图 4.10　北京市上市企业或有资产负债率

对于北京市上市企业部门的违约距离，2008 年相对稳定且违约距离较小，最低点仅为 1.87，这与 2008 年金融危机所造成的经济萧条是密不可分的，如图 4.11 所示。但随着危机影响的淡化，从 2009 年年初开始，违约距离的波动性虽不断加大，但整体呈上升趋势，违约风险有所降低。截至 2013 年第三季度末，基本维持在 6 的水平上下波动。北京市上市企业违约距离总体较大，与全国其他省市相比处于较高水平，这表明企业违约概率较低，经营状况良好，尚无明显违约风险。

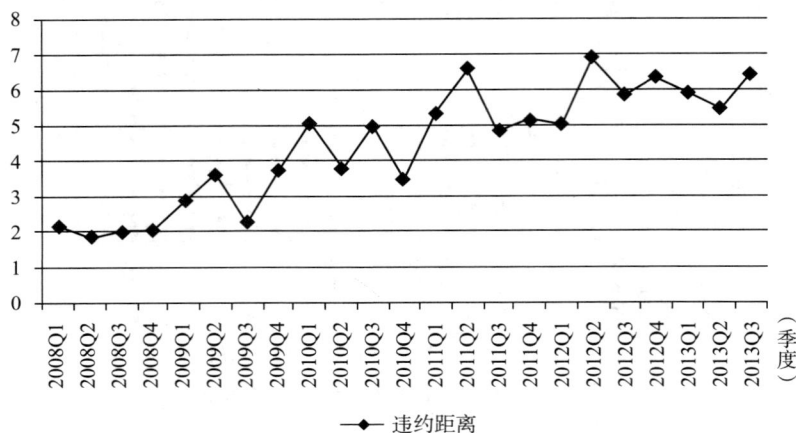

图 4.11　北京市上市企业违约距离

第 5 节　北京市家户部门风险分析

2012 年，北京市城乡居民收入稳步增加，城镇居民人均可支配收入达到 36469 元，农村居民平均每人纯收入为 16476 元，较 2011 年分别上涨 10.8％ 和 11.8％，扣除由于通货膨胀所带来的影响，二者实际上涨分别为 7.3％和 8.2％。此外，2012 年北京市城镇居民家庭平均每人年消费性支出为 24046 元，同比增长 9.38％，占城镇居民人均可支配收入的 65.94％，较 2011 年下降 0.87 个百分点，表明城镇居民的投资储蓄能力有所提高。同时，城镇居民的恩格尔系数为 31.3％，比 2011 年下降 0.1 个百分点，食品支出总额占个人消费性支出总额的比重有所下降，表明居民生活水平在一定程度上得到提高。

与此相比，北京市农村居民人均年生活消费支出为 11879 元，同比增长 7.23％，占农村居民人均纯收入的 72.10％，比上年降低 3.18 个百分点，如图 4.12 所示。总体来看，2012 年北京市城乡居民整体生活水平有所提升。

随着经济逐步复苏，北京市个人消费贷款与城乡居民储蓄存款的比率有所回升，且相对稳定，基本维持在 22.5％的水平。同时，北京市家户部门的负债水平不高，具有较强的偿债能力，相关债务风险较低。在存贷结构方面，北京市城乡居民储蓄存款在 2012 年达到 21644.9 亿元，同比增长 13.17％，增速提高了 0.68 个百分点；个人消费贷款达到 4875 亿元，同比增长 8.72%，增速降低了 2.39 个百分点；个人消费贷款与城乡居民储蓄存款的比率在 2012 年达到 22.52%，比上年减少了 0.92 个百分点，表明居民将重心更多地转向于投资储蓄，这与前面通过人均消费支出占可支配收入比例的分析结果一致。综上所述，北京市家户部门收入呈现快速增长态势，负债水平相对较低且平稳，违约风险较小，存贷结构分配合理，总体风险水平相对较低。

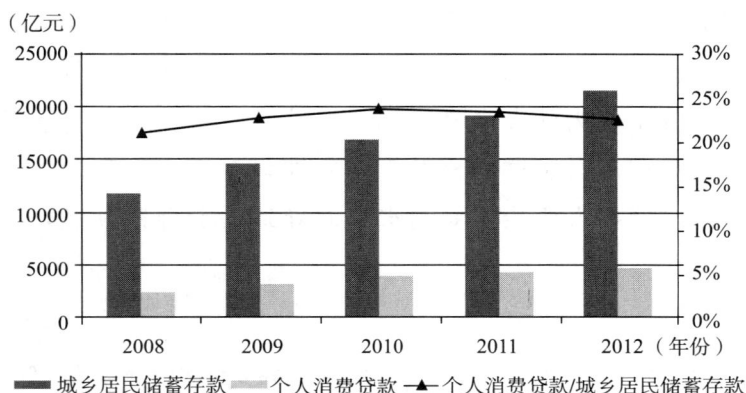

图 4.12　北京市家户部门储蓄存款与消费贷款

第 6 节　北京市金融街功能区经济风险专题研究

在国务院和当地政府的大力支持下，金融街于 1992 年开始实施建设规划，它是北京市首个大规模整体定向开发的金融产业功能区。2008 年，政府部门进一步强调了金融街在北京市乃至全国金融业中的核心地位，经过十多年的开发建设，金融街现已成为北京六大高端产业功能区之一，聚集了我国大多重要金融机构总部以及外资金融机构，逐步形成了辐射全国的金融决策中心、监管中心以及结算中心。据统计，截至 2012 年年末，金融街总资产达到 700.3 亿元，实现利润总额 36.64 亿元，同比增长 27.34%；所缴三级税收占北京市三级税收总额的 30.8%。对于我国经济金融发展的重要作用毋庸置疑。显然，它已成为了北京最具代表性的金融名片，同时也是我国经济增长的有力支柱。

但也由于金融街掌握着我国经济金融的关键命脉，对于如此庞大的金融系统而言，其风险管理问题显得尤为重要。所谓牵一发而动全身，若金融街中的某些甚至某一个金融机构由于金融风险导致申请破产，则很有可能成为当年华尔街的一个缩影，衍生出全球金融风暴。因此，接下来我们将对金融街的金融风险问题进行相关分析。

近年来，北京金融街资产和负债规模稳定上升，由于负债增速快于资产增速，导致资产负债率不断上涨，但呈现出边际增速递减的趋势。截至 2013年第三季度末，资产总额达到 782.04 亿元，同比增长 12.39%；负债总额达到 557.46 亿元，同比增长 12.43%；资产负债率达到 71.28%，创 2008 年以来最高水平，这与上市企业一般不超过 50% 的理想标准相比高出许多，如图 4.13 所示。造成较高资产负债率的主要原因一方面是由于金融业的行业特殊性所致，对于银行、保险等部门，存款规模构成了其负债的绝大部分。另一方面可能由于部分企业为壮大自身规模，持续进行多渠道外部融资，因而导致负债规模不断累积，对于这类金融机构应加强警惕，以防因投资亏损或债务水平过高，超过债权人所能接受的水平而导致的资金链断裂，无法偿还债务所造成的风险。

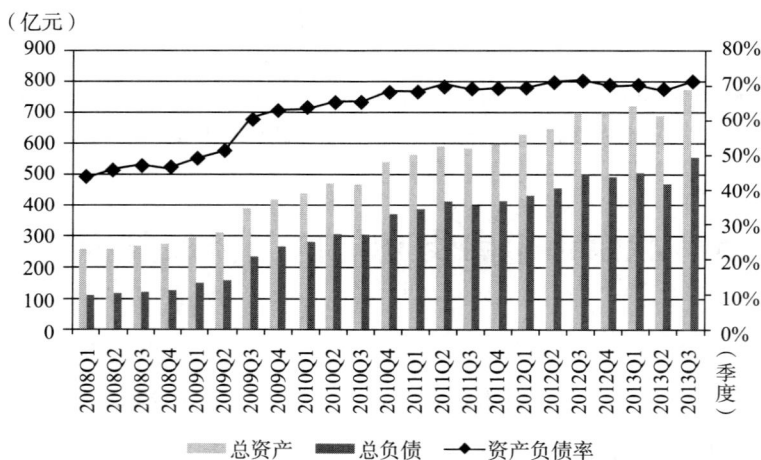

图 4.13　金融街资产负债率

就目前看来，金融街整体资本结构较为合理，资产负债率仍在可控范围内，不存在明显资本结构错配风险。但应进一步优化资本结构，控制资产负债率的上升趋势。

接下来分析金融街短期偿债能力，流动比率自 2008 年金融危机以来波动一直较大且呈逐年下降趋势，在 2011 年年末出现最低值 1.54，但从 2012年开始有所回升，并于 2013 年第三季度末重新返回到 2 的水平之上，如图 4.14 所示。表明金融街各企业整体营运资金较充足，短期偿债能力具有保障，违约风险较小。

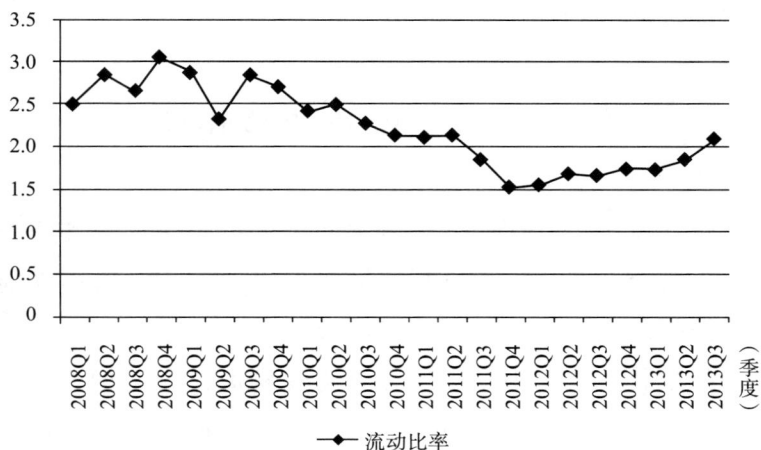

图 4.14　金融街流动比率

　　盈利性是各金融机构生产经营的最重要目的之一，企业总体净利润率波动较大，于 2009 年第一季度达到近年来最高值 54.29％，但随后又出现大幅度下滑，降至 13.32％，然后便呈现出频繁波动的趋势，截至 2013 年年末，净利润率仅为 15.63％，如图 4.15。实际上金融街 2012 年全年实现净利润 26.97 亿元，同比增长 31.05％，而营业总收入和营业总成本分别达到 172.34 亿元和 148.90 亿元，同比增长 78.82％和 87.66％。导致净利润率大幅下滑并不是因为营业总收入或净利润下降，而是因为营业总成本增长速度远远快于总收入和净利润的增速，因此在提高企业利润的同时也要注意合理控制成本及其他费用的发生。

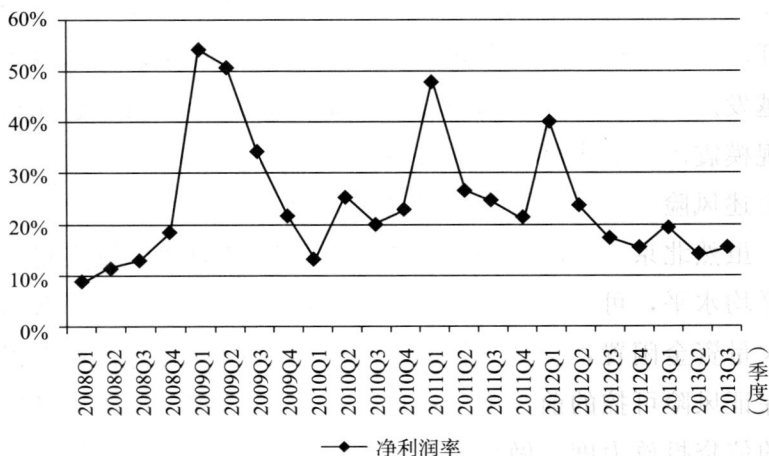

图 4.15　金融街净利润率

　　通过对金融街营运能力、偿债能力以及盈利能力的分析，我们可以看出，北京市金融街功能区总体经济金融风险较小，盈利能力较强，是推动我国经济金融发展的核心功能区之一。

第7节　结论及政策建议

本章主要从北京市公共部门、金融部门、上市企业部门和家户部门四个方面来对当地宏观金融风险进行分析，同时针对北京市金融街功能区在发展壮大的同时所面临的金融风险进行了专题分析。

从公共部门来看，北京市一般预算收支规模保持稳定增长，一般预算财政缺口有所扩大，达到509.1亿元，占GDP的比重为2.61%，较上年增长0.54个百分点，但在全国各省市中仍处于较低水平，总体看来公共部门的财务风险尚不明显；对于金融部门，北京市银行业金融机构总体发展状况良好，资本结构较为稳健，其存贷比水平为52.24%，远低于全国平均水平。同时，北京市银行类金融机构外币存贷款规模及外币存贷比均有所上升，货币错配风险不容轻视；对于上市企业部门，企业盈利能力受到挑战，净利润率逐年下滑，企业经营状态有所恶化，但资本结构较为稳健，企业偿债能力有所保障；家户部门近年来收入呈现快速增长趋势，负债水平相对较低且平稳，违约风险较小，存贷结构分配合理，总体风险水平相对较低。

综上所述，2013年北京市经济金融发展状况良好，各部门处于健康、稳定、快速发展中，风险指标也处于可控范围内，并低于全国其他省市平均水平，并未显示出相关违约、破产等风险。但由于北京是我国经济金融发展的中心，其开放程度及经济一体化进程不断推进，进而导致对国内外经济的反应灵敏度越发加强，因此，国内外经济的微小波动都可能引起北京经济金融体系的大规模震动，导致相关风险加剧。

根据上述风险分析，现提出以下几点建议：

第一，虽然北京市金融机构的存贷比长期以来均处于较为稳定状态，远低于全国平均水平，可有效防范资本结构错配风险。但同时较低的存贷比水平会使得大量资金闲置，提高银行资金的机会成本，因此北京市银行类金融机构应在保证风险可控的前提下，适度扩张信贷规模，并加强对外省市资金匮乏地区的信贷投放力度，做好金融支持实体经济发展的工作。

第二，对于外币存贷款方面，由于北京市外向型经济贸易活动较为发达，因此对外币的需求量较大，导致其外币存贷比率过高，货币错配风险较为显著。相关部门应逐步完善利率市场化的推进过程，通过市场供给需求的合理配置来确定利率的最优化水平。此外也应加强期货、期权市场的完善与建立，利用衍生金融工具实现金融产品的套期保值，从而有效规避因汇率波动带来的相关风险。

参 考 文 献

　　[1] 李焱：《"海啸"之下的北京金融园区》，载《投资北京》2009 年第 3 期，第 69—72 页。

　　[2] 张晨光：《世界大城市排名对北京的启示》，载《投资北京》2013 年第 2 期，第 90—93 页。

　　[3] 李艳，刘再杰：《北京建设世界城市的财政支出分析与对策研究》，载《中央财经大学学报》2012 年第 10 期，第 12—17 页。

　　[4] 曹彦：《北京金融产业集群研究》，首都经济贸易大学，2011 年。

　　[5] 谭敏：《北京金融发展与经济发展的关联性研究》，北京工业大学，2012 年。

　　[6] 姜玉英：《北京地区城镇居民可支配收入增长模式研究》，载《北京印刷学院学报》2012 年第 4 期，第 72—74 页。

　　[7] 北京市统计局：《2008－2012 年北京市国民经济和社会发展统计公报》。

　　[8] 北京市统计局：《2009－2013 年北京市统计年鉴》。

　　[9] 中国人民银行：《2008－2012 年北京市金融运行报告》。

第5章 天津市宏观金融风险研究

　　天津市是中国四大直辖市之一，是改变中国经济发展"南快北慢"局面的核心城市。近年来，天津市进入高速发展时代，经济增长速度连年居于国内前列，2012年全年实现生产总值12893.88亿元，人均生产总值为93173元，较上年分别增长14.03%和9.34%，其中滨海新区的成立既是带动环渤海区域经济发展的重要支柱，也对天津市经济金融高速发展所带来的相关风险提出了更高的管理和控制要求。本章首先对天津市经济金融运行的大致状况进行初步介绍，然后分别通过公共部门、金融部门、上市企业部门以及家户部门对天津市宏观金融风险进行了深入分析，并就天津市港口水运行业的三家具有代表性的企业进行了风险专题分析，最后根据实际风险情况给予一定政策建议。

　　分析结果表明，天津市银行业金融机构存在一定程度的资本结构错配风险和货币错配风险，同时保险类金融机构保费增长率波动频繁，赔付率不断升高，保险业的行业风险有所加剧；对于天津市上市企业，企业净利润率较低，经营状况持续恶化，相关风险较大，同时还存在资本结构错配风险；在天津市港口水运行业风险专题研究方面，发现天津市港口水运上市企业资产负债率水平持续上升，存在资本结构错配风险，并且盈利能力大幅下降，净现金流持续为负，产业风险加剧。

　　牛丽（2011）对天津市财政收入占GDP的比重进行了深入分析，认为地方财政收入与国内其他发达城市相比仍存在较大差距，而产业结构、税收结构、财政体制以及地区结构等是影响其占比的主要因素，最后针对地方财政风险以及如何有效提高财政收入占比提出了相应措施；赵红梅（2011）通过对天津市上市公司在经济增长中对筹资、企业转制和资源配置影响的描述性分析，发现37家上市公司对经济增长的促进作用有限。

　　王学信、马嘉成（2012）对天津银行业、证券业和保险业的发展状况进行了纵向和横向比较分析，考察了天津金融发展面临的优势、劣势、存在的机会与面临的风险，并从政府、银行业、证券业、保险业等方面提出了推动天津金融发展的政策建议。

第 1 节　天津市经济金融运行概况

一、天津市经济运行概况

2012 年，天津市经济运行整体发展状况良好，保持平稳增长速度。截至 2012 年年末，全市实现生产总值 12893.88 亿元，同比增长 14.03%。其中，第一、二、三产业增加值分别为 171.54 亿元、6663.68 亿元和 6049.96 亿元，三次产业结构从去年的 1.4∶52.5∶46.1 调整到 1.3∶51.7∶47.0，第三产业比重有所增加，产业结构得到进一步优化。

2012 年，天津市投资态势良好，保持较快速度增长。其中全社会实现固定资产投资 8871.31 亿元，同比增长 18.1%，占全市生产总值的 68.8%。从天津市财政收支来看，2012 年全市完成地方一般预算收入 1760.02 亿元，同比增长 21.0%。其中实现税收收入 1105.56 亿元，较 2011 年上涨 10.1 个百分点，占地方一般预算收入的 62.82%，可以看出，税收收入构成了政府财政预算收入的主体部分。地方一般预算支出为 2112.21 亿元，同比增长 19.2%。其中主要由教育、医疗卫生以及社会保障和就业支出拉动增长，财政支出结构不断调整且得到进一步优化。

2012 年，天津市消费品市场持续活跃，居民消费价格涨幅得到缓解，但通货膨胀压力依旧不容小觑。全年社会消费品零售总额达到 3921.43 亿元，同比增长 15.5%。居民消费价格指数同比增长 2.7%，增幅较 2012 年回落了 2.2 个百分点，其中食品类、衣着类价格仍是导致总体价格不断上升的最主要原因，二者分别上涨了 6.4% 和 7.0%。衣食住行是维持居民日常生活最重要的消费品，食品和衣着类商品价格的不断上涨会对居民正常生活产生严重影响，政府部门应予以高度重视。

二、天津市金融运行概况

天津市是我国环渤海地区的经济中心，是带动环渤海区域经济发展的重要支柱，而金融业则是促进经济不断深化的有力杠杆。2012 年，天津市金融业运行状况良好，实现增加值 959.03 亿元，同比增长 25.1%。其中银行业金融机构资产规模不断扩大，资产质量不断改善；证券业金融机构交易运行平稳，融资产品创新力度不断加强；保险业金融机构投融资渠道得到拓宽，盈利能力稳步增长。

2012 年，天津市银行业金融机构资产规模持续增长，年末资产总额达到 3.5 万亿元，同比增长 24.9％。存贷款规模稳定上升，其中各项存款余额为 20293.79 亿元，同比增长 15.4％，增速较去年上涨了 8.7 个百分点，银行揽储能力增强；各项贷款余额达到 18396.81 亿元，较去年上涨 15.5％，增速略有下滑。同时，银行业金融机构盈利能力不断上升，2012 年营业总收入达到 903.5 亿元，同比增长 20.9％；实现净利润 485.41 亿元，同比增长 24.3％。资产质量得到优化，不良贷款率降至 0.6％，较去年下降了 0.2 个百分点。

相较于银行业的快速发展而言，证券业的表现则相对平稳。截至 2012 年年末，天津市上市公司为 38 家，较上年新增 1 家。各类证券交易总额达到 10743.11 亿元，同比下降 15.7％，其中股票和基金交易额下滑，债券交易额呈上升趋势。近两年证券市场交易总额持续走低，表现出投资者投资热忱下降，对股票市场普遍持观望态度，债券市场进而受捧。

2012 年，天津市保险业运营状况良好，资产规模持续增长。截至 2012 年年末，全市共有保险总公司 5 家，分公司 48 家，较上年分别新增 1 家和 2 家，并且保险公司总资产达到了 880.7 亿元，同比增长 19.6％。实现全年保费收入 238.16 亿元，同比增长 12.5％。其中，财产险保费收入 90.79 亿元，人身险保费收入 147.37 亿元。全年各类保险赔付支出 81.02 亿元，较上年增长了 22.4 个百分点。总体来看，2012 年天津市保险业市场平稳健康发展，资产规模和保费收入不断扩张，保险赔付增长率有所回落。

天津市金融市场 2012 年整体运行平稳，直接融资规模不断扩大，产品创新力度进一步加强，全年通过债券和股票融资金额分别为 612.5 亿元和 37.4 亿元；在货币市场中，银行间同业拆借累计完成信用拆借 2134 笔，拆借金额为 9421.5 亿元，较上年均略有下降；同时，票据市场发展迅速，其中承兑汇票交易额为 8163.1 亿元，较上年增长 35％，票据贴现交易额为 4159.8 亿元，同比增长 54.7％。可以看出，天津市金融市场中直接融资能力以及票据市场交易规模正处于高速增长中，发展态势良好。

第 2 节　天津市公共部门风险分析

2012 年，天津市地方一般预算收支均呈现平稳增长态势。2012 年实现地方一般预算收入为 1760.02 亿元，同比增长 20.97%，增长幅度较大，如图 5.1 所示。其中地方税收收入为 1105.56 亿元，占一般预算收入的 62.8%。由于财政收入主要由个人、企业税收收入构成，因此预算收入的快速增长从侧面映射出了当地企业经营效益良好，个人收入有所提高的现状。

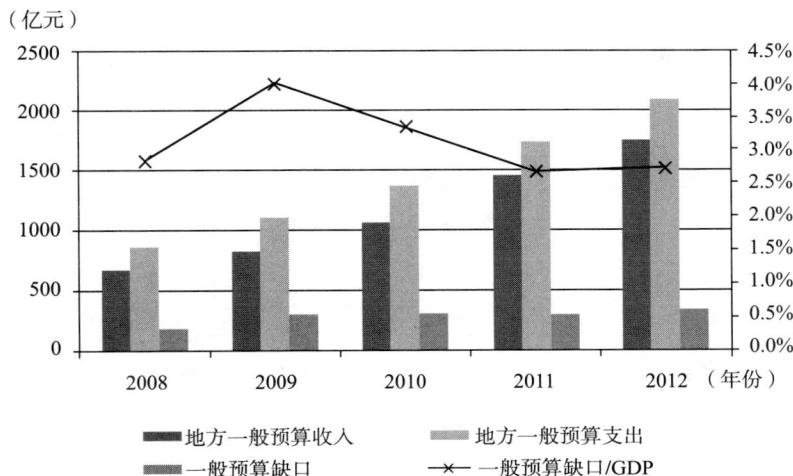

图 5.1　天津市地方财政一般预算收支情况

地方一般预算支出为 2112.21 亿元，同比增长 19.27%。其中，用于教育、医疗卫生、社会保障和就业支出分别增长 27.4%、17% 和 19.5%。由此可见，2012 年天津市政府加大了用于保障民生的财政投放力度，这部分资金投放占比 70% 以上。

从一般预算缺口以及一般预算缺口占 GDP 的比重来看，2012 年较 2011 年均有所提高，其中一般预算缺口达到 352.19 亿元，同比增长 17.01%，一般预算缺口占 GDP 的比重为 2.73%，较上年上升了 0.04 个百分比，涨幅并不明显，且并未超过目前国际上公认的 3% 以内的安全缺口规模。因此，天津市的财政缺口占比率仍处于安全范围内。总之，天津市公共部门的财政预算收支结构较为合理，财政风险尚不明显。

虽然自 2010 年起财政支出增长率小于财政收入增长率，二者比值由 2009 年的 1.36 降至 0.75，预算收支结构不断优化，但在 2012 年，二者比值出现大幅回升，上涨到了 0.97 的水平，从而使得一般预算缺口再次扩大，如图 5.2 所示。总体来看，天津市公共部门财务风险虽不明显，但相关部门也应提高警惕，防范财政支出增长过快而导致的财政缺口进一步扩大。

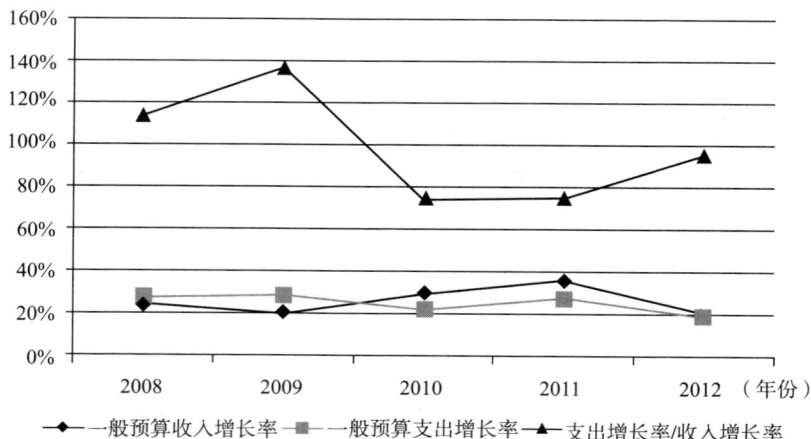

图 5.2 天津市地方财政一般预算收支增长率

第3节 天津市金融部门风险分析

金融业在促进天津市经济平稳、健康、持续增长的过程中起到关键性作用，因此，分析天津市金融部门所面临的风险，具有非常重要的意义。本节主要运用资产负债表的方法对天津市银行业和保险业进行风险分析，通过资产和权益关系揭示天津市金融部门的风险状况及抗风险能力。

一、银行类风险分析

2012 年，天津市银行业金融机构整体发展态势良好，金融服务体系得到进一步完善。其中，中外资银行业金融机构达到 76 家；年末总资产达到 35115.19 亿元，同比增长 24.9％，资产规模持续增长；净利润实现额为 485.41 亿元，同比增长 24.3％；资产质量不断优化，不良贷款率降至 0.6％，较上年下降了 0.2 个百分点；风险补偿能力有所加强，银行业金融机构贷款损失准备金达到 409.14 亿元，较上年增长 10.8 个百分点。

（一）资本结构错配分析

天津市银行业金融机构存贷款余额始终保持稳步增长态势，截至 2012 年年末，人民币各项存款余额达到 20293.79 亿元，新增存款 2725.60 亿元，同比增长 15.4％，其中单位存款和个人存款分别占比 59.68％和 36.13％，二者构成存款余额的 95.81％，如图 5.3 所示。各项贷款余额达到 18396.81 亿元，同比上涨 15.5％，增速较上年有所放缓，其中短期贷款为 5126.77 亿元，同比增长 22.7%，中长期贷款为 10700.26 亿元，同比增长 8%，可见短期贷款增速快于中长期贷款增速，人们对短期资金的需求量较为旺盛。

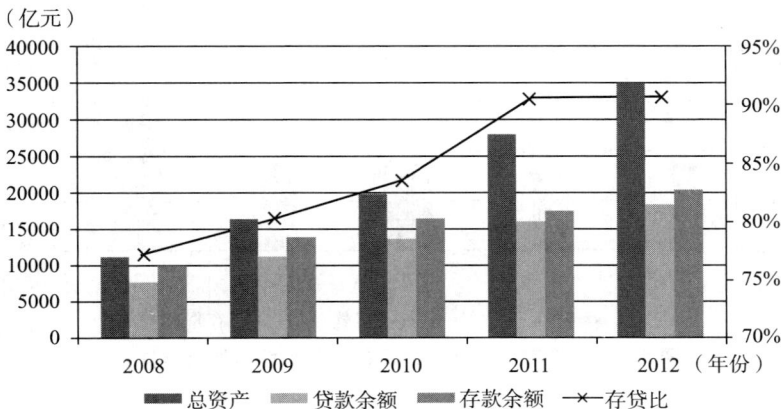

图 5.3 天津市银行类金融机构存贷款结构

自 2008 年以来，天津市金融机构存贷比呈不断上升态势，并于 2012 年达到 90.65% 的水平，远远高于我国央行规定的商业银行最高存贷比 75% 的水平。该情况表明天津市金融主体对于银行类金融机构的间接融资需求较大，这一方面可以提高银行业整体盈利水平，但另一方面也会导致银行资产风险加剧，抵御风险能力下降。因此，天津市银行业金融机构存在资本结构错配风险，相关部门应予以高度重视，并适当调整存贷水平，控制贷款投放总量，积极拓宽融资渠道，加强直接融资。

(二)货币错配风险分析

2012 年，天津市金融部门外币存贷款规模较上年均有所增长，且增幅远超过于前几年，但存贷比继续呈小幅回落态势，货币错配风险有所缓解，如图 5.4 所示。具体来看，外币存款余额为 619.54 亿元，同比增长 59.1%，增速较 2011 年提高了 49.9 个百分点；贷款余额为 1007.37 亿元，同比增长 47.6%，增速较 2011 年上升了 44.5 个百分点，存贷款增速如此之快，可见 2012 年金融主体在货币市场交易频繁，对资金需求较大。与此同时，外币存贷比自 2009 年起迅速升高，从上年的 87.92% 提高到 179.29%，随后几年外币贷款规模均超过了存款规模，表明了天津地区对于人民币升值的期望。虽然在 2012 年继续小幅回落，但 162.59% 的存贷水平仍然较高，相关部门应采取一定措施以控制外币贷款规模，谨防货币错配风险的发生。

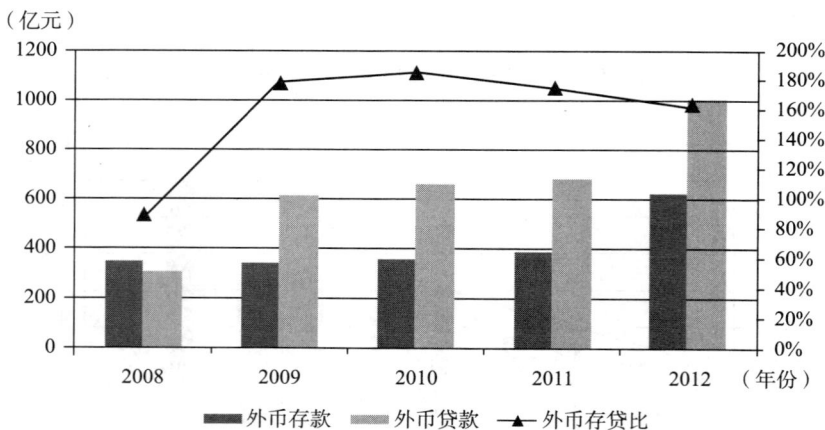

图 5.4　天津市金融部门外币存贷款余额和外币存贷比

二、保险类风险分析

　　截至 2012 年年末，天津市保险总公司为 5 家，分公司达到 48 家；全市保险公司资产总额达到 880.7 亿元，较上年增长 19.6%；全年实现保费收入 238.16 亿元，同比增长 12.5%，其中财产险和人身险收入分别增长了 20.9% 和 7.9%。2012 年天津市保险业经营主体逐渐增加，资产规模不断扩大，产品种类有所创新，整个行业处于平稳、健康的发展态势，行业风险得到一定缓解。

　　受经济形势不景气的影响，2011 年保费收入出现下降，但 2012 年有所回升，并达到近年来最高水平 238.16 亿元，较 2011 年增长了 12.5%，如图 5.5 所示。然而，保险深度自 2008 年起整体呈现出下滑态势，截至 2012 年年末，保险深度仅为 1.85%，低于我国平均保险深度 2.98% 的水平，表明天

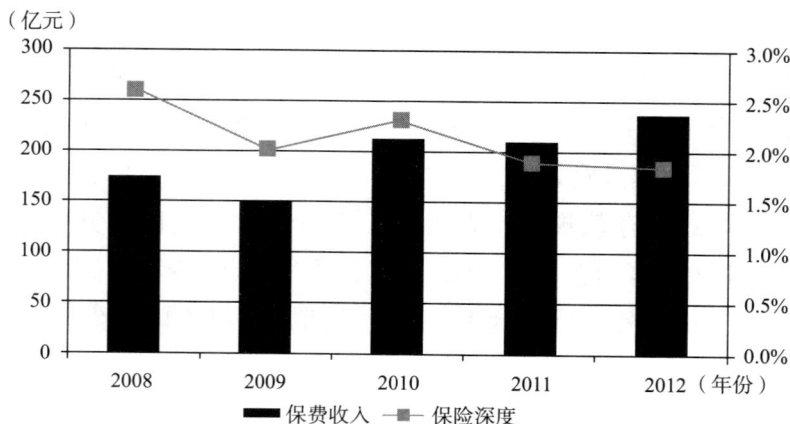

图 5.5　天津市保险业保费收入与保险深度

津市保险行业的发展速度不及当地经济发展的整体水平。对此，天津市相关部门应予以充分重视，采取合理有效方式提高保险深度，使保险业能够更好地服务于地方经济发展。

保费增长率变化幅度较大，呈现出一年增长一年下降的规律，如图 5.6 所示。尽管 2011 年保费收入再次出现负增长，但于 2012 年得到小幅回弹，增长率为 12.5％。保费增长率的频繁波动在一定程度上映射出了天津市保险行业存在不稳定性风险。

相较之下，保险赔付率的变化相对稳定。截至 2012 年年末，天津市保险业赔付支出额为 81.02 亿元，同比增长 22.39％，赔付率达到 34.02％。可以看出，天津市保费收入波动较大，赔付水平有所提高，这将对保险行业持续、稳定的发展起到阻碍作用。因此，保险业相关负责人应加强对产品的创新开发和营销力度，提高保费收入水平。并严格审核投保人员资质，加强后期监督维护，防范逆向选择和道德风险给保险业带来的额外损失。

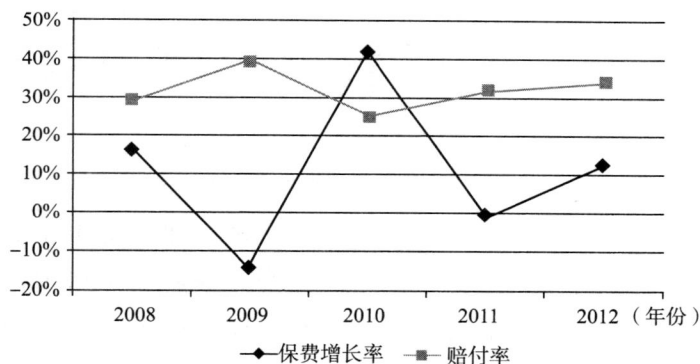

图 5.6　天津市保险业保费增长率与赔付率

第 4 节　天津市上市企业部门风险分析

近年来，天津市上市企业经营状况差强人意，净利润率波动较大，账面与或有资产负债率双双提高，财务指标并不乐观，上市企业面临的总体风险较大。本章节主要选取 2008 年至 2013 年各季度天津板块的 33 家上市企业作为研究样本，主要从盈利能力、账面价值资产负债表以及或有权益资产负债表中的重要指标对其面临的金融风险进行分析。

一、盈利能力分析

自 2008 年开始天津市上市企业部门的净利润率出现了大幅度的下降，并于 2009 年出现负增长，虽然在 2010 年上涨到了 10% 左右的水平，但自 2011 年开始持续下滑，年末又降至 0.37% 的水平，并于 2012 年第一季度再次出现亏损现象，如图 5.7 所示。2013 年得到小幅反弹，截至 2013 年第三季度，天津市上市企业部门净利润率为 5.43%。

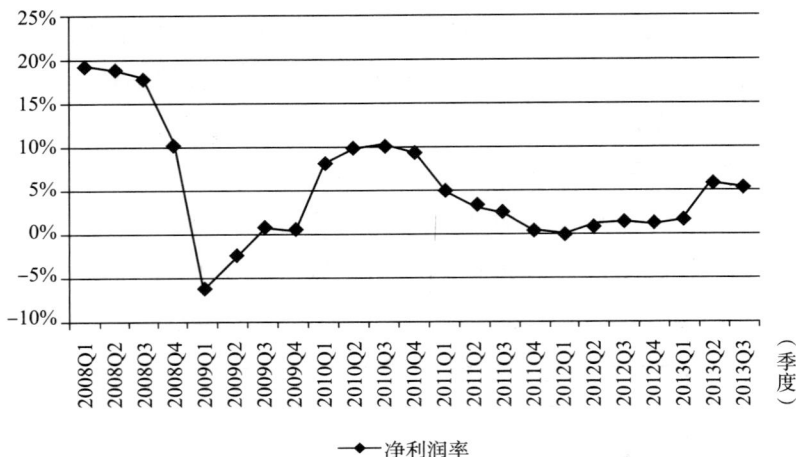

图 5.7　天津市上市企业净利润率

通过对其净利润率的分析可以看出，近年来天津市上市企业部门总体经营状况不佳，盈利能力持续走低。这主要是受到政府关于房地产行业宏观调控政策的影响，居民、企业对房产需求放缓，购买刚性不足所致，以天津市松江县、津滨县发展为代表性的主营房地产开发的企业生产经营状况严重受阻。又如，一汽夏利等国产汽车企业由于核心竞争力不足，市场份额大幅萎缩，因此也出现了连年亏损状态。

总体而言，天津市上市企业经营状况持续恶化，相关风险较大。因此，企业应根据国家政策倾向及时调整生产经营模式，转变产业结构，以提高盈利水平。

二、账面价值资产负债表分析

截至 2013 年第三季度末，天津市上市企业部门的资产总额达到 4745.5 亿元，同比增长 9.8%；负债总额达到 3057.06 亿元，同比增长 11.28%，资产和负债增速均有所上升，但负债增速快于资产增速，表明上市企业部门的偿债风险增大。

（一）资本结构错配分析

近年来，天津市上市企业资产负债率总体呈现出上升态势，自 2011 年第四季度开始比率超过了 60％的企业理想化水平，并逐季度递增，如图 5.8 所示。2013 年第二季度末达到峰值 64.8％，虽然在第三季度小幅回落到 64.42％，但资产负债率水平仍高于 60％的理想化标准。总体看来，天津市上市企业部门资本结构配置较为合理，略高的资产负债率在不影响企业偿还债务能力的同时，对企业扩大生产经营规模具有一定的刺激作用。但由于资产负债率自 2011 年起呈现出逐季度上升的态势，因此，企业部门也应予以高度重视，不要盲目举债而忽略了潜在风险。

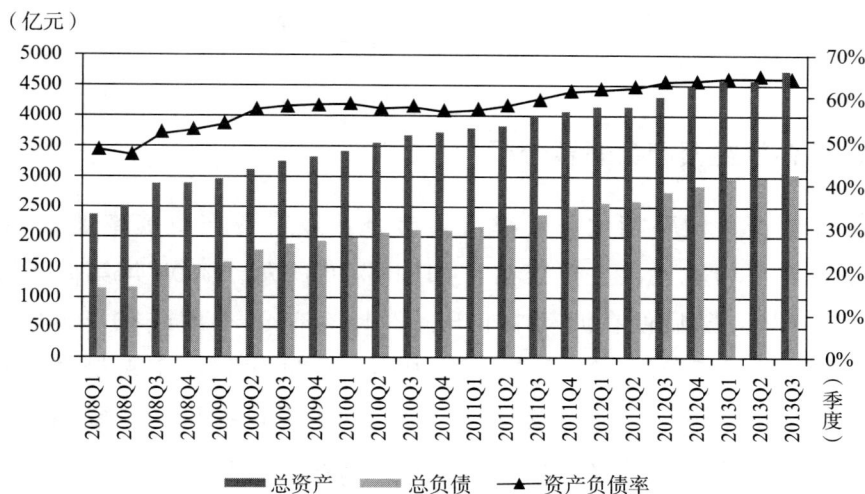

图 5.8　天津市上市企业部门资产负债率

（二）期限错配分析

天津市上市企业部门流动资产和流动负债规模变化波动较大，整体呈现出上升态势，如图 5.9 所示。同时，流动比率基本维持在 1.3 的水平之上。2013 年三个季度的流动比率分别为 1.53、1.41 和 1.34，持续下滑状态，表明企业流动资产增速不及流动负债增速。总体来看，天津市上市企业部门流动比率相对较高，资金流动性良好，具有较强的短期偿债能力，期限错配风险尚不明显，但应对下降趋势及频繁波动保持警惕，以防流动性风险发生。

（亿元）

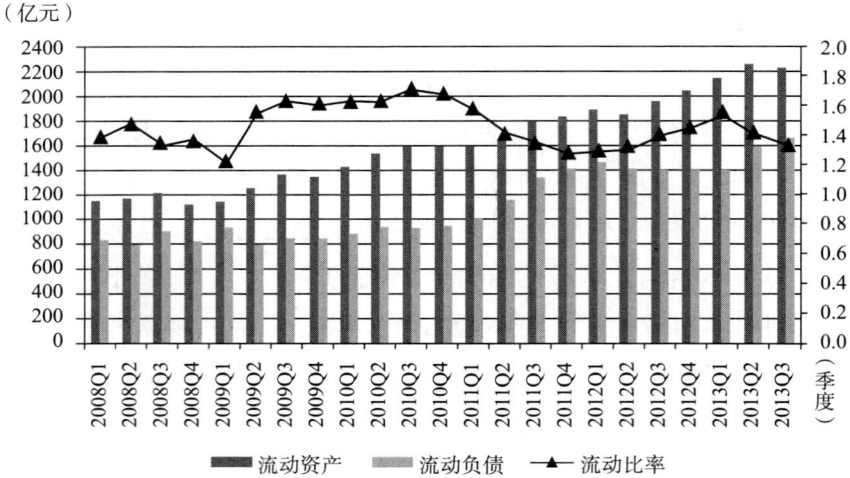

图 5.9　天津市上市企业部门流动比率

三、或有权益资产负债表分析

与账面资产负债率相比，天津市上市企业或有资产负债率波动性较大，但二者在整体上均呈现出上升态势，如图 5.10 所示。2008 年第一季度为最低水平 13.14％，随后便在波动中上升。2013 年三个季度或有资产负债率分别为 39.39％、42.54％和 38.74％，其中第二季度达到近年来最高水平。总体来看，天津市上市企业部门或有资产负债率水平仍在可控范围内，企业长期偿债能力以及在股权二级交易市场上的表现普遍向好。

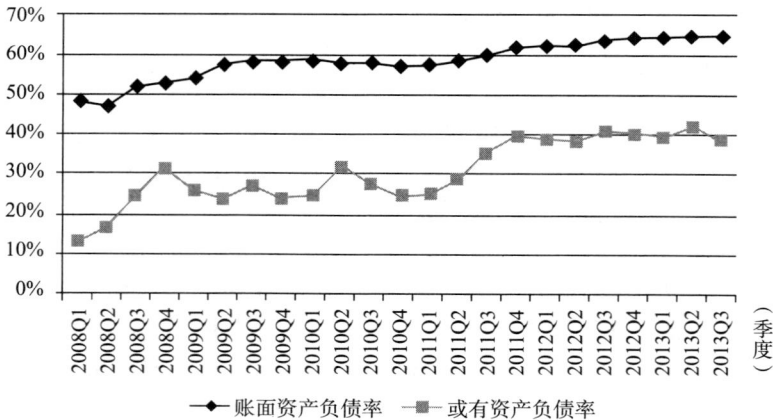

图 5.10　天津市上市企业或有资产负债率

针对天津市上市企业部门的违约风险进行分析，如图 5.11 所示。违约距离自 2009 年第一季度起，在频繁波动中呈上涨态势，相应地，违约概率与违约风险逐步降低。于 2013 年第一季度末达到近年来最高值 5.1，截至

2013 年第三季度末，企业违约距离为 4.31，较前两个季度有所回落，但总体依旧保持在较高水平。综上所述，近年来天津市上市企业部门经营状况与资产质量良好，违约风险持续下降，偿还债务能力有所保障。

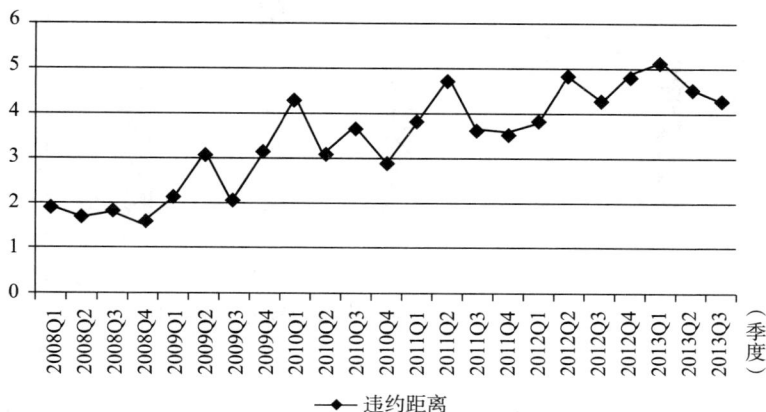

图 5.11　天津市上市企业违约距离

第 5 节　天津市家户部门风险分析

2012 年，天津市城镇居民人均可支配收入达到 29626 元，较 2011 年上涨 10.1%；农村居民人均纯收入为 13571 元，较 2011 年上涨 14.1%。同时，2012 年天津市城镇居民人均消费性支出为 20024 元，较 2011 年提高了 8.7 个百分比，它占城镇居民人均可支配收入的 67.59%，所占比重有所提高。相应地，天津市农村居民人均生活消费支出为 8337 元，同比增长 23.97%，占农村居民人均纯收入的 61.43%，农村居民消费水平有所提高。总体来看，2012 年天津市城乡居民生活水平得到进一步改善，生活质量不断提高。

天津市居民存贷款规模近年来呈现出稳定上升态势，如图 5.12 所示。截至 2012 年年末，城乡居民储蓄存款规模达到 7135.4 亿元，同比增长 15.19%，增速提高了 3.74 个百分点；个人消费贷款为 1642.76 亿元，同比增长 12.95%，增速再次出现下降，表明居民贷款消费步伐逐渐放缓。同时，随着经济的逐步复苏，个人消费贷款与城乡居民储蓄存款的比率自 2009 年起逐渐回升，截至 2012 年年末，天津市居民个人消费贷款与城乡居民储蓄存款的比率为 23.03%，这与前面分析的居民贷款消费步伐逐渐放缓相契合。整体看来，天津市家户部门负债水平相对较低，存贷结构合理，具有较强的偿债能力，总体债务风险相对较低。

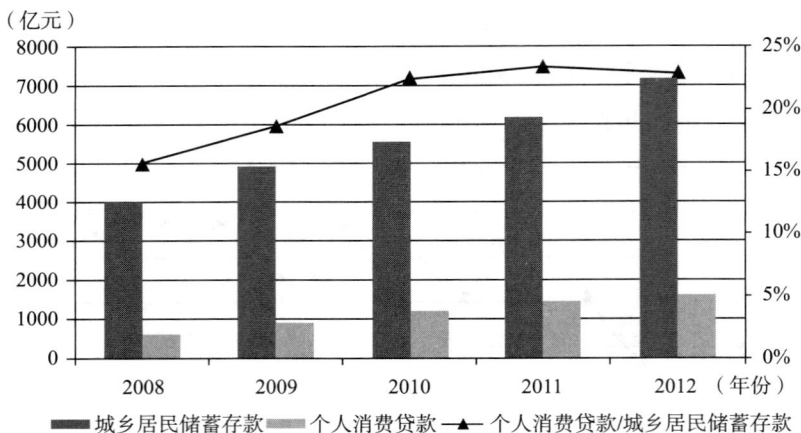

图 5.12　天津市家户部门储蓄存款与消费贷款

第 6 节　天津市港口水运行业风险专题研究

天津市位于中国华北平原海河五大支流汇流处，东临渤海，先天的区位优势决定了天津市必然拥有发达的港口水运行业。如今，它已经成为中国重要的北方国际航运中心、北方国际物流中心以及国际港口城市。其中天津港是天津市最具代表性的港口运输地，位于中国渤海海湾西端，是中国最大的人工海港，同时也是中国对外贸易的重要口岸。因此，对于天津市而言，研究分析当地重要港口水运企业所面临的风险，并提出相应的解决方案显得格外重要。

天津市港口水运行业中已有三家企业实现上市，分别为天津港、天津海运以及 ST 远洋，这三家企业占据了天津市港口水运业务的绝大多数份额。其中天津港主要从事集装箱及大宗散货的装卸、存栈、运输、代理等业务，2012 年公司不断完善市场开发机制，拓展物流网络功能，提高生产组织水平，生产保持增长态势，钢铁、原油、金属矿石等货类吞吐量增幅较为明显。截至 2012 年年末，公司实现营业收入 134.93 亿元，同比增长 6.05%；实现利润总额 16.55 亿元，同比增长 11.06%；同时净利率达到 10.4%。由此可见，它已成为推动天津市当地经济发展的重要组成部分。

天津海运则被誉为中国航运第一股，它位于中国北方最大港口且在远洋货物运输市场中占据垄断地位，并且拥有完善的国际近洋集装箱运输网络，主要经营与管理我国天津市、上海市至日本、韩国等国家和地区的国际近洋直航班轮航线上的集装箱班轮运输、船务及货运代理业务等。

2013 年 3 月 29 日，中国远洋正式更名 ST 远洋并复牌，这主要是由于其已连续两年出现巨额亏损所致。ST 远洋主要从事国际集装箱班轮运输、国内沿海及内河货物运输以及船舶与集装箱生产、销售、租赁、维修等业务。起初盈利能力很强，股价也曾一度上升至 68.4 元，但近年来受到宏观经济形势低迷，行业内部不景气等内外部因素的影响使得其连年出现亏损，股价也下跌至 3.2 元左右。这不仅影响了天津市港口水运行业的发展，同时对天津市当地经济的整体发展水平都会产生较大冲击。

综上所述，对这三家企业的财务状况进行风险分析可以充分反映本地港口水运行业的风险状况。

一、天津港口水运企业资本结构错配分析

这三家港口水运企业的总资产和总负债规模整体上呈现出增长态势，如图 5.13 所示。截至 2013 年第三季度末，总资产规模为 1957.67 亿元，同比增长 6.27%；总负债规模达到 1394.14 亿元，同比增长 11.94%，总负债增速快于总资产增速。同时，资产负债率也在波动中呈上升态势，自 2011 年第三季度起，资产负债率水平便超过了 60% 的企业理想化水平，并逐季度递增。2013 年第一季度突破 70% 大关，达到近年来最高水平 71.8%，截至 2013 年第三季度末，比值达到 71.21%，资产负债率水平居高不下。

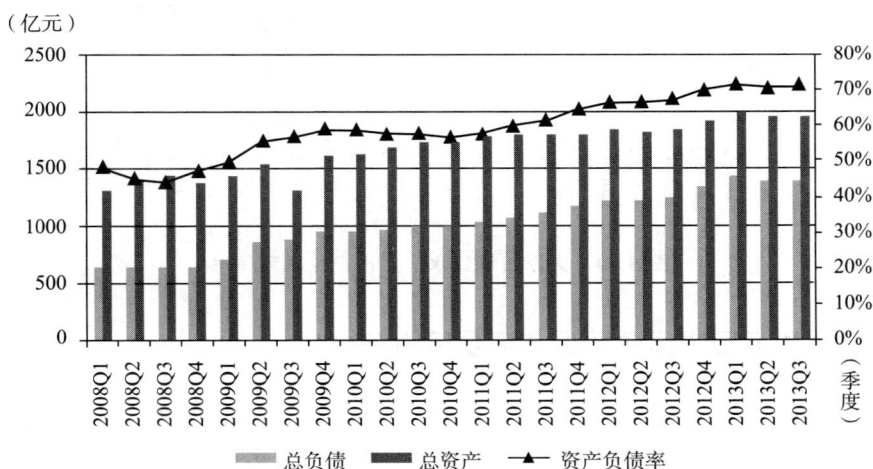

图 5.13　天津市港口水运上市企业资产负债率

总体来看，天津市港口水运上市企业资本结构总体不合理，且资产负债率水平存在进一步上升的风险。过高的资产负债率水平严重扭曲了企业内部资产结构的配置，并对企业偿还债务的能力产生巨大冲击，由于某个或某些企业过度盲目举债致使企业存在资本结构错配风险，而且过多的债务会给企业日常生产经营活动造成严重负担。因此，企业管理层也应予以高度重视，

合理拓宽融资渠道，不要因盲目举债而忽略了潜在风险。

二、天津港口水运企业盈利能力分析

针对天津市港口水运企业的盈利能力进行分析。截至 2008 年第二季度末三家企业总体净利润率还保持在较高水平，并达到 22.83％的近年来最高水平，但在第三季度开始出现下滑，如图 5.14 所示。2009 年净利润率大幅度下降，达到−24.02％，随后虽有回升，但基本也维持在 10％的水平以下。2011 年第二季度再次出现负的净利润率，并一直保持到 2013 年第一季度，在 2013 年第二季度上升到 4.9％，达到正的净利润率。截至 2013 年第三季度末，企业净利润率为 2.55％。

综上所述，近年来天津市港口水运企业盈利能力大幅下降，行业风险持续加剧，这主要是受到整体经济形势下滑、干散货航运市场低迷、公司管理层对经济环境和航运市场状况预判错误等诸多因素的影响所造成的结果。

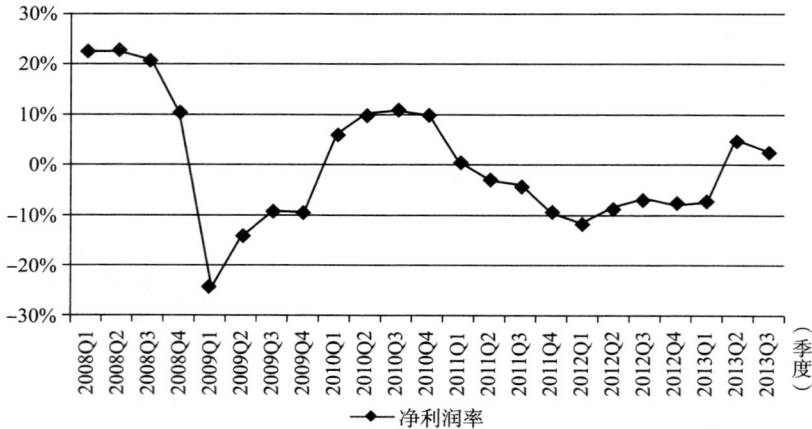

图 5.14　天津市港口水运上市企业净利润率

三、天津港口水运企业现金流量风险分析

经营活动产生的现金流量记录了企业在销售产品、提供劳务以及购买商品、接受劳务、支付税收等活动时所产生的现金的流入与支出，反映了企业利用自有资金维持其正常生产经营活动的能力。在市场经济环境中，若企业的现金流量不足、资金周转不畅，将会直接影响企业的生存、盈利和发展。因此，对企业经营活动产生的净现金流进行分析则显得十分重要。

天津市港口水运企业经营活动产生的净现金流自 2008 年第四季度末的最高值 247.99 亿元瞬间跌落至 2009 年第一季度末的−38.84 亿元，降幅达到 115.66％，如图 5.15 所示。这主要是受到金融风暴的冲击，整个宏观经济形势尚不明朗。2010 年经济稍有回暖，净现金流于年末回升到 127.06 亿元，但 2011 年再次出现大幅度下滑态势，随后各季度净现金流均出现负值。截至 2013 年第三季度末，天津市港口水运企业经营活动产生的净现金流为－23.04 亿元，行业整体经营状况出现危机。

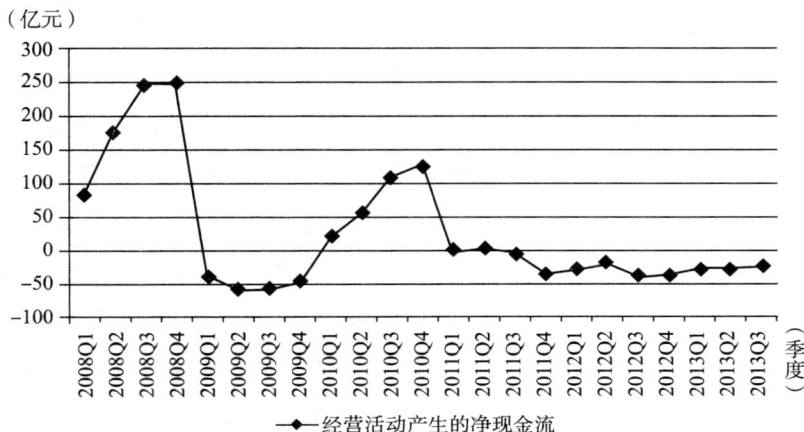

图 5.15　天津市港口水运上市企业经营活动产生的净现金流

通过以上分析，可以看出，作为天津市经济发展支柱的港口水运行业近年来整体经营状况不佳，企业内部负债率持续增长，盈利能力大幅下降，净现金流量连年出现负值，产业风险加剧。政府及企业管理层应及时采取有效措施，调整企业经营方式与盈利模式，通过兼并重组等方式扩大企业资本规模，在投资者面前重新树立企业信誉。政府部门则应加大对该行业的扶持力度，制定财政补贴、税收减免等优惠政策，帮助企业及时走出经营困境。

第 7 节　结论及政策建议

本章主要介绍了天津市 2012 年经济金融的运行状况，并针对天津市公共部门、金融部门、上市企业部门以及家户部门这四个方面的宏观金融风险进行了详细的分析研究，并就天津市港口水运这一支柱行业所面临的金融风险进行了专题性分析。

对于公共部门，天津市地方一般预算收支均呈现出平稳增长态势，但一般预算缺口以及一般预算缺口占 GDP 的比重都有所提高，并且财政支出增长率快于财政收入增长率，造成一般预算缺口持续扩大，应对公共部门的财政风险提高警惕；对于金融部门，近年来天津市金融机构存贷比呈不断上升态势，并且存贷比水平远高于人民银行目标水平，致使银行业金融机构存在较为明显的资本结构错配风险，同时外币存贷比逐年升高也使得货币错配风险的加剧，保险行业的发展状况虽有所改善，但服务地方经济发展的整体水平较低；从上市企业部门来看，近年来天津市上市企业部门总体经营状况不佳，盈利能力持续走低，流动比率有所下滑，同时账面及或有资产负债率呈现出长期增长态势，相关部门应对此加强关注，但企业违约距离有所升高，偿债能力有一定保障；相较之下，家户部门表现良好，城乡居民人均可支配收入以及消费水平都有所提高，生活水平进一步改善，同时，家户部门负债水平相对较低，存贷结构合理，具有较强的偿债能力，总体债务风险相对较低。

总体而言，天津市宏观经济金融整体运行状况良好，但个别部门仍存在较大金融风险。由于天津市是我国四大直辖市之一，同时也是带动环渤海区域经济发展的重要支柱以及改变我国经济发展"南快北慢"局面的核心城市。因此，每个部门所面临的经济金融风险都可能影响本市、环渤海地区乃至全国经济金融的动荡，相关机构需大力加强对其的监督、管理和控制。

根据上述风险分析，现提出以下几点建议：

第一，虽然天津市一般预算缺口占 GDP 的比重仍处于安全范围内，但近两年比例却在不断上升，同时财政支出增长率持续快于财政收入增长率。因此地方政府及财政部门应深化财政体制改革，合理调整收支结构，优化税收政策，扩大财政收入来源，同时也需对财政支出额进行控制，避免不必要的支出以及隐性支出，从而改善财政收支结构，防范财政支出增长过快而导致的财政缺口进一步扩大的风险。

第二，合理调整银行业金融机构存贷水平，控制贷款投放总量，并加强金融市场建设以及产品创新力度，从而有效拓宽资金融通渠道，发展直接融资方式。对于保险业应加强产品开发节奏，完善风险管控系统，积极开展保险从业人员管理培训，提高其专业化素质以及销售水准，从而更加合理有效地提高保险深度，使整个保险业追上当地经济增长的速度。

第三，上市企业应加强内外部治理水平，随着科学技术的发展不断更新设备，加强产品创新力度，有效控制边际成本及其他费用支出，从而更好地提高企业盈利能力。

参 考 文 献

［1］郭田勇：《商业银行如何应对流动性风险》，载《投资北京》2011 年第 7 期，第 52—55 页。

［2］王学信，马嘉成：《天津金融发展状况分析》，载《区域金融研究》2012 年第 7 期，第 32—37 页。

［3］赵红梅：《天津市上市公司对经济增长贡献度的实证研究》，载《华北金融》2011 年第 7 期，第 14—32 页。

［4］牛丽：《天津市地方财政收入占 GDP 比重问题研究》，载《天津经济》2011 年第 12 期，第 53—58 页。

［5］张龙：《天津港口与区域发展分析》，天津大学，2010 年。

［6］天津市统计局：《2008－2012 年天津市国民经济和社会发展统计公报》。

［7］天津市统计局：《2009－2013 年天津市统计年鉴》。

［8］中国人民银行：《2008－2012 年天津市金融运行报告》。

第6章 河北省宏观金融风险研究

河北省地理位置优越，资源丰富，地形种类多样化。近年来不断深化经济发展方式，加大对新兴产业扶持力度，产业结构得到进一步优化。本章首先对河北省经济金融运行状况进行大致概述，然后分别对河北省四大经济部门运行中存在的金融风险进行详细分析，并就河北省产能严重过剩相关行业债务风险展开了专题分析，最后针对分析过程中显示出的各类风险提出相应的政策建议。

通过分析得出，河北省公共部门一般预算缺口占 GDP 的比重过高，财政风险较为突出；金融部门面临的货币错配风险逐步显现，同时对于保险行业，保费增长率的下滑以及赔付率的增长表明河北省保险业发展出现一定问题；对于上市企业部门，企业盈利能力不佳，举债压力较大，且短期偿债能力有限，存在一定的期限错配风险；河北省水泥行业风险专题研究方面，行业整体盈利水平大幅下滑，债务负担持续扩大，存货周转速度放缓，行业相关风险不断加剧。

王换娥（2010）认为金融危机确实对河北省经济金融产生了较大影响，从业务范畴、风险管理、盈利方式等方面判断，河北省银行业所面临的风险正逐步加剧，同时经营方式和盈利能力也受到了较大考验，同时，她也提出了一些如何构建金融风险防范体系的措施；胡喜珍（2011）着重对河北省农村金融的发展进行了相关研究，她认为目前河北省农村金融体系不断健全，金融改革稳步推进，但仍存在金融机构服农意愿不强，金融产品与服务缺乏创新性、特色性，农民信用意识薄弱，政府政策支持力度不足等缺陷，并针对这些问题提出了改善金融生态环境，加强农村金融服务质量，提高产品创新力度等多条政策建议；崔霞（2013）则是用实证研究的方式探讨了河北省金融发展与经济增长之间的关联性问题，并得出了金融的发展在一定程度上促进了当地经济的持续增长，但银行类金融机构信贷投放的扭曲将致使金融风险加剧，对经济发展产生负面影响，因此，合理优化的信贷结构则显得尤为重要。

第 1 节　河北省经济金融运行概况

一、河北省经济运行概况

2012 年，河北省经济总体运行平稳，增长较快。2012 年，河北省实现地区生产总值 26575 亿元，同比增长 9.6％，其中第一、二、三产业增加值同比增长分别为 4％、11.5％和 8.4％，同时，三次产业增加值占全省生产总值的比重分别为 12％、52.7％以及 35.3％。由此看出，第二产业的增长速度和对当地经济发展的贡献率都是最高的。

2012 年，河北省完成地方公共财政预算收入 2084.2 亿元，比上年增长 19.9％，增速较 2011 年下降 10.5 个百分点。其中，实现税收收入 1560.6 亿元，同比增长 15.7％。地方公共财政预算支出 4018.9 亿元，同比增长 13.6％，增速较上年回落 10.8 个百分点。总体来看，预算收支存在严重不平衡，收入与支出接近 1∶2 的比例。同时，河北省固定资产投资额达到 19661.3 亿元，较 2011 年上涨 18％。其中，第一、二、三产业投资分别上涨 52.2％、26.1％和 14.6％，对三次产业投资的比重为 1∶14.4∶13.91。

从城乡居民消费价格水平来看，2012 年，居民消费价格较上年增长了 2.6％，但涨幅有所回落。其中，衣着类产品和食品涨幅居于前两位，分别为 4.7％和 3.8％。总体来看，河北省物价水平持续增长态势，八大类商品及服务价格全部有所上涨，通货膨胀压力始终存在。

二、河北省金融运行概况

2012 年，河北省金融业运行状况整体呈现出稳中有升的良好发展态势，但证券业亏损情况严重，值得相关部门予以充分重视。

其中，银行业金融机构发展健康稳定，盈利水平有所提高，资产规模持续扩大。截至 2012 年年末，银行业金融机构资产总额达到 41431 亿元，同比增长 16.61％；全省金融机构本外币存款余额为 34013 亿元，新增存款额 4447.4 亿元，其中居民储蓄存款余额 20665.1 亿元，较年初增加 2840.1 亿元。全省金融机构本外币贷款余额为 20850.9 亿元，新增贷款 2699.3 亿元，其中短期贷款增加 1833 亿元，中长期贷款增加 701 亿元。

对于证券业金融机构，期货市场持续低迷，证券市场交易量不足，部门亏损不断走高。2012年，河北省证券市场实现交易额9940亿元，同比下降10.2%。全年实现营业收入12.9亿元，较上年下滑了近30个百分点，其中利润总额为2.8亿元，同比下降56.3%；净利润仅为2.6亿元，同比下降近60%，创2006年以来的最低水平。同时，全省超过45%的营业部受到亏损，74家营业部的亏损数额达到1.3亿元。

2012年，河北省新增中资保险公司和外资保险公司各2家，保险从业人员接近21万人次，保险业市场规模不断扩大。同时，保险业资产总额达到1839.6亿元，同比增长15.9%。全年实现原保险保费收入766.2亿元，同比增长4.5%，但增速低于全国增速3.5个百分点。其中财产险保费收入达到258.7亿元，同比增长16.0%；人身险保费收入为507.5亿元，较上年下降了0.5个百分点。此外，全年累计赔付支出额有所上升，达到223.9亿元，同比增长22%。

第2节　河北省公共部门风险分析

2008—2012年，河北省地方一般预算收支规模保持平稳增长态势，如图6.1所示。截至2012年年末，河北省实现地方公共财政预算收入2084.2亿元，同比增长19.96%，增速有所放缓，较2011年下降了10.44个百分点；河北省实现地方公共财政预算支出4018.9亿元，同比增长14.51%，增长幅度较2011年回落9.89个百分点。由此可以看出，2012年河北省政府财政收支压力较大，预算收入与支出的比例以接近1∶2的水平。财政支出主要用于加强对保障民生事业的支持力度，全年共投入3115.5亿元，占全部支出的77.5%，创有史以来最高水平。

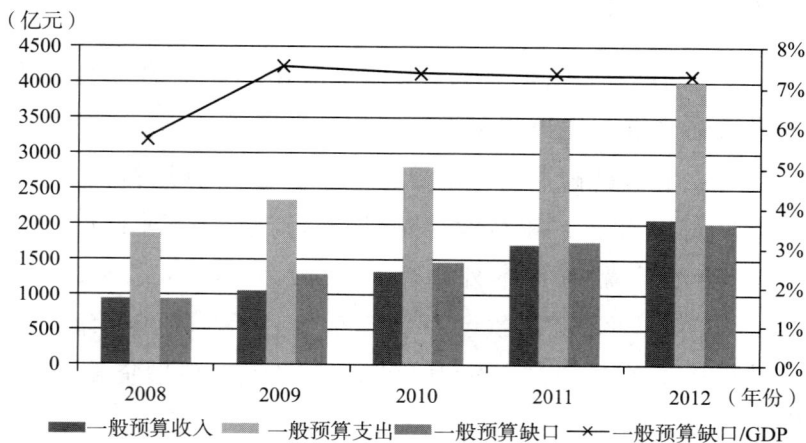

图6.1　河北省地方财政一般预算收支情况

自 2009 年以来，河北省一般预算缺口占 GDP 的比重都维持在 7％以上的较高水平。截至 2012 年年末，河北省一般预算缺口达到 1934.7 亿元，同比增长 9.17％，一般预算缺口占 GDP 的比重为 7.28％，远高于国际上公认的 3％的安全缺口规模。因此，近年来河北省所面临的公共部门风险较为突出，相关部门应及时制定政策并采取措施，合理有效控制一般预算支出规模，降低公共部门的财政风险。

2012 年，河北省预算收支增速放慢，如图 6.2 所示。其中一般预算收入增长率由 2011 年的 30.45％下降到 2012 年的 19.96％，且支出增速于 2012 年下降到 14.51％，支出增长率与收入增长率的比值略有回落，二者比值达到 0.73 的水平，支出增长速度慢于预算增长速度，因此，河北省财政收支情况正逐步向有利方向发展。

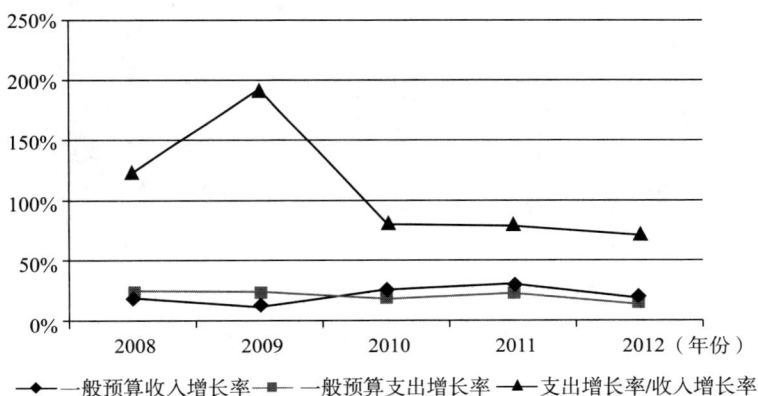

图 6.2　河北省地方财政一般预算收支增长率

第 3 节　河北省金融部门风险分析

一、银行类风险分析

（一）资本结构错配分析

2012 年，河北省银行业金融机构总体发展状况良好，盈利水平有所提高，资产规模不断壮大。截至 2012 年年末，资产总额达到 41431 亿元，同比增长 16.61％，如图 6.3 所示。2012 年，河北省银行业金融机构本外币存款余额为 34013 亿元，新增存款额 4447.4 亿元，同比增长 14.33％；河北省金融机构本外币贷款余额为 20850.9 亿元，新增贷款 2699.3 亿元，其中短期贷款增加 1833 亿元，中长期贷款增加 701 亿元。

对于存贷比情况，自 2008 年以来，河北省金融机构的存贷比总体呈上升态势，由 2008 年的 53.27％上涨到 2011 年的 62.05％，2012 年出现小幅回落，达到 61.3％的水平，这与我国央行规定的商业银行最高存贷比 75％相比有一定差距，主要因为河北省企业部门市场活力匮乏，从而对银行类金融机构的信贷融资需求不足。

具体看来，河北省银行类金融机构存贷结构较为稳健，不存在明显的资本结构错配风险。然而，从银行的盈利性出发，河北省银行类金融机构应在保证风险可控的前提下，适度扩张信贷规模，服务河北省经济发展。

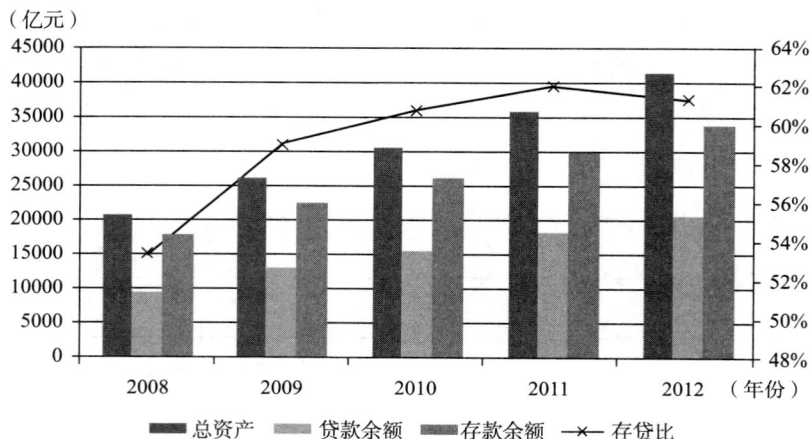

图 6.3 河北省银行类金融机构存贷款结构

（二）货币错配风险分析

河北省银行类金融机构外币存贷款规模呈现出不断上升态势，如图 6.4 所示。2012 年，外币存贷款规模较 2011 年均有所上升，且外币存贷比水平延续增长态势，但增速较上年有所回落。河北省银行类金融机构外币存款余额在 2012 年达到 243.88 亿美元，同比增长 31.21％，贷款余额达到 467.01 亿美元，同比增长 47.35％。外币存贷比自 2008 年金融危机以来持续上升，截至 2012 年年末达到近年来最高水平 191.49％。虽然河北省外币存贷款规模较本币规模而言相对较小，但由于外币贷款的过快增长速度使得金融部门面临的货币错配风险逐步显露，相关部门应予以高度重视，合理适度地降低外币存贷比例，防范因汇率波动而带来的损失。

（亿元）

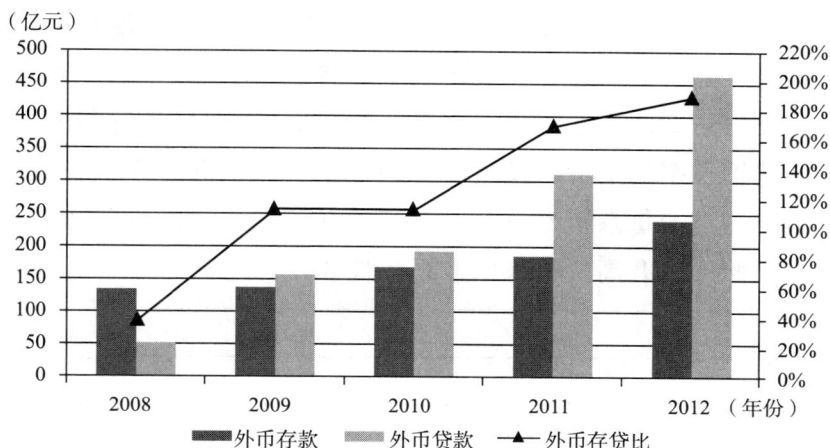

图 6.4 河北省金融部门外币存贷款余额和外币存贷比

二、保险类风险分析

2012 年，河北省保险业总体发展状况良好，如图 6.5 所示。保费收入自 2011 年出现下降后，2012 年再次提高到 766.2 亿元，同比增长 4.5％，而保费深度自 2010 年达到 3.7％的峰值后，连续两年出现下降。截至 2012 年年末，保险深度下降到 2.88％，为近年来最低值，并低于我国平均保险深度 2.98％的水平。保险深度是对保险业在当地国民经济中所具有的重要程度的反映，因此，对于近两年来保险深度的下降，河北省有关部门应予以重视，及时调整保险结构，促进保险业持续健康发展。

（亿元）

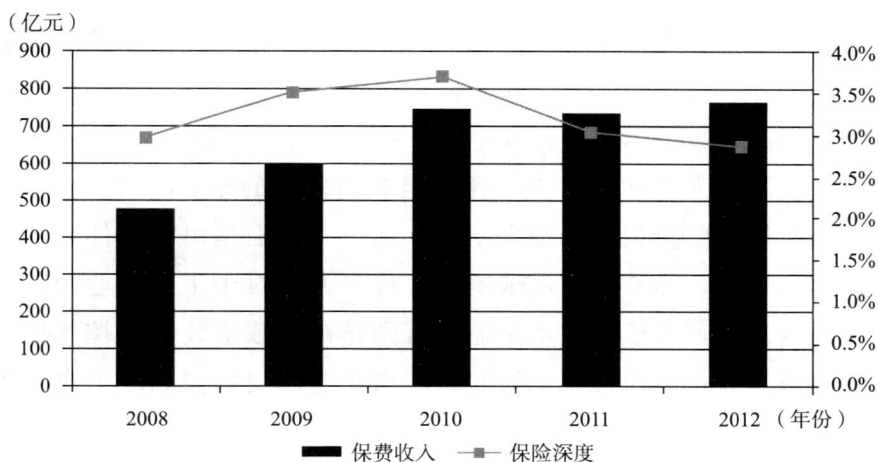

图 6.5 河北省保险业保费收入与保险深度

自 2008 起保费增长率持续下滑，并从 44.65％下降到了 2011 年－1.81％的水平，虽然在 2012 年得到小幅回弹，达到 4.54％，但增长速度较前些年明显放缓，这在一定程度上反映出了河北省保险行业两年盈利不佳的状况，如图 6.6 所示。同时，河北省保险赔付率走势呈现出"V"形，截至 2012 年年末，赔付支出达 223.9 亿元，同比增长 22.02％，赔付率达到 29.22％。总体而言，保费增长率的下滑以及赔付率的增长表明河北省保险业发展出现一定问题，虽不存在严重系统性风险，但相关部门应予以高度重视，避免保费收入下行以及赔付率升高所带来的非系统性风险。

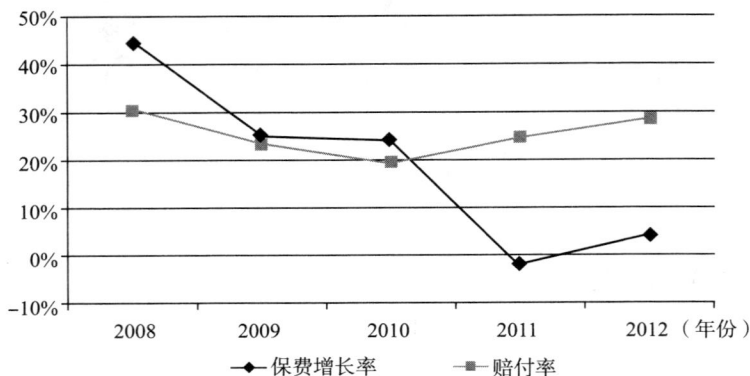

图 6.6　河北省保险业保费增长率与赔付率

第 4 节　河北省上市企业部门风险分析

一、盈利能力分析

河北省上市企业部门净利润率从 2008 年年初 12.89％的峰值跌落到年底的 3.78％，达到 9.11 个百分点的差值，企业盈利能力严重缩水，如图 6.7 所示。随后净利润率基本保持在 4％的水平上下波动，截至 2013 年第三季度末，企业净利润率为 3.96％。趋于平稳且相对较低的净利润率表明企业部门经营状况虽然稳定但盈利能力却大不如前。一方面是由于整体宏观形势不佳，消费市场疲软，导致消费需求不足；另一方面对于生产企业而言主要因为原材料成本上涨，对于房地产企业而言则是由于政府政策调控等原因导致的盈利空间被压缩。由此可见，河北省上市企业部门的盈利能力有待进一步提高。

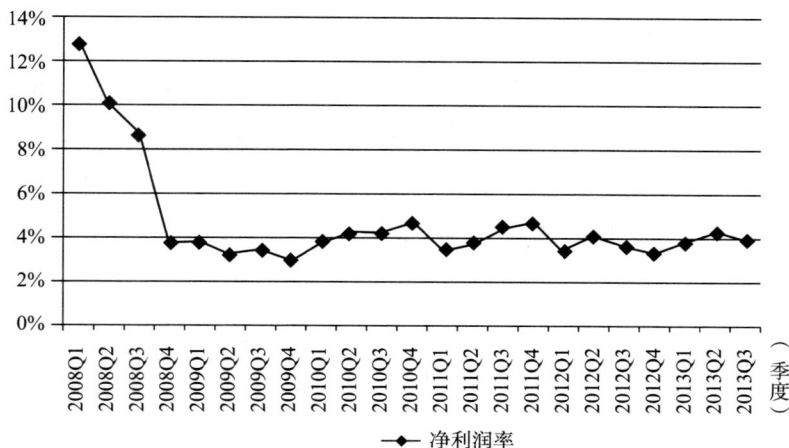

图 6.7　河北省上市企业净利润率

二、账面价值资产负债表分析

(一) 资本结构错配分析

河北省上市企业部门资产和负债规模近年来逐渐扩大，如图 6.8 所示。截至 2013 年第三季度末，企业部门资产负债率达到近年来最高水平68.58％，较 2008 年年初增加了 8.64 个百分点，与上市企业理想化 60％的资产负债率相比，高出 8.58 个百分点。

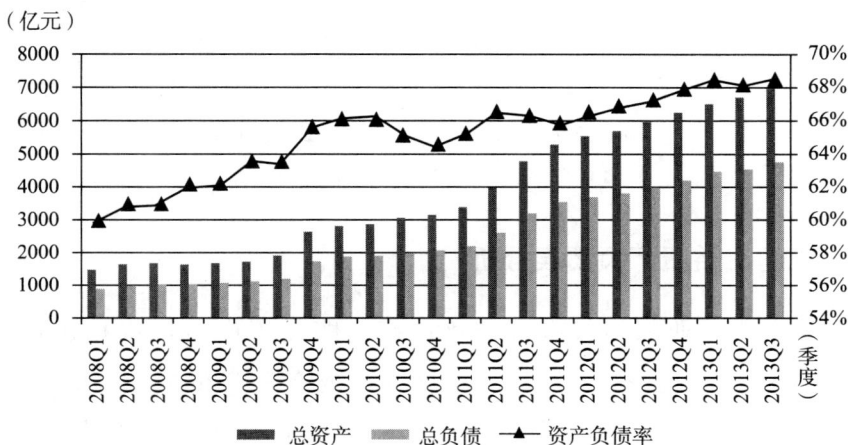

图 6.8　河北省上市企业部门资产负债率

上述现象表明企业偿债压力较大，过高的债务水平会给企业带来沉重的成本负担和偿债风险，影响企业净利润率，这与之前针对企业盈利能力分析结果相符。对此，河北省上市企业部门应加以重视，合理调整资产负债结构，加强资本市场融资能力。

（二）期限错配分析

河北省上市企业部门的流动资产和流动负债规模在 2008 年至 2009 年第三季度末较为稳定，但在 2009 年第四季度末出现较快增长，随后便保持平稳增长态势，如图 6.9 所示。同时，流动比率在 2009 年第四季度前维持在 1.05 的水平之上，但在第四季度末出现大幅度下降，降至 0.97，这主要是流动负债大规模提高所致。随后，流动比率便呈现不断波动状态。2009 年至 2013 年都呈现出流动比率在第三季度得到小幅提升，但在第四季度又会大幅回落的普遍规律。自 2011 年第四季度末流动比率降至 0.97 开始，随后几年都维持在 1 的水平以下，截至 2013 年第三季度末，河北省上市企业部门流动比率为 0.99。说明近年来河北省上市企业部门流动负债大于流动资产，企业短期偿债能力有限，存在一定的期限错配风险。

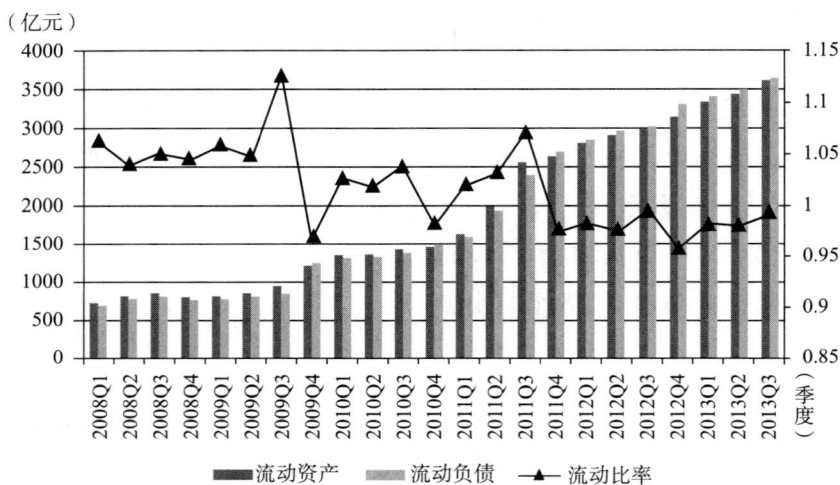

图 6.9　河北省上市企业部门流动比率

三、或有权益资产负债表分析

河北省上市企业部门或有资产负债率与账面资产负债率相比水平较低，如图 6.10 所示。截至 2013 年第三季度末，或有资产负债率已达到 47.08％的水平，较年初虽有小幅回落，但整体来看或有资产负债率水平仍相对较高，且呈上升态势，部分企业存在违约风险。

2008 年至 2013 年第三季度末，河北省上市企业部门的违约距离呈现波动上升态势，违约风险有所下降，如图 6.11 所示。2012 年，违约距离增长幅度较为明显，并于第二季度达到近年来最高水平 4.35，年末虽有小幅回落，但 4.43 的违约距离仍相对较高，说明 2012 年河北省上市企业部门整体经营状况良好，违约风险较低。2013 年第三季度末，违约距离达到 4.1 的水平。整体来看，河北省上市企业部门生产经营状况有所改善，违约风险较低。

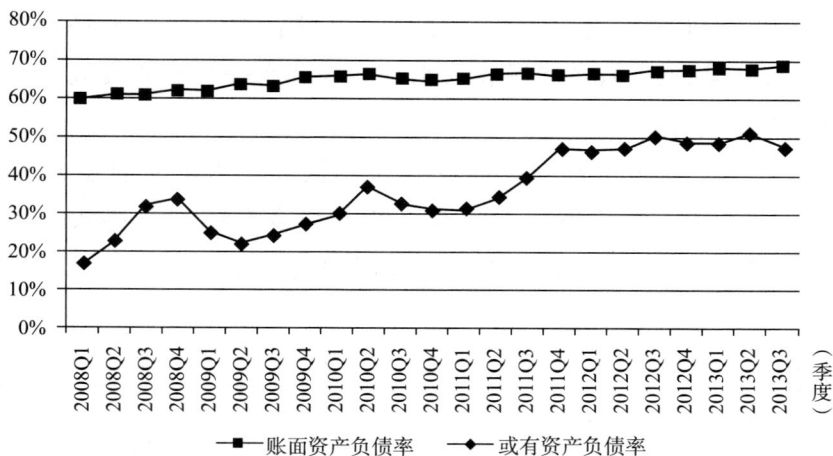

图 6.10　河北省上市企业或有资产负债率

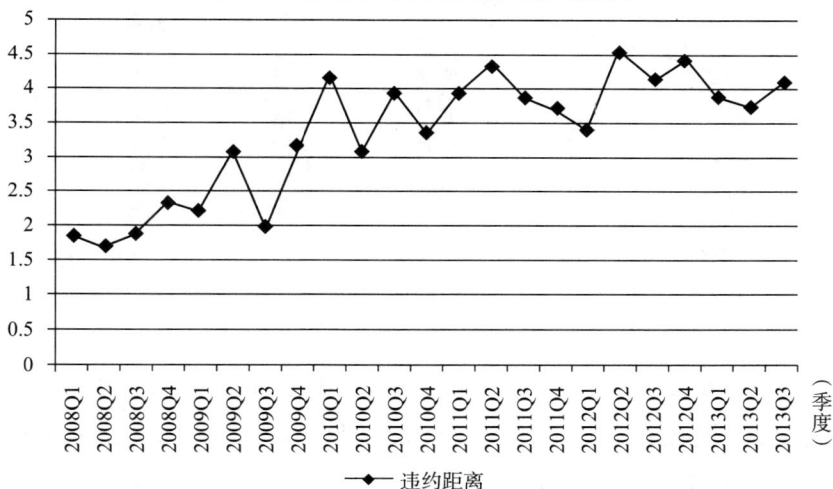

图 6.11　河北省上市企业违约距离

第 5 节　河北省家户部门风险分析

2012 年，河北省城乡居民收入稳步增加，全年城镇居民实现人均可支配收入 20543 元，比 2011 年增长 12.3％；农民人均纯收入达 8081 元，同比增长 13.5％。此外，2012 年河北省城镇居民家庭人均年消费性支出为 12531 元，同比增长 7.9％，占城镇居民人均可支配收入的 60.99％。同时，城镇居民的恩格尔系数为 33.6％，比 2011 年下降 0.2 个百分点，食品支出总额占个人消费性支出总额的比重有所下降，表明城镇居民生活质量在一定程度上得到提高。

同时，河北省农村居民人均年生活消费支出为5364元，较2011年增长13.9%，占农村居民人均纯收入的66.38%，同时农村居民家庭恩格尔系数为33.9%，比2011年提高0.4个百分点，农村居民生活水平略有下降。总体来看，2012年河北省城乡居民收入水平和消费水平均有所提高，整体生活质量得到进一步改善。

2008—2012年，河北省城乡居民储蓄存款和个人消费贷款规模稳步上升，如图6.12所示。河北省个人消费贷款与城乡居民储蓄存款的比率以较平滑速度逐渐回升。同时，河北省家户部门的负债水平较低，具有较强的偿债能力，基本不存在相关债务风险。

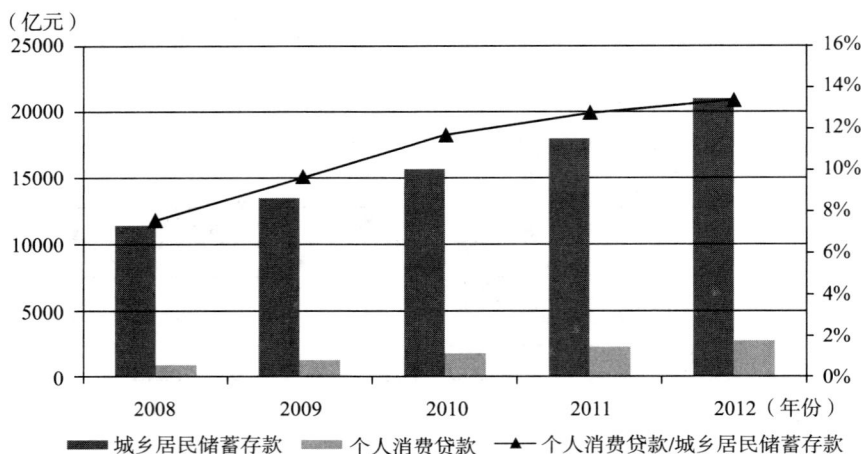

图 6.12　河北省家户部门储蓄存款与消费贷款

在存贷结构方面，截至2012年年末，河北省城乡居民储蓄存款达到20872.37亿元，同比增长16.29%；个人消费贷款为2803.3亿元，同比增长22.13%，增长速度快于储蓄存款增速，居民消费水平得到提高；此外，个人消费贷款与城乡居民储蓄存款的比率在2012年达到13.43%，是近年来最高水平，表明居民开始热衷于对商品的消费购买，但比率仍相对较低。综上所述，河北省家户部门负债水平相对较低且平稳，违约风险较小，存贷结构分配合理，总体风险水平不高。

第6节　河北省产能过剩相关行业风险专题研究

近年来，河北省钢铁、水泥、平板玻璃等众多传统行业产能过剩问题不断加剧，严重影响行业健康发展。其中，水泥行业具有较强代表作用，在这里我们将对其行业风险进行详细分析。2009年，随着市场的逐步回暖以及国家扩大内需的宏观政策调整，河北省水泥需求旺盛，投资高涨。但河北省建材工业协会专家分析认为，当前河北省水泥行业已出现严重的产能过剩问题，需尽快采取相应措施予以控制。并预言 3 年后，水泥行业产能过剩的问题将会日益严重。面对此问题，河北省发展和改革委员会联合工信厅共同表示，坚决管理控制产能过剩问题，优化河北省水泥业整体结构和布局。并于 2014 年河北省工业转型升级推进大会上声明河北省将不再审批钢铁冶炼、水泥、平板玻璃等产能严重过剩行业和炼焦、电石、铁合金等行业新增产能项目，优化产业结构，不断深化节能环保意识。河北省水泥行业市场严重萎缩，政府政策限制产出，行业相关风险持续加剧。

因此，对于河北省有关水泥制造、销售企业的财务分析将有助于我们进一步了解其行业存在的金融风险问题。河北省上市企业中有关水泥业务的企业主要有金牛化工、宝硕股份、冀东装备、冀东水泥这四家企业，接下来我们将对其重点财务指标进行分析。

一、河北省水泥行业盈利能力分析

从利润率指标来看，河北省水泥行业盈利能力较差，如图 6.13 所示。近年来水泥行业净利润率波动较大，自 2008 年年初净利润率逐季度下滑，并于第四季度出现负值，达到近年来最低水平－28.53％，造成这一现象的主要原因在于受到金融危机的影响，社会生产力下降，对水泥需求不足。2009 年经济逐步回暖，行业净利润率也有所提高，2010 年和 2011 年年末净利润率分别达到 18.9％和 17.37％的高值，但 2012 年再次出现大幅度下滑，年末净利润率仅为 0.72％。

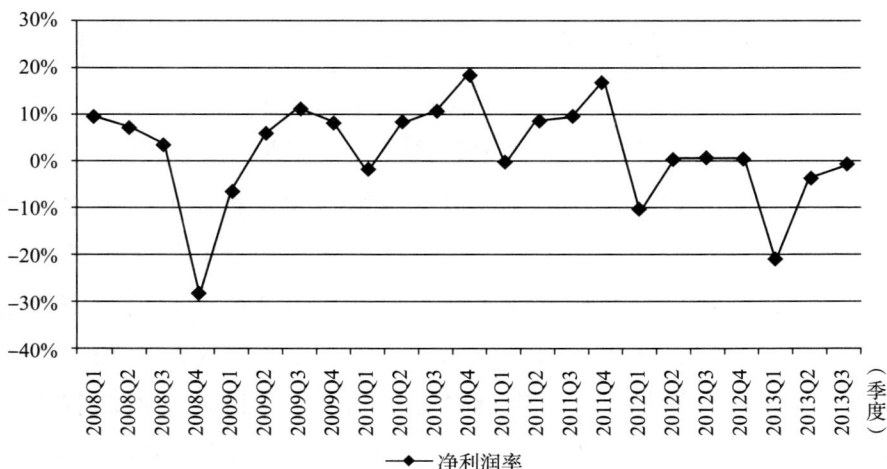

图 6.13　河北省水泥行业净利润率

截至 2013 年第三季度末，水泥行业净利润率为－0.24％，与前面分析的河北省水泥行业出现产能过剩相契合。这主要是受到房地产行业持续低迷以及十八大控制产能、降低能耗等因素的影响，再加上河北省日趋严重的雾霾环境，使得水泥行业遭受重重打击，企业水泥相关制品供大于求的幅度不断扩大，行业整体盈利水平大幅下滑。

二、河北省水泥行业长期偿债能力分析

河北省水泥行业资产和负债规模自 2009 年起整体呈现出逐季度增长态势，如图 6.14 所示。同时，资产负债率在 2008 年第四季度有一个较大幅度的增长，达到 84.4％的水平，远远高于 60％的理想化水平。并且随后一段时间内始终在 80％的水平上下徘徊，行业长期偿债风险不断加剧。虽然在 2011 年第四季度末下降到 70.01％，但资产负债率水平与其他行业相比仍相对较高，截至 2013 年第三季度末，河北省水泥行业资产负债率为 70.1％。这与近年来河北省水泥行业产能过剩问题密切相关，供给严重大于需求导致产品堆积，企业营运现金流不足，只能通过大规模举债来维持正常生产经营活动。

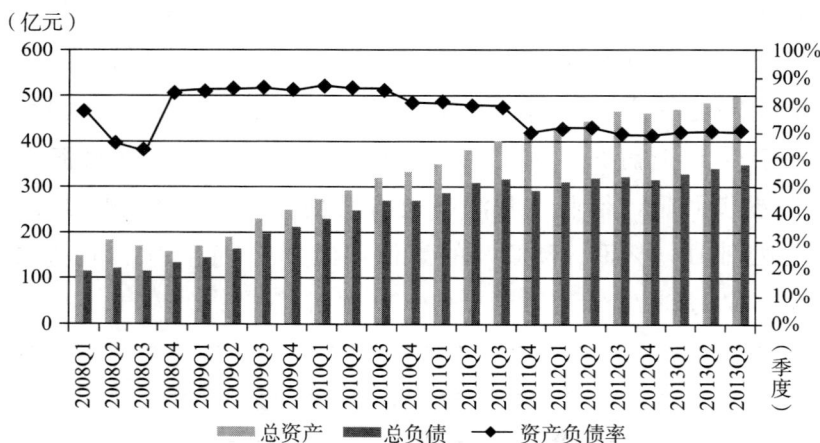

图 6.14 河北省水泥行业资产负债率

总体而言，水泥行业近年来债务负担持续扩大，过高的债务水平会给企业带来沉重的成本负担和偿债压力，这也是造成企业净利润率不断缩水的重要原因之一。同时，这也反映出河北省水泥行业中主要企业的长期偿债能力存在很大风险若多数企业出现逾期或无法还款，银行类金融机构的坏账将会不断增加，导致资产质量下降，影响银行盈利水平。因此，河北省相关部门以及水泥企业各负责人应对此现象予以高度重视，合理优化企业资本结构，调整融资方式，逐渐缩小资产负债率水平。

三、河北省水泥行业经营效率分析

针对河北省水泥行业的企业经营效率进行分析。由于水泥行业属于生产型行业，因此存货占据资产的比重及其流动性是反映该行业是否存在产能过剩问题的直接表现，运用存货周转率和存货周转天数这两个财务指标对其进行分析。

河北省水泥行业存货周转率于 2008 年与 2009 年基本持平，在 2010 年有所上升，并达到近年来最高水平 0.28 次，但在 2011 年出现下降，如图 6.15 所示。截至 2012 年年末，河北省水泥行业存货周转率为 0.23 次，由于 2012 年末行业平均存货为 27.79 亿元，这相当于行业内四家企业用 27.79 亿元的现金平均在一年内仅仅周转了 0.23 次，远远低于全国水泥行业存货周转次数，与此相对应，存货周转天数为 1592.59 天。由此可知，对于河北省水泥行业而言，存货周转率低下且周转天数较多，说明行业内存在严重的产能过剩问题，从而导致存货长久积压，加之企业存货管理水平不足，存货转换为现金或应收账款的速度缓慢，进而影响到企业的短期偿债能力以及企业经营效率，致使相关风险不断加剧。

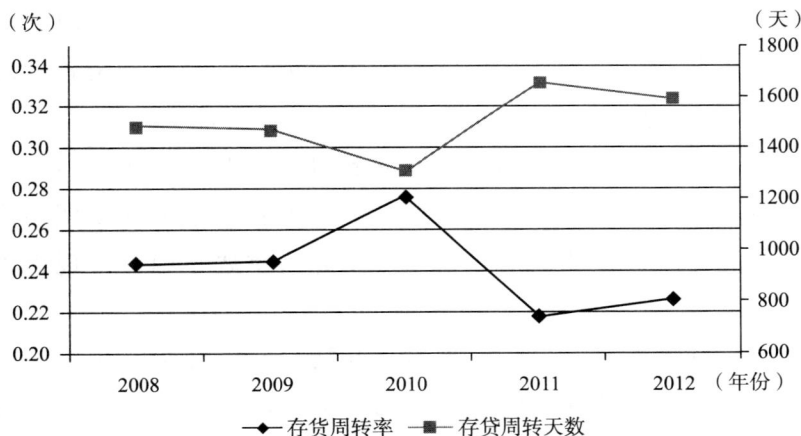

图 6.15　河北省水泥行业存货周转率和存货周转天数

第 7 节　结论及政策建议

本章主要从河北省公共部门、金融部门、上市企业部门以及家户部门四个方面对当地的宏观金融风险进行了深入分析与探讨，同时就河北省水泥行业所面临的产能过剩问题进行了专题研究。

从公共部门来看，河北省地方一般预算收支规模始终保持平稳增长态势，一般预算缺口占GDP的比重基本维持在7%以上的较高水平，河北省所面临的公共部门风险较为突出。然而由于近年来财政支出增长速度逐步慢于收入增长速度，这将使公共部门逐渐向有利方向发展。对于金融部门，河北省银行业金融机构总体发展状况良好，资产规模不断壮大，存贷比总体呈上升趋势，仍处于人民银行规定的范围水平内，因此银行类金融机构存贷结构较为稳健，不存在明显的资本结构错配风险，但较低的存贷比水平也会影响到银行的盈利水平。相比之下，保险业的发展则不及银行业，近年来保险业盈利能力下滑，保险深度也有所下降，保险赔付率大幅增加，表现出河北省保险业呈现出紧缩态势，这将对其持续发展产生一定影响。就上市企业部门而言，河北省上市企业部门净利润率自2008年起便出现了大幅下滑的现象，随后净利润率基本保持在4%的水平上下波动，趋于平稳且相对较低的净利润率表明企业部门经营状况虽然稳定但盈利能力严重缩水。同时，持续上涨的资产负债率以及较低的流动比率变现出企业的长期和短期偿债能力都存在一定的问题，但逐步增长的违约距离也说明了河北省上市企业部门生产经营状况得到改善，违约风险不断下降。家户部门方面，河北省城乡居民收入水平和消费水平均有所提高，居民生活质量得到进一步改善。同时，城乡居民负债水平相对较低且平稳，具有较强的偿债能力，存贷结构配置合理，整体风险水平较低。

综上所述，河北省在公共部门、金融部门以及上市企业部门中均表现出不同程度的风险问题，这对于正处在新兴产业不断推进关键时期的河北省来说，解决这些隐性或显性的风险问题则显得尤为重要。因此，现提出以下几点建议：

第一，由于近年来河北省所面临的公共部门风险较为突出，因此相关部门应制定切实可行的政策并采取有效措施，改善财政收支结构，一方面通过完善税收制度来增加财政收入，另一方面应合理有效控制一般预算支出规模，将财政支出真正落实到保障民生的工作中，减少不必要支出，从而降低公共部门的财政风险。

第二，由于较低的存贷比水平也会影响银行的盈利水平，因此河北省银行类金融机构应在保证风险可控的前提下，适度扩张信贷规模，这既能提高银行的盈利水平，也可以推动当地实体经济的快速发展。与此相比，外币贷款的过快增长速度使得金融部门面临的货币错配风险逐步显露，因此相关部门应予以高度重视，合理适度地降低外币存贷比例，防范因汇率波动而带来的损失和不确定性风险。

第三，河北省上市企业部门应跟上社会发展速度，加快产品的改革创新，降低产品上游的生产成本，并加强资本结构的优化，合理运用股权和债权的融资方式以使得公司效益最大化。同时，当地监管部门也应对企业过高的负债率水平予以高度重视，加强监管措施，有效防范风险。

参 考 文 献

[1] 张双英，沈彦平：《对河北省地方政府融资平台债务风险的调查与思考》，载《金融教学与研究》2011 年第 4 期，第 31—34 页。

[2] 王换娥：《金融危机趋势及河北省金融风险防范体系构建》，载《经济纵横》2010 年第 2 期，第 137—138 页。

[3] 胡喜珍：《河北省农村金融发展问题研究》，载《商业文化》2011 年第 6 期，第 114—115 页。

[4] 崔霞：《河北省区域金融发展与经济增长关系的实证研究》，河北经贸大学，2013 年。

[5] 王富强，徐静珍：《河北省水泥行业节能减排现状及对策》，载《河北理工大学学报》2010 年第 1 期，第 32—35 页。

[6] 河北省统计局：《2008—2012 年河北省国民经济和社会发展统计公报》。

[7] 河北省统计局：《2008—2013 年河北省统计年鉴》。

[8] 中国人民银行：《2008—2012 年河北省金融运行报告》。

第7章 上海市宏观金融风险研究

上海市作为中国最著名的工商业城市和国际大都市，一直是中国经济发展和金融创新的先驱。2013年，国务院正式批准设立"上海自由贸易试验区"，也是中国改革开放以来的首个自贸区。上海自贸区的设立为上海市经济发展与金融创新带来新的活力与机遇的同时，也对上海市经济金融发展的风险控制提出了更高的要求。总体而言，2013年上海市经济金融运行状况良好，四大部门中除企业部门风险有所暴露之外，整体所面临的宏观金融风险相对较小。本章首先对上海市经济及金融的运行状况进行了简要概述，然后从公共部门、金融部门、企业部门及家户部门四个方面进行了风险研究，并就上海自贸区的相关风险进行了专题分析，最后就所分析的风险提出了相关的政策建议。

一些学者从上海市建设国际金融中心、上海自贸区等宏观环境出发，研究上海市目前所面临的金融风险：周炼石（2013）认为在当前中国逐步放开资本管制的背景下，股票发行的有限性、公司债券市场的严重滞后、资本市场结构的不合理是当前上海国际金融中心建设风险的主要成因；朱宁（2013）分析了上海自由贸易试验区的背景及发展态势，认为在人民币国际化和可兑换进程中隐藏着吸引短期投机和国际游资等风险，而出口型企业也应逐步适应浮动汇率，做好管理汇率风险的准备。

针对上海市金融业本身发展状况，胡美玲、饶海琴（2013）在研究了我国融资租赁发展现状及存在的问题的基础上，对上海自贸区融资租赁的优势及风险进行了分析，认为上海市应从设定融资租赁企业管理标准、科学设立项目评审体系、设定企业融资租赁创新期限等方面对自贸区融资租赁的相关风险进行管理。

从产业与金融相结合的角度，刘兰娟、王军（2013）研究了上海市三次产业发展，对上海市农村与城镇居民在产业的历年消费数据进行了整理，并通过面板模型和Frisch取值对上海市居民消费支出函数进行了参数估计，结果表明上海市居民生活水平有所提高，其消费结构有所优化；谢永康、姚玲珍、李媛媛（2013）认为随着宏观调控政策的实施，上海市房地产市场已呈现"量价齐跌"的态势，其房地产金融风险有所显现。

第 1 节　上海市经济金融运行概况

一、上海市经济运行概况

2013 年，上海市围绕创新驱动发展和经济转型升级，通过推进稳增长、调结构、促改革、惠民生各项重点工作，经济发展稳中有进。上海市 2013 年共实现地区生产总值 21602.12 亿元，按可比价格计算，比 2012 年增长 7.7%，增速提高 0.2 个百分点。从三次产业来看，其中第二产业和第三产业增加值分别达到 8027.77 亿元和 13445.07 亿元，增速分别为 6.1% 和 8.8%，而第一产业增加值为 129.28 亿元，较 2012 年下降 2.9%；第三产业增加值占上海市生产总值的比重在 2012 年突破 60% 后，于 2013 年进一步上升为 62.2%，比 2012 年提高 2.2 个百分点。

上海市于 2013 年完成地方财政收入 4109.51 亿元，同比增长 9.8%，增速较 2012 年提高 0.6 个百分点。其中，由于 2012 年营业税改征增值税试点带来的影响有所减小，增值税较 2012 年增加 27.2%，增速下降 32.9 个百分点，营业税同比增长 7.2%，增速提高 21 个百分点；企业利润的下滑导致企业所得税增长进一步放缓，同 2012 年相比增长 3.8%，增速较 2012 年下降 6.6%；契税由 2012 年的下降态势回升为增长，同 2012 年相比增长 47.3%，增速提高 66.5%；个人所得税增长 11.7%，增速提高 11.6 个百分点。上海市 2013 年地方财政支出规模为 4528.61 亿元，较 2012 年增长 8.2%，增速提高 1.3 个百分点。其中，对于教育、社会保障和就业、城乡社区事务的投入相对较大，分别达 679.54 亿元、468.01 亿元、712.92 亿元，增速分别为 4.7%、5.6%、13.6%。

2013 年，上海市全年居民消费价格指数为 102.3，物价涨幅同比回落 0.5 个百分点，其中食品价格涨幅为 4.4%，增速较 2012 年下降 1.4 个百分点，居住价格涨幅为 3.9%，增速同 2012 年相比增加 1.1 个百分点，食品与居住成为拉动上海市 2013 年居民消费价格水平的主要力量。此外，上海市 2013 年工业生产者出厂价格累计下跌 1.8%，工业生产者购进价格累计下跌 3.5%。

二、上海市金融运行概况

2013 年，上海市金融运行平稳，金融实力不断增强。截至 2013 年年末，上海市中外资金融机构各项存款余额达 69256.32 亿元，同比增长 8.97%；各项贷款余额达 44357.88 亿元，同比增长 8.24%。全年各类金融机构新增 116 家，其中资本市场服务机构和货币金融服务机构分别新增 59 家和 54 家，2013 年年末共有资本市场服务机构 252 家，货币金融服务机构 564 家，保险机构 347 家。

此外，上海市中外资金融机构本外币资产总额在 2012 年达到 9.1 万亿元，同比增长 14.8%，全年共实现净利润 1018.5 亿元，同 2011 年相比增长 6.7%；全市金融机构不良贷款率 0.66%，同 2011 年相比有小幅度上升，上升幅度为 0.06 个百分点。

2013 年，上海证券市场股票筹资总额达 2515.72 亿元，同 2012 年相比下降 13%；公司债发行规模达 3130.42 亿元，同比增长达 58.6%；上海证券交易所各类有价证券总成交额达 86.51 万亿元；上海期货交易所总成交额达 120.83 万亿元；中国金融期货交易所总成交额达 141.01 万亿元；全国银行间货币和债券市场总成交额达 235.3 万亿元；上海黄金交易所总成交额达 5.22 万亿元。

第 2 节　上海市公共部门风险分析

2013 年，上海市地方财政收支规模保持增长态势，地方财政缺口保持 2012 年的减小态势，如图 7.1 所示。受营业税改征增值税试点影响，上海市增值税在 2012 年和 2013 年均有较大增长，增速分别为 60.1% 和 27.2%，带动地方财政收入稳步增长，2013 年上海市地方财政收入达 4109.51 亿元，比 2012 年增长 9.77%，增速提高 0.62 个百分点；地方财政支出达 4528.61 亿元，比 2012 年提高 8.24%，增速提高 1.36 个百分点，其中对于教育、社会保障和就业、城乡社区事务的投入相对较大，分别达 679.54 亿元、468.01 亿元、712.92 亿元，增速分别为 4.7%、5.6%、13.6%；财政缺口达 419.1 亿元，比 2012 年减少 21.2 亿元；财政缺口占 GDP 比重在 2012 年降低 0.35 个百分点后，于 2013 年进一步降低 0.24 个百分点，达到 1.94%，其财政缺口的上升态势得到进一步控制，财政风险有所减缓。

2013 年，上海市地方财政收入增长率与地方财政支出增长率较 2012 年均有一定程度提升，而财政收入增长速度相对较快，如图 7.2 所示。2013 年，上海市地方财政收入增长率与地方财政支出增长率的比值由 2012 年的 75.12% 上升为 84.29%。

（亿元）

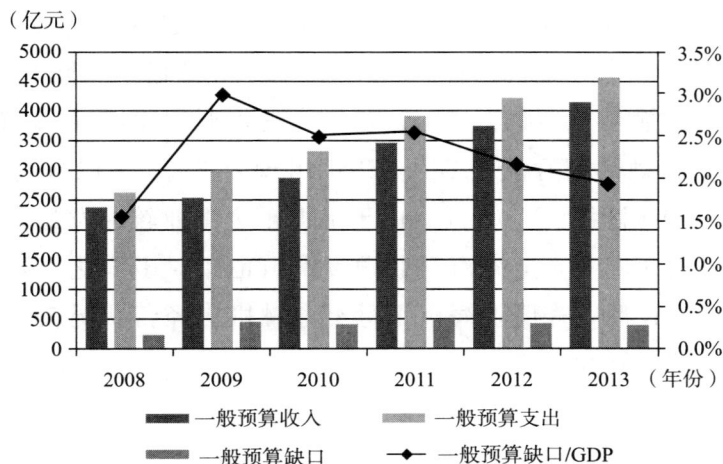

图 7.1　上海市地方财政收支情况

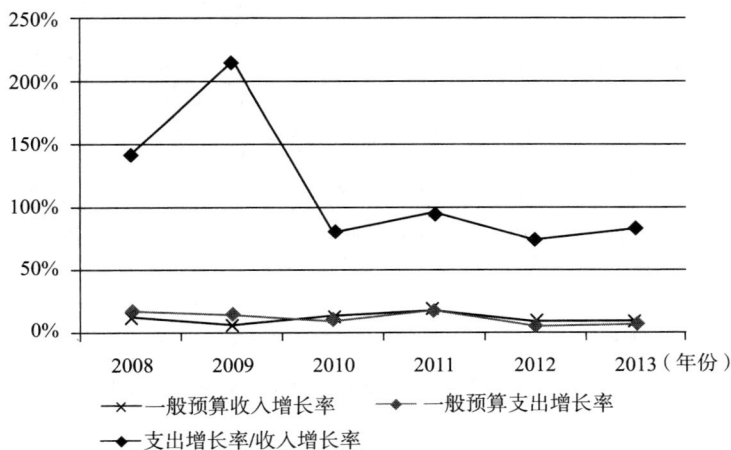

图 7.2　上海市地方财政收支增长率

　　总体而言，继上海市在 2009 年相对较高的财政风险后，地方财政支出增长率连续四年低于地方财政收入增长率，其财政缺口已经出现一定程度的下降，财政相关风险逐步减小。

第 3 节　上海市金融部门风险分析

一、银行类风险分析

（一）资本结构错配分析

　　2012 年，上海市银行业继续保持良好的发展态势，资产规模进一步扩大，银行类金融机构资产总额达到 90304 亿元，较 2011 年增长 5656 亿元，增速达 6.58%；贷款余额达到 40982.48 亿元，存款余额达到 63555.25 亿元。2013 年，上海市金融机构存款余额为 69256.32 亿元，同 2012 年相比增长 8.97%；贷款余额为 44357.88 亿元，同比增长 8.24%，如图 7.3 所示。同时，上海市金融部门存贷比在 2012 年出现自 2008 年以来首次上升态势后，又于 2013 年回落至 64.05%。由于上海市金融业较为发达，金融体系较全国其他省市更加完善，上海市企业融资渠道也相对多样化，其对于银行信贷资产的依赖性较低，表明上海市银行类金融机构经营状况较为稳定，不存在过高的资本结构错配风险。

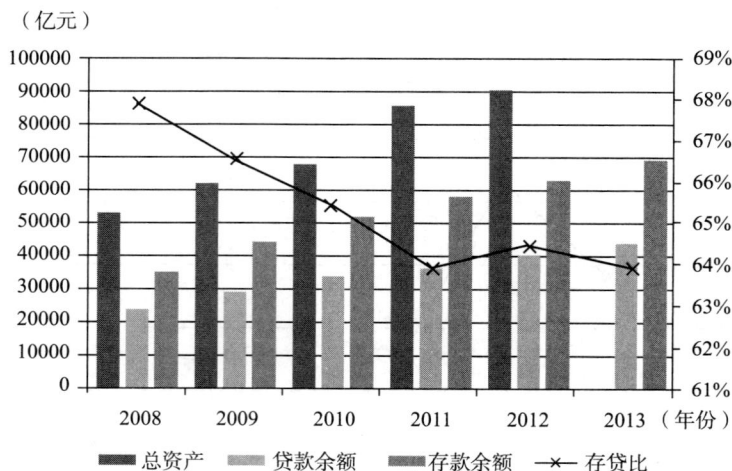

（亿元）

图 7.3　上海市银行类金融机构存贷款余额与存贷比

（二）期限错配分析

2013 年，上海市短期贷款达 13673.51 亿元，比 2012 年增长 5.26%，增速有所回落，同时中长期贷款达到 25901.85 亿元，同比提高 9.77%；上海市中长期贷款占贷款总余额的比重由 2012 年的 57.58%上升为 58.39%，如图 7.4 所示。同时，上海市金融机构存款中定期存款的增速也快于活期存款，虽然银行业中贷款余额的中长期化态势较 2012 年有所提升，但由于存款结构中定期存款占比也相应上升，其整体的期限错配风险并未恶化。但就银行业流动风险而言，由于存贷款中短期资金占比均有所降低，不利于银行资产结构的多样化配置。

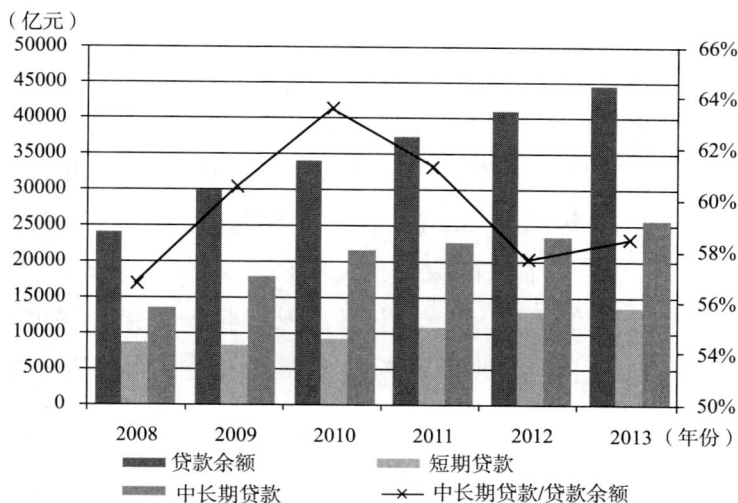

图 7.4　上海市银行类金融机构贷款结构

（三）货币错配分析

2013 年，上海银行类金融机构外币存贷款较 2012 年有所增加，其增速均有所上升，外币存贷比持续回落，如图 7.5 所示。上海市银行类金融机构外币存贷款规模在 2012 年分别达到 3662.5 亿元和 4496.58 亿元，并在 2013 年继续上升为 4218.85 亿元和 4609.33 亿元，其中外币存款保持了 2012 年的较高增速；同时外币存贷比持续回落，由 2012 年的 122.77％进一步降低为 109.26％。上海市外币存贷比的持续降低表明其货币错配风险得到一定程度的缓解，但同时应注意到，由于上海市经济国际化程度较高，与全国其他省市相比，上海市外币贷款占总贷款余额的比例处于较高水平，上海市应加强对外币存贷款的管理，降低金融部门货币错配的相关风险。

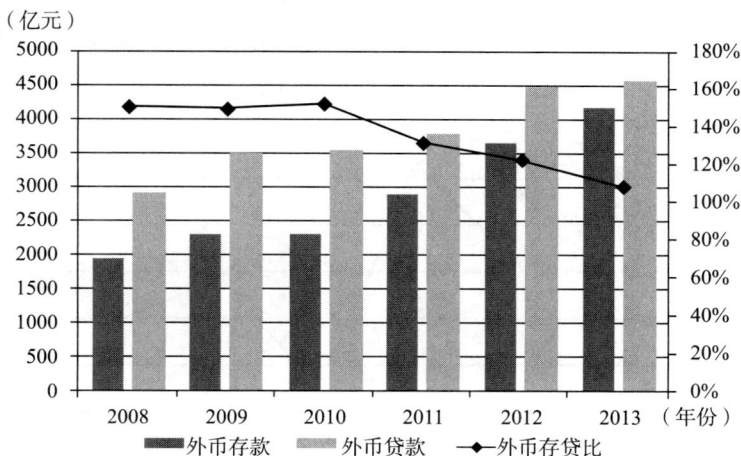

图 7.5　上海市金融部门外币存贷款余额与外币存贷比

二、保险类风险分析

同 2012 年相比，上海市保险业在 2013 年发展速度出现一定程度的放缓，保险深度有所下降。如图 7.6 所示，2012 年，上海市保费收入实现820.64 亿元，比 2011 年增加 8.97%，保险深度达 4.06%，较 2011 年提高0.14 个百分点；2013 年，上海市保费收入达 821.43 亿元，基本与 2012 年的规模持平，而保险深度降低为 3.80%。上海市保费收入及保险深度在 2011 年及2013 年出现两次明显下降，表明其保险业发展尚未处于稳定的发展态势中。

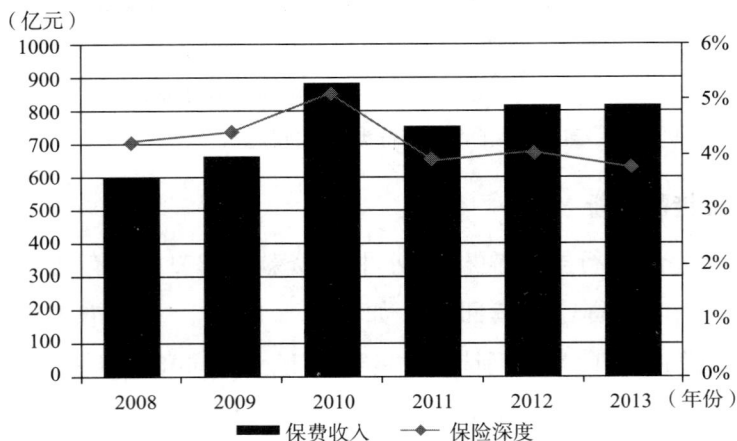

图 7.6　上海市保险深度

2012 年，上海市保险业赔付支出达 255.79 亿元，较 2011 年降低 4.92亿元；保费增长率较 2011 年有所回升，达到 8.97%，赔付率由 2011 年的34.62% 降低至 31.17%。2013 年，上海市保险业赔付支出上升为 301.95 亿元，在保费收入基本保持零增长的同时，赔付率上升为 36.76%，为近几年最高水平，如图 7.7 所示。总体而言，保险深度的下降和赔付率的大幅上升均表明上海市保险业在 2013 年的赔付风险有所上升。

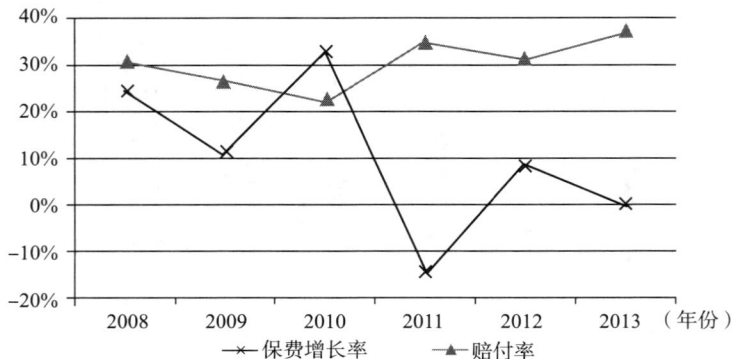

图 7.7　上海市保费增长率与赔付率

第 4 节　上海市上市企业部门风险分析

上海市上市企业部门的行业分布比较广泛，所属行业主要有生物制药、电子信息、化工行业、房地产、交通运输和金融行业等。本节主要运用资产负债表方法和或有权益分析方法对上海市的相关上市企业整体进行宏观金融风险分析。为了风险分析的针对性和准确性，所选分析样本为截至 2013 年第三季度上海板块的 164 家上市企业，其中不包含创业板块和金融行业的相关上市企业。

一、盈利能力分析

2012 年以来，上海市上市企业净利润率整体上呈现下降态势，在四个季度中分别为 4.59%、5.48%、5.23% 和 4.89%，并在 2013 年第一季度进一步下降到 4.18%，企业盈利能力和竞争力有所减弱，但在 2013 年起有所回升，于第三季度逐步上升至 4.76% 的水平，如图 7.8 所示。同东部其他省市相比，上海市上市企业净利润率波动较小，虽然在 2013 年有所回升，但整体仍呈现明显的下滑态势，表明企业经营环境有所恶化，应警惕企业利润率的进一步下降。

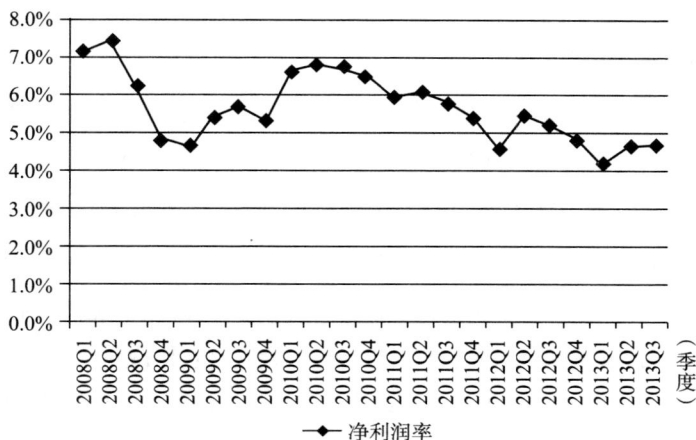

图 7.8　上海市上市企业净利润率

二、账面价值资产负债表分析

（一）资本结构错配分析

2012 年至 2013 年第三季度，上海市上市企业的总资产和总负债规模保持增长态势，其资产负债率整体上呈上升态势，如图 7.9 所示。上海市上市企业资产负债率在 2012 年第一季度达到 55.71%，并在报告期内保持小幅度波动，于 2013 年第三季度末达到 56.82%。上海市金融业发展在全国其他省市相对领先，其金融国际化程度较高，融资环境较为优越，企业融资方式较为丰富，上海市上市企业资产负债率在全国其他省市中处于较低水平，表明其上市企业部门资本结构较为稳健，总体上风险并不明显，但上海市上市企业资产负债率自 2008 年一直处于不断上升的态势中，应对此保持警惕，防范上市企业资本结构错配风险上升。

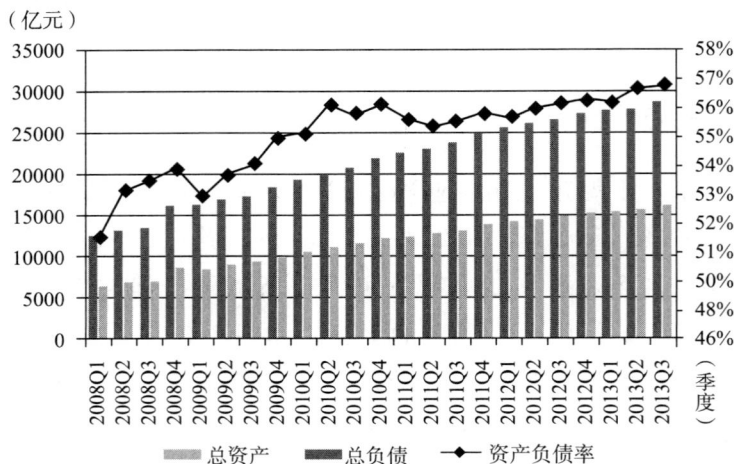

图 7.9　上海市上市企业资产负债率

(二) 期限错配分析

2012 年至 2013 年第三季度，上海市上市企业的流动资产和流动负债均呈现稳定上升的态势，流动比率也维持稳定，如图 7.10 所示。北京上市企业流动比率在 2012 年四个季度中分别为 102.51%、100.86%、99.99% 和 93.21%，基本保持在 100% 左右的水平，并在 2013 年前三个季度分别达到 95.44%、95.33% 和 96.71%。总体而言，上海市上市企业的流动比率保持 1 左右的水平，处于较为安全的水平，这在一定程度上说明上海市上市企业的资金流动性较好，具有较强的短期偿债能力，但仍然需要加强资产流动性管理，防范企业经营中的期限错配风险。

（亿元）

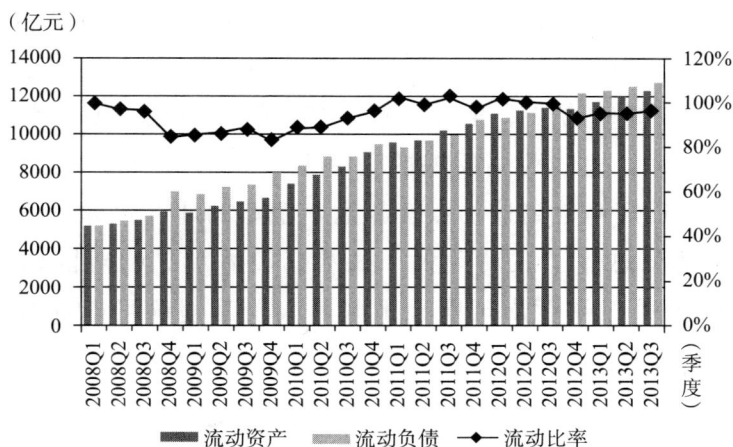

图 7.10　上海市上市企业流动比率

三、或有权益资产负债表分析

（一）或有资本结构错配分析

2008 年后，上海市上市企业或有资产负债率在波动中呈现整体上升态势，2012 年至 2013 年上半年，该指标增长态势较为明显，在 2013 年第三季度略有下降，如图 7.11 所示。或有资产负债率的上升表明上海市上市企业在股权二级市场表现状况出现下滑，其或有资产负债率在 2013 年第二季度末达到 50.23％，为 2008 年以来的最高水平，虽然在 2013 年第三季度有所下降，但是仍高于东部其他省市平均水平，反映出其面临的相关风险较高。

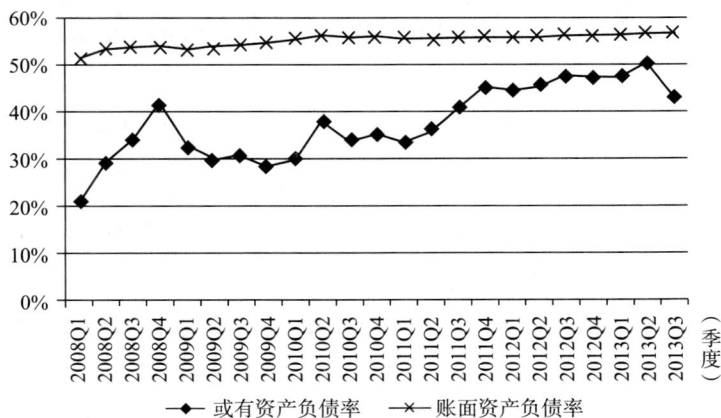

图 7.11　上海市上市企业账面资产负债率与或有资产负债率

（二）违约风险分析

2012 年至 2013 年上半年，上海市上市企业部门的违约距离波动较大，但整体上呈现上升态势，违约风险有所降低，但在 2013 年第三季度出现一定幅度下降，如图 7.12 所示。2012 年，上海市上市企业部门的违约距离总体上呈现先升后降的态势，四个季度的违约距离分别为 3.83、5.54、4.93 和 5.05，并在 2013 年第二季度回升至 5.16，但在第三季度下滑至 3.67，为考察期内最低水平。违约距离反映的是企业资产市值与违约点之间的距离，违约距离越大，资产市值离违约点就越远，企业的违约风险就越小。上海市上市企业违约距离总体上波动较大，虽然其整体水平相对国内其他省市较好，但在 2013 年第三季度出现明显下降，表明其违约可能性有所凸显，相关风险有一定程度暴露。

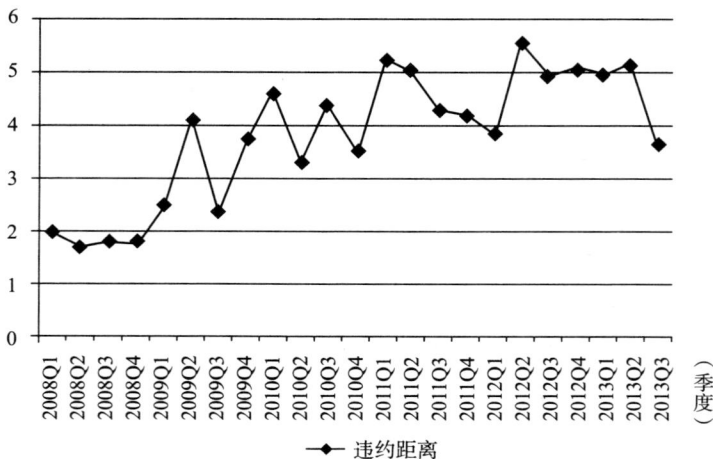

图 7.12　上海市上市企业违约距离

第 5 节　上海市家户部门风险分析

2008 年以来，上海市城镇居民人均全年收支均呈现上升态势。如图 7.13 所示，上海市城镇居民平均每人全部年可支配收入和消费支出都处于不断上升的态势，总体收支盈余也不断上升。2012 年，上海市城镇居民平均每人全年可支配收入达到 40188 元，较 2011 年增加 10.92％，并于 2013 年进一步增至 43851 元，总体水平高于全国平均水平；城镇居民平均每人全年消费支出在 2012 年为 26253 元，比 2011 年增加 4.59％，2013 年时达到 28155 元，增幅为 7.24％，增速有所提高；同时，城镇居民消费性收入占可支配收入的比重保持自 2010 年以来的下降态势，在 2012 年和 2013 年分别为 65.32％和 64.21％。总体而言，上海市城镇居民面临的偿付风险较小。

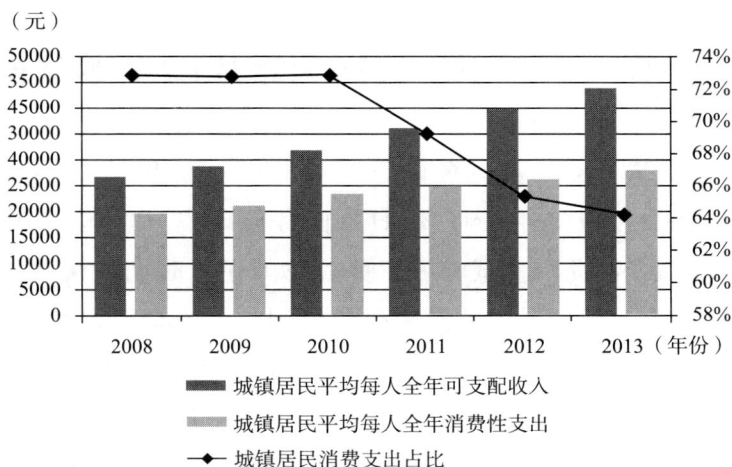

（元）

城镇居民平均每人全年可支配收入

城镇居民平均每人全年消费性支出

城镇居民消费支出占比

图 7.13　上海市城镇居民人均收支情况

2012 年，农村家庭人可支配纯收入达到 17401 元，比 2011 年增加 1757 元，增长 11.23％，并于 2013 年达到 19208 元；农村居民家庭平均每人生活消费支出在 2012 年为 12096 元，较 2011 年增加 824 元，增长 7.31％，在 2013 年达到 13425 元，增幅为 10.99％，较 2012 年有所提高，表明通货膨胀因素导致的物价上涨对农村居民家庭消费影响较大。注意到上海市农村居民生活消费占收入比重自 2008 年以来的下降态势在 2013 年有所改变，其值同 2012 年相比提高了 0.4 个百分点，虽然上海市农村居民目前消费比重还相对较低，但应警惕物价上升所可能造成的农村居民消费风险。

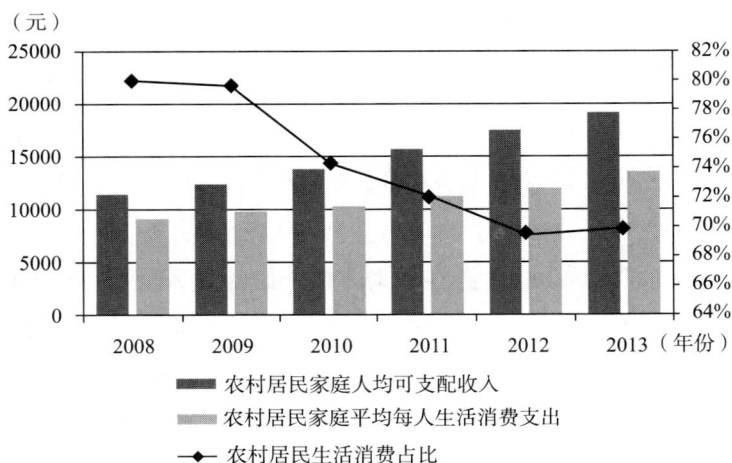

（元）

农村居民家庭人均可支配收入

农村居民家庭平均每人生活消费支出

农村居民生活消费占比

图 7.14　上海市农村居民人均收支情况

第6节　上海市自贸区金融风险专题分析

2013 年 8 月 22 日，中国国务院正式批准在上海市设立自由贸易试验区（以下简称自贸区）。2013 年 9 月 27 日，国务院印发《中国（上海）自由贸易试验区总体方案》，提出"试验区肩负着我国在新时期加快政府职能转变、积极探索管理模式创新、促进贸易和投资便利化，为全面深化改革和扩大开放探索新途径、积累新经验的重要使命，是国家战略需要"，同时明确了加快政府职能转变、扩大投资领域开发、推进贸易发展方式转变、深化金融领域开放创新和完善法制领域制度保障五大主要任务。2013 年 9 月 29 日，上海自贸区正式挂牌成立。

金融领域的改革创新是上海自贸区建设最重要的环节之一，包括加快金融制度创新和增强金融服务功能两个方面。上海市作为我国金融业发展最为发达和先进的地区之一，其金融领域的改革创新将进一步提升上海市金融业发展，对我国其他省市的金融机构形成竞争压力。

一方面，上海自贸区内将逐步实现金融市场的利率市场化，金融机构的资产价格将逐步实现市场化定价模式，上海经济发展将从利率市场化模式中获利。2012 年 6 月，央行调整了银行存贷款利率的浮动区间，将存贷款浮动区间分别设定为基准利率的 1.1 倍和 0.8 倍；2012 年 7 月，央行再次下调贷款利率，同时进一步下调贷款利率浮动区间下限为 0.7 倍基准利率。存款利率的市场化将提高上海自贸区金融机构的竞争，而存款利率的升高将增加家户部门的收入，同时对借款企业的资本成本上升造成压力，一定程度上会对普遍的低效投资现象起到改善效果，提高资源配置的效率，抑制高风险理财产品的发展和房地产泡沫程度。

另一方面，上海自贸区还将在区域内逐步实现人民币资本项目可兑换，推动上海经济与金融体系进一步同全球经济金融体系相对接，提高上海金融部门的竞争力与效率，在促进生产性投资的同时平滑整体消费。人民币自由兑换进程的推动，还将进一步提高经常项目的可兑换水平，有利于上海市对外贸易和投资的发展，促进上海市乃至我国进一步融入国际经济体系中，并对人民币跨境结算、人民币汇率定价、国内市场利率等机制产生更深层次的变革。

此外，上海自贸区在政策方面的倾斜还会对上海自贸区金融机构及相关企业的发展产生更多的政策红利，并通过税收、外汇等优惠等条件，吸引更多的跨国公司和金融机构入驻上海，同时推动上海市物流仓库、航运、商务楼宇等相关产业的发展，提升上海国际化大都市和国际金融中心建设的力度。但在金融改革为上海自贸区带来利益的同时，上海自贸区也面临着潜在的相关风险。

上海自贸区面临的最大风险来自于大规模的资金流动，这是由利率市场化和人民币资本项目可兑换所引起的。1997 年至 1998 年的东南亚金融危机表明，当一国资本项目下本币可自由兑换时，将会吸引大规模的短期投机性质的国际热钱迅速流入和流出，对该国的资本市场及实体经济造成较大影响，甚至引发严重的金融危机。由于 2005 年以来，我国因境内外利差、汇率升值以及投资收益差等原因，已经吸引了较大规模的境外资金流入，上海自贸区将以离岸金融区域的形式消除区内外资本流动壁垒，进而增大国际资本的流入压力，引起相关风险的暴露。

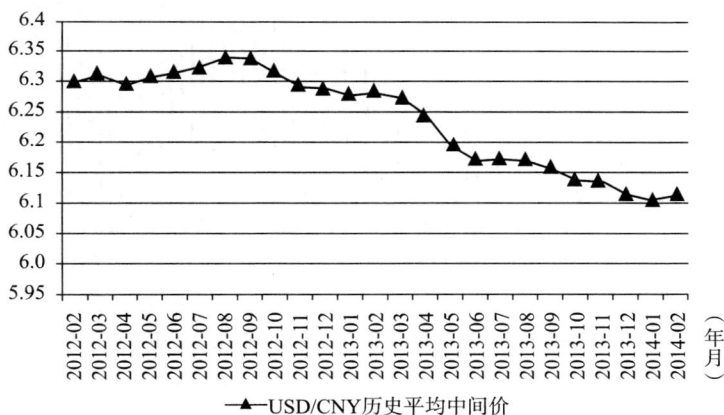

图 7.15　USD/CNY 历史月平均中间价

从公共部门风险来看，首先，由于我国贸易顺差和资本项目顺差均规模较大，且表现出一定的扩大态势，人民币一直面临较大的升值压力，而大规模的境外资本流入将进一步增加资本项目顺差，增大人民币的升值压力；其次，境外流入资本的逐利性将使其具有更高的不确定性，从而使我国原本就存在的地方政府融资平台风险、影子银行风险以及房地产行业风险等进一步放大，从而可能在未来发生大规模的资金流出而引发较大的负面冲击；最后，由于我国目前境内货币存量较大，外汇占比较高，通过高位存款准备金率实行偏紧的货币政策，境外资本的大量流入将加大货币政策的制定及实施压力。

对于金融部门风险而言，由于上海自贸区与自贸区外的市场环境不同，将会产生区内外"双轨制"的风险，自贸区内的利率、汇率及税率均会与自贸区外不同，将会提高区内外进行利率、汇率及税率套利的积极性，引起资金在区内外进行转移而套利。大规模的资金套利将对自贸区内正常稳定的金融市场秩序造成冲击，引起整个金融市场体系的混乱，导致政府的监管失效。

同时，企业部门也面临着相关风险。随着上海自贸区的发展，上海市经济也将进一步融入全球经济体系中，从而对上海市企业发展提出了更高的要求。由于上海市作为我国主要的港口城市之一，其经济外向程度较高，企业中参与国际贸易活动的比例与规模均相对其他省市要高，受汇率市场化影响的程度也相对更大。

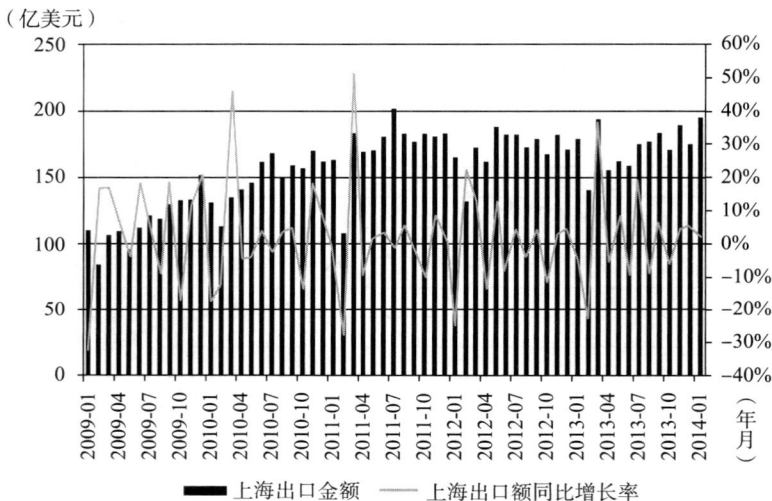

图 7.16　上海市出口金额及同比增长率

为有效控制相关风险，促进上海自贸区经济金融安全有序地发展，现提出以下几点建议：首先，应加强自由贸易账户的管理，严格规范自由贸易账户资金运用，强化对自由贸易账户中有关跨境资金交易的检测和分析，防范相关风险滋生；其次，加强对于人民币境外融资专用账户的监控和管理，防范人民币境外融资专用账户资金以不合规渠道渗透至区外；最后，加强金融机构自身的风险防控和政府监管体系的建设，金融机构自身要提前做好风险防控措施，建立科学、完善的风险防控制度、标准和流程，而政府应建立针对自贸区内金融行业的监管体系，在推进上海自贸区改革发展与有效防范相关风险之间取得平衡。

第 7 节　结论及政策建议

本章通过对 2013 年上海市的公共部门、金融部门、上市企业部门和家户部门四个主要部门的宏观金融风险进行分析与研究，并对上海市自贸区的金融风险与问题作了专题探讨。公共部门方面，上海市一般预算收入和一般预算支出均稳步提高，财政支出结构有所优化，财政缺口占 GDP 比重呈下降态势，总体保持在安全水平之下，风险相对较小；金融部门方面，上海市银行类金融机构的存贷比在 2012 年有所上升，2013 年时下降，贷款中长期化在 2013 年有所反弹，外币贷款占总贷款余额的比例处于较高水平，但外币存贷比呈现下降态势，货币错配风险有所减缓；上市企业部门方面，企业净利润率在波动中呈现下降态势，同时账面资产负债率与或有资产负债率均有所上升，相关风险有所凸显；家户部门方面，上海市居民收入增长较快，城乡居民消费支出占收入比重呈下降态势，风险并不突出。

总体而言，2013 年上海市经济金融运行状况良好，四大部门中除企业部门风险有所暴露之外，整体所面临的宏观金融风险相对较小。基于本章对上海市宏观金融风险状况的分析，下面结合具体的宏观经济形式提出相关政策建议，希望对上海市各部门的风险控制起到一定的积极参考作用。

第一，上海市银行类金融机构的存贷比水平相对较低，并且呈现逐渐下降的态势，应将存款投向其他资源相对缺乏、对资金需求较大的地区，发挥上海市金融体系完善的领先优势，加强上海市金融对实体经济的支持。

第二，上海市上市企业部门风险在 2013 年有所暴露，应努力提高上市公司的治理水平，加强上市公司利用金融手段管理外汇风险的能力，控制进出口企业贸易所面临的汇率风险，减小人民币升值对上海市企业带来的影响。

第三，上海市应首先加强自由贸易账户的管理，严格规范自由贸易账户资金运用，强化对自由贸易账户中有关跨境资金交易的检测和分析，防范跨境资金风险；其次，加强对于人民币境外融资专用账户的监控和管理，防范人民币境外融资专用账户资金以不合规渠道渗透至区外；最后，加强金融机构自身的风险防控和政府监管体系的建设，金融机构自身要提前做好风险防控措施，建立科学、完善的风险防控制度、标准和流程，而政府应建立针对自贸区内金融行业的监管体系，在推进上海自贸区改革发展与有效防范相关风险之间取得平衡。

参 考 文 献

[1] 周炼石：《应对资本管制放开后上海国际金融中心风险的对策》，载《新金融》2013年第6期，第31—35页。

[2] 谢永康，姚玲珍，李媛媛：《上海市房地产金融风险防范的最优策略与机制研究》，载《现代管理科学》2013年第1期，第26—28页。

[3] 刘兰娟，王军：《基于产业部门的上海居民消费支出参数估计与分析》，载《上海经济研究》2013年第1期，第90—98页。

[4] 朱宁：《上海自由贸易区试验改革风险》，载《股市动态分析》2013年第34期，第16—17页。

[5] 胡美玲，饶海琴：《上海自贸区融资租赁优势和风险分析》，载《中国集体经济》2013年第31期，第24—25页。

[6] 王国刚：《链接自由贸易区推进金融体制机制创新》，载《上海金融》2013年第11期，第13—17页。

[7] 武剑：《中国（上海）自贸区金融改革展望》，载《新金融》2013年第11期，第12—15页。

[8] 沈国兵：《上海自由贸易试验区建立对中国经贸发展的影响》，载《社会科学家》2013年第12期，第61—68页。

[9] 顾列铭：《上海自贸区金融创新空间有多大》，载《金融经济》（市场版）2013年第11期，第10—12页。

[10] 上海市统计局：《2008—2013年上海市国民经济和社会发展统计公报》。

[11] 上海市统计局：《2009—2013年上海市统计年鉴》。

[12] 中国人民银行：《2008—2012年上海市金融运行报告》。

第8章　江苏省宏观金融风险研究

江苏省位于中国东部沿海中心，气候宜人，地理位置优越，经济发展繁荣，文化水平昌盛。如今江苏省已成为我国综合发展水平最高的省份，并存在进一步发展空间。在不断发展之余，潜在的宏观金融风险不容忽视，因此本章第一部分主要是对江苏省经济金融运行的概况进行分析，第二部分分别通过对江苏省公共部门、金融部门、上市企业部门以及家户部门所存在的宏观金融风险展开分析，第三部分主要针对江苏省纺织服装行业所面临的风险问题进行深入专题研究，第四部分根据当地实际情况及存在的风险给予政策建议。

通过分析江苏省宏观金融风险，发现江苏省公共部门和金融部门风险状况良好；上市企业部门盈利能力虽有所下滑，但偿债能力较强，违约风险尚不明显；在纺织服装行业风险专题研究方面，发现企业短期偿债能力有所下降，盈利水平大幅下降，销售成本率持续上涨，行业整体存在一定风险。

胡明超（2010）针对金融发展与产业结构调整之间的关系进行了实证研究，得到的结果与脉冲响应函数分析的结论相一致，于是得出金融发展的确对产业结构具有一定影响的结论，并在文章最后提出了政策建议；谭中明、梁俊（2011）对江苏省农村小额贷款公司进行了调研，认为其在经营活动中存在信用风险、操作风险以及流动性风险等，最后结合江苏省实际状况提出了加强信贷管理机制、拓宽融资渠道等措施；李国培、刘源（2011）将国际收支表框架作为理论基础，研究了资金的流动对于江苏省经济金融发展的影响，认为其推动了江苏省国际贸易的繁荣，但也会带来潜在的经济与金融风险。

第1节　江苏省经济金融运行概况

一、江苏省经济运行概况

2012年江苏省经济运行整体发展状况稳中有升，产业结构进一步调整，人民生活水平持续改善。截至 2012 年年末，全省实现生产总值 54058.2 亿元，同比增长 10.1％。其中第一、二、三产业增加值分别为 3418.3 亿元、27121.9 亿元和 23518 亿元，同时较上年分别增长 4.6％、11％及 9.6％，三次产业结构从去年的 6.2∶51.3∶42.5 调整为 6.3∶50.2∶43.5，第三产业所占比重有所增加，产业结构得到不断优化。

从社会固定资产投资来看，2012 年，江苏省投资状况持续高温，并以较快速度增长。其中全社会实现固定资产投资额 31707.2 亿元，比上年增长 20.5％。其中民间投资仍占据重要地位，实现投资额 21293.5 亿元，同比增长 22.6％，占固定资产投资的比重为 67.2％。同时，三次产业投资较上年分别增长 31.6％、19.5％和 21.5％，投资结构持续改善。

对于江苏省财政收支状况而言，2012 年全省完成地方一般预算收入 5860.7 亿元，同比增长 13.8％。其中增值税和企业所得税分别同比增长 5.8％和 2％，增长速度有所下降，这主要是受宏观经济政策以及企业盈利能力下滑所致。相较之下，营业税收较上年增长 31.7％，成为推动当地政府财政收入增长的主要动力源之一。同时，地方一般预算支出为 6996.6 亿元，同比增长 12.5％。其中，用于教育支出、科学技术支出以及社会保障和就业支出的力度不断加大，支出增长速度有显著提升。

此外，2012 年江苏省物价水平得到有效控制，居民消费价格涨幅有所回落。全年居民消费价格同比上涨 2.6％，涨幅较上年回落 2.7 个百分点。其中，交通和通信、娱乐教育文化用品及服务的价格指数分别下降 0.2 和 0.1 个百分点。在消费价格出现上涨的指标中，食品、烟酒、衣着、家庭设备用品及服务的涨幅最为明显，由于食品和衣着是维持居民日常生活最重要的两项商品，因此它们价格的不断上涨会对居民的正常生活产生严重影响，政府部门应予以充分重视，及时采取合理有效的解决方案。

二、江苏省金融运行概况

2012 年江苏省金融业整体运行状况良好，对地区经济贡献度持续增加。其中银行业金融机构资产规模继续扩大，风险管控体系进一步优化；证券业金融机构整体运行平稳，业务创新能力有所提高；保险业金融机构综合实力进一步加强，盈利水平稳中有升。

2012 年，江苏省银行业金融机构资产规模持续增长，年末资产总额达到 9.7 万亿元，同比增长 18％。存贷款规模持续增长态势，其中本外币存款余额达到 78109 亿元，同比增长 15.48％，银行揽储能力有所加强；本外币贷款余额为 57652.8 亿元，同比增长 14.66%，短期贷款和中长期贷款分别达到 27967.92 亿元和 27492.54 亿元，可见当地对于短期贷款和中长期贷款的需求程度相近。

同时，银行业金融机构盈利能力不断上升，利润总额较上年增加 7.6 个百分点；不良贷款率为 1.09%，同比增长 0.15%，资产质量略有下降，但抵御风险能力仍处于较高水平。

江苏省证券业运营状况良好，业务创新能力进一步加强。截至 2012 年年末，江苏省上市公司达到 236 家，较上年新增 22 家。证券市场实现全部交易额 59797.5 亿元。其中股票市场融资能力略有放缓，期货市场发展迅速，盈利能力稳步上升。另外，省内证券公司加大业务创新力度，主要集中在针对中小微企业私募债等全新业务领域进行突破，不断拓宽业务经营范畴，提高利润水平。

对于保险业，2012 年江苏省保险业资产规模持续增长，各项业务稳步提升。截至 2012 年年末，总部设在辖内的保险公司有 4 家，分支机构达到 90 家；实现全年保费收入 1301.3 亿元，同比增长 8.4%。其中，财产险保费收入 440.9 亿元，人身险保费收入 860.1 亿元；全年各类保险赔付支出 387.0 亿元，同比增长 19.3%。总体来看，2012 年江苏省保险业市场平稳健康发展，市场规模和保费收入持续扩大，但保险赔付额有所增加。

第 2 节　江苏省公共部门风险分析

2012 年，江苏省政府积极调整产业结构，促进当地经济平稳、有序、健康发展，使得地方一般预算收支均呈现平稳增长态势。如图 8.1 所示，全年实现地方一般预算收入为 5860.7 亿元，同比增长 13.82%。其中，个人、企业所缴税收收入仍是推动当地财政收入增长的重要支柱。

地方一般预算支出为 6996.6 亿元，同比增长 12.45%。其中，用于教育、医疗卫生、社会保障和就业支出的比重得到进一步提高。可以看出，2012 年江苏省政府对于保障民生方面十分重视，并不断加大对其财政投放力度。

从一般预算缺口以及一般预算缺口占 GDP 的比重来看，近年来，一般预算缺口呈逐年递增趋势，截至 2012 年年末，达到 1135.9 亿元，同比增长 5.88%。同时，一般预算缺口占 GDP 的比重在 2008 年达到最低值 1.67% 的水平，随后基本维持在 2% 至 2.3% 的范围内上下波动，截至 2012 年年末，两者比值为 2.1％，较上年略有回落。总体看来，江苏省一般预算收入和预算支出规模合理，一般预算缺口占 GDP 的比重变化相对稳定且并未超过目前国际上公认的 3％以内的安全缺口规模，因此江苏省财政缺口占比率处于安全范围之内，财政缺口风险较小。

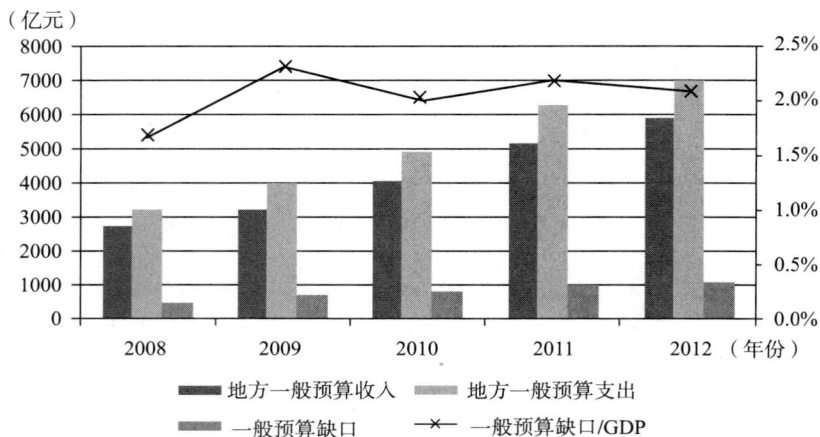

图 8.1　江苏省地方财政一般预算收支情况①

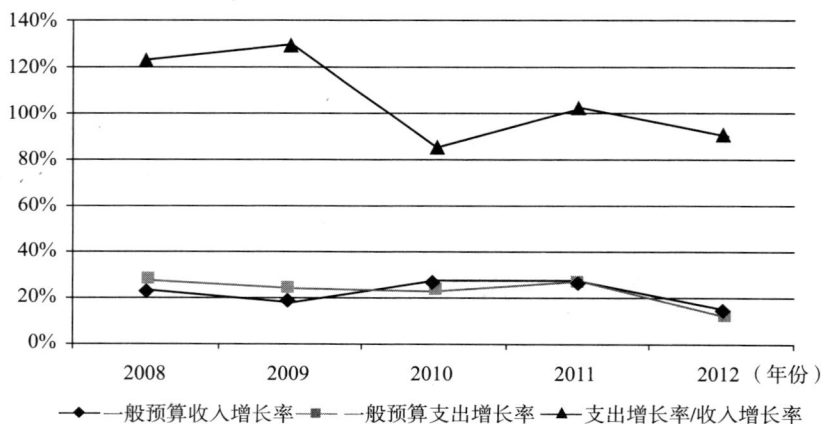

图 8.2　江苏省地方财政一般预算收支增长率

　　江苏省一般预算收入与预算支出增长率的变化方向和速度十分相近，如图 8.2 所示。2008 年至 2011 年，二者基本维持在 20％—30％的水平内上下波动，但 2013 年预算收入和支出的增长速度均出现了明显下滑，分别为 13.82％和 12.45％，这与财政紧缩的宏观经济政策密切相关。同时，支出增长率在 2008 年和 2009 年均超过了收入增长率，二者比值分别达到 123.14％和 130.19％，经过政府部门的及时控制与合理调整，于 2010 年下降到

---

　　①　注：数据来源于《2009—2013 年江苏省统计年鉴》，《2008—2013 年江苏省国民经济与社会发展统计公报》。此章数据均来源于此。

84.68％的水平。截至 2012 年年末，支出增长率与收入增长率的比值为90.09％，预算收支结构不断得到优化。因此，江苏省公共部门整体财务状况良好，财政风险尚不明显，但也应警惕支出增长率与收入增长率的比值出现反弹的风险。

第3节　江苏省金融部门风险分析

金融业是推动江苏省经济平稳、健康、持续增长的重要组成部分，因此，分析江苏省金融部门所面临的风险，具有至关重要的作用。本节主要运用资产负债表方法对江苏省银行业和保险业的经营状况进行风险分析，并就如何有效提高抗风险能力提出相关政策建议。

一、银行类风险分析

2012 年，江苏省银行业金融机构持续良好发展态势，金融服务体系进一步完善，金融产品不断得到创新。截至 2012 年年末，江苏省中外资银行业法人机构达到 136 家；金融机构资产总额达到 9.7 万亿元，同比增长 18％，资产规模持续扩大；利润总额较上年增长 7.6 个百分点，盈利能力稳步提高；不良贷款率为 1.09％，同比增长 0.15％，资产质量略有下降。

（一）资本结构错配分析

江苏省银行业金融机构存贷款规模始终保持稳步增长趋势，如图 8.3 所示。截至 2012 年年末，本外币存款余额达到 78109 亿元，新增存款10470.25 亿元，同比增长 15.48％，其中单位存款和个人存款分别占比56.99％和 39.49％，二者构成存款余额的 96.48％。本外币贷款余额为57652.8 亿元，同比增长 14.66％，其中短期贷款为 27967.92 亿元，中长期贷款为 27492.54 亿元，可见当地对于短期贷款和中长期贷款的需求程度相近。

对于存贷比结构，自 2008 年以来，江苏省金融机构存贷比在不断波动中呈现出上升趋势，并于 2011 年达到峰值 74.34％。截至 2012 年年末，存贷比水平为 73.81％，接近于我国央行规定的商业银行最高存贷比 75％的水平。表明当地较依赖于银行类金融机构的间接融资方式，这虽然可以提高银行业整体盈利水平，但也可能使银行资产风险加剧。总体看来，江苏省银行业金融机构存贷比水平仍在规定范围内，尚不存在明显的资本结构错配风险，但相关部门应提高警惕，防范存贷比率进一步上升的风险。

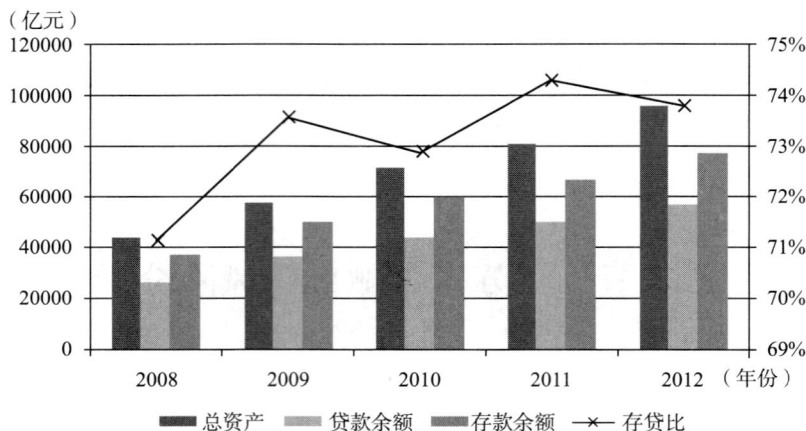

图 8.3　江苏省银行类金融机构存贷款结构

（二）货币错配风险分析

2012 年，江苏省金融部门外币存贷款规模较上年均有所增长，且增幅较大，但存贷比继续呈现小幅回落趋势，如图 8.4 所示。具体看来，截至 2012 年年末，外币存款余额为 2627.339 亿元，同比增长 37.18％，增速较上年提高了 17.41 个百分点；贷款余额为 3240.8 亿元，同比增长 34.18％，增速较上年上升了 16.89 个百分点，存贷款增速都有所增加，这主要是由于 2012 年金融主体在货币市场交易频繁，对外币资金需求旺盛。同时，外币存贷比自 2009 年起迅速升高，从上年的 88％提高到 127.9％，此后均保持在 120％ 的水平之上。截至 2012 年年末，江苏省金融部门外币存贷比为 123.35％。由于外币规模较本币规模相对较小，因此风险尚不明显，但相关部门也应采取一定措施以控制外币贷款规模进一步扩张，谨防货币错配风险的发生。

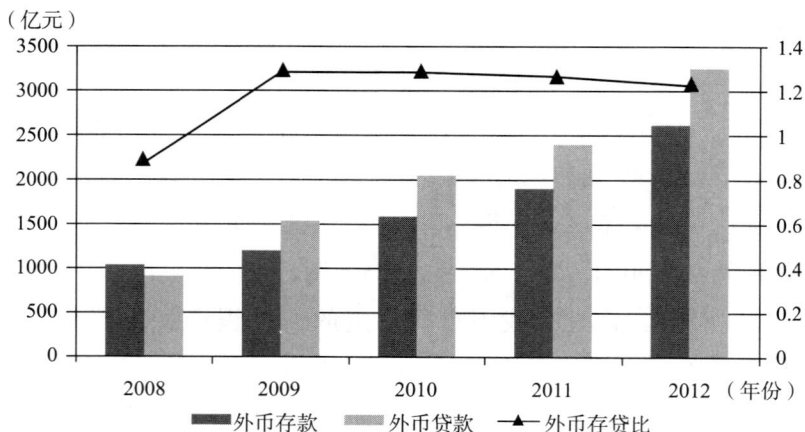

图 8.4　江苏省金融部门外币存贷款余额和外币存贷比

二、保险类风险分析

2012 年江苏省保险业资产规模持续增长，各项业务稳步提升，如图 8.5 所示。截至 2012 年年末，实现全年保费收入 1301.3 亿元，同比增长 8.4％。其中，财产险保费收入 440.9 亿元，健康险和意外伤害险保费收入 94.5 亿元，分别增长了 16.1％和 19.6％，健康险和意外伤害险保费收入增长速度大幅提高，当地居民对该产品需求旺盛。保费收入自 2008 年开始逐步回升，并在 2012 年达到近年来最高水平 1301.3 亿元。然而保险深度在 2011 年出现了一个较大幅度的下滑，降至 2.44％，并在 2012 达到近年来最低水平 2.41％，低于我国平均保险深度 2.98％的水平，表明江苏省保险行业的发展速度不及当地经济发展的整体水平。对此，江苏省相关部门应予以充分重视，合理有效地提高保险深度，使整个保险业跟上当地经济增长的节奏。

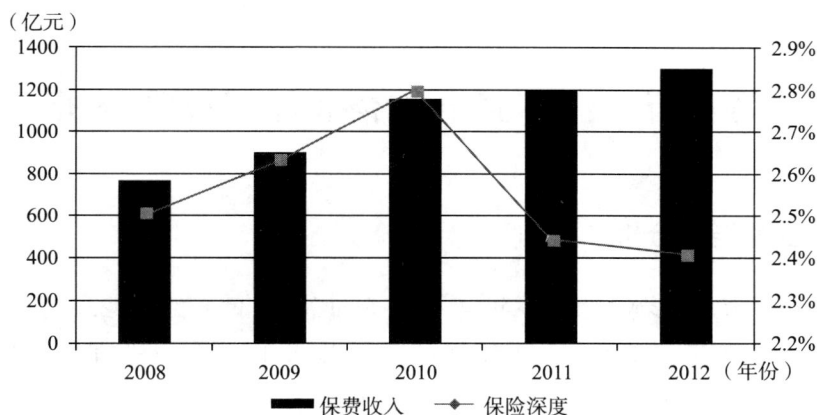

图 8.5　江苏省保险业保费收入与保险深度

保费增长率变化幅度较大，呈现出了"W"型变化的规律，如图 8.6 所示。2009 年和 2011 年增长率大幅下滑，并在 2011 年达到近年来最低值 3.21％，这主要是受到宏观金融因素的影响。截至 2012 年年末，保费增长率小幅回升，达到 8.44％的水平。保费增长率的频繁波动虽然一方面是受到宏观经济影响，但另一方面也在一定程度上反映出江苏省保险行业存在不稳定性风险。

与此相比，保险赔付率的变化相对稳定，并呈现出"V"型的变化趋势。2010 年赔付率最低，为 21.66％，并首次出现了赔付率低于保费增长率的情况。但近两年赔付率持续升高，截至 2012 年年末，江苏省保险业赔付支出额为 387 亿元，同比增长 19.29％，赔付率达到 29.74％。江苏省波动较大的保费收入以及持续提高的赔付额将对江苏省保险业持续健康的发展起到一定的阻碍作用。因此，保险业相关负责人在有效增加保费收入的同时也应严格审核投保人员的资质、投保动机等因素，并加强后期监督维护，防范因逆向选择和道德风险给当地保险行业带来的额外损失。

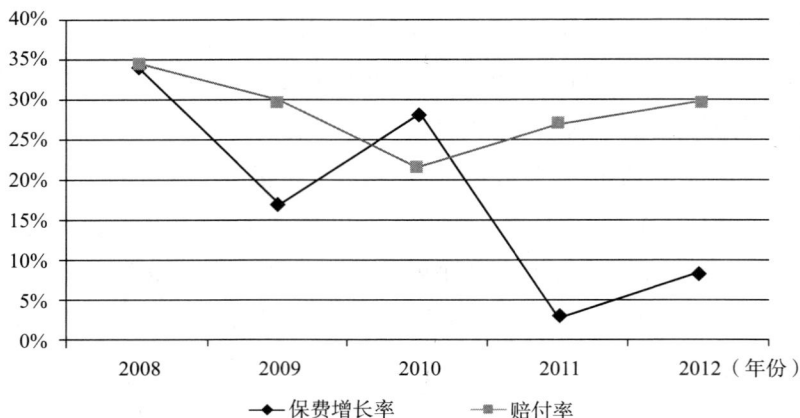

图 8.6　江苏省保险业保费增长率与赔付率

第4节　江苏省上市企业部门风险分析

一、盈利能力分析

受经济危机的影响，2008 年年末，企业净利润率跌至 2.59％的最低水平，如图 8.7 所示。但自 2009 年开始，江苏省上市企业净利润率水平呈现出不断上升态势，2011 年第一季度达到峰值 7.04％的水平，企业盈利能力良好。但随后便开始出现下滑趋势，截至 2013 年第三季度末，上市企业净利润率下降到 4.77％，较峰值跌落了 2.27 个百分点，企业盈利水平受创。造成江苏省上市企业净利润率整体出现下滑状况的主要原因是以华东科技、新民科技、中利科技等为首的高新技术企业受到原材料、劳动力成本大幅增长以及产品需求不足等因素的影响，使得净利润不断被压缩甚至出现负值。同时，常铝股份、华昌化工、华芳纺织以及南钢股份等传统行业也因行业景气度不佳、缺乏刚性需求等因素出现巨额负利润。总体来看，江苏省上市企业生产经营状况恶化，企业盈利能力不断下降，相关风险逐步扩大。

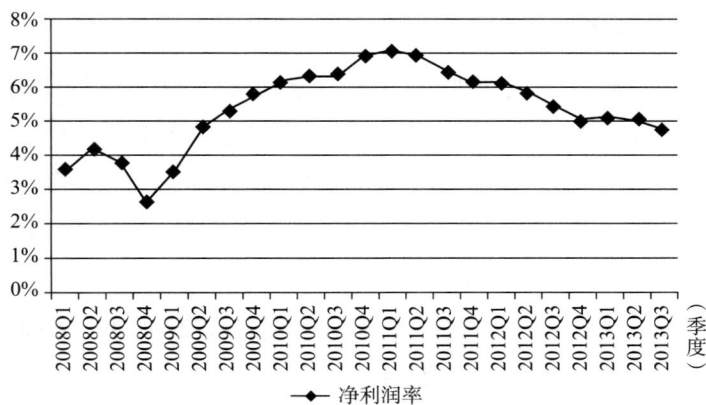

图 8.7　江苏省上市企业净利润率

二、账面价值资产负债表分析

（一）资本结构错配分析

自 2009 年起，江苏省上市企业部门资产负债规模整体呈上升趋势，同时资产负债率较为稳定，基本维持在 55％的水平上下波动，如图 8.8 所示。2009 年第三季度达到最高水平 58.84％，2011 年第一季度降至近年来最低点 52.73％，二者之间的差额仅为 6.11 个百分点，可见企业部门资产负债率波动范围较小。2013 年三个季度的比率分别为 54.75％、56.09％和 56.64％，资产负债率水平相对稳定且在上市企业小于等于 60％的标准范围内。因此，江苏省上市企业部门资产负债规模配置合理，偿债能力有所保障，尚不存在资本结构错配风险。

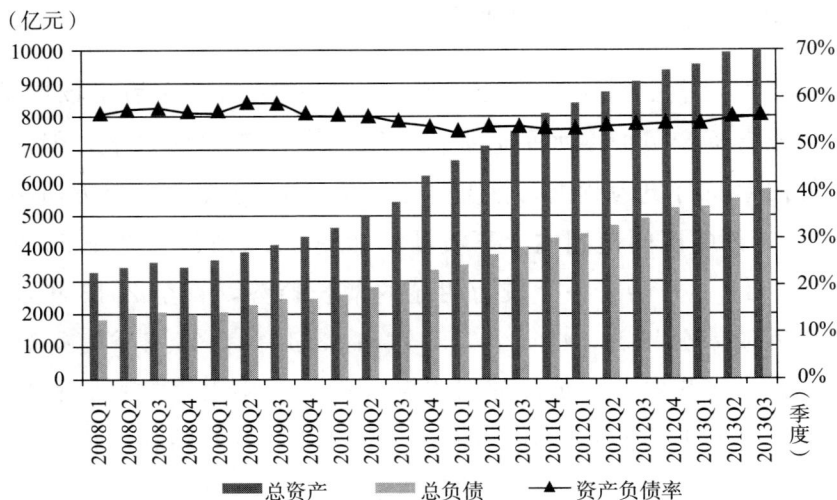

图 8.8　江苏省上市企业部门资产负债率

（二）期限错配分析

受金融危机影响，2008年四个季度中流动资产和流动负债规模基本保持不变，2009年开始，逐季度呈上升趋势。流动比率在2008年年初至2009年第三季度末均维持在1.15至1.20的区间范围内，自2009年第四季度开始逐渐上升，2012年第一季度达到最高值1.44，随后虽有小幅回落，但仍保持在理想水平范围内，如图8.9所示。截至2013年第三季度末，江苏省上市企业部门流动比率为1.37，在整个东部地区处于较高水平，企业具有较强的短期偿债能力，不存在明显的期限错配风险。

（亿元）

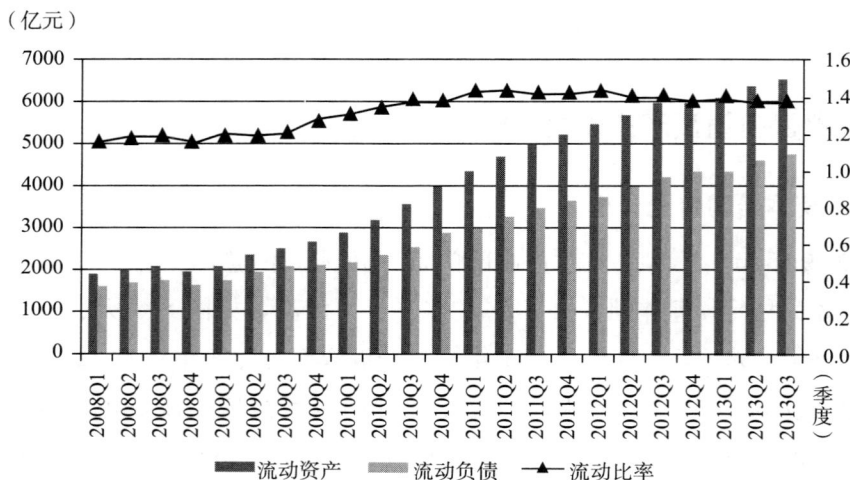

图8.9　江苏省上市企业部门流动比率

三、或有权益资产负债表分析

或有资产负债率主要反映的是上市企业在股权二级交易市场中的表现，因此，虽然或有资产负债率水平远远低于账面资产负债率水平，但波动性较账面资产负债率而言更为频繁。江苏省上市企业部门或有资产负债率基本维持在20％至40％的区间范围内上下波动，如图8.10所示。并于2009年开始下降，但自2011年开始有一个较为明显的增长趋势，直至2013年前三个季度或有资产负债率分别为34％、36.37％和33.14％，第三季度得到小幅回落。总体来看，江苏省上市企业部门或有资产负债率水平较低，相对于东部其他省市而言也处于低比率行列。因此，违约风险尚不明显，但对于近两年的增长趋势应保持警惕，谨防风险的发生。

对于江苏省上市企业的违约距离，2008年相对稳定且违约距离较小，最低点出现在第二季度末，仅为1.7，表现为企业违约风险较高，如图8.11所示。随着经济的逐步复苏，自 2009 年第一季度起，违约距离出现了较为明显的增长，随后便开始不断波动，但整体呈现出上升态势，违约距离逐渐增大，相应地，违约概率和违约风险均有所降低。2012 年第二季度末达到峰值5.49，表明这一时期企业经营状况良好，收益可观，违约风险较低。随后虽有小幅回落，但仍保持在 4 的水平之上，截至 2013 年第三季度末，企业违约距离为 4.44。上述分析表明，江苏省上市企业部门的违约距离逐步变大，违约风险尚不明显，企业具有较强的偿债能力。

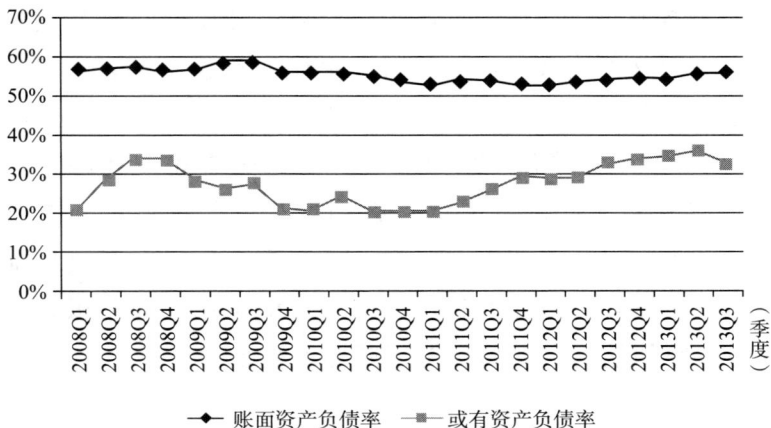

图 8.10　江苏省上市企业或有资产负债率

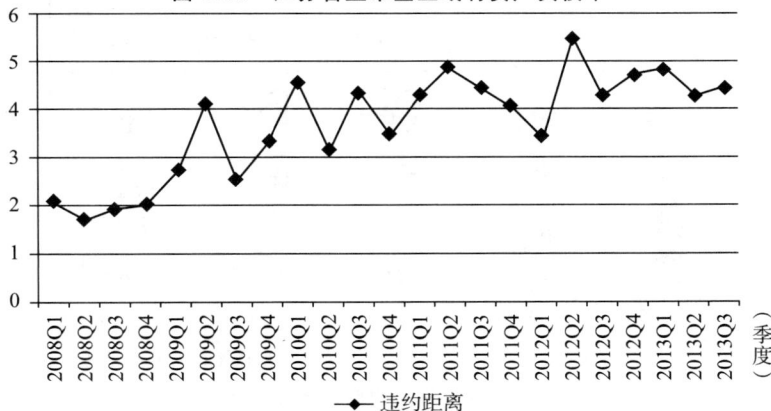

图 8.11　江苏省上市企业违约距离

第 5 节　江苏省家户部门风险分析

2012 年，江苏省积极开展促民生活动，人民生活水平得到提高，城乡居民收入进一步扩大。全年城镇居民人均可支配收入达到 29677 元，同比增长12.7％，扣除通货膨胀率的干扰，实际增长 9.9％；农村居民人均纯收入为12202 元，较上年增长了 12.9 个百分点，扣除通货膨胀率的影响，实际增长

10.1％。同时，2012年江苏省城镇居民人均消费性支出为18825元，同比增长12.2％，恩格尔系数为35.4％。同时，江苏省农村居民人均生活消费支出为8655元，较上年增长12.5个百分点，恩格尔系数为37.4％。总体来看，2012年江苏省城乡居民生活水平得到进一步改善，生活质量不断提高。

近年来江苏省居民存贷款规模呈现稳定上升趋势，如图8.12所示。截至2012年年末，城乡居民储蓄存款规模达到30057.19亿元，同比增长15.98％，增速提高了4.75个百分点；个人消费贷款为8512.7亿元，同比增长12.9％，增速提高了1.17个百分点，虽然居民存款与贷款增速均有所提高，但贷款增速不及存款增速，表明居民更倾向于投资储蓄。同时，随着经济的逐步复苏，个人消费贷款与城乡居民储蓄存款的比率自2009年起逐渐回升，并于2011年达到峰值29.09％，二者的比值逐渐变小，增速明显下降。截至2012年年末，江苏省居民个人消费贷款与城乡居民储蓄存款的比率为28.32％，近年来首次出现负增长，这与前面分析的居民更加倾向与投资储蓄相契合。整体看来，江苏省家户部门负债水平相对较低，存贷结构合理，具有较强的偿债能力，总体债务风险相对较低。

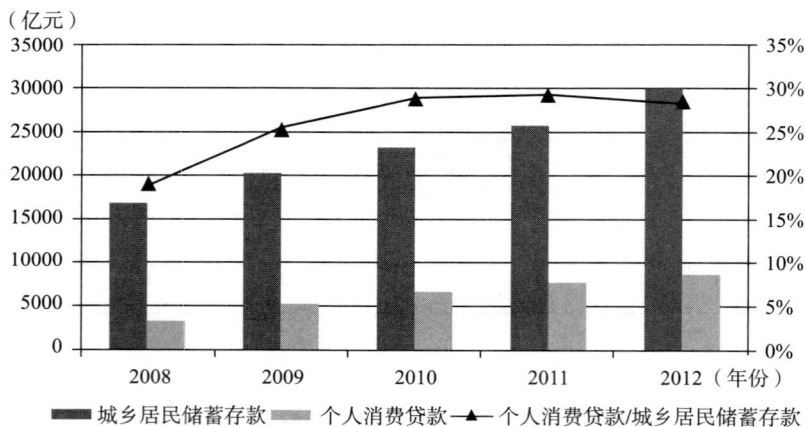

图8.12　江苏省家户部门储蓄存款与消费贷款

第6节　江苏省纺织服装行业风险专题研究

纺织服装业主要是进行纺织服装、鞋、帽等产品的生产和销售，上游原材料供应链以一些化纤、棉、毛等纺织材料为主，下游消费市场主要是国内外服装市场零售业。江苏省因其天然的区位优势很好地拟合了产业发展链，同时，纺织服装业属于典型的劳动密集型产业，再加上江苏省具有大量廉价劳动力，这就使得它长久以来都是我国纺织服装行业的发展大省。该行业在当地国民经济发展中占据重要地位，行业产值占省内 GDP 的比重始终处于较高水平，同时其纺织服装产品销售量也保持在全国前列。

截至 2013 年年末，江苏省上市企业总计 187 家，其中从事纺织服装行业的企业共有 12 家，行业占比 6.42%，可以看出纺织服装行业在江苏省具有重要地位。同时，近年来由于新兴行业的飞速发展，对于纺织服装这类传统行业造成了很大冲击，这也会波及江苏省经济发展稳定性和增长性。因此，对江苏省纺织服装行业的风险分析显得尤为重要。在分析过程中，由于有 4 家企业存在数据不完整，为了保证分析的准确性，将这 4 家企业剔除掉，选取另 8 家企业的财务数据进行财务指标分析。

由于服装纺织业属于流动性较强的行业，且近年来原材料价格的飙升致使企业成本不断上涨，因此我们将重点关注行业的流动比率、净利润率以及销售成本率这三大指标，并对其加以详细分析。

一、江苏省纺织服装行业短期偿债能力分析

由于服装纺织业属于流动性较强的行业，因此对于其短期偿债能力的分析显得格外重要如图 8.13 所示。受金融危机的影响，国内外产品需求不足，流动资产和流动负债规模在 2008 年第四季度均出现了下滑，2010 年经济稍有回暖，资产负债规模整体呈上升趋势，在 2011 年第三季度末再次出现降低的情况，但自 2012 年第二季度起继续呈现出上涨态势。

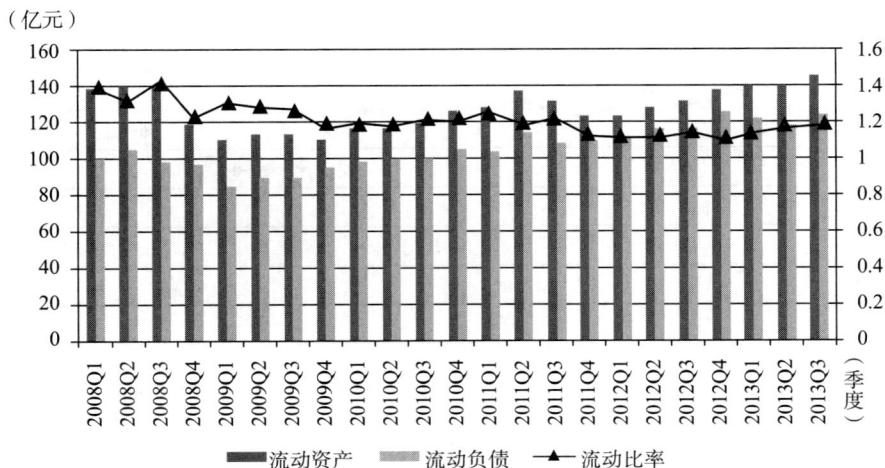

图 8.13　江苏省服装纺织行业流动比率

流动比率在 2008 年第三季度达到近年来最高水平 1.43，但第四季度末出现了一个较大幅度的回落，降至 1.23，随后基本维持在 1.18 的水平上下

浮动。截至 2013 年第三季度末，江苏省服装纺织行业流动比率为 1.17，低于同时期江苏省上市企业部门的整体流动比率水平，行业内净营运资金的流动性放缓，短期偿债能力有所下降，各服装纺织企业应对此现象予以充分重视，及时调整短期资本结构，防范期限错配风险的发生。

二、江苏省纺织服装行业盈利能力分析

江苏省服装纺织行业的盈利水平对金融风暴冲击的反应程度并不是非常明显，如图 8.14 所示。只出现了小幅下滑，随后逐步趋于平稳，基本维持在 2% 的水平之上，并于 2011 年第一季度达到近年来最高 3.34%。但随后几年出现了大幅度的下降，2011 年第四季度末净利润率首次出现负值，为－0.82%。在 2012 年第四季度末更是出现了一次跳跃式的下降，净利润率达到－7.49%。出现这种状况的主要原因在于随着国内外能源、棉花、丝绸等原材料价格的不断上涨，加剧了各企业的生产成本；同时，由于江苏省服装纺织行业对外贸出口的依赖性较强，因此近年来人民币的持续升值对这些企业产生了巨大负面冲击，出口市场不断萎缩。成本的上涨、销售量的骤减以及新兴产业冲击等因素的共同作用导致纺织服装行业的盈利空间被不断压缩，盈利能力持续下滑，相关风险加剧。虽然在 2013 年第一季度出现反弹，达到 1.05%，但盈利水平较其他行业仍相对较低。截至 2013 年第三季度末，江苏省服装纺织行业净利润率为 0.15%，远远低于同时期江苏省上市企业4.77% 的整体净利润率水平。

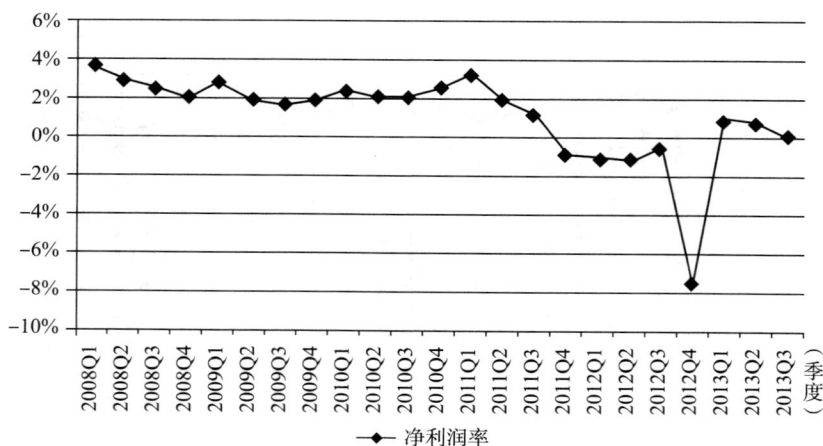

图 8.14　江苏省服装纺织行业净利润率

综上所述，我们可以看出，虽然服装纺织行业是江苏省的支柱产业之一，但由于众多不利因素的影响，致使行业内总体盈利水平大幅下降，企业

风险加剧。因此，各纺织服装企业应及时调整生产销售策略，可通过适当提高价格进行成本转嫁，采取灵活经营策略应对成本、汇率等变动带来的相关风险。

三、江苏省纺织服装行业销售成本率分析

销售成本率主要反映的是企业每 1 元销售收入所需要的成本支出，若企业销售成本率出现异常偏高状况，则揭示出企业在生产或销售方法中存在问题，这将致使企业盈利水平下降并处于不利的市场竞争地位。如图 8.15 所示，江苏省服装纺织行业在 2009 年第四季度以前都维持在 2％的水平以下，但在第四季度达到了 2.1％，随后便出现小幅度增长趋势，直到 2011 年第四季度起增长速度开始加快，在 2013 年第一季度达到近年来最高水平 3.6％。截至 2013 年第三季度末，江苏省服装纺织行业销售成本率为 3.25％，该指标的不断上升表明销售成本占销售收入的比重不断增长，造成这一结果的主要原因一方面是行业上游原材料棉花、涤纶等价格上行压力加剧所致，另一方面还受到土地、劳动力等生产要素成本上涨的影响。

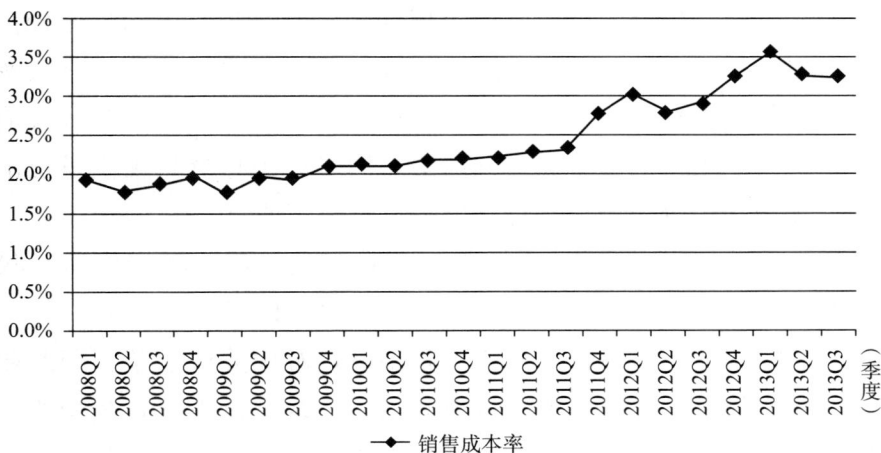

图 8.15　江苏省服装纺织行业销售成本率

但总体看来，江苏省服装纺织行业的销售成本率仍保持在可控范围内，并未出现异常走高情况，但对于上涨的整体趋势各企业应予以重视，合理有效控制原材料以及生产要素等各类成本，从而提高企业盈利能力。

第 7 节　结论及政策建议

本章主要介绍了江苏省 2012 年经济金融的运行状况，并从公共部门、

金融部门、上市企业部门以及家户部门这四个方面对江苏省所面临的宏观经济金融风险进行了分析，最后对其纺织服装行业所面临的金融风险进行了专题式分析。

就公共部门而言，江苏省地方一般预算收支均呈现平稳增长态势，并且政府对于保障民生方面越发重视，不断加大对其财政投放力度。同时，一般预算缺口占GDP的比重变化相对稳定且并未超过目前国际上公认的3％以内的安全缺口规模，财政收支结构较为合理，总体看来，江苏省公共部门整体财务状况良好，财务风险尚不明显；金融部门方面，江苏省银行业金融机构存贷款规模始终保持稳步增长趋势，同时其存贷比水平也保持在规定范围内，尚不存在明显的资本结构错配风险，但相关部门应提高警惕，防范存贷比率进一步上升的风险。相较之下外币存贷比水平始终保持较高水平，存在潜在的货币错配风险。对于保险业，2013年江苏省保险业资产规模持续增长，各项业务稳步提升，但保险业的发展速度不及当地经济发展的整体水平，而且保费增长率变化幅度较大，这也反映出了江苏省保险行业存在不稳定性风险；从上市企业部门来看，江苏省上市企业生产经营状况恶化，企业盈利能力不断下降，但企业内部资产负债结构配置合理，流动比率较高，偿债能力有所保障，同时其违约距离逐步变大，违约风险尚不明显，表明企业具有较强的偿债能力；对于家户部门，2013年江苏省城乡居民收入及消费水平得到显著提高，生活质量不断得到改善，同时居民存贷款规模呈现出稳定上升趋势，存贷结构较为合理，总体债务风险尚不明显。

综上所述，我们可以看出2013年江苏省宏观经济金融整体运行状况良好，但仍存在许多经济金融风险，就此问题可提出以下几点建议：

第一，积极调整产业结构，优化税收制度，对优势产业及新兴产业实行税收优惠或减免政策，并对发展落后地区加大财政支持力度，减少两极分化现象。同时，应对科教文卫方面加大财政投放额，以更好地保障民生。

第二，加强金融支持农业发展力度，江苏省作为我国农业大省，需加快从传统农业向现代农业的转型步伐，这就亟待需要经济金融的支持。因此，各类金融机构应加强金融服务"三农"的能力，加大对当地农业、农村和农民的支持和投入，加快开展村镇银行、农村合作银行组建工作，持续提高农村地区银行业金融机构的覆盖率，争取各类银行金融机构增加有效信贷投放，从而真正实现金融支持实体经济的发展。

第三，由于上市企业经营状况出现恶化，盈利能力下滑，这就需要当地金融机构不断加强对金融产品、服务等的开发与创新力度。一方面，银行类金融机构应开展多样化金融服务业务，简短放贷时长，降低融资成本。另一方面，针对不同类型企业的融资需求，设计出满足其特点、手续便捷、担保方式多样化的新型信贷产品，不断完善产品的创新力度及服务功能。

参 考 文 献

[1] 胡明超：《江苏省金融发展与产业结构调整关系的实证研究》，载《金融纵横》2010 年第 10 期，第 16—19 页。

[2] 李国培，刘源：《苏港两地跨境资金流动与潜在经济金融风险》，载《金融纵横》2011 年第 1 期，第 41—44 页。

[3] 谭中明，梁俊：《农村小额贷款公司运营风险及其防范——基于江苏省的调研分析》，载《农村经济》2011 年第 10 期，第 51—53 页。

[4] 王克：《江苏省纺织服装行业外贸发展所受影响及其应对策略分析》，载《金融经济》2010 年第 20 期，第 22—23 页。

[5] 江苏省统计局：《2008—2012 年江苏省国民经济和社会发展统计公报》。

[6] 江苏省统计局：《2008—2012 年江苏省统计年鉴》。

[7] 中国人民银行：《2008—2012 年江苏省金融运行报告》。

第9章　浙江省宏观金融风险研究

近几年，浙江省在坚持经济发展第一位的战略下，不断解放当地的生产力，提高人民的生活水平。2012年，浙江省地方财政风险敞口进一步缩小，银行类金融机构的资本结构错配风险有明显加大的趋势，货币错配的风险有一定的缓解，但是仍然高于全国平均水平，保险业的发展势头良好，保险深度不断加大，上市企业的经营状况良好，违约距离加大，违约风险逐渐降低，家户部门存贷结构合理，风险较低。本章在概括浙江省经济与金融运行概括的基础上，通过对浙江省的四大主要经济部门进行基于资产负债表的宏观金融风险分析，并针对浙江省近年来出现在蓬勃发展的债券市场的风险进行了专题分析，最后就分析得出的结论给出了相应的政策与建议。

周建松、姚星垣（2011）研究了区域性现代金融服务体系的保障机制的三个维度与三方面内容，认为需要因地制宜地构建符合地方经济与金融需要的现代金融服务体系保障机制。王去非、易振华（2012）研究了浙江省担保市场企业担保链的现状，通过对担保链的风险与收益风险机制的分析，认为浙江省企业高负债的融资模式削弱了担保链上企业群的稳定性，经济增长压力促发了企业风险事件。张巧华（2013）研究了贷款效率界定及其测算方法等相关问题，并且以绍兴市为例进行了实证分析，发现绍兴市贷款配置效率提高，但是其使用效率下降。王鹦（2013）研究了湖州市银行贷款支持农村基础设施建设的现状，认为通过承贷主体的规范、融资渠道的拓宽、激励制度的完善等方面，可以推动农村基础设施建设发展。

第1节　浙江省经济金融运行概况

一、浙江省经济运行概况

2012年，浙江省经济实现了平稳过渡，全年实现地区生产总值34606.3亿元，比2011年增长8.0%，增速继续稳定在高水平。2012年，农业增加值为 1669.5 亿元，同比增长 2.0%；工业增加值达到 17312.4 亿元，同比增长 7.3%；服务业产业的总增加值达到约 15624 亿元，同比 2011 年增长 9.3%。三次产业增加值的结构得到进一步优化，由 2011 年的 4.9：51.2：43.5 调整为 2012 年的 4.8：50.0：45.2。

2012 年，浙江省继续积极落实国家稳健的财政政策，浙江省财政收入与财政支出规模继续保持高速增长态势，支出结构有待进一步优化。2012 年浙江省总共完成地方公共财政一般预算收入 3441.23 亿元，同比 2011 年增长 9%左右；2012 年浙江省地方公共财政预算支出 4161.88 亿元，同比 2011 年增长 8.3%。财政支出重点投入教育、公共服务、农林水事务、社会保障和就业和公共安全等方面，其中教育投入方面占比最大，2012 年浙江省财政支出中教育支出为 877.86 亿元，占公共财政支出的 21.09%，成为财政第一大支出，比例也为 2012 年教育支出占财政支出比例中全国最高。

2012 年，浙江省居民消费价格指数比 2011 年上涨 2.2%，增速回落 3.2 个百分点，食品价格是总指数上行的主要推动力；商品零售价格同比上涨 1.9%；固定资产投资价格同比下降 0.8%。2012 年浙江省居民面临的通货膨胀压力相比 2011 年减少。

2012 年，浙江省全年规模以上工业企业增加值 10875 亿元，相比 2011 年增长约 7 个百分点。2012 年，浙江省全年规模以上工业企业实现利润 2900 亿元，同比下降 6.1%。

二、浙江省金融运行概况

2012 年，浙江省金融部门继续保持良好与平稳的运行，银行业金融机构发展势头良好，资产规模不断扩大，证券与期货业基本保持稳中有所创新的发展格局，保险业同时也得到不断发展，保险业务结构得到进一步调整与优化，金融市场整体活跃度不断上升，市场参与者积极性不断提高，朝着打造健康、完善的金融市场目标不断靠近。

2012 年，浙江省银行业金融机构发展势头迅猛，经营效率与质量进一步提高。2012 年，浙江省内的银行业金融机构个数总量达到 11259 个，从业人数达到 210220 人，全省金融机构资产总额达到 84969.0 亿元，同比增长 11.2%，增速同 2011 年相比回落 5.9 个百分点。银行业全年累计实现税后净利润 1193.1 亿元，同比下降 13.8%。2012 年浙江省全省本外币各项贷款余额达到 59509.12 亿元，同比增长 11.32%，增长速度较上年下降 2.1 个百分点，全年贷款投放分布较平稳，四个季度贷款增量比达到 2.7：2.7：2.4：2.2。

2012 年浙江省证券期货业平稳发展，截至 2012 年年末，全省证券营业部达到 385 家，证券业务交易量为 8.9 万亿元，期货业务交易量约为 39 万亿元。

2012 年，浙江省保险业资产规模持续增长，各项业务稳步提升。截至 2012 年年末，设在浙江省辖区内的各类保险机构总数已经达到 112 家，保险业市场发展更加完善。2012 年，浙江省保险公司总资产规模较 2011 年增加 15.5%，增速下降 4.4 个百分点，全年保费收入达到 984.58 亿元，较 2011 年增长 12%，其中人身保险费收入增长为 9.7%，财产险保费增长 14.8%。2012 年，保险业经营效率进一步提高，财产险公司净利润总额达到 23.5 亿元，名列全国第三位。

2012 年，浙江省金融市场融资规模不断扩大，市场利率回落，融资结构继续进一步优化。2012 年，浙江省非金融部门以股票、债券、贷款三种融资方式融得资金额占比分别为 3.0：17.4：79.6。其中，债券融资比例上升成为直接融资比例上升的主要因素，使直接融资额比例提高至约 20.5%。2012 年浙江省银行间同业拆借交易增速放缓，全年累计拆借 1.5 万亿元，比 2011 年增长 5.2%，增长速度较 2011 年下降 28 个百分点。

第 2 节　浙江省公共部门风险分析

2012 年，浙江省地方一般预算收支规模均保持稳定增长，一般预算缺口基本上与 2011 年持平，一般预算缺口占 GDP 比重稳中有降。本节主要通过浙江省的近几年财政收支规模数据及其增长率来分析 2012 年浙江省公共部门的风险情况。

2012 年，浙江省地方一般预算收入共完成 3441.23 亿元，同比增长 9.22%，增速与 2011 年相比较，回落 11.5 个百分点，其中税收收入完成 3227.77 亿元，同比增长 9.34%，增速回落 10.5 个百分点。浙江省地方一般预算支出完成 4161.88 亿元，同比增长 8.31%，增速回落 11.4 个百分点。其中，地方预算支出主要投向与民生相关的方面，例如，教育、公共安全、一般公共服务、医疗卫生、社会保障和就业、农林水事务等方面支出一直占据浙江省地方预算支出的大部分。

同时，2012 年浙江省一般预算缺口达到 720.65 亿元，比 2011 年增加了 28.86 亿元，同比增长 4.17%，增长速度比 2011 年下降 11.3 个百分点，一般预算缺口占 GDP 比例在 2012 年达到 2.08%，基本与 2011 年相持平，如

图 9.1 所示。总体上从浙江省近几年的预算缺口占 GDP 比例来看，浙江省
的比重水平相对于全国其他省份来说比较低，并且该比率近 3 年逐年稳步下
降，地方财政风险敞口进一步缩小。

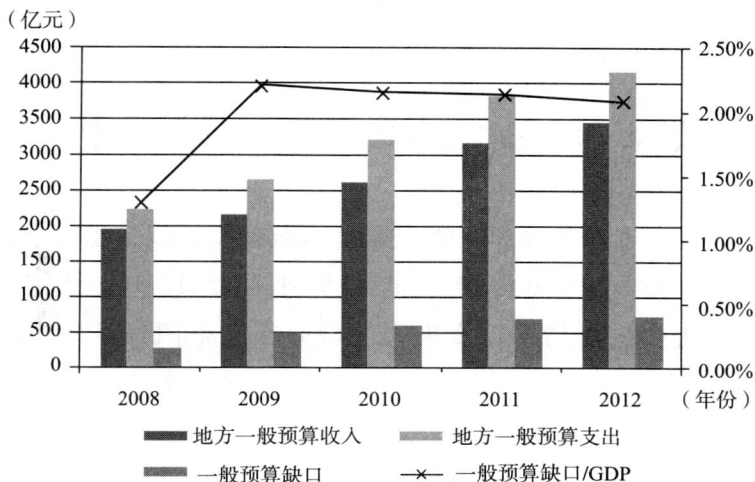

图 9.1　浙江省地方财政一般预算收支情况①

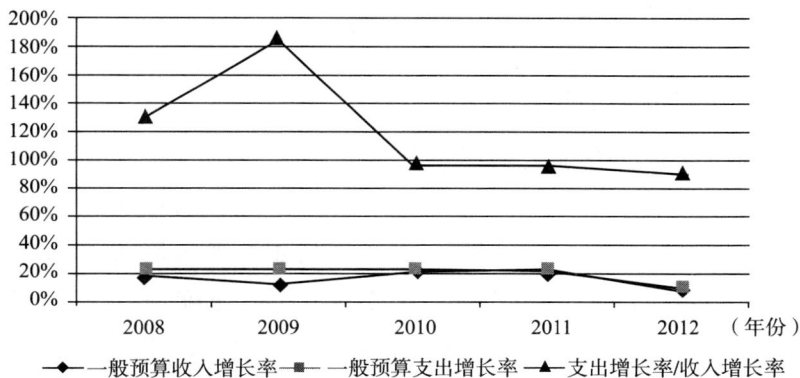

图 9.2　浙江省地方财政一般预算收支增长率

2012 年，浙江省地方一般预算收入与一般预算支出增长率情况大致相
似，总体在 9% 附近上下波动，从浙江省地方一般预算支出增长率与预算收
入增长率的比值来看，浙江省近 3 年该指标逐年下降，且始终处于 1 以下，
债务风险逐年缓解。如图 9.2 所示，2012 年，浙江省该比率为 90.1%，与
2011 年相比，减少 5.1 个百分点，保持在 1 以下。浙江省政府通过对财政预
算支出进行结构上的优化，重点支持民生相关领域的投入，同时控制总体预
算支出，保持预算支出增长率水平低于预算收入增长率，严格控制地方财政

---

①　注：数据来源于《2009—2013 年浙江省统计年鉴》，《2008—2013 年浙江省国民经济和社会
发展统计公报》。此章数据均来源于此。

的风险敞口。浙江省的经济发达程度一直处于全国前列，在经济增长带动预算收入稳定增长的背景下，浙江省严格控制了财政支出规模，财政支出与财政收入相协调，在控制风险的前提下，通过财政引导，极大地促进了地方经济的高速发展。

第3节　浙江省金融部门风险分析

2012年，浙江省的金融部门资产规模不断扩大，信贷规模与经济的发展相协调，反映金融支持实体经济的存贷比在2012年达到近五年高峰89.24%；保险业金融机构不断发展，保险业在整个国民经济中的作用不断扩大，保险深度达到2.8%，相比上年增长0.1个百分点。本节主要运用资产负债表的方法对浙江省的银行业与保险业金融机构进行风险状况的分析，通过资产和权益的关系揭示浙江省金融部门的风险现状与抗风险能力。

一、银行类风险分析

(一) 资本结构错配分析

浙江省作为我国沿海地区的经济强省，其金融的发展也是一直走在我国金融改革发展的前端，其金融部门的总体实力保持着高速增长的态势，与当地的高速增长的经济相对应。2012年，浙江省银行类金融机构总资产规模已经到达84969亿元，较2011年增长11.2%，增长速度回落6.17个百分点；其贷款规模达到59509.12亿元，同比增加约11.77%，增速下降1.7个百分点；其存款规模达到66679.08亿元，同比增长9.50%，增长速度下降2.2个百分点。以上总量指标反映出浙江省银行类金融机构发展速度与2011年相比趋于平稳。

从图9.3中可以看出，浙江省银行类金融机构存贷比2008年至2012年震荡上行，2012年达到近5年新高89.24%，远远高于央行对于商业银行的存贷比最高要求75%，过高的存贷比在给浙江省银行类金融机构带来巨大利润的同时，也给其带来巨大的风险，如果不良贷款率上升，将会给银行带来清偿风险。因此，过高的存贷比给浙江省银行类金融机构带来一定的资本结构错配风险，浙江省银行类金融机构需要加强对贷款质量的控制，降低不良资产率。

（亿元）

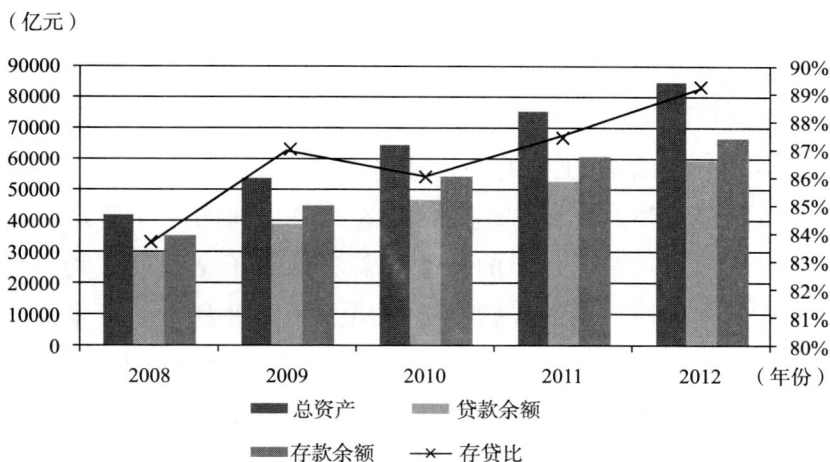

图 9.3　浙江省银行类金融机构存贷款结构

（二）期限错配风险分析

2012 年，浙江省银行类金融机构资金错配风险下降。如图 9.4 所示，2012 年浙江省银行类金融机构的短期贷款达到 34864.43 亿元，同比增长 7.97％，增速下降的幅度较大，达到 16 个百分点；中长期贷款达到 20347.65 亿元，同比 2.97％，增速下降 2.13 个百分点，如图 9.4 所示。从中长期贷款余额占总贷款额的百分比来看，浙江省从 2010 年的 40.05％下降到 2011 年的 37.12％，同比 2012 年仅为 34.19％。

（亿元）

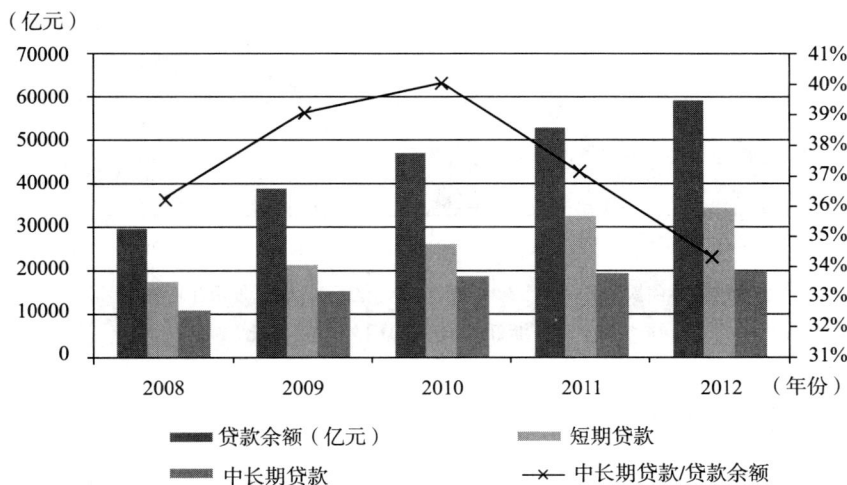

图 9.4　浙江省金融部门贷款结构

（三）货币错配风险分析

2012 年，浙江省外币贷款达到 2526.48 亿元，比 2011 年增长 28.72％，增长幅度比 2011 年提高 10 个百分点，高速增长与浙江省地方民营经济的发展和浙江省进出口贸易政策关系密不可分。2012年浙江省外币存款达到1792.8亿元,同比增长53.86%,增幅提高了42个百分点,外币存款的大幅增长与浙江省出口强劲的增长有着密切的关系,出口创汇支撑着当地的外币存款不断提高。2012年浙江省的外币业务存贷比达到140.92%,比2011年下降了28个百分比,存贷比有明显的回落趋势,如图9.5所示。浙江省是沿海进出口贸易强省,对于外币的供给与需求均高于全国的平均水平,浙江省政府近年来大力支持当地的民营企业走出去,积极利用外资来发展当地的经济,从而使存贷比一直居于高位。虽然浙江省的外币存贷比高于100%,但是浙江省的外币业务规模相对于本币业务规模较小,货币错配风险只能在一定程度上影响当地银行业的稳健。同时,我们不能忽略浙江省的高外币存贷比,浙江省金融部门需加强外币贷款规模的控制与贷款的质量要求,同时拓宽外币存款的来源,以此来降低浙江省金融部门的货币错配风险。我们可以看到2012年存贷比28个百分比下降一定程度,体现了浙江省金融部门对货币错配风险的警惕。

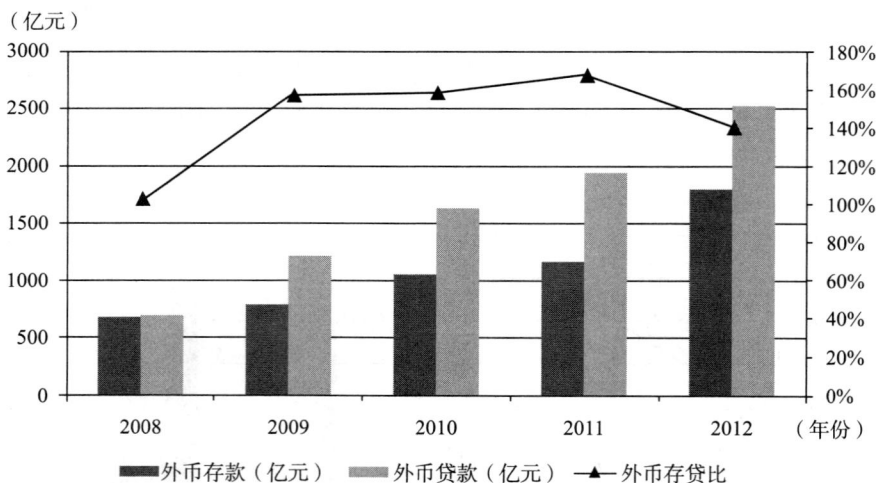

图9.5 浙江省金融部门外币存贷比

二、保险类风险分析

浙江省保险业自2011年出现首次小幅下滑以来,2012年浙江省保险业的发展有了新的面貌。2012年,浙江省保费收入达到984.58亿元,比2011年增长105.31亿元,相比2011年将近44亿的增长,2012年的增长幅度翻了一番。同时2012年,浙江省保险业的深度达到2.8%,比2011年增长了将近0.1个百分点,如图9.6所示。保险深度从量化的指标上反映了保险业在整个国民经济的地位，2012 年保险深度的回升，一定程度上说明浙江省保险业在逐渐恢复，保险机构的运营情况得到改善。

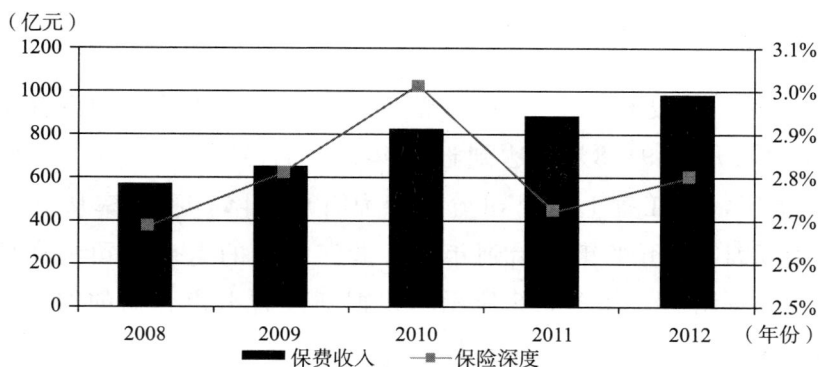

图 9.6　浙江省保险业保费收入及保险深度

2012 年，浙江省保险机构的保费收入达到 984.58 亿元，同比增长 11.98％，增长幅度相比 2011 年，提高了 6.6 个百分点；同时，2012 年的保险赔付率从 2011 年的 29.10％上升到 34.80％，上涨了 5.7 个百分点，赔付率自 2011 年企稳回升后保持着稳定增长，如图 9.7 所示。保费收入增速的大幅提高说明浙江省保险业的经营情况在不断改善，一定程度上降低了风险暴露程度。

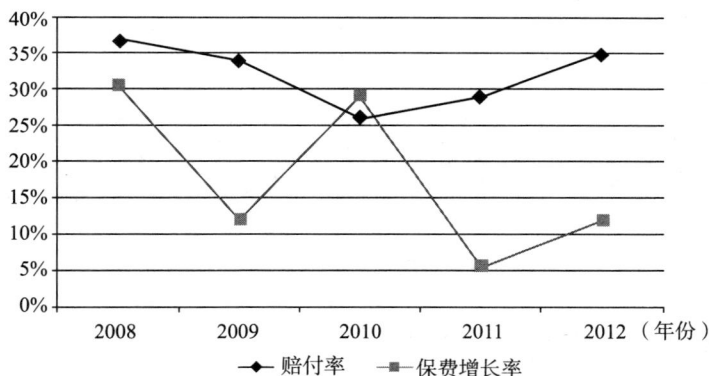

图 9.7　浙江省保险业保费增长率和赔付率

第 4 节　浙江省上市企业部门风险分析

浙江省境内上市公司主要集中于机械行业、化工行业、化纤行业、仪器仪表、建筑建材、汽车类和房地产以及电气器件、生物制药、纺织行业、商业百货和服装鞋类等产业。本节主要运用资产负债表和或有权益分析方法对浙江省的相关上市企业进行整体的宏观金融风险分析。为了风险分析的准确性和针对性，所选分析样本为截至 2013 年年底浙江板块 205 家上市企业，其中不包括创业板块和金融行业的相关上市企业。

一、盈利能力分析

2010 年第一季度至 2011 年第一季度，浙江省上市公司盈利能力大幅提高，从 6.83％升至 9.28％，达到近 5 年的季度利润率的高点。2011 年至 2012 年上半年，浙江省上市公司盈利能力有所下降，利润率从 9.28％跌至 6.57％。从 2012 年下半年开始到年底，浙江省内的上市公司利润里处于低位徘徊，在 6％附近，如图 9.8 所示。根据浙江省上市公司的财务报表资料显示，浙江省 2013 年第三季度末共有 20 家上市公司出现不同程度的亏损。总体来看，浙江省上市企业的利润里虽然徘徊于 6％附近，但是依然高于全国平均年水平，我们应该对 20 多家上市公司出现亏损这一事实以及利润率的低迷产生警惕，防止上市公司利润率进一步下跌。

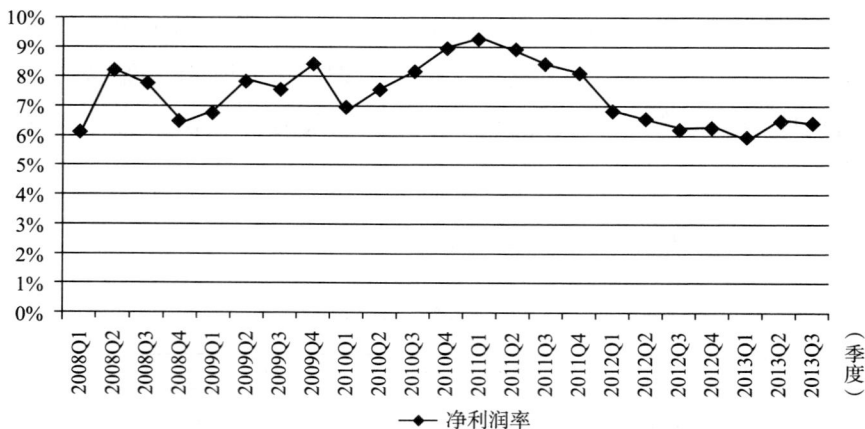

图 9.8 浙江省上市企业净利润率

二、账面价值资产负债表分析

（一）资本结构错配分析

2012 至 2013 年下半年，浙江省上市企业的总资产与总负债规模处于稳定增长态势，其资产负债率从 2009 年第三季度开始不断处于下降趋势，但是从 2012 年第一季度开始，资产负债率逐渐缓慢爬升，资本结构错配风险有进一步加大的趋势。总体上来看，浙江省上市企业资产负债率整体稳定在 55％以下，仍然处于风险可控的阶段。但是应该警惕资产负债率的缓慢上升趋势，防范企业资本结构错配风险的扩大。

（亿元）

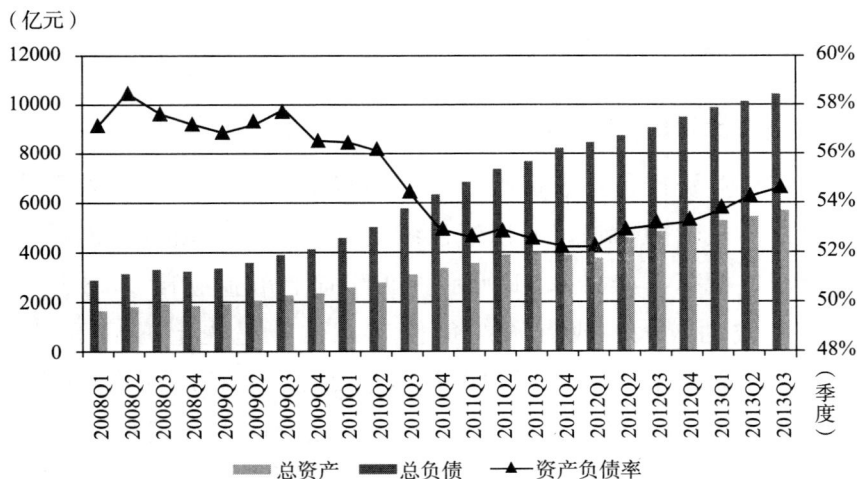

图 9.9　浙江省上市企业部门资产负债率

（二）期限错配风险分析

2012年至2013年下半年，浙江省上市企业的流动资产与流动负债的规模均处于缓慢上升态势，流动比率逐渐稳定于150％附近，如图9.10所示。浙江省上市企业流动比率在2012年四个季度分别达到157％、153％、152％、146％，总体上基本维持不变的水平。总体而言，浙江省上市企业的流动比率始终大于1，一直处于较为安全的水平，这在一定程度上说明浙江省上市企业对资金流动性的管理比较到位，对企业短期负债的风险控制比较严格。但是，应该同时警惕流动比率下降的可能性，防范企业的期限错配风险。

（亿元）

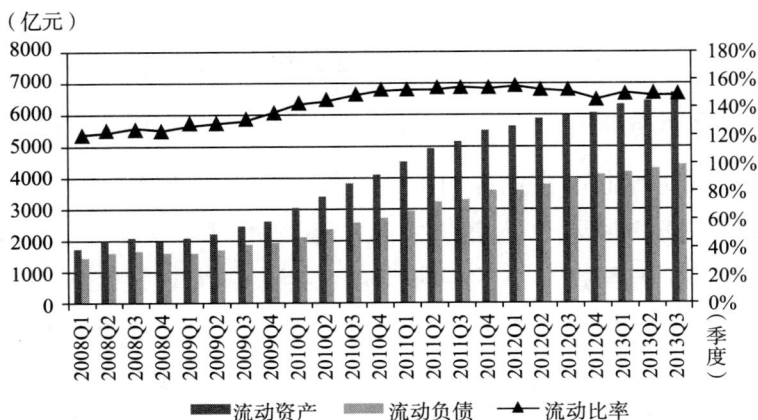

图 9.10　浙江省上市企业部门流动比率

三、或有权益资产负债表分析

（一）或有资本结构错配分析

由于或有权益资产负债表反映了股票市场的表现，同时反映了外界风险因素对企业自身经营的影响，所以浙江省的或有资产负债率的波动性要远远大于账面资产负债率，如图9.11所示。浙江省上市企业自2008年以来，或有资产负债率波动较大，或有资产负债率总体上呈先上升后下降的趋势。2012年，浙江省上市企业部门四个季度的或有资产负债率分别达到29.35％、29.58％、31.93％、31.98％，具有缓慢的上升趋势，2013年开始逐季下降，2013年第三季度下降至28.57％，如图9.11所示。或有资产负债表率平稳波动，表明浙江省上市企业部门的长期偿债能力没有发生巨大的变化，长期债务风险保持稳定，或有资本结构错配风险依然可控。

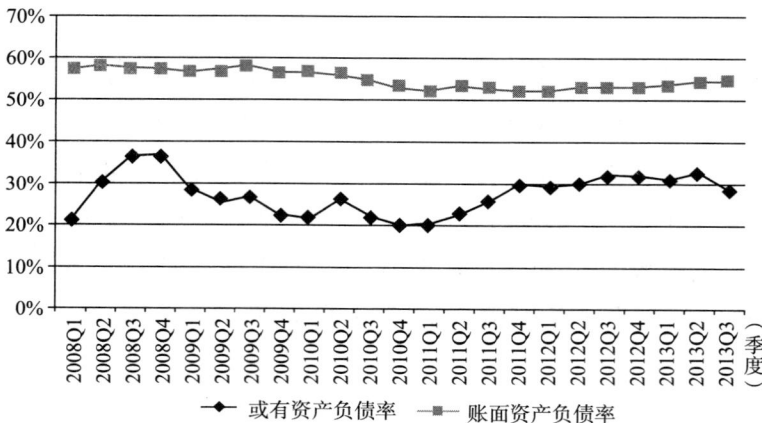

图9.11　浙江省上市企业或有资产负债率

（二）违约风险分析

近几年，浙江省上市企业部门的违约距离波动性比较大，但是整体上处于上升的趋势，违约风险总体有所下降。违约距离反映了企业的违约风险，是企业资产市场价值与违约点的距离。违约距离越大，代表企业的违约风险越低，发生债务风险可能性越低。2012年，浙江省上市企业部门的违约距离基本持平，稍有上升，四个季度的违约距离分别达到3.25、5.23、4.19、4.43；并在2013年第一季度反弹至4.67，2013年第二季度和第三季度基本持平，变化不大，如图9.12所示。浙江省上市企业部门的总体违约距离从2012年处于增长趋势，说明企业的经营状况良好，企业发生债务违约的风险较低，相关风险不明显。

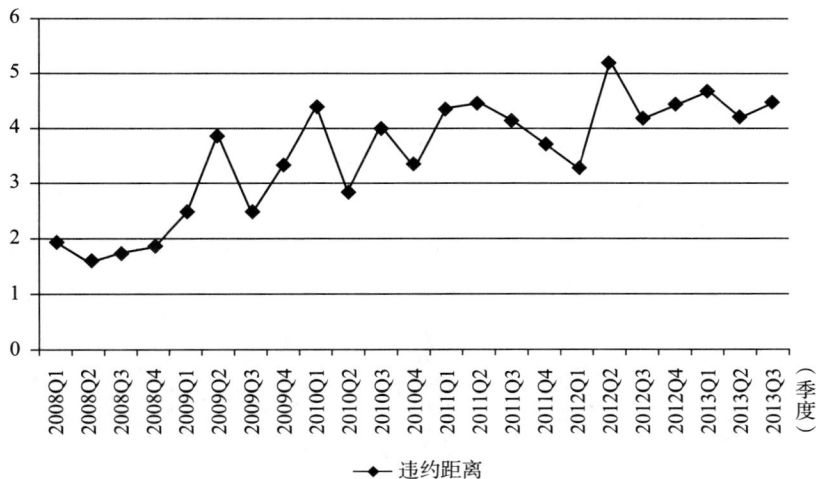

图 9.12 浙江省上市企业违约距离

第 5 节 浙江省家户部门风险分析

2012 年，浙江省城镇农村居民人均收入保持稳定增长，人民的生活条件得到进一步改善。2012 年，浙江省城镇居民人均可支配收入达到 34550 元，同比增长 11.56％；农村居民人均纯收入达到 14552 元，同比增长 11.33％。同时，浙江省城镇居民人均全年消费支出占城镇居民人均可支配收入 62.36％，相比 2011 年下降 3.5 个百分点；农村居民人均消费性支出 10208 元，占农村居民人均纯收入 70.15％，相比 2011 年下降 3.65 个百分点。

在家户部门的存贷比结构方面，我们发现浙江省家户部门存款逐年增加，同时个人消费贷款也是逐年增加，但是增速明显下滑，导致个人消费贷款占储蓄存款的比重下滑，如图 9.13 所示。2012 年，浙江省城乡居民储蓄存款达到 26406 亿元，比 2011 年增长 12.51％，增长速度降低 1.3 个百分点；城乡居民个人消费贷款达到 9168 亿元，比 2011 年增长 5.40％，增长速度比 2011 年降低 0.05 个百分点；个人消费贷款与城乡居民储蓄存款的比率在 2012 年达到 34.72％，比 2011 年降低 2.3 个百分点。浙江省家户部门消费贷款与储蓄存款比率自 2010 年以来一直不断下降，负债水平保持相对稳定，违约风险较小。总体来说，浙江省家户部门收入快速增长，存贷结构合理，总体风险水平相对较低。虽然家户部门的贷款占储蓄比率有所降低，我们应该注意浙江省民间借贷盛行这一特殊地方金融现象，由于民间借贷具体数据的缺失，浙江省家户部门实际贷款占储蓄存款的比例应有所上升，这一上升增加了家户部门所面临的风险。

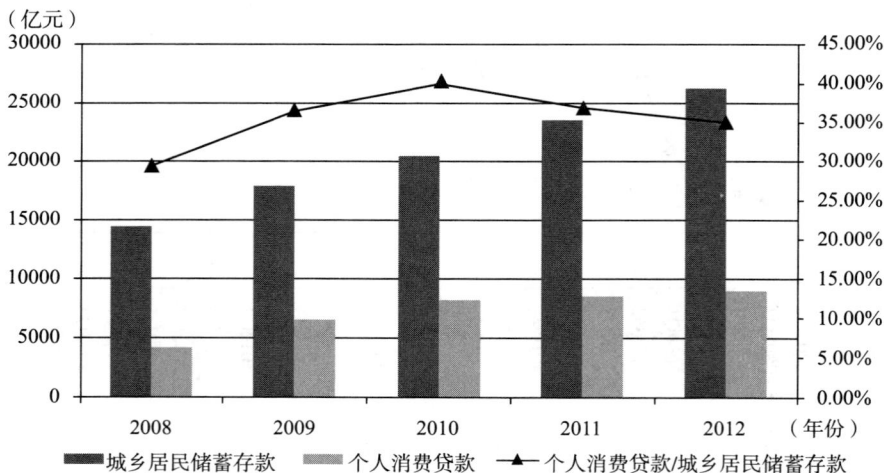

图 9.13　浙江省家户部门储蓄存款与消费贷款

第 6 节　浙江省债务融资风险专题分析

一、债务融资工具发展状况

　　扩大直接融资在企业总融资来源中的比例，坚持市场调节的核心地位，一直是浙江省金融改革工作的重心。近几年来浙江省企业债务融资总量持续保持高速增长，发行规模不断迈上新的台阶，企业债务融资成本得到有效控制，带动浙江省金融市场融资结构的转变与优化。2012 年，浙江省的企业债务融资工具发展卓有成效，实现了跨越式的发展：

　　1. 债务融资工具发行规模呈几何爆发式增长。2012 年，浙江省实际发行债务融资工具规模同比增长近一倍。自 2005 年以来，浙江省中小企业实际累计发行债务融资工具总额已经达到 2000 亿元以上。

　　2. 企业的融资成本得到有效控制。浙江省企业通过发行债务融资工具，获得的资金成本 2012 年间比银行间的同期实际贷款利率低 2.5 个百分点左右，债务融资工具使企业花费在财务上的费用降低了约 20 亿元。

　　3. 企业的直接融资渠道不断拓宽。2012 年浙江省共发行 8 单集合票据，累计金额达到约 24 亿元，参与发现票据的企业总数达到 29 家。在首单区域集合票据中，3 家企业共融资达到 5 亿元。

　　4. 直接融资影响力逐渐提升。债务融资工具的不断发展直接推动了浙江省直接融资比例的大幅提高，2012 年直接融资比例达到约 20 个百分点，相比 2005 年提高 17％左右。之前一直占据企业融资来源第一位的间接融资渠道银行信贷融资，其占比呈现逐年下降的形势。

一直以来，浙江省资本市场的发展过程中，债券市场发展一直远落后于股票市场，债券市场的落后已经成为制约浙江省直接融资发展的重要因素之一。大力发展浙江省的债券市场可以促进多层次资本市场的发展，向企业提供多种融资渠道，降低企业的财务成本，同时丰富市场投资品种，有效分散企业的融资风险。

不同的债务融资工具在投资者主体、部门监管者、发现的门槛以及规模等方面都存在较大的差异。金融工具的发展与创新必须要与经济的发展相适应。浙江省民营经济对当地经济发展起着决定性作用。企业债券筹资的规模大，准入门槛高，手续繁琐，仅仅适合少数国有大型企业。对于民营企业遍地的浙江省来说，应当充分利用公司债、中期票据和短期融资券以及中小企业集合信托债券等债务融资方式。

二、债务融资工具发展中存在的问题

虽然浙江省的债务融资发展迅速，但是发展过程中风险越来越明显。

首先，债券市场的发展依然不及银行信贷市场的发展，直接融资的开放力度还是不够，债券市场的规模直接影响着债券市场自身的风险承受与调控的能力，浙江省的债券市场规模在经历了前几年的高速发展，但是规模上依然远远小于信贷市场，一旦出现债券违约等系统性事件，将会极大地影响整个债券市场的稳定。

其次，债券市场存在市场分割、监管分割的状况。"市场分割，监管分割"给债券市场的发展带来许多弊端，这直接会导致债券二级市场上的流动性的下降，收益曲线出现不同程度的背离情形。债券流动性减弱将会影响债券价格的波动性，这将会加剧投资市场的波动性，给广大机构投资者带来巨大的风险。收益率曲线的背离将会严重影响其他资产的定价，从而会对资本市场的正常运行产生巨大的影响。

再次，浙江省缺乏权威性的地方信用评级机构，公司债券并不要求担保这一情况要求信用评级机构在控制债务融资风险方面发挥监管的作用，如果债券的风险与收益的关系没有揭示出来，投资者无法对债券有清醒的认识，这将会对债券市场的发展产生不利的影响。

最后，浙江省目前对于债券市场缺乏一套有效的管理体制与监管系统。

风险监管体系的缺失将会给浙江省债券市场发展带来巨大的影响，如果不能及时监测到风险，并且控制和处理风险，债券市场将会失去它直接融资的功能，从而影响实体经济的发展。

三、相关政策建议

针对以上浙江省债券市场发展过程中面临的问题及风险，浙江省政府应当从以下几个方面着手：

1. 继续加大力度推进债券市场的发展。在浙江经济持续高速增长，领跑全国的背景下以及企业融资需求日益高涨的推动下，大力发展浙江省债券市场具有极其重要的战略意义。在推动债券市场的发展过程中，我们应该抓住浙江省民营经济发达的特点，充分发挥浙江省直接融资需求与供给的特点。

2. 打破市场分割现状，建设一体化的债券市场。债券市场交易平台主要分为两种，一种是场内交易（证券交易所），另外一种是场外市场交易。市场的分割造成了债券流动性的下降，以及收益率曲线出现不同程度上的背离。因此，对不同的交易市场，我们必须打破监管的分割，统一市场规则，整合现在分割的系统，与此同时，不断拓展债券市场的深度，以期从广度和深度两个方面来发展现有的债券市场。

3. 培育本土信用评级机构，规范债券市场。可以考虑通过引入世界知名评级机构，例如，标普与穆迪，利用国外先进的评级技术以及经验，来培育植根于本土的信用评级机构与人才。通过信用评级机构的进入，可以对债券市场的风险与收益进行全方位的评估，以此来规范现有的市场体系。

4. 健全监管体制，控制系统风险。任何一个市场发展的萌芽阶段，制度建设是极其重要的，一个完备的监管体制对债券市场的健康发展起着不可忽视的作用。在债券市场监管上，要通过建立指数化的风险调控指标，监督债券市场的系统性风险，能在发现系统风险的苗头时，及时控制风险向保险与银行系统的扩散。与此同时，同样应当确保市场自身风险分散与转移功能正常运行，非理性的控制风险将会对资本市场的建设与投资者风险意识产生负面影响。

第7节　结论及政策建议

本章主要简略概述了浙江省 2012 年经济与金融发展的情况，并在此基础上运用了资产负债表的方法对浙江省公共部门、金融部门、上市企业部门和家户部门四大经济部门进行了宏观金融风险分析，最后就浙江省的债务融资发展所面临的风险进行了专题分析，并且在得出相应结论基础上给出了建议。

公共部门方面，2012 年浙江省地方一般预算收支规模保持稳定增长，一般预算缺口基本上与 2011 年持平。一般预算缺口占 GDP 比率稳中有降。金融部门方面，浙江省银行类金融机构总资产规模不断扩大，银行类金融机构的资本结构错配风险有明显加大的趋势，货币错配的风险有一定的缓解，但是仍然高于全国平均水平，保险业的发展势头良好，保险深度不断加大。上市企业部门方面，浙江省上市企业总体发展状况较好，上市公司的盈利水平在全国范围处于较高水平，但是上市公司的净利润长期徘徊于 6%，同样应该警惕其下行的风险。上市企业的违约距离加大，违约风险逐渐降低。家户部门方面，家户部门存贷结构合理，风险较低。

专题部分主要介绍了浙江省的债券市场的发展状况以及发展过程中所暴露出来的风险，并就相关风险给出相应的解决对策与方法。

基于本章对浙江省宏观金融风险状况的分析，下面结合浙江省实际经济形势给出相应的政策建议：

一、浙江省一般预算缺口占 GDP 比率稳中有降，其地方公共部门风险下降。浙江省应当继续保持该项指标的稳定，在服务于地方经济方面，浙江省一般预算支出应当适当调整支出结构，积极引导当地经济的发展。

二、浙江省银行业金融机构过高的存贷比对其提出了挑战。浙江省应当在央行政策的引导下，继续优化信贷结构，通过信贷投向的优化，来引导当地经济结构的调整与转型升级。同时浙江省在外币存贷款业务方面，应该加强风险监控力度，过高的外币存贷比，将会对机构本身带来货币错配风险，可以采取拓宽外币存款业务来源，同时严格控制外币贷款的投向，降低不良贷款率。

三、上市企业方面，浙江省上市企业的盈利能力近几年稳定在 6%，盈利水平处于较低的位置。浙江省上市企业应当提高企业自身的经营能力，改善公司治理结构，完善公司的风险调控机制，有效地抵御宏观经济系统性风险。

四、针对浙江省债券市场发展过程中面临的风险，浙江省应当继续大力发展债券市场，同时打破市场分割的现状，提高债券市场的流动性。浙江省应当培育具有公信力的本土信用评级机构，规范市场秩序，同时应当建立一套行之有效的风险监控体系，及时发现风险并且有效消除风险带来的负面影响。

参 考 文 献

[1] 周建松，姚星垣：《构建浙江省现代金融服务体系的保障机制研究》，载《浙江金融》2011年第6期，第14—17页。

[2] 王去非，易振华：《浙江担保链风险现状、传染机制及产生原因研究》，载《浙江金融》2012年第12期，第29—32页。

[3] 张巧华：《贷款效率变化情况实证研究——以浙江绍兴为例》，载《浙江金融》2013年第11期，第69—72页。

[4] 王鹦：《银行业支持农村基础设施建设的现状及思考——以浙江湖州市为例》，载《浙江金融》2013年第11期，第73—75页。

[5] 尤瑞章，张晓霞，周望：《关于发展浙江省中小企业债务融资工具的思考》，载《浙江金融》2010年第10期，第13—15页。

[6] 浙江省统计局：《2008—2013年浙江省国民经济和社会发展统计公报》。

[7] 浙江省统计局：《2009—2013年浙江省统计年鉴》。

[8] 中国人民银行：《2008—2012年浙江省金融运行报告》。

第10章 福建省宏观金融风险研究

2012年，福建省地方公共部门财政风险有所加大，银行类金融机构资本结构错配风险不断上升，银行类金融机构期限错配风险有所降低，货币错配风险依然较为突出。保险业的发展速度放缓，福建省境内上市公司经营状况继续恶化，净利润率指标进一步下滑，资本结构错配风险加大，福建省上市企业的流动比率均处于缓慢上升态势，流动性风险逐渐降低，上市企业部门市场风险逐渐加大。家户部门负债水平较低，存贷结构合理，风险水平较低。本章在概括福建省经济与金融运行概况的基础上，通过对福建省的四大主要经济部门的资产负债表进行宏观金融风险分析，并针对福建省货币信贷风险进行了专题分析，最后得出结论并给出了相应的政策建议。

刘惠川、陈一洪（2012）研究了福建省泉州银行的县域机构网点布局状况，提出了适合县域经济发展的县域机构监管模式，以此缓解中小企业融资困境。李伟、叶谢康等（2012）研究了福建省南平市担保行业存在的问题与风险，分析了其成因与机理，提出了规范福建省融资担保行业发展的政策建议。黄志宏（2012）研究了福建省地方政府融资平台贷款存在的风险，提出了福建省农发行防控地方债务风险的具体措施。周安和（2012）研究了福建省连城县的小微企业融资状况，认为可以通过地方政府、央行、银行监管部门等多部门合作，缓解县域小微企业融资难问题。郑再生、吴菲等（2013）研究了福建省泉州市金融产业集聚区，认为只有充分发挥政府推动作用和坚持完善金融市场，才能不断壮大福建省的金融产业集群。

第1节 福建省经济金融运行概况

一、福建省经济运行概况

2012年福建省全年实现地区生产总值19701.8亿元，比2011年增长

11.4％，增速继续稳定在高于全国平均值的水平。人均生产总值达到 52763 元，比 2011 年增长 10.5％。2012 年，福建省农业产业增加值达到 1776.47 亿元，同比增长 4.2％；工业产业增加值达到 10288.59 亿元，同比增长 14.6％；服务业产业增加值达到 7636.72 亿元，同比增长 8.5％，三次产业增加值的结构得到进一步优化，由 2011 年的 9.2：51.6：39.2 调整为 2012 年的 9.0：51.7：39.3。

2012 年福建省总共完成地方公共财政预算收入 1776.21 亿元，比 2011 年增长 18.3％，增速比上年回落 12.1 个百分点；2012 年福建省地方公共财政预算支出 2601.08 亿元，比 2011 年增长 18.3％，增速比上年回落 11.38 个百分点。

2012 年，福建省居民消费价格同比上涨 2.4％，比 2011 年回落 2.9 个百分点，其中食品价格同比上涨 4.6％，是总指数上行的主要推动力；商品零售价格同比上涨 1.8％；固定资产投资价格同上涨 0.3％。2012 年福建省居民面临的通货膨胀压力相比 2011 年有所减少。

2012 年，福建省全年规模以上工业企业增加值 7856.29 亿元，同比增长 15.2％，工业产品的销售率达到 97.77％，相比 2011 年下降 0.3 个百分点。2012 年，福建省全年规模以上工业企业实现利润 1779.15 亿元，同比增长 9.7％。2012 年，福建省全年社会固定资产投资 12709.66 亿元，同比增长 25.5％。2012 年，福建省固定资产投资（不含农户）12452.24 亿元，相比 2011 年增长 25.9％；农户投资 257.42 亿元，同比增长 10.1％。

二、福建省金融运行概况

2012 年，福建省金融部门发展良好，整体服务水平显著提高，金融改革逐步深入，金融创新步伐加快，金融对经济发展的支撑作用明显增强。

2012 年，福建省银行业金融机构服务体系日益完整，资产规模保持高速增长态势。2012 年，福建省的银行业金融机构个数总量达到 5632 个，从业人数达到 106606 人，全省金融机构资产总额达到 41277.9 亿元，同比增长 22.2％，增速同 2011 年相比提高 4.1 个百分点。银行业全年累计实现税后净利润同比增长 16.0％。2012 年福建省金融机构本外币各项存款余额达到 25057.8 亿元，较上年增长 16.2％，增长速度较上年提高 0.9 个百分点。2012 年福建省全省本外币各项贷款余额达到 22427.5 亿元，同比增长 18.2％，增长速度较上年相比下降 1 个百分点，全年贷款投放分布较平稳，四个季度贷款增量比大致达到 3：3：2：2。

2012 年，福建省证券业、期货业发展平稳。2012 年年末，总部设在福建省的三家券商机构实现净利润 6.8 亿元，同比增长 19.4％，总部设在福建省的五家期货机构实现净利润 1.3 亿元，相比 2011 年增长 30.0％。福建省资本市场融资中直接融资比例大幅增长，2012 年福建省的企业直接以及间接融资累计约为 4029.8 亿元，较 2011 年增长 23.9％。其中，直接融资占比达到 14.7％，同比增长 3.7％。

　　2012 年，福建省保险业发展较快，保险覆盖面加大。截至 2012 年年末，福建省各类保险机构达到 2328 家，保险业市场发展更加完善。2012 年，福建省保险公司全年保费收入达到 477.7 亿元，较 2011 年增长 10.5％，其中人身保险费收入达到 302.4 亿元，财产险保费达到 175.3 亿元。2012 年，福建省保险业对社会经济支持力度保持基本稳定，全省的保险密度相比 2011 年增加 9.7％，保险深度达到 2.4％。

　　2012 年，福建省金融市场融资规模不断扩大，直接融资额比例提高。2012 年年末，福建省非金融部门以股票、债券、贷款三种融资方式融得资金额占比分别为 1.7：13.1：85.3。其中，债券融资比例上升约 8.6 个百分点，同时带动直接融资额比例提高至 14.8％。2012 年福建省银行间同业拆借利率明显下降，福建省同业拆借、债券回购加之现券交易累计达到 119545.8 亿元，比 2011 年增长 37.4％，2012 年，福建省全省票据融资余额达到 3922.9 亿元，较 2011 年增长约 13.2％，票据的融资利率明显下降，商业汇票贴现利率为 6.8715％，比 2011 年下降 1.306％，该现象的出现主要是央行分别两次下调存款准备金率和存贷款基准利率，从而导致了银行体系流动性加大，货币市场的总体利率走低，从而带动相关票据市场利率下行。

第 2 节　福建省公共部门风险分析

　　2012 年，福建省地方公共部门财政风险有所加大。从福建省近几年的预算缺口占 GDP 比例来看，福建省该比率近 3 年逐年缓慢递增，地方财政风险敞口有进一步扩大的趋势。具体来看，2012 年福建省地方一般预算收入共完成 1776.21 亿元，同比增长 18.3％，增速与 2011 年相比较，回落 12.1 个百分点。福建省一般预算支出 2601.08 亿元，比 2011 年增长 18.3％，增速比上年回落 11.38 个百分点。同时，2012 年福建省一般预算缺口达到 831.33 亿元，比 2011 年增加了 134.66 亿元，同比增长 19.33％，一般预算缺口占 GDP 比例在 2012 年达到 4.22％，比 2011 年高出 0.22 个百分点，如图 10.1 所示。

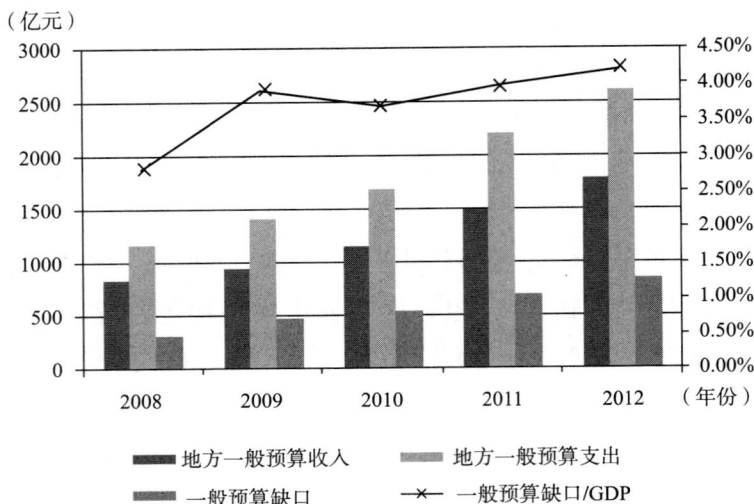

图 10.1　福建省地方财政一般预算收支情况①

2012 年，从福建省地方一般预算支出增长率与预算收入增长率的比值来看，福建省近 3 年该指标逐年缓慢上升，且于 2012 年超过 1，债务风险逐年递增。如图 10.2 所示，2012 年，福建省该比率为 101.80%，与 2011 年相比，增加 4.16 个百分点。该指标近几年的走势反映了福建省财政情况逐渐恶化，财政风险进一步积聚。

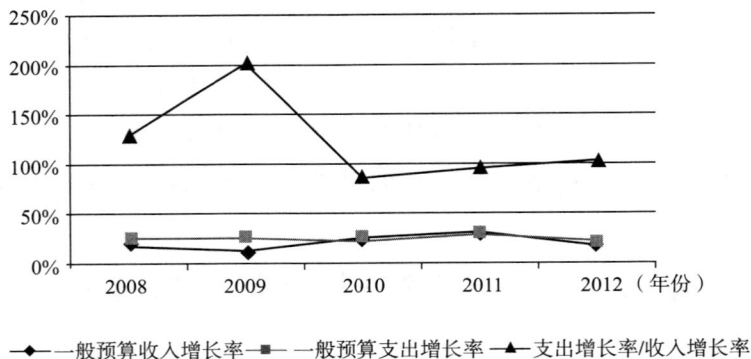

图 10.2　福建省地方财政一般预算收支增长率

第 3 节　福建省金融部门风险分析

2012 年，福建省的金融部门运行总体平稳，银行业金融机构金融创新不

---

① 数据来源于：《2009—2013 年福建省统计年鉴》、《2008—2013 年福建省国民经济和社会发展统计公报》，此章数据均来源于此。

断加快，资产规模不断扩大，金融业生态环境持续改善。本节主要运用资产负债表的方法对福建省的银行业与保险业金融机构进行风险状况的分析。

一、银行类风险分析

（一）资本结构错配分析

2012 年，福建省银行类金融机构资本结构错配风险不断上升，存贷比近几年持续高于 75％。2012 年，福建省银行类金融机构总资产规模已经达到41277.9 亿元，较 2011 年增长 22.17％，增长速度上升 4.17 个百分点；其贷款规模达到 22427.5 亿元，同比增加约 18.2％，增速下降 1 个百分点；其存款规模达到 25057.8 亿元，同比增长 16.2％，增长速度上升 1.2 个百分点。我们从图 10.3 中可以看出，福建省银行类金融机构存贷比 2008 年至 2012 年震荡上行，2012 年达到近 5 年新高 89.50％，远远高于央行对于商业银行的存贷比最高要求 75％，过高的存贷比给福建省银行类金融机构带来了较大的资本结构错配风险。

（亿元）

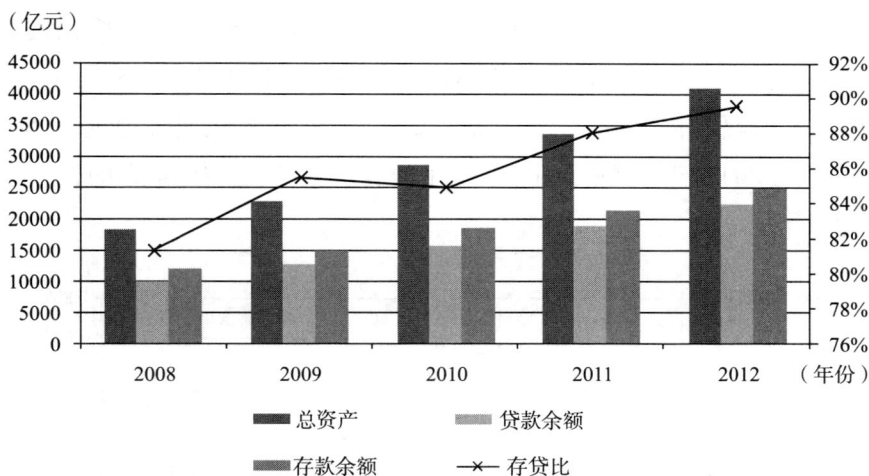

图 10.3 福建省银行类金融机构存贷款结构

（二）期限错配风险分析

2012 年，福建省银行类金融机构期限错配风险有所降低。2012 年，福建省银行类金融机构的短期贷款达到 10237 亿元，同比增长 23.12％；中长期贷款达到 11424.8 亿元，同比 12.30％，如图 10.4 所示。从中长期贷款余额占总贷款额的百分比来看，福建省从 2010 年的 54.26％下降到 2011 年的53.60％，同时 2012 年仅为 50.94％。

（亿元）

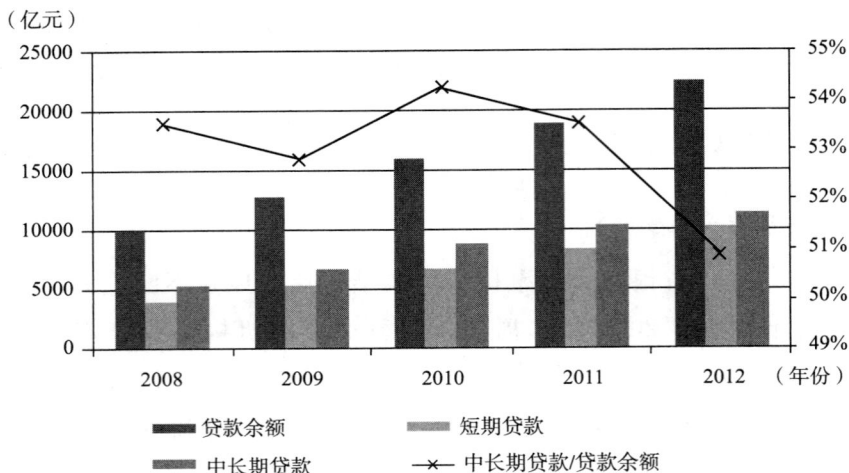

图 10.4　福建省金融部门贷款结构

（三）货币错配风险分析

2012 年，福建省银行类金融机构货币错配风险依然较为突出。2012 年，福建省外币贷款达到 774.12 亿元，比 2011 年增长 50%，增长幅度比 2011 年提高 33.7 个百分点。2012 年福建省外币存款达到 1217.688 亿元，同比增长 48.93%，增幅提高了 30 个百分点。2012 年福建省的外币业务存贷比达到 157.30%，比 2011 年下降了 1.1 个百分比，存贷比有回落的趋势，如图 10.5 所示。

（亿元）

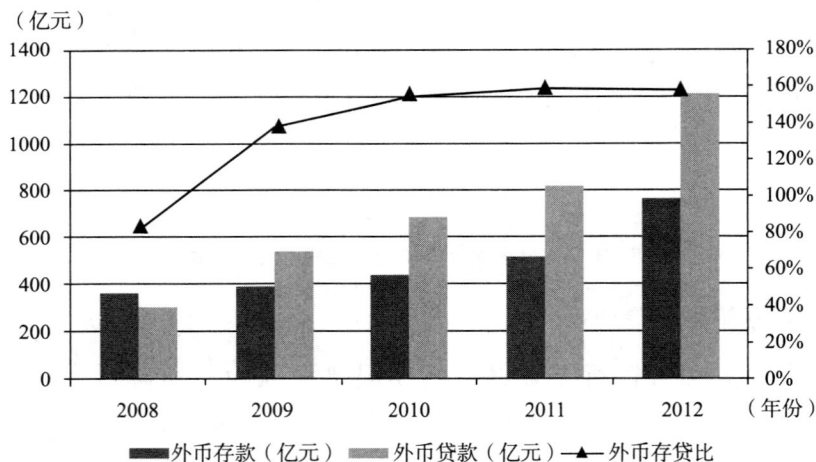

图 10.5　福建省金融部门外币存贷比

二、保险类风险分析

2012 年，福建省保险业的发展速度放缓，保险业在福建省国民经济中的地位有所下降。福建省保费收入达到 477.7 亿元，比 2011 年增长 45.3 亿元，同比增长 10.5％。同时 2012 年，福建省保险业的深度达到 2.4％，与 2011 年基本上持平，如图 10.6 所示。2012 年保险深度的进一步下降，在一定程度上说明福建省保险业在逐渐恶化，保险机构的运营有一定的风险。

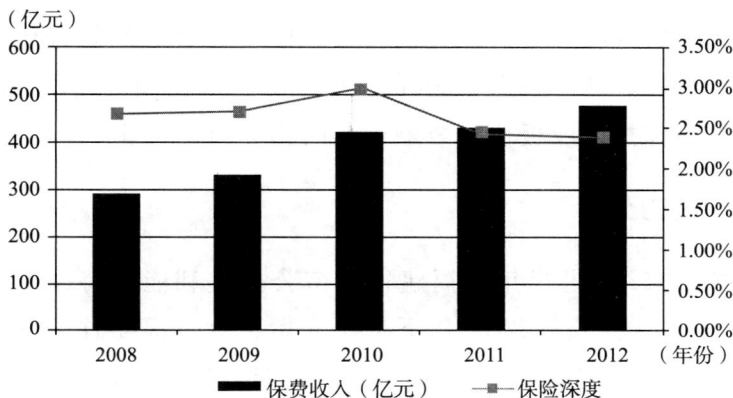

图 10.6　福建省保险业保费收入及保险深度

2012 年，福建省保险机构的保费收入达到 477.7 亿元，同比增长 10.5％，增长幅度相比 2011 年，提高了 8 个百分点；同时，2012 年的保险赔付率从 2011 年的 28.65％上升到 31.36％，上涨了约 3 个百分点，赔付率从 2011 年企稳回升后保持着稳定增长，如图 10.7 所示。福建省保险业赔付额的增长速度远远高于保费收入的增长速度，赔付率呈上升趋势，保险业的发展具有一定程度的风险。

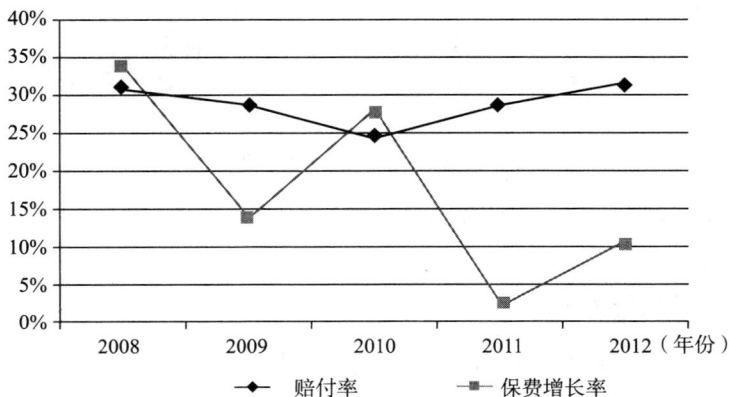

图 10.7　福建省保险业保费增长率和赔付率

第4节　福建省上市企业部门风险分析

2012年至2013年下半年，福建省境内上市公司经营状况继续恶化，净利润率指标进一步下滑，2013年第三季度该指标为4.17％，账面资产负债率基本保持平衡，但是或有资产负债率有上升的趋势，这些指标表明福建省上市企业部门总体风险有加大的趋势。本节主要运用资产负债表和或有权益分析方法对福建省的相关上市企业进行整体的宏观金融风险分析。为了风险分析的准确性和针对性，所选分析样本为截至2013年年底福建板块74家上市企业，其中不包括创业板块和金融行业的相关上市企业。

一、盈利能力分析

2011年至2012年上半年，福建省上市公司盈利能力持续下降，利润率从6.74％跌至5.01％。从2012年下半年开始至今，福建省内的上市公司利润率进一步保持下滑趋势，于2013年第三季度跌至4.17％，如图10.8所示。根据福建省上市公司的财务报表资料显示，福建省2013年第三季度末共有15家上市公司出现不同程度的亏损。

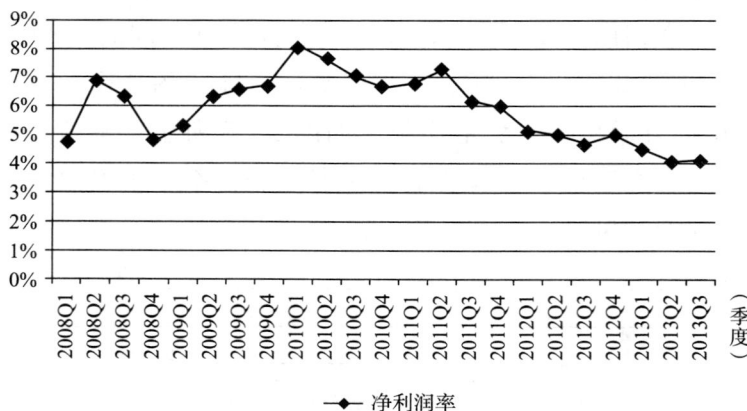

图 10.8　福建省上市企业净利润率

二、账面价值资产负债表分析

（一）资本结构错配分析

2012至2013年下半年，福建省上市企业的总资产与总负债规模处于稳定增长态势，其资产负债率从2011年第四季度开始，资产负债率逐渐缓慢爬升，资本结构错配风险加大。2012年四个季度的账面资产负债率分别为

58.78％、59.85％、60.49％、59.06％，波动幅度不大，到 2013 年第三季度达到 62.50％。

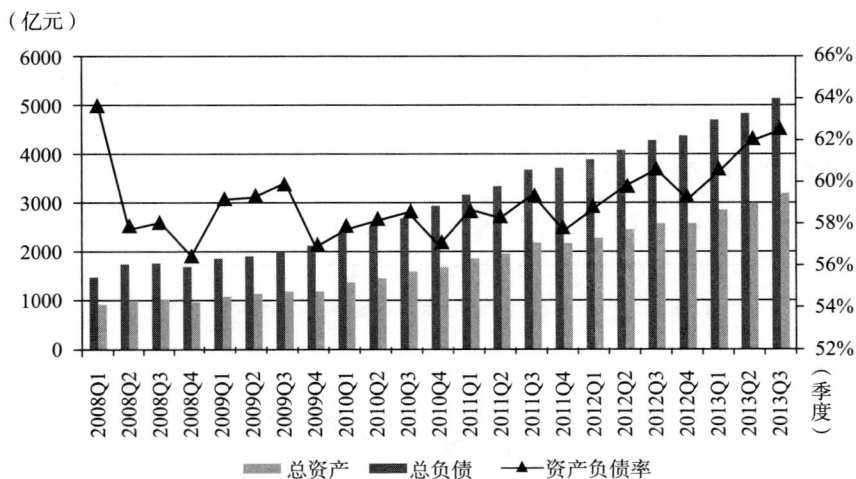

图 10.9　福建省上市企业部门资产负债率

（二）期限错配风险分析

2012 年至 2013 年下半年，福建省上市企业的流动比率均处于缓慢上升态势，流动比率逐渐稳定于 140％附近，流动性风险逐渐降低，如图 10.10 所示。福建省上市企业流动比率在 2012 年四个季度分别达到 138％、136％、133％、140％。

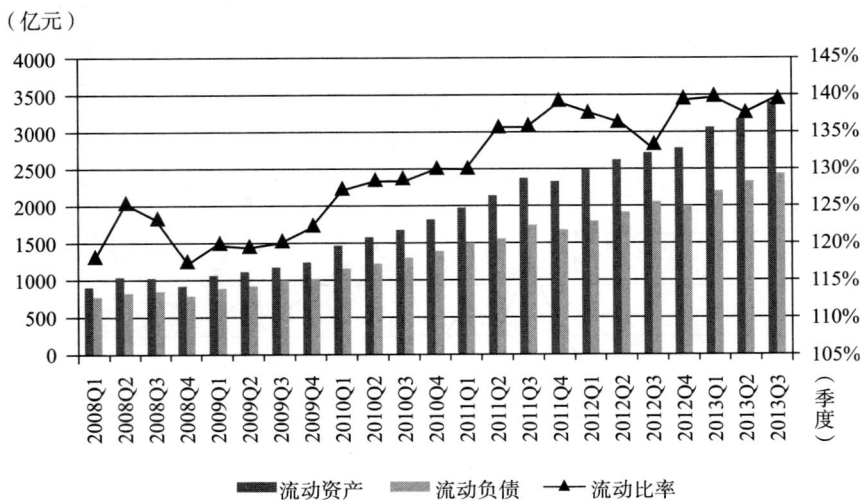

图 10.10　福建省上市企业部门流动比率

三、或有权益资产负债表分析

(一)或有资本结构错配分析

2012 年福建省上市企业部门市场风险逐渐加大。福建省或有资产负债率波动较大,或有资产负债率总体上呈现逐渐上升的趋势。2012 年,福建省上市企业部门四个季度的或有资产负债率分别达到 32.98%、33.69%、36.64%、35.96%,2013 年第三季度上升至 39.39%,如图 10.11 所示。

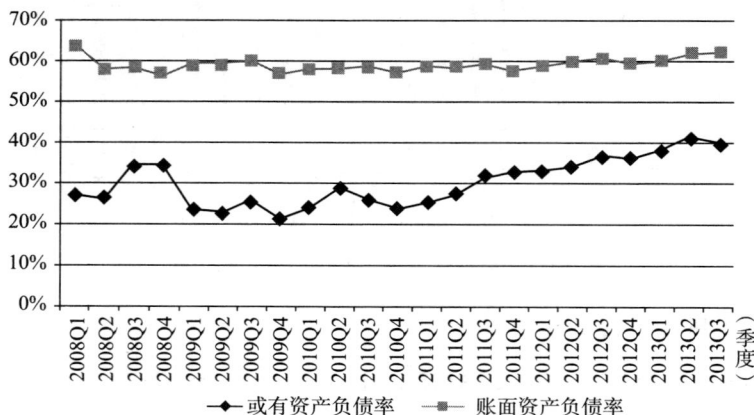

图 10.11　福建省上市企业或有资产负债率

(二)违约风险分析

2012 年福建省上市企业部门的违约距离波动性比较大,但是整体上处于上升的趋势,违约风险总体有所下降。2012 年,福建省上市企业部门的违约距离稍有上升,四个季度的违约距离分别达到 3.37、5.61、4.17、4.51,并在 2013 年第三季度上升至 4.99,如图 10.12 所示。

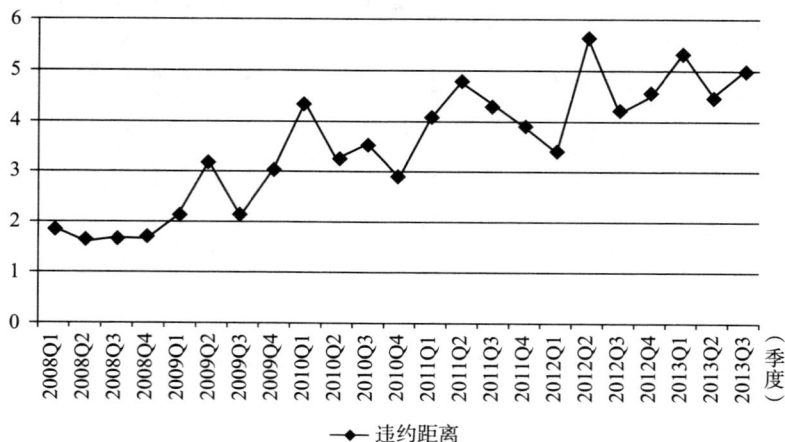

图 10.12　福建省上市企业违约距离

第 5 节　福建省家户部门风险分析

2012 年，福建省城乡居民收入支出大幅度上升。2012 年，福建省城镇居民人均可支配收入达到 28055 元，名义收入同比增长 12.60%，实际收入同比增长 10.0%；农村居民人均纯收入达到 9967 元，名义收入同比增长 13.50%，实际收入同比增长 10.8%。同时，福建省城镇居民人均全年消费支出占城镇居民人均可支配收入 66.27%，相比 2011 年下降 0.6 个百分点；农村居民人均消费性支出 7401.92 元，占农村居民人均纯收入的 74.26%，相比 2011 年下降 0.2 个百分点。

在家户部门的存贷比结构方面，我们发现个人消费贷款占储蓄存款的比重基本持平，负债水平较低，存贷结构合理，风险水平较低。如图 10.13 所示，2012 年，福建省城乡居民储蓄存款达到 10507.39 亿元，比 2011 年增长 15.87%，增长速度上升 4 个百分点；城乡居民个人消费贷款达到 4682 亿元，比 2011 年增长 17.3%，增长速度比 2011 年降低 2.4 个百分点；个人消费贷款与城乡居民储蓄存款的比率在 2012 年达到 44.56%，比 2011 年上升 0.5 个百分点。

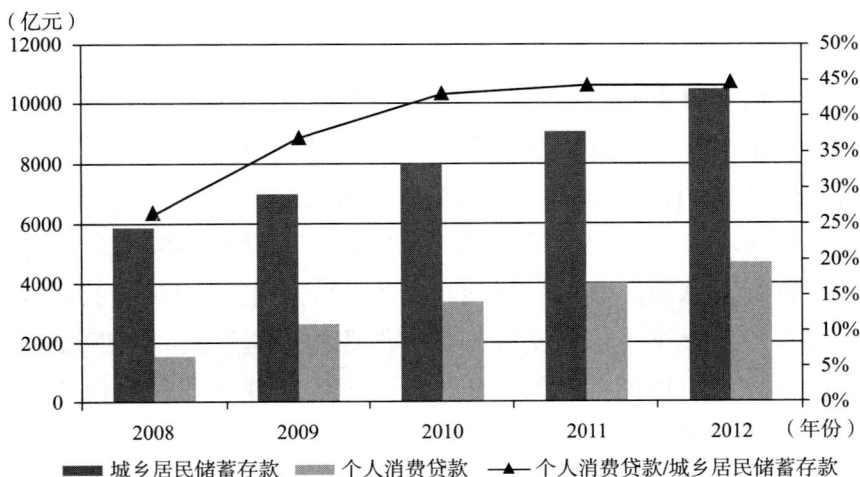

图 10.13　福建省家户部门储蓄存款与消费贷款

第 6 节　福建省货币信贷风险专题分析

2012 年，福建省金融机构本外币各项存款余额达到 25057.8 亿元，较上年增长 16.2%，全省本外币各项贷款余额达到 22427.5 亿元，同比增长

18.2%。同时，2012年福建省银行类金融机构存贷达到近5年新高89.50%，远远高于央行对于商业银行的存贷比最高要求75%。2008年至2013年短短四年时间，福建省全省新增信贷约15000亿元，相当于金融危机之前2008年9月贷款余额9600亿元的1.5倍左右，福建省贷款余额占GDP的百分比同时从2008年的91.4%提升至2012年的114%左右。从以上福建省新增信贷数据分析中，我们可以看出福建省的信贷规模不断扩大，信贷存量达到历史最高，同时也是全国信贷大规模扩张的一个"缩影"。然而福建省银行类金融机构高速扩张信贷同时也暴露出许多问题，这些问题如果处理不好，很有可能对金融业发展与实体经济带来巨大的冲击。

一、货币信贷存在的问题

首先，福建省银行信贷资金并未引导福建省重点支柱行业转型与升级。银行信贷规模不断扩大是中央政府为了应对国际金融危机而采取的保增长措施，但是福建省银行信贷并未流入政策重点支持的产业中，而是在房地产融资、民间借贷领域之间"窜动"。这个现象的出现一方面反映了资金自身具有极强的逐利性，另一方面也在侧面印证了商业银行的经营目标与中央银行的政策目标之间的冲突。近些年，福建省人民银行出台了对福建省三大支柱产业（石油化工、电子、装备制造）以及三大新兴产业（海洋开放、旅游开发和高科技）信贷重点支持的货币政策，但实际中福建银行类金融机构并未完全按照该货币政策来开展信贷工作。2013年上半年，福建省传统三大支柱产业总增加值达到约1680亿元，同比2008年增长1倍；2011年和2012年福建省海洋产业增长值达到约年均20%的高增长。2008年至2012年间，福建省全省旅游行业总增加值实际年均约14%的高增长。但是，我们发现银行类金融机构对上述行业的信贷支持力度与产业的高速发展并不匹配。2013年上半年新增中长期信贷仅有3.6%流向三大传统支柱产业，对海洋等新兴三大产业贷款投入同样偏少。

其次，银行信贷政策对"三农"支持力度依然不够。农业是我国经济发展的基础，但由于福建省自身地理条件因素的影响，福建省的农业发展并未跟上其他行业的高速发展。福建省农业发展的落后固然有自身先天不足的原因，但是金融对农业发展的支持不足也是重要的原因之一。尽管近几年，福建省银行金融机构不断提高服务"三农"的水平，涉农贷款逐年增加，但是新增加的贷款中直接用于支持当地农业规模化生产的额度依然不足，农业发展过程中面临信贷供给与需求依然存在较大的缺口。截至2013年上半年，福建省全省涉农贷款达到约 7900 亿元，仅仅占全省贷款余额的 32％，其中真正涉及农业领域的约为 760 亿元。总而言之，福建省"三农"发展急需金融支持力度的加大。

最后，信贷资产信用风险逐渐加大。截至 2013 年上半年，福建省全省不良贷款余额出现连续 12 个月上升态势，不良贷款余额达到约 230 亿元，比 2013 年年初增加约 57 亿元，不良贷款率同时达到 0.94％，比年初增长了 0.17 个百分点。福建省不良信贷资产的增加，既有经济形势下行压力加大的客观原因，也有银行金融机构自身经营的主观原因。一方面，我国经济结构的调整与升级给传统产能过剩行业带来极大的冲击，这些行业的企业经营效益严重下滑，资金链自然而然受到冲击，从而无法偿还到期贷款；另一方面，银行类金融机构前期的"重规模轻质量"的大幅信贷扩张导致现在的不良贷款率的不断上升。未来经济的运行态势依然不容乐观，会有更多的企业贷款出现违约情形，这将对银行业自身的稳定经营带来更大的挑战。

二、相应对策建议

通过对以上福建省货币信贷扩张中出现的三大问题，如果不及时合理地处理，将会有进一步发展为金融风险的可能性，因此本文针对以上三大问题提出以下三点建议，希望能在一定程度上缓解上述问题。

第一，调整福建省省内银行业金融机构的经营目标，积极配合央行货币信贷政策，积极配置信贷资源，将新增贷款投向传统三大支柱产业和新兴三大主导产业。

第二，积极推动金融机构创新经营机制，丰富金融产品，拓宽农村金融创新的深度；进一步建立与完善县域金融机构支农信贷的奖励机制，引导县域信贷资源流向特色农业。

第三，加强宏观金融风险的监测范围与力度，一旦发现系统性金融风险的迹象，立即采取有效的措施进行金融风险的处理，并且重点关注担保公司、小额贷款公司等融资领域的非银行金融机构的风险，防止金融风险向银行体系的传导。

第 7 节　结论及政策建议

本章主要概述了福建省 2012 年经济与金融发展的情况，并在此基础上对福建省公共部门、金融部门、上市企业部门和家户部门四大经济部门进行了宏观金融风险分析，最后就福建省的债务融资发展所面临的风险进行了专题分析，并且在得出相应结论基础上给出了建议。

从公共部门来看，2012年，福建省地方公共部门财政风险有所加大，预算缺口占GDP比例缓慢递增。从金融部门来看，2012年，福建省银行类金融机构资本结构错配风险不断上升，存贷比近几年持续高于75％。福建省银行类金融机构期限错配风险有所降低，银行类金融机构货币错配风险依然较为突出。2012年，福建省保险业的发展速度放缓，保险业在福建省国民经济中的地位有所下降。从上市企业部门来看，福建省境内上市公司经营状况继续恶化，净利润率指标进一步下滑，资本结构错配风险加大，福建省上市企业的流动比率均处于缓慢上升态势，流动性风险逐渐降低，上市企业部门市场风险逐渐加大。从家户部门来看，个人消费贷款占储蓄存款的比重基本持平，负债水平较低，存贷结构合理，风险水平较低。

专题部分主要介绍了福建省的货币信贷风险，并就相关风险给出解决相应的政策建议。

基于本章对福建省宏观金融风险状况的分析，下面结合福建省实际经济形势给出相应的政策建议：

第一，福建省近几年的预算缺口占GDP比例来看，福建省该比率近3年逐年缓慢递增，地方财政风险敞口有进一步扩大的趋势。福建省应优化一般预算支出的结构，积极引导当地经济的发展，不断扩大一般财政预算收入。

第二，针对福建省在货币信贷方面暴露出来的风险，福建省银行业金融机构应当积极配合央行货币信贷政策，积极配置信贷资源，将新增贷款投向传统三大主导产业和新兴三大主导产业；积极推动金融机构创新经营机制，丰富金融产品，拓宽农村金融创新的深度；加强宏观金融风险的监测范围与力度。

参 考 文 献

［1］刘惠川，陈一洪：《缓解县域中小企业融资困难的新途径——泉州银行创新县域机构管控模式探索》，载《福建金融》2012 年第 2 期，第 38—40 页。

［2］李伟，叶谢康等：《融资性担保公司发展与监管相关问题研究》，载《福建金融》2012 年第 4 期，第 37—42 页。

［3］黄志宏：《论地方政府融资平台贷款的风险防控》，载《福建金融》2012 年第 5 期，第 45—47 页。

［4］周安和：《县域小微企业融资现状、成因及破解对策》，载《福建金融》2012 年第 6 期，第 33—35 页。

［5］郑再生，吴菲等：《泉州市金融产业集聚区发展路径探讨》，载《福建金融》2012 年第 10 期，第 64—67 页。

［6］杨长岩：《当前福建货币信贷工作亟需关注的几个问题》，载《福建金融》2013 年第 9 期，第 4—7 页。

［7］福建省统计局：《2008－2013 年福建省国民经济和社会发展统计公报》。

［8］福建省统计局：《2009－2013 年福建省统计年鉴》。

［9］中国人民银行：《2008－2012 年福建省金融运行报告》。

第 11 章　山东省宏观金融风险研究

2012 年山东省地方财政风险敞口稳定，银行类金融部门的资本结构错配风险降低，流动风险进一步得到缓解，货币错配风险依然存在，保险行业开始复苏，上市企业的经营状况良好，但资产负债率不断攀升，资本结构错配风险加大，家户部门的金融风险不明显。本章在概括山东省经济与金融运行概况的基础上，通过对山东省的四大主要经济部门进行基于资产负债表的宏观金融风险分析，并针对山东省近年来保险业发展中暴露出来的问题与风险进行专题分析，最后就分析得出的结论给出了相应的政策与建议。

苑治亭（2012）研究了山东省外资企业涉外债务融资的现状，认为外债规模的快速增长加大了债务到期偿还的风险，制造业外债比例偏高，监管难度增加，并就这些问题提出建议，认为山东省需要加强外债投向的引导，提升涉外债务融资的政策透明度。孙军（2012）研究了山东省县域金融供求缺口的结构与成因，认为经济发展水平的差异导致了供求缺口的特点多样化，弥补县域金融供求缺口需"对症下药"。李伟、柳光程、乔兆颖（2012）通过基于山东半岛蓝色经济区的 GDP 与 FDI 数据之间的关系，对其进行整体分析，发现短期来看，经济增长促进 FDI 增长，中长期来看，FDI 增对经济增长具有带动作用。费磊、申作亮（2012）研究了山东省的票据融资与货币政策传导机制的关系，发现山东省票据融资出现"泡沫化"和功能的"变异化"，并从功能、机制和市场三个角度提出相应的政策建议。

第 1 节　山东省经济金融运行概况

一、山东省经济运行概况

2012 年，山东省全年实现地区生产总值 50013.2 亿元，比 2011 年增长 9.8%，增速持续高于全国平均增速水平。人均生产总值达到 51768 元（按照 2012 年平均汇率折算为 8201 美元），比 2011 年增长 9.2%。2012 年，山东省农业产业增加值达到 4281.7 亿元，同比增长 4.7%；工业产业增加值达到 25735.7 亿元，同比增长 10.5%；服务业产业增加值达到 19995.8 亿元，同比增长 9.8%，服务业和工业两大产业增长较快，农业生产相对来说处于低速稳定增长，三次产业的结构得到进一步优化，由 2011 年的 8.8∶52.9∶38.3 调整为 2012 年的 8.6∶51.4∶40.0。

2012 年山东省总共完成地方公共财政预算收入 4059.4 亿元，比 2011 年增长 17.5%，增速比上年回落 8.2 个百分点；2012 年山东省地方公共财政预算支出 5901.7 亿元，比 2011 年增长 18.0%，增速比上年回落 2.7 个百分点。财政支出重点投入民生领域、教育、公共服务、农林水事务、社会保障和就业和公共安全等方面，2012 年山东省财政支出中民生领域支出为 3312.0 亿元，占公共财政支出的 56.1%，相比 2011 年增长 20.6%，成为财政第一大支出。

2012 年，山东省居民消费价格同比上涨 2.1%，比 2011 年回落 2.9 个百分点，其中消费品价格同比上涨 2.1%；农业生产资料价格同比上涨 5.9%；固定资产投资价格同比上涨 0.8%。2012 年山东省居民面临的通货膨胀压力相比 2011 年减少。

2012 年，山东省全年全部工业增加值达到 22789.3 亿元，较 2011 年相比增长 11.1%，其中，规模以上工业企业增加值同比增长 11.4%，轻、重工业增加值分别同比增长 11.2% 和 11.5%。2012 年，山东省全年规模以上工业企业实现利润 7443.3 亿元，同比增长 10.9%。2012 年，山东省全年固定资产投资 31256.0 亿元，同比增长 20.2%。固定资产投资（不含农户）30319.8 亿元，同比增长 20.5%，占固定资产总投资的 97.0%，民间固定投资为 24285.6 亿元，相比 2011 年增长 23.3%，占固定资产总投资额的 80.1%。三大产业的投资结构由 2011 年的 2.1∶47.9∶50.0 调整为 2012 年的 2.2∶47.6∶50.2。

二、山东省金融运行概况

2012 年，山东省银行业金融机构运行平稳，金融实力不断增强。2012 年，山东省内的银行业金融机构个数总量达到 13698 个，从业人数达到 215113 人，全省金融机构资产总额达到 69434.5 亿元，同比增长 19.8%，增速同 2011 年相比回落 3.6 个百分点。银行业全年累计税后净利润同比增长 16.8%。2012 年山东省金融机构本外币各项存款余额达到 55386.4 亿元，比 2012 年年初增加约 8401.7 亿元，较上年增长 17.88%。2012 年山东省全省本外币各项贷款余额达到 42899.9 亿元，比年初增加了 5345.1 亿元，同比增长 14.33％，全年贷款投放分布较平稳。

2012 年山东省证券期货业平稳发展，截至 2012 年年末，全省证券营业部到达 219 家，证券全年累计交易额达到 2.7 万亿元，实现净利润 5.9 亿元；期货业代理交易额达到 6.6 万亿元，同比增长 14.8％。截至 2012 年年末，全省新增加上市公司 15 家，上市公司再融资 24 家次，总融资额达到 463.5 亿元。2012 年，山东省资本市场累计融资 338.2 亿元，同比减少 220.4 亿元。截至 2012 年年末，IPO 融资中战略性新兴产业占七成以上，达到 38.9 亿元，体现了资本市场对于经济结构转型的引导作用。

2012 年，山东省非金融部门以股票、债券、贷款三种融资方式融得资金额占比分别为 6.4∶19.6∶74.0。其中，债券融资比例上升约 7.6 个百分点，同时带动直接融资额比例提高至 26％。2012 年山东省银行间同业拆借交易增速放缓，全年累计拆借 13.0 万亿元，现券交易量同比增长 90％。2012 年，山东省全省签发银行承兑汇票和贴现票据同比增长 24.3％和 44.3％。

第 2 节 山东省公共部门风险分析

2012 年，山东省地方一般预算收支规模均保持稳定增长，一般预算缺口占 GDP 基本持平。本节主要通过山东省的近几年财政收支规模数据及其增长率来分析 2012 年山东省的公共部门的风险情况。

2012 年，山东省地方一般预算收入共完成 4059.4 亿元，同比增长 17.5％，增速与 2011 年相比较，回落 8.2 个百分点，其中税收收入完成 3050.2 亿元，同比增长 17.2％，增速回落 3.9 个百分点，占全省财政预算收入的 75.1％。山东省地方一般预算支出完成 5901.7 亿元，同比增长 18.0％，增速回落 2.7 个百分点。

同时，2012 年山东省一般预算缺口达到 1842.3 亿元，比 2011 年增加了 296.16 亿元，同比增长 19.15％，增长速度比 2011 年下降 8.4 个百分点，一般预算缺口占 GDP 比例在 2012 年达到 3.68％，基本与 2011 年相持平，如图 11.1 所示。总体而言，山东省公共部门财政缺口风险并不明显。

2012 年，山东省地方一般预算支出增长率与预算收入增长率的比值来看，山东省近 3 年该指标基本波动较大，债务风险有扩大趋势。如图 11.2 所示，2012 年，山东省该比率为 103％，与 2011 年相比，增加 23 个百分点。山东省的经济发达程度一直处于全国前列，经济增长与预算收入具有较强的相关性，公共预算收入随着经济周期波动而不断震荡，然而公共预算支出却是具有刚性的，在经济下行过程中，支出下降的幅度不及收入下降的幅度，因此会增大山东省公共部门的财政危机。

（亿元）

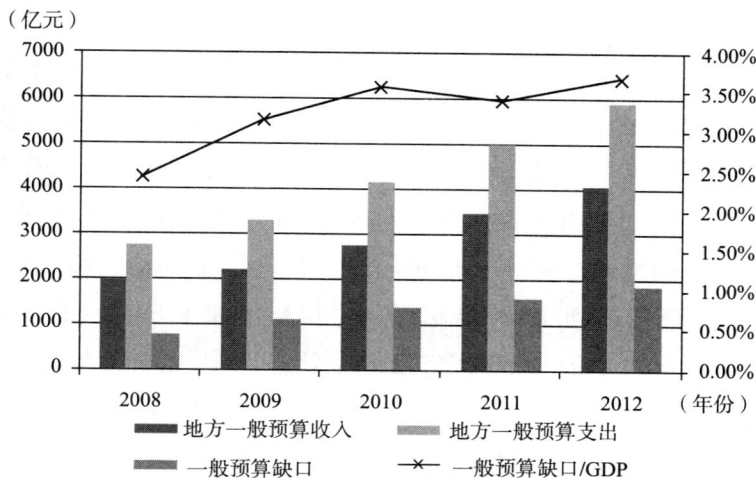

图 11.1　山东省地方财政一般预算收支情况①

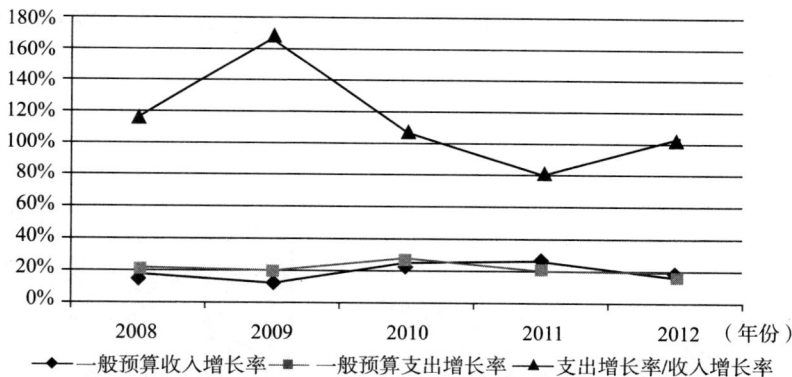

图 11.2　山东省地方财政一般预算收支增长率

第 3 节　山东省金融部门风险分析

2012 年，山东省的金融部门运行总体平稳，银行类金融机构资产结构错配风险有所缓解，银行体系的流动性风险得到进一步释放，保险业景气度有所回升。本节主要运用资产负债表的方法从银行类、保险类金融机构着手，

---

① 注：数据来源于《2009－2013 年山东省统计年鉴》，《2008－2013 年山东省国民经济和社会发展统计公报》。此章数据均来源于此。

深入揭示山东省金融部门所存在风险。

一、银行类风险分析

(一) 资本结构错配分析

山东省作为我国沿海地区的经济强省，其经济实力位居我国第三，其金融行业近几年的发展也取得了不菲的成绩。2012年，山东省银行类金融机构总资产规模已经达到69434.5亿元，较2011年增长19.8%，增长速度提高3.6个百分点；2012年山东省金融机构本外币各项存款余额达到55386.4亿元，比2012年年初增加约8401.7亿元，较上年增长17.88%。2012年山东省全省本外币各项贷款余额达到42899.9亿元，比年初增加了5345.1亿元，同比增长14.33%。以上总量指标反映出山东省银行类金融机构发展速度保持良好的势头。

我们从图11.3中可以看出，山东省银行类金融机构存贷比2008年至2012年震荡上行，2012年明显跌至77.46%，略高于央行对于商业银行的存贷比最高要求75%，山东省近5年的存贷比皆高于75%，但是与其他沿海经济强省相比，存贷比还是较低的，2012年山东省存贷比的下降在一定程度上提高了金融部门的抗风险能力。

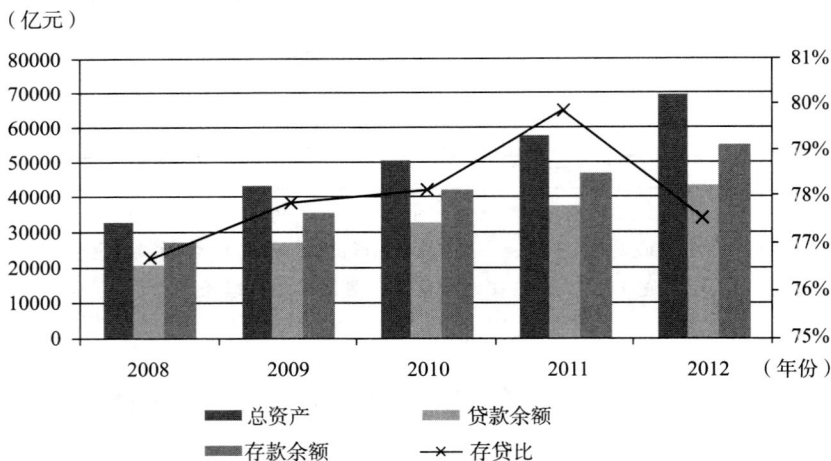

图 11.3　山东省银行类金融机构存贷款结构

(二) 期限错配风险分析

2012年，山东省银行类金融机构的短期贷款达到22369.4亿元，同比增长22.11%，增速下降2.4个百分点；中长期贷款达到17006.9亿元，同比2.32%，增速下降2个百分点，如图11.4所示。从中长期贷款余额占总贷款额的百分比来看，山东省从2010年的48.98%下降到2011年的44.30%，同时

2012 年仅为 39.64%。这表明山东省银行体系的流动风险得到进一步改善与缓解，资金错配风险下降，银行业抵抗资产与负债期限错配的风险的能力提高。

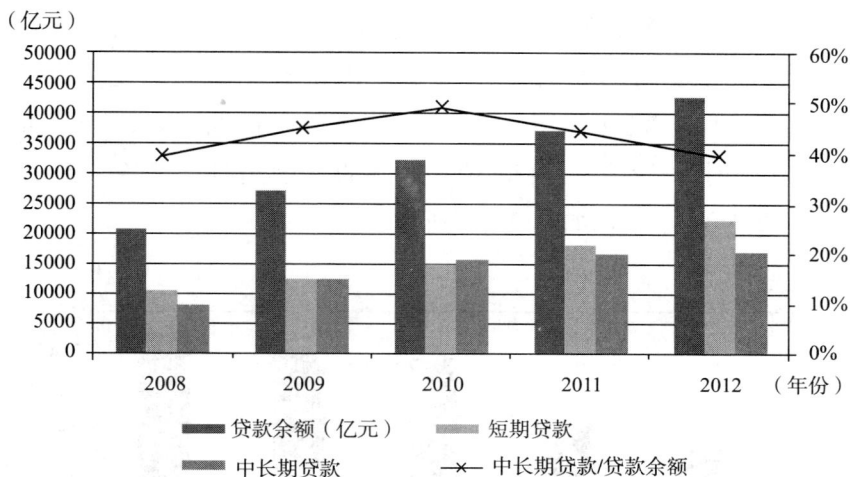

图 11.4　山东省金融部门贷款结构

（三）货币错配风险分析

2012 年，山东省货币错配风险有所下降，但依然较大。具体来看，2012年，山东省外币贷款达到 2878.4 亿元，比 2011 年增长 22.86%，增长幅度比 2011 年下降 6.3 个百分点，高速的增长与山东省地方经济对外开放度不断提高有关。2012 年山东省外币存款达到 1084.9 亿元，同比增长 69.22%，增幅提高了 52.4 个百分点，外币存款的大幅增长与山东省出口强劲的增长有着密切的关系，出口创汇支撑着当地的外币存款的不断提高。2012 年山东省的外币业务存贷比达到 265.3%，比 2011 年下降了 100 个百分比，存贷比有明显的回落趋势，如图 11.5 所示。

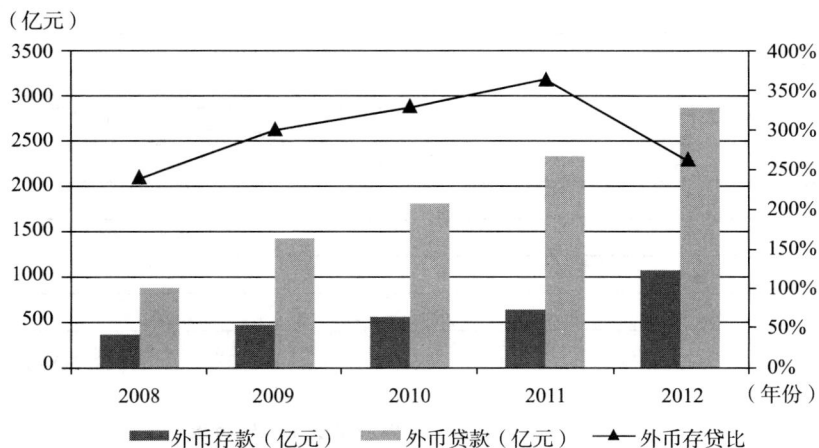

图 11.5　山东省金融部门外币存贷比

二、保险类风险分析

山东省保险业在逐渐恢复，保险机构的运营情况得到改善。2012年山东省保险业的发展有了新的面貌。2012年，山东省保费收入达到1128亿元，比2011年增长91.97亿元，相比2011年将近6亿的增长，2012年的增长幅度翻了几番。同时2012年，山东省保险业的深度达到2.3%，比2011年增长了将近0.02个百分点，如图11.6所示。

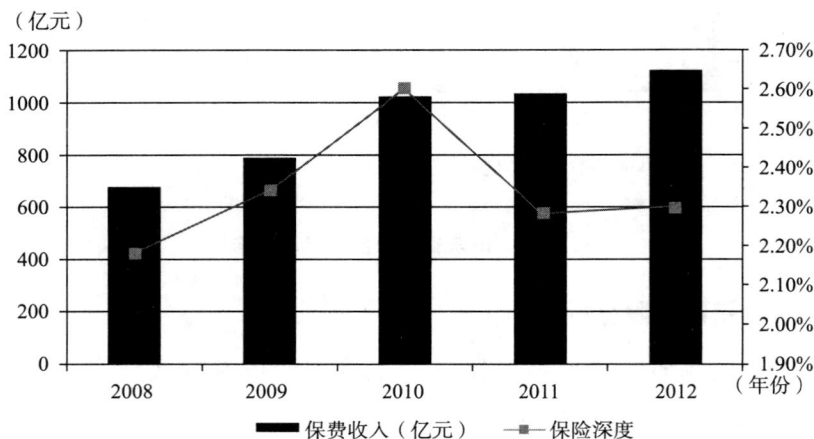

图11.6 山东省保险业保费收入及保险深度

2012年，山东省保险机构的保费收入达到1128亿元，同比增长8.9%，增长幅度相比2011年，提高了8.4个百分点；同时，2012年的保险赔付率从2011年的26.18%上升到28.78%，上涨了2.6个百分点，赔付率继2011年企稳回升后保持着稳定增长，如图11.7所示。保费收入增速的大幅提高说明山东省保险业的经营情况在不断改善，一定程度上降低了风险暴露。

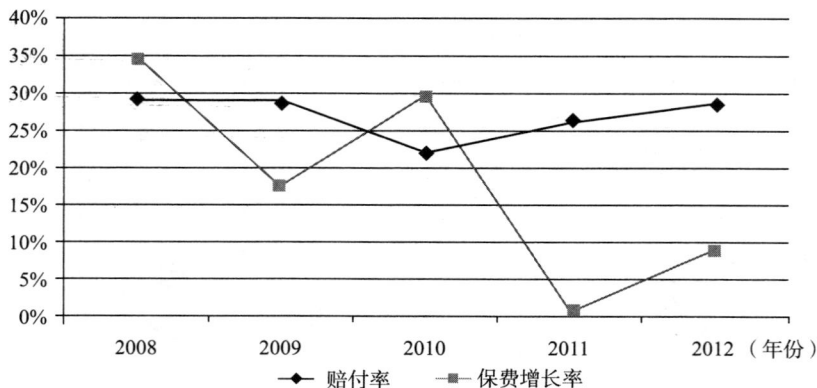

图11.7 山东省保险业保费增长率和赔付率

第 4 节　山东省上市企业部门风险分析

本节主要运用资产负债表和或有权益分析方法对山东省的相关上市企业进行整体的宏观金融风险分析。为了风险分析的准确性和针对性，所选分析样本为截至 2013 年年底山东板块 132 家上市企业，其中不包括创业板块和金融行业的相关上市企业。

一、盈利能力分析

2011 年至 2012 年上半年，山东省上市公司盈利能力有所下降，利润率从 7.71％跌至 5.48％。从 2012 年下半年开始至今，山东省内的上市公司利润里处于低位徘徊，在 5％附近，如图 11.8 所示。根据山东省上市公司的财务报表资料显示，山东省 2013 年第三季度末共有 16 家上市公司出现不同程度的亏损。

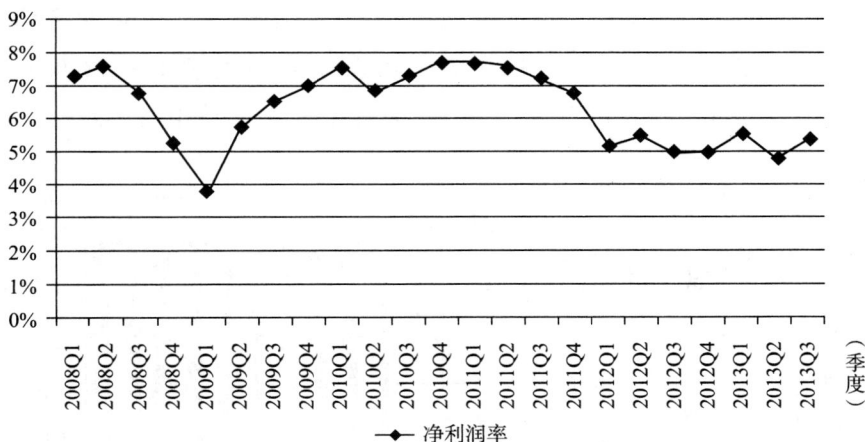

图 11.8　山东省上市企业净利润率

二、账面价值资产负债表分析

（一）资本结构错配分析

总体上来看，山东省上市企业资产负债率不断增加，资本结构错配风险有进一步加大趋势。具体来看，如图 11.9 所示，2012 年至 2013 年下半年，山东省上市企业的总资产与总负债规模处于稳定增长态势，其资产负债率从 2010 年第三季度开始，资产负债率逐渐缓慢爬升，2012 年四个季度的资产负债率分别为 59.20％、59.45％、59.37％、59.67％。

（亿元）

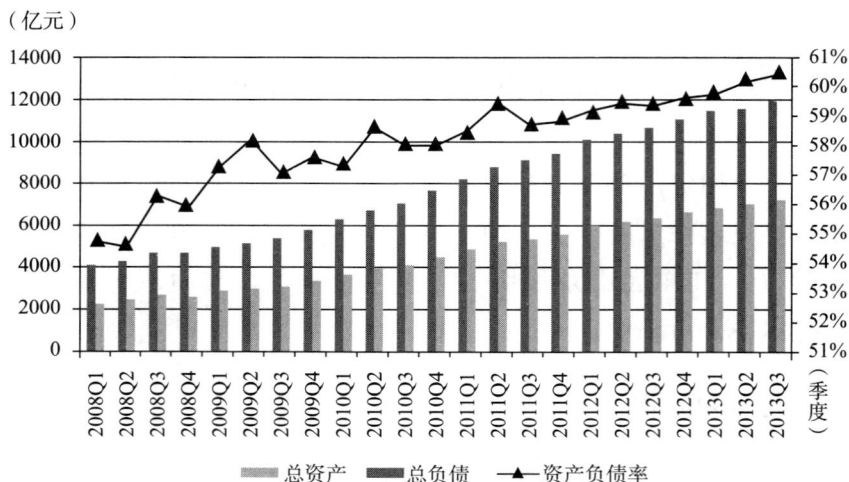

图 11.9　山东省上市企业部门资产负债率

（二）期限错配风险分析

2012 年至 2013 年下半年，山东省上市企业的流动资产与流动负债的规模均处于缓慢上升态势，流动比率逐渐稳定于 107％附近，上市企业部门期限错配风险不大，如图 11.10 所示。山东省上市企业流动比率在 2012 年四个季度分别达到 108％、106％、108％、107％，总体上基本维持不变的水平。

（亿元）

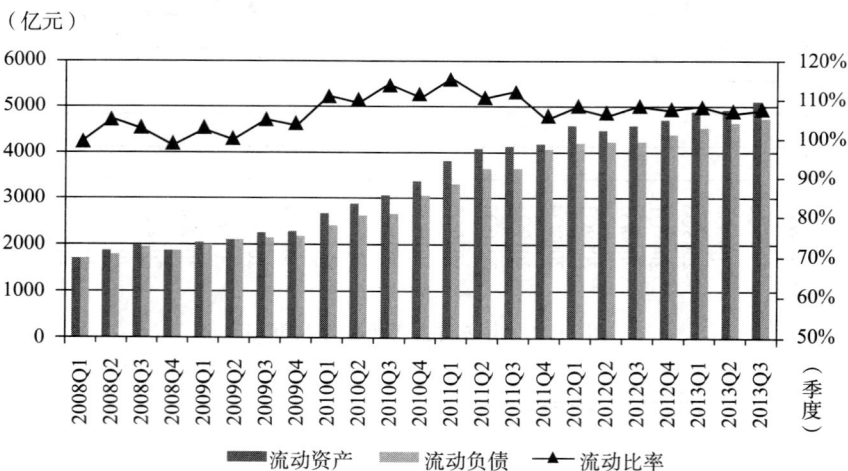

图 11.10　山东省上市企业部门流动比率

三、或有权益资产负债表分析

（一）或有资本结构错配分析

山东省上市企业部门隐含的违约风险有所增大，如图 11.11 所示。具体来看，2012 年，山东省上市企业部门四个季度的或有资产负债率分别达到

34.73％、35.17％、36.86％、36.92％，具有缓慢的上升趋势，2013 年保持上升趋势，2013 年第三季度上升至 38.25％。或有资产负债率的缓慢上升趋势，表明山东省上市企业部门的长期偿债能力有逐渐减弱的趋势，长期债务风险有进一步加大的趋势。

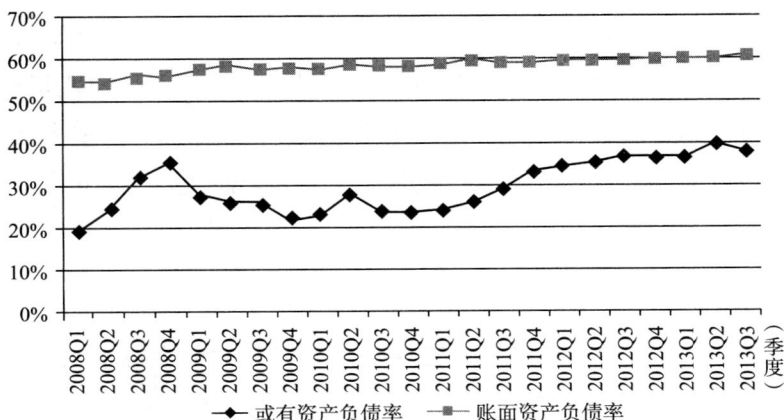

图 11.11　山东省上市企业或有资产负债率

（二）违约风险分析

2012 年，山东省上市企业部门违约风险有所下降。2012 年，山东省上市企业部门的违约距离波动幅度较大，呈现上升趋势，四个季度的违约距离分别达到 3.52、5.85、4.39、4.82；并在 2013 年第一季度上升至 5.17，2013 年第二季度和第三季度略有下降，变化不大，如图 11.12 所示。山东省上市企业部门的总体违约距离从 2012 年处于增长趋势，说明企业的经营状况良好，企业发生债务违约的风险较低。

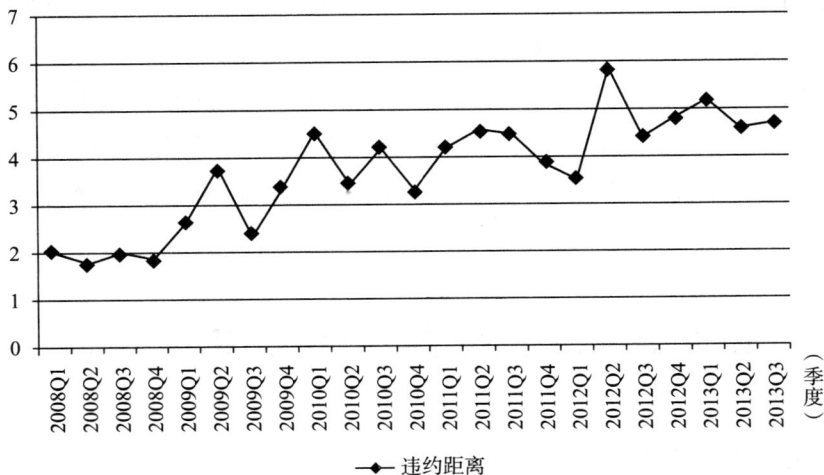

图 11.12　山东省上市企业违约距离

第5节 山东省家户部门风险分析

2012 年，山东省人民的生活条件得到进一步改善。2012 年，山东省城镇居民人均可支配收入达到 25755 元，同比增长 13.0%，扣除价格变动因素，同比增长 10.7%；农村居民人均纯收入达到 9446 元，同比增长 13.2%，实际收入同比增长 11.0%。同时，山东省城镇居民人均全年消费支出占城镇居民人均可支配收入 61.26%；农村居民人均消费性支出 6776 元，占农村居民人均纯收入 71.73%。

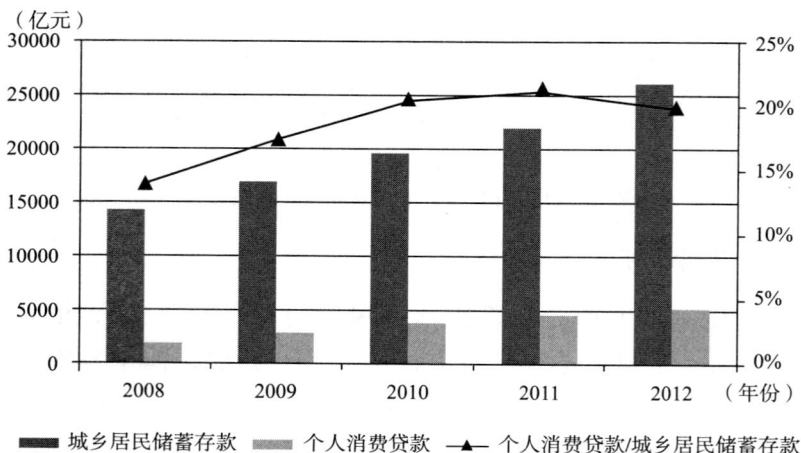

图 11.13 山东省家户部门储蓄存款与消费贷款

2012 年，山东省家户部门风险并不突出。2012 年，山东省城乡居民储蓄存款达到 26343.3 亿元，比 2011 年增长 18.81%，增长速度提高 6.3 个百分点；城乡居民个人消费贷款达到 5291.5 亿元，比 2011 年增长 12.38%，增长速度比 2011 年降低 4.5 个百分点；个人消费贷款与城乡居民储蓄存款的比率在 2012 年达到 20.01%，比 2011 年降低 1.22 个百分点。山东省家户部门消费贷款与储蓄存款比率自 2010 年以来一直不断缓慢下降，负债水平保持相对稳定，违约风险较小。

第6节 山东省保险业风险专题分析

一、保险业存在的问题

近些年来，山东省保险业通过多种保险方式，在海洋灾害风险管理方面进行了不断的探究，也取得了不错的成绩，但总体上来看，考虑到山东省靠海发展经济的情况，山东保险业在服务海洋灾害风险管理方面作用仍然有限，存在以下几个突出的问题：

1. 保险覆盖范围狭窄，发展仍然不充分。作为市场化的风险转移机制，山东省海洋保险在补偿海洋灾害带来的损失方面发挥的作用依然有限，以2007年为例子，2007年山东省涉及海洋业的生产总值约为4600亿元，占山东GDP的比重达到约18%，但是同期相应的海洋保费仅占保险公司总保费约2%，大幅低于涉海生产总值占山东省GDP中的比例。

2. 保险产品结构不合理，极大抑制了海洋灾害风险管理的功能。山东省保险业经营过程中，保险产品差异化程度过低，保险业务发展的重心倾向风险管理要求低的车辆险的现象。2010年山东省车险业务占保险公司所有保险业务比例高达85%以上，而对山东省经济自身发展有至关作用的涉及海洋灾害的家庭财产险、船舶险、企业财产险等业务比例却严重低于正常水平，仅以2010年为例，2010年山东省农业保险费用仅占第一产业增加值的0.12%左右，企业财产险投保率仅为10%左右。

3. 海洋养殖产业的保险功能缺失。山东省作为我国东部沿海大省，经济的发展在很大程度上依赖于水产业的带动，而山东省的养殖业产值高居全国前列。但是极易受海洋自然灾害影响的海洋养殖业，在山东省却面临没有一家经营海洋养殖保险的公司。一旦海洋灾害发生，海洋养殖业的损失将是无法估量的，当地人民的收入以及当地的经济都受到极大的影响。如果不能处理好海洋养殖产业保险功能缺失这个问题，当地养殖业的热情将会受到极大的打击。

二、成因分析及对策建议

出现以上山东省保险业在涉及海洋自然灾害风险管理方面出现的问题，笔者觉得主要有以下几个成因：1. 海洋灾害保险和政府相关财政政策配套之间的不匹配；2. 山东省保险业自身对于海洋自然灾害风险管理能力较弱，未能达到经济发展对海洋灾害风险管理提出的要求；3. 保险企业自身利益最大化的目标导致高损失、高赔付率的海洋自然灾害保险产品难以得到有效提供。

针对以上山东省保险业发展过程中面临的问题及成因，山东省应当从以下几个方面着手处理：

1. 继续不断拓宽保险业的覆盖范围。着手建立保险业海洋灾害预防及应急中心，利用保险业专业的风险管理技术，全方位开展针对海洋自然灾害管理方面的业务培训，针对具体的海洋灾害风险提出相应的防范建措施；积极参与关键领域的风险管理工作，积极深化推动企业财产险、家庭财产险、船舶险等与海洋灾害带来损失相关度较高的保险业务，从而为社会经济发展最大程度地降低海洋灾害带来的不利影响。

2. 加强政府财政政策的支持力度，改进海洋自然灾害风险管理制度。山东省政府应当给予保险企业在开展海洋灾害风险业务方面的相关财政政策扶持，例如，可以通过税收优惠或减免与财政定向补贴来积极引导山东省全社会提高海洋灾害风险管理的认识，从而扩大海洋保险在山东省保险业的影响。

3. 提高海洋自然灾害风险管理与预测的能力。不断加强海洋灾害风险的科研创新，研发出符合社会需求的海洋灾害保险产品，有针对性地开展海洋保险业务。同时与高校院校、咨询公司等科研机构不断开展合作，加强海洋风险监控体系的建设，鼓励优秀保险人才的培养。

第7节　结论及政策建议

本章主要概述了山东省 2012 年经济与金融发展的情况，并在此基础上运用了资产负债表的方法对山东省公共部门、金融部门、上市企业部门和家户部门四大经济部门进行了宏观金融风险分析，最后就山东省的保险业发展所面临的风险进行了专题分析，并且在得出相应结论基础上给出了建议。

公共部门方面，地方财政风险敞口稳定。金融部门方面，银行类金融部门的资本结构错配风险降低，流动风险进一步得到缓解，货币错配风险依然存在，保险行业开始复苏。上市企业部门方面，上市企业的经营状况良好，但资产负债率不断攀升，资本结构错配风险加大。家户部门方面，存贷结构合理，总体风险水平相对较低，家户部门的金融风险不明显。

专题部分主要介绍了山东省的保险业的发展中所暴露出来的风险，并就相关风险给出解决相应的对策与方法。

基于本章对山东省宏观金融风险状况的分析，下面结合山东省实际经济形势给出相应的政策建议：

一、2012 年，山东省一般预算缺口占全省 GDP 的比重基本与 2011 年持平，公共部门敞口风险未能进一步缩小，山东省应该不断优化一般财政预算支出的结构，通过财政引导当地经济的发展与转型，进而带动山东省预算收入的增长，从而进一步降低公共部门风险的敞口。

二、山东省保险业应当不断拓宽保险覆盖面，政策上积极支持海洋灾害保险业务，不断加强山东省保险机构的创新能力，建立山东省有效海洋灾害防控体系。

·+·

参 考 文 献

[1] 苑治亭：《山东省外资企业涉外债务融资现状、问题及对策研究》，载《金融发展研究》2012 年第 11 期，第 35—38 页。

[2] 孙军：《山东省县域金融供求缺口的结构分析与差别调整》，载《金融发展研究》2012 年第 8 期，第 34—38 页。

[3] 李伟，柳光程，乔兆颖：《山东半岛蓝色经济区 FDI 与经济增长关系的实证分析》，载《金融发展研究》2012 年第 4 期，第 54—57 页。

[4] 费磊，申作亮：《票据融资发展拐点机理及影响研究：以山东为例》，载《金融发展研究》2012 年第 1 期，第 54—58 页。

[5] 任建国：《山东保险业参与海洋灾害风险管理存在的问题及对策研究》，载《金融发展研究》2012 年第 1 期，第 80—83 页。

[6] 山东省统计局：《2008—2013 年山东省国民经济和社会发展统计公报》。

[7] 山东省统计局：《2009—2013 年山东省统计年鉴》。

[8] 中国人民银行：《2008—2012 年山东省金融运行报告》。

第 12 章　广东省宏观金融风险研究

　　广东省是中国经济第一大省，其经济总量约占全国总量的九分之一，是中国经济最发达、最具市场活力和投资吸引力的地区之一，同时也是中国人口最多，社会、文化最为开放的省份之一。总体而言，2013 年广东省经济金融运行状况良好，通过资产负债表方法和或有权益分析方法可以看出，广东省四部门不存在明显的风险暴露，整体所面临的宏观金融风险相对较小。本章在对广东省经济金融运行概况进行大致概括的基础上，对广东省四大经济部门运行中存在的宏观风险进行了进一步的分析，并针对广东省发展总部经济所面临的风险进行了专题分析，最后就相关风险情况提出了相应的政策建议。

　　王丽娅、高丹燕（2013）对 2007 年以来广东省地方债务的现状，包括广东省债务依存度、财政负债率、财政债务率、财政偿债率以及地方债务的地区结构，并就广东、浙江、江苏、山东、福建五省的地方债务进行了横向比较，认为广东省目前存在债务风险、项目风险、市场风险以及管理风险四类潜在的地方债务风险；马建强（2013）收集并整理了 1978 年至 2011 年全国 31 个省市区的多项经济指标，并对广东省进行了横向和纵向的分析，认为广东省在产业结构、城镇化水平以及科技投入方面具有一定优势，但同时也存在发展增速放缓、投入能力减弱以及民生建设相对滞后等不足；王雯（2013）对 1978 年至 2011 年广东省的居民收入与经济增长状况进行了实证分析，认为在扣除物价上涨因素后，广东省城乡居民的实际收入一般低于 GDP 增长，虽然广东省经济增长幅度与居民收入增幅均高于全国平均水平，但两者的同步性却相对较弱，表现在不同行业、不同收入群体以及城乡居民间收入增长不同，收入差距不断扩大，家户部门存在潜在风险；王继康、胡挺（2013）分析了广州农村商业银行经营的背景、现状、形式及动机，在此基础上对其盈利能力、资本充足率、资产质量、资产规模、经营业绩进行了研究，认为其跨区域经营过程中存在跨地域文化风险、跨组织文化风险、操作风险、偿债能力风险等；张振举、张莉（2013）对广东省的外贸情况进行了分析，认为广东省对外贸易在全国地位不断下降，其对外贸易方式较为初级、贸易结构不合理、贸易市场过于集中、贸易环境需要改善，对于外资企业的依赖程度较高，在由外贸大省转向外贸强省的过程中存在相关风险。

第 1 节　广东省经济金融运行概况

一、广东省经济运行概况

2013 年，广东省实现地区生产总值 62163.97 亿元，比 2012 年增长 8.5%，增速提高 0.3 个百分点。其中，第一产业增加值 3047.51 亿元，增长 2.5%，增速比 2012 年降低 1.4 个百分点；第二产业增加值达 29427.49 亿元，增长 7.7%，增速提高 0.1 个百分点；第三产业增加值 29688.97 亿元，增长 9.2%，增速提高 0.7 个百分点；三次产业对 GDP 增长的贡献率分别为 1.3%、45.4%、53.3%；三次产业结构由 2012 年的 5.0∶48.8∶46.2 调整为 4.9∶47.3∶47.8。

广东省 2013 年完成地方财政收入 7075.54 亿元，同 2012 年比增加 13.6%；地方财政支出达 8265.78 亿元，增长 11.88%。2013 年，广东省居民消费价格总水平上涨 2.5 个百分点，其中，广东省城市、农村价格水平分别上涨 2.4% 和 2.7%；食品类价格上涨 5.6%，增速提高 2 个百分点；居住类价格上涨 3.7%，增速提高 1.9 个百分点。此外，广东省 2013 年工业生产者出厂价格与工业生产者购进价格分别下降 1.2% 和 1.8%，而农产品生产价格和固定资产投资价格分别上涨 3.5% 和 1.4%。

二、广东省金融运行概况

2013 年，广东省金融运行平稳，金融实力不断增强。截至 2013 年年末，广东省中外资金融机构各项存款余额达 119685.15 亿元，同比增长 13.9%；同时，各项贷款余额达 75664.16 亿元，同比增长 12.8%；此外，广东省中外资金融机构本外币资产总额在 2012 年达到 14.3 万亿元，同比增长 14.8%，全年共实现税后利润 2073.25 亿元，同 2012 年相比增长 19.7%，增幅较大；全省银行业金融机构不良贷款率 1.1%，同 2012 年相比下降 0.1 个百分点。

2013 年，广东省证券市场筹资总额达 1375.60 亿元，同 2012 年相比增长 102.8%；22 家证券公司实现净利润 123.03 亿元，同比增长 10.6%；23 家基金公司实现基金净值达 10829.45 亿元，同比下降 7.7%，规模总计 11627.61 亿份，同 2012 年相比下降 11.6%；23 家期货公司共实现收入

28.35 亿元, 利润额达 9.74 亿元, 分别增长 10.1% 和 9.6%。

第 2 节 广东省公共部门风险分析

2013 年, 广东省的地方一般预算收支规模保持稳定增长, 一般预算缺口有所下降, 如图 12.1 所示。2013 年, 广东省完成地方一般预算财政收入 7075.54 亿元, 在财政收入稳定增长的同时, 广东省地方一般预算支出达 8265.78 亿元, 财政支出重点投入教育、社会保障和就业、医疗卫生、交通运输及节能环保方面, 支出结构有所调整和优化。与此同时, 广东省地方一般预算缺口达 1190.24 亿元, 较 2012 年提高 31.56 亿元, 其占 GDP 的比重达 1.91%, 较 2012 年进一步下降 0.12 个百分点。广东省财政缺口有所减少, 且财政缺口占 GDP 比重出现下降态势。总体而言, 广东省公共部门财政缺口风险并不明显。

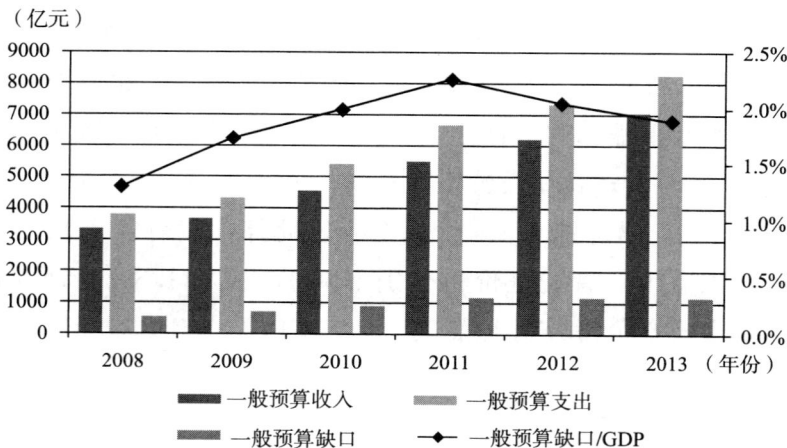

图 12.1 广东省地方财政一般预算收支情况[①]

广东省财政收入和财政支出规模均平稳增长, 反映了广东省的财政收支状况良好, 且财政收入增长率超过财政支出规模增长率, 如图 12.2 所示。2013 年, 广东省一般预算收支增长比例分别为 9.17% 和 13.75%, 其中一般预算收入增长比 2012 年下降 3.78 个百分点, 而一预算支出增长比 2012 年上升 3.68 个百分点, 一般预算支出增长率与一般预算收入增长率比值为 149.87%, 较 2012 年提高 72.19 个百分点, 继 2012 年该指标回落至小于 1 的水平后, 重新提高到大于 1 的水平。

---

① 注: 数据来源于《2009—2013 年广东省国民经济和社会发展统计什么报》, 此章数据均来源于此。

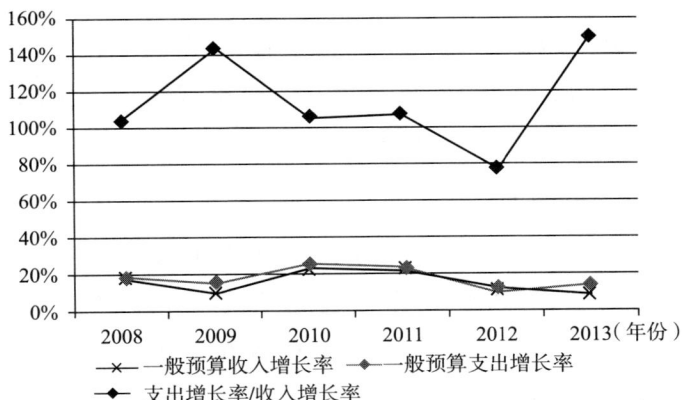

图 12.2　广东省地方财政一般预算收支增长率

第 3 节　广东省金融部门风险分析

本节主要运用资产负债表的方法对广东省银行业和保险业进行风险分析，通过资产和权益关系揭示广东省金融部门的风险状况及抗风险能力。

一、银行类风险分析

（一）资本结构错配分析

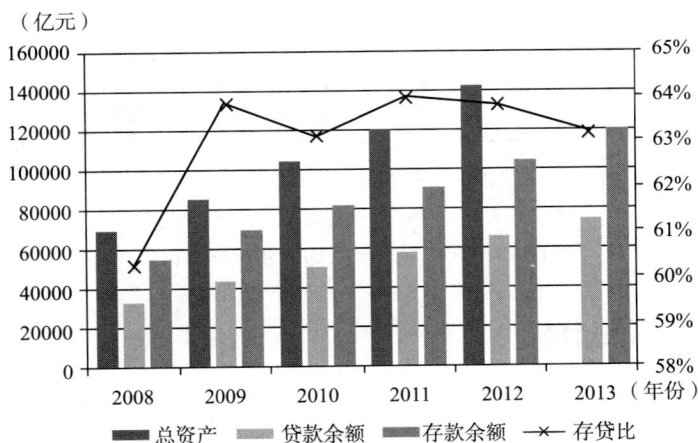

图 12.3　广东省银行类金融机构存贷款结构

2012 年，广东省银行业金融机构发展健康，其资产规模持续增长，2012 年年末资产总额达到 142743.4 亿元。如图 12.3 所示，2013 年，广东省银行业存款余额达 119685.15 亿元，同比增长 13.88%，贷款余额达 75664.16 亿元，比 2012 年增长 12.8％，其存贷比由 2012 年的 63.82％进一步降低至 63.22％，与我国央行规定的商业银行最高存贷比 75％相比有一定差距，银行业的信贷扩张还有较大空间。总体而言，广东省银行类金融机构资本机构较为稳健，不存在明显的资本结构错配风险。

（二）货币错配风险分析

2013 年，广东省银行类金融机构外币贷款与 2012 年基本持平，而外币存款规模有所下降，其外币存贷比在近几年的下降态势中有所反弹，如图 12.4 所示。广东省银行类金融机构外币存款在 2013 年达到 4830.13 亿元，同比降低 6.48％，而外币贷款达到 7172.23 亿元，比 2012 年增加 0.88％；外币存贷款增速较 2012 年均出现较大幅度下降；同时，广东省外币存贷比由 2012 年的 137.65％上升至 148.49％。总体而言，广东省外币存款在 2012 年的高速增长对其货币错配风险有一定程度的缓解，但在 2013 年外币存款有所下降，应采取措施进一步抑制其外币存贷比，防范其外币存贷比保持上升态势。

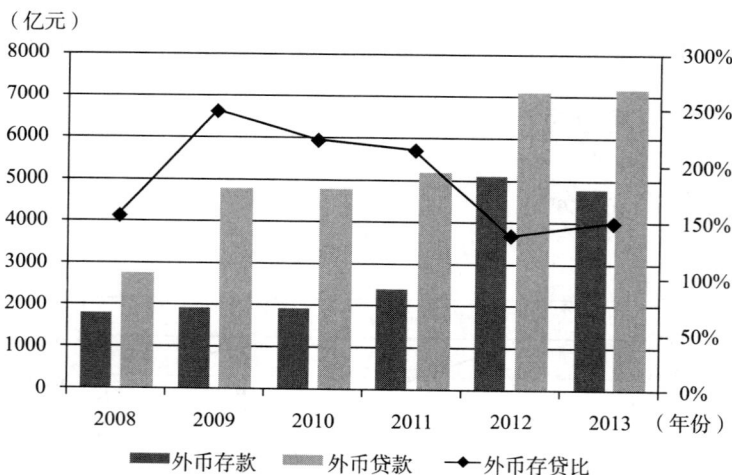

图 12.4　广东省金融部门外币存贷比

二、保险类风险分析

2013 年，广东省保费收入实现 1902.91 亿元，比 2012 年增加 12.46％，增速提高 5.3 个百分点；保险深度达 3.06％，较 2012 年有小幅度提升，表明保费收入增长速度高于地区经济增长，如图 12.5 所示。

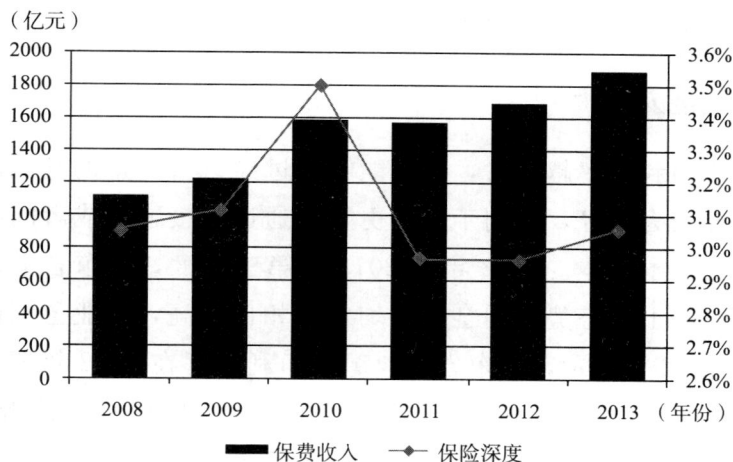

图 12.5　广东省保险业保险深度

2013 年，广东省保险业赔付支出达 619.1 亿元，同比增长 27.66%，增速提高 6 个百分点；保费增长率为 12.46%，如图 12.6 所示。保费增长率是保险业扩张的一个缩影，虽然广东省在 2012 年和 2013 年的保费增长率较 2011 年的负水平相比有所提升，但从态势上来看，其保费增长率保持自 2008 年以来的下降态势，而保险赔付率则呈现明显的上升态势，表明广东省保险业发展出现一定程度风险。

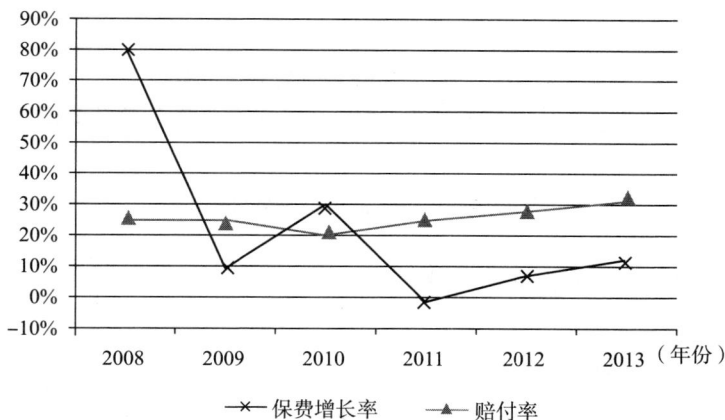

图 12.6　广东省保险业保费增长率和赔付率

第 4 节　广东省上市企业部门风险分析

本节主要选取利润表、资产负债表和或有权益资产负债表中的核心指标对广东省上市企业部门进行风险分析，为了风险分析的针对性和准确性，所选分析样本为截至 2013 年第三季度末广东板块的 146 家上市企业，其中不包含创业板块和金融行业的相关上市企业。

一、盈利能力分析

上市企业的利润率越高时，企业能够通过经营所创造的利润较多，企业整体经营状况较为良好，有利于企业更好地通过直接融资或者间接融资等方式筹资，降低资本成本。2012年至2013年第三季度，广东省上市企业净利润率呈现明显的上升态势，同全国平均水平相比较高，企业盈利能力和竞争力较强。如图12.7所示，广东省企业部门净利润率在2012年四个季度分别为5.55%、6.75%、6.78%和6.85%，在2013年第一季度略微下降至6.48%，但在后两个季度分别升至7.42%和7.89%，表明广东省企业部门盈利能力不断增强。

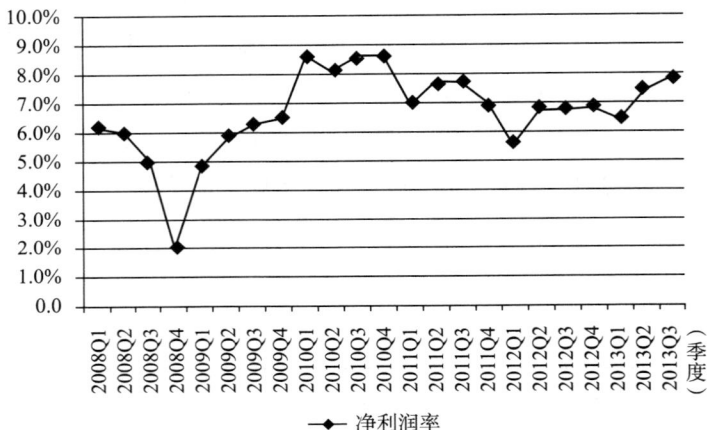

图12.7 广东省上市企业净利润率

二、账面价值资产负债表分析

（一）资本结构错配分析

2012年至2013年第三季度，广东省上市企业的总资产和总负债规模保持增长态势，其资产负债率波动较大，整体上呈上升态势，如图12.8所示。广东省上市企业资产负债率在2012年第一季度达到60.35%，为近几年来最低水平，并在2012年全年及2013年前三个季度保持上升态势，在2013年第三季度末达到63.16%。由于广东省融资环境较为优越，广东省上市企业融资方式呈现多样化，其资产负债率在全国其他省市中处于较低水平，表明其上市企业部门资本结构较为稳健，总体上风险并不明显，但广东省资产负债率自在考察期内一直处于不断上升的态势中，应对此保持警惕，防范上市企业资本结构错配风险上升。

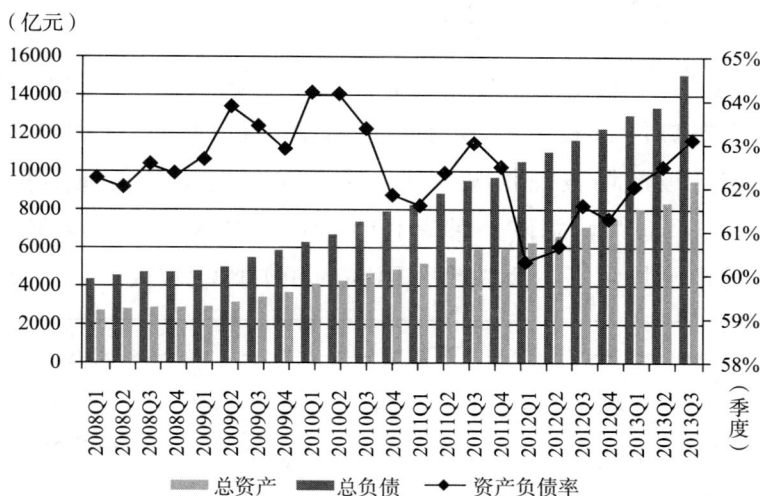

图 12.8　广东省上市企业部门资产负债率

（二）期限错配风险分析

2012 年至 2013 年第三季度，广东省上市企业的流动资产和流动资产均呈现稳定上升的态势，流动比率也维持稳定，基本保持在 140％左右的水平，如图 12.9 所示。广东上市企业流动比率在 2012 年四季度分别为 144.62％、142.77％、138.95％和 136.94％，并在 2013 年第三季度达到 137.38，较 2008 年有所提高。总体而言，广东省上市企业的流动比率保持在相对安全的水平，这在一定程度上说明广东省上市企业的资金流动性较好，具有较强的短期偿债能力，但仍然需要加强资产流动性管理，警惕其下降的可能性，防范企业经营中的期限错配风险。

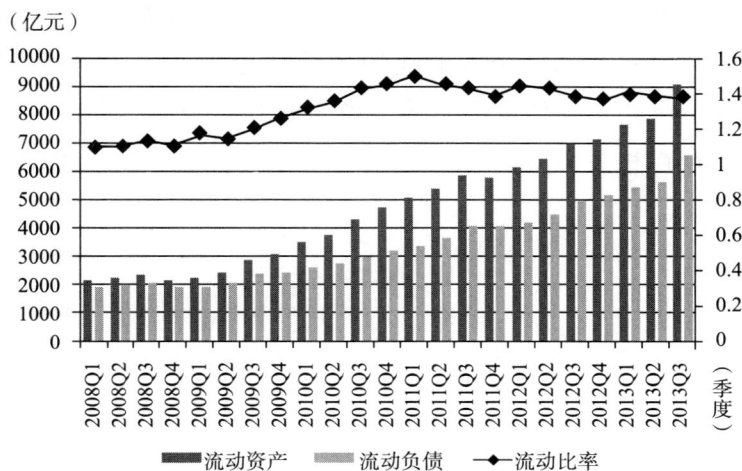

图 12.9　广东省上市企业部门流动比率

三、或有权益资产负债表分析

2012 年至 2013 年第三季度，广东省上市企业或有资产负债率在波动中整体呈现上升态势，如图 4.10 所示。或有资产负债率的上升表明广东省上市企业在股权二级市场表现状况出现下滑，其或有资产负债率在 2013 年第三季度末达到 41.65%，总体上保持了自 2010 年以来的上升态势，同时也高于东部其他省市平均水平，反映出其面临的相关风险较高。

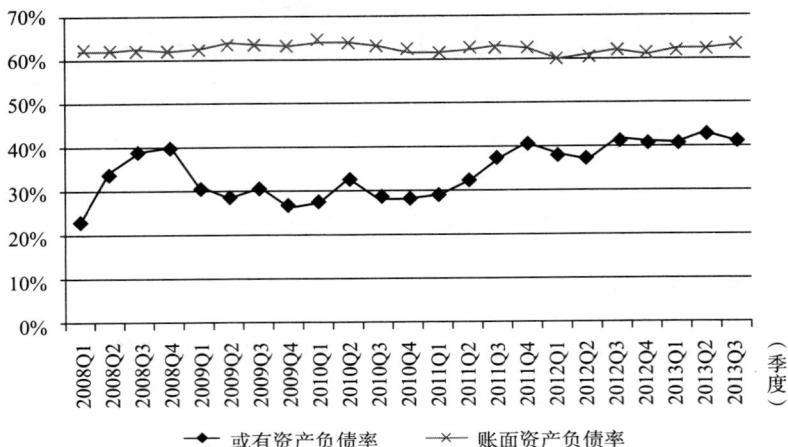

图 12.10　广东省上市企业或有资产负债率

2012 年至 2013 年第三季度，广东省上市企业部门的违约距离波动较大，但整体水平没有呈现明显的上升或下降态势。2012 年，广东省上市企业部门的违约距离总体上呈现先升后降的态势，四个季度的违约距离分别为 3.67、5.78、4.45 和 4.72，并在 2013 年第三季度反弹上升至 4.74，如图 12.11 所示。违约距离反映的是企业资产市值与违约点之间的距离。违约距离越大，资产市值离违约点就越远，企业的违约风险就越小。2012 年至 2013 年第三季度，广东省上市企业违约距离总体上的增长态势有所改变，企业违约可能性有所增加，存在相关风险。

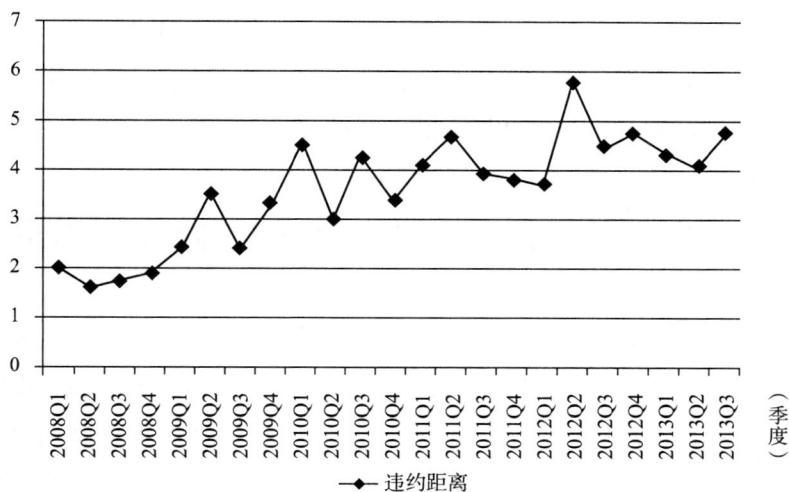

图 12.11 广东省上市企业违约距离

第 5 节 广东省家户部门风险分析

2012 年，广东省城乡居民收入水平稳步提高，其中城镇居民人均可支配收入达到 30226.71 元，比 2011 年增长 12.38%，农村居民人均纯收入 10542.84 元，比 2011 年增长 12.50%，广东省城乡居民在 2012 年生活水平整体有所提升。如图 12.12 所示，广东省城乡居民储蓄存款在 2012 年达到 45533.8 亿元，比 2011 年增长 12.69%；个人消费贷款达到 13741 亿元，比 2011 年增长 10.97%；个人消费贷款与城乡居民储蓄存款的比率在 2012 年达

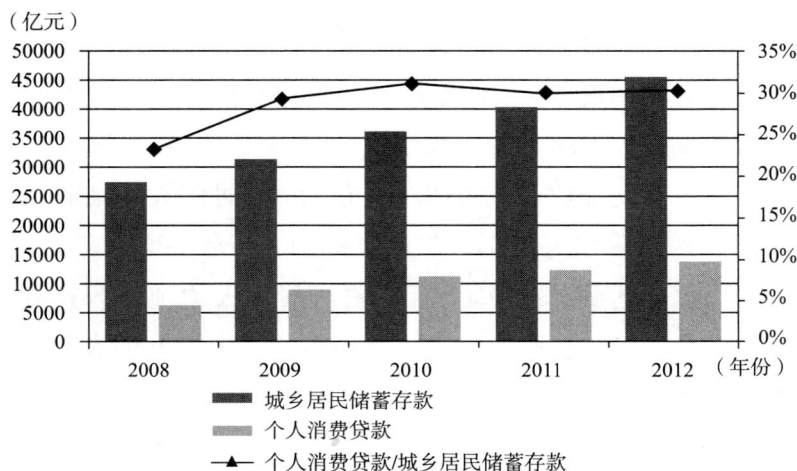

图 12.12 广东省家户部门储蓄存款与消费贷款

到 30.18％，比 2011 年提高 0.02 个百分点。虽然广东省家户部门贷款与储蓄比率有所减少，负债水平保持相对稳定，但总体来讲，其负债比例在东部各省市中处于较高水平，总体风险水平相对较高。

第 6 节 广东省城乡收入差距风险专题分析

广东省是我国经济总量最大、对外程度最开放的省份之一，改革开放以来一直处于高速发展。2013 年，广东省地区生产总值预计完成 62163.97 亿元，约占全国 GDP 总量的 11％，经济总规模与发展速度均处于全国前列。但另一方面，在广东省经济高速增长的同时，也存在着城乡收入差距扩大的现象，城乡收入分配不均的问题应引起重视。

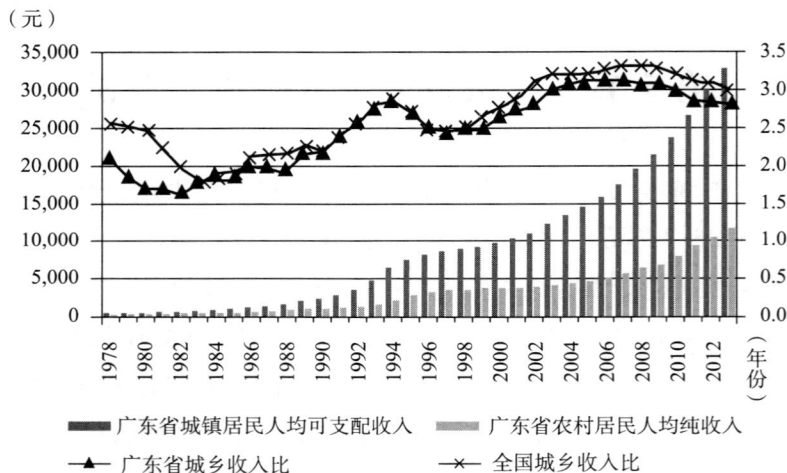

图 12.13 1978—2013 年广东省城乡收入情况

从纵向比较来看，从 1978 年以来，广东省城镇居民人均可支配收入和农村居民人均纯收入水平均有较大幅度提升，如图 12.13 所示。1978 年，广东省城镇居民人均可支配收入为 412.13 元，农村居民人均纯收入为 193.25元；2000 年时，两者分别为 9761.57 元和 3654.48 元；2013 年，广东省城镇居民人均可支配收入达到 33090.05 元，农村居民人均纯收入达到 11669.31元。从整体上来看，广东省城乡收入比呈现出波动中上升的态势，在 1978—1982 年、1994—1997 年以及 2009—2013 年三个时间段呈下降态势，而在1982—1994 年和 1997—2009 年呈现上升态势。同全国城乡收入比相比，广东省城乡收入比基本保持了与全国相同的变化态势，同时在 2000 年以后保持在低于全国城乡收入比的水平，表明广东省在控制城乡收入差距方面优于全国平均水平。

但从东部各区域的横向比较来看，广东省城乡收入比水平最高，达到2.84，而天津、北京、江苏、上海、浙江、河北等省市城乡收入比均保持在2.5 以下的水平。从我国整体来看，城乡收入差距较大的区域主要集中在中西部等发展起步较晚、经济较不发达的省市，而东部地区作为我国开放较早、经济较发达的区域，其中一些省市的城乡收入差距已经逐渐减小并保持在较低的水平。同江苏省相比，广东省在 2013 年城乡居民人均可支配收入水平上较高，同时农村居民人均纯收入低于江苏省，造成两者城乡收入比呈现较大差距。广东省作为我国东部地区的一部分，其经济总量在东部乃至全国都占有较高的比例，其城乡收入差距问题应引起重视。

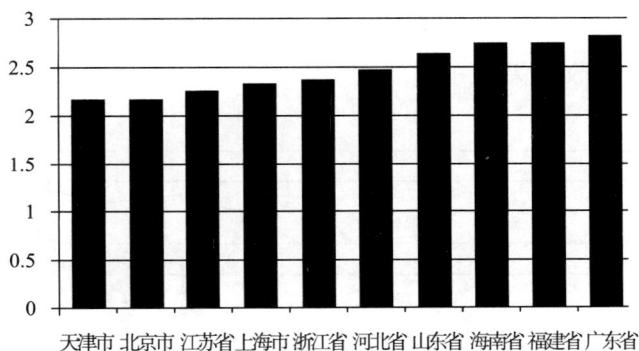

图 12.14　2013 年东部各地区城乡收入比

金融业在经济的发展中起着杠杆作用，能够促进经济的增长和转型。广东省金融在改革开放后有了较大发展，银行、证券、保险等金融业态不断丰富，但在促进广东省经济发展的同时，也对广东省的城乡收入差距造成了影响。

一方面，广东省金融机构的分布不均衡，金融机构普遍集中于珠三角地区，而东翼、西翼、山区等偏远区域的金融机构则相对较少。2012 年，广东省共有 15477 家中资金融机构，其中 10015 家位于珠三角地区，占广东省中资金融机构总量的 64.71%，而东翼、西翼、山区分别占 11.26%、10.89%、13.15%，且这种分布的不均衡有随年份愈加严重的态势。金融机构大量集中于城市区域，城市居民享受相关金融服务的交易成本也较低；而偏远地区的金融机构则相对较少，会提高农村居民享受金融服务的门槛，增加相应的交易成本。

另一方面，广东金融机构的贷款也具有明显的城乡二元化现象。首先，金融机构中农业贷款增速相对总贷款增速较低，农业贷款占总贷款规模的比重呈现出下降态势，表明金融业贷款更多地流向非农业，加剧城乡产业发展的不平衡；其次，农业存贷款也呈现出逐年递增的态势，如图 12.16 所示，广东省农业存款增速较快，表明农村经济发展态势良好，但农业贷款并未出现显著增长，导致农业存贷差在农业存款中所占比重逐年提升，2009 年时达到 71.9%，表明有 70% 以上的农

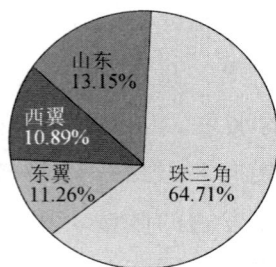

图 12.15　2013 年广东省中资金融机构分布

业资金流失向城市，农村资金外流问题日益严重；最后，由于规模较大的企业一般集中于城市，相对于规模较小的企业和收入较低的农村居民而言，金融机构更愿意向大规模企业和高收入的城市居民贷款，而金融贷款的流向又进一步加剧了城乡收入差距的扩大。

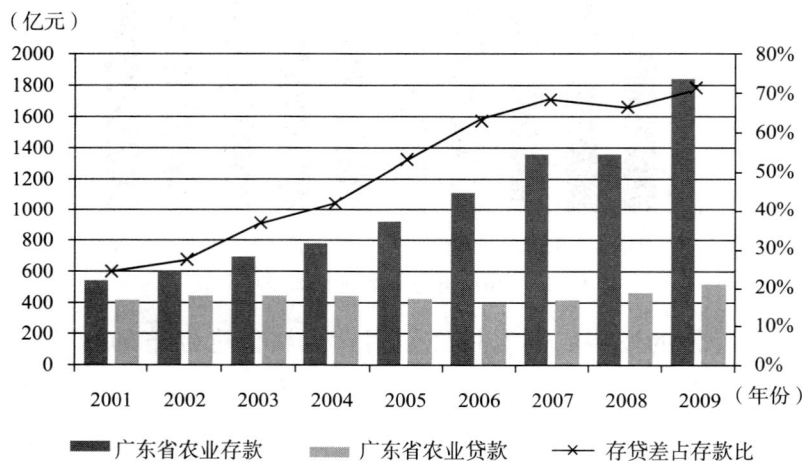

图 12.16　2001—2009 年广东省农业存贷款

　　城乡收入差距不仅会影响农业和农村，还会制约我国经济的发展，严重时还将影响社会的和谐与稳定。针对上文对广东省城乡收入差距的分析，现提出以下三点建议：第一，引导金融布局的合理发展，重视城市与农村间金融的协调，在促进城市金融发展与创新的同时，根据农村经济与金融的特点，制定符合农村经济的金融发展策略，加大金融对于农村经济发展的支持作用；第二，着力发展农村的民间金融，弥补当前正规金融业支持偏远地区的不足，加大对农业、农户的资金支持，拓宽农村融资渠道；第三，政府应更加重视公平原则，在再分配的过程中着力缩小城乡差距，利用更多的优惠政策支持农村及落后地区发展，减小城乡收入差距。

第 7 节　结论及政策建议

本章主要运用账面资产负债表和或有权益资产负债表的方法，通过相应指标度量风险，从公共部门、金融部门、上市企业部门和家户部门四个方面分析了广东省的宏观金融风险，并针对广东省城乡收入差距风险进行了专题分析。公共部门方面，广东省一般预算收入和一般预算支出均稳步提高，财政支出结构有所优化，财政缺口占 GDP 比重保持自 2011 年以来的下降态势，总体保持在安全水平之下，风险相对较小；金融部门方面，广东省银行类金融机构的存贷比保持 2012 年的下降态势，但外币存贷比呈现上升态势，货币错配风险有所反弹，同时保险业赔付率自 2010 年以来一直保持增长，风险有所凸显；上市企业部门方面，企业净利润率在考察期内呈现上升态势，且相对水平较高，流动比率保持在 140% 左右的水平，流动性管理能力较强，同时账面资产负债率与或有资产负债率均有所上升，应引起警惕；家户部门方面，广东省居民收入增长较快，城乡居民消费支出占收入比重基本保持不变，相关风险并不突出。

总体而言，2013 年广东省经济金融运行状况良好，通过资产负债表方法和或有权益分析方法可以看出，广东省四部门不存在明显的风险暴露，整体所面临的宏观金融风险相对较小。基于本章对广东省宏观金融风险状况的分析，下面结合具体的宏观经济形式提出相关政策建议，希望对广东省各部门的风险控制起到一定的积极参考作用。

第一，广东省应加强对保险业偿付风险的重视，强化对保险业的监管力度，为保险企业创造便利的资本补充条件，规范保险市场竞争；保险机构在扩充资本的同时，应建立科学合理的经营体系，通过经济高效的资本规模实现最大化业务规模，缓解保险业偿付能力不足对经营所构成的压力。

第二，广东省应首先引导金融布局的合理发展，重视城市与农村间金融的协调，在促进城市金融发展与创新的同时，根据农村经济与金融的特点，制定符合农村经济的金融发展策略，加大金融对于农村经济发展的支持作用；其次，着力于发展农村的民间金融，弥补当前正规金融业支持偏远地区的不足，加大对于农业、农户的资金支持，拓宽农村融资渠道；最后，政府应更加重视公平原则，在再分配的过程中着力缩小城乡差距，利用更多优惠政策支持农村及落后地区发展，减小城乡收入差距。

参 考 文 献

[1] 王丽娅，高丹燕：《广东省地方债务现状及风险分析研究》，《广东经济》2013 年第 2 期，第 15—18 页。

[2] 马建强：《广东经济发展与全国对比分析》，《广东经济》2013 年第 3 期，第 26—30 页。

[3] 王雯：《广东居民收入与经济增长同步性问题研究》，《广东经济》2013 年第 6 期，第 45—48 页。

[4] 王继康，胡挺：《农村商业银行跨区域经营，绩效与风险——以广州农村商业银行为例》，《南方金融》2013 年第 9 期，第 48—51 页。

[5] 张振举，张莉：《广东由外贸大省向外贸强省转变的困境与对策》，《广东经济》2013 年第 4 期，第 24—28 页。

[6] 刘毅：《基于基尼系数分解视角的城镇居民收入差异探源——以广东省为例》，《广东商学院学报》2013 年第 28 卷第 1 期，第 12—17 页。

[7] 郎超伟：《广东金融发展不平衡对城乡收入差距的影响研究》，《华南理工大学》2013 年。

[8] 广东省统计局：《2008—2013 年广东省国民经济和社会发展统计公报》。

[9] 广东省统计局：《2009—2013 年广东省统计年鉴》。

[10] 中国人民银行：《2008—2012 年广东省金融运行报告》。

第13章　海南省宏观金融风险研究

2012年，海南省地方财政风险敞口进一步扩大，银行类金融机构资本结构错配风险有所加大，期限错配风险有所缓解，但依然较高。上市企业部门结构错配风险明显减少，期限错配风险较低。家户部门负债水平保持相对稳定，违约风险较小。本章在概括海南省经济与金融运行状况的基础上，对海南省的四大主要经济部门进行基于资产负债表的宏观金融风险分析，并针对海南省近年来蓬勃发展的债券市场的风险进行了专题分析，最后就分析得出的结论给出了相应的政策与建议。

王起鸿、吉洪、陈捷（2013）研究了海南省农村金融服务面临的挑战与机遇，认为海南省应通过完善配套机制来推动海南省新农村建设。王英、单德朋（2013）研究了海南省居民的消费贫困的变化特征，认为海南省居民绝对贫困缓解，相对贫困加剧，构建包容性更加强的产业结构是稳健减少贫困的核心。李兴发（2013）研究了海南省房地产业对"国五条"的反应，并且认为海南省房地产业应当调结构，推进高端旅游相关地产，加大保障性住房建设的力度。

第1节　海南省经济金融运行概况

一、海南省经济运行概况

2012年海南省全年实现地区生产总值2855.26亿元，比2011年增长13.18%，按照可比价格核算，同比增长9.1%，增速继续保持稳定。人均生产总值达到32374元（按照2012年平均汇率折算为5147美元），人均生产总值突破五千美元大关，标志着海南经济的发展迈入新的阶段。其中，第一产业增加值达到711.47亿元，比2011年增长6.3%；第二产业增加值达到803.67亿元，比2011年增长10.9%；第三产业增加值达到1340.12亿元，比2011年增长9.4%，三大产业均出现增长较快的态势，农业生产相对来说处于低速稳定增长，三次产业增加值的结构得到进一步优化，2012 年三大产业结构比例为 24.9：28.2：46.9。

2012 年海南省总共完成地方公共财政预算收入 409.44 亿元，比 2011 年增长 20.4％，增速比上年回落 5.1 个百分点；2012 年海南省地方公共财政预算支出 918.58 亿元，比 2011 年增长 17.9％，增速比上年回落约 17 个百分点。财政支出重点投入教育、公共服务、农林水事务、社会保障和就业以及公共安全等方面，其中教育投入方面占比最大，2012 年海南省财政支出中教育支出为 157.89 亿元，占公共财政支出的 17.19％，成为财政第一大支出。

二、海南省金融运行概况

2012 年，海南省银行业金融机构深入贯彻落实稳健货币政策，资产规模平稳增长。2012 年，海南省内的银行业金融机构个数总量达到 1314 个，从业人数达到 19347 人，全省金融机构资产总额达到 7282.9 亿元，同比增长 17.6％。银行业全年税后净利润大幅增长，同比上升 14.2％。2012 年海南省金融机构本外币各项存款余额达到 5109.7 亿元，较上年增长 13.3％，增长速度较上年提高 6.5 个百分点。2012 年海南省全省本外币各项贷款余额达到 3889.6 亿元，同比增长 21.7％，增长速度较上年下降 5.4 个百分点。

2012 年，海南省证券市场总体保持稳健运行的态势，多层次资本市场建设也有所突破。2012 年海南省证券期货业平稳发展，截至 2012 年年末，全省新增 3 家证券营业部与两家期货营业部，同时海南省证券公司净利润相比 2011 年增长幅度较大，达到 2.5 倍，期货公司的净利润同比增长 2.7 倍。截至 2012 年年末，全省共有境内上市公司 26 家，总共募集资金约为 104.3 亿元，年末所有上市公司市值同比增长 17.7％。2012 年，海南省债券市场累计融资 107.5 亿元，其中短期融资券 5 亿元，中期票据筹资额 29 亿元。

2012 年，海南省保险市场体系不断完善。截至 2012 年年末，海南省各类保险机构达到 23 家，保险业市场发展更加完善。2012 年，海南省保险公司总资产规模较 2011 年增加 19.5％，增速下降 9 个百分点，全年保费收入达到 60.3 亿元，较 2011 年增长 12.1％，增长幅度下降 9.3％。2012 年，保险业经营效率进一步提高，财产险公司净利润相比 2011 年增长 62.4％，经营效益良好。

第 2 节　海南省公共部门风险分析

2012 年，海南省地方一般预算缺口持续扩大，一般预算缺口占 GDP 比重稳中有升。本节主要通过海南省的近几年财政收支规模数据及其增长率来分析海南省 2012 年海南省的公共部门的风险情况。

2012 年，海南省地方一般预算收入共完成 409.44 亿元，同比增长 20.4％，增速与 2011 年相比较，回落 5.1 个百分点。海南省地方一般预算支出完成 918.58 亿元，同比增长 17.9％，增速回落 16.8 个百分点。其中，2012 年住房保障和教育支出分别达到 44.16 和 157.89 亿元，分别同比增长 25.5％和 27.3％；农林实务和社会保障支出分别达到 123.42 亿元和 106 亿元，分别同比增长 18.4％和 11.3％。

同时，2012 年海南省一般预算缺口达到 509.14 亿元，比 2011 年增加了 70.46 亿元，同比增长 16.06％，增长速度比 2011 年下降 25 个百分点，一般预算缺口占 GDP 比例在 2012 年达到 17.83％，基本与 2011 年相持平，如图 13.1 所示。海南省近几年的预算缺口占 GDP 比例相对于全国其他省份来说比较高，该比率近 3 年逐年缓慢上升，地方财政风险敞口进一步扩大，应该对海南省公共部门的债务风险提高警惕。

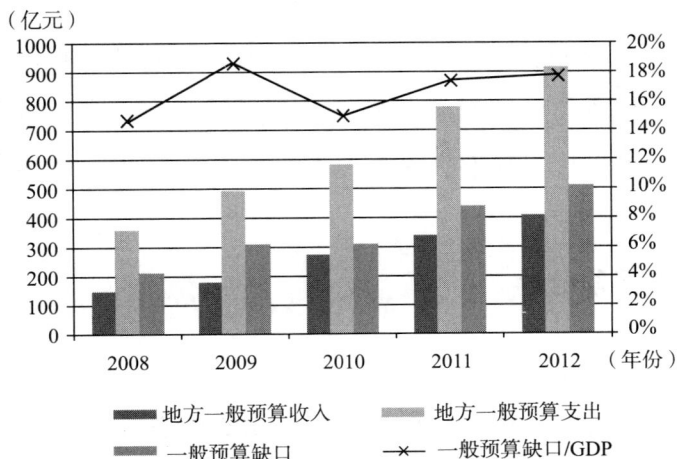

图 13.1　海南省地方财政一般预算收支情况①

2012 年，海南省地方一般预算收入与一般预算支出增长率情况大致相

---

① 数据来源：《2009－2013 年海南省统计年鉴》、《2008－2013 年海南省国民经济和社会发展统计公报》，此章数据均来源于此。

似，总体在 20％附近上下波动，一般预算收入增长率与一般预算支出增长率分别为 20.38％和 17.95％。从海南省地方一般预算支出增长率与预算收入增长率的比值来看，海南省近 3 年该指标波动较大，债务风险有逐年增加的态势。如图 13.2 所示，2012 年，海南省该比率为 88.06％，与 2011 年相比，减少 45 个百分点，保持在 1 以下，从而较好地控制了 2012 年一般预算缺口占 GDP 的比重。

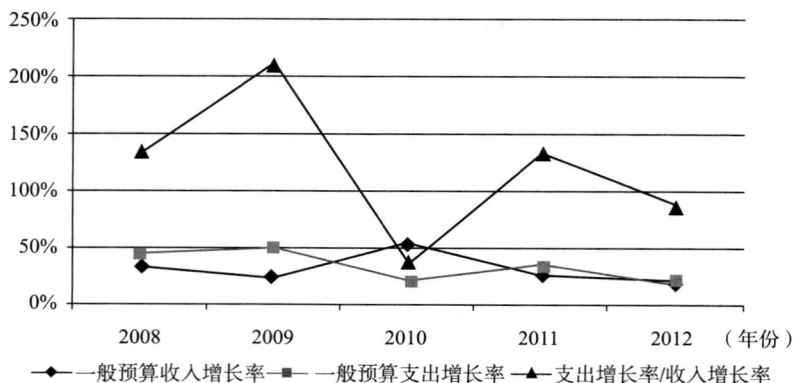

图 13.2　海南省地方财政一般预算收支增长率

第3节　海南省金融部门风险分析

2012 年，海南省的金融部门运行总体平稳，银行业、保险业、证券业等金融机构依然保持者良好的发展态势，资产规模不断扩大，行业生态不断优化。本节主要运用资产负债表的方法对海南省的银行类、保险类金融机构进行风险状况的分析。

一、银行类风险分析

（一）资本结构错配分析

海南省金融部门的总体实力保持着高速增长的态势。2012 年，海南省银行类金融机构总资产规模已经到达 7282.9 亿元，较 2011 年增长 17.62％，增长速度相比 2011 年提高 4.5 个百分点；其贷款规模达到 3889.6 亿元，同比增加约 21.74％，增速下降 5.3 个百分点；其存款规模达到 5109.7 亿元，同比增长 13.43％，增长速度相比 2011 年提高 6.6 个百分点。

海南省银行类金融机构资本结构错配风险有所加大。如图 13.3 所示，海南省银行类金融机构存贷比 2008 年至 2012 年震荡上行，2012 年达到近 5 年新高 76.12％，略高于央行对于商业银行的存贷比最高要求 75％。

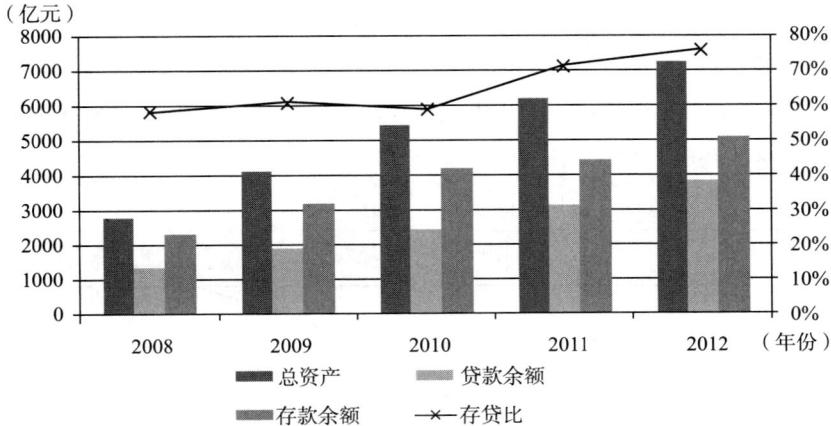

图 13.3　海南省银行类金融机构存贷款结构

（二）期限错配风险分析

2012 年海南省银行类金融机构中长期贷款占比下降，期限错配风险有所缓解，但依然较高，不容忽视。2012 年，海南省银行类金融机构的短期贷款达到 515.2 亿元，同比增长 13.58％，增速下降 6 个百分点；中长期贷款达到 3137 亿元，同比 22.19％，增速下降 2.4 个百分点，如图 13.4 所示。从中长期贷款余额占总贷款额的百分比来看，海南省从 2010 年的 82.16％下降到 2011 年的 80.36％，同时 2012 年仅为 80.65％。

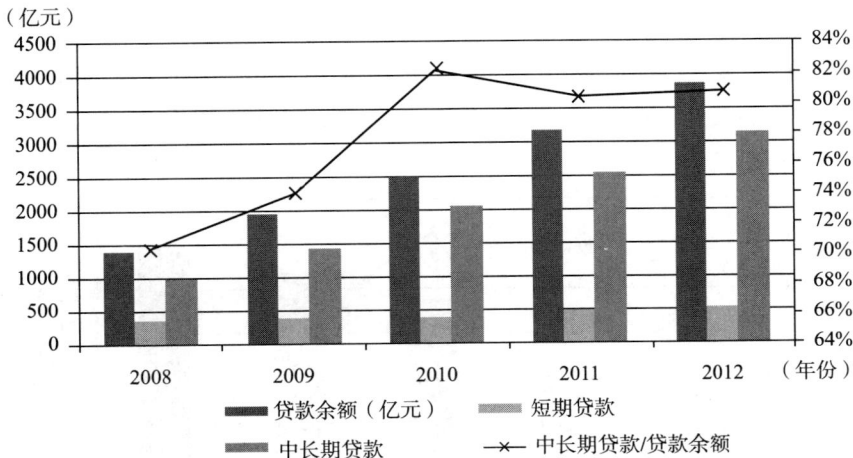

图 13.4　海南省金融部门贷款结构

（三）货币错配风险分析

2012 年，海南省货币错配风险进一步加大，外币存贷比大幅上升，不断达到新的高峰，外币存款增长缓慢，而外币贷款投放明显加快。如图 13.5 所示，2012 年，海南省外币贷款达到 498.9 亿元，比 2011 年增长 25.70％，增长幅度比 2011 年下降 37 个百分点，高速增长与海南省地方民营经济的发展和海南省进出口贸易政策紧密相关。2012 年海南省外币存款达到 61.6 亿元，同比增长 6.94％，增长幅度下降了 22 个百分点。2012 年海南省的外币业务存贷比达到 809.9％，比 2011 年上升了 120 个百分比。

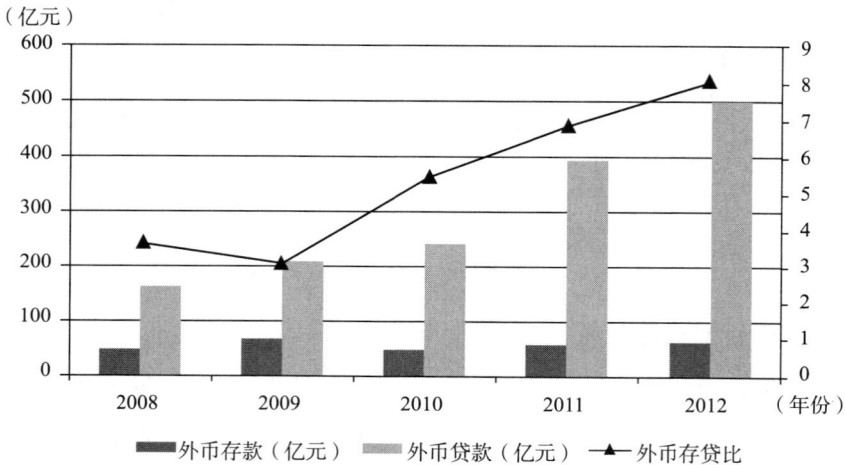

图 13.5　海南省金融部门外币存贷比

二、保险类风险分析

2012 年，海南省保险机构的保费收入总体保持增长的态势，但是其保险深度却剧烈波动。如图 13.6 所示，2012 年，海南省保费收入达到 60.3 亿元，比 2011 年增长 12.19％，增长幅度与 2011 年基本持平。同时 2012 年，海南省保险业的深度达到 2.1％，比 2011 年略有下降。

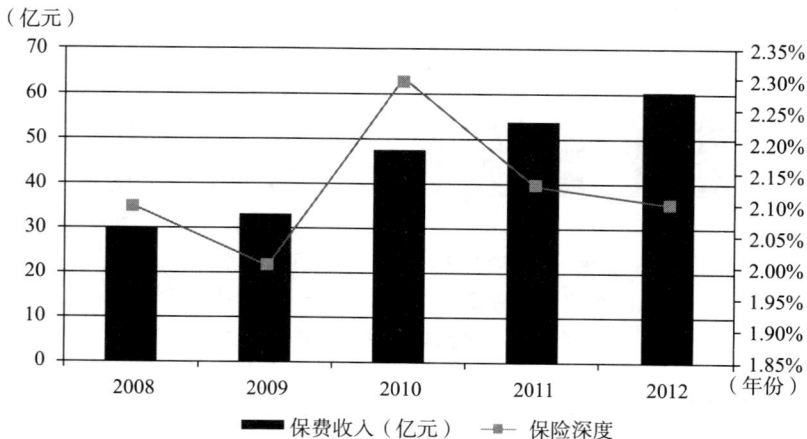

图 13.6　海南省保险业保费收入及保险深度

2012 年，海南省保险机构的保费收入达到 60.3 亿元，同比增长12.19％，增长幅度与 2011 年相持平；同时，2012 年的保险赔付率从 2011年的 29.5％上升到 30.18％，上涨了 0.68 个百分点，赔付率近几年基本持平，如图 13.7 所示。

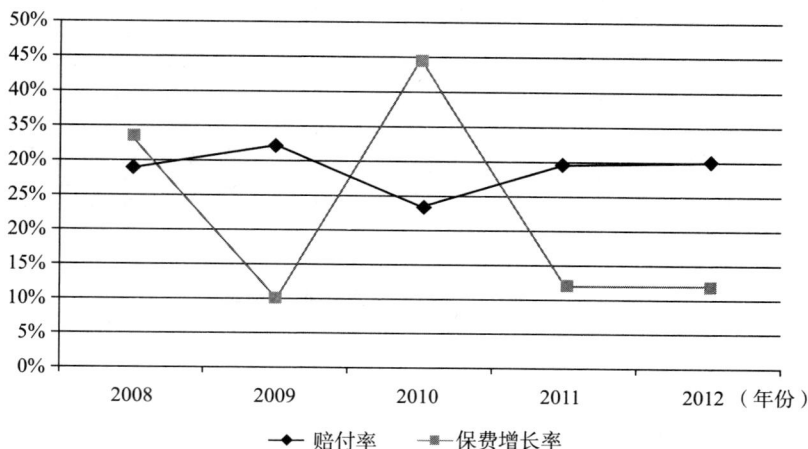

图 13.7　海南省保险业保费增长率和赔付率

第 4 节　海南省上市企业部门风险分析

本节主要采用相关风险度量指标，对海南省的相关上市企业进行整体的宏观金融风险分析。为了风险分析的准确性和针对性，所选分析样本为截至2013 年年底海南板块 23 家上市企业，其中不包括创业板块和金融行业的相关上市企业。

一、盈利能力分析

2011 年至 2012 年上半年，海南省上市公司盈利能力有所下降，利润率从 6.72％跌至 4.52％。从 2012 年下半年开始至今，海南省内的上市公司利润里处于低位徘徊，在 5％附近，如图 13.8 所示。2012 年四个季度海南省上市公司的净利润率分别为 3.34％、4.52％、6.27％、6.14％。根据海南省上市公司的财务报表资料显示，海南省 2013 年第三季度末共有 6 家上市公司出现不同程度的亏损。

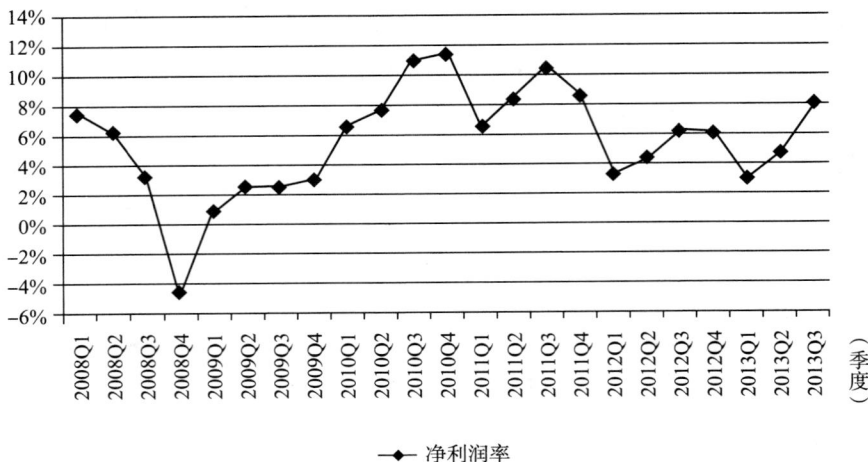

图 13.8　海南省上市企业净利润率

二、账面价值资产负债表分析

(一) 资本结构错配分析

2012 年海南省上市企业部门资产负债率持续下降，资本结构错配风险明显减少。2012 年至 2013 年下半年，海南省上市企业的总资产与总负债规模处于稳定增长态势，其资产负债率从 2009 年第三季度以来不断处于下降趋势，但是从 2012 年第三季度开始，资产负债率逐渐缓慢爬升，应该警惕资产负债率的缓慢上升趋势，防范企业资本结构错配风险进一步扩大的趋势。

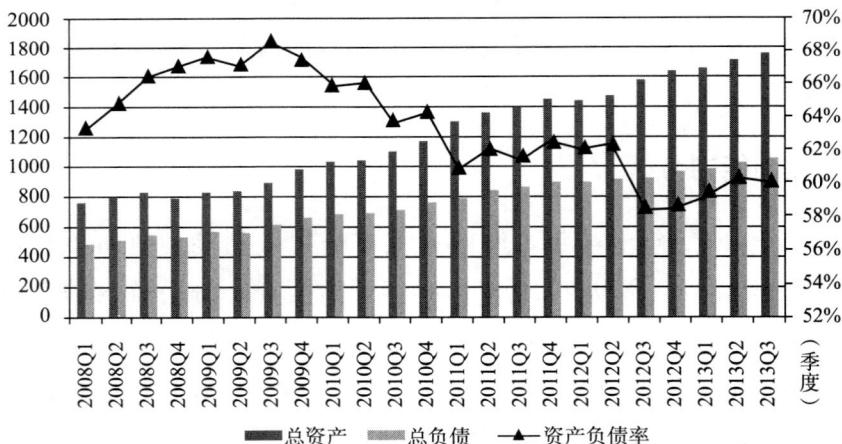

图 13.9　海南省上市企业部门资产负债率

(二) 期限错配风险分析

2012 年，海南省上市企业的流动比率始终大于 1，一直处于较为安全的水平，期限错配风险较低。2012 年，海南省上市公司流动比率基本与 2011

年持平，流动比率逐渐稳定于 105％附近，如图 13.10 所示。海南省上市企业流动比率在 2012 年四个季度分别达到 104％、109％、124％、108％。

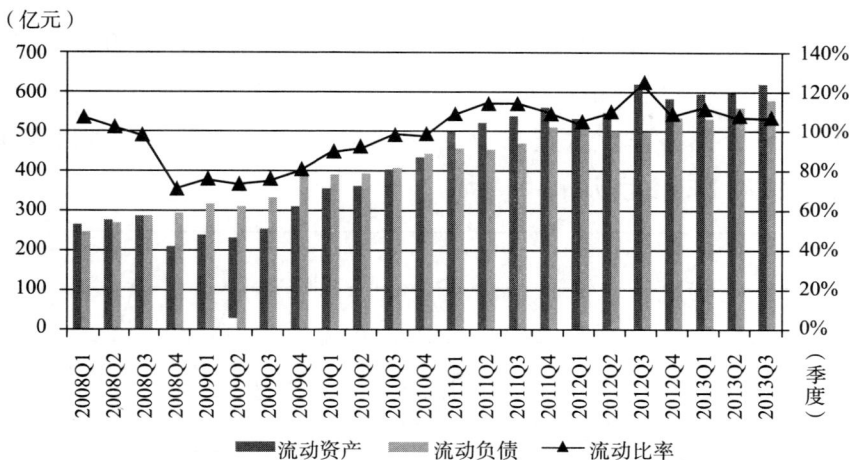

图 13.10　海南省上市企业部门流动比率

三、或有权益资产负债表分析

（一）或有资本结构错配分析

从海南省上市企业部门的或有资产负债率表可以看出，2012 年海南省上市企业部门的资本结构错配风险处于可控范围，未有明显加大趋势。2012 年，海南省上市企业部门四个季度的或有资产负债率分别达到 34％、33％、35％、34％，四个季度基本持平，2013 年开始逐季下降，2013 年第三季度下降至 31％，如图 13.11 所示。

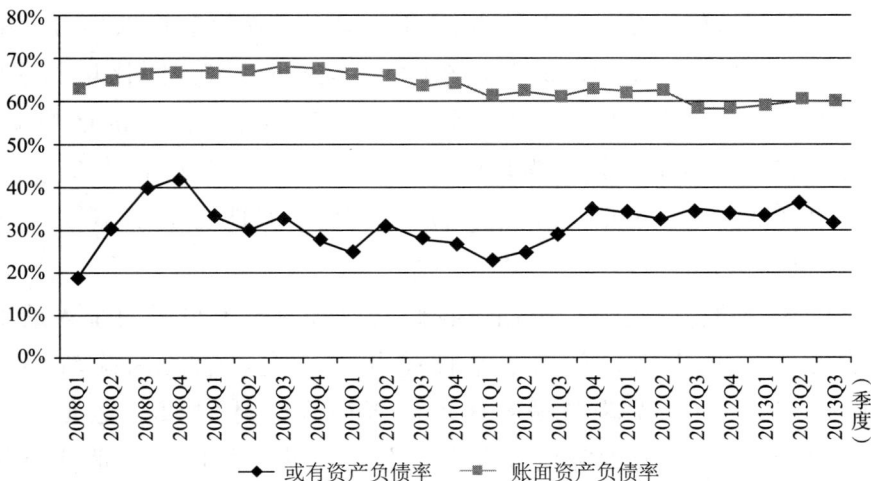

图 13.11　海南省上市企业或有资产负债率

（二）违约风险分析

2012 年，海南省上市企业部门的违约距离波动性比较大，但是整体上处于上升的趋势，违约风险总体有所下降。2012 年，海南省上市企业部门的违约距离逐季震荡上升，四个季度的违约距离分别达到 2.89、4.68、3.62、4.08，在 2013 年第一季度跌至 3.50，2013 年第二季度和第三季度基本持平，变化不大，如图 13.12 所示。

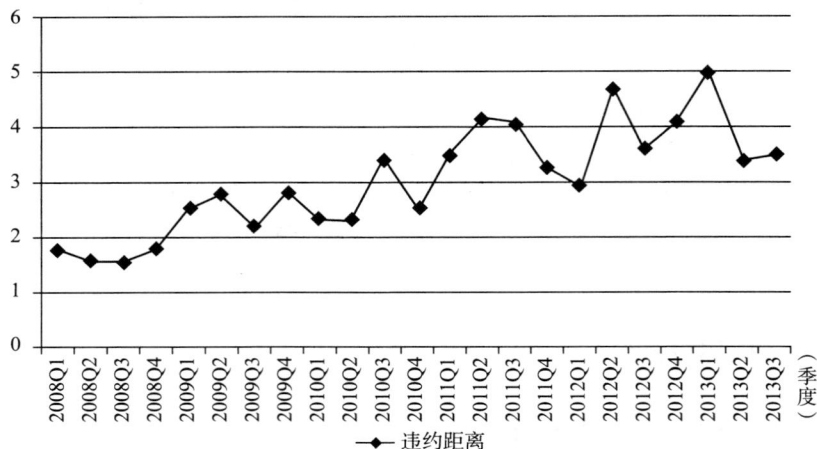

图 13.12　海南省上市企业违约距离

第 5 节　海南省家户部门风险分析

2012 年，海南省城镇农村居民收入稳步增加，消费支出明显上升，城乡居民生活水平均有较大幅度提高。2012 年，海南省城镇居民人均可支配收入达到 20918 元，同比增长 13.88％，扣除价格变动因素，同比增长 10.4％；农村居民人均纯收入达到 7408 元，同比增长 14.9％，扣除价格变动因素，同比增长 11.4％。同时，海南省城镇居民人均全年消费支出 14457 元，占城镇居民人均可支配收入 69.11％；农村居民人均消费性支出 4736 元，占农村居民人均纯收入 63.93％。

在家户部门的存贷比结构方面，我们发现海南省家户部门个人消费贷款占储蓄存款的比重下滑，负债水平保持相对稳定，违约风险较小。如图 13.13 所示，2012 年，海南省城乡居民储蓄存款达到 2172.7 亿元，比 2011 年增长 15.92％，增长速度降低 3.5 个百分点；城乡居民个人消费贷款达到 331.1 亿元，比 2011 年增长 6.40％，增长速度比 2011 年降低 3.7 个百分点；个人消费贷款与城乡居民储蓄存款的比率在 2012 年达到 15.24％，比 2011

年降低 1.4 个百分点。

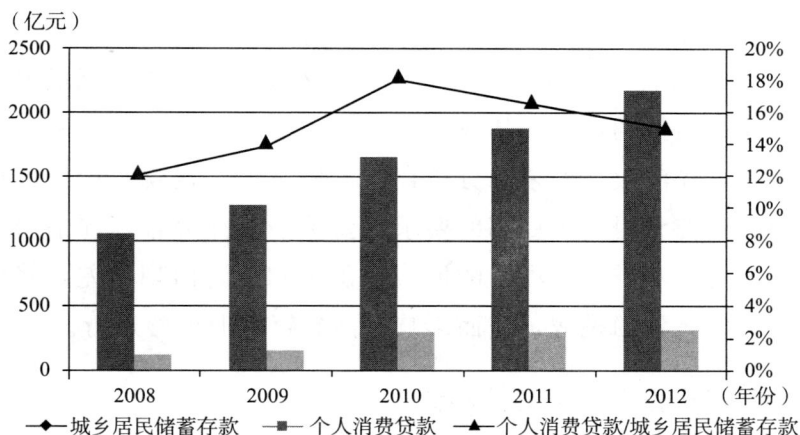

图 13.13 海南省家户部门储蓄存款与消费贷款

第 6 节 海南省固定资产投资相关风险专题分析

一、固定资产投资相关问题

海南省目前的经济发展主要依靠固定资产投资拉动，并且海南省固定资产投资始终保持着高速增长的态势，高于全国平均水平 10 个百分点，公路、机场扩建等基础设施投资占比较高，2008 年至 2012 年期间，海南省的基础设施建设总共达到约 2130 亿元，占固定资产投资的比重达到 32％左右。海南省的工业投资比重占全省固定资产投资比重始终保持在 15％左右，远远低于全国平均水平，极大地抑制了当地经济发展的活力。海南省固定资产投资热主要归因于国家将海南省打造为国际旅游岛，海南省政府紧紧抓住这一机遇，希望通过固定资产投资来拉动海南省经济的持续发展。但是海南省固定资产投资高速增长的背后暴露出来融资问题，主要有以下几个问题：

1. 海南省固定资产投资资金的来源渠道过于狭窄。海南省高速增长的固定资产投资需要大量的资金支持，但是目前海南省基础设施建设的资金主要来源于地方政府债务融资平台和银行信贷，建设资金的缺口有不断扩大的趋势，这在一定程度上抑制了海南省经济的发展。

2. 海南省银行信贷政策与地方融资需求不统一。由于经济增长下行压力的增加，银行出于自身贷款风险控制的考虑，收紧了部分产业的信贷额度，如中国工商银行未来三年对基础设施建设、房地产等行业的贷款总量进行严格控制。但是考虑到海南省的旅游岛建设目前处于起步阶段，基础设施建设的融资需求不断加大，与银行信贷政策有所相悖。

3. 基础设施项目风险较大，对银行信贷风险控制提出更高的要求。海南省基础设施建设项目的风险评估较为复杂，难度较大，项目技术的成熟度存有一定的疑问，经济效益的未来分析存在不确定性。这就对银行的信贷前期项目调查和风险控制提出了更高的要求，要求银行充分合理评估项目的技术风险，一旦银行对基础建设项目的风险认识不到位，出现偏差，将会对银行信贷的质量提出严峻的挑战，从而影响海南省银行业稳健运行。

二、固定资产投资相关政策建议

针对以上海南省固定资产投资出现的问题及风险，海南省应当从以下几个方面着手处理：

1. 创新固定资产融资渠道与体系。海南省现有的基础设施建设项目的资金主要来源于单一的地方政府债务融资平台和银行信贷，然而海南省建设国际旅游岛需要大量的资金支持，这就要求海南省需要改变投融资渠道。海南省可以借鉴欧美国家的市政建设的投融资体制，可以发展企业债券、私募股权基金、旅游产业基金，从而拓宽资金来源渠道。

2. 建议国家相关金融部门和单位，可以根据海南省实际的高融资需求特点，予以相应的政策支持与倾斜，从而共同推进海南省旅游岛的建设。

3. 发挥财政资金的撬动作用。财政资金在基础设施建设中具有以小搏大的特点，海南省政府可以通过适当的财政补贴和税收优惠等财政支持手段来引导社会资金进入基础设施建设领域，从而推动海南省基础设施建设实现跨越式发展。除此之外，海南省可以拿出相应的财政资金来发起设立城市发展基金来带动社会上的闲置资金进入基础设施建设领域中。

第7节　结论及政策建议

本章概述了海南省 2012 年经济与金融发展的情况，并在此基础上对海南省公共部门、金融部门、上市企业部门和家户部门四部门风险进行总结，最后就海南省的固定资产投资出现的问题及风险进行了专题分析，并且在得出相应结论的基础上给出了建议。

从公共部门来看，海南省近几年的预算缺口占 GDP 比例相对于全国其他省份来说比较高，该比率近 3 年逐年缓慢上升，地方财政风险敞口进一步扩大。从金融部门来看，银行类金融机构资本结构错配风险有所加大，期限错配风险有所缓解，但依然较高，不容忽视。同时货币错配风险进一步加大，外币存贷比大幅上升，不断达到新的高峰。从企业部门来看，上市公司盈利能力有所下降，上市企业部门资产负债率持续下降，资本结构错配风险明显减少。上市企业的流动比率始终大于 1，一直处于较为安全的水平，期限错配风险较低。从家户部门来看，个人消费贷款占储蓄存款的比重下滑，负债水平保持相对稳定，违约风险较小。专题部分主要介绍了海南省的固定资产投资出现的问题及风险进行了专题分析，并且在得出相应结论基础上给出了建议。

基于本章对海南省宏观金融风险状况的分析，下面结合海南省实际经济形势给出相应的政策建议：

一、海南省应当在控制一般预算支出的总量规模上，不断优化预算支出的结构，积极引导财政资源流向地方支柱产业，有效利用财政杠杆效用，积极推进当地经济的发展与转型。

二、海南省应该积极创新固定资产投资领域投融资渠道与体制，改变投融资渠道。海南省可以借鉴世界发达地区的市政建设的投融资体制，可以发展企业债券、私募股权基金、旅游产业基金，从而拓宽资金来源渠道。

参 考 文 献

［1］王起鸿，吉洪，陈捷：《关于海南省农村金融服务模式及配套机制的思考》，载《海南金融》2013 年第 9 期，第 35—38 页。

［2］王英，单德朋：《海南省城镇居民消费贫困测度与经济增长益贫性研究》，载《海南金融》2013 年第 9 期，第 8—13 页。

［3］李兴发：《"国五条"对海南房地产市场的影响分析》，载《海南金融》2013 年第 5 期，第 43—47 页。

［4］符海碧，何俊骅，文炳：《海南省固定资产投资需求现状和政策建议》，载《海南金融》2013 年第 8 期，第 87—88 页。

［5］海南省统计局：《2008—2013 年海南省国民经济和社会发展统计公报》。

［6］海南省统计局：《2009—2013 年海南省统计年鉴》。

［7］中国人民银行：《2008—2012 年海南省金融运行报告》。

第14章　东北宏观金融风险总论

2012年，东北地区区域整体化发展有所推进，但仍然存在一些问题，如各省工业发展战略类似，产业结构重工业化特征明显，国有经济比重偏高，政府对经济的干预较多，市场引导不足等。本章对东北地区公共部门、金融部门、上市企业部门及家户部门的金融风险采用总量分析和结构分析方法进行研究，最后根据研究结论提出相应的风险防范及政策建议。

第1节　东北经济金融运行概况

一、东北经济运行概况

东北地区有较好的经济发展基础，但经过长期的发展，东北经济发展面临着产业结构转型的问题。2012年，东北地区整体经济保持了较快且稳定的增长势态，如图14.1所示，地区生产总值达50477.25亿元，占全国总额的9.73％。与2011年相比，地区生产总值增长率下降幅度较大，但仍高于全国平均水平10.30％。此外，东北地区生产总值占全国比例与往年相比差别不大，大致保持在9％—10％之间。

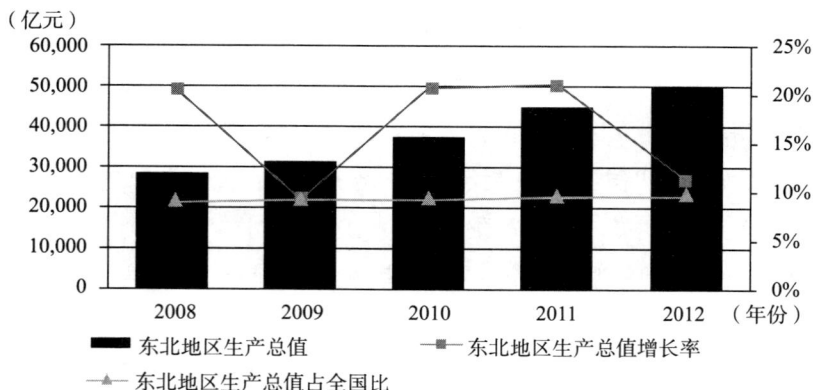

图14.1　2008—2012年东北地区生产总值及相关数据

图 14.2 和图 14.3 反映了 2012 年东北三省的具体情况：从规模来说，辽宁省生产总值最高，为 24801.3 亿元，占东北地区 GDP 的 49.18%；从增速来说，吉林省生产总值增速最快，达到 12.00%；黑龙江省生产总值增速为 10.00%，但其地区生产总值规模大于吉林省。

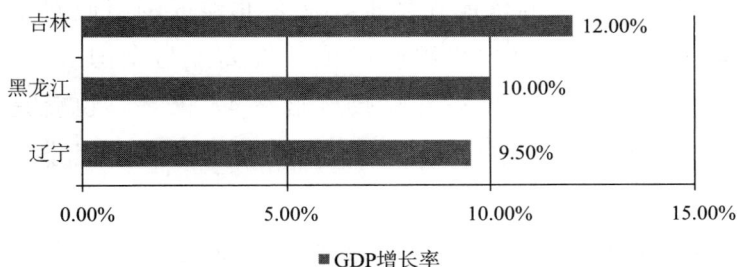

图 14.2　2012 年东北三省 GDP 增长率

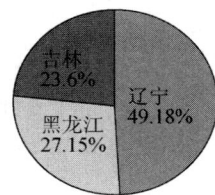

图 14.3　2012 年东北三省 GDP 占比

二、东北金融运行概况

2012 年，东北地区银行业金融机构营业网点的机构个数、从业人数及资产总额在全国占比分别为 9.4%、10.6% 和 7.1%。其中，东北地区银行业资产总额同比增长 16.1%。东北地区外资银行机构网点和资产总额稳步增长，增速均高于全国平均水平。截至 2012 年年末，东北地区本外币各项存款余额为 6.5 万亿元，同比增长 15%，增速较 2011 年年末提高了 4.1 个百分点。受物价、居民收入等因素的影响，东北地区 2012 年的储蓄存款增速回升。2012 年年末东北地区人民币储蓄存款余额增速为 15.6%，较 2011 年年末提高了 2.8 个百分点。此外，受人民币走势和货币政策等因素影响，东北地区外币存款余额比年初增长 42.4 亿美元。

证券业方面，东北地区境内上市公司数量占全国比重为 5.6%，其比重在全国四大地区中为最低水平。东北地区国内债券筹资额占比较上年提升 0.7 个百分比。保险业方面，到 2012 年年末，全国保险法人公司共 153 家，其中东北地区保险法人总部数量占全国的 4.6%。在全国人身险保费收入中，东北地区占比为 7.5%，较 2011 年增长了 6.8%。在全国财产险保费收入中，东北地区占比为 7.2%，较 2011 年增长了 10.7%。

第 2 节　东北公共部门风险分析

2008 年到 2012 年，东北地区的财政收支均保持上升趋势，地方财政收入从 2963.7 亿元增加至 5308.2 亿元，地方财政支出从 6255.3 亿元增加至 10192.9 亿元，地方财政支出的增长幅度大于地方财政收入的增长幅度。实施东北大开发和积极的财政政策实施以来，国家对东北地区的支持力度加大，东北地区财政支出增长速度加快，与东部地区的差距有缩小的趋势。同时也说明了东北财政支出增长对中央的依赖在增加。从东北地区的财政自给率也可以看出，东北财政自给率低，对中央财政的依赖性高。与全国及东、中部相比，东北财政自给率很低，2012 年东北财政自给率 47.92％，也就是说，地方财政支出的 52.08％来自中央财政的支援，在东北三省中，辽宁省财政自给率最高，达到 68.21％。

2008 年到 2012 年，东北地区一般预算收支不断增长，而从 2009 年起东北地区财政缺口占 GDP 的比例保持小幅度的下降态势，如图 14.4 所示。这表明东北地区的财政风险有所下降，但该指标与全国其他地区相比相对较高，相关部门应提高警惕，采取必要的防范措施。

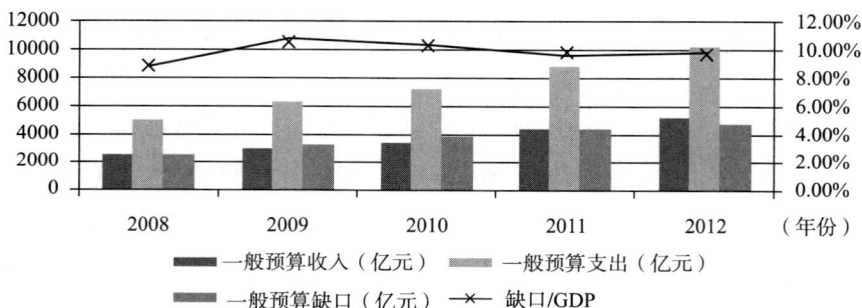

图 14.4　东北一般预算收支情况

另一方面，东北地区一般预算收入增长率和一般预算支付增长率的变化态势基本一致，如图 14.5 所示。其中，2009－2010 年，一般预算收入增长率小于一般预算支出增长率；2010－2012 年，一般预算收入增长率大于一般预算支出增长率。总体来说，东北地区预算收支增长都较为迅速，且增速相对较快的收入增长率则说明东北地区财政实力和抵御潜在财政风险的能力都有所增强。

从东北地区财政收入的来源来看，由于东北地区经济发展较为落后，企业赢利性不强，作为地方财政收入主要来源的增值税和营业税偏低，分别为 12.3％和 22.32％，处于全国最低水平。但东北资源相关收入、投资相关收入和农业相关收入占全国最高，分别为 12.7％、6.86％和 3.44％。企业税、行政相关收入所占比例在全国处于中等水平。东北公共部门面临的主要风险是地方财政收入不高，特别是作为地方财政收入主要来源的增值税和营业税较少，地方应该通过有效途径来增加东北地区的地方财政收入。

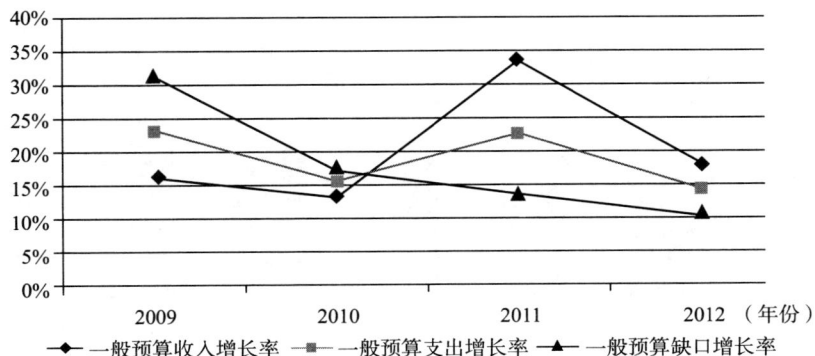

图 14.5　东北地区财政收支增长率

第 3 节　东北金融部门风险分析

本节通过银行的资产结构、期限结构、币种结构对东北地区银行业的风险状况进行分析，通过对保险深度、保险赔付率等的分析来揭示东北地区保险业的抗风险能力。

一、银行类风险分析

东北地区银行业支持经济不足，银行业主体以国有商业银行为主，风险特征大体与全国其他地区类似，主要表现在流动性方面，资本结构相对合理。

(一) 资本结构错配风险

2009 年到 2012 年期间，东北地区银行业资产负债规模平稳扩大。2012年，贷款余额达到 45836.90 亿元，存款余额达到 64656.30 亿元。从整体态势来看，东北银行业存贷比从 2008 年的 63.67% 增长至 2012 年的 70.89%，如图 14.6 所示。

总的来说，东北地区存贷比处于合理范围，风险较低，但仍需警惕信贷不足、经济发展缺乏动力的状况。

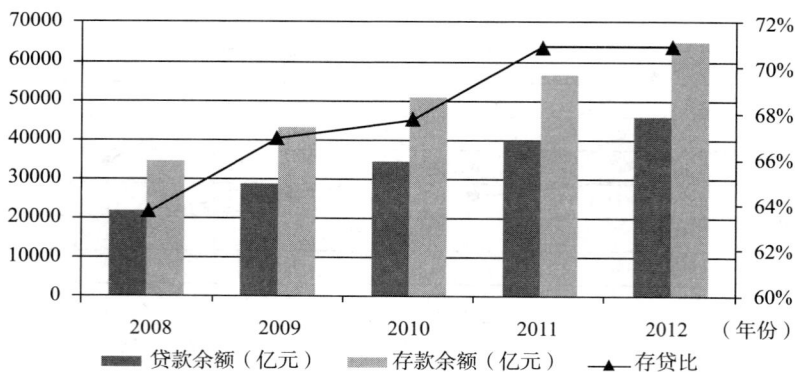

图 14.6　东北银行业存贷结构

（二）期限错配风险

2008 年至 2012 年，东北地区金融部门贷款余额逐渐上升，中长期贷款余额增长相对较快，中长期贷款占贷款余额的比例保持着上升态势。中长期贷款所占比例由 2008 年的 48.13％增长到 2011 年的 59.47％，2012 年小幅下降到了 57.96％，如图 14.7 所示。东北地区贷款增长的主要动力是东北大力发展基础设施建设，所需中长期贷款较多。综上所述，东北地区银行业金融机构区域资金来源短期化、资金运用长期化，具有一定的期限错配风险。

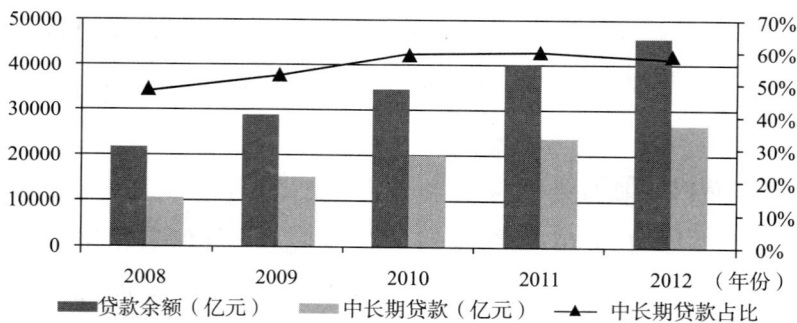

图 14.7　东北银行业期限结构

（三）货币错配风险

2008 年到 2012 年，东北地区外币存贷款呈逐渐增加的态势。2012 年，东北地区外币存款和外币贷款呈现大幅增加，存贷差额加大，如图 14.8 所示。从东北地区外币贷款和外币存款来看，变化则有所不同：外币贷款在 2008 年到 2012 年期间始终保持上升趋势，且在 2012 年出现较大增幅；而同时期的外币存款则呈现一定的波动性，大体保持上升态势的同时在 2011 年出现了小幅度的下降。

另一方面，外币存贷比呈现一定的波动。2008 年到 2011 年，外币存贷比不断上升，高达 189.80％；2012 年，外币存贷比有所下降，如图 14.8 所示。外汇存贷比越高，银行所面临的外币流动性风险和外汇风险越大。因此，东北银行业具有一定的货币错配风险。

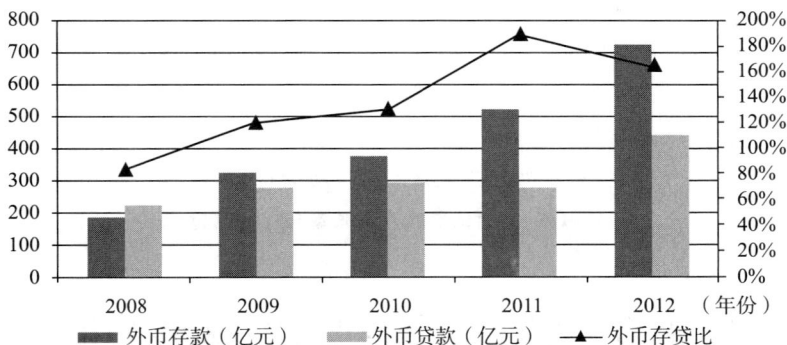

图 14.8　东北银行业外币存贷情况

二、保险类风险分析

东北地区保险业发展速度低于全国水平，保费收入增速下降幅度较大，处于全国四大区域中的最低水平，仅为 9.3％。2008 年至 2012 年，东北地区保费收入基本呈增加趋势，保费收入从 846.10 亿元增至 1139.60 亿元。同时期，保险深度呈现先上升后下降的态势，如图 14.9 所示。这反映了东北地区保险业在该地区的经济地位下降，发展速度也有所滞后。

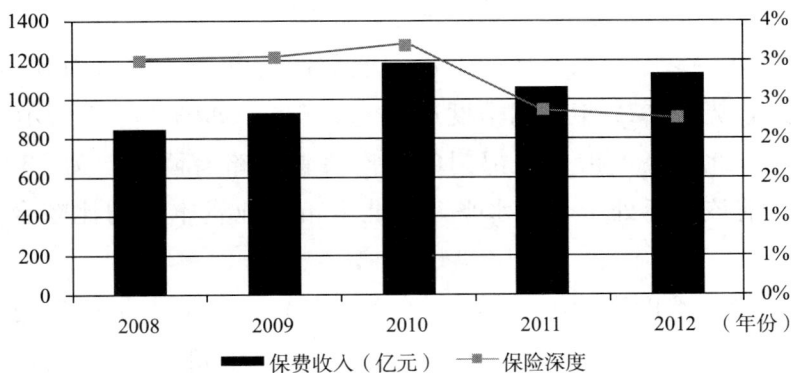

图 14.9　东北保费收入与赔付收入支出

东北地区保费收入增长率自 2009 年以来呈现出大幅度的波动，上升趋势和下降趋势交替出现，如图 14.10 所示。从具体数据来看，2009 年保费增长率为 9.35％，2010 年增长至 28.34％，2011 年大幅度下降至 −10.20％，2012 年又回升到 6.87％。相比之下，东北地区同时期的保险赔付率的变化幅度相对较小。总的来说，东北地区保险业发展程度偏低，赔付率区域减小，面临的风险较小。

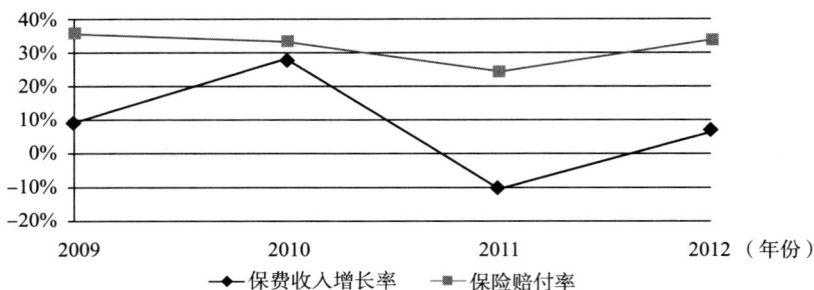

图 14.10　东北保费收入增长率与保险赔付率

第 4 节　东北上市企业部门风险分析

东北地区上市公司共 102 家，涉及地产、钢铁、石化、装备制造、农业等多个行业。本节对东北上市企业部门进行账面价值及市场价值的资产负债表分析。

一、资产负债表分析

2008 年第一季度至 2013 年第三季度，东北上市企业规模持续增加，总资产从 4289.2 亿元增加至 9879.8 亿元，总负债从 2222 亿元增加至 6142 亿元，东北上市企业资产负债率呈上升趋势。

2008 年第一季度，东北地区上市企业部门的资产负债率为 51.80％，随后维持上升态势，2012 年第四季度达到 62.46％，如图 14.11 所示。2013 年第三季度，东北地区上市企业部门的资产负债率略有降低，为 62.17％。总的来看，目前该指标处于合理水平，东北上市企业资本结构比较合理，风险相对较小。

2008 年第一季度到 2013 年第三季度，东北地区上市企业部门流动资产和流动负债均稳步上升，如图 14.12 所示。2009 年到 2012 年间，东北地区上市企业部门流动资产呈缓慢增长趋势。2009—2012 年间，流动负债增长明显，导致流动资产比率在 2011—2012 年间呈现整体下降的趋势，但波动性不大。2009 年到 2013 年第三季度，流动比率始终小于 1，说明上市企业流动性不足的问题仍然存在。总体来看，东北地区上市企业部门流动比率逐年下降，流动性风险有所上升。

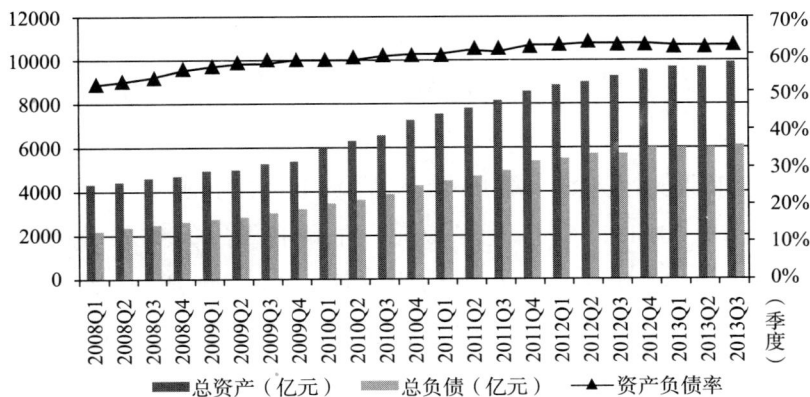

图 14.11　东北上市企业部门资产负债率

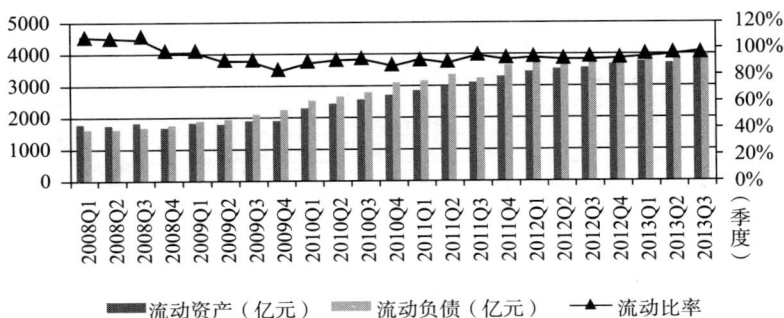

图 14.12　东北上市企业部门流动资产与流动负债

二、盈利能力分析

2008 年第三季度至 2009 年第四季度，东北上市企业的净利润率保持低位，在 6% 上下波动，如图 14.13 所示。从 2010 年第二季度开始，净利润率下降，在 2012 年第一季度达到最低，为 1.30%。随后净利润率呈上升趋势，在 2013 年第三季度回升到了 4.45%。

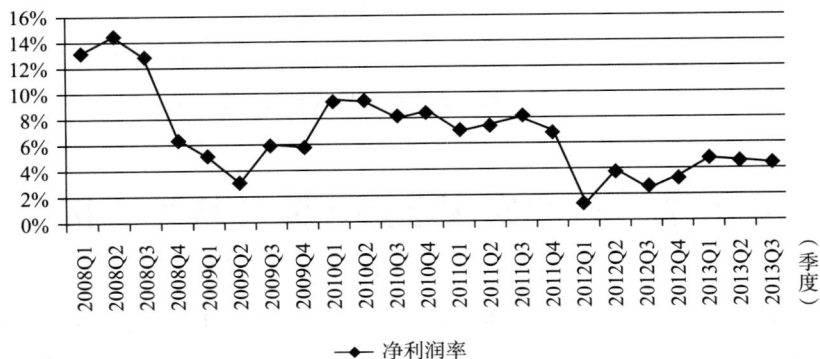

图 14.13　东北上市企业部门净利润率

第 5 节　东北家户部门风险分析

2012 年，东北地区家户部门个人消费贷款与城乡居民储蓄分别为 5446.40 亿元和 34219.80 亿元，两者的同比增长率分别为 17.01％、15.56％，如图 14.14 所示。在存贷结构方面，2008 年到 2012 年期间，个人消费贷款与城乡居民储蓄贷款之比保持持续上升的态势，2012 年该指标达到 15.92％。

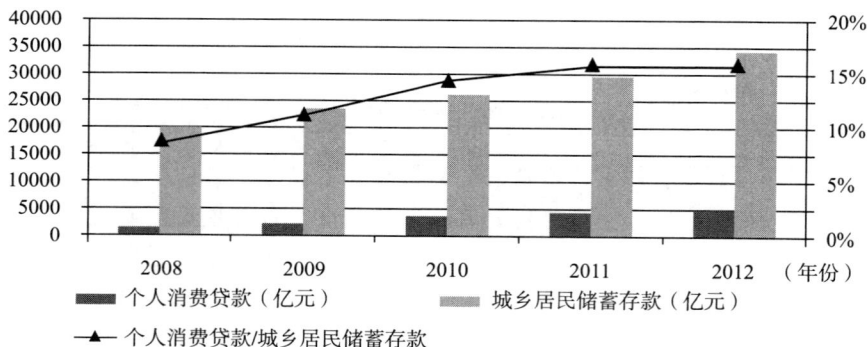

图 14.14　东北地区家户部门贷款与储蓄

在增长率方面，2009 年到 2012 年期间，东北地区个人消费贷款增长率呈现出较为明显的下降态势，而城乡居民储蓄存款增长率则保持在 10％到 20％之间，变化幅度较小，如图 14.15 所示。

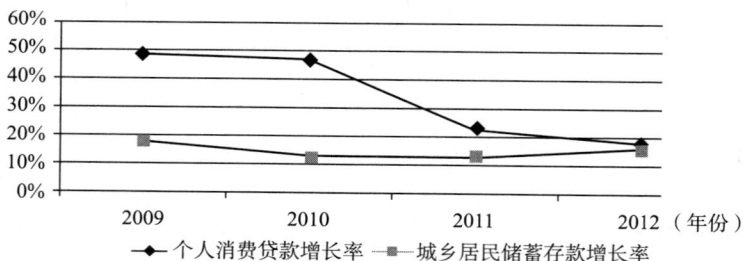

图 14.15　东北地区家户部门贷款与储蓄增长率

第 6 节　东北宏观金融风险结构性分析

以东北地区四大部门总量分析为基础，考虑到东北三省各自不同的经济发展特点所产生的差异化的风险特征，本节主要对辽宁、吉林、黑龙江的金融风险进行结构性分析，包括公共部门、金融部门、上市企业部门与家户部门的比较分析。

一、东北各省市公共部门比较分析

2012 年，东北地区一般预算财政收入和财政支出的总体规模呈现上升的态势，而一般预算缺口也有所增加。具体来看，东北三省 2012 年的一般预算财政收入占本地区财政收入的比重从高到低分别为辽宁、黑龙江和吉林，同这三省的经济总量基本匹配；同样，东北各省的一般预算财政支出所占比重的排名依旧是辽宁、吉林和黑龙江，一般预算收入占比和一般预算支出占比的排名同经济总量相当。

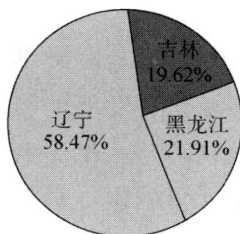

图 14.16　2012 年东北各省市
一般预算财政收入占比

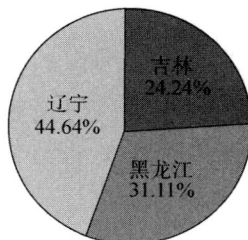

图 14.17　2012 年东北各省市
一般预算财政支出占比

从一般预算缺口占 GDP 的比重来看，东北地区 2012 年的指标同 2011 年相比基本保持平稳变动。其中黑龙江的一般预算缺口占比相比于 2011 年上升 0.3 个百分点，辽宁同比上升 0.1 个百分点，这两省的财政风险较上年相比有所上升；吉林的一般预算缺口占 GDP 的比重则从 2012 年的 12.83％下降到 2011 年的 11.98％，财政风险有所下降。总体来说，三省中经济规模较大的辽宁省的一般预算缺口占 GDP 比重保持在 6％以下，财政风险相对较小；而吉林和黑龙江 2012 年则分别达到 11.98％和 14.67％，财政风险相对较大。总的来说，东北地区的财政总体上存在着一定的风险，有关部门应积极关注财政风险进一步扩大的可能性。

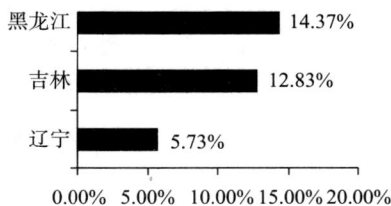

图 14.18　2011 年东北各省市一般预算缺口/GDP

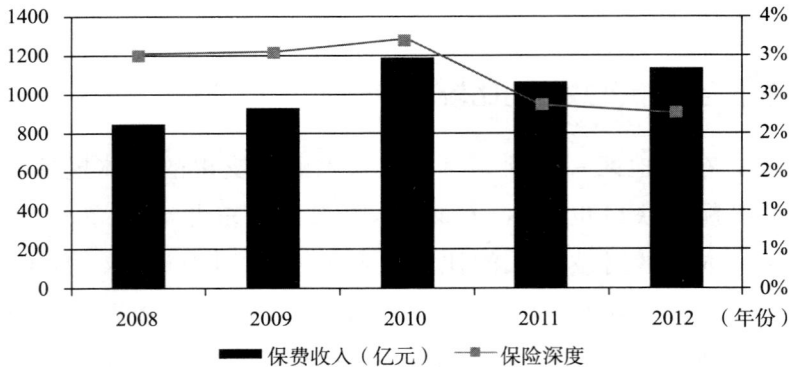

图 14.19　2012 年东北各省市一般预算缺口/GDP

二、东北各省市金融部门比较分析

东北地区以重工业为主的经济发展状况，决定了其金融部门的总量规模在全国范围内不占优势。但是东北三省内部则各有其发展的特点，不同省市的金融发达程度存在较大的差异。一方面，沈阳、大连作为东北地区的区域金融中心，起到了引领东北地区的区域金融发展的作用；另一方面，黑龙江和吉林的金融发展相对来说较为落后。以下主要对东北三省金融发展中的银行业和保险业进行比较分析，以研究其金融结构性特点。

（一）银行类风险分析

在 2012 年东北各省银行业资产占东北地区总资产的份额中，辽宁省仍然是一枝独秀，虽然 52.75% 的资产占有份额相比 2011 年的资产占有份额 55.3% 有所下降，但仍然占到了整个东北地区份额的一半以上；黑龙江以 26.44% 的份额位居第二，相比 2011 年略有上升；吉林省则处在最末，其份额为 20.81%，但相比 2011 年 19.58% 的份额有所提高。总体来说，东北地区各省银行业总资产份额占比同该省的经济规模保持了一致；其中辽宁省由于经济较其他两省更为发达，省内有大连和沈阳两个区域金融中心，因此其资产占有东北地区的份额达到了五成以上。

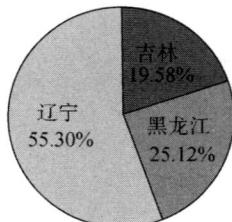

图 14.20　2011 年东北各省市
金融部门资产份额

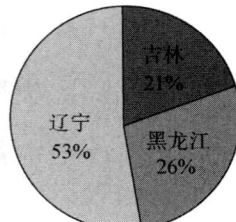

图 14.21　2012 年东北各省市
金融部门资产份额

2012 年东北地区存贷比相比 2011 年呈现上升的态势。具体来看，吉林省的存贷比相对 2011 年有所下降，从 75.18％下降到 72.36％；黑龙江和辽宁则都有小幅度的上升，在 2012 年分别达到 62.03％和 74.52％。我们应注意到，辽宁和吉林的存贷比均超过了 70％，呈现出较大的资本结构错配风险，应予以关注。

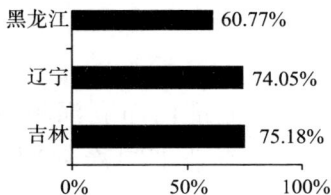

黑龙江　60.77％ 辽宁　74.05％ 吉林　75.18％	黑龙江　62.03％ 辽宁　72.36％ 吉林　74.52％

图 14.22　2011 年东北各省市　　　图 14.23　2012 年东北各省市
　　金融部门存贷比　　　　　　　　　金融部门存贷比

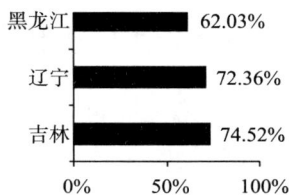

2012 年，东北地区的外币存款增长幅度大于外币贷款的增长幅度，因此金融部门外币存贷比相较 2011 年有所下滑。其中黑龙江、吉林因外币存款增长幅度较大，其外币存贷比相比 2011 年同样有所下滑；辽宁由于 2012 年增加了较多的外币贷款，其外币存贷比反而呈现上升的趋势。而东北三省由于经济开放程度不同，其存贷比也有着明显的差异。从整体上看，2012 年东北地区的存贷比相关风险相比 2011 年有所降低，但是应注意辽宁省的外币存贷比上升的状况，关注其货币错配风险上升的可能性。

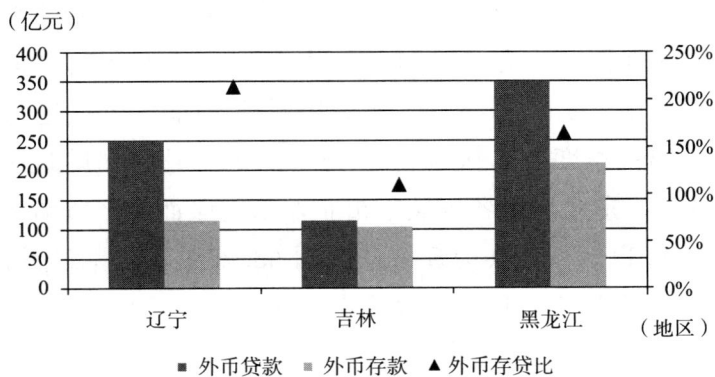

图 14.24　2012 年东北各省市金融部门外币存贷结构

（二）保险类风险分析

相比 2011 年，东北地区的保险深度在 2012 年有所下降，继续保持了自 2010 年起的下降趋势。东北三省的保险深度也同该地区的整体状况相一致，都呈现出下降的状况。

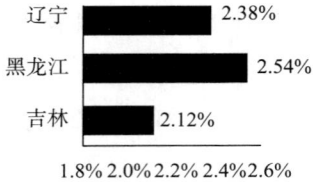

图 14.25　2011 年东北各省市保险深度　　图 14.26　2012 年东北各省市保险深度

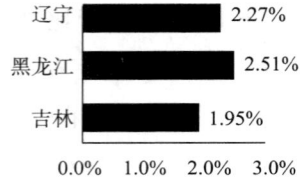

三、东北各省市企业部门比较分析

以 2012 年第三季度数据为基准，黑龙江的企业部门净利润率有所下滑，辽宁和吉林则呈现出上升的趋势。而东北三省的企业部门净利润率在 2013 年第一季度相较 2012 年均有所上升。需要注意的是，黑龙江在 2013 年第三季度的企业部门净利润率下滑到 2.58％，相比较 2012 年下半年还有所下降，其他两省则在 2013 年前三个季度保持稳中有升的趋势。

表 14.1　2012 第三季度—2013 年第三季度东北各省市上市企业部门净利润率

	2012Q3	2012Q4	2013Q1	2013Q2	2013Q3
辽宁	2.06％	2.82％	4.27％	4.39％	4.39％
吉林	3.83％	5.02％	6.65％	7.01％	6.30％
黑龙江	3.51％	3.20％	4.80％	2.88％	2.58％

2012 年至 2013 年上半年，东北地区上市企业账面资产负债率和或有资产负债率的变动呈现出总体稳定、略有波动的特点，其中企业账面资产负债率在 62％的比率徘徊；或有资产负债率则在 40％—45％的区间波动。2013 年第三季度流动比率为 1.04，相比于上年同期下降 0.03。违约距离则在波动中从 2012 年第一季度的 7.03 逐渐上升到 9.25，违约风险进一步减小。到 2013 年第三季度，东北地区各区域上市企业部门账面资产负债率最高的区域是吉林，达到 66.11％；其次为辽宁，达到 63.29％；比率最低的是黑龙江，达到 55.04％。或有资产负债率从高到低分别为辽宁、黑龙江、吉林。

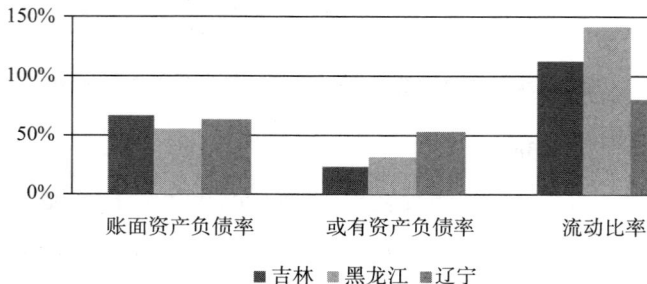

图 14.27　2013 年第三季度东北各省市上市企业资本结构

四、东北各省市家户部门比较分析

2012 年，东北地区居民个人消费贷款占储蓄比例稳步上升，由 15.72％上升至 15.92％。东北三省中，个人消费贷款占储蓄比例最高的是辽宁，达到 17.26％；其次是吉林，达到了 15.66％；黑龙江占比最低，为 13.51％，如图 14.28 所示。一方面，东北地区的经济水平相比东部沿海发达地区较低，家户部门的收入在全国各地区中处于相对较低的水平；另一方面，东北地区的个人消费贷款占储蓄比例与其他地区相比也处于较低的水平，相关风险较低的同时也呈现出该地区消费相对不足的特点。

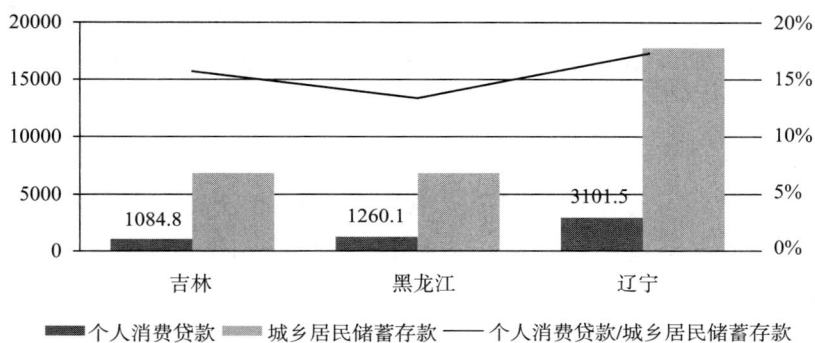

图 14.28　2012 年东北各省市家户部门资产结构

第 7 节　结论及政策建议

一、结论

东北地区公共部门面临的主要问题是地方财政实力不足，财政自给率偏低，因而给银行业带来了一定的风险。在东北三省中，黑龙江省的财政风险水平较高，吉林省次之，辽宁省较低。辽宁省不仅财政赤字率最低，且财政收入增长率和财政支出增长率的差额最小，赤字扩大的速度最慢，财政风险相对较小，黑龙江省和吉林省财政赤字率水平相当，但黑龙江省的财政收入增长速度明显慢于吉林省，赤字扩大的速度更快。

东北地区金融部门得到了快速的发展，存贷款规模进一步扩大，促进了地方经济的快速发展。东北地区存贷比处于合理范围，存贷比风险较低，但考虑到存款余额占总资产的比率逐渐上升，需要警惕信贷不足、经济发展缺乏动力的状况。东北地区金融机构有一定的期限错配风险，资金来源短期化、资金运用长期化。外汇存贷比越高，银行所面临的外币流动性风险和外汇风险逐渐加大。在东北三省中，辽宁省金融比吉林省和黑龙江省要发达，东北三省金融部门风险在全国范围内相对较小，资本结构还是期限错配都处于相对较安全的范围。但是，东北三省的金融业相对其他地区仍有较大的发展空间，风险并非越低越好，应在控制风险的情况下，大力支持实体经济的发展。

东北地区各省份企业部门的资产负债率基本都保持在安全水平，表现出良好的抗风险能力，其资本结构较为稳定，没有明显的风险，清偿力充足。辽宁省经济发展程度相对较高，但流动性风险相对明显，随着经济周期和产业结构调整，2009—2013年期间东北地区上市企业部门的流动性有明显改善。吉林省和黑龙江省尽管风险相对较低，但过低的风险水平限制了经济的发展。

东北地区家户部门在全国范围内相对中性，辽宁省家户部门贷款与储蓄之比最高，家户部门的杠杆率和金融风险资产比重较高，黑龙江省房产占比最高，受到房地产市场影响最大，吉林省风险水平中性。

在东北地区的四大部门中，风险水平相对较高的是公共部门，金融部门和企业部门在全国范围内比较，风险水平不高。东北地区经济发展主要以辽宁省为主导，其他两省发展相对较慢，东北地区可以适当提高风险水平，在合理控制风险的前提下，加大经济发展的力度。

二、政策建议

东北地区经济发展情况表现出以辽宁省为主导、以沿海沿边优势为依托的经济发展特点，但是在外部经济日渐复杂、区域合作不足、金融支持力度不足以及资源型城市转型困难的情况下，"振兴东北"战略面临着较多的挑战。根据东北地区的经济发展形势和风险特征，现提出以下几个方面的政策建议：

（一）大力促进区域一体化发展，提升东北地区整体经济实力

区域一体化能充分整合区域资源，提高资源配置的效率，同时促进区域分工协作。在金融危机的背景下，东北三省都在努力拉动内需，加大建设力度，但是也导致了产能过剩的问题。在高能耗产业、同类企业竞争的情况下，区域内部恶性竞争的现象日渐突出。因此，东北地区应加强区域合作，共同发展。

（二）加强振兴东北的金融支持体系建设

东北地区金融发展水平在全国范围内相对一般，金融对经济的支持力度

不足，要充分运用各种资本运作工具，促进国有经济的战略性调整。引导金融资源流向能够更好地发挥促进东北经济增长的领域。更多地运用各种金融创新手段，促进东北地区的结构调整。充分发挥金融机构的独特功能和作用，在东北地区建立一个结构均衡、布局合理的金融组织体系。

（三）深化资源型城市的转型

改变当前资源型城市单一的产业结构，培养和发展持续产业，鼓励企业尤其是民间资本创办和发展高新技术企业，建立以企业为主体的技术创新体系。明确城市产业定位，制定准确有效的可持续发展措施，建立与周边城市的结构联系，打破目前的相对封闭的状态。建立相应的专项基金和财税扶持政策，从政策和金融两个方面支持资源型城市的转型。

（四）加强对外贸易的风险管理，建立相应的风险管理体系

东北地区拥有沿海沿边的区位优势，但是在外部经济形势不明朗、经济环境复杂多变的情况下，东北地区对外贸易受到的影响较大。受俄罗斯市场需求的萎缩影响，黑龙江省对俄贸易出口大幅下滑，直接影响到黑龙江省的经济发展。因此，加强对外贸易的风险管理，建立相应的风险管理体系变得尤为重要。

+·+

参 考 文 献

[1] 张新颖：《中国东北地区发展报告（2012 版）》，社科文献出版社，2012 年。

[2] 张凤超：《东北地区金融风险分析》，载《长白学刊》2009 年第 3 期。

[3] 张建政，王爽爽：《"高增长"下的"低发展"——东北区域金融发展特征的数据分析》，载《当代经济研究》，2006 年第 3 期。

[4] 中国人民银行：《2012 年中国区域金融运行报告》。

第15章 辽宁省宏观金融风险研究

辽宁省位于东北地区的最南端，是一个沿海大省，与朝鲜接壤，与韩国、日本等国家隔海相望，是整个东北地区与世界联系的重要门户。2012年，辽宁省贯彻落实科学发展观，各项工作协调发展，国民经济保持健康平稳增长。本章首先对辽宁省经济与金融的运行情况作了简要概述，然后从公共部门、金融部门、企业部门及家户部门四个方面进行了风险研究，并就辽宁省装备制造业风险进行专题分析，最后提出相关政策建议。

王春丽、王曼（2008）根据辽宁省经济发展和金融市场的具体情况，借鉴全国及区域金融风险指标体系的成果，构建了测度辽宁省金融市场风险的指标体系，分析得出辽宁省金融市场存在一定的金融风险。艾洪德、张羽（2005）从银行体系经营状况、资本市场的发展以及金融制度的变迁出发，分析得出辽宁省存在着比较严重的金融风险，并提出了构建辽宁省区域金融安全区的思路和建议。

第1节 辽宁省经济金融运行概况

一、辽宁省经济运行概况

2012年，在各项"稳增长"政策推动下，辽宁省经济企稳回升，扭转了上半年持续下滑的局面。国内生产总值相比全年增长 9.5%，完成生产总值 24801.3 亿元，其中固定投资资产、消费品零售总额、国内贸易全年批发和零售业均呈现增长趋势。全年全社会固定资产投资为 21836.3 亿元，消费品零售总额为 9256.6 亿元，国内贸易全年批发和零售业增加值 2212.8 亿元。固定投资资产、消费品零售总额、国内贸易全年批发和零售业相比上年分别增长 23.2%、15.7%、9.4%。辽宁省进出口情况也得到改善，全年实现进出口总额 1039.9 亿美元。其中，出口总额和进口总额分别为 579.5 亿美元、460.4 亿美元，出口总额和进口总额分别增长 13.5%、2.5%。

2012 年，辽宁省三次产业、人均生产总值、居民收入分别呈现增长的态势。从三次产业来看，第一产业相比上年增长 5.1％，第二产业相比上年增长 9.8％，第三产业相比上年增长 9.9％。从人均生产总值来看，人均生产总值为 56547 元，相比上年增长 9.3％。从居民收入来看，城镇居民人居可支配收入、农村居民人均纯收入均呈现增长趋势。城镇居民人居可支配收入和农村居民人均纯收入分别为 23223 元、9348 元，相比上年分别呈现增长趋势。

二、辽宁省金融运行概况

2012 年，在稳健货币政策背景下，辽宁省银行机构经营状况总体稳健，贷款增量和结构变化较好地体现了宏观调控政策意图。证券机构在盈利水平下降的情况下，加快业务创新步伐。保险业稳步发展，保险市场秩序进一步规范。金融业各项改革顺利推进。

2012 年，辽宁省银行业金融机构深入贯彻落实稳健货币政策，资产规模平稳增长，贷款质量有所下降。年末银行业贷款增量与上年基本持平，增速小幅回落。2012 年年末辽宁省银行业金融机构资产总额 46887 亿元，比上年同期增长 17％；负债总额 45297 亿元，比上年同期增长 16.8％。受宏观经济下行的影响，资产质量有所下降，不良贷款率比年初上升 0.6 个百分点，达到 3.0％。全年贷款结构优化，中长期贷款和短期贷款余额增加。金融机构本外币中长期贷款余额 15419 亿元，较上年增加 1664.3 亿元，同比增长 12.1％，增速较上年回落 3.7 个百分点。短期贷款增速探底后速回升，年末本外币短期贷款余额同比增长 20.9％。投向结构进一步优化，更多贷款流向农业贷款和中小企业贷款。年末全省本外币涉农贷款余额 4800 亿元，比年初增加 894 亿元；中小企业人民币贷款增量占全部企业贷款增量的 65.4％，比上年提高 7 个百分点。辽宁省表外业务和理财产品业务也得到快速发展。2012 年辽宁省在利润增长放缓的压力下，辽宁省商业银行大力发展表外业务，年末表外业务余额 7173 亿元，同比增长 13.7％。理财产品发行量快速增长，年内全省自主发行的理财产品达 387 亿元，同比增长 125.5％。

2012 年，辽宁省上市公司修订完善了内部管理制度，有效提高了信息披露的及时性和准确性，公司运作进一步规范，企业经营管理水平和风险防范能力得到提高。证券机构积极开展业务创新，上市公司并购重组工作进展顺利。2012 年，证监会出台了一系列支持证券机构业务创新的制度和政策。辽宁省证券公司抓住机遇，在融资融券、IB业务（期货公司提供中间介绍业务）、"单客户、多银行"存管模式等方面积极开展业务。目前，辽宁省（不含大连）共有114家营业部备案开展融资融券业务，49家营业部获准进行IB业务，92家营业部备案开展"单客户、多银行"业务。证券公司自身经纪业务也逐步向专业化、服务化方向转变。截至2012年12月辽宁省上市公司总股本640.89亿元，总市值2997.79亿元，证券交易额15352亿元。新增境内上市公司6家，首发及再融资268.2亿元，辽宁籍上市企业为66家。由于年内证券市场总体低迷，市场竞争愈加激烈，全省证券经营机构经营业绩大幅下滑，证券机构盈利水平下降。受股票市场低迷影响，全省2012年证券化率大幅下降到12.09%。

2012年辽宁保监局修订了《辽宁省保险公司分支机构市场准入工作指引》，对保险机构实施准入规划指标管理，以强化风险防控；制定出台《汽车保险专业中介机构管理指引》，推动相关中介机构专业化、规模化发展。总体上看，辽宁省保险业保持了平稳发展态势，机构数量相对稳定，资产总额、保费收入稳步增长，总体风险可控，全年实现保费收入563.0亿元，比上年增长7.24%。其中，农险、责任险发展较快，市场秩序进一步规范。2012年辽宁省保险深度、保险密度基本与上年持平。全省（不含大连）农险保费收入6.9亿元，同比增长26.6%，参保农户达217.1万户；责任险保费收入4.3亿元，同比增长17.2%。通过重点治理，车险理赔服务有所改善，人身保险市场销售行为得到明显改观。

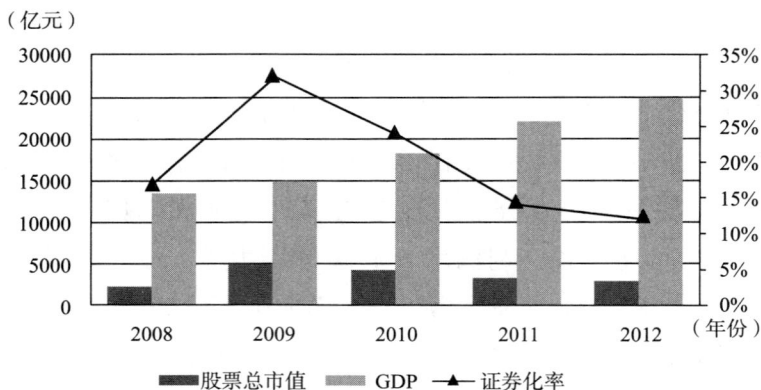

图15.1 2012年辽宁省资产证券化率

第 2 节　辽宁省公共部门风险分析

2012 年辽宁省一般预算收入、一般预算支出、一般预算缺口保持增长的趋势，支出明显超出收入，缺口呈现进一步扩大的趋势。缺口与国名生产总值的比值维持在 6% 的水平，具有一定的波动性，如图 15.2 所示。

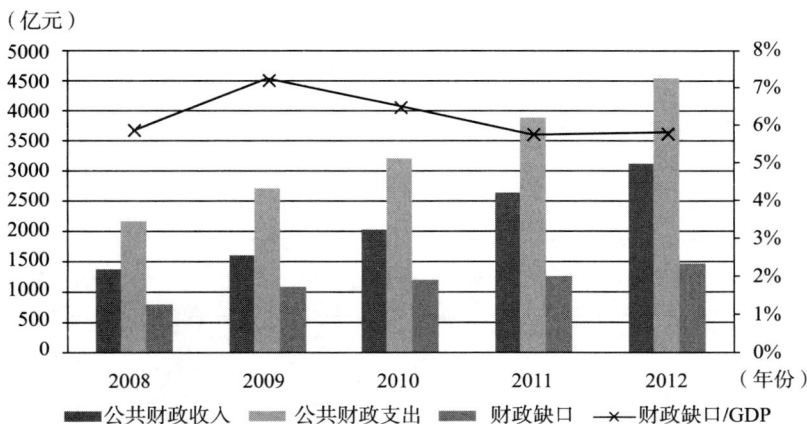

图 15.2　辽宁省财政收支和财政赤字

2012 年辽宁省一般预算收入完成 3103.7 亿元，年增长 17.4%，增幅在东北地区名列首位，全省财政收入继续保持平稳增长态势。全省一般预算支出 4550.2 亿元，增长 16.5%。2008—2012 年辽宁省一般预算收入与一般预算支出保持持续稳定的增长态势，财政缺口也逐年增加，2009 年财政缺口与GDP 的比值达到最高点，2010 年开始，该比值呈下降趋势，这是因为辽宁省实施积极的财政政策，促进该地区经济平稳较快发展。

2012 年，全省公共财政收入、全省公共财政预算支出、财政缺口分别为 3103.7 亿元、4550.2 亿元、1446.5 亿元。财政收入、财政支出、财政缺口均相比上年增加。但是，财政缺口与 GDP 的比值相比呈现逐渐下降的趋势，辽宁省公共部门总体风险较小。

第 3 节　辽宁省金融部门风险分析

辽宁省金融机构在 2012 年表现良好，对经济的企稳回升并快速增长起到重要的支持作用。银行业业务扩张稳步推进，信贷规模与存款规模均大幅上升，且风险管理较好。保险业也在严峻的经济形势下保持增长态势，业务质量不断提高。

一、银行类风险分析

（一）资本结构错配分析

辽宁省银行类金融机构资产规模平稳增长，贷款余额 2012 年较 2011 年有稳定增长，存款余额一直保持良好的增长态势，符合央行制定的稳健货币政策，如图 15.3 所示。辽宁省银行类金融机构存贷比自 2008 年一直处于增长状态，2012 年达到 74.52％，但还处于安全区域。总体来看，辽宁省银行类金融机构资本结构稳定，处于合理水平，资本结构风险基本处于可控范围。

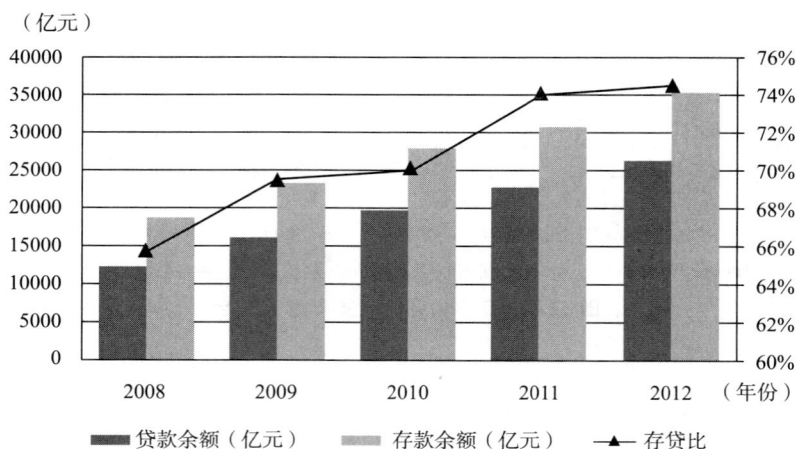

图 15.3　辽宁省金融部门存贷款结构

（二）期限错配风险分析

2008－2012 年辽宁省金融部门中长期贷款稳定增长，但增长速度逐年放缓。而短期贷款以 2010 年为转折点，先降后升。而中长期贷款增加，短期贷款与中长期贷款的差距不断扩大，如图 15.4 所示。在国家宏观经济政策指引下，银行加大了对基础设施建设等长期项目的信贷支持，银行贷款长期趋势明显。辽宁省中长期贷款占贷款余额的比重在 2010 年达到最大值 60.65％，之后逐年降低，但 2012 年中长期贷款占贷款余额仍保在 58.61％ 的水平。贷款长期化虽然能增加银行的利润，但同时也加大了银行贷款额回收期，使其期限错配风险加大。但总体来看，辽宁省金融部门期限错配风险处于可控范围。

（亿元）

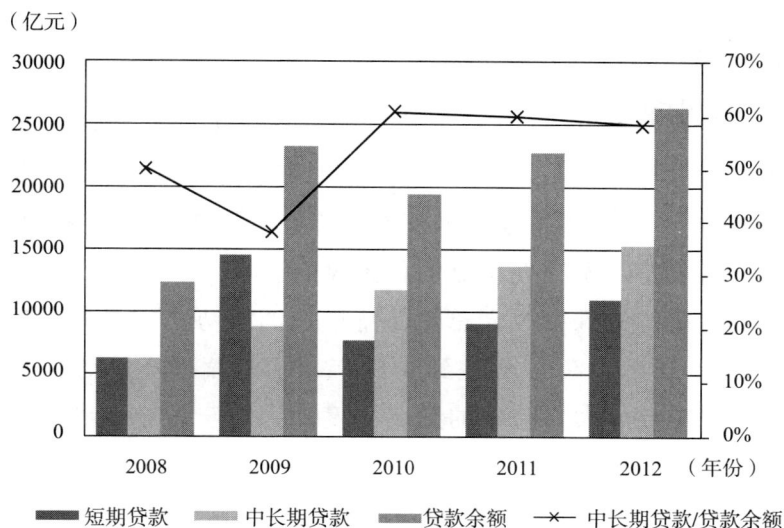

图 15.4 辽宁省金融部门贷款结构

（三）货币错配风险分析

如图 15.5 所示，2008－2012 年，辽宁省金融部门本币存款和本币贷款都保持稳定上涨趋势，外币贷款和外币存款相对本币规模很小。辽宁省金融部门外币存贷比 2008－2012 年持续上升。2008 年，辽宁省金融部门外币存贷比急剧上升到 102.7％，2009 年更是上升到 113.5％，货币错配风险有所暴露。2010 年辽宁省外币存贷比大幅上升，外币存款增长缓慢，而外币贷款投放明显加快。

（亿元）

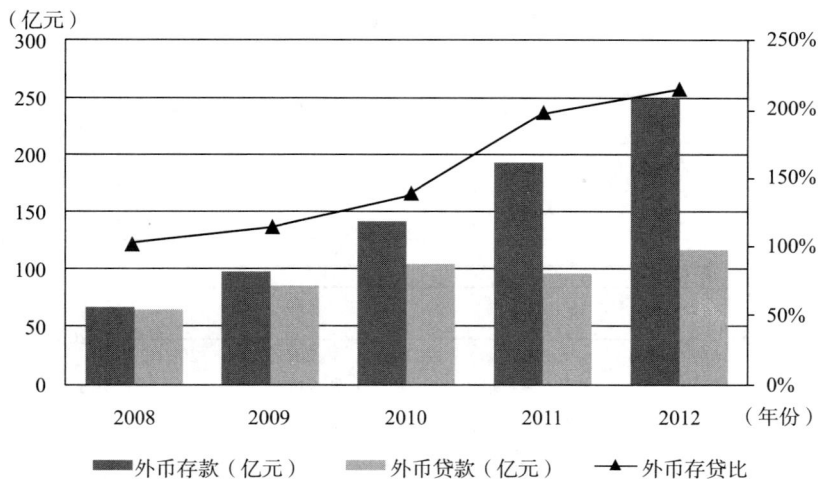

图 15.5 辽宁省金融部门本外币存贷比

二、保险类风险分析

辽宁省保险业自 2008－2012 年的发展一直呈下降趋势，在 2008－2010 年连续三年保险深度超过 3％之后，在 2011 年下降，到 2012 年降到 2.3％。赔付率也基本处于 30％左右的良好水平。辽宁省保险业为经济的持续稳定发展提供了充分的支持，不存在明显的相关风险。

辽宁省保险机构的保费收入总体保持增长的态势，但是其保险深度波动剧烈，如图 15.6 所示。2010 年达到 3.30％以后持续下降，到 2012 年下降到 2.30％，辽宁省需要加大保险业的发展力度，为辽宁省企业和家户提供良好的保险服务，降低其面临的各种风险。

（亿元）

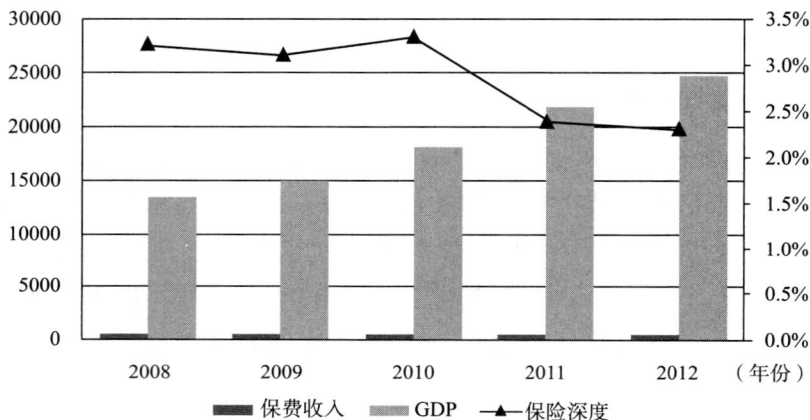

图 15.6　辽宁省保险业保险深度

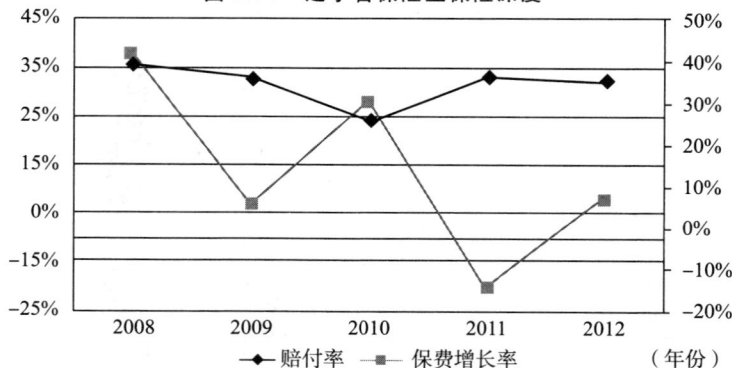

图 15.7　辽宁省保险业赔付率和保费增长率

辽宁省保险机构的赔付率比较稳定，但保费增长率波动很大。赔付率自 2008－2012 年呈先降后升态势，但基本处于 32％左右的合理水平，如图 15.7 所示。从赔付率的角度看，辽宁省保险机构不存在很大的赔付风险。但辽宁省保费增长很不稳定，在自然灾难不断加剧背景下，辽宁省经济主体对风险防范的需求增加。受金融危机的影响，2008 年保费增长率最高，为41.60％，但是随着金融市场逐渐恢复正常运行，对经济形势较为乐观，2011 年保费增长率出现负增长，为−13.91％，投保人相比上年投保费用降低，购买保险的倾向减弱，增加了风险隐患。辽宁省保费收入增长极不稳定，应努力使保险业保持平稳快速发展。

第 4 节　辽宁省上市企业部门风险分析

辽宁省企业受金融危机影响较大，利润空间大幅下降，资产流动性较弱，偿付短期负债的能力较差。辽宁省工业基础扎实，装备制造业等工业发展较快，但 2009 年受制于铁矿石价格上涨和其他原材料价格上升，成本大幅上扬，需求却因为经济的暂时低落恢复较慢，使得辽宁省企业部门面临的形势严峻。

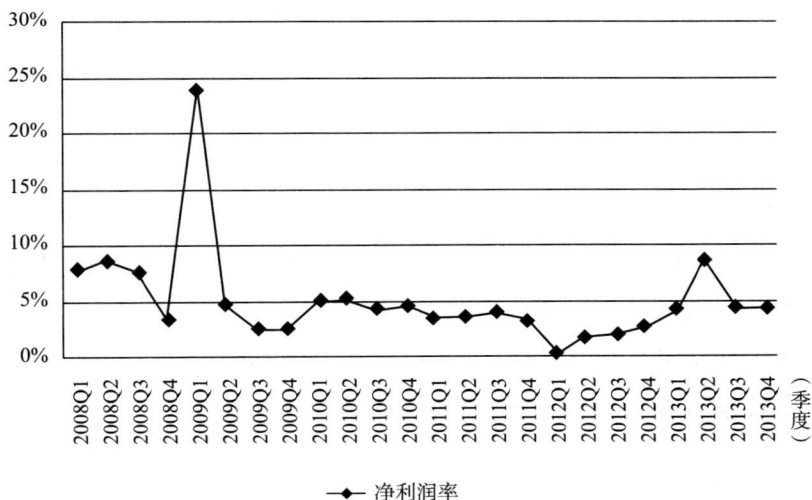

图 15.8　辽宁省上市企业净利润率

一、盈利能力分析

辽宁省上市企业的净利润在 2008−2013 年间波动较大，在 2009 年第一季度达到最大值 23.9％，2009 年第二季度上市企业净利润率大幅度降低，这种下降的态势持续到 2012 年第一季度，净利润率降低到 0.24％。从 2012 年第二季度开始，上市企业净利润率开始呈上升趋势，表明辽宁省经济开始出现回升趋势，上市企业盈利能力增强，如图 15.8 所示。

二、账面价值资产负债表分析

(一) 资本结构错配分析

2008—2013 年辽宁省上市企业部门的资产负债率基本处于 50％—66％的区间内。2012 年第二季度上市企业资产负债率达到 65.26％，之后资产负债率略有下降，如图 15.9 所示。总体来看，受 2008 年金融危机影响，上市企业资本结构错配风险增加，但仍在可控范围内。

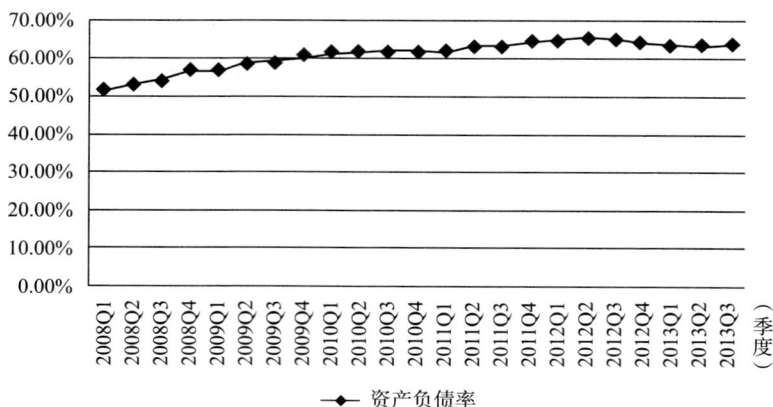

图 15.9　辽宁省上市企业部门资本结构

(二) 期限错配分析

2008—2013 年辽宁省上市企业流动比率总体呈下降趋势，从 2008 年第四季度开始已经低于 100％的水平，如图 15.10 所示。表明企业资产流动性变差，偿还短期债务的能力弱化，流动性风险增加，主要原因在于企业的流动负债的增长幅度大于流动资产的增长幅度。

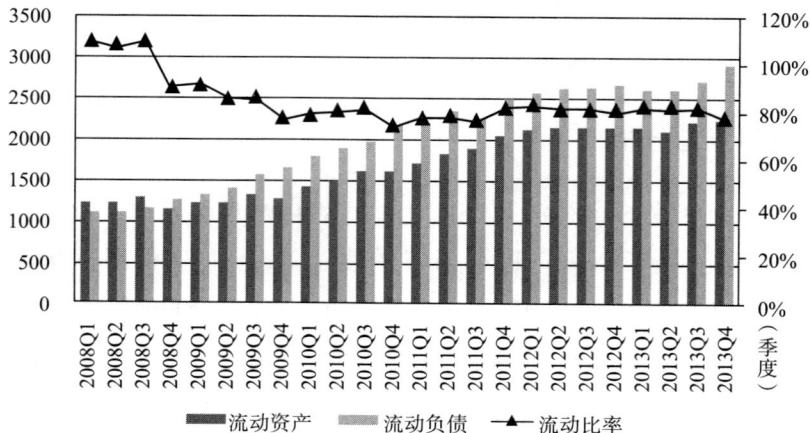

图 15.10　辽宁省上市企业流动比率

三、或有权益资产负债表分析

辽宁省上市企业部门或有资产负债率相对账面资产负债率波动比较大，并且一直小于账面资产负债率，如图 15.11 所示。2009 年第四季度开始该比率呈上升态势，与股票市场的熊市行情相对应。但总体来看，辽宁省上市企业或有资产负债率未超过 60%，或有资本结构较合理，相关风险不大。

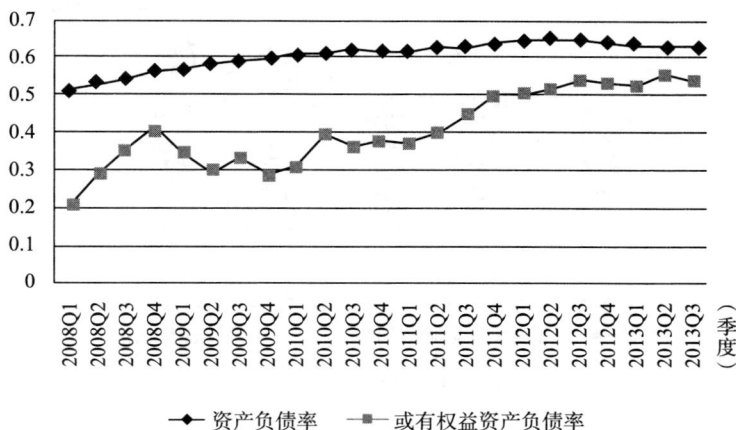

▲ 资产负债率　　　■ 或有权益资产负债率

图 15.11　辽宁省上市企业部门账面资本机构与或有资本结构

辽宁省上市企业部门违约距离在 2008－2013 年一直处于波动状态，但总体是呈上升趋势的，辽宁省上市企业违约风险在增加，如图 15.12 所示。

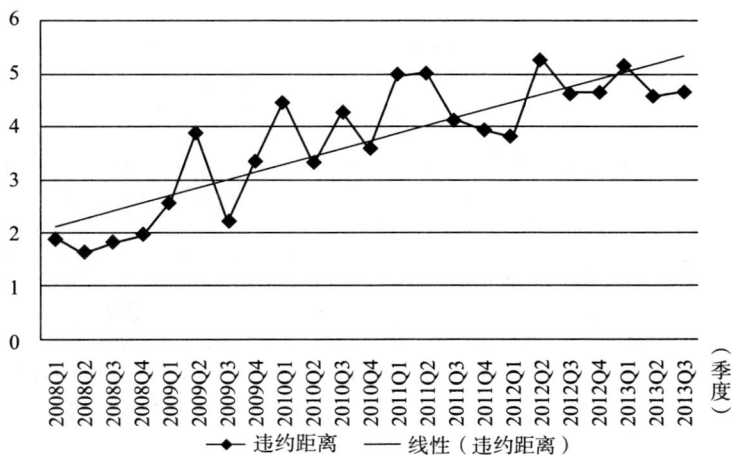

◆ 违约距离　　　—— 线性（违约距离）

图 15.12　辽宁省上市企业部门违约距离

第 5 节　辽宁省家户部门风险分析

辽宁省家户负债率较低，债务压力较小，家户资产以房产与储蓄为主，资产风险性较小，家户面临的整体风险较小。

辽宁省家户部门的收入一直呈上升趋势，2009 年以前，城镇居民可支配收入增速大于农民纯收入增速。从 2009 年第三季度开始，农民纯收入增速大于城镇居民可支配收入增速，如图 15.13 所示。农民纯收入和城镇居民可支配收入都处于增长的趋势，收入的增加减轻了家户部门面临的风险。

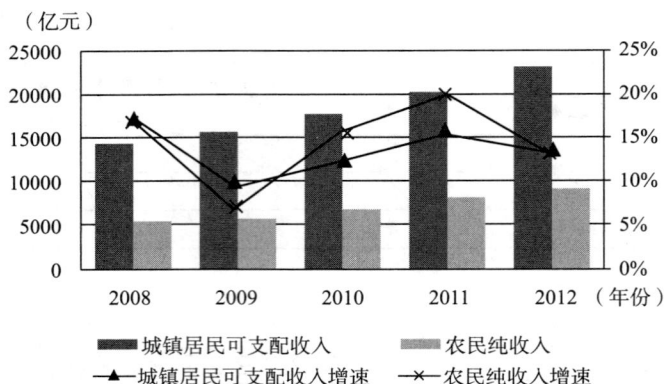

图 15.13　辽宁省城镇居民可支配收入与农民纯收入

辽宁省家户的贷款与储蓄持续增长，2009 年贷款有大幅上升，使得贷款储蓄比大幅上升至 23.21％，如图 15.14 所示。贷款相对储蓄达到一定规模，但总体上看，辽宁省家户部门负债水平并不高，债务风险较小。

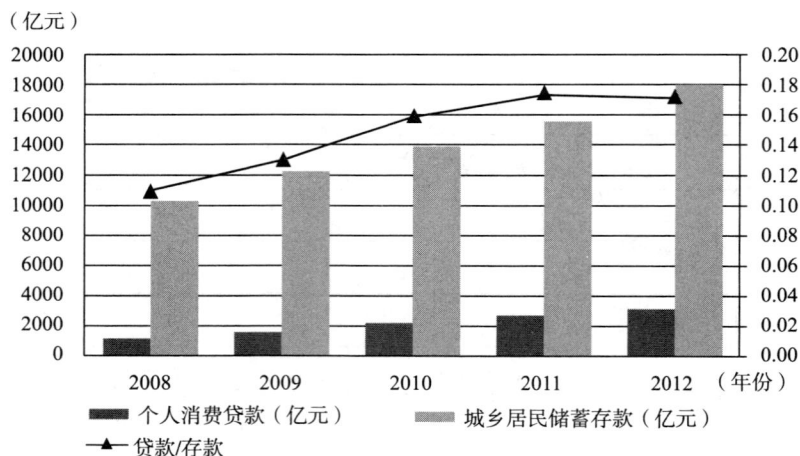

图 15.14　辽宁省个人存贷比

第 6 节　辽宁省装备制造业风险分析

辽宁省装配制造业为该省支柱产业，为该省经济发展提供重要动力。战略新兴产业加快培育，支柱产业发展较快，装备制造业增加值增长 9.8％。装备制造业领域，辽宁沿海经济带开发开放取得新进展。通实施"走出去"战略，装备制造业取得新成效，加快了外商直接投资的引入，沈阳特变电工、抚顺罕王实业等一批境外投资项目进展顺利。全年实现进出口总额 1039.9 亿美元，增长 8.4％。

辽宁省装备制造业目前是辽宁省规模第一的产业，辽宁省装备制造业年均增长 34.11％，占全省工业增加值的比重也增加到 28.7％。辽宁省装备制造业虽然总体规模较大，在全国也处于领先地位，但同时也面临许多相关问题。辽宁省装备制造业以国有企业为主，进入壁垒较高，国有企业的产品齐全，但专业化程度较低，使得资产配置的效率较低。辽宁省装备制造业在生产中的设备利用率较低，造成约半数的产能闲置，而且其研发能力较弱，产品核心技术靠国外引进。

辽宁省装备制造业受金融危机影响较大，出现了订单减少、企业减产的现象，但装备制造业企业积极应对，有效地遏制了危机的负面影响。金融危机对辽宁省装备制造业的负面影响主要体现在国内外需求的萎缩导致企业新增订单锐减，许多企业甚至出现亏损；市场需求的大幅萎缩造成装备制造企业产品的大量积压，形成资金占用，使企业出现资金紧张，危机又导致违约率的提高，企业账款无法收回，企业的流动资金出现紧张。总体而言，金融危机对辽宁省中高端装备制造业的影响相对较小，而对生产低端产品的企业冲击较大。

虽然金融危机对辽宁省装备制造业也有许多不良影响，但对其出口也有有利的一面。金融危机对国外同类企业的冲击远大于对辽宁企业的影响，使得辽宁省装备制造业面临的国际竞争大幅下降，更有利于其在非洲等二线市场扩大份额。并且金融危机给国外装备制造企业以重大打击，为国内装备制造企业进行海外并购创造了良好的条件，大幅地降低了并购的成本。

总体看来，辽宁省装备制造业呈现增长的趋势，并且"走出去"的战略进展顺利。虽然 2008 年金融危机对装备制造业产生一些负面影响，但是装备制造业规模实力的强大增强其抵抗风险的能力。辽宁省装备制造业面临一定的外部冲击，成本的上升也造成了净利润的降低，装备制造业面临一定的相关风险，但外部冲击同时也带来一些积极的影响，辽宁省装备制造业整体发展趋势良好。

第7节　结论及政策建议

以上通过对辽宁省公共部门、金融部门、上市企业部门和家户部门的风险状况研究，分析了辽宁省的宏观金融风险。辽宁省的财政状况良好，不存在明显的金融风险。金融机构的存贷比处于较高水平，贷款长期化趋势明显，使其期限错配风险加大。外币贷款略超过外币存款，货币错配风险较小，辽宁省保险业规模适中，还有一定的发展空间，赔付风险很小，但保险业的发展极度不稳定。

2012年，辽宁省上市企业部门净利润率大幅下降，企业的盈利能力较差。辽宁省上市企业资本结构比较合理，但流动比率过低，存在相应的期限错配风险，面临短期偿债眼里。上市企业或有资产负债率处于合理范围，违约距离在2009年有所上升，总体不存在很大的违约风险。辽宁省家户负债率较低，窄幅压力较小，家户资产以房产与储蓄为主，股票占的比重很小，资产风险性较小。

2012年，在严峻的国际国内形势下，辽宁省经济实现了两位数的快速增长，公共部门和金融部门在此过程中表现良好，财政支出大幅增加，银行信贷投放按照国家适度宽松的货币政策稳步增加，支持重点项目建设。但是，企业部门风险暴露明显，辽宁省的核心产业装备制造业受制于原材料价格上涨，利润空间收缩严重，企业资产流动性降低，使企业偿付短期负债的压力较大，容易造成银行的不良资产。企业部门的风险是辽宁省宏观金融风险的主要体现。

针对辽宁省面临的宏观金融风险，提出如下建议：

第一，积极促成更多符合条件的企业上市融资，扩大辽宁省上市企业的融资规模，以此支持经济的快速发展。

第二，继续加大保险业的建设，不仅要扩大保险业的规模，还要不断提高保险业的业务质量，为经济的加速发展提供更好的保障。

第三，鉴于辽宁省部分企业面临经营困境，应适度增加对企业的信贷支持，帮助企业渡过难关，并鼓励企业的并购重组，提升企业的竞争力。

参 考 文 献

［1］中国人民银行沈阳分行：《2012 年辽宁省金融运行报告》。

［2］辽宁省统计局：《2012 年辽宁省统计年鉴》。

［3］辽宁省人民政府发展研究中心课题组：《辽宁经济发展态势的总体判断及相关对策》，载《辽宁经济》2009 年第 1 期。

［4］《2012 年辽宁省国民经济和社会发展统计公报》。

［5］艾洪德，张羽：辽宁省区域金融风险实证研究，载《财经问题研究》2005 年第 3 期，第 61—69 页。

［6］辽宁省人民政府办公室文件：《辽宁省人民政府办公厅印发辽宁省防范和化解金融风险维护金融稳定协调合作机制的通知》，《2013 年辽宁省人民政府公报》。

第16章　吉林省宏观金融风险研究

　　吉林省在2012年继续保持平稳较快发展，全省生产总值高速增长，产业结构得到进一步的优化。城乡居民的可支配收入和个人消费支出相对2011年均有所增加，城乡差距进一步缩小，人民生活水平显著提高。本章对吉林省四大部门存在的金融风险进行度量和分析，并提出相关政策建议。

　　2012年，吉林省公共部门财政缺口风险有所下降；金融部门各项指标均处于安全范围之内，暂不存在明显的资本结构错配风险、货币错配风险和期限错配风险；家户部门存贷结构合理，城乡收入差距进一步降低；上市企业部门净利润率有所下降，资产负债率与流动比率等指标出现恶化，有关部门应警惕相关风险的扩大与蔓延。

　　郭庆海（2013）指出，吉林省县域经济发展存在较大问题，表现为工业化程度不高、产业链较短、农业可持续发展难以维持。许修杰（2013）认为吉林省产业结构不合理，重工业比例过高导致工业总产值综合能耗近年来大幅增长，制约着吉林循环经济的健康发展。李俊峰（2013）认为在金融支持民营经济发展的过程中存在着贷款准入门槛高、审批流程繁杂、企业融资成本高等问题。

第1节　吉林省经济金融运行概况

一、吉林省经济运行概况

　　2012年，吉林省全年生产总值达到1.19万亿元，增长12%，高于全国平均水平4.2个百分点，增速位于全国第十位。在国内外经济下行压力下，吉林省经济仍保持稳健增长，增速始终不低于12%。全年完成固定资产投资0.97万亿元，与2011年相比增长30.5%，增速同比上升0.2个百分点，高于全国平均水平9.9个百分点，其中民间投资表现活跃，所占比重超过70%。2013年吉林省实现生产总值1.30万亿元，同比增长8.3%。

从产业结构来看，三次产业结构由 2011 年的 12.1∶53.2∶34.7 调整为 11.8∶53.4∶34.8，工业与服务业所占比例均有所提高。全年工业实现增加值 5582.48 亿元，同比增长 14.1%，增速在东北三省中居于首位。在规模以上工业中轻工业与重工业分别实现增加值 1562.5 亿元与 3914.8 亿元，增速分别为 16.2% 和 13.3%。服务业对 GDP 的贡献进一步加大，产业结构趋于优化。

2012 年吉林省城镇居民人均可支配收入为 20208 元，与 2011 年相比增长 13.6%；农村居民人均纯收入 8598 元，与 2011 年相比增长 14.5%，城乡居民收入均增长较快，城乡差距进一步缩小。由于食品价格涨幅较大，2012 年吉林省 CPI 累计同比上涨 2.5%，较上年下降了 2.7 个百分点。

总的来看，面对国内外严峻的经济形势，2012 年吉林省经济保持较快增长。各经济指标均表现良好，三次产业结构进一步优化，城乡居民生活水平逐步提高。

二、吉林省金融运行概况

2012 年吉林省金融业稳定健康发展。银行业金融机构资产规模持续增长，截至年末资产总额达到 18497.6 亿元，相对 2011 年增长 25.3%，增速上升了 12.3 个百分点，净利润相对 2011 年增长 33.9%。存款余额和贷款余额分别同比增长了 16.9% 和 12.5%。不良贷款余额和不良贷款率均有所下降，信贷资产质量进一步改善。

截至 2012 年年底，全省共有证券公司 2 家，期货公司 3 家。境内上市公司总数达到 38 家，新增 1 家。上市公司总市值达到 1671.6 亿元，全年共在 A 股市场筹资 59.6 亿元，与 2011 年筹资额 18.6 亿元相比，直接融资规模大幅提升。

吉林省保险业在 2012 年平稳发展，新增保险公司经营主体 2 家。全年实现保费收入 232.5 亿元，同比增长 4.1%。保险密度达到 845.5 元/人，与 2011 年相比提高 36.5 元。保险覆盖范围有所加大，风险保障作用进一步体现。

第 2 节　吉林省公共部门风险分析

2012 年，吉林省一般预算缺口占 GDP 的比重进一步下降，公共部门暂不存在财政缺口风险。2008 年以来，吉林省一般预算收入与一般预算支出均保持平稳增长，财政缺口连年加大，缺口占生产总值的比重呈现先上升后下降的态势。具体来看，2012 年全年一般预算收入首次突破千亿，达到 1041.3 亿元，同比增长 22.5%，其中非税收入增速为 24.2%，略快于税收收入增速。一般预算支出 2471.2 亿元，增长 12.2%，保障性支出占比较大。值得一提的是，吉林省用于民生工程的支出占一般预算支出的比重已连续六年超过 70%，居民的教育、医疗、社保等得到有效保障。2012 年财政缺口为 1429.9 亿元，占 GDP 的比重为 11.98%，与 2011 年相比下降了 0.86 个百分点。总的来说，吉林省公共部门财政缺口风险并不明显。

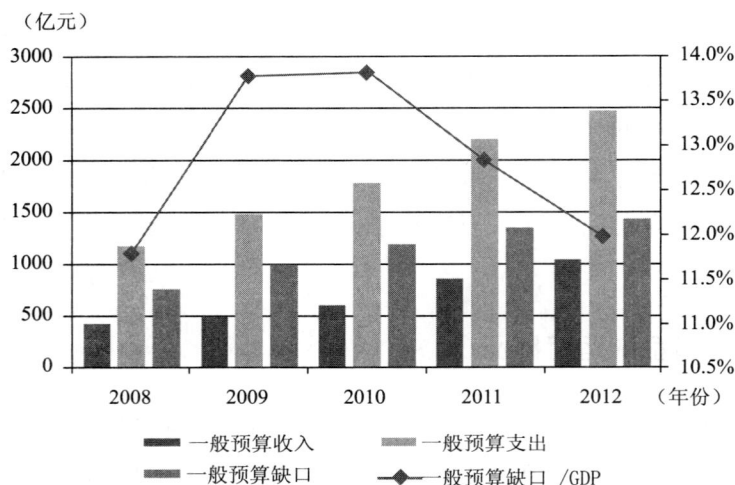

图 16.1 吉林省财政收支结构①

第 3 节 吉林省金融部门风险分析

2012 年，吉林省金融部门总体运行良好，银行类与保险类金融机构的风险状况处于安全范围之内。银行业存贷款余额平稳增长，金融机构体系进一步完善，金融生态环境持续优化。社会融资结构进一步改善，资本市场的融资功能得到体现，直接融资额大幅上升。本节主要运用账面分析和或有权益分析方法来分析吉林省银行类、保险类金融机构的风险状况。

一、银行类风险分析

（一）资本结构错配分析

截至 2012 年年末，吉林省银行业本外币存款余额达到 12812.1 亿元，较

---

① 数据来源：《2008－2012 年吉林省国民经济和社会发展统计公报》。此章数据均来源于此。

2011 年增长 16.9%，增长速度提高 4 个百分点。股市与楼市低迷、投资渠道较少是拉动存款余额大幅上涨的主要原因。本外币贷款余额在年末达到 9270.5 亿元，同比增长 12.5%，增长速度与 2011 年相比回落 3 个百分点。从信贷投向结构上来看，中小微型企业贷款余额为 3245.9 亿元，与年初相比增长 20.9%。年末涉农贷款余额达到 2660.3 亿元，与年初相比新增 400 亿元，占全部新增贷款的比重达到 38.8%。银行业对小微企业与农业的服务能力加强，信贷投向结构进一步优化。2012 年本外币存贷比为 72.36%，较 2011 年下降 2.83 个百分点，低于央行规定的商业银行最高存贷比 75%。资本结构错配风险并不明显。

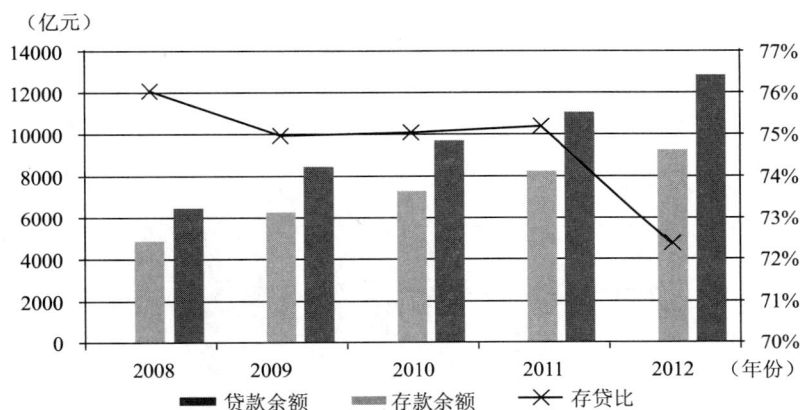

图 16.2　吉林省金融部门存贷比

（二）期限错配分析

2012 年吉林省银行类金融部门暂不存在明显的期限错配风险。截至 2012 年年底，吉林省银行业中长期贷款余额为 5649.4 亿元，同比增长 11.6%，与 2011 年相比增速下降 5.5 个百分点。短期贷款余额为 3341.4 亿

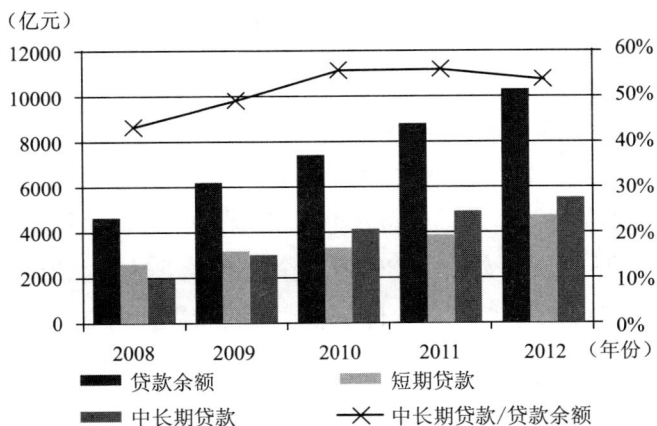

图 16.3　吉林省金融部门期限结构

元，增长12.2%。中长期贷款占各项贷款余额的比重为60.94%，与2011年相比略有下降。新增中长期贷款占全部新增贷款的比重比2011年下降9.5个百分点，贷款期限结构更加优化，期限错配风险有所减小。

（三）货币错配分析

2012年，吉林省银行类金融机构货币错配风险有所下降。2008年以来，吉林省银行业外币贷款余额逐年增长，外币存款余额在2011年出现下降，随后处于上升趋势。具体来看，外币贷款余额于年末达到114.9亿元，同比增长0.17%。外币存款余额达到106亿元，同比增长20.73%。外币存款增长显著快于贷款增长导致外币存贷比大幅下降，为108.4%，较上年回落22.24个百分点，货币错配风险得到有效控制。

（亿元）

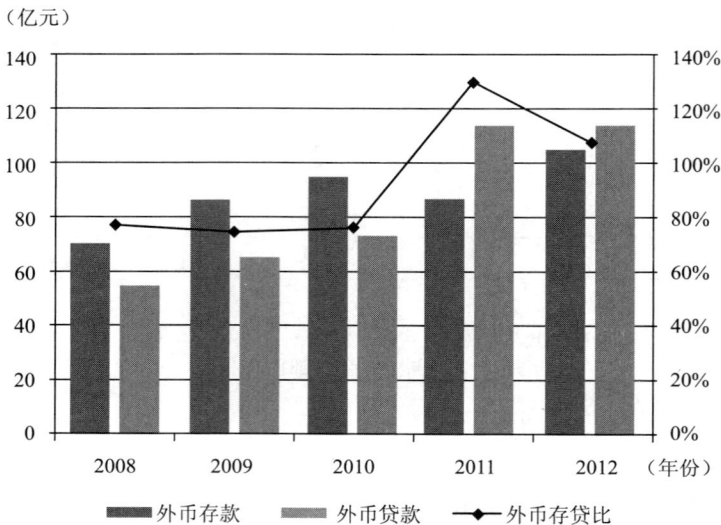

图16.4　吉林省外币存贷比

二、保险类风险分析

2012年，吉林省保险业稳步发展。全年新增保险公司经营主体2家。全年实现保费收入232.5亿元，同比增长4.1%。保险密度达到845.5元/人，与2011年相比提高36.5元。2009年以来保险深度逐年下滑，2012年为1.9%，保险市场开发潜力较大。2013年全省保险赔付额达到71.5亿元，增长19.2%，超过保费增幅15.1个百分点，赔付率达到30.75%。总的来看，吉林省保险业服务领域不断扩宽，保险覆盖范围有所加大，风险保障作用进一步体现。

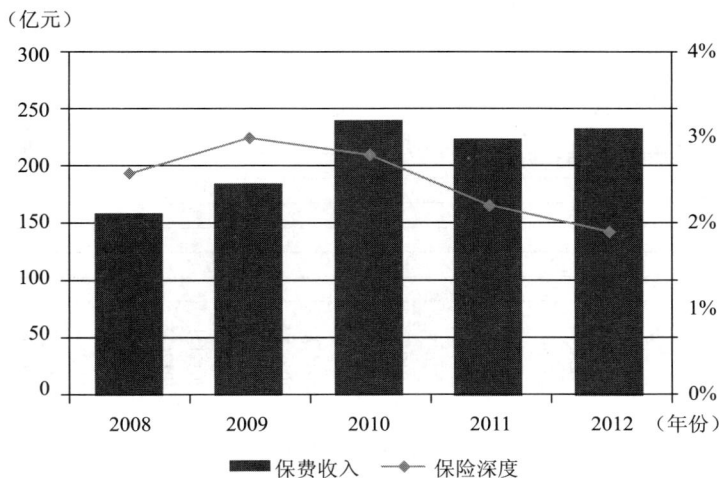

图 16.5 吉林省保险深度

第4节 吉林省上市企业部门风险分析

2012 年，吉林省上市企业部门经营状况出现恶化，季度平均利润率大幅下滑，资本结构错配风险、期限错配风险以及市场风险有所加大。

全年全省新增境内上市公司 1 家，总数达到 38 家，主要分布在制药、汽车、有色金属、电子设备、不动产投资开发等行业。上市公司总市值达到 1671.6 亿元，全年共在 A 股市场筹资 59.6 亿元，与 2011 年筹资额 18.6 亿元相比，直接融资规模大幅提升。本节选取截至 2013 年第三季度末吉林省板块上市企业的数据来分析吉林省上市企业部门的风险。

一、盈利能力分析

2008 年金融危机以来，吉林省上市企业部门净利润率呈现波动性上升趋势，并于 2011 年第三季度达到近年来最高点 10.88%。从 2011 年第四季度到 2012 年第一季度这一指标急速下滑，于 2012 年第一季度降为谷底，仅为 3.83%，随后在低位徘徊。具体来看，全年四季度吉林上市企业利润率分别为 3.55%、4.32%、3.83%、5.02%，季度平均利润率为 4.18%，同比下降 4.87 个百分点。受国内外市场需求低迷，原材料价格上涨等因素的影响，汽车、电力、有色金属等行业均出现不同程度的亏损。据上市公司报表数据显示，一汽轿车（000800）2012 年亏损 7.56 亿元，净利润同比下降 448.87%。2013 年吉林省上市企业部门净利润率企稳回升。

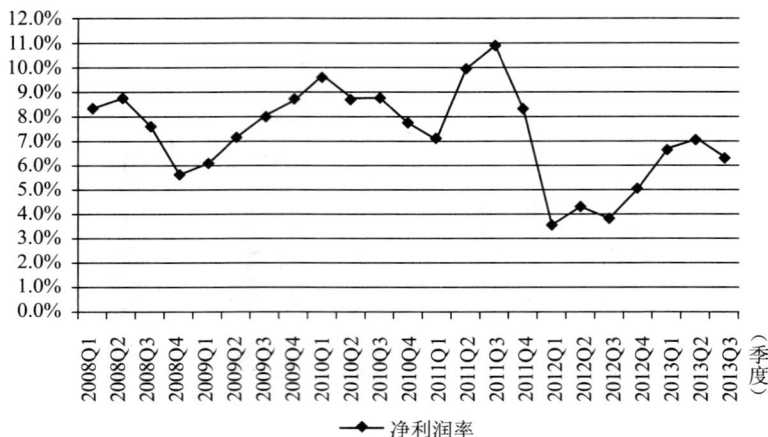

图 16.6　吉林省上市企业部门净利润率

二、账面价值资产负债表分析

（一）资本结构错配分析

2012 年，吉林省上市企业部门资本结构错配风险有所加大。具体来看，上市企业部门资产与负债规模均稳步上升，资产负债率上升趋势明显。截至 2012 年年末，吉林省上市企业部门资产总额达到 1112.73 亿元，负债总额达 710.13 亿元。2012 年吉林省上市企业部门四季度资产负债率分别为 60.03％、62.36％、62.97％、63.82％，季度平均资产负债率为 62.29％，同比上升 3.11 个百分点。有关部门应提高警惕，防止资本结构错配风险进一步上升。

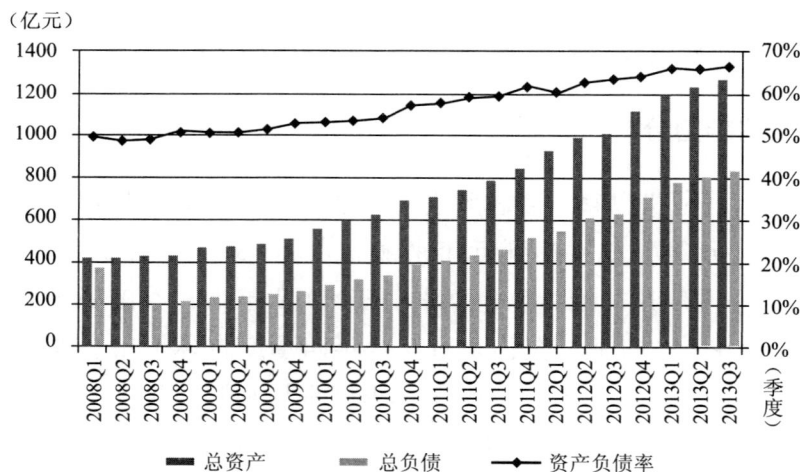

图 16.7　吉林省上市企业部门资产负债率

（二）期限错配分析

2011 年第三季度开始，吉林上市企业部门流动比率出现下滑，2012 年始终在低位波动，低于国际公认的流动比率下限 100％，期限错配风险较大。具体来看，2012 年上市企业部门四季度流动比率分别为 94.62％、95.54％、93.04％、89.98％，季度平均流动比率为 93.30％，与 2011 年相比降低 6.06 个百分点。这说明吉林上市企业部门资产流动性管理有待加强，有关部门要防范出现短期偿债能力不足的可能性。2013 年吉林上市企业部门流动比率有所回升，均保持在 1 以上。

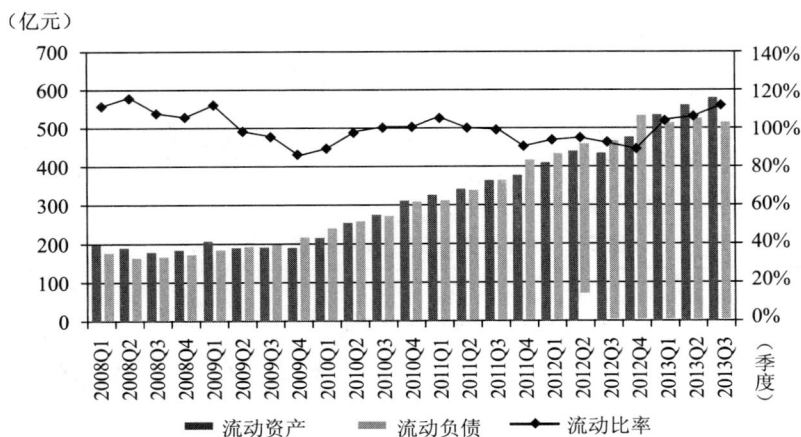

图 16.8　吉林省上市企业部门流动比率

三、或有权益资产负债表分析

2012 年以来，吉林上市企业部门或有资产小幅波动上升，或有负债规模保持扩大趋势，或有资产负债率持续上升。具体来看，2012 年吉林省上市企业部门四季度或有资产负债率分别为 20.29％、21.46％、23.97％、24.46％，季度平均或有资产负债率为 22.54％，同比上升 6.43 个百分点。总的来说，吉林上市企业部门市场风险有所加大，但从或有资产负债率的绝对值来看仍处于安全范围之内。

2008 年以来，吉林省上市企业部门违约距离呈波动上升的趋势，于 2011 年第二季度达到近年来最高值 4.83 后稍有下滑。2012 年各季度违约距离分别为 3.13、4.64、4.14、4.55，平均季度违约距离为 4.11，同比下降 0.07，表明吉林上市企业违约概率有所上升。总体来看，吉林上市企业部门违约距离上升趋势较为稳定，违约风险较小。

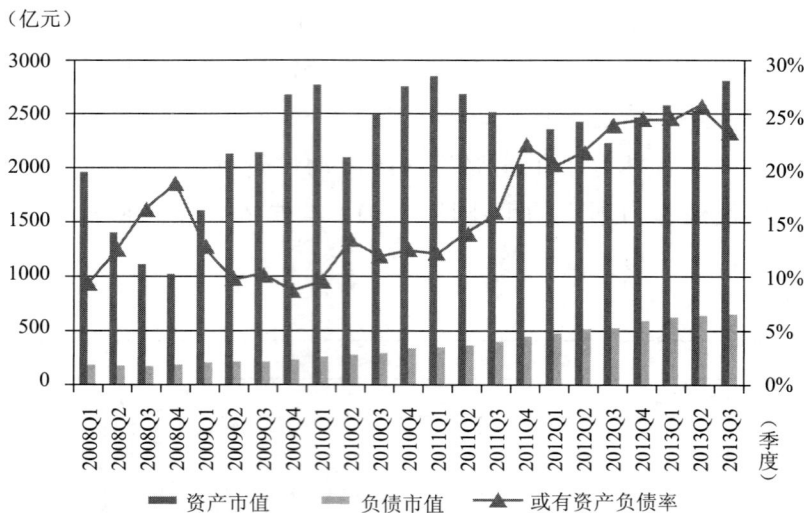

图 16.9 吉林省上市企业或有资产负债率

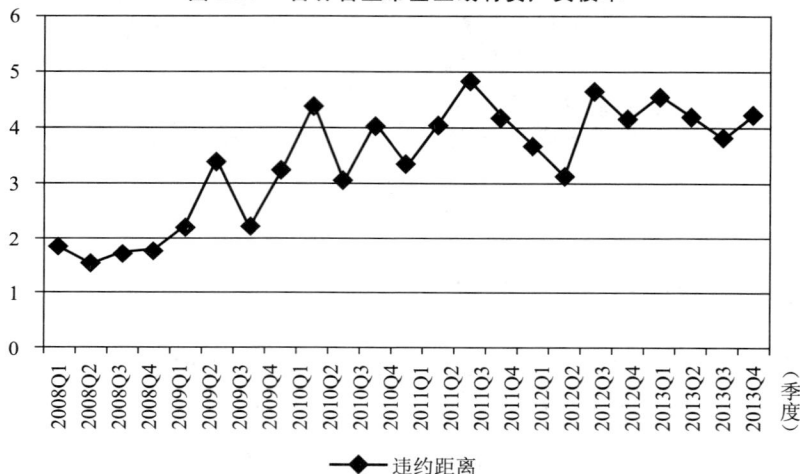

图 16.10 吉林省上市企业违约距离

第5节 吉林省家户部门风险分析

　　2012 年，吉林省城乡居民收入均保持较高的增长速度，城镇居民人均可支配收入达到 20208 元，在全国各省市中排在第 22 位，扣除价格因素实际增长 9.2％；农村居民人均纯收入为 8598 元，排在全国第 11 位，实际增长 11.2％，城乡收入差距进一步缩小。2012 年城乡居民人均消费支出较上年分别上升了 12.3％和 16.6％。城镇居民家庭恩格尔系数为 31.7％，与 2011 年相比下降 1 个百分点；农村居民家庭恩格尔系数为 30.5％，同比下降 4.8 个百分点，城乡居民的消费结构进一步优化。

由于食品价格上涨较快，2012 年吉林省 CPI 累计同比上涨 2.5%，较上年下降了 2.7 个百分点。城镇登记失业率为 3.65%，相较 2011 年下降 0.05 个百分点。

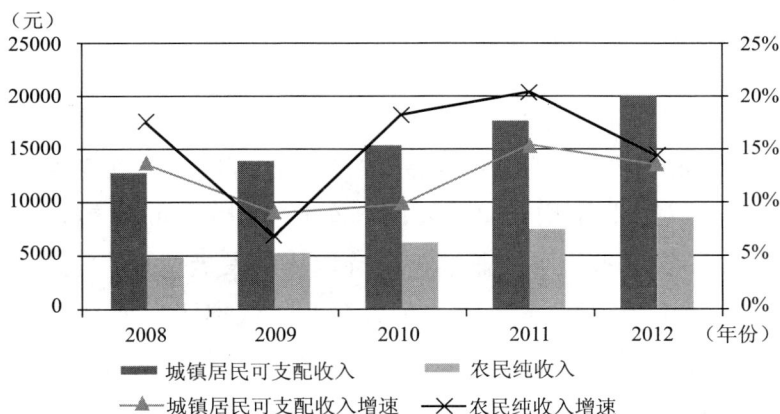

图 16.11　吉林省城镇居民可支配收入与农民纯收入

2012 年年末个人消费贷款余额和城乡居民储蓄存款余额分别达到 1084.8 亿元和 6927.4 亿元，与 2011 年相比分别增长 23.72% 和 17.73%。个人消费贷款显著增多，居民储蓄存款平稳增加，二者之间的比值达到 15.66%，与 2011 年相比有所上升。总体来说，吉林家户部门个人存贷比处于上升趋势，但从绝对值来看风险水平并不大，处于相对安全的范围之内。

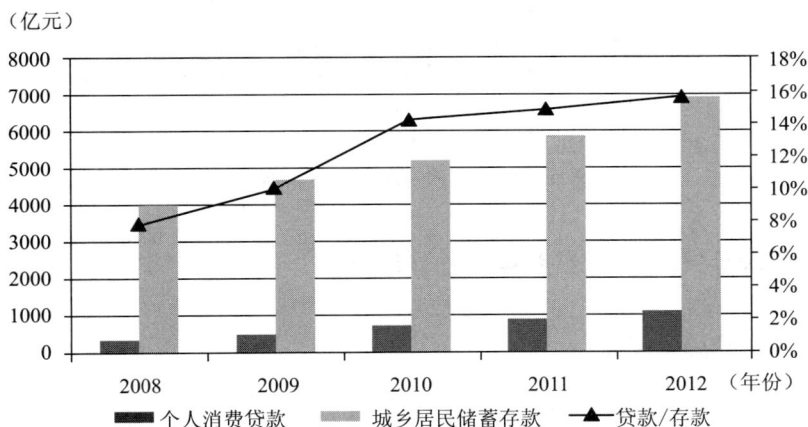

图 16.12　吉林省个人存贷比

第 6 节　吉林省汽车产业风险专题分析

汽车产业作为吉林省最重要的支柱产业，在全省的工业发展中占有极其重要的地位。本节对吉林省汽车产业的发展状况进行专题分析，发现吉林省汽车产业存在着盈利能力不强、缺乏竞争力等问题，一旦市场环境出现恶化，极易导致整个上市企业部门利润率下滑，对全省经济造成冲击，需要引起相关部门的警惕。

一、吉林省汽车产业发展现状

2012年吉林省汽车产业总产值为9018.71亿元，比上年增长16%。新增产值1243.96亿元，贡献了整个工业新增产值的25.4%。全年生产汽车仪器仪表118.4万台，比上年增长3.9%；汽车产量197.56万辆，比上年新增21.05%。2013年吉林省汽车产业继续保持较快的发展速度，全年整车产量在全国位于第二位，仅次于广东省。其龙头企业一汽集团目前具有120万辆/年的生产能力，产销量占全国的20%左右。然而，吉林省的汽车产业依旧存在很多问题，在国际市场上缺乏竞争力，抵御风险的能力较差。以一汽轿车（000800）为例，2012年亏损7.56亿元，净利润同比下降了448.87%。

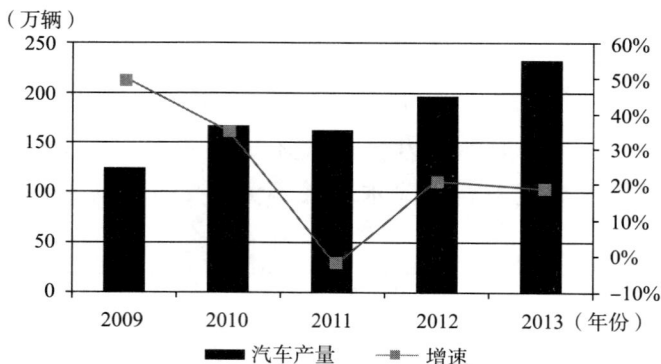

图16.13　吉林省汽车产量及增速

二、吉林省汽车产业发展中存在的问题

（一）自主品牌水平低

改革开放以来，中国的汽车产业贯彻的是一条以市场换技术、同国外著名品牌合资经营的道路。经过多年的发展，吉林省的汽车自主品牌有了长足的发展，但是相比国外的品牌车仍处于明显劣势。以一汽集团为例，目前，一汽不仅拥有解放、红旗、奔腾、夏利等自主品牌，还拥有着大众、奥迪、丰田、马自达等合资合作品牌。二者相比，合资品牌的汽车销量占据着相对优势。同时吉林省的汽车自主品牌定位于低端车市场，同合资品牌相比，极易陷入低质量、低价格、低档次的窘境，给企业带来的盈利也十分有限。

（二）研发能力相对薄弱，零部件企业投入不足

吉林省是汽车大省，但是从企业的层面来看，大部分企业都不具备良好的自主研发能力。从反映研发能力的研发费用占销售收入的比重来看，以一汽集团为例，2008－2012年销售收入为14023.6亿元，累计研发投入223.4亿元，研发收入占销售收入的比重仅为1.59%，远远低于国际汽车集团4.3%的平均水平。首先，从教育角度来看，吉林大学虽然机械制造、汽车等专业具备一定的实力，但是并没有产出足够的产业研发人才，高等教育同产业发展脱轨；其次，从产品的层面来看，一汽集团在载重卡车方面虽然有较好的技术积累，但是轿车开发技术仍然严重依赖国外汽车企业；最后，吉林省的汽车产业零部件企业投入不足。发达国家整车与零部件之间的比例一般为1：1.7，而吉林省零部件生产仅占整车生产的1/4，说明零部件产业严重滞后于整车。目前吉林省共有汽车零部件配套企业200多户，汽车零部件及配件的市场规模仅占国内市场的6.3%，这同吉林省的汽车大省地位不符，需要加强零部件配套企业的发展。

（三）面临的竞争日益激烈

近年来，以上汽为代表的长三角和以广汽为代表的珠三角汽车产业集群发展迅猛，与此同时，一批优秀的自主品牌如江淮、奇瑞也在迅速成长。以一汽集团为代表的吉林汽车企业在国内汽车产业的地位遇到了挑战，吉林省的汽车产业面临的国内竞争日趋激烈。

三、政策建议

针对上述问题，吉林省相关部门应采取措施，提高吉林省汽车产业在国内和国际市场上的竞争力。首先，应大力扶持发展自主品牌，比如给予一定的财政补贴和金融支持，千方百计提升其产品档次和质量。其次，注重技术的积累，加强同省内高校在技术上的合作，争取实现汽车产业的产学研良好结合。最后，要立足现实，以良好的心态面对来自其他地区的竞争，并且加强同广汽、上汽在技术上的交流；同时学习自主品牌发展的经验，提升企业的品牌核心价值。

第7节　结论及政策建议

本章主要使用账面资产负债表和或有权益资产负债表的方法分析了吉林

省公共部门、金融部门、上市企业部门和家户部门所面临的风险状况以及抗风险能力。

吉林省 2012 年经济运行状况良好。全年生产总值达到 1.19 万亿元，增长 12％，增速在全国排名第十，高于全国平均增长速率 4.2 个百分点。CPI 增速显著回落，通货膨胀问题得到抑制。金融业稳健运行，银行、保险、证券行业的资产规模与盈利水平稳步提升，金融生态环境持续优化。

2012 年吉林省财政收入和财政支出保持平稳增长，一般预算收入首次突破千亿，一般预算支出中用于民生工程的支出所占比重已连续六年超过 70％。财政缺口占 GDP 的比重有所下降，公共部门暂不存在清偿力风险。金融部门方面，银行类金融机构本外币存贷比下降，资本结构错配风险并不明显；贷款期限结构进一步优化，期限错配风险较小；外币存贷比大幅回落，货币错配风险得到有效控制。上市企业部门净利润率始终在低位徘徊，盈利能力不强，汽车、电力、有色金属等行业均出现不同程度亏损。账面资产负债率与或有资产负债率与 2011 年相比均有所上升，流动比率下降，上市企业经营状况恶化，资产负债管理与流动性管理有待加强。家户部门个人存贷比处于上升趋势，存贷结构基本处于相对安全的范围之内。

基于以上分析，我们针对吉林省的经济金融发展提出以下几点建议：

首先，公共部门应优化财政收支结构，防止财政缺口进一步加大；在财政支出投向上，要加大产业结构调整力度，改变老工业基地高污染高能耗的发展现状，对生物制药、新能源等高新技术产业给予积极扶持与引导，促进战略性新兴产业发展。

其次，金融部门应加大对小微企业和"三农"的支持力度，积极创新金融产品，充分发挥金融服务实体经济的作用；提高信贷资金使用效率，建立有效的风险防控机制降低不良贷款，以保证资产的质量。

最后，上市企业部门在拓宽融资渠道、开发市场的同时要注重技术的积累，加大研发投入，提高自身抵御外部市场风险的能力。

参 考 文 献

［1］中国人民银行：《2008—2012 年吉林省金融运行报告》。

［2］吉林省统计局：《2009—2013 年吉林省统计年鉴》。

［3］许修杰：《吉林省经济发展的负面效应与解决对策》，载《吉林化工学院学报》2013 年第 8 卷第 30 期，第 5—7 页。

［4］李俊峰：《金融支持民营经济的现状，存在问题及对策建议——以吉林省通化市为典型案例》，载《吉林金融研究》2013 年第 6 期，第 59—63 页。

［5］郭庆海：《吉林省县域经济发展的特点及路径》，载《经济纵横》2013 年第 8 期，第 13 页。

第 17 章　黑龙江省宏观金融风险研究

2012 年，面对国内外经济下行压力，黑龙江省经济金融运行良好，稳中有进。作为东北地区最大的省份以及全国第一产粮大省，黑龙江省的金融风险状况对于中国经济发展十分重要。本章将对黑龙江省四大部门的宏观风险状况与抗风险能力进行分析，并结合有关数据提出相应的政策建议。

2012 年，黑龙江省财政缺口占 GDP 的比重略有加大，公共部门财政缺口风险并不明显。金融部门方面，银行类金融机构暂不存在明显的资本结构错配风险和期限错配风险，货币错配风险有所下降。上市企业部门盈利能力下降，市场风险加大，经营状况恶化，期限错配风险较小，违约风险有所下降。家户部门存贷结构合理，处于相对安全的范围之内。

林佐明（2013）认为，黑龙江省银行业金融机构规模偏小，存在信贷结构失衡，融资渠道单一，融资结构不合理等问题。崔崇秀（2013）指出，黑龙江省金融服务体系难以满足小微企业发展的需要、金融服务体系有待完善，提出创新信贷产品、完善金融体系建设等改进措施。王萍、李洪竹（2012）通过对黑龙江与俄国建立的经济贸易区进行研究，认为双边贸易区存在交易规模局限、交易结构不合理等问题，对黑龙江整体经济的稳定发展造成影响。

第 1 节　黑龙江省经济金融运行概况

一、黑龙江省经济运行概况

2012 年，黑龙江省实现生产总值 1.37 万亿元，同比增长 10%，高于全国平均水平 2.2 个百分点。三次产业增加值分别增长 6.5%、10.2% 和10.7%。全年完成全社会固定资产投资 0.98 万亿元，增长 30%，主要投向装备、石化、能源、食品等行业。民间投资表现活跃，与 2011 年相比增长50.5%，占总投资的比重达到 56.9%。

从产业结构来看，黑龙江省三次产业结构由 2011 年的 13.6∶50.5∶35.9 调整为 15.4∶47.2∶37.4，产业结构进一步优化。黑龙江省农业发展迅速，粮食产量再创新高，已连续两年成为全国第一产粮大省。规模以上工业企业增加值同比增长 10.5%，较 2011 年回落三个百分点。食品、装备、石化、能源仍是推动工业增长的主要力量。

2012 年黑龙江省城镇居民人均可支配收入为 17760 元，与 2011 年相比增长 13.1%；农村居民人均纯收入达到 8603.8 元，于 2011 年相比增长 13.3%，农民收入增速快于城镇居民，城乡差距进一步缩小，城乡收入差距比在全国排在第 29 位。2012 年黑龙江省 CPI 累计同比上涨 3.2%，较上年下降了 2.6 个百分点，食品价格涨幅较大是推动 CPI 上涨的主要因素。

总的来看，2012 年黑龙江省经济运行稳中有增，各经济指标均表现良好，三次产业结构进一步优化，城乡居民生活水平稳步提高。

二、黑龙江省金融运行概况

2012 年黑龙江省金融部门稳健运行，银行抗风险能力逐步增强，金融生态环境更加优化。银行业金融机构资产总额于年末达到 23501.8 亿元，增长 22.2%，实现净利润 254.7 亿元。信贷资产质量有所改善，不良贷款率与 2011 年相比下降 1.6 个百分点。金融机构体系进一步完善，全年新增 2 家外资银行和 5 家村镇银行。截至 2012 年年末，全省共有融资性担保机构 120 家，小额贷款公司 385 家。本外币存款余额和贷款余额相对 2011 年年末分别增长了 14% 和 15.9%，其中涉农贷款新增量占全部贷款新增量的比重达到 40.4%，对涉农信贷的支持力度进一步加大。

截至 2012 年年底，黑龙江境内共有证券公司 1 家，期货公司 3 家，A 股上市公司 31 家。境内上市公司总市值增长 14.6%，证券市场融资规模稳步扩大。

黑龙江保险业在 2012 年平稳发展，新增省级以上保险公司机构 1 家，总计 39 家。全年实现保费收入 344.1 亿元，同比增长 8.3%。各类保险覆盖面扩大，农业险保费收入同比增长 78.32%，增幅与 2011 年相比上升 17.8 个百分点，取得突破性进展，农业保险的支农惠农作用进一步体现。

第 2 节　黑龙江省公共部门风险分析

2012 年黑龙江省公共部门暂不存在明显的风险，但财政收支结构有待进一步优化。具体来看，2012 年黑龙江省公共财政收支规模保持平稳增长，财政缺口有所加大。全年一般预算收入首次突破千亿，达到 1163.2 亿元，同比增长 16.6％。一般预算支出 3171.5 亿元，同比增长 13.5％，主要用于教育、社会保障和就业等民生类支出。值得一提的是，黑龙江省作为产粮大省，对"三农"的财政支持力度较大，2012 年用于农林水事务的支出增长 20.9％。近年来黑龙江省财政缺口始终较大，财政缺口占 GDP 的比重基本保持平稳，2012 年财政缺口为 2008.3 亿元，占 GDP 的比重达到 14.67％，同比上升 0.3 个百分点。

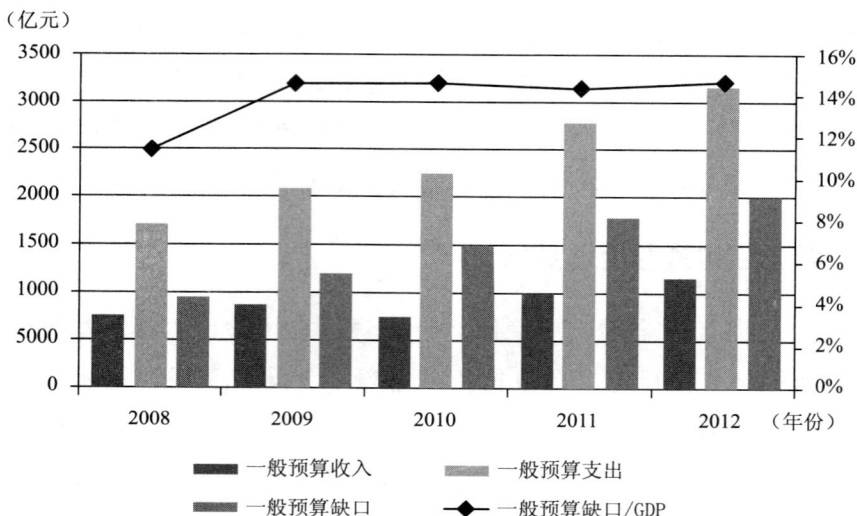

图 17.1　黑龙江省财政收支结构①

第 3 节　黑龙江省金融部门风险分析

2012 年黑龙江省银行业本外币余额稳健增长，金融体系更加完善，金融生态环境持续优化，金融服务实体经济的作用进一步增强。从银行业来看，资本结构更趋合理，期限错配与货币错配风险有所下降。从保险业来看，保险深度有所下降，保险市场潜力有待进一步开发。全年金融业增加值与 2011 年相比增长 34.7％，占 GDP 的比重达到 3.15％。本节主要运用资产负债表方法对黑龙江省银行业与保险业的风险状况和抗风险能力进行分析。

---

①　数据来源：《2008－2012 年黑龙江省国民经济和社会发展统计公报》。此章数据均来源于此。

一、银行类风险分析

(一) 资本结构错配分析

黑龙江省金融部门目前暂无明显的资本结构错配风险。具体来看，2012年黑龙江省银行类金融机构本外币贷款余额为10259.9亿元，增长17.1%，与2011年相比增加3个百分点，增速在东北三省中排在第一位。银行类金融机构本外币存款余额为16540.7亿元，同比增长14.7%，增速下降3.6个百分点。由于信贷融资成本下降、农业及民生工程项目实施等因素的影响，贷款增速快于存款增速，存贷比继续上升，达到62.03%，同比增加1.26%，但与商业银行存贷比上限75%相比仍有一定距离，不存在明显的资本结构错配风险。从贷款投向来看，截至2012年年末，全省涉农贷款余额为3909.3亿元，小微企业贷款余额为1540.8亿元，增速均高于全省各项贷款增速，信贷投向结构进一步优化。

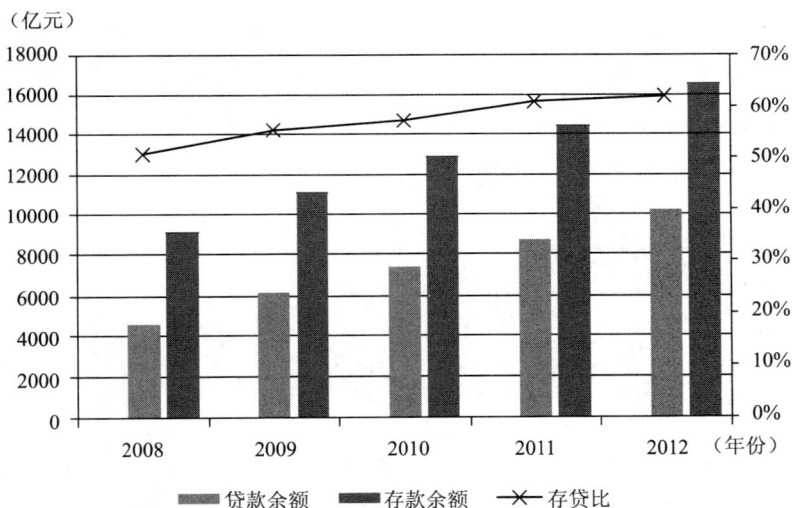

图 17.2 黑龙江省金融部门存贷比

(二) 期限错配分析

2012年黑龙江省银行类金融机构期限错配风险并不明显。截至2012年年末，黑龙江省金融机构中长期贷款余额为5497.9亿元，同比增长12.8%。短期贷款余额为4279.1亿元，增长20.6%，短期贷款增速明显高于中长期贷款增速。中长期贷款占各项贷款余额的比重为53.59%，同比下降2.03%，信贷期限结构更加合理。

（亿元）

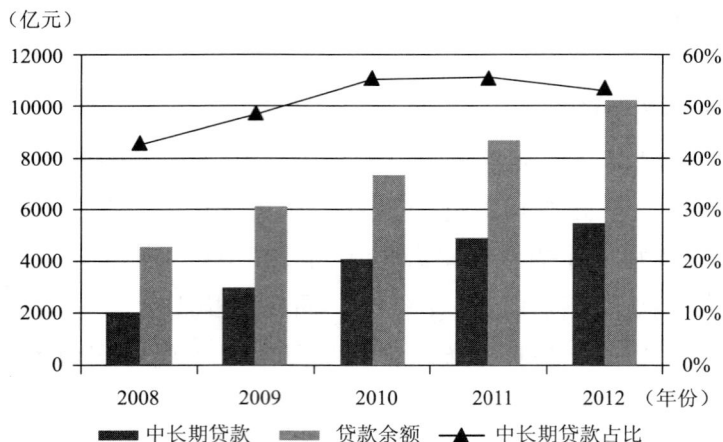

图 17.3　黑龙江省金融部门期限结构

（三）货币错配分析

2012年黑龙江省银行类金融机构外币存贷款余额均大幅增长。具体来看，外币贷款余额在年末达到 353.2 亿元，同比增长 66.3％，增速上升 33.6 个百分点。外币存款余额为 214.1 亿元，与 2011 年相比增长 143.3％。外币存贷比首次出现回落，由 2011 年的最高点 241％ 降至 165％，为 2009 年至 2012 年的最低水平，表明货币错配风险有一定的缓解。

（亿元）

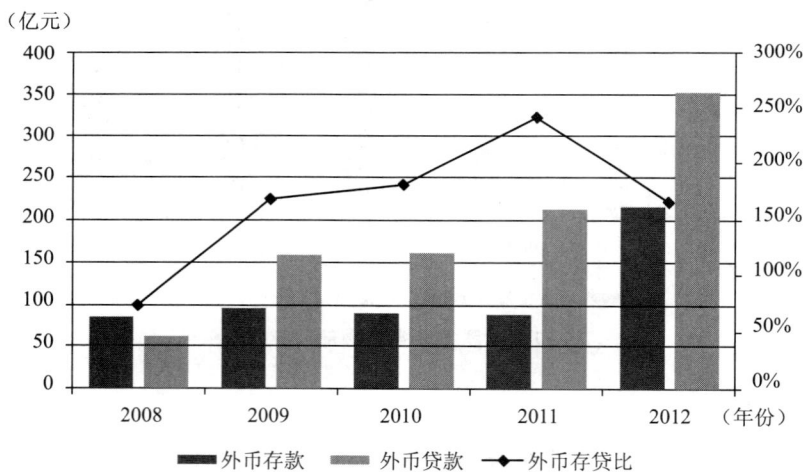

图 17.4　黑龙江省外币存贷比

二、保险类风险分析

2012年黑龙江省保险业运行良好，截至年末，全省保险市场主体共有 39 家，比 2011 年新增 1 家。保险业总资产达到 939.94 亿元，同比增长 17.2％，整个行业保持较快的增长态势。全年人身险业务与财产险业务分别增长 4.85％ 与 17.58％，财产险发展迅速。总的来说，2012 年黑龙江省实现保费收入 344.15 亿元，增长 8.3％。保险密度达到 897.6 元，较 2011 年增长 64.6 元。自 2010 年以来保险深度逐年下降，2012 年保险深度为 2.5％，较上年下降 0.5 个百分点，保险市场的潜力有待进一步开发。

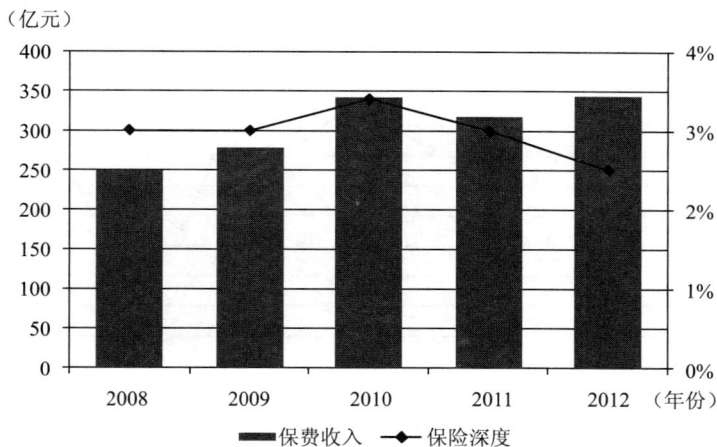

图 17.5　黑龙江省保险深度

第 4 节　黑龙江省上市企业部门风险分析

2012 年，黑龙江省上市企业部门整体净利润率下降，资本结构错配风险与市场风险有所加大，但资产的变现能力较强，期限错配风险较小。

全年全省新增 A 股上市公司 1 家，共计 31 家，总市值达到 1592.5 亿元，分布在制药、电力、造纸、食品生产、工业机械、百货零售、农业与渔业等行业。截至 2012 年年末，全省上市公司通过资本市场筹资 5.3 亿元，融资结构进一步优化。本节选取截至 2013 年第三季度末黑龙江省板块的 30 家上市企业（不包含创业板块和金融行业的相关上市企业）的数据，对黑龙江省上市企业部门的风险进行分析。

一、盈利能力分析

2008 年至 2011 年，黑龙江省上市企业部门净利润率一直在 5％ 至 8％ 的区间内波动，企业的盈利能力较强。然而从 2011 年第四季度开始，该指标出现明显下降，2012 年第一季度降为自 2008 年以来最低水平 2.56％，反映出黑龙江省上市企业部门盈利能力与竞争力下滑。具体来看，如图所示，2012 年四季度黑龙江省上市企业利润率分别为 2.56％、3.70％、3.51％、

3.20％，季度平均利润率为 3.24％，与 2011 年相比降低了 1.87 个百分点。受国内外市场环境低迷与原材料价格上涨的影响，全省上市企业部门整体净利润率下降，亏损企业主要分布在电力、食品生产、通用化工品等行业。2013 年第一季度，上市企业部门净利润率出现短暂上升，随后又处于下降趋势。

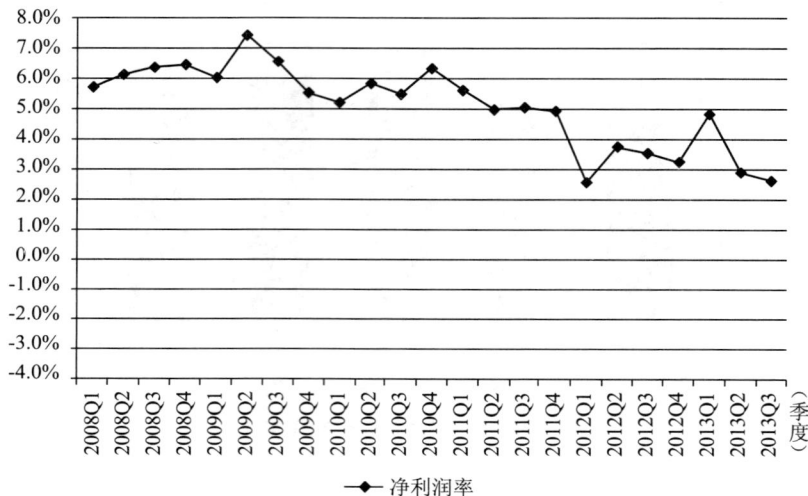

图 17.6　黑龙江省上市企业部门净利润率

二、账面价值资产负债表分析

（一）资本结构错配分析

2012 年黑龙江省上市企业部门总资产与总负债规模均持续上升，并于 2013 年第一季度达到近年来最高点，分别为 1794.69 亿元和 1005.28 亿元，随后呈现下降趋势。截至 2012 年年底，黑龙江上市企业总资产规模为 1754.24 亿元，负债规模为 984.10 亿元。2012 年四季度资产负债率分别为 55.60％、55.36％、55.36％、56.10％，季度平均资产负债率为 55.60％，与 2011 年相比上升了 0.62 个百分点。黑龙江省上市企业部门资本结构错配风险有所加大。

（亿元）

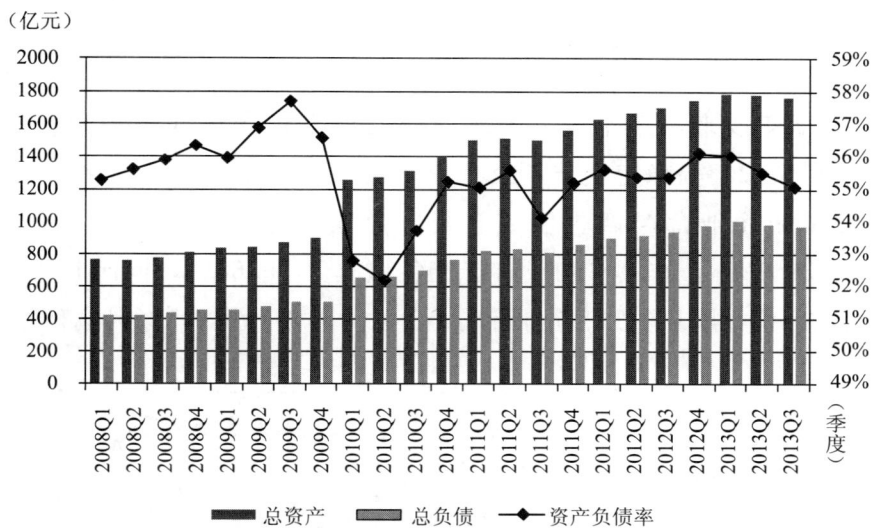

图 17.7　黑龙江省上市企业部门资产负债率

（二）期限错配分析

近年来黑龙江省上市企业部门流动比率始终保持在 100％以上，处于较为安全的水平，期限错配风险较小。具体来看，2012 年上市企业部门流动资产稳定增长，流动负债于前三季度下降，随后上升。全年四季度流动比率分别为 129.21％、133.36％、141.94％、135.52％，季度平均流动比率为 135.01％，与 2011 年相比上升 2.4 个百分点。这说明上市企业资产的变现能力较强，期限错配风险较小。

（亿元）

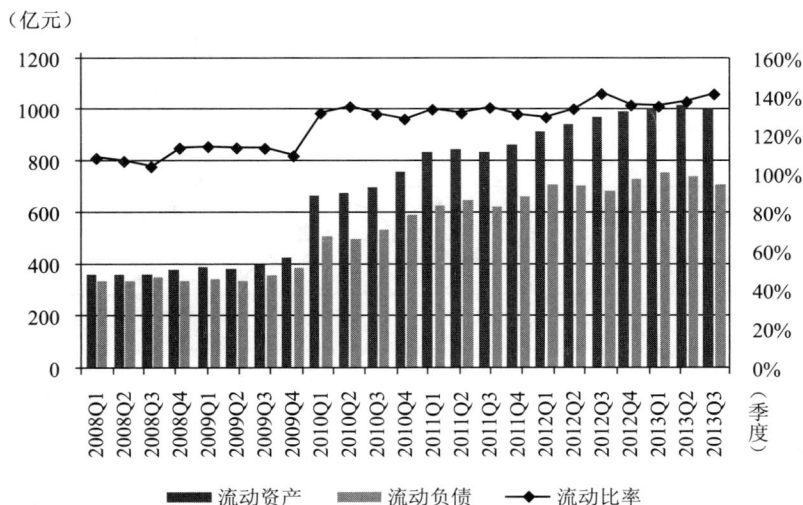

图 17.8　黑龙江省上市企业部门流动比率

三、或有权益资产负债表分析

自 2012 年以来,黑龙江上市企业部门或有资产呈现波动性上升趋势,或有负债则保持小幅稳定上升,或有资产负债率逐季上升。具体来看,2012年黑龙江上市企业部门四季度或有资产负债率分别为 35.12%、34.34%、36.12%、36.12%,季度平均或有资产负债率为 35.68%,同比上升7.9个百分点。总的来说,黑龙江上市企业部门经营状况出现下滑,市场风险有所加大。

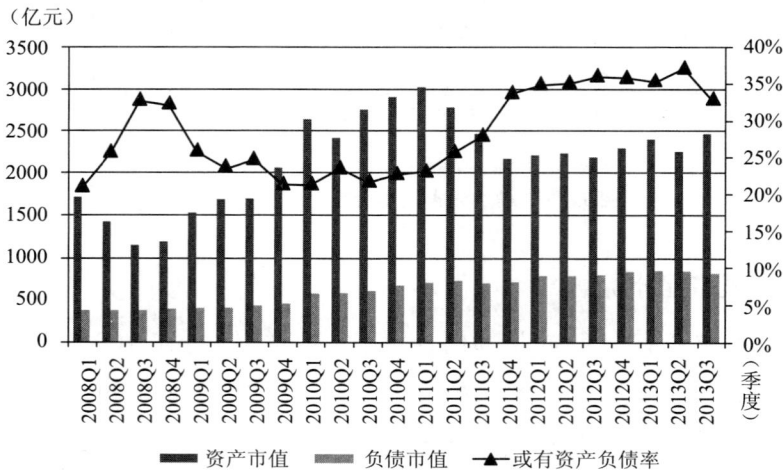

图 17.9 黑龙江省上市企业或有资产负债率

黑龙江省上市企业部门违约距离自 2011 年开始下降,于 2012 年第一季度降至低谷 3.31。之后随着上市企业整体发展情况向好,违约距离升至近年来最高点 5.27,随后稳定在 4 至 5 的区间内波动。具体来看,2012 年黑龙江省四季度违约距离分别为 3.31、5.27、4.59、4.31,平均季度违约距离为

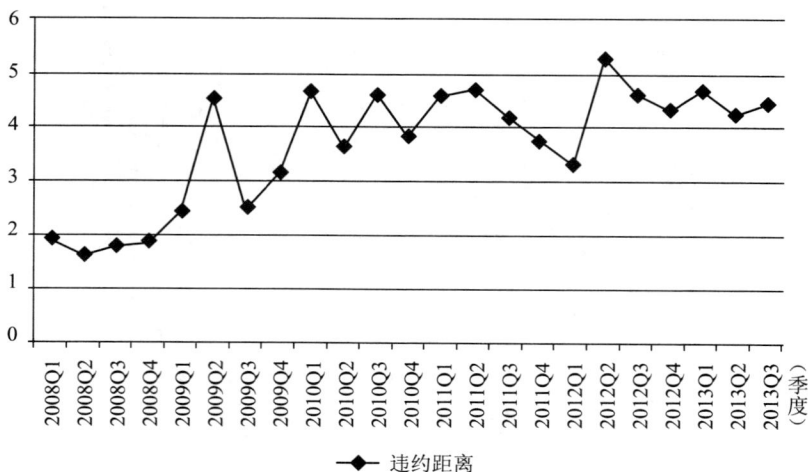

图 17.10 黑龙江省上市企业违约距离

4.37，与 2011 年相比上升 0.07。总体来说，黑龙江省上市企业部门违约风险有所下降，企业经营状况较为良好。

第 5 节　黑龙江省家户部门风险分析

2012 年，黑龙江省城乡居民收入稳步提升，其中城镇居民人均可支配收入达 17760 元，同比增长 13.10%，在全国各省市中排在第 29 位；农村居民人均纯收入 8603.8 元，增长 13.3%，在全国各省市中排在第 10 位。近年来，随着粮食产量连年实现突破，黑龙江省农民纯收入增速均快于城镇居民可支配收入增速，城乡居民收入差距进一步缩小。城乡居民人均消费支出分别为 12984 元和 5718 元，较 2011 年分别上升了 7.7% 和 7.2%。全年 CPI 累计同比上涨 3.2%，较上年回落了 6.9 个百分点，通货膨胀得到有效控制。城镇登记失业率为 4.15%，相较 2011 年下降 0.23 个百分点。

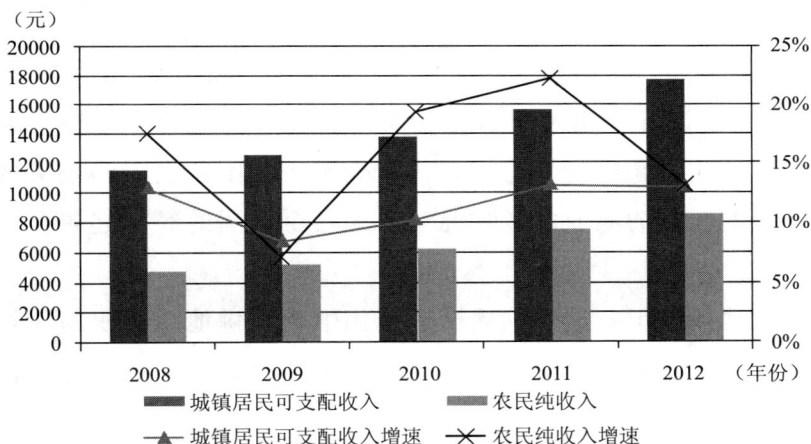

图 17.11　黑龙江省城镇居民可支配收入与农民纯收入

自 2008 年以来，黑龙江省个人消费贷款与城乡居民储蓄存款的比值呈现逐年上升的趋势，但就绝对值来看仍处于合理范围内。具体来看，2012 年年末城乡居民储蓄存款为 9325 亿元，比 2011 年增长 13.75%，增速增加 1.54 个百分点；个人消费贷款达到 1260.1 亿元，比 2011 年增长 16.74%，增速降低 9.65 个百分点；个人消费贷款与城乡居民储蓄存款的比率在 2011 年达到 13.51%，比 2011 年增加 0.35 个百分点。总体来说，黑龙江省家户部门存贷结构合理，风险水平处于相对较低的范围之内。

（亿元）

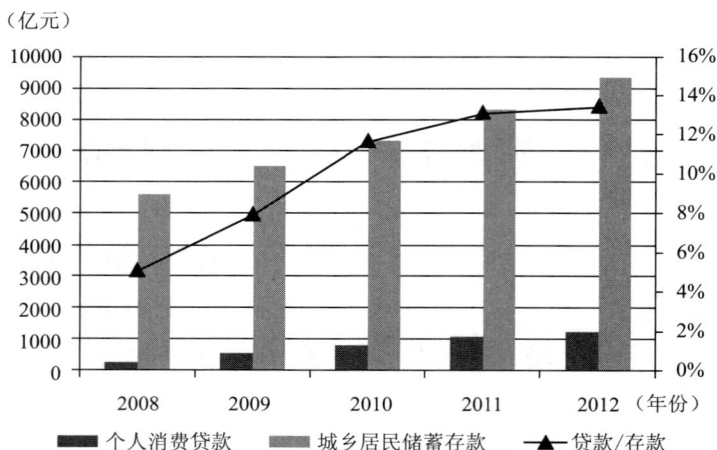

图 17.12 黑龙江省个人存贷比

第6节 黑龙江省农业风险专题分析

2011 年黑龙江省粮食产量达到 1114 亿斤，首次超过河南居于全国首位。2012 年超过 1152 亿斤，实现全省粮食总产九连增，大豆、水稻等农作物的商品量占全国的比重超过三分之一。作为全国产粮第一大省和最大的商品粮生产基地，黑龙江省的农业发展状况对当地乃至全国的经济起着至关重要的影响。

黑龙江省地势平坦，适合大规模机械化生产，耕地总面积与人均占有量均位于全国首位，农业人口占总人口的比重超过 50%。然而，黑龙江省农业快速发展的背后也积累了一定风险。

一、农村金融体系不健全。政府财政补贴微薄、农民增收途径少等因素导致农民的自有资金不能满足生产发展的需要，大部分农民对于农业生产资金需求旺盛。目前黑龙江省农业生产的主要资金来源单一，主要由农村信用社供给，其贷款增加额占全部农业贷款增加额的 90% 以上。然而农信社资金来源主要是农民存款，资金实力不强、资不抵债现象严重，难以满足农民需求。融资渠道缺乏导致农民贷款难问题日益突出。另一方面，黑龙江农村信用社执行的贷款利率可按国家规定在基准利率 0.9－2.3 倍的区间浮动。贷款利率偏高导致农民的融资成本较大，阻碍了农业生产的发展。

二、农业保险机制有待发展。农业生产易受自然条件的影响，风险较大，黑龙江省又是自然灾害频发省份，因此农业保险在减轻农业灾害损失、保障农民收入方面起着至关重要的作用。2008 年，黑龙江即被确定为国家政策性农业保险试点省份，但是目前财政补贴农业保险品种较少，种植业仅有玉米、小麦、大豆、水稻四个品种，养殖业仅有两个品种，难以满足品种众多的农业产品生产的需要。此外，经营农业保险业务的只有阳光农业相互保险公司和中国人民财产保险股份有限公司两家公司，农业保险供给明显不足。

为解决上述问题，我们提出如下政策建议：首先，拓宽农民融资渠道，完善农村金融体系，引导金融机构对"三农"的信贷投放，创新农村金融产品；其次，丰富农业保险险种，对保险主体给予一定的农业保险税收优惠，鼓励保险公司积极开展农业保险业务，开发适合当地情况的新型保险产品；最后，政府应采取贷款优惠、价格补贴等措施，加大对农业的财政补贴力度。

第 7 节　结论及政策建议

本章主要从公共部门、金融部门、上市企业部门和家户部门四个方面分析了黑龙江省的宏观金融风险，并针对黑龙江省农业产业发展过程中面临的风险进行了专题分析。

黑龙江省作为我国传统农业大省，2012 年总体经济运行稳中有进，粮食产粮连续两年位于全国首位。全年生产总值达到 1.37 万亿元，增长 10%。受国内外经济下行的大环境影响，黑龙江省生产总值增速明显低于往年，但仍高于全国平均增长速率 2.2 个百分点。CPI 增速显著回落，通货膨胀问题得到抑制。金融业稳步发展，银行、保险、证券行业的资产规模与盈利水平相比 2011 年均有所提高。

2012 年黑龙江省财政收入和财政支出稳步增长，财政收支结构有待优化。财政缺口占 GDP 的比重略有加大，公共部门财政缺口风险并不明显。金融部门方面，银行类金融机构暂不存在明显的资本结构错配风险和期限错配风险。外币存贷比大幅回落，货币错配风险有所下降。上市企业部门盈利能力下降，电力、食品生产、通用化工品等行业出现亏损。账面资产负债率与或有资产负债率与 2011 年相比均有所上升，上市企业部门市场风险加大，经营状况恶化。流动比率呈小幅稳定上升趋势，期限错配风险较小。从违约距离来看，黑龙江省上市企业部门违约风险有所下降，企业经营状况较为良好。家户部门存贷结构合理，处于相对安全的范围之内。

针对黑龙江省经济金融运行中存在的问题，给出如下建议：首先，以国家振兴东北老工业基地战略为主导，加速产业结构优化升级，积极发展战略性新兴产业；其次，黑龙江省银行业要进一步优化信贷投放结构，加大对中小微企业以及"三农"的支持力度，通过创新金融产品、提供多样化的金融工具来拓宽小微企业及农业的融资渠道；最后，黑龙江省上市公司净利润率处于下降趋势，盈利能力不强，企业部门应加大研发力度，促进产学研相结合，同时不断优化资本结构，提高自身抗风险能力。

参 考 文 献

［1］中国人民银行哈尔滨支行：《2012 年黑龙江省金融运行报告》。

［2］黑龙江省统计局：《2012 年黑龙江省统计年鉴》。

［3］林佐明：《东北老工业基地振兴的金融支持研究——以黑龙江省为例》，载《黑龙江金融》2013 年第 2 期，第 8—11 页。

［4］张士光：《黑龙江农业保险发展问题浅析》，载《黑龙江科技信息》2013 年第 24 期，第 285—285 页。

第 18 章　中部宏观金融风险总论

随着中部地区经济金融开放程度的加深，其受到国际金融风险的影响也越发明显，尤其是在经历了国际金融危机和欧洲主权债务危机后，中部地区经济和金融在快速发展的同时也累积了大量的风险。本章在参考总结相关研究成果的基础上，运用资产负债表方法对中国中部地区宏观金融风险做了较为全面的评估和分析，并针对性地提出了风险防范的政策建议。

从分析结论来看，中部地区的公共部门为其风险的主要来源，公共部门的风险以地方融资平台债务质量降低的形式向金融部门传导，并以挤占企业所需的金融资源的形式向企业部门传导。

第 1 节　中部经济金融运行概况

在中国的整体发展进程中，由于不同地区间的经济基础、生产要素禀赋及发展战略等方面的差异，区域间形成了由北向南、自西向东递增的产业结构，经济总量及结构的区域化特征明显。2012 年，中部、西部和东北地区的主要经济指标增长高于全国平均水平，区域经济增长结构性失衡有所改善。但是，由于金融的聚集效应，金融资源大都向具有比较优势的东部地区流入，中西部和东北地区的金融发展仍远落后于东部地区，四大区域间的金融发展失衡问题较为突出。

一、中部地区经济运行现状

从整体上看，中部地区的经济金融实力与东部地区还存在着一定的差距。自 2004 年"中部崛起"战略提出后，中国中部经济和金融取得了快速发展，同时，相关金融市场与金融机构也累积了大量的风险，必须进行有效分析与防范。

2008－2012 年，中部地区的经济呈现出稳定增长的态势，2012 年，中部地区的生产总值达到 116488.48 亿元，占全国总额的 22.45%，同比增长

11%，增速有所放缓，如图 18.1 所示。后金融危机时代，由中国政府主导的依靠基础设施建设等相关的经济刺激计划的短期效应初步显现，中部地区经济在这一段时期保持着较为快速的发展势头。

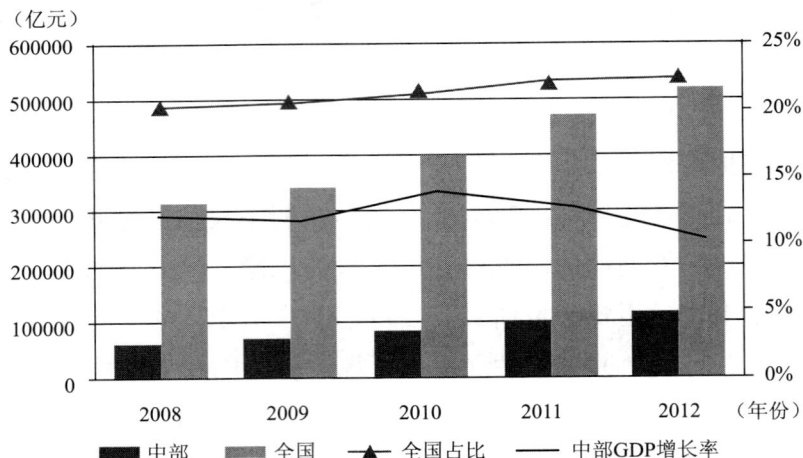

图 18.1　中部地区 GDP 及全国占比情况

从 GDP 增长率来看，中部地区各省份在 2012 年表现良好，其增长率均高于全国整体水平，但受到整体经济形势不佳的影响，各省的 GDP 增长率较上年均有所下降。其中，中部六省的 GDP 增长率由大到小排名依次是安徽、湖北、湖南、江西、山西和河南，整体格局与 2011 年基本一致。另外，从各省份 GDP 占中部地区 GDP 比重来看，中部六省所占比重基本未发生变化，各省在 2012 年经济发展状况良好，发展格局相对平衡，如图 18.2 所示。

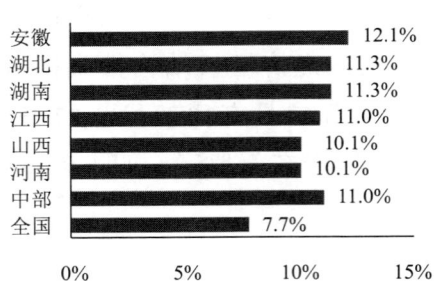

图 18.2(a)　中部地区各省 GDP 增长率　　图 18.2(b)　中部地区各省 GDP 占比

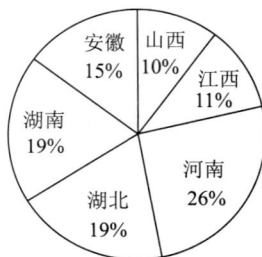

二、中部地区金融运行现状

由于产业转移的影响，中部地区对金融资源的需求扩大，加之相关政策的扶持，中部地区金融业和金融市场均有了长足的进步与发展，从规模及实力上都有了较大的提升，然而，中部地区的金融发展水平与东部地区仍存在着一定的差距。

2012 年，中部地区金融业及金融市场处于稳定发展的阶段，银行业仍是中部地区金融业的核心组成部分，银行业金融机构网点数量、从业人员稳步增加，资产规模增长较快。中部地区银行业金融机构资产总额达到 18.5 万亿元，同比增长 19.5%，资产总额占全国的比重为 14.9%，较 2011 年上升了 0.3 个百分点。另外，在证券市场方面，筹资规模保持稳定增长，中部地区上市公司数量有所增加；在保险业方面，保险经营机构不断增加，保费收入稳步增长。

同时，在金融市场方面，中部地区整体发展缓慢，较东部地区仍然落后，未能充分发挥金融市场在推动地方经济发展方面的作用。在当前国家大力发展场外市场的大环境下，中部地区可以借力推动金融市场建设。

第 2 节　中部公共部门风险分析

公共部门是一个国家或区域经济发展中较为重要的部门之一，尤其是在中国的计划经济与市场经济相结合的经济发展模式下，政府在经济发展中往往起着主导作用。对于区域金融风险，公共部门风险是主要的风险之一。区域的公共部门不仅须承担自身的风险，还须对该区域内的企业部门与家户部门的风险进行兜底。本节主要从一般预算收支及缺口的角度，对中部地区公共部门的风险进行分析。

在 2008—2012 年间，中部地区一般预算收支规模总体呈上升态势，其变动趋势与全国情况基本一致，如图 18.3 所示。在统计区间，中部地区地方一般预算收入增长较快，从 2002 年的 1409.18 亿元增加至 2012 年的 11559.65 亿元，增加约 8 倍。与此同时，中部地区地方一般预算支出也逐年递增，从 2002 年的 2805.44 亿元增加至 2012 年的 22626.52 亿元，增加约 8 倍，其中，为了应对国际金融危机的影响，中共中央政府出台了一系列刺激经济发展的措施，中部地区各省通过增加以政府财政为主导的投资，拉动地方经济，导致地方一般预算支出短期内大幅增加，地方一般预算缺口也随之扩大，中部地区地方一般预算支出增速在 2008 年高达 28.11%。一方面，由于受到国际金融危机的冲击，地方经济发展疲软，中部地区 GDP 下降；另一方面，在此期间，政府采取积极的经济刺激政策，地方政府通过地方融资平台大量融资进行基础设施等方面的投资，政府负债与隐形担保大幅增加，财政支出增加，使得中部地区地方一般预算缺口占地区 GDP 的比重由 2008

年的 7.6％跃升至 2009 年的 9.56％，中部地区的公共部门风险较为突出。
2009 年后，随着国际经济金融的缓慢恢复以及国家短期经济刺激政策效用的
显现，中部地区一般预算收入大幅增加的同时，地区 GDP 增速也相对较高；
另外，中部地区一般预算支出结构改善，增速放缓，中部地区一般预算缺口
占 GDP 比重呈下降态势，公共部门风险相对减小。截至 2012 年，随着内外
部经济形势的逐渐稳定，金融、企业及家户部门的运行状况良好，中部地区
公共部门的风险水平较 2009 年有了一定程度的改善。

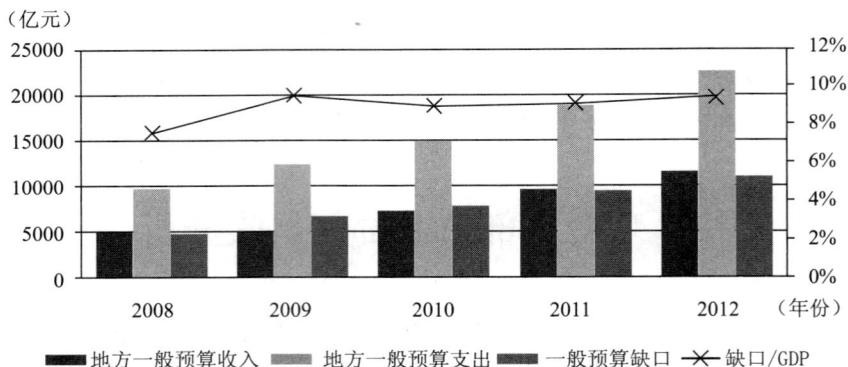

图 18.3　中部地区一般预算收支情况

从一般预算收入、支出及缺口增长率方面来看，2008－2012 年间，中部
地区的这三个指标整体呈波动态势，如图 18.4 所示。2009 年是中国应对国
际金融危机冲击较为关键的一年，在此期间，各地区均加大了地方投资力
度，地方一般预算支出增长率较高，但收入增长率却明显放缓，一般预算缺
口增长较快。中部地区一般预算缺口增长率在 2009 年达到近十年最高水平，
为 38.69％，地方一般预算缺口增长相对过快。该指标的大幅增加反映了中
部地区潜在的债务风险上升。2012 年，中部地区的一般预算收支结构及缺口
情况有了明显改善，一般预算缺口增长率出现大幅下降，降低至 16.24％，
较 2011 年下降了 6.28 个百分点。同时，中部地区的一般预算收入增长率下
降明显，由 2011 年的 31.88％降至 19.6％，这与中部地区企业发展情况受宏
观经济形势严峻影响有着一定的关系。

众所周知，公共部门风险关系到整个国家或地区的经济安全，度量与控
制公共部门风险一直是政府及相关金融机构工作的重点。公共债务属于公共
部门的负债部分，如果政府的公共债务规模过高或超过国际警戒线水平，就
极有可能引发主权债务危机，欧美国家债务危机本质上便是公共部门负债过
高而导致的。在 2008 年国际金融危机后，中国政府采取了"4 万亿"刺激经
济计划，加之地方建设需要大量资金，而在现有的财政体制下，地方财政为

了配套投资，建立了较多地方政府融资平台，发行了相当规模的地方债务，而地方基础设施项目融资或成为地方财政风险的潜在源头。当前，中国地方性政府债务规模较大，地方政府债务风险有所显现。另外，部分地区和行业偿债能力较弱，约两成政府负债超过国际公认的安全标准，部分地方政府由于偿债能力不足，只能"举新债还旧债"。虽然大致平衡的周期性财政调整状况和可观的利率增长会使地方债务风险得以缓和，但从总体来看，地方政府债务风险问题不容乐观，尤其是一些经济欠发达的省份已处于脆弱风险的边缘，这种情况在一定程度上反映出公共部门存在的风险问题。

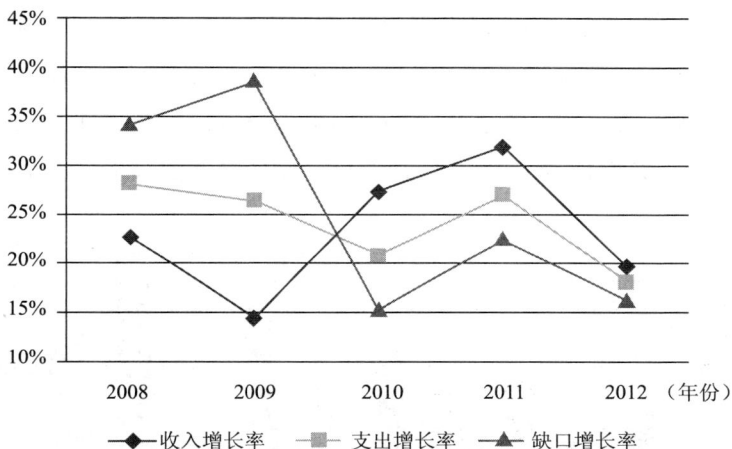

图 18.4　中部地区一般预算收入、支出及缺口增长率

总的来说，中部地区公共部门在经历了国际金融危机冲击之后，其风险以较快速度集聚，然而，随着内外经济形势趋缓，风险情况有了明显的改善。但是，由地方政府直接投资带来的负面效应仍不明朗，对中部地区公共部门风险仍需保持高度警惕，而中部地区相关各省市政府在制定相应的经济发展政策时，应加强对地方债务风险的认识与控制。

第 3 节　中部金融部门风险分析

在四大部门中，金融部门风险是由公共部门与企业部门传递而来，并逐步累积显现。以下关于中部地区金融部门的风险分析主要是从银行、保险两方面进行比较分析，其中，银行类风险主要针对中部地区的银行业资产规模、存贷结构、不良贷款率等，而保险类风险则是针对保险深度、赔付率等，以此来反映金融部门的相关风险结构。

一、银行类风险分析

中部地区银行业发展较为平稳，资产规模稳步增加，资本结构相对合理。然而，中部地区银行业的流动性风险进一步扩大，期限错配风险突出。

（一）资本结构错配分析

2008－2012年，中部地区银行业持续快速发展，总体规模稳步增加，其主要构成仍然以国有商业银行占主导。截至2009年，中部地区银行业机构数共有39248家，其中国有商业银行有11641家，政策性银行有620家，股份制商业银行有588家，城市商业银行有1362家。中部地区银行业发展迅猛，其总资产由2003年的36935亿元攀升至2012年的185111亿元，如图18.5所示。然而，在经历了2008年的国际金融危机后，其总资产增速有所放缓，2011年总资产增速为19.35％，较2008年下降了8.55个百分点。

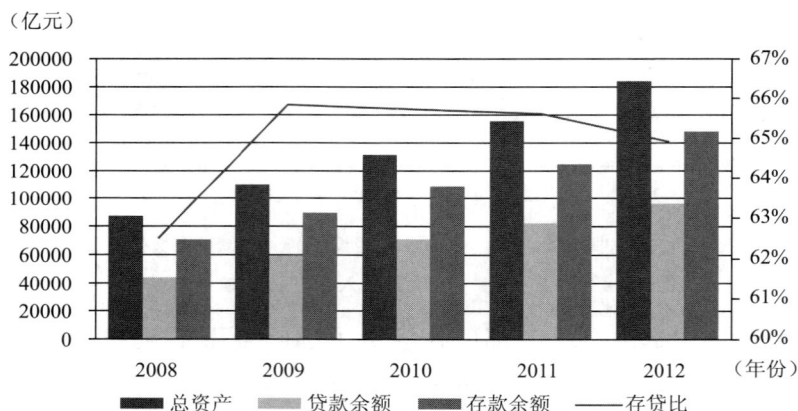

图18.5 中部地区银行业资本结构

此外，随着中部地区银行业资产规模的不断扩大，其银行业存贷款规模也保持着稳定增长的态势，资本结构相对合理。2008－2011年，中部地区银行业贷款余额由43992.9亿元上升至96069.1亿元，存款余额由70365.4亿元上升至147943亿元。一方面，由于相关金融体制改革，尤其是剥离相关国有商业银行及其分支机构的不良资产，在较大程度上改善了商业银行的资产负债状况，使得贷款占比有所下降；另一方面，基于国际金融危机教训的总结以及《巴塞尔协议Ⅲ》关于宏观审慎监管的要求，中国人民银行把货币信贷和流动性管理的总量调节与强化宏观审慎政策结合起来，有效地促进了货币信贷的平稳增长，提升了金融机构的稳健性。2012年，中部地区银行业存贷比为64.945％，较2011年下降了0.71个百分点，存贷比比较合理，资产结构良好，清偿力方面的风险较低，但仍需防范存贷比进一步上升带来的相关风险。

(二) 期限错配风险分析

中部地区中长期贷款及定期存款在总体上均保持持续增长态势，但中长期贷款占贷款余额比重呈上升态势，而定期存款占居民储蓄总额比重却逐年下降，"借短贷长"现象明显，存在一定的存贷资金流动性不匹配的风险，如图 18.6 所示。在贷款方面，中部地区银行类金融机构的中长期贷款在2012 年达到 48629.6 亿元，占贷款余额比重达到 50.62%，较 2011 年下降了8.4 个百分点；另外，中长期贷款增速有所放缓，这在一定程度上缓解了中部地区金融部门的流动性。中部地区银行类金融部门存款短期化、贷款长期化的问题有所缓解，但受到网络金融的冲击，其流动性风险及期限错配风险仍然相对突出。尽管"短存长贷"是大多数银行类金融机构的常态特征，且在经济繁荣期，期限错配问题的负面影响在一定程度上可能会被掩盖，然而，一旦经济陷入周期性低谷，金融机构的流动性风险就会被放大，期限错配缺口的持续扩大对中部地区金融部门的风险控制与管理提出了较高的要求。

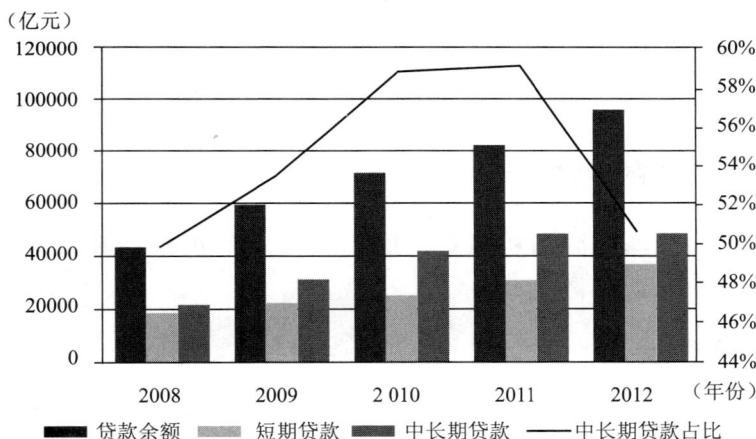

图 18.6　中部地区金融部门存贷款结构

(三) 货币错配风险分析

由于国家战略、经济地域及相关经济业务的限制，中部地区经济外向程度相对不高，中部地区银行类金融机构的外币存贷款规模较小，外币存贷款业务相对于东部地区仍较为落后。

随着经济外向化程度的加深，中部地区银行类金融机构的外币存贷款规模在 2008—2011 年间呈不断上升的态势，如图 18.7 所示。自 2006 年开始，随着中部地区相关企业的国际化发展战略的实施，其国际化业务逐渐增多，外币贷款余额呈快速增长的态势，这使得中部地区金融部门的外币贷款余额与存款余额之间的缺口逐步扩大，于 2012 年达到 1225.68 亿元，存贷比为 206.95％，较 2011 年下降了 33.57 个百分点，存在着较大的风险敞口，货币错配风险突出。然而，从总体上来说，考虑到外币存贷款余额总量较小，两者在 2012 年占中部地区存贷款余额总额的比重分别为 0.77％和 2.47％，货币错配风险仍然处于相对可控状态，但仍需保持警惕，以防因国际经济金融大环境波动而造成损失。

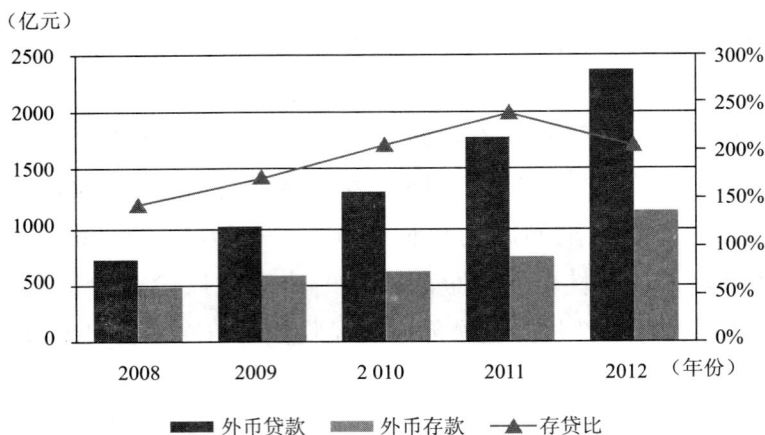

图 18.7　中部地区金融部门货币结构

二、保险业风险分析

中部地区保险类金融机构数量不断增长，资产规模不断扩大，整体保持着平稳快速的发展态势。

（一）保险深度

中部地区的保险业发展较为平稳，整体规模不断扩大，在一定程度上满足了中部地区经济社会的发展需要。中部地区保险深度在 2008－2010 年持续上升，到 2010 年达到 3.24％，于 2012 年下降至 2.70％，如图 18.8 所示。中部地区的保险深度指标水平在全国范围内处于相对较高水平，然而，该指标在 2012 年有所下降，主要原因在于中部地区保费收入增速放缓，保费增长率水平低于中部地区 GDP 增速，这在一定程度上反映出中部地区保险业的发展速度有所放缓。

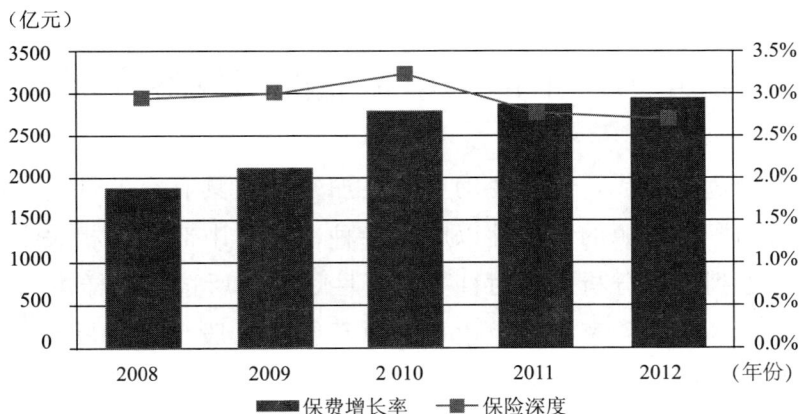

图 18.8　中部地区保险收入及保险深度

（二）保费增长率与赔付率

中部地区保险业收入整体保持增长态势，但增速波动幅度较大，受经济形势影响明显，同时，保险赔付支出整体保持着微小波动态势，如图 18.9 所示。中部地区保费增长率指标在 2003—2011 年间呈剧烈波动态势，其在 2003—2005 年间大幅下降，随后 2005—2008 年间大幅上升，于 2008 年达到近十年的最高水平 54.57%，而紧接着 2009 年便骤降至 12.85%，2010 年上升为 31.55%，2012 年则降为 2.32%，这说明中部地区保险业盈利能力下降明显，保险业抗风险能力及收入稳定性有待加强。另外，中部地区保险赔付率在 2008—2012 年间呈微小波动态势，整体水平稳定在 20%—30% 之间，风险较小。其中，2012 年，中部地区保险赔付率为 28.78%，较 2011 年上升了 4.74 个百分点，赔付支出占保费收入比重提高，且赔付率水平高于同期保费增长率水平，这与保费收入增速放缓也有着一定的关系。总的来说，中部地区保险业赔付率风险相对较低，但仍应采取进一步的措施提高保险业的盈利能力及稳定性。

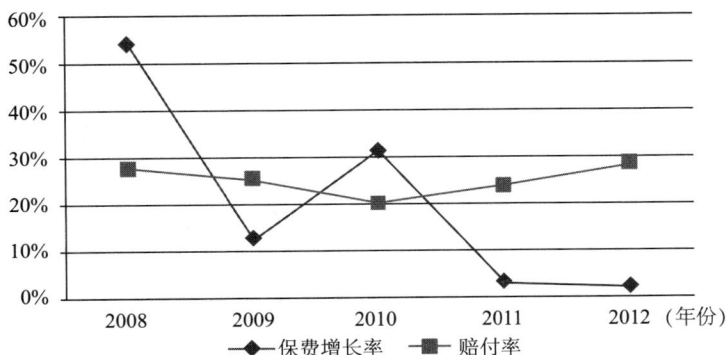

图 18.9　中部地区保费增长率及赔付率

第4节 中部上市企业部门风险分析

在后金融危机时代，经济变动可能更加复杂或具有突发性，中国上市企业部门应增加资金来源的多样性以应对各种冲击，中部地区相关上市企业也不例外。考虑到风险分析的针对性与可行性，本节所选分析样本为截至2013年年底中部地区的314家上市企业，其中不包括B股、创业板与金融板块的相关上市企业。由于上市企业是企业部门中质量较高的企业群体，以上市企业的数据来代替整个企业部门进行风险度量与分析会有一定的偏差，对整个企业部门的风险会有所低估。

一、盈利能力分析

在2008—2013年间，中部地区上市企业部门的净利润率呈现上下浮动态势，由于受到国际金融危机的冲击，上市企业部门净利润率于2009年第一季度达到最低值3.53％，随后呈现增长态势，企业经营状况有所好转，如图18.10所示。然而，自2011年第二季度开始，中部地区上市企业部门净利润率持续走低，整体经营状况有所恶化。在2011年的四个季度中，中部地区上市企业部门净利润率分别为6.62％、6.7％、6.32％和5.82％，除第二季度小幅上升以外，其余各季度净利润占总营业收入的比重均有所下降。究其原因，一方面，2011年各类生产成本要素价格普遍上升，企业生产成本提

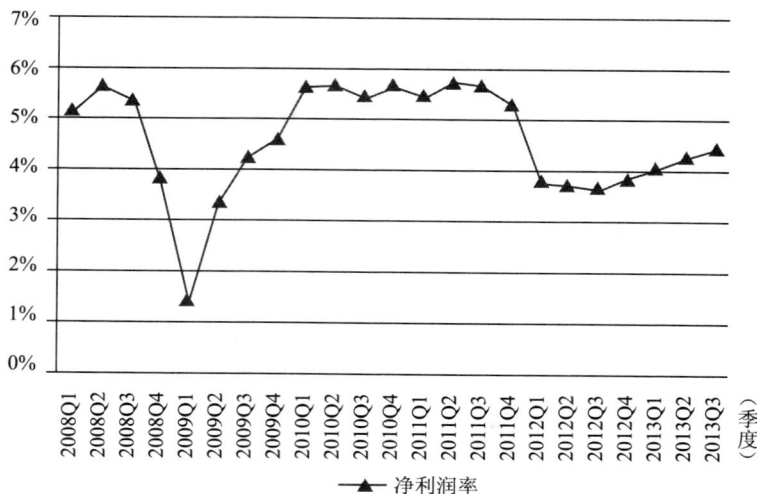

图18.10　中部地区上市企业部门净利润率

高，使得利润降低；另一方面，中部地区大部分上市企业仍然缺乏技术优势，受外界环境因素波动影响较大，急需进一步提高核心竞争力。中部地区上市企业部门在 2012 年的净利润率分别为 5.07％、4.74％、4.35％和 4.09％，下降幅度高于 2011 年，这说明中部地区相关上市企业一定程度上受到欧美主权债务危机的影响，其中涉及进出口及外商投资的企业受到的影响相对较大。到了 2013 年，中部地区上市企业部门的净利润率逐步回升，在第四季度达到 4.48％，整体情况有所好转。

总的来说，中部地区上市企业部门在后金融危机时代的经营状况令人担忧，在 2009 年和 2010 年，受到国家经济刺激计划政策的扶持，经营情况有所好转，短期效应明显，但后续发展动力仍显不足，相关上市企业须进一步提升自身核心竞争力，改善经营状况，为应对相关冲击与风险提供保障。

二、账面价值资产负债分析

通过对中部地区上市企业部门资产负债表进行分析，从上市企业部门账面资产负债指标中可以看出，目前中部地区上市企业部门对于债务融资的依赖性依然较强，具体反映在资本结构的稳定性和清偿能力上。

(一) 资本结构错配分析

中部地区上市企业部门的总资产和总负债规模均呈现上升态势，然而，总负债增速明显高于总资产增速，资产负债率缓慢增加，如图 18.11 所示。从 2008 年第一季度到 2013 年第三季度，中部地区上市企业部门的总资产从 11228.6 亿元上升至 28407.7 亿元，总负债从 6478.6 亿元上升至 16802.0 亿元，分别增加了 2.5 倍和 2.6 倍，总资产和总负债规模迅猛增长。同时，中部地区上市企业部门的资产负债率从 2008 年第一季度的 57.7％增长至 2013 年第三季度的 59.15％，上升了 1.45 个百分点，这说明中部地区上市企业部门还未从根本上扭转对债务融资的依赖。从相关指标中可以看出，中部上市企业部门当前的资产负债率不高，资本结构较为合理，不存在显著的资本结构错配风险，仍处于相对安全的状态，但应警惕资产负债率持续上升带来的风险，相关企业应合理利用财务杠杆，在面临股权融资与债务融资两种选择时也应更加谨慎。

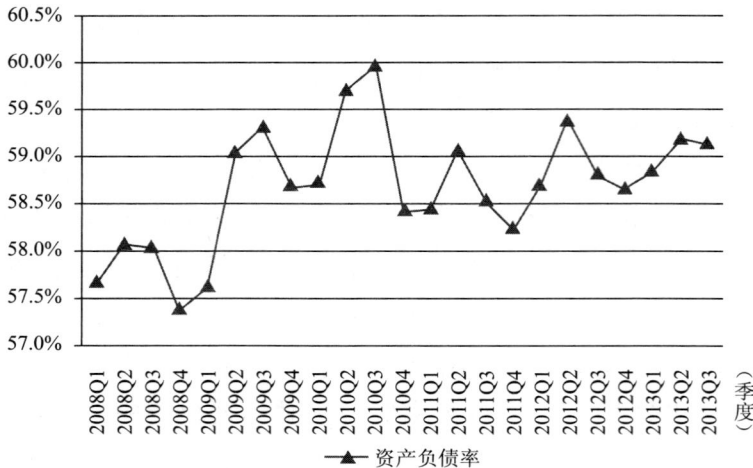

图 18.11　中部地区上市企业部门资本结构

（二）期限错配风险分析

2008—2013 年，中部地区上市企业部门的流动资产与流动负债比率呈现先下降后上升的平缓波动态势，流动比率在 2008 年第四季度降至 0.95，之后逐步上升，2013 年第三季度达到 1.14，流动性风险整体控制较好，如图 18.12 所示。自 2009 年开始，随着国际国内经济形势的好转，国内经济逐步复苏，中部地区上市企业部门流动资产迅速增长，流动比率逐步增大。目前，中部上市企业部门流动性相对保持良好，流动比率总体稳定在 1.10 上下，企业短期资产基本可以满足企业短期负债的流动性需求，短期内不存在期限错配风险。

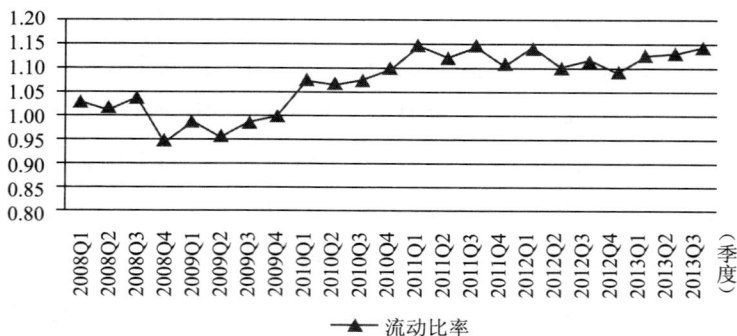

图 18.12　中部地区上市企业部门期限结构

总体而言，中部地区上市企业部门的资本结构与期限结构较为合理，资本结构错配风险及期限错配风险较小。同时，中部地区上市企业部门整体清偿力较好，表现出良好的抗风险能力，并且在流动性风险管理与资产配置等方面的表现正逐步改善。

三、或有权益资产负债分析

或有权益资产负债分析反映了相关上市企业的市场信息，能够更加充分地反映出上市企业的资产状况与风险水平。自 2008 年至 2013 年，中部地区上市企业部门的或有资产负债率总体低于账面资产负债率，然而，受企业在资本市场波动的影响，或有资产负债率的波动幅度远大于账面资产负债率，这从一定程度上也反映出中国资本市场的波动情况，如图 18.13 所示。中部地区上市企业部门或有资产负债率在 2008 年第四季度上升至 39.73％，之后整体在 35％左右的水平上下波动，该指标在 2013 年第四季度为 37.79％。从整体态势上看，中部地区上市企业部门或有资产负债率仍低于账面资产负债率，两者之间的差额稳定在 20 个百分点以上，或有价值所反映的资本结构错配风险低于账面价值所反映的相关风险。另外，虽然或有资产率指标水平在 2013 年有所下降，但仍需关注其与账面资产负债率指标水平之间差额的缩小趋势。

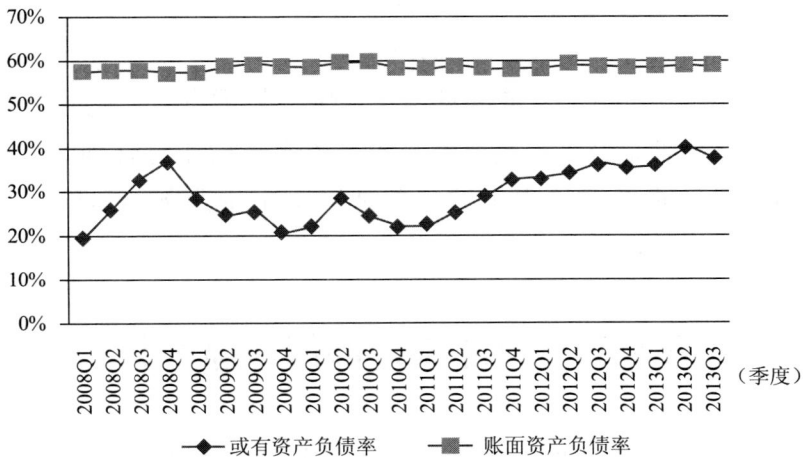

图 18.13　中部地区上市企业部门或有资本结构

中部地区上市企业部门的违约距离在 2008－2012 年间波动较为剧烈，在 2008－2009 年间，违约距离水平相对较低，最低值为 2008 年第二季度的 1.67，如图 18.14 所示。中部地区相关上市企业受国际金融危机的影响，违约距离指标水平于 2008 年迅速降低，突破临界值 2 向下，违约风险加剧。相关风险情况在随后的 2009 年有所好转，中部地区上市企业部门违约距离于 2009 年第二季度上升至 3.18，脱离高风险区，尽管在 2009 年第三季度回落为 2.15，但是于 2010 年第一季度重新上升至 4.02。2011 年至 2013 年第三季度，中部地区上市企业部门的违约距离在波动中上升，2011 年第二、第三与第四季度的违约距离指标水平持续下降，这与该时期上市企业部门或有资产负债率持续上升及净利润持续下降的形势有一定关系。随后，中部地区上市企业部门的或有资本结构得到调整，2013年的违约距离指标水平相应提升，于2013年第三季度达到8.78，这表明在当前经济形势下，中部地区上市企业部门基本不存在清偿力危机，违约风险较低。

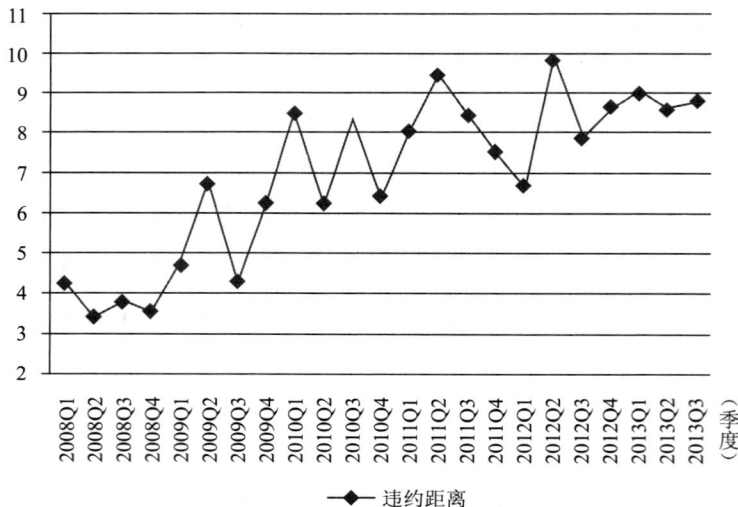

图 18.14　中部地区上市企业部门违约距离

综上所述，中部地区上市企业部门或有资本结构相对合理，根据相关或有资产数据及风险指标所体现出的中部地区上市企业部门风险水平相对较低，出现违约的可能性较小。

第5节　中部家户部门风险分析

家户部门直接或间接地影响到其他部门和国家及地区整体的金融稳定性，在中国传统居民消费和储蓄观念的大环境下，家户部门在整个金融体系中属于相对稳定的部门，风险问题并不突出。本节主要通过中部地区家户部门的资产结构，即居民储蓄存款与存贷比情况，来分析中部地区家户部门风险的结构特征。

中部地区家户部门收入增速较快，但是由于基数水平较东部地区偏低，所以在当前绝对量上与东部地区仍存在着一定的差距。2012年，中部地区家户部门收入水平有较大幅度的提高，其中，城镇人均可支配收入和农村人均纯收入分别达到123314.3元和44465.1元，分别较2011年增加了12.47%和14.62%，增速均有所降低。

从家户部门资产结构方面来看，随着经济金融的发展，中部地区家户部门城乡居民储蓄存款及个人消费贷款规模均逐渐增加，于 2012 年分别达到 75241.1 亿元和 12608.0 亿元，较上年分别增长 18.7％和 22.0％，增速较上年分别增加 3.25 个百分点和 0.6 个百分点。其中，个人贷款增速高于城乡居民储蓄增速，中部地区家户部门贷款与储蓄的比率快速增加，于 2012 年达到 16.76％，较 2011 年上升了 0.45 个百分点，清偿压力逐步增大。虽然中部地区家户部门的负债规模逐年上升，但总体规模仍然相对较小，负债水平较东部地区而言较低，整体风险较小。这种情况产生的原因主要有以下三点：首先，由于中国金融深化程度的不断加深，居民逐渐接受了贷款消费的理念；其次，和国家推出的扩大内需相关政策有着必然的联系；最后，与个人消费贷款的结构变化有一定关系，中部地区相关各省的金融机构严格执行差别化房地产信贷政策，使得个人住房贷款增长放缓，而非住房消费贷款的增势较好。

从总体上来说，中部地区家户部门收入增长较快，存贷结构合理，风险水平相对较低。另外，贷款与储蓄比率的快速提高说明中部地区家户部门在利用金融手段管理自身资产方面的意识得到了加强，但是仍需加强风险防范意识。

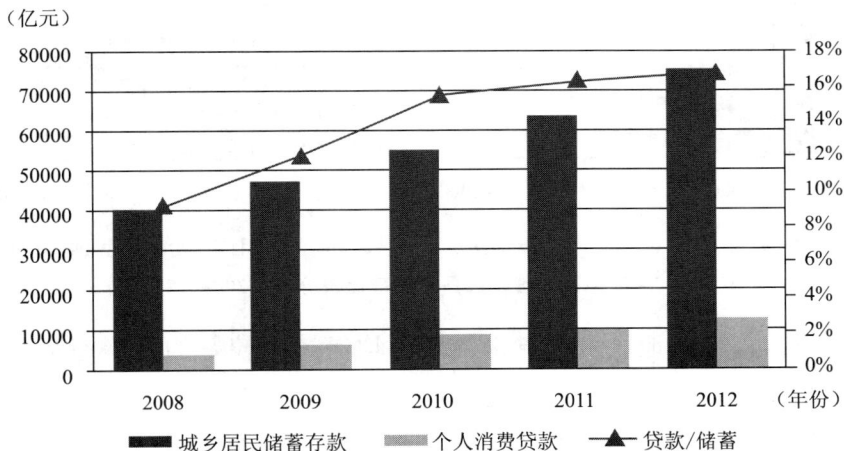

图 18.15　中部地区家户部门资产结构

第 6 节　中部宏观金融风险结构性分析

在中部地区四大部门总量分析的基础上，考虑到中部六省（安徽、河南、江西、湖北、湖南和山西）不同的经济基础与发展特点，对其宏观金融风险进行比较分析。

一、公共部门风险比较

近十年来，中国实施"中部崛起"战略，中部地区经济得到了快速发展，其公共部门在经济发展中起到了至关重要的作用，相关各省均根据自身情况采取相应措施推动地方经济的发展。从地方一般预算收支的结构上看，中部地区各省地方一般预算收支规模总体呈增长态势，一般预算收支缺口均有所上升，但省域分布不均衡，如图18.16所示。2009－2012年间，中部地区六个省的一般预算缺口从大到小的排名基本相同，依次是河南、湖南、湖北、江西、山西和安徽，河南省作为中原经济区主体，其一般预算缺口相对较多。另外，从一般预算缺口占GDP比重的指标来看，中部地区六省的该指标水平均相对适中，其中湖南和湖北的该指标于2012年超过了10％，分别达到10.55％和10.28％，财政风险相对偏高。而且，中部地区六省的一般预算缺口占GDP比重整体呈上升态势，各省的该指标水平经历了2009年的大幅增加后，随后在2010年均有所回落，而2011年又表现出反弹的迹象，这与当前各地区地方政府债务规模的不断扩大有着较强的关联性。

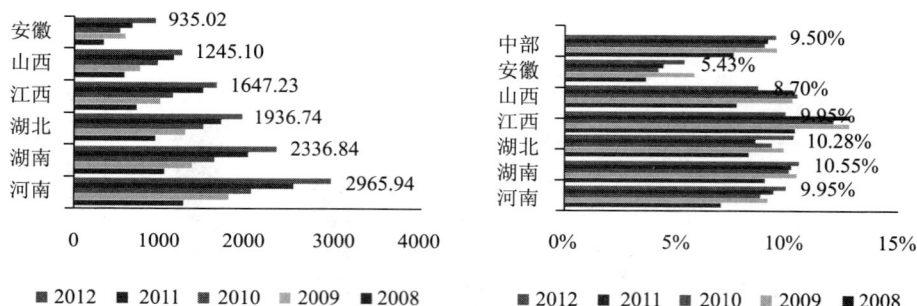

图18.16 中部地区各省一般预算缺口比较分析（2008－2012年）

总体而言，中部地区六个省份的经济均保持着较好的发展态势，经济金融实力提升较快，然而，在经济发展过程中公共部门累积的相关风险不容忽视，加强公共部门的风险管理，谨防由于一般预算缺口占GDP比重进一步上升所带来的财政风险。另外，关于地方性政府债务问题，中部地区各省须稳妥地处理好存量债务，并建立关于地方政府举债融资的规范机制，加强地方政府债务风险的控制与管理。

二、金融部门风险比较

中部地区经济的快速发展带动了金融部门的发展，中部地区金融部门在总量规模和结构安排上在中国四大区域中均处于中上游水平。本节主要针对中部地区六个省份的银行类、保险类风险状况进行比较分析。

（一）银行类风险比较分析

中部地区六个省份的经济发展不平衡，这使得各省份金融市场的发展存在着一定的差异。从银行类金融机构的角度来看，中部地区各个省份的银行业均持续发展，银行业资产规模不断扩大，河南省与湖北省在资产总额上保持优势。从 2008－2012 年中部地区各省份银行类金融机构的资产份额中可以看出，各个省份银行类金融机构资产总额占中部地区资产总额的比重较为稳定，不存在大的波动情况，且逐步趋于均衡，如图 18.17 所示。2012 年，中部地区六个省份银行类金融机构资产占中部地区银行类金融机构资产总额的比重从高到低的排名依次是河南、湖北、湖南、山西、安徽和江西，所占份额分别为 21.17％、19.33％、16.16％、16.1％、15.62％和 11.63％。其中，湖北和山西的资产份额较 2011 年分别降低了 0.07 个和 0.56 个百分点，而其他四个省份的资产份额均有所上升，这说明中部地区六个省份的银行类金融机构在资产规模稳步增加的同时，省域差异逐步缩小，分布结构更加均衡，区域金融发展趋于协调。

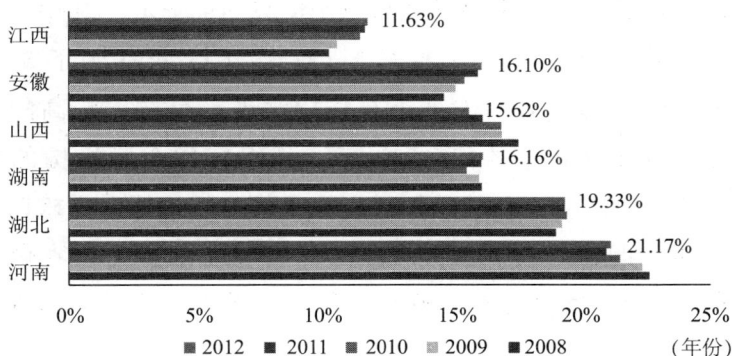

图 18.17　中部地区各省银行类金融机构资产份额（2008－2012 年）

在存贷比方面，中部地区各个省份的银行类金融机构存贷比情况走势大体相同，在 2008－2011 年均呈现平稳上升的态势，如图 18.18 所示。受国际金融危机的影响，各个省份的银行类金融机构存贷比指标水平均在 2008 年达到最低值，随后逐步上升。其中，截至 2012 年，安徽省的存贷比相对较高，达到 72.36％，接近央行规定的 75％警戒线水平，清偿力不足，一旦风险暴露，很可能无法满足日常现金支取和结算的需求，资本结构错配风险较高；与此同时，山西省的存贷比指标水平在中部地区各省份中一直保持着最低状态，于 2011 年达到 53.89％，这一方面说明山西省银行类金融机构稳健的资本结构，另一方面也说明山西省银行类金融机构的盈利能力有限，不能较好地履行资金融通的职能，进而促进当地经济的发展；其他四省的存贷比指标均处于正常水平，资本结构相对合理。

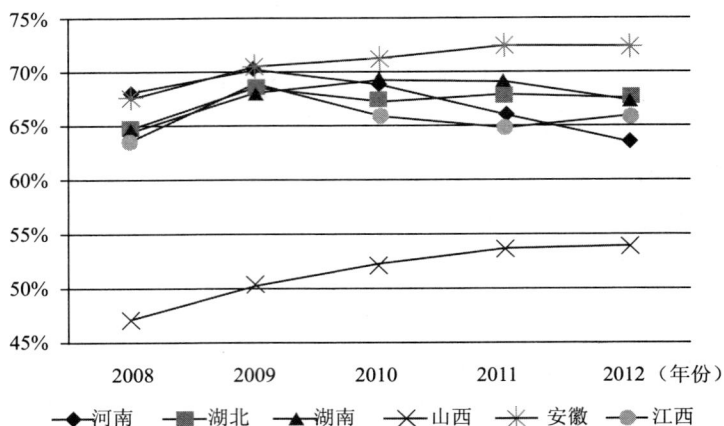

图 18.18　中部地区各省银行类金融机构存贷比（2008—2012 年）

在外币存贷比方面，中部地区六个省份的外币存贷比指标的变化态势并不十分一致，存在着显著的梯度差异，如图 18.19 所示。其中，2003—2011 年间，湖北省的外币存贷比一直高于 1，且于 2011 年达到了 368.11％的高位，远高于中部地区其他各省的外币存贷比水平，存在着较高的货币错配风险。另外，安徽省和湖南省在 2008 年后，其银行类金融机构的外币存贷比增速较快，于 2011 年分别达到 291.33％和 252.1％，外币需求旺盛，货币错配风险在样本期间明显增大。江西省、山西省与河南省三个省份的外币存贷比指标均处在 1—1.5 之间波动，外币错配风险较其他三省而言相对较低。

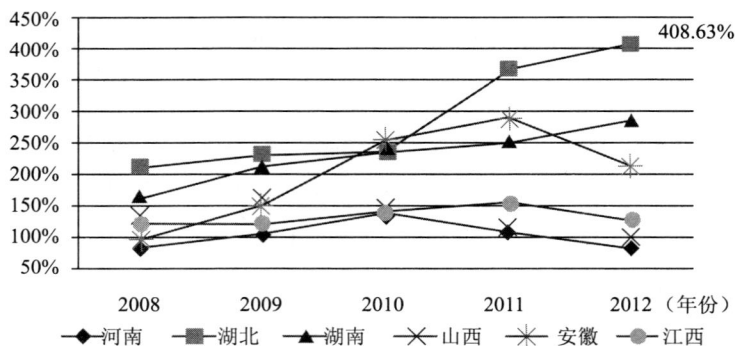

图 18.19　中部地区各省银行类金融机构外币存贷比（2008—2012 年）

湖北省、安徽省和湖南省的外币存贷比明显高于其他三省，这一方面说明这三个省份在理论上存在较高的货币错配风险，同时也显示出这三个省份的经济外向化趋势，其经济外向程度正逐步加深，尤其是作为中部地区区域经济中心的湖北省。然而，从实际角度考虑，中部地区各省份（如湖北省和湖南省）的金融机构多以全国性金融机构为主，加之外币存贷款规模相对于整体存贷款规模而言较小，所以，较高的外币存贷比指标水平并不能表明中部地区各省份金融机构抵御货币错配风险的能力较低。

由前面部分中部地区金融部门风险的分析中可知，中部地区银行类金融机构流动性不足，期限错配风险突出。银行类金融机构的期限错配风险主要来源于其相关银行类金融机构在存贷结构上的时间比例差异。以下从中部地区六个省份的中长期贷款占比指标对各个省份银行类金融机构风险进行比较分析。

在中国经济形势的大环境下，由于资本市场活跃程度逐步加强，通货膨胀预期上升等因素的影响，中部地区多数省份的居民储蓄和企业存款的活期化趋势明显，而资金的运用却呈现出长期化的态势，中部地区各省份银行类金融机构的中长期贷款占比在 2008－2011 年间逐年上升，部分省份于 2012 年有所下降，如图 18.20 所示。其中，湖北省和湖南省银行类金融机构的中长期贷款占比指标水平较高，且持续上升，于 2012 年达到 61.56％和 67.35％，其银行类金融机构的期限错配情况相对严峻。然而，河南省的该指标水平在中部地区各省份中最低，于 2012 年为 47.33％，较上一年下降了 2.14 个百分点。同时，安徽省和江西省的该指标水平于 2012 年均有所降低。总体来看，这方面的数据情况表明，随着各地区加大固定资产投资和基础设施建设，造成银行类金融机构中长期贷款增加，中长期贷款占贷款余额的比

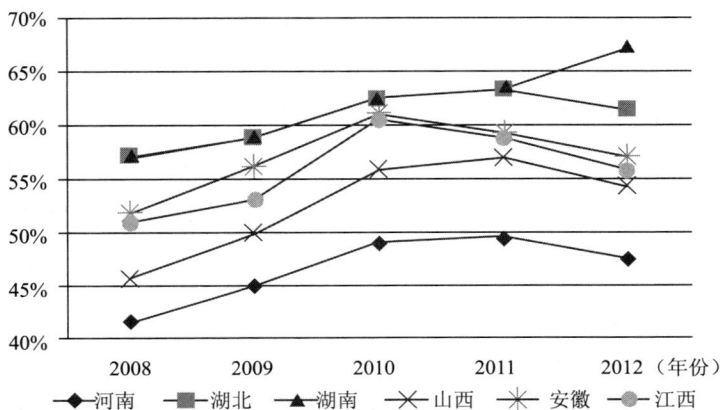

图 18.20　中部地区各省中长期贷款占比

重不断上升，中部地区六个省份均有不同程度的贷款中长期化与存款短期化现象，且有进一步加深的趋势，流动性风险凸显，期限错配问题须引起高度关注。

（二）保险类风险比较分析

在全国四大区域，中部地区整体保险深度水平相对较高，而中部地区内部保险深度水平差异明显。2008－2013 年，中部地区六个省份的保险深度指标水平均呈现波动态势，于 2010 年达到最高水平后，在 2011 年却明显降低，如图 18.21 所示。整体而言，山西省是中部地区六个省份中保险业发展最好的省份，其保险深度指标水平明显高于其他几个省份，于 2010 年达到 4.2％，2011 年则降为 3.3％，降幅较大。受保费收入增速放缓影响，中部地区各个省份的保险深度于 2011 年和 2012 年均有不同程度的下降，整体稳定在 2％－3％之间，各省保险业有待进一步发展，须加强其风险的管理与控制，以期更好地服务经济社会发展。

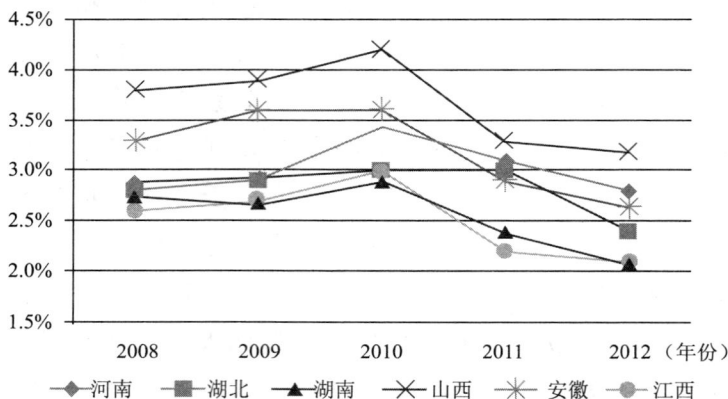

图 18.21　中部地区各省保险深度（2008－2012 年）

2008－2012 年，中部地区六个省份保险赔付率变化情况大体相同，于 2007 年达到近十年来的最高值，随后呈下降态势，于 2011 年和 2012 年有所回升。中部地区各个省份的保险赔付率在 2007 年达到最大值，这主要是由于保险公司在 2002 年销售的大量五年期分红险保单在 2007 年到期，部分保险公司面临较大的集中给付压力。其中，湖北省的保险赔付率在 2003－2007 年间连续为中部地区各省份该指标水平的最高值，于 2007 年高达 35.93％，赔付风险突出，经过调整，其在随后的 2007－2010 年大幅下降，于 2010 年为中部地区各省份中的最低水平 17.39％，2012 年则上升至 24.11％。另外，其他各省的保险赔付率在 2012 年整体均在 30％以上，江西省的该指标水平最高，为 34.29％。总的来看，中部地区六个省份的保险业赔付风险相对较低。

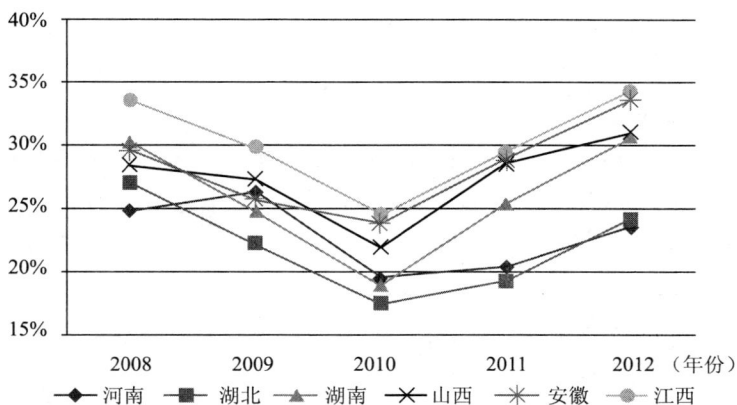

图 18.22　中部地区各省保险赔付率（2008－2012 年）

三、企业部门风险比较

中部地区六个省份的资源禀赋和发展基础都不尽相同，其经济发展存在着较大的差异，相关企业部门的盈利能力及资产负债情况均有所不同。

从盈利能力的角度出发，中部地区六个省份企业部门的净利润率在 2008－2012 年间呈现上下波动态势，走势基本相同，整体稳定在 2％－10％之间，各个省份相关上市企业受地区经济发展程度影响，盈利能力差异明显，如图 18.23 所示。其中，安徽省企业部门的净利润率于 2004 年第一季度达到近十年来的最高水平，随后则呈波动下降态势，于 2012 年第四季度降至 3.81％，盈利能力明显减弱，2013 年有所回升。2012－2013 年，中部地区各个省份相关上市企业盈利能力相对较好的省份为山西省和湖南省，其净利润率在 2012 年平均分别达到 6.28％和 6.62％，虽然整体水平较 2011 年有所降低，但盈利能力仍然较强。其中，山西省的经济构成以煤炭资源开采为主，相关资源类企业通常具有较为明显的垄断特征，能在相关市场中获取较高的利润，且随着资源总量的减少，煤炭资源稀缺，煤炭价格大幅上扬，这使得山西省相关上市企业的净利润率保持在较高水平，但随着煤炭资源的消耗，山西省企业部门的整体利润水平呈现不断下滑态势，这一点需引起高度重视；湖南省的工程机械制造业上市企业的良好表现直接提升了湖南省上市企业部门的整体净利润率水平，其工程机械制造业行业优势突出，在国际国内市场上均占据重要的地位。然而，其余四省的相关上市企业净利润水平则降幅较大，于 2012 年均低于 5％，盈利能力相对较差，这与相关各省份上市企业的行业分布有着一定的关系。

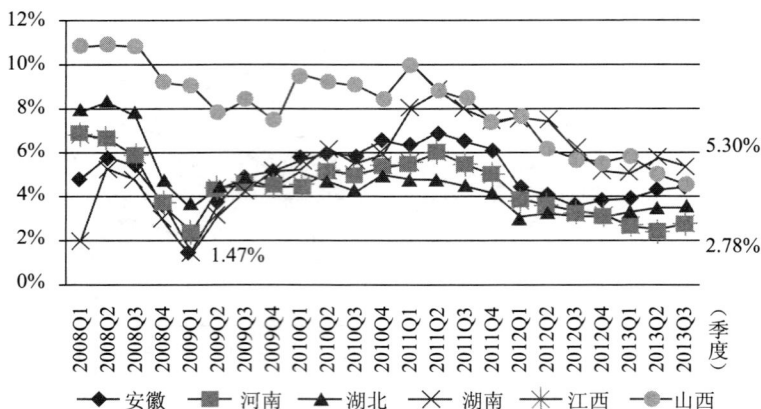

图18.23　中部地区各省上市企业部门净利润率（2008－2013年）

（一）上市企业部门账面资产负债表比较分析

在2008－2012年期间，中部地区六个省份上市企业部门的资产负债率变化趋势大体相同，整体呈上升态势，目前稳定在50％－70％的水平，资本结构相对合理，如图18.24所示。其中，湖北省和湖南省上市企业部门的资产负债率水平相对较高，分别于2013年第三季度达到65.33％和64.37％，而其余四个省份上市企业部门的资产负债率均在50％左右。总体而言，中部地区各省份上市企业部门的资本结构错配风险较低，面临资不抵债情况的可能性较小，但仍需警惕资产负债率持续上升而引发的相关风险问题。

另外，从流动比率指标水平来看，中部地区六个省份上市企业部门的流动比率在2002－2009年整体处于下降态势，除江西省外，其余各省上市企业部门流动比率在2009年均低于100％，随后波动上升，大体保持在100％以上，流动资产均超过流动负债，各个省份的流动性风险控制相对较好。目前，江西省、湖南省和安徽省的上市企业部门流动性管理相对较好，流动比率均在120％以上，经营风险较低，而其余三省的流动比率指标水平均呈现下降态势，表现出一定的流动性风险。其中，山西省上市企业部门的盈利能力在中部地区各省中较强，但其流动性却相对较差，2012年第二季度仅为99.65％。对于这种情况的出现，一方面，山西省为资源性省份，其资源类企业作为相关市场上的主要供应者，垄断地位明显，在议价及交易方式上具有一定的主动权，并不需要过多的流动资金来进行贸易周转；另一方面，企业利润的流向并不能从已有的数据中分析得出，但从总体情况来看，房地产业是多数上市企业多余资金的主要流向，而在国家采取相关措施对房地产市场进行干预调控后，房地产行业的高速膨胀受到了一定程度的抑制，相关上市企业的资金回笼也受到了不同程度的影响。

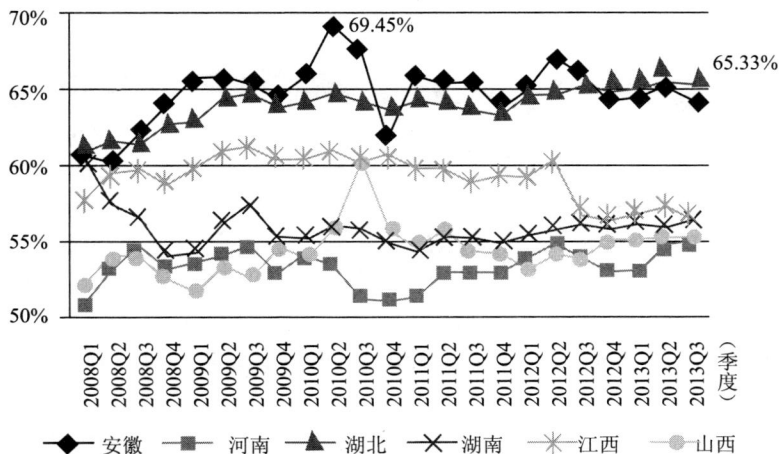

图 18.24 中部地区各省上市企业部门资产负债率（2008－2013 年）

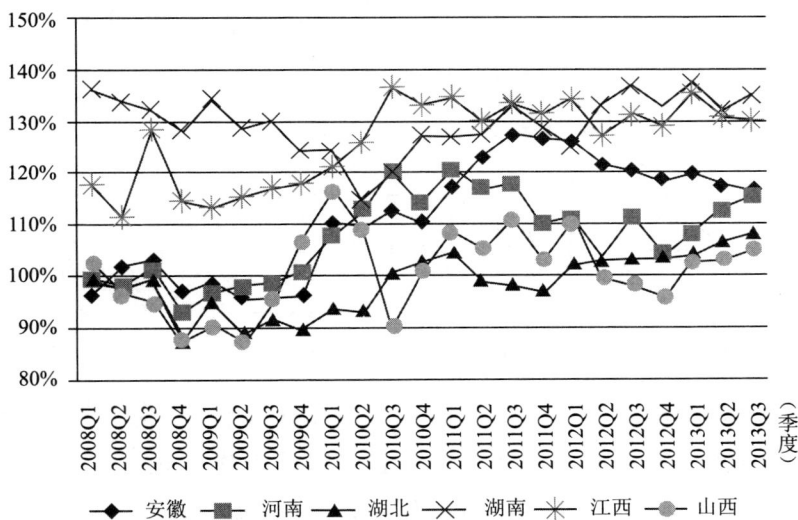

图 18.25 中部地区各省上市企业部门流动比率（2008－2013 年）

（二）上市企业部门或有权益资产负债表比较分析

中部地区上市企业部门或有资产负债率指标水平在样本期间内走势大体一致，近两年均呈上升态势，但总体上仍低于账面资产负债率水平，如图18.26 所示。截至 2013 年第三季度，湖南省上市企业部门的或有资产负债率指标水平最低，为 18.2％，其余各省均为 30％以上。或有资产负债率的变化与证券市场表现密切相关，在股市行情较好的情况下，相关上市企业权益市值上升，或有资产负债率则相对较低。近些年，中国股票市场行情的整体低迷，以及各地方政府采取刺激措施推动经济的跨越式发展，造成了上市企业部门或有资产负债率相对偏高的局面。

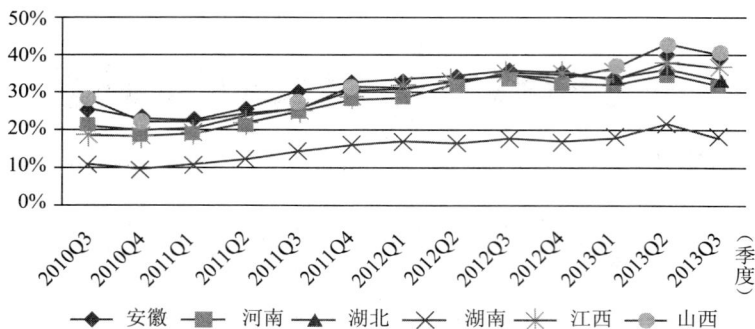

图 18.26　中部地区各省上市企业部门或有资产负债率（2008－2013年）

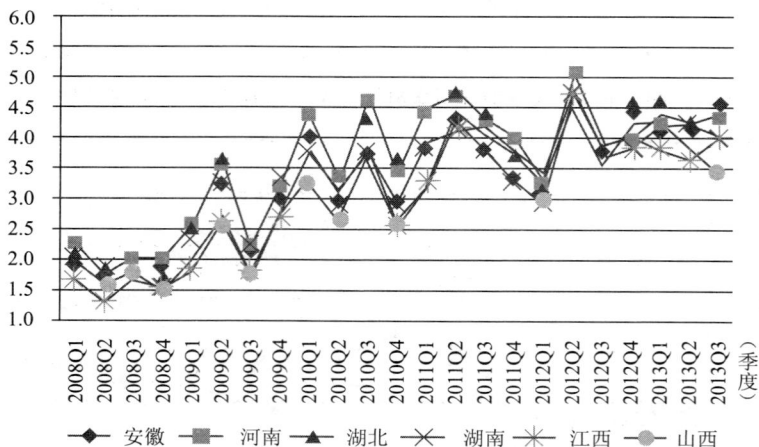

图 18.27　中部地区各省上市企业部门违约距离（2008－2013年）

在违约距离指标方面，中部地区六个省份上市企业部门的违约距离保持着同步变化的波动态势，整体于2008年达到近十年来的最低水平，随后波动上升，如图18.27所示。一般而言，违约距离越大，违约风险就相对越小。截至2013年第三季度，中部地区六个省份上市企业部门违约距离指标水平从大到小依次为安徽省、河南省、湖北省、湖南省、江西省和山西省，分别为4.54、4.34、4.33、4.03、4.03、3.42，除山西省外的其余省份该指标水平较2012年第三季度均有所上升。总体而言，中部地区六省市的违约风险均相对较低。

四、家户部门风险比较

中部地区家户部门整体风险较小，但由于相关各个省份在经济发展水平和家户部门结构上存在着一定的差异，故其家户部门风险状况不尽相同。以下通过城乡居民储蓄存款与个人消费贷款之间的比率来分析比较中部地区六个省份家户部门的风险状况。

中部地区六个省份家户部门的"贷款/储蓄"指标水平在 2006－2011 年间均呈上升态势，整体水平均稳定在 25％以下，家户部门风险相对较低。其中，安徽省的"贷款/储蓄"指标水平增幅较大，由 2006 年的 10.15％上升至 2012 年的 25.83％，增加了 15.68 个百分点。截至 2012 年，相关各省的该指标水平由大到小排名依次为安徽省、江西省、湖北省、湖南省、河南省和山西省，安徽省、江西省和湖北省的该指标水平均超过 20％，处于全国较高水平。值得注意的是，山西省家户部门的"贷款/储蓄"指标水平在 2006－2012 年间一直稳定在 5％以下，在中部地区各省份中处于最低水平，这与山西省经济发展水平不高，居民收入对贷款支付的保障能力较低有着一定的关系，进而较低的个人消费贷款总量降低了山西省家户部门的偿债压力，风险水平较低。

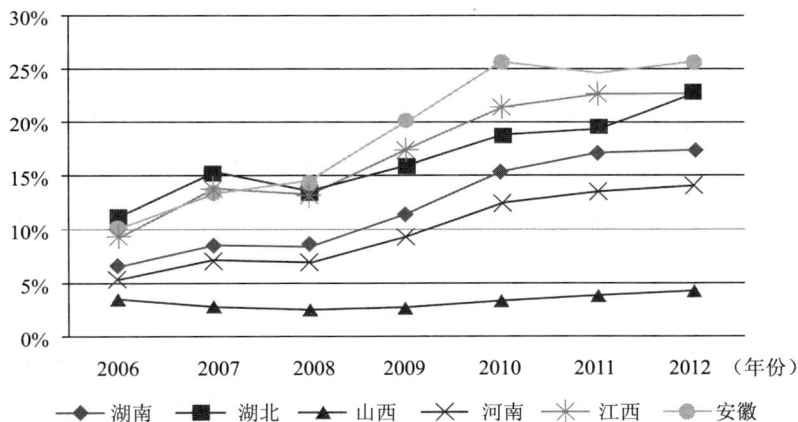

图 18.28　中部地区各省家户部门贷款/储蓄（2006－2012 年）

第 7 节　结论及政策建议

一、主要结论

本文在中国中部地区近十年来经济金融运行概况的基础上，从四大部门的角度出发，利用资产负债表分析方法框架分析研究了中部地区的宏观金融风险状况。首先，对中部地区公共部门的一般预算收支及缺口情况进行了多方面的衡量；然后，分析与评估了中部地区金融部门和上市企业部门在运行过程中的相关风险；接着，了解与分析了中部地区家户部门的资产结构情况；最后，对中部地区内部六个省份各个部门的宏观金融风险进行了结构性比较研究，从而较为全面地认识与评价中部地区的宏观金融风险。

总的来说，随着中国中部地区经济外向程度的加深，其受到国际整体经济金融环境变化的影响不断增强，复杂严峻的外部经济形势与其自身近些年快速发展所积累的相关问题使得其区域宏观风险相对突出。其中，中部地区的公共部门为其风险的主要来源，公共部门的风险以地方融资平台债务质量降低的形式向金融部门传导，并以挤占企业所需的金融资源的形式向企业部门传导。另外，在中部地区区域内部，由于发展状况各异，各个省份的宏观金融风险水平表现有所不同，且其相互之间的联系不够密切，各方面的合作还有待深入。

公共部门方面，中部地区公共部门的风险目前在其四大部门中表现得最为突出。究其原因，一方面，地区政府在涉及民生的基础设施建设上的投入规模不断加大，增加了公共开支；另一方面，地区相关省份的公共收支结构不合理，财政收入受到了限制，这直接导致了一般预算缺口持续扩大的局面，给中部地区相关各省的政府造成了较大的财政压力。另外，从全国各个区域上来说，中部地区的税收收入明显少于东部地区，而且由于政策倾斜的缘故，在中央的转移支付方面也不如西部地区，这就使得中部地区的公共部门风险在全国范围内显得较为突出。

金融部门方面，中部地区金融部门的资本错配结构相对良好，其风险主要表现在期限错配方面。由于相关地方融资平台在金融部门的大量负债都是由政府作为担保，公共部门风险的恶化，提高了相关银行类金融机构的风险水平。尽管"短存长贷"是大多数银行类金融机构的常态特征，且在经济繁荣期，期限错配问题的负面影响在一定程度上可能会被掩盖，然而，一旦经济陷入周期性低谷，期限错配缺口持续扩大，金融机构的流动性风险就会被放大。从中部地区金融部门的货币结构来看，中部地区六个省份的外币存贷比普遍偏高，理论上会有一定的挤兑风险，但与东部地区相比，中部地区的外币存贷款总量相对较小，货币错配风险并不会对中部地区的金融部门产生较大的影响。

企业部门方面，中部地区上市企业部门资本结构与期限结构较为合理，资本结构错配风险及期限错配风险较小。同时，中部地区上市企业部门整体清偿力较好，表现出良好的抗风险能力。然而，由地方政府持续扩大的财政支出所带来的挤出效应日益明显，中部地区企业部门当前的低风险状态在未来可能会有所改变。同时，中部地区各个省份企业部门对金融市场的理解和金融工具的运用仍然有待提高，单一的融资渠道给相关企业带来了一定的期限错配风险。

家户部门方面，中部地区家户部门收入增长较快，存贷结构合理，风险水平相对较低。另外，贷款与储蓄比率的快速提高说明中部地区家户部门在利用金融手段来管理自身资产方面的意识得到了加强，但是仍需加强风险防范意识。

二、政策建议

基于以上分析，中国中部地区当前的宏观经济金融运行情况良好，四大部门的风险水平均相对较低。然而，其公共部门风险状况及其传导影响，金融部门的期限错配风险，以及上市企业部门的或有权益相关问题仍需加以关注与解决。因此，为防范相关宏观金融风险并控制风险水平，提出以下几点建议：

第一，打破行政区划的限制，加强中部地区六个省份之间的合作与交流，促进区域整体协调发展。随着"中部崛起"战略的提出，以及中部地区各个省份积极地制定与实施促进地区发展的各项措施，区域经济发展逐渐趋同。然而，由于相类似的发展基础与经济环境，相关各省政府基本上均推出相同的刺激经济政策或措施，造成了恶性竞争或重复建设的后果，从而激化了中部地区各个省份公共部门的风险。若能打破省域划分的限制，加强经济发展的相互联系，将极大地促进中部地区的真正崛起。

第二，强化公共部门风险控制，积极争取政策支持，并进一步优化财政支出结构。造成一般预算缺口持续扩大的主要原因在于收支不平衡，支出相对于收入偏多。一方面，中部地区的农业发展为国家做出了重要贡献，但也限制了其工业的发展，应制定合理的协调与补偿机制；另一方面，加强财政支出管理，调整支出结构，合理有效地支持地区民生发展。

第三，集中优势资源，大力打造区域金融中心。区域性金融中心的建设与发展直接关系到中部地区金融行业是否能实现稳定快速的发展。目前，中部地区建设区域性金融中心的时机与条件日渐成熟。以湖北省武汉市为例，其金融业较为发达，金融机构类别较为齐全，且湖北省在金融总量上位居中部地区前列，已然具备打造区域金融中心的产业规模和必要条件。另外，武汉市是中央银行的九大分行所在城市之一，以及银监会、证监会和保监会的派出机构所在地，这些均为中部地区其他相关城市不具备的战略资源。而且，通过武汉市或其他城市的中部区域金融中心建设，能够更为合理地规划与引导中部地区金融业的发展，并能就相关区域的宏观金融风险指标进行监测和预警，从而实现控制宏观金融风险，更好地发展中部地区金融行业的作用。

第四，加强区域金融风险的研究，建立相关风险监控机制。建立与完善宏观金融风险监控机制，并依此对中部地区整体宏观金融风险进行监控和分析，从大局方面为中部地区经济金融发展指引方向。同时，要防范与控制区域风险，加大对区域金融风险的研究力度，注重专业人才培养，并需要地区政府重视金融就业环境的改善，以加大经济金融人才的引进。

参 考 文 献

［1］杨旭：《中部欠发达地区政府债务问题调查分析——以湖北省部分地市为例》，载《经济研究参考》2014年第23期。

［2］王晓夏：《中国区域金融发展差异水平的测度——基于2000—2012年面板数据的实证研究》，载《中国市场》2014年第15期，第90—95页。

［3］中国人民银行：《2008—2012年湖北省金融运行报告》。

［4］中国人民银行：《2008—2012年湖南省金融运行报告》。

［5］中国人民银行：《2008—2012年河南省金融运行报告》。

［6］中国人民银行：《2008—2012年山西省金融运行报告》。

［7］中国人民银行：《2008—2012年安徽省金融运行报告》。

［8］中国人民银行：《2008—2012年江西省金融运行报告》。

［9］国家统计局：《2013年中国统计年鉴》。

第 19 章　湖南省宏观金融风险研究

2012 年，湖南省的经济运行状况良好，实现地区生产总值 22154.23 亿元，同比增长 11.3%。其中，三次产业比重趋于优化，金融平稳运行，金融环境也不断改善，银行、证券、保险行业协调可持续发展，经济发展效益稳步提高。本章基于资产负债表和或有权益资产负债表对湖南省的四个部门进行了宏观金融风险分析，并在此基础上结合文化产业的金融风险的实际情况进行了专题分析，最后提出政策建议。

通过分析发现，2012 年，湖南省经济金融运行状况稳定，四大部门整体风险相对较低，而公共部门和金融部门仍然存在一些隐患风险点。公共部门方面，地方政府投融资平台公司运行存在潜在的财政风险；金融部门方面，银行类金融机构存在着一定的期限错配风险和较为突出的货币错配风险，需采取措施进行有效防范。

随着湖南省金融经济发展进入高速通道，越来越多的学者进入研究湖南省金融经济发展的领域。刘洋等（2010）指出了金融产业作为第三产业中的高端产业对经济发展所能起到的巨大的推动作用，强调在当前金融危机的前提下湖南省如何通过使用金融手段、控制金融风险从而促进经济发展；肖泽炎（2011）通过选取湖南省农业、工业、服务业三大产业从 1987 年到 2007 年的 GDP 数据，构建产业机构优化指标和金融发展效率指标，对湖南省的金融发展水平和三大产业结构关系进行了实证研究，得出了湖南省金融发展水平较弱，产业结构也亟须转型的结论，并对此发表了自己独特的看法，提出了一系列变革湖南省金融发展水平的政策建议；李立辉等（2012）利用 Grange 因果检验的相关原理，通过收集到的湖南省 1987－2009 年的统计数据，对湖南省金融发展水平和经济增长之间的关系做出了相关的假设检验，得出了湖南省金融发展水平和经济发展水平是相互促进的关系，提出建立"金融发展→经济发展→金融水平再提升"的正反馈循环以更好地促进湖南省经济发展的论点。

第1节　湖南省经济金融运行概况

一、湖南省经济运行概况

2012年，全年地区生产总值持续快速增长，产业结构有所优化。生产总值达2.22万亿元，较上年增长11.3％，人均生产总值为37587.37元，较上年增长10.7％，其中三次产业的贡献率分别为3.6％、54％和42.4％。三次产业协调发展，产业结构调整为13.6：47.4：39，其中工业发展质量大幅提升。其中粮食生产总量创新高，规模工业增加值年均增长19.4％，达到8567.5亿元，现代服务业也稳步发展。

（亿元）

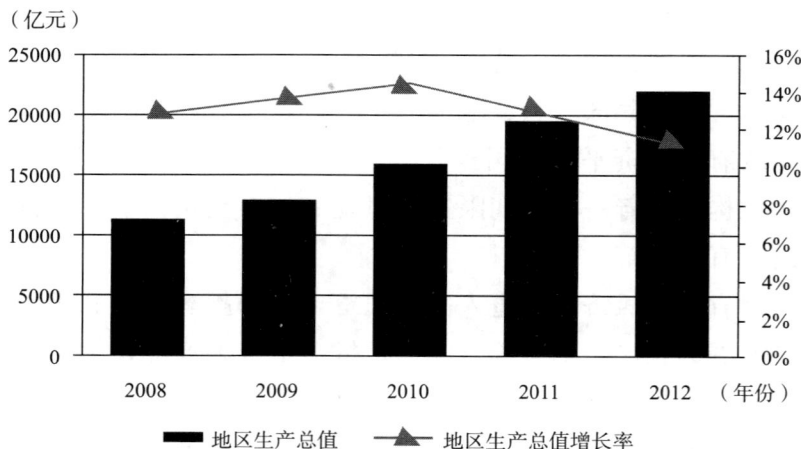

图 19.1　湖南省经济运行状况

2012年，全年地区固定资产投资达14576.6亿元，增长27.5％，投资结构持续优化。农村固定资产投资增速高于城镇23.7个百分点，非国有投资增长27％，比国有投资增速少0.4个百分点，说明固定资产投资的方向有所转变，投资的内生机制由原来的重城镇和国有转变为现在较为平衡的状态。

城乡居民收入差距较大，消费方式和结构有所改变。2012年，湖南省城镇居民人均可支配收入和农村居民人均纯收入相对差为2.87：1，与上年同期相同。全年社会消费品零售总额增长15.4％，商品零售部分占比最大，比上年增长15.5％。电子网络消费占比较大，城镇居民人均网购商品和服务支出较上年持续增长。

对外合作实现跨越性发展。2012年，湖南省进出口总额同比增长了15.5％，至219.4亿美元，高于全国平均增速9.3个百分点。其中进口93.4

亿美元，增长 2.7％；出口 126 亿美元，增长 27.3％。湖南省外贸额在全国排第 21 位，居中部第 5 位。出口增速大于进口 24.6 个百分点，主要是由于上年进口基数较大；进出口特点表现为加工贸易发展迅速；机电产品出口快速增长，进口有所下滑；农产品、劳动密集型产品出口增长平稳；前十个月进出口形势严峻，数据表现低迷，省政府等相关部门针对外贸稳定增长出台了一系列促进其发展的措施，接下来的两个月发生了明显的改善。

综上所述，湖南省于 2012 年实现经济平稳发展，产业结构持续优化，固定资产投资平稳增长，居民消费水平提高、消费结构优化，同时进出口持续增长，但仍然面临一些结构性问题和风险。

二、湖南省金融运行概况

2012 年，湖南省金融业运行平稳，金融体系有所完善，金融环境不断改善，金融生态继续优化，市场功能有所强化，银行、证券、保险行业协调可持续发展，经济效益稳步提高。

银行业经营稳健，健康发展：规模持续扩大，存贷款合理适度增长、结构优化，业务多元化、针对性强，支持重点更加突出，银行更加有效地服务实体经济发展。全省银行业资产总额为 29912.9 亿元，同比增长 19.97％；全年新增存款 3703.9 亿元，增长 19.1％，主要原因是经济回升，房市、股市回暖，居民投资信心增强等。同时，不良贷款余额和不良率继续实现"双降"。另外，湖南省跨境人民币业务快速发展，参与主体及业务覆盖面进一步扩展。2012 年 6 月，出口货物贸易人民币结算正式启动，跨境贸易人民币结算业务全面展开；表外业务加速增长，融资类业务大幅增加。风险方面，2012 年湖南省表外业务增长较快，其中，信托贷款、委托贷款分别同比增加 128.4 亿元和 27.1 亿元。银行理财产品发展也日益多元化、表外化，这些产品的快速发展和创新在一定程度上缓解了经济社会发展中的资金供需矛盾，但也可能带来一定的潜在风险。

证券业平稳运行，IPO 融资增速放缓。全省 3 家法人证券公司在手续费下降的情况下实现了营业收入和净利润的持续增长，分别同比增长 6％ 和 10％，成交量同比增长了 57.6％，业务收入结构和盈利模式有了明显的改善。期货业发展加速，增设 4 家期货交割库，期货市场服务"三农"的作用持续增强；IPO 融资规模明显放缓，同比减少了 69.8％，这主要是受当年宏观经济下行和市场低迷的影响，且上一年的基数也较大。保险业稳健发展，社会保障功能有所增强，保险产品也加快创新。全年实现保费收入 465.1 亿元，同比增长 4.9％，增速较上年有所放缓；保险深度同比下降 0.2 个百分点，至 2.1％，保险密度同比增加 25.3 元，达 700.6 元。特别是农险业务和责任保险实现较快增长，省级保险分公司增加 1 家，达到 44 家。

第 2 节 湖南省公共部门风险分析

2012 年，湖南省公共部门风险仍然较为突出，财政缺口不断扩大，且呈现上升的趋势，政府的偿债风险也较大，地方融资平台面临的财务风险较为突出。

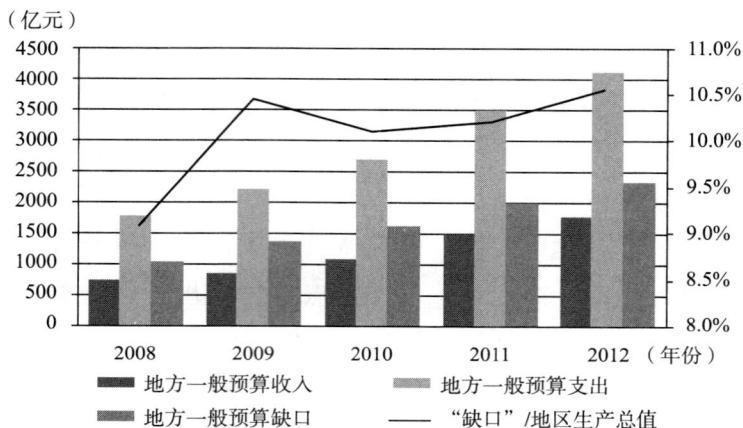

图 19.2 湖南省地方财政一般预算收支情况

2012 年，在国家及全省经济增速放缓、价格水平总体回落及结构性减税政策等大背景下，湖南省公共财政预算收入为 1782.16 亿元，同比增长 17.47％，增速下降幅度较大，较 2011 年回落 18.4 个百分点。其中，非税收入同比增长 10.6％，与上年度的 71.4％ 相距甚远，较税收收入低 10.7 个百分点。本年度财政增收主要依靠县乡级拉动，对地方财政增收的贡献率达到 82.5％，财政收入结构趋于合理。同时，全年一般预算支出 4119 亿元，同比增长 16.99％。财政支出优先保障重点领域，加强了"三农"和社会建设等相对薄弱的环节。全省支农、教育、医疗卫生、社会保障和就业等民生方面的直接支出达到了 2694.7 亿元，较 2011 年增长 17.1％，占财政支出的 66％。2012 年，公共财政预算收支缺口增至 2336.84 亿元，同比增长 16.63％；缺口占 GDP 的比重为 10.55％，仍大幅度高于国际公认标准 3％，如果考虑利息支出及隐性担保情况，该缺口将更为明显。如图 19.2 所示，在财政收支规模不断扩大的同时，一般预算收支缺口仍然呈上升趋势，且超过国际标准水平，这显示出湖南省存在一定的财政风险。

自 2010 年起，湖南省一般预算收入增长率保持较高增速，略高于支出增长速度。如图 19.3 所示，两者差距于 2012 年有所收窄，预算收入增长率为 17.47％，预算支出增长率为 28.13％，支出增长率占收入增长率的比重同比下降了 1.8 个百分点。缺口增长率为 16.99％，较上年回落幅度较大，且处于近五年的最低水平。从财政收入的质量结构上看，人均财力水平依然偏低，相当一部分市县还较为困难。

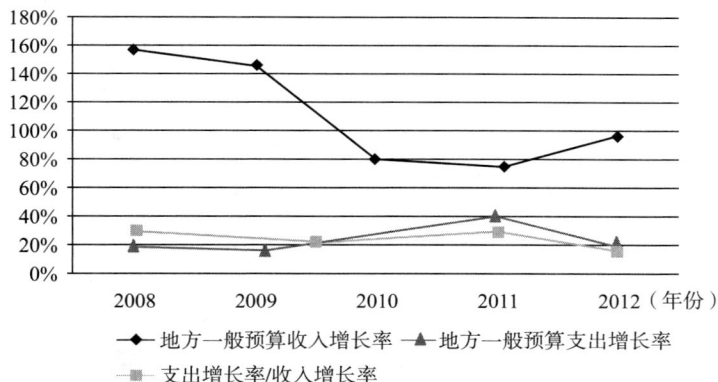

图 19.3　湖南省地方财政一般预算收入与支出增长率

从公共财政预算支出的流向来看，财政支出刚性增长，支持民生力度加大。2012 年财政支出主要用于支农、教育、医疗卫生、社会保障和就业等方面，占财政支出的比重达 66％，同比增长 17.1％。由此看来，湖南省对财政支出结构在一定程度上进行了有效调整。这种调整带动了湖南省社会经济的快速增长，支出的投入产出效率提高，且近几年一直较为稳定。但是，地方政府偿债压力较大，特别是地方政府投融资平台公司的运行存在风险隐患。

第 3 节　湖南省金融部门风险分析

2012 年，湖南省金融部门风险较大，银行类金融机构存在着一定的期限错配风险和较为突出的货币错配风险，需采取措施进行有效防范，保险行业的发展态势也较为缓慢，赔付风险也较为明显。

一、银行类风险分析

2012 年，湖南省银行业发展较快，资产规模和资产质量稳步提升，资产规模达 29912.9 亿元，资产总额增长了 19.97％，较 2011 年减少了 2.19 个百分点。银行业机构实现盈利同比增加了 89.4 亿元。但是，银行业的存贷款结构有待优化，期限错配风险和货币错配风险都较为突出。

（一）资本结构错配分析

从湖南省银行类金融机构的资本结构来看，总体平稳安全，信贷结构持续优化，资本结构错配风险较低。2012 年，湖南省银行类金融机构存贷比为 67.6％，较 2011 年下降 1.63 个百分点，如图 19.4 所示。其中，贷款余额同比增长 16.23％，而存款余额同比增长 19.04％，存款余额增速高于贷款余额增速，进而造成了存贷比指标水平的下降。一方面，在宏观经济回暖的带动下，企业经营状况好转，单位存款明显回升，推动存款余额的增加；另一方面，平稳适度的信贷投放使得贷款余额增长放缓。

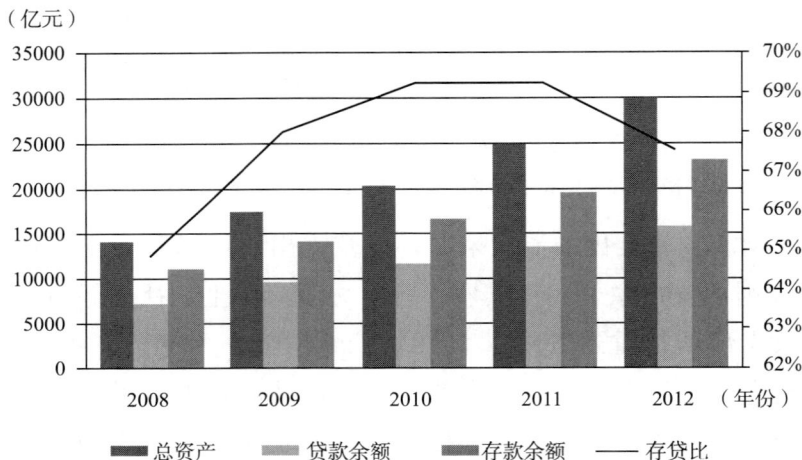

图 19.4　湖南省银行类金融机构存贷款余额与存贷比

（二）期限错配分析

2012 年，湖南省银行类金融机构的贷款中长期化态势有所缓和，但仍然较为明显，存在一定的期限错配风险。其中，中长期贷款占比为 67.35％，较上一年下降 0.4 个百分点。分期限看，中长期贷款同比减少 116.5 亿元，这一方面是因为企业经营状况不佳，扩大投资的意愿不强，对长期信贷资金需求不旺；另一方面是因为政府融资平台、房地产、“两高一剩”行业贷款等增加较少。另外，短期贷款和票据融资分别同比增加 103.6 亿元和 90.6 亿元，为企业经营性资金提供了有力支持。

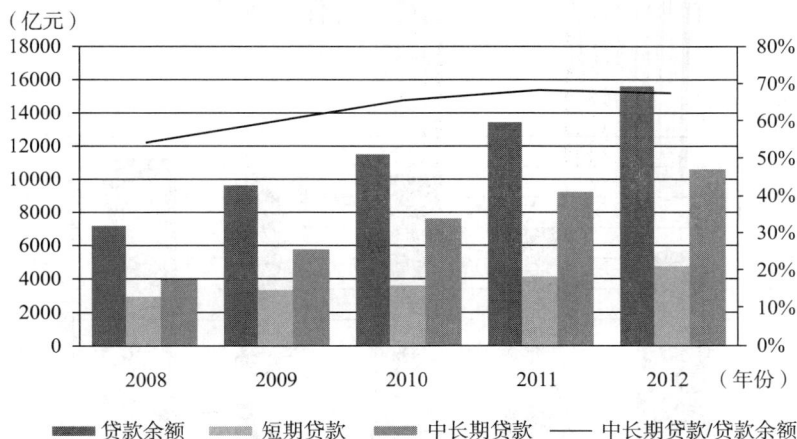

图 19.5　湖南省贷款期限结构

（三）货币错配分析

2012 年，湖南省银行类金融机构的外币存贷比指标达到 286.07％，较 2011 年增加 33.97 个百分点，货币错配风险进一步加大。因此，湖南省银行类金融机构应控制外币贷款额度，优化外币资本结构，从而有效降低因货币错配而产生的流动性风险。另外，湖南省的跨境人民币业务的快速发展会对缓解湖南省银行类金融机构的货币错配风险起到一定的帮助作用。

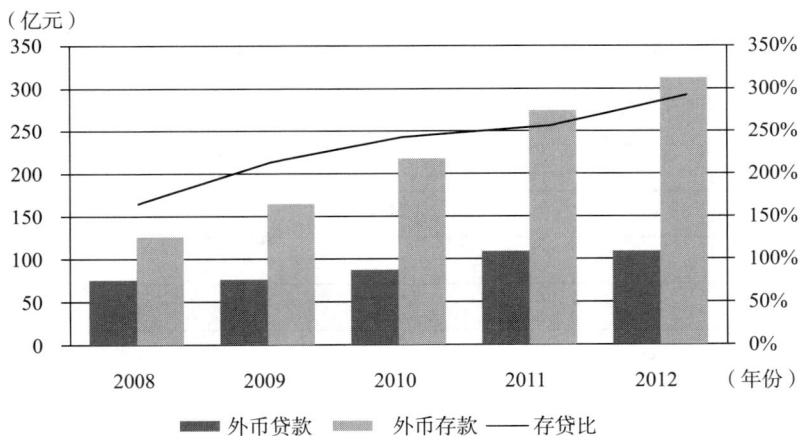

图 19.6　湖南省金融部门外币存贷款余额与外币存贷比

二、保险类风险分析

2012 年，湖南省保险业发展态势不佳，保费收入增长率仅为 4.87％，较 2011 年下降 14.93 个百分点。相对较低的保费收入增长率使得湖南省的保险深度指标于 2012 年降为 2.1％，这体现出保险业对地方经济服务力度的不足。然而，在保险产品创新方面，湖南省保险业有所突破，其社会保障能力不断提升。

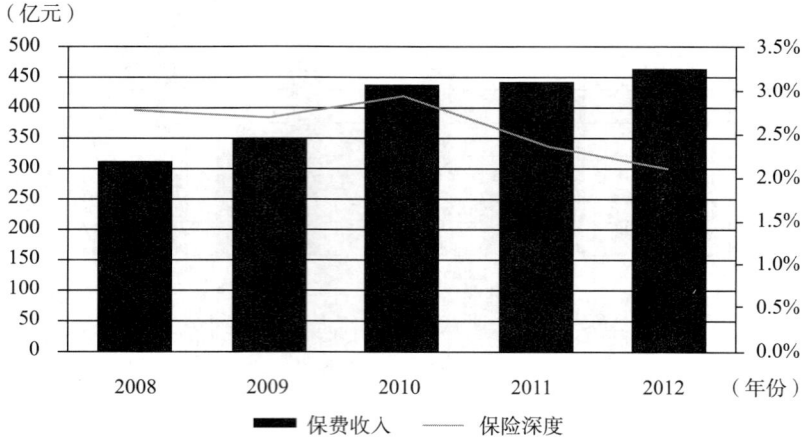

图 19.7　湖南省保险业保险深度

与保费收入增长率下降相反，湖南省保险业的赔付率指标于 2012 年升至 30.68％，较 2011 年增加 5.31 个百分点，如图 19.8 所示。以上情况反映出湖南省保险业的赔付风险在 2012 年有所上升，因此，湖南省保险业应在控制风险的情况下进行适度产品创新，谨防行业风险的加剧。

总体而言，湖南省保险业于 2012 年发展放缓，行业整体盈利能力有所降低，存在一定的赔付风险。

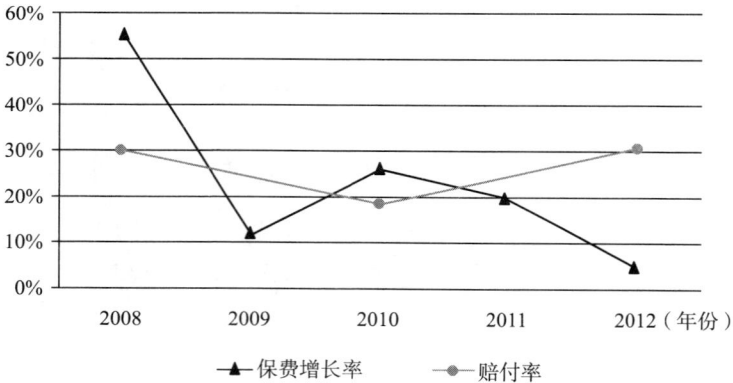

图 19.8　湖南省保费增长率和赔付率

第 4 节　湖南省上市企业部门风险分析

截至 2012 年年末，湖南省在境内上市的公司共有 76 家，主要分布在机械制造与医药化工等行业，在此选取除创业板和金融行业的相关企业外的 61

家上市企业作为样本进行风险分析。其中，上市企业的利润水平不高，且面临下滑趋势，经营状况有待改善，也有一定的偿债风险。

一、盈利能力分析

在 2012 年年初至 2013 年第三季度期间，湖南省上市企业部门的净利润率呈现不断下降的态势，于 2013 年第三季度降至 5.3％，但在全国仍处于相对较高水平，如图 19.9 所示。盈利能力的减弱反映出湖南省企业经营状况不佳，这对企业的长期稳定发展会起到不利影响。

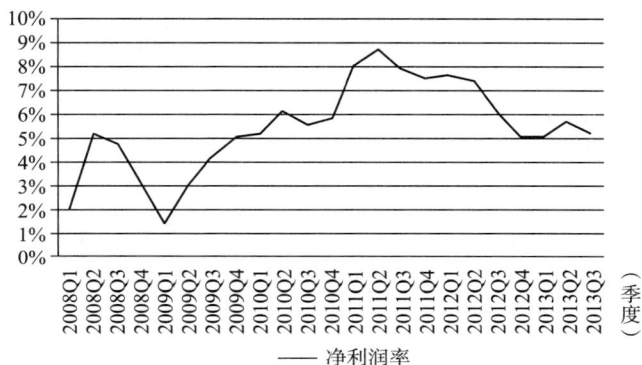

图 19.9 湖南省上市企业净利润率

二、账面价值资产负债表分析

（一）资本结构错配分析

湖南省上市企业部门的账面资本结构相对稳定，其资产负债率大体维持在 65％左右，为相对较高的水平，存在着一定的资本结构错配风险，如图 19.10 所示。资产负债率长期维持在高位水平，说明湖南省上市企业部门在融资方式的选择上仍然更多地依赖间接融资的方式，企业应拓宽融资渠道，优化资本结构，从而降低相关风险。

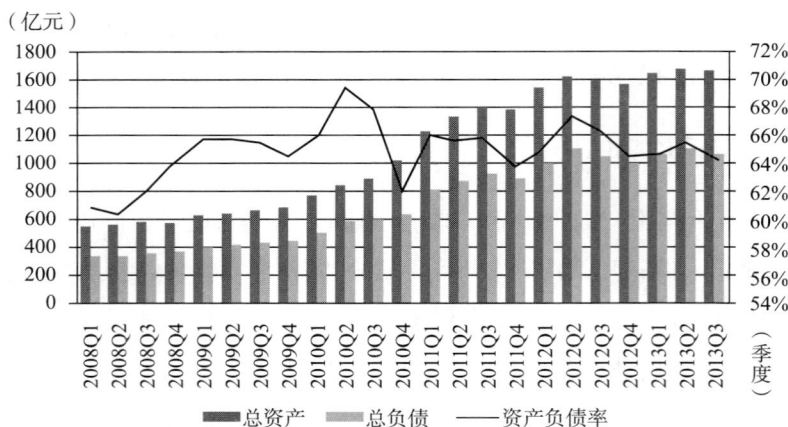

图 19.10　湖南省上市企业资本结构

（二）期限错配分析

从流动比率指标上看，湖南省上市企业部门的该指标水平于 2012 年至 2013 年第三季度期间稳定在 1.2 以上，于 2013 年第三季度达到 1.35，说明其流动性水平良好，流动资产能与流动负债相匹配，不存在明显的期限错配风险。

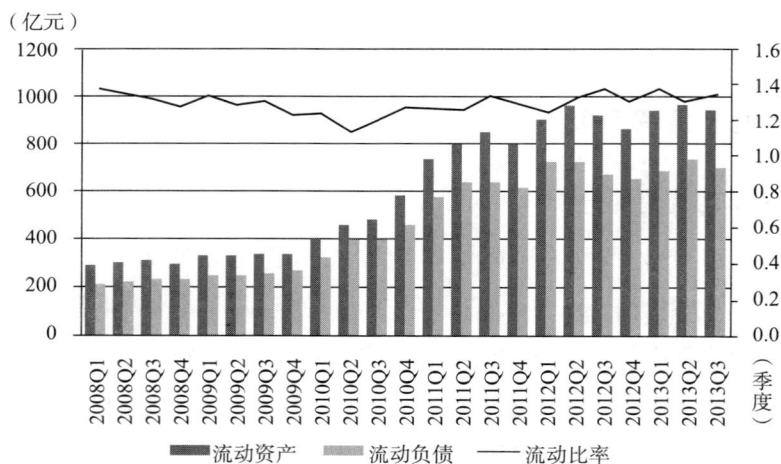

图 19.11　湖南省上市企业流动比率

三、或有权益资产负债表分析

湖南省上市企业部门的或有资产负债率一直处于较低水平，但在 2012 年年初至 2013 年第三季度呈现逐渐上升的态势，于 2013 年第三季度达到 18.2%，该现象反映出湖南省上市企业部门的潜在偿债风险有所升高，如图 19.12 所示。

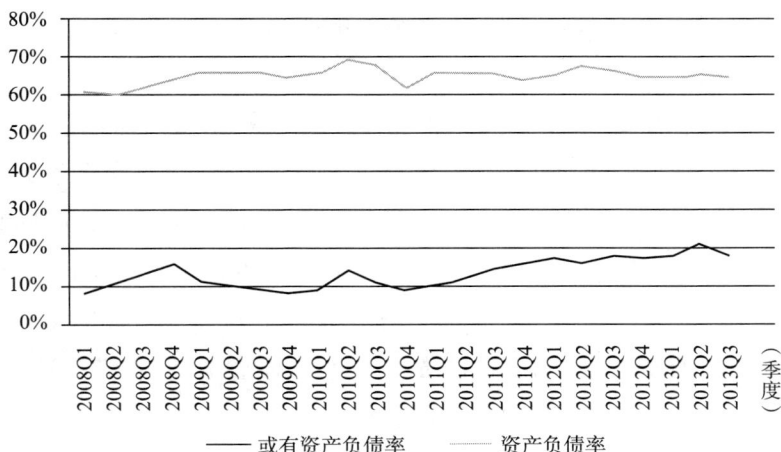

图 19.12　湖南省上市企业账面资产负债率与或有资产负债率

在 2012 年年初至 2013 年第三季度期间，湖南省上市企业部门的违约距离指标呈现波动上升的态势，且指标水平均远大于 1，如图 19.13 所示。由此可以看出，湖南省上市企业部门的违约风险较低。

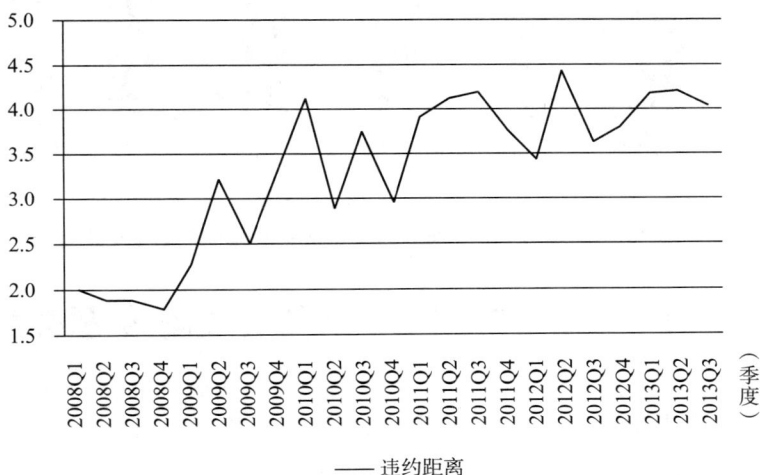

图 19.13　湖南省上市企业部门违约距离

第 5 节　湖南省家户部门风险分析

2012 年，湖南省家户部门收入水平持续增长，面临的偿付风险较低。其中，湖南省城乡人均可支配收入增长到 21319.00 元，相比于 2011 年的 18844 元，净增长了 2475.00 元，增长率为 11.61％；农民纯收入 2012 年为 7440.00 元，相对于 2011 年的 6567.00 元，净增长了 873 元，增长率为 11.73％。虽然农民纯收入增长速度较城镇居民可支配收入快，但是由于受城镇居民可支配收入基数大、绝对数额差距大等影响，贫富差距仍然较为明显，需得到重视。

在家户部门储蓄与贷款方面，2012 年城乡居民储蓄存款总额为12662.70 亿元，较 2011 年同期净增长了 2049.9 亿元，增长率为 16.19%；贷款方面，2012 年个人消费贷款为 2200.40 亿元，较 2011 年同期增长了382.70 亿元，增长率为 17.39%。从存贷比情况可以看出，湖南省居民负债消费的情况在逐年增强，但是存贷比仍然处于低位，为 17.38%，说明湖南省居民使用信用消费的意识还需加强。因此，对于湖南省家户部门来说，其所面临的偿债风险较小，在可控范围之内。

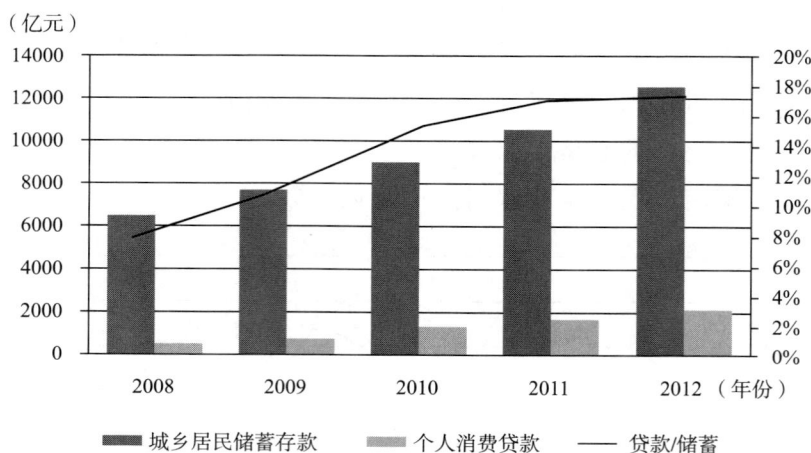

图 19.14　湖南省城乡居民储蓄存款与个人消费贷款比较

第 6 节　湖南省文化产业发展风险专题分析

近年来，随着我国经济水平的提升，人民的物质水平已经达到了一个全新的高度，对精神文化的需求趋于明显，产生了一个继续填补的市场需求，但是对我国文化产业发展来说，如何应用金融手段解决文化产业发展过程中资金供需的矛盾、增加资金的使用效率已成为当务之急。随着我国提出"激发全民族文化创造力，提高国家文化软实力"的发展战略，为文化产业的发展提供了新的历史契机。

自 2008 年以来，虽然众多行业出现了不同程度的衰退，但是文化产业却逆流而上，进入高速发展阶段，产业平均增速达 17%，成为支撑我国GDP 增长的主要组成部分，也保证了地方经济的发展。2009 年以后，随着《文化产业振兴规划出台》和《文化发展规划纲要》的利好频出，文化产业进入资本市场已不再是务虚之谈，就湖南省而言，文化产业已成为湖南省六大千亿产业之一，作为其支柱产业代表，GDP 占比已达到 5% 以上。

与湖南省文化产业高速发展不相对应的是湖南省金融对于文化产业发展的支持水平，对于湖南省的众多文化产业企业来说，为何融资、如何融资、从哪里融资、融资之中以及之后的风险都成为了迫切解决的难题，本节将从湖南省文化产业现状、发展和金融手段结合入手，对湖南省文化产业发展中所存在的问题和风险进行分析，并得出结论和指导意见。

一、湖南省文化产业发展的优势

（一）湖南省拥有良好的历史底蕴和旅游资源

湖南省旅游业发展有着得天独厚的优势，湖南省地处中国东南腹部，属于长江流域中游，在旅游资源上，拥有三座历史文化名城——长沙、岳阳、凤凰，六个国家 5A 级风景区——张家界武陵源—天门山景区，衡阳南岳衡山景区，长沙岳麓山—橘子洲景区，岳阳岳阳楼—君山岛景区，湘潭韶山景区，长沙市花明楼景区，共有十大旅游区和 100 多处旅游点。在历史文化上，古代有屈原、贾谊、蔡伦等，近代有魏源、曾国藩、谭嗣同、宋教仁等，现代有毛泽东、刘少奇、彭德怀等名人，人杰地灵，湖南境内共有包括苗族、土家族和瑶族在内的 40 个少数民族，构建出了丰富多彩的民俗文化。

（二）湖南省拥有较强的经济实力和产业优势

湖南省经济实力强劲，2013 年湖南省地区生产总值达到 2.2 万亿元，保持在全国前十的水平，良好的经济增长对居民收入的增长起到了良好的驱动作用，2013 年湖南省城镇居民人均可支配收入年均增长 11.6%，达到 2.13 万元；农民人均纯收入年均增长 13.8%，达到 7440 元，为文化产业发展奠定了良好的消费基础。湖南卫视作为全国第一大卫视，拥有众多享誉全国的文化品牌，如《快乐大本营》、《天天向上》、《爸爸去哪儿》等一系列的电视娱乐节目，并且发展成为了集广电、娱乐、出版、动漫为一体的产业发展框架，湖南省作为区域文化中心的影响力日趋明显。

二、湖南省文化产业发展的劣势

（一）资金来源的匮乏阻碍了文化产业的发展

从调查数据中发现，目前助力湖南省文化产业发展的主要力量还是来源于间接融资，且相对于其他行业来说占比较小，从占比上来说，湖南文化产业贷款量占所有贷款量之比仅为 0.7％左右，与其对于 GDP 贡献比 5％形成了巨大的反差，资金缺口较为明显，特别是对于中小型文化产业企业而言，其传统抵押物的乏缺严重制约了其发展所需的资金需求，因此，如何解决贷款难问题是快速发展湖南省文化产业的关键所在。

（二）湖南省没有形成健全的融资体系

经过多年的发展，我国对于融资体系的建设日趋完善，但是应当指出的是，由于湖南省位于中部地区，其融资体系还没有沿海地区那么完善，缺少多渠道的资金来源，完全不能满足湖南省文化产业发展的需求。

通常来说，文化产业发展的资金来源主要有以下几个方面：企业自有资金、政府扶持资金、社会资本、银行贷款和资本市场募集资金这五类，如何克服这五类资金来源的缺点，因地制宜地使用资金来源，是完善文化产业融资渠道的关键所在。

三、湖南省文化产业发展中的风险控制

文化产业发展过程中的风险是客观存在的，如何识别这种风险并对其进行有效的风险防控是本节的主要探讨内容。

（一）组合分散投资

对于文化产业投资的风险管理可以使用分散组合风险的手段进行控制，一是向不同的文化产业企业进行投资，不同的文化产业企业拥有不同的经营手段和运营周期，对不同的文化产业企业投资可以有效规避风险；二是向不同的产业投资，文化产业包含新闻出版、广播电视电影、文化艺术、文化信息传输服务、文化创意和设计等十个主要行业，对不同产业投资可有效分散风险；三是向不同地域投资，考虑到不同地域存在不同的经济循环，因此对不同地域进行投资也是可行的。

（二）联合其他投资者共同出资

对于一些资金需求量较大的项目，可以联合其他有此意向的投资者，共

同出资，这样可以规避单一投资者暴露在较大的风险头寸中，使得风险在众多投资者中得以分散。

（三）按阶段进行产业投资

对于一个新兴文化产业来说，其发展是具有阶段性的，投资者可以根据其产业的发展阶段作出不同的判断，规划出不同的投资策略，将资金合理地分配到产业发展的阶段，形成最佳的回报和组合。

四、对于湖南省发展文化产业的政策建议

（一）加大对文化产业的财政支持力度

对于湖南省来说，通过给予文化产业相关税收优惠政策和财政担保与贴息政策是推动产业快速发展的有效途径。税收优惠政策可以起到很好的示范作用，吸引更多社会资金进入文化产业发展过程中，对产业的风险和成本控制都有积极的推动作用，担保贴息政策对于处于文化产业发展初期的企业而言，可以有效地解决初期资金匮乏的问题，为企业从银行取得贷款提供保障。

（二）大力发展资本市场建设

推动湖南省资本市场建设，提升直接融资规模，走直接融资和间接融资相结合的发展道路，是湖南省快速发展文化产业的重中之重，扩大直接融资的规模，一般来说可以采取以下途径：一是可以推动基础良好的企业上市融资，通过发行股票、增发和并购重组等各种方式进行资金的充实；二是利用债券市场进行融资，如采用公司债、企业债等各种形式融资；三是设立文化产业发展投资基金，鼓励股权融资基金和风险投资基金等各种形式的融资。

第7节　结论及政策建议

本章对湖南省各经济部门进行了风险分析，并针对湖南省文化产业进行了专题分析。其中，公共部门方面，整体面临的风险并不突出，然而一些地方政府投融资平台公司运行存在隐患，潜在的财政风险需要关注；金融部门方面，银行类金融机构存在着一定的期限错配风险和较为突出的货币错配风险，须采取措施进行有效防范；上市企业部门方面，整体面临的风险水平较低，但须警惕企业盈利能力的下降引发的一系列问题；家户部门方面，偿债

风险较小，尚在可控范围内。总的来说，2012 年，湖南省经济金融运行状况稳定，四大部门整体风险相对较低。

基于以上分析，下面结合具体的宏观经济形势提出相关政策建议：

第一，湖南省应着力控制财政支出规模，进一步优化财政收支结构，尤其应关注地方隐性债务，防控清偿力风险。

第二，尽管湖南省上市企业部门整体面临的风险相对较低，但仍应着力提高上市公司的治理水平，改善经营状况，进而增强盈利能力。

第三，文化产业发展方面，应推动湖南省资本市场建设，提升文化产业的直接融资规模，走直接融资和间接融资相结合的发展道路。

参 考 文 献

[1] 李立辉，曾琳：《湖南省金融发展与经济增长的关系研究》，载《湖南人文科技学院学报》2012 年 01 期，第 23—26 页。

[2] 王玉：《湖南省金融支持文化产业的问题与解决方法》，载《金融经济》2013 年 06 期，第 100—101 页。

[3] 中国人民银行：《2008—2012 年湖南省金融运行报告》。

[4] 湖南省统计局：《2008—2012 年湖南省国民经济和社会发展统计公报》。

第 20 章 安徽省宏观金融风险研究

安徽省经济发展在 2012 年取得了显著进步，地区生产总值与人均 GDP 均呈上升态势，高于全国平均水平。其中，地区生产总值在全国排名第 14 位，在中部六省中排名第 3 位，但是人均 GDP 排名十分靠后，经济发展水平有待提高。在经济发展过程中，由于通货膨胀压力较大，上市企业面临原材料成本上升，劳动力成本上升等问题，导致安徽省上市企业发展较慢，但其风险控制较好。安徽省宏观金融风险主要存在于公共部门和金融部门，财政一般预算缺口较大且还在不断扩大，银行业的贷款结构有待优化，中长期贷款占比过大导致其面临较大的流动性风险。

随着金融对于安徽省经济的发展变得日趋重要，关于安徽省为何发展金融，如何发展金融，金融如何促进安徽省经济发展的研究已有一定的成果。沈惟维（2013）通过运用安徽省的地区金融业与 GDP 之比、地区股票筹资额与固定资产投资额之比、地区保费收入与 GDP 之比、地区保费收入与总人口之比、地区存贷比率、地区金融业在岗职工人数与总人口之比等六个指标建立各指标之间的相关系数矩阵，利用再回归法对因子系数进行分析，得出了安徽省各地区之间金融差异较大的结论，并提出了一系列的解决方法。高维芹（2011）从探讨安徽省金融发展水平与产业结构角度入手，通过建立自回归模型等一系列的方法，对安徽省金融发展水平和产业机构之间的关系进行了验证和说明，得出了金融发展水平提升和产业结构优化存在正相关关系的结论，文章还指出，间接金融对产业结构的优化较直接金融更具有主导性的作用，而产业结构的优化又会反过来促进金融的发展，最后作者得出应进一步发展安徽省金融业、优化金融市场结构和完善金融产品的结论。

第1节　安徽省经济金融运行概况

一、安徽省经济运行概况

2012 年，安徽省政府更加注重经济的稳增长，全力应对经济下行的形势，实现了区域经济的稳步增长。2012 年，安徽省实现地方生产总值17212.05 亿元，同比增长 11%，增速有所下降。其中，三次产业结构由2011 年的 13.2：54.3：32.5 调整为 12.7：54.6：32.7，工业增加值占 GDP的比重为 46.6%，比 2011 年提高 0.4 个百分点，产业结构整体有所优化。

2012 年，安徽省固定资产投资完成 15055 亿元，较 2011 年增长 24.2%；消费市场较为活跃，全省于 2012 年实现社会消费品零售总额 5685.6 万元，较 2011 年增长 16%；全省进出口总额在 2012 年达到 393.3 亿美元，较上年增长 25.6%，对外贸易增长较快。然而，从经济总量和增速来看，安徽省在中部地区各省份中排名居中，但人均较为落后。

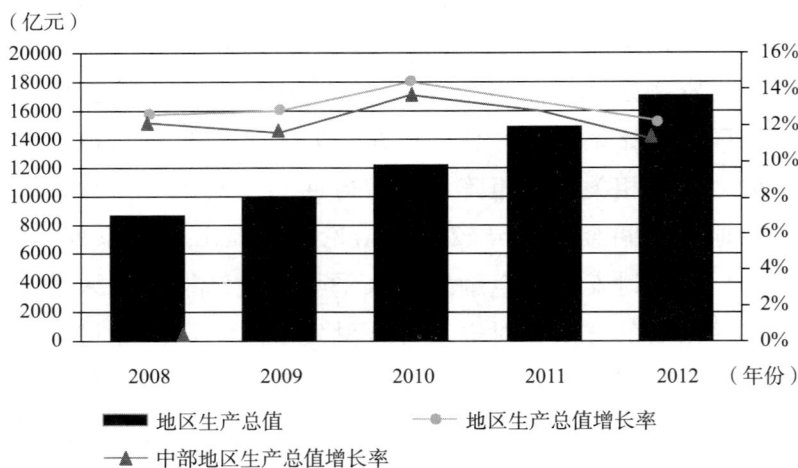

图 20.1　安徽省经济运行状况

二、安徽省金融运行概况

2012 年，在国内外经济均面临较大压力的复杂形势下，在国家宏观政策调控下，安徽省金融业呈现稳健发展态势，社会融资结构不断改善、金融生态环境持续优化，为安徽省经济平稳发展提供了强有力的支持。

银行业方面，受国家宏观政策影响较大，但行业整体运行情况良好，货币信贷合理增长。2012 年，银行业资产总额达到 29796.7 亿元，同比增长 21.6%。但是受国内整体经济发展和政策因素影响，安徽省金融业经济效益较 2012 年以前略有下降，不良贷款总额也有一定程度的攀升。

证券业方面，证券期货企业法人机构经营稳健，但与全国其他地区的情况相似，安徽省股票市场融资规模缩小，交易规模也有所下降。2012 年，受股市低迷、企业融资意愿下降、IPO 放缓等影响，全省股票融资企业数量和融资规模均有所下降。另外，期货经营机构运行情况改善，三家法人期货公司实现营业利润 8847 万元，创历史新高。

保险业方面，行业整体保持平稳发展，保险机构经营稳定，服务能力也有所提升。安徽省于 2012 年的保费收入为 453.6 亿元，同比增长 5%。保险资金运用方面也有所突破，投资金额达到 300 亿元以上。

第 2 节　安徽省公共部门风险分析

2012 年，安徽省地方财政收支规模增长较快，一般预算缺口有所增加，如图 20.2 所示。其整体规模占地区生产总值比重小幅上升，公共部门风险仍然较大，需要引起关注。

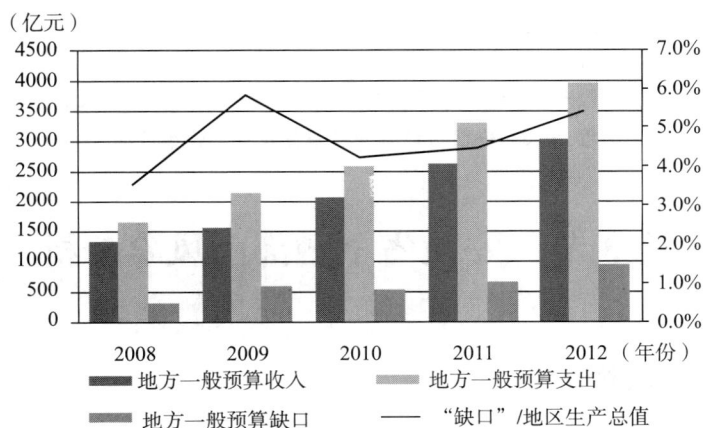

图 20.2　安徽省地方一般预算收支情况

2012 年，安徽省完成地方一般预算财政收入 3025.9871 亿元，同比增长 14.93%，增速下降 13 个百分点；同时，安徽省的地方一般预算支出达 3961.01 亿元，同比增长 19.82%，财政支出重点投入教育、社会保障和就业、住房保障等民生支出方面，结构有所调整。地方一般预算缺口于 2012 年达到 935.02 亿元，较 2011 年增加 38.95%，其占地区生产总值比重由

2011 年的 4.45％上升至 5.43％，虽然在中部地区处于较低水平，但是较大的缺口说明其公共部门的风险较大。在国内外宏观经济环境下，安徽省经济增长乏力，税收收入增幅放缓，导致地方财政收入增加放缓。然而，从经济发展角度而言，安徽省加大民生支出，将经济发展的成果加快转化为公众收入的增加，从而提高社会消费水平，能有效拉动经济的快速增长。

从地方一般预算收支的增长情况来看，自 2010 年以后，安徽省地方一般预算收支增长速度有所放缓，且 2012 年地方一般预算收入增长率低于地方一般预算支出增长率，整体财政收支结构存在一定的问题。2012 年，安徽省地方一般预算支出增长率与地方一般预算收入增长率的比值为 133％，较 2011 年上升了 33 个百分点，反映出安徽省财政收支状况并没有得到改善，财政风险凸显。

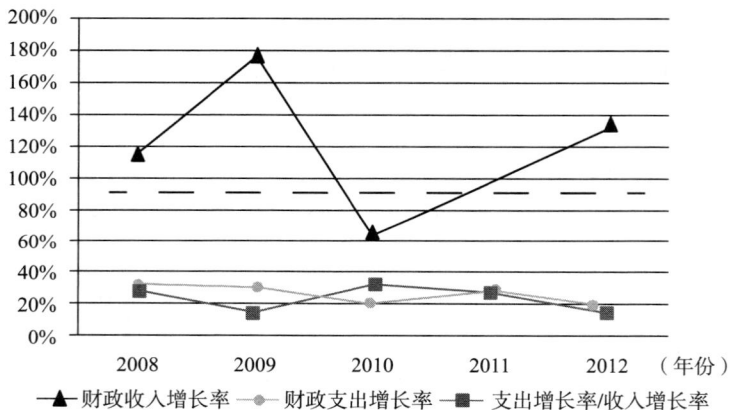

图 20.3　安徽省地方一般预算收支增长率情况

第 3 节　安徽省金融部门风险分析

一、银行类风险分析

2012 年，安徽省银行业发展较快，资产规模和资产质量稳步提升，资产规模接近 3 万亿元，资产总额增长了 21.6％，较上年提高了 1.5 个百分点。截至 2012 年银行业法人机构达 131 个，较上年增加了 7 个。其存款余额增速保持稳定，贷款余额增速放缓，信贷结构也持续优化，存贷比也保持在 70％左右，资本结构错配风险较小。

（一）资本结构错配分析

2012 年，安徽省银行业资产规模不断扩大，存款增速保持稳定，虽然贷款增速较上一年有所回落，但信贷结构保持持续优化的态势，信贷资金向皖江城市及合芜蚌自主创新试验区等重点区域集中，石化、化工、水泥、钢铁、有色、电力等高耗能行业贷款占比也有所下降，小微企业贷款、涉农贷款以及县域金融机构贷款等支持力度也有所加大。总的来说，银行业机构向纵深发展，农村金融改革稳步推进，跨境人民币业务也不断发展。银行业机构资产总额为29796.7 亿元，年末不良贷款率仅为 2.1%，较上一年下降了 0.4 个百分点。如图 20.4 所示，年末银行业存款余额为 23211.5 亿元，同比增长 18.75%，增速保持稳定；年末贷款余额为 16795.2 亿元，同比增长 18.72%，涨幅有所回落，有效控制了贷款速度和质量。银行业存贷比维持在 72% 左右的水平，存贷结构趋势良好，近年来一直低于我国央行规定的商业银行最高存贷比 75%。信贷投放也较为灵活，各季度贷款增量比例为 23：32：23：22。总体来看，安徽省银行类金融机构的总资产、存款、贷款余额均保持增长，但增速有所放缓，资产质量和经营效益较高，风险控制良好，资本结构错配风险较小。

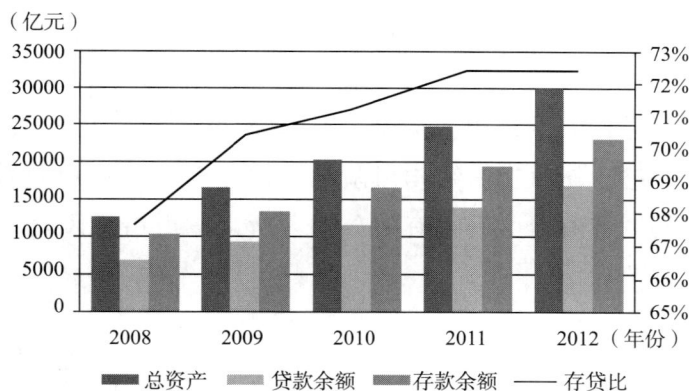

图 20.4　安徽省银行类金融机构存贷款结构

（二）期限错配风险分析

安徽省贷款总额、中长期贷款和短期贷款在 2008—2012 年间保持增长态势，但是可以明显看出中长期贷款和短期贷款之间仍然有发展不平衡的情况存在，如图 20.5 所示。其中，短期贷款达 6326.6 亿元，同比少增 90.6 亿元，中长期贷款达 9594 亿元，同比少增 8.8 亿元，中长期贷款占比仍然较高，但较前两年得到了控制，由 2011 年的 59.3% 下降至 57.12%，当经济面临较大波动时，金融部门面临一定的流动性风险。

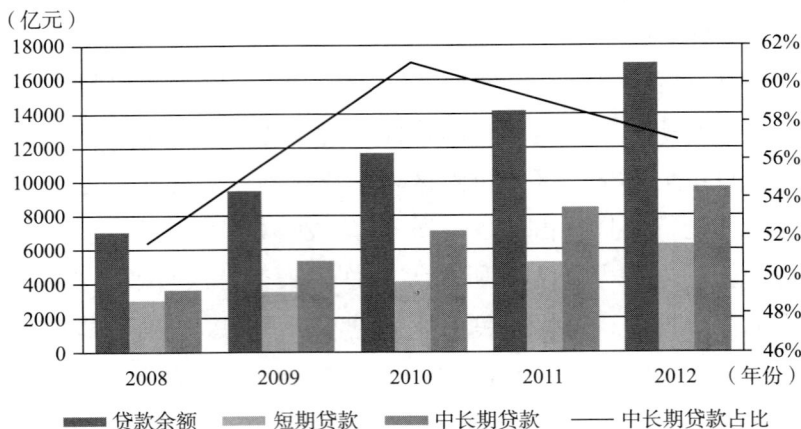

图 20.5　安徽省金融部门贷款结构

（三）货币错配分析

2012 年，从外币存贷款方面看，安徽省外币存贷量增长较快，但仍处于较低水平。年末外币贷款 500.9 亿元，仅占本外币贷款总量的 2.2%，外币存款 234.2 亿元，仅占本外币存款总额的 1.4%。如图 20.6 所示，2008—2012 年，外币存款和外币贷款均呈增长趋势。从外币存贷比情况看，安徽省外币存贷比波动较大，但始终维持在较高水平，且其外币存贷比出现近几年来的首次回落，2011 年达到 291.33% 的高点，2012 年年末又回归到 213.88%，这表明其货币错配风险有一定程度的缓解。从外币业务自身看，安徽省是存在一定的外币货币结构风险的，但相对人民币存贷款量而言，存贷量上的错配风险可由本币进行有效分担，所以货币错配风险较小。

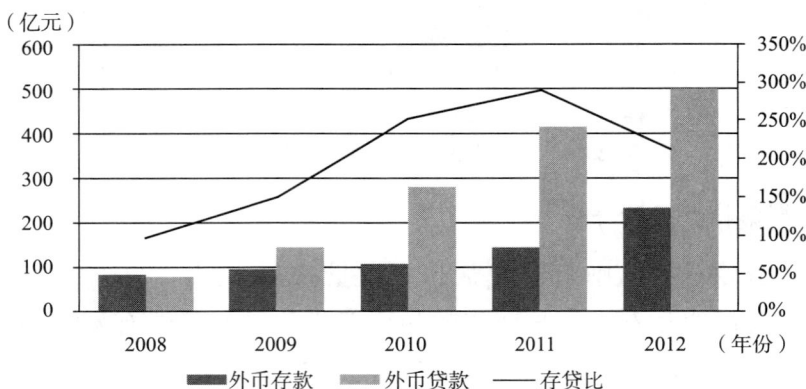

图 20.6　安徽省金融部门外币存贷款结构

二、保险类风险分析

2012 年，安徽省保险业平稳发展，保险服务机构继续增加，服务能力有所提高，业务结构也不断优化，资产和利润较快增长，重点险种推进发展，多层次保险保障体系建设逐步推进。全年新增 6 家保险主体使保险公司省级机构达到 47 家。如图 20.7 所示，2012 年保费收入 453.6 亿元，保费收入增长 5％，增速较前一年有所改善，但是与前几年的涨幅相比还有待加强。保险总资产和赔付支出分别增长 5％和 22.1％。同时险种结构进一步优化，受商业车险发展影响，产险业务快速增长；续期业务成为拉动寿险业务发展的主要动力；三大农业保险品种快速扩大，其中，森林险承保面积及覆盖率均列全国前列；水稻险试点扩大到全省；能繁母猪实现应保尽保。当年农业保险保费收入增长 26.9％，累计为全省 449 万户参保农户提供 710.9 亿元的风险保障。保险覆盖面不断扩大，多层次社会保险服务保障体系建设逐步推进。

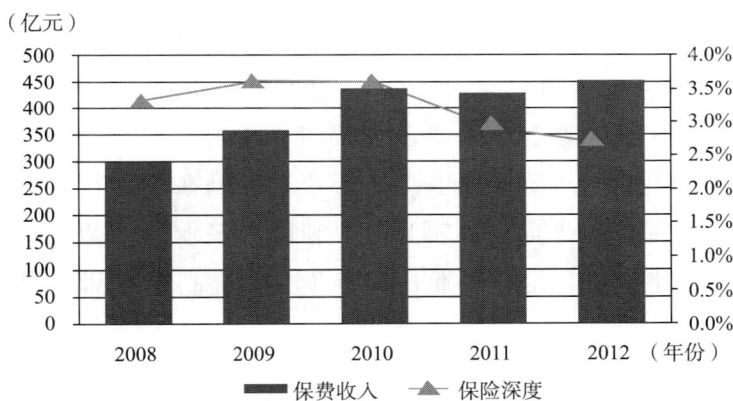

图 20.7　安徽省保险深度

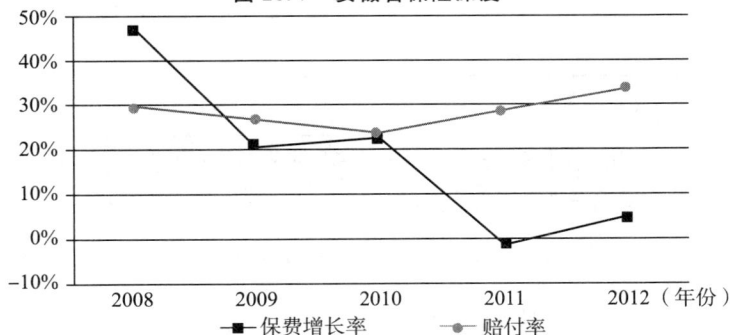

图 20.8　安徽省保费增长率与赔付率

但保险深度降低，赔付支出增加，存在着一定风险。保险深度仅为 2.64％，同比下降 0.26 个百分点，处于中部地区和全国所有地区较低的水平,对经济建设未起到较好的保障作用。如图 20.8 所示,全年保险赔付费用支出 152.7 亿元,同比增长 33.66%。由于近年来安徽省逐步建设社会保险服务保障体系、保险覆盖率不断扩大、赔付增加,保费收入的增长速度在 2012 年虽然有所改善,但仍然低于赔付支出增长速度,存在一定的风险。

第4节　安徽省上市企业部门风险分析

本节选取安徽省汽车制造、家电产业、能源化工、科技产业等行业的 78 家代表性上市企业,通过对这些公司的资产负债表所反映的相关信息进行分析,从反映企业盈利水平的净利润率、资产负债结构、流动性结构、违约可能性等方面进行分析,综合反映了安徽省上市企业部门综合的经营情况,可以看出安徽省上市企业发展较慢,但风险控制较好,总体违约的可能性较小。

一、盈利能力分析

安徽省上市企业部门整体盈利水平相对较低,自 2011 年以来呈现下降态势,于 2013 年第二季度降至 2.47%,这与安徽省上市企业部门的行业分布有着密切关系。安徽省上市企业多数分布在水泥、机械、化工原料、煤炭开采等资源约束强、生产要素成本高的行业,我国在这些行业的产能也相对过剩,因而导致该类企业竞争力较低,盈利能力较弱。安徽省必须进一步培育与发展新兴战略产业,培养产业核心竞争力,提高企业部门的盈利能力。

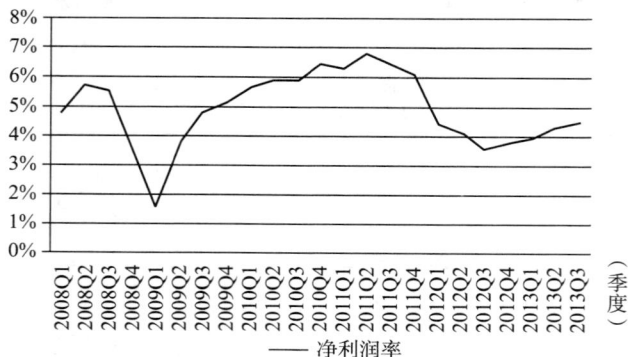

图 20.9　安徽省上市企业净利润率

二、账面价值资产负债表分析

(一)资本结构错配分析

2012—2013 年,安徽省上市企业资产负债率大体保持在 57% 以下,处于安全区间，且在中部地区处于最低的水平，如图 20.10 所示。2011 年至 2013 年第一季度安徽省上市企业资产负债率水平有所上升，但绝对比率仍较小。这主要是由于安徽省较低的经济发展水平和企业较低的营业能力，其上市企业面临较低的偿债压力，且主要依靠权益融资，债务融资较少，资本错配风险较小。

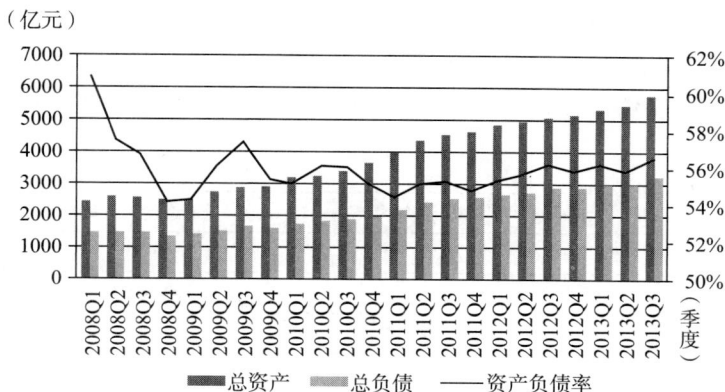

图 20.10　安徽省上市企业资本结构

（二）期限错配风险分析

安徽省上市企业部门的流动性水平较高，2008—2012 年，流动比率均保持在 1 以上，比较稳定。2008 年上市企业部门受金融危机影响较大，流动比率较低，接近于 1，自 2009 年开始，流动性水平有所好转并持续稳定，如图 20.11 所示。2013 年前三个季度上市企业的流动比分别为 1.20、1.18 和 1.16。从稳定的流动性比率来看，安徽省上市企业的短期偿债能力较强，流动性风险较低，基本不存在期限错配风险。

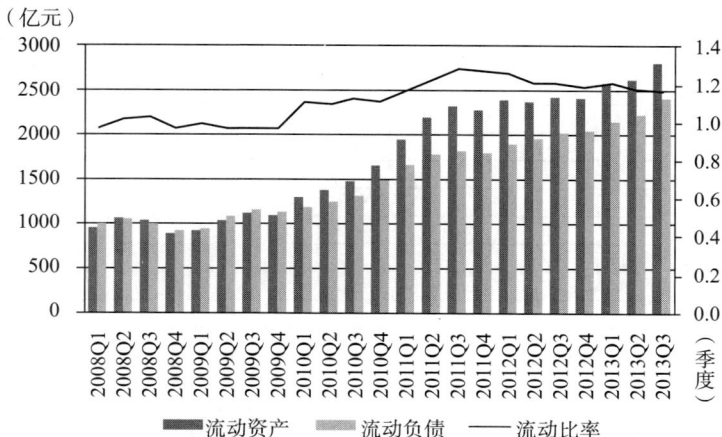

图 20.11　安徽省上市企业流动资产负债情况

三、或有资产负债表分析

安徽省上市企业部门的或有资产负债率 2008－2010 年有所下降，但 2010－2013 年第三季度又逐渐上升，潜在偿还风险持续增加。如图 20.12 所示，或有资产负债率的均值为 27.8%，截至 2013 年第三季度，该值为 36.9%。由此可知，或有资产负债率体现的风险水平低于实际账面资产负债率体现的风险水平，上市企业的违约风险较小，但考虑到其上升趋势仍需继续关注其风险。

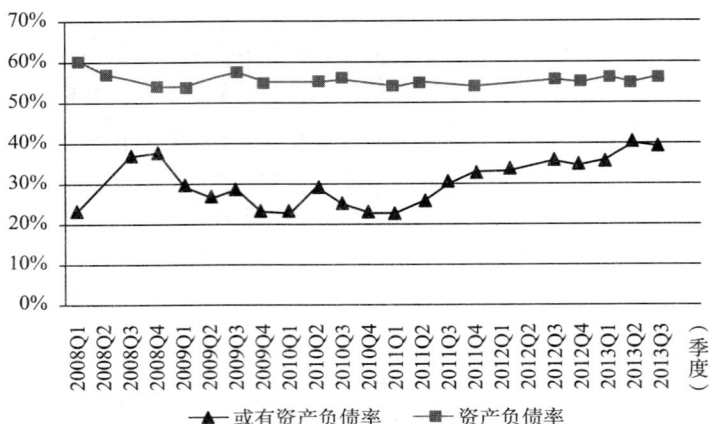

图 20.12　安徽省上市企业或有资本结构

上市企业违约距离较大，近五年在波动中持续上升，但 2011 年第四季度不断下降，年末降至 3.39，2012 年第一季度继续下降到 2.97，第二季度才大幅回升。违约距离体现出的偿债风险发展趋势与或有资产负债率一致，总体来看，2011 年安徽省上市企业部门违约概率较上年逐渐增加，违约风险加大，2012 年开始好转，但在中部地区仍处于安全水平。这还是与上市企业较少利用债务融资有关，自然偿还债务的可能性较小，违约风险较小。

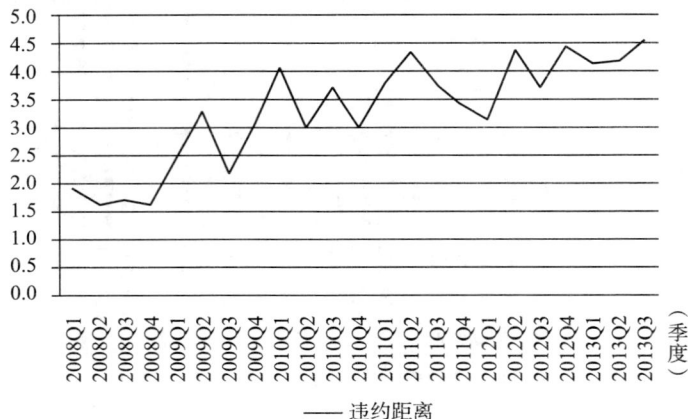

图 20.13　安徽省上市企业部门违约距离

第 5 节　安徽省家户部门风险分析

2008—2012 年，随着收入分配体制改革与社会保障体系的完善，安徽省居民收入稳步提高，其中城镇人均可支配收入为 21024 元，同比增长 13％；农村人均纯收入为 7160.5 元，同比增长 14.9％。由此可见，城镇与农村人口收入差距仍然较大。另外，安徽省城乡居民储蓄存款与个人消费贷款在 2012 年分别达到 11178.6 亿元和 2887.4 亿元，同比增长 21.06％和 25.7％，增幅明显。

然而，从城乡居民储蓄存款与个人消费贷款之间的比率来看，安徽省自 2008 年以来，该指标水平除 2011 年有所回落之外一直处于上升态势，并于 2012 年达到 25.83％，在中部地区乃至全国均处于较高水平，由此反映出安徽省家户部门具有一定的偿债压力，暴露出的风险水平较高。这与安徽省经济发展水平不高，城镇居民储蓄存款规模较低有着一定的关系。

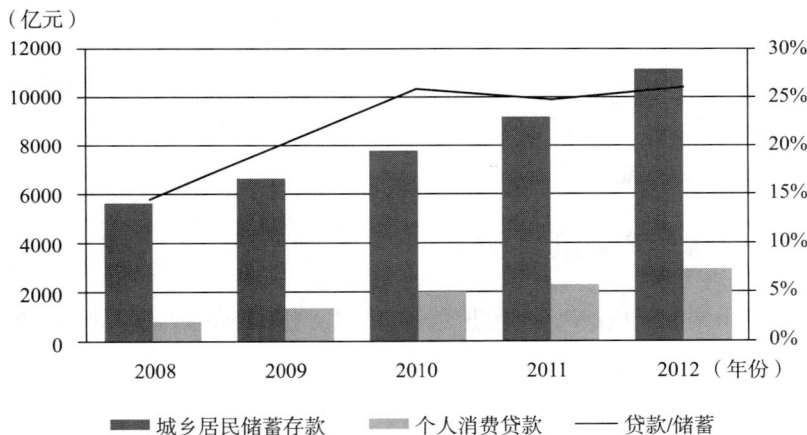

图 20.14　安徽省城乡居民储蓄存款与个人消费贷款比较

第 6 节　安徽省家电产业风险专题分析

家电产业是安徽省工业经济中的主要产业，其在不断地发展过程中，积累了一定的风险。本节将对安徽省家电产业的发展现状以及面临的风险和未来的发展路径进行专题分析，并提出相关政策建议。

一、安徽省家电产业发展概况

（一）安徽省家电产业发展现状

在国家政策扶持的大环境下，安徽省家电产业整体发展态势良好，在国际国内均有着较高的影响力。目前，安徽省已初步形成了合肥、滁州和芜湖等三大生产基地。据统计，2012年，安徽省的"四大件"（冰箱、洗衣机、空调、彩电）产量为7691.8万台，居全国第二位，占比18.1%。

（二）安徽省家电产业发展的优势和面临的问题

一方面，安徽省家电产业发展的优势明显。首先，安徽省具有丰富的人力资源。安徽省是人口大省，劳动力资源丰富，且用工成本较低，这对于家电产业发展起着至关重要的作用。其次，安徽省的区位优势较好。安徽省处于经济发达的东中部地区，能有效辐射我国东中部最发达的7省1市。最后，家电产业所处的大环境较好，政策优势突出。

另一方面，安徽省家电产业在发展中也面临着许多问题。首先，家电产业受到外部环境变化的影响较大。同时，安徽省家电出口形势较差。其次，家电产业的生产规模日益降低。最后，加点产业结构存在一定的问题。安徽省的家电产品结构以白色家电为主，但是黑色家电刚刚起步，在小家电上几乎空白，与其他家电强省差距较大。

二、安徽省家电产业风险分析

从以上分析可以看出，安徽省白色家电产业抵御市场风险的能力较低。由于安徽省家电产业的结构不平衡问题，白色家电已出现产能过剩的现象，对整个家电产业的发展影响较大。同时，安徽省家电产业的发展主要依靠国家产业转移、招商引资等政策，初步形成初级阶段的产业集群，而产业创新力度不足，核心竞争力较低。因此，随着国家宏观调控政策的变化，家电消费刺激政策的退出，国内市场需求不断下降，且整体产业成本上升，这使得安徽省家电产业面临着较大的发展风险。

三、安徽省家电产业发展建议

基于以上现状与问题的分析，提出以下几点政策建议：

一方面，通过创新驱动家电产业转型升级，在发展战略选择上，根据市场需求特点，引导加大生产小家电产品，并加强出口市场的拓展。

另一方面，从产业链整体发展的角度出发，加大建设引进产业链上游核心项目，进而推动产业升级。同时，政府应制定相关政策，鼓励及保障产业创新，扶持有益于产业创新与研发的项目。

第 7 节　结论及政策建议

2012 年，安徽省社会经济得到了较快发展，国民生产总值突破 17000 亿元，同比增长率也保持两位数增长。三次产业结构进一步向着第二、三产业为主的方向调整。金融业的发展也十分迅速，银行、证券、保险均稳步发展，且风险得到良好的控制。

从安徽省公共部门的风险来看，通过财政收支的分析，我们发现，安徽省的一般预算缺口仍然在不断扩大当中，在 2012 年达到了 935.02 亿元，较 2011 年增加了 38.95%，其公共部门的风险较大，需要引起关注。

从安徽省金融部门的风险来看，由于其合理的政策和措施，信贷结构得到了不断的优化，但是中长期贷款占比较高，流动性风险仍然较大。而且受金融危机影响，安徽省还存在一定的不良贷款率攀升的风险，需加强防范。

从安徽省上市企业部门的风险来看，通过对安徽省代表企业部门的资产负债表和或有资产负债表进行分析可知，安徽省企业部门的盈利能力和偿债能力较为良好，短时期内不存在总体违约的可能。

从安徽省家户部门的风险来看，安徽省近几年来城乡居民人均收入都表现出了良好的态势，城镇居民可支配收入和农民纯收入分别增长了 13% 和 14.9%，在中部地区居于前列，但是安徽省家户部门的存贷比较高，为 25.83%，有一定的违约风险，需要给予关注。

总体而言，2012 年安徽省经济金融运行状况良好，但四大部门中公共部门、金融部门和家户部门都面临一定的风险。基于本章对安徽省宏观金融风险状况的分析，下面结合具体的宏观经济形式提出相关政策建议，希望对安徽省各部门的风险控制起到一定的积极参考作用。

第一，安徽省公共部门的风险较为突出，一般预算缺口不断扩大。要优化财政支出结构，加快经济发展步伐，以强大的经济增长作为支撑，控制财政缺口不断扩大的趋势。

第二，安徽省银行类金融机构的存贷比水平相对较高，但贷款的结构仍然存在不平衡的状况，中长期贷款占比仍然较高，金融部门在经济不稳定的情况下会面临一定的流动性风险。银行应减缓放贷速度和规模，更加注重贷款质量，加强今后的贷款业务审查，对已发放的贷款予以关注，及时进行监督和排查。同时，要加强金融机构自身的风险防控和政府监管体系的建设，金融机构自身要提前做好风险防控措施，建立科学、完善的风险防控制度、标准和流程。

第三，安徽省应加快上市公司的规范发展和改革步伐，出台一些降低企业融资成本的刺激政策，提高企业的利润率。对于支柱性产业进行针对性的扶持，在控制风险的基础上增强企业竞争力。

参 考 文 献

［1］中国人民银行：《2008—2012年安徽省金融运行报告》。

［2］安徽省统计局：《2008—2012年安徽省国民经济和社会发展统计公报》。

［3］徐锦瑞，陈锦荣：《金融支持视角下安徽省经济增长路径探究——基于中部地区面板数据的经验分析》，载《金融纵横》2013年第7期，第50—58页。

第21章 江西省宏观金融风险研究

江西省经济发展在 2012 年取得了显著进步，国内生产总值及人均 GDP 均呈上升趋势，且高于全国平均水平，但是与全国其他省份相比，排名较为靠后，地区生产总值在全国排名第 19 位，在中部六省中排名第 5 位，经济发展水平较为滞后。本章在对 2012 年江西省经济金融运行概况进行大致概括的基础上，对江西省四大主要经济部门运行中存在的宏观风险进行了分析，并针对江西省的光伏产业发展进行了深入分析，最后就相关风险情况提出了相应的政策建议。

2012 年，江西省四部门的宏观金融风险都较 2011 年有所改善，公共部门的财政收支机构不断优化，金融部门的风险控制也较为良好，主要风险体现在个别上市企业的有关行业，因为产能过剩导致的经营性风险较为突出。

国内不少学者对江西省突出的金融风险问题进行了细致的研究。艾洁兵（2011）研究了江西省政府投融资平台的相关风险，认为江西省投融资平台的主要风险集中表现在其还款来源方面，由于其经济增长的不稳定性、土地出让收入的不稳定性以及各方面刚性支出的逐渐增加使得还款压力较大，另外，其债务规模的逐渐扩大导致投融资平台面临较大风险。辛珣（2005）认为江西金融资源配置问题较多，表现为资金注入不足，经济发展中的资金饥渴问题依然突出；投融资渠道单一且地区分布不合理；金融投入结构不合理；金融市场发展缓慢，直接融资规模小等。中国人民银行南昌中心支行课题组（2012）专就江西省光伏企业面临的资金链状况进行了调研分析，发现 2011 年以来，全球光伏市场需求萎缩后导致江西省光伏企业所面临的资金压力较大。

第1节 江西省经济金融运行概况

一、江西省经济运行概况

随着中部地区崛起、鄱阳湖生态经济区规划、赣南等原中央苏区振兴发展三大国家发展战略的实施，江西区域经济焕发出新的活力。2012年，江西省实现地方生产总值12948.88亿元，较2011年增长11.0%。其中，三次产业对经济增长的贡献率分别为5.0%、66.6%和28.4%，服务业对经济增长的贡献较2011年提高3.4个百分点。三次产业结构调整为11.7∶53.8∶34.5，产业结构整体有所优化。

江西省自2008年以来，经济一直保持着较为平稳的发展态势，投资、消费、出口均稳步增长，各方面都呈现出良好的发展势头。2012年，全省固定资产投资完成11388.9亿元，较2011年增长66.0%，这与其近几年大力发展基础设施建设有较大的关系；消费市场较为活跃，全省于2012年实现社会消费品零售总额4006.2万元，较2011年增长35.5%；全省进出口总额在2012年达到334.1亿美元，较2011年增长54.6%，对外贸易大幅增长。然而，从经济总量和增速来看，江西省在中部地区各省份中仍然相对落后。一方面，受各种宏观经济环境因素影响，江西省经济增速有所放缓；另一方面，江西省主导产业在2009年至2012年发展速度明显减缓，对全省经济的带动作用有所减弱。

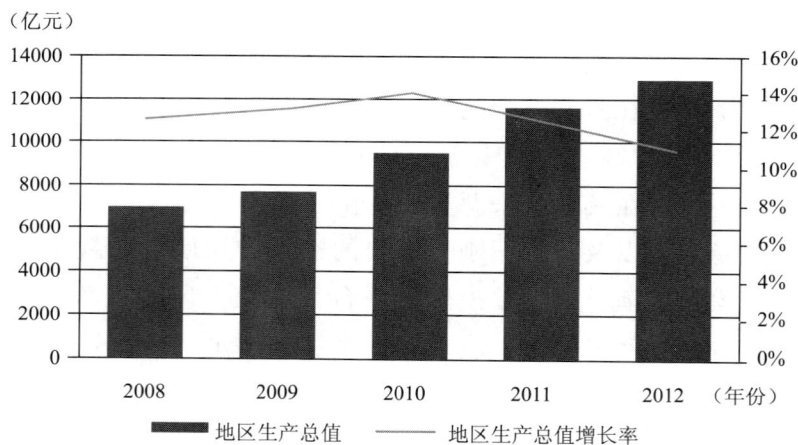

图21.1　江西省经济运行状况①

二、江西省金融运行概况

2012年，在国家宏观政策调控下，江西省金融业稳健发展，社会融资结构优化、金融生态环境有所改善，为江西省经济平稳发展提供了有力支持。

银行业方面，受国家宏观政策影响较大，但行业整体运行情况良好。2012年，银行业资产总额达到21523.8亿元，同比增长20.3%。由于国家利率市场化

---

①　《2008—2012年江西省国民经济与社会发展统计公报》，江西省统计局。本章关于江西省经济、金融状况的数据均来源于此。

改革的推动，银行业存贷利差收窄，使得银行类金融机构经营效益有所下降。另外，受宏观经济增速放缓的影响，银行业不良贷款总额出现5年来的首次上升。

证券业方面，与全国其他地区情况相似，江西省股票市场交易规模有所缩小，证券机构的盈利能力下降。2012年，受股市波动影响，江西省证券经营机构收入和效益均有所下降，实现营业收入和净利润同比下降14.3%和40.8%。另外，期货经营机构运行相对良好，营业收入和净利润同比增长26.6%和95.9%。

保险业方面，行业整体保持平稳发展，保险服务体系不断完善，社会保障功能有所提升。江西省2012年的保费收入为271.7亿元，较2011年增长7.7%，该指标水平在中部地区排名第一。

第2节　江西省公共部门风险分析

2012年，江西省地方财政收支规模不断增长，一般预算缺口有所增加，整体规模占地区生产总值比重有所上升，公共部门风险情况依然严峻。

江西省地方一般预算缺口于2012年达到1647.23亿元，较2011年增加11.21%，其占地区生产总值比重由2011年的12.66%上升至12.72%，在中部地区处于较高水平。在国内外宏观经济环境下，江西省经济增长乏力，税收收入增幅放缓，导致地方财政收入增加放缓。同时，江西省财政持续加大民生保障支出力度，一般公共服务、教育、社会保障和就业、住房保障等民生支出同比增幅均在20%以上，这在一定程度上增加了江西省的财政压力。然而，从经济发展角度而言，江西省加大民生支出，将经济发展的成果加快转化为公众收入的增加，从而提高社会消费水平，能有效拉动经济的快速增长。

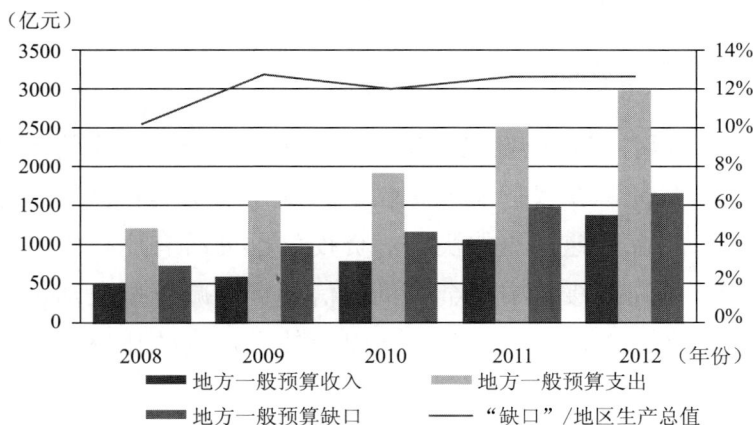

图21.2　江西省地方一般预算收支情况

从地方一般预算收支增长情况来看，自 2009 年以后，江西省地方一般预算收支平稳增长，地方一般预算收入增长率均高于地方一般预算支出增长率，整体财政收支结构不断优化。2012 年，江西省地方一般预算支出增长率与地方一般预算收入增长率的比值为 63.23%，较 2011 年下降 26.6 个百分点，反映出江西省财政收支状况不断改善。

总体而言，江西省公共部门存在着一定的偿债风险，但由于外部经济形势有所好转，而且江西省经济提质增效较快，公共部门的风险状况趋于向好态势。

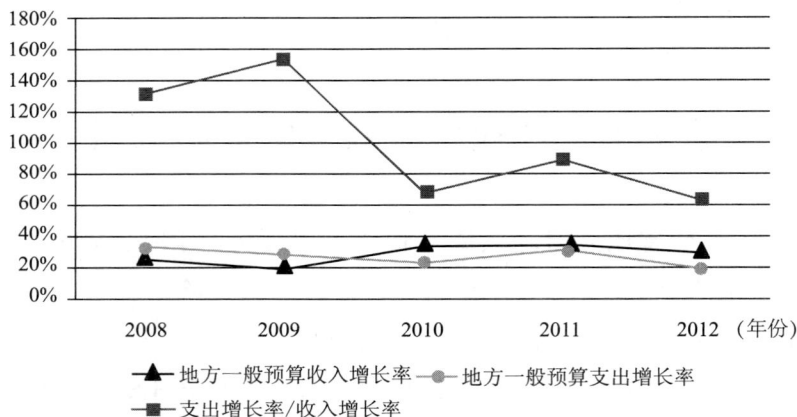

图 21.3 江西省地方一般预算收支增长率情况

第 3 节 江西省金融部门风险分析

2012 年，江西省金融部门风险主要表现为银行业面临的流动性风险，债务风险以及保险业面临的赔付风险等。

一、银行类风险分析

2012 年，江西省银行业发展较快，资产规模和资产质量均不断提高，资产规模突破 2 万亿元。在银行业宏观政策的调控下，其存款增速趋缓，县域存款比重上升，贷款增速同比加快，信贷投放也灵活有序，资本结构风险较小。但宏观经济增速放缓使中小金融机构信贷资产减值损失加大，银行业不良贷款总额近五年来首次出现上升；且银行外币存贷款比率过高，存在一定的债务风险。

(一) 资本结构错配分析

2012 年，江西省银行业资产规模不断扩大，经营效益不断提升，存款增速明显放缓，贷款平稳增长，信贷结构持续优化，银行业机构纵深发展，农村金融改革稳步推进。银行业机构资产总额为 21523.8 亿元，同比增长 20.3％。如图 21.4 所示，年末银行业存款余额为 16839 亿元，同比增长 17.57％，增速明显放缓；年末贷款余额为 11080.1 亿元，同比增长 19.12％，涨幅也有所回落，有效控制了贷款速度和质量。银行业存贷比有所上升，同比上升了 0.85％，维持在 65％上下的水平，存贷结构趋势良好，2008－2012 年，一直低于我国央行规定的商业银行最高存贷比 75％。信贷投放也较为灵活，各季度贷款增量比例为 28：28：27：17。信贷结构优化体现在七成以上新增贷款投放于鄱阳湖生态经济区和中央苏区县，有效助力区域新兴经济的发展。总体来看，江西省银行类金融机构的总资产、存款、贷款余额均出现较高幅度的增长，资产质量和经营效益较高，风险控制良好，资本结构错配风险较小。

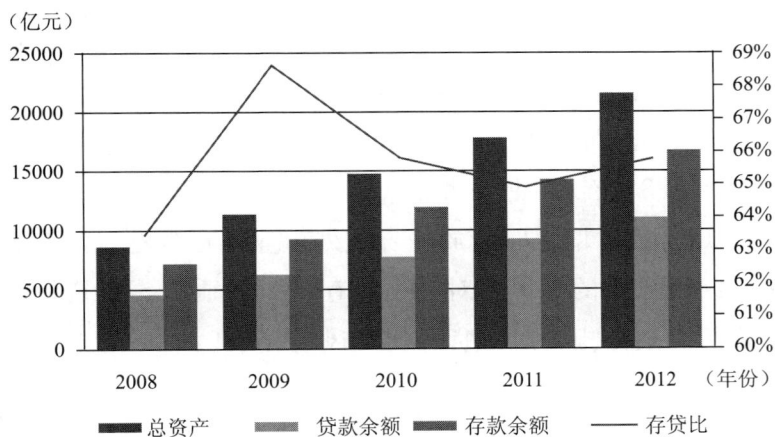

图 21.4　江西省银行类金融机构存贷款结构

(二) 期限错配分析

江西省的贷款总额、中长期贷款和短期贷款在 2008－2012 年期间总体保持增长态势，但其贷款期限结构趋于不平衡，短期贷款增长形势优于中长期贷款，如图 21.5 所示。其中，短期贷款达 4646.3 亿元，同比多增 105 亿元，中长期贷款达 6178.4 亿元，同比少增 17.5 亿元，中长期贷款占比仍然较高，但较前两年得到了控制，由 2010 年的 58.86％下降至 55.76％，当经济面临较大波动时，金融部门面临一定的流动性风险。

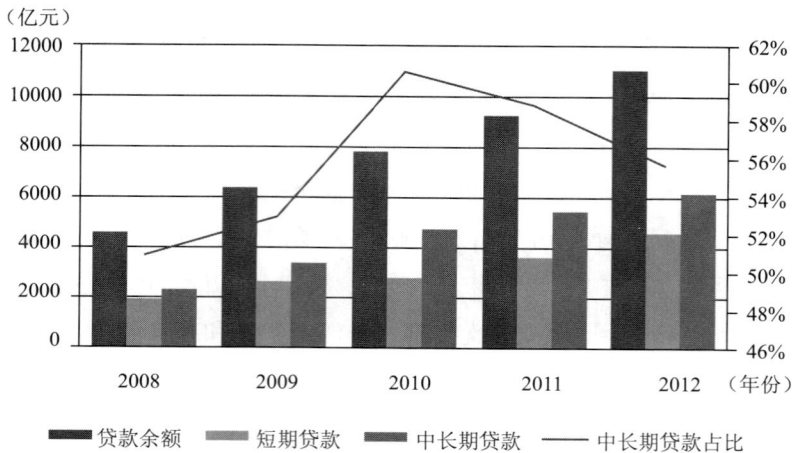

图 21.5　江西省金融部门贷款结构

（三）货币错配分析

外币存贷款方面，江西省外币存贷量增长较快，但仍处于较低水平。年末外币贷款 155.6 亿元，仅占本外币贷款总量的 1.4％，外币存款 123.1 亿元，仅占本外币存款总额的 0.7％。如图 21.6 所示，2008－2012 年，外币存款和外币贷款均呈增长趋势。从外币存贷比情况看，江西省外币存贷比波动较大，但始终维持在较高水平，2011 年达到 155.08％的高点，2012 年年末又回归到 126.4％。这可能与近两年江西省对外贸易情况有关，2011 年，江西省出口额为 218.81 亿元，同比增长 63.1％，2012 年，出口额为 251.11 亿元，同比增长 14.8％，增速明显放缓。从外币业务自身看，江西省是存在一定的外币货币结构风险的，但相对人民币存贷款量而言，存贷量上的错配风险可由本币进行有效分担，所以货币错配风险较小。

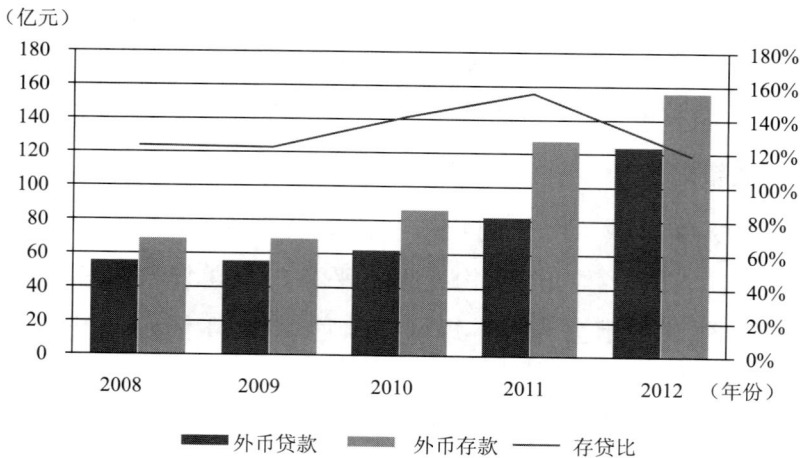

图 21.6　江西省金融部门外币存贷款结构

二、保险类风险分析

2012 年，江西省保险业平稳健康发展，但保险支出增加导致赔付风险有所加大。全年新增 1 家保险主体，使保险公司省级机构达到 34 家。如图 21.7 所示，2012 年保费收入 271.7 亿元，保费收入增长 7.7％，增速较前一年大幅改善，居中部六省的首位。保险总资产和赔付支出分别增长 12％和 25.4％。同时险种结构进一步优化，受商业车险发展影响，产险业务快速增长；续期业务成为拉动寿险业务发展的主要动力；三大农业保险品种快速扩大，森林险承保、水稻险试点等都实现了突破。2012 年农业保险保费收入同比增长了 26.9％，为全省 449 万户参保农户提供了总额达 710.9 亿元的风险保障。保险覆盖面不断扩大，多层次社会保险服务保障体系建设逐步推进。

（亿元）

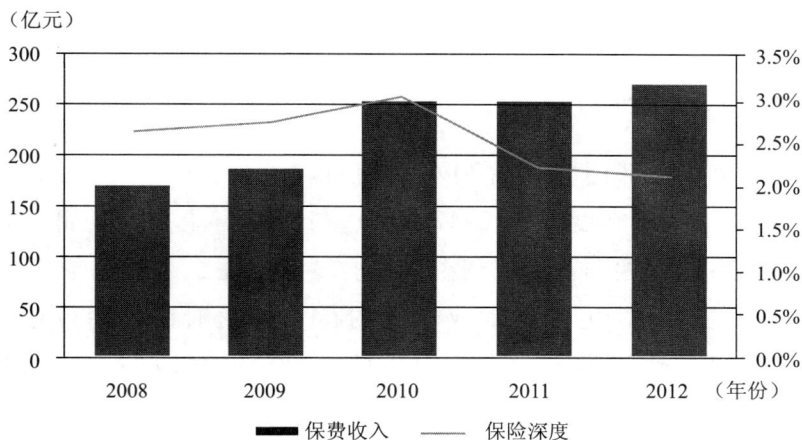

图 21.7　江西省保险深度

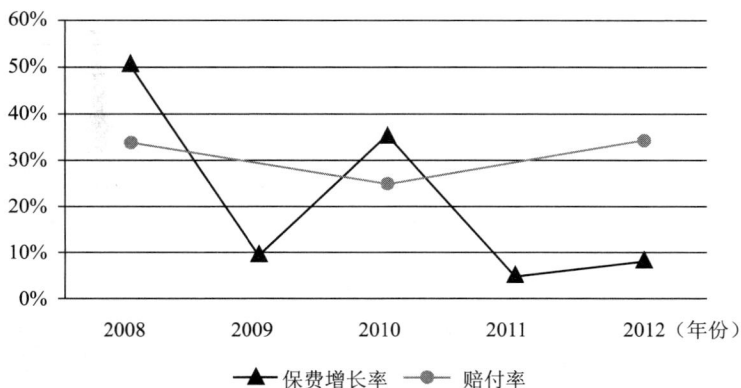

图 21.8　江西省保费增长率与赔付率

2012 年江西省保险深度降低，赔付支出增加，存在一定风险。保险深度仅为 2.1％，同比下降 0.1 个百分点，处于中部地区较低的水平，对经济建设未起到较好的保障作用。如图 21.8 所示，全年保险赔付费用支出 93.16 亿元，同比增长 25.38%。由于近年来江西省逐步建设社会保险服务保障体系、保险覆盖率不断扩大、赔付增加，保费收入的增长速度在 2012 年虽然有所改善，但仍然低于赔付支出增长速度，存在一定的风险。

第4节　江西省上市企业部门风险分析

江西省有着丰富的水资源和有色金属资源，特色冶金和金属制品深加工是江西省的经济支柱产业。本节选取江西省 31 家代表性上市企业，运用资产负债表方法及或有权益分析法对其上市企业部门进行风险分析。分析结果显示，江西省上市企业部门的经营水平不高，盈利能力有待加强，违约风险也显现出逐年增大的态势，需要加以关注。

一、盈利能力分析

江西省上市企业部门整体盈利水平相对较低，自 2011 年以来呈现下降态势，于 2013 年第二季度降至 2.47%，这与江西省上市企业部门的行业分布有着密切关系。江西省上市企业多数分布在水泥、机械、化工原料、煤炭开采等资源约束强、生产要素成本高的行业，我国在这些行业的产能也相对过剩，因而导致该类企业竞争力较低，盈利能力较弱。江西省必须进一步培育与发展新兴战略产业，培养产业核心竞争力，提高企业部门的盈利能力。

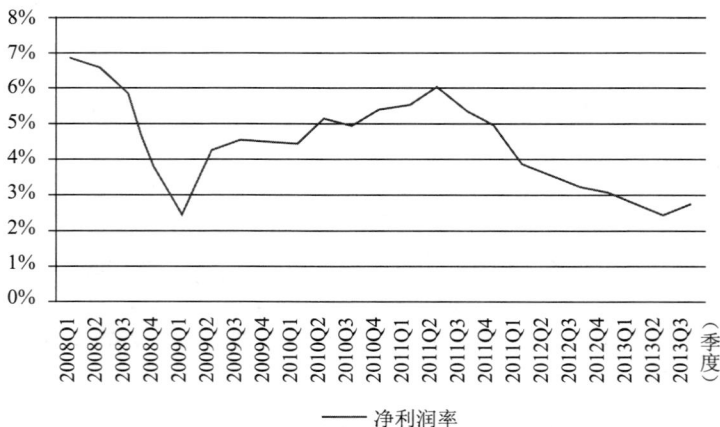

图 21.9　江西省上市企业净利润率

二、账面价值资产负债表分析

（一）资本结构错配分析

江西省上市企业资产负债率水平为 55.34%，处于安全区间，且在中部地区处于最低的水平。如图 21.10 所示，2011 年至 2013 年第一季度江西省上市企业资产负债率水平有所上升，但绝对比率仍较小。由于江西省经济发展水平和企业营业能力较低，其上市企业面临较低的偿债压力，且主要依靠权益融资，债务融资较少，因此资本错配风险较小。

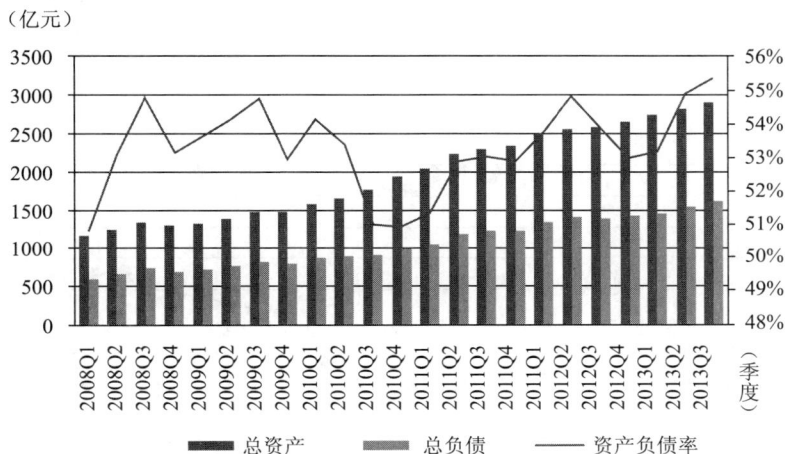

图 21.10　江西省上市企业资本结构

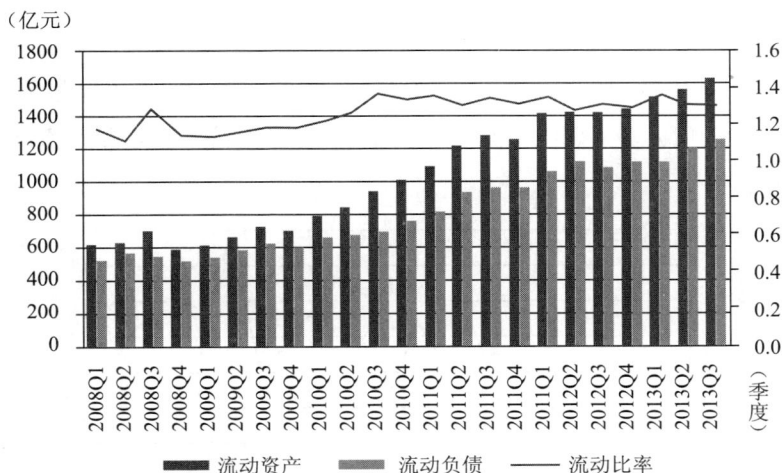

图 21.11　江西省上市企业流动比率

（二）期限错配风险分析

江西省上市企业部门的流动性水平较高，2008－2012 年，流动比率均保持在

1以上，呈现出较为稳定的态势，如图21.11所示。2013年前三个季度的上市企业的流动比率分别为1.36、1.31和1.30。从稳定的流动比率来看，江西省上市企业的短期偿债能力较强，流动性风险较低，基本不存在期限错配风险。

三、或有权益资产负债表分析

江西省上市企业部门的或有资产负债率2008年至2010年有所下降，但2010年至2013年第三季度又逐渐上升，潜在偿还风险持续增加。如图21.12所示，或有资产负债率的均值为27.8%，截至2013年第三季度，该值为36.9%。由此可知，或有资产负债率体现的风险水平低于实际账面资产负债率体现的风险水平，上市企业的违约风险较小，但其上升趋势仍需继续关注其风险。

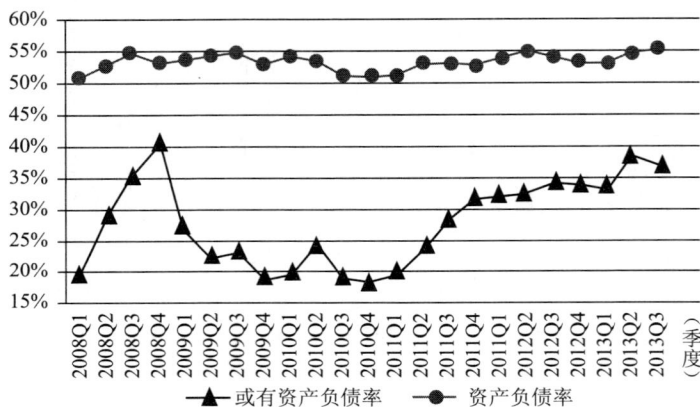

图21.12 江西省上市企业或有资本结构

江西省上市企业部门的违约距离指标水平较高，且呈现波动上升的态势，如图21.13所示。总体来看，江西省上市企业部门的违约概率较小，处于安全水平。

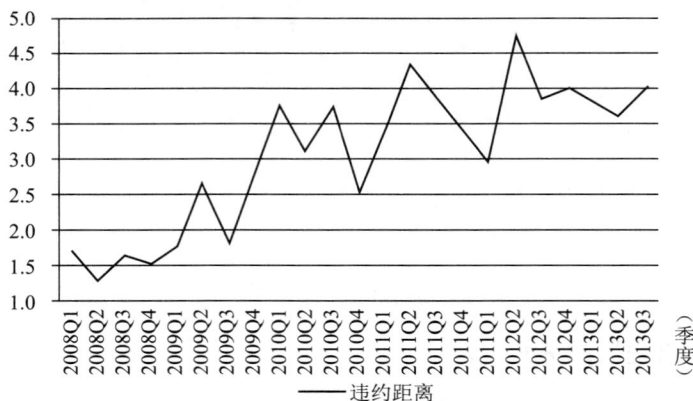

图21.13 江西省上市企业部门违约距离

第5节 江西省家户部门风险分析

2012年，江西省居民收入稳步提高，其中，城镇居民人均可支配收入为19860元，较2011年增长13.52％；农村居民人均纯收入为7828元，较2011年增长13.59％。另外，江西省城乡居民储蓄存款与个人消费贷款在2012年分别达到8971.9亿元和1945.9亿元，同比分别增长18.93％和19.87％，增幅明显。

然而，从城乡居民储蓄存款与个人消费贷款之间的比率来看，江西省自2008年以来，该指标水平一直处于上升态势，于2012年达到22.97％，在中部地区乃至全国均处于较高水平，由此反映出江西省家户部门具有一定的偿债压力，暴露出的风险水平较高。这与江西省经济发展水平不高，城镇居民储蓄存款规模较低有着一定的关系。

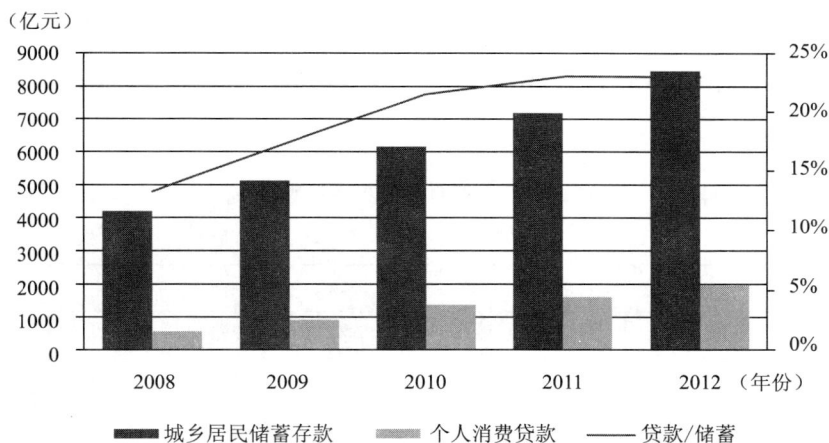

图21.14 江西省城乡居民储蓄存款与个人消费贷款比较

第6节 江西省光伏产业风险专题分析

随着能源危机和环境污染的日益严重，太阳能光伏产业已经成为继IT、微电子产业之后又一迅猛发展的行业。但是，2011年后，欧债危机导致欧洲国家削减太阳能补贴，美国也进行"双反调查"，全球光伏市场需求量大幅萎缩，国内的光伏企业产能过剩的情况也较为严重，多数光伏企业面临着资金链紧张，债务压力大等财务风险。鉴于光伏产业良好的发展前景，为提高国内光伏企业的竞争力水平和帮助企业控制和防范风险，国务院总理李克强提出包括促进合理布局、提高电网保障、完善光伏电价补贴、促进金融支持、加强产业标准规范建设、鼓励兼并重组六项政策措施支持光伏产业的健康发展。光伏产业作为江西省经济支柱的主要产业，也面临以上风险和机遇。

一、江西省光伏产业发展概况

（一）江西省光伏产业发展现状

近年来，随着光伏产业的迅猛发展，江西省光伏产业在省委、省政府的大力支持下已经从无到有、不断壮大。在不到 4 年的时间内，实现了产业链启蒙发芽和中游崛起，被列为全省十大战略性新兴产业之首。现在，江西省光伏产业在国际以及全国都初具影响力，其中，新余、上饶、九江、南昌和景德镇都为其主要产业聚集区，江西赛维 LDK、晶科、瑞晶是三个龙头企业。从完整的产业链来看，其形成的上、中、下游产业链分别为高纯硅原料、硅锭和硅片、电池。其中，中游表现优势更为明显，特别是江西赛维 LDK 在中游的硅锭和硅片制造已经具有世界级企业水平，且其规模在亚洲最大。

表 21.1　江西省主要光伏企业概况

（单位：亿元）

公司名称	上市情况	主营业务	总资产
江西赛维 LDK	上市	完整产业链	369.26
晶科能源	上市	单晶硅、多晶硅、太阳能电池组件等	100.29
江西升阳光电科技	非上市	太阳能电池	5.99
江西景德镇半导体新材料	非上市	多晶硅料	12.89
旭阳雷迪高科技	非上市	多晶硅、单晶硅片	47.8

（二）江西省光伏产业发展面临的问题

光伏产业作为近十年来的新兴产业，其生产成本较高，发展速度过快，对海外市场的依赖度非常高。2011 年以前，海外市场的需求量比较大，我国的光伏产业集聚了大量的资金，产业规模不断壮大，产量也日益增多，依赖出口也获得了喜人的成绩。特别是江西省的龙头光伏企业江西赛维等都在国际上产生了较大的影响。但是，2011 年后，欧债危机使欧洲国家大幅削减了太阳能补贴，全球光伏市场需求量大幅减少，而且美国也对我国的光伏产业发起"双反调查"，对我国的光伏企业造成了巨大的冲击。其面临的最大问题就是需求萎缩、替代价值萎缩，而且很多企业都面临资金链紧张和债务压力过大的问题。多家光伏巨头企业濒临破产，在无锡尚德破产重组之后，江西的光伏龙头企业赛维 LDK 也面临着巨大的财务风险。从赛维 LDK2012 第四季度的财务报表数据看，该公司到 2012 年年底资产负债率已经超过 100%，资不抵债情况已经出现。

二、江西省光伏产业风险分析

全球金融危机爆发后，国内外市场需求大幅萎缩，因为缺乏核心技术和竞争力，财务风险较大，资金链断裂，我国光伏产业发展面临严重的困境。

（一）光伏产业风险识别

市场风险。一方面是由于国内光伏产业市场急需扩大，大量的企业产品都出口海外，过度依赖国外政府对太阳能的补贴政策，具有一定的海外市场风险，受制于国外。例如，2011 年后欧洲各国政府对太阳能补贴的削减和美国的"双反调查"都使得海外需求严重萎缩，对光伏企业的生产经营和资金链等都造成了很大冲击。另一方面是由于企业竞争压力过大，市场风险较高。产能过剩是我们需要关注的另一个风险点。

政策风险。光伏产业的利润水平过度依赖于国内的支持政策，当政策有利时，利润率明显提高。由于高昂的成本和不稳定的终端应用，政策的扶持力度和投资项目的应用直接决定了光伏产业的利润水平。所以一旦政策出现其他产业的倾斜，光伏产业就会面临一定的政策风险。

财务风险。一方面是由于光伏产业作为资金密集型产业来说资金的需求量特别大。一些快速膨胀的光伏企业都存在资金链偏紧的情况，这些企业在进行资金融资和运用的过程中，可能因为对资金的过度依赖而导致资金链断裂从而产生风险。另一方面是金融危机之后，各国都出现了不同程度的信贷紧缩，光伏产业一次性的投资额度较大，对信贷环境的依赖程度较大，所以在金融环境面临危机的时候，光伏产业的资金风险也体现得比较明显。

目前，我国光伏产业已经从快速发展期进入了调整转型期，面临供需失衡和资金链紧张等生存压力的时期还很长，很大一部分的企业信贷资金已经出现了风险苗头，无论是银行贷款还是发行的普通企业债都面临较高的偿还风险。所以，各金融机构对光伏企业的支持都采取谨慎的策略，但是由于太阳能作为一种清洁能源，长期的发展前景被看好，所以金融机构对大型的光伏企业支持力度还是很大的。同时，金融机构会从企业的抗风险能力、盈利能力等多方面对光伏企业进行风险防控。

（二）重点企业的财务风险分析

由于江西省的第一大光伏企业为江西赛维 LDK 公司，2012 年也面临巨大的财务风险，我们对该企业 2008 年至 2012 年的年报进行了财务分析。2012 年该公司总资产增速减缓，同期总负债大幅增长至 2012 年年末的 50.2 亿美元，增长率为 147.27％。从资产负债率来看，其资产负债率由 2008 年逐年上升，到 2012 年更是达到了接近 100％的水平，将陷入资不抵债的境地。

三、对策建议

（一）企业方面

各光伏企业应该加大技术创新，在品牌、产品以及市场推广等方面进行优化改革，减少对海外市场的依赖，加大国内市场的拓展和培育。在市场不景气的大背景下，潜心研究产品技术，降低成本，提高资源使用效率，发挥其清洁能源的优势。另外，要注重资产的结构调整，灵活进行融资和资产配置，提高资金的使用效率。

（二）金融机构方面

金融危机之后，金融机构在信贷业务方面都显得格外谨慎。在光伏企业面临冷冬的时候，金融机构应当区别对待，扶优去劣，选择发展势头良好的光伏企业进行扶持。特别是江西省作为光伏企业大省，其省内的金融机构应该全力支持这些企业度过困难时期，坚持不抽贷，维持以前的贷款规模。并且要针对不同的企业采取不同的信贷政策。当然，另一个方面也应当切实防范信贷风险，严格把握企业授信、跟踪等风险的关键环节，确保不发生企业破产后导致的市场风险。

（三）政府方面

江西省政府应该针对光伏企业制定一些支持其发展的优惠政策，对内，政府可以减免部分税收以及增加部分财政补贴，同时，政府也可以加大对本地光伏产品的采购，加速推进和光伏产业有关的投资项目建设等。对外，政府应该协助中国的光伏企业与国外进行公平贸易协商等问题，面对美国等国家的"双反调查"等，认真协商，找到解决办法。因为新兴产业的发展离不开政策的支持，政府对这些企业应当加强服务，切实努力地解决光伏企业面临的这些困难。

第 7 节 结论及政策建议

本章着重对江西省四部门的宏观金融风险水平进行了相关分析，并且针对当年关注度较高的光伏产业的风险进行了专题分析。2012 年，江西省社会经济得到了快速发展，经济增速继续保持两位数。

首先，江西省公共部门的风险状况改善较为明显，自 2009 年以后，江西省地方一般预算收入增长率均高于地方一般预算支出增长率，整体财政收支结构不断优化。同时由于江西省的经济质量不断改善和外部环境的趋好，相对于前几年而言，公共部门的风险得到了较好的控制。

其次，江西省金融部门的风险情况良好。银行类金融机构的总资产、存款、贷款余额均出现较高幅度的增长，资产质量和经营效益较高，风险控制良好，资本结构错配风险较小。另外，在期限结构错配风险方面，当外部经济面临大幅波动时，其面临一定的流动性风险。保险行业由于保险深度偏低，发展较为缓慢，面临的风险较小，但是保费收入和保险覆盖率还是得到了较大的提高。

再次，江西省的上市企业在金融危机之后得到了较好的改善。除有些主要产业面临产能过剩的风险以外。从资产负债率以及流动性水平来看，江西省的上市企业在中部都处于较好的水平，企业资产负债率保持在 55% 左右，流动性水平也比较高。但从违约距离来看，违约的可能性虽然较小，但是发展趋势不甚良好，需要引起高度关注。

最后，本章对光伏产业风险做了专题分析，分析表明 2011 年以后各光伏企业都面临了极大的风险和挑战，特别是在供需平衡以及资金链方面，对待这些风险，企业本身、金融机构以及政府部门都应当采取适当的措施，帮助光伏产业渡过难关，走入正常的发展轨道。

基于以上分析，下面结合具体的宏观经济形势提出相关政策建议：

第一，江西省应推动出台对上市企业发展的扶持政策，加大力度推动金融机构扶持企业发展的各项工作，降低中小企业的融资成本，助推实体经济健康有序发展。

第二，光伏产业方面，应严格控制该行业面临的企业风险，不仅要提升光伏企业的经营状况，更应该关注内外需求的环境和财务、政策等风险，注重资产的结构调整，灵活进行融资和资产配置，加强资金的使用效率。

参 考 文 献

［1］张皓阳：《光伏产业发展现状、主要风险及对策》，载《经济管理》2012年第10期，第32—33页。

［2］陈隆建：《江西光伏产业发展分析与对策建议》，载《求实》2011年第6期，第66—69页。

［3］中国人民银行南昌中心支行课题组：《对当前江西光伏企业资金链状况的调查分析》，载《金融与经济》2012年第2期，第76—81页。

［4］中国人民银行：《2008—2012年江西省金融运行报告》。

［5］江西省统计局：《江西省2012年国民经济和社会发展统计公报》。

［6］江西省统计局：《2009—2013年江西省统计年鉴》。

第 22 章　河南省宏观金融风险研究

河南省是人口大省、粮食和农业大省、新兴工业大省，在官方公布的 2012 年各省市 GDP 排名中名列全国第五位、中西部第一位，河南省位于全国最发达的三大经济圈（京津冀、长三角、珠三角）之间，无论是其公路通车里程、客货运铁路营运里程，还是其高速铁路通车里程均居全国首位。郑州作为全国南北、东西交通大动脉的枢纽之地，区位优势明显。特别是自 2011 年 9 月国务院出台《国务院关于支持河南省加快建设中原经济区的指导意见》之后，中原经济区的建设正式上升为国家战略，使得中原经济区成为了全国重要的高新技术、制造业、服务业、能源产业、交通运输业以及物流行业的中心枢纽。在 2012 年 12 月，国家正式批复了《中原经济区规划》，进一步强化了中原经济区的战略定位，河南作为中原经济区中 GDP 排名第一的经济体，必然得到长足的发展优势。同时，河南省金融业在 2012 年的经济工作中稳中求进，不断改进其金融服务水平、优化其金融结构、保持了信贷规模的适度合理增长，为河南省作为中原经济区发展处于领头羊的地位，起到了十分重要的推动作用。

本章主要是运用宏观金融工程中关于资产负债表和或有权益分析方法对河南省的公共部门、金融部门、上市企业部门和家户部门进行了宏观金融风险分析，并在此基础上对河南省作为中原经济区领头羊的机遇进行了专题分析，最后得出结论，并提出政策建议。

总的来说，2012 年，河南省四大部门风险状况良好，公共部门的财政缺口虽然有所扩大，但是其收支情况有所改善，公共部门风险水平不明显；对于上市企业部门和家户部门来说，两个部门的相关指标都处于风险可控状态，但是其增长速度有待提升；河南省 2012 年的风险主要体现在金融部门的保险类风险上面，受河南省寿险比重大，财险比重小影响，2012 年河南省在寿险收入趋于饱和的情况下，出现了保费收入增长低的问题，这与河南省保险产品单一、创新不足有很大关系，如若不能化解保险行业的结构性风险，将会对河南省经济发展造成相当大的影响。

近年来，国内学者对于河南省经济及金融发展中存在的风险问题已有一定的研究成果：尹凤哲（2011）通过建立模型并利用 Spass 软件对收集到的河南省的金融数据从多个角度对金融发展和经济之间的关系进行了论证，得出了河南省的经济发展受到其现有金融环境制约的结论，并提出了问题的解决方案。刘辉（2011）在河南省中原经济区设立的前提下，对河南省作为中部地区经济金融中心的条件、情况、优势和劣势突出了自己的见解，结合已收集到的数据，得出了发展中原经济区有利于获得产业聚集效应，加快河南省经济发展的结论。马宗敏（2011）则主要从河南省金融业发展的角度对河南省金融发展所需要做的工作进行了总结，认为发展村镇银行和本土银行，取得本土银行在河南省金融部门的发言权，再借力于中原经济区的发展机遇，将河南省建设成为中部地区最为重要的金融中心。

第1节　河南省经济金融运行概况

一、河南省经济运行概况

2012 年，河南省经济继续保持良好的增长趋势，全年实现生产总值 29810.1 亿元，同比增长 10.1%，连续 13 个季度保持在 10% 以上的增速，三大产业均呈现出了稳定、持续、增长的发展趋势，三次产业比重调整为 12.7：57.1：30.2，与 2011 年相比，虽然三次产业比重结构略有优化，所占比重首次突破 30%，但变化均不大，二、三产业比重仍然超过 87%，与上年同期基本相同。作为农业大省，河南省全年粮食总产达到 1127.7 亿斤，连续九年增产。

2011 年 9 月国务院发布了《关于支持河南省加快建设中原经济区的指导意见》，河南省开始布局中原经济区的建设工作，2012 年 11 月，河南省再次获国务院批复《中原经济区规划》，规划中的内容主要是指出要将郑州作为中原经济区的中心城市进行建设，培育成为国家化大都市，以其为中心构建中原城市群、形成重点开发地带，使中原经济区成为推动国家经济增长的强大引擎。河南省整体于位于中原经济区腹带，可以预见，面对《中原经济区规划》带来的巨大机遇，河南省将会得到更加强势、合理、有效的经济增长。

二、河南省金融运行概况

2012 年，河南省银行业金融机构运行平稳，其货币信贷持续、适度增长。截至 2012 年，河南省银行业金融机构总量达到 11948 个，法人机构 217 个，资产规模和利润实现"双升"，分别比同期增长了 20.5％和 21.0％，不良贷款继续实现"双降"。银行业金融机构的工作重心进一步向县域经济倾斜，通过开展农村金融创新示范县（市）创建活动，不断推出适合"三农"的金融创新产品、计划，如"小巨人"企业信贷培养计划等，加快了县域经济的发展，很好地起到了为中小企业服务的目的。除此之外，在银行业金融机构网点下放方面，城市商业银行的县域覆盖率已达 89％，村镇银行覆盖率继续上升 3 个百分点，达到 64％。银行业更加有效合理的信贷结构以及发展趋势成功地为河南省 2012 年的经济增长起到了保驾护航的作用。

受 IPO 政策影响，2012 年河南省境内上市企业比 2011 年仅新增 3 家，募集资金 46.1 亿元。因此，河南省 2012 年资本市场主要是以并购重组与再融资为主，实现资本注入和再融资额为 2011 年的 2.5 倍，达到了 434.6 亿元。另外值得注意的是，河南省期货公司资本实力增长迅猛，其中万达期货与国信期货注册资本实现翻番。总的来说，2012 年，河南省在市场环境不利的情况下依然实现了证券业良好的发展，使得其服务质量得到了不小的提升。

截至 2012 年年末，河南省保险分公司达到 58 家，与 2011 年相比，增加了两家人身险公司分支机构，实现保费收入 841.1 亿元，仅比 2011 年增加了 0.15％。虽然保险业务结构得到一定程度的优化，财产险业务得到不小发展，但是在以人身险业务为主的河南省，在总量上仍然占比不大，河南省保险业在 2012 年面临着由于业务机构带来的增长"瓶颈"问题。

河南省金融市场在 2012 年的发展较为喜人，通过金融产品、技术创新，使得融资结构更为合理，融资渠道更加广阔，直接融资作用得到显著增强，在河南省非金融机构融资方式中，直接融资占比跃升至 24.8％，创历史新高。2012 年，河南省非金融机构通过债券、股票、贷款这三种主要方式，共获得融资额为 3542.8 亿元，相对于 2011 年同期增长了 48.2％，河南省金融市场发展势头强劲。

2012 年，郑州商品交易所首次引入新的交易品种：甲醇，其交易较为活跃，交易金额在郑州商品交易所所用的 8 种交易品种中排名第五。2012 年，郑州商品交易所面临的最大问题是成交金额与交易量的大幅下降，其中，累计成交金额下降到 338383.1 亿元，同比锐减 49.3 个百分点；累计成交量为 66075.3 万张，同比下降 18.7 个百分点。究其原因，主要是由于受到 2012 年棉花产量大幅增加和纺织工业需求放缓的双重影响。郑州商品交易所发展出现一定程度的风险，需要予以重视。

第2节　河南省公共部门风险分析

2012 年，河南省财政收入为 2040.6 亿元，同比增长 18.5％，受河南省企业整体盈利下降影响，增长率下降 6.1 个百分点，财政支出 5006.0 亿元，同比增长 17.8％，增速下降 6.5 个百分点。河南省财政支出重点投入在教育、社会保障和就业、医疗卫生等民生领域，这些领域合计占到了财政总支出的 70％以上，总的来说，河南省的公共部门风险主要存在于财政缺口扩大方面，需予以重视。

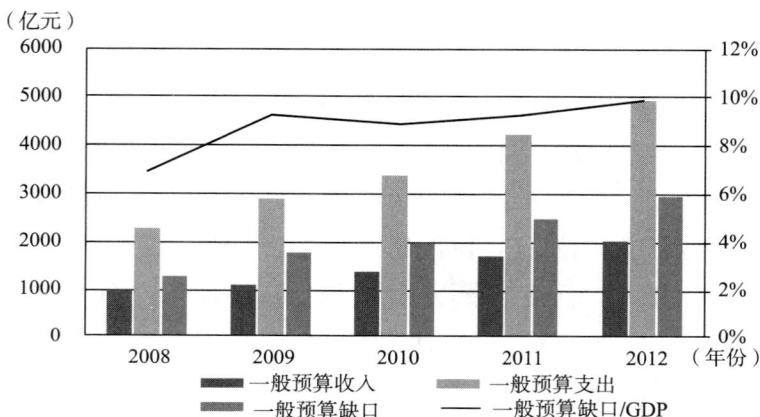

图 22.1　河南省地方财政收支情况①

从一般预算缺口情况来看，2012 年河南省一般预算缺口为 2965.94 亿元，与 2011 年相比，增长了 17％，虽然增速较上年下降了 5 个百分点，但是必须注意的是，一般预算收入占 GDP 的百分比仍在不断攀升中，由 2008 年的 6.93％上升到了 2012 年的 9.95％，必须给予关注。

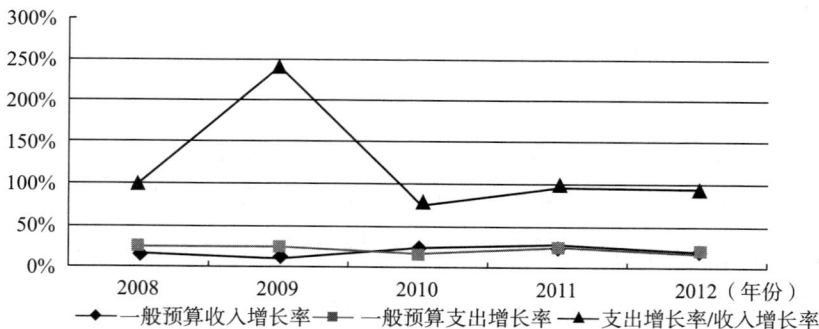

图 22.2　河南省地方财政收支增长率

———————

① 数据来源：《2009－2013 年河南省统计年鉴》、《2009－2012 年河南省国民经济与社会发展统计公报》，本章数据均来源于此。

从财政收支增长率上看，2012 年延续前两年的态势，预算收入增长率与预算支出增长率基本趋同，其中一般预算支出增长率为 18％，一般预算收入增长率为 19％，均比同期下降了 6 个百分点，表明河南省的财政收支情况趋于正常，并处于不断优化之中。

第 3 节　河南省金融部门风险分析

2012 年，河南省金融部门风险中，银行类风险并不突出，表外业务也加强了银行风险控制的灵活性，反观河南省保险类风险，则较为突出，2012 年河南省保险类企业不论是在保险深度还是保险收入增长上都陷入了困境，如若不能丰富保险产品，改善财险和寿险发展不均衡的情况，势必会对河南省保险业的发展带来巨大的风险。

中原经济区规划的批复标志着中原经济区建设整体推进、全面实施的新阶段，河南省金融部门发展进入到一个崭新的、高速发展的时期。本节主要运用宏观金融工程中资产负债表的方法，对河南省的银行类和保险类风险进行分析。

一、银行类风险分析

（一）资本结构错配分析

2012 年，河南省银行业资本结构比较合理，结构调整显现成效，由存贷比结构可以看出，自 2009 年以后，河南省的存贷比由 2009 年的 70.29％不断回落，2012 年存贷比下降到 63.50％，其中存款为 31970.4 亿元，同比增长 19.4％，贷款为 20301.7 亿元，同比增长 15.0％。

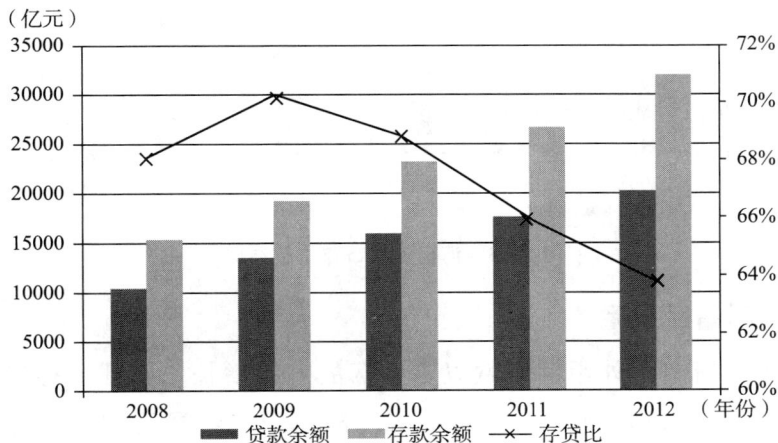

图 22.3　河南省银行类金融机构存贷款情况

（二）期限错配分析

2012 年，河南省的短期贷款占比自 2009 年以来，首次超过中长期贷款占比，其中短期贷款为 9977.5 亿元，同比增长 19.4%，中长期贷款为 9608.4 亿元，同比增长 10.0%，中长期贷款的增长率处于不断下降态势，其所占比重也下降到了 47.33%。银行业的流动性风险也得到一定程度的缓解，银行业面临的资金期限错配风险的下降，可以使银行在资产结构多样化配置上拥有更为灵活的选择。

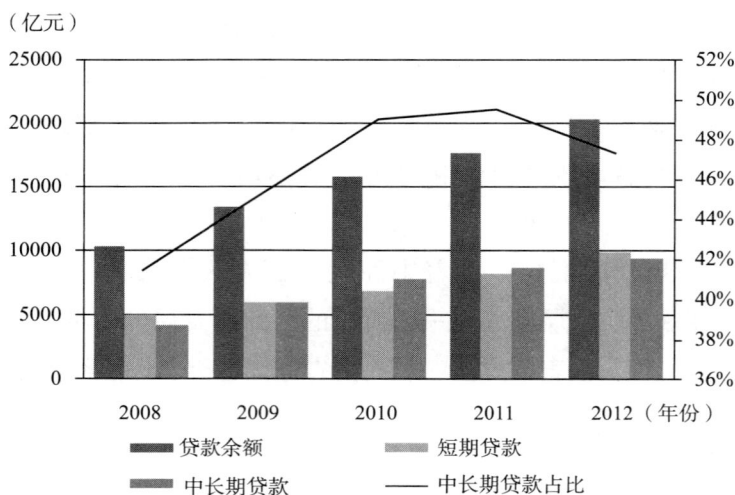

图 22.4　河南省金融机构贷款期限结构

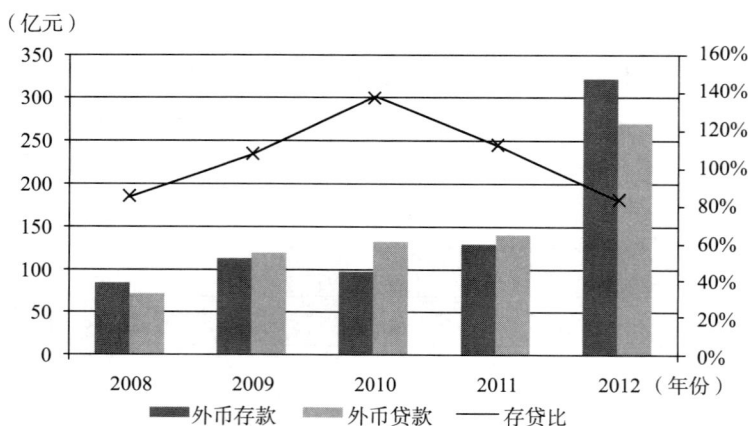

图 22.5　河南省外币存贷款结构

（三）货币错配分析

2012 年，河南省外币存贷款以更迅猛的态势增长，其外币存贷款增长率分别达到了 151% 和 89.9%，但是，从规模上来看，河南省外币存贷款的绝对数值并不算很大，其中存款为 321.9 亿元，贷款为 270.3 亿元，外币存贷款比例为 83.97％，处于较为合理的区间，因此我们认为，河南省的货币错配风险并不是很大。

二、保险类风险分析

2012 年，河南省保费收入为 841.1 亿元，相对于 2011 来说，增长率仅为 0.15％，由于 2012 年保险行业保费收入的减少，其保险深度也锐减 0.3 个百分点。

河南省保险业的一个突出特点是财产险业务所占比例远小于人身险所占比例，二者之比约为 1∶4，而河南作为一个农业大省、新兴工业大省，其保险结构的不合理、单一化，势必会对农业、工业经济的发展产生不可忽视的影响。

2012 年，河南省首次出现人身险业务负增长，相比较而言，财产险业务处于不断增长当中，特别是新渠道和新产品的发展，例如，农业财政补贴险种从 8 个增长到了 12 个，说明河南省保险业的结构处于不断优化当中，但是对于其中存在的保费收入增长缓慢的情况需要予以重视。

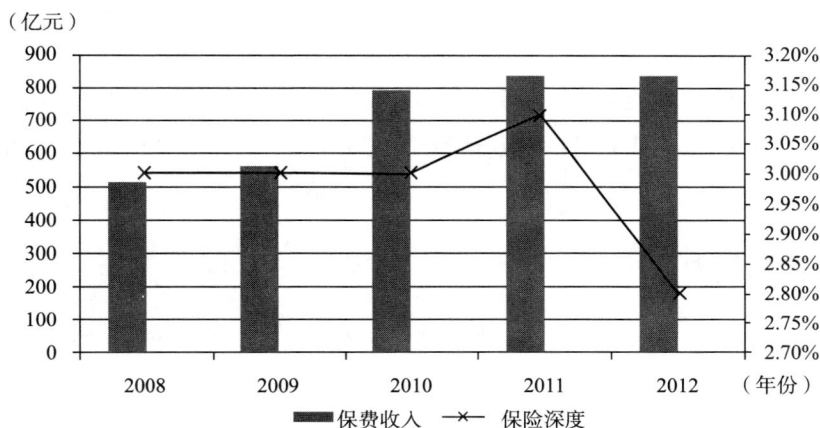

图 22.6 河南省保险收入与保险深度

2012 年，河南省全年保险业赔付支出为 199.6 亿元，赔付率为 23.73％，同比增长 16.6％。河南省历年赔付率处于比较稳定的区间之内，说明保险业保障功能运行良好。但是河南省的保费增长率变化幅度大，自 2010 年以后，保费增长率处于较低水平，2012 年几乎零增长，主要原因可能是由于河南省人身险业务和财产险业务的极端不对称性，随着人身险业务基本趋于饱和，如果不促进河南省保险业调整其业务结构，促进保险主体不断丰富，河南省保险业的发展就会受到严重制约。

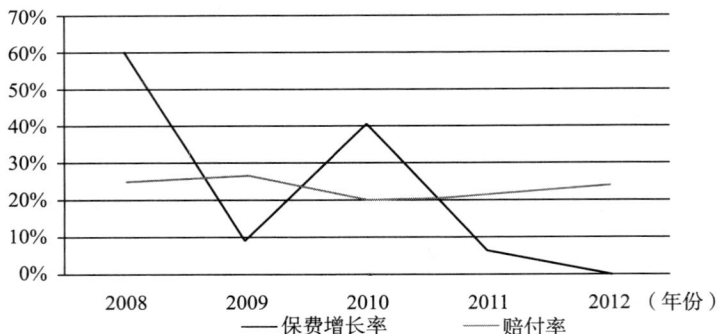

图 22.7　河南省保费增长率和赔付率

第4节　河南省上市企业部门风险分析

2012 年，河南省上市企业部门动作活跃，不仅上市企业部门数量得到增加，盈利能力得到提升，其他金融市场的活力也越来越强，总的来说，河南省上市企业部门的风险依旧不明显，金融环境较为稳定。

在上市企业部门发展方面，虽然 2012 年国内新股发行市场并不是非常景气，但是 2012 年，河南省上市公司数量又增加了 3 家，达到了 66 家，其融资规模也居于中部地区第一名。其中再融资资金金额为 434.6 亿元，比去年同期河南省上市企业再融资资金多 150％左右，有效地提高了上市企业部门的质量。

一、盈利能力分析

从盈利能力分析上来看，河南省 2013 年上市企业利润率较 2012 年来说略有上升，成功实现 2013 年第三季度上市企业利润率 5％的目标，鉴于河南省的企业利润率不断走高，我们相信，随着河南省中原经济区的建设，河南省上市企业部门会受到政策红利影响，不断改良其生产和抓住发展时机，在 2014 年获得更为长足的发展，综上所述，虽然河南省上市企业部门的利润率仍然很低，但是考虑到未来的发展趋势，河南省在未来的发展空间是非常巨大的，河南省上市企业部门将会迎来发展的黄金阶段。

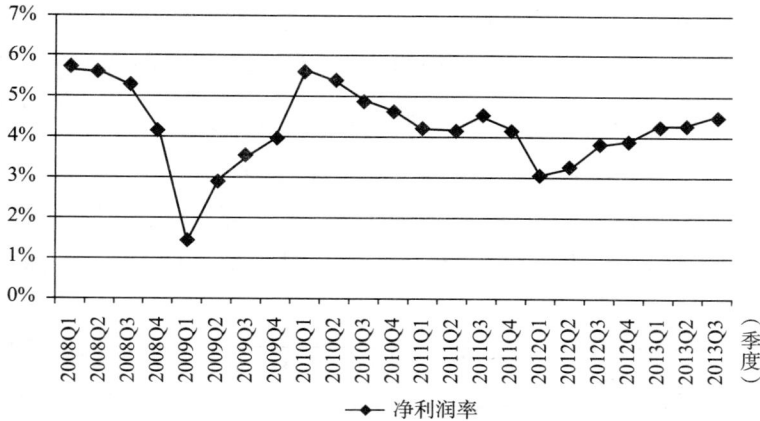

图 22.8　河南省上市企业净利润率

二、账面价值资产负债表分析

(一) 资本结构错配风险

2012 年,河南省上市企业部门的总资产和总负债水平依旧处于不断增长之中,四个季度的资产总计分别为 3234.903 亿元、3571.414 亿元、3919.384 亿元和 4102.861 亿元;负债总计分别为 1920.726 亿元、2157.269 亿元、2226.357 亿元和 2315.739 亿元,2012 年度河南省上市企业部门的资产负债率在第三季度出现大幅度的下降,减少到 56.8%,之后一直在 56%—57%之间波动,为近四年来最低,这与河南省 2012 年直接融资快速发展、融资结构改善有关。

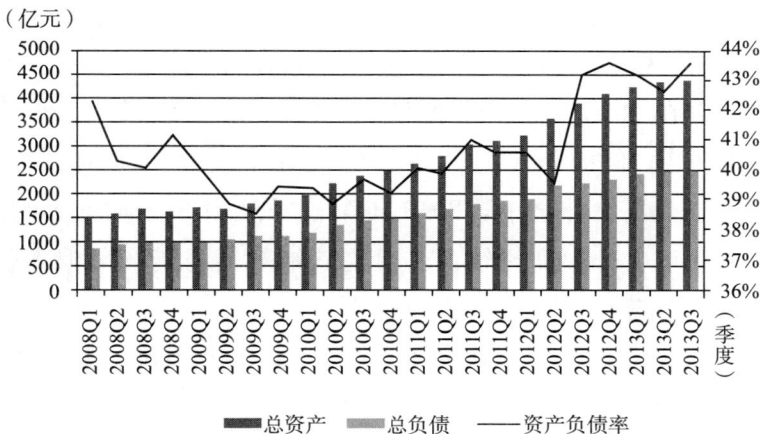

图 22.9　河南省上市企业部门资本结构

(二) 期限错配分析

2012 年,河南省上市企业部门的流动性管理较为稳健,自 2011 年之后,其流动比率一直在 1.0—1.15 附近波动，流动负债的偿还风险比较小，流动比率明显出现"Z"字形走势。2012 年四个季度流动资产分别为 1514.608 亿元、1658.679 亿元、1805.186 亿元、1791.675 亿元，流动负债分别为 1365.514 亿元、1609.513 亿元、1622.983 亿元、1719.691 亿元。总的来说，2012 年河南省上市企业部门的流动资产和流动负债变化不大，流动资产对流动负债的偿还能力还比较充足，期限错配风险不明显。

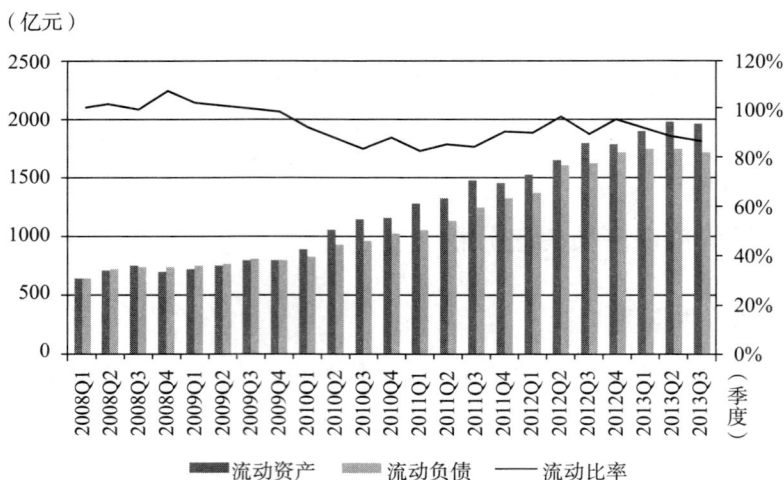

（亿元）

图 22.10　河南省上市企业部门短期资本结构

三、或有权益资产负债表分析

2012 年，河南省上市企业部门或有资产负债状况较 2011 年有所恶化，从 2011 年的 20% 左右攀升至 2012 年的 30% 左右，第四季度或有资产负债率分别为 28.57%、32.92%、33.72% 和 32.44%，2013 年前三个季度或有资产负债率也一直在 30% 以上，分别为 31.78%、34.81% 和 31.64%，或有资产负债率已回升到 2008 年高位水平，但仍处于安全范围内。相比较而言，资产负债率处于缓慢上升之中，2013 年第三季度为 55.34%。可以看出，虽然或有资产负债率上升幅度比较大，但是其绝对值与资产负债率仍有较大距离，说明上市企业潜在清偿风险依旧较小。

2012 年，河南省的违约距离较 2011 年来说略有下降，从 2012 年第二季度 5.12 的高点回落至 2013 年第三季度的 4.35，但其违约距离仍然处于较高水平，可以认为河南省上市企业部门违约的可能性还是很小的，其偿债资产还是非常充足的。

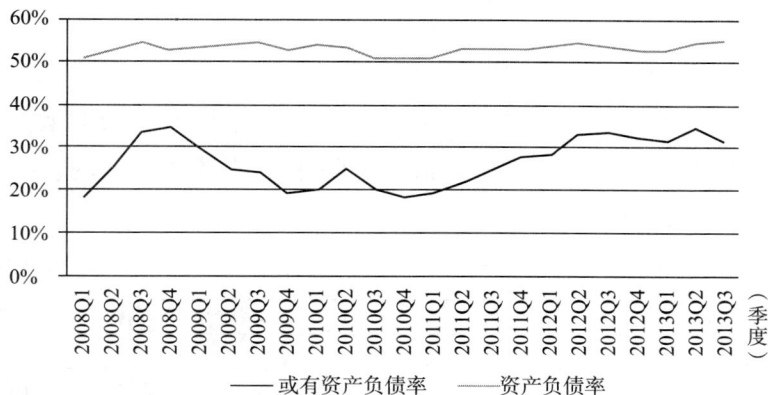

图 22.11 河南省上市企业部门或有资产负债率

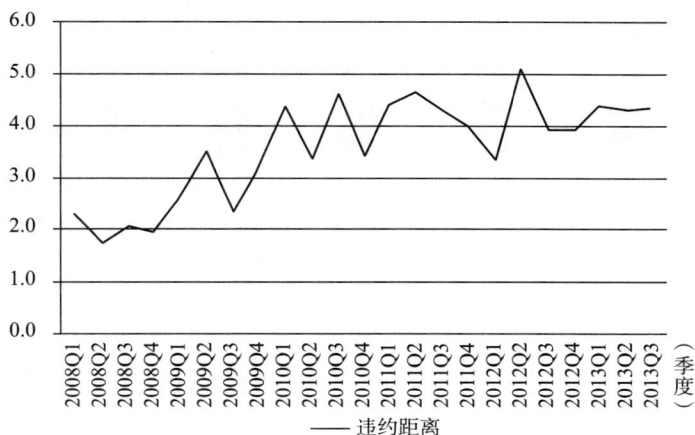

图 22.12 河南省上市企业部门违约距离

第 5 节 河南省家户部门风险分析

2012 年，河南省家户部门的整体风险不大，但是对于城乡居民收入差距大的问题仍然要予以重视，下面就河南省家户部门的风险情况做详细分析。

2012 年，河南省城乡居民收入水平持续稳定提升，城镇居民人均可支配收入达到 19923.3 元，农民人均纯收入 7350.29 元，与 2011 年同期相比，分别增长了 9.5％和 11.3％，但是增长幅度较去年同期分别下降了 4.7 个和 8.26 个百分点，城乡居民收入差距也进一步拉大为 12573.01 元。

从城乡居民储蓄存款和个人消费贷款层面来看，河南省城乡居民储蓄存款和个人消费贷款均处于稳步上升之中，并且增速也在不断增加。截至 2012 年年底，城乡居民储蓄存款达到 17469.0 元，同比增长 19.2％，增速上升 5.5 个百分点；个人消费贷款达到 2471.5 元，同比增长 24.7％，增速上升

2.5 个百分点。

从贷款/储蓄值来看，2012 年，该指标为 14.15％，连续四年处于平稳上升态势。虽然贷款/储蓄水平不断提升，但是与其他省市相比，仍然处于较低水平，总的来说，家户部门面临的风险水平还是非常低的。

（亿元）

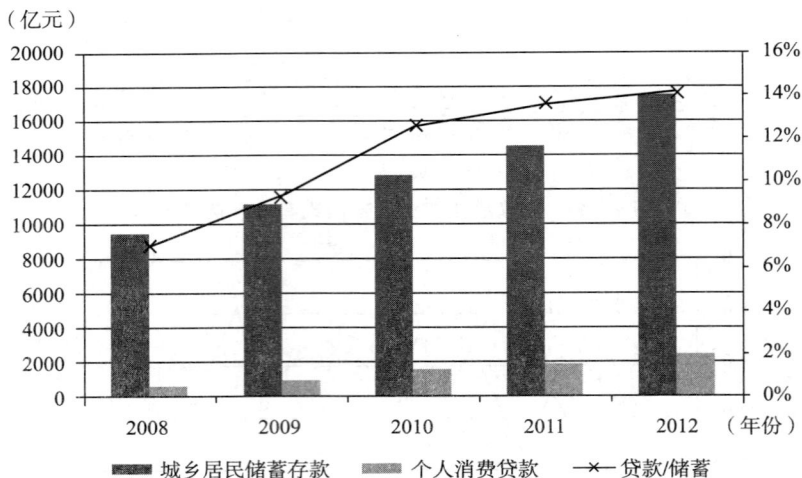

图 22.13　河南省城乡居民储蓄存款与消费贷款比较

第 6 节　河南省产业同质化风险专题分析

随着河南省中原经济区的建设步伐日益加速，虽然中原经济区给河南省的发展带来了前所未有的机遇，但是我们也应当充分认识到，河南省各省辖市的产业相似度较高，在没有创新的基础上进行发展，产业的发展难免走进同质化竞争的怪圈。

一、产业同质化的危害

同质化竞争的产业不仅容易在产品上依赖于模仿其他成功企业，更容易在管理、技术创新上模仿其他企业，由于我国知识产权保护机制依旧不健全，本来具有创新能力的企业会产生"搭便车"的想法，下面结合河南省产业集聚区的分布情况和河南省面临的产业同质化风险的危害进行分析：

地区	集聚区数量	非创新企业/百亿企业	地区	集聚区数量	非创新企业/百亿企业
洛阳	17	4/9	安阳	9	4/5
信阳	15	2/2	焦作	9	7/7
郑州	15	10/12	濮阳	8	2/2
南阳	14	7/8	许昌	8	4/6
新乡	13	4/6	开封	8	5/5
驻马店	12	3/5	三门峡	7	4/4
商丘	11	6/9	漯河	6	4/4
周口	11	10/10	鹤壁	4	1/2
平顶山	10	2/3	济源	3	2/2

首先，同质化产业集聚过度会阻碍创新。如果一个产业集群过于采取保守和僵化的生产机制，企业创新的驱动力就会不足，究其原因，主要在于，一个产业集聚地的各个企业都拥有差不多的客户对象、原料来源，各企业之间的人力资源流动性较大，不可避免地会出现技术上的模仿和抄袭，甚至在企业战略上也趋于相同，因此，在这种情况下，同质化严重的产业将会出现恶性增长，严重影响创新能力和持续发展能力。

其次，过度依赖产业集聚区的某一单一产业也会阻碍区域的健康发展。我国已经建立的产业集聚区中，多是以产业经济学为依据建立起来的，强调产业集聚园区内各企业在横向和纵向价值链上的相关性，但是如果一个产业集聚区内的企业过于依赖核心企业的发展，将会使整个园区陷入系统性风险中，当宏观经济状况不利于核心企业发展时，整个产业集聚园区内的企业可能都会出现一定程度的利润下降甚至衰退，使得已经固化的产业链条断裂，严重影响产业集聚区的健康发展。

二、发展特色产业以消除同质化风险

纵观河南省的产业发展，其产业是典型的高度同质化产业，如河南省拥有比较优势的化工、装备制造、农产品以及服装制造业，均存在差异化程度不够的问题，而对于现代企业的发展而言，企业的差异化生产是利润和竞争力的源泉，其中，差异化的主要问题就是解决生产企业缺乏特色的问题，如何选择河南省应该发展的特色产业以及特色企业，不仅关系到河南省某个产业的存亡，也关系到整个河南省能不能保持高速稳定的增长。

只有发现各企业之间的差异和特色才能打造一个区域的特色产业。一直以来，学术界对于特色产业的概念都有着许多不同的解释，下面就各种观点进行详细的解释和说明：

第一种观点认为：特色产业的主要特色在于如何在产业集聚区内将各个资源条件进行融合，如将产业集聚区内的人才、自然资源、创新技术和地区的区位优势等结合起来，结合市场的有效需要，在此基础上打造出符合市场预期的特色产品，再以特色产品为依托，优化特色产业上下游产业链的生产，最后打造出区域性知名度高，发展前景好的特色产品、产业。

第二种观点认为：特色产业的主要特色主要是彰显其区域资源特色的情况下，以产业集聚区特有的、别的地区没有的资源为产品基础，发展相关生产技术，将特色资源打造成竞争力强、适合市场、资源稀缺、高效生产且可持续生产的特色产品。

第三种观点认为：特色产业的主要特色主要体现在产品的基础性功能上，一个特色产业首先需要推动功能，即能够推动产业上下游的生产和资本资源流动；其次要有促进功能，即可以带动自身产业不断革新，创新技术以改良产品；最后是带动功能，即不能只带动自身上下游产业的发展，更要带动产业集聚区内任何一个相关产业的发展，将不同产业不同企业整合到一起，打造成区域性质的多产业混合发展园区。

综上所述，解决河南省企业同质化问题，应着力于发展河南省特色产业，以特色产业推动经济发展，在控制风险的前提下解决资金供给问题，使用不同的金融手段和资金渠道助力河南省产业发展，而如何避免河南省发展中的产业同质化问题将是河南省最应该关注的问题。

第7节　结论及政策建议

本章主要运用宏观金融工程中资产负债表和或有权益分析方法对河南省的公共部门、金融部门、上市企业部门和家户部门进行了宏观金融风险分析，并在此基础上对河南省作为中原经济区领头羊的机遇进行了专题分析，最后得出结论，并提出政策建议。

河南省 2012 年经济增速良好，已经连续增长了 13 个季度，考虑到受中原经济区利好因素的影响，估计河南省经济增长将会迎来一个新的高度，总体上说，河南省经济金融风险不大。

从河南省公共部门情况来看，河南省一般财政收益情况较为良好，一般预算缺口增速有所减缓，但需要注意的是，河南省一般预算收入占比不断走强，需要予以关注。

从河南省金融部门情况来看，银行类金融机构的资本结构错配和期限错配情况良好，短时间内并不会出现大的风险，银行在资产机构上有多样化的选择，在河南省货币错配方面，由于河南省外币绝对值不高，因此风险水平也在可控范围之内；而保险类金融机构却面临着较大的风险，2012 年河南省的保费收入相对于 2011 年来说，仅增长了 0.15%，究其原因，和河南省保险结构失衡，财险占比远远小于寿险占比有关。因此，对于河南省金融部门来说，化解保险类金融部门风险将会成为未来几年的首要任务。

从河南省上市企业部门情况来看，虽然河南省人力资源成本不断攀升，但是从账面资产负债表和或有资产负债表方面分析错配风险来看，河南省上市企业部门所面临的的清偿风险、融资风险和流动性风险并不明显。

从河南省家户部门来看，虽然河南省家户部门的城乡居民储蓄存款和个人消费贷款处于稳步上升之中，但是城乡居民收入差距也在进一步拉大，未来几年，河南省家户部门不存在偿债风险，但是如何缩小城乡居民收入差距将是政府下一步工作的重中之重。

本文最后以河南省所面临的产业同质化风险作为专题进行分析，论述了河南省产业同质化将会带来的后果，得出了产业同质化将会阻碍河南省经济金融健康持续发展的结论，最后根据河南省自身发展的特点，提出了发展河南省特色产业的思路，以求消除河南省产业同质化的风险。

综合所述，结合河南省实际情况，我们对于河南省经济金融的发展给出如下建议：一方面，政府部门应合理配置财政收入和财政支出，逐步减少财政缺口占 GDP 的比重，警惕财政收支缺口风险；另一方面，积极发展财产险业务，警惕保险结构失衡现象，保持保险业持续、健康发展。

参 考 文 献

［1］中国人民银行：《2008—2012 年河南金融运行报告》。

［2］中国人民银行郑州中心支行：《2012 年河南省金融稳定报告》。

［3］尹凤哲：《河南省经济增长与金融发展的现状及相互关系的实证研究》，载《经济观察》2011 年第 12 期，第 39—42 页。

［4］娄恬：《河南省金融业支持中原经济区经济增长的对策研究》，2013 年，郑州大学。

［5］李春燕：《我国保险发展的空间非均衡及极化研究——基于 1998—2010 年产险与寿险的对比分析》，载《财经论丛》2013 年第 2 期，第 64—70 页。

［6］孟庆琳：《中国保险业风险的防范与控制》，2011 年，黑龙江大学。

第 23 章　湖北省宏观金融风险研究

本章运用宏观金融资产负债表理论和或有权益分析方法对湖北省的四个主要部门进行了宏观金融风险分析，并在此基础上对湖北省金融部门风险进行了专题分析，最后提出政策建议。

通过分析得出，湖北省的公共部门、金融部门和家户部门所面临的风险相对较低，而上市企业部门存在盈利能力差、资产负债率高等问题，这在一定程度上反映出上市企业部门面临着资本结构错配风险。

关于湖北省相关金融风险的代表性研究主要有以下几个方面：（1）汪水文、李秋浦和周小刚（2013）在深入分析湖北省财务公司的发展现状、存在的问题及原因的基础上，从财政监管部门的角度对财务公司未来的可持续发展提出了对策和建议；（2）许传华（2013）等在《开放条件下金融风险预警指标体系研究》中从宏观金融稳定的角度研究了金融风险预警的理论与实践的相关问题。

第 1 节　湖北省经济金融运行概况

一、湖北省经济运行概况

2008—2013 年，湖北省经济整体保持平稳发展态势，整体经济实力在中部地区相对较强。2013 年，湖北省实现地区生产总值 24668.49 亿元，同比增长 10.1%，增速有所放缓，如图 23.1 所示。后金融危机时代，由中国政府主导的依靠基础设施建设等相关的经济刺激计划的短期效应基本显现，湖北省经济表现出发展增速逐年放缓，发展后劲不足的态势。其中，受到国外主要经济体经济复苏缓慢的影响，湖北省于 2012 年的进出口总额较 2011 年下降 4.8%，降幅明显。[①]

---

① 数据来源：《2012 年湖北省金融运行报告》，中国人民银行。本章关于湖北省经济、金融状况的数据均来源于此。

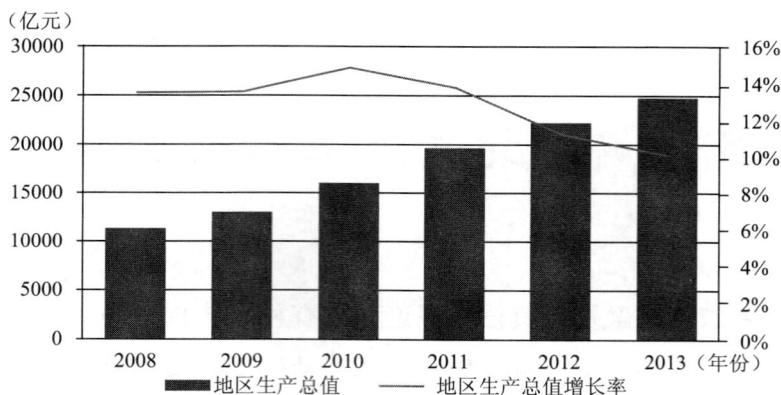

图 23.1　湖北省经济运行概况①

二、湖北省金融运行概况

湖北省金融运行总体较为平稳，金融业综合实力有所提升。其中，湖北省银行业贷款总量稳步增长，信贷资金供求结构性矛盾有效缓解，表外融资继续扩大，银行业整体保持良好运行态势。2012 年，湖北省银行业金融机构资产总额增长 18.3%，增速较 2011 年增加 0.9 个百分点，实现利润增长 21.1%，不良贷款率持续下降。另外，湖北省证券市场总体保持稳健运行的态势，多层次资本市场建设也有所突破。2012 年，证券机构数量不断增加，运营能力也有所增强；湖北省上市公司经营业绩与质量均有所提升；市场体制机制改革加快推进，资本市场功能得到进一步发挥，多层次资本市场建设加快，直接融资比重持续提高。保险业方面，湖北省保险市场体系不断发展，其保障服务功能有所提升。2012 年，全省保险业全年累计保费收入较 2011 年增长 6.3%。

总的来说，湖北省金融业在 2012 年发展情况良好，在保持金融安全稳定的情况下，深入推进各项金融改革与创新，有效支持了湖北省经济的发展。

第 2 节　湖北省公共部门风险分析

2013 年，湖北省地方一般预算缺口持续扩大，但速度有所放缓，缺口规模及缺口占地方生产总值的比重在中部地区均处于较低水平，如图 23.2 所示。湖北省在 2013 年完成地方一般预算收入 2189.98 亿元，一般预算支出

---

① 数据来源于《2009—2013 年湖北省统计年鉴》、《2008—2012 年湖北省国民经济和社会发展统计公报》，本章数据均来源于此。

4330.63 亿元，一般预算缺口增至 2140.65 亿元，同比增长 10.53%，增速较 2012 年降低 4.22 个百分点。从缺口占地方生产总值的比重上来看，2013 年，湖北省的该指标水平为 8.68%，较 2012 年下降 0.2 个百分点。从整体发展态势上来看，湖北省公共部门风险正逐步降低。

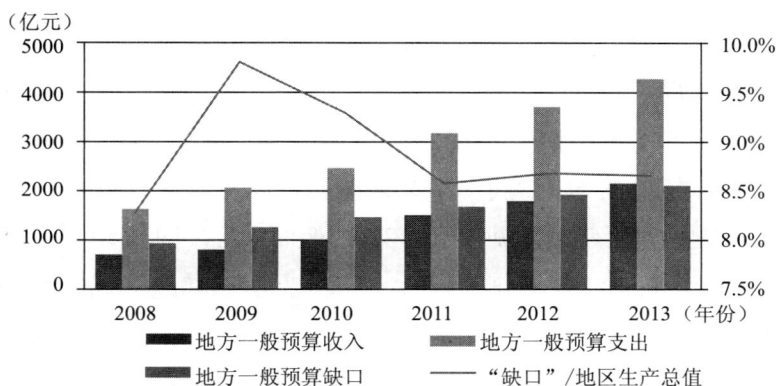

图 23.2　湖北省地方财政一般预算收支情况

　　受整体经济发展状况的影响，湖北省财政收支增长波动较为明显，如图 23.3 所示。2013 年，湖北省地方一般预算收入增长率为 20.1%，较 2012 年增加 0.71 个百分点；地方一般预算支出增长率为 15.2%，较 2012 年降低 1.75 个百分点。在 2010 年至 2013 年期间，一方面，整体经济形势有所改善，湖北省经济进一步发展，地方一般预算收入稳步增加；另一方面，受国家宏观调控政策的影响，湖北省在民生支出方面不断增加，而在政府支出方面有所降低，地方一般预算支出增速整体下降。因此，湖北省地方一般预算收入增速均高于地方一般预算支出增速，其中，二者的比值指标于 2013 年达到 75.62%。这种情况进一步说明了湖北省地方一般预算缺口的增速放缓，公共部门面临的偿付风险正在逐步降低。

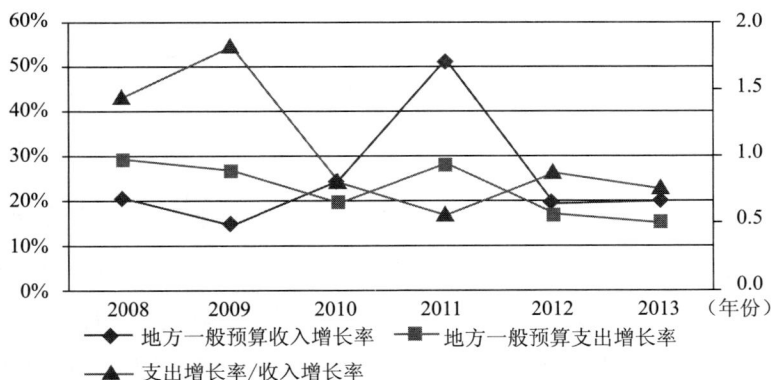

图 23.3　湖北省地方财政一般预算收支增长率比较

第3节 湖北省金融部门风险分析

一、银行类风险分析

（一）资本结构错配分析

湖北省银行类金融机构保持稳健快速的发展态势，总资产规模和资产质量不断上升，但存贷款增幅均存在减缓趋势，如图 23.4 所示。2013 年，湖北省银行类金融机构存款余额达到 32902.83 亿元，同比增长 16.44%，较 2012 年下降了 0.58 个百分点；贷款余额达到 21902.55 亿元，同比增长 15.08%，较 2012 年下降了 1 个百分点。存贷款余额增速不断下降，一方面是受到单位存款下滑和互联网金融迅速发展的影响；另一方面，活跃的民间借贷是造成这种现象的一个重要原因。

从"存贷比"指标来看，湖北省银行业在金融危机之后资产结构不断调整，存贷比指标水平从 2009 年的 68.2% 降低至 2013 年的 66.57%，体现出湖北省银行业的资本结构错配风险相对较小，如图 23.4 所示。

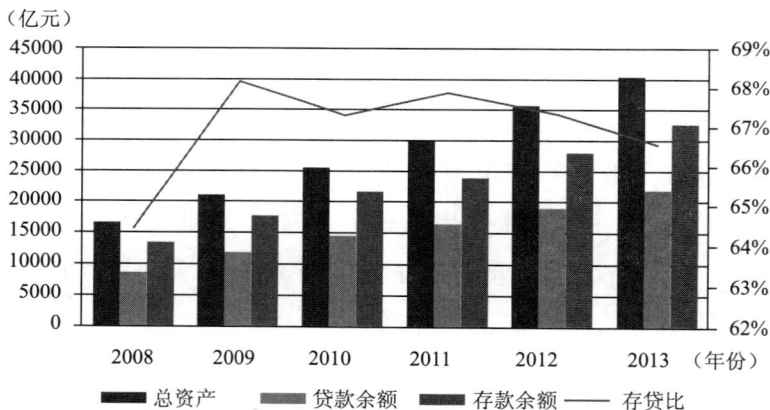

图 23.4 湖北省银行类金融机构资本结构

（二）期限错配分析

从湖北省银行类金融机构贷款结构变化态势上来看，贷款短期化趋势明显，短期贷款增速连续三年高于中长期贷款增速，中长期贷款占全部贷款的比重不断降低，这在一定程度上说明湖北省银行类金融机构的期限错配风险有所降低。截至 2013 年年底，湖北省银行类金融机构的短期贷款为 7857.28 亿元，较 2012 年增长 21.84%，远高于中长期贷款的增速 12.04%，如图

23.5 所示。另外，湖北省表外融资总额于 2013 年增加 2405.7 亿元，较 2012 年多增 1023.9 亿元，占社会融资规模比重为 39.9％，较 2012 年提高 10.8 个百分点。湖北省银行类金融机构的表外融资规模不断提高，金融监管部门应加强对该类业务风险的防控。

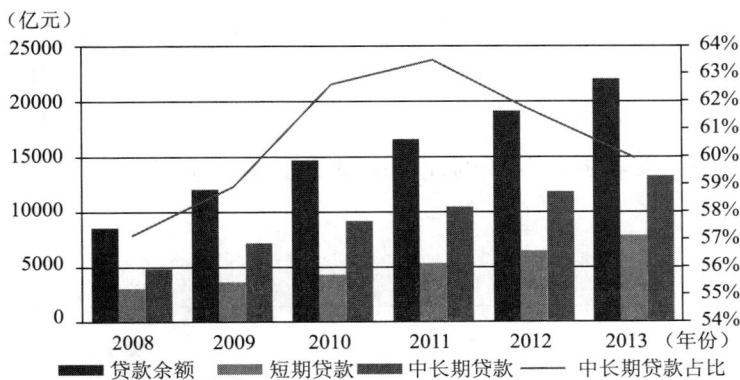

图 23.5　湖北省金融机构贷款期限结构

(三) 货币错配分析

2013 年，湖北省跨境人民币结算量达 574.2 亿元，较 2012 年增长了 1.1 倍，占全部跨境交易的比重为 17.2％，较 2012 年提高 8.5 个百分点。受到国内外经济形势不佳的影响，湖北省进出口总额降低，湖北省银行类金融机构的外币存贷款增速均有较大幅度降低。如图 23.6 所示，截至 2013 年，湖北省银行类金融机构的外币贷款余额达到 1105.7 亿元，较 2012 年增加 7.59％；外币存款余额达到 266.6 亿元，较 2012 年增加 6.00％；外币存贷比达到 414.74％，较 2012 年增加 6.11 个百分点，外币结构错配风险突出，湖北省对外贸易受汇率波动影响明显。湖北省应加强本外币协同管理，在不断扩大人民币在跨境贸易和投资中使用的同时，有效控制外币结构错配的风险。

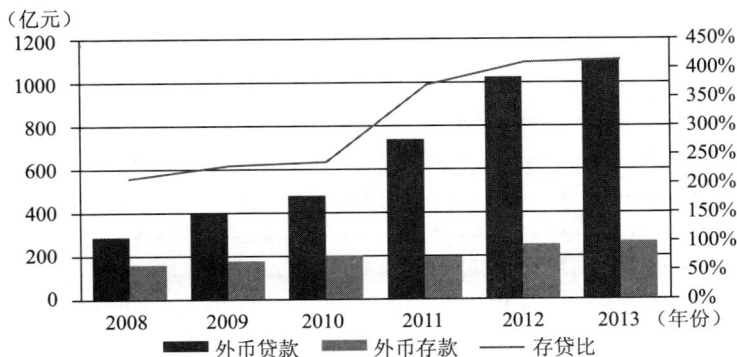

图 23.6　湖北省外币存贷比

二、保险类风险分析

湖北省保险业在 2013 年的表现基本平稳，业态规模、业务总量及市场主体数量等持续增长，对地方经济的服务支持作用也日益加强。2013 年，湖北省实现保费收入 712.12 亿元，同比增长 19.6％，较 2012 年增加 11.3 个百分点，如图 23.7 所示。保费收入的较大幅度增长使得保险深度指标于 2013 年达到 2.89％，同比增加 0.21 个百分点，但该指标在全国仍处于中下游水平，这充分说明湖北省有待进一步提升保险业的发展质量和水平，才能较好地服务经济和社会发展。

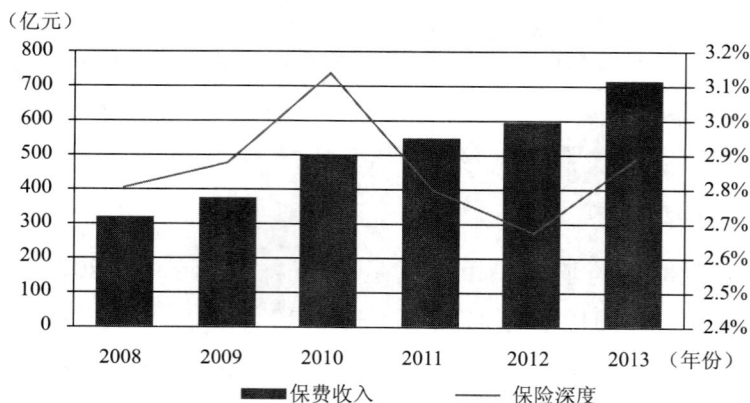

图 23.7 湖北省保险深度

如图 23.8 所示，从保费增长率和赔付率的比较来看，湖北省保费增长率与赔付率在 2013 年均有所上升，分别达到 19.60％和 26.89％，赔付率高于保费增长率的表现在一定程度上反映出湖北省保险业存在赔付风险。因此，湖北省应在控制风险的前提下，适度进行保险业的扩张。

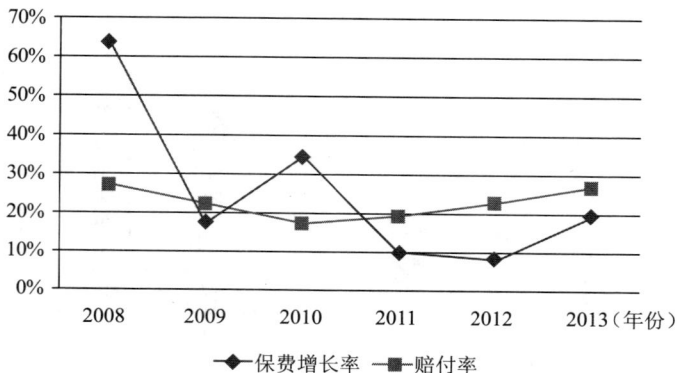

图 23.8 湖北省保费增长率和赔付率

综上所述，2013 年湖北省保险业保持平稳发展，服务社会经济发展的能力有所提升，但仍存在着一定程度的赔付风险。

第 4 节　湖北省上市企业部门风险分析

本文选取 70 家在沪、深两市上市的湖北省企业作为样本分析湖北省上市企业部门的相关风险。分析表明，湖北省上市企业整体的资产负债率偏高，反映出其对债务融资的依赖性仍然较强，存在一定的资本结构错配风险，但其表现出的期限错配风险相对较低。另外，从违约概率的相关指标来看，企业的违约可能性较小，企业总体面临的风险较低。

一、上市企业盈利能力分析

在 2012 年至 2013 年第三季度的时间区间内，湖北省上市企业部门总体的净利润率稳定在 3%－4% 之间，于 2013 年第四季度跃升至 7.42%，如图 23.9 所示。从该运行趋势上来看，湖北省上市企业的利润率表现相对稳定，但绝对值偏低，反映出湖北省上市企业经营状况不善，盈利能力不强的问题。受限于上市企业产业分布的特点与企业战略安排的差异，湖北省上市企业不能较好地根据宏观经济形势进行调整，导致经营状况不佳。

图 23.9　湖北省上市企业净利润率

二、账面价值资产负债表分析

（一）资本结构错配分析

自 2011 年起，湖北省上市企业部门的资产、负债规模呈现波动上升的态势，资产负债率也不断增加，于2013年第四季度达到65.33％的相对较高水平，如图23.10所示。湖北省上市企业部门相对较高的资产负债率主要说明以下两点问题：一方面，湖北省上市企业部门存在一定的资本结构错配风险，需要迅速调整结构，缓解还本付息的偿债压力；另一方面，湖北省上市企业部门在融资方式的选择上仍然存在偏重选择债务融资的问题，未能充分利用股票市场进行融资。因此，湖北省上市企业应转变发展方式，积极有效地调整资本结构与融资方式，以防资本结构错配风险的进一步加大。

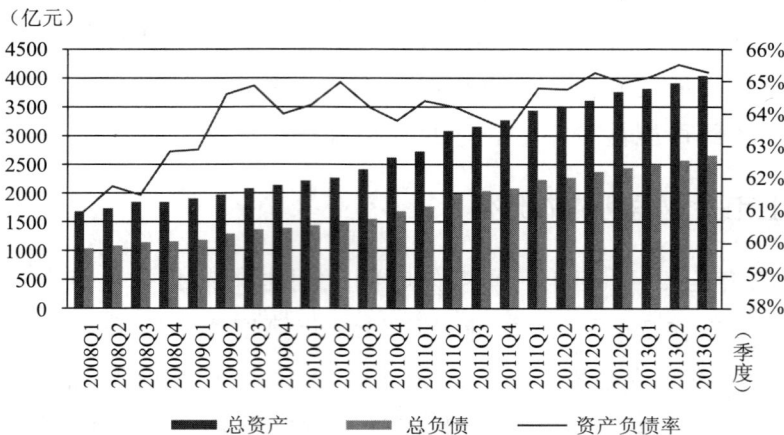

图 23.10 湖北省企业部门资本结构

（二）期限错配风险分析

湖北省上市企业部门在流动性管理方面的效果较好，流动比率指标水平在2012年和2013年间均保持在1以上的安全水平，在一定程度上表明其面临的期限错配风险较小。同时，相对较好的流动性表现也能局部缓解企业的清偿力风险。

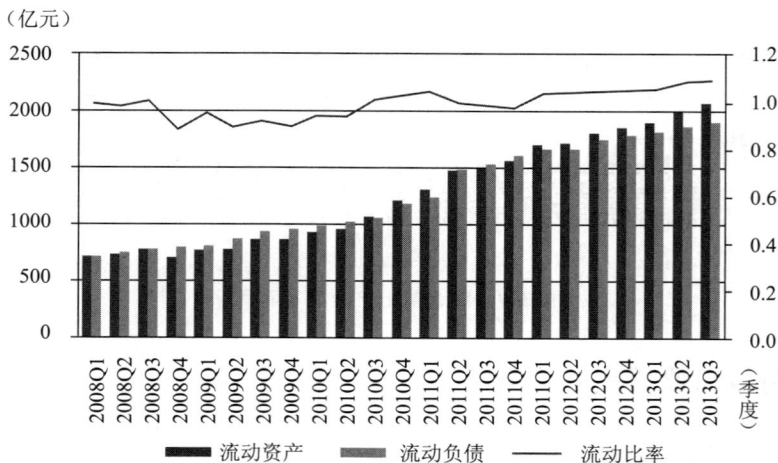

图 23.11 湖北省企业部门流动比率

三、或有权益资产负债表分析

2012—2013 年，湖北省上市企业资产的市场价值高于账面价值，而受到资本市场波动的影响，上市企业部门的或有资产负债率指标的波动幅度大于账面资产负债率，如图 23.12 所示。在 2012 年第一季度至 2013 年第三季度期间，湖北省上市企业部门的或有资产负债率均保持在 30％—40％之间，并于 2013 年第三季度达到 33.49％，在中部地区处于相对较高水平。因此，必须警惕因企业经营状况不稳定导致或有资本结构恶化的风险。

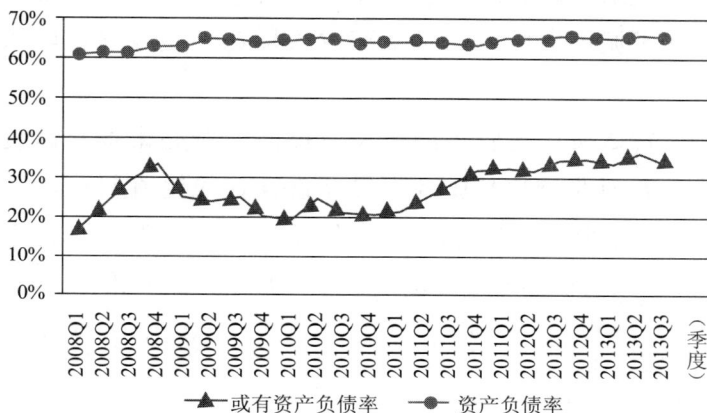

图 23.12　湖北省上市企业部门或有资产负债率

从违约距离指标上看，湖北省上市企业部门不存在明显的违约风险，整体情况良好。在 2012 年第一季度至 2013 年第三季度期间，湖北省上市企业部门运行状况良好，其违约距离指标稳定在 4 以上，且呈现波动上升态势，这说明其抗风险能力有所提升，不存在清偿力危机。

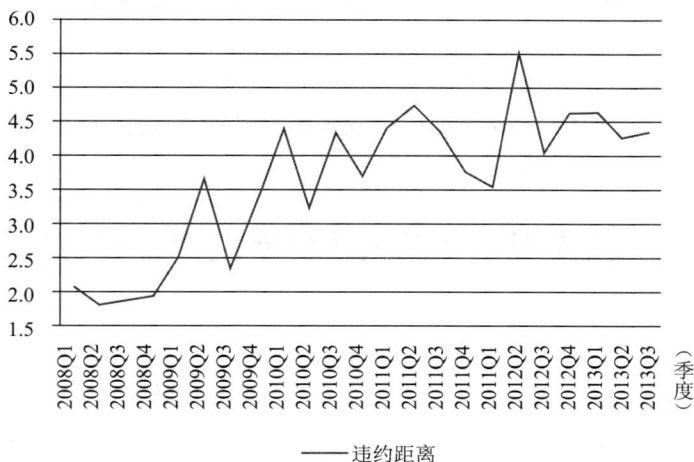

图 23.13　湖北省上市企业部门违约距离

第5节 湖北省家户部门风险分析

2012 年，湖北省城乡居民收入稳步提升，但增长率较 2011 年均有所降低。其中，城镇居民人均可支配收入为 20839.6 元，同比增长 13.42％，较 2011 年降低 1 个百分点；农村居民人均纯收入达到 7852.0 元，同比增长 13.83％，较 2011 年降低 4.45 个百分点。一方面，城乡居民收入增幅的下降在一定程度上反映出湖北省地方经济发展动力减弱；另一方面，农村居民人均纯收入增速高于城镇居民人均可支配收入增速，城乡居民收入差距进一步缩小。

另外，湖北省城乡居民收入的增长对提高消费品市场活跃度有着一定的促进作用，从个人消费贷款与城乡居民储蓄存款的比值上看，该指标于 2012 年达到 19.29％，较 2011 年下降 0.33 个百分点，说明湖北省家户部门的偿付风险有所降低。因此，湖北省家户部门的风险水平仍然处于相对较低的水平。

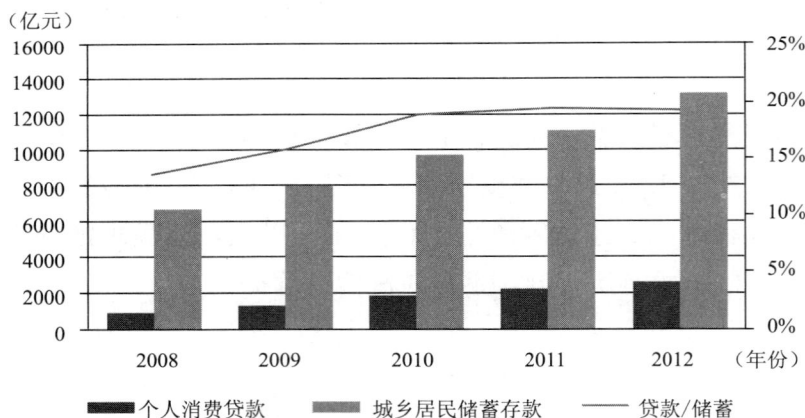

图 23.14　湖北省城乡居民储蓄存款与消费贷款比较

第6节 金融支持区域经济发展的路径选择专题分析

金融是现代经济的核心，区域经济的发展离不开金融支持。大量改革发展实践证明，金融与区域经济是相互促进、共同发展的。一般来说，一个区域的金融发展程度越高，经济增长动力往往也越大。反过来，经济发展势头迅猛的区域也更容易聚集到经济资源。当前我国正处于改革发展的攻坚阶段，如何实现区域经济的平稳快速发展是一个关键问题。面对国际国内复杂多变的宏观经济形势，急需对区域经济发展中的金融支持现状进行全面深入的分析，并根据我国现阶段金融支持区域经济发展中存在的问题提出相应解决办法，从而促进区域经济的健康发展。[①]

一、金融在区域经济发展中的作用

传统的金融概念是以银行体系为核心，而现代金融已经不仅仅包括货币市场，还包括证券市场、保险市场、衍生品市场等等，拓展成为一个大金融的概念。金融在区域经济发展中的作用主要体现在三个方面：一是提供资金支持。在我国目前的金融体系中，储蓄是资金的重要来源。通过金融对于资金的调配，可以将社会中的闲散资金转化为储蓄。除了以银行为代表的金融机构，金融市场还可以作为融资的场所，如债券市场、票据市场等等。二是优化资源配置。金融对于资源配置的优化体现在两个方面，即优化金融资源配置以及通过优化金融资源配置来影响非金融资源配置。三是调控区域经济。通过金融调控经济，可以充分发挥金融的杠杆作用，撬动区域经济在短时间内实现跨越式发展。

二、现阶段金融支持区域经济发展中存在的问题

金融支持总量不足且结构不平衡。现阶段我国区域经济发展中的不少环节出现资金缺口，金融提供的资金跟不上区域经济快速发展的要求。在今后十年，产业结构升级与城镇化发展都需要大量资金，资金供求矛盾存在进一步扩大的可能。同时，金融资源在经济发达地区与落后地区、大型企业与中小企业之间分配不合理，加剧了实体经济发展中的不协调、不平衡。

融资渠道单一，中小企业发展缓慢。我国金融业是以银行业为核心来构建，这种方式使得银行信贷成为企业融资的主要来源。由于银行信贷资源有限并且具有一定门槛，只能满足部分融资要求，导致很多中小企业出现资金"瓶颈"，降低了企业的发展速度。间接融资比例高、直接融资比例低是企业融资结构中存在的重要问题。尽管近几年来社会资金参与企业投资的积极性逐渐提高，但融资渠道不畅仍然是我国大部分企业特别是中小企业面临的一大困难。

部分领域金融使用过度，风险积累。在金融支持区域经济发展的过程

---

① 叶永刚，刘宇奇：《金融支持区域经济发展的路径选择》，载《人民日报》2014 年 3 月 1 日。

中，部分环节出现了金融使用过度的现象，即金融的支持力度超过了经济发展的需求。这种过度使用在经济金融运行中引起了以下后果：地方政府债务规模扩大，部分行业产能过剩以及银行不良贷款增加。如果对于金融的运用不得当，可能会由于上述环节风险积累而出现区域性、系统性的金融风险。

三、金融支持区域经济发展的路径

合理制定并落实区域金融规划。区域金融规划是根据区域经济发展的目标来制定的金融发展方针，包括区域金融布局、金融机构及金融市场建设、金融生态环境建设。要积极规划构建区域金融中心，发挥其辐射周边的功能，与此同时着手建设农村金融服务体系，促进农民增收。大力引入、成立和发展金融机构，支持地方性商业银行发展。构建包括担保公司、小贷公司和融资租赁等公司在内的完整金融机构体系，扩大金融服务的覆盖面。规范并发展民间金融市场建设，增强社会资金参与度。加强诚信环境建设，充分完善征信系统，营造良好信用环境。提升金融服务水平，注重经济效益与社会效益的结合，拓展金融服务实体经济的广度和深度。

第7节　结论及政策建议

本章对湖北省的公共部门、金融部门、上市企业部门和家户部门等四个主要经济部门的宏观金融风险进行分析与研究，并对金融支持区域经济发展的路径选择进行了专题探讨。公共部门方面，从整体发展态势上来看，其风险正逐步降低；金融部门方面，湖北省银行业在金融危机之后资产结构不断调整，资本结构错配风险和期限错配风险均有所降低，但由于湖北省在对外贸易方面的提升，外币结构错配风险不断加大，有关部门应加强本外币协同管理，在不断扩大人民币在跨境贸易和投资中使用的同时，有效控制外币结构错配风险；上市企业部门方面，湖北省上市企业整体的资产负债率偏高，反映出其对债务融资的依赖度仍然较强，存在一定的资本结构错配风险，但其表现出的期限错配风险和违约风险相对较低；家户部门方面，城乡居民收入平稳增长，存贷结构合理，风险水平相对较低。

基于以上分析，提出以下几点建议：

第一，地方政府应进一步优化财政收支结构，通过财政杠杆撬动地方资源以促进中小企业和民营经济的跨越式发展；

第二，银行业仍应加强风险管理，改善资产结构，并在促进发展外币业务的同时，防范相应的货币错配风险。

参 考 文 献

[1] 中国人民银行：《2008—2012 年湖北省金融运行报告》。

[2] 湖北省统计局：《2008—2012 年湖北省国民经济和社会发展统计公报》。

[3] 叶永刚，刘宇奇：《金融支持区域经济发展的路径选择》，载《人民日报》2014 年 3 月 1 日。

[4] 汪水文，李蒲秋，周小刚：《正视问题，促进财务公司可持续发展——在鄂财务公司财政监管调研报告》，载《财政监督》2013 年第 9 期，第 55—58 页。

[5] 许传华：《开放条件下金融风险预警指标体系研究》，湖北人民出版社 2013 年版。

第 24 章　山西省宏观金融风险研究

山西省是位于中国华北的一个内陆省份，素有"能源大省"之称，矿产资源十分丰富，其中以煤、铝土、铁等为主。山西省煤炭资源得天独厚，分布在全省 90 多个县（市、区）内，因此工业以能源、冶金为主。

本章在对山西省经济金融运行概况进行大致概括的基础上，运用宏观金融资产负债表理论和或有权益风险分析的方法对山西省四大经济部门运行中存在的宏观风险进行了进一步的分析。山西省公共部门一般预算缺口规模较大，缺口与 GDP 比值较高，公共部门风险较高；金融部门期限错配风险较为明显，储蓄活期化和贷款中长期化的矛盾有所显现，需要引起相关重视；上市企业部门风险状况体现不明显，但要注意加强流动性管理；家户部门风险状况还处于较低水平，债务危机发生的可能性较小。本文针对山西省发展煤炭经济所面临的风险进行了专题分析，最后就山西省四大部门相关风险情况提出了相应的政策建议。

张晓红（2010）认为，煤炭行业是山西省的主导产业，牵动着区域经济发展命脉。在市场因素和政策因素的相互影响下，煤炭行业蕴含的风险已经暴露，银行投向煤炭行业的信贷资产面临多重风险。左立华（2008）认为，山西省主要存在国家金融风险、各类金融机构的操作性风险、中小法人金融机构的经营性风险、非法集资引发的金融风险等六类金融风险，并提出了防范和化解山西省金融风险的建议。

第 1 节　山西省经济金融运行概况

一、山西省经济运行概况

2012 年，山西省经济平稳较快发展，各项经济指标良好。2012 年，全省农业综合生产能力稳步提升，粮食总产量达到 127.4 亿千克，增产 6.8％，再创历史新高。2012 年，全省工业新型化步伐明显加快，煤炭工业在圆满完成整合重组的基础上，全面进入现代化矿井建设阶段，煤电、煤焦、煤化工、煤机实现一体化发展，先进装备制造业、现代煤化工、新型材料工业和特色食品工业等新兴产业快速发展，特别是先进装备制造业销售收入达到1418亿元。2012年，全省规模以上工业企业达到3716家，规模以上工业企业实现主营业务收入17788.4亿元，比2011年增长9.7％。

二、山西省金融运行概况

2012年，山西省金融机构运行良好，银行业经营状况持续向好，证券业、保险业发展总体平稳。

2012年，山西省银行机构稳定健康发展。截至2012年年末，全省银行机构资产总额28915.6亿元，同比增长15.4％；不良贷款率下降至3.3％；存贷比达到57.1％，较2011年提高0.9个百分点。地方法人银行业机构资本充足率为10.3％，核心资本充足率达到8.5％，流动性比率为64.1％。2012年，山西省金融机构本外币各项存款余额为24157亿元，同比增长15％，增速较2011年提高了2.1个百分点。单位存款受企业资金周转速度减慢的影响，新增活期存款占比较2011年下降17.7％。受居民收入增长、资本市场调整下行及房地产调控政策等因素影响，个人存款增幅提高，同比增长15.6％。2012年，山西省金融机构本外币各项贷款余额为13211.3亿元，同比增长18.28％。全省农村合作金融机构贷款增速高于各项贷款增速5.4个百分点。

2012年，山西省证券机构服务能力增强，上市公司质量提升，证券机构加强稳健经营、创新金融产品，提升服务效能，实现了融资规模稳步扩大和上市公司质量提高并举的良好局面。2012年全年，证券公司、期货公司在山西省新增了11家营业部。

2012年，山西省保险业经营布局日趋合理，服务半径明显扩大。山西省全年新增保险公司各级机构118家；总资产达到911.3亿元，同比增长14.6％。全年共实现保费收入384.7亿元，同比增长5.5％；赔款赔付119.3亿元，同比增长15.3％。机构在稳健发展的同时，保险业务覆盖面显著扩大：农业保险覆盖农户达23.6万户，同比增长143.1％；出口信用保险一般贸易渗透率提高10.9％，客户覆盖率达22％；环境污染责任险保费收入增长105.6％，同比提高66.6个百分点。

2012年，山西省金融市场平稳运行，金融机构参与市场意识增强，货币市场交易活跃。一是银行间债券市场融资大幅增加。2012年，全省企业实现直接融资 923.2 亿元，其中，银行间债券市场融资发展迅速，全年融资 569 亿元，占全部融资额的 61.6%。二是市场参与主体增多，交易量增加。银行间市场成为金融机构调节流动性的重要方式。截至 2012 年年末，山西省加入全国银行间市场的金融机构为 60 家，累计成交量达 22329.3 亿元，同比上升 6.3%。三是票据市场交易活跃，增速较快。截至 2012 年年末，全省各金融机构累计签发银行承兑汇票 3551.6 亿元，同比增长 38.4%；累计办理贴现 3700.3 亿元，同比增长 30.9%。

第 2 节　山西省公共部门风险分析

2012 年，山西省的地方一般预算收支规模保持稳定增长，一般预算缺口有所上升，如图 24.1 所示。2012 年，山西省完成地方一般财政预算收入 1516.4 亿元，同比增长 24.97%；在一般预算财政收入稳定增长的同时，山西省地方一般预算支出达 2761.5 亿元，同比增长 16.82%，财政支出重点投入到教育、社会保障和就业、医疗卫生、交通运输及节能环保方面，支出结构有所调整和优化。与此同时，山西省地方一般预算缺口达 1245.1 亿元，占 GDP 的比重达 10.28%，与 2011 年基本持平。山西省财政缺口有所上升，但财政缺口占 GDP 比重一直在全国处于较低水平。总体而言，山西省公共部门财政缺口风险并不明显。

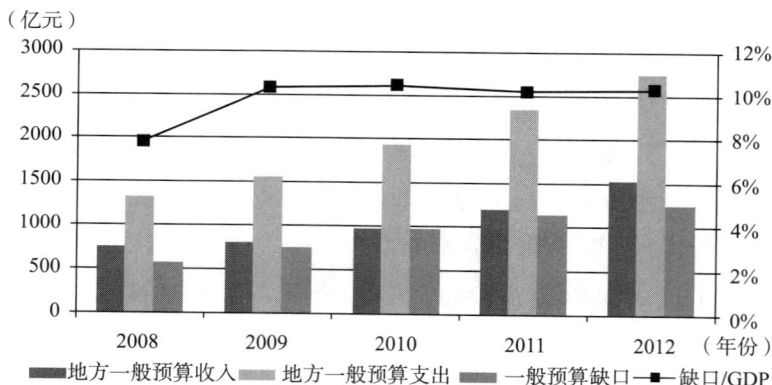

图 24.1　山西省地方财政一般预算收支情况①

山西省一般预算收入和一般预算支出规模均平稳增长，反映了山西省的财政收支状况良好，而且 2011 年以来，山西省一般预算收入增长率超过一般

---

①　数据来源：《2008－2012 年山西省国民经济与社会发展统计公报》，山西省统计局。本章关于山西省经济、金融状况的数据均来源于此。

预算支出增长率，如图 24.2 所示。2012 年，山西省地方财政一般预算收支增
长比例分别为 24.97％和 16.82％，一般预算支出增长率与一般预算收入增长
率比值为 67.38％，与 2011 年的 89.07％相比较，下降了 21.69％，这表明山
西省财政收支情况有所改善，山西省公共部门的相关风险并不十分明显。

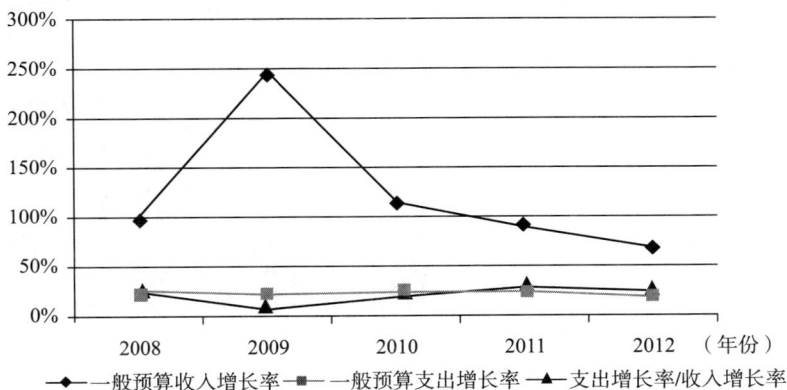

图 24.2　山西省地方财政一般预算收支增长率

第3节　山西省金融部门风险分析

2012 年，面对复杂的国内外宏观经济环境，山西省金融部门总体运行情
况良好，金融环境有所改善。银行业金融机构发展势头较好，存贷比较高；
证券业机构基本稳定，融资结构有所调整；保险业机构不断发展，整体运行
质量有所改善。本节主要运用资产负债表的分析方法对山西省的银行类金融
机构和保险类金融机构所面临的风险情况进行分析。

一、银行类风险分析

（一）资本结构错配分析

2012 年，山西省银行业持续健康发展，存贷款规模稳步提高，存贷比逐
年上升但增速有放缓趋势。如图 24.3 所示，2012 年全年吸收本外币各项存
款 24517 亿元，比 2011 年增长 17.19％，增速上升了 4.57 个百分点；从存
款结构上看，储蓄存款和单位存款占全部存款的 93.34％。发放本外币贷款
余额 13211.3 亿元，比 2011 年增长 18.28％，增速上升了 2.35 个百分点。
由于贷款增速明显快于存款增速，存贷比由 2011 年的 53.39％上升为
53.89％，但在中部地区仍处于较低水平。这一方面说明山西省存款性金融
机构对存款利用度不高，资金闲置而导致资金外流；另一方面说明银行贷款

发生坏账的可能性较低，风险水平较低。因此，山西省银行业资本结构较合理，风险较小，但对存款的利用效率有待提高。

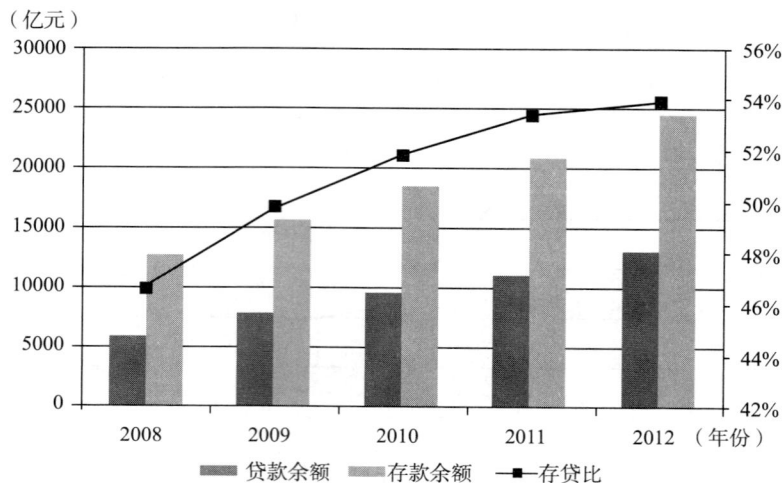

图 24.3　山西省银行类金融机构存贷款结构

（二）期限错配分析

2012 年，全省银行业各项贷款增速较快，支持重点领域力度不断加强。如图 24.4 所示，2012 年全省银行业发放中长期贷款 7170.9 亿元，较 2011 年增长 12.26%，增速 4 年来持续下降；发放短期贷款 5275.3 亿元，较 2011 年增长 24.67%，增速较 2011 年提高了 11.61 个百分点。由于短期贷款增速高于中长期贷款增速 12.41 个百分点，使得中长期贷款占比由 2011 年的 57.19% 下降至 54.28%。

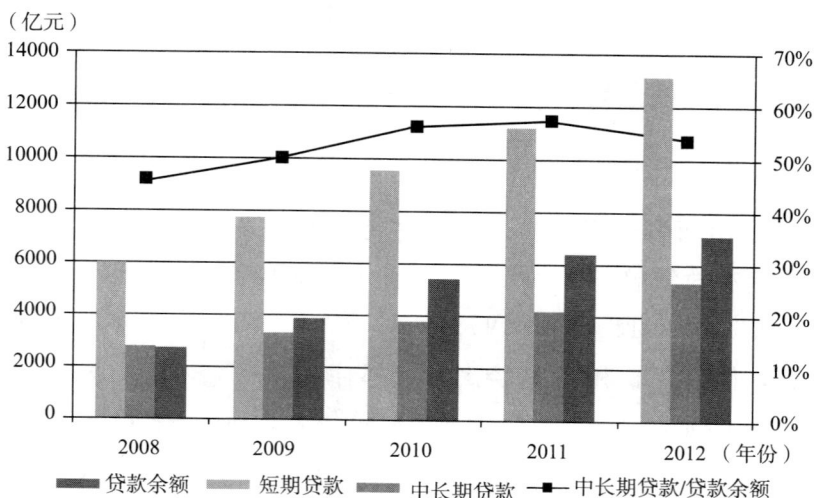

图 24.4　山西省银行类金融机构贷款结构

（三）货币错配分析

2012 年，山西省银行类金融机构吸收外币存款 106 亿元，同比增长 28.3％；发放外币贷款 105 亿元，同比增长 9.1％。如图 24.5 所示，外币存款增速高于外币贷款增速 19.18 个百分点，使得外币存贷比由上一年的 116.18％下降到 98.82％。外币存贷比连续三年持续下降，始终处于中部地区最低水平。虽然银行业外币存贷比明显高于央行 75％的最高标准，但外币存贷款总额较少，能够由人民币进行有效分散风险。因此，山西省货币错配风险水平较低。

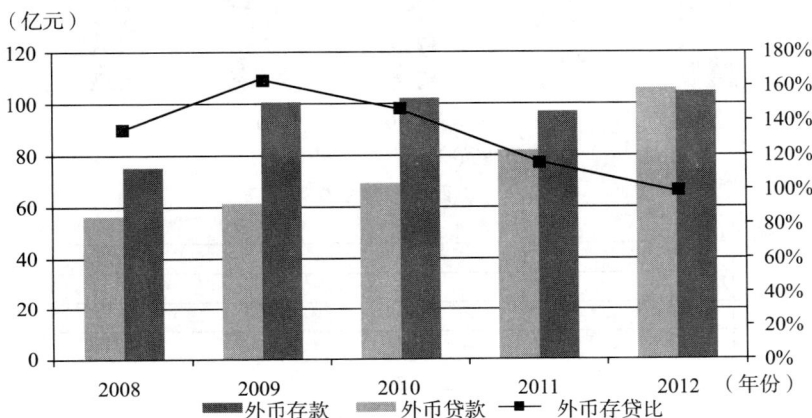

图 24.5　山西省金融部门外币存贷款余额与外币存贷比

二、保险类风险分析

2012 年，山西省保险业发展平稳。保险业务结构有所优化，产险业务占比提高，人身保险额与保费比例提高，重点领域业务发展取得新突破。农业保险覆盖面不断扩大，2012 年，农业保险实现保费收入 3.9 亿元，同比增长 50.7％。山西省安监和煤炭监管部门联合出台了《关于推行煤矿安全责任服务保险的指导意见》，推动了煤炭安全责任保险的快速发展。与此同时，山西省启动了非煤矿山等高危领域责任保险试点。2012 年，责任保险实现保费收入 5 亿元，同比增长 57.2％，高于全国平均水平。山西省率先在全国实现车船税与车险信息平台联网，2012 年，全年保险公司代征车船税达 10.8 亿元，同比增长 35％。

从保费增长率和赔付率看，山西省保费增长率呈现波动下降趋势，2011 年甚至降至－0.17％，如图 24.6 所示。2012 年，全省保费增长率为 5.49％，赔付率为 31.01％，赔付率高于保费收入增长率说明保险公司承保保单质量降低，如图 24.7 所示。因此，山西省保险行业保费收入有很大的提升空间，总体风险水平与之前相比有所提高。

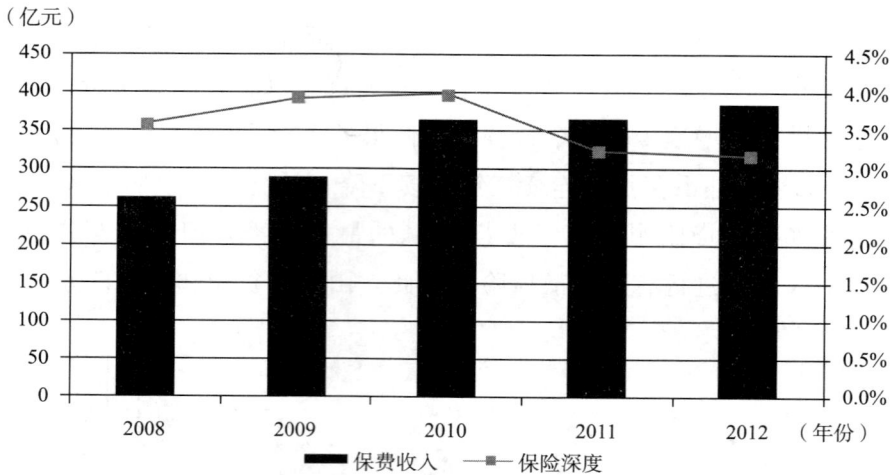

（亿元）

图 24.6　山西省保险业保险深度

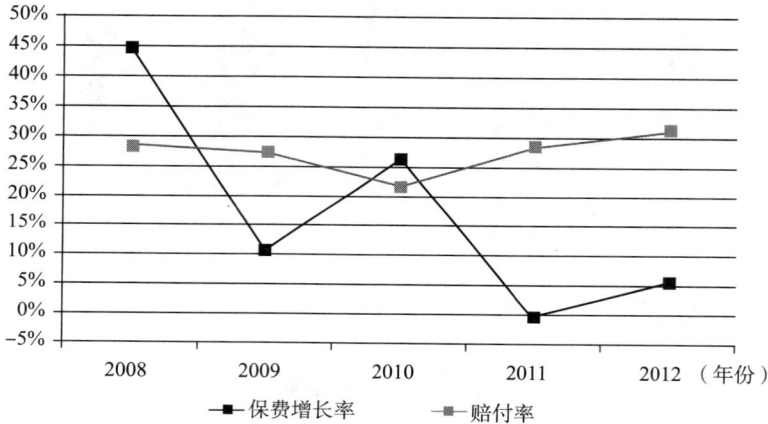

图 24.7　山西省保险业保费增长率和赔付率

第4节　山西省上市企业部门风险分析

　　山西省煤炭资源丰富，上市企业主要集中在以煤炭为基础的行业中，2012 年上市企业为 34 家，其中 11 家为煤炭行业，以煤炭为基础或与煤炭密切相关的能源行业、电力行业、化工行业有 11 家，机械设备行业 3 家，生物制药行业有 3 家，其他行业 6 家。因此山西省的上市企业所处行业以煤电、能源、化工为主，上市企业发展过分依赖煤炭资源，可持续发展能力不强。本节运用宏观资产负债表理论和或有权益风险分析方法对山西省的上市企业进行了相关的风险分析。

一、盈利能力分析

山西省上市企业净利润水平较高，但是受 2008 年全球金融危机的影响，净利润率总体呈现下滑趋势。如图 24.8 所示，2008 年国际金融危机发生后，上市企业净利润水平在小幅波动中不断下滑，到 2009 年第四季度下降到7.42％。在国家扩大内需、加大政府投资等宏观经济调控政策的影响下，2010 年年初至 2011 年年初下滑趋势得到有效遏制。但是，山西省上市企业净利润率从 2011 年第一季度的 9.91％连续降至 2013 年第三季度的 4.44％，这与国内的产业结构优化升级、淘汰落后产能，建设资源节约型和环境友好型社会有关，同时也受到全球经济大环境日趋紧张复杂的影响。

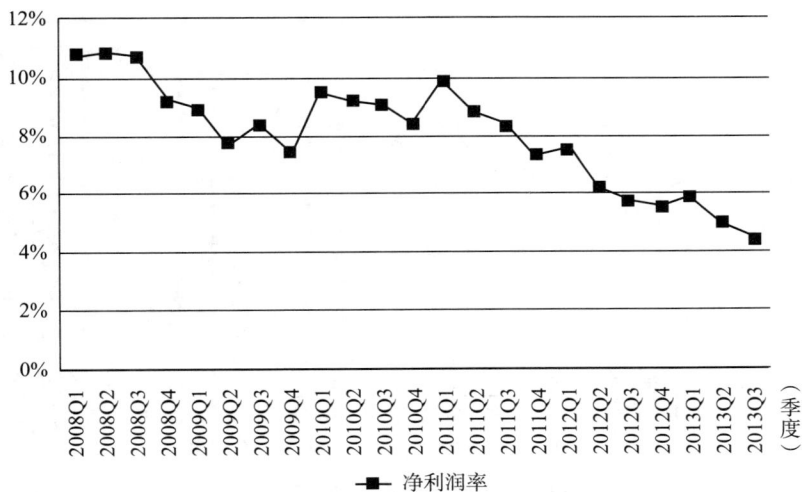

图 24.8　山西省上市企业净利润率

与中部地区其他省份相比，山西省上市企业利润率处于较高水平，这主要是因为全国能源消耗不断增长，尤其是对煤炭、电力能源的需求量不断扩大，使得能源价格不断上涨，带动了山西省上市企业利润的快速增长。但是这种过于依赖能源资源的发展模式具有较大缺陷，若煤炭相关资源枯竭则企业发展将面临较大风险，所以上市企业需要加大产业结构优化升级的力度，尽快实现山西经济的转型发展。

二、账面价值资产负债表分析

（一）资本结构错配分析

截至 2013 年第三季度，山西省上市企业资产负债率处于较为安全的水平，2013 年全年基本稳定在 55％左右。如图 24.9 所示，在总资产方面，上市企业部门在小幅波动中保持增长，2012年四个季度总资产增长速度分别为5.68％、2.65％、4.02％和4.65％，一季度增速最快，之后增速有所回落；在总负债方面，2012年四个季度总负债增长率分别为3.63％、4.83％、3.27％和7.20％，第四季度增速最快，因而上市企业资产负债率2012年第四季度达到全年最高的55.23％，之后基本保持稳定。总之，山西省上市企业资产负债率保持在55％左右，负债水平较低。这是因为山西上市企业以能源企业为主，市场垄断地位使其自有资金较为充足，同时由于地区经济金融发展水平较低，山西上市企业负债经营理念不强。根据以上分析得出，山西省上市企业资本错配风险水平较低。

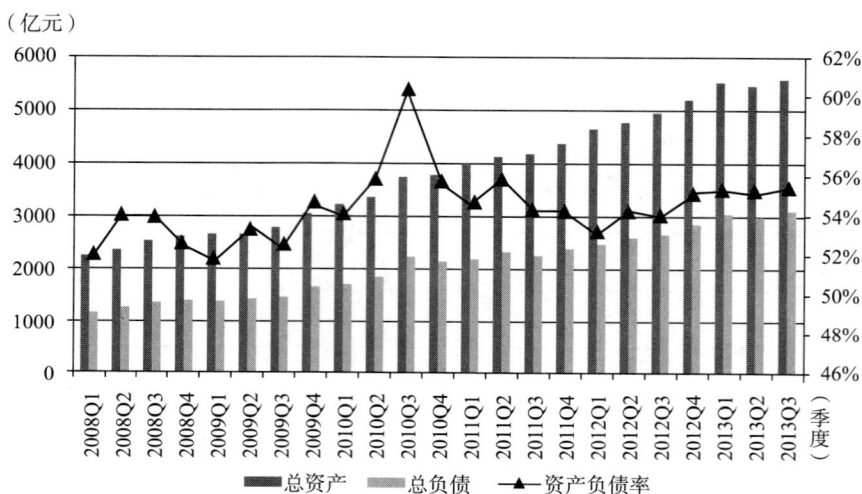

图 24.9　山西省上市企业资产负债率

（二）期限错配分析

截至2013年第三季度，山西省上市企业部门资产流动性水平呈周期性小幅波动，最近七个季度流动比率分别为1.10、0.99、0.98、0.96、1.02、1.03、1.05，流动比率平均水平保持在1上下浮动。如图24.10所示，总体来看，山西省上市企业部门流动比率不高，离1.5的理想水平还存在一定差距，在中部地区处于较低水平，流动资产对流动负债的偿还能力较为不足。但是山西省上市企业部门流动性管理观念不强，所以较低的流动性比率并不能充分反映出上市企业部门较高的流动性风险，期限错配风险较大。

（亿元）

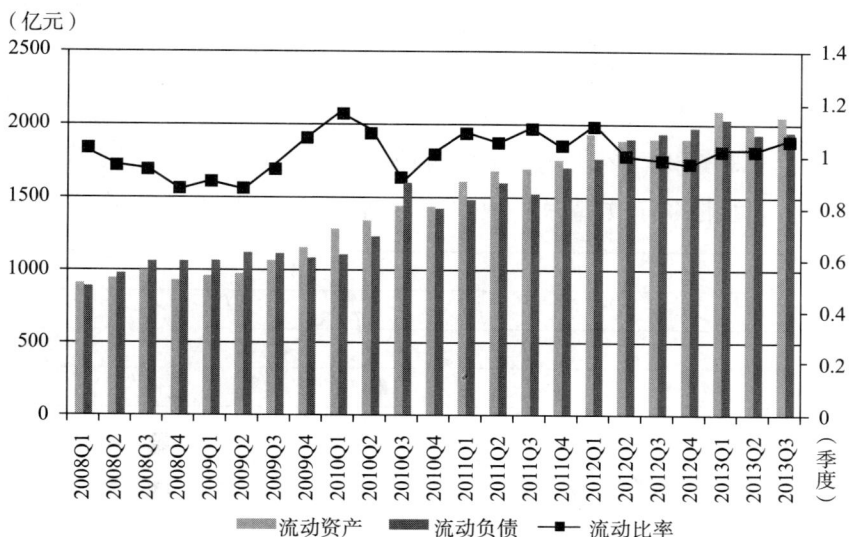

图 24.10 山西省上市企业部门流动比率

三、或有权益资产负债表分析

2011 年以来，山西省上市企业部门或有资产负债率一直呈现上升趋势。如图 24.11 所示，继 2010 年第四季度或有资产负债率出现回落后，该比率在 2011—2013 年第二季度持续上升至 42.91%，达到五年来的最高水平。账面资产负债率水平基本稳定不变，而或有资产负债率逐渐上升，导致两者的差距逐步缩小，说明上市企业潜在的偿还债务的风险较以前有所增加，这可能与企业盈利能力的降低有关。但潜在的资产仍远高于负债，表明山西省企业部门或有风险较小。

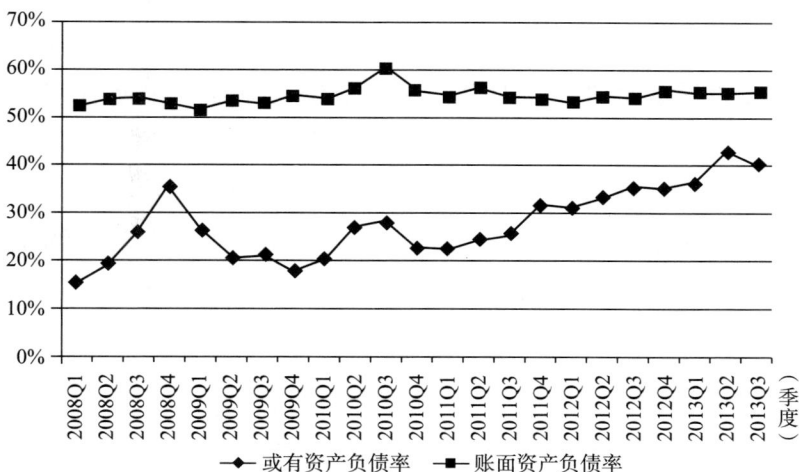

图 24.11 山西省上市企业部门或有资产负债率

山西省上市企业部门，违约距离从总体上看呈上升趋势，同时也呈现较为明显的波动。2011年第二季度开始违约距离从 4.42 的高位逐季降低，但 2012 第二季度又大幅回升至 4.49，创历史新高，之后到 2013 年第三季度又回落至 3.42，如图 24.12 所示。较大的波动说明违约风险比较不稳定，应注意对相关资产负债的有效管理，减少企业经营的不稳定因素。

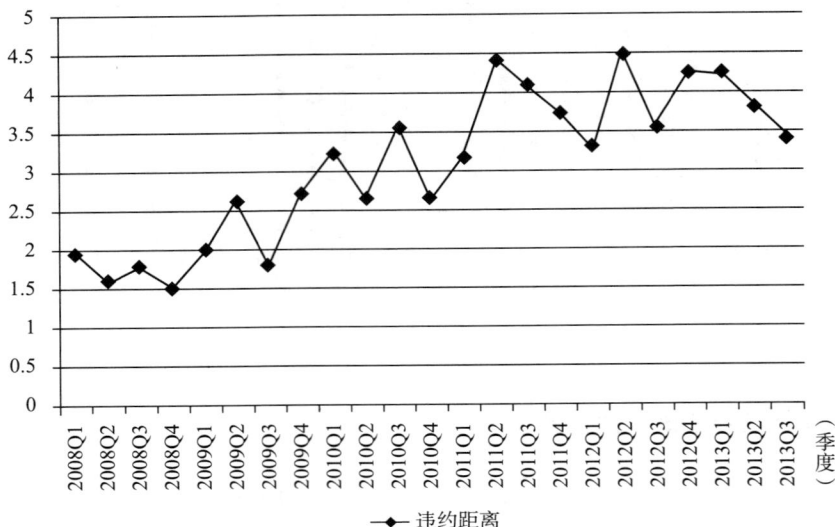

图 24.12　山西省上市企业部门违约距离

第5节　山西省家户部门风险分析

近年来，山西省在经济建设上取得了长足的进步，国有和集体经济在国民经济中占主导地位，个体和私营经济也得到快速发展。山西省居民收入不断增长，人民生活水平进一步改善。在存贷结构方面，山西省家户部门存贷款规模稳步增加。2012 年山西全省城乡居民储蓄存款达到 12039.2 亿元，比 2011 年增长 15.15%；个人消费贷款达到 513.9 亿元，比 2011 年增长 20.05%。贷款/储蓄指标值为 4.27%，在中部地区仍处于较低水平，这说明居民消费倾向不足，不利于消费拉动经济快速增长。总体来看，山西省家户部门偿还债务压力较小，风险水平较低。

（亿元）

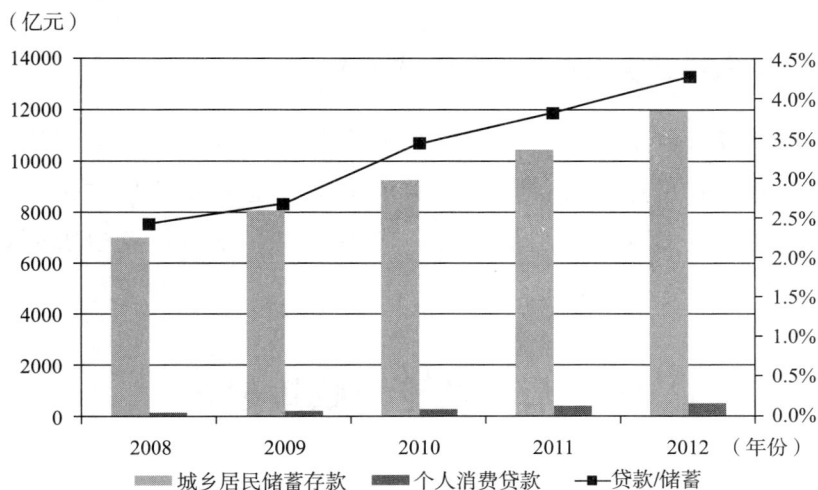

图 24.13　山西省城乡居民储蓄存款与个人消费贷款比较

第 6 节　山西省煤炭行业金融风险专题分析

煤炭行业是山西省的主导产业，在山西省经济发展中起到了举足轻重的作用，由此形成了山西省特有的煤炭经济金融格局。2009 年，山西省对全省煤炭企业进行了整合重组，煤炭行业所蕴含的金融风险开始显现，主体表现在以下几个方面：

一、银行信贷资产面临违约风险

地方性中小型私营煤矿是山西省煤炭行业的整合对象，也是金融机构信贷资产的主要投放对象，而煤矿规模与贷款不良率成反比，因此，整合对象不良贷款占比高，银行信贷风险凸显。与此同时，煤矿企业回款中承兑比例上升且回款周期延长，且部分地区待整合煤矿企业全面停产后，影响即将到期贷款的归还，部分煤企出现结息困难。

二、民间资本从煤炭行业撤离形成投机资本，威胁国家的金融稳定性

山西省煤炭行业在整合过程中，呈现出"国进民退"的特点，这样导致了大量民间资本从煤炭行业撤离。在当前经济结构转型升级的宏观环境下，民间资本投资渠道受到各种限制，因此从煤炭行业撤离的大量闲置资金形成游动资本，并进入房地产或者资本市场进行投机，催生经济泡沫。如果金融

监管部门疏于管理防范，有可能导致国家金融风险甚至是国际金融危机。

三、商业银行竞争加剧，经营风险增大

山西省煤炭行业整合后，大批中小企业退出，银行信贷资产投放对象减少。一些大型国有重点煤炭企业贷款需求不足，也会降低贷款使用额度。传统银行信贷客户数量减少，用款不足，势必导致商业银行竞争加剧，经营风险增大。

第7节　结论及政策建议

本章对山西省公共部门、金融部门、上市企业部门以及家户部门进行了宏观金融风险分析，以揭示其宏观金融风险，并针对山西省煤炭行业金融风险进行了专题分析。山西省公共部门一般预算缺口规模较大，缺口与GDP比值较高，公共部门风险较高，虽然得到中央转移支付和基金收入的有效弥补，但地区过大的预算收支差额会对地区可持续发展带来不利影响。山西省银行业在资本结构方面不断得到优化，资金闲置现象有所缓解，期限错配风险较为明显，储蓄活期化和贷款中长期化的矛盾有所显现，需要引起相关重视，货币错配风险暂不明显。保险业整体发展水平较低，保费收入增长不稳定，主要的保险衡量指标在中部地区处于较高水平。上市企业部门方面，风险水平体现不明显，企业盈利能力不断提高，处于较高水平，资产负债率始终处于安全范围之内，但流动性管理观念不强，流动性比率较低，需要加强流动性管理；从违约距离方面来看，违约距离波动较大，但均大于2，违约风险较小。山西省家户部门收入水平较高，储蓄增长较快，消费贷款增幅远大于储蓄增长速度，城乡居民消费倾向较高。总体上看，家户部门风险状况还处于较低水平，债务危机发生的可能性较小。专题部分简要介绍了山西省煤炭行业的发展状况，分析了山西省煤炭行业所面临的金融风险。

基于以上分析，认为控制山西省各部门金融风险，应从以下几方面着手：

第一，优化财政收支结构，缩小一般预算缺口规模。进一步提高财政支出使用效率，加大对重点支柱产业的优化升级力度，充分发挥财政调节功能，减小财政违约风险。

第二，转变传统经济增长方式。将煤炭、炼焦、冶金和电力工业等四大

传统支柱产业作为经济发展的主要动力的同时，也相对限制了其他产业的发展，使得山西经济发展过于依赖能源产业的发展，忽视高新技术产业的发展，可持续性较弱。缺乏经济综合实力的支撑，使得山西经济在面临来自单方面的冲击时抵抗力较差。

第三，调整煤炭行业发展模式，加快煤炭行业的转型升级。组建大型煤炭企业集团，增强竞争力和发展质量。山西省要积极探索新的经济增长点，降低对煤炭行业的依赖程度，提高经济发展质量，降低发展风险。

+ · +

参 考 文 献

[1] 中国人民银行太原中心支行：《2008—2012 年山西省金融运行报告》。

[2] 马守荣，许涤龙：《区域金融风险对宏观金融的危害与对策研究》，载《调研世界》2014 年第 3 期。

[3] 吴永刚，李政：《论金融自由化与宏观金融风险的相关性》，载《河北学刊》2013 年第 3 期。

[4] 高威：《宏观金融领域面临的风险与应对思路》，载《生产力研究》2012 年第 4 期。

[5] 孟来亮，任桂花：《山西省银行体系信用风险压力测试评估》，载《山西经济管理干部学院学报》2010 年第 12 期。

[6] 张晓红：《金融危机与资源整合双重影响下山西煤炭业关联金融风险分析》，载《华北金融》2010 年第 5 期。

第 25 章　西部宏观金融风险总论

2012 年，西部地区公共部门风险有所加大。金融部门各项风险指标均有所好转，银行业整体风险有所缓解，但保险业发展仍有一定的政策障碍，具有较多不确定因素。上市企业部门的盈利能力有所下降；资本结构良好，流动性稍有下降；隐含的市场风险有所加大，违约风险控制较好，资产波动性不大。

2012 年，西部地区城镇化率显著提高，产业承接步伐加快，进出口贸易发展较快，GDP 加权平均增长率连续两年居中国四大区域之首，经济顺利实现较快、平稳增长。但从整体上来看，2012 年西部地区经济金融运行仍存在财政风险加大、保险业发展乏力、上市企业利润率下滑等问题。本章将在存量分析、流量分析、总量分析和结构分析的基础上，对我国西部地区宏观经济部门的风险状况进行分析，最后得出结论和相关政策建议。

第 1 节　西部经济金融运行概况

一、西部经济运行概况

2012 年，西部地区 GDP 为 113983.9 亿元，加权平均增速为 12.5%，与 2011 年相比增速下滑 1.6 个百分点；GDP 占全国 GDP 的比重为 19.80%，与 2011 年相比提高了 0.6 个百分点。

2012 年是西部地区经济平稳发展的一年，各省区经济发展有条不紊。但由于政策推进的力度、效果不同，资源倾斜的力度各异，2012 年，无论是在经济总量的增长上，还是经济总量的占比上，西部地区十二省区的排名都发生了一定程度的变化。

在 GDP 增速上，2012 年，西部地区十二省区的均超过了全国各省份地区生产总值加权平均增长率 10.3%，如图 25.1 所示。其中 GDP 加权平均增长率超过西部地区平均水平的省份有贵州、重庆、云南、陕西、甘肃和四川，增速分别为 13.6%、13.6%、13.00%、12.90%、12.60%、12.60%，

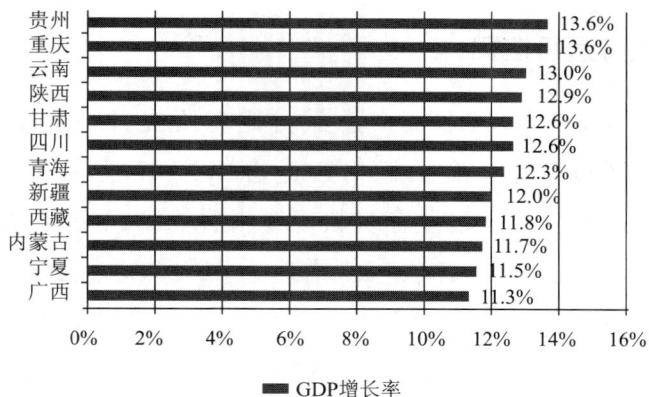

图 25.1　2012 年西部十二省区 GDP 增长率

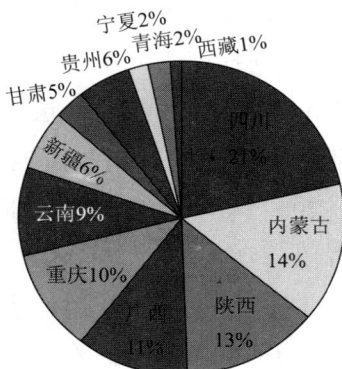

图 25.2　2012 年西部十二省 GDP 占比

其他省区 GDP 加权平均增长率均低于西部地区平均水平，分别是青海 12.30%、新疆维吾尔自治区 12.00%、西藏自治区 11.80%、内蒙古自治区 11.70%、宁夏回族自治区 11.50%。其中排名上升位次最多的是新疆维吾尔自治区，上升了 5 个位次，从 2011 年的末位上升到 2012 年的第 8 位；其中排名下降位次最多的是内蒙古自治区，下降了 6 个位次，从 2011 年的第 4 位下降到 2012 年的第 10 位。如图 25.2 所示，在 GDP 占比上，除陕西省从 2011 年的 12% 提高到 2012 年的 13%，广西壮族自治区从 2011 年的 12% 降低到 2012 年的 11% 外，其他省区 GDP 占比均未发生明显变化。

此外，西部地区宏观经济运行还发生了其他变化。首先，全国城镇居民人均可支配收入增速前 10 位的省区有 6 个来自于西部。西部地区农村居民人均纯收入增长 15.1%，增速跃居首位。其次，西部地区固定资产投资占全国的比重继续提高，较 2011 年提高了 0.9 个百分点。最后，2012 年，西部地区实现贸易顺差 611 亿美元，与 2011 年相比增加 292 亿美元。其中，贸易顺差全国排名前 10 的省区中有重庆市、四川省和新疆维吾尔自治区。

二、西部金融运行概况

2012 年，西部地区银行业资产总额占比有所提升，为 18.5％，增速为 21.3％，居四大区域之首；金融机构数量占比为 27.7％，从业人数占比为 24.1％，均有所提高。从金融业存贷款规模来看，2012 年，西部地区存贷款余额占比为 18.8％，人民币各项存款增速为 18.2％，人民币各项贷款增速为 17.8％，受居民收入提高和物价回落影响，储蓄存款增速高于单位存款增速。值得一提的是，2012 年，西部地区短期贷款增速为 31.8％，高于其他区域短期贷款增速水平，说明西部地区银行业整体风险控制较好。此外，2012 年，西部地区地方法人金融机构资本充足率、资本利润率、流动性比率与 2011 年相比均有所提高，分别提高了 0.7、0.1 和 2.7 个百分点。

2012 年，西部地区证券市场平稳发展，多层次资本市场建设初现成效，新股发行改革持续推进，证券公司内控机制和风控手段更加完善，期货公司经营状况转好。具体来看，2012 年，总部设在西部地区的证券公司数占比、基金公司占比、期货公司占比分别为 15.8％、2.6％ 和 9.9％；国内股票融资额、发行 H 股融资额、国内债券融资额在全国的占比分别为 17.1％、9.0％ 和 12.4％，均低于东部地区，但高于中部地区和东北地区占比。

2012 年，总部设在西部地区的保险公司占比为 5.2％，其中财产险为 6.6％，人身险为 4.2％。从全国范围看，西藏自治区、内蒙古自治区和青海省人身保费收入增速分列全国前三。整体来看，2012 年，西部地区保险密度和深度与其他区域相比偏低，但增速有加快趋势。在保险赔付方面，2012 年，西部地区保险赔付总额占比与 2011 年相比提高了 1.8 个百分点，其他省份赔付额占比均有不同程度的下降，占比为 7.6％。

第 2 节　西部公共部门风险分析

2012 年，西部地区公共部门风险有所加大。2012 年，西部地区一般预算收入为 12270.38 亿元，同比增长 15.61％，增速与 2011 年相比下滑 21.18 个百分点；西部地区一般预算支出为 31589.76 亿元，同比增速为 17.26％，增速与上期相比下降 9.88 个百分点；一般预算缺口为 19319.38 亿元，同比增长 18.34％，增速下滑 3.22 个百分点，如图 25.3 和图 25.4 所示。受西部地区整体 GDP 增速下滑影响，2012 年，西部地区财政收支缺口占比为

16.95％，与 2011 年相比增加 0.58 个百分点。

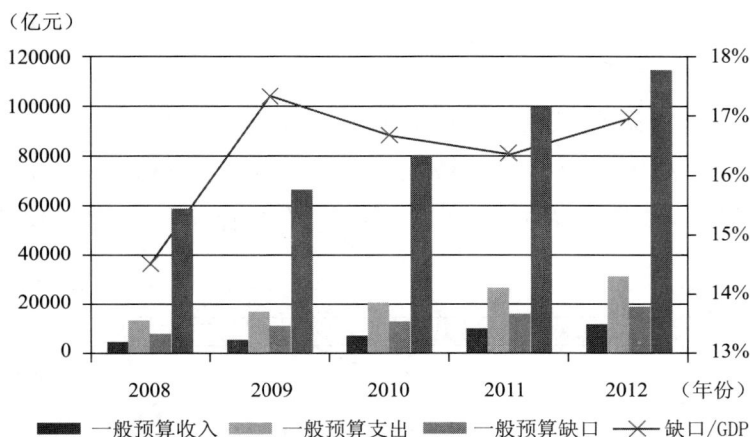

图 25.3　2012 年西部地区一般预算收支情况

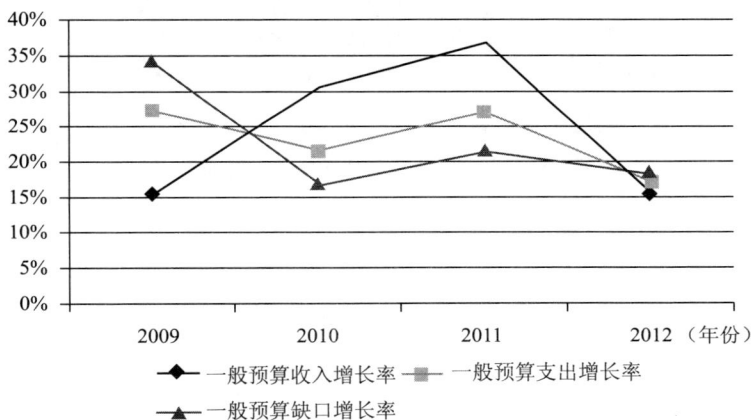

图 25.4　2012 年西部地区一般预算收入、支出及缺口增长率

第 3 节　西部金融部门风险分析

2012 年，西部地区金融部门各项风险指标均有所好转，银行业整体风险有所缓解，但保险业发展仍面临一定的政策障碍，具有较多不确定因素。

一、银行类风险分析

2012 年，西部地区银行业风险不大。银行业存贷比控制在合理区间且较为稳定，低于中国人民银行规定的存贷比上限；银行业流动性风险有所缓解，中长期贷款占比继续回落；汇率波动风险仍然较大，但风险敏感系数降低。下面具体分析银行业的运行状况。

2012 年，西部地区银行业存款余额为 173277.24 亿元，同比增长 19.66%，与上期相比提高 4.68 个百分点，如图 25.5 所示。受金融机构季末考核等因素影响，存款"季末冲高、季后回落"的现象较为明显。2012 年，西部地区银行业贷款余额为 124286.62 亿元，同比增长 19.39%，增速回落 1.72 个百分点。在银行业存款基数大于贷款基数，存款增速大于贷款增速的情况下，西部地区银行业存贷比为 71.73%，存贷比增速回落 0.16 个百分点。

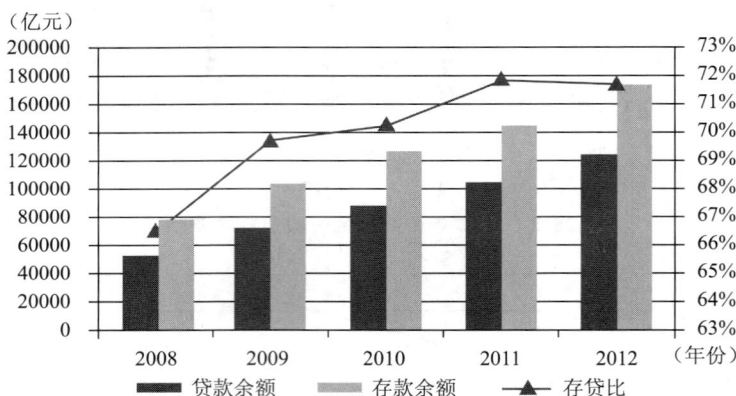

（亿元）

图 25.5　2012 年西部地区银行业存贷比

2012 年，西部地区银行业中长期贷款余额为 82693.01 亿元，与 2011 年相比增长 12.18 个百分点，增速下滑 3.74 个百分点。中长期贷款占比为 66.53%，与上期比下滑 4.28 个百分点，如图 25.6 所示。

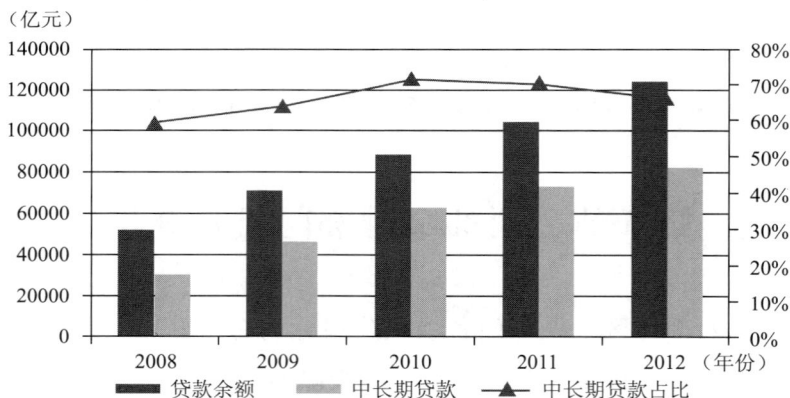

（亿元）

图 25.6　2012 年西部地区银行业中长期贷款占比

2012 年，西部地区银行业外币存款为 1580.73 亿元，同比增长 46.82%，与 2011 年相比提高 6.86 个百分点。西部地区银行业外币贷款为 3118.51 亿元，与 2011 年相比增长 29.6%，增速回落 57.21 个百分点。受外币贷款增速回落明显的影响，2012 年，西部地区外币存贷比为 197.28%，与 2011 年相比下降 26.22 个百分点，如图 25.7 所示。

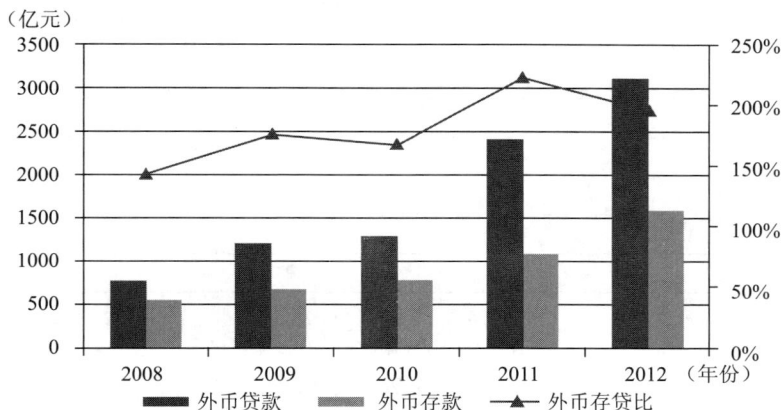

图 25.7　2012 年西部地区银行业外币存贷比

二、保险类风险分析

2012 年，西部地区保险业发展仍处于低谷。保险业原保费收入增速有所提高，但保险深度持续下滑，保险赔付率也有所回升。

2012 年，西部地区原保费收入达 2922.17 亿元，增速为 8.82％，与 2011 年相比增速回升 5.82 个百分点。保险深度为 2.56％，与 2011 年相比下降 0.13 个百分点，低于全国平均水平 3％。分险种来看，就人身险而言，2012 年，西部地区的西藏自治区、内蒙古自治区和青海省人身险保费收入增速位列全国前三甲。西部地区人身险保费收入占比为 18.1％，远低于东部地区，仅高于东北地区。从财产险来看，2012 年，西部地区财产险份额为 20.7％，远低于东部地区，但高于中部地区和东北地区。如图 25.8 所示，保险赔付率为 27.14％，与 2011 年相比上升 4.55 个百分点，保险赔付率大于保费增长率，说明西部保险业赔付风险有所加大。

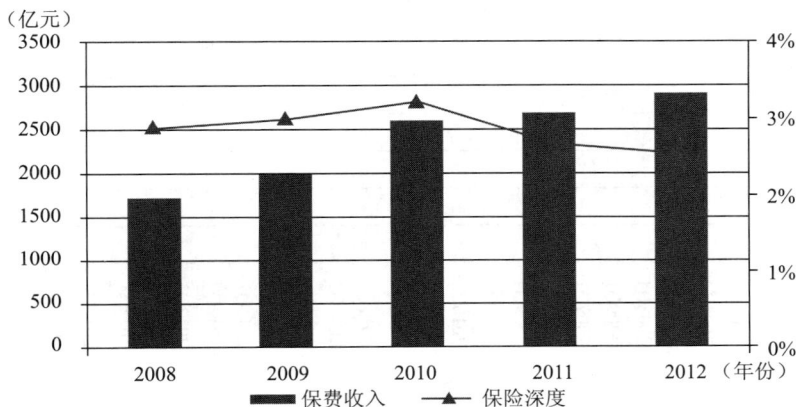

图 25.8　2012 年西部地区保险深度

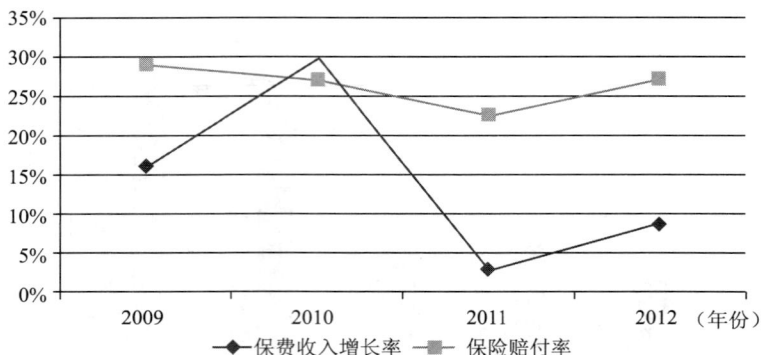

图 25.9　2012 年西部地区保险深度

第 4 节　西部上市企业部门风险分析

2012 年，西部地区共有内地上市公司 364 家，主要分布在化工能源、生物医药、房地产开发、采掘业、建筑等行业，上市公司数量占到全国上市公司总数的 14.6％。2012 年，西部地区上市企业部门通过 A 股筹资占全国的比重为 17.1％，远小于东部地区的 A 股筹资占比，但高于中部地区和东北地区。

一、盈利能力分析

2012 年，西部地区上市企业部门的盈利能力有所下降。受西部产业承接转移、需求不振和市场环境影响，2012 年西部地区上市企业部门按季度来平均，利润率为 5.66％，与 2011 年相比下滑 1.16 个百分点，如图 25.10 所示。

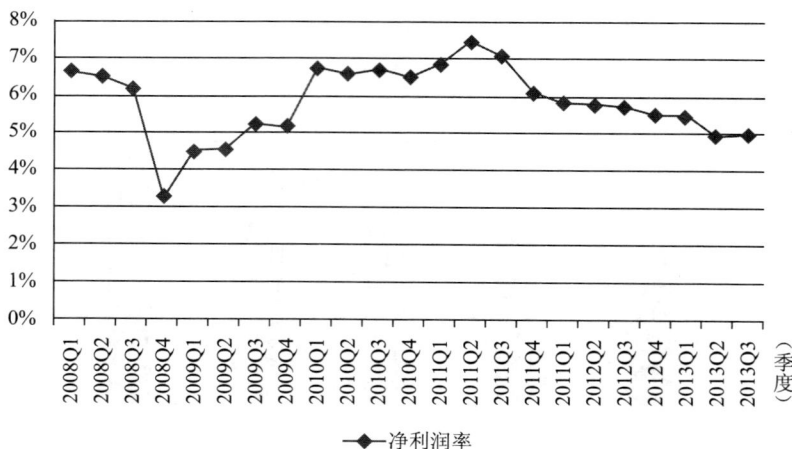

图 25.10　2012 年西部地区上市企业部门净利润率

二、账面价值资产负债分析

2012 年，西部地区上市企业部门资本结构良好，流动性稍有下降。具体来看，如图 25.11 所示，按照季度平均来看，2012 年西部地区上市企业部门资产负债率为 61.74%，与 2011 年相比上升 1.01 个百分点，基本保持稳定。2013 年第三季度，西部地区上市企业部门的账面资产为 29399.58 亿元，账面负债为 18490.54 亿元，增速较为稳定，资产负债匹配较好。

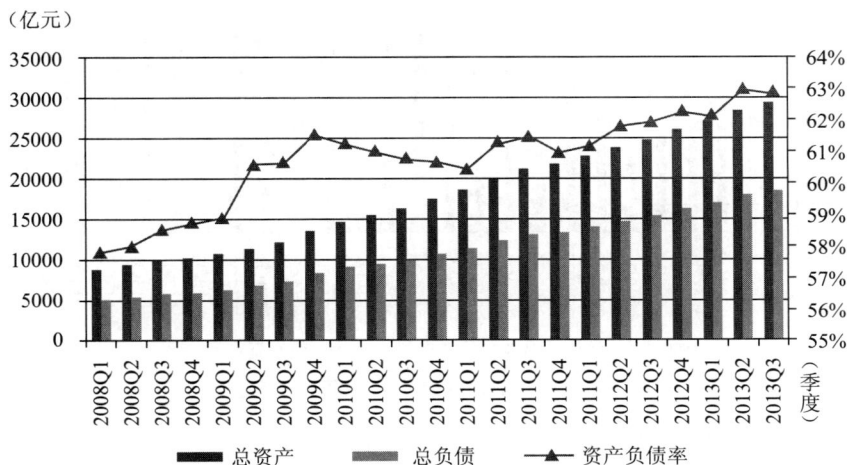

图 25.11　2012 年西部地区上市企业部门资本结构

按照季度平均，2012 年西部地区上市企业部门流动比率为 117%，与 2011 年相比下滑 4%。2013 年前三季度西部地区上市企业部门流动比率分别为 117%、114% 和 115%，流动性基本保持充裕，如图 25.12 所示。

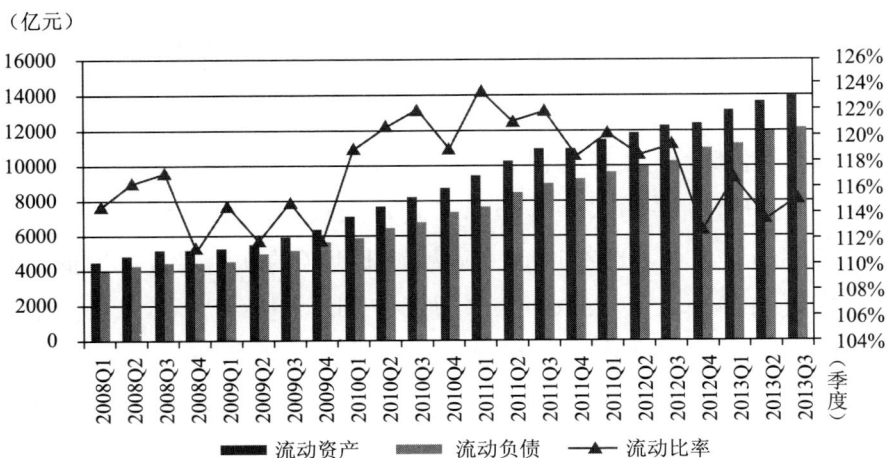

图 25.12　2012 年西部地区上市企业部门流动比率

三、或有权益资产负债分析

2012年，西部地区上市企业部门隐含的市场风险有所加大，违约风险控制较好，资产波动性不大。按照季度平均，2012年西部地区或有资产负债率为33％，与2011年相比上升7个百分点，如图25.13所示。

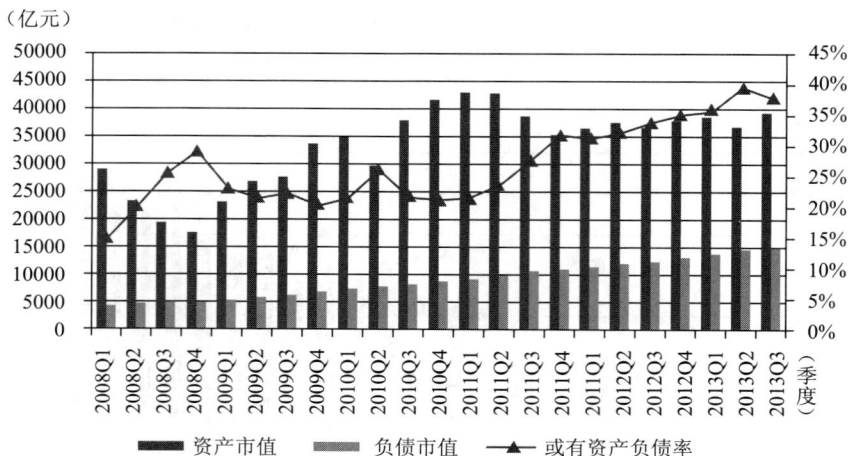

图 25.13　2012 年西部地区上市企业部门或有资产负债率

2012年，按季度平均，西部地区上市企业部门或有资产波动率为23％，与2011年持平，2013年前三季度西部地区上市企业部门或有资产波动率分别为18％、21％和21％，资产稳定性进一步增强，如图25.13所示。此外，2012年，按季度平均，西部地区上市企业部门违约距离为4.32，与2011年相比下滑0.02，违约风险控制良好。

第5节　西部家户部门风险分析

2012年，西部地区城镇居民人均可支配收入为20082.2元，为东部地区的65.2％，低于全国平均水平24564.7元，加权平均增长率为13.3％。西部地区农村居民纯收入为6152.1元，仅为东部地区的47.3％,，远低于全国农村居民纯收入的平均水平7916.6元，加权平均增长率为15.1％。随着生活条件和环境的改善，西部地区农村居民的消费欲望有所提高，2012年，西部地区农村居民的平均消费倾向为82，远高于东部地区的69、中部地区的75和东北地区的67。

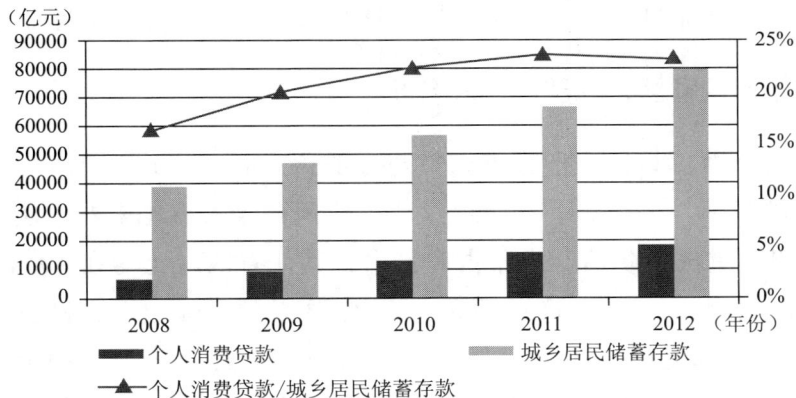

图 25.14　2012 年西部地区个人消费贷款与城乡居民储蓄存款之比

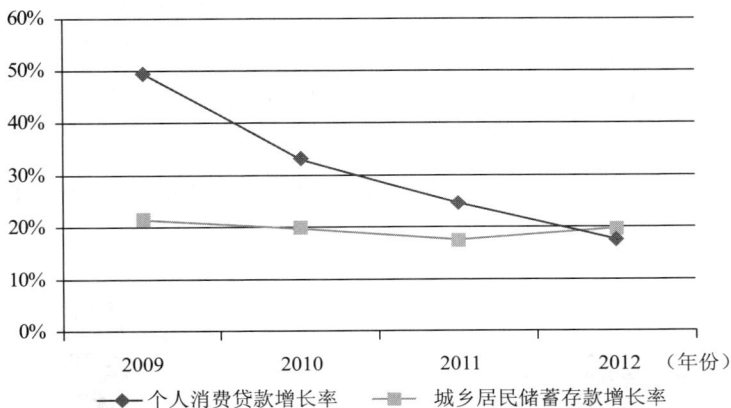

图 25.15　2012 年西部地区个人消费贷款和城乡居民储蓄存款增长率

2012 年，西部地区家户部门风险不大。具体如图 25.14 和图 25.15 所示，西部地区个人消费贷款为 18395.80 亿元，同比增长 17.60％，与 2011 年相比下降 6.94 个百分点，这是自 2009 年来，西部地区个人消费贷款增长率连续第三年下降。城乡居民储蓄存款为 79291.58 亿元，同比增长 19.56％，增速与上期比提高了 2.13 个百分点。在城乡居民储蓄存款基数和增速均大于个人消费贷款的影响下，2012 年，西部地区个人消费贷款与居民储蓄存款之比为 23.20％，与 2011 年相比回落 0.39 个百分点。

第 6 节　西部宏观金融风险结构性分析

在"西部大开发"战略继续深化实施下，西部地区经济金融保持较快稳定增长，但由于西部各省区资源禀赋、地理条件、经济基础、对外开放程度各不相同，因此区域内经济金融发展存在较大差异。本节将对西部各省区的公共部门、金融部门、上市企业部门和家户部门逐一进行结构性比较分析。

一、西部各省区公共部门比较分析

2012 年，西部地区一般预算缺口与一般预算收入之比为 157％，与 2011 年相比提高 37％，如图 25.16 所示。从一般预算收入占比来看，超过 10％的省区有四川、重庆、陕西、内蒙古和云南，其他省区占比均在 10％以下。四川最高，占比为 19.7％，将近西部地区总财力的 1/5，西藏最低，占比为 0.7％。说明西部地区财政的偿付能力有所减弱，且西部地区中财力最好的省是四川，财力最差的是西藏。与 2011 年相比，四川省占比提高 1.7 个百分点，巩固了第一的位置，重庆财力超过陕西，排名西部第二。

从一般预算支出来看，2012 年西部地区一般预算支出占比超过 10％的省区有四川、云南、内蒙古、陕西，其他省区一般预算支出占比均小于 10％。其中，四川最高，为 17.2％，宁夏最低，为 2.8％。与 2011 年相比，云南省一般预算支出占比上升较为明显，贵州一般预算支出下降较为明显，如图 25.17 所示。

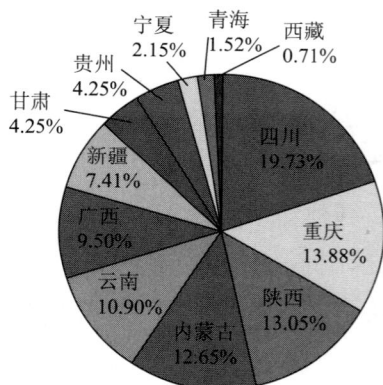

图 25.16　2012 年西部各省区
一般预算收入占比

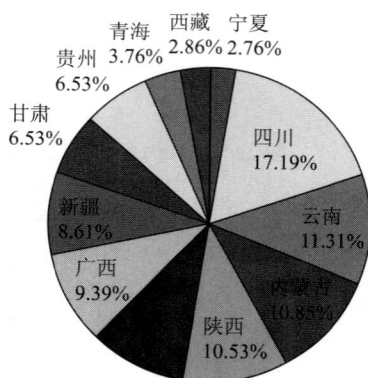

图 25.17　2012 年西部各省区
一般预算支出占比

从一般预算缺口/GDP 来看，2012 年，西部地区占比最大的前三个省区分别是西藏 116.7％，青海 53.1％，贵州 27.3％；占比最小的后三个省区是陕西 11.9％、重庆 11.8％和内蒙古 11.7％，如图 25.18 所示。

综上所述，2012 年，西部地区十二省区市中西藏、青海、贵州、甘肃财政风险较大，且财力薄弱；内蒙古、四川、陕西、重庆财政风险较小，且财力相对雄厚。

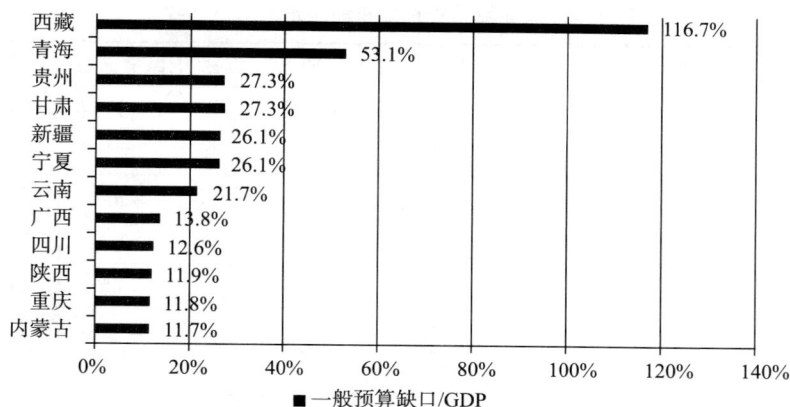

图 25.18　2012 年西部各省区一般预算缺口/GDP

二、西部各省区金融部门比较分析

2012 年，如表 25.1 所示，从银行业存贷比来看，甘肃、新疆、四川、陕西和西藏存贷比分别为 71%、68%、63%、62%、32%，低于西部总体水平 72%，并且达到国家监管机构对银行业存贷比的要求。宁夏、内蒙古、青海、重庆、贵州、云南和广西存贷比均高于 75%，其中，宁夏为 96%，内蒙古为 83%，青海为 81%，重庆为 80%，这些省区的银行业资本结构错配风险较大。

从银行业中长期贷款占比来看，2012 年，贵州、重庆、西藏、青海、广西和云南分别为 77%、73%、70%、70%、69% 和 68%，这些银行业期限错配风险较大，其他省份期限错配风险控制良好。

从银行业外币存贷比来看，2012 年，青海、新疆、甘肃、广西、云南、宁夏和贵州分别为 763%、511%、382%、374%、360%、274% 和 273%，均高于西部地区的外币存贷比 197%，这些省份银行业货币错配风险较大，其他省区银行业货币错配风险不大。

从保险深度来看，2012 年，西部地区的四川、新疆、重庆、甘肃、宁夏和云南保险业发展良好，保险深度分别为 3.4%、3.2%、2.9%、2.8%、2.7% 和 2.6%，均高于西部总体水平 2.6%，其他省区保险业发展较为滞后。从赔付率来看，除西藏外，其他省区保险业保障程度较好。

表 25.1　西部地区各省金融部门相关数据比较

	存贷比	省区	中长期贷款占比	省区	外币存贷比	省区	保险深度	省区	赔付率
宁夏	96%	贵州	77%	青海	763%	四川	3.4%	贵州	42.5%
内蒙古	83%	重庆	73%	新疆	511%	新疆	3.2%	广西	36.9%
青海	81%	西藏	70%	甘肃	382%	重庆	2.9%	青海	36.8%
重庆	80%	青海	70%	广西	374%	甘肃	2.8%	新疆	34.5%
贵州	79%	广西	69%	云南	360%	宁夏	2.7%	甘肃	33.9%
云南	78%	云南	68%	宁夏	274%	云南	2.6%	四川	33.6%
广西	77%	陕西	67%	贵州	273%	西部	2.6%	重庆	31.9%
西部	72%	西部	67%	西部	197%	陕西	2.5%	宁夏	31.2%
甘肃	71%	内蒙古	60%	内蒙古	179%	贵州	2.2%	云南	30.4%
新疆	68%	宁夏	58%	陕西	148%	广西	1.8%	陕西	28.6%
四川	63%	甘肃	57%	四川	135%	青海	1.7%	内蒙古	28.4%
陕西	62%	新疆	56%	重庆	95%	内蒙古	1.6%	西部	27.7%
西藏	32%	四川	42%	西藏	0%	西藏	1.4%	西藏	27.1%

三、西部各省上市企业部门比较分析

2012 年，如表 25.2 所示，西部地区从上市企业部门的利润率来看，贵州、西藏、内蒙古、四川和青海上市公司盈利能力较强，利润率分为 23.68%、9.24%、7.31%、7.24% 和 6.48%，均高于西部地区总体水平 5.66%。广西、甘肃和云南上市企业盈利能力较差，利润率分别为 2.55%、1.51% 和 1.26%，其他省区上市企业盈利能力适中。

从上市企业部门流动比率来看，贵州、陕西、西藏、新疆和四川分别为 187.04%、163.96%、162.41%、120.30%、120.00% 均高于西部地区总体水平 117.00%，上市企业部门流动性水平较好，其他省市上市企业部门流动性水平较差。

从上市企业部门违约距离来看，内蒙古、甘肃和重庆分为为 4.8、4.7 和 4.5，高于西部总体水平，这些省区违约风险较小，其他省区违约风险相对较大。

从上市企业部门或有资产负债率来看，2012 年，甘肃、云南、重庆、广西、青海、内蒙古和新疆或有资产负债率分别为 73.81%、67.22%、64.06%、64.00%、63.28%、62.96% 和 62.16%，高于西部总体水平 61.74%，这些省区上市企业部门隐含的市场风险较大，其他省区上市企业部门隐含的市场风险较小。

总的来看，2012 年，云南省上市企业部门风险最大，四川省上市企业部门风险最小，其他省区上市企业部门风险各异。

表 25.2　西部地区上市企业部门相关数据比较

省区	利润率	省区	流动比率	省区	违约距离	省区	或有资产负债率
贵州	23.68%	贵州	187.04%	内蒙古	4.8	甘肃	73.81%
西藏	9.24%	陕西	163.96%	甘肃	4.7	云南	67.22%
内蒙古	7.31%	西藏	162.41%	重庆	4.5	重庆	64.06%
四川	7.24%	新疆	120.30%	西部总体	4.3	广西	64.00%
青海	6.48%	四川	120.00%	云南	4.3	青海	63.28%
西部总体	5.66%	西部总体	117.00%	四川	4.2	内蒙古	62.96%
重庆	5.26%	重庆	114.99%	广西	4.2	新疆	62.16%
宁夏	4.23%	云南	110.33%	宁夏	4.1	西部总体	61.74%
陕西	4.21%	广西	109.25%	陕西	4.0	四川	59.24%
新疆	3.11%	青海	106.27%	贵州	3.8	西藏	57.54%
广西	2.55%	宁夏	96.98%	新疆	3.7	贵州	50.33%
甘肃	1.51%	甘肃	91.08%	青海	3.5	陕西	46.98%
云南	1.26%	内蒙古	91.02%	西藏	3.4	宁夏	39.92%

第 7 节　结论及政策建议

2012 年，西部地区公共部门风险有所加大。具体表现为一般预算缺口与一般预算收入之比加大，财政收支缺口与 GDP 之比上升。从省市比较来看，西部地区十二省区中西藏、青海、贵州、甘肃财政风险较大，且财力薄弱；内蒙古、四川、陕西、重庆财政风险较小。

2012 年，西部地区金融部门各项风险指标均有所好转，银行业整体风险有所缓解，但保险业发展仍有一定的政策障碍，具有较多不确定因素。具体来看，西部地区银行业风险不大。银行业存贷比控制在合理区间且较为稳定，低于中国人民银行规定的存贷比上限；银行业流动性风险有所缓解，中长期贷款占比继续回落；汇率波动风险仍然较大，但风险敏感系数降低。西部地区保险业发展仍处于低谷。保险业原保费收入增速有所提高，但保险深度持续下滑，保险赔付率也有所回升。从省区比较来看，宁夏、内蒙古、青海和重庆银行业资本结构错配风险较大；贵州、重庆、西藏、青海、广西和云南银行业期限错配风险较大；青海、新疆、甘肃、广西、云南、宁夏和贵州银行业货币错配风险较大。

2012年，西部地区上市企业部门盈利能力有所下降；资本结构良好，流动性稍有下降；隐含的市场风险有所加大，违约风险控制较好，资产波动性不大。从省区比较来看，贵州、西藏、内蒙古、四川和青海上市公司盈利能力较强，广西、甘肃和云南上市企业盈利能力较差，其他省区上市企业盈利能力适中；贵州、陕西、西藏和四川上市企业部门流动性水平较好，其他省区上市企业部门流动性水平较差；内蒙古、甘肃和重庆上市企业部门违约风险较小，其他省区上市企业部门违约风险相对较大；甘肃、云南、重庆、广西、青海、内蒙古和新疆上市企业部门隐含的市场风险较大，其他省区上市企业部门隐含的市场风险较小。

参 考 文 献

［1］中国人民银行：《2008—2012年西部各省金融运行报告》。

［2］中国人民银行：《2012年中国区域金融运行报告》。

［3］国家统计局：《2009—2013年中国统计年鉴》。

［4］国家统计局：《2008—2013年重庆市国民经济和社会发展统计公报》。

第 26 章　重庆市宏观金融风险研究

2012 年，重庆市宏观金融风险不容乐观。公共部门风险进一步加大，表现为财政收支缺口不断扩大，财政收支缺口占比逐年提高。金融部门风险持续聚集，表现为银行业利润下滑明显，保险业景气度持续低迷。上市企业部门风险略有增加，表现为其隐含的市场风险有所增大。

2012 年，在全国经济下行压力增大的背景下，重庆市继续以"稳增长、调结构、惠民生"为发展主基调，社会经济发展缓中趋稳。2012 年，重庆市社会融资规模稳定增长，信贷结构逐步优化，直接融资比例有所增加，区域金融风险防范意识明显增强，金融生态环境进一步优化，金融扶贫成效显著。但是，重庆市宏观经济金融运行仍然面临工业增长乏力、银行业利润增速放缓、民间金融发展政策缺位、养老保险机制不健全等问题。本章主要就重庆市宏观金融运行中存在的风险进行识别和度量并提出政策建议。

近两年，有学者研究认为重庆市民间金融发展风险较大，村镇银行经营面临一定困境。邓琬君（2012）认为重庆市小额贷款公司发展面临法律规范缺失、资金来源受限、风险管理缺乏、经营负担较重等困境，民间金融发展风险较大。何小晟（2012）认为重庆市村镇银行发展存在较大风险，且最大的风险在于农村地区信用体系建设的滞后和农村地区金融监管力量的薄弱。

第 1 节　重庆市经济金融运行概况

一、重庆市经济运行概况

从经济总量来看，2012 年，重庆市 GDP 达到 11459 亿元，同比增长 13.6%，与 2011 年相比增速下降 2.8 个百分点，增速为全国第二，西部第一。2012 年，重庆市人均 GDP 为 39083 元，成为直辖市以来人均 GDP 首次赶超全国平均水平。重庆市城乡收入差距进一步缩小，居民消费价格指数同比增长 2.6%，与 2011 年相比下降 2.7 个百分点。2012 年年末，重庆市城镇登记失业率为 3.3%，与上年相比下降 0.2 个百分点。2013 年，重庆市 GDP 约为 12657 亿元，同比增长 12.3%，与 2012 年相比增速下滑 1.3 个百分点；人均 GDP 约为 42800 元，同比增长 11.3%。总体来看，重庆市近几年经济增速有所放缓，经济保增长压力大。

从三大需求来看，2012 年，重庆市投资对经济的拉动作用减弱，消费和出口对经济贡献率增加。具体来看，2012 年，重庆市固定资产投资增速下滑明显，工业投资增速也明显放缓；重庆市农村消费受惠农政策影响，增长提速，与城镇消费差距同比缩小，城乡消费统筹发展良好。在"内陆开放高地"建设的推动下，重庆市对外贸易保持高速增长，全年进口贸易总额位列西部第一，出口贸易额排名西部第二。2013 年，重庆市对外贸易继续保持良好增长态势，进出口总额为 687 亿元，同比增长 29%。出口额中，高新技术产品和笔记本电脑增长较快，分别同比增长 66% 和 58%；进口额中，加工贸易绝对额增长明显，同比增长 217%。

从三大产业结构来看，2012 年，重庆市以服务业为主导的第三产业占比提高，与 2011 年相比提高 1.7 个百分点，工业和农业产业占比同比分别下降 1.5 个和 0.2 个百分点。具体来看，2012 年，重庆市农业规模以上企业利润增长 10.4%，扭转了农业规模以上企业利润前期连续下滑的颓势；重庆市工业发展逐渐放缓，2012 年重庆市工业增加值为 5181 亿元，同比增长 15.9%，与 2011 年相比增速下滑 6.3 个百分点。在重庆市多产业支撑格局中，电子信息产品制造业 2012 年发展迅猛，产值为 2194 亿元，与 2011 年相比增长 60.4%；重庆市金融、物流等服务产业在"两江新区现代服务业综合试点"获国家批准的契机下发展势头强劲。2013 年，重庆市经济继续以工业和服务业发展作为强有力的支撑，第二、第三产业占比分别为 50.5% 和 41.6%。

总体来看，2012 年，重庆市经济运行稳定，需求结构优化，产业协调发展，物价温和，居民生活水平再上一个台阶。2013 年，重庆市经济增速放缓趋势明显，各项经济指标均健康平稳。

二、重庆市金融运行概况

从银行业来看，2012 年，重庆市银行业体量继续攀升，银行业金融机构有所增加，资产质量有所提高，抗风险能力增强。具体来看，2012 年重庆市银行业资产总额与 2011 年相比增长 21%，不良资产率继续下降，为 0.47%，准备金储备增加。此外，2012 年，重庆市法人金融机构数量达到 5 家，其中城市商业银行 2 家，农村金融机构 1 家，财务公司 1 家，信托公司 2 家。

从证券业来看，2012 年，重庆市证券业发展景气度下降。具体来看，2012 年重庆市证券业股票交易和期货交易额与 2011 年相比均下降 10%，国内股票融资 30 亿元，与上期相比下降 81%。值得一提的是，2012 年重庆市区域性场外交易市场融资达到 79 亿元。此外，截至 2012 年年末，重庆市共有 6 家证券总部。

从保险业来看，2012 年重庆市保险业发展继续向好。具体来看，2012 年，重庆市保险业规模较快上升，其中总资产规模同比增长 17%。保险覆盖面更加广泛，涉及养老、医疗、农业、社会管理领域、小额贷款经营、巨灾等领域。截至 2012 年年末，重庆市共有保险公司 41 家，其中人身险公司 19 家，财产险公司 22 家。

总的来说，2012 年，重庆市金融业呈现结构调整态势。传统以信贷业务为主导的银行业逐渐转型为以中间业务、创新业务为主导的全能银行；传统以经纪、承销、自营业务为主导的证券业转型为以财富管理和综合服务平台为主导的多元化证券；保险业也由传统的财产、人身险业务拓展到小额贷款险、巨灾保险业务。2013 年，重庆市实现金融产值 1068 亿元，占生产总值比重逐年提高，为 8.4%；金融机构本外币存贷款规模也稳定增长，均保持 15% 左右的增长率。

第 2 节　重庆市公共部门风险分析

地方政府在推动地方经济发展过程中起主导作用，财政作为地方经济重要的支持手段，其杠杆作用不容忽视。因此，着力分析重庆市公共部门风险显得尤其重要。

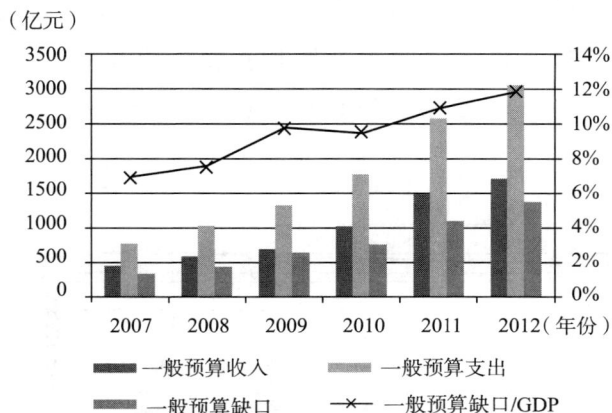

图 26.1　重庆市地方财政收支情况[①]

---

① 数据来源：《2008—2012 年重庆市国民经济与社会发展统计公报》，重庆市统计局。本章关于重庆市经济、金融状况的数据均来源于此。

2012 年，重庆市公共部门风险与 2011 年相比有所增大，但与西部地区其他省份相比，重庆市公共部门风险并不突出。具体来看，如图 26.1 所示，2012 年，重庆市地方财政收入为 1703.49 亿元，同比增长 14.46%，受企业利润下滑和税收政策调整影响，与 2011 年相比增速下滑 31.69 个百分点；重庆市地方财政支出为 3055.17 亿元，同比增长 18.71%，与 2011 年相比增速下滑 26.76 个百分点。重庆市财政收支缺口为 1351.68 亿元，财政收支缺口/GDP 为 11.80%，与 2011 年相比上升 0.95 个百分点，与 2010 年相比上升 2.32 个百分点，缺口占比连续两年上升。

第 3 节　重庆市金融部门风险分析

2012 年，重庆市金融部门发展呈现出结构调整的态势。银行业利润下滑明显，证券业股票、期货成交量萎缩，保险业景气度持续低迷。本节将从银行类、保险类金融机构着手，深入揭示重庆市金融部门所存在的风险。

一、银行类风险分析

（一）资本结构错配分析

2012 年，重庆市银行类金融机构资产结构错配风险有所缓解，但风险水平仍处于高位。具体来看，2012 年，重庆市贷款余额为 15131 亿元，同比增长 16.38%，与 2011 年相比增速下滑 1.81 个百分点；存款余额为 18935 亿元，与 2011 年比增长 19.59%，增速同比提高了 3.29 个百分点。银行类金融机构存贷比为 80%，与 2011 年相比回落 2 个百分点，但是仍高于商业银行存贷比上限 5 个百分点。

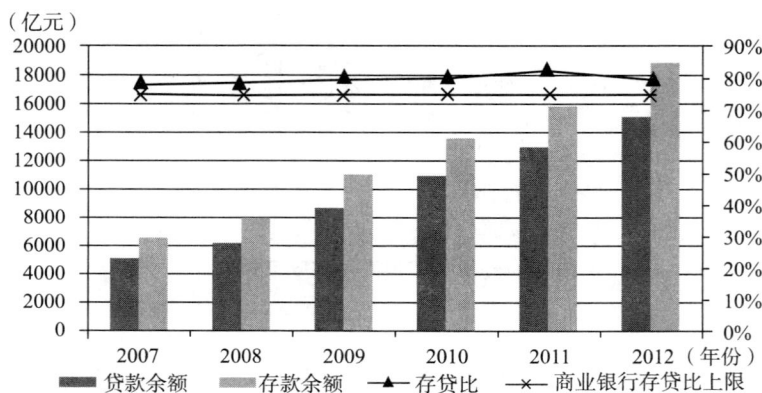

图 26.2　重庆市银行类金融机构存贷款余额与存贷比

（二）期限错配分析

2012 年，重庆市银行类金融机构期限错配风险持续缓解。具体来看，2012 年，重庆市中长期贷款余额为 10977 亿元，同比增长 9.58％，与上期比增速下滑 5.49 个百分点，自 2010 年起，增速连续三年下降。中长期贷款占比为 73％，与 2011 年相比下降 4 个百分点，与 2010 年比下降 6 个百分点。

（亿元）

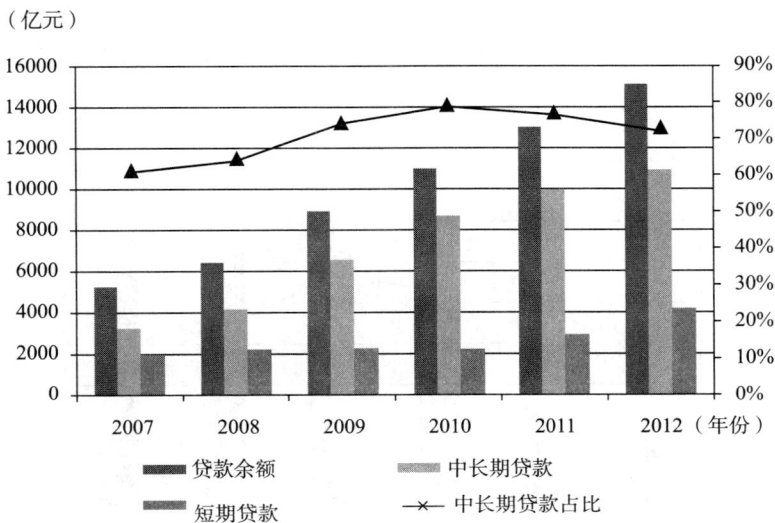

图 26.3　重庆市银行类金融机构贷款结构

（亿元）

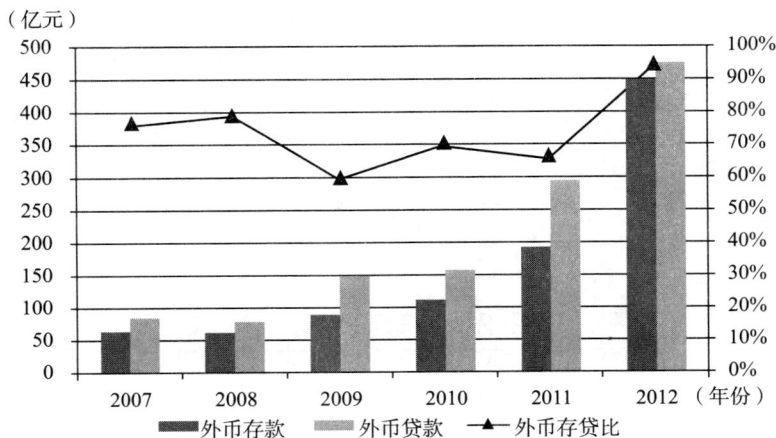

图 26.4　重庆市金融部门外币存贷款余额与外币存贷比

（三）货币错配分析

2012 年，重庆市货币错配风险较大。具体来看，在经历了外币贷款平稳增长期后，2012 年重庆市外币贷款为 449.34 亿元，同比大幅增长 1.31 倍，与 2011 年相比增速提高 2 倍多。2012 年 1 月 4 日人民币汇率中间价格为630.01，到 2012 年 12 月 30 日价格变为 628.55，人民币升值幅度达 0.23％。

2012 年，重庆市外币存贷比为 95％，与 2011 年相比提高了 29 个百分点，高于外汇管理局规定的参考存贷比 75％的上限。

二、保险类风险分析

2012 年，重庆市保险业景气度下降，经营风险加大。具体来看，2012 年重庆市保险业实现保费收入 331 亿元，在未考虑会计准则调整的影响下，同比增长 6％，基本扭转了 2011 年保险业收入负增长的颓势，但保费收入增长率仍低于 GDP 增长率。2012 年，重庆市保险深度为 2.9％，与 2011 年相比下降 0.2 个百分点。

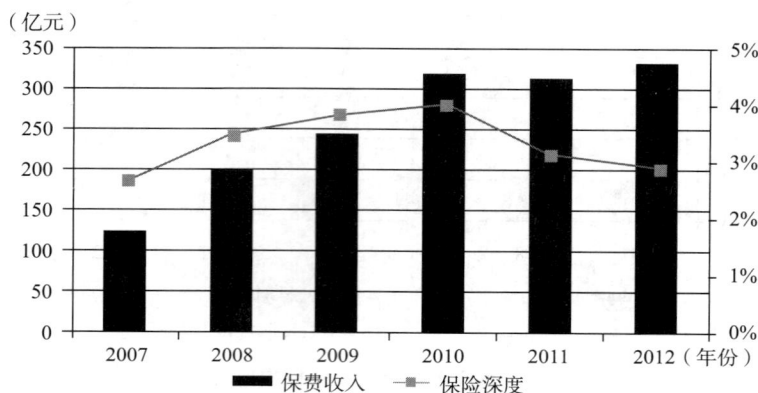

图 26.5　重庆市保险深度

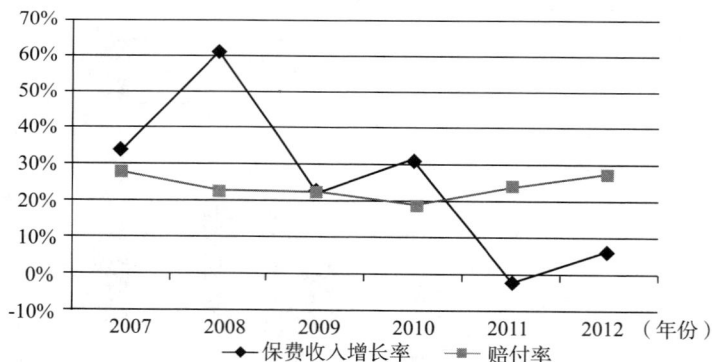

图 26.6　重庆市保费收入增长率和保险赔付率

2012 年，在未考虑会计准则调整的影响下，重庆市保费收入在理财收益型保险上收入增长下滑，保费收入稳中趋缓。此外，2012 年重庆市保险业赔付率为 28％，与 2011 年相比上升 4 个百分点。保险业赔付率上升的主要原因为，2012 年重庆市风险保障人数增长较快，保险覆盖率继续提高，特别是农业险赔付数额较大。

第 4 节　重庆市上市企业部门风险分析

2012 年，重庆市共有上市公司 37 家，与 2011 年相比新增上市公司 2 家，分别是中国汽研和隆鑫通用。重庆市 37 家上市公司中，4 家公司净利润为负，分别是新美联合、万里股份、重庆钢铁和中国嘉陵，其中重庆钢铁亏损额达 17 亿元。

一、盈利能力分析

2012 年，重庆市上市企业部门盈利能力有所回升。具体来看，2012 年，重庆市上市企业部门净利润率季度平均值为 5.26%，与 2011 年相比提高 0.36 个百分点。利润率回升的主要原因在于以长安汽车和重庆水务为代表的企业净利润大幅增长，净利润分别为 22.85 亿元和 15.63 亿元，其他上市公司的净利润增长也缓中趋稳。

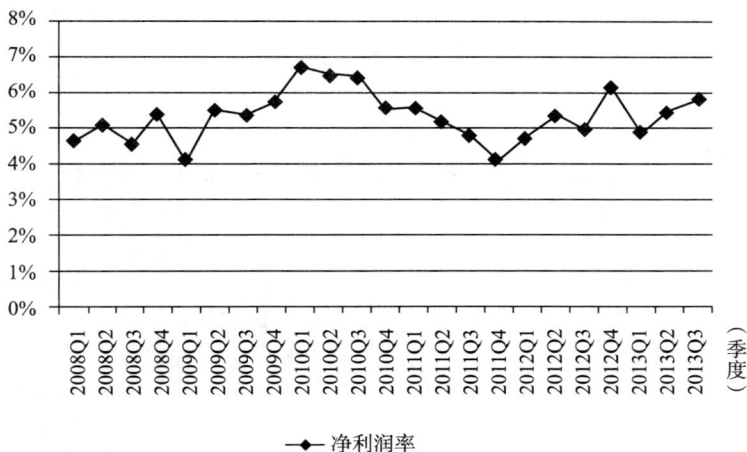

图 26.7　重庆市上市企业部门净利润率

二、账面价值资产负债表分析

（一）资本结构错配分析

2012 年，重庆市上市企业部门资本结构错配风险不大。具体来看，2012 年，重庆市第一、二、三、四季度上市企业部门资产负债率分别为 63.80%、63.41%、63.95%和 65.07%，按季度平均资产负债率为 64.06%，与 2011 年相比提高了 3.43 个百分点，整体运行较为平稳。

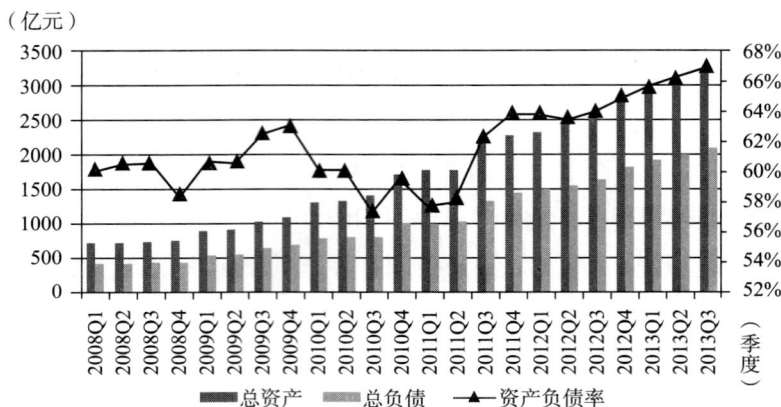

图 26.8　重庆市上市企业部门资本结构

（二）期限错配分析

2012 年，重庆市上市企业部门期限错配风险不大，但流动性减弱。具体来看，2012 年，重庆市上市企业部门第一、二、三、四季度流动比率分别为124.61％、117.72％、129.16％和114.24％，按季度平均来看，流动比率为114.99％，与 2011 年相比下降 6.44 个百分点。

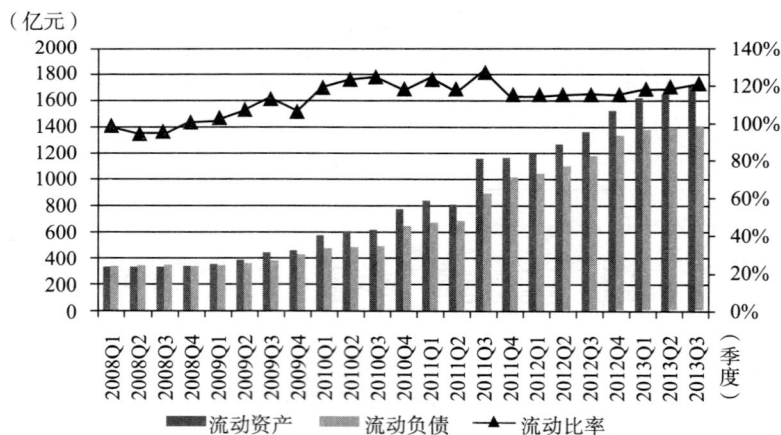

图 26.9　重庆市上市企业部门流动比率

三、或有权益资产负债表分析

2012 年，重庆市上市企业部门隐含的市场风险有所增大。具体表现为，2012 年，重庆市上市企业部门第一、二、三、四季度或有资产波动率分别为39.59％、40.12％、42.56％和 42.49％，按季度平均来看，2012 年，重庆市上市企业部门或有权益资产负债率为 41.19％，与 2011 年相比上升 10.90 个百分点。

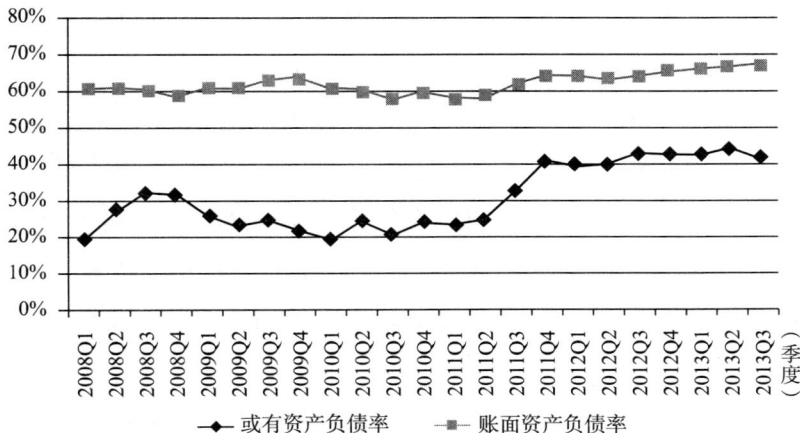

图 26.10　重庆市上市企业账面资产负债率与或有资产负债率

2012 年，重庆市上市企业部门违约风险有所下降。具体来看，重庆市上市企业部门第一、二、三、四季度违约距离分别为 3.80、5.53、4.25 和 4.59，按季度平均来看，2012 年，重庆市上市企业部门违约距离为 4.54，与 2011 年相比增加了 0.154。

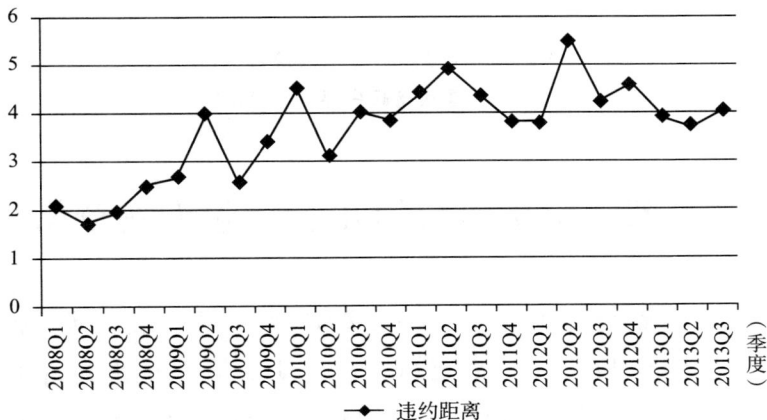

图 26.11　重庆市上市企业部门违约距离

2012 年，重庆市上市企业部门经营稳定性增强。具体来看，按季度平均，2012 年重庆市上市企业部门或有资产波动率为 13%，与 2011 年相比下降 3 个百分点。

第 5 节　重庆市家户部门风险分析

2012 年，重庆市家户部门风险并不突出。具体来看，2012 年，重庆市家户部门个人消费贷款为 3207.60 亿元，同比增长 16.02%，与 2011 年比增速下滑 8.8 个百分点；城乡居民储蓄存款为 8361.60 亿元，与上期比增长 19.62%，增速与 2011 年基本持平。个人消费贷款与城乡居民储蓄存款比为 38.36%，与 2011 年相比下降 1.2 个百分点。2013 年，重庆市城镇居民可支配收入约为 26850 元，与 2012 年相比增长 8%；农村居民纯收入约为 8332 元，与上年比增长 12.8%。城镇居民和农村居民的恩格尔系数均继续下降，居民消费结构继续改善。值得关注的是，2013 年，重庆市个人消费贷款及透支约为 5202 亿元，增长较快，同比增长 29.2%，说明潜在的个人信用风险正在集聚。

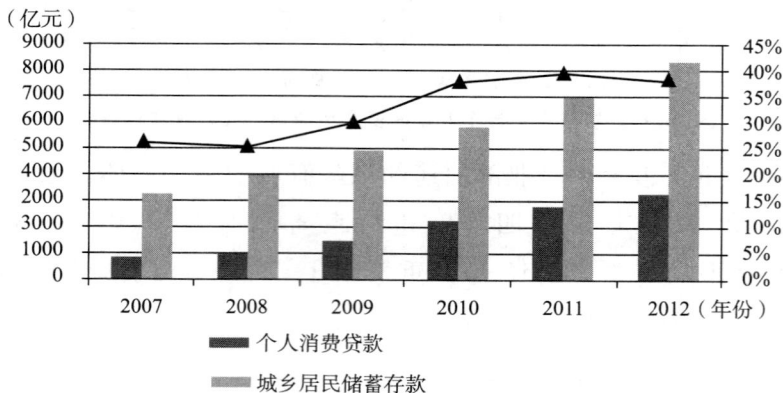

图 26.12　重庆市家户部门存贷结构

第6节　重庆市村镇银行风险专题分析

2006 年，村镇银行开始试点。截至 2012 年年底，银监部门批准设立的村镇银行数量达到了 1433 家。截至 2013 年 2 月末，重庆市共组建 26 家村镇银行，已覆盖全市 70% 的区（县），其中包括黔江银座、渝北银座、南川石银南大街支行、忠县稠州和北碚稠州等。

然而，某财经报纸记者通过对重庆市多家村镇银行的经营状况进行调查发现，由于持股比例限制很难突破，不少已持有村镇银行股份的民资开始私下转让所持股权。这其中就包括：邦信资产管理有限公司转让其持有的全部四川彭州民生村镇银行股权；三羊地产和寅河建设转让四川都江堰金都村镇银行 1050 万股股份；乐义担保和亿晶光电转让山东寿光张农商村镇银行、浙江慈溪民生村镇银行股份。这种民间资本出逃频发的现象说明：村镇银行在经历了民间金融改革红利后，由于自身竞争力不足和政策障碍，发展受到了较大的制约。

重庆市村镇银行面临较大风险的背后是市场化竞争加剧、经营归属权的利益之争、结算成本高、政策缺位、政策与商业的博弈等深层次问题。①市场化竞争加剧。由于国有大型银行、城商行加大了在县域、农村地区开设分支机构的步伐，竞争加剧，村镇银行经营日益艰难。②经营归属权的利益之争。按照相关规定，村镇银行的主发起人必须是银行业金融机构，持股比例不低于15％。这一门槛将一些有竞争力的民营企业排除在外。③结算成本高。大多村镇银行没有加入央行的支付系统，所以资金支付、汇兑业务基本是通过第三方完成，这直接加大了其经营成本。④政策缺位。村镇银行尽管同为农村金融机构，但并未享受农信社、邮政储蓄银行在扶贫贴息等方面享受的优惠政策。⑤政策与商业的博弈。商业化模式设立的村镇银行在政策性和商业性的双重压力下，一直难以发挥其应有的作用。到 2012 年 8 月，重庆市村镇银行近 59 亿的贷款余额，只有大约 60％的资金投放进"三农"领域。

重庆市村镇银行未来的发展需要其自身和政府的共同努力。从其自身来看，村镇银行要发挥其在"三农"业务方面的创新性，就要和传统商业银行形成差异化竞争。从政府来看，一方面要着手加紧建立存款保险制度，在此基础上循序渐进地放开村镇银行主发起人的限制。另一方面要使村镇银行和农信社、邮政储蓄银行享受同等的政策待遇。最后，政府要逐步把村镇银行纳入统一的清算结算体系。

第7节　结论及政策建议

本节就 2012 年重庆市公共部门、金融部门、企业部门、家户部门的风险得出结论和相应的政策建议。

重庆市公共部门的风险主要表现为财政收支缺口不断扩大，财政收支缺口占比逐年提高。重庆市金融部门的风险主要表现为银行业利润下滑明显，证券业股票、期货成交量萎缩幅度收窄，保险业景气度持续低迷。具体来看，重庆市银行业货币错配风险和保险业赔付风险较大。重庆市上市企业部门的风险主要表现为其隐含的市场风险有所增大。重庆市家户部门的风险不大。

重庆市正在构建长江上游金融中心，控制好重庆市各部门金融风险对抵御我国宏观金融风险有重大现实意义。为此，我们提出如下几条政策建议。

第一，重庆市政府应该着力优化税收结构，严防地方融资平台资金断裂风险的发生。重庆市政府可以通过税收优惠政策的推出加速产业振兴，通过保税区的建立降低企业税务负担。通过政府产业基金、天使基金、融资超市、过桥资金池的构建解决企业发展中的融资难问题。

第二，在"金融脱媒"现象日益严重的背景下，银行业要优化理财产品的期限结构和收益分布，降低违约风险。银行业在金融网点向三、四线城市布局的过程中，要考虑与该区域的村镇银行差异化发展，避免商业化恶性竞争。在处于"企业脱媒"、"货币基金脱媒"等不利环境下，要创新银行业务，在稳定高净值客户的同时，提高对中小企业和个人的金融服务质量。证券业要把握 IPO 重启和个股期权推出的时机，加大证券业的创新力度，同时加强自身的风险管理能力。保险业在结构调整过后面临新一轮发展机遇。除创新险种和提高保费收入外，保险企业还要严控保险赔付风险，提高客户服务质量。

第三，重庆市政府在引导村镇银行发展的过程中，一方面要着手加紧建立存款保险制度，在此基础上循序渐进地放开对于村镇银行主发起人的限制。另一方面要使村镇银行和农信社、邮政储蓄银行享受同等的政策待遇。最后，政府要逐步把村镇银行纳入统一的清算结算体系，降低村镇银行的结算清算成本。

参 考 文 献

[1] 中国人民银行：《2008－2012 年中国金融运行报告》。

[2] 重庆市统计局：《2009－2013 年重庆市统计年鉴》。

[3] 重庆市统计局：《2008－2012 年重庆市国民经济和社会发展统计公报》。

[4] 邓琬君：《浅谈重庆小额贷款公司发展的困境》，载《企业导报》2012 年第 24 期，第 152—153 页。

[5] 何小晟：《重庆村镇银行发展研究》，载《重庆师范大学硕士学位论文》2012 年 9 月，第 19—39 页。

第27章　四川省宏观金融风险研究

2012 年，四川省宏观金融风险不大。除财政风险和保险业风险有明显上升外，其他风险控制良好。银行业资本结构错配风险不大，期限错配风险和货币错配风险有所缓解；上市企业部门盈利能力略有好转，资本结构错配和期限错配风险不大，但上市企业部门隐含的市场风险加大，违约风险有所上升，经营稳定性有所减弱；家户部门存贷结构良好，无明显风险征兆。

2012 年，四川省顺利实施"成渝经济区规划"和"天府新区建设"发展战略，社会总需求较为旺盛，投资对经济发展的贡献率进一步加强，物价稳定在合理区间，城镇化进程加快。2012 年，四川省金融业结构进一步优化，金融发展质量稳步提升，直接融资占比有所提高，不良贷款率下降，利率市场化程度加深。但是，四川省经济金融发展面临城乡二元结构固化、经济结构发展失衡、金融对实体经济支持不够、高端金融人才匮乏等问题。本章在揭示四川省四部门风险和进行专题分析的前提下，给出四川省风险防范的政策建议。

近两年，有学者研究认为四川省金融经济发展突出的风险在于中高端人才的匮乏和城乡二元结构的固化。林楠（2012）通过调研发现，中高端金融人才高度匮乏将极大制约四川省建设西部地区金融中心。杨海燕（2012）通过指标度量发现四川省金融发展中城乡"二元"结构现象非常显著，这会极大地限制四川省农村金融的发展。

第1节　四川省经济金融运行概况

一、四川省经济运行概况

从经济总量来看，2012 年，四川省 GDP 为 23850 亿元，同比增长12.6%，增速在全国 34 个省市中名列前茅。全年完成固定资产投资 18039 亿元，与 2011 年相比增长 19.3%。2012 年，四川省人均 GDP 为 29579 元，与

2011年相比增长12.3%。非公有经济对GDP增长的贡献逐步加大，占GDP的比重逐年提高。2012年，四川省物价稳定，CPI与2011年相比上涨2.5%。2013年，四川省实现GDP 26260亿元，与2012年相比增长10%，增速回落明显，下滑2.6个百分点。固定资产投资同比增长16.7%，与2012年相比回落2.6个百分点。CPI涨幅略有提高，为2.8%，上涨0.3个百分点。

从三大需求来看，2012年，四川省投资对经济的拉动作用进一步显现，一方面体现在投资对经济增长贡献率超过50%；另一方面体现在投资结构继续优化，服务业投资占比有所提高。2012年，四川省消费总水平有所提升，其中城镇消费水平远高于乡村消费水平，必需品消费提速增长。2012年，四川省对外贸易成果显著，全年出口额同比大幅增长32.5%，加工贸易额超过一般贸易额。2013年，四川省对外贸易增长放缓，进出口总额为646亿元，同比增长9.2%。与2012年不同的是，2013年，四川省一般贸易进出口额超过加工贸易进出口额。

从三次产业结构来看，2012年，四川省产业结构呈现微调，具体来看，农业产业增加值为3297亿元，与2011年相比增长4.5%；工业规模突破万亿，食品饮料、通信设备行业比重继续提升，科技成果转化率有所提高，服务业加快增长。2013年，四川省产业结构保持稳定，服务业增长值占比提高，工业和服务业发展依然为经济发展的主导。

总体来看，2012年，四川省经济总量不断攀升，三大需求持续协调，产业结构进一步优化。2013年，四川省经济增速有所放缓，产业结构继续优化，贸易结构呈现调整格局，物价水平有所回升。

二、四川省金融运行概况

从银行业来看，2012年，四川省银行业在利率市场化进程中利润保持良好，全年实现利润717亿元，与2011年相比增长18%。在营业网点增加的同时，不良贷款率也有所下降。截至2012年年底，四川省共有法人机构202家，其中农村金融机构占到绝大多数，城市商业银行13家。2012年，四川省银行业跨境人民币业务增长较快，跨境人民贷款0.4亿元，实现历史性突破。

从证券业来看，2012年，四川省证券公司风险控制良好，期货公司经营稳定。2012年，证券期货市场运行稳健，证券交易量同比下降28%，期货交易量与2011年相比增长54%。截至2012年年末，四川省上市公司在国内筹资252.5亿元，债券筹资873.5亿元。

从保险业来看，2012 年，四川省保险业稳中有升，全年实现原保费收入 820 亿元，与 2011 年相比增长 5.2％，保险业赔付额 233 亿元，为社会提供的保障程度加深。截至 2012 年年末，四川省共有 3 家保险公司总部，其中财产险经营主体 2 家，人身险经营主体 1 家。

总的来说，2012 年，四川省金融业发展势头良好。银行业资产规模在增加的同时，资产质量有所提升。2013 年，四川省金融机构本外币存贷款余额良性增长，本外币贷款余额增长缓于本外币存款余额增长。金融市场方面，证券市场和期货市场的交易额从低谷回升，交易额分别同比增长 57.1％和 94.6％。

第 2 节　四川省公共部门风险分析

公共部门是国民经济中重要的组成部分，它对于国家经济发展具有杠杆和调节作用。此外，公共部门的风险具有传染性，研究好公共部门的风险有助于防范系统性风险，较好地抑制风险在部门间的传导。

2012 年，四川省财政风险略有增大，但风险水平不高。具体来看，2012 年四川省一般预算财政收入为 2421 亿元，同比增长 18.43％，与 2011 年相比增速下滑 12.5 个百分点；一般预算支出增长较快，达 5431 亿元，同比增长 16.22％，与 2011 年相比增速提高 6.08 个百分点。如图 27.1 所示，2012 年四川省财政缺口/GDP 的比率为 12.62％，与 2011 年比提高了 0.12 个百分点。

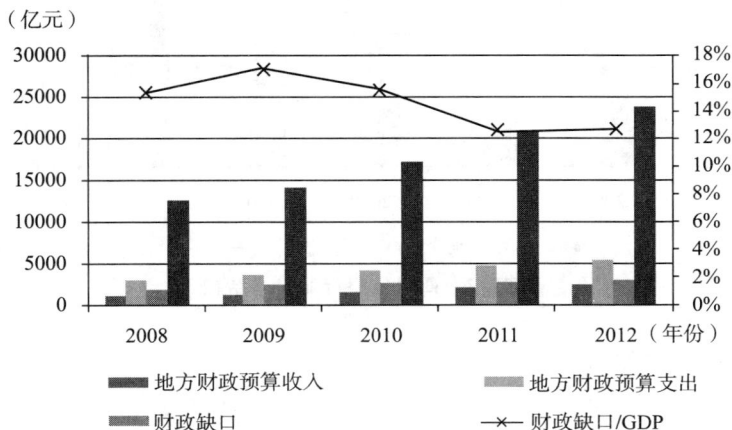

图 27.1　四川省财政收支情况[①]

---

① 数据来源：《2008—2012 年四川省国民经济与社会发展统计公报》，四川省统计局。本章关于四川省经济、金融状况的数据均来源于此。

第3节 四川省金融部门风险分析

2012年，四川省金融业发展势头良好。银行业创新更进一步，证券业规范性继续加强，保险业成长加速。本节将着重分析四川省银行业、保险业金融风险状况。

一、银行类风险分析

（一）资本结构错配分析

2012年，四川省银行业资本结构错配风险不大。具体来看，2012年，四川省银行业存款余额为41576.8亿元，同比增长23.7%，与2011年相比增速提高13.4个百分点。四川省贷款余额为26163.3亿元，与2011年相比增长20.2%，增速提高8.6个百分点。在国民收入增长较快和单位投资内生性谨慎背景下，四川省居民存款增长较快，单位存款增长放缓。2012年，四川省银行业存贷比为62.93%，与2011年相比回落1.81个百分点。

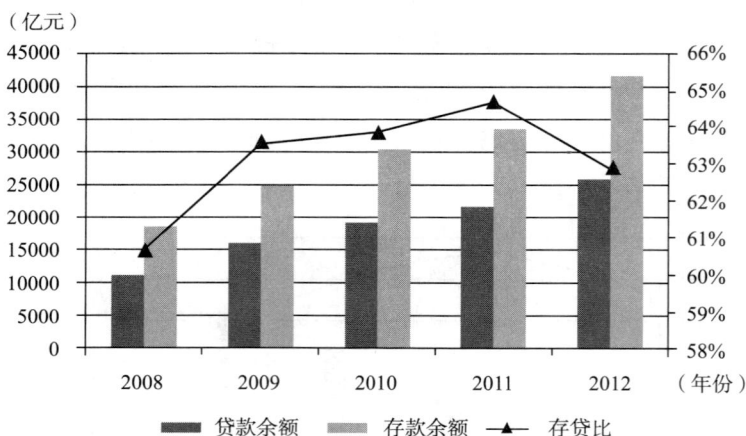

图27.2 四川省银行业资本结构

（二）期限错配分析

2012年，四川省期限错配风险有所缓解。具体来看，2012年，四川省银行业中长期贷款为17542.1亿元，同比增长9.5%，与2011年相比增速下滑4.6个百分点。2012年四川省中长期贷款占比为42.19%，与2011年相比回落5.47个百分点，如图27.3所示。这与2012年四川省银行业着力调整信贷期限结构有关。

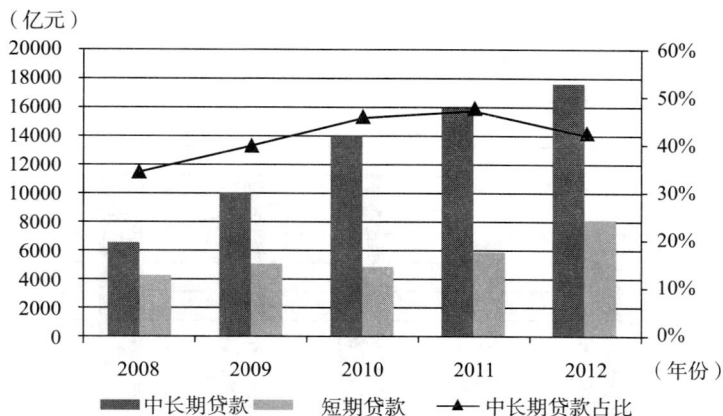

图 27.3　四川省银行类金融机构贷款结构

（三）货币错配分析

2012 年，四川省货币错配风险有所缓解，但风险水平仍处高位。具体来看，2012 年，四川省外币存款为 432.88 亿元，与 2011 年相比增长 84.2%，增速大幅提高 69.3 个百分点。四川省外币贷款为 584.7 亿元，同比增长 29.1%，增速下滑 5.9 个百分点。因此，2012 年，四川省银行业外币存贷比为 135.07%，与 2011 年相比下降 57.7 个百分点。

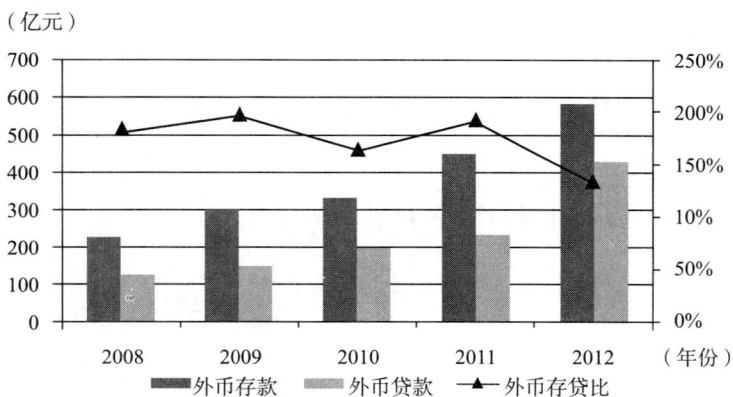

图 27.4　四川省金融部门外币存款余额与外币存贷比

二、保险类风险分析

2012 年，四川省保险业景气度下降，但降幅有所收窄，保险业赔付风险加大。具体来看，2012 年，四川省保费收入为 819.50 亿元，同比增长 5.20%，与 2011 年相比增速提高 3.47 个百分点。2012 年，四川省保险深度为 3.4%，与 2011 年相比下滑 0.3 个百分点。

此外，2012 年，四川省保险赔付率为 28.42%，与 2011 年相比提高 3.9

个百分点。在保费收入增长率徘徊在历史低位的同时，保险赔付率不断攀升，说明四川省保险业赔付风险进一步加大。

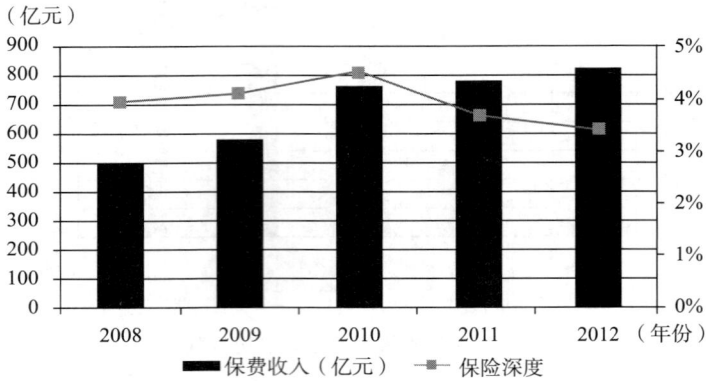

图 27.5 四川省保险深度

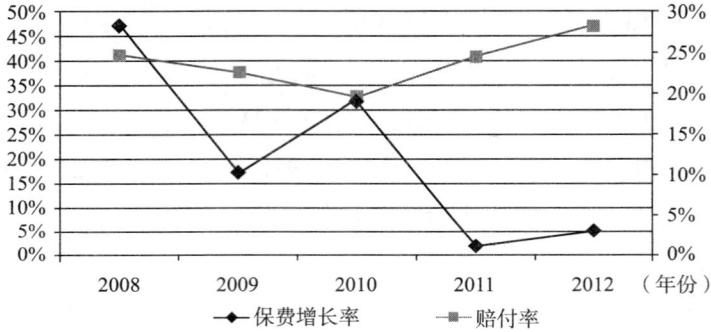

图 27.6 四川省保费收入增长率和保险赔付率

第4节 四川省上市企业部门风险分析

2012 年，四川省共有上市公司 91 家，与 2011 年相比新增上市公司 2 家，分别是和邦股份和明星电缆。截至 2013 年 12 月，四川省 91 家上市公司中，有 20 家公司亏损，上市公司亏损比例为 21.98%，其中 *ST 二重亏损 15 亿元。

一、盈利能力分析

2012 年，四川省上市企业部门盈利能力略有好转，但低于全国平均水平。2012 年，四川省上市企业部门净利润率季度平均值为 7.24%，与 2011 年相比提高 0.22 个百分点，低于全国平均水平 0.92 个百分点。从利润率季度变化趋势来看，延续了 2011 年的特征，呈现"前高后低"态势。

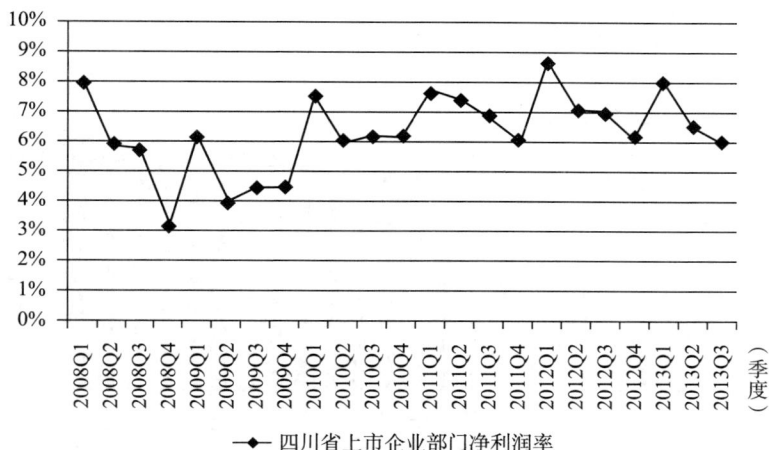

图 27.7　四川省上市企业部门净利润率

二、账面价值资产负债表分析

(一) 资本结构错配分析

2012 年，四川省上市企业部门资本结构错配风险不大。2012 年，四川省第一、二、三、四季度上市企业部门资产负债率分别为 58.31%、60.64%、59.82% 和 59.39%，按季度平均，资产负债率为 59.24%，与 2011 年相比下降了 2.70 个百分点，资本结构进一步合理。

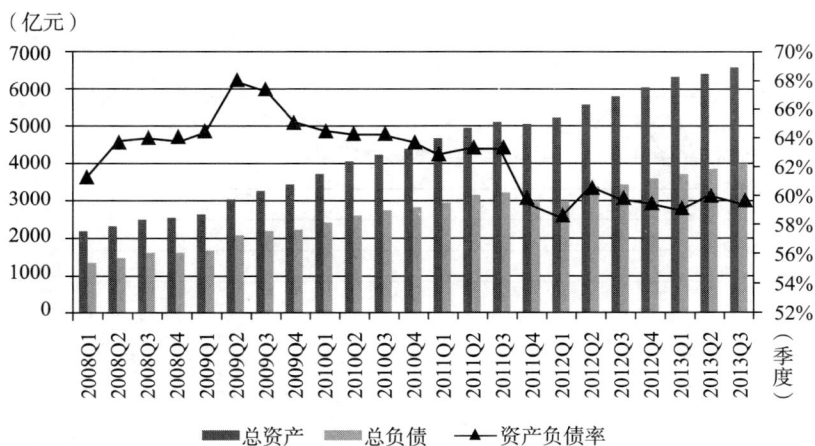

图 27.8　四川省上市企业部门资本结构

(二) 期限错配分析

2012 年，四川省上市企业部门期限错配风险不大，流动性有所增强。2012 年，重庆市上市企业部门第一、二、三、四季度流动比率分别为 124%、119%、122% 和 117%，按季度平均来看，流动比率为 120%，与

2011 年相比上升 5 个百分点。

（亿元）

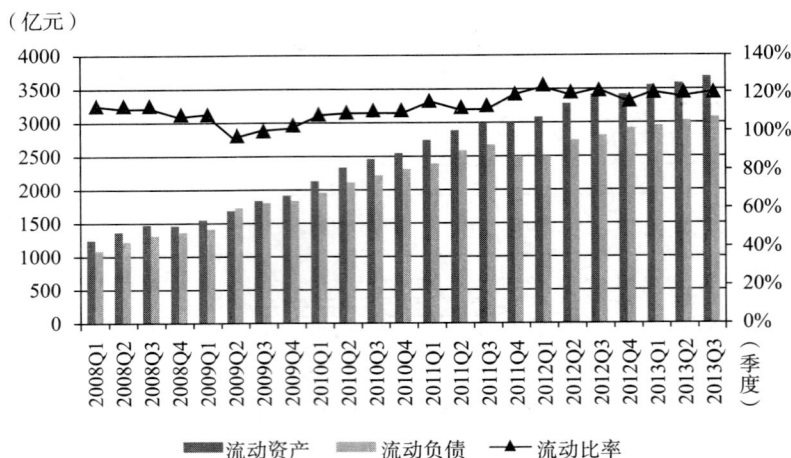

图 27.9　四川省上市企业部门流动比率

三、或有权益资产负债表分析

2012 年，四川省上市企业部门隐含的市场风险加大。2012 年，四川省上市企业部门第一、二、三、四季度或有资产波动率分别为 25.23％、27.10％、30.17％和 31.69％，按季度平均来看，2012 年，四川省上市企业部门或有权益资产负债率为 33.58％，与 2011 年相比上升 5.03 个百分点。

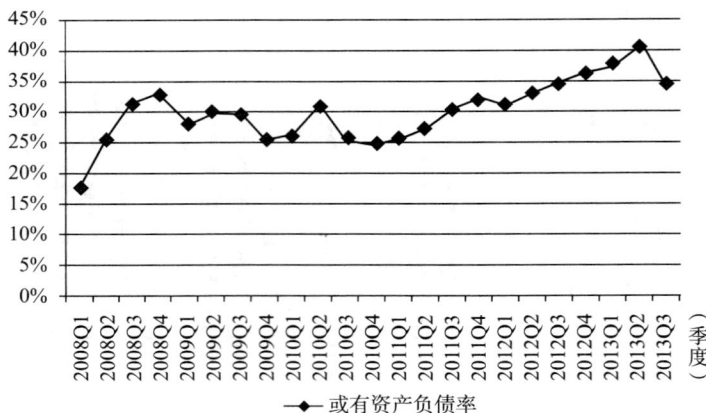

图 27.10　四川省上市企业部门或有资产负债率

2012 年，四川省上市企业部门违约风险有所加大。2012 年，四川省上市企业部门第一、二、三、四季度违约距离分别为 3.38、5.07、4.15 和 4.34，按季度平均来看，2012 年，四川省上市企业部门违约距离为 4.24，与 2011 年相比减少了 0.26。

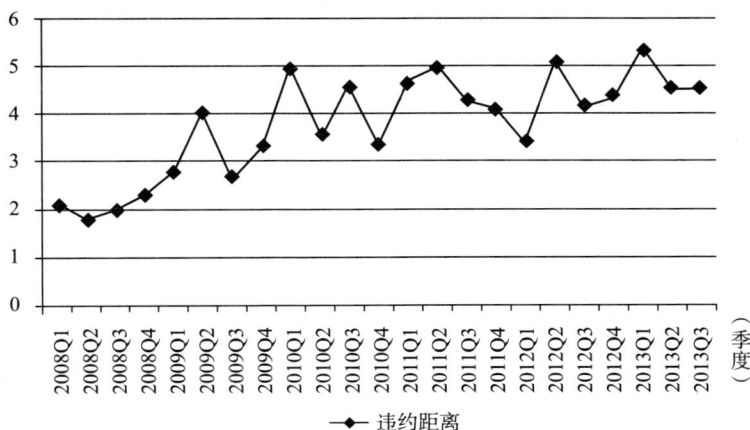

图 27. 11 四川省上市企业部门违约距离

此外，2012 年，四川省上市企业部门经营稳定性略有下降。按季度平均，2012 年四川省上市企业部门或有资产波动率为 15.79%，与 2011 年相比上升 0.04 个百分点。

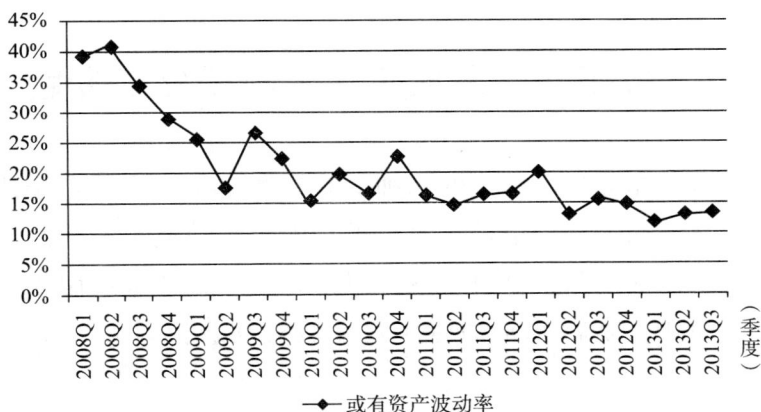

图 27. 12 四川省上市企业部门或有资产波动率

第 5 节 四川省家户部门风险分析

2012 年，四川省家户部门风险较小，居民消费谨慎性增强。具体来看，2012 年，四川省家户部门个人消费贷款为 4527.60 亿元，同比增长 14.19%，与 2011 年相比增速下滑 5.4 个百分点，城乡居民存款为 19438.30 亿元，与 2011 年相比增长 20.38%，增速提高 2.55 个百分点。在居民消费意愿减弱、储蓄意愿增强的背景下，2012 年，四川省个人消费贷款与城乡居民储蓄存款比为 23.3%，与 2011 年相比下降 1.3 个百分点。2013 年，四川省城镇居民可支配收入和农村居民纯收入增长快于四川省 GDP 增速。城镇居民恩格尔系数为 39.6％，达到小康水平，农村居民恩格尔系数为 43.5％，离小康生活水平还有较大差距。

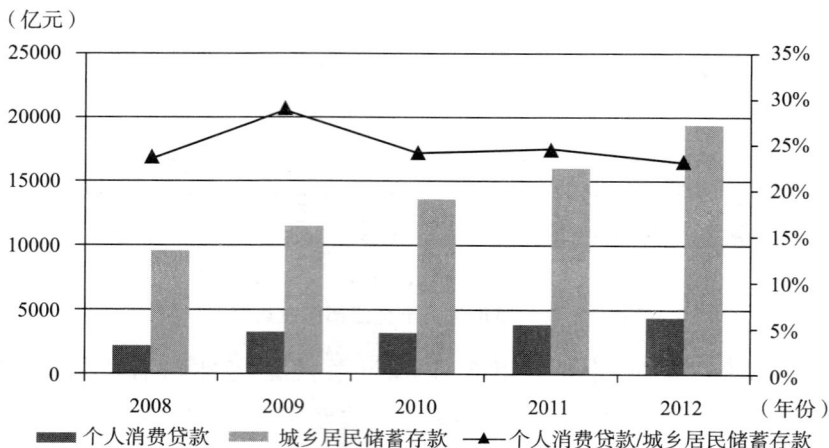

图 27.13　四川省家户部门存贷结构

第 6 节　货币基金发展下"金融脱媒"专题分析

货币市场基金作为投资基金的一种，其投资对象为货币市场质量高、期限短的生息工具，如大额存单，与股权类、固定收益类金融产品相比，其流动性和收益的稳定性是两大显著特点。但是，在当下"金融脱媒"和利率市场化深化的环境中，货币基金的膨胀式发展对商业银行发展带来了巨大的挑战。

从西方国家货币基金发展的历史来看，除了中间几次危机带来短暂的总规模下降外，整个货币市场基金的容量一直是持续上升的。例如，目前在美国，整个货币市场基金总量是非常大的，占共同基金份额约 22.44％。再看看中国货币市场基金发展的历史，我国从 2003 年第一只货币市场基金诞生以后，货币基金的发展是比较快的，特别是在以余额宝为代表的金融产品崛起后发展尤其迅猛。2011 年年末，货币基金行业总规模为 2929 亿元，到 2013 年，规模上升为 7476 亿元，如今，截至 2014 年 5 月末，我国货币基金的规模达 1.92 万亿元，短短几年内，规模扩张了 5 倍。

货币基金对银行存款的"脱媒"体现在多方面。首先，互联网金融和货币基金形成了较好的互补。就余额宝来看，支付宝有数以亿计的客户资源，"天弘基金"具有成熟的投资渠道和模式，两者优势互补。有学者研究认为，货币基金规模的扩张使得大量银行活期存款脱离后以协议存款形式返回银行，银行在其间损失了大量利息收入。其实，银行损失的不仅仅是活期存款，对比一下余额宝和银行理财产品，在收益上，目前国内银行产品收益达到6％的占40％，而余额宝、微信理财通的月平均收益均稳定在6％以上；在流动性上，货币基金目前实行T+0，远好于银行理财产品的流动性；在期限上，货币基金每天实现收益，以复利计算，而银行理财产品无法做到这一点。这种情况下，除了银行的高净值客户，中小客户的定期存款将会有一定程度的流失。

银行业在面对货币基金和互联网金融的"联合脱媒"下，要采取积极的措施。第一，吸收高净值客户，制定特性化理财服务。第二，稳定中小净值客户，利用商业银行自有的网上银行系统对接高收益货币基金，实现投资账户和储蓄账户的统一，开发APP。第三，继续优化银行理财产品的收益和结构，货币基金的收益受银行间大额存款协议利率的影响，因此收益率波动更大，在这点上银行理财产品是有优势的。第四，在"金融脱媒"背景下顺应趋势利用货币市场工具提高银行资金周转率，加大创新。

第 7 节　结论及政策建议

本节在全面分析和总结四川省公共部门、金融部门、企业部门、家户部门风险状况的基础上，得出相关的政策建议。

2012年，四川省财政风险略有增大，但风险水平不高。银行业资本结构错配风险不大；期限错配风险有所缓解；货币错配风险略有下降，但风险水平仍处高位。保险业景气度下降，但降幅有所收窄，保险业赔付风险加大。上市企业部门盈利能力略有好转，但净利润率低于全国平均水平。具体来看，上市企业部门资本结构错配风险不大；流动性有所增强；隐含的市场风险加大；违约风险有所加大；经营稳定性略有下降。

针对四川省2012年各部门风险状况，提出如下几条政策建议：

第一，四川省政府要着力调节本地经济"二元结构"，凸显财政的杠杆作用，优化财政支出结构，协调省会和周边地级市经济发展。

第二，四川省银行业要严格控制外币贷款业务过快发展，注意防范汇率波动风险；保险业在创新业务的同时要加大与小额贷款公司、投资公司、网络信息公司的合作，实现保险功能与理财功能的深度融合。

第三，经营状况良好的上市公司要紧跟市场需求，在加强财务管理、现金流管理的同时，注重金融工具的套期保值功能，多使用订单融资、信用融资、政策融资、市场融资手段。经营状况不佳的上市公司要及时剥离坏账、呆账，通过资产重组、产权交易等途径理清公司财务现状，尽快使公司步入正轨。

第四，银行业在面对货币基金和互联网金融的"联合脱媒"下，要采取积极的措施。包括吸收高净值客户，制定特性化理财服务，稳定中小净值客户，利用商业银行自有的网上银行系统对接高收益货币基金。

参 考 文 献

[1] 中国人民银行：《2008—2012年中国金融运行报告》。

[2] 四川省统计局：《2009—2013年四川省统计年鉴》。

[3] 四川省统计局：《2008—2013年四川省国民经济和社会发展统计公报》。

[4] 林楠：《解决高端金融人才匮乏问题——四川建设西部金融中心的首要步骤》，载《西南金融》2012年第10期，第30—32页。

[5] 杨海燕，杨良，杨祎：《四川金融发展中的城乡"二元"结构及其制度根源》，载《西南金融》2012年第2期，第61—63页。

第 28 章　贵州省宏观金融风险研究

贵州省位于中国西南部，境内喀斯特地貌分布广泛，矿产、能源、生物、旅游等自然资源丰富。2012 年，贵州省在经济与金融方面取得了长足发展。在经济发展方面，贵州省经济平稳较快发展，三大产业结构不断优化，第三产业中金融业发展较为突出。在金融发展方面，贵州省金融市场发展较快，社会信用环境不断改善，银行业信贷总量取得历史性突破，信贷结构进一步优化，证券业稳健经营，保险业平稳发展，其中农业保险发展较快，覆盖面有所扩大。但从目前来看，贵州省经济与金融发展也存在金融市场网络结构不完善、信贷资金运用不合理、保险业服务水平不高等问题。本章从公共部门、金融部门、上市企业部门、家户部门四个方面，运用账面资产负债表和或有权益资产负债表方法，采用相关风险度量指标对贵州省宏观金融风险进行分析和揭示，并给出可行性建议。

张欢欢、张姗姗（2013）以贵州省黔西南布依族苗族自治州为例，针对西部农村金融资源配置效率低下的原因进行了探讨，指出西部地区存在农村金融制度落后，资金资源总量不足、配置不均等问题。王珊（2013）通过构建贵州省经济增长与金融发展模型，采用协整检验、格兰杰检验和 VAR 模型等计量经济学方法，得出了在长期贵州省金融的发展对经济增长有较大的促进作用的结论，并进一步提出了贵州省应该完善金融市场体制，提高金融效率，以金融手段促进经济发展。

本章分析得出，从公共部门来看，2012 年贵州省财政收支缺口进一步恶化，财政风险进一步加大。从金融部门来看，资本结构错配风险有所加大，期限错配风险仍然较高，货币错配风险较大，赔付风险加大。从上市企业部门来看，资本结构错配风险减少，企业部门经营的不稳定性增强。从家户部门来看，2012 年贵州省城乡居民负债水平有所上升，家户部门风险有所加大。

第1节　贵州省经济金融运行概况

一、贵州省经济运行概况

2012 年，贵州省全年实现国民生产总值 6802.20 亿元，比 2011 年增长 13.6％。三大产业增加值分别为：890.02 亿元、2655.39 亿元、3256.79 亿元。三大产业相比 2011 年分别增长 8.5％、16.8％、12.1％。2013 年，贵州省 GDP8006.8 亿元，较 2012 年增长 12.5％。

2012 年，贵州省三大产业结构进一步优化。在全省生产总值中，第一、二、三产业增加值之比为 13.1：39.0：47.9，与 2011 年相比，第二产业提高 0.5％，第三产业中金融业发展较快，同比增长 13.9％。2013 年，贵州省三次产业结构有小幅调整，由 2012 年的 13.1：39.0：47.9 调整为 12.9：40.5：46.6，第二产业对经济发展的贡献度有所提高。

从投资、消费和对外贸易需求方面来看，2012 年，贵州省完成固定资产投资 7809.05 亿元，同比增长 53.1％，增幅较大。2012 年贵州省消费品市场平稳运行，全年社会消费品零售总额达 2005.25 亿元，比 2011 年增长 16.0％；2013 年全年社会消费品零售总额达 2366.24 亿元，同比增长 14.0％。2012 年贵州省全年进出口总额突破 66 亿美元，达到 66.32 亿美元，同比增长 35.7％。其中，进口总额达 16.80 亿美元，比 2011 年下降 11.7％；出口总额达 49.52 亿美元，比 2011 年增长 65.9％。2013 年贵州省全年进出口总额达 82.90 亿美元，比 2012 年增长 25％。其中，出口达 68.86 亿美元，同比增长 39％；进口达 14 亿元，同比下降 16.4％。

从物价方面来看，2012 年居民消费价格总水平比 2011 年上涨 2.7 个百分点，2013 年 CPI 同比上涨 2.5 个百分点，其中，食品价格连续两年上涨较快。

总体来看，2012 年贵州省经济保持良好较快发展，三大产业结构日趋合理，各项固定资产投资有较快发展，对外贸易活跃，但食品价格上涨过快，值得关注。

二、贵州省金融运行概况

2012 年，贵州省金融业平稳健康发展，金融对实体经济的服务能力进一步增强。

2012 年，贵州省银行类金融机构改革步伐加快，银行业不良贷款率进一步下降，经营的稳健性进一步增强。截至 2012 年年末，贵州省金融机构人民币各项存贷款余额都有较快增长。其中，各项存款余额突破 1 万亿元，达到 10540.06 亿元，比 2011 年增长 20.6％；各项贷款余额比年初增加 1428.86 亿元，达到 8274.78 亿元，比 2011 年增长 20.9％。

截至 2012 年年末，贵州省拥有境内上市公司 21 家。全年证券、期货成交金额 5991 亿元，同比增长 20％。证券、期货投资者累计开户数 59.87 万户，同比增长 5％。2013 年证券、期货投资者累计开户同比增加 2.68 万户，证券、期货成交额达 10648.6 亿元，同比增长 77.7％。

截至 2012 年年末，贵州省共有 23 家保险公司。其中 14 家为财产险公司，9 家为人身险公司，比 2011 年增加 1 家。保险公司账面总资产 252.6亿元，同比增长 16.3％。2012 年贵州省保险公司实现保费收入 150.2 亿元，同比增长 14％。其中，财产险保费收入 70.4 亿元，人身险保费收入79.8 亿元。2012 年贵州省保险公司全年各类赔款给付达 55.3 亿元，同比增长 40％。

第 2 节　贵州省公共部门风险分析

2012 年，贵州省公共部门财政收支缺口占 GDP 的比重大幅度上升，公共部门财政风险加大。具体来看，2012 年，贵州省实现一般财政预算收入1014.1 亿元，较 2011 年下降 315.89 亿元，同比下降 23.75％；一般财政预算支出 2752.9 亿元，比 2011 年增长 22.38％；财政缺口为 1738.8 亿元，同比增长 89.12％，增速较 2011 年上升 50.21 个百分点。由于 2012 年贵州一般财政预算收入有较大幅度下滑，一般财政预算支出有较大幅度增长，财政收支缺口占 GDP 的比重为 25.6％，与 2011 年相比上升 9.4 个百分点，如图28.1 所示，财政风险进一步加大。

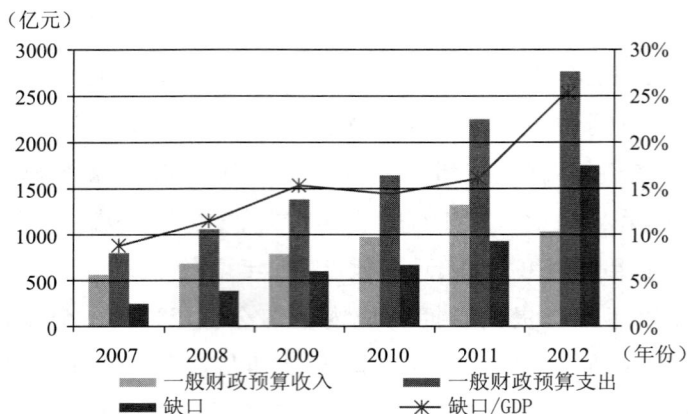

图 28.1　贵州省财政收支情况①

第3节　贵州省金融部门风险分析

2012 年，贵州省金融业总体平稳健康运行，银行业、证券业、保险业稳健发展，金融体系进一步完善，金融生态环境不断优化。本节主要采用资本结构错配分析、期限错配分析、货币错配分析等方法揭示贵州省银行类、保险类金融机构所面临的风险状况。

一、银行类风险分析

（一）资本结构错配分析

2012 年，贵州省银行类金融机构资本结构错配风险有所加大，银行资本结构需要进一步优化。具体来看，2012 年贵州省银行类金融机构存款总额为 10568 亿元，首次突破 1 亿元，同比增长 20.87％，增速较 2011 年上升 2.15 个百分点；贷款余额为 8350 亿元，同比增长 22.04％，增速较 2011 年上升 3 个百分点。如图 28.2 所示，2012 年贵州省银行类金融机构存贷比为 79.0％，与 2011 年相比略有上升。2007 年至 2012 年，贵州省银行业金融机构存贷比一直高于国家规定的商业银行存贷比 75％的上限，并且 2010 年至 2012 年贵州省银行业金融机构存贷比有上行态势。

---

① 数据来源：《2008－2012 年贵州省国民经济与社会发展统计公报》，贵州省统计局。本章关于贵州省经济、金融状况的数据均来源于此。

（亿元）

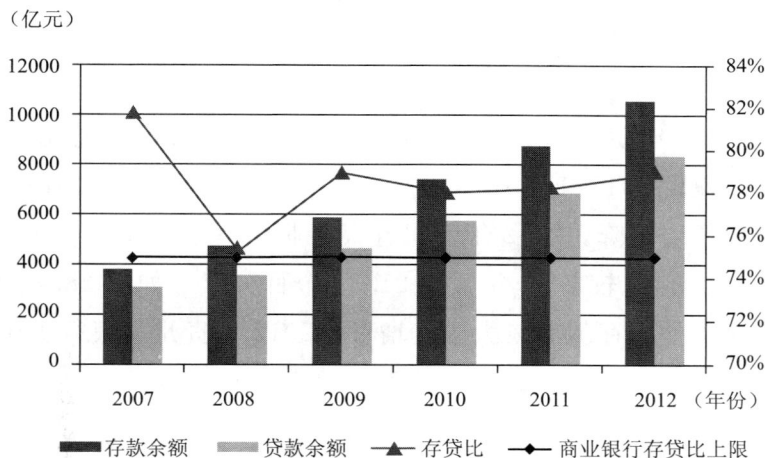

图 28.2　贵州省银行类金融机构资本结构

（二）期限错配分析

2012 年贵州省银行类金融机构中长期贷款占比下降，期限错配风险有所缓和，但从总体而言，贵州省银行类金融机构所面临的期限错配风险仍然较高，不容忽视。具体来看，2012 年，贵州省银行业金融机构中长期贷款达到6406 亿元，同比增长 17.76%，增速较 2011 年下降 0.97 个百分点；贷款余额达到 8350 亿元，同比增长 22.04%，增速较 2011 年上升 3 个百分点。如图 28.3 所示，2012 年贵州省银行类金融机构中长期贷款占贷款余额达76.7%，较 2011 年下降 2.8 个百分点。虽然 2012 年贵州省银行类金融机构期限错配风险有所下降，但从总体来看银行业"存短贷长"现象依然较为严重，期限错配风险仍然较大。

（亿元）

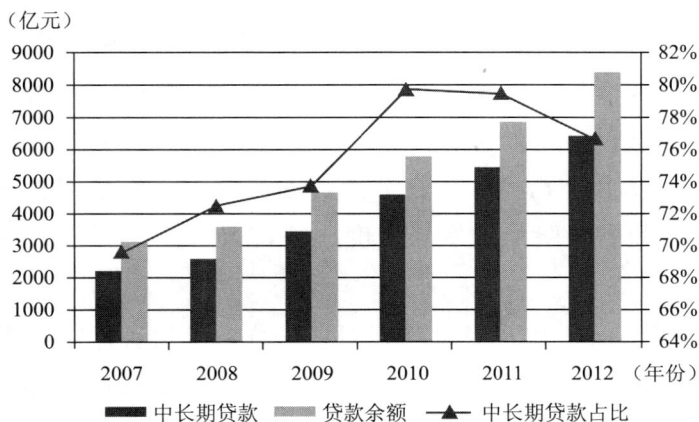

图 28.3　贵州省银行类金融机构中长期贷款占比

（三）货币错配分析

2012年，贵州省银行类金融机构外币存贷比陡增至272.7%，货币错配风险较大。2012年贵州省银行业外币贷款达到75.426亿元，同比增长121.68%，增速较2011年上升82.82个百分点；受外币存款利率走低影响，外币存款余额不增反降，2012年贵州省银行业外币存款为27.6562亿元，同比下降2.46%，增速较2011年下降21.39个百分点。如图28.4所示，由于外币贷款相对于外币存款有较大幅度增长，2012年贵州省银行类金融机构外币存贷比达到272.7%，比2011年提高152.7个百分点。

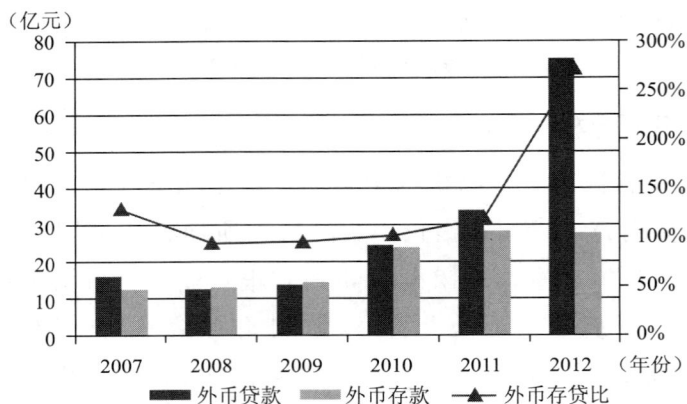

图28.4 贵州省金融机构外币存贷比

二、保险类风险分析

2012年，贵州省保险业稳步发展，全年实现保费收入150.22亿元，比上年增长14.0%，增速较2011年提高6.5个百分点。近两年来，贵州省生产总值呈较大幅度增长，而保险业保费收入增长缓慢，这直接导致了近两年来贵州省保险深度呈下滑趋势。如图28.5所示，2012年，贵州省保险深度为2.2%，较2011年下滑0.1个百分点，远远低于全国平均水平。保险深度的下滑表明，贵州省保险业的发展速度放缓，保险业在贵州省国民经济中的地位有所下降。

2012年，受银保新政及退保潮等因素影响，贵州省保险业累计赔付支出55.34亿元，比上年增长40.03%。2012年贵州省保险业实现保费收入150.22亿元，同比增长14%。对比发现，2011年至2012年贵州省保险业赔付额的增长速度远远高于保费收入的增长速度，赔付率呈上升趋势。2012年，贵州省保险业赔付率达到36.8%，较2011年上升6.8个百分点，如图28.6所示。贵州省赔付率的上升态势，表明保险业的发展呈现出一定程度的风险。

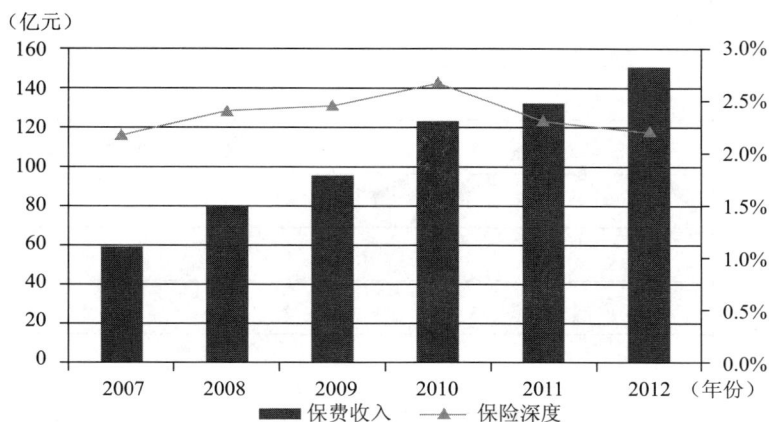

图 28.5　贵州省保险类金融机构保险深度

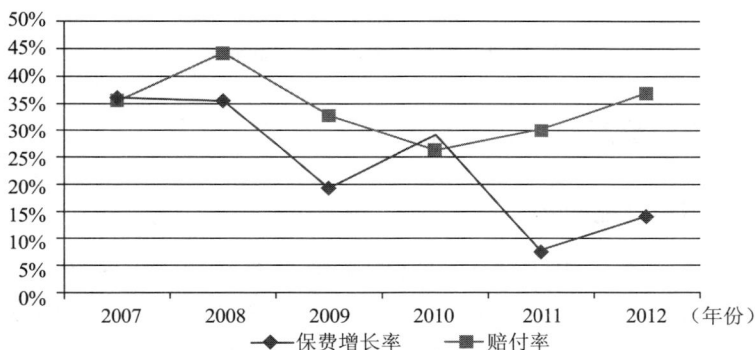

图 28.6　贵州省保险类金融机构保费增长率和赔付率

第 4 节　贵州省上市企业部门风险分析

截至 2012 年 9 月，在剔除一家创业板上市公司朗玛信息以后，贵州省共有上市公司 20 家，主要分布在医药化工、机械加工等行业，本节采用相关风险度量指标，主要从上市公司盈利能力、账面资产负债表和或有权益资产负债表三方面对贵州省上市公司风险进行分析和揭示。

一、盈利能力分析

上市公司的的净利润率是反映上市公司盈利能力的一项重要指标，净利润率高，盈利能力强，风险就较小。2012 年，贵州省 20 家上市公司无一出现亏损状态，各家公司盈利能力较强，四个季度的利润率分别为 22.11％、24.80％、25.00％、22.80％，季度平均利润率为 23.68％，与 2011 年相比提高 3.41 个百分点。这表明 2012 年，贵州省上市公司盈利能力有所上升，经营风险较小。

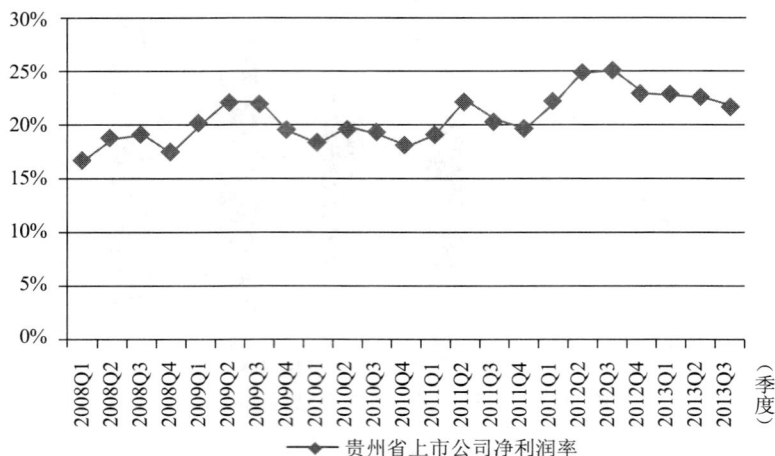

图 28.7　贵州省上市公司净利润率

二、账面价值资产负债表分析

（一）资本结构错配分析

2012 年，贵州省上市企业部门资产负债率有所下降，资本结构错配风险减少。2012 年贵州省上市公司四个季度的资产负债率分别为 50.07%、52.00%、49.24%、50.00%，四个季度平均资产负债率为 50.33%，同比下降 1.02 个百分点。结合 2013 年上市公司前三个季度的资产负债率可以看出，贵州省上市公司资产负债率有下降趋势，资本结构进一步优化，资本错配风险不大。

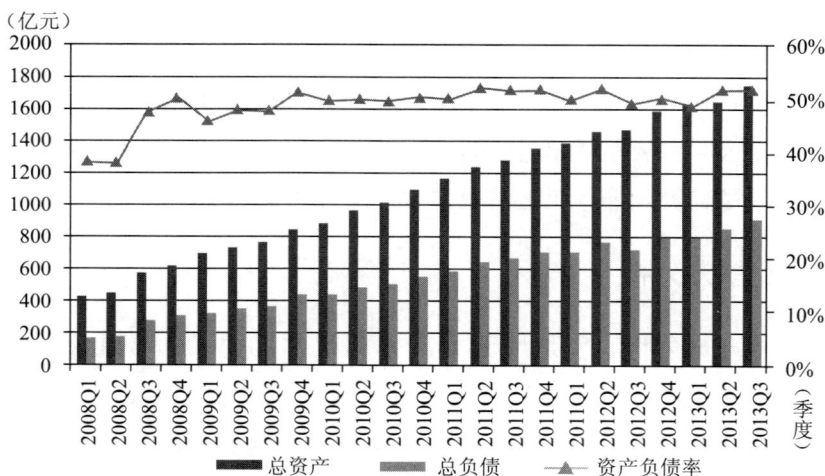

图 28.8　贵州省上市公司资产负债率

（二）期限错配分析

2012 年，贵州省上市公司流动比率基本与 2011 年持平，基本上不存在期限错配风险。如图 28.9 所示，2012 年贵州省上市公司四个季度的流动比率分别为 186.36％、176.41％、197.27％、188.11％，四季度平均流动比率为 187.04％，较 2011 年下降 0.28 个百分点。结合 2013 年贵州省上市公司前三个季度的流动比率可以看出，贵州省上市公司的流动比率一直很高，不存在期限错配风险。

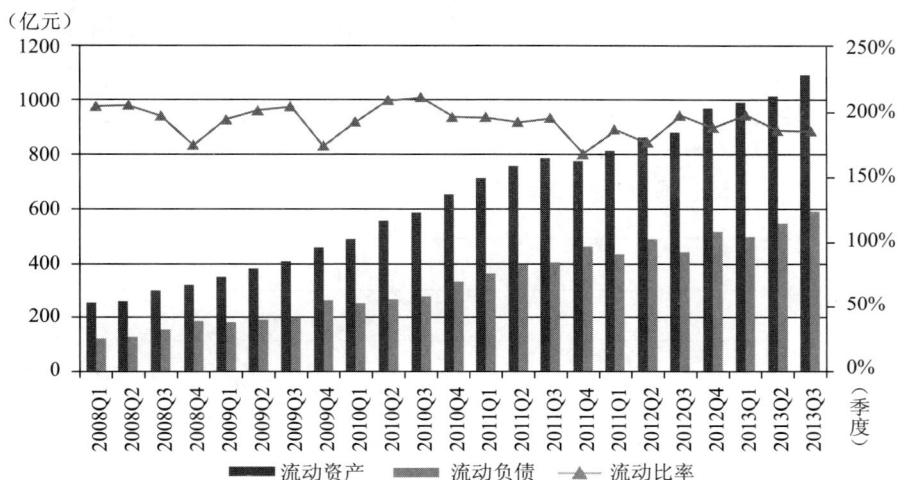

图 28.9　贵州省上市公司流动比率

三、或有权益资产负债表分析

从贵州省上市企业部门的或有资产负债率趋势图可以看出，2012 年，贵州省上市企业部门的市场风险加大。2012 年贵州省四个季度或有资产负债率分别为 15.52％、15.00％、13.83％、17.00％，平均或有资产负债率为15.34％，较 2011 年增加 0.94 个百分点。结合 2013 年贵州省上市公司前三个季度的或有资产负债率可以看出，贵州省上市公司所面临的市场风险加大。

2012 年贵州省上市企业部门的违约距离下降，违约风险有所增加。具体来看，2012 年贵州省上市企业部门四个季度的违约距离分别为 3.46、4.40、3.45、3.76，四个季度的平均违约距离为 3.77，与 2011 年相比下降了 0.64。

2012 年，贵州省上市企业部门经营不稳定性增强。具体来看，2012 年贵州省上市企业部门四个季度的或有资产波动率分别为 24.23％、19.21％、24.86％、21.58％，四个季度平均或有资产波动率为 22.57％，与 2011 年相比上涨 3.17 个百分点。

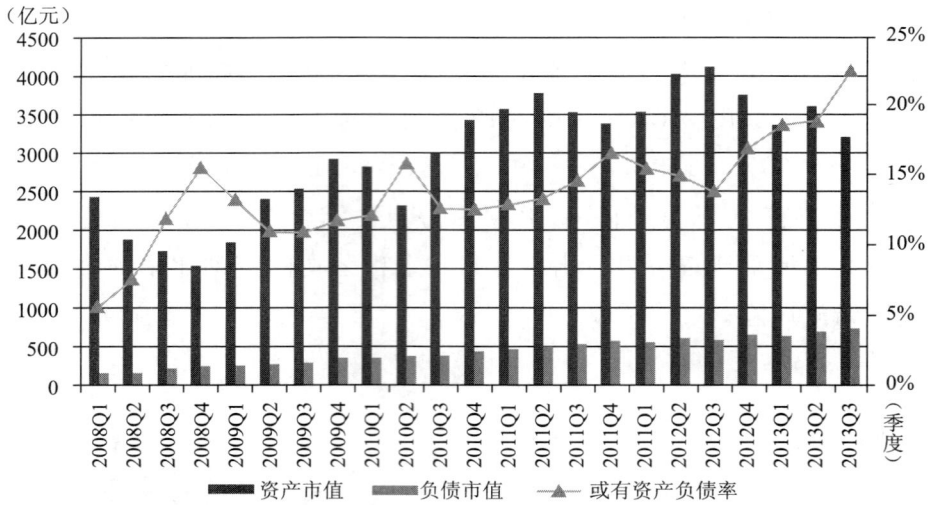

图 28.10　贵州省上市公司或有资产负债率

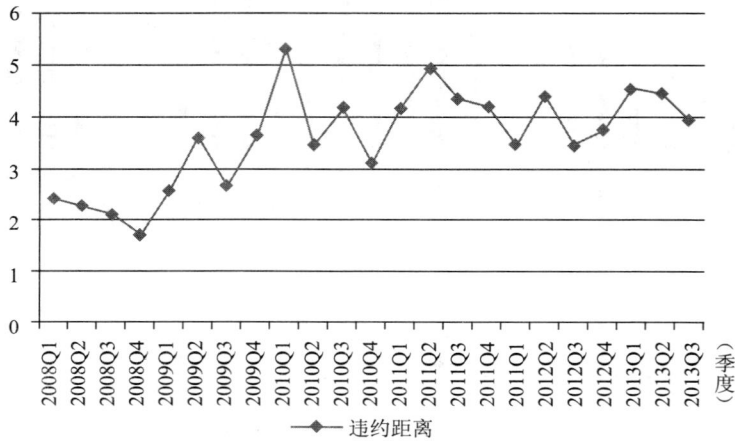

图 28.11　贵州省上市公司违约距离

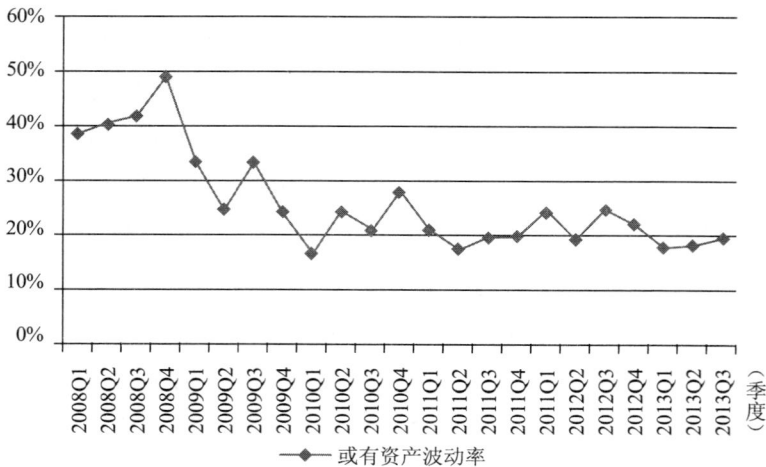

图 28.12　贵州省上市公司或有资产波动率

第 5 节　贵州省家户部门风险分析

2012 年，贵州省城乡居民收入稳步增加，消费支出明显上升，城乡居民生活水平进一步提高。2012 年贵州省全年城镇居民人均可支配收入、城镇居民人均消费支出分别达到 18700.51 元、12585.70 元，比 2011 年分别增长 13.4％、10.9％，汽车、家用电脑和摄像机等耐用消费品的消费数量增长较快。2012 年贵州省全年农村居民人均纯收入为 4753 元；农村居民人均生活消费支出为 3901.71 元，分别同比增长 14.7％、12.9％，热水器、洗衣机、摩托车等耐用消费品的消费数量增长较快。

自 2008 年以来，贵州省个人消费贷款占城乡居民储蓄存款的比率呈逐年上升态势。从个人消费信贷结构来看，2012 年，贵州省城乡居民储蓄存款达到 4806.1 亿元，同比增长 22.15％，增速上升 0.9 个百分点；居民个人消费贷款达到 1380.6 亿元，同比增长 30.26％，增速下滑 0.35 个百分点，如图 28.13 所示。个人消费贷款占城乡居民储蓄存款的比率达到 28.7％，比上年增长 1.8 个百分点。这说明 2012 年贵州省城乡居民负债水平有所上升，家户部门风险有所加大。

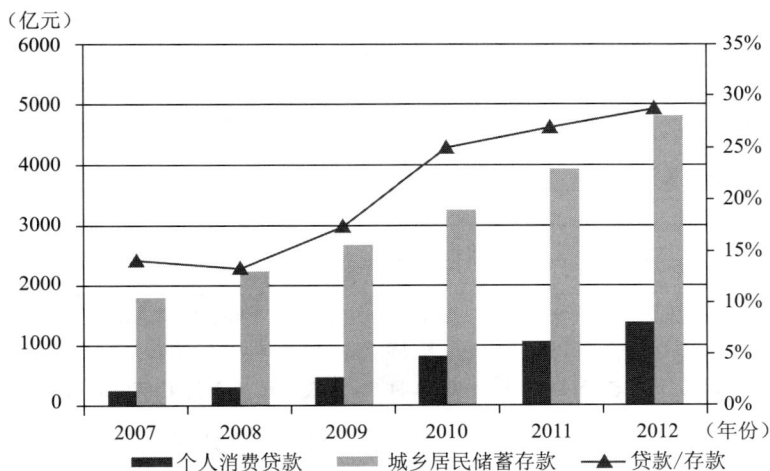

图 28.13　贵州省家户部门存贷比

第 6 节　贵州省货币错配风险专题分析

随着经济金融全球化进程的加快，贵州省商业银行也逐渐参与国际资本市场业务，从而引起了银行类金融机构的资产和负债在收支上的币种结构不匹配，由此导致了商业银行的货币错配现象。近年来，随着人民币的不断升值和贵州省对外贸易的持续顺差，贵州省商业银行的外币资产远远大于外币负债，汇率敏感性净外币资产日趋暴露，债权性货币错配风险日益严重。

商业银行货币错配是指在国际市场交易活动中，商业银行由于在收入和支出中使用了不同的货币计值，导致其资产和负债净值对汇率的变动异常敏感的现象。商业银行是典型的负债经营机构，具有较高的杠杆性，在汇率波动的冲击下会导致其外币资产和负债结构不对称，带来汇兑损失、外币存贷收益差和流动性风险等等，给商业银行的稳定性带来潜在的威胁。

自人民币汇率制度改革以来，我国人民币兑美元汇率[①]一直处于下降趋势，人民币升值的压力越来越大。如图 28.14 所示，人民币兑美元汇率由 2007 年的 7.3046 逐渐降至 2012 年的 6.2855，下降了约 13.95％。人民币逐渐升值的预期，一方面导致了企业和居民持有外币存款意愿降低，加剧了商业银行外币资金来源的紧张，另一方面却刺激了企业外币贷款需求。外币资金供给的减少以及外币贷款需求的增加，最终导致了商业银行外币资金来源远远满足不了外币资金运用，汇率敏感性外汇敞口日益暴露，易给商业银行造成损失。因此，可以说人民币的不断升值是影响贵州省商业银行货币错配风险的重要宏观因素。

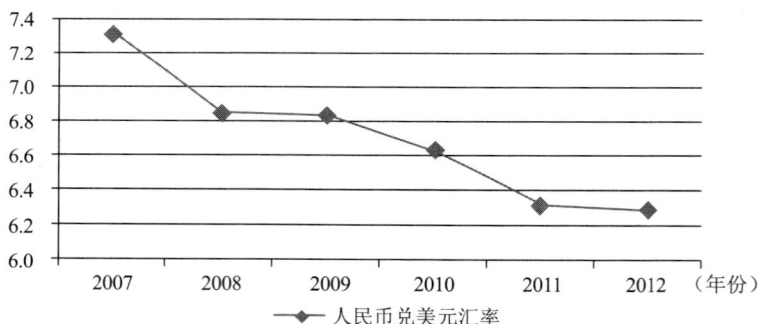

图 28.14　2007 年至 2012 年每年 12 月 31 日人民币兑美元汇率中间价趋势图

从表 28.1 可以看出，贵州省银行类金融机构外币存款增长一直比较缓慢，从 2007 年至 2012 年仅仅增长 15.24 亿元。但是，贵州省银行类金融机构外币贷款却逐渐攀升，尤其是 2012 年，金融机构外币贷款达到 75.426 亿元，外币存贷差达到 47.7698 亿元，存贷比由 2011 年的 120％飙升至 272.7％。从外币存贷差的角度可以看出，2012 年贵州省银行类金融机构货

---

① 人民币汇率采用直接标价法，即用一美元折合人民币的单位数来表示人民币汇率的变动。

币错配风险非常突出。

表 28.1　2007—2012 年贵州省银行类金融机构外币存贷表

	外币贷款 （亿元人民币）	外币存款 （亿元人民币）	外币存贷差 （亿元人民币）	外币存贷比
2007	16.07012	12.41782	−3.6523	129.40%
2008	12.30228	12.98574	0.68346	94.70%
2009	13.6564	14.33922	0.68282	95.20%
2010	24.50399	23.84172	−0.66227	102.80%
2011	34.02486	28.35405	−5.67081	120.00%
2012	75.426	27.6562	−47.7698	272.70%

究其原因不难发现，近年来，贵州省对外贸易持续顺差是导致贵州省商业银行货币错配的主要原因。贵州省对外贸易的快速发展创造了大量的外汇收入，然而大量流入的外汇收入又被央行强制结售成人民币成为央行的外汇储备，通过对外贸易流入的外汇存款也就转换成了人民币存款。此外，我国规定商业银行的外汇贷款必须用于贸易项目的支付，因而这些外币贷款也就无法通过"乘数效应"创造出更多的外汇存款。央行的这种政策，无疑会改变贵州省商业银行本外币资产负债项目。

如图 28.15 所示，2008 年和 2009 年，贵州省进出口贸易差额较 2008 年有所回落，与此对应的是贵州省商业银行的外币存贷差为正，外币存贷比也较 2007 年有所下降。从 2010 年至 2012 年，贵州省出口增幅较大，进出口差额也越来越大，尤其是 2012 年贵州省出口达到 495000 万美元，同比增长 65.83%，出口达 168000 万美元，同比下降 11.53%，进出口差额达到 327000 万美元，是 2011 年的两倍，这直接导致了 2012 年贵州省商业银行外币存贷差达 47.7698 亿元，外币存贷比达到 272.7%，货币错配风险较为严重。

表 28.2　2007—2012 年贵州省外贸进出口表

年份	进口（万美元）	出口（万美元）	进出口差额（万美元）
2007	80800	146500	65700
2008	146740	190101.1	43361.1
2009	94876	135856	40980
2010	122000	192000	70000
2011	189900	298500	108600
2012	168000	495000	327000

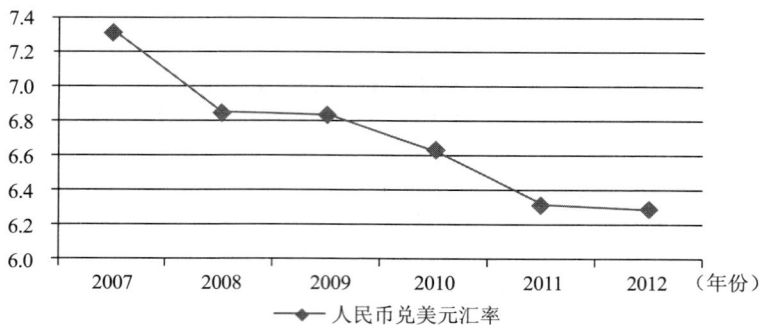

图 28.15　贵州省外贸进出口情况

针对 2012 年贵州省商业银行出现的较为严重的货币错配风险，本文提出以下几方面建议。第一，合理配置本外币资产和负债的比例，有效监控汇率敏感性敞口。从资产负债表管理方法上来说，贵州省商业银行要及时调节匹配外汇资产和外汇负债的时间、币种和结构；从损益表管理的方法上来说，贵州省商业银行要积极运用金融衍生工具对冲汇率风险。第二，贵州省商业银行要密切关注受汇率影响较大的出口企业的经营状况，及时调整信贷额度，加强信贷管理，提高风险防范意识，降低经营风险。

第 7 节　结论及政策建议

本节对贵州省公共部门、金融部门、上市企业部门和家户部门四部门风险进行了总结，并给出相关政策建议。

从公共部门来看，2012 年贵州省财政收支状况进一步恶化，财政收支缺口进一步扩大，财政风险进一步加大。从金融部门来看，2012 年贵州省银行类金融机构存贷比又呈上升趋势，资本结构错配风险有所加大；中长期贷款占比下降，期限错配风险有所缓和，但从绝对值而言，期限错配风险仍然较高；外币存贷比陡增，货币错配风险较大；2012 年贵州省保险业景气度有所下降，赔付风险加大。从上市企业部门来看，2012 年贵州省上市企业整体盈利能力较强；资产负债率有所下降，资本结构错配风险减少；流动比率较高，基本上不存在期限错配风险；或有资产负债率上涨，上市公司所面临的市场风险加大；违约距离下降，违约风险有所增加；或有资产波动率上涨，企业部门经营的不稳定性增强。从家户部门来看，2012 年贵州省城乡居民负债水平有所上升，家户部门风险有所加大。

针对 2012 年贵州省四个部门的风险状况，提出以下几个方面的建议：

第一，贵州省政府一方面要广开财源，积极扶持和引导特色产业健康发展，增加税收收入，稳步提高财政收入，另一方面，贵州省政府要开源节流，提高财政资金的使用效率，同时，要建立地方公债的风险监控体系，有效控制公共部门的财政风险。

第二，贵州省银行类金融机构要合理调整资本结构，努力吸收存款，适度减少贷款规模，有效防控资本结构错配风险。此外，贵州省金融部门要继续增加短期贷款比例，减少中长期贷款比例，有效抑制"存短贷长"现象，防控期限错配风险。

+·+

参 考 文 献

［1］中国人民银行：《2008—2012 年中国金融运行报告》。

［2］贵州省统计局：《2009—2013 年贵州省统计年鉴》。

［3］张欢欢，张珊珊：《基于资源配置的西部农村金融问题探讨》，载《兴义民族师范学院学报》2013 年第 6 期，第 11—14 页。

［4］王珊：《金融发展对经济增长影响的实证分析——以贵州省为例》，载《经济研究导刊》2013 年第 9 期，第 1—4 页。

第 29 章　云南省宏观金融风险研究

云南省位于中国西南边陲，与缅甸、老挝、越南三国相邻，是中国通向东南亚地区的重要开放窗口。2012 年，云南省抢抓建设中国面向西南开放重要桥头堡的重大战略机遇，全省经济总量首次突破亿元，实现了国民经济的跨越式发展。同时，2012 年，云南省金融运行总体平稳，银行业、证券业和保险业稳健发展，金融生态环境不断改善，金融对经济发展的支撑作用进一步凸显。但云南省经济金融发展也存在产业结构升级缓慢，农村金融服务体系单一，农村信贷投入不足，金融监管职责不清等诸多问题。本章首先对云南省的经济金融状况进行介绍，然后从公共部门、金融部门、上市企业部门、家户部门四个方面进行风险研究，并给出相关政策与建议。

卢佳瑄（2013）认为云南省县域金融生态环境存在县域金融机构缺失，信贷投放不足，农信资金大量外流现象严重等诸多问题，并针对县域金融生态环境所表现出的问题提出了几方面的优化建议。石丽雄（2013）运用计量经济学研究方法，通过实证数据检验了云南省经济波动与金融发展之间的关系，结果表明，云南省金融业的发展可以有效抑制经济波动，金融体系的完善有助于稳定经济发展。

从本文中可以得出，从公共部门来看，2012 年云南省公共部门财政风险进一步加大。从金融部门来看，资本结构错配风险仍然较为突出，期限错配风险有所缓和，货币错配风险较大，赔付风险有所加大。从上市企业部门来看，资本结构错配风险加大，期限错配风险较大，上市公司所面临的市场风险加大，违约风险有所降低，上市企业经营更加稳健。从家户部门来看，2012 年云南省城乡居民负债水平涨幅不大，家户部门风险较小。

第 1 节　云南省经济金融运行概况

一、云南省经济运行概况

2012 年，云南省全年实现生产总值 10309.80 亿元，比 2011 年增长

13.0％。其中，三大产业增加值分别为 1654.60 亿元、4419.10 亿元、4236.14 亿元；三大产业分别同比增长 6.7％、16.2％、11.4％。2013 年，云南省 GDP 达到 11720.9 亿元，同比增长 12％，高于全国平均水平 4.4 个百分点。

2012 年，云南省三大产业结构有小幅度调整，由 2011 年的 15.9：42.5：41.6 调整为 16.0：42.9：41.1。2013 年，云南省三次产业结构进一步优化，由 2012 年的 16.0：42.9：41.1 调整为 16.2：42.0：41.8，第二产业对经济增长的贡献度有所下降。

从投资需求来看，2012 年云南省完成社会固定资产投资总额 7553.5 亿元，同比增长 27.3％。三大产业的投资总额分别为 143.1 亿元、2530.2 亿元、4880.2 亿元。2013 年，云南省固定资产投资达 9621.8 亿元，同比增长 27.4％，增速与 2012 年基本持平。

从消费需求来看，2012 年云南省实现社会消费品零售总额 3541 亿元，比 2011 年增长 18.0％。其中，城镇社会消费品零售额占很大比重，达到 2847 亿元；乡村社会消费品零售额达 694 亿元。2013 年云南省实现社会消费品零售总额 4036 亿元，增速较 2012 年下降 4 个百分点。

从外贸需求来看，2012 年，云南省对外贸易总额达 210 亿美元，比 2011 年增长 31.0％，增速较 2011 年提高 10.9 个百分点。其中出口总额 100 亿美元，比 2011 年增长 5.8％，进口总额 110 亿美元，比 2011 年增长 67.6％。2013 年，云南省对外贸易总额增速有小幅回落，相比 2012 年增长 23％，达 258.3 亿美元。其中出口总额 159.6 亿美元，进口总额 98.7 亿美元，实现贸易顺差 60.9 亿元。

从物价水平来看，2012 年云南省居民消费物价指数较 2011 年上涨 2.7 个百分点，2013 年全省 CPI 同比上涨 3.1％。

总体来说，2012 年云南省三次产业协同发展，投资高速增长，内需动力强劲，进出口贸易活跃，物价控制良好，全省实现了经济跨越式发展。

二、云南省金融运行概况

2012 年，云南省金融业发展良好，整体服务水平显著提高，金融对经济发展的服务能力进一步增强。

2012 年，云南省银行服务体系日益完善，资产规模较快增长，同比增长 21.3％，经营更加稳健，不良贷款率有所降低。截至 2012 年年底，云南省金融机构人民币存款余额达 17966 亿元，比 2011 年年底增长 17％；人民币贷款余额达 13848 亿元，比 2011 年年底增长 14.3％。与 2012 年相比，2013 年云南省金融机构人民币存贷款余额进一步增加，其中，金融机构人民币存贷款余额分别达 20691.6 亿元、5782.5 亿元，分别同比增长 15%、14%。

2012 年，受证券市场持续动荡因素影响，云南省证券业业绩下滑。全年证券市场 A 股、基金总交易量较 2011 年下降 26.5 个百分点；两家法人券商营业收入较 2011 年下降 22.4%，资产利润率较 2011 年下降 1.8%。2012 年，云南省企业全年通过证券市场融资总额由 2011 年的 100.2 亿元增加到 109.5 亿元。2013 年，云南省证券业发展有所好转，全省 28 家上市公司通过证券市场融资高达 255.9 亿元，与 2012 年相比增长 133.70%。

2012 年，云南省保险业发展较快，保险覆盖面逐步扩大，社会保障功能日益凸显。2012 年，云南省保险机构较 2011 年新增 1 家，达到 32 家，资产总额达 441 亿元，比 2011 年增长 15.9%。全年原保险保费收入 271 亿元，同比增长 12.5%；保险赔付支出首次超过百亿元，达到 100.11 亿元，同比增长 25.3%。2013 年，云南省全年保险公司原保险保费收入达 320.8 亿元，同比增长 18.2%；全年支付各类赔款及给付 122 亿元，同比增长 21.9%。

第 2 节　云南省公共部门风险分析

2012 年，云南省公共部门财政风险有所加大。具体来看，2012 年云南省一般财政预算收入为 1338 亿元，同比上涨 20.45%，增速较 2011 年降低 7.06 个百分点。全省一般财政预算支出 3573.4 亿元，比 2011 年增长 21.98%，增速较 2011 年降低 6.19 个百分点。如图 29.1 所示，2012 年云南省一般财政收支缺口为 2235.4 亿元，缺口占 GDP 的比重为 21.7%，较 2011 年提高 0.9 个百分点。

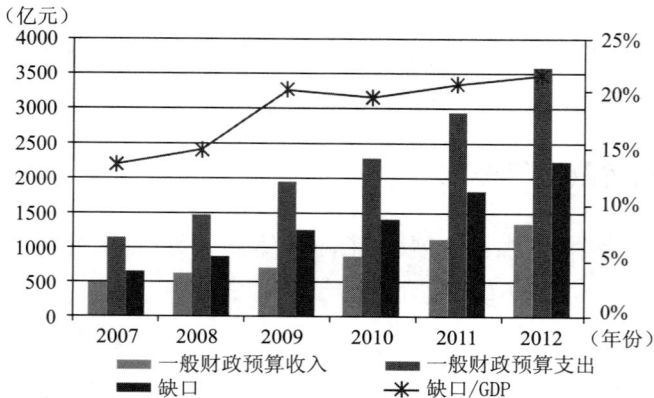

图 29.1　云南省一般预算收支①

---

① 数据来源：《2008－2012 年云南省国民经济与社会发展统计公报》，云南省统计局。本章关于云南省经济、金融状况的数据均来源于此。

第 3 节　云南省金融部门风险分析

2012 年，云南省金融业总体运行平稳，金融对经济发展的作用进一步增强。本节主要采用资本结构错配分析、期限错配分析、货币错配分析等方法揭示云南省银行类、保险类金融机构所面临的风险状况。

一、银行类风险分析

（一）资本结构错配分析

2012 年，云南省银行类金融机构资本结构错配风险有所降低，但从绝对量上来看，银行类金融机构资本结构错配风险依然较大。具体来看，2012 年，云南省银行类金融机构存款规模增长速度高于贷款规模增长速度。其中，存款余额为 18062 亿元，同比上涨 17.07%，增速较 2011 年提高 2.57 个百分点；贷款余额为 14169 亿元，同比上涨 14.75%，增速较 2011 年下降 0.63 个百分点。如图 29.2 所示，2012 年云南省银行类金融机构存贷比为 78.4%，与 2011 年相比下降 1.6 个百分点，因而所面临的资本结构错配风险有所降低，但从绝对数上看，近几年云南省银行类金融机构的存贷比一直高于央行规定的商业银行存贷比 75% 的上限，因而银行类金融机构所面临的资本结构错配风险依然较大。

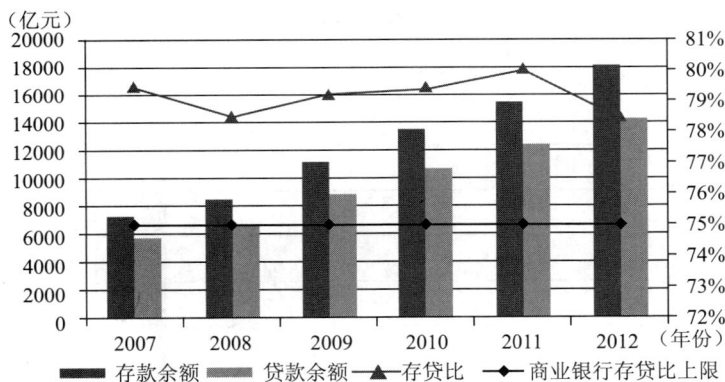

图 29.2　云南省金融部门存贷款结构

（二）期限错配分析

2012 年，云南省银行类金融机构期限错配风险有所降低。具体来看，2012 年，云南省银行类金融机构累计发放中长期贷款总额达 9644 亿元，同比上涨 8.15％，增速较 2011 年下降 6.64 个百分点；银行类金融机构累计发放贷款余额 14169 亿元，同比上涨 14.75％，增速较 2011 年下降 0.63 个百分点。如图 29.3 所示，2012 年云南省银行类金融机构中长期贷款占比为 68.1％，较 2011 年下降 4.2 个百分点。

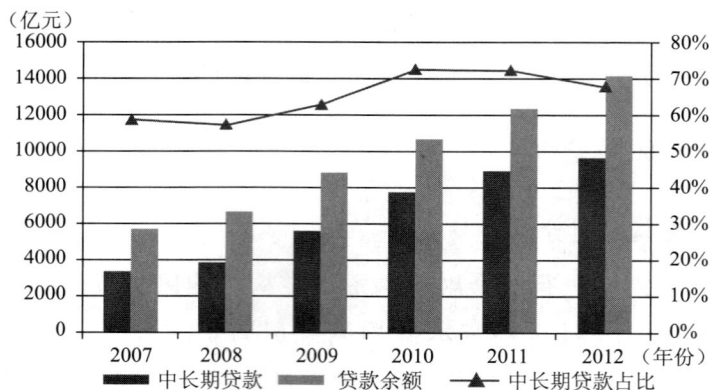

图 29.3　云南省金融部门期限结构

（三）货币错配分析

2012 年，云南省银行类金融机构货币错配风险较为突出。自 2011 年以来，云南省银行类金融机构外币存款涨幅较小，外币贷款猛增好几倍，外币存贷比有继续扩大趋势。具体来看，2012 年云南省银行类金融机构外币贷款余额达 299 亿元，同比上涨 39.72％，增速较 2011 年下降 149.47 个百分点；外币存款余额达 83 亿元，同比上涨 27.69％，增速较 2011 年上涨 27.69 个百分点，如图 29.4 所示。2012 年云南省银行类金融机构外币存贷比高达 360.2％，与 2011 年相比上涨 31 个百分点。

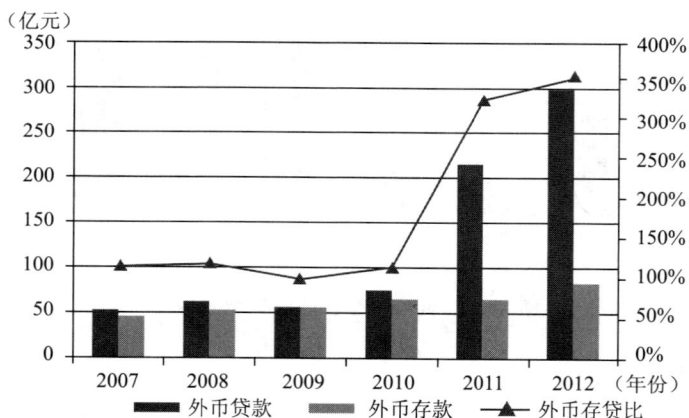

图 29.4　云南省外币存贷比

二、保险类风险分析

2012 年，云南省全年实现保费收入 271 亿元，比 2011 年增长 12.4%，增速较 2011 年上涨 10.3 个百分点。2011 年至 2012 年，云南省生产总值呈较大幅度增长，保险业的发展速度慢于整个云南省社会经济的发展速度，这直接导致了近两年云南省保险深度呈下滑趋势。如图 29.5 所示，2012 年，云南省保险深度为 2.6%，较 2011 年下滑了 0.2 个百分点。近两年来云南省保险深度的下降表明，云南省保险业发展速度逐渐放缓，保险业在云南省国民经济中的地位有下降趋势。

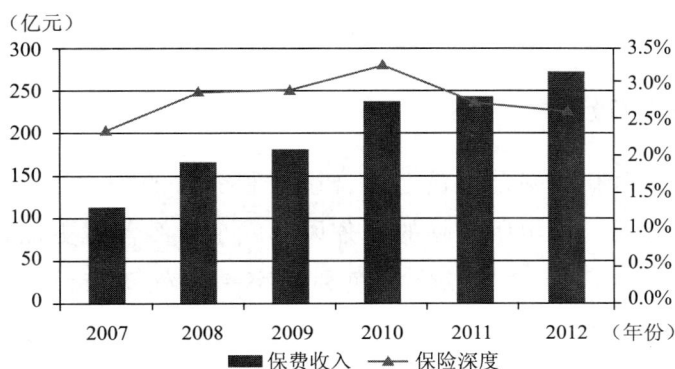

图 29.5　云南省保险类金融机构保险深度

2012 年，云南省保险业累计赔付支出总额达 100.11 亿元，比 2011 年增长 15.81%，增速较 2011 年下降 14.54 个百分点。对比发现，2011 年至 2012 年，云南省保险业赔付额的增长速度远远高于保费收入的增长速度，赔付率呈上升趋势。如图 29.6 所示，2012 年，云南省保险业赔付率达到 36.9%，较 2011 年上升 1 个百分点。云南省赔付率的上升态势，表明云南省保险业的发展具有一定程度的风险。

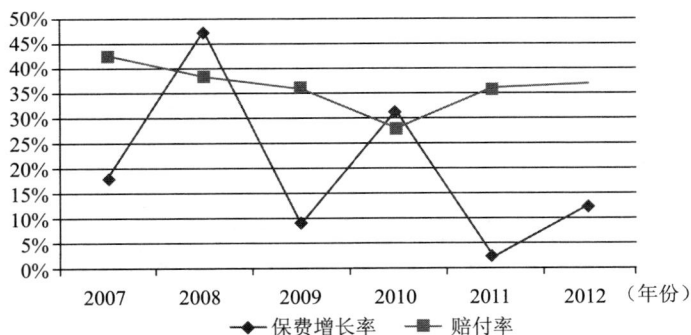

图 29.6　云南省保险类金融机构保费增长率和赔付率

2012 年云南省保险深度的继续下降，保费收入的低增长和赔付率的持续上升，表明云南省保险业的发展速度放缓，景气度有所下降，但总体运行平稳，在一定程度上为云南省社会经济发展提供了社会保障功能。

第 4 节　云南省上市企业部门风险分析

截至 2013 年 9 月末，在剔除一家创业板上市公司沃森生物和一家证券公司天平洋外，云南省共有上市公司 27 家，主要分布在医药化工、有色金属、能源矿产等行业。本节主要从上市公司盈利能力、账面资产负债表和或有权益资产负债表等方面对云南省上市公司风险进行分析和揭示。

一、盈利能力分析

上市公司的净利润率是衡量上市公司盈利能力的一项重要指标，净利润率高，盈利能力强，公司所面临的财务风险就小，经营就更加稳健。自 2011 年第三季度至今，云南省上市公司净利润率一直处于持续下滑态势。2012 年，由于传统行业生产过剩，云铝股份、云南盐化、云维股份均出现不同程度的亏损。在云铝股份、云南盐化、云维股份、＊ST 大地、＊ST 西仪、＊ST 景谷利润亏损的影响下，2012 年云南省上市公司四个季度的净利润率分别为 1.59％、1.46％、1.15％、0.85％，四个季度平均净利润率的为 1.26％，较 2011 年下降 2.97 个百分点。结合 2013 年前三季度上市公司净利润率的情况来看，云南省上市公司盈利能力较弱，所面临的经营风险较大。

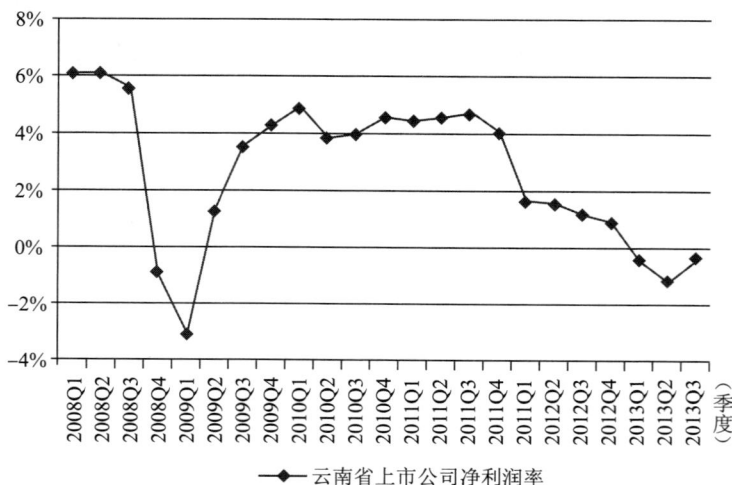

图 29.7　云南省上市公司净利润率

二、账面价值资产负债表分析

(一) 资本结构错配分析

2012 年云南省上市企业部门资产负债率上升，资本结构错配风险加大。2012 年云南省上市公司四个季度的资产负债率分别为 65.56％、66.50％、67.75％、69.05％，四个季度平均资产负债率为 67.22％，同比上升 2.6 个百分点。结合 2013 年上市公司前三个季度的资产负债率可以看出，云南省上市公司资产负债率有上升趋势，资本错配风险较大。

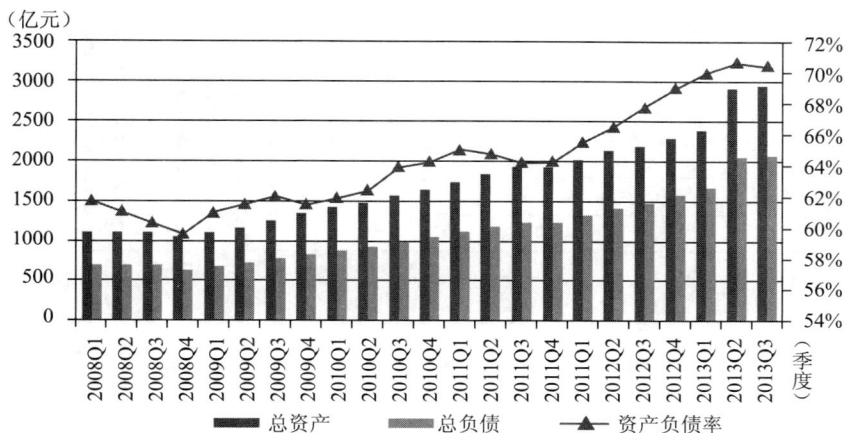

图 29.8　云南省上市公司资产负债率

(二) 期限错配分析

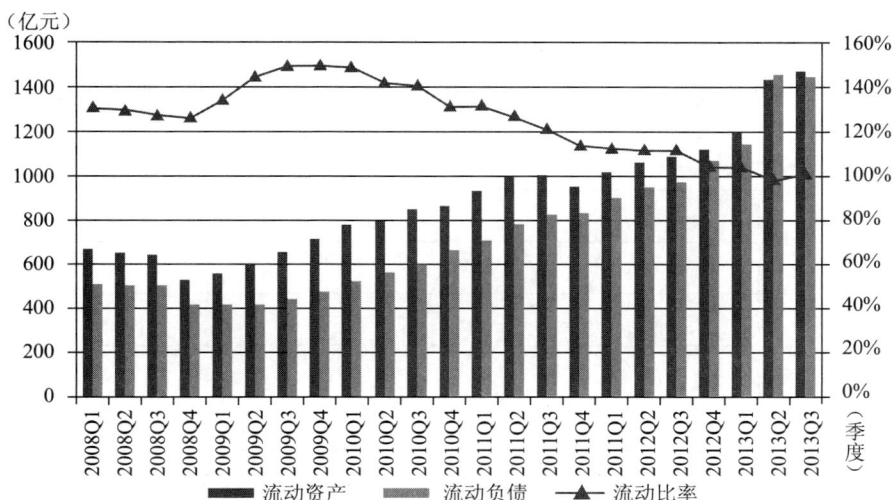

图 29.9　云南省上市公司流动比率

2012 年云南省上市企业部门流动比率下降，流动性风险逐渐加大，期限错配风险较大。2012 年云南省上市公司四个季度的流动比率分别为

112.74％、111.79％、111.90％、104.33％，四季度平均流动比率为110.33％，较2011年下降13.42个百分点，如图29.9所示。

三、或有权益资产负债表分析

2012年云南上市企业部门市场风险加大。2012年云南省四个季度或有资产负债率分别为34.07％、34.87％、36.51％、37.89％，平均或有资产负债率为35.84％，较2011年增加7.99个百分点。

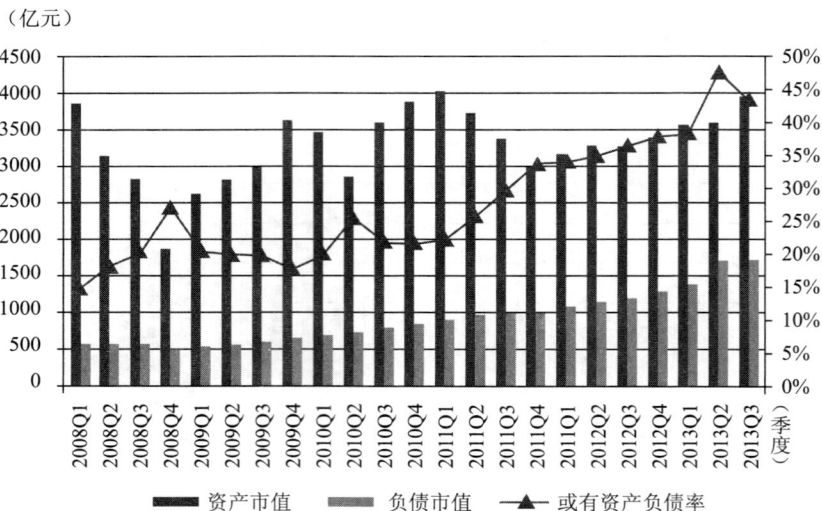

图29.10 云南省上市企业部门或有资产负债率

2012年云南省上市企业部门的违约距离上升，违约风险有所下降。具体来看，2012年云南省上市企业部门四个季度的违约距离分别为3.01、4.99、4.09、5.07，四个季度的平均违约距离为4.29，与2011年相比上升0.46。

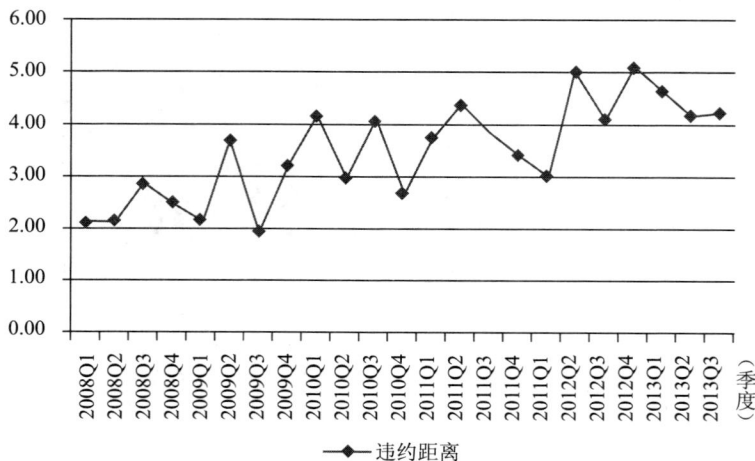

图29.11 云南省上市企业部门违约距离

从云南省上市企业部门的或有资产波动率趋势图可以看出，云南省上市企业部门或有资产波动率呈下降趋势，经营的稳健性增强。具体看来，2012年云南省上市企业部门四个季度的或有资产波动率分别为21.47%、12.81%、15.27%、12.02%，四个季度平均或有资产波动率为15.39%，与2011年相比下降3.27个百分点。

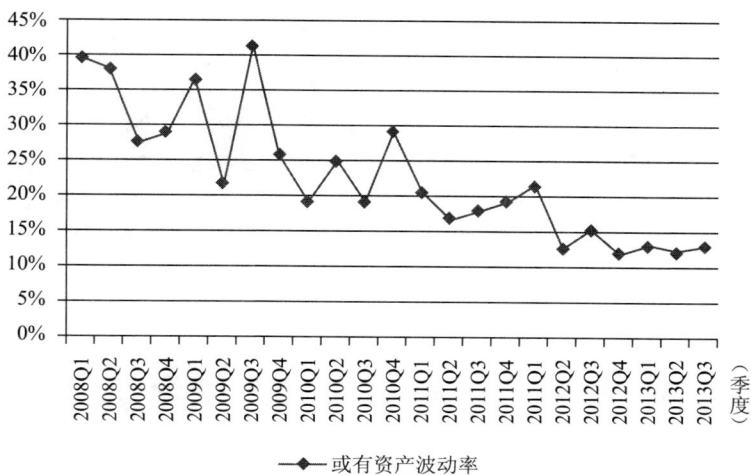

图 29.12 云南省上市企业部门或有资产波动率

第5节 云南省家户部门风险分析

2012年云南省家户部门负债水平与2011年基本持平，负债水平较低，存贷结构合理，风险水平较低。2012年云南省城乡居民收入支出均有大幅度上升，人民生活水平显著提高。具体来看，城镇居民人均收入达21075元，较2011年增长10.2%，人均消费支出达13884元，同比增长13.4%；农村居民人均收入达5417元，比2011年增长12.1%，人均消费支出4561元，比2011年增长14%。此外，2012年云南省个人消费贷款总额达1856亿元，同比增长16.88%，增速较2011年下降0.49个百分点；居民储蓄存款总额达7745亿元，同比增长16.38%，增速较2011年增加0.54个百分点。如图29.13所示，2012年云南省家户部门存贷比为24.0%，同比增加0.1个百分点，涨幅不大，基本上与2011年持平。

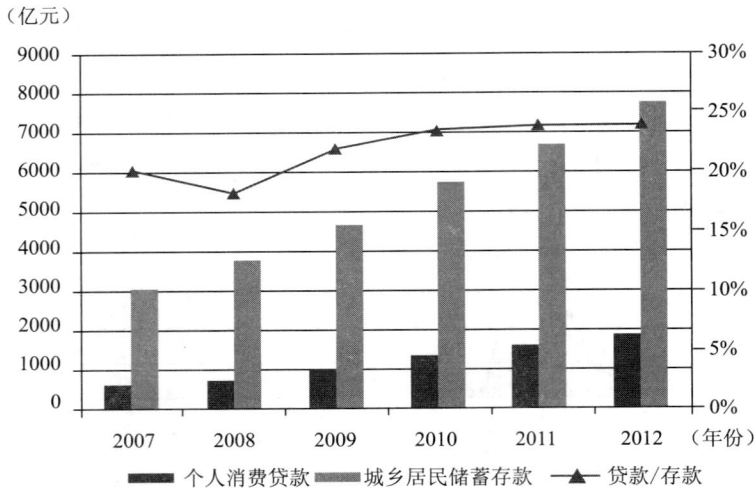

图 29.13　云南省家户部门存贷结构

第6节　云南省上市公司经营风险专题分析

截至 2013 年 9 月，剔除一家创业板上市公司和上市证券公司后，云南省共有上市公司 27 家，总资产约为 29040386 万元，固定资产约为 14337141 万元，因此，上市公司在云南省社会经济发展中占据重要地位。然而，2012 年云南省上市公司整体业绩出现大幅度下滑，亏损公司由 3 家增至 11 家，总体净利润较 2011 年下滑 67.21%，净利润率一度下跌至谷底；同时，上市公司整体财务指标进一步恶化，资产负债率攀升至 70% 左右，流动比率下跌至 110% 左右。从近两年来云南省上市公司的财务状况可以看出，云南省上市公司的经营风险总体偏高，越来越成为制约云南省社会经济发展的重要因素。

企业经营风险是指在企业的生产经营过程中，由于外界环境的不确定性或者管理者决策失误导致公司盈利水平下降的风险。一个企业没有控制和防范风险的能力，也就无法谈及盈利能力。考虑到运用单个财务比率来衡量预测公司经营风险存在一定程度上的缺陷，本文采用多种财务指标加权汇总的 Z 计分法模型对云南省上市公司的经营风险进行衡量，进一步探究公司所面临的经营风险成因，并提出规避风险的措施。

由美国学者 Alman 提出的适用于上市公司的"Z 计分模型"如下：

其中：

Z 计分模型提供了判断企业破产的标准。当 Z<1.81 时，企业破产概率

很高；当 1.81＜Z＜2.675 时，无法判断企业财务风险，破产风险不确定；当 Z＞2.675 时，企业财务状况良好，无破产风险。

在充分考虑 Z 计分模型标准的基础上，从云南省上市公司的实际出发，对 Z 的临界值做如下调整，如表 29.1 所示。

表 29.1　云南省上市公司 Z 值分布及对应的经营风险状况

Z 值	短期出现破产的概率	经营风险状况
Z＜0.5	存在财务危机，破产率很高	危险
0.5≤Z＜1.0	存在某些财务困境，有破产的可能	一般
1.0≤Z＜2.0	存在某些财务隐患，解决不好有可能破产	良好
Z≥2.0	财务状况良好，没有破产的可能	无

根据云南省上市公司 2011 年和 2012 年两年的财务数据，运用 Alman 提出的 Z 计分公式，求得云南省 27 家上市公司的 Z 值，如表 29.2 所示。

表 29.2　云南省上市公司 2011 年和 2012 年的 Z 值

股票名称	2011 年		2012 年	
	Z 值	经营风险状况	Z 值	经营风险状况
云南白药	1.32	良好	1.38	良好
昆百大 A	0.38	危险	0.71	一般
名流置业	0.18	危险	0.15	危险
云铝股份	0.54	一般	0.57	一般
云南铜业	1.16	良好	1.29	良好
云内动力	0.50	一般	0.44	危险
南天信息	1.23	良好	0.85	良好
锡业股份	0.79	一般	0.70	一般
丽江旅游	0.49	危险	0.39	危险
云南盐化	0.60	一般	0.45	危险
云南旅游	0.27	危险	0.44	危险
罗平锌电	1.16	良好	1.51	良好
＊ST 大地	0.29	危险	0.33	危险
＊ST 西仪	0.52	一般	0.51	一般
云南锗业	0.72	一般	0.32	危险
云天化	0.38	危险	0.37	危险

续表

股票名称	2011 年		2012 年	
	Z 值	经营风险状况	Z 值	经营风险状况
云南城投	0.02	危险	0.03	危险
*ST 景谷	0.52	一般	0.24	危险
昆明制药	1.54	良好	1.44	良好
贵研铂业	1.59	良好	2.20	无
驰宏锌锗	0.42	危险	0.55	一般
云维股份	0.62	一般	0.45	危险
云煤能源	1.28	良好	1.19	良好
保税科技	0.27	危险	0.19	危险
昆明机床	0.73	一般	0.44	危险
博闻科技	0.47	危险	0.27	危险
文山电力	0.75	一般	0.71	一般

从表 29.2 可以看出，2011 年和 2012 年云南省上市公司的平均 Z 值分别为 0.69 和 0.67，根据调整后的 Z 值标准可以看出，两年来云南省上市公司的整体经营风险总体偏高。此外，2012 年上市公司的 Z 值低于 2011 年，这说明 2012 年上市公司的经营风险高于 2011 年。

表 29.3 2011 年和 2012 年云南省上市公司 Z 值分布情况

	Z≥2.0（无风险）	1.0≤Z<2.0（良好）	0.5≤Z<1.0（一般）	Z<0.5（危险）
2011 年	0	10	7	10
2012 年	1	6	6	14

从表 29.3 可以看出，与 2011 年相比，2012 年云南省上市公司的整体经营状况进一步恶化。根据调整后的 Z 值标准，2011 年上市公司经营风险处于良好状态的有 10 家，处于危险状态的有 10 家，但 2012 年上市公司经营风险处于良好状态的只有 6 家，减少了 4 家，处于危险状态的有 14 家，增加了 4 家。

2012 年，云南省上市公司经营状况恶化不仅归结于宏观经济环境变化、行业不景气等外部客观因素，也归结于企业自身缺乏核心竞争力和公司治理结构不完善等内在因素。

云南省上市公司过度集中于传统能源行业。2012 年，在世界经济复苏乏力，中国经济增速放缓的大格局下，随着我国市场经济的发展和产业结构的转型，钢铁、水泥、焦炭、基础化工、有色金属等市场需求不振，产能严重过剩，直接导致云南省传统行业的上市公司经营业绩出现较大程度亏损，如2012年罗平锌电、云维股份、云煤能源、昆明机床、云天化等公司出现严重亏损。

核心竞争力是上市公司发展的持续动力，上市公司只有掌握核心技术，才能长久立于不败之地。然而，云南省某些上市公司没有自己的核心技术和核心产品，缺乏核心竞争力。此外，公司治理结构合理与否也是影响经营业绩的另一重要因素。例如，云南省上市公司 ST 景谷内部治理结构不完善，内部权力纷争严重，难以保证公司内部科学决策，最终导致连续三年亏损。

针对2012年云南省上市公司出现的经营困境，本文提出以下几点建议。第一，云南省上市公司要积极主动地运用远期、期货等金融衍生产品进行套期保值，规避由于利率、汇率和商品价格波动给企业带来的经营风险。第二，云南省上市公司要强化风险意识，建立和完善财务风险预警系统，提高财务风险管理效率，增强上市公司财务风险决策的科学性。第三，云南省上市公司要完善法人治理结构，建立现代企业制度，通过权力的分配和制衡来保证公司高效科学运营。第四，云南省上市公司要培养自己真正的核心竞争力，在主营业务上做大做强，不断革新原有的生产技术和生产设备，提高产品的技术含量，增加产品附加值。

第7节　结论及政策建议

本节对云南省公共部门、金融部门、上市企业部门和家户部门四部门风险进行总结，并给出相关政策建议。

从公共部门来看，2012年云南省财政收支状况进一步恶化，公共部门财政风险进一步加大。从金融部门来看，2012年云南省银行类金融机构存贷比虽有所下降，但资本结构错配风险仍然较为突出；中长期贷款占比下降，期限错配风险有所缓和；外币存贷比继续攀升，货币错配风险较大；2012年云南省保险业景气度有所下降，赔付风险有所加大。从上市企业部门来看，2012年云南省上市企业整体盈利能力下降；资产负债率上涨，资本结构错配风险加大；流动比率持续降低，期限错配风险较大；或有资产负债率上涨，上市公司所面临的市场风险加大；违约距离有所上升，违约风险有所降低；

或有资产波动率下降，上市企业经营更加稳健。从家户部门来看，2012年云南省城乡居民负债水平涨幅不大，家户部门风险较小。

针对2012年云南省四个部门的风险状况，我们提出以下几个方面的建议：

第一，云南省政府一方面要广开财源，稳步提高财政收入，另一方面，政府要开源节流，减少不必要的财政支出，提高财政资金的使用效率，同时，要建立地方公债的风险监控体系，有效控制公共部门的财政风险。

第二，云南省保险业要积极开发设计新的保险品种，提高保险涉农覆盖范围，积极拓宽保险销售渠道，增强保险防范风险的能力，努力提高保险深度和保险密度，为云南省社会经济发展发挥社会保障功能。

参 考 文 献

[1] 中国人民银行：《2008—2012年中国金融运行报告》。

[2] 云南省统计局：《2009—2013年云南省统计年鉴》。

[3] 卢佳瑄：《云南省县域金融生态现状及优化方案》，载《时代金融》2013年第8期，第173—175页。

[4] 石丽雄：《云南省经济波动与金融支持的实证分析》，载《经济学研究》2013年第2期，第29页。

第30章 西藏自治区宏观金融风险研究

西藏自治区位于中国地广人稀的青藏高原西南部，由于历史、地理等方面的种种原因，西藏自治区社会经济发展底子薄、基础弱，远远落后于中国的东中部地区。2012年，在国家财政的大力扶持下，西藏自治区政府带领全区人民认真贯彻落实中央第五次西藏工作会议精神，使得西藏社会经济发展又迈上了一个新台阶。但是西藏社会经济发展仍然存在许多问题，从经济发展方面来看，西藏工业发展依然落后、产业结构不合理，对中央财政的依赖性较强，发展水平较低；从金融发展方面来看，西藏社会信用环境差，担保体系不健全，银行存贷差距大，资金外流严重，金融对西藏社会经济发展的支持力度不足。本章分别从公共部门、金融部门、上市企业部门、家户部门四个方面进行风险研究，并提出相关的政策与建议。

李泼（2012）认为西藏社会经济发展落后，制约了西藏金融生态环境的发展；金融体系不健全，缺少股份制银行、地区性银行等；金融市场欠发达，企业直接融资规模小，融资渠道单一；西藏金融担保体系不完善，社会信用体系建设落后等。郑双（2012）论证了正规金融与非正规金融的关系，并通过将西藏自治区与温州、甘肃、新疆三个地区非正规金融发展政策制度的设计对比发现，西藏金融发展的政策制度设计抑制了非正规金融的发展，这不利于西藏社会经济尤其是牧区经济的发展。

从本文中可以看出，2012年，西藏自治区企业部门经营风险加大，企业资本结构错配风险减少，上市企业期限错配风险加大，企业市场风险加大，企业违约风险有所下降，企业经营的稳健性增强。从家户部门来看，2012年，西藏自治区家户部门负债水平低，存贷结构呈下降趋势，基本上不存在风险。

第1节 西藏自治区经济金融运行概况

一、西藏自治区经济运行概况

2012年，西藏自治区实现生产总值701.03亿元，按可比价格计算，比

2011 年增长 11.8％。三大产业增加值分别为 80.41 亿元、241.65 亿元、378.98 亿元。三大产业较 2011 年分别增长 3.4％、14.4％、12.0％。2012 年人均地区生产总值达到 22936 元，同比增长 10.4％。

2012 年，西藏自治区三大产业结构进一步优化。在全区生产总值中，第一、二、三产业增加值之比为 11.5：34.5：54.0，与 2011 年相比，第一产业比重下降 0.8％，第二产业持平，第三产业提高 0.8％。

2012 年西藏自治区全年全社会完成固定资产投资总额 709.98 亿元，比上年增长 29.3 个百分点。三大产业固定资产投资额分别为 32.03 亿元、222.82 亿元、455.13 亿元。三大产业较 2011 年分别增长 4.4％、47.9％、23.7％。

从对内贸易方面来说，2012 年西藏自治区全年社会消费品零售总额为 254.64 亿元，比上年增长 16.3％。从对外贸易方面来说，2012 年西藏自治区全年进出口总额首次突破 30 万美元大关，达到 342397 万美元，比 2011 年增长 1.5 倍，增速较为明显。其中，进出口总额分别为 335501 万美元、6896 万美元。在进出口贸易中，边境小额贸易实现进出口总额 168648 万美元，占进出口贸易总额的 49.3％。

西藏自治区 2012 年居民消费价格总水平比 2011 年上涨 3.5％。城市居民消费价格水平、农村居民消费价格水平分别上涨 3.6％、3.4％。从居民消费价格构成来看，食品类、烟酒及用品类、衣着类、家庭设备用品及维修服务类、医疗保健及个人用品类、交通和通讯类、娱乐教育文化用品及服务类、居住类分别比 2011 年上涨 6.9％、1.5％、4.3％、1.5％、0.9％、1.2％、0.3％、1.4％。

总体来看，2012 年，西藏自治区对内对外贸易活跃，固定投资增长较快，产业结构进一步优化，物价水平稳定，全区实现社会经济平稳较快发展。

二、西藏自治区金融运行概况

2012 年，西藏银行正式营业，中国农业发展银行西藏自治区分行正式成立，西藏自治区银行业金融机构体系进一步完善。2012 年西藏银行业存贷款有较快增长。2012 年年末全部金融机构本外币各项存款余额突破 2000 亿元，达到 2054.25 亿元，比 2011 年年末增长 23.7％。全部金融机构本外币各项贷款余额为 664.05 亿元，比 2011 年末增长 62.3％。

截至 2012 年年末，西藏自治区共有 5 家保险公司分支机构。其中，财产险公司分支机构 4 家，人身险保险机构 1 家。全年实现保费收入 9.54 亿元，同比增长 25.5％。财产险保费收入、人身险保费收入分别为 6.52 亿元、3.0 亿元，分别同比增长 13.7％、61.6％。全年共支付各类赔款 4.05 亿元，比 2011 年增长 30.64％。保险深度为 1.4％，同比上涨 0.1 个百分点；保险密度为 309.7 元/人，同比提高 59.2 元。

第 2 节　西藏自治区公共部门风险分析

2012 年，西藏公共部门的财政风险有所加大，财政收支状况不容乐观。具体来说，2012 年，西藏一般财政预算收入为 87 亿元，同比上涨 58.18％；西藏一般财政预算支出为 905 亿元，同比上涨 19.39％；增速较 2011 年下降 18.17 个百分点；财政缺口为 818 亿元，同比上涨 16.36％，增速较 2011 年下降 20.41 个百分点，如图 30.1 所示。由于 2012 年西藏一般财政预算收入有较大幅度增长，一般财政预算支出增速下滑，财政收支缺口占 GDP 的比重为 116.7％，与 2011 年相比仅仅增长 0.7 个百分点，财政收支缺口占 GDP 的比重基本与 2011 年持平。但从绝对量上来看，西藏财政收支缺口已经连续三年超过 GDP 的总规模，财政收支风险巨大，不容忽视。

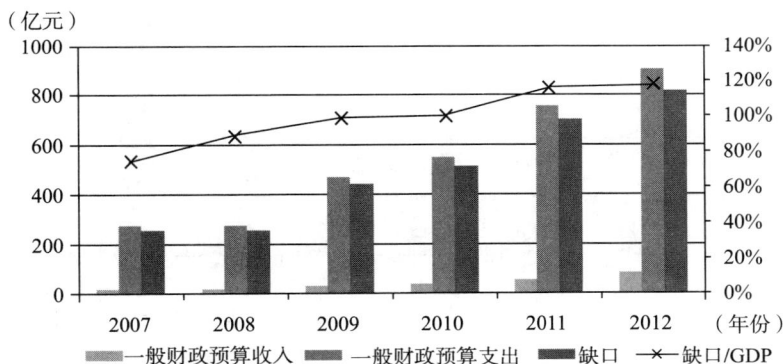

图 30.1　西藏自治区财政一般预算收支及缺口①

第 3 节　西藏自治区金融部门风险分析

2012 年，西藏自治区金融业总体平稳健康运行，金融市场稳步发展，金融体系进一步完善，金融生态环境不断优化。本节主要运用账面分析和或有

① 数据来源：《2008—2012 年西藏自治区国民经济与社会发展统计公报》，西藏自治区统计局。本章关于西藏自治区经济、金融状况的数据均来源于此。

权益分析方法，采用相关风险指标，揭示西藏自治区银行类、保险类金融机构所面临的风险状况。

一、银行类风险分析

(一) 资本结构错配分析

2012 年，西藏自治区银行类金融机构基本上不存在资本结构错配风险。具体来看，2012 年，西藏自治区银行类金融机构存款余额为 2054.2 亿元，同比增长 23.66％，增速较 2011 年降低 4.57 个百分点；贷款余额为 664 亿元，同比增长 62.43％，增速较 2011 年增长 26.84 个百分点。如图 30.2 所示，2012 年西藏自治区银行类金融机构的存贷比为 32.3％，比 2011 年提高了 7.7 个百分点，远远低于央行规定的商业银行存贷比 75％的上限，基本上不存在资本结构错配风险。从西藏自治区银行类金融机构存贷比趋势图可以看出，西藏自治区银行业的存贷比有上升趋势，存贷结构逐步优化，资金利用效率逐步提高，银行信贷对西藏自治区经济发展的支持力度逐渐加大。

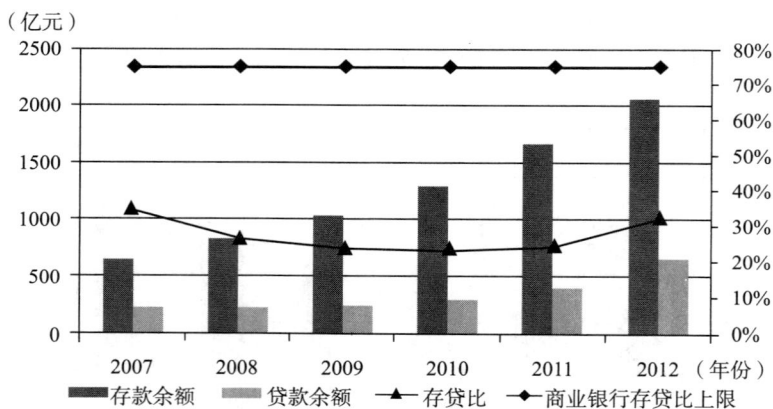

图 30.2　西藏自治区金融机构存贷比

(二) 期限错配分析

2012 年，西藏自治区银行类金融机构中长期贷款占比有所提高，期限错配风险有所加大。具体来看，2012 年，西藏自治区银行类金融机构中长期贷款达到 465 亿元，同比增长 68.48％，增速较 2011 年提高了 39.51 个百分点。由于中长期贷款的快速增长，如图 30.3 所示，2012 年西藏自治区银行类金融机构中长期贷款占比高达 70％，同比提高 2.5 个百分点，这表明西藏自治区银行类金融机构"存短贷长"现象严重，所面临的流动性风险较为突出，期限错配风险较大。

（亿元）

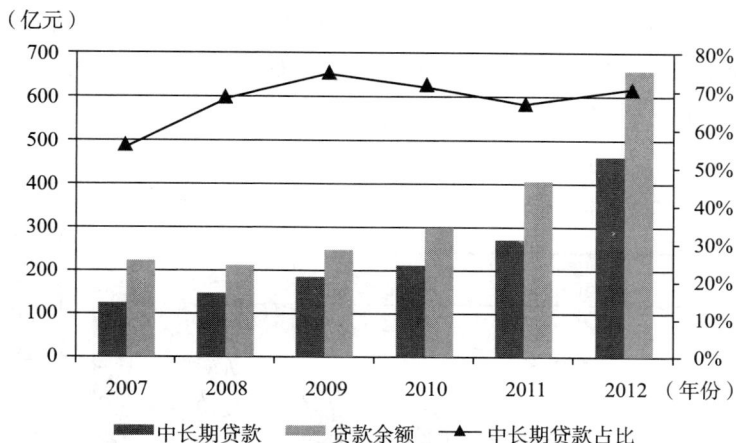

图 30.3　西藏自治区金融机构中长期贷款占比

（三）货币错配分析

2012 年，西藏自治区银行类金融机构不存在货币错配风险。2012 年，西藏自治区银行类金融机构外币存款为 3.77 亿元，与 2011 年相比陡降 93.27%；外币贷款从 2011 年的 333.32 亿元陡降至 2012 年的 0 亿元。如图 30.4 所示，2012 年西藏自治区银行类金融机构外币存贷比为 0，因而不存在货币错配风险。

（亿元）

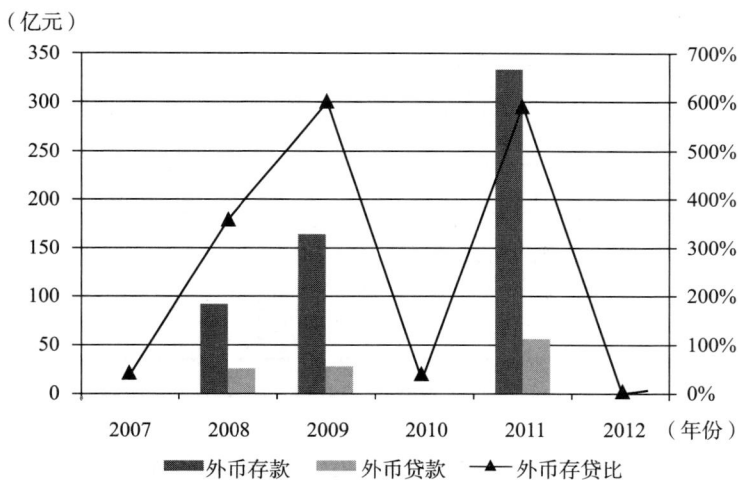

图 30.4　西藏自治区金融机构外币存贷比

二、保险类风险分析

2012 年，西藏自治区保险业稳步发展，保险业在西藏自治区国民经济中的地位稳步上升。2012 年，西藏自治区保险业全年实现保费收入 9.54 亿元，同比增长 29.3%，高出全国平均水平 17.5 个百分点。随着保险业保费收入的逐年上涨，西藏自治区保险类金融机构的保险深度也呈逐年上涨趋势。如图 30.5 所示，2012 年西藏自治区保险深度为 1.4％，保险深度较 2011 年上涨 0.2 个百分点。

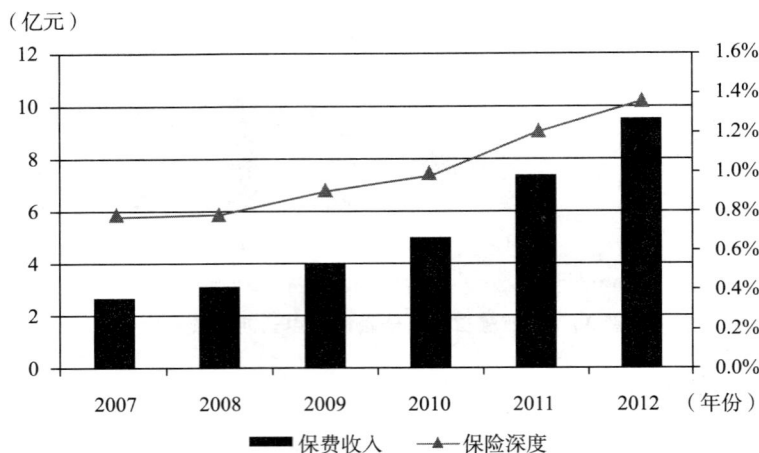

图 30.5　西藏自治区保险类金融机构保险深度

伴随着保费收入的较快增长，2012 年西藏自治区保险类金融机构累计赔付支出也较快增长，全年赔付支出达 4.05 亿元，同比增长 30.64％，增速较 2011 年下降 8.99 个百分点。保险类金融机构赔付率达到 42.5％，基本上与 2011 年持平，没有发生较大变化。

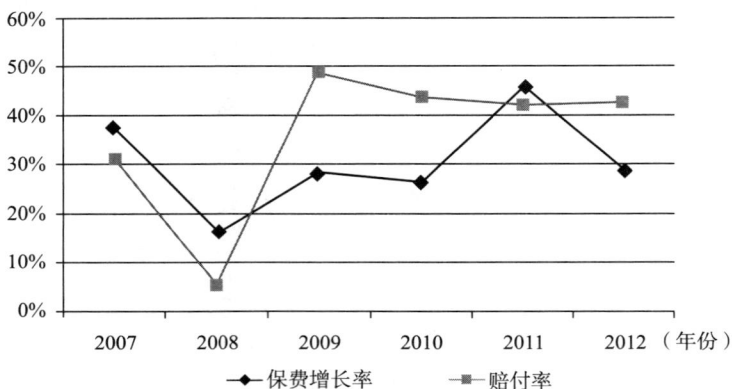

图 30.6　西藏自治区保险类金融机构保费增长率和赔付率

总体而言，2012 年西藏自治区保费收入的较快增长、保险深度的上升和赔付率的基本持平表明西藏自治区保险业发展较快，总体运行平稳，风险较小，在一定程度上为西藏社会经济发展提供了社会保障功能。

第 4 节　西藏自治区上市企业部门风险分析

截至 2013 年 9 月，西藏自治区共有上市公司 10 家，主要分布食品加工、矿业、医药、旅游等行业，本节采用相关风险指标对西藏自治区上市公司风险进行分析和揭示。

一、盈利能力分析

上市公司的净利润率是反映上市公司盈利能力的一项重要指标，如果上市企业的净利润率高，则盈利能力强，说明企业的经营状况良好，有能力归还债务，所面临的破产风险就较小。2012 年，西藏自治区上市公司整体盈利能力较 2011 年有所下滑，上市公司经营风险加大。2012 年，受西藏社会动荡的影响，西藏旅游（600773）业绩出现大幅度下滑，其在上半年共亏损 3147 万元。在全球经济下行的大背景下，发达国家经济持续低迷，新兴经济体发展速度减慢，有色金属国内外市场需求明显下滑，产能严重过剩。受有色金属冶炼行业整体利润下降的影响，2012 年西藏珠峰（600338）出现严重亏损，前三季度共亏损 6936 万元，即将面临资产重组的困境。此外，西藏矿业（000762）在 2012 年下半年也出现了亏损。在西藏旅游、西藏珠峰、西藏矿业业绩亏损的拖累下，2012 年西藏上市公司四个季度的净利润率分别为 8.93％、9.75％、9.44％、8.82％，四季度平均净利润率为 9.235％，较 2011 年下降 2.173 个百分点。这表明，2012 年西藏自治区上市公司盈利能力有所下降，所面临的相关风险有所加大。

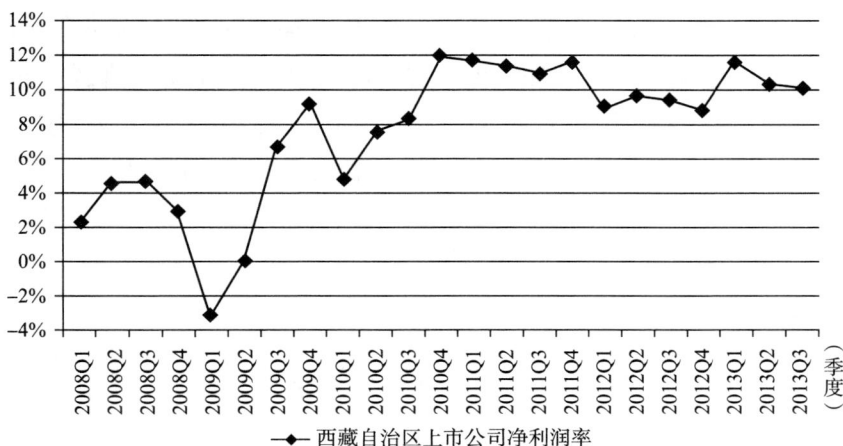

图 30.7　西藏自治区上市企业净利润率

二、账面价值资产负债表分析

（一）资本结构错配分析

2012 年西藏自治区上市企业部门资产负债率有所下降，资本结构错配风险减少。2012 年西藏上市公司四个季度的资产负债率分别为 55.43%、56.55%、58.37%、59.83%，四个季度平均资产负债率为 57.54%，同比下降 1.18 个百分点。结合 2013 年上市公司前三个季度的资产负债率可以看出，西藏自治区上市公司资产负债率有下降趋势，资本结构进一步优化，资本错配风险不大。

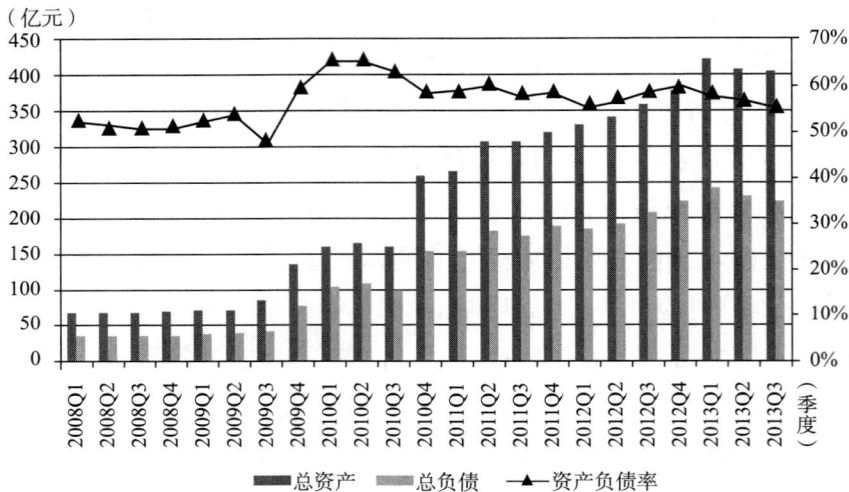

图 30.8　西藏自治区上市企业资产负债率

（二）期限错配分析

2012 年，西藏自治区上市公司流动比率大幅度下滑，流动性风险加大，存在一定的期限错配风险。如图 30.9 所示，2012 年西藏自治区上市公司四个季度的流动比率分别为 191.18%、179.90%、157.62%、120.91%，四季度平均流动比率为 162.41%，较 2011 年下降 13.76 个百分点。

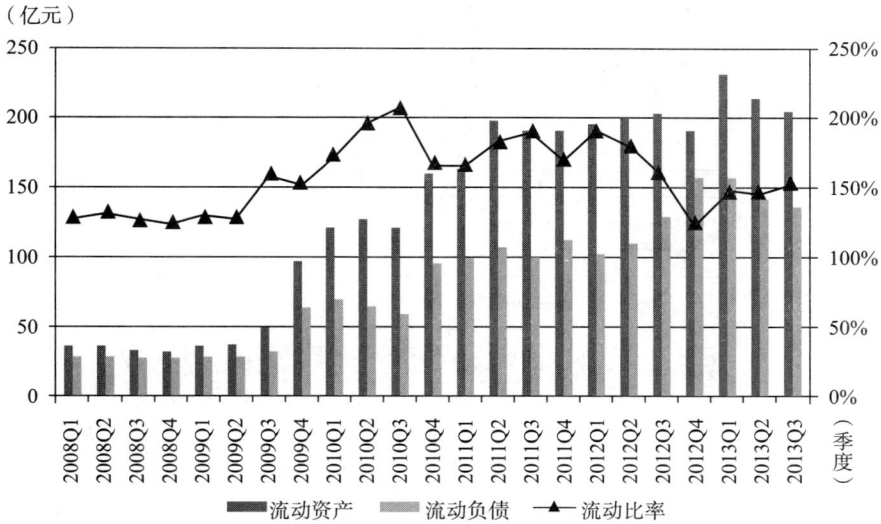

图 30.9　西藏自治区上市企业流动比率

三、或有权益资产负债表分析

从西藏自治区上市企业部门的或有资产负债率趋势图可以看出，2012 年西藏自治区上市企业部门市场风险加大。2012 年西藏自治区四个季度或有资产负债率分别为 18.05％、17.86％、21.40％、24.13％，平均或有资产负债率为 20.36％，较 2011 年增加 5.48 个百分点。

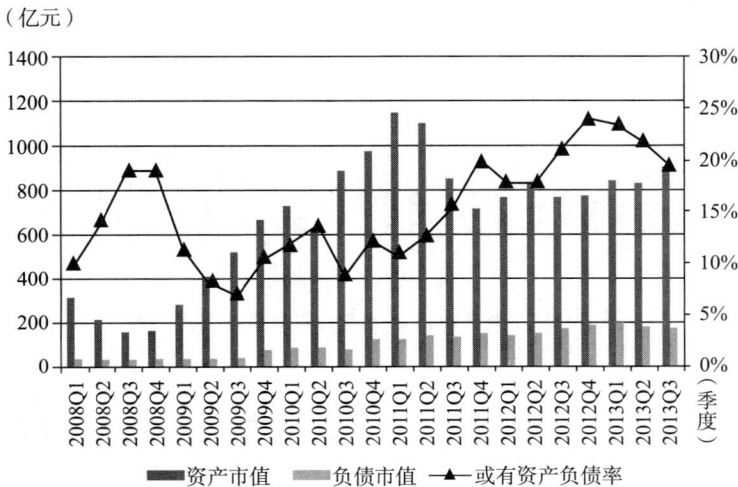

图 30.10　西藏自治区上市企业或有资产负债率

2012 年西藏自治区上市企业部门的违约距离上升，违约风险有所下降。具体来看，2012 年西藏自治区上市企业部门四个季度的违约距离分别为 2.57、4.36、3.25、3.57，四个季度的平均违约距离为 3.44，与 2011 年相比上升 0.78。

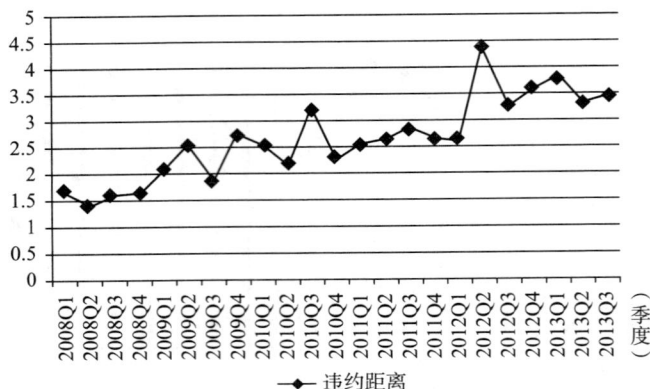

图 30.11　西藏自治区上市公司违约距离

2012 年，西藏自治区上市企业部门或有资产波动率呈下降趋势，经营的稳健性增强。具体看来，2012 年西藏自治区上市企业部门四个季度的或有资产波动率分别为 31.67％、18.72％、24.01％、21.05％，四个季度平均或有资产波动率为 23.86％，与 2011 年相比下降 8.11 个百分点。

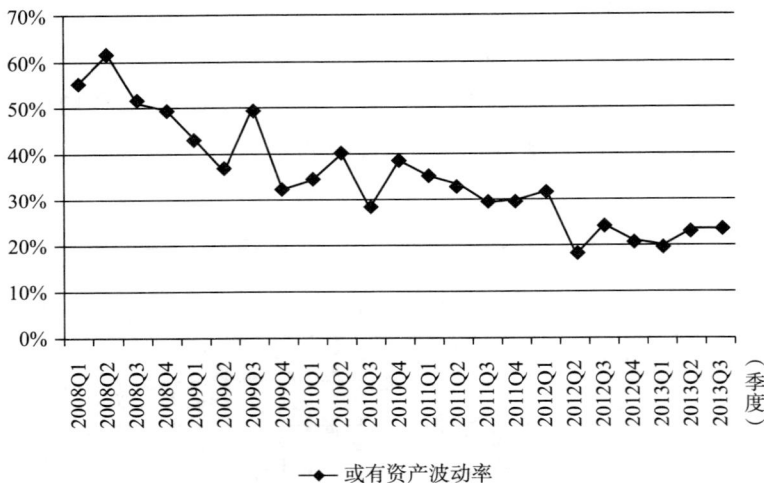

图 30.12　西藏自治区上市公司或有资产波动率

第 5 节　西藏自治区家户部门风险分析

2012 年，西藏自治区城乡居民收入稳步增加，消费支出明显上升，城乡居民整体生活水平有较大幅度提高。西藏自治区全年城镇居民人均可支配收入达 18028 元，同比增长 11.3％；农牧民人均纯收入 5719 元，比 2011 年增长 16.6％。

自 2007 年以来，西藏个人消费贷款占城乡居民储蓄存款的比率总体上呈现逐年下降态势。从个人消费信贷结构来看，2012 年，西藏城乡居民储蓄存款达 404 亿元，同比增长 26.65%，增速上升 7.17 个百分点；居民个人消费贷款达 78 亿元，同比增长 14.71%，增速下滑 18.63 个百分点。如图 30.13 所示，个人消费贷款占城乡居民储蓄存款的比率达到 19.3%，比 2011 年下降 2 个百分点，这说明 2012 年西藏自治区居民负债水平下降。因此，就总体来说，2012 年西藏自治区家户部门负债水平不高，存贷结构合理，基本上不存在风险。

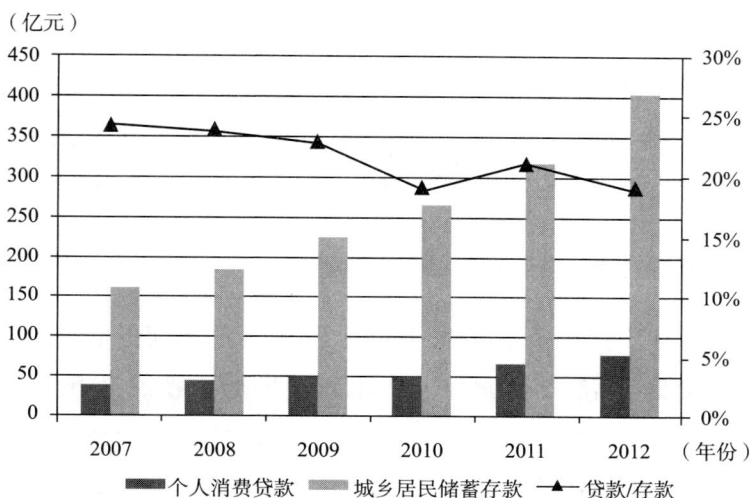

图 30.13　西藏自治区家户部门存贷结构

第 6 节　西藏自治区经济发展模式转变专题分析

自改革开放以来，在中央政府的财政扶持下，西藏自治区走上了高速发展的道路，除 1992 年以外，其他年份的经济增长率均超过 10%。然而，多年来，西藏自治区经济发展一直奉行"强财政，弱金融"的政策，其经济发展模式一直未改变，依然高度依赖国家的财政支援，没有充分利用金融手段推动经济发展。自 1990 年以来，西藏经济一直高速增长，但西藏银行业存贷比却一直处于下降趋势，远低于同期全国银行业平均水平，如图 30.14 所示。这表明，多年来西藏经济的高速发展严重依赖于中央的财政支持，金融没有充分发挥支持西藏经济发展的作用，经济自身发展的"造血"能力不足。下面通过 1990 年至 2012 年数据，实证检验西藏自治区经济增长与财政支出、金融发展的关系，并提出可行性建议。

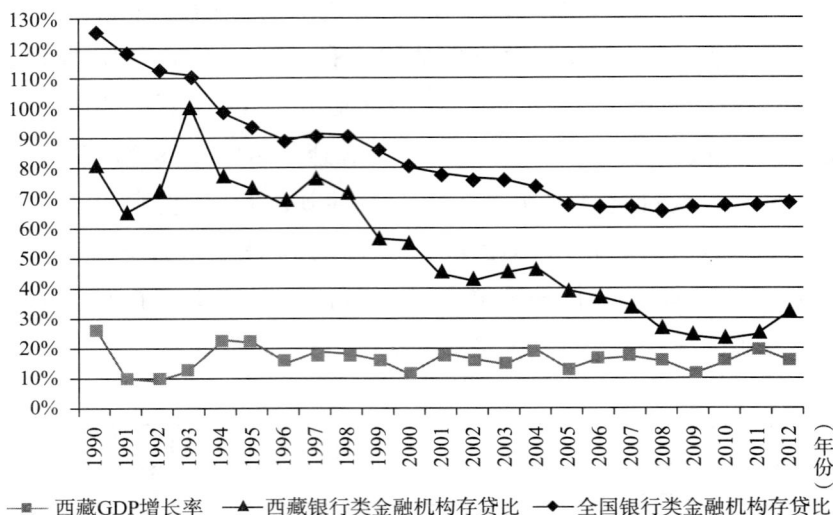

图 30.14　1990—2012 年西藏自治区经济增长率和银行业存贷比

一、变量选取和数据来源

为研究西藏自治区经济发展水平与金融、财政之间的长期稳定关系，选取代表西藏自治区经济发展水平的 GDP，西藏一般财政预算支出（记作 TFE），西藏银行业贷款余额（记为 CRE）作为指标。为研究三大变量之间的弹性关系，分别对 GDP、TFE、CRE 取自然对数，记为 LNGDP、LNTFE、LNCRE。三大变量 GDP、TFE、CRE 自 1990—2012 年的全部数据直接来源于西藏统计年鉴。

表 30.1　1990—2012 年西藏国民生产总值、一般财政预算支出和银行机构贷款余额对数值

YEAR	LNGDP	LNTFE	LNCRE
1990	12.53177279	11.77528973	12.05524976
1991	12.62905018	11.91839057	12.05524976
1992	12.71559742	12.04355372	12.24529336
1993	12.83254569	12.30138283	12.70684793
1994	13.03876435	12.61153775	12.90669184
1995	13.23765442	12.76568843	13.16733674
1996	13.3844199	12.82125828	13.2946346
1997	13.55725783	12.84792653	13.53843866
1998	13.72667934	13.01700286	13.57725337

续表

YEAR	LNGDP	LNTFE	LNCRE
1999	13.87359077	13.18063229	13.52248088
2000	13.97932864	13.30468493	13.59983902
2001	14.14596472	13.86430072	13.78091911
2002	14.29818359	14.13759406	14.00720472
2003	14.43118257	14.19394699	14.18734994
2004	14.60551218	14.10818017	14.33370894
2005	14.72698973	14.4306962	14.39716736
2006	14.88283856	14.50865774	14.5269887
2007	15.04570651	14.82711147	14.61975179
2008	15.19152728	15.15313975	14.5994121
2009	15.30020124	15.36307307	14.72376912
2010	15.43975826	15.52207518	14.91911039
2011	15.61693979	15.84102376	15.22356641
2012	15.76289105	16.01827532	15.70862252

二、西藏自治区经济增长与金融发展、财政支出关系的实证分析

(一) 三大变量的平稳性检验

为了避免虚假回归现象，在检验各变量是否存在长期均衡关系之前，首先对三大变量 LNGDP、LNTFE、LNCRE 分别进行单位根检验，以判断各变量是否平稳。根据各个变量的趋势图和 Schwarz 信息准则，分别对 1990—2012 年的三大变量进行 ADF 平稳性检验，检验结果见表 30.2。

通过表 30.2 可知，LNGDP、LNTFE、LNCRE 三个原变量都是非平稳的，但是 LNGDP 的一阶差分在 10% 的显著水平下是平稳的，LNTFE 的一阶差分在 1% 的显著水平下是平稳的，LNCRE 的一阶差分在 10% 的显著水平下是平稳的。因此，三大变量均服从 I (1) 过程。

表 30.2　三大变量 ADF 单位根检验结果

变量	检验类型 (C，T，K)①	ADF 统计量	1%临界值	5%临界值	10%临界值	概率值	结论
LNGDP	(C，T，0)	−2.532975	−4.440739	−3.632896	−3.254671	0.3107	不平稳
DLNGDP	(C，T，0)	−3.557442	−4.467895	−3.644963	−3.261452	0.0588	平稳 * ②
LNTFE	(C，T，0)	−2.214264	−4.440739	−3.632896	−3.254671	0.4592	不平稳
DLNTFE	(C，T，0)	−4.77036	−4.616209	−3.710482	−3.297799	0.0076	平稳 * * *
LNCRE	(C，T，0)	−3.275249	−4.467895	−3.644963	−3.261452	0.0976	不平稳
DLNCRE	(C，0，0)	−2.646119	−3.78803	−3.012363	−2.297234	0.0476	平稳 *

（二）三大变量之间长期均衡关系检验

考虑到实证检验涉及三个变量，各变量数据样本长度只有 23 期，在此不适用于大样本检验的 Engle－Granger 两步检验法，因此采用 Johansen 协整检验法考察三大变量之间的长期均衡关系。

表 30.3　依据滞后期长度标准选取无约束 VAR 模型的滞后阶数

Lag	AIC	SC	HQ
0	1.251037	1.400255	1.283421
1	−7.399756	−6.802886	−7.27022
2	−8.107095	−7.062572	−7.880407

根据表 30.3 可知，由 LR、FPE、AIC、SC 和 HQ 五个评价指标认为无约束 VAR 模型的最优滞后阶数为 2，应该建立 VAR（2）模型，而无约束 VAR 模型的最优滞后阶数比 Johansen 协整检验的最优滞后阶数比多 1 阶，因此 Johansen 协整检验的最优滞后阶数为 1。

根据三大变量时间序列的趋势图、ADF 检验结果可以判定 Johansen 协整方程带有截距项和趋势项，在 1%的显著水平下，迹检验结果和最大值检验结果显示各变量之间有两个协整方程。协整方程的标准化形式③如下：

LNGDP＝0.065595LNTFE＋0.194890LNCRE＋0.111121TREND

由协整方程可知，在其他影响因素不变的前提条件下，西藏自治区一般

---

① 检验类型中的 C 表示带常数项（取 0 则表示无常数项），T 表示带趋势项（取 0 则表示无趋势项），K 表示滞后阶数，由 SIC 自动给定。

② *，* *，* * * 分别表示在 10%、5%和 1%的水平上显著。

③ 协整方程表达式中 TREND 表示方程的趋势项。

财政预算支出总额每增加 1％，西藏自治区 GDP 仅仅增长约 0.066 个百分点，这充分说明了单纯利用财政投入促进西藏自治区经济增长收效甚微，中央对西藏自治区的财政支援效率是低下的。而与此同时，在其他影响因素不变的条件下，西藏自治区银行金融机构贷款每增长 1 个百分点，GDP 会增长 0.195 个百分点，由此可见，西藏自治区银行机构信贷投放有力地促进了西藏自治区经济的发展，信贷杠杆对经济发展的撬动作用要远远大于财政杠杆的撬动作用。

三、结论及政策建议

从长期来看，西藏自治区财政支出和银行信贷投放都能促进西藏自治区社会经济的发展，但是财政支出对经济增长的促进作用远远低于银行信贷对经济增长的促进作用。多年来，西藏自治区一直高度依赖中央政府的财政扶持，没有充分利用金融手段推动经济发展，导致西藏自治区经济发展模式存在严重问题。随着我国市场化改革的逐步深入，西藏自治区必须逐渐摆脱对中央财政的依赖。面对这种情况，西藏自治区如何在控制风险的前提下利用金融手段，提高自我发展能力成为当前面临的重大问题。下面就这一问题提出几方面的建议：

首先，要彻底扭转现行的财政援藏模式，提高财政资金的使用效率，充分发挥财政资金对经济的杠杆作用。西藏自治区政府可以考虑划拨一定比例的财政资金设立几种基金。专门设立优势产业扶持基金，鼓励特色优势产业开发；专门设立银行业金融机构信贷扶持基金，鼓励各大商业银行扩大对藏企业的放贷，提高银行机构存贷比；专门设立西藏自治区新型金融机构培育发展基金，筹建本地区的小额信贷公司、信托公司和担保公司，逐步完善西藏地区的金融体系。

其次，西藏自治区要在控制风险的前提下，发挥金融对经济的撬动作用，不断培育西藏自治区经济的自我造血功能。西藏自治区要不断引进一些非金融机构，如保险公司、信托公司、小额信贷公司、担保公司、租赁公司等等，逐步完善金融体系，从不同角度、不同方面发挥金融对经济发展的支持作用。此外，西藏自治区金融机构要不断创新金融手段，充分利用国家对藏的金融优惠政策，积极支持西藏自治区旅游业、矿产业、医药业等特色优势产业的发展。

最后，需要特别强调的是，西藏自治区在利用金融手段推动经济发展的同时，还要控制金融风险。西藏自治区金融机构要加快内控制度建设，建立科学的安全预警体系和财务分析制度，树立金融风险防范意识。此外，西藏自治区要建立健全金融安全系统，要在控制风险的前提下，促进金融与经济协调发展。

第7节　结论及政策建议

本章主要运用账面资产负债表和或有权益资产负债表的方法，从公共部门、金融部门、上市企业部门、家户部门四个方面，采用相关风险度量指标对西藏自治区四部门风险进行揭示和分析，并给出相关建议。

从公共部门来看，2012年西藏自治区财政风险较2011年有所加大，财政收支状况不容乐观。从金融部门来看，2012年，西藏自治区商业银行存贷比处于较低水平，不存在资本结构错配风险；中长期贷款占比有所提高，期限错配风险有所加大；外币贷款为0，不存在货币错配风险。保费收入较快增长，保险深度上升，赔付率基本持平，保险业总体运行平稳，风险较小。

从企业部门来看，2012年，西藏自治区上市企业盈利能力下降，所面临的经营风险加大；资产负债率呈下降趋势，企业资本结构错配风险减少；流动比率下降，上市企业期限错配风险加大；或有资产负债率上涨，企业市场风险加大；违约距离上升，企业违约风险有所下降；或有资产波动率下降，企业经营的稳健性增强。从家户部门来看，2012年，西藏自治区家户部门负债水平低，存贷结构呈下降趋势，基本上不存在风险。

针对2012年西藏自治区四个部门的风险情况，提出以下建议：

第一，西藏自治区的财政收支缺口已经超过了整个西藏地区的GDP规模，财政收支状况不容乐观。西藏自治区政府要优化当地金融生态环境，健全信用担保体系，鼓励当地商业银行加大信贷投放力度，防止资金大量外流，依靠金融手段撬动当地经济发展，自力更生发展本地区优势产业，努力增加财政收入，逐渐摆脱对中央财政援助的依赖性。

第二，西藏自治区银行类金融机构"存短贷长"情况严重，中长期贷款比例居高不下，期限错配风险过高，因此商业银行必须减少中长期贷款比重，增加短期贷款比重，合理错配资金，防止流动性风险的爆发。

第三，政府要有效控制物价水平过度上涨，加大民生投入，扩宽城乡居民的就业渠道，稳步提高城乡居民的收入水平。此外，政府和商业银行还应在控制风险的前提下，鼓励居民信贷消费，扩大内需，以刺激当地经济发展。

参 考 文 献

[1] 中国人民银行：《2012 年中国金融运行报告》。

[2] 西藏自治区统计局：《2013 年西藏统计年鉴》。

[3] 李波：《新形势下西藏金融生态环境建设现状分析》，载《西部金融》2012 年第 3 期，第 48—50 页。

第31章 陕西省宏观金融风险研究

2012年，陕西省以转变发展方式为主线，以富民强省为主题，围绕关天经济区、陕甘宁革命老区、晋陕豫黄河金三角和呼包银榆经济区等国家战略规划，着力实施科技资源统筹创新工程，保持了全省发展处于上升通道的良好势头，经济保持良好较快发展。2012年，陕西省金融运行平稳，存贷款稳定增长，资本市场融资功能凸显，金融对经济发展的支持作用日趋显现。然而，陕西省经济金融发展仍然存在着传统高污染产能过剩、高新技术产业发展不足、区域经济发展失衡、信贷结构不合理、货币错配失衡等风险，本章将对陕西省主要经济部门存在的金融风险进行度量，并就突出风险进行防范，并提出相关建议。

卢仲青赟（2012）在进行格兰杰因果检验的基础分析上指出陕西省信贷投放结构失衡，贷款期限结构不合理，贷款投向行业集中现象明显等问题。孙旭（2012）指出陕西省存在金融法制环境不健全，金融案件的执法效率低；地区信贷结构不合理，信用状况欠佳，社会信用建设滞后于市场经济发展等问题。张天高（2013）针对陕西省金融发展与产业结构升级的关系问题，利用非平稳时间序列分析方法和多元回归方法进行定量分析，指出产业结构升级指标和金融发展指标相互间存在长期均衡关系，金融发展导致陕西省第二产业比重的增加又要快于第三产业，因此，为促进陕西省产业结构升级，应优化产业结构，确定各个产业的资金投入量，实现资源的优化配置。

从本章中可以得出，陕西省公共部门风险有所上升，金融部门的风险仍较为突出，上市企业也存在着一定的风险，家户部门水平较低。

第1节 陕西省经济金融运行概况

一、陕西省经济运行概况

2012年，陕西省实现生产总值14451.18亿元，比2011年增长12.9%。

人均 GDP 达 38557 元，约折合 6110 美元，首次达到全国平均水平。2013 年，陕西省再创佳绩，全省实现生产总值 16045 亿元，较 2012 年增长 11％，人均 GDP 达 42692 元，同比增长 10.6％。

从投资需求来看，2012 年陕西省全年完成社会固定资产投资 12840.13 亿元，比 2011 年增长 28.1％。其中，固定资产投资达 12501.43 亿元，比 2011 年增长 28.9％；全年民间投资 5513.25 亿元，比 2011 年增长 32.3％，高于固定资产投资增速 3.4 个百分点，为"稳增长"提供了持续动力。2013 年，陕西省社会固定资产投资进一步增加，达到 15934 亿元，比 2012 年增长 24％。

从消费需求来看，2012 年陕西省消费需求旺盛。2012 年，陕西调增最低工资标准，城乡居民收入实现较快增长，名义增速分别达 13.6％ 和 14.6％，均高于全省 GDP 增速。全省城乡居民收入的增长刺激了消费需求，全年社会消费品零售总额增幅达 16％，位居全国第 2 位，高于全国水平 1.7 个百分点。2013 年陕西省社会消费品零售总额达 4938.5 亿元，增速较 2012 年下降 2 个百分点。

从外贸需求来看，2012 年陕西省全年外贸进出口总额有小幅增长，达 147.99 亿美元，同比增长 1％。进、出口总额分别为 61.5 亿美元、86.5 亿美元，其中进口同比下降 19.3％，出口同比增长 23％。2013 年陕西省全年外贸进出口有了较快增长，总额达到 201.3 亿美元，相比 2012 年增长 36％。进、出口额分别为 99 亿美元、102.24 亿美元。进、出口相比 2012 年均有所增长，其中进口增长 61％，出口增长 18％。

从物价水平来看，2012 年陕西省居民消费价格水平上涨 2.8％，增速有所回落。其中，城市和农村 CPI 分别上涨 2.6％、3.1％。2013 年陕西省全年居民消费价格总水平有所上升，为 3％，其中，城市和农村 CPI 分别上涨 2.8％、3.6％。

总体来看，2012 年陕西省三次产业协同发展，投资发挥出关键作用，内需增长动力强劲，对外贸易有所好转，物价涨幅平稳回落。

二、陕西省金融运行概况

2012 年，陕西省积极稳步拓宽金融业的广度与深度，金融体系进一步完善，金融机构的资产质量与盈利水平显著提升，金融整体保持着良好的发展势头，为陕西的经济发展提供了强有力的支撑。

2012 年年末，陕西省金融机构本外币各项存、贷款余额分别为 22843.4

亿元、14138 亿元，同比分别增长 18％、16.9％。与 2012 年相比，2013 年年末陕西省金融机构本外币存、贷款余额进一步增长。其中各项存款余额达 25736.7 亿元，同比增长 12.7％；各项贷款余额达 16537.7 亿元，同比增长 17.0％。

截至 2012 年年末，陕西省境内拥有各类证券公司 3 家，证券营业部 119 家，证券开户数 227 万户，证券市场各类证券交易量 10458.98 亿元。其中证券营业部比上年增加 14 家，证券开户数比上年增加 9 万户，证券市场各类证券交易量下降 13.2％。2013 年年末，陕西省证券营业部达 139 家，比 2012 年新增 20 家。证券市场各类证券交易额突破 15000 亿元大关，达到 15508.8 亿元，比 2012 年增长 48％。

2012 年陕西省保险业实现保费收入 365.3 亿元，同比增长 6.3％。财产险公司保费收入、人身险公司保费收入分别达 118.4 亿元、246.9 亿元，其中，财产险公司保费收入增长 14.2％；人身险公司保费收入增长 2.9％。保险业累计赔付支出 104.4 亿元，同比增长 20.7％。财产保险公司赔付支出、寿险公司赔付支出分别达到 64 亿元、40.4 亿元，其中财产保险公司赔付支出增长 30.5％，寿险公司赔付支出增长 7.8％。2013 年，陕西省保费收入增长较快，高达 417.5 亿元，较 2012 年增长 14.3％；然而，保险业累计赔付支出高达 147.7 亿元，比 2012 年增长 41.5％。

第 2 节　陕西省公共部门风险分析

2012 年陕西省财政收支结构有所恶化，财政缺口规模再次超过财政收入规模，公共部门风险有所上升。具体来看，2012 年，陕西省实现一般财政预算收入 1600.7 亿元，较上年增长 6.78％，与 2011 年相比增速下降 49.72 个百分点，财政收入增长缓慢。其中，由于中央提高个人所得税起征点，个人所得税实现 42.05 亿元，下降 5.33％。此外，专项收入为 174.78 亿元，较上年下降 52.14％。2012 年，陕西省实现一般财政预算支出 3326.9 亿元，较上年增长 13.59％，与 2011 年相比增速下降 16.31 个百分点，财政支出增长速度较 2011 年有所放缓。由于 2012 年陕西省财政支出增长速度远远大于财政收入的增长速度，陕西省财政缺口为 1726.2 亿元，较 2011 年增长 20.73％，收支缺口进一步扩大。缺口占 GDP 的比重为 11.9％，较 2011 年又有所回升。

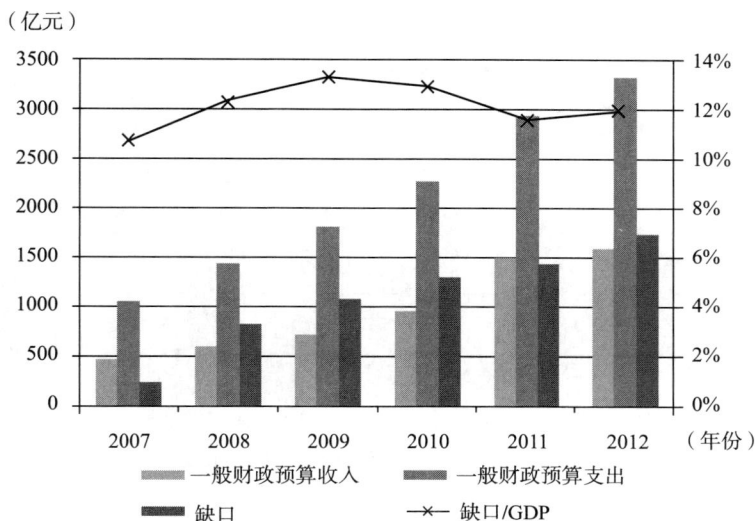

图 31.1 陕西省财政收支①

第3节 陕西省金融部门风险分析

2012 年，陕西省金融业总体平稳健康运行，银行业、证券业、保险业稳健发展，金融市场稳步发展，金融生态环境不断优化，金融创新不断提速，金融与经济发展的协调性显著增强。本节主要运用账面分析和或有权益分析方法揭示陕西省银行类、保险类金融机构所面临的风险状况。

一、银行类风险分析

（一）资本结构错配分析

2012 年，陕西省商业银行存贷比处于较合理的水平，资本结构错配风险不大。具体来看，2012 年，陕西省商业银行存款余额为 22843 亿元，同比增长 19.30%，与 2011 年相比上升 3.8 个百分点；商业银行贷款余额为 14238 亿元，同比上升 20.69%，与 2011 年相比上升 5.3 个百分点。如图 31.2 所示，2012 年陕西省商业银行存贷比为 62.2%，较 2011 年上涨 0.7 个百分点，仍处于合理水平，远远低于中国人民银行规定的 75% 的存贷比上限。

---

① 数据来源：《2008－2012 年陕西省国民经济与社会发展统计公报》，陕西省统计局。本章关于陕西省经济、金融状况的数据均来源于此。

（亿元）

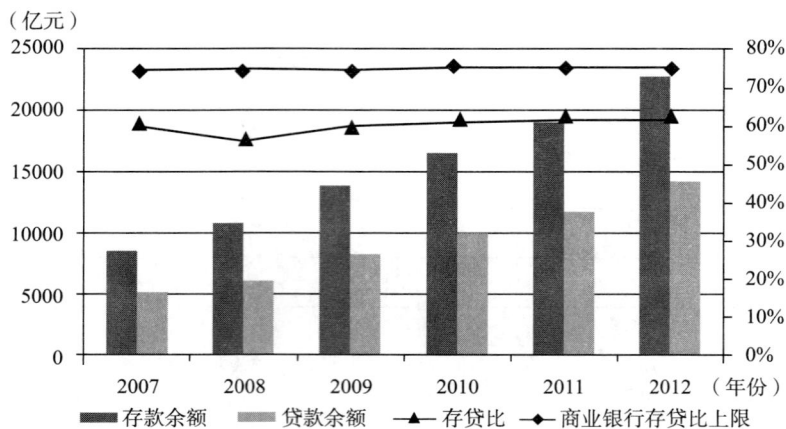

图 31.2　陕西省银行类金融机构存贷比

（二）期限错配分析

2012 年，陕西省银行类金融机构期限错配风险较 2011 年有所降低，但中长期贷款仍然占绝大部分，商业银行"存短贷长"现象严重，在一定程度上导致银行类金融机构的流动性风险较为突出。2012 年，陕西省金融机构中长期贷款为 9540 亿元，比 2011 年增长 15.27%，增速同比提高 1.48 个百分点，但金融机构全年贷款余额增长 20.68%，与 2011 年增速相比提高 5.28个百分点，很显然，2012 年陕西省金融机构的中长期贷款增速低于贷款余额增速，导致中长期贷款占比同比下降。如图 31.3 所示，2012 年，陕西省银行类金融机构中长期贷款占比为 67.0%，较 2011 年回落 3.1 个百分点。

（亿元）

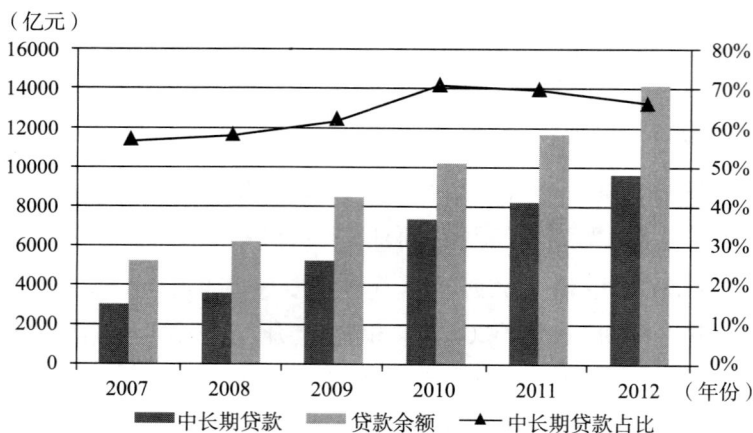

图 31.3　陕西省银行类金融机构中长期贷款占比

（三）货币错配分析

2007 年至 2011 年，陕西省银行类金融机构外币存贷比由 84.1%一路攀升至 190.2%，货币错配风险逐渐上升并在 2011 年达到顶峰。2012 年，陕西省银行类金融机构外币存贷比首次出现下降态势，货币错配风险较 2011 年有所下降。如图 31.4 所示，2012 年，陕西省银行类金融机构外币贷款为 273 亿元，同比增长 17.67％，增速较 2011 年下降 5 个百分点；外币存款为 185 亿元，同比增长 51.63％，增速较 2011 年上涨 60.59 个百分点。由于外币存款相对于外币贷款有较大幅度的增长，2012 年陕西银行类金融机构外币存贷比为 147.6％，较 2011 年历史最高水平下降了 42.6 个百分点。

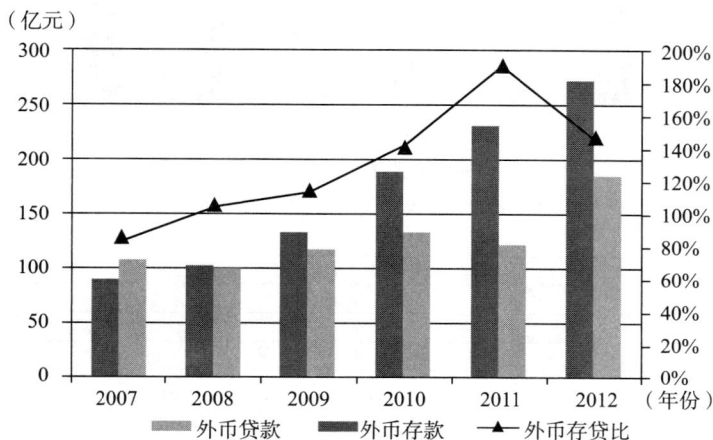

图 31.4　陕西省银行类金融机构外币存贷比

二、保险类风险分析

2012 年，陕西省保险业全年实现保费收入 365 亿元，比 2011 年增长 6.1％，增速继 2011 年后再次降至个位。近两年来，陕西省生产总值呈较大幅度增长，而保险业保费收入却增长缓慢，这直接导致了近两年来陕西省保险深度呈下滑趋势。如图 31.5 所示，2012 年，陕西省保险深度为 2.5％，较 2011 年下滑 0.3 个百分点，远远低于全国平均水平。自 2010 年以来，保险深度的下降表明，陕西省保险业的发展速度放缓，保险业在陕西省国民经济中的地位有所下降。

2012 年，陕西省保险业累计赔付支出 104.4 亿元，同比增长 20.7％。财产保险公司赔付支出、寿险公司赔付支出分别为 64.03 亿元、40.37 亿元，其中财产保险公司赔付支出增长 30.5％，寿险公司赔付支出增长 7.8％。2012 年陕西省保险业实现保费收入 365 亿元，同比增长 6.1％。对比发现，近两年来，陕西省保险业赔付额的增长速度远远高于保费收入的增长速度，赔付率呈上升趋势。如图 31.6 所示，2012 年，陕西省保险业赔付率达到 28.6％，较 2011 年上升 3.4 个百分点。陕西省赔付率的上升趋势表明保险业的发展呈现一定程度的风险。

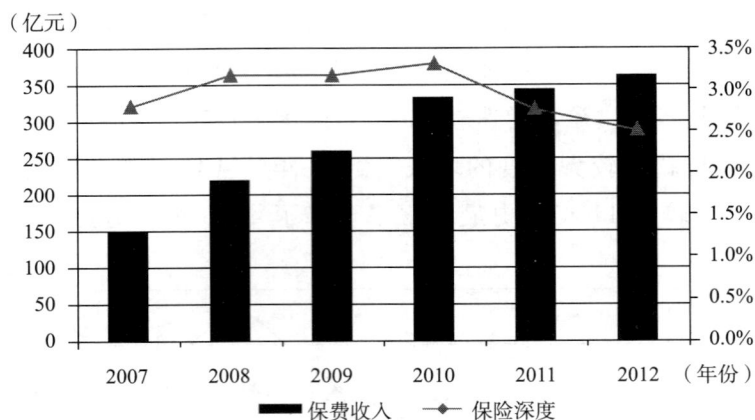

图31.5　陕西省保险类金融机构保险深度

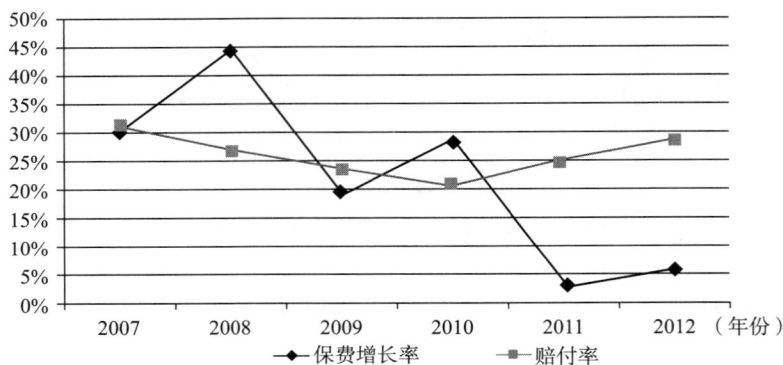

图31.6　陕西省保费增长率和赔付率

　　总体而言，2012年陕西省保险深度继续下降，表明了陕西省保险业发展速度放缓，发展受到一定程度的阻碍，但总体运行平稳，在一定程度上为陕西省社会经济发展提供了社会保障功能。2012年陕西省保费收入的低增长和赔付率的持续上升，表明了陕西省的保险业存在一定程度上的风险，尽管不足以构成威胁，但应警惕赔付率增速与保费增速之差继续扩大的趋势，应使二者协调发展。

第4节　陕西省上市企业部门风险分析

　　截至2013年9月，在剔除创业板上市公司和银行、证券等金融类上市公司以后，陕西省共有上市公司31家，主要分布在有色冶炼加工、景点及旅游、机械设备、建筑材料等行业，本节采用相关风险指标，主要从上市公司盈利能力、账面资产负债表和或有权益资产负债表等方面对陕西省上市公司风险进行分析和揭示。

一、盈利能力分析

上市企业的净利润率是反映上市公司盈利能力的一项重要指标，如果上市企业的净利润率高，盈利能力强，就说明企业的经营状况良好，有能力归还债务，所面临的财务困境风险就较小。从 2010 年至 2011 年，陕西省上市公司净利润率持续下滑，净利润率从 7.34％一路下滑至 3.63％左右。在 2012 年前三季度，陕西省上市公司净利润率虽然停止了继续下滑趋势，但仍然维持在较低的 4％左右的水平；从 2012 年第三季度至 2013 年第三季度，陕西省上市公司净利润率总体上又呈现下滑趋势。如图 31.7 所示，2012 年四个季度陕西省上市公司净利润率分别为 3.84％、4.52％、4.48％、4.0％、2012 年陕西省上市公司季度平均利润率为 4.21％，与 2011 年相比下降 0.66 个百分点。这表明 2012 年陕西省上市公司经营状况处于低谷，盈利能力较差，所面临的相关风险依然较大。

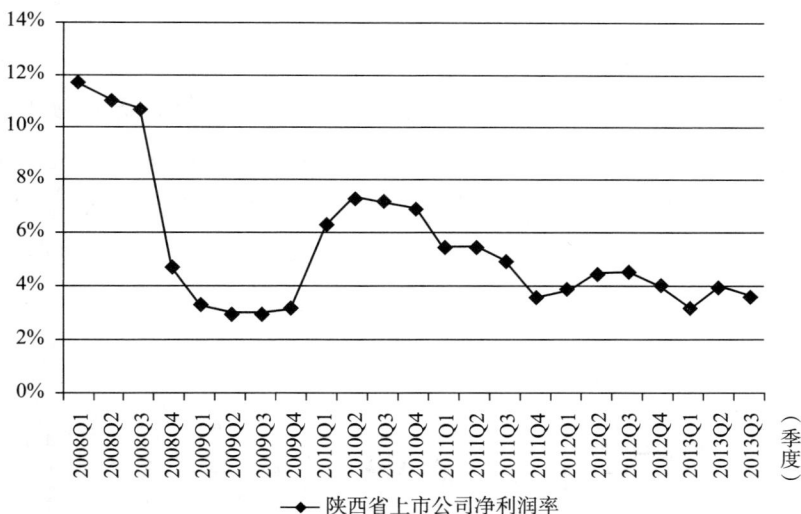

图 31.7　陕西省上市企业净利润率

二、账面价值资产负债表分析

（一）资本结构错配分析

2012 年陕西省上市企业部门资产负债率呈上升趋势，资本结构错配风险加大。2012 年陕西省上市公司四季度平均总资产增长率为 2.16％，平均总负债增长率为 3.08％，平均总负债的增长率高于平均总资产的增长率。如图 31.8 所示，2012 年陕西省四季度资产负债率分别为 45.94％、46.94％、47.14％、

47.92%，四个季度的资产负债率呈现上升趋势。2012年陕西省上市企业四个季度的平均资产负债率为46.98%，与2011年相比上涨了3.14个百分点。

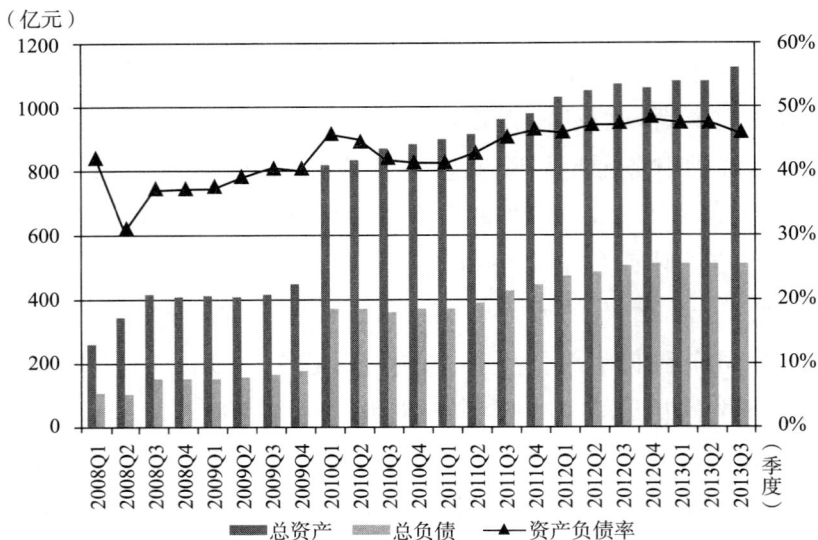

图 31.8　陕西省上市公司资产负债率

（二）期限错配分析

2012年陕西省上市企业部门流动比率下降，流动性风险有所加大，但从绝对量上来看，四季度平均流动比率高达164%左右，流动性充裕，基本上不存在期限错配风险。如图31.9所示，2012年陕西省上市公司四个季度的流动比率分别为171.34%、161.92%、162.16%、160.41%，四季度平均流动比率为163.96%，较2011年下降16.9个百分点。

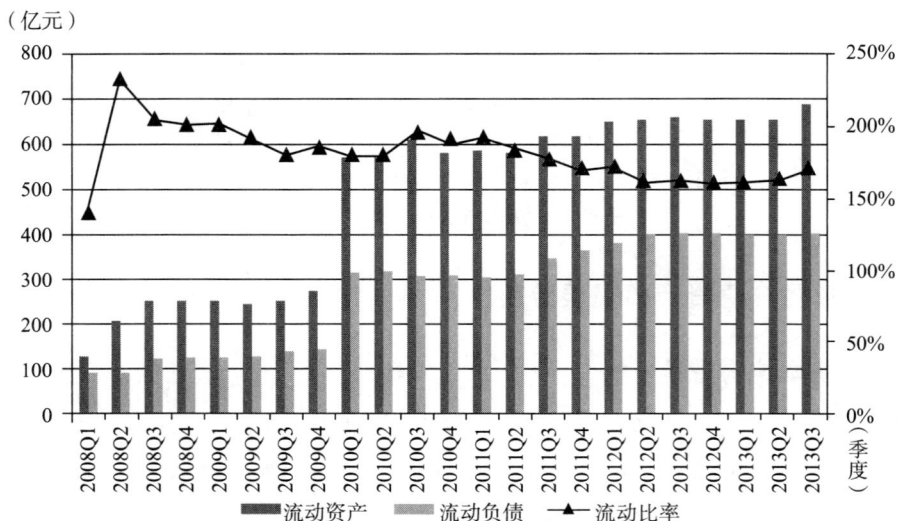

图 31.9　陕西省上市公司流动比率

三、或有权益资产负债表分析

从陕西省上市企业部门的或有资产负债率趋势图可以看出，2012 年陕西省上市企业部门市场风险加大。2012 年陕西省四个季度或有资产负债率为 17.46％、18.05％、19.55％、19.16％，平均或有资产负债率为 18.55％，较 2011 年增加 5.41 个百分点。

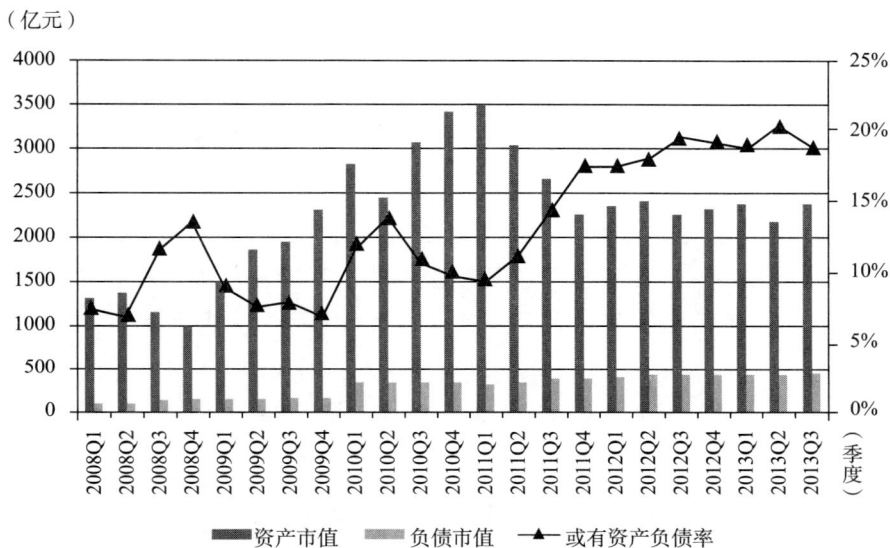

图 31.10　陕西省上市公司或有资产负债率

2012 年陕西省上市企业部门的违约风险有所下降。具体来看，2012 年陕西省上市企业部门四个季度的违约距离分别为 2.91、4.70、3.93、4.23，四个季度的平均违约距离为 3.9425，与 2011 年相比上升 0.26。

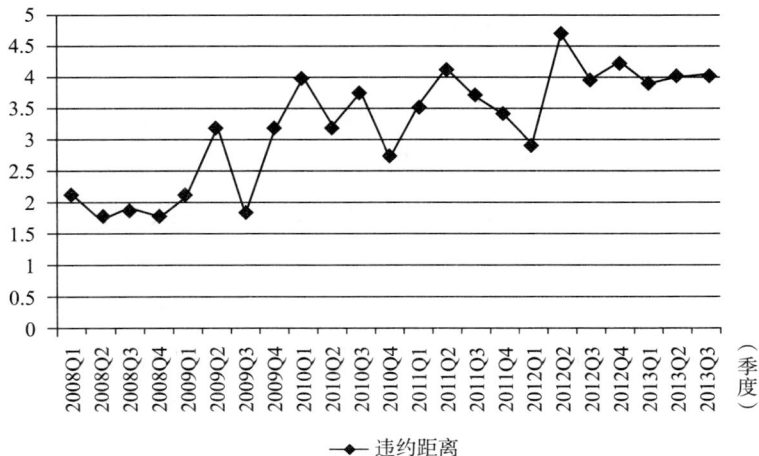

图 31.11　陕西省上市公司违约距离

从陕西省上市企业部门的或有资产波动率可以看出，陕西省上市企业部门经营的稳健性增强。具体看来，2012年陕西省上市企业部门四个季度的或有资产波动率分别为28.19%、17.31%、20.30%、18.99%，四个季度平均或有资产波动率为21.20%，与2011年相比下降2.36个百分点。

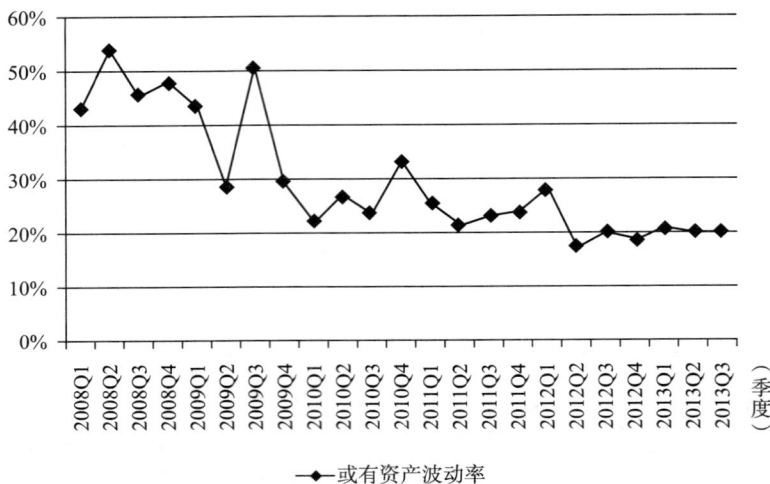

——◆—— 或有资产波动率

图 31.12 陕西省上市公司或有资产波动率

第5节 陕西省家户部门风险分析

2012年，陕西省城乡居民收入稳步增加，消费支出明显上升，城乡居民整体生活水平进一步提高。其中，陕西省全年城镇居民人均可支配收入、城镇居民人均生活消费支出分别为20734元、15333元，分别比2011年增加2489元、1550元，同比分别增长13.6%、11.2%；陕西省全年农村居民人均纯收入、农村居民人均生活消费支出分别为5763元、5115元，分别比2011年增加735元、619元，同比分别增长14.6%、13.8%。

自2008年以来，陕西省个人消费贷款占城乡居民储蓄存款的比率呈现逐年上升态势。从个人消费信贷结构来看，2012年，陕西省城乡居民储蓄存款达10770亿元，同比增长17.70%，增速上升3.4个百分点；居民个人消费贷款达2113亿元，同比增长20.81%，增速下滑6个百分点。如图31.13所示，个人消费贷款占城乡居民储蓄存款的比率达到19.6%，比2011年增长0.5个百分点，说明了2012年陕西省居民负债水平保持相对稳定。因此，就总体来说，2012年陕西省家户部门负债水平不高，存贷结构合理，风险水平较低。

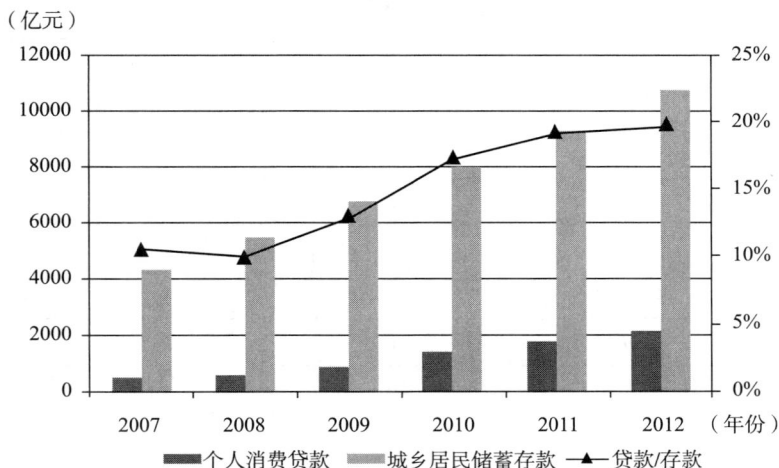

图 31.13　陕西省家户部门存贷结构

第 6 节　陕西省银行业"金融脱媒"风险专题分析

随着我国金融自由化加快发展，利率自由化以及金融管制放松，陕西省社会融资方式由间接融资方式为主向直接、间接融资方式逐渐转变，以间接融资方式业务为主导的银行业金融机构所面临的金融脱媒风险越来越大。所谓金融脱媒，是指社会上的融资供求双方直接绕开商业银行中介体系，完成资金循环。近年来，商业银行由于金融脱媒现象，其业务市场逐渐萎缩，利差收入减少，利润率逐年下滑。

无论是从资产业务来看，还是从负债业务来看，陕西省银行业都面临着严重的金融脱媒风险。

从资产业务所面临的金融脱媒来看，陕西省商业银行的资产业务主要是发放贷款。以往银行贷款是企业部门获取资金的主要渠道，但随着中国股票市场的发展，陕西省有实力的大公司往往选择通过上市发行股票、债券等方式筹集资金，对银行的依赖越来越小。从表 31.1 可以看出，2003 年至 2012 年，陕西省非金融机构部门融资量虽然逐年上涨且增幅较快，但从陕西省非金融机构部门融资结构图中可以看出，贷款占融资量的比重呈逐年下降趋势，而股票、债券占融资量的比重呈逐年上升趋势，如图 31.14 所示。

表 31.1　2003—2012 年陕西省非金融机构部门融资结构表

	融资量（亿元人民币）	比重（%）		
		贷款	债券（含可转债）	股票
2003	620	99.6	0	0.4
2004	415.3	98.9	0	1.1
2005	396.3	99.7	0	0.3
2006	552.8	94	3	3
2007	767.5	86.7	9.3	4
2008	1547	79.1	10.1	10.8
2009	2499.9	90.4	7.7	1.9
2010	2209.3	79	12.4	8.6
2011	2280.2	83.2	16.4	0.3
2012	2685.8	75.6	22	2.4

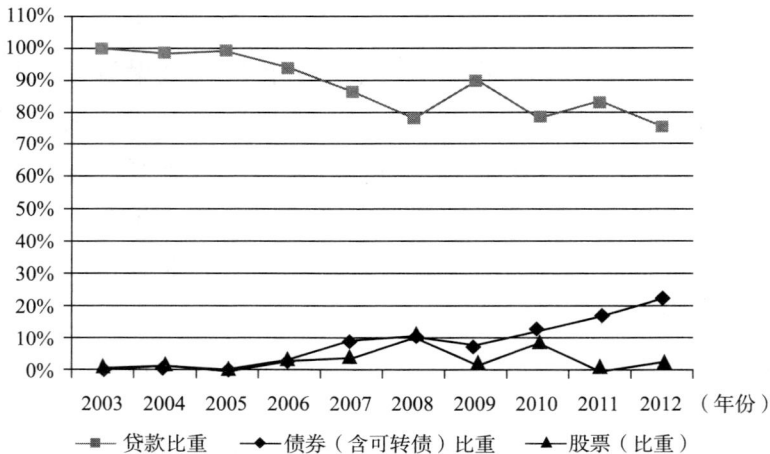

图 31.14　陕西省非金融机构部门融资结构图

　　不仅如此，随着中国金融监管的放松，资金实力雄厚的大公司专设自己的财务公司或者金融投资机构，分流了银行的资产业务，因而也是脱媒最早的。与大公司相比，小企业难以在资金市场上融资。此外，为了应对日益严重的资产方脱媒，多家银行纷纷被迫改变客户结构，专设小企业信贷部，专门为小企业信贷服务。

　　从银行负债业务来看，商业银行主要依靠吸收存款负债经营。从图31.15 可以看出，2012 年，陕西省城乡居民、企业的储蓄率下降，维持在较低的水平，增长乏力。具体来看，2008 年，由于美国次贷危机爆发，中国家庭居民、企业的金融资产市值大幅缩水，相应的城乡居民的储蓄率增长为负值。2009 年，中国股市一直处于动荡状态，城乡居民、企业的储蓄率大幅度上涨，达到近几年的顶峰。之后的 2010 年至 2012 年，城乡居民、企业的储蓄率又继续下滑，维持在较低的水平，增长乏力。

以前，家庭居民往往选择银行储蓄为主的方式来管理自己的资金，但是近年来随着物价的上涨，居民为了寻求更高的收益率，往往选择投资于债券、股票和基金。居民储蓄存款在居民金融资产配置中的比重降低，无疑会导致银行业资产负债表中负债方脱媒。为了应对日益严重的负债方脱媒问题，基本上所有的银行都推出银行理财产品业务，专门为客户理财。

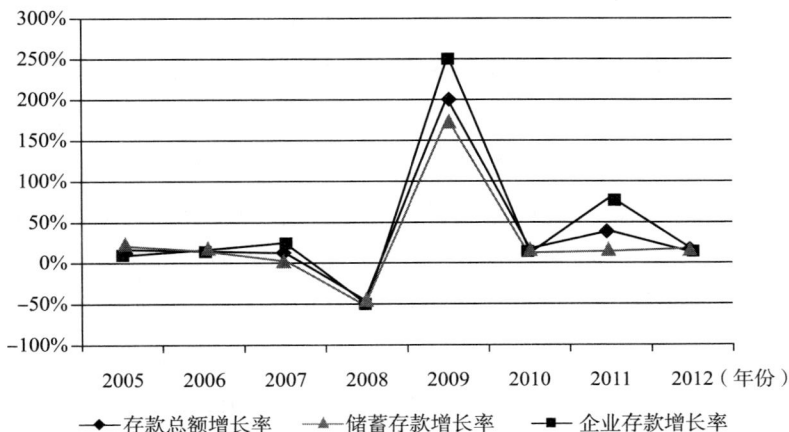

图 31.15　陕西省存款总额、储蓄存款、企业存款同比增长率

面对直接融资市场对银行信贷业务的冲击以及银行传统负债来源的分流趋势，陕西省商业银行金融脱媒的风险日益加大。因此，陕西省商业银行必须趋利避害，加快金融产品创新，转变经营方式，提高风险控制能力。

针对陕西省银行业面临的日趋严重的金融脱媒现象，我们提出几点建议。首先，陕西省商业银行要转变经营理念。银行要打破单纯依靠存贷利差来获利的传统理念，从内部体制上改革创新，努力为市场需求者提供多样化的金融服务，更加注重服务功能，优化服务质量。其次，陕西省商业银行要加快金融产品创新。随着我国证券市场的发展，银行要创新开展融资融券、证券抵押业务、支付结算业务、大额可转让存单业务、代客理财业务、财经信息咨询业务等。最后，陕西省商业银行要提高风险控制能力。面对金融脱媒给银行带来的风险，商业银行需要建立一套完整的风险识别、度量、监控和补偿体系，全面提高应对风险的管控能力。

第7节 结论及政策建议

本章主要运用账面资产负债表和或有权益资产负债表的方法，从公共部门、金融部门、上市企业部门、家户部门四个方面，采用相关风险衡量指标对陕西省风险进行揭示和分析，并给出相关建议。

从公共部门来看，2012年陕西省财政收支结构有所恶化，公共部门风险有所上升。从金融部门来看，2012年，陕西省商业银行存贷比处于较合理的水平，资本结构错配风险不大，期限错配风险和货币错配风险较2011年有所降低，但风险仍较为突出；保险业保险深度下滑，保费缓慢增长，赔付率上升，保险业的发展呈现一定程度的风险。从企业部门来看，2012年，上市企业盈利能力较差，所面临的相关风险依然较大；资产负债率呈上升趋势，企业资本结构错配风险加大；流动比率下降，企业流动性风险减小；或有资产负债率上涨，企业市场风险加大；违约距离增加，企业违约风险有所下降；或有资产波动率下降，企业经营的稳健性增强。从家户部门来看，2012年，陕西省家户部门负债水平不高，存贷结构合理，风险水平较低。

针对2012年陕西省四个部门的风险情况，提出以下几个建议：

第一，陕西省银行类金融机构的中长期贷款比例虽然有所下降，但是商业银行"存短贷长"现象严重，期限错配风险仍然过高，因此商业银行必须减少中长期贷款比重，合理错配资金，防止爆发流动性风险。此外，商业银行必须合理匹配外币存贷款余额，拓宽吸收外币存款渠道，利用套期保值方法加强外汇风险管理，降低外币存贷比，有效防范货币错配风险。

第二，陕西省保险类金融机构要积极开发新的保险险种，扩大保险险种适用范围，加大市场开发力度，积极拓宽保险销售渠道，增强保险防范风险的能力，努力提高保险深度和保险密度，为陕西省社会经济发展发挥社会保障功能。

第三，政府要有效控制物价水平的过度上涨，保持房价处于合理水平，加大民生投入，拓宽城乡居民的就业渠道，稳步提高城乡居民的收入水平。此外，政府和商业银行还应在控制风险的前提下，鼓励居民信贷消费，刺激当地经济发展。

参 考 文 献

［1］中国人民银行：《2012 年中国金融运行报告》。

［2］陕西省统计局：《2013 年陕西省统计年鉴》。

［3］卢仲青赟：《陕西省银行信贷结构与经济增长的相关性分析》，兰州商学院，2012 年 6 月。

［4］孙旭：《陕西省金融生态环境分析与优化建议》，载《时代金融》2012 年第 10 期，第 141 页。

［5］张天高：《金融发展与产业结构升级关系的实证研究——以陕西省为例》，载《经济研究导刊》2013 年第 11 期，第 109—110 页。

第32章　甘肃省宏观金融风险研究

全国经济形势下行压力严峻，甘肃省面对这样不利的经济形势依然保持着经济高速稳定增长，并不断调整其产业结构。甘肃省经过长时间的开发建设，形成了一套有特色的工业体系，也是我国重要的能源中心。2012年甘肃省总体风险状况有所改善，但公共部门财政缺口、上市企业部门运行状况都面临着较为严重的金融风险。本章对甘肃省2012年的经济金融运行状况进行概括，并对主要经济部门在宏观运行过程中出现的金融风险问题进行分析和识别，并提出金融风险进行专题分析，最后针对金融风险提出了防范以及管理意见。

赵小克（2013）研究甘肃金融发展对经济增长的传导机制，认为金融市场发展不足导致经济发展中的风险因素增加。叶雄辉（2013）认为，甘肃省实体经济的产业结构与金融体系结构不符，导致金融体系产生的风险以及融资结构的变动对经济发展的影响增大。宁宇新、薛芬（2013）认为，当地政府负债影响区域金融风险，建立地方政府负债联动监管体制是避免这一影响的关键因素。

第1节　甘肃省经济金融运行概况

一、甘肃省经济运行概况

2012年，甘肃经济社会发展迅速，经济总量有较大提升，生产总值达到5650.2亿元，比2011年增长12.6%，增速在全国排名第六位，其中，第一产业增加值增速排全国第三位，第三产业增加值排全国第一位。具体而言，三次产业增加值分别为780.4亿元、2600.6亿元、2269.2亿元，增速分别为6.8%、14.2%、12.5%。同2011年相比，三次产业结构有所优化，第一、二产业占生产总值的比重分别上升0.3个和1.1个百分点；三次产业结构由2011年的13.5：47.4：39.1调整为13.8：46.0：40.2。

甘肃省各产业发展情况良好。就农业而言，2012年，甘肃省粮食总产量达到 1109.7 万吨，比 2011 年增长 9.4％；农业生产技术有所提升，农业生产布局不断优化。2012 年，甘肃省尽管受国内外需求冲击影响，依然实现了较快增长，规模以上工业企业完成增加值 1913.4 亿元，比 2011 年增加 14.6％。服务业保持快速增长态势，尤其是金融保险业发展异常突出，2012 年甘肃省金融保险业增加值达到 184.4 亿元，同比增长 24.4％。

甘肃省 2012 年完成固定资产投资 6013.42 亿元，比 2011 年增长 43.85％。其中，项目投资贡献巨大，2012 年项目投资高达 5452.4 亿元，同比增长 32.83％。尤其是采矿业、制造业等产业，固定资产投资高速增加。

甘肃省 2012 年完成财政收入 1080.38 亿元，比 2011 年增长 17.34％；甘肃省公共财政预算收入为 520.88 亿元，同比增长 19.65％。甘肃省 2012 年居民消费价格总水平比 2011 年上涨 2.7％，城市和农村居民消费水平分别上涨 2.5％和 3.1％。

二、甘肃省金融运行概况

甘肃省 2012 年金融运行良好，银行业实现稳步、健康发展，货币信贷合理增长。截至 2012 年年末，甘肃省银行业金融机构资产规模同比增长 22.6％，利润总额同比增长 61.7％，不良贷款率较年初下降 0.7 个百分点；2012 年甘肃省中外资金融机构各项存款余额达 10129.7 亿元，比 2011 年年末增加 19.7％，金融机构人民币存款余额达 10033.4 亿元，比 2011 年年末增加 19.5％。2012 年甘肃省中外资金融机构各项贷款余额 7196.6 亿元，比 2011 年年末增加 25.5％，金融机构人民币贷款余额达 6829.4 亿元，比 2011 年末增长 24.9％。

甘肃省 2012 年证券行业实现稳步发展，资本市场快速发展，其融资作用进一步发挥。甘肃省辖内上市公司直接融资额达到 118.5 亿元，比 2011 年增长 8.7％。截至 2012 年年末，甘肃省辖内证券类金融机构共有法人证券公司 1 家，证券营业部 62 家，法人期货公司 1 家，期货营业部 6 家。

2012 年，甘肃省保险业运行良好，保障功能不断增强。省内共有 23 家保险市场主体，保险业总资产于 2012 年完成 398.1 亿元，比 2011 年增长 17.3％；保费收入完成 158.8 亿元，比 2011 年增长 12.7％；累计发生赔付支出 48.2 亿元，同比增长 26.1％，保险业经济补偿和风险分散作用充分发挥。

第 2 节　甘肃省公共部门风险分析

甘肃省 2012 年地方财政形势不甚乐观，虽然地方财政收入快速增加，但财政缺口逐渐扩大，财政缺口占生产总值比例也有增加态势，可以看到甘肃省公共部门风险因素有所增加。本节通过政府财政预算的相关数据对甘肃省公共部门的风险进行分析。

2012年，甘肃省财政支出首次突破2000亿元，实现高速增长，达到2063.44亿元，增长15.2%；同时，全省财政收入增长强劲，最大口径财政收入突破千亿，达到1080.38亿元，增速17.3%，地方一般预算财政收入达到520.9亿元，增速19.7%。地方财政支出结构在一定程度上得到优化，地方财政收入中，增值税、营业税、企业所得税有所增加，分别为60.5亿元、136.7亿元、36.5亿元，个人所得税有所下滑，为13.5亿元。地方财政支出中，社会保障、医疗卫生、教育等领域得到重点保障，2012年有关民生方面的财政支出占总支出的75%。2012年，全省财政缺口达到1542.6亿元，占全省生产总值的27.3%。甘肃省财政缺口加大与当地固定资产投资加大有关，虽然适当的财政支出有利于推动当地投资和消费的增加，但同时也加重了政府负担、增加了公共部门的风险，甚至可能导致当地政府出现债务危机。因此，甘肃省需要加强对于公共部门财政风险的监管力度，调节财政收支结构，以实现当地经济的平稳发展。

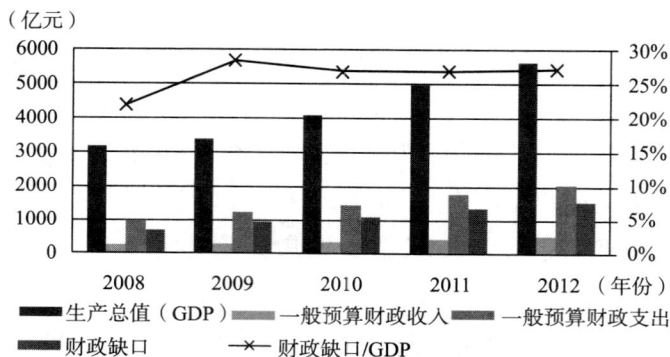

图 32.1　甘肃省财政收支结构①

第3节　甘肃省金融部门风险分析

2012年，国内外经济形势变动，尤其是全国经济下行压力增大，给甘肃省金融部门带来了不利的影响。然而，在这样的严峻环境下，甘肃省各家金

---

①　数据来源于《2009—2013年甘肃省统计年鉴》，《2008—2013年甘肃省国民经济和社会发展统计公报》。本章数据均来源于此。

融机构 2012 年资产规模仍稳步上涨，经营状况以及资产质量有所提升，这得益于近年来甘肃省持续推进金融改革，不断加强市场融资功能。本节主要运用账面分析方法对甘肃省各类金融机构所面临的宏观风险问题进行分析。

一、银行类风险分析

（一）资本结构错配分析

自 2008 年以后，甘肃省存贷比虽然均低于 75％，但一直呈增长态势，2008 年至 2012 年甘肃省各金融机构存贷比分别为 58.34％、63.35％、64.04％、67.80％、71.04％。2012 年，甘肃省银行类金融机构具体存贷情况如下：各类金融机构存款余额 10129.7 亿元，比 2011 年年末增加 19.7％；贷款余额达到 7196.6 亿元，比 2011 年年末增加 25.5％；贷款增速高于存款增速，存贷比达到 71.0％。从 2008 年至 2012 年的存贷比数据来看，甘肃省不断加强银行类金融机构支持经济发展的能力，并将存贷比保持在 75％以下，这说明甘肃省银行类金融机构资本错配风险并不显著；然而，随着西部地区经济发展，尤其是金融市场的发展，甘肃省监管部门需要密切关注该地区金融部门的风险变化，及时防范今后可能面临的资本结构错配风险。

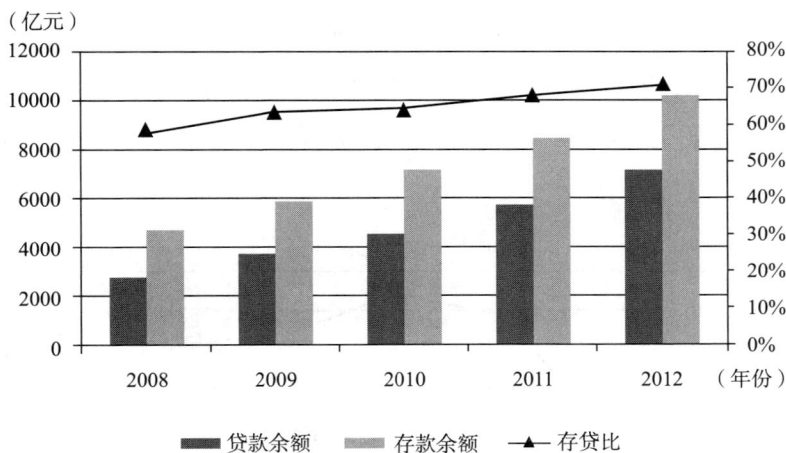

图 32.2　甘肃省金融机构存贷比

（二）期限错配分析

甘肃省近年来加大项目投资建设，导致甘肃省金融机构中长期贷款所占比例有所增加。具体而言，2012 年甘肃省中长期贷款占比仍高于 50％，中长期贷款达到 4123.7 亿元，比 2011 年年末增加 18.8％；中长期贷款占年末贷款余额比重为 57.3％，较之 2011 年的 60.5％有所下降。可以看到，自

2008 年以来，甘肃省中长期贷款占比呈缓慢增长态势，虽然 2012 年中长期占比有所下降，但甘肃省应防范中长期贷款过高所引发的期限错配风险，加快改善甘肃省信贷结构。

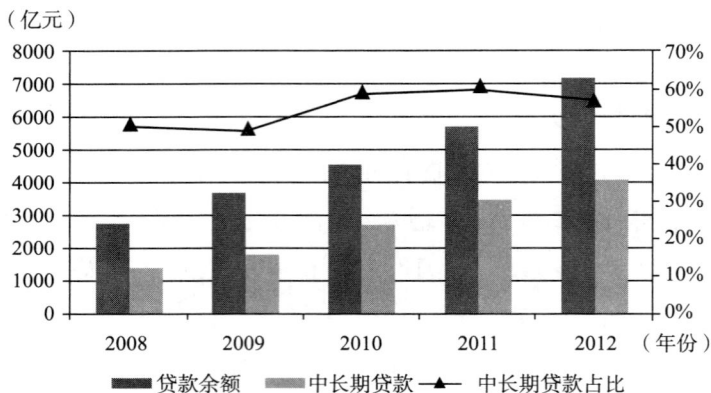

图 32.3　甘肃省金融部门期限结构

（三）货币错配分析

2012 年，甘肃省外币存贷比依然较高，尤其是与西部其他省份比较，甘肃省的货币错配风险问题严重，但于 2011 年、2012 年得到一定程度的缓解。2008 年至 2012 年甘肃省外币存贷比分别为 216.0%、425.8%、461.7%、400%、381.7%，这五年的外币存贷比呈倒"U"形态势，在 2010 年达到顶峰，2011 年、2012 年有所降低。2012 年甘肃省各金融机构外币存款余额达到 15.3 亿元，同比增长 44.3%；外币贷款余额达到 58.4 亿元，同比增长 37.7%。

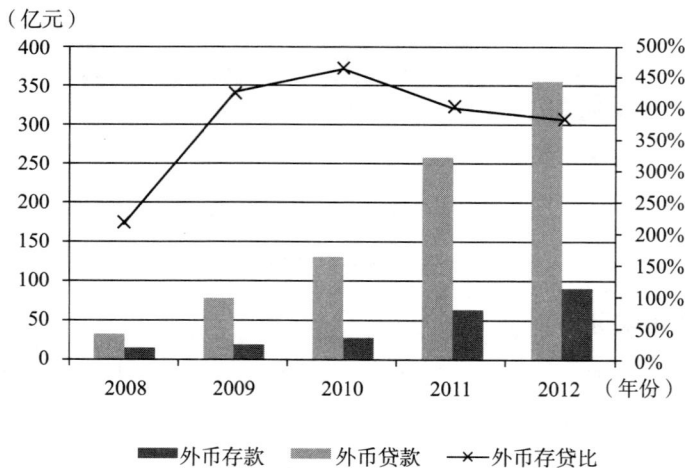

图 32.4　甘肃省外币存贷情况

二、保险类风险分析

2012 年，甘肃省保费收入有所上升，保费深度的下滑态势得到缓解，说明甘肃省保险业经营状况有所好转，保险类经营风险得到一定程度缓解。2012 年，甘肃省保费收入达到 158.8 亿元，同比增长 12.7％；保险密度为 616.0 元/人，保险深度为 2.8％。

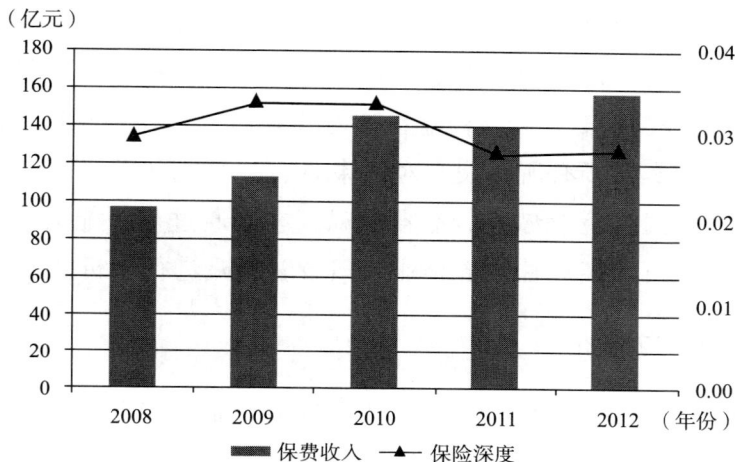

图 32.5 甘肃省保险深度

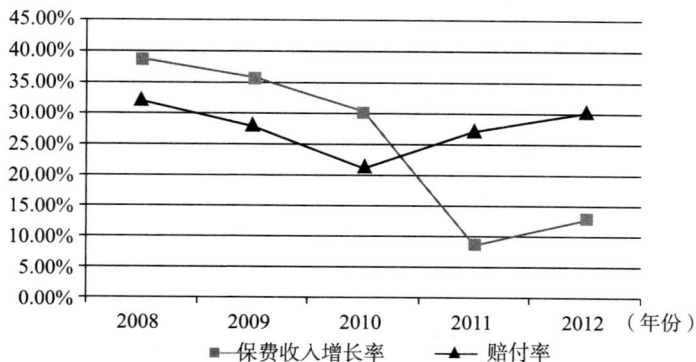

图 32.6 甘肃省保费增长率与赔付率

2012 年，甘肃省保险业赔付支出达 48.2 亿元，增长率为 26.1％，2008 年至 2012 年的保险业赔付率分别为：32.1％、27.9％、21.3％、27.1％、30.4％；2008 年至 2012 年甘肃省保费增长率分别为 38.5％、35.76％、30.3％、8.7％、12.7％。这五年，甘肃省保险业赔付率呈现下降后上升态势，保费增长率呈下滑态势。赔付率上升表明甘肃省保险业风险加剧，保费增长率的变化态势说明保险业扩张速度放缓，但 2011 年到 2012 年保费增长率出现了一个上升的转折，这说明甘肃省保险业经营状况有所恢复，考虑到2011年到2012年保险业赔付率的持续增加，甘肃省保险业监管部门要警惕随时可能出现的风险。

第4节　甘肃省上市企业部门风险分析

2012年，甘肃省资本市场有所发展，直接融资能力不断加强，具体表现为2012年全年甘肃省上市公司通过资本市场直接融资118.5亿元，同比增长8.7％。截至2012年年末，甘肃省辖内共有24家上市公司以及12家拟上市公司。虽然资本市场有所发展，对甘肃省企业部门风险调控加强，但甘肃省企业部门面临的风险形势依旧不容乐观。本节通过盈利能力、账面价值以及或有权益资产负债表对甘肃省企业部门金融风险进行分析。

一、盈利能力分析

自2008年至2013年第三季度，甘肃省上市企业净利润率波动较大，在2012年第一季度达到低谷，之后净利润率快速上升，2012年四个季度的净利润率分别为0.46％、1.12％、2.01％、2.45％，由此可以看到，甘肃省上市企业净利润率与我国经济发达地区相比，有巨大差距，这也与甘肃省的地理位置、经济发展情况有关。虽然2012年第一季度之后甘肃省上市企业净利润率快速增加，但考虑到近年来该指标的巨大波动性，要警惕外来冲击对甘肃省上市企业的经营风险影响。

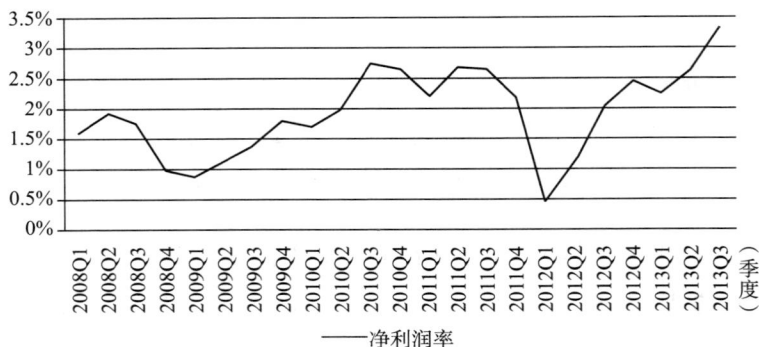

图 32.7　甘肃省上市企业净利润率

二、账面价值资产负债表分析

（一）资本结构错配分析

2012 年，甘肃省上市企业部门资本结构错配风险问题严重，但有所缓解。甘肃省上市企业的资产负债率较为稳定，在 2009 年第四季度出现了一个跳跃性波动以后就一直稳定在 70％左右。2013 年前三个季度，其上市企业资产负债率分别为 72.3％、71.2％、70.3％，较前两年有一定程度的缓解，但仍然处于较高的水平，这说明甘肃省上市企业部门的结构还有待优化调整，总体风险较为严重。

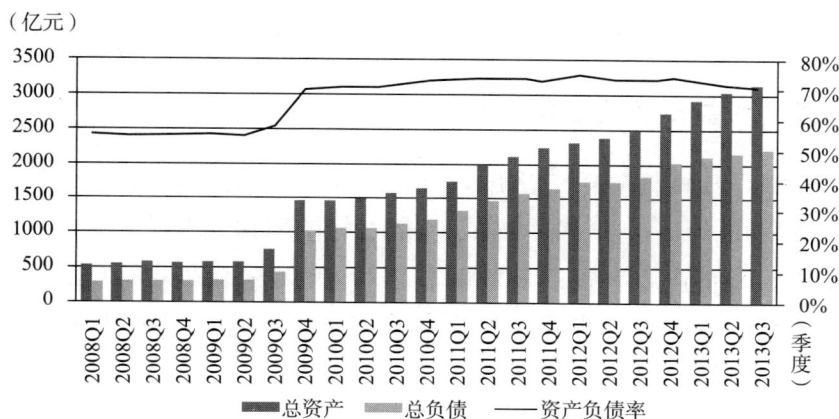

图 32.8　甘肃省上市企业部门资产负债率

（二）期限错配分析

2008 年至 2011 年第三季度，甘肃省上市企业流动比率出现较大波动，尤其是 2009 年第二季度开始流动比率大幅下滑，到 2009 年第四季度跌至 0.695，从该指标反映出甘肃省期限错配风险问题严重。自 2011 年第三季度之后，该指标一直保持较为稳定的态势，这说明甘肃省上市企业越来越重视流动资产与负债的调节，其期限错配风险问题也在一定程度上得到缓解，但整体来看，甘肃省上市企业流动风险问题仍然严重，需要加强对企业部门资产流动性的管理，提高其短期偿债能力，降低企业运行过程中出现的期限错配风险。

（亿元）

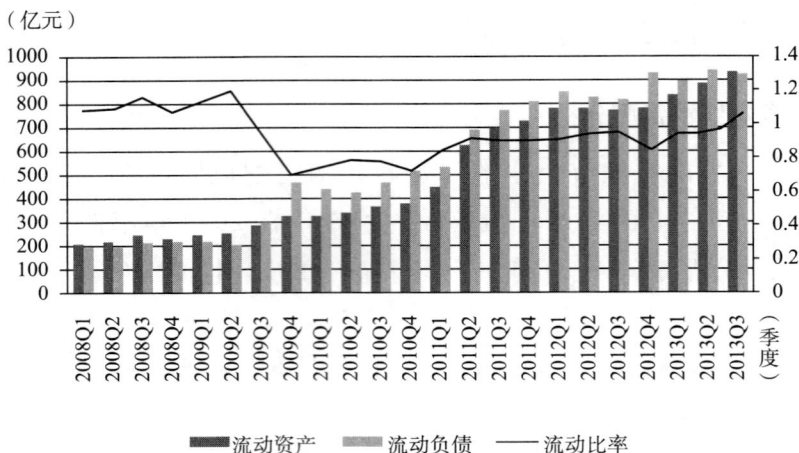

图 32.9　甘肃省上市企业部门流动比率

三、或有权益资产负债表分析

自 2008 年至 2013 年第三季度，甘肃省上市企业或有资产负债率先是快速上升，然后在 2011 年第四季度或有资产负债率保持稳定。2013 年前三季度，甘肃省上市企业或有资产负债率分别为 49.1％、52.8％、49.9％。从或有资产负债率的变化态势来看，甘肃省上市企业经营状况的严峻形势依然没有得到缓解，市场风险有所加大。

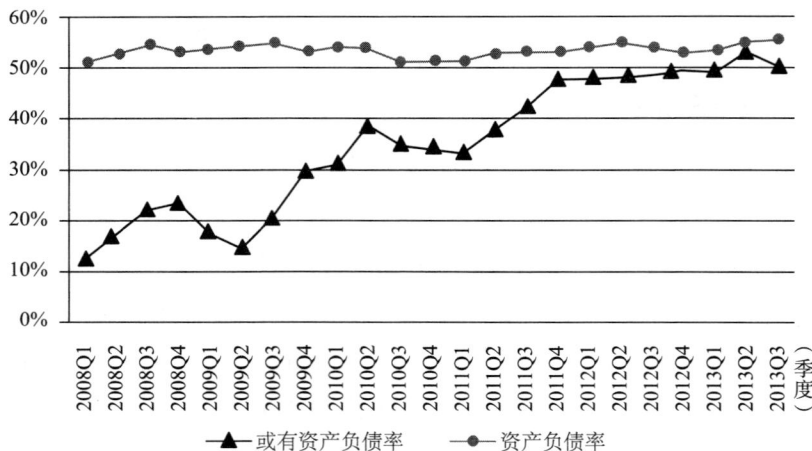

图 32.10　甘肃省上市企业或有资产负债率

2008 年至 2013 年第三季度，甘肃省上市企业资产波动率呈下降态势，尤其是经历了 2008 年和 2009 年的资产波动率的短暂波动之后，近年来资产波动率均稳定在 10％左右。2013 年前三季度，甘肃省上市企业或有资产波动率分别为 10.1％、10.9％、12.4％。甘肃省与我国经济发达地区相比，其上市企业部门的资产波动率依然较高，但与甘肃省前几年的情况相比，上市企业经营状况的稳定性增强。

2008 年至 2013 年第三季度，甘肃省上市企业违约距离有所波动，总体呈上升的态势，但在 2012 年第四季度后，违约距离开始下降，具体来看，2013 年前三个季度的违约距离分别为 4.8、4.2、3.9。这说明甘肃省上市企业总体而言违约概率呈上升态势，违约风险有所恶化。

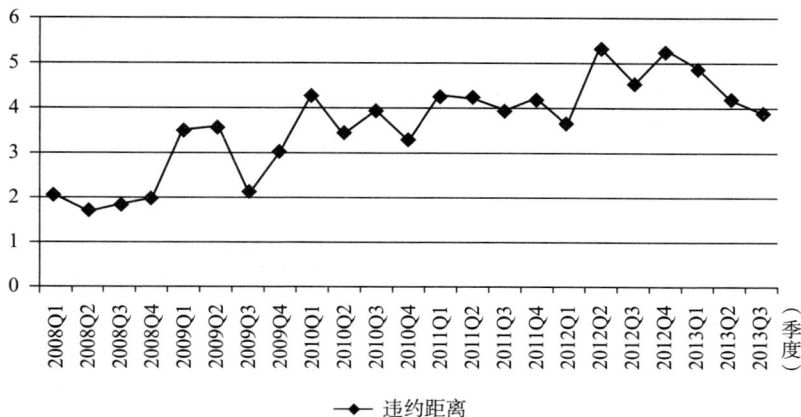

图 32.11　甘肃省上市企业违约距离

第 5 节　甘肃省家户部门风险分析

2012 年，甘肃省家户部门的收入不断增加，个人消费贷款持续增长，与西部各省区相比，个人存贷比水平较低，整体风险不大。2012 年，甘肃省城乡居民人均可支配收入为 17156.9 元，比 2011 年增加 14.5%；居民人均消费支出达到 12847.05 元，比 2011 年增长 14.82%；城镇居民恩格尔系数为 35.8，低于 2011 年 1.56 个百分点，说明城镇居民消费结构有所优化。农民人均纯收入达到 4506.7 元，比上年增加 15.3%，农村人均消费支出达到 4146.2 元，比上年增加 13.1%；农村居民恩格尔系数为 39.8，低于 2011 年 2.4 个百分点，说明农村居民消费结构有所优化。2012 年，家户部门的存贷比为 9.7%。

（亿元）

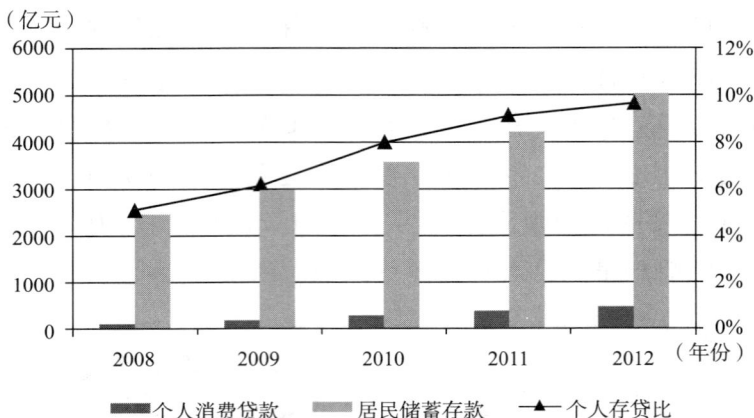

图 32.12　甘肃省个人存贷情况

第6节　甘肃省非金融机构融资结构专题分析

为了保证金融良好运行，必须构建一个良好的金融生态环境。金融运行的首要前提之一就是宏观经济环境，经济运行的不正常波动会给金融的稳定运行带来严重影响，同时金融运行不稳定，也很有可能诱发金融风险。与经济环境同等重要的是市场环境，我国金融市场发展时间短暂，虽然取得了显著成就，但与发达国家运行良好的金融市场相比，我国的金融市场确实存在很大问题。最重要的问题之一，就在于我国融资结构中间接融资所占比重过大，而债券市场和股票市场融资运用较少，这就造成了企业对银行的依赖性增加，同时企业风险也会加剧银行风险。这种融资结构会加大金融风险，同时也会弱化金融风险的调节功能。

2012年，甘肃省企业发行债券融资占比 14.7%，发行股票融资占比 4.9%，通过贷款间接融资占比 80.4%，直接融资额与间接融资额之比为 28.0%。可见，甘肃省融资结构中，间接融资所占比例太大，这是产生金融风险的一大诱因。从甘肃省上市企业部门的风险情况来看，虽然企业违约风险有所缓解，但企业的资本结构错配风险和流动风险问题依然严重，由于直接融资间接融资比过低，企业的风险很容易传递到金融部门和政府部门，从而导致公共部门和金融部门的风险加大。

利用非金融部门债券和股票年新增额代表甘肃省非金融部门每年新增直接融资额，利用非金融部门贷款年新增额代表甘肃非金融部门每年新增间接融资。通过间接直接融资比，分析甘肃省的贷款结构。

进行比较分析，东部选取上海市，中部选取河南省，东北选择辽宁省，西南选择广西壮族自治区进行横截面比较分析。上海市 2012 年债券融资占比 12.6％，股票融资占比 12.3％，贷款融资占比 73.1％；河南省 2012 年债券融资占比 18.9％，股票融资占比 5.9％，贷款融资占比 75.2％；辽宁省 2012 年债券融资占比 23.3％，股票融资占比 3.1％，贷款融资占比 73.6％；广西壮族自治区 2012 年债券融资占比 15.9％，股票融资占比 0.3％，贷款融资占比 83.9％。通过比较可以看出，与东部发达地区上海以及中部省份河南、东北部省份辽宁相比，甘肃省直接融资占比低，高于西南地区广西壮族自治区的直接融资比，说明甘肃省的融资结构有产生风险的可能，其融资结构有待优化。

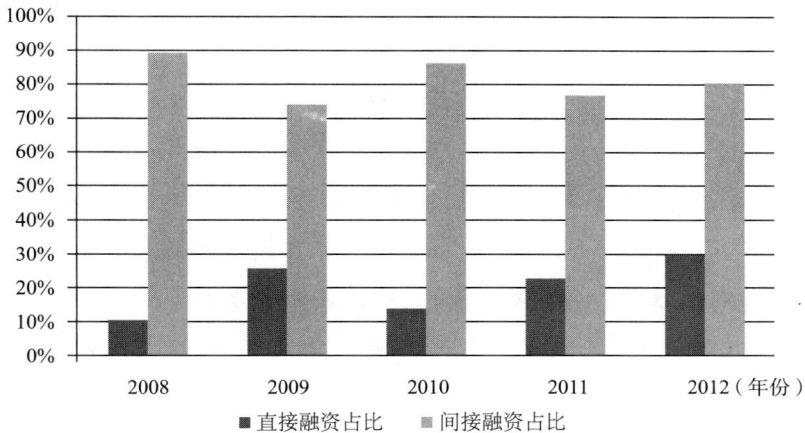

图 32.13　甘肃省融资结构

第 7 节　结论及政策建议

本章首先通过账面资产负债表以及或有权益资产负债表分析 2012 年甘肃省公共部门、金融部门、企业部门以及家户部门的风险状况。随后分析了甘肃省非金融机构融资可能引发的金融风险问题，并将该问题作为风险专题进行深入探讨。

2012 年甘肃省总体风险状况有所改善，但公共部门财政缺口、上市企业部门运行状况都面临着较为严重的金融风险。具体就四部门情况而言，甘肃省地方财政缺口有扩大的态势，公共部门风险因素有所增加；甘肃省银行类金融机构资本错配风险以及期限错配风险并不显著，货币错配风险问题严重，但近两年得到一定程度的缓解；保险业经营状况有所好转，保险类风险有所降低；甘肃省上市企业部门资本结构错配风险问题以及流动性风险问题严重，上市企业经营状况稳定性增强，市场风险加大。

针对甘肃省 2012 年四部门的风险状况，给出如下政策建议：

第一，针对甘肃省公共部门的财政缺口风险，应优化甘肃省地方财政收支结构，防止财政缺口进一步扩大。大力推动甘肃省产业转型升级，加速产业结构调整，推动新兴产业发展。

第二，针对甘肃省上市企业部门面临的风险，一方面，应大力推动甘肃省资本市场改革，拓宽企业融资渠道，降低企业融资成本；另一方面，应加快推动银行类金融机构改革，增强金融机构对当地经济发展的推动作用。

—·—

参 考 文 献

[1] 甘肃省统计局：《2008—2013 年甘肃省国民经济和社会发展统计公报》。

[2] 甘肃省统计局：《2009—2013 年甘肃省统计年鉴》。

[3] 中国人民银行：《2008—2012 年甘肃省金融运行报告》。

[4] 卢高翔：《我国上市公司融资偏好问题研究》，载《产业与科技论坛》2011 年第 17 期，第 113—115 页。

第33章 宁夏回族自治区宏观金融风险研究

宁夏回族自治区作为中国西部欠发达地区之一，其经济发展水平低于中国平均水平；地理条件相对恶劣，不利于当地发展经济。从三次产业来看，工业发展较为薄弱，农业、旅游业是宁夏回族自治区经济命脉，也是宁夏回族自治区需要大力发展的重中之重。本章首先对宁夏回族自治区 2012 年经济金融运行概况进行分析总结，并利用账面资产负债表以及或有资产负债表对宁夏回族自治区公共部门、金融部门、上市企业部门以及家户部门进行风险分析。

通过本章对宁夏回族自治区各部门宏观金融风险的分析研究，发现公共部门风险加剧；银行类金融机构资本结构错配风险问题严重，期限错配风险以及货币错配风险有所好转；保险类金融机构经营状况有所好转，保险类风险加剧；上市企业经营状况良好，企业经营面临风险减少。从账面价值负债表来看，企业资本结构错配风险以及期限错配风险均有所好转。从或有权益资产负债表来看，企业违约概率较低，运营良好，面临风险因素较少；家户部门存贷结构合理，风险水平相对较低。

姚景超（2012）提出了开放性经济的概念，国家正式于 2012 年 9 月批准将宁夏回族自治区建立为开放型经济实验区，然而在宁夏回族自治区发展开放型经济时面临许多困难，如金融机构不健全、信贷政策不匹配等问题，因此，宁夏回族自治区需加快金融配套设施建设、加大信贷政策支持力度、完善服务管理体系。李俊艳（2013）认为一个地区的产业结构与当地金融发展有密切关系，结合宁夏回族自治区产业发展以及金融市场发展现状，得出了完善金融体系服务当地产业结构发展的相关建议。

第1节 宁夏回族自治区经济金融运行概况

一、宁夏回族自治区经济运行概况

宁夏回族自治区在 2012 年的国民生产总值达到 2326.6 亿元，在全国各省、区、直辖市中排名靠后，为第 29 位，仅高于西藏自治区和青海省，比上一年期末增长 11.5％，发展速度较快，高于全国平均水平，在全国排名第 14 位。具体而言，工业、服务业发展较为迅速，对经济发展的推动作用明显增强，农业生产发展平稳，农业产量持续增长。三次产业增加值分别为 200.2 亿元、1158.6 亿元、967.9 亿元，增幅分别为 5.6％、13.8％、9.7％。产业结构仍需调整，2012 年三次产业结构变为 8.6：49.8：41.6，对经济增长的贡献率分别为 4.3％、62.0％、33.7％。

投资需求方面，2012 年，宁夏回族自治区全社会固定资产投资完成 2109.5 亿元，比 2011 年增长 27.5％。其中基本建设投资额达 1361.49 亿元，房地产开发投资达 238.2 亿元，增幅分别为 28.8％和 27.6％。消费需求方面，2012 年，宁夏社会消费品零售总额达到 548.8 亿元，增幅达到 14.9％，以不变价格计算，实际增长率达到 13.8％，基本生活类消费品增长较快。外贸需求方面，2012 年进口下降，进口总额达到 5.8 亿美元，出口增加，出口总额达到 22.2 亿美元，累计实现贸易顺差 10.7 亿美元。

2012 年，宁夏回族自治区地方财政收支结构不断优化调整，完成公共财政预算收入以及公共财政预算支出分别为 460.14 亿元和 872.19 亿元，增长率分别为 23.9％和 22.7％。财政支出方面，住房保障性支出增长迅速，达到 56.4 亿元，比 2011 年增长 67.3％。

二、宁夏回族自治区金融运行概况

2012 年，宁夏回族自治区各类金融机构运营平稳，快速发展，对当地经济发展起到了积极推动作用。银行业资产规模快速增长，自 2008 年至 2012 年，连续五年增速超过 20％，2012 年，宁夏回族自治区银行业资产规模达 4991.2 亿元，增速达 20.8％。截至 2012 年年末，宁夏回族自治区各类金融机构存款余额大幅增加，各项存款余额达 3507.16 亿元，比 2011 年年末增长 534.48 亿元，人民币各项存款余额达 3495.41 亿元，比 2011 年增加 17.8％，增长率提高 2.6 个百分点。贷款增幅放缓，信贷业务平稳发展，金融机构本外币各项贷款余额达 3372.12 亿元，人民币各项贷款余额为 3339.58 亿元，比 2011 年增长 16.8％，增速下降 2.5 个百分点。

截至 2012 年年末，宁夏回族自治区共有 12 家上市企业，资本市场有所发展，证券业规模依然较小。2012 年，宁夏回族自治区辖内共有国内 4 家证券机构设立分支机构；通过国内 A 股市场融资 23.5 亿元，资本市场推动当地经济发展作用不明显，其能力有待进一步开发。

保险业平稳运行，其中农业保险发展迅速，保险市场主体不断增加。2012 年，宁夏回族自治区保险分公司数量达 16 家，初步形成了各类机构并存、各种经营互补的多层次市场体系；农业保险加快发展。

第 2 节　宁夏回族自治区公共部门风险分析

宁夏回族自治区 2012 年地方财政收支结构仍需要不断优化调整，地方财政收入以及地方财政支出均保持增长态势，财政缺口不断增加，风险加剧。本节通过宁夏回族自治区政府财政预算收支结构对其公共部门的风险进行分析。

2012 年，宁夏回族自治区财政收入、财政支出快速增加，全年公共预算总收入比上年增加 23.9％，地方一般预算收入达到 264.0 亿元，增幅达 20.0％；地方一般预算支出达到 872.2 亿元，增幅达 22.7％。财政支出中，政府公共投资持续增加，是财政预算缺口不断增加的重要因素之一。财政缺口由 2011 年的 491.14 亿元增加至 2012 年的 608.2 亿元，占 GDP 比重也由 23.84％提高至 26.14％，可见宁夏回族自治区公共部门风险因素有所恶化。宁夏亟须调整其财政收支结构，减少政府财政负担，降低公共部门风险，防止金融风险在部门内、部门间传导。

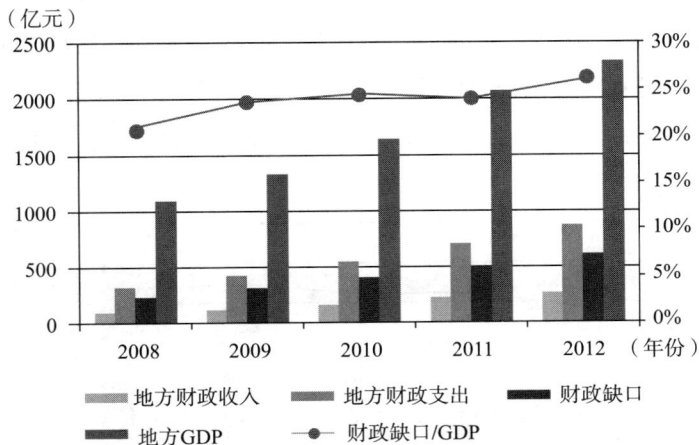

图 33.1　宁夏回族自治区地方财政收支情况①

---

① 数据来源于《2009－2013 年宁夏回族自治区统计年鉴》、《2008－2013 年宁夏回族自治区国民经济和社会发展统计公报》。本章数据均来源于此。

第3节 宁夏回族自治区金融部门风险分析

宁夏回族自治区作为我国西部不发达地区的省份之一，金融业发展起步晚、起点低，与发达地区相比，其金融部门有先天劣势。经过近几年的发展，宁夏回族自治区金融部门发展迅速，各类金融机构资产规模有较大提升，金融市场功能不断完善。本节运用账面资产负债表对宁夏回族自治区银行类、保险类金融机构所面临的金融风险进行分析。

一、银行类风险分析

资产负债表风险主要有资本结构错配、期限错配以及货币错配三种形式。下面就这三种风险进行具体分析。

（一）资本结构错配分析

2008年到2012年，宁夏回族自治区各类金融机构存贷比均高于75%，且呈现出缓慢增长的态势。虽然宁夏回族自治区2012年存款增速有所提升，存贷比有所好转，但该指标还是远高于银监会规定的75%的监管标准。2012年，宁夏回族自治区金融机构全年本外币各项存款余额达到3507.2亿元，比2011年增长17.8%，增长速度比2011年增加2.6个百分点，存款结构变化显著，储蓄存款增加迅速，单位存款增长稳定，财政存款持续下滑。全区金融机构本外币各项贷款余额达到3372.1亿元，贷款平稳增加，比2011年增加16.8%，增速降低2.5个百分点，贷款结构有所优化。存贷比达到96.15%，

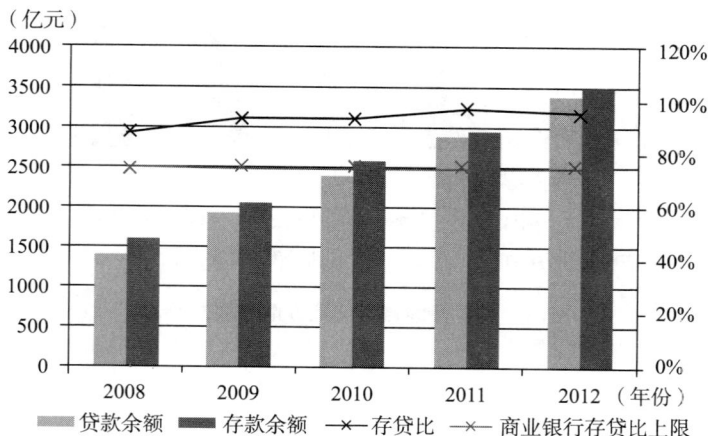

图33.2 宁夏回族自治区金融部门存贷比

比 2011 年下滑 1.5 个百分点。宁夏回族自治区金融市场发展不足，很多相应的监管体制并未完善，金融机构存贷比远高于 75％，这说明宁夏地区银行类金融机构资本错配风险问题严重，甚至会影响当地实体经济发展，监管部门需要加大力度调控风险。

（二）期限错配分析

2008 年至 2012 年，宁夏回族自治区贷款余额增长迅速，中长期贷款占比呈先上升后下降的态势。这五年中长期贷款占比分别为 56.66％、60.26％、66.61％、62.32％、58.15％。2012 年，全区中长期贷款余额达到 1960.8 亿元，比 2011 年增加 8.2％，近三年增速均保持下滑趋势；中长期贷款占贷款余额 58.2％，比上年下滑 4.1 个百分点。从中长期贷款占比的变动态势来看，由中长期贷款过高诱发的期限错配风险问题明显好转，这说明近年来对期限错配风险的调控措施发挥了作用，监管部门需要继续保持对该风险的监管与调控。

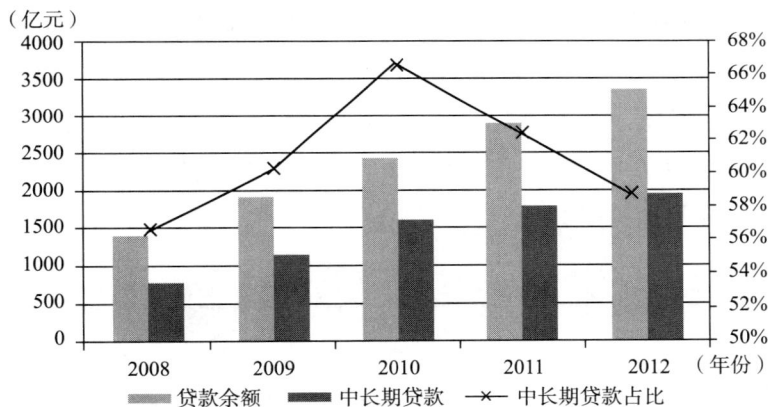

图 33.3 宁夏回族自治区金融部门中长期贷款占比

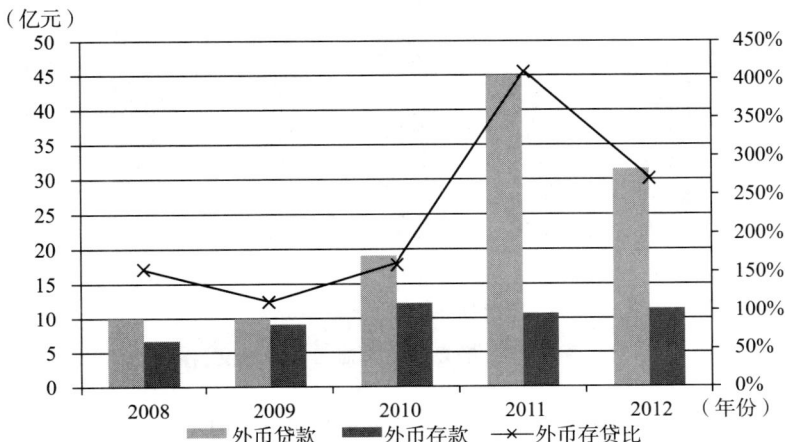

图 33.4 宁夏回族自治区金融部门中长期贷款占比

（三）货币错配分析

2008 年到 2012 年，宁夏回族自治区外币存贷比波动较大，在 2011 年迅速增加后，到 2012 年又大幅下降。如图 33.5 所示，2012 年外币存款保持平稳增长，达到 11.5 亿元，外币贷款下滑迅速，为 31.5 亿元，外币存贷比由上年的 411.1％迅速下滑到 273.7％，但仍然远高于国家规定商业银行外币存贷比 75％的上限。宁夏全区货币错配风险问题较 2011 年有明显好转，但考虑到其波动性较大，监管部门仍需要对其进行密切关注。

二、保险类风险分析

宁夏回族自治区金融业不太发达，经济现代化程度不高，企业以及个人对保险服务的需求程度有限。截至 2012 年，全区保险公司分公司数量达到 16 家，各级分支结构数量比上年增加 58 家。

2012 年，宁夏回族自治区保险业结构有所变化。全年实现财产险保费收入 26.5 亿元，同比增长 21.0％，寿险、健康险保费收入增幅较大，分别达 28.7 亿元、5.8 亿元，增幅分别为 7.5％、15.1％，意外伤害险保费收入减少，全年共计 1.7 亿元，下降 0.9％。总体而言，宁夏回族自治区保费收入持续增长，全年保费收入总额达到 62.7 亿元，同比增长 13.3％；保险深度达到 2.7％，与上年持平。

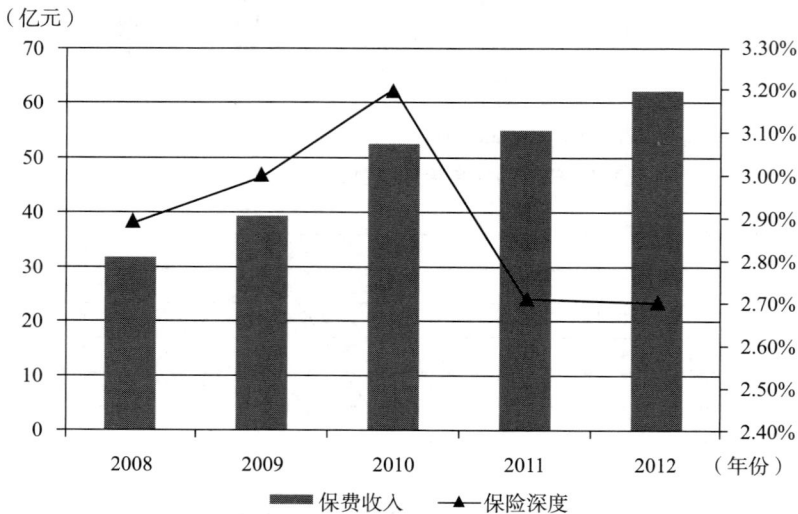

图 33.5　宁夏回族自治区保费深度

2012 年，宁夏全区各项赔款和给付总额达到 20.0 亿元，同比增长 35.5％，赔付率达到 31.9％；保费收入增长率有所上升，达到 13.3％。保费收入增长率上升说明，宁夏全区保险业扩张速度有所提升，而赔付率增加说明则宁夏全区保险业存在一定程度的风险。

近年来，宁夏全区保险深度下滑，说明宁夏回族自治区保险业发展受到了一定程度的阻碍；而保费收入自 2010 年开始持续增长，保险赔付率总体也呈下降态势。总体而言，宁夏回族自治区保险业较不发达，存在的风险因素较多。

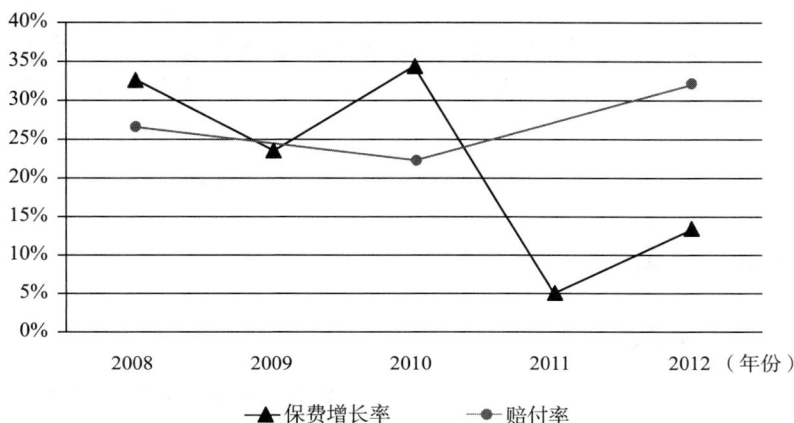

图 33.6　宁夏回族自治区保费增长率与赔付率

第 4 节　宁夏回族自治区上市企业部门风险分析

截至 2012 年年末，宁夏全区共有上市公司 12 家，总股本达到 44.6 亿股，总市值 381.7 亿元，同比下降 0.06％。上市企业盈利能力有所下滑，资本结构错配风险和期限错配风险问题有所好转，或有权益方面风险较为严重。本节运用账面资产负债表和或有权益资产负债表对宁夏回族自治区上市企业部门的宏观风险进行分析。

一、盈利能力分析

上市企业的利润率越高，企业能够通过经营所创造的利润较多，企业整体经营状况就较为良好。2012 年上市企业利润率呈上升态势，2012 年第一季度利润率为 1.68％，到 2012 年的第三季度利润率上升到 6.00％，第四季度利润率有所下降为 5.79％；2012 年第四季度平均利润率为 4.22％，比 2011 年增加 2.9 个百分点。宁夏回族自治区上市企业净利润率的增长说明上市企业经营情况有所好转，企业经营面临的风险较小。

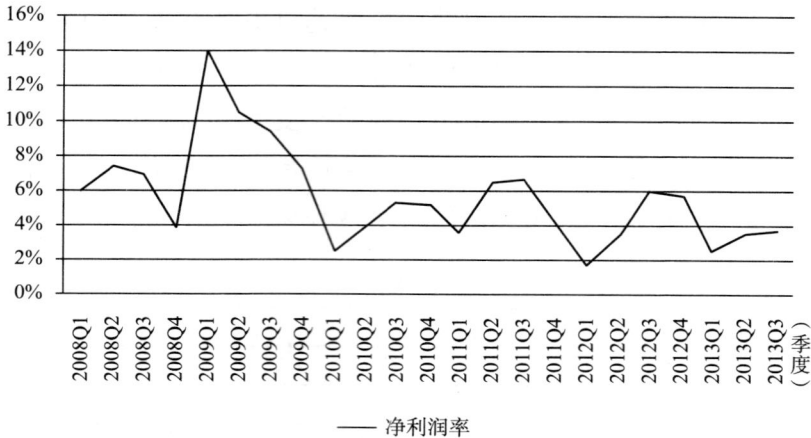

图 33.7 宁夏回族自治区上市企业净利润率

二、账面价值资产负债表分析

（一）资本结构错配分析

2012 年宁夏全区上市企业总资产有所波动，总负债呈下降态势，资产负债率有所下降。2012 年第一季度宁夏回族自治区上市企业资产负债率为42.45%，并保持下降态势，2012 年第四季度宁夏回族自治区上市企业资产负债率下降为 35.36%，2012 年季度平均负债率为 39.92%，比 2011 年降低7.1 个百分点。这说明，宁夏回族自治区上市企业部门资本结构较为稳健，总体上风险并不明显。

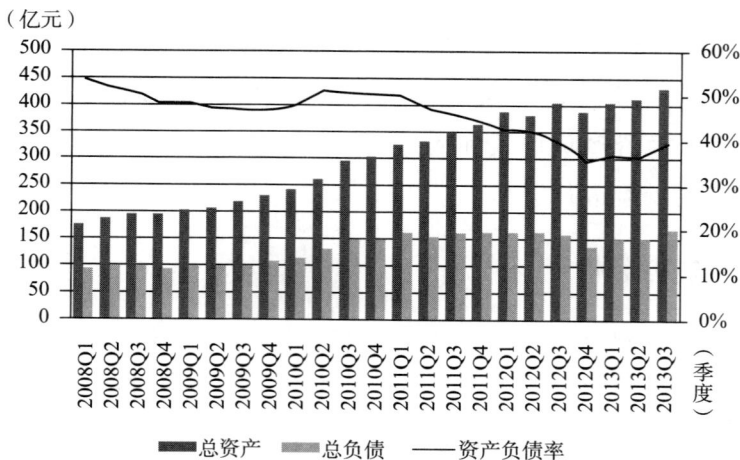

图 33.8 宁夏回族自治区上市企业资产负债率

（二）期限错配分析

2012 年，宁夏回族自治区上市企业流动资产呈波动态势，流动负债呈上升态势，流动比率有所波动，总体上呈下降态势。2012 年第一季度宁夏回族自治区上市企业流动比率为 100.43%，第二季度下降为 97.34%，第三季度流动比率上升到 102.02%，第四季度流动比率又下降到 88.14%。2012 年，宁夏回族自治区上市企业季度平均流动比率为 96.98%，比 2011 年下降 4.2 个百分点。总体而言，宁夏回族自治区上市企业的流动比率保持在 1 左右的水平，较为安全，具有较强的短期偿债能力，这也说明宁夏回族自治区上市企业的资金流动性较好，但仍然需要警惕其下降的可能性，加强资产流动性管理，防范企业经营中的期限错配风险。

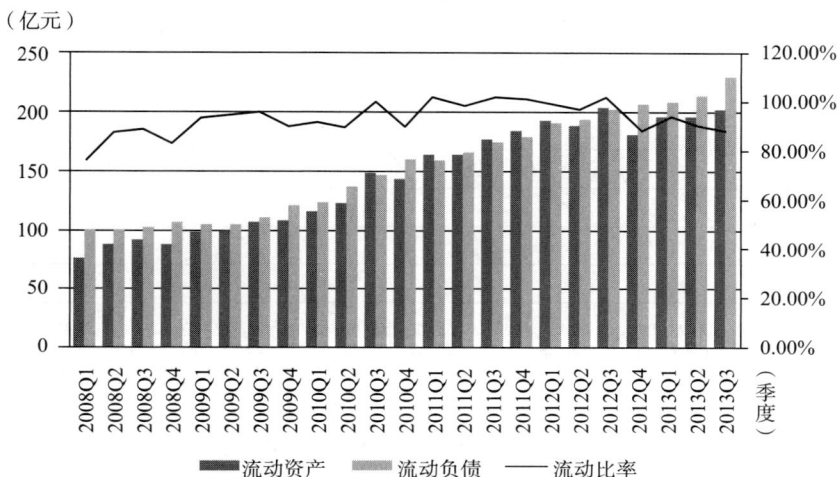

图 33.9　宁夏回族自治区上市企业流动比率

三、或有权益资产负债表分析

2012 年，宁夏回族自治区上市企业或有资产负债率在波动中整体呈上升态势，或有资产负债率的上升表明宁夏回族自治区上市企业在股权二级市场表现不佳。2012 年前三个季度，宁夏回族自治区上市企业或有资产负债率分别为 30.81%、32.39%、33.59%，第四季度该指标下降至 30.93%；季度平均或有资产负债率为 31.92%，比 2011 年上升 5.2 个百分点，反映出其面临的相关风险较高。

2012 年，宁夏回族自治区上市企业违约距离波动较大，但总体呈上升态势。四个季度的违约距离呈现先上升后下降的态势，四个季度的违约距离分别为 3.26、4.82、4.13、4.26；季度平均违约距离为 4.12，比上年增加 0.004。违约距离反映的是企业资产市值与违约点之间的距离，违约距离越大，企业的违约风险就越小。宁夏回族自治区上市企业违约距离总体上有所增长，企业经营状况较为良好，企业违约概率较低，相关风险并不明显。

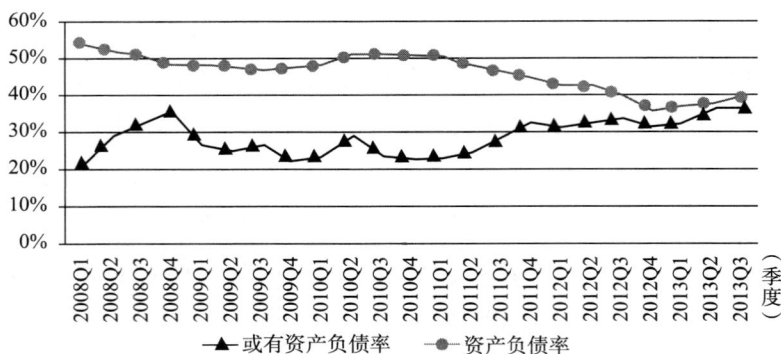

图 33.10　宁夏回族自治区上市企业账面资产负债率与或有资产负债率

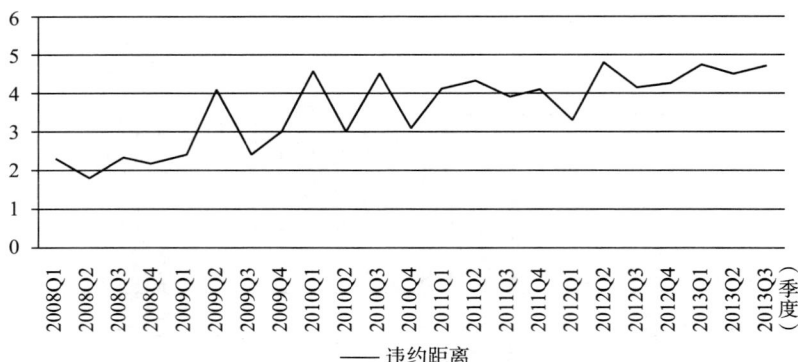

图 33.11　宁夏回族自治区上市企业违约距离

第 5 节　宁夏回族自治区家户部门风险分析

2012 年宁夏回族自治区家户部门人均收入稳步增长，家户部门负债水平较低，城市居民生活富足，农村居民消费能力增强，居民消费信贷合理增长，家户部门风险不大。具体而言，2012 年农民人均纯收入达到 6180 元，同比增长 14.2%；城镇居民人均可支配收入达到 19831 元，同比增长 12.8%。

自 2008 年以来，宁夏全区个人消费贷款以及城乡居民储蓄存款保持增长，个人消费贷款与城乡居民储蓄存款比也持续增长，2012 年稍有下降。宁夏回族自治区家户部门的负债水平不高，具有较强的偿债能力，面临的相关债务风险较低。在存贷结构方面，2012 年城乡居民储蓄存款达到 1679.40 亿元，比 2011 年增加 24.3%，个人消费贷款达到 311.50 亿元，比 2011 年增加 16.2%。2012 年，个人消费贷款与城乡居民储蓄存款之比达到 18.55%，比上年减少 1.3 个百分点。总体来说，宁夏回族自治区家户部门收入快速增长，存贷结构合理，总体风险水平相对较低。

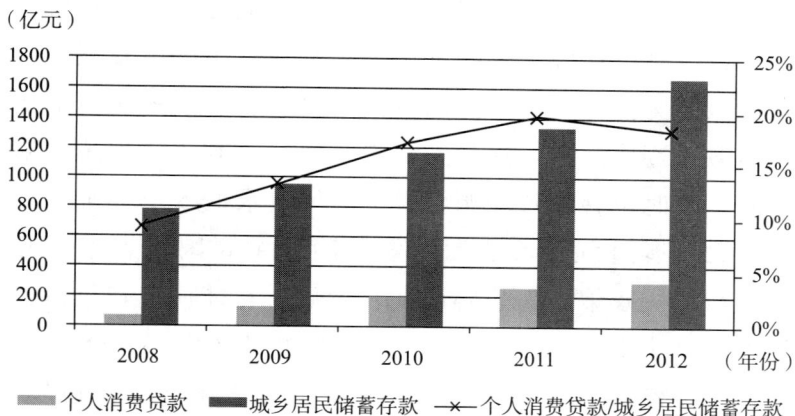

图 33.12　宁夏回族自治区个人存贷比

第 6 节　宁夏回族自治区能源金融风险专题分析

能源问题是关乎国家命运，影响国家经济发展的重大问题。近年来，金融对能源产业发展的支持作用越来越大，尤其是在西部能源资源丰富的地区，能源产业已逐渐成为金融支持发展的重点产业之一。由于国家经济社会的正常发展与能源产业的正常运行息息相关，必须高度重视金融支持能源产业的发展。如果忽视金融资源配置问题以及能源产业运行中出现的问题，就会导致能源产业发展甚至地区社会经济发展难以达到预期目标，更有可能引发金融风险。因此，本节在分析宁夏回族自治区能源产业发展的基础上，研究相关金融风险问题以及对策。

一、宁夏回族自治区金融支持能源产业发展分析

宁夏回族自治区对能源产业大量投入资金，其能源产业与金融的融合程度越来越紧密。一方面，为了实现能源产业升级与转型，调整能源结构，宁夏不断加大对于能源产业的固定资产投资；在能源产业高速发展的同时，也带动了工业经济的快速发展。另一方面，由于能源产业的高速发展以及宏观政策的引导，宁夏地区金融机构对能源产业企业的贷款额快速增长，且能源企业贷款主要是中长期贷款。这就导致了能源产业对于银行贷款的依赖性增强，并易诱发风险。

二、宁夏回族自治区能源产业诱发金融风险分析

能源产业与金融业相互融合得越来越紧密，随之而来的能源金融风险问题也就不断暴露出来。能源产业的发展需要金融资金的大量投入，虽然金融资金的大量注入能为能源产业生产的供给带来收益，但能源产业中这种资本推动型的发展方式逐步凸显，这种发展方式由于受到规模报酬递减规律的制约，难以持续，同时也会导致能源金融中的风险水平逐步增加。

在能源金融发展过程中，诱发金融风险的主要因素有以下几方面：第一，产业政策与信贷政策之间的协调存在矛盾。在能源产业发展过程中，各金融机构不断优化其信贷结构，努力促进能源经济发展，然而在这个过程中，出现了投资规模过大、部分信贷资金流入低水平重复建设领域等问题。这与我国目前能源产业政策的导向并不一致，会导致难以有效发挥综合调控作用等问题。第二，银行信贷政策改革滞后。在商业银行信贷管理体制改革中，并没有充分考虑西部地区的特殊情况与优势，这种信贷体制必然会导致西部经济较不发达地区难以配置到所需资金。西部地区一些优质企业和项目，就会由于这种管理体制上的缺陷而难以申请到所需贷款与资金。第三，金融机构信贷资金在个别行业过于集中。各银行新增贷款主要集中在电力、煤炭等支出产业的大型企业，能源产业作为宁夏回族自治区优势产业以及重点发展产业，必然成为各金融机构信贷支持的重点，这也就导致了信贷资金的行业集中度过高。这必然会导致商业银行之间的竞争、利润减少以及潜在风险加大。第四，能源企业融资结构有待优化，融资方式单一。目前，宁夏回族自治区能源企业直接融资比例过低，融资结构亟须优化。宁夏回族自治区能源企业只有一家上市公司，也只有个别公司发行企业债券，这些股市债券融资比例很低。由于直接融资的成本低于间接融资成本，因此目前的融资结构大大增加了企业的成本，这不仅存在较大的金融风险，也会制约能源产业的进一步发展。

三、管理控制金融风险的政策建议

为了预防和消除能源产业发展中面临的金融风险，以便金融资本能更好地推动能源产业的发展，可以采取以下几方面措施：第一，尽快完善相应的监管机制，建立风险预警系统。首先，中央银行要加强对能源产业的监测，尤其是对于该产业的发展前景分析。此外，要对国内国际能源市场发展状况保持密切关注，合理估计能源市场的需求，及时采取措施缓解市场冲击、化

解金融风险。第二，银行应完善其信贷管理政策。银行需要不断完善信贷风险控制体系、优化信贷投入方向、加强已授信企业的信用管理。第三，加快能源产业项目保险建设。通过保险公司对能源产业风险的科学评估和评价，有效地缓解能源信贷风险的压力。第四，建立统一的能源交易市场。通过统一的交易市场，可以规避价格风险，便于实现宏观调控。

第7节　结论及政策建议

本章利用账面资产负债表和或有权益资产负债表方法对宁夏回族自治区四个主要经济部门的金融风险进行了分析。随后分析宁夏回族自治区能源产业对金融风险的影响，并将其作为风险专题进行具体分析。

2012年，宁夏回族自治区财政缺口不断扩大，公共部门风险加剧；银行类金融机构资本结构错配风险问题严重，期限错配风险以及货币错配风险有所好转；保险类金融机构经营状况有所好转，保险类风险加剧；上市企业经营状况良回族自治区好，企业经营面临的风险减少；从账面资产负债表来看，企业资本结构错配风险以及期限错配风险均有所好转；从或有权益资产负债表来看，企业违约概率较低，运营良好，面临的风险因素较少；家户部门存贷结构合理，风险水平相对较低。

针对以上分析，给出以下政策建议：

第一，宁夏回族自治区财政缺口持续扩大，占GDP的比重居高不下，相关部门需要大力推动地方财政收支结构改革，减轻政府面临的财政负担，保证政府更好地为当地经济发展服务。

第二，加快宁夏回族自治区金融市场、资本市场建设。宁夏回族自治区金融市场起步晚、起点低，与当今高速发展的经济不匹配，为降低当地企业的融资难度，减少融资成本，更好、更快地发展经济，宁夏回族自治区需要大力完善金融市场制度，加快金融市场建设。

参 考 文 献

［1］宁夏统计局：《2008－2013 年宁夏回族自治区国民经济和社会发展统计公报》。

［2］宁夏统计局：《2009－2013 年宁夏回族自治区统计年鉴》。

［3］中国人民银行：《2008－2012 年宁夏回族自治区金融运行报告》。

［4］姚景超：《金融介入视角下宁夏构建内陆开放型经济的思考》，载《金融发展评论》2012 年第 11 期，第 115—122 页。

第 34 章　青海省宏观金融风险研究

2012 年青海省整体经济继续保持平稳较快发展，各部门积极应对来自国内外的挑战，在调整产业结构、转变发展方式方面取得了较大成效。青海省有 11 类矿产资源的储量位居全国第一，矿业的发展潜力巨大，但现阶段仍存在生产效率低、环境污染大等问题。本章将对青海省四部门存在的金融风险进行度量和分析，并对青海省产业转移风险进行专题分析。

2012 年，青海省公共部门风险加剧，银行类金融部门存贷比过高，资本结构错配风险严重；上市企业部门盈利能力下降，风险状况严重；家户部门风险不明显。

中国人民银行西宁中心支行金融稳定处课题组在《西部地区承接产业转移与区域金融稳定》（2013 年）中提出，目前西部地区尤其是青海省正是面临产业转移的关键时期，易诱发区域金融风险，需加强对金融风险的防控。付俊文、赵红（2007）认为，金融资源配置情况对于青海省主导产业的发展至关重要，如果配置不合理易诱发金融风险，阻碍当地经济发展。

第 1 节　青海省经济金融运行概况

一、青海省经济运行概况

青海省于 2012 年实现生产总值 1884.5 亿元，比 2011 年增长 12.3%，增速高于全国平均水平。经济快速增长的重要原因是政府加大了项目投资力度。三次产业增加值分别为 176.8 亿元、1092.0 亿元、615.8 亿元，增速分别为 5.2%、14.1%、11.1%。三次产业结构调整为 9.4∶57.9∶32.7。地方政府财政预算收入以及财政预算支出分别为 186.3 亿元、1188.0 亿元。2012 年，固定投资效果明显，固定资产投资额为 1920.0 亿元，比 2011 年增长 33.9%。2012 年的工业发展速度较快，拉动经济发展的作用进一步增强。

2012 年，青海省价格水平上升幅度不大，居民消费价格与农业生产资料价格比 2011 年分别上涨 3.1％、8.7％。其中，居民消费价格水平增幅比 2011 年减少 3 个百分点。其中食品类上涨 6.6％、居住类上涨 5.0％，衣着类下降 1.6％。劳动力成本普遍增加。城镇人均工资性收入为 12614.4 元，增长 10.6％；农牧民人均工资性收入为 1989.7 元，增长 12.1％。

二、青海省金融运行概况

2012 年青海省金融业运行态势良好，各类金融机构共新增网点 10 个，网点分布结构也更加完善合理，尤其是加强乡镇网点建设。青海省银行业金融机构资产规模不断扩大，资产质量稳步提高，抗风险能力进一步增强，经营效益较好。

2012 年，青海省证券机构经营稳定，上市公司培育力度进一步加大，证券业继续保持稳健发展态势。截至 2012 年年末，青海省共有上市公司 10 家，总市值达 991.44 亿元，上市公司数量与 2011 年保持一致，市值同比下降 8.9％。但受股市大盘调整影响，股票交易量呈现下降趋势，2012 年青海省证券经营机构累计交易量 1156.9 亿元，同比下降 8.3 个百分点，这已是连续第三年下降。

保险机构稳健经营，保险覆盖面继续扩大。2012 年青海省新设县域保险机构 21 家，实现了县级区域保险机构的全覆盖。2012 年青海省实现原保险保费收入 32.4 亿元，同比增长 16.2％；全省保险密度为 565.3 元/人，同比增长 15.1％。

第 2 节　青海省公共部门风险分析

青海省地方财政缺口不断扩大，所占 GDP 比重远高于其他省份，面临严重的风险问题。本节根据青海省预算收入以及预算支出情况对其公共部门的风险进行分析。

2012 年青海省一般预算收入达到 186.3 亿元，比 2011 年增长 22.8％，增长速率有所下滑。财政收入的迅速增长来源于资源税、营业税和企业所得税收入的大幅增长。青海省 2012 年财政缺口为 1001.6 亿元，占 GDP 比重为 53.15％，与 2011 年的 42.64％相比，大幅上升。一般预算支出全年共计 1188.0 亿元，比 2011 年增长了 22.8％，增长速率较 2011 年有所下滑，财政缺口过大的问题依然没有得到缓解。民生领域财政支出显著增加，财政收支结构进一步优化。从财政收支结构来看，公共部门风险问题越来越严重，政府所承担的压力越来越重。

（亿元）

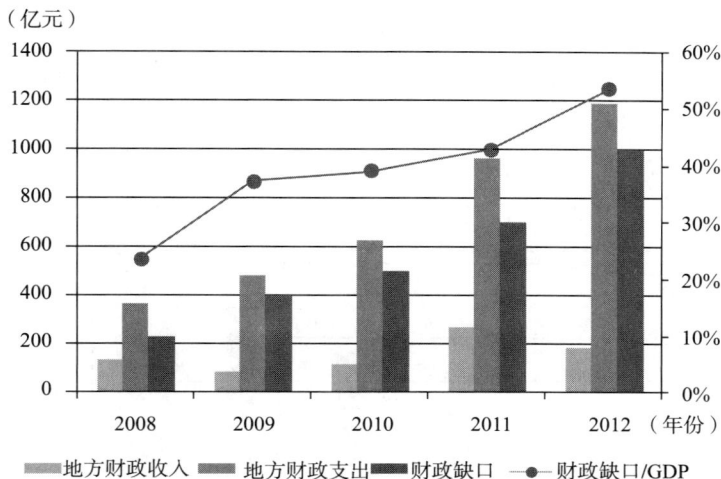

图 34.1　青海省公共部门财政收支结构①

第 3 节　青海省金融部门风险分析

2012 年，青海省金融部门运行良好，积极协调企业解决融资中遇到的问题，引导更多企业进入资本市场。全年直接融资额取得新突破，有效地缓解了中小企业融资难问题。本节主要运用账面资产负债表对青海省银行类、保险类金融机构所面临的风险状况进行分析和揭示。

一、银行类风险分析

（一）资本结构错配分析

2012 年，青海省银行业本外币存、贷款余额分别达到了 3538.4 亿元和 2868.4 亿元，相对 2011 年分别增长了 24.8% 和 28.1%，增长速率均有所增加，保持在 20% 以上，发展态势良好。从行业分布来看，新兴增长点得到了重点支持。与 2011 年同期相比，交通运输业、采矿业贷款增速分别下降了 90 个和 25 个百分点；信息技术行业、教育业、科学研究行业贷款增速分别上升了 334 个、98 个和 11 个百分点。从政策引导情况来看，薄弱环节贷款

---

①　数据来源于《2009—2013 年青海省统计年鉴》，《2008—2013 年青海省国民经济和社会发展统计公报》。本章数据均来源于此。

大幅增加。辖内农村合作金融机构涉农贷款占比达 81.2%，较上年同期提高 6 个百分点；中小微企业贷款同比增长 61.8%，高于平均水平 37 个百分点；民贸贴息贷款同比增长 86.2%；下岗失业人员小额担保贷款满足率达到 91%；各类助学贷款帮助 2.9 万名困难学生解决就学问题；累计发放妇女创业贷款 1.3 亿元，支持了 1.5 万人创业。

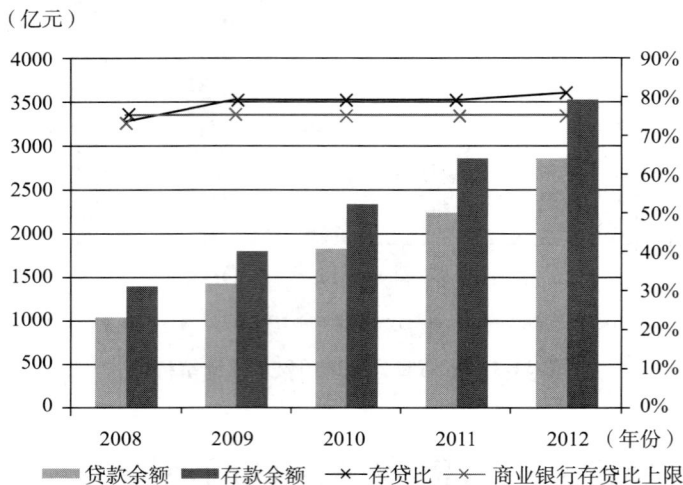

图 34.2 青海省银行业存贷款结构

（二）货币错配分析

在 2011 年青海省外币存贷款余额大幅下降后，2012 年，青海省外币存贷款余额又大幅回升，外币存贷比上升至近 800%，较近几年水平来看存在一定的货币错配风险。

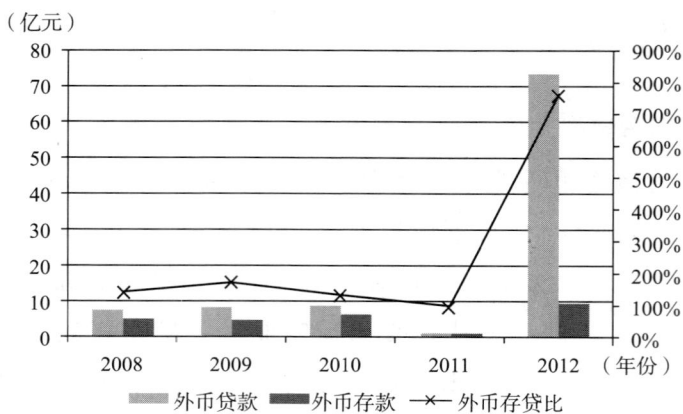

图 34.3 青海省银行业外币存贷款结构

（三）期限错配分析

2008 年至 2012 年，青海省中长期贷款以及贷款余额保持增长态势。中长期贷款占比呈倒"U"型态势。这五年的中长期贷款占比分别为 68％、68％、74％、74％、70％。从中长期贷款占比变化的态势来看，期限错配风险有所缓解，但金融部门要对该风险保持关注并及时防控。

（亿元）

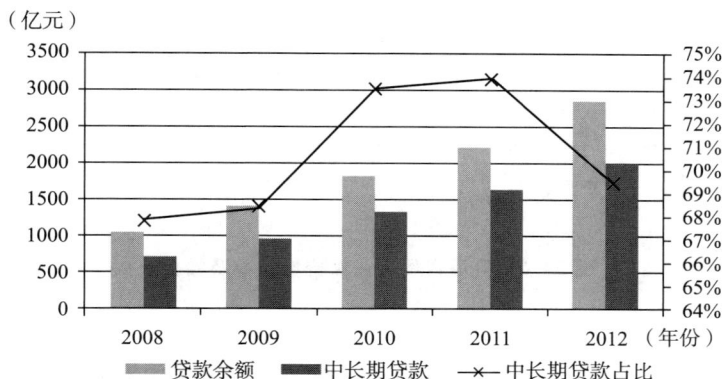

图 34.4　青海省金融机构中长期贷款占比

二、保险类风险分析

2012 年，青海省保险业在营业主体和资产规模上均有所扩充。全年保费收入共计 32.4 亿元，增长 16.2％，增长速率比 2011 年有所增加。保险密度达到 565.3 元/人，较上一年增长 74 元，保险深度有所下滑。2012 年青海省农业保险承保数量和各级财政补贴金额均有大幅提高。

（亿元）

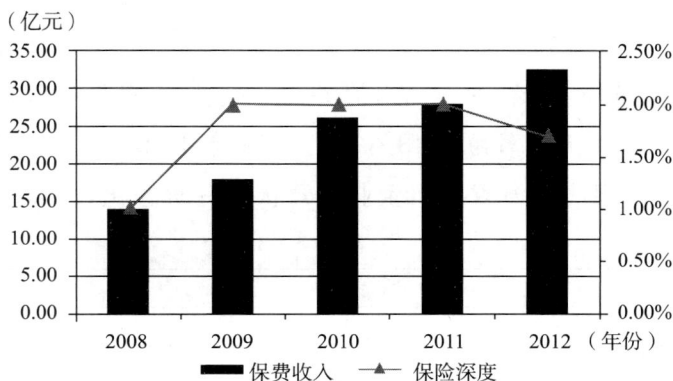

图 34.5　青海省保险收入及保险深度

全年赔付总额为 10.9 亿元，比 2011 年增长 2.9 亿元，保险业覆盖各行业风险的作用进一步加强。赔付率为 33.64％，比 2011 年增加 5.1 个百分点。保费增长率在 2008 年至 2010 年保持增长态势，2010 年至 2012 年下降，保险行业经营状况有所下滑。总体来说，青海保险业存在明显的赔付风险。

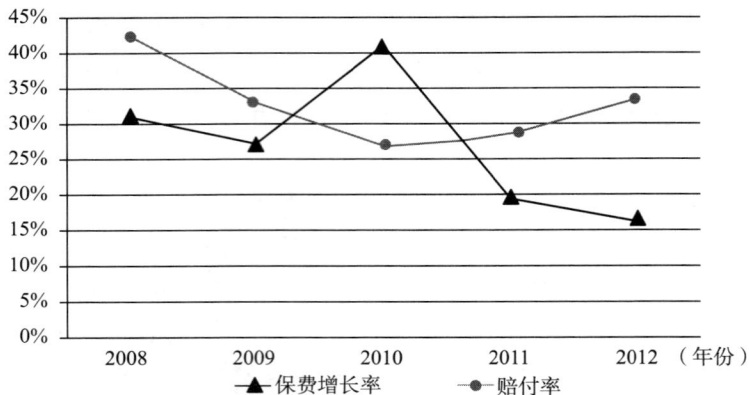

图 34.6　青海省保险业保费增长率及赔付率

第4节　青海省上市企业部门风险分析

截至 2012 年年末，青海省辖内共有 10 家上市企业，上市公司数量与 2011 年保持一致，总市值达到 991.44 亿元。本节通过盈利能力、账面价值以及或有权益资产负债表对青海省企业部门金融风险进行分析。

一、盈利能力分析

截至 2012 年年末，青海省共有上市公司 10 家，总市值为 991.44 亿元，上市公司数量与上年保持一致，市值同比下降 8.9%。2012 年，青海上市公司净利润率持续下降，四个季度净利润率分别为 6.98%、7.22%、5.50%、6.20%，季度平均净利润率为 6.48%，比 2011 年下降 6.1 个百分点。总的来说，净利润率下滑表明青海省上市企业经营状态有所恶化，反映出其相关风险较大。

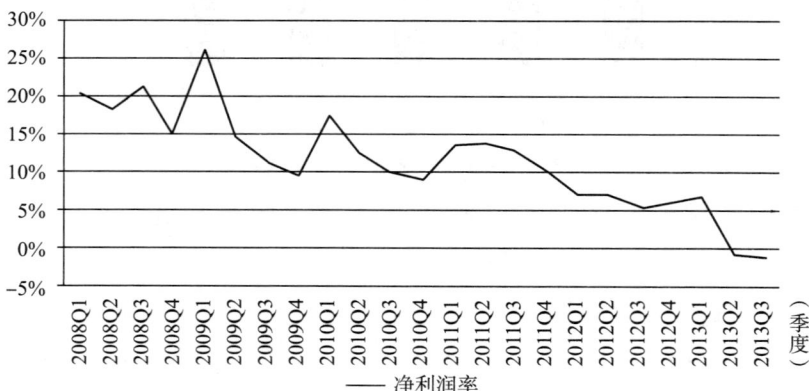

图 34.7　青海省上市企业部门净利润率

二、账面价值资产负债表分析

（一）资本结构错配分析

2012 年，青海上市企业部门的资产负债规模呈波动态势，前三个季度青海省上市企业部门的资产负债规模呈上升态势，到第四季度资产负债规模均出现了下滑。2008 年至 2012 年，青海省上市部门的资产负债率一直维持在 60％上下，2012 年四个季度的资产负债率分别为 62.40％、63.37％、65.03％、62.32％，季度平均资产负债率为 63.28％，比 2011 年下降 1.3 个百分点，在西部地区已处于较低水平，不存在明显的资本结构错配风险。

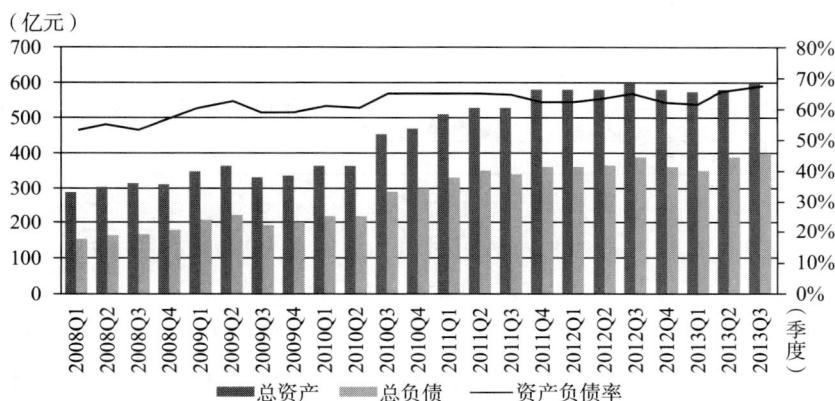

图 34.8　青海省上市企业部门资产负债结构

（二）期限错配分析

青海省上市企业部门流动比率自 2012 年第一季度开始下滑，2012 年第一季度流动比率达到 113.12％，第四季度下滑至 100.21％；季度平均流动比率为 106.27％，低于 2011 年 4.4 个百分点。总体来说，上市企业部门流动资产总额相对流动负债比较充足，不存在明显的期限错配风险。

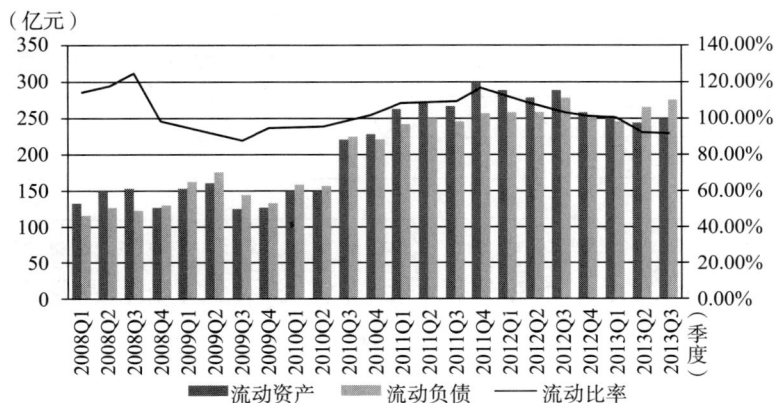

图 34.9　青海省上市企业部门流动资产负债结构

三、或有权益资产负债表分析

近五年来，青海省上市企业部门或有资产负债率一直处于较低水平，2012 年，账面价值资产负债率基本保持稳定，或有资产负债率出现了较快上升，四个季度的或有资产负债率分别为 21.14%、20.49%、23.81%、23.47%，季度平均或有资产负债率为 22.22%，比 2011 年上涨 5.0 个百分点。

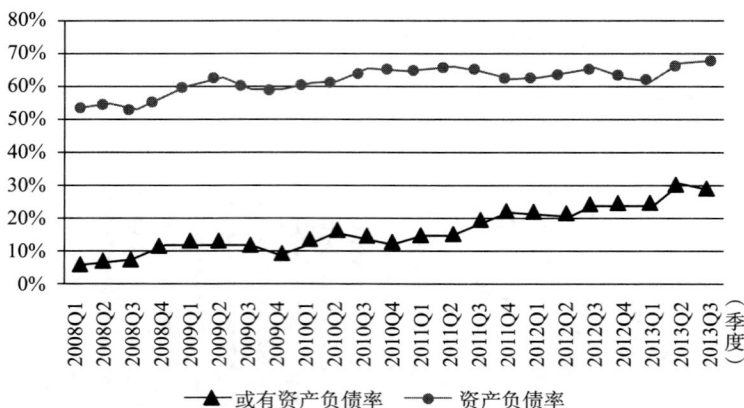

图 34.10　青海省或有权益资产负债结构

青海省上市企业违约距离有所波动，但总体呈上升态势，四个季度违约距离分别为 2.39、4.59、3.21、3.96，季度平均违约距离为 3.54，比 2011 年上涨了 0.02；从或有权益资产负债表的角度来看，2012 年青海省上市企业部门的风险有所上升。不过，在 2012 年或有权益资产负债率的上升趋势已经开始扭转，违约距离开始上升，表明相关风险已经得到有效控制。

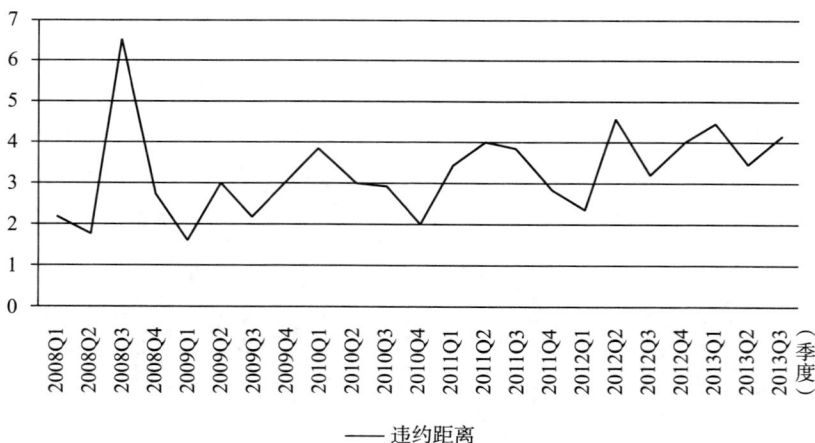

图 34.11　青海省上市企业违约距离

第 5 节　青海省家户部门风险分析

2012 年，青海省城乡居民可支配收入和消费性支出均实现较快增长。城镇居民人均可支配收入以及农民人均纯收入分别达到 17566.28 元和 5364.38 元，相比上一年分别增长 12.6% 和 16.4%。由于政府加大了对农业的支持力度等因素，农牧民收入增长速率明显快于城镇居民，城乡居民收入差距进一步缩小。

近五年来，如果不考虑 2010 年的异常情况，青海省个人消费贷款和城乡居民储蓄规模稳步增长，个人信贷业务持续发展。2012 年个人信贷业务得到进一步发展，个人消费贷款与城乡居民储蓄存款之比达到 7.65%，创历史新高。然而，该值相对于西部其他省份来说仍然处于较低水平，青海省个人信贷业务有待进一步的发展。

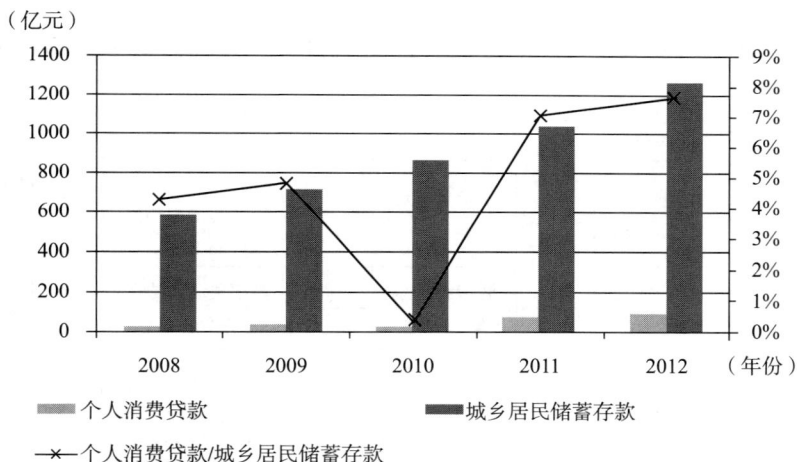

图 34.12　青海省个人消费贷款及城乡居民储蓄存款

第 6 节　青海省承接产业转移风险专题分析

一、青海省产业转移情况分析

当市场情况出现变化，如供求状况的变化时，对某些产业当时的发展状况会出现有利或不利的变化，因此会导致这些产业从原来的地区转移到其他地区，以寻求更大的经济利益，这种现象就是产业结构转移。2007 年年底爆发全球金融危机,世界经济形势发生巨大变化,给很多产业都带来了极大的冲击,随之而来也在全球各地区间出现了较大规模的产业转移。就我国的情况而言,国内资本成本以及制造业用工成本出现巨大变化,造成资本流动趋势发生变化,制造业出现产业结构转移现象。而由于西部地区具有明显的资源优势等因素,使它成为国内近年来重要的资金流向区域。青海省于2012年实现工业增加值897.16亿元,按同比价格计算,比2011年增长了15.0%;2012年全社会固定资产投资达到1920.03亿元,比2011年增加了33.9%。

二、青海省产业转移变化诱发金融风险分析

但是从青海省金融的稳定性来看,这种产业转移的快速变化会诱发很多风险因素,主要风险传导途径是,在产业结构转移过程中,由于所涉及企业大部分是劳动密集型或资源密集型企业,企业自身质量较差、管理体制不完善,这类企业本身就存在巨大的风险隐患,这些风险因素极易诱发金融机构风险,对当地金融稳定性构成很大威胁。具体传导机制如图34.13所示。

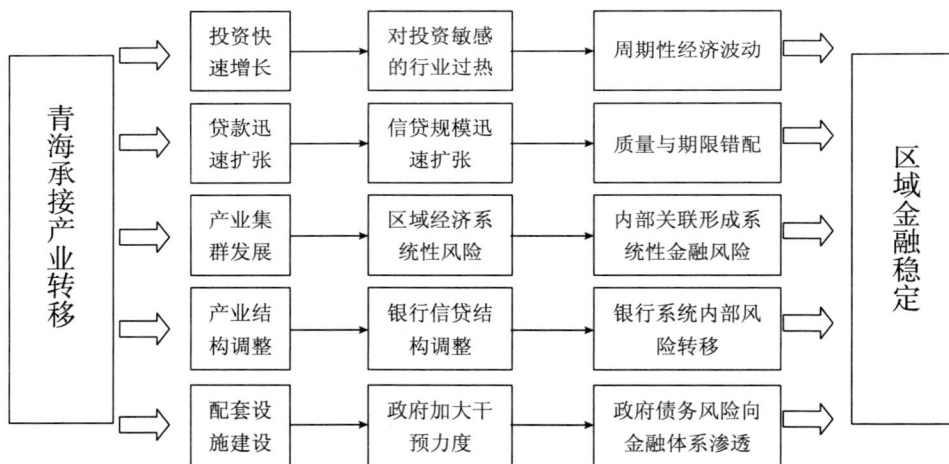

图34.13 产业转移影响区域金融稳定的传导机制

青海省承接产业转移对地区金融发展产生影响,研究表明,这种影响主要来自以下几个方面:第一,伴随着产业转移,相关产业的投资额会有一个巨大提升,投资增加会加快投资敏感型行业的发展,如房地产行业;行业局部过热势必会造成金融等资源在部分行业过于集中,同时也会引起低水平的重复建设,导致经济发展不均衡,产生经济波动,影响其金融稳定性。第二,青海省经济较不发达,融资渠道多为银行贷款,而在承接产业转移过程中,资金需求量很大,自然会增加对于银行信贷的需求量;在银行贷款快速

增长的条件下，其贷款抵押的资产质量往往较差，银行发放的贷款，尤其是中长期贷款，其潜在风险会逐步在资产质量上反映出来。第三，产业集群发展迅猛，易诱发风险传染。产业转移过程中，有利于形成产业集群，这些产业集群往往是通过资金联系或契约合作关系构建的。青海省经济发展水平较低，市场机制不完善，不足以实现这类产业集群的良好稳定发展。很容易出现内部产权关系、股权关系混乱、市场化程度不足、政府过度干预等现象，更是容易将单个企业风险传染到整个产业集群。这大大增加了发生系统性金融风险的可能性。

三、控制管理金融风险的政策建议

青海省在承接产业转移的过程中，要避免只重数量不重质量的现象，严格控制好承接产业结构转移的程度。避免低水平重复建设，提高企业质量，完善市场机制，走新型工业化道路。加强风险控制体系建设，积极发挥各类金融机构职能及服务当地经济发展，又避免风险传导，创造一个承接产业转移的稳定金融环境。

第 7 节　结论及政策建议

受投资推动，2012 年青海省经济总量实现较快增长，增长率创三十年新高。青海省地方财政缺口不断扩大，所占 GDP 比重远高于其他省份，面临的风险问题严重。银行业存贷款规模均稳步上升，信贷比仍然维持在较高水平，存在一定的资本结构错配风险。外币存贷款余额大幅下降，外币存贷比为 100%，处于较为安全的范围内。受银保新政影响，寿险行业利润相对 2011 年有所下降，保险业整体保费增长率明显回落。赔付率较上一年上升了 2.34 个百分点，不过仍然处于正常水平，青海省保险业赔付风险并不明显。上市企业部门净利润率在 2011 年第一季度后持续下降，但多数企业的利润总额有所上升。上市企业部门资产负债规模均实现较快增长，资产负债率相对 2011 年下降了 3.8 个百分点，达到 56.81%，在西部地区处于较低水平，但或有权益资产负债率在 2011 年上升较快，且违约距离在 2011 年第二季度后持续下降，所以上市企业部门风险在 2011 年有所增大。2012 年上半年，各项指标均有所好转，上市企业部门风险得到控制。城乡居民收入和消费均实现较快增长，其中农牧民收入增长速率快于城镇居民，城乡居民收入差距进一步缩小。个人消费贷款和城乡居民储蓄存款规模稳步扩张，二者比值较2011年有所上升，但仍处于较低水平，个人信贷业务有待进一步发展。

针对青海省2012年的经济金融状况，提出以下建议：

1. 增大农产品供应量，提高市场流通性。虽然政府通过投放商品储备和价格限制等方式已有效遏制了物价的过快增长，但这些方法会扭曲市场，不可长久。青海省应加大在农业上的投入，增大农产品的供给，并提高市场流通性，以防止农产品价格再次过快增长。

2. 加大对中小企业的金融支持力度，扩大企业规模。截至2012年年末，青海省仅有10家上市企业，青海省内企业规模有待提高。在今后的几年里，青海省应继续加大对中小企业的扶持力度，争取把企业做大、做强。

3. 放宽个人消费贷款条件，发展个人信贷业务。截至2012年年底，青海省个人消费贷款与城乡居民储蓄存款的比值仅为7.65%，远低于西部其他省份。金融部门可适当放宽个人消费贷款条件，促进居民消费并增加银行自身盈利。

<hr>

参 考 文 献

[1] 青海省统计局：《2008—2013年青海省国民经济和社会发展统计公报》。

[2] 青海省统计局：《2009—2013年青海省统计年鉴》。

[3] 中国人民银行：《2008—2012年青海省金融运行报告》。

[4] 付俊文，赵红：《控制能源金融风险的对策研究——以青海为例》，载《青海社会科学》2007年第2期，第62—67页。

[5] 中国人民银行西宁中心支行金融稳定处课题组：《西部地区承接产业转移与区域金融稳定——以青海省为例》，载《青海金融》2013年第5期，第4—8页。

第 35 章　新疆维吾尔自治区宏观金融风险研究

新疆维吾尔自治区位于中国西北部，地域辽阔，地理环境特殊。各种资源储备丰富，矿产资源种类多、储量大，多种重要矿产资源储量居全国首位，尤其是煤炭、石油、天然气资源；动植物物种繁多，有巨大的开发潜力和价值。但新疆经济发展起步较晚，与沿海及内地有明显的差距，生产技术落后。本章首先概括新疆地区近年来经济金融发展运营形势，然后运用账面资产负债表以及或有权益负债表对新疆地区各部门宏观金融风险进行分析，对新疆区内小额贷款公司进行风险专题分析，最后给出结论并提出风险防范的政策建议。

新疆维吾尔自治区公共部门、上市企业部门以及家户部门风险问题较为严重，金融部门风险状况有所改善。上市企业部门盈利能力下降，违约风险有所缓解。家户部门个人存贷比有所增加，但整体处于较低水平。

徐燕（2011）认为小额贷款公司是为中小企业融资提供贷款的有效途径之一，然而就目前新疆区内小贷公司的发展情况而言，行业运营不规范等问题会导致区域性风险。

第 1 节　新疆维吾尔自治区经济金融运行概况

一、新疆维吾尔自治区经济运行概况

2012 年新疆维吾尔自治区经济稳定增长，全区实现生产总值 7530 亿元，同比增长 12%，增长速度与 2011 年持平。固定资产投资达到 5858 亿元，增长 35%。城乡居民收入均有所增加，城镇居民家庭人均可支配收入达到 17921 元，增长 15.5%，农民人均可支配收入达到 6394 元，增长 17.5%。2012 年城乡居民收入增长速率分别为 15.5% 和 17.5%，相对 2011 年均有所提高。2012 年新疆维吾尔自治区居民消费指数累计增长速率为 3.8%，四个季度的城镇登记失业率相对于 2011 年均有所下降。

2012 年三次产业结构比由 2010 年的 17.5：47.3：35.2 调整为 19.9：46.8：33.3，其中第二产业和第三产业继续保持较高的增长速率。2012 年，第三产业增加值为 2608 亿元，同比增长 12.3％，以金融业和交通运输业为代表的生产性服务业成为推动第三产业增长的重要动力，旅游业和住宿餐饮业等生活性服务业迅速增长。2012 年，全区实现金融业增加值 364 亿元，同比增长 23.2％；旅游业总收入达 576 亿元，增长 30％，占新疆维吾尔自治区GDP 的 7.7％，成为新疆维吾尔自治区新的战略支柱产业。

二、新疆维吾尔自治区金融运行概况

2012 年，新疆维吾尔自治区金融业加快发展，整体运行健康平稳，各项改革继续推进，多元化融资取得新进展，金融支持地方经济发展力度明显加大。新疆维吾尔自治区经济的快速发展为银行业的发展创造了历史性机遇，新疆维吾尔自治区银行类金融机构资产规模于 2012 年持续保持高速增长，盈利能力大幅提升，全年净利润同比增长 39％。2012 年，新疆维吾尔自治区金融机构本外币各项存款增长 19.0％，增长率同比上升 1.6 个百分点。2012年，新疆维吾尔自治区本外币贷款较年初增加 1779.7 亿元，同比多增 388 亿元，增长 27％，较好地体现了国家加快新疆发展的政策意图。其中，外币贷款同比增长 42％，主要用于支持企业"走出去"。信贷结构进一步优化，水、路、电、气等重点项目信贷资金需求得到切实保障；制造业、电力热力燃气及水的生产供应业、水利环境和公共设施管理业等行业新增贷款占比超过五成。

2012 年，证券市场持续低迷，证券交易量继续萎缩。新疆维吾尔自治区辖内唯一的证券公司宏源证券资产管理业务不断拓展，固定收益稳步增加，实现利润 11.9 亿元，综合实力在全国 109 家证券公司中排名第 15 位，主要业务排在 10 名以内。其他证券经营机构实现利润 3.3 亿元。法人期货公司 2家，净资本和净资产均超过 1 亿元。2012 年，新疆维吾尔自治区在 A 股和 H股上市的公司分别达到 39 家和 1 家，有两家公司首发上市。A 股上市公司总市值较年初增加 287.2 亿元，通过资本市场融资 204.3 亿元，同比增长 1.3 倍。

2012 年，新疆维吾尔自治区保险业总资产近 500 亿元，同比增长 14.4％。全年新增 1 家省级寿险公司泰康养老，营业网点遍布城乡，保险服务网络进一步健全完善。2012 年，新疆维吾尔自治区保费收入 235.6 亿元，同比增长 15.7％，增速居全国第三位。其中，财产险和人身险保险收入同比分别增长 19.3％和 13.4％。支付赔款和给付率同比增长 39.4％，充分发挥了保障补偿的功能。保险密度和保险深度较 2011 年分别提高 120.9 元和 0.1 个百分点。

第 2 节　新疆维吾尔自治区公共部门风险分析

2012 年新疆维吾尔自治区财政收入和财政支出均有所增加。财政收入达到 909 亿元，同比增长 26.2％，但财政收入增长率有所下滑；财政支出增至 2720 亿元，同比增长 19.1％。地区经济的快速增长和资源税改革是新疆维吾尔自治区财政收入大幅增加的主要原因。在财政支出方面，用于民生领域的支出比重连续两年在 70％以上，有力地支持了自治区富民安居、定居兴牧和南疆天然气利民工程等民生领域重点项目的建设。

2012 年，新疆财政缺口达到 1811 亿元。近五年新疆财政缺口不断扩大，财政缺口占地区生产总值的比重也有所扩大。这种现象的主要原因是政府财政支出的大幅上升。在财政缺口占当年生产总值比重方面，新疆维吾尔自治区 2012 年财政缺口占比为 24.06％，相对上一年有所上升。新疆维吾尔自治区财政缺口占比较大，但考虑到其在各行业均有较大投入，财政支出结构较为合理，因此新疆维吾尔自治区公共部门金融风险并不是很严重。

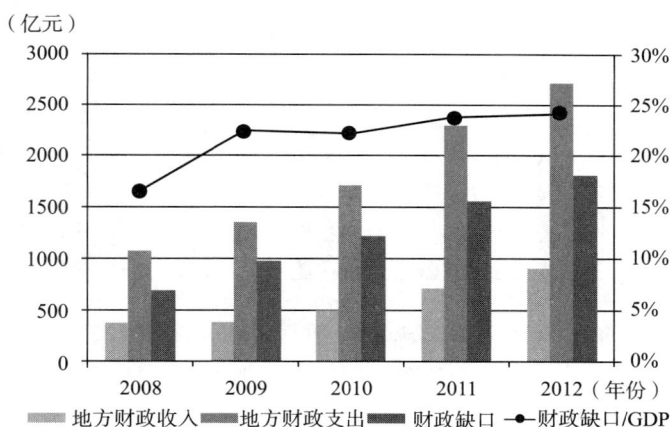

图 35.1　新疆维吾尔自治区财政收支情况①

第 3 节　新疆维吾尔自治区金融部门风险分析

新疆维吾尔自治区金融市场建设稳步进行，金融体系日趋完善，信贷总量稳步增加。本节主要运用资产负债表的方法对新疆维吾尔自治区金融部门

---

① 数据来源于《2009—2013 年新疆维吾尔自治区统计年鉴》，《2008—2013 年新疆维吾尔自治区国民经济和社会发展统计公报》。本章数据均来源于此。

的宏观风险进行分析。

一、银行类风险分析

（一）资本结构错配分析

2012 年年末，新疆维吾尔自治区金融机构各项贷款余额达到 8386.0 亿元，相对上一年增长 27.0％；金融机构各项存款余额达到 12423.5 亿元，相对上一年增长 19.0％，贷款余额和存款余额的增长速率小幅上涨。存款余额的增长速率比上年增长 1.6 个百分点，其中，单位存款增速先降后升；随着城乡居民收入的加快增长、理财产品日益规范，加之股市持续低迷对储蓄分流作用减弱，储蓄存款波动上行，年末增长 19.7％；受全区财政收入增长、中央对新疆维吾尔自治区重点项目投资力度加大、对口援疆拨付资金增多、地方政府发债收入增加等因素带动，财政性存款快速增长，增幅达 19.1％。贷款保持较快增长，结构持续优化。

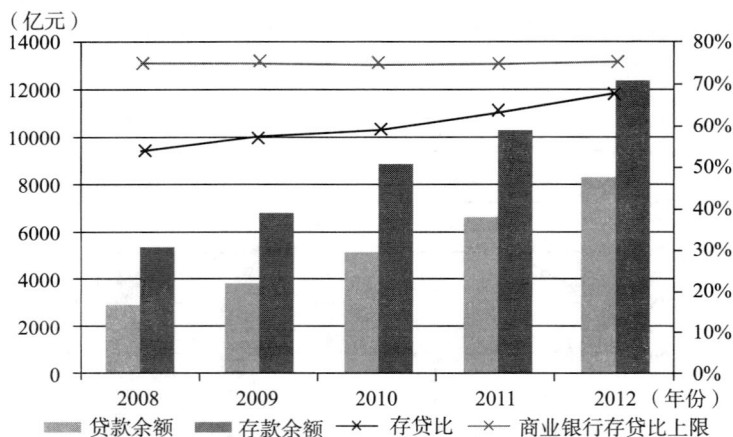

图 35.2　新疆维吾尔自治区金融部门存贷比

2012 年新疆维吾尔自治区金融部门存贷比达到 67.50％，比 2011 年上涨 4.3 个百分点。相对于西部其他地区，其存贷比仍然处于较低水平，所以新疆维吾尔自治区金融部门并不存在明显的资本错配风险。但是，2012 年，新疆维吾尔自治区金融部门得到了较快发展，众多金融机构入驻新疆维吾尔自治区，各项金融业务陆续开展，新业务的开展往往伴随着风险的增加，所以新疆维吾尔自治区相应监管机构应保持警惕。

（二）货币错配分析

新疆维吾尔自治区于 2012 年外币贷款余额达到 455.33 亿元，同比增长 42.0％，外币存款余额达到 89.13 亿元，增长 66.4％。外币存贷比相比 2011

年依然有所下降，2012 年外币存贷比为 510.88％，货币错配风险在一定程度上得到了控制。但相对于西部其他省份，新疆维吾尔自治区外币存贷比仍然过高，所以其金融部门的货币错配风险需要得到进一步控制。

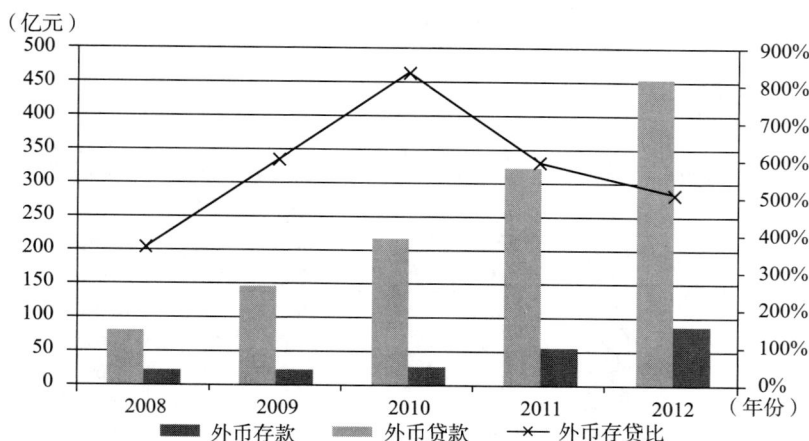

图 35.3　新疆维吾尔自治区外币存贷款结构

（三）期限错配分析

截至 2012 年年末，新疆维吾尔自治区中长期贷款余额增至 4694.9 亿元，比 2011 年增加 885.2 亿元。2011 年和 2012 年，新疆中长期贷款余额占总贷款余额的比例开始下降，由 2010 年的 60.10％降至 2011 年年末的 55.58％；但这一比例仍然较高，金融部门贷款中中长期贷款占比较高加剧了新疆金融部门的期限错配风险。

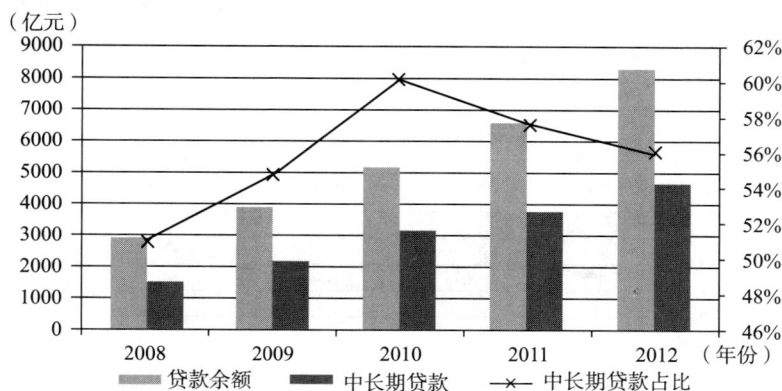

图 35.4　新疆维吾尔自治区金融部门贷款结构

二、保险类风险分析

2012 年，新疆维吾尔自治区保险业平稳发展，保险业总资产快速增长，达到约 500 亿元，比 2011 年增长 14.4％；保费收入稳步提升，于 2012 年达到 235.6 亿元，比 2011 年增长 15.7%，增长速率排名全国第三位。新疆维吾尔自治区保险类金融机构营业网点遍布各城乡，保险服务体系日趋完善，2012 年新增 1 家省级寿险公司。保险密度达到 1055 元/人，保险深度比 2011 年有所增加，达到 3.2%，说明保险业发展情况有所好转。

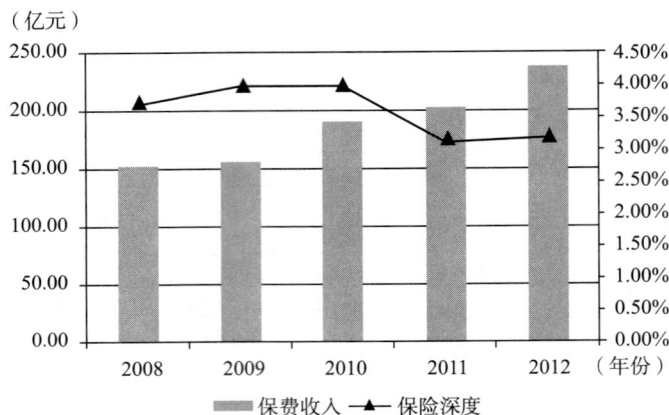

图 35.5　新疆维吾尔自治区保险业保费收入及保险深度

2012 年，新疆维吾尔自治区保险业各类赔偿给付总计 80 亿元，比 2011 年增长 22.5 亿元，赔付率达到 33.90%，比上年增加 5.7 个百分点，新疆维吾尔自治区保险业保障民生的作用进一步加强。作为全国粮食主产区之一，新疆维吾尔自治区对基本粮棉油作物的承保覆盖率已超过 50%。2012 年，新疆地区进一步加大"三农"保障力度，积极完善农村保险服务体系。保费增长率近年来呈波动态势，这会影响新疆维吾尔自治区保险业的发展，2012 年新疆维吾尔自治区保费增长率达到 15.70%，比 2011 年上涨 1.8 个百分点。

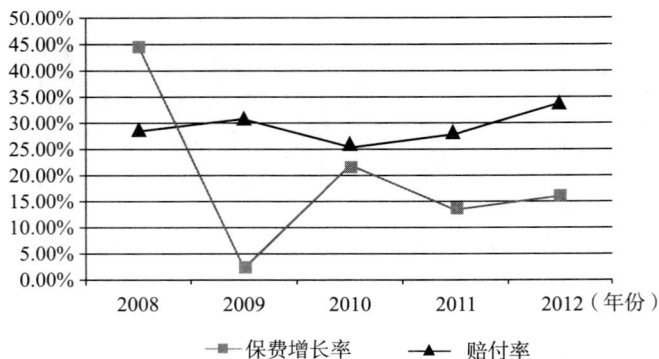

图 35.6　新疆维吾尔自治区保费增长率以及赔付率

第4节　新疆维吾尔自治区上市企业部门风险分析

截至 2012 年，新疆地区共有上市企业 35 家，这些 A 股市场上的新疆企业与全国其他地区相比，不仅在数量上而且在质量上也有较大差距。由于新疆维吾尔自治区上市企业质量不良，基础较为薄弱，因此对于其上市企业的风险监控显得尤为重要。本节通过盈利能力、账面价值以及或有权益资产负债表对新疆维吾尔自治区上市企业部门宏观金融风险进行分析。

一、盈利能力分析

2007 年至 2010 年间，新疆维吾尔自治区上市企业部门净利润率呈稳定的周期性增长趋势。但从 2011 年第三季度新疆维吾尔自治区上市企业部门净利润率出现回落，其主要原因是行业发展不均衡。2012 年第四季度新疆上市企业净利润率分别为 1.24%、3.82%、3.62%、3.77%，季度平均净利润率为 3.11%，比 2011 年减少 3.2 个百分点。

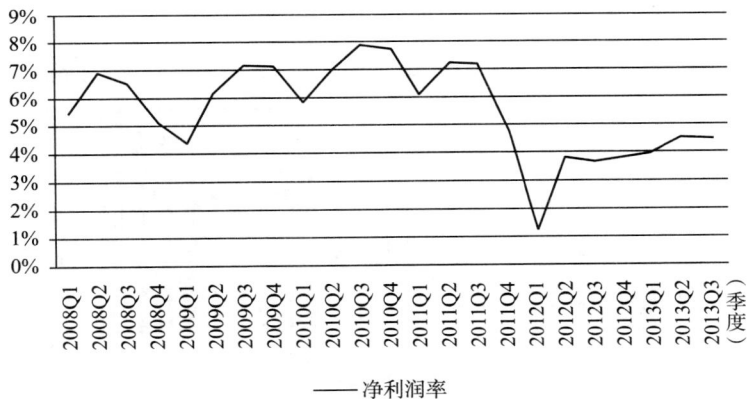

——净利润率

图 35.7　新疆维吾尔自治区上市企业部门净利润率

二、账面价值资产负债表分析

自 2010 年第四季度开始，新疆维吾尔自治区上市企业部门资产负债率一直处于上升状态，直至 2012 年第二季度才有所回落。2012 年第四季度，新疆上市企业部门资产负债率分别为 60.93%、60.73%、63.08%、63.89%，季度平均资产负债率为 62.16%，比 2011 年增长 3.7 个百分点。资产负债率的上升主要是由于上市企业部门盈利的下滑。整体来看，新疆维吾尔自治区上市企业部门的资产负债率仍处于正常水平，不存在明显的资本结构错配风险。

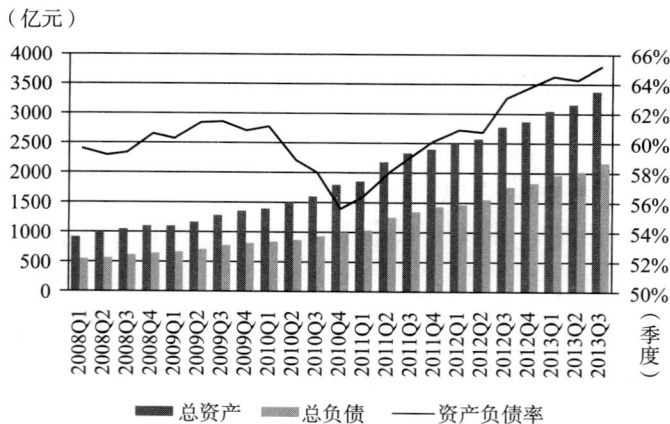

图 35.8　新疆维吾尔自治区上市企业部门账面资产负债结构

　　在经历了 2011 年较为稳定的趋势后，2012 年第一季度后，新疆维吾尔自治区上市企业部门的流动比率一直保持下降态势，四个季度的流动比率分别为 129.81％、127.69％、116.70％、106.99％，季度平均流动比率为120.30％，比 2011 年下降 7.6 个百分点。总体而言，新疆维吾尔自治区上市企业部门流动比率处于较为安全的区间之内，但流动比率出现下滑趋势，需要注意新疆维吾尔自治区上市企业部门出现流动风险。

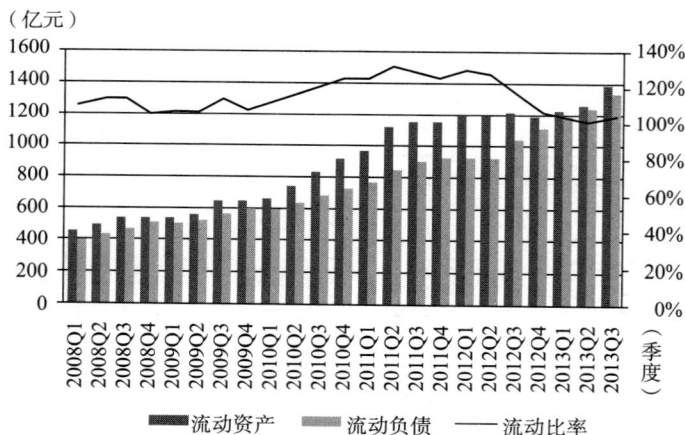

图 35.9　新疆维吾尔自治区上市企业部门流动比率

三、或有权益资产负债表分析

　　自 2008 年以来，新疆上市企业部门或有资产负债率就远低于账面价值资产负债率。2011 年第一季度之后，二者均有所上升。2012 年四个季度或有资产负债率分别为 33.72％、35.20％、38.87％、39.30％，季度平均或有资产负债率为 36.77％，比 2011 年上升 10.8 个百分点，相对于西部其他地区已处于较高水平，相关部门应注意对资本结构风险的控制。

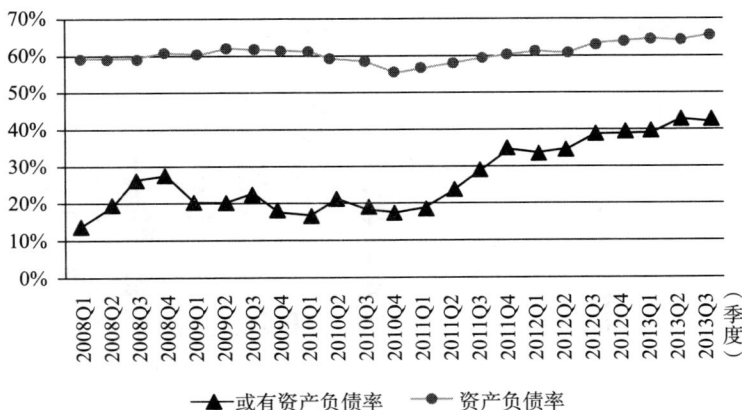

图 35.10　新疆维吾尔自治区上市企业部门或有资产负债率

2012 年，新疆维吾尔自治区上市企业部门违约距离持续呈波动状态，四个季度违约距离分别为 2.92、4.43、3.39、3.98，季度平均违约距离为 3.36，比上年减少 0.096。总体而言，我们可以认为 2012 年新疆上市企业部门的经营管理较为稳定，面临风险问题并不严重。

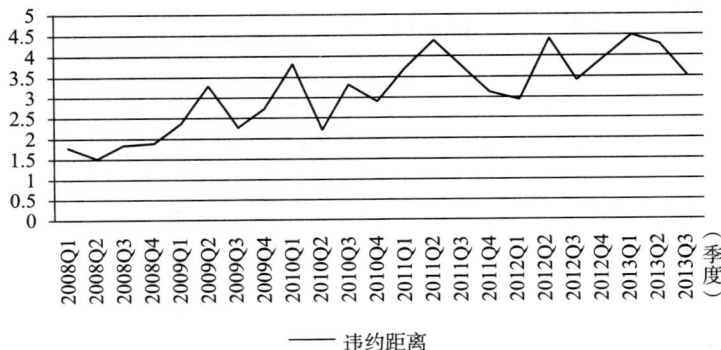

图 35.11　新疆维吾尔自治区上市企业部门违约距离

第 5 节　新疆维吾尔自治区家户部门风险分析

2012 年，新疆维吾尔自治区城镇居民家庭人均可支配收入达到 17921 元，增长 15.5%，农民人均纯收入达到 6394 元，增长 17.5%。2012 年，城乡居民收入增长速率分别为 15.5% 和 17.5%，相对于 2011 年均有所提高。

个人消费贷款持续增长，但占存款总量的比例仍然处于较低水平。2012 年新疆维吾尔自治区个人消费贷款达到 752.5 亿元，城乡居民储蓄的存款达到 5281.8 亿元，个人消费贷款占城乡居民储蓄的存款比例为 14.25%，在西部省份中处于较低水平。以上分析表明，新疆维吾尔自治区家户部门不存在明显的风险，金融部门可进一步放宽个人信贷业务。

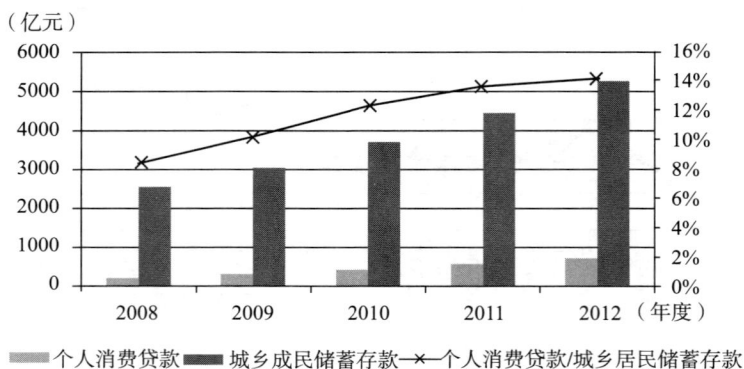

图 35.12　新疆维吾尔自治区家户部门贷款储蓄结构

第6节　新疆维吾尔自治区小额贷款公司风险专题分析

一、新疆维吾尔自治区小额贷款公司现状

新疆地区小额贷款公司近年来取得飞速发展。自 2009 年新疆维吾尔自治区第一家小额贷款公司挂牌成立以来，截至 2012 年年末，新疆地区已有 108 家小贷公司，贷款余额达 59.4 亿元，累计发放贷款 86.46 亿元。就目前情况而言，新疆地区小额贷款公司多由地方优质企业组建，安全性较高；新疆地区小额贷款公司整体利率高于中国人民银行法定利率，盈利能力较好；其贷款期限较为灵活，多为短期贷款，资产运营效率较高。

目前新疆维吾尔自治区已形成以银行为主导、小额贷款公司等机构为补充的多元化金融格局，小额贷款公司在新疆地区金融业发展中起到了积极作用。首先，为中小企业融资难问题开辟了新解决方法；其次，通过小额贷款公司扶持了新疆"三农"经济的发展；最后，规范了新疆地区的民间借贷。

二、小额贷款公司诱发金融风险分析

由于目前新疆地区小额贷款公司的资金来源渠道、相关风险监管等方面存在风险隐患，因此这些因素易引发当地金融风险。下面列举几点诱发金融风险的途径：

1. 资金来源渠道

新疆维吾尔自治区小额贷款公司吸收资金的主要渠道是民间资本，这种方式一方面不利于监管部门对其风险实行监控，另一方面相对减少了金融机构的存款余额。如果这种吸收资金的方式长期存在，势必会扰乱当地的金融秩序，诱发金融风险。

2. 风险向银行类金融机构传导

目前新疆维吾尔自治区对当地小额贷款公司的注册资本金监管不严，这部分资金易诱发金融风险。具体而言，这部分资本金如果来自银行贷款，而又缺乏相应的风险担保，如果小额贷款公司发生风险事件，就会导致无法向银行偿还这部分资本金，金融风险就会从小额贷款公司传导至银行机构。

三、监控金融风险的相关建议

优化新疆地区小额贷款公司建设的建议主要有：第一，加强新疆维吾尔自治区小额贷款公司业务管理；小额贷款公司必须要加强其自身的业务管理、完善组织结构、建立风控体系；第二，政府出台相应政策支持小额贷款公司发展；给予新疆维吾尔自治区小额贷款公司优惠利率，放松利率管制，逐步提高新疆维吾尔自治区小额贷款公司的融资比例，开辟新的融资渠道。

第 7 节　结论及政策建议

2012 年，新疆维吾尔自治区经济增长速度回升，第二产业和第三产业增长较快，三次产业结构较 2011 年更加合理。经济的快速增长和税收制度的改革增加了政府的财政收入，但考虑到新疆区政府在各领域的巨大投入和合理的支出结构，可以认为新疆维吾尔自治区的收支计划无须做大的调整。

新疆维吾尔自治区金融部门的存贷款余额在 2012 年均有所上升。受金融产品与民间金融的分流效应影响，存款余额的增长速率明显回落。贷款余额的增长速率仍然保持较高水平，且外币贷款和中长期贷款显著增加，贷款结构进一步优化。存贷比较 2011 年有所上升，但相比于西部其他省份，仍然处于较低水平，所以资本结构错配风险并不明显。2012 年新疆维吾尔自治区外币贷款增长速率明显低于存款增长速率，外币存贷比明显下降，货币错配风险减小。中长期贷款占总贷款比例进一步上升，定期存款占总存款比例不断下降，加剧了金融部门的期限错配风险。保险业在 2012 年平稳发展，保险覆盖率和保险密度进一步提高，但保费增长率一直处于大幅波动状态，不利于保险业的发展。

新疆维吾尔自治区上市企业部门的盈利能力在 2012 年出现了下滑，导致资产负债率不断上升，但从整体上来看，资产负债率仍处于正常水平，不存在明显的资本结构错配风险。上市企业部门的流动比率一直处于较高水平，不存在明显的流动性。

2012 年，新疆维吾尔自治区城乡居民可支配收入都继续保持良好的增长趋势，在收入增加且社保制度改善的情况下，城乡居民的消费性支出均大幅上升。个人消费贷款增长速率高于城乡居民储蓄存款增长速率，个人消费贷款占城乡居民储蓄存款比例上升。但该值相对于西部其他省份仍然处于较低水平，所以金融部门可进一步发展个人信贷业务。

新疆维吾尔自治区乳业产业在生产要素、产品需求和政策需求都拥有巨大优势。在过去的几年里，新疆维吾尔自治区乳业产业在企业数量和资产规模上都取得了巨大的发展，但相比同为五大牧区之一的内蒙古自治区，新疆维吾尔自治区乳业产业对 GDP 的贡献仍然过小。新疆维吾尔自治区乳业产业存在企业规模过小、交通不便、生产方式落后等问题，阻碍了产业的发展。

新疆维吾尔自治区作为西部的地理、经济大省，理应在防范风险的条件下进一步发展经济，改善民生。根据新疆维吾尔自治区的经济金融发展情况，在此提出以下几点建议：

1. 充分利用国家的相关有利政策，进一步加速自治区的经济发展。在加大固定资产投资的同时，应优化税收制度，防止财政缺口占 GDP 比重进一步上升。

2. 在新疆维吾尔自治区经济高速发展的背景下，金融部门应放宽信贷业务、优化信贷结构、丰富融资方式，满足企业的资金需求。

3. 政府应重点支持核心产业如旅游业、采掘业、乳业产业的发展，鼓励企业学习其他地区的先进经验，解决产业的现有问题。对于上市企业，应鼓励并购重组，扩大企业规模，提升企业的竞争力和盈利能力，有效防范由盈利波动带来的资本结构错配风险。

参 考 文 献

[1] 新疆维吾尔自治区统计局：《2008—2013 年新疆维吾尔自治区国民经济和社会发展统计公报》。

[2] 新疆维吾尔自治区统计局：《2009—2013 年新疆维吾尔自治区统计年鉴》。

[3] 中国人民银行：《2008—2012 年新疆维吾尔自治区金融运行报告》。

[4] 许燕：《小额贷款公司对区域金融稳定构成的风险分析及对策建议》，载《商业文化》2007 年 6 月，第 117 页。

[5] 刘涛，白军：《小额贷款公司对区域金融影响分析——以新疆为例》，载《金融天地》2013 年 10 月，第 200—201 页。

第 36 章　内蒙古自治区宏观金融风险研究

2012 年内蒙古经济金融运行良好，全区生产总值稳中有进，产业结构进一步优化。城镇居民与农牧民收入均增长较快，城乡差距缩小，CPI 指数回落，人民生活水平显著提高。金融业平稳运行，金融生态环境进一步优化，金融市场更加完善。本章对内蒙古四大部门存在的金融风险进行度量和分析，并结合各部门的实际情况提出相关建议。

2012 年，内蒙古自治区财政缺口占 GDP 的比重相比 2011 年呈上升态势，有关部门应警惕财政缺口风险。银行类金融机构资本结构错配风险和货币错配风险都有所加大；贷款期限结构更加优化，期限错配风险并不明显。上市企业部门净利润率大幅下滑，化工、食品加工、纺织等行业出现亏损。账面资产负债率与或有资产负债率均呈上升态势，上市企业部门市场风险加大，经营状况恶化。违约距离波动上升，违约风险有所下降。家户部门存贷结构合理，风险水平相对较低。

康晓红（2013）认为，内蒙古金融生态环境基础差、起点低，存在着诸如政府服务不到位、金融发展滞后、中小企业融资难、法制不健全、信用体系不完备等问题。张慧（2013）对内蒙古上市公司风险进行了研究，认为内蒙古上市公司发展区域分布集中、产业分布狭窄。王力、张红地（2013）指出，内蒙古经济发展主要依靠资源型投资拉动，各盟市间发展极不平衡、经济增长方式粗放等问题十分突出，需要加快转变经济发展方式。

第 1 节　内蒙古自治区经济金融运行概况

一、内蒙古自治区经济运行概况

2012 年，内蒙古自治区经济稳中有增，全区实现生产总值 15988.34 亿元，按可比价格计算同比增长 11.3%。受国内外经济环境影响，增速与 2011 年相比下降 2.6 个百分点，但仍高于全国平均水平 3.5 个百分点。从三次产业来看，第一产业实现增加值 1447.43 亿元，与 2011 年相比增长 5.8％；第二产业实现增加值 9032.47 亿元，同比增长 14％；第三产业实现增加值 5508.44 亿元，同比增长 9.4％。内蒙古自治区三次产业结构由 2011 年的 9.1：56.0：34.9 调整为 9.1：56.5：34.4，工业所占比重持续提高，产业结构逐步优化，服务业得到进一步发展，其中旅游业总收入增速连续五年保持在 20％以上。

受国外经济疲软及国内房地产开发投资增速放缓等因素的影响，2012 年内蒙古自治区完成全社会固定资产投资额 1.31 万亿元，同比增长 20.3％，增速下滑 1.2 个百分点。其中第一产业投资增速最快，达到 33.7％。战略性新兴产业投资比例加大，投资结构不断调整。

2012 年内蒙古自治区城乡居民收入均平稳快速增长。具体来看，城镇居民可支配收入达到 23150 元，扣除价格因素比 2011 年增长 9.8％；农牧民纯收入达到 7611 元，实际增长 11.8％。农牧产品价格上升以及国家对"三农三牧"补贴力度的加大是农牧民收入增速超过城镇居民的主要原因，城乡收入差距进一步缩小。全年 CPI 累计上涨 3.1％，相比 2011 年回落 1.8 个百分点，食品价格涨幅较大是推动 CPI 上涨的主要因素。

总的来看，2012 年内蒙古自治区经济运行良好，产业结构进一步调整，投资结构不断优化，通货膨胀得到有效控制，城乡居民生活水平稳步提高。

二、内蒙古自治区金融运行概况

2012 年内蒙古自治区金融业平稳健康发展，金融生态环境显著优化。银行业金融机构资产总额达到 1.88 万亿元，同比增长 15.4％；净利润增长 25.5％，与往年相比增速有所下降。存款余额和贷款余额同比分别增长 12.9％和 16％，其中中小微企业贷款与涉农贷款大幅上升，贷款结构更加优化。信贷资产质量进一步改善，不良贷款余额和不良贷款率均有所下降。农村金融改革不断推进，小微企业与"三农三牧"融资渠道进一步拓宽。

截至 2012 年年底，内蒙古自治区共有证券公司 2 家，证券营业部 56 家。境内上市公司 24 家，募集资金总额 679.3 亿元，总市值同比增长 16.7％。

内蒙古保险业市场规模不断扩大，2012 年保险公司省级机构增加 4 家，达到 36 家，资产规模增长 19.6％。全年实现保费收入 247.7 亿元，增速与全国平均水平基本持平，保险密度达到 955 元/人。

第2节 内蒙古自治区公共部门风险分析

2012年内蒙古自治区财政支出与财政支出规模均平稳增长，公共部门风险有所加大。具体来看，全年一般预算收入达到 1552.75 亿元，增长 14.5%；一般预算支出达到 3425.99 亿元，增长 14.6%，财政支出结构逐步优化，重点投入于一般公共服务与民生工程。自 2010 年开始内蒙古财政缺口逐年加大，2012 年财政缺口占 GDP 的比重达到 11.72%，增长速率与 2011 年相比上升 0.3 个百分点。财政收支情况有所恶化，公共部门应警惕财政风险。

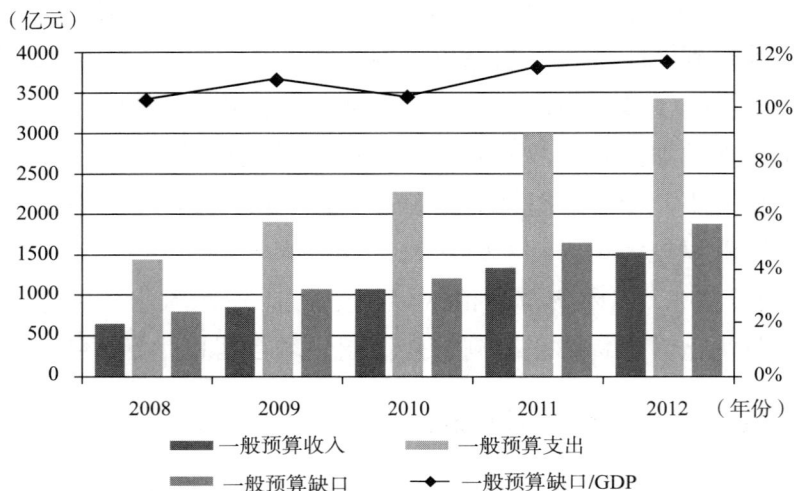

图 36.1 内蒙古自治区财政收支情况①

第3节 内蒙古自治区金融部门风险分析

2012 年，内蒙古金融部门总体运行良好。银行业本外币存贷款余额均增长较快，资本结构趋于优化，小微企业贷款与涉农贷款大幅增长。金融生态环境更加协调，金融市场逐渐完善。受企业存款大幅减少的影响，2012 年内蒙古自治区本外币存贷比均处于较高水平，有关部门应给予适当关注，防止资本结构错配风险和货币错配风险进一步上升。本节主要运用账面分析方法

---

① 数据来源：《2008—2012 年内蒙古自治区国民经济和社会发展统计公报》。本章数据均来源于此。

来分析内蒙古银行类、保险类金融机构的风险状况。

一、银行类风险分析

（一）资本结构错配分析

内蒙古自治区金融部门应适当关注银行业资本结构错配风险。具体来看，截至 2012 年年末，内蒙古银行业本外币存款余额达到 1.36 万亿元，增长 12.7％，增速同比下降 4.8 个百分点。经济下行压力较大，市场需求低迷导致企业存款大幅减少是存款余额增速放缓的主要原因。本外币贷款余额在年末达到 1.14 万亿元，增长 16.1％，同比下降 7.4 个百分点。信贷投向结构显著优化，中小企业贷款增量占全部贷款增量的比例达到 72.9％，中小企业融资难的问题得到缓解。本外币存贷比近年来一直处于上升通道，2012 年年末达到 83.3％，同比上升了 2.4 个百分点，在西部地区处于较高水平。有关部门应警惕资本结构错配风险，提高贷款质量，降低不良贷款率。

（亿元）

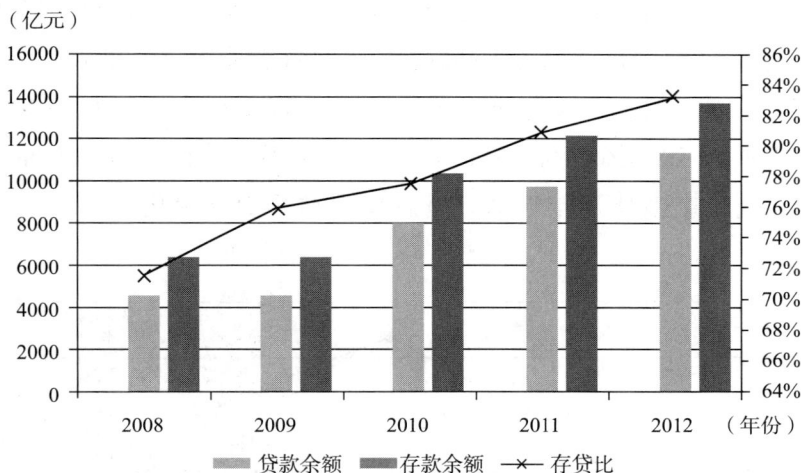

图 36.2　内蒙古自治区金融部门存贷款结构

（二）货币错配分析

2012 年内蒙古银行类金融机构货币错配风险有所加大。具体来看，截至 2012 年年末，外币存款余额达到 60.34 亿元，同比下降 12.2％；外币贷款余额在年末达到 108.11 亿元，同比增长 29％。外币存贷比为 179％，相比 2011 年提高了 57 个百分点，货币错配问题有所恶化。虽然在中部地区处于中等水平，但内蒙古自治区应给予适当关注，防止外币存贷比继续上升。

（亿元）

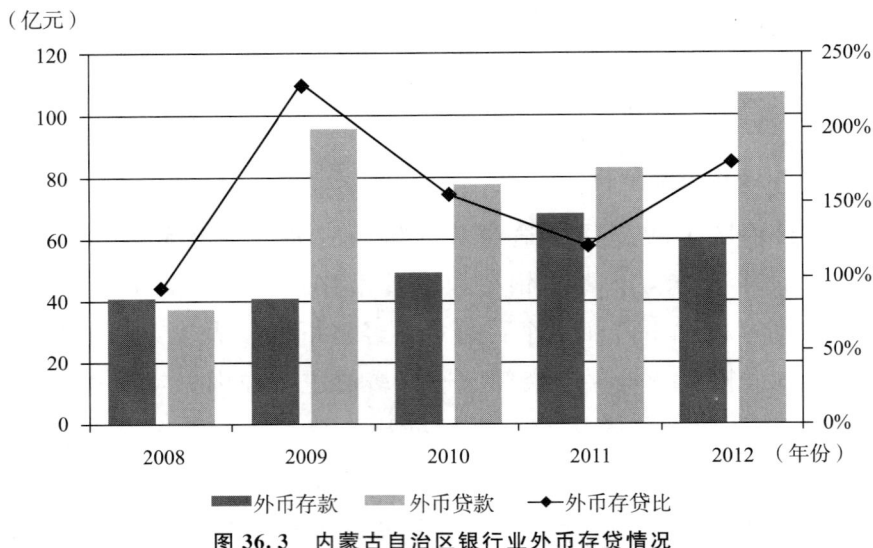

图 36.3　内蒙古自治区银行业外币存贷情况

（三）期限错配分析

2012 年内蒙古自治区银行类金融机构期限错配风险并不明显。截至 2012 年年底，内蒙古自治区金融机构中长期贷款余额为 6807.7 亿元，同比增长 11.5％，与 2011 年相比增速下降 6.9 个百分点。中长期贷款占各项贷款余额的比重为 59.8％，与 2011 年相比回落 2.5 个百分点。总的来说，近年来，中长期贷款占比逐年下降，贷款期限结构更加优化。

（亿元）

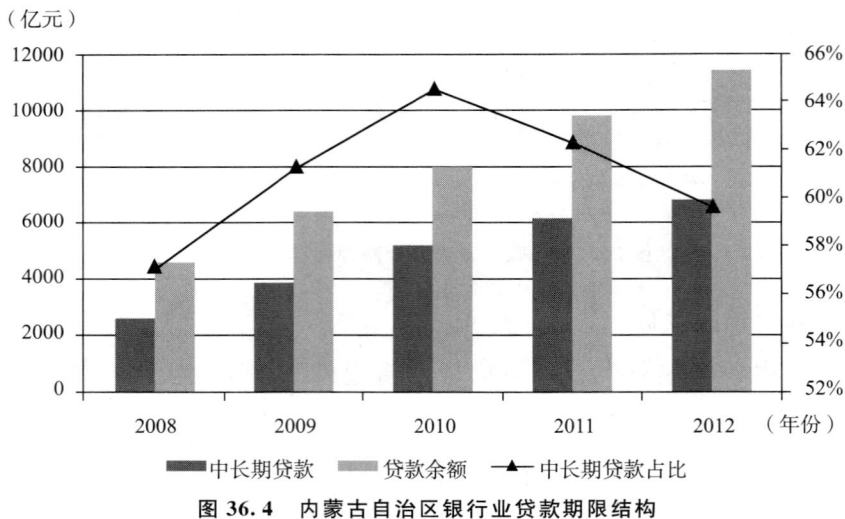

图 36.4　内蒙古自治区银行业贷款期限结构

二、保险类风险分析

2012 年内蒙古自治区保险业风险加大。全年全区保险公司分支机构新增

4 家，保险总资产增加 19.6%，保险密度达到 995 元/人，相比 2011 年增加
69 元。受全国保险业低迷大环境的影响，全年内蒙古保险业实现保费收入
247.74 亿元，增长 7.8%，增速与 2011 年相比下降 7.8 个百分点。保险深度
为 1.6%，同比下降 0.4 个百分点。内蒙古保险业总体规模偏小，保险市场
有待开发。

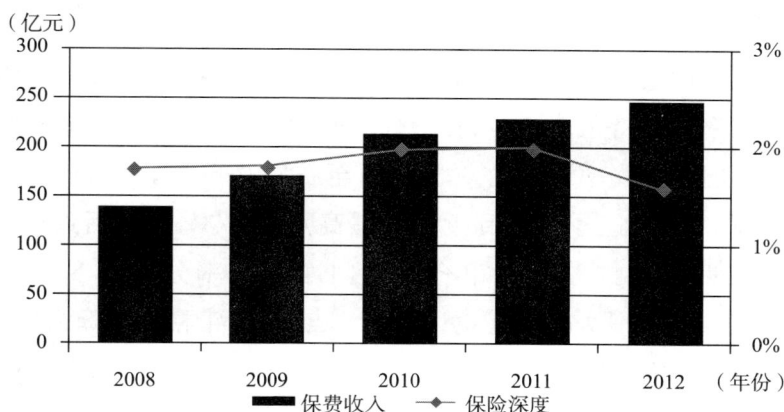

图 36.5 内蒙古自治区保费收入与保险深度

2012 年内蒙古保费增长率波动较大，2010 年以来一直呈下降趋势。全
年保险赔付总支出达到 85.4 亿元，同比增长 20.3%，增幅远超保费增长率。
保险赔付率达到 34.47%，同比上升 3.57 个百分点，保险赔付率呈上升趋
势，偿付能力风险有所增加。

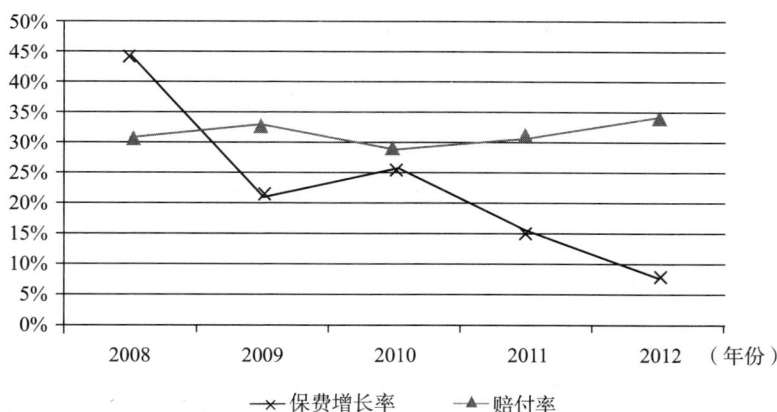

图 36.6 内蒙古自治区保费增长率与赔付率

第 4 节 内蒙古自治区上市企业部门风险分析

截至 2012 年年底，内蒙古自治区共有上市公司 24 家，主要分布于能

源、冶金、化工等行业，多依托于内蒙古丰富的自然资源实现发展。上市公司总资产为2305.60亿元，占国内上市公司的比重为0.24％，在上市公司数量、规模上都有待发展。2012年内蒙古上市公司经营状况不佳，净利润率有所下滑，亏损企业集中于化工、食品加工、纺织等行业。

一、盈利能力分析

总的来说，内蒙古上市企业部门经营状况良好，在近年来市场环境恶化的情况下净利润率仍保持正值，净利润率波动较为明显。受金融危机影响，2008年上市企业部门净利润率迅速由6.39％降至谷底0.66％，自2009年开始企稳回升，并于2011年第三季度达到近年来最高点10.73％，随后逐渐下降。具体来看，2012年四季度内蒙古上市企业部门净利润率分别为8.54％、7.27％、6.71％、6.70％，季度平均利润率为7.31％，与2011年相比下降2.53个百分点。上市企业部门整体净利润率下降主要是由于原材料价格上涨，制造业受到冲击，盈利水平大幅下降。自2013年开始，上市企业净利润率呈稳步上升的趋势。

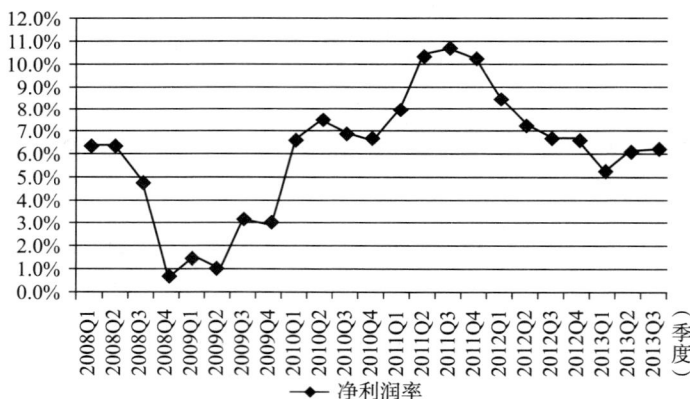

图36.7 内蒙古自治区上市企业部门净利润率

二、账面价值资产负债表分析

（一）资本结构错配分析

2012年内蒙古上市企业部门资本结构错配风险有所加大。具体来看，全年内蒙古上市企业部门资产规模与负债规模均小幅稳定上升，截至2012年年末上市企业部门资产总额达到2629.95亿元，负债总额达到1648.04亿元。四季度资产负债率分别为62.68％、63.35％、63.15％、62.66％，季度平均资产负债率为62.96％，与2011年相比提高1.77个百分点。

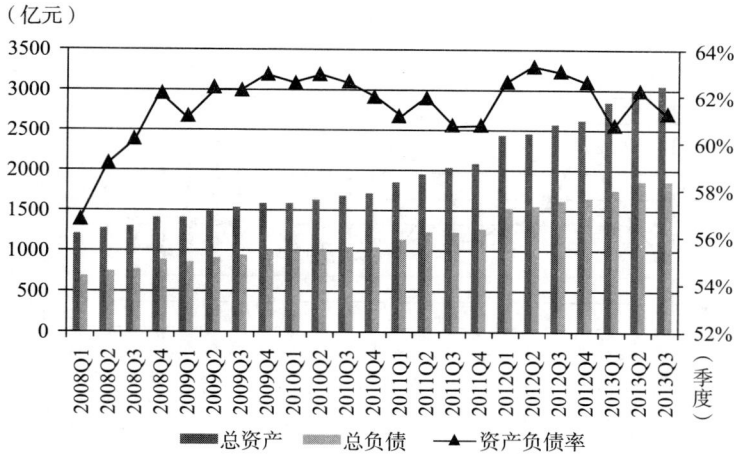

（亿元）

图 36.8　内蒙古自治区上市企业部门资产负债结构

图例：■总资产　■总负债　▲资产负债率

（二）期限错配分析

2012 年内蒙古上市企业部门期限错配风险明显加大，企业变现能力较差。具体来看，四季度流动比率分别为 94.71％、91.77％、94.34％、83.25％，季度平均流动比率为 91.02％，与 2011 年比下降 13.34 个百分点，低于国际公认的流动比率下限 100％，所以，存在一定程度的期限错配风险。

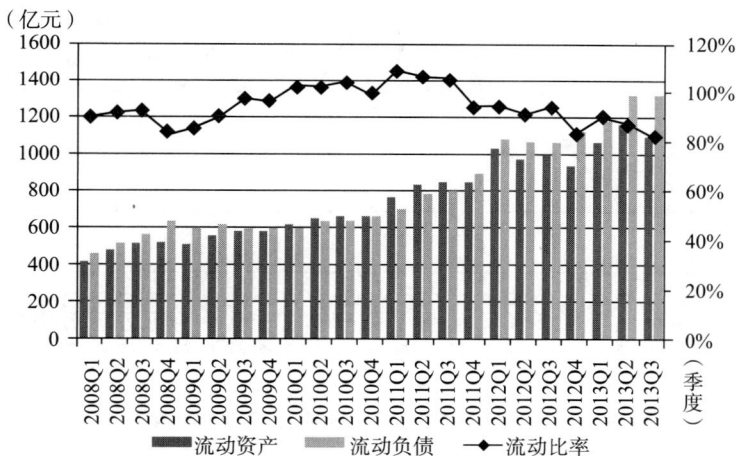

（亿元）

图 36.9　内蒙古自治区上市企业部门流动资产负债结构

图例：■流动资产　■流动负债　◆流动比率

三、或有权益资产负债表分析

内蒙古上市企业的或有资产在经历 2011 年第四季度的低谷之后，于 2012 年企稳回升。或有负债则维持小幅上升。2012 年全年或有资产负债率保持稳定。具体来看，内蒙古上市企业部门四季度或有负债率分别为 30.40％、30.47％、31.86％、31.53％，季度平均或有资产负债率为 31.06，同比上升 6.20 个百分点，市场风险有所加大。

（亿元）

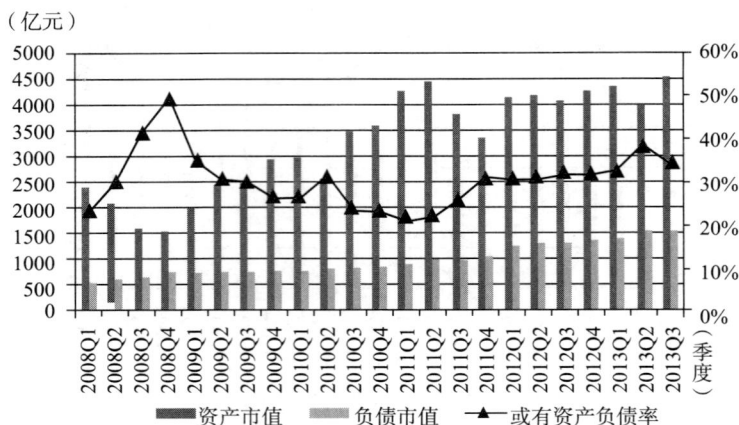

图 36.10　内蒙古自治区上市企业部门或有资产负债结构

2012 年内蒙古上市企业部门违约风险有所增加。近几年来，违约距离一直维持小幅波动，2012 年四季度违约距离分别为 2.97、3.65、3.16、3.55，平均季度违约距离为 3.33，与 2011 年相比下降 0.27。2013 年第一季度该指标达到 4.75，为近年来最高水平，上市企业部门经营状况好转。

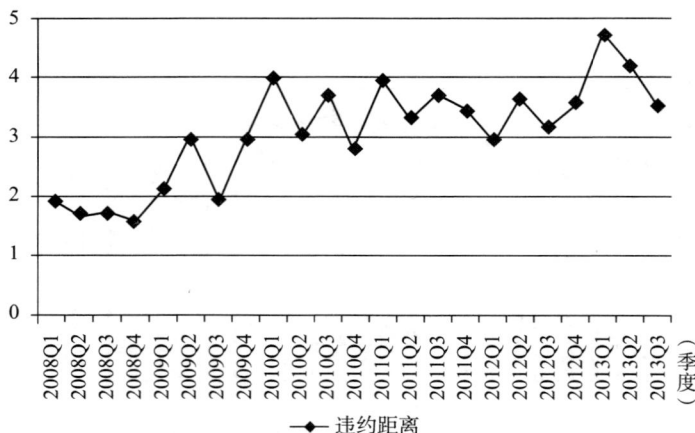

图 36.11　内蒙古自治区上市企业部门违约距离

第 5 节　内蒙古自治区家户部门风险分析

2012 年，内蒙古自治区城乡居民收入持续稳步增长，城镇居民人均可支配收入达到 23150 元，扣除价格因素，增长 9.8%，超过全国平均水平 0.2 个百分点；农村居民人均纯收入 7611 元，实际增长 11.8%，高于全国平均水平 1.1 个百分点。2010 年以来，内蒙古农民纯收入增速始终快于城镇居民可支配收入增速，城乡居民收入差距进一步缩小。2012 年城乡居民人均消费支出较 2011 年分别上升 11.6% 和 15.9%。城镇居民家庭恩格尔系数为 30.8%，与 2011 年相比回落 0.5 个百分点；农村居民家庭恩格尔系数为 37.3%，同比下降 0.2 个百分点。说明城镇居民与农牧民的消费结构均有所优化。2012 年 CPI 累计同比上涨 3.1%，较前一年下降了 2.5 个百分点，食品价格涨幅较大是推动 CPI 上涨的主要因素。城镇登记失业率为 3.7%，相较 2011 年下降 0.1 个百分点。

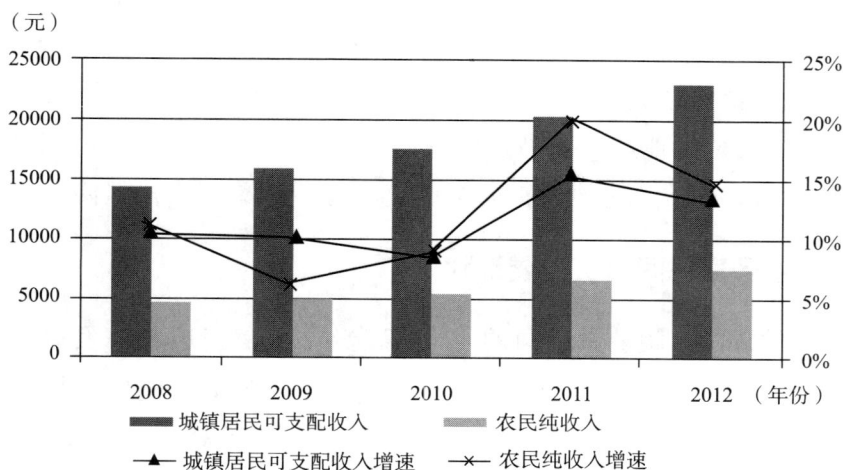

图 36.12 内蒙古自治区城镇居民可支配收入与农民纯收入

2012 年年末，个人消费贷款余额和城乡居民储蓄存款余额分别达到 1333.5 亿元和 6579.2 亿元，与 2011 年相比分别增长 15.67% 和 21.31%。个人消费贷款平稳增长，居民储蓄存款显著增多，二者之间的比值为 20.27%，与 2011 年相比有所回落。总体来说，内蒙古家户部门收入快速增长，存贷结构合理，负债水平保持相对稳定，违约风险并不明显。

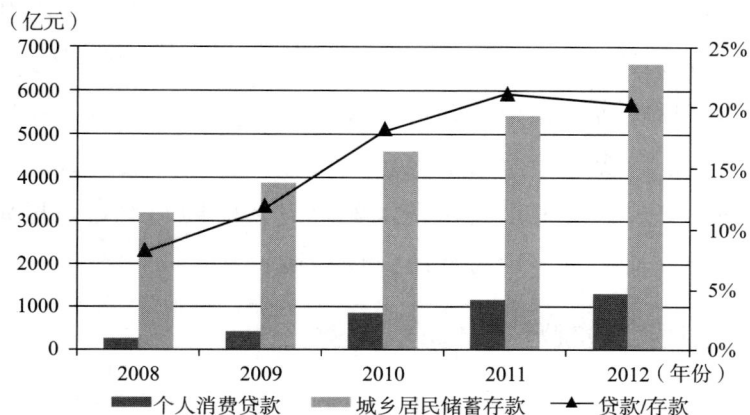

图 36.13 内蒙古自治区家户部门个人消费贷款与城乡居民储蓄存款结构

第6节　鄂尔多斯房地产金融风险专题分析

一、引言

改革开放以来，鄂尔多斯依靠其丰富的自然资源迅速发展，经济总量连续多年保持20%以上的增速，人均GDP一度超越香港居于全国首位。房地产市场的发展速度更是令人惊叹，2000年全市房地产开发投资不到1亿元，而2011年这一金额达到457.8亿元，房地产开发施工面积高达4122.4万平方米。然而，维系房地产行业高速发展的资金来源中银行信贷占比很小，民间借贷资金约占80%，这种独特的发展模式背后积聚了大量风险。

二、鄂尔多斯民间借贷发展现状

鄂尔多斯的煤炭储量占全国的1/6，煤炭行业是当地经济发展最主要的推动力量。以2011年为例，规模以上工业主要行业增加值中，煤炭行业增加值为1206.4亿元，占鄂尔多斯全年生产总值的比重高达37.48%，给政府带来了巨大的财政收入。这些资金通过高额的拆迁补偿分配给居民，民间资本迅速扩大。

与此同时，鄂尔多斯金融业发展不足，正规的融资渠道长期以来仅限于四大国有银行，而且银行贷款手续繁、门槛高，难以满足实体经济的需要。融资渠道不畅导致支持企业快速发展的信贷缺口只能由民间资本来满足，鄂尔多斯民间借贷市场快速膨胀。专门从事民间融资活动的投资公司、典当行以及担保公司数量众多，地下中介组织与个人更是数不胜数。2012年当地民间借贷规模已超过2000亿元，而在十年前这一金额尚不足100亿元。

然而，鄂尔多斯经济结构单一，可供投资的产业少之又少，民间资本缺乏投资渠道，大量涌入煤炭产业与房地产市场。据统计房地产开发的资金中民间借贷资金约占8成，房地产公司借入资金进行前期开发，在房屋预售时偿还贷款，这一过程使鄂尔多斯房地产市场迅速膨胀。

三、房地产市场风险状况

煤炭行业产生的巨大利润导致了民间借贷的蓬勃发展，而民间借贷的资金又投入于煤炭与房地产市场。这种独特的资金链条加速了风险的传导与放大过程。2011 年至 2012 年鄂尔多斯进行了第二次煤炭企业整合，煤矿数量缩减到之前的 1/7，很多规模以下的小煤矿无法开工。由于大多数煤炭企业中均存在民间借贷，在高昂的资金成本压力下很多企业逐步走向破产，2012年鄂尔多斯处于正常运营状态的煤矿不足其总量的 1/3。煤炭企业陷入困境导致房地产行业失去了资金来源，而房地产企业的停工又致使民间借贷难以偿还，民间借贷危机爆发。此外，由于民间借贷对于行业的依赖性较高，近几年来国家对房地产行业的调控政策越来越严厉，民间借贷资金的安全性与流动性都受到影响，这进一步加速了楼市的崩盘。

自 2011 年年底开始，随着资金链断裂以及国家对于楼市宏观调控政策的实施，鄂尔多斯民间借贷危机爆发，房地产市场泡沫破灭。房地产的开发与销售均受到影响，如图 36.14 所示，2012 年鄂尔多斯市房地产开发投资额骤降，增长率同比下降 104.4 个百分点。商品房销售面积下降 47％。鄂尔多斯市耗资 60 亿打造的康巴什新区很少有人入住，被称为“鬼城”。由于后续资金供给不足，鄂尔多斯市目前未完工的项目中不能复工的约占 80％，道路两旁出现了大量的烂尾楼。此外，鄂尔多斯当地银行业也受到波及。尽管民间借贷是房地产行业主要的资金来源，但银行业在 2012 年还是出现了不良贷款激增的现象。不良贷款主要集中于房地产及其相关产业，银行业呆坏账快速增加。

（亿元）

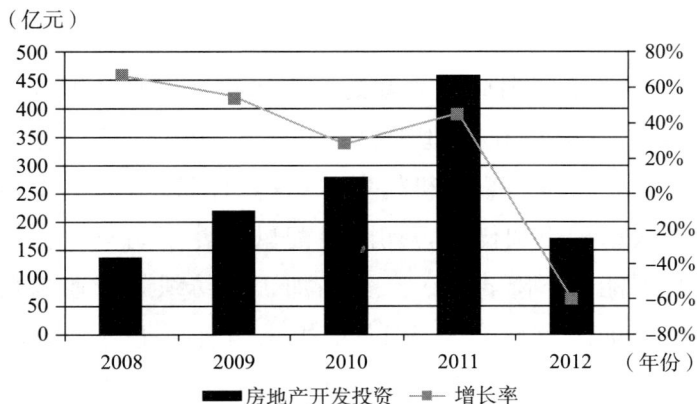

图 36.14　鄂尔多斯房地产开发投资额与增长率

四、政策建议

首先，从政府方面来看，一方面要进一步优化产业结构，改变以往资源密集型的发展模式，适当给予政策优惠以支持引导高新技术产业发展，拓宽民间资本的投资渠道；另一方面通过回购商品房作为保障性住房的形式来消化房地产存量,帮助企业渡过难关。其次,从房地产企业方面来看,可对一些小的房地产企业进行兼并重组以提高产业集中度;此外,企业应积极通过债转股或者用房地产作为抵押等形式缓解自身的偿债压力。对待售的房地产进行优惠促销活动,加速资金回笼。最后,从银行方面来看,要深入了解企业的资金需求与财务状况,对一些暂时出现资金周转困难的企业适当给予贷款展期;同时,进一步完善当地金融体系,加速引入各类金融机构,建立多层次资本市场,使当地的金融支持与经济发展相协调。

第 7 节　结论及政策建议

本章主要从公共部门、金融部门、上市企业部门和家户部门四个方面分析了内蒙古的宏观金融风险状况,并针对内蒙古上市公司风险进行了专题分析。

内蒙古自治区作为资源大省,经济发展拥有得天独厚的优势。2012 年总体经济运行稳中有进,全年生产总值达到 1.60 万亿元,增长 11.3%。受国内外经济环境的影响,增速与 2011 年相比下降 2.6 个百分点,但仍高于全国平均水平 3.5 个百分点。CPI 增速显著回落,通货膨胀问题得到抑制。金融业稳步发展,银行、保险、证券行业的资产规模与盈利水平相比 2011 年均有所提高。

2012 年内蒙古自治区财政收入和财政支出稳步增长,财政收支结构有待优化。财政缺口占 GDP 的比重处于上升趋势,有关部门应警惕财政缺口风险。金融部门方面,银行类金融机构资本结构错配风险和货币错配风险都有所加大;贷款期限结构更加优化,期限错配风险并不明显。上市企业部门经营状况不佳,盈利能力下降,化工、食品加工、纺织等行业出现亏损。账面资产负债率与或有资产负债率与 2011 年相比均有所上升,流动比率大幅下降,上市企业部门市场风险加大,经营状况恶化。近年来,内蒙古上市企业部门违约距离基本保持上升趋势,违约风险有所下降。家户部门存贷结构合理,处于相对安全的范围之内。

针对内蒙古自治区经济金融运行中存在的问题,提出如下建议:首先,内蒙古自治区要加快转变经济发展方式,调整产业结构,减少发展过程中的资源消耗;其次,金融部门要优化金融生态环境,创新金融产品,加大对中小微和"三农三牧"的支持力度;最后,上市企业部门要加大研发力度,提高自身科技含量，同时加强自身的内部管理机制，不断优化资本结构，拓宽融资渠道。

参 考 文 献

[1] 中国人民银行：《2012 年内蒙古自治区金融运行报告》。

[2] 康晓红：《内蒙古金融生态环境的现状分析及优化研究》，载《中国乡镇企业会计》2013 年第 3 期，第 21—22 页。

[3] 张慧：《内蒙古上市公司发展问题研究》，载《北方经济》2013 年第 12 期，第 32—33 页。

[4] 杨春荣：《内蒙古上市公司质量分析》，载《中国乡镇企业会计》2013 年第 11 期，第 134—135 页。

[5] 王力、张红地：《内蒙古金融业发展对策研究》，载《中国金融》2013 年第 10 期，第 73—75 页。

[6] 周一童，丁闪：《鄂尔多斯经济危机与煤炭，房地产，民间借贷关系研究》，载《经济论坛》2012 年第 11 期，第 61—62 页。

[7] 刘甜，张丽娜：《民间借贷与房地产泡沫——以鄂尔多斯为例》，载《中国外资》2013 年第 10 期，第 140—141 页。

第 37 章　广西壮族自治区宏观金融风险研究

广西壮族自治区在 2012 年保持平稳健康发展，经济总量稳步增长，产业结构进一步优化。城乡居民可支配收入和消费增长较快，通货膨胀得到抑制，人民生活水平显著提高。金融业发展状况良好，金融生态环境持续改善。贷款结构趋于优化，小微贷款与涉农贷款快速增长。本章对广西四大部门的风险进行分析，并结合相关数据提出政策建议。

2012 年，广西壮族自治区财政收入和财政支出稳步增长，全年一般预算收入首次突破千亿，但财政收入对土地财政的依赖性较大，财政收支结构有待优化。受国内外投资环境的影响，广西银行业本外币存款余额大幅上涨，存贷比较 2011 年有所下降，贷款期限结构更加优化，暂不存在明显的资本结构错配风险和期限错配风险。外币贷款增长显著快于存款增长，相关部门应警惕货币错配风险的存在。从企业部门来看，广西上市企业部门净利润率在 2011 年第三季度至 2013 年第一季度持续下降，上市企业部门市场风险加大，经营状况恶化。从家户部门来看，个人消费贷款和居民储蓄存款的比值稳步下降，存贷结构趋于合理，风险水平相对较低。

2012 年，在复杂严峻的国内外经济形势下，广西仍保持良好的发展态势，经济总量已连续 9 年保持 11％以上的增幅。部分学者针对广西壮族自治区发展过程中不同部门、不同行业的风险进行了研究。中国人民银行南宁中心支行在《2012 年广西壮族自治区金融稳定报告》中指出，广西银行业表内业务表外化趋势严重，银行业风险管理水平有待加强，有关部门应警惕不良贷款上升的风险。冯任佳、黄国希、骆平原（2010）认为广西非税收入占财政收入的比重过高，影响了地方财政收入的持续稳定增长。吴菲菲（2012）通过建立时间序列模型分析了西部大开发背景下广西壮族自治区的经济开放水平，认为广西外贸依存度较高，进出口与外商直接投资是影响其对外开放程度的最主要因素。

第 1 节　广西壮族自治区经济金融运行概况

一、广西壮族自治区经济运行概况

2012 年，广西壮族自治区全年生产总值达到 1.30 万亿元，增长 11.3%，高于全国平均水平 3.5 个百分点。受国内外经济形势的影响，2005 年以来增长速度首次低于 12%。全年完成固定资产投资 1.22 万亿元，同比增长 24.8%，增速相比 2011 年下降 4.3 个百分点。2013 年全区生产总值为 1.44 万亿元，同比增长 10.2%，增速进一步下滑。

三次产业结构由 2011 年的 17.5∶48.4∶34.1 调整为 16.7∶48.6∶34.7，服务业所占比例有所提高。从对生产总值的贡献来看，第二产业与第三产业仍是全省经济发展的主要动力。从规模以上工业来看，全省新增金属、电力、建材三个千亿元产业，食品产业销售收入突破 2000 亿元。2013 年三次产业增加值占 GDP 的比重为 16.3∶47.7∶36.0，服务业发展迅速，产业结构进一步优化。

2012 年，广西壮族自治区城乡居民生活水平均有显著提高，城镇居民人均可支配收入与 2011 年相比增长 9.2%；农村居民人均纯收入增长 11.2%，农产品价格上涨导致农民收入增速快于城镇居民，城乡差距进一步缩小。城镇居民与农民人均消费支出均增长较快。在国家调控政策下，广西 2012 年 CPI 累计同比上涨 3.2%，较前一年下降 2.7 个百分点，食品价格涨幅较大是推动 CPI 上涨的主要因素。

总的来看，2012 年广西壮族自治区经济运行稳中有增。面对国内外严峻的经济形势，各经济指标均表现良好，三次产业结构进一步优化，城乡居民生活水平逐步提高。

二、广西壮族自治区金融运行概况

2012 年广西金融部门稳定健康发展。银行业金融机构资产总额达到 21544.2 亿元，增长 20.2%，净利润相对 2011 年增长 18.97%，增速趋缓。存款余额和贷款余额相对 2011 年年末分别增长了 18% 和 16.1%，年度贷款增量居于历史第二高位，对小微企业的贷款增长显著。不良贷款率有所降低，信贷资产质量进一步改善。非银行金融机构发展迅速，融资性担保公司达到 185 家，区内首家全国性金融租赁有限公司成立，新增 64 家小额贷款公司。2013 年年末，本外币存款余额和贷款余额进一步增长，分别达到18400.47 亿元和 14081.01 亿元。

截至 2012 年年末，广西境内共有证券公司 1 家，基金管理公司 1 家，证券营业部 100 家，期货营业部 31 家。境内上市公司总股本达到 183.87 亿股，相对 2011 年增长 15.6%，证券市场融资规模稳步扩大。

广西保险业在 2012 年发展态势良好，新增保险主体 2 家，资产规模达到 494.7 亿元，与去年同期相比增长 18.48%。全年实现保费收入 238.26 亿元，同比增长 12.04%。保险业功能进一步体现，各类保险覆盖面扩大，其中农业保险共提供风险保障 99 亿元，充分发挥了农业险的支农惠农作用。

第 2 节　广西壮族自治区公共部门风险分析

2012 年广西公共部门暂不存在明显的风险，但财政收支结构有待进一步优化。具体来看，2012 年广西壮族自治区财政收入和财政支出稳步增长，全年一般预算收入首次突破千亿，达到 1165.98 亿元，同比增长 23%，其中非税收入对一般预算收入的贡献率超过 30%。一般预算支出达到 2965.2 亿元，于 2011 年相比增长 16.5%，主要是由于政府保障性支出加大，全区财政支出中 76% 投入于教育、医疗、社保等民生领域。财政缺口为 1799.22 亿元，占 GDP 的比重为 13.81%，与 2011 年相比略有增加。

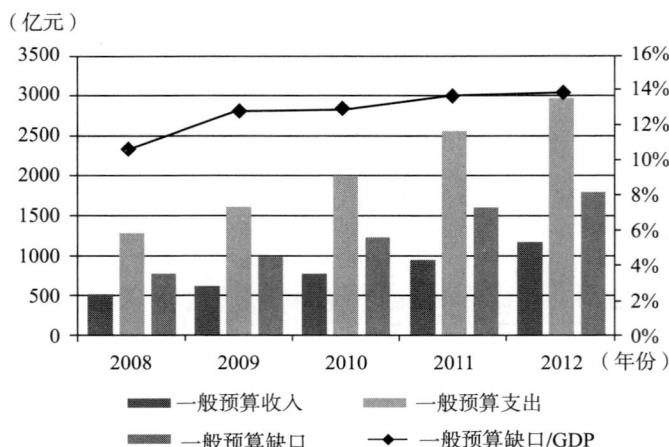

图 37.1　广西壮族自治区公共部门财政收支结构①

---

①　数据来源：《2008－2012 年广西壮族自治区国民经济和社会发展统计公报》。本章数据均来源于此。

第 3 节　广西壮族自治区金融部门风险分析

2012 年广西金融部门总体运行良好。银行业本外币存贷款余额均增长较快，资本结构趋于优化，小微企业贷款与涉农贷款大幅增长，资本结构错配风险与货币错配风险均有所下降。但受外币贷款余额大幅上涨的影响，外币存贷比处于较高水平，货币错配风险较大。非银行金融机构迅速发展，区内首家全国性金融租赁公司成立，金融市场逐渐完善。本节主要分析广西银行类、保险类金融机构的风险状况。

一、银行类风险分析

（一）资本结构错配分析

2012 年广西资本结构错配风险并不明显。具体来看，2012 年，广西银行业本外币存款余额在年末达到 1.60 万亿元，较 2011 年增长 18%，增长速度提高 3.5 个百分点。国内外经济下行压力较大、投资渠道较少是拉动存款余额大幅上涨的主要因素。本外币贷款余额在年末达到 1.24 万亿元，同比增长 16.1%，与 2011 年 18.6% 的增速相比，增长速度放缓。从信贷期限结构来看，全部新增贷款中，中长期贷款占比明显下降，短期贷款所占比重与 2011 年相比提高 10.2 个百分点，贷款期限结构更趋合理。从信贷投向结构来看，与年初相比，小微企业贷款余额增长 26.12%，远快于大、中企业的 13.20% 与 10.34%，涉农贷款余额增长 23.66%，银行业对于小企业与农业的信贷支持力度进一步加强，信贷投向结构明显优化。本外币存贷比为 77.38%，较 2011 年下降 1.3 个百分点，在西部地区处于中等水平。

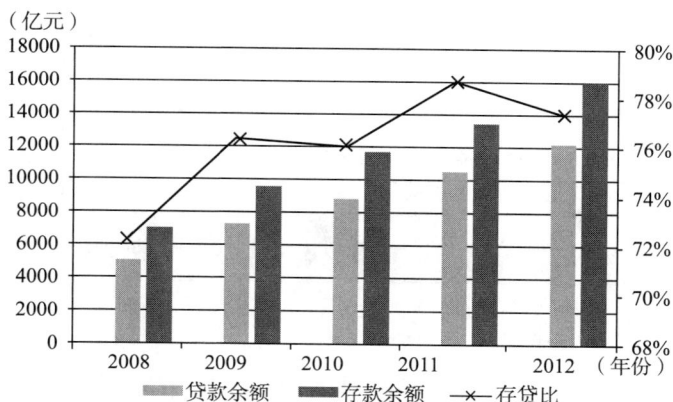

图 37.2　广西壮族自治区金融部门存贷款结构

（二）期限错配分析

2012年广西银行类金融机构暂不存在期限错配风险。截至2012年年底，广西壮族自治区金融机构中长期贷款余额为8537.7亿元，同比增长7.9%，与2011年相比增速下降4.4个百分点。中长期贷款占各项贷款余额的比重为69.1%，与2011年相比降低5.2个百分点，贷款期限结构更加优化。

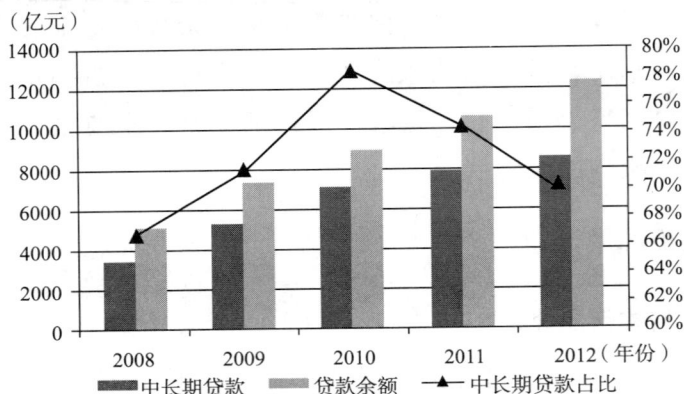

图37.3 广西壮族自治区金融部门期限结构

（三）货币错配分析

2012年广西银行类金融机构存在一定的货币错配风险。具体来看，全年广西银行业外币存贷款余额均快速增长。截至2012年年末，外币存款余额达到100.65亿元，同比增长47.57%，与2011年相比增幅上升19.1个百分点。外币贷款余额为414.08亿元，同比增长73.86%。外币贷款增长显著快于存款增长，外币存贷比高达374.23%，较上一年上升了56.59个百分点，在西部地区处于较高水平。

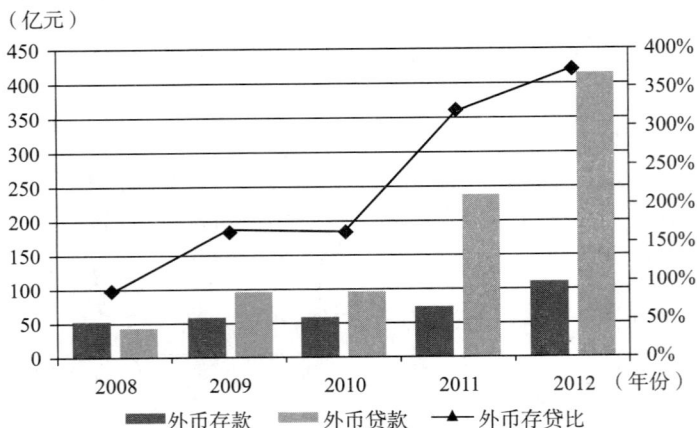

图37.4 广西壮族自治区金融部门外币存贷结构

二、保险类风险分析

广西保险业在 2012 年平稳增长。2012 年全区保险公司分支机构新增 2 家，达到 33 家；保险业总资产达到 494.7 亿元，增长 18.5%。保险密度达到 516.7 元，较 2011 年增长 12.9%，保险深度为 1.8%，与 2011 年基本持平，保险市场开发潜力较大。整体来看，广西保险业功能进一步体现，各类保险覆盖面扩大，服务经济发展的作用进一步增强。其中农业保险共提供风险保障 99 亿元，充分发挥了农业险的支农惠农作用。

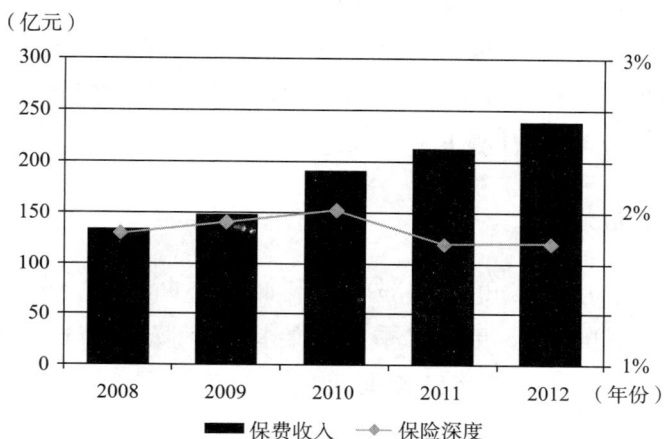

图 37.5　广西壮族自治区保费收入与保险深度

2012 年全年实现保费收入 238.3 亿元，较 2011 年增长 12.0%，规模在全国各省市中排名第 23 位，增速排名第 13 位。保费增长率相对西部其他省份波动较小，广西保险业近 5 年来一直维持平稳较快发展的态势。全年各类保险赔付总额达到 74.40 亿元，同比增长 26.5%，增幅超过保费增幅 14.5 个百分点。保险的保障作用明显增强，保险赔付率比 2011 年上升 3.52 个百分点，达到 31.16%，与历史水平相比处于中间水平，暂不存在明显的偿付能力风险。

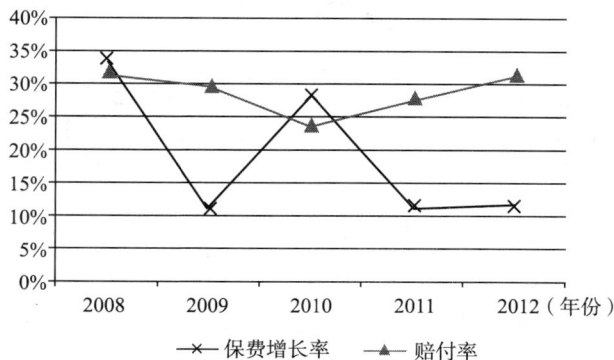

图 37.6　广西壮族自治区保费增长率与赔付率

第4节 广西壮族自治区上市企业部门风险分析

截至 2012 年年底，广西共有上市公司 30 家，主要分布在制造、化工、交通运输、食品加工、生物制品、零售商贸、服务、旅游等行业。上市公司总市值达到 1276.9 亿元，同比增长 6.32%，占全国的比重为 0.48%。2012 年全区上市公司通过资本市场获得资金 56.06 亿元，融资结构不断优化。受原材料价格上涨等因素的影响，上市企业部门整体净利润率在 2012 年呈下滑态势，2012 年亏损的上市企业共 6 家，集中于食品加工、生物医药、化工、钢铁等行业，其余上市企业均表现良好。季度平均资产负债率和或有资产负债率相比 2011 年均有所上升。

一、盈利能力分析

2008 年以来，广西上市企业部门净利润率不断波动。受金融危机影响，上市公司净利润率自 2008 年第二季度开始持续下降，并于 2009 年第一季度达到最低谷－2.95%。随着经济逐渐回暖，广西上市企业部门营业能力稳步回升，净利润率整体保持上涨趋势，于 2011 年第二季度达到 6.91%。从 2011 年第三季度开始，净利润率持续下降，2013 年一季度降至三年来最低点 1.55%。具体来看，2012 年四季度广西上市企业利润率分别为 2.87%、2.57%、2.56%、2.22%，季度平均利润率为 2.55%，同比下降 3.17 个百分点。上市企业部门整体净利润率下降主要是受生产材料价格的上涨和欧债危机导致销售市场萎缩等因素的影响，广西医药、化工行业盈利水平大幅下降。2013 年第一季度之后，净利润率呈上升趋势。

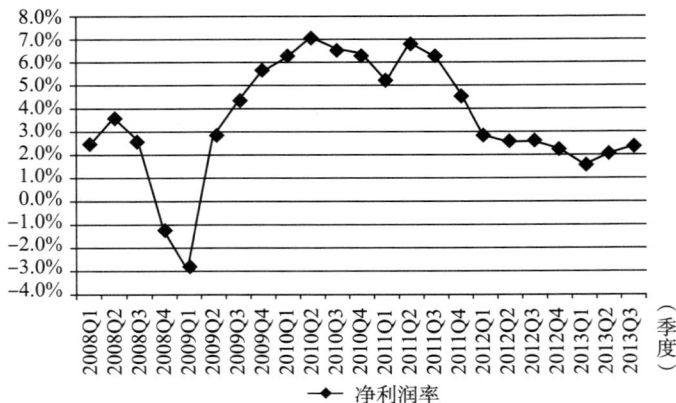

图 37.7 广西壮族自治区上市企业部门净利润率

二、账面价值资产负债表分析

(一) 资本结构错配分析

2012 年以来，广西上市部门资产负债规模波动较大，资产负债总额均在 2012 年第三季度达到最低点，而后逐渐上升，2013 年第二季度开始又呈下降趋势。截至 2012 年年末，广西上市企业部门资产规模达到 1572.75 亿元，负债总额达 992.66 亿元。2012 年广西上市企业部门四季度资产负债率分别为 65.16%、64.26%、63.47%、63.12%，虽呈逐季下降的趋势，但季度平均资产负债率为 64.00%，相比 2011 年仍上升 1.16 个百分点。广西上市企业部门资本结构错配风险有所加大，企业经营状况恶化。

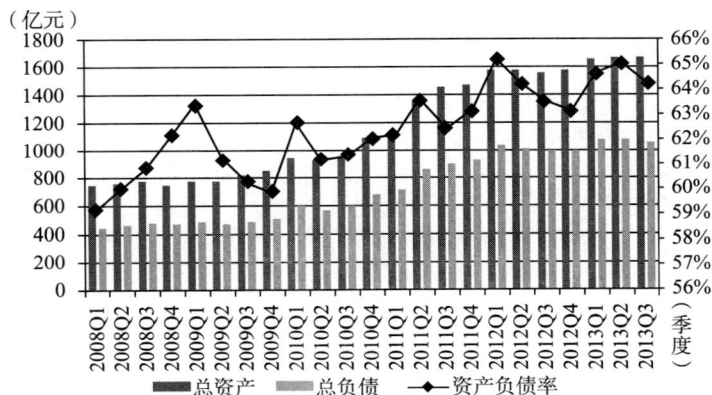

图 37.8　广西壮族自治区上市企业部门资产负债结构

(二) 期限错配分析

2009 年第三季度以来，广西上市企业部门流动比率一直保持在 100% 以上，期限错配风险较小。2012 年广西上市企业部门四季度流动比率分别为 109.90%、109.81%、111.68%、105.62%，季度平均流动比率为 109.25%，与 2011 年相比稍有上升。

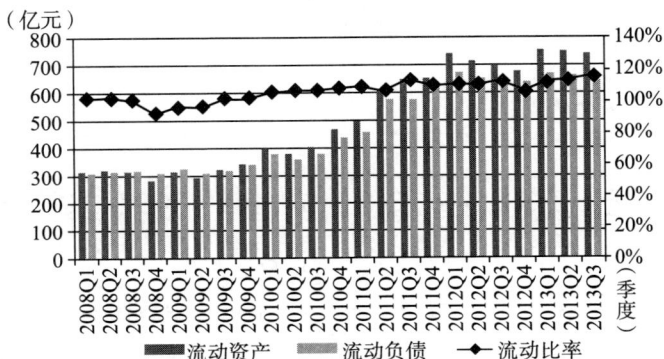

图 37.9　广西壮族自治区上市企业部门流动比率

三、或有权益资产负债表分析

2011 年以来，广西上市企业部门或有资产出现下挫，并维持在较低水平波动。或有负债则保持小幅稳定上升趋势。或有资产负债率持续上升，具体来看，2012 年广西上市企业部门四季度或有资产负债率分别为 40.14％、39.72％、42.69％、41.27％，季度平均或有资产负债率为 40.95％，同比上升 9.88 个百分点。总的来说，广西上市企业部门经营状况变差，市场风险显著加大。

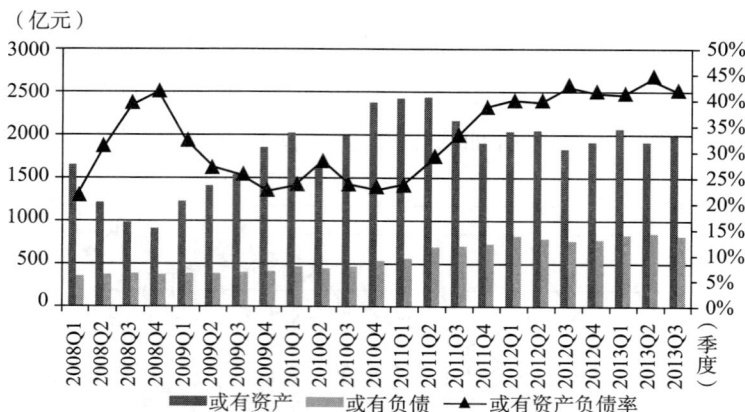

图 37.10　广西壮族自治区上市企业部门或有资产负债率

受国内外经济形势的影响，2008 年第二季度广西上市企业部门违约距离处于低谷，之后随着上市企业整体发展情况好转，违约距离呈波动性上升趋势。2012 年第二季度该指标达到 5.34，为近年来最高水平。2012 年广西上市企业部门各季度违约距离分别为 3.53、5.34、3.69、4.26，平均季度违约距离为 4.20，与 2011 年相比上升 0.2，表明广西上市企业违约概率有所下降。总体来看，广西上市企业部门违约距离上升趋势较为稳定，违约风险较小。

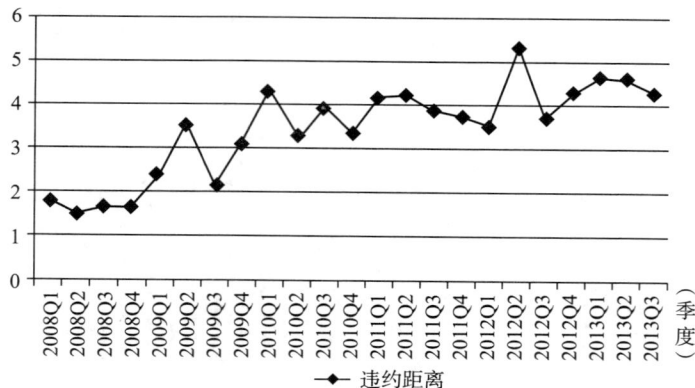

图 37.11　广西壮族自治区上市企业部门违约距离

第 5 节 广西壮族自治区家户部门风险分析

2012 年，广西壮族自治区城乡居民收入持续稳步增长，城镇居民人均可支配收入达到 21243 元，扣除价格因素，与 2011 年相比增长 9.2%，在全国各省市中排在第 13 位；农村居民人均纯收入实际增长 11.2%，达到 6008 元。近年来，广西农民纯收入增速始终快于城镇居民可支配收入增速，城乡居民收入差距进一步缩小。2012 年城乡居民人均消费支出较上年分别上升了 10.9% 和 15.8%。城镇居民家庭恩格尔系数与农村居民恩格尔系数与 2011 年相比分别回落 0.5 个百分点和 1 个百分点，说明城乡居民的消费结构均有所优化。

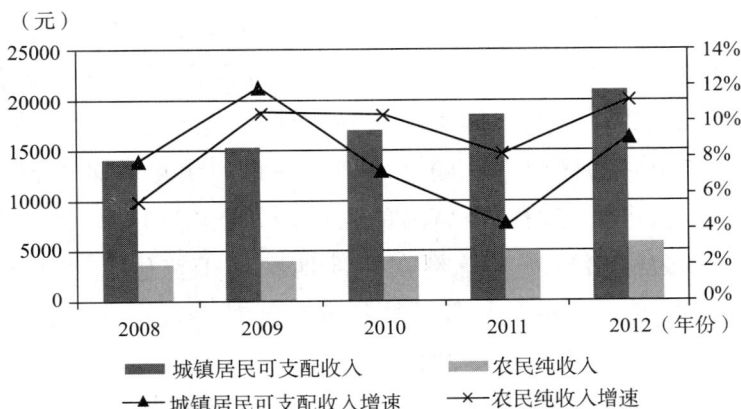

图 37.12 广西壮族自治区城镇居民可支配收入与农民纯收入

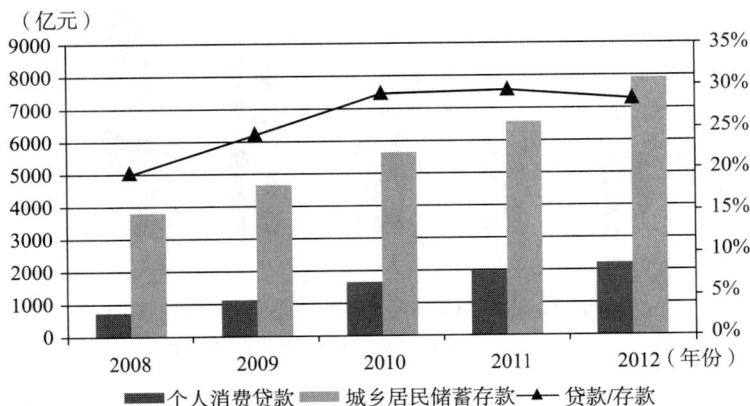

图 37.13 广西壮族自治区家户部门存贷结构

2012 年城镇登记失业率为 3.41%，相较 2011 年下降 0.09 个百分点。CPI 累计同比上涨 3.2%，较前一年下降 2.7 个百分点，食品价格涨幅较大是推动 CPI 上涨的主要因素。2013 年 CPI 上涨 2.2％，相比上年有所回落。

2012 年年末，个人消费贷款余额和城乡居民储蓄存款余额分别达到 2246.9 亿元和 7900.8 亿元，与 2011 年相比分别增长 14.32％和 18.74％。个人消费贷款平稳增长，居民储蓄存款显著增多，二者之间的比值达到 28.44％，与 2011 年相比有所下降。总体来说，广西家户部门存贷结构趋于合理，风险水平相对较低，处于相对安全的范围之内。

第 6 节　广西壮族自治区与东盟贸易风险专题分析

一、广西与东盟贸易发展状况

广西壮族自治区作为我国唯一一个与东盟国家同时拥有海上与陆地交通线的省区，自 2002 年《中国—东盟全面经济合作框架协议》签署以来，凭借其良好的区位优势，与东盟国家的贸易呈快速发展的态势。2010 年 1 月 1 日中国—东盟自由贸易区建立，随之而来的一系列优惠政策大幅增加了双边贸易额，进一步促进了广西对外贸易的发展。如图 37.14 所示，2012 年广西壮族自治区对东盟进出口贸易总额在西部地区居于首位，达到 120.48 亿美元，同比增长 26.05％。对东盟贸易总额占全区对外贸易总额的 40.88％，东盟仍然是广西的第一大出口市场和进口市场。

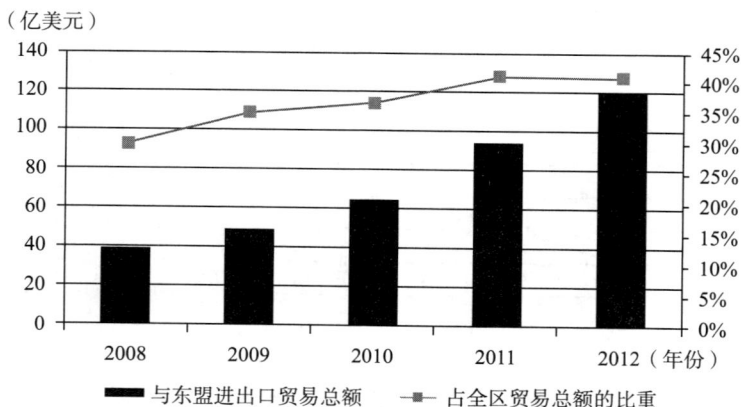

图 37.14　广西壮族自治区与东盟进出口贸易总额及占比

从对东盟的贸易方式来看，边境小额贸易占进出口贸易总额的 69.3％，超过一般贸易和加工贸易，是最主要的贸易形式，而其中广西私营企业占对东盟进出口总额的绝大部分，国有企业和外商投资企业比重较小。从贸易对象来看，东盟十国中越南是广西最大的贸易伙伴，2008－2012 年广西对越南贸易总额占对整个东盟总额的比例分别为 78.4%、80.5%、78.6%、79.2%、80.7%，市场过于集中，不利于分散风险。

二、双边贸易的市场结构

广西对东盟的进出口贸易规模偏小，市场还不够稳定，出口与进口增长率大起大落现象比较明显。虽然东盟是广西最大的贸易合作伙伴，但 2012 年广西与东盟贸易总额占全国对东盟贸易总额的比重仅为 3.01%。此外，2012 年广西对东盟货物出口额为 93.37 亿美元，同比增长 36.8%，与 2011 年相比增速下降 12.2 个百分点；货物进口额为 27.11 亿美元，同比下降 0.9%，与 2011 年相比增速下降 41.9 个百分点。

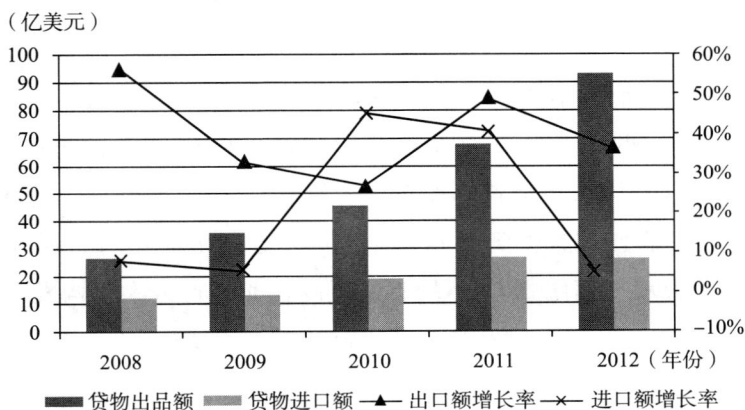

图 37.15　广西壮族自治区货物进出口额及增长率

具体来看，广西对东盟进口的商品包括各种农副特产，矿产资源及工业品等资源型产品，其需求量受国内外经济形势影响较大。以锰矿资源为例，2012 年由于国内钢铁行业产能过剩且国际市场锰矿价格波动较为剧烈，抑制了广西对锰矿的需求，锰矿进口量大幅下跌。从出口商品来看，主要包括农副产品、服装、家电以及机电产品等，多为劳动密集型产品。一方面，广西的农产品生产结构与东盟国家存在较大相似性，比较优势并不明显；另一方面，科技含量与附加值较高的高新技术产品占出口商品的比重不高，相关产业的国际竞争力不足，并未形成持续、稳定的市场需求。

三、双边贸易的政策环境

自 2004 年起，广西边境贸易享有的关税与增值税双减半的优惠政策停止实行，而随着自由贸易区的建成，中国与东盟贸易的绝大部分产品的关税逐渐削减为零。因此，广西边境贸易企业独占的政策优势消失，其他省份的产品可直接出口东盟市场，广西边境出口产品的本地化程度不高。此外，我国目前的出口退税制度规定只有已收外汇并且经过相关部门核销的货物才能办理退税，但广西与东盟双边贸易多用人民币进行结算，这就使得企业难以享受税收优惠政策。按目前的出口退税机制，出口退税额超过国家核定的退税基数的部分，地方应承担 7.5%。因此，若实行以人民币结算的出口货物准予退免税政策，则又会加大地方财政的负担。2011 年广西壮族自治区出口退税额达到 40.33 亿元，同比增长 32.66%。出口退税额呈快速增长的趋势，无疑对地方财政造成很大压力，影响地方财政的稳健运行。

第 7 节 结论及政策建议

2012 年广西经济运行总体稳中有进，全年生产总值达到 1.30 万亿元，增长 11.3%。受国内外经济下行的大环境影响，广西生产总值增速明显低于往年，但仍高于全国平均水平增长速率 3.5 个百分点，经济金融运行良好。CPI 增速显著回落，通货膨胀问题得到抑制。金融业稳步发展，银行、保险、证券行业的资产规模与盈利水平相比 2011 年均有所提高，非银行金融机构发展迅速。

2012 年广西壮族自治区财政收入和财政支出稳步增长，全年一般预算收入首次突破千亿，一般预算支出的 76% 用于民生工程，保障性支出占比为近年来最高。从预算收入结构来看，广西非税收入对一般预算收入的贡献率近年来始终超过 1/3，财政收入对土地财政的依赖性较大。财政收支结构有待优化。财政缺口占 GDP 的比重与 2011 年相比略有增加，达到 13.81%，但相对于西部其他省份仍处于较低水平，公共部门暂不存在明显的风险。

受国内外投资环境的影响，2012 年广西银行业本外币存款余额大幅上涨，超过贷款余额上升速率，存贷比较 2011 年下降 1.3 个百分点。中长期贷款占各项贷款余额的比重同比显著下降，贷款期限结构更加优化。可以认为广西银行类金融机构暂不存在明显的资本结构错配风险和期限错配风险。外币贷款增长显著快于存款增长，外币存贷比高达 374.23%，相关部门应警惕货币错配风险的存在。

从 2011 年第三季度开始，广西上市企业部门净利润率持续下降，并于 2013 年一季度降至三年来最低点。账面资产负债率与或有资产负债率与 2011 年相比均有所上升，上市企业部门市场风险加大，经营状况恶化。流动比率始终保持在 100% 以上，并呈稳定上升趋势，期限错配风险较小。

城镇居民可支配收入和农民纯收入 2012 年均有所上升。农产品价格上涨导致农民收入增速快于城镇居民，城乡居民差距进一步缩减。CPI 累计上涨 3.2%，高于全国平均水平 0.6 个百分点，城乡居民恩格尔系数均有所下降，消费结构进一步优化，人民生活水平显著提高。个人消费贷款和居民储蓄存款的比值稳步下降，广西家户部门存贷结构趋于合理，风险水平相对较低，处于相对安全的范围之内。

针对广西经济金融运行中存在的问题，我们给出如下建议：首先，广西政府要进一步优化财政收支结构，合理控制非税收入占一般预算收入的比重；其次，广西银行业要严格控制货币错配风险。近年来，广西银行业外币存贷比较高，且呈逐年上升趋势，银行业运营风险较大。银行可根据外币贷款的种类、数量和期限合理利用远期结售汇和外汇期权等金融工具控制因汇率变动带来的风险。最后，广西上市公司盈利能力不强，企业部门要积极创新产品、引进人才，提高自身的盈利能力与抗风险能力。

参 考 文 献

[1] 中国人民银行：《2012 年广西壮族自治区金融稳定报告》。

[2] 叶永刚，宋凌峰，张培等：《2013 年中国与全球金融风险报告》。

[3] 冯任佳，黄国希，骆平原：《广西非税收入占财政收入比重居高不下的原因及对策》，载《经济研究参考》2010 年第 41 期，第 19—22 页。

[4] 滕莉莉，褚丽莎：《广西小额贷款公司竞争力状况分析与提升对策》，载《经济研究参考》2013 年第 35 期，第 11 页。

[5] 朱宇兵：《CAFTA 对广西边境贸易的影响及对策思考》，载《吉首大学学报：社会科学版》2009 年第 30（5）期，第 75—78 页。

[6] 梁妍妍：《CAFTA 框架下广西边境贸易发展存在的问题与对策》，载《东南亚纵横》2011 年第 10 期，第 43—45 页。

2014

与全球金融风险发展报告

ZHONGGUO
YUQUANQIU
JINRONGFENGXIANFAZHANBAOGAO

叶永刚 宋凌峰 张 培 等 著

人民出版社

第38章 欧洲宏观金融风险总论

欧元区正逐步从主权债务危机的阴影中走出，但仍面临一定的下行风险。多数欧元区国家仍施行低利率政策以刺激经济，同时，通胀在未来一段时间内可能仍将低于目标通胀率，导致长期通胀预期将出现一定程度的向下浮动。这将出现实际利率上升和低于预期的通货膨胀率的现象，从而增加实际债务负担的风险，货币政策被限制用于降低名义利率。这也引发了在不利冲击时，宏观经济将出现通缩的可能性。在此背景下，本章将基于欧元区主要国家，以及东欧国家俄罗斯的风险情况，对欧洲地区宏观风险进行系统研究。

第1节 欧洲经济金融运行概况

欧洲正走出主权危机谷底，从衰退走向复苏。2014 年欧洲 GDP 增长上扬至 0.8%，高于 2012 年－0.6% 和 2013 年－0.5% 的 GDP 增长率，但复苏在欧元区内将出现不平衡的发展态势。虽然欧元区整体向好，但内部各国依旧呈现出发展不平衡的态势。在此轮复苏进程中，与欧债危机发生初期相比，2013 年德国和法国表现出良好的经济发展势头，带动了欧元区的发展。欧洲国家在呈现复苏态势时，虽然宏观指标有所复苏，但就整体而言依旧以较为温和的速度实现复苏进程。例如欧洲国家中，2013 年 GDP 增速表现最优的瑞士，其 GDP 增速也仅为 2%。大多数欧洲国家在复苏压力下，宏观指标尽管出现略微上调，但宏观经济整体上依旧以较为温和的速度发展。为推动经济的进一步发展，欧洲国家将在未来忍受高企负债和较为脆弱的金融体系，而出口将持续增长，为宏观经济的复苏做出贡献。

2013 年德国、俄罗斯和英国成为欧洲前三大经济体，与 2012 年排名不同的是，俄罗斯跻身前列，德国、英国、法国、意大利等国家排名顺序未改变。从 GDP 增长率来看，欧洲 16 国仅俄罗斯、英国、波兰、瑞士和挪威的宏观经济呈现出明显的增长潜力。德国、法国、比利时和爱尔兰 GDP 增长率维持在 0% 左右，经济前景有待进一步分析。此外，希腊经济增速在欧洲 16 国中排在末位，其经济前景和债务形势关系着欧元区乃至欧盟的未来，而在此轮危机中希腊较为缓慢的恢复速度也令人堪忧。图 38.1 给出德国、俄罗斯、法国、英国、意大利、俄罗斯、西班牙、波兰、荷兰、比利时、挪威、葡萄牙和希腊等 16 国的 2013 年名义 GDP 和实际 GDP 增长率指标。

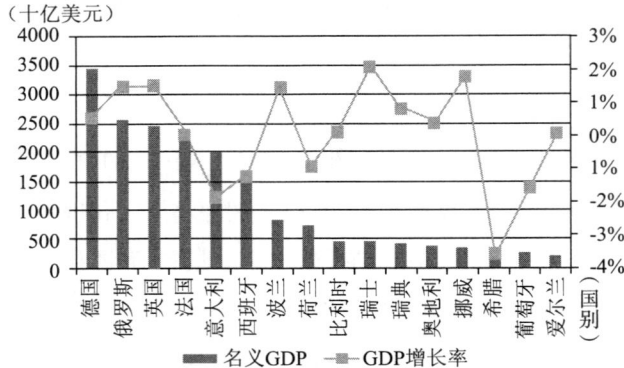

图 38.1　2013 年欧洲 16 国 GDP 及其增长率

根据欧洲 16 国 2013 年公共债务负担情况，可见俄罗斯以 8.1％的公共债务负担率位于欧洲公共债务风险最低处，这与俄罗斯政府所采取的严格债务控制措施有关。此外，在本章所研究的 16 个欧洲国家中，有 11 个国家的公共债务负担率超出国际警戒线 60％。2013 年德国公共债务接近 21818 亿欧元，意大利约为 20701 亿欧元，公共债务负担严重，由于德国、意大利等国家为欧洲主要经济体，一旦发生违约，对于欧盟救助机制来说将是无法承受的负担。在公共债务负担高企的背景下，德国政府控制公共债务总量和增量，使得 2012 年和 2013 年其公共债务各项指标维持基本不变，也显现出德国政府削减公共债务的决心。

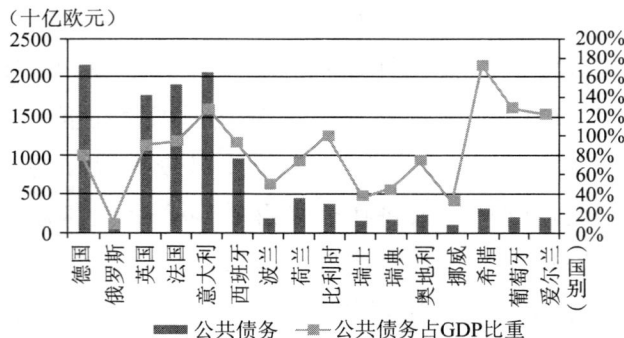

图 38.2　2013 年欧洲 16 国公共债务分析[①]

① 俄罗斯、英国、波兰、荷兰、瑞士、瑞典、挪威 7 国公共债务数据，根据 2014/1/24 各国货币兑欧元汇率进行转换。

虽然欧洲主权债务危机有所缓解，但欧洲央行（ECB）需要考虑额外措施以避免货币宽松政策的过早退出，如提供较长期的流动性供应，包括有针对性地贷款，加强需求并降低金融市场的脆弱性。通过资产负债表评估工作，进而修复银行资产负债表，并重新注资银行的薄弱环节，辅以结构性改革，实现统一监管的银行业联盟将是提高投资者信心，信贷复苏，并降低主权债务和金融部门之间的联系。

第 2 节 欧洲公共部门风险分析

欧洲金融稳定的下行风险依然存在，对欧洲公共部门的资产结构、期限结构和偿债能力都有负面影响，尤其是欧猪五国的公共部门各项风险仍旧很大，但风险已较 2012 年水平有所下降。本节基于欧洲 16 个国家中具有代表性的国家中央银行资产负债表和政府财政赤字情况，对欧洲公共部门宏观金融风险进行系统分析。

一、欧洲中央银行资产负债表分析

综合 2008－2012 年德国、俄罗斯、英国、法国、意大利、西班牙 6 个国家中央银行资产负债表可得欧洲地区中央银行资产负债表，对其资产负债结构进行分析，结果如图 38.3 所示。

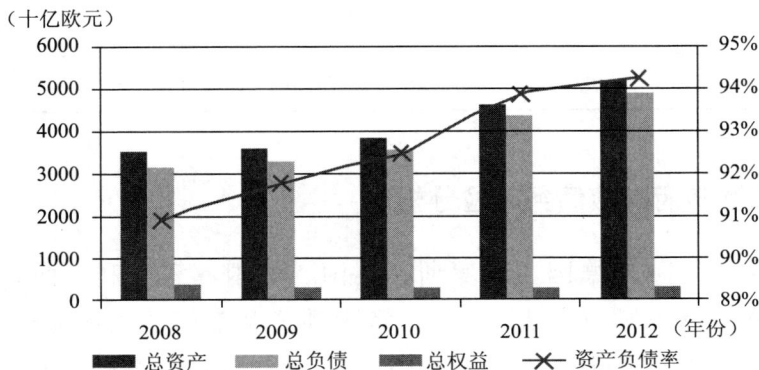

图 38.3 2008－2012 年欧洲 6 国中央银行总体资本结构[①]

欧洲整体中央银行的资产、负债和资产负债率呈逐年上升的态势，总资

---

① 本章在公共部门、金融部门、企业部门和家户部门分析中，资产负债表和或有权益资产负债表数据均根据第 39－47 章的统计分析数据整理得到。

产从 2011 年的 46252.27 亿欧元升至 2012 年的 51904.06 亿欧元，2012 年的总负债规模则从 43424.52 亿欧元上涨至 48911.93 亿欧元，资产负债率虽维持上升态势，但增速在 2011－2012 年间有所放缓，维持在 94％左右波动。该趋势表明欧洲为缓解欧债危机所采取的宽松性货币政策所带来的负面影响，即资产负债表大幅扩张形势得到有效控制。各国所采取的调整资本结构措施已奏效，但整体来看，公共部门存在较为严重的清偿力风险。

从 2008－2012 年德国、俄罗斯、英国、法国、意大利、西班牙中央银行资产负债率来看，见表 38.1，西班牙央行的资本结构风险最高，2008－2012 年的资产负债率均超出 99％，且呈逐年缓慢上升的态势；其次为英国，资产负债率在 2012 年超出 99％；意大利公共部门资本结构风险最低，央行资产负债率近年来均维持在 80％以下。

表 38.1　2008－2012 年欧洲 6 国中央银行资产负债率

（单位：％）

国别／年份	2008	2009	2010	2011	2012
德国	91.35	93.78	96.80	98.69	98.43
俄罗斯	88.21	84.76	83.51	82.45	85.61
英国	97.75	98.11	98.07	98.93	99.16
法国	93.93	93.33	89.98	91.96	91.55
意大利	74.19	72.61	67.23	76.98	78.14
西班牙	99.04	99.08	99.04	99.45	99.65

二、欧洲政府财政债务风险分析

从 2008－2014 年德国、俄罗斯、英国、法国、意大利、西班牙公共债务占 GDP 的比率来看（见表 38.2），意大利公共部门的债务偿还风险最高，2008－2014 年的资产负债率均超出 100％，且呈逐年上升的态势；其次为法国，该比率在 90％左右波动；俄罗斯的风险最低，公共债务占 GDP 比率均维持在 10％以下，未出现明显违约风险。以上现状表明欧洲各国公共部门的违约风险状况差距较大，各国风险管控效果不一。

表 38.2　2008－2014 年欧洲 6 国债公共债务占 GDP 比率

（单位：%）

国别/年份	2008	2009	2010	2011	2012	2013	2014
德国	68.82	77.65	86.91	85.25	87.47	87.93	86.78
俄罗斯	6.53	8.35	9.19	8.11	7.80	8.10	8.20
英国	51.89	67.10	78.45	84.32	88.70	90.90	91.50
法国	68.259	79.185	82.401	85.833	90.257	93.3	95.1
意大利	105.63	116.49	119.41	120.66	126.90	133.10	136.50
西班牙	40.20	54.00	61.70	70.50	86.00	93.90	100.10

第 3 节　欧洲金融部门风险分析

自欧债危机爆发以来，欧洲地区金融部门的脆弱性不断显现。本节综合欧洲 16 国金融部门数据，计算出其资产负债表和或有权益资产负债表，基于此，对欧洲金融部门风险进行分析。

一、欧洲金融部门资产负债表分析

从欧洲银行整体业情况来看，2012 年资产负债率在经历 2011 年小幅攀升后，降至 94.9%，但总资产、总负债和总权益的规模依旧呈逐步扩张的态势。图 38.4 为欧洲金融部门的资本结构，就国家层面而言，欧元区趋于完善的货币联盟体制采取了重要措施以实施改革，这将有助于减少对银行和主权融资的压力。

然而，意大利、葡萄牙和西班牙面临较为严重的经济压力，沉重的企业部门债务负担和金融部门的脆弱性仍然对该国未来的改革充满挑战。假设这些国家的经济和财务状况与 2013 年 10 月世界经济展望的基准线情景相比，并未实现明显改善，且出现明显不利的情况，则银行业需要对这些国家的企业部门进一步增加供应，以解决企业贷款业务的资产质量恶化。这可能消耗很大一部分银行未来的利润，虽然提高拨备和资本及提高资产质量评估标准有助于提高银行消化损失的能力，但进一步努力净化银行资产负债表，并推广至整个欧洲银行业是至关重要的一环。这些改革步骤应该由欧盟制定一个全面的评估和战略，以解决非金融部门企业债务负担逐年增长的状态。

（十亿美元）

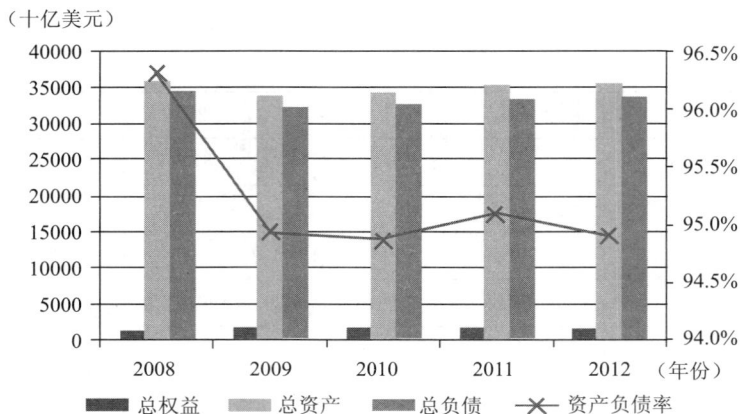

图38.4　2008－2012年欧洲16国金融部门资本结构

选择欧洲主要7个国家的金融部门资产负债率进行比较，由表38.3所示可知，俄罗斯金融部门的资产负债率最低，保持在88％左右波动；希腊金融部门所面临的风险依旧较高，2011－2012年间金融部门的资产负债率骤增至100.37％的高位，表明金融部门的资产已经无法支付高额的负债，这与政府为刺激宏观经济的复苏而采取宽松型货币政策有较为紧密的关联。此外，其他主要国家紧缩对于欧元区的跨境贷款，以期降低本国金融业风险，如德国、法国、英国等金融部门资产负债率出现小幅下降。

表38.3　2008－2012年欧洲各国金融部门资产负债率

（单位：％）

国别/年份	2008	2009	2010	2011	2012
德国	97.98	97.13	96.92	97.05	96.76
法国	96.71	95.75	95.58	95.77	95.73
英国	97.54	96.15	95.85	95.81	95.60
意大利	92.72	91.79	91.79	92.89	92.53
俄罗斯	88.94	87.55	88.19	88.05	88.86
西班牙	94.57	93.72	93.62	93.60	94.26
希腊	93.72	92.79	94.10	99.25	100.37

二、欧洲金融部门或有权益资产负债表分析

一般情况下，银行对于贷款定价，应使利率高于其资金成本，股权支持的贷款要求的回报率，以及信贷息差三部分的总和。但欧元区的经济压力导

致利率的三个决定因子都受到以下四个因素的影响：（1）较高的主权风险；（2）银行资产负债表的健康；（3）企业的风险程度；（4）欧元区内各国的经济和政策环境。

就资产负债表表现较差的银行而言，其不太能够和愿意承认损失，因此将变得更加容易隐忍贷款。虽然有些容忍可能有助于缓解个别借款人的压力，但是普遍容忍将造成银行对高风险项目投入资源，增加不健康的企业债券的风险，降低对于更健康和更富有成效的企业的贷款。

因此，银行利率定价的偏差和贷款质量的下降成了欧洲银行业潜在风险的爆发点。相较于资产负债表，或有权益资产负债表更能有效反映银行潜在风险，如图 38.5 所示。2012 年金融部门的或有资产负债率结束了持续三年的上扬态势，转而下降至 96.16%，明显高于账面资产负债率 94.9%，表明从市场角度看，欧洲金融部门所面临的风险高于其已经反映的风险。

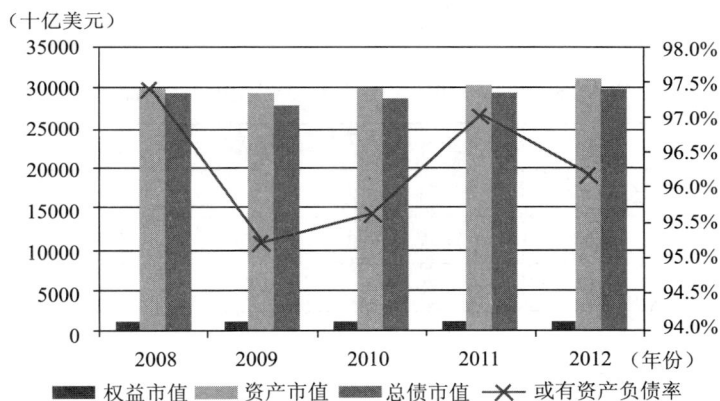

图 38.5　2008－2012 年欧洲 16 国金融部门或有权益资本结构

比较欧洲 6 国 2008－2012 年金融部门资产市值波动率，如表 38.4 所示。其中，俄罗斯金融资产波动率最大，其余国家基本位于 2% 以下，德国和法国的资产波动率最小。资产波动率越高表明该国家金融市场脆弱性越大，易受外界影响而导致资产出现波动，金融部门市场化程度较低。与理论分析相符，俄罗斯金融部门市场化程度不高，而德国、法国等金融部门发展较早，金融市场化程度较高，因此金融资产较为稳定。

表 38.4　2008－2012 年欧洲 6 国金融部门资产市值波动率

（单位：%）

国别/年份	2008	2009	2010	2011	2012
德国	0.43	0.48	0.36	0.48	0.30
法国	0.69	0.88	0.64	0.44	0.43
英国	1.49	1.51	1.20	1.07	0.99
意大利	3.77	2.41	1.44	1.28	1.17
俄罗斯	4.55	8.24	4.65	3.78	2.87
西班牙	2.60	2.29	1.65	1.45	1.46

从 2008－2012 年欧洲主要国家违约距离比较可知，欧洲国家在经历欧债危机后，对金融部门的监管加强，导致金融部门的违约距离在 2012 年出现明显好转。意大利金融部门违约距离由 2011 年的－1.45 转为 0.78，违约风险整体下降。而金融部门违约距离出现负值，是指资产市值过小，低于违约点，投资者对该国的金融部门缺乏信心，金融资产估值偏低。

表 38.5　2008－2012 年欧洲 6 国金融部门违约距离

国别/年份	2008	2009	2010	2011	2012
德国	－5.46	1.71	4.12	1.65	5.33
法国	－2.85	2.17	3.12	1.67	3.97
英国	1.90	3.78	5.19	4.24	6.81
意大利	0.65	1.40	0.65	－1.45	0.78
俄罗斯	0.59	1.25	2.98	2.17	1.79
西班牙	1.14	3.42	2.22	1.30	1.49

第 4 节　欧洲企业部门风险分析

在欧元区，也有延续始于 2013 年年初复苏进程的不断增长的迹象。出现这个现象的关键因素是国内需求没有得到进一步限制，即内需成为拉动经济的重要因素。鉴于持续的产能利用率偏低，在某些国家，很难获得银行贷款，工业投资复苏缓慢，因此，许多国家的企业部门出现债务和失业率高企的现象。与此同时，一些国家的成本结构调整已经取得进展，企业开拓新的销售市场，使他们能够在全球市场获得更大份额的增长。本节综合欧洲国家的部分上市企业（非金融）数据，基于资产负债表和或有权益资产负债表对欧洲地区企业部门风险进行分析。

一、欧洲企业部门资产负债表分析

从 2008—2012 年欧洲整体企业部门资本结构来看，企业部门总资产、总负债和总权益的规模持续扩大，但资产负债率继续下降至 64.31%，如图 38.6 所示。虽然从指标上看，欧洲企业部门担当了拉动经济复苏的角色，且资本结构长期处于合理范围内，但是企业部门仍需防范潜在的风险。

脆弱的银行已经加剧了企业债券市场接受度不高的问题，在宏观经济不景气的情况下，金融机构已对企业部门收紧信贷，个别银行通过信贷配给和提高贷款利率对企业提供贷款。欧元区实力比较弱的银行更可能削减贷款，这将导致企业融资成本提高。此外，面对较高的偿债成本，公司经营的高杠杆和持续的脆弱性，已经迫使企业部门调整自身业务。2012 年，西班牙和意大利公司大幅减少股息支付，同时大型跨国公司已逐步出售外币资产。此外，葡萄牙和西班牙上市的公司减少了超过 15% 资本支出。虽然去杠杆化是必要的，但过度削减资本开支，并未解决公司的持续脆弱性，这可能会进一步削弱经济增长前景。

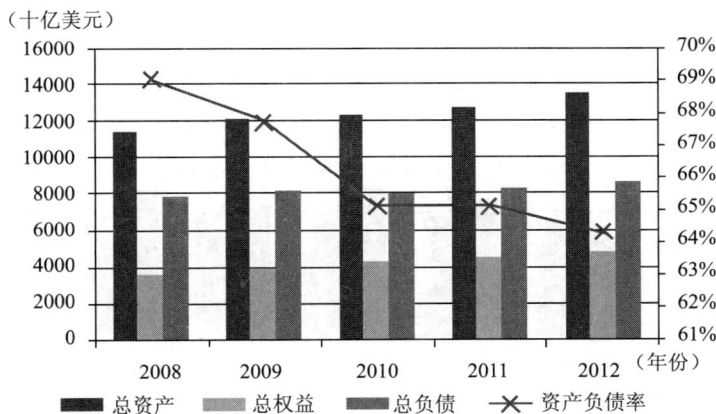

图 38.6 2008—2012 年欧洲 16 国企业部门资本结构

对 2008—2012 年欧洲主要国家的企业部门资产负债率进行比较可知，俄罗斯企业部门资产负债率近年来呈逐年下降的态势，2012 年该指标低于 40%，这与俄罗斯政府严格控制负债有关，企业往往选择依靠自有资金实现发展。对于市场化程度较高的国家，企业运用多种渠道获得借贷资金，因此资产负债率较高，但仍位于可控范围内。

表 38.6　2008－2012 年欧洲 6 国企业部门资产负债率

（单位：%）

国别/年份	2008	2009	2010	2011	2012
德国	78.13	77.19	72.90	73.43	72.40
法国	70.92	70.16	69.01	69.96	70.99
英国	65.75	64.25	62.57	62.07	62.92
意大利	73.63	72.60	71.57	72.61	68.47
俄罗斯	41.43	42.09	40.56	40.49	38.47
西班牙	77.04	75.58	75.42	75.21	71.63

二、欧洲企业部门或有权益资产负债表分析

构建欧洲 16 国企业部门的或有权益合并资产负债表可知，相较于 2011 年而言，2011 年资产市值、负债市值和权益市值均呈上扬态势，但 2012 年或有资产负债率依旧得以有效控制，降至 46.35%，由此可见，欧洲企业部门虽然存在潜在风险，但风险仍处于可控范围内，如图 38.7 所示。

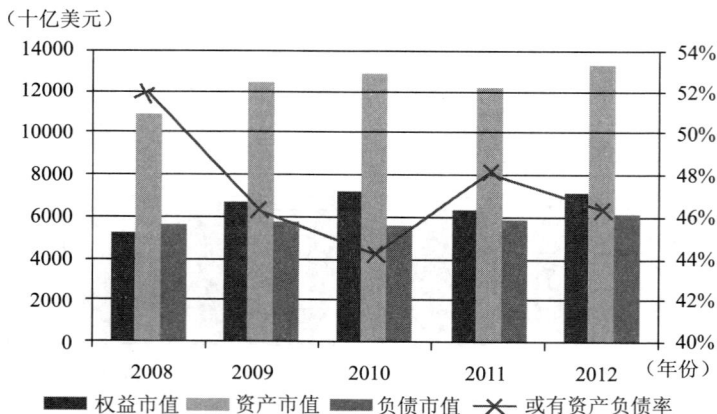

图 38.7　2008－2012 年欧洲 16 国企业部门或有权益资本结构

就整体上而言，欧洲各国企业部门资产市值的波动率较高，但 2011－2012 年间均呈下降趋势，表明企业部门逐步恢复。市场化程度越高的市场，其抵御微观风险的能力越强，因此，其企业部门的资产市值波动率越低投资者对其估值较为稳定和准确。

表 38.7 2008－2012 年欧洲 6 国企业部门资产市值波动率

（单位：%）

国别/年份	2008	2009	2010	2011	2012
德国	12.04	10.74	8.02	11.13	7.94
法国	19.74	13.71	11.67	12.72	9.44
英国	19.77	13.59	10.34	12.56	8.14
意大利	22.21	12.83	10.43	12.02	10.77
俄罗斯	34.10	33.40	19.89	20.71	17.20
西班牙	17.26	11.92	12.51	11.56	17.29

欧洲主要国家企业部门的违约距离较大，表明其资产市值均高于违约点，违约风险较小，且 2011－2012 年间违约距离均出现不同幅度的上升，说明企业部门违约风险进一步降低。俄罗斯企业部门违约风险与其他国家无较大差距，这是因为虽然俄罗斯企业部门的资产负债率较低，但是其资产市值的波动率较高，两者相抵，将其违约概率维持至平均水平。

表 38.8 2008－2012 年欧洲各国企业部门违约距离

国别/年份	2008	2009	2010	2011	2012
德国	2.42	3.47	5.40	3.34	5.33
法国	2.35	3.73	4.19	3.42	4.81
英国	2.63	4.25	5.71	4.67	7.13
意大利	1.56	2.98	3.60	2.71	3.29
俄罗斯	1.49	1.95	3.67	3.01	3.59
西班牙	2.37	3.91	3.27	3.35	3.40

第 5 节 欧洲家户部门风险分析

欧洲地区的家户部门在四大部门中，为风险最小的部门，但其潜在风险不容忽视。经济复苏时期，欧洲地区部分国家的失业率仍旧不断攀升，这不仅对于欧洲的家户部门是潜在的危机，对于欧洲宏观经济来说也是不容忽视的风险点。以下主要通过失业率、个人可支配收入和私人消费等方面的比较分析欧洲地区家户部门的风险。

欧洲各国的失业率在 2012－2013 年间出现小幅波动，但之前失业率高企的国家失业率问题依旧较为严重，西班牙和希腊的失业率高达25％以上，并且在2012年基础上有所攀升，分别从25.05％和24.34％升至26.6％和27.4％。相反，挪威、瑞士、奥地利、俄罗斯、德国等国家的失业率控制在5％左右，政府对于失业率控制良好。政府对于失业率控制的表现可直接影响国内外投资者对国家宏观形势的信心，阻碍其从欧债危机中快速恢复。

表38.9　2008－2013年欧洲16国的失业率

（单位：%）

国别/年份	2008	2009	2010	2011	2012	2013
德国	7.51	7.78	7.1	5.95	5.47	5.3
奥地利	3.8	4.783	4.392	4.15	4.367	4.8
比利时	7.108	7.825	8.217	7.242	7.617	8.4
意大利	6.783	7.8	8.433	8.425	10.667	12.4
荷兰	3.058	3.708	4.467	4.425	5.267	6.7
挪威	2.6	3.175	3.6	3.25	3.2	3.6
葡萄牙	7.6	9.475	10.8	12.725	15.65	16.5
瑞典	6.183	8.325	8.575	7.758	7.967	8
瑞士	2.577	3.701	3.516	2.843	2.905	3
波兰	9.817	10.967	12.108	12.392	12.8	13.5
法国	7.4	9.15	9.3	9.175	9.825	10.7
英国	5.717	7.633	7.867	8.067	7.967	7.6
俄罗斯	6.358	8.375	7.492	6.633	5.45	4.8
西班牙	11.375	18.025	20.075	21.65	25.05	26.6
爱尔兰	6.375	12	13.85	14.625	14.675	13.2
希腊	7.7	9.483	12.55	17.717	24.342	27.4

德国、法国、英国依旧位于欧洲地区个人可支配收入的前列，但其中英国的增幅最小，如图38.8所示。在欧洲16国中仅希腊个人可支配收入出现负增长，2012年出现负增长的意大利和西班牙扭转下调局势，2013年呈现好转。个人可支配收入的下降将降低国民生活水平，导致经济持续低迷，失业率进一步上升，不利于宏观经济的复苏。从该指标可以看出在欧洲地区中，希腊若实现经济的全面复苏，尚存一定距离。

（百万美元）

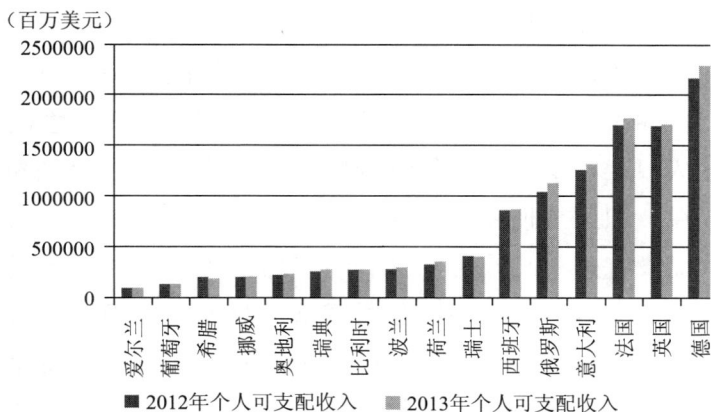

图 38.8　2012－2013 年欧洲 16 国个人可支配收入

私人消费方面，欧洲多国出现 2013 年私人消费占 GDP 比重与 2012 年相比有所下降，如图 38.9 所示。表明私人消费对经济的拉动作用有所放缓，经济复苏需寻求更为持久的推动因素，如制造业促进经济复苏。

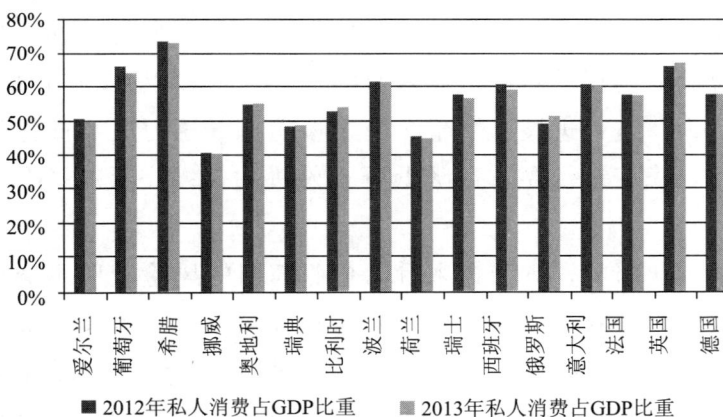

图 38.9　2012－2013 年欧洲 16 国的私人消费占 GDP 比重

综上可知，深陷欧债危机中的各国均逐步从危机中实现复苏，但从家户部门指标来看，希腊家户部门尚未出现明显好转，经济复苏仍待进一步努力。

第 6 节　结论及对中国的借鉴

欧元区整体上正在向形成更为强大、安全的方向努力，其对风险的管控也在逐步加强，金融体系进一步完善，以期降低地区内过高的债务水平。本章选取具有代表性的欧洲国家，编制合并资产负债表及或有权益资产负债表，在此基础上，分别对欧洲公共部门、金融部门、企业部门和家户部门宏观金融风险进行衡量和分析。

欧元区内各国积极采取改革政策，以期缓解深陷欧债危机国家的公共部门和金融部门的融资压力。但对于葡萄牙、意大利等深陷危机中的国家来说，经济复苏依旧存在争议。即使金融紧张状态在中期内得到扭转，债务积压仍将持续存在，积压规模相当于这些经济体公司债务的近五分之一。假设经济和金融状况没有进一步改善，这些经济体的银行可能需要进一步增加贷款损失准备金，以应对可能出现的公司贷款质量恶化，而这将消耗银行未来利润的很大一部分。银行业在评估资产质量以及增加损失准备金和资本金方面开展的工作提高了自身吸收损失的能力，但进一步清理银行资产负债表和建立欧元区层面的银行业联盟十分重要。在采取上述步骤的同时，应辅以综合的评估过程和战略，以解决非金融部门的债务积压问题。

其次，结合欧洲金融部门宏观资产负债表和或有权益资产负债表分析可知，欧洲央行直接货币交易（OMT）框架的建立增加了投资者信心，有利于决策者避免尾端风险。欧洲稳定机制架构框架已经拥有了初步进展，如通过单一监管机制，实现了对银行业联盟的直接注资，以及利用政治协议帮助银行业恢复活力。这一进展有助于缓解严峻的市场压力以及被拖累的主权危机和银行债务，稳定银行存款，降低资本外逃，并缩小 TARGET2① 的不平衡头寸。

再次，从企业部门资本结构来看，企业部门的风险依旧不突出，但是需要注意的潜在风险点在于，主权压力和银行体系薄弱一直是意大利和西班牙实现宏观经济复苏的主要障碍，由于银行业加强监管力度并提高贷款利率，导致在银行业监管之外的小额贷款迅速发展，企业信贷风险可能出现攀升态势。

最后，通过对欧洲家户部门风险指标，如失业率、个人可支配收入、私人消费占 GDP 比重等分析可知，欧洲各国家户部门风险概况各不一致，但基本呈现出发达国家家户部门指标出现好转，而危机中心的国家家户部门指标未出现明显改善。这种差异的出现表明国家的经济基础与其从危机中恢复的速度和成效有一定关联，且宏观政策和宏观调控对于国家的经济恢复速度产生较为重要的影响。

基于以上分析可知，欧洲整体主权风险有所缓解，但主权利差在欧元区中保持差异化。此外，息差在近期市场波动的时期有所扩大，主权利差的差别化已经提高了银行的融资成本，这将给贷款利率带来进一步上升的压力。

---

① TARGET2，欧洲货币联盟内的主要支付系统。

在大型银行的分行以及中小银行中，已面临较大的融资压力，而这些银行往往是中小企业信贷的主要提供者。

　　欧元区国家需要全面恢复投资者对欧元区银行资产负债表的信心，并加强流向有生存能力企业的信贷资金。首先，需要进行彻底的、现实的、透明的资产负债表评估，并建立可信的资本后备支持，以弥补所确定的任何不足，在公布评估结果之前沟通这方面的信息。其次，应使用更系统的方法解决公司债务积压问题，包括清理公司债务，改善公司破产框架以及积极利用非银行信贷来源。此外，欧元区中央银行应该对企业部门提供强有力的资金支持，为企业部门的复苏提供有力支撑。

　　欧洲各国意识到宏观经济的复苏需要以制造业等实体经济拉动，因此，我国应将实体经济的发展作为我抵御国际性金融危机的根本策略。我国经济正面临转型升级的压力，亟需提高产业资源利用效率，调整产业生产模式，由"粗放型生产"转为"深加工模式"，鼓励产业创新和联动发展。从宏观层面来看，有关部门须为创新提供良好环境，带动产业实现转型和升级，促进宏观经济跨越式发展。同时，在我国产业发展过程中，须充分利用金融促进实体经济发展的职能，为产业发展提供资金支持，缓解企业融资难的问题。

参 考 文 献

　　[1] International Monetary Fund："Global Financial Stability Report"，2011.4.

　　[2] International Monetary Fund："World Economic Outlook（WEO）"，2014.4.

　　[3] 袁吉伟：《欧洲银行业危机形势分析》，载《青海金融》2012 年第 1 期，第 8—11 页。

　　[4] 杨琳：《欧洲和拉美主权债务风险、趋势及其影响》，载《财经问题研究》2010 年第 4 期，第 62—67 页。

　　[5] 瞿亢、韩丽颖：《欧洲银行业分化风险分析与展望》，载《中国外汇》2013 年第 1 期，第 78—79 页。

　　[6] 吴丛司，沈忠浩：《三大风险困扰欧洲》，载《金融世界》2012 年第 3 期，第 22 页。

第 39 章　德国宏观金融风险研究

德国面临较高的外部风险，欧元区的债务危机影响已经得到控制，相关的重大改革措施已经启动。然而，繁重的债务水平、持续存在的结构性问题意味着欧洲和全球经济仍然十分脆弱。从德国内部风险来看，劳动力市场和商品市场所具有的潜力逐步恢复，对经济的增长力度也在加强，内部风险较低。本章将对德国宏观金融风险进行分析，并对拉动德国经济的制造业进行专题研究。

第 1 节　德国经济金融运行概况

一、经济运行概况

德国 GDP 增长在持续四年放缓后，预计 2014 年将有所抬头，GDP 增长率升至 1.4％。金融危机后 2009 年出现负增长，此后由于政府的宏观调控，以其稳定的财政政策与改革实现了 2010 年经济的快速回升，升至 3.86％。但欧洲爆发主权债务危机，使得尚未完全从 2008 年全球金融危机中恢复过来的德国经济再次遭受重创，2011 年经济增长有所放缓。

2012 年德国经济出现回升势头，这是欧元区不断升级的主权债务危机未继续蔓延，导致德国经济总产出扩大。然而，经济的驱动力正在发生变化，在随后的经济和金融危机的复苏过程中，国内经济活动已脱颖而出。德国经济处于良好的状态，如最近所表现出的低失业率，就业人数持续增长，企业的盈利也显著增长。同时，低利率的刺激政策也产生了一定效果，这些因素都支持私人消费和住房建设的推动。相比之下，对外贸易已趋于疲软的后期，鉴于欧元区经济金融状况的逐步改善，可能会在未来出现对外贸易的回升，企业投资和进口出现好转。

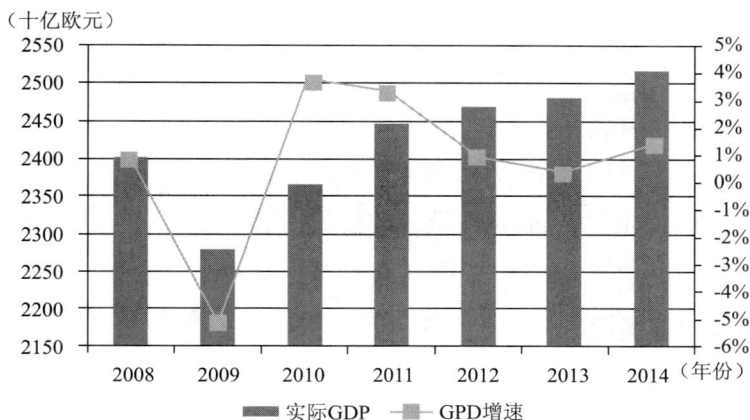

图 39.1　2008－2014 年德国实际 GDP 及增速[①]

为使德国从危机中得到恢复，政府鼓励通过私人消费和固定投资拉动实体经济，同时进一步降低政府消费以降低政府开支。鉴于未来德国经济的增长潜力，产能利用率将从 2013 年的正常水平适度增加，这将伴随就业率的进一步下降。

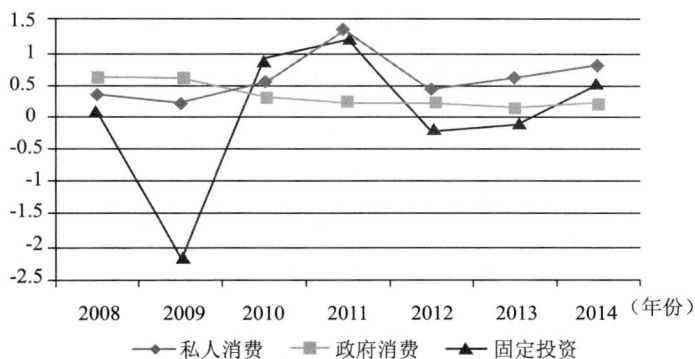

图 39.2　2008－2014 年消费、投资、政府消费对 GDP 贡献度

二、金融运行概况

(一) 债券市场概况

2013 年 10 月，德国债券市场的发行总量维持在 1366 亿欧元（11 月为 1182 亿欧元）。扣除赎回，以及发行人持有自己的债券，国内债券的数量上升了 56 亿欧元。此外，价值 17 亿欧元净外债证券在德国市场销售。

总的来说，国内信贷机构发行的债券在 2013 年 10 月下跌了 54 亿欧元，

① 注：数据来源于 BvD 全球金融分析、宏观经济指标数据库 https：//www.countrydata.bvdep.com/ip。下面如未作说明，数据来源均相同。本图 2014 年的数据为 1－9 月数据。

其他银行债券和可赎回债券为 63 亿欧元和 25 亿欧元，发行质押债券 8 亿欧元。相比之下，由专门的信用机构发行的债券净值为 41 亿欧元。

境内非银行机构在 2013 年 10 月是国内债券的唯一买家，大部分为面向国内发行的证券。同时，德国信贷机构报告债券净销售额共计 37 亿欧元，其中大部分是国内证券，外国投资者和央行所售债券分别为 17 亿欧元和 8 亿欧元。

（二）股票市场概况

2013 年 12 月中，国内企业在德国股票市场发行 2 亿欧元新股。在德国市场上表现良好的外国股票价值也升至 11 亿欧元。总的来说，国内非银行机构新购入 54 亿欧元股票，相比之下，外国投资者和国内信贷机构出售持股 39 亿欧元和 2 亿欧元。

（三）共同基金概况

2013 年 10 月国内共同基金在德国市场卖出合共 58 亿欧元的股份。总的来说，新的资金注入，主要为预留给机构投资者的 40 亿欧元专项资金。证券混合型基金和混合型基金是主要的资产类别，分别流入 20 亿欧元和 19 亿欧元。股票型基金和债券型基金在新股市场成功配售 15 亿欧元和 8 亿欧元。2013 年 12 月，在德国市场上交易的外资基金抛售 37 亿欧元股票。总的来说，国内非银行机构是主要的购买者，新购入 90 亿欧元共同基金股份，国内信贷机构还收购了 130 亿欧元共同基金股份，相比之下，外资减持 9 亿欧元基金股份。

第 2 节　德国公共部门风险分析

本节以德国中央银行与德国政府为代表分析德国公共部门的风险，发现德国公共部门的资产负债率高企，资本结构风险和公债风险都到了不容忽视的程度。

一、中央银行资产负债表分析

（一）资本结构分析

德意志银行总资产、总负债以及总权益规模在 2012 年保持增长势头，总资产增长幅度 5.9%，总负债增长幅度 5.6%。由于德国政府严格控制负债增长速度，所以德国央行 2010－2012 年负债规模增幅不大。此外，鉴于德国政府积极采取措施摆脱危机，投资者对央行的信心逐步恢复，2012 年德意志银行总权益规模结束了自 2008 年以来的下降趋势，出现了高达 27.4% 的增幅。权益的大幅上升降低了央行长期高企的资产负债率，使原本凸显的资本结构风险有所缓解。

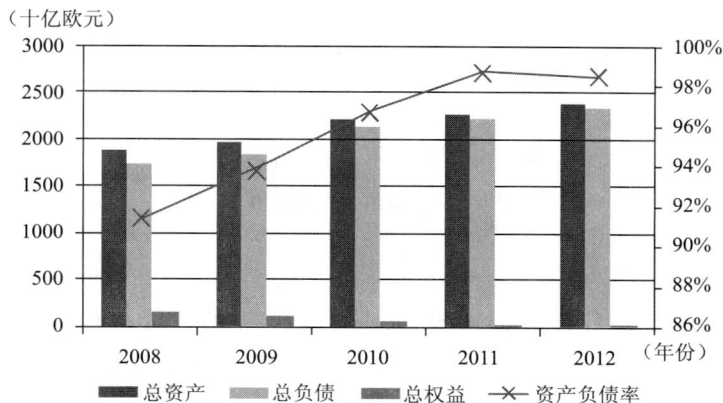

图 39.3　德国中央银行资本结构

（二）清偿力风险分析

产权比率表示债权人提供资本与股东提供资本相对比率关系。经计算可知，德意志银行 2012 年产权比率结束了自 2008 年以来持续 4 年的上扬趋势，从 75.5 降至 62.6，但仍高于 2010 年 30.2 的水平，数据分析表明德意志银行所面临的清偿力风险得到有效缓解。这是由于德意志银行在降低公共部门负债的强大压力下，逐步缩减债务融资规模，充分利用权益融资渠道获得资金支持，优化资产权益比率，降低资本结构错配风险。

二、公共债务与财政赤字分析

（一）公共债务分析

德国政府控制公共负债增长的成效在 2014 年已经显现。欧元区主权债务危机发生后，政府采取一系列财政紧缩政策以期削减财政支出，2010－2013 年该指标均保持稳定，上扬幅度不大，同时公共债务占 GDP 比重也维持在 87% 左右波动。2014 年公共债务与 2013 年基本持平，鉴于德国宏观经济受制造业拉动逐步恢复，公共债务占 GDP 比重指标将出现近五年来的首次下调。但由于公共债务规模基数庞大，因此，德国公共债务占国民生产总值比重依旧高于欧盟 60% 上限，公共部门债务风险防控依旧任重而道远。

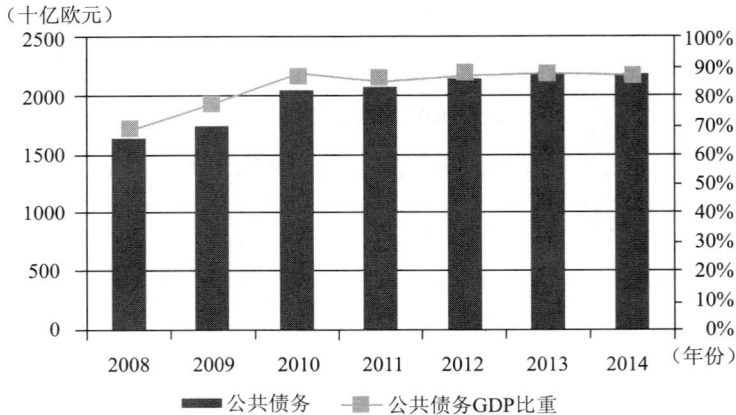

图 39.4 德国公共负债状况

（二）财政赤字分析

德国政府在控制公共负债规模，削减财政赤字方面具有明显成效。首先，国内制造业的回暖使宏观经济形势复苏，促进赤字率下降，增强投资者对德国公共部门的信心。其次，政府严格控制公共部门开支，通过缩减援助欧元区国家资本等措施"开源节流"，缩减公共部门债务规模和其占 GDP 比重。

2012 年公共部门未出现财政赤字，公共部门财政收入高于财政支出，表明公共部门财政压力得到缓解，为降低失业率以及支付养老金所增加的社会福利开支并未对公共部门财政收支造成严重影响。随着宏观经济的复苏，德国政府将逐步放开对公共支出的削减力度，适当增加财政支出。

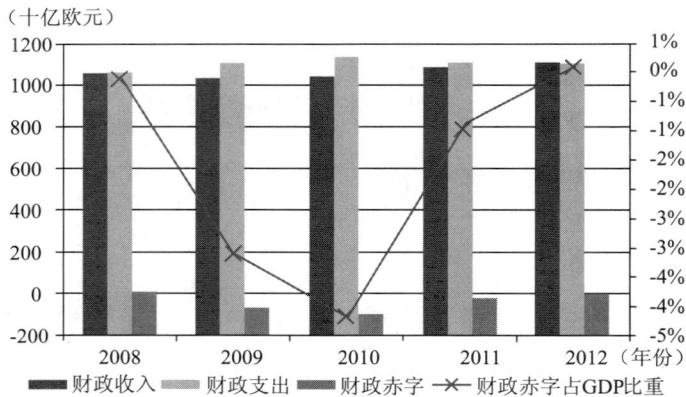

图 39.5 德国财政收支状况

第 3 节　德国金融部门风险分析

2012 年标志着金融危机的第五个年头，也是主权债务危机的第三年，在此宏观背景下，对欧盟以及德国本身提出了更新的挑战。鉴于主权债务危机本质上是信心危机，只能通过持久地恢复信任实现，无论通过公共财政的健全性还是主权货币的稳定性都需要相当大的努力来实现这一点，不仅在成员国的层面进行，而且在欧盟的整体监管架构方面也需采取进一步的措施。任何情况下，金融市场的宽松政策被视为改革成功的必要步骤。本节选取德国资产市值排名前 25 家金融机构为分析研究对象。对其资产负债表进行加总并构建或有权益资产负债表，以此分析德国金融部门的风险。

一、账面价值资产负债表分析

2012 年德国金融部门总资产随着总负债的削减而下降，但与此同时，金融部门的总权益在 2011 年 1238 亿美元的基础上攀升至 1304 亿美元，资产负债率进一步延续了下降趋势，从 97.05％降至 96.76％。以上指标分析表明，德国金融部门资产结构有所好转，结构性风险下降，德国资本市场流动性持续回暖。

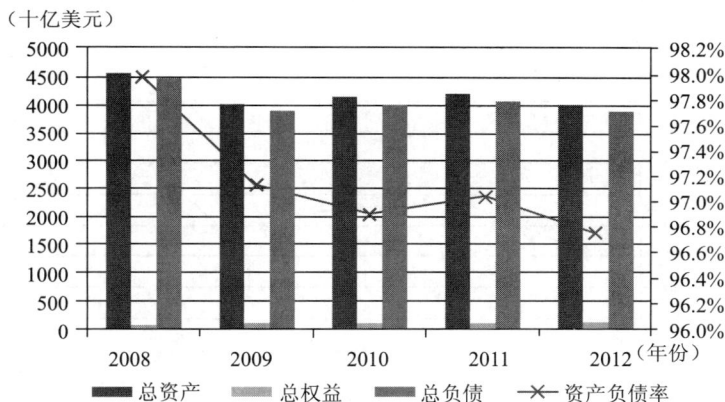

图 39.6　2008－2012 年德国金融部门资本结构

二、或有权益资产负债表分析

2012 年德国上市金融部门的或有资产负债率基本与 2011 年持平，与此同时，资产市值、负债市值和权益市值的规模均呈现出明显扩大，表明资本市场对德国金融部门信心回升。德国金融部门资产市值由 2011 年的 37663 亿美元升至 43912 亿美元，增幅高达 16.6％。资产负债率指标在 2011 年与 2012 年均维持在 98.4％左右，表明德国金融部门的或有资产结构未出现明显改善，德国金融部门对资本市场利用率仍需进一步加强。

2012 年，随着制造业的复苏，德国经济出现好转，加强了投资者对德国金融市场的信心，因而 2012 年在账面价值保持稳定波动的基础上，资产市值出现大幅上扬。金融部门账面价值与资产市值在同一区间内波动，表明投资者对德国金融部门估值合理。此外，资产市值的变化趋势领先于账面资产价值，说明资产市值的波动对未来账面资产价值的变化具有预测作用，投资者和决策者可根据资产市值的波动预测未来金融部门资产结构的变化。

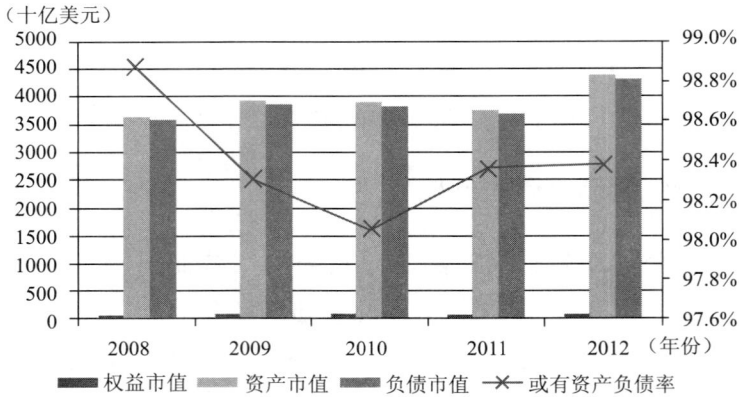

图 39.7　2008－2012 年德国上市金融部门或有资产结构

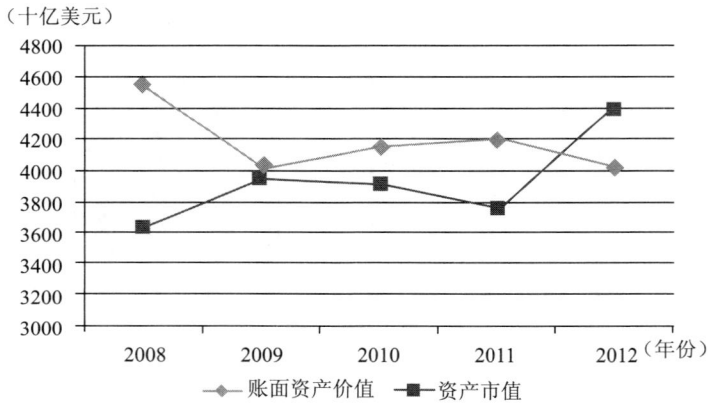

图 39.8　2008－2012 年德国上市金融部门资产账面价值与资产市值

三、风险指标分析

在 2011 年德国金融部门违约距离下降的背景下，2012 年该指标出现反弹，从 1.65 升至 5.33，升幅高达 323％，表明德国金融部门风险有所好转。德国金融部门为降低金融部门风险，采取去杠杆化措施，但是如果去杠杆化进程中，主权债务危机进一步深化，将导致金融部门的风险加大。此外，银行体系正在考虑对传统的资产支持证券（ABS），如住宅抵押贷款支持证券（RMBS）和债务抵押债券（CDO）等的持有份额。与国际主流趋势相符，德国主要银行已显著减少所持有的此类证券，因此，德国金融部分风险有望进一步下降。

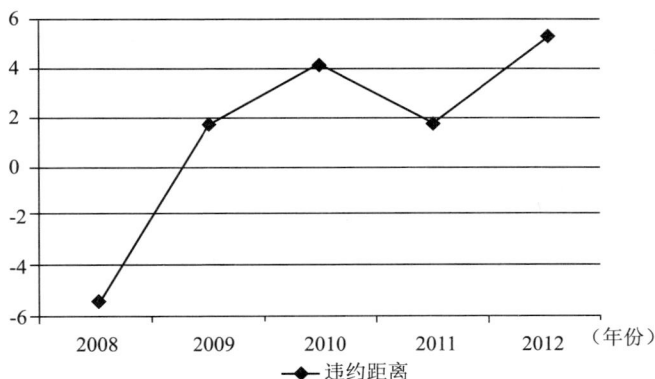

图 39.9　德国上市金融部门违约距离

第 4 节　德国企业部门风险分析

本节选取了德国总资产排名前 696 位的上市企业，对其资产负债表加总并构建或有权益资产负债表，从而对德国企业部门的风险进行分析，发现德国企业部门的各类风险并不明显。

一、资本结构分析

企业部门在经过 2011 年资产负债率的短暂上升后，2012 年重新降至72.4％的水平，资本结构风险有所缓解。这是由于德国制造业是将宏观经济从危机中拉出的重要因素，因此投资者对企业部门重拾信心，总权益从7469.5 亿美元升至 8184.4 亿美元，升幅达 9.57％。权益的快速增加导致企业部门账面资产负债率降低，改善企业部门资本结构状况，进一步降低了原本并不突出的资本结构风险。

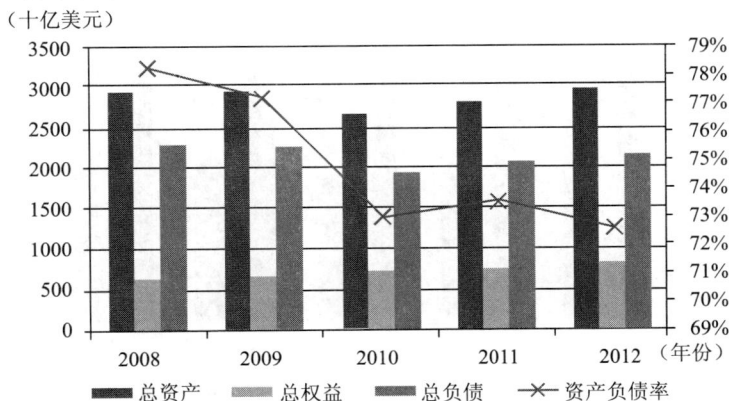

图 39.10　2008—2012 年德国企业部门资本结构

二、期限错配分析

企业部门短期资产负债率在 2009－2012 年均保持在 86％－89％间波动，且流动资产均大于流动负债，表明德国企业部门资本期限结构合理，流动资产足以支付流动负债，不存在较高的流动性风险。2012 年企业短期资产负债率出现下降趋势，表明企业部门的生产力正在逐步恢复。

（十亿美元）

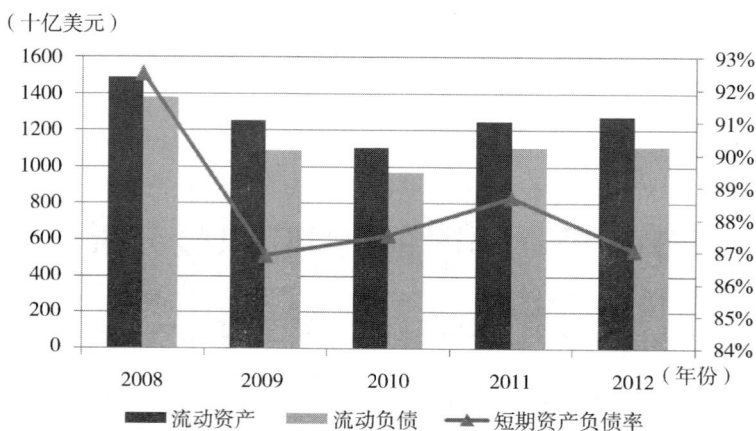

图 39.11　德国企业部门期限结构

三、或有权益资产负债表分析

2012 年德国企业部门受制造业拉动影响，资产市值和权益市值出现大幅上升，但负债市值与 2011 年基本保持一致。权益市值从 9511.6 亿美元升至 11945 亿美元，增幅 25.58％，权益市值的攀升表明市场对德国企业部门的认可度提升，投资者信心得到恢复。从总体水平来看，德国企业部门的或有资产负债率维持在 60％左右，资本结构良好，不存在较为明显的资本结构错配风险。

（十亿美元）

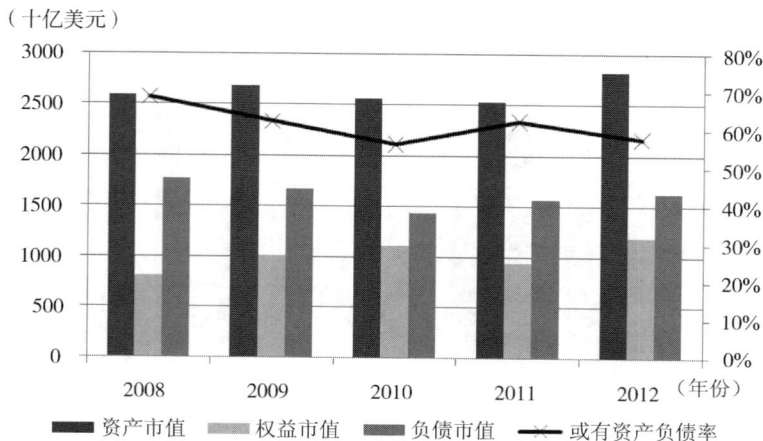

图 39.12　2008－2012 年德国上市企业部门或有资产结构

四、风险指标分析

(一) 资产波动率分析

企业部门的资产波动率 2012 年扭转了 2011 年的上升势头,降至 7.94％,与 2010 年的 8.02％水平基本持平。制造业的恢复导致德国经济的 逐步复苏,资产波动率出现下降,企业部门风险降低。德国资本市场风险并 不十分突出,但潜在风险不容忽视。资产波动率反映的是企业部门的风险与 投资者预期,因此,资产波动率的下降与投资者对企业部门的风险预期表现 一致。

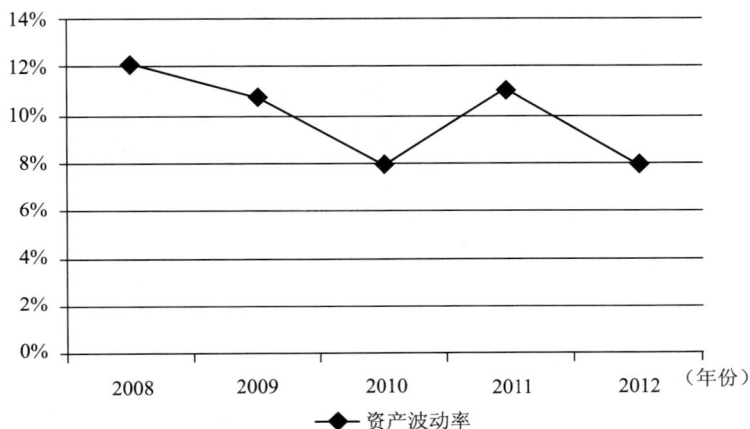

图 39.13 德国上市企业部门资产市值波动率

(二) 违约距离

违约距离走势与资产市值波动率呈相反态势,所反映的风险特征一致。 2012 年德国企业部门违约距离上升,资产波动率下降,表明德国上市企业部 门违约风险降低。

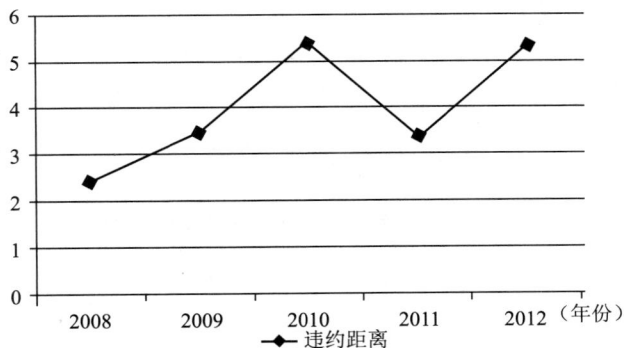

图 39.14 德国上市企业部门违约距离

第5节 德国家户部门风险分析

一、居民消费分析

德国国内通胀压力持续上升。私人消费支出平减指数是衡量一国在不同时期内个人消费支出总水平变动程度的经济指数，通过物价指数将以货币表示的名义个人消费支出调整为实际的个人消费支出，是衡量国内通胀压力最恰当的指标。图39.16中该指数基本保持持续上升的态势，从2009－2014年维持直线上升，表明德国国内通货膨胀压力持续上升。

2005=100

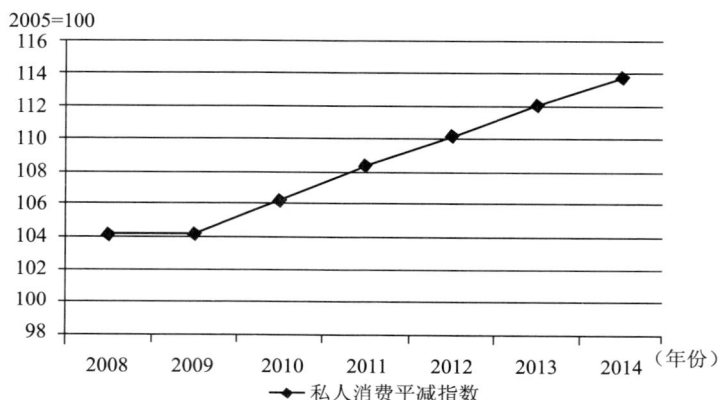

图39.15 德国家户部门通胀压力

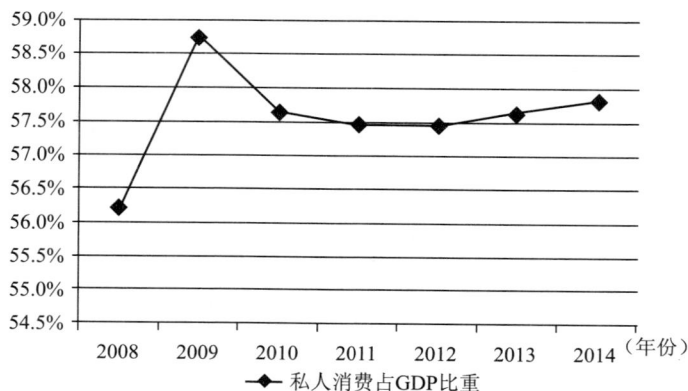

图39.16 德国家户部门私人消费占GDP比重

2010－2014年，德国消费者对宏观经济信心逐步恢复，私人消费占GDP比重呈现稳定增长状态。尽管一些欧元区国家存在债务危机，但是德国经济状态良好，劳工市场景气导致工资逐步上涨，民众的消费意愿有所增长。由于目前德国失业率处于20年来最低点，民众不必担心失业问题，因此倾向于大量消费。此外，当前一些欧元区国家的债务危机也推动了消费者支出，由于经济风险增长，欧元区债务危机加剧，而且利率处于低位，使得人们相较于储蓄更乐于消费。

二、失业率分析

德国就业人员规模持续扩大，失业率逐步下降，2014 年德国就业人口增至 4 千万，同时失业率降至 5.3%。这得益于制造业复苏带来就业岗位的增加，企业招聘新员工的意愿大大改善。与过去十年相比，劳动力市场状况持续改善，工资持续增长。

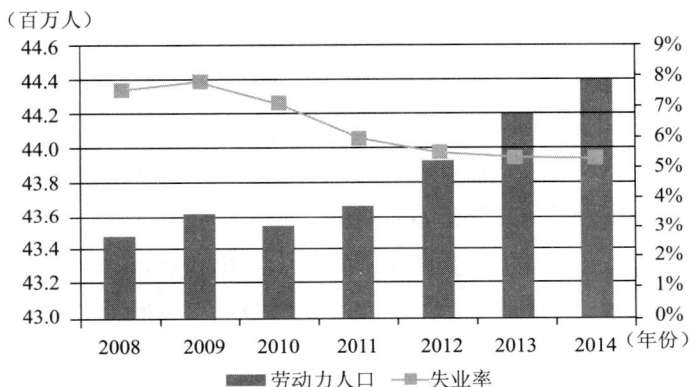

图 39.17　德国家户部门劳动力现状

综上所述，在经济恢复进程中，德国政府采取一系列措施以维持本国人民信心与家户部门稳定。所以，德国经济处于良好恢复的状态，如所表现出的低失业率，就业人数持续增长，盈利增长等。鉴于未来德国宏观经济的增长潜力，总产能利用率将从 2013 年所处的正常水平适度增加，而移民也将给德国带来进一步上升的就业率。

第 6 节　德国汽车制造业专题分析

目前，德国生产力在欧盟国家中处于前列，同时也是世界闻名的制造业强国。在德国的经济崛起过程中，对外贸易起着发动机的作用，极大地拉动了德国经济的增长。中国是新兴崛起的制造业大国，德国与中国经贸关系发展迅速，中国一举成为德国在亚洲最大的贸易伙伴。分析德国对外贸易的特征、优势及其来源，对中国的对外贸易和经济的发展有很强的借鉴意义，在此基础上促进两国双边贸易，对两国经贸关系的更深层次发展显得尤为重要。

一、德国对外贸易现状概述

欧债危机导致欧元区各国实体经济受到重创,阻滞欧元区复苏进程。有别于欧元区其他各国,德国在欧债危机期间成功抵御风险,很大程度上归功于稳定的制造业。

德国在危机后期恢复迅速,其中出口成为拉动对外贸易的主要因素。2009-2012年出口占对外贸易比例持续上扬,从52.64%升至53.83%,德国经济也借助出口的拉动逐步从泥潭中恢复。尽管2013年德国经济整体尚未呈现出强劲复苏的态势,但2013年第四季度和2014年第一季度德国经济呈现强劲增长。根据制造业数据显示,2013年11月汽车产量已经相当高。此外,汽车制造商已经宣布,考虑到市场的强烈需求,他们缩短停工期,复工生产。这也与德国工业产量和出口预期大幅上涨,以及中间产品的强劲需求是一致的。因此,加强工业活动将增强本地经济复苏势头。

2013年1-9月,德国主要出口商品为机电产品,出口总额为2929.86亿美元,占总出口额27.2%,与2012年同期相比增加1.1%[①]。据欧盟统计局统计,1-9月,中德双边货物进出口额为1229.2亿美元,中国为德国第五大出口市场和第三大进口来源地,其中,机电产品是德国对中国出口的第一大类产品。数据表明,汽车制造业为拉动德国对外贸易的主要因素,研究德国汽车制造业对德国和中国双边贸易具有重要意义。

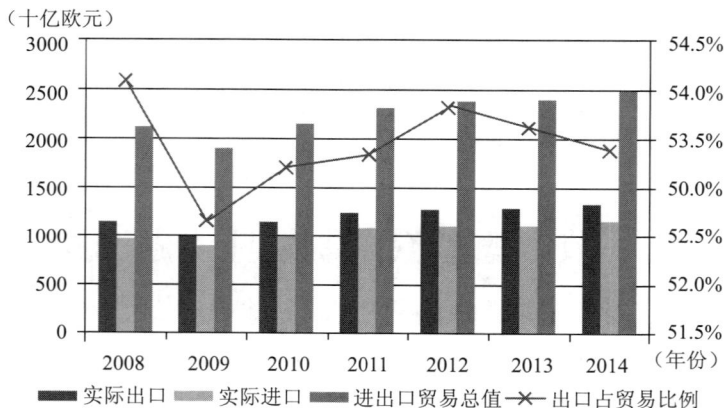

图39.18 德国对外进出口贸易现状

---

① 数据来源:中华人民共和国商务部,http://countryreport.mofcom.gov.cn/record/view110209.asp? news_id=37151。

二、德国汽车制造业优势分析

汽车制造业对德国自身经济的拉动，以及国际贸易影响深远。但德国汽车制造业具有何种优势，才能保证其在国际市场上长期占据难以超越的市场份额？德国汽车并不具有价格优势，但德国从汽车产品的质量、生产技术、产品供货、售后服务等角度提升制造业在全球的领先地位，并鼓励制造业企业参与国际竞争，拓宽产品销售范围。

首先，德国对制造业均给予足够重视，并鼓励制造业中的创新活动，保证制造业在国际市场中的绝对优势，在汽车制造业中把握自身优势是德国在世界经济中立足的根本之源。

其次，德国重视科研，鼓励创新。提供"产学研"三位一体的科学技术创新模式，并设立汽车产业研发基金，对汽车产业中生产有利的创新技术基于鼓励和资金支持，确保汽车产业中技术创新具有持续性。

此外，人才资源也是德国汽车产业长盛不衰的重要因素。德国重视对教育的投入，资金投入占 GDP 比重近 10%。人才资源和相配套制度、资金支持，使得德国汽车产业得以长久发展，最终成为支持德国实体经济的重要支柱。

三、德国汽车制造业风险分析

德国汽车制造业虽然发展势头良好，且成为德国抵御欧债危机风险的重要支撑因素，但是其自身也面临一些制约。

首先，作为汽车龙头之一的德国，在世界汽车市场中面临来自美国、日本等厂商的竞争。

其次，随着经济的发展，对汽车行业也提出了越来越多的挑战，例如清洁型汽车成为消费者偏好。市场对于汽车的需求不再满足于原始的速度追求，逐步向舒适、安全、节能减排方面转移。因此，德国只有将满足市场需求的技术尽快研发并投入生产，才能应对日益加剧的国际化竞争形势。

再次，德国汽车产业面临产业链整合趋势所带来的挑战。整车厂、材料供应商为汽车产业链的重要环节，但随着世界经济逐步向一体化转型，产业结构有所调整，整车厂和供应商之间的界限逐步模糊，向集中生产转变。此外，整车厂和供应商在纵度方面也有所变化，整车厂技术深度有所降低，但是供应厂商的技术水平不断提高，因此，产业链各部门间价值分配有所调整，供应厂商成为汽车产业中的主要价值获得者。

德国虽然拥有完整和发达的汽车零部件生产体系，但是随着全球化竞争的加剧，高技术含量的零部件产品在新兴国家市场也可直接提供，这对德国汽车产品价值造成了冲击，因此，德国应加速进军新兴市场的进程。

四、德国汽车制造业发展趋势

鉴于前文所述，德国汽车在研发满足市场的新型技术和进军新兴市场保护本国产品价值等方面需作进一步努力。如何处理德国与作为新兴市场代表的中国间的关系，成为德国汽车制造业面临的重要问题。

与德国类似，我国汽车制造业也属于支柱型产业，并在此基础上衍生出汽车金融、汽车租赁等产业，汽车产业蓬勃发展。因此，德国对待我国汽车产业，应采取合作共赢的态度。德国汽车制造业的技术远远领先我国，但我国具有德国所不具备的劳动力优势，因此，两国汽车制造业可以实现互补，德国借助高精尖技术指导我国汽车产业生产，同时我国可以利用低廉劳动力成本服务于德国汽车产业，实现互惠。此举不仅能帮助我国汽车产业进驻中高端汽车市场，同时也可使德国进一步挖掘中低端汽车产品市场中的潜力，实现产品需求市场的进一步拓展。

第7节　结论及对中国的借鉴

德国经济一直处于连续扩张状态，但是不断升级的主权债务危机使其扩张出现了中断，后危机时代其总产出恢复增长态势。然而，后危机时代德国经济的驱动力与危机前有所不同，外部因素在随后的国内经济和金融危机的复苏过程中表现突出。

此外，德国金融业所采取的低利率政策也有明显成效。主要归因于低利率背景下私人消费和住房建设的推动。相比之下，对外贸易已经趋于疲软后期，成为工业发达国家的有力推动，同时带来欧元区经济恢复，企业在欧洲所进行的投资和进口活动将逐步出现好转。在这种情况下，德国经济可能在2015年出现2.0%的增幅，高于2013年不超过0.5%的升幅。

从四部门具体分析来看，德国公共部门的情况总体来说逐步好转，资产负债率虽然处于较高位置，但仍呈下降趋势，德国中央银行的资本结构风险有所缓解。此外，产权比率出现明显下降，清偿力风险降低。政府严格控制财政开支，财政赤字消失，支出小于收入，财政压力得到缓解。虽然欧洲整体经济的不景气影响了德国的宏观经济，但国内制造业成为拉动经济恢复的动力，公共部门的风险出现明显好转。金融部门情况进一步好转，投资者信心有所恢复，在 2012 年金融部门账面价值保持稳定波动的基础上，资产市值出现大幅上扬。此外，无论是账面资产负债率还是或有资产负债率，均表现出金融部门资本结构风险较高。德国主要银行通过显著减少所持有的传统资产支持证券等措施，使金融部门的违约距离出现上升，金融部门的违约风险降低。从企业部门角度来看，德国制造业将宏观经济从危机中拉出，因此，投资者对企业部门重拾信心，企业部门资本结构状况改善，进一步降低了原本并不突出的企业部门风险。德国的家户部门风险最小，表现出低失业率、就业人数持续增长、盈利增长等现象，整体来看未出现明显风险。

综上所述，德国宏观风险主要存在于外部因素。欧元区债务危机的影响已经得到控制，且重大改革已经启动。首先，高企的债务负担水平、持续存在的结构性问题意味着欧洲和全球经济仍然十分脆弱。其次，国内也存在一定的风险因素。部分正在商讨中的联合政府协议已经明显降低了劳动力和商品市场的效率，同时财政政策对宏观经济的影响力可能会有所下降。

德国经济在外部环境恶化的背景之下，仍能保持成长，这对于我国经济具有重要启示。就我国政府而言，在促进产业转型和升级的过程中，需要防范产能过剩风险，若出现系统性的产能过剩，在产业结构调整时，金融体系成熟度不够的情况下，将集中出现不良行为，企业部门债务偿还能力下降，造成对金融体系的巨大冲击。在实践中可采取产业金融工程思想，推进产业实现转型升级。

参 考 文 献

［1］Deutsche Bundesbank，Annual Report 2008—2013.

［2］Deutsche Bundesbank，Financial Stability Review 2008—2013.

［3］温斌：《德国机械工业中小企业发展之思考》，载《纺织导报》2011 年第 3 期，第 28—30 页。

［4］魏爱苗：《德国注重传统和特色产业发展》，载《中国中小企业》2012 年第 5 期，第 70—71 页。

［5］冯晓雷，王淑侠，孙林岩：《汽车制造业与其上下游产业市场需求波动分析》，载《科技进步与对策》2008 年第 8 期，第 81—84 页。

第 40 章　英国宏观金融风险研究

英国是全球重要的贸易与金融中心，为欧洲重要经济体。英国银行业、金融业、航运业、保险业以及商业服务业占 GDP 的比重高达 3/4，拥有现代化金融服务体系，外汇交易市场、保险市场、黄金现货交易市场、衍生品交易市场、非贵重金属交易中心等金融资产规模均位于世界前列。由于欧债危机对欧洲影响不断加剧，英国宏观经济低迷，公共部门资本结构、期限结构和清偿力方面都存在较大的风险，金融部门也存资本结构的风险，家户部门实际上支出增长大于消费增长，存在潜在的信用风险，只有企业部门的风险暂时在可控范围之内。

第 1 节　英国经济金融运行概况

一、经济运行概况

回顾 2013 年，英国的 GDP 整体呈稳步增长趋势，其总值达到 16131 亿英镑。而其国内的就业形势也有了较大提高，其经济复苏的状况在整个欧洲经济体中都处于领先地位。在经历了经济危机之后尤其是欧债危机之后的几年中英国表现一直低迷，2013 年有了明显好转，名义 GDP 增长超过 3％，实际 GDP 更是创下经济危机之后新高，为 15259 亿英镑。

英国经济表现较好基于多方面原因，主要表现在以下几点。第一，在其经济的发展中，服务业占据了其中最重要的位子，其服务业的产出占整个英国的经济产出的 75％，毫无疑问，服务业的产值已经成了英国经济复苏的主要动力。第二，英国在进行经济复苏之前已经采取过许多刺激经济的行为，这些行为现在看来都已经发挥了比较好的作用，这些刺激主要体现在三个方面，首先，在财政政策方面，在进行了一些结构性调整的前提下，英国政党采取了紧中有宽的财政政策，如在紧缩的同时加大了基础设施建设的投资额、推行"购房援助计划"、降低公司税税率等；其次，实行超宽松的货币政策，在其最新的货币政策的指引下，一边放大量化宽松规模，一边维持 0.5％的利率不变的前提下，努力将其失业率降至 7％及以下；最后，采取了扩大就业的政策，英国政府尽可能多地为其公民提供就业岗位从而达到降低失业率的目的。第三，由于美国的经济复苏，英国国内得到了良好的经济发展机会，数据显示，整个欧洲经济体的经济从 2013 年上半年开始，一直呈现环比式增长。总体来看，英国的私人消费在经济危机之后有所上升，增长率在随后的几年中保持稳定；政府消费在 2009－2013 年间一直保持稳定；固定投资增长明显，这是由于英国政府在经济危机之后推出了一系列政策有关，而固定投资在 2011 年之后开始回落并保持稳定。

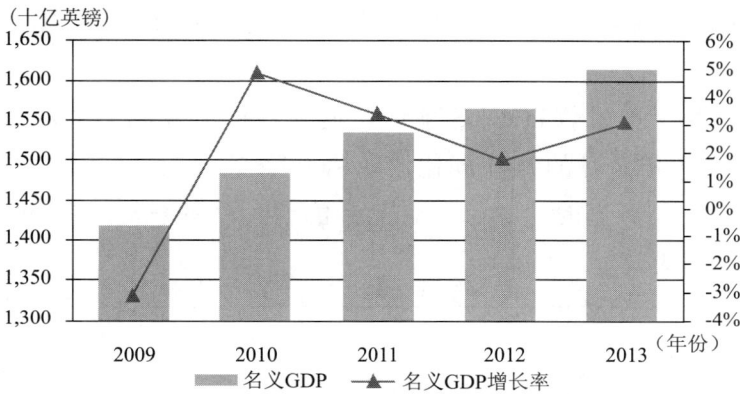

图 40.1　2009－2013 年英国名义 GDP 及其增长率[①]

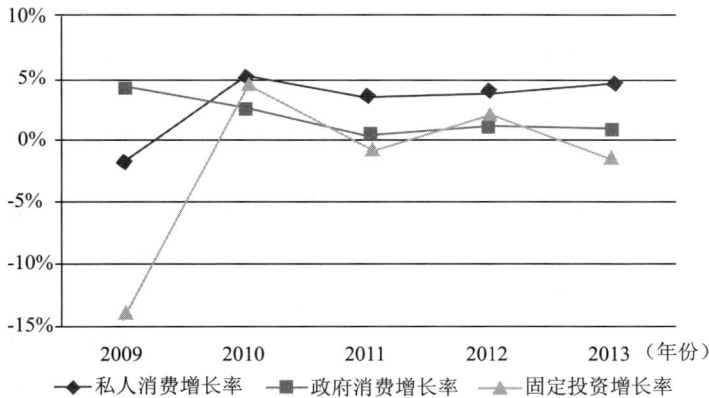

图 40.2　2009－2013 年英国私人消费、政府消费、固定投资增长率

① 本图数据来源于 BvD 全球金融分析、宏观经济指标数据库 www.bvedep.com。本章各图数据，如未作说明，皆来源于此。

二、金融运行情况

英国统计局 2013 年 2 月 18 日公布的数据显示，英国 2013 年 1 月消费者物价指数年增长率 1.9％，创自 2009 年 11 月来的新低，仍处于央行 2％的通胀目标附近，为自 2009 年 11 月以来首度低于英国央行设定的 2.0％控制区间中点，而核心 CPI 升幅则更降低到了 1.6％，远远低于预期的 1.9％，同时，通胀下行的状况在多个领域都有所体现，12 大类商品中有六类涨幅放缓。

英国在 2013 年采取量化宽松的货币政策的同时，CPI 增长率在不断缓慢下滑，GDP 增速在加快，这给了英国政府继续施行量化宽松政策的信心。

同时，苏格兰皇家银行 RBS 预计，英国物价涨幅趋缓的状况在 2013 年还在延续，2013 年 2 月的 CPI 同比增幅将会降至 1.7％，这主要是受能源价格下降的带动，与此同时，扣除了食品和能源价格的核心 CPI 同比增幅则会维持在 1.6％不变。

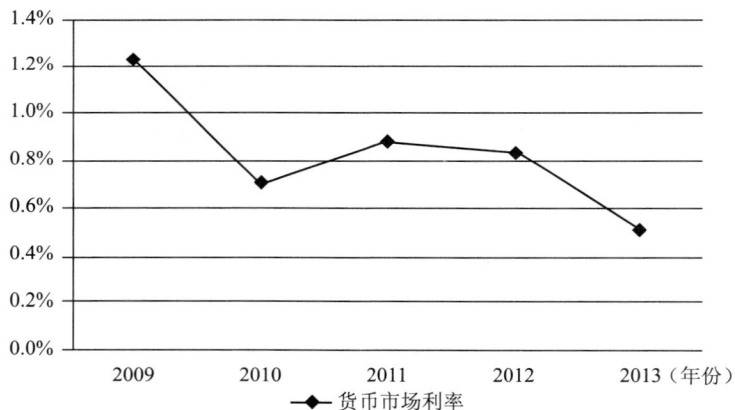

图 40.3　2009－2013 年英国货币市场利率

同时，从英国整个货币市场利率在 2010 年呈下降趋势可以看出，经济危机之后英国政府采取了宽松型货币政策刺激整体国民消费。随后在 2011 年和 2012 年短暂提高了货币市场利率之后，在 2013 年继续下调货币市场利率，旨在缓解欧债危机对英国整体经济的影响。由于服务业占英国 GDP 比重的 3/4，下调利率刺激私人消费是最简单最直接的金融手段。

第 2 节　英国公共部门风险分析

本节利用英国中央银行所披露的资产负债信息，构造公共部门资产负数据图，由此分析出 2014 年英国公共部门存在资本结构错配风险、期限错配风险和清偿力风险。

一、公共部门资产负债表分析

由于英国政府资产负债表数据缺失，因此，本节采用 2008－2012 年英格兰银行的资产负债表进行替代分析。英国中央银行资产和负债规模逐年扩张，资产负债率仅在 2010 年与 2011 年有所下降，受欧债危机影响，英国中央银行资产负债率于 2012 年再次大幅上涨，高达 98.93％，资本结构风险不容忽视。

为应对全球金融危机，英格兰银行大量使用定量量化宽松政策，导致中央银行资产负债规模和机构发生巨大改变，其总资产占实际 GDP 比重从危机前 2007 年的 2.67％上升到 2012 年年末的 22.06％，上升至近 4000 亿英镑，如图 40.4 所示。此外，中央银行资产负债表的扩张也对实体经济产生重要的货币和金融影响。

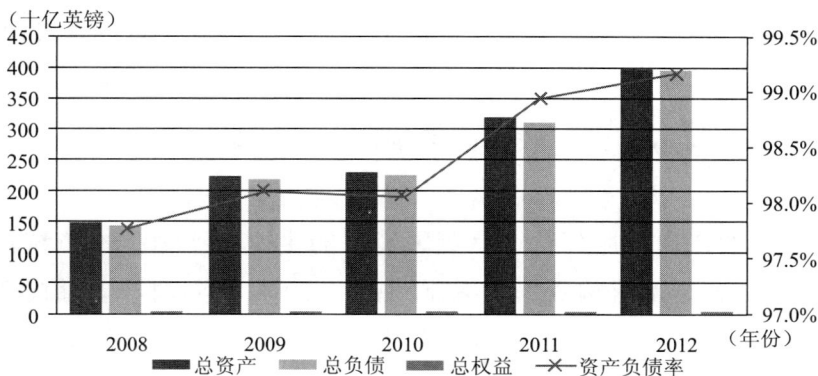

图 40.4　2008－2012 年英格兰银行资产负债结构[①]

英国政府期限错配风险较为严重，主要原因在于危机爆发以来公共部门负债快速增长，流动比率已经逼近 1。但短期资产规模仍高于短期负债，未出现资不抵债的状况，表明公共部门在应对两次危机时能采取有效措施防止期限错配风险出现。英格兰银行需保持较为严格的期限配对，保证资产与债

---

① 英格兰银行 2009－2013 年年报。

务期限相匹配，由于期限按错配所造成的风险主要有两种：首先是债务期限方面，由于债务的展期在上一期的债务偿还方面能力不足，这就造成了上期债务无法偿还的现象；其次就是利率造成的风险，由于债务者需要承担利息的支付，因此，利率波动造成的不确定性也是主要的风险之一。

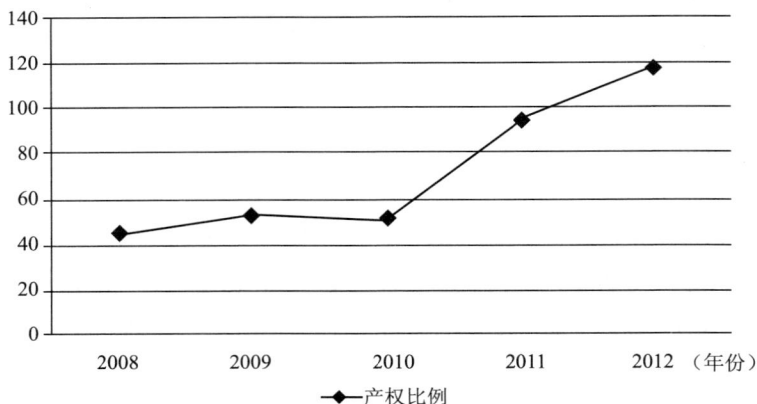

图 40.5　2008－2012 年英国公共部门产权比例[①]

产权比率表示债权人提供资本与股东提供资本相对比率关系。进一步计算可知，英国公共部门产权比率呈指数上扬趋势，近几年始终处于高位，清偿力问题不断凸显。2012 年英国公共部门产权比率攀升至 117.3，为 2008 年的近 3 倍，英国中央政府面临极大违约风险。不断上升的产权比率表示英国在面对欧债危机影响时，政府并未减少债务融资，反而加大债务融资，进一步恶化了原本已居高不下的资产权益比率，加深了资本结构的错配风险。

第 3 节　英国金融部门风险分析

包括金融业在内的服务行业是英国经济的主要生产力。本节统计英国总资产排名前 50 家金融机构数据，编制 2008－2012 年英国金融部门账面价值资产负债表，发现英国金融部门的风险主要集中在资本结构方面。

一、账面价值资产负债表分析

经历全球金融危机后的 2009－2012 年复苏期内，英国金融部门资产与负债规模均低于 2008 年，如图 40.6 所示。但在 2009 年大幅下降后，2010－2011 年仍旧保持数量的上升态势。与此同时，资产负债率呈下降趋势，表明

———————

① 英格兰银行 2009－2013 年年报。

金融部门的资本结构错配风险降低。虽然整体上英国金融部门资产负债率在不断下降，但其依旧处于高位，资本结构错配风险不容忽视。

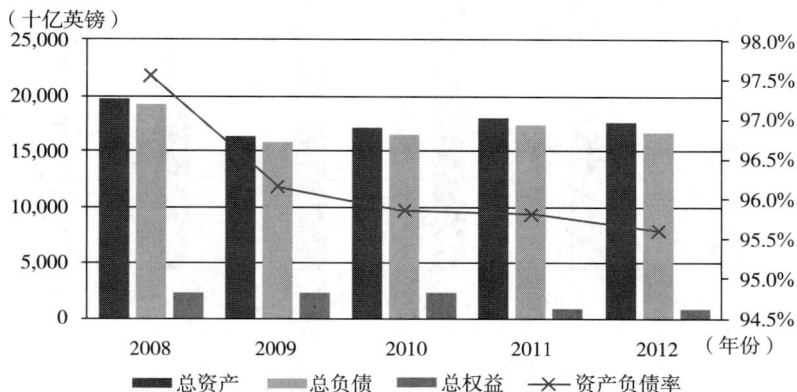

图 40.6　2008－2012 年英国金融部门资产负债表[①]

金融机构普遍呈现负债率比较高的特征，这是由金融机构的运行特征所决定的。虽然金融机构负债率表明其吸储能力比较强，但若负债率过高，一旦出现挤兑事件，银行将面临资不抵债的风险，破产可能性增大，这也是金融部门的潜在风险。英国政府在欧债危机过后，对金融机构提供经济支援，此举进一步扩大财政赤字，导致英国对金融业的依赖度增加，风险从公共部门传导到金融部门，宏观经济更为脆弱。虽然英国金融部门前景并不十分明朗，但鉴于英国制造业复苏势头强劲，有助于金融业从欧债危机的冲击中逐步恢复。

二、或有权益资产负债表分析

根据资产市值、负债市值、权益市值编制出英国金融部门或有权益资产负债表。如图 40.7 所示，英国金融部门在遭受欧债危机冲击后的 2011 年与 2012 年快速增长。或有权益资产负债表中显示金融部门资产市值低于账面价值，这是英国在经济危机之后对金融市场进行完善，投资者能够有效竞争，且加大监管部门执法力度，金融市场无泡沫产生。此外，资产市值偏低表明在市场估值中，英国金融部门的价值被低估，这表明投资者在前景的发展上对金融机构显示出严重的信心不足，全球金融危机的爆发率先通过金融市场传导至欧洲金融业，导致英国上市金融部门权益市值明显缩水。

---

① BvD 全球金融分析、宏观经济指数数据库。

（十亿英镑）

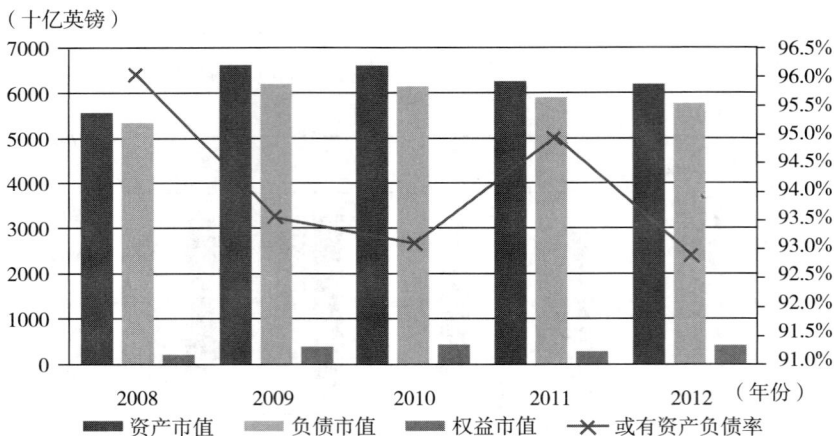

图 40.7 2008—2012 年英国金融部门或有权益资产负债表

由或有权益资产负债表数据分析处理得到英国金融部门的资产波动率和违约距离。由图 40.8 可以看出金融部门的资产波动率自 2008 年以后一直在下降，这说明英国国内的金融市场逐步稳定，市值的波动率不断减小，造成金融部门的风险也在逐步减小。同时我们可以看到金融部门的违约距离自 2008 年后总体呈增加的趋势，说明金融危机之后英国金融部门采取的一系列措施减小了资产的错配风险，这些政策取得了明显的效果。

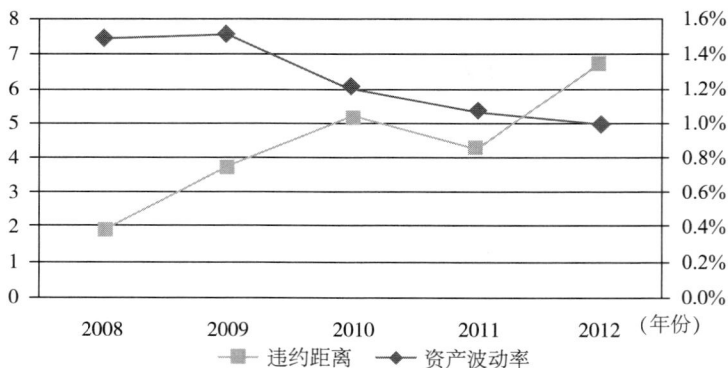

图 40.8 2008—2012 年英国金融部门违约距离和资产波动率

第 4 节 英国企业部门风险分析

本节通过编制英国企业部门资产负债表以及英国企业部门或有权益资产负债表，分析出英国企业部门的各类风险相对于金融部门都较小，处于安全范围之内。

一、账面价值资产负债表分析

从英国企业部门的账面资产负债表可以看出，2008—2012 年英国企业部门的总资产都明显高于总负债，资产负债率都保持在 63％附近，资产负债结构比较健康，并没有存在明显的错配风险，如图 40.9 所示。从资产负债率的变化情况来看，2008—2011 年呈持续下降态势，直到 2012 年才出现了小幅上涨，说明经济危机之后英国的各企业都对资产结构进行了调整，降低金融危机对企业可能造成的影响。而 2012 年的小幅上涨说明英国本土企业对英国整体经济金融形势重拾信心，增加了负债的比例，调整企业的资产负债结构，抓住经济复苏的契机，加快发展。

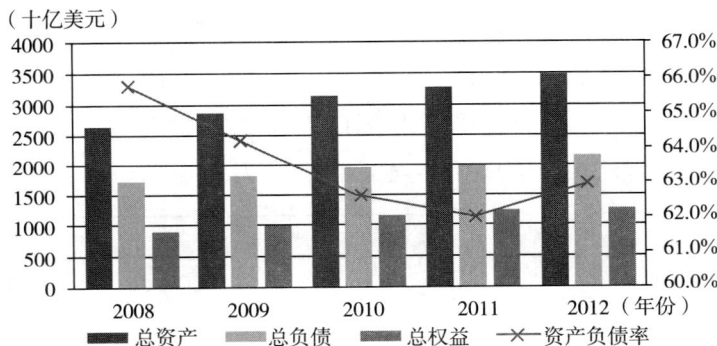

（十亿美元）

图 40.9　2008—2012 年英国企业部门资产负债表[①]

二、或有权益资产负债表分析

英国企业部门资产市值明显高于其账面价值，表明企业部门受资本市场热度较高。相比账面价值资产负债结构，英国企业部门的负债规模在或有权益资产结构表中的比重明显较低，证明英国企业在经济危机和欧债危机中仍能很好地控制自身债务，风险较小。在英国经济主要依赖服务业的现状下，英国政府正在寻求新的出路发展经济，主要表现在发展高科技产业，另外，就是通过鼓励企业创新使得新型的制造业产业得以发展，在发展经济的同时，英国政府也没有在环境方面有所松懈，在保证环境持续发展的前提下，致力于打造新的品牌。这些政策的实施，都有助于英国国内经济形势的稳定，使得英国企业部门风险可控，未出现明显的资产结构错配风险。

---

① BvD 全球金融分析、宏观经济指数数据库。

（十亿美元）

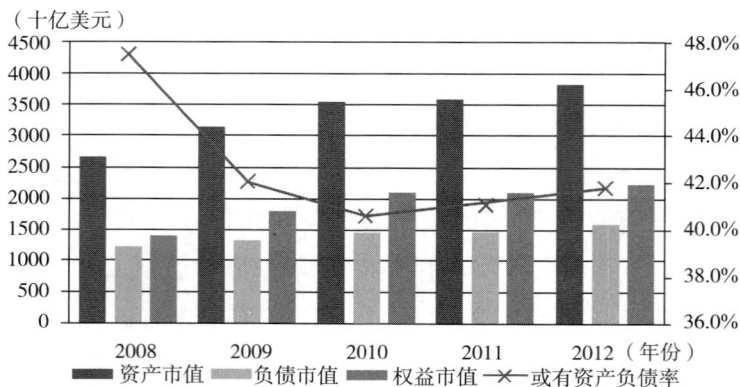

图 40.10　2008－2012 年英国企业部门或有权益资产负债表

资产波动率与违约距离呈现出明显的负相关关系，这是由预期违约率模型所决定的，如图 40.11 所示。英国企业部门违约距离峰值位于 2008 年和 2011 年，分别是次贷危机与经济复苏发生的时点。2012 年违约距离已经出现连续两年上升态势，证明英国企业部门对于英国的经济复苏充满信心，虽然风险增加，但对经济的复苏有着强大的推动力。

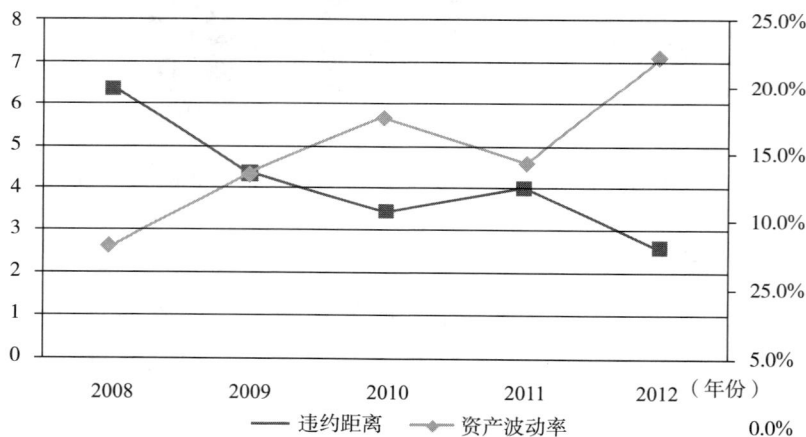

图 40.11　2008－2012 年英国企业部门违约距离以及资产波动率

第 5 节　英国家户部门风险分析

本节通过对英国家户部门的消费增长、收入水平和就业状况进行分析，发现英国家户部门存在一定的信用风险，因为整体来看英国家户收入并没有增加，但是消费却增加了较大的比例。

尽管部分欧元区国家存在债务危机，但是英国经济表现良好，这在很大程度上归功于英国定量的量化宽松政策。量化宽松政策带来工资上涨，工资上涨拉动私人消费，近年来，劳工市场的恢复使得英国民众对于消费的态度较为明朗。而英国每年的私人消费要贡献 60％以上的 GDP，虽然存在经济持续增长的引诱，但英国的私人消费快速增长确实是英国经济的一剂强心针，使得英国经济迅速从疲软走向复苏。此外，当前欧元区国家的债务危机也推动了消费者支出，这是由于宏观经济风险扩大，欧元区债务危机加剧，而且利率处于低位，使得人们相较于储蓄而言更倾向于消费。

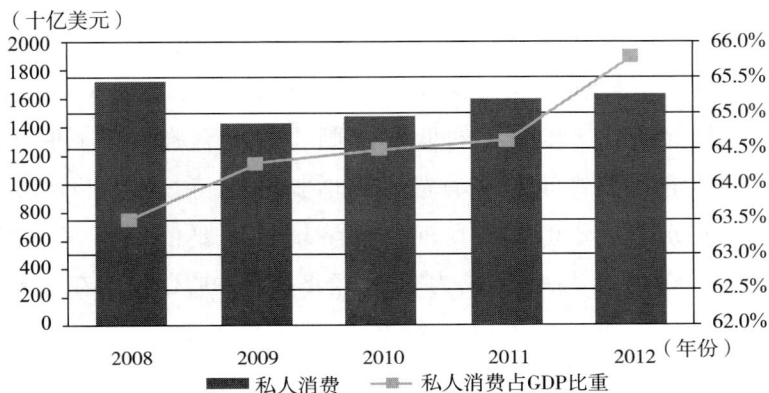

图 40. 12　2008－2012 年英国私人消费及其占 GDP 比重

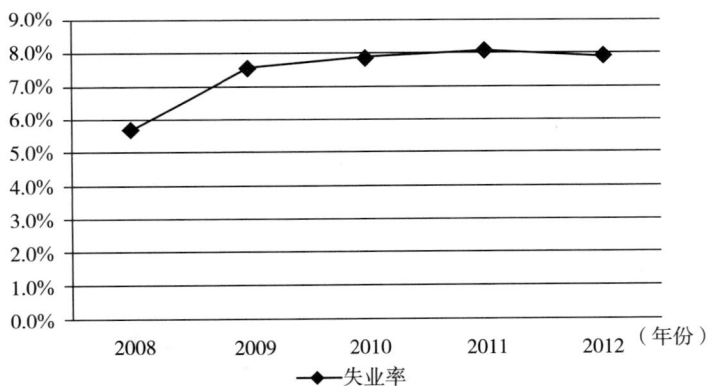

图 40. 13　2008－2012 年英国失业率

整体来看，英国失业率呈逐年上升趋势，在 8％左右高位徘徊，如图 40.13 所示，这表明英国的量化宽松政策仍在持续。因为英国政府将更多的钱投入大型企业，大型企业利用政府资金对技术进行投资，进而提高企业员工工作效率，产生裁员，令一批员工失业。英国失业率在 2009 年金融危机后出现持续上升，此后政府采取增加社会保障部门岗位，以维持就业率稳定。

第6节　英国公共债务风险专题分析

从本章前 5 节的分析中可以看出，英国 2013 年国内生产总值稳步增长、就业状况持续好转，经济形势呈现良好状态。但是英国仍然面临三重经济危机：增长停滞、债台高筑和经济发展不平衡，而其中最紧迫的就是英国的公共债务危机。

对于英国的经济疲软，通过第 1 节的描述可以看出，2009－2013 年英国国内生产总值仍保持在 3％左右的低位徘徊，并没有强劲增长的趋势。经济复苏期中英国经济的主要问题是消费支出增长能否持续存在不确定性。服务业是英国经济复苏的主要引擎，目前，经济增长主要依赖家庭消费支出，消费支出增长的不确定性必然会成为英国经济复苏的风险所在。根据调查得知，2013 年下半年，英国的家庭消费支出增长了 0.8％，在消费增长的同时个人可支配收入方面却不尽如人意，2013 年英国家庭的个人可支配收入仅增长 0.4％，这相对于消费支出的增长依然较小，至于储蓄方面，相反下降了 0.8％。从以上两个数据可以看出，由于英国国家户部门减少储蓄、增加借贷，所以家庭消费支出增加，而英国家可支配收入其实并没有实质性的增加。

与此同时，公共债务水平高企才是英国经济复苏面临的一个最重要挑战。

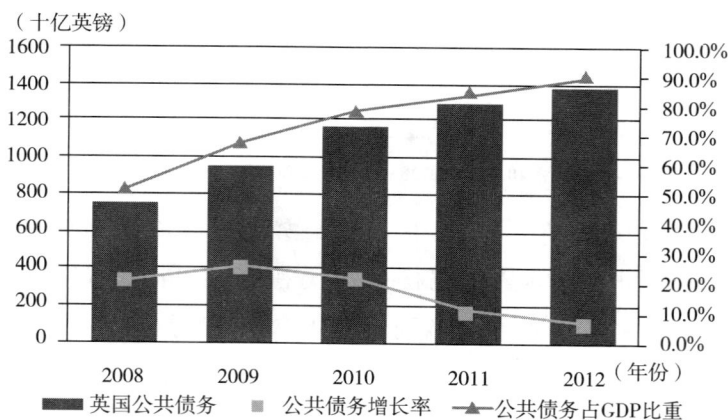

图 40.14　2008－2012 年英国公共债务情况

在全球金融危机之后，英国公共债务规模正以惊人的速度逐年扩大，虽然在英国政府的努力下，公共债务的增速由 2008 年的 20％降至目前的 10％上下，但其增速还是远高于其国内生产总值的增速。在 2012 年英国的公共债务增至 13878 亿英镑，占英国当年 GDP 总值的 88.7％，如图 40.14 所示，已经高于欧盟规定的 60％警戒线，公共债务风险严重。

此外，除了增加公共负债以加大投资力度，英国政府为了拉动经济，降低了国内公司所得税税率，这使得英国政府的财政收入减少，赤字增加。从图 40.15 可以看到，2012 年英国政府财政赤字的数额以及占 GDP 的比重都比 2011 年有所增加，已经突破 8％，逼近欧盟警戒线 10％。

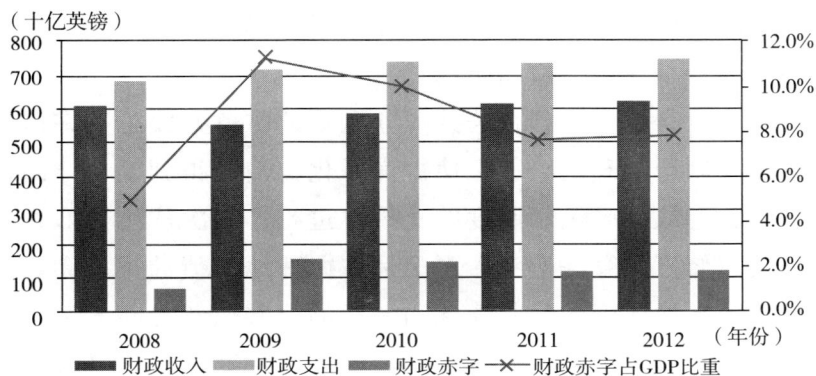

图 40.15　2008－2012 年英国财政收支情况

在公共债务和财政赤字两座大山的重压下，英国经济、金融的风险正逐步加大，并没有给英国政府太多的决策余地。如果英国经济再次陷入负增长，伴随而来的就不仅仅是经济危机，还有可能是主权债务危机和英国国内金融系统的崩溃。2012 年得益于国内消费的强劲增长和通货膨胀率的稳定，英国经济度过了艰难的一年，并实现小幅增长。未来英国必须增加对公共债务风险的防范，并且转变政策重点，更多地通过出口和投资拉动经济增长，才能渡过难关，从全球金融危机以及欧债危机的困境中突围。

第 7 节　结论及对中国的借鉴

国家审计署的报告披露，截至 2012 年年末，中国各级政府的债务总额为 19.1 万亿元人民币，约占当年 GDP 的 36.7％。标准普尔公司在一份题为《中国公共债务上升会带来多大风险》的报告中认为，中国各部门的财政支持来自于中央政府大量的财政存款。在减去各级政府和政府关联企业的流动资产后，净政府债务水平在国内生产总值（GDP）中所占比例可能不到 30％。结合本章对英国国家风险的分析，中国政府必须推出控制地方债务风险的措施，控制公共部门风险，防止风险向金融部门、企业部门传导，降低各部门爆发风险的可能性。

在中国改革开放发展市场经济的过程中，近几年，虽然有应对亚洲金融危机和世界金融危机的客观需要，但是债务总体水平的增长特别是地方政府层面债务规模的增长明显较高，亚洲金融危机和世界金融危机之后各自出现了两次增长率的高峰。最近两年可以观察到债务规模增长幅度达60%以上。

中国公共债务还有另一个不容忽视的风险，就是在总量可控的同时，某些局部、某些地方政府债务率相当高，某些地方政府债务率已经达100%以上，这些地方要特别注意风险的防范。

通过分析可以得知，中国在公共债务风险的防范方面还有许多地方可以改进。首先是要制定合理的政策，使得扁平化的前提得到满足，同时令各级政府的行为要在有效的政策和制度的支撑下进行；其次从法律形式上进行规范，这可以通过修订预算法达到；再次是掌握好地方债的规模和影响，同时能够通过准确地掌握政府的公共债务和一般的公共债务之间的区别；另外有效的资产负债表的编制也是十分必要的，这可以帮助完善政府公共债务的整体体系；最后可以积极地探索其他的偿债基金，这同时也可以达到引导地方融资的目的，使得更多的现金流项目得到有效实施。

参 考 文 献

[1] Bank of England, Annual Report 2012.

[2] Bank of England, Annual Report 2011.

[3] Bank of England, Annual Report 2010.

[4] Bank of England, Annual Report 2009.

[5] Bank of England, Annual Report 2008.

[6] 刘慧：《英国政府也受债务困扰》，载《中国经济时报》2014年3月23日。

[7] 王成洋：《空头的时代？》，载《金融时报》2014年1月10日。

[8] 王涛：《英国企业日子不好过》，载《经济日报》2009年12月2日。

[9] 姜鲁榕：《英国人的生活水平》，载《经济参考报》2014年6月16日。

第 41 章 法国宏观金融风险研究

法国作为欧盟第二大经济体，一直以来都是欧元区的经济引擎之一。将现代资本主义经济与政府调控有效结合是法国整体经济的主要特点，在支柱产业及基础设施项目上，政府占有主导权。随着 2008 年全球金融危机的爆发及 2012 年欧债危机的爆发，法国作为欧盟经济体主要国家，经济持续低迷，国际竞争力逐渐衰退，失业率一路攀升，投资不景气，经济发展前景不容乐观。作为欧盟区高福利国家的代表，法国公共债务居高不下，在经济整体低迷的情形下给法国经济带来较大的风险。并且由于法国对本国企业过度保护，一方面降低了本国企业的风险，另一方面也使得国际竞争力下降，进一步诱发本国经济增长减缓甚至出现负增长。金融部门受危机影响，存在一定的结构性风险，家户部门由于失业率高企也存在一定的风险。因此，2013年，法国政府的重心转移到结构性改革，重振法国国际竞争力之上，出台了一系列降低公共开支、刺激本国经济的政策。2013 年第四季度，法国整体经济一改延续两年的颓势，出现了小幅增长，预示着法国经济有可能走出阴霾。

第 1 节 法国经济运行概况

一、经济运行概况

在后危机时代的 2013 年，自 2008 年金融危机爆发以来，法国经济持续走低，失业率走高，赋税增加，投资市场低迷，各方面原因导致 2008 年后法国 GDP 持续两年负增长，2009 年达到最小值－3.05％。2010 年，法国政府实施经济振兴计划，有效阻止法国经济进一步下行，实现正增长。2011 年GDP 增速继续保持上扬态势。2012 年欧债危机爆发，作为欧盟成员国之一，受此影响颇深的法国 GDP 再次出现负增长。法国政府在 2013 年加大改革力度，实行紧缩政策，使得法国整体经济在 2013 年略有增长，并且在第四季度实现了 0.3% 的增长，大有一改之前颓势的态势。但法国整体经济依然不容乐观，作为欧盟第二大经济体，与德国之间的差距进一步拉大。在 2014 年，法国经济继续回温，GDP 增幅约为 0.7%。

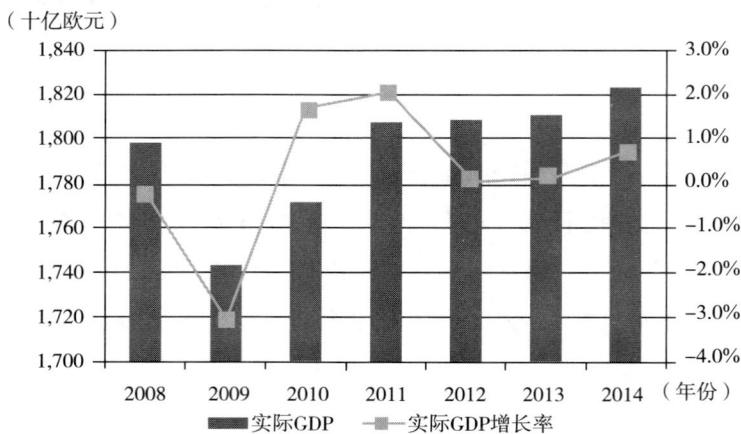

图 41.1　2008—2014 年法国名义 GDP 与 GDP 增速[①]

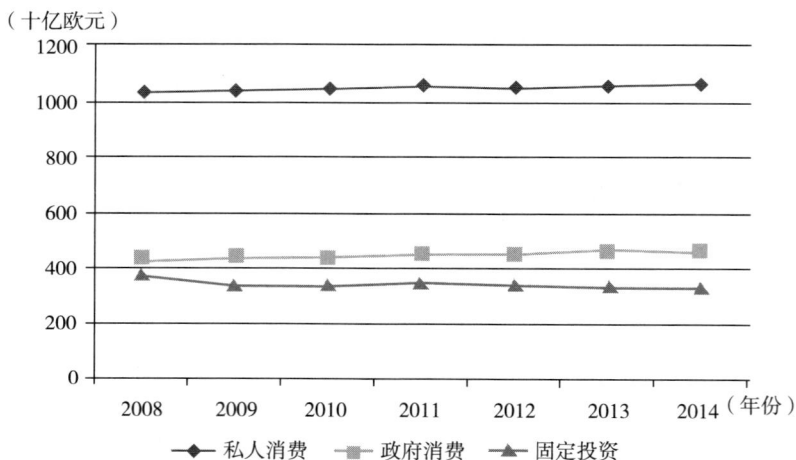

图 41.2　2008—2014 年消费、投资、政府消费

　　在消费方面，法国受金融危机及欧债危机影响颇深，整体经济严重下滑，再加上政府实行增加赋税的政策，高企的失业率，导致消费者信心大幅下降，从而导致本国消费对整体经济拉动力不足。2013 年法国经济虽呈回温的趋势，但依然难以实现预定目标。而持续走高的失业率及赋税负担的增重，亦使得法国民众消费力下降，居民消费对整体经济拉动力更显不足。此时政府实行财政紧缩政策，政府消费对经济的拉动力也有限。因此，法国政府实行刺激投资的政策，以增加内需，促进本国经济增长。

---

　　① 　数据来源：本图数据来源于 BvD 全球金融分析、宏观经济指标数据库 www.bvedep.com。

二、金融运行概况

欧债危机的爆发，使得法国面临与南欧各国相同的困境。产品价格竞争力不足，法国面临失血性增长。不确定的经济环境，金融风险日益上升，法国政府因此采用巩固银行资本结构，对市场进行结构性改革以期减少危机对本国经济的影响。自 2011 年始，法国银行自有资金大幅增加。银行自有资金的增加，必须考虑扩大该机构的风险状况。同时，法国政府债券利息在 2013 年有所下降，使得政府可以比旧国债更低的利率进行融资，法国公共部门有望减少财政赤字水平。

如同英国政府加强对金融部门的监管一样，法国政府也用此方式来提高效率。法国金融部门存在监管体制复杂、监管系统过于庞大、人员冗杂等弊端。同时，分业监管制度并不利于法国金融部门的创新。鉴于以上对法国经济的分析，本章将立足于法国宏观风险，对其公共部门、金融部门、企业部门以及家户部门进行分析，并对法国的主权债务风险进行专题分析。

第 2 节　法国公共部门风险分析

本节利用法国中央银行所披露的资产负债信息，构造公共部门资产负债数据图，由此分析出 2014 年法国公共部门存在资本结构错配风险和清偿力风险。

一、中央银行资产负债表分析

（一）资本结构分析

受欧债危机影响，法国整体经济一直低迷。其中财政缺口问题尤其凸显，在整个欧元区排名靠前。巨额的公共负债一直是法国政府面临的巨大问题。为了重振投资者对整个欧元区的投资信心，欧盟要求各国实行紧缩的财政政策。2013 年，法国实行增收减支政策，一方面降低公共支出和财政赤字，另一方面通过增加提高部分税率增加收入。由图 41.3 所示法国公共部门资产负债率在 2008 年全球经济危机爆发时攀升到历史最高位，而后随着危机影响的减退逐渐下降，而后在 2011 年，政府为了降低欧债危机影响而实施宽松货币政策导致法国公共部门负债大幅上升，资产负债率也因此上升到 92%，2012 年，法国公共部门的负债仍保持小幅上涨趋势，资产负债率却表现出小幅下降至 91.5％。但法国公共部门资产负债率绝对值仍然较高。过高的资产负债率意味着资本结构不合理，存在较大的结构性风险。

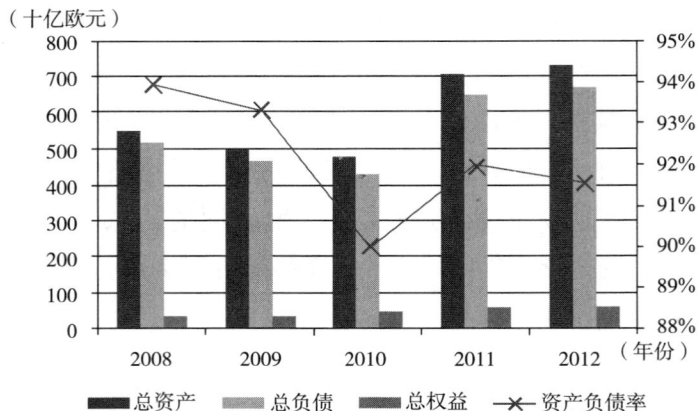

图 41.3　公共部门资本结构[①]

二、公共部门债务分析

近年来，法国公共债务占 GDP 的比重一直呈上涨趋势，由图 41.4 所示，这一比率已经由 2008 年的 68.3％上升至 2013 年的 93.3％，远远超过欧盟"稳定与增长公约"规定的 60％的标准。2013 年，法国政府实施紧缩的财政政策，增加税收减少支出。但该政策方式简单，效果有限。法国公共部门的负债依然保持上扬势头，2013 年更是达到了极高值，而且 2014 年继续升高。法国公共部门债务风险进一步加大。

欧洲债务危机的爆发，使得法国财政赤字及公共债务高企的问题更加凸显。作为欧元区高福利国家的典型代表，每年巨额的公共福利支出使得公共部门财力捉襟见肘。欧盟也就这一问题多次对法国政府进行批评。法国公共部门债务由国家债务、地方债务和公共管理部门债务组成，而法国政府在编写财政预算时早已将一定比例的财政赤字包含在内，这也是造成法国公共部门债务高企的主要原因。

鉴于此，法国政府在 2013 年开始实施财政紧缩政策，通过选择性增税，提高巨富税等税率，严厉打击跨国偷税漏税增加本国财政税收，通过扩大税源和税基，实现开源性目标。另外，减少财政支出，扩大投资，刺激整体经济增长，减少财政赤字。

综上所述，尽管法国在 2013 年实行紧缩政策，但效果有限，法国政府

---

① 注：本图数据来源于法国央行年报，由于数据来源限制，以中央银行代表公共部门。

应从根本上提高本国经济实力，进一步进行结构性调整，减少公共部门债务规模，以期实现法国经济的复兴。

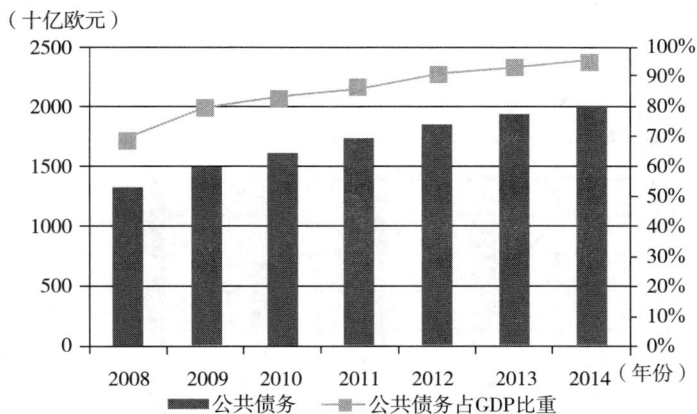

（十亿欧元）

图 41.4　法国公共债务情况

第 3 节　法国金融部门风险分析

本节对法国上市银行进行筛选，挑选出规模较大，数据完整的 20 家银行，并对其 2008—2012 年共 5 年的数据编制资产负债数据，发现法国金融部门在资本结构和或有资产方面存在潜在的风险，但近两年已经有所下降。

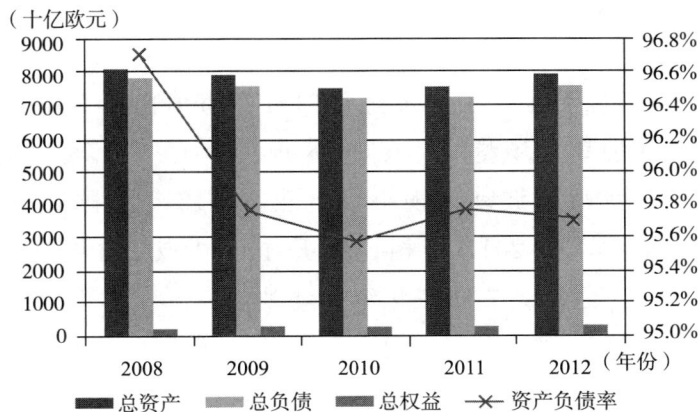

（十亿欧元）

图 41.5　法国金融部门资本结构

一、账面价值资产负债表分析

与 2011 年相比，2012 年法国金融部门资产负债率基本持平，但依然远远小于金融危机前 96.36％的规模。总资产与总负债保持增长势头，在 2012 年增幅较明显，总权益波动性增长，总资产的增长略大于总负债的增长，因此，资产负债率出现极小幅的下降，如图 41.5 所示。2008 年金融危机爆发后法国金融部门的资产负债率大幅下降，使得法国金融部门的结构性风险降低。但受欧债危机中，不良资产及坏账准备金增加，金融部门风险也随之增加。但随着 2013 年整个欧元区经济的恢复，整体风险已有所下降。

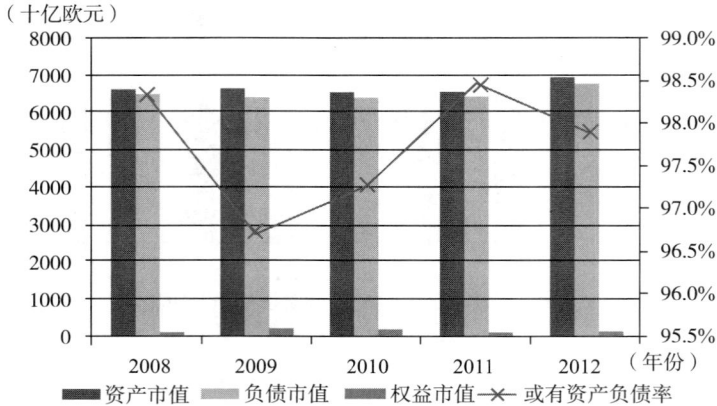

图 41.6　法国金融部门或有资本结构

二、或有权益资产负债表分析

2008 年全球金融危机，法国金融部门或有资产负债率出现一个小高峰，而后在 2009 年，或有资产负债率出现大幅下降，而后保持连续两年的上升趋势。在 2011 年达到今年来的最高值 98.47%。到了 2012 年，又出现了小幅度下降。但仍处于较高的位置，表明法国金融部门存在一定的资本结构风险。通过图 41.6 可以看出，法国金融部门资产市值由于金融危机及欧债危机影响而导致法国股票市场萎缩，在 2008 年至 2010 年出现小幅下降，2011 年后由于资本市场和股价波动出现小幅上涨。2012 年法国股市指数 CAC40 维持在 3500 点左右，与 2011 年相比上升了 500 点。法国 CAC40 股指在 2012 年大涨 15.23% 之前，连续三年维持暴跌。

通过计算法国金融部门资产市值及账面价值可以看出，其账面价值与资产市值的趋势基本一致，如图 41.7 所示。说明在遭受全球金融危机的巨大打击之后，法国金融部门的市场认可度正在缓慢恢复，投资者信心逐渐回温。而法国金融部门资产账面价值高于资产市值，说明法国股市存在低估现象，投资者对法国市场认可度较低，这并不利于法国金融部门进行股权融资。

（十亿欧元）

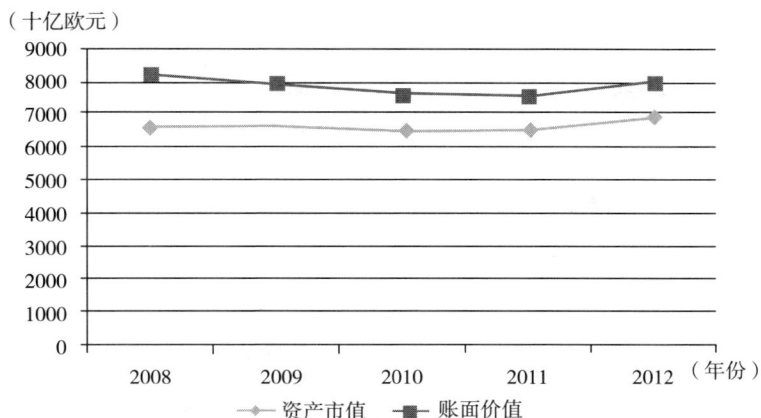

图 41.7 法国金融部门资产市场价值与账面价值

三、风险指标分析

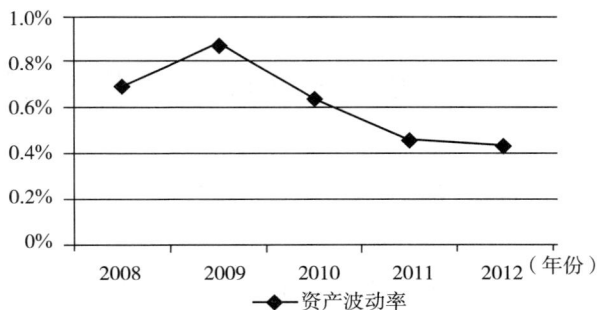

图 41.8 法国金融部门资产波动率

（一）资产波动率分析

2008—2012 年法国金融部门资产波动率保持在 1％ 之下，波动幅度较小，2009 年以后资产波动率保持下降势头。总的来说，由于法国政府对金融部门进行大规模金融救助，法国上市金融部门风险得到了有效控制，因此，资产波动率明显低于危机前。

（二）违约距离分析

欧洲主权债务危机的冲击，使得法国金融部门受影响颇深。如图 41.9 所示，从违约距离来看，2010 年违约距离达到高峰值 3.12，而后受欧债危机影响，2011 年违约距离下降至 1.6，但在 2012 年，违约距离上升到了 3.97，金融部门面临的风险大大减小。虽然在 2012 年，法国金融部门违约距离上升，但是由于欧债危机使得欧洲整体主权债务风险加大，且法国持有大量其他欧盟国家债务，因此法国金融部门违约风险依然存在。

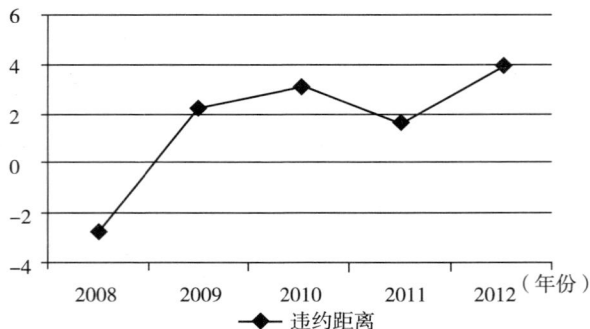

图 41.9　法国金融部门违约距离

通过以上分析可知，法国整体经济缓和的大环境下，该国金融部门外部风险有所下降。且由于法国严谨的金融监管系统，使得本国资产拥有较好的质量，金融部门风险在 2012 年有所下降。综上所述，法国正逐步走出欧债危机的阴霾。

第 4 节　法国企业部门风险分析

受金融危机及欧债危机的影响，法国金融部门实施紧缩政策，使得实体经济受到极大影响。而在 2013 年，法国政府提高了企业所得税及增值税，进一步影响了实体经济。本节选取了法国上市的市值前 100 名企业，并依据数据完整性对其进行筛选，对剩余 75 家企业的 2008 年至 2012 年共 5 年的数据编制资产负债表及或有权益资产负债数据进行分析，发现法国企业部门各项指标正常，处于安全范围之内。

一、账面价值资产负债表分析

（一）资本结构分析

图 41.10 反映了法国上市企业部门总资产、总负债和总权益规模以及资产负债率走势。法国企业部门资产负债率在 2008 年金融危机时出现了一个极大值，而后在 2009－2010 年呈下降趋势，2010 年后由于欧债危机的影响，投资者对法国市场信心不足，企业从资本市场上融资成本变高，规模萎缩，导致企业负债规模增大，资产负债率大幅上升。但从绝对值来看，法国企业部门资产负债率维持在 70％左右的水平，说明法国金融部门并未出现严重的资本结构风险。与金融部门相比，法国企业部门风险相对较小。

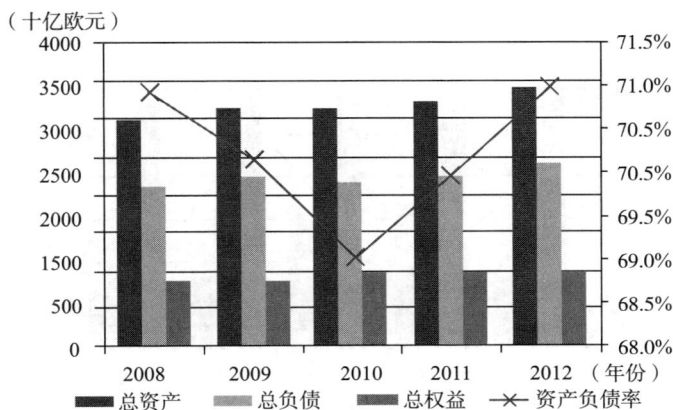

图 41.10 法国企业部门资本结构

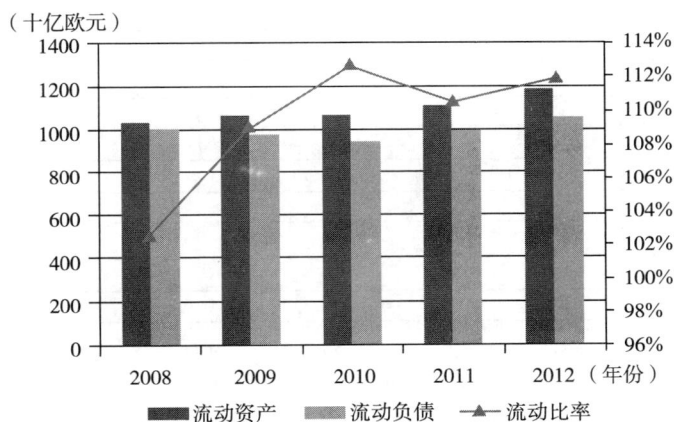

图 41.11 法国企业部门流动资产与流动负债

（二）期限错配风险分析

2008 年全球金融危机爆发后，法国企业部门流动比率有所上升，在 2010 年达到最高值 1.12，此后也一直维持在 1 以上。这说明法国企业部门偿债能力表现优良。上市企业期限结构合理，企业偿债风险较低。

二、或有权益资产负债表分析

通过计算前文所述法国 75 家上市企业的权益与资产市值，本节对法国企业部门进行或有权益分析。如图 41.12 所示，法国或有资产负债率在 2011 年达到峰值 55.9%，此后在 2012 年有所下降。从资产规模来看，2012 年比 2011 年资产市值大有上升，而负债市值相对上升比例较小，这是在 2012 年欧债危机得到缓解，投资和信心逐渐恢复所致。因此，2012 年或有资产负债率有所下降。

（十亿欧元）

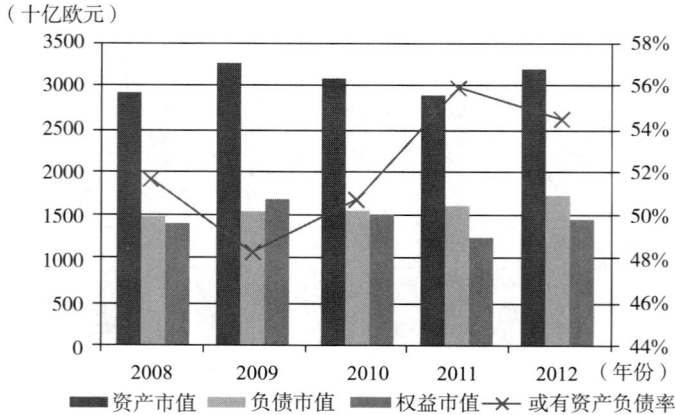

图 41. 12　法国企业部门或有资本结构

（十亿欧元）

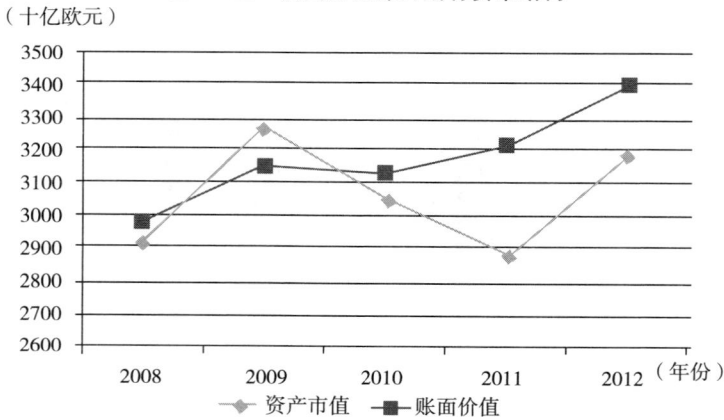

图 41. 13　法国企业部门市场价值与账面价值

图 41.13 计算了法国上市企业部门资产市值和账面价值。从账面价值来看，2008—2012 年法国上市企业部门账面价值呈缓慢上升趋势，在 2012 年达到最高值 33990 亿美元。从资产市值的角度来看，2009 年后法国上市企业部门资产市值出现大幅下降态势，在 2012 年后有所改善。这也进一步说明，在 2012 年，随着欧债危机阴霾的散去，投资者信心逐渐恢复，企业市场认同度也有所提高。同时，资产市值略高于账面价值说明法国资本市场基本有效，市场破灭的风险较小。此外，账面价值与资产价值变化趋势不符，也说明存在一定的融资渠道方面的问题。

三、风险指标分析

（一）资产波动率

法国上市企业部门资产波动率在 2008—2012 年保持下降态势，并且从 2010 年开始在 10%—15% 范围内小幅波动。在 2012 年达到最低值 9.4%。

在金融危机及欧债危机之后，法国企业部门资产波动率虽然一直下降，但从绝对值的角度来看，仍然处于较高水平，企业部门依然存在不容小觑的资产风险。

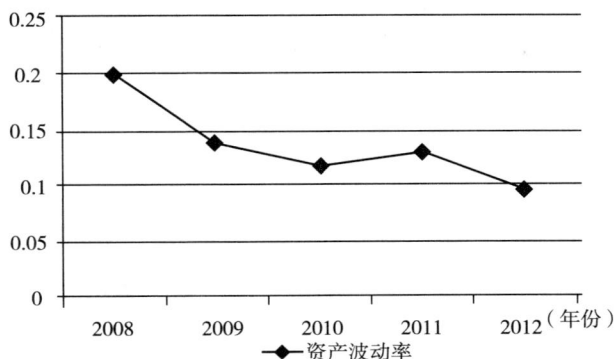

图 41.14　法国企业部门资产波动率

（二）违约距离

通过计算法国上市企业部门违约距离，本节进一步分析法国企业部门的风险。如图 41.15 所示，法国企业部门违约距离与资产波动率呈相反的趋势。在全球金融危机爆发时期，法国企业部门违约距离大幅下降，随着金融危机的缓解，违约距离开始呈上扬态势，直至 2011 年欧债危机的爆发，使得法国企业部门违约距离再次下降，但 2012 年随着各国经济从欧债危机中回温，企业部门违约距离再次上升。由于法国政府对政府的大力扶持，法国企业部门受欧债危机影响有限，但仍存在一定的违约风险。

综上所述，法国企业部门表现较为稳定，违约风险较小，但仍存在一定的潜在风险。

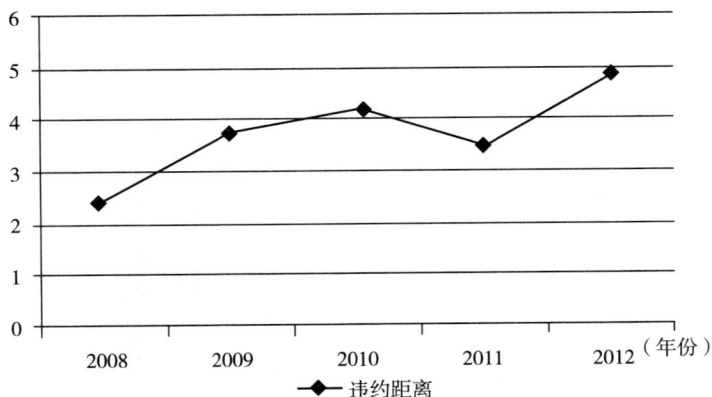

图 41.15　法国企业部门违约距离

第5节 法国家户部门风险分析

法国家户部门的风险主要来自国内高企的失业率，由此引起消费整体疲软，对法国宏观经济也有负面影响。

一、家户消费分析

从2009年开始，法国整体通货膨胀水平保持小幅增长，但绝对值并不高。从私人消费平减指数来看，如图41.16所示，法国家户部门存在一定的通胀压力，且从2009年后逐渐上升。

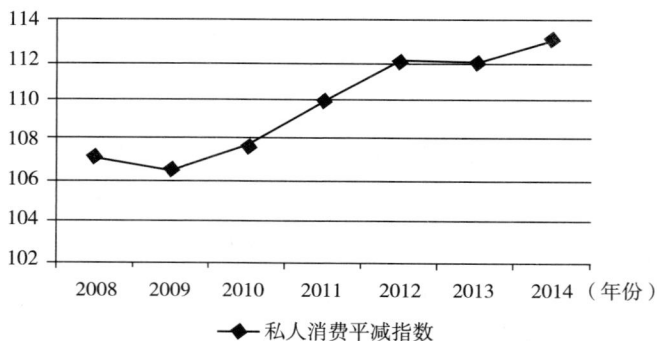

图41.16 法国私人消费平减指数

欧债危机中，随着法国整体经济增长放缓，法国家户部门面临的主要问题为失业率高企。但在消极的大环境之下，法国家户部门消费在2012年后出现了大幅上涨，内部需求强劲，极大地推动了法国经济。2012年后，欧元区国家逐渐从欧债危机中恢复，消费市场逐渐从暗淡转为明朗，法国居民消费预计还将保持上升势头。

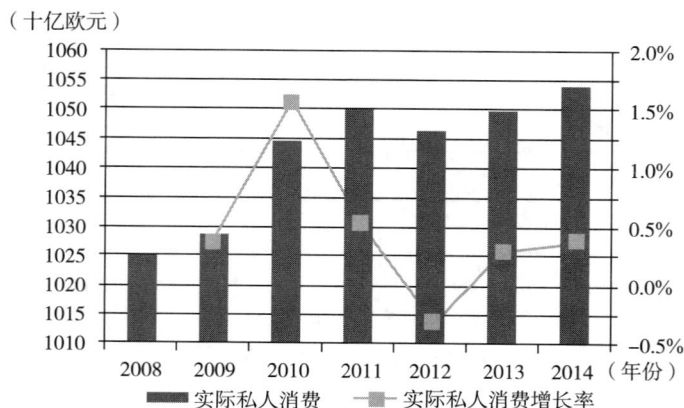

图41.17 法国家户部门私人消费及其增长率

二、失业率分析

2008 年金融危机爆发后，高企的失业率一直是法国面临的主要问题。如图 41.18 所示，2008－2013 年，法国失业率一直保持上升态势。由于政府采取紧缩的财政政策，2013 年法国失业率达到了新的高峰 10.7%。为了解决失业率高企的问题，法国政府承诺完善劳动力市场，改善就业情况。一方面通过加大投入，增加就业岗位，另一方面通过出台就业法案，保证已就业人口的稳定。随着经济的回温，预计 2014 年失业率的上升趋势将有所减缓，但其高失业率仍然不容小觑。

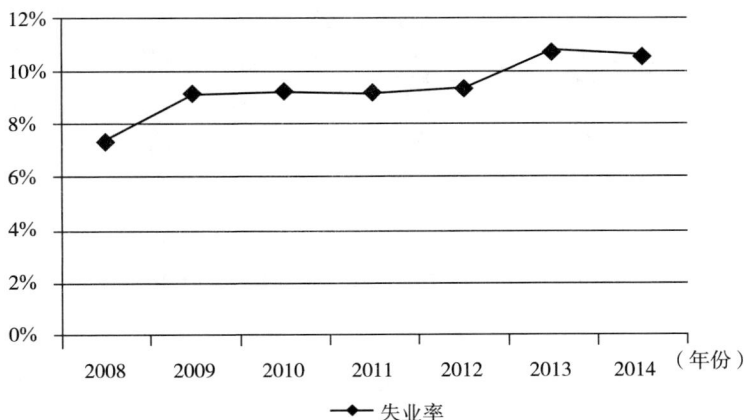

图 41.18 法国家户部门失业率

第 6 节 法国福利制度专题分析

作为欧洲的经济强国，法国是典型的欧式福利国家。从国家整体到地方政府，法国的社会福利保障制度在各个级别都相当完备，具体体现为福利水平高，覆盖面广。但是，高福利社会需要巨大的运营成本，导致法国出现了公共财政和就业方面的一系列问题，甚至引发危机。高福利陷阱被认为是造成欧债危机的重要因素。超越社会发展现状和经济制约的高福利，其长期影响反而会恶化民生问题。

在法国完善的福利制度下，居民在生活的各个方面都享有保障。这套社会保障体系也被贴切地形容为"从摇篮到坟墓"。具体而言，法国的福利制度分为下列四项：养老保险制度、医疗保险制度、失业保障制度和家庭补助金。其中失业保障制度尤其值得研究，该制度又可细分为社会援助和强制失业保险。法国居民在失业后的第一年内可按月领取的保障金额度为失业前薪水的 70%—80%，一年后该额度变为失业前薪水的 42%。

自欧洲主权债务危机爆发起，法国的 GDP 增长一直受其影响，公共债务占 GDP 比重也不断增大，在 2013 年达到了 93%。公共债务的攀升使得法国政府开始实行紧缩的财政政策，为扩大财政收入而提高税率，降低福利性公共支出，实行投资优惠政策，降低失业率。

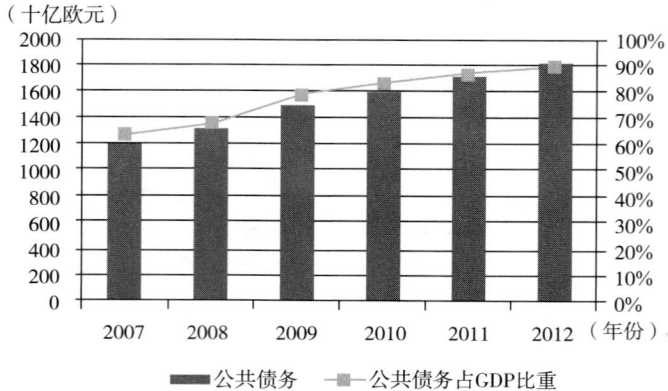

图 41.19　法国公共债务及公共债务占 GDP 比重

此外，欧洲各个福利国家所面临的一个共同问题是：为了保障福利系统的运行，不断增发债券进行融资以满足福利支出，这是典型的超前消费。从另一个角度来说，欧盟高福利国家养老金系统存在一定的制度缺陷，使得繁重的社会保障开支难以削减。而现收现付制度使得整个养老金体系存在较大的不稳定性。

法国经济发展的另一个阻碍是人口老龄化。从 20 世纪 80 年代起，欧洲社会人口开始老龄化趋势并一直加剧。法国现今的老龄化比率超过了 16%。老龄化直接导致了抚养比率（非就业人口与就业人口之比）的提高，在高福利制度下产生加倍的负面影响，使得两者共同成为政府财政的沉重负担。长此以往，财政赤字的攀升构成了欧洲主权债务危机的诱因。

欧元区国家应对主权债危机普遍采用紧缩的财政策略，以求降低债务量，调节经常账户的失衡。在银根紧缩，市场预期和投资信心都不乐观的情况下，这些国家的失业率普遍难以控制。同时，社会福利系统对于职工权益的保障和企业人事方面的严格限制在社会整体层面也凸显了副作用。最低工资、高福利标准等的严格执行也使得企业生产成本高昂，在面对危机时灵活性不足，在整体经济恶化的情况下难以轻装上阵。2011 年第二季度的数据显示，欧元区平均劳工成本较 2010 年同比增长 3.6%，也就是说，即使在劳动力供大于求，失业率攀升的不利局面下，欧元区劳动力实际工资还是增长的。从某种意义上说，市场自身的调节反馈机制被高福利所抑制了。

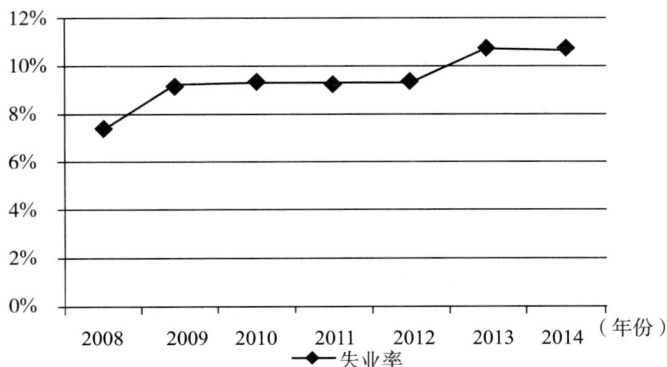

图 41.20 法国家户部门失业率

第7节 结论及对中国的借鉴

综上所述，由于欧债危机的影响，法国整体宏观经济发展缓慢，财政缺口巨大，失业率高企。虽然 2013 年最后一季度经济开始出现正增长，但是法国经济复兴之路依然坎坷。首先从风险的角度来说，公共部门债务规模逐年增大，公共部门风险不容忽视；其次，金融部门的资产负债率水平基本持平，金融部门仍然存在一定的结构性风险；企业部门资产负债率较稳定，风险相对较小；此外，家户部门居民私人消费有所增长并保持良好增长势头，市场整体明朗，但高企的失业率依然暴露了一定的风险。

对中国来说，法国 2013 年整体风险及其应对有值得学习的地方。作为市场经济国家，应当适当地运用政府的调控作用，正确处理市场与政府的关系，激发市场活力。法国拥有良好的经济基础及人才基础，但法国政府过高的税收、过于严苛的监管并未将本国拥有的优势激发出来，反而是在某种程度上阻碍了本国经济的发展。鉴于此，我国应当加快体制改革，扫清市场经济发展的障碍，准确划分政府在市场调控的位置与作用，激发企业的活力与创造力，促进我国经济健康发展。

参 考 文 献

［1］Banque de France，Annual Report 2007－2013.

［2］Banque de France，The accounts of the Banque de France 2013.

［3］Banque de France，Financial Stability Review 2007－2013.

［4］大卫·阿皮亚：《法国：吸引外资创造就业》，载《中国经营报》2012 年 8 月 16 日。

［5］叶平：《宽松仍是多国主基调》，载《经济日报》2013 年 1 月 23 日。

第42章 俄罗斯宏观金融风险研究

俄罗斯工业、科技基础雄厚，其前身苏联曾是世界第二经济强国，1978年被日本赶超。苏联解体后俄罗斯经济一度严重衰退。2000年普京执政至今，俄罗斯经济快速回升，连续8年保持增长（年均增幅约6.7%），外贸出口大幅增长，投资环境有所改善，居民收入明显提高。主要工业部门有机械、冶金、石油、天然气、煤炭及化工等；轻纺、食品、木材加工业较落后；航空航天、核工业具有世界先进水平。财政金融总体趋于良好。在全球金融危机和国际油价暴跌的双重夹击下，2008年12月俄罗斯经济增长率自2002年以来首次出现负增长，同比下降1.1%，俄罗斯进入了经济增长的浅水区。

近年来，俄罗斯国内政局逐渐稳定，制度环境和社会政策逐步得到改善和强化，俄罗斯政府更是提出了走"第三条道路"的基本经济发展路线，在正确的宏观经济政策的指引下，一切以维护和发展国民经济为核心，俄罗斯经济走上了一条崭新的发展道路；另外，2008年全球金融危机之后，世界经济发展总体态势逐渐缓和，诸如能源原材料等重要的国际市场行情一路上扬，世界经济整体回暖，为俄罗斯经济再次起飞营造了良好的外部环境。在国内外经济发展环境双利好的情况下，俄罗斯经济在2010年后缓缓从浅水区驶出，并逐渐进入了经济快速稳定发展的新时期，各部门运行稳定，风险较小。然而，俄罗斯资本外流情况近年来越来越严重，对俄罗斯的金融体系造成了冲击，容易引发金融风险。本章将运用宏观资产负债表分析法对俄罗斯各经济部门宏观风险进行系统全面的分析。

第1节 俄罗斯经济金融运行概况

一、经济运行概况

2013年俄罗斯国内生产总值为667000亿卢布，约合25560亿美元，国内生产总值增长率为 6.73%，增速较 2012 年的 12.3%明显放缓，而相比 2011 年 20.5%的 GDP 增速更是放缓了近 75%，如图 42.1 所示。总体来说，俄罗斯经济正在稳步发展，说明普京重新执政后采取的各项经济措施达到了明显效果。但是经过几年快速发展之后，固定资产投资需求整体放缓，加上过度依赖石油出口等资源型产业，使得现在俄罗斯的经济发展遇到了"瓶颈"。

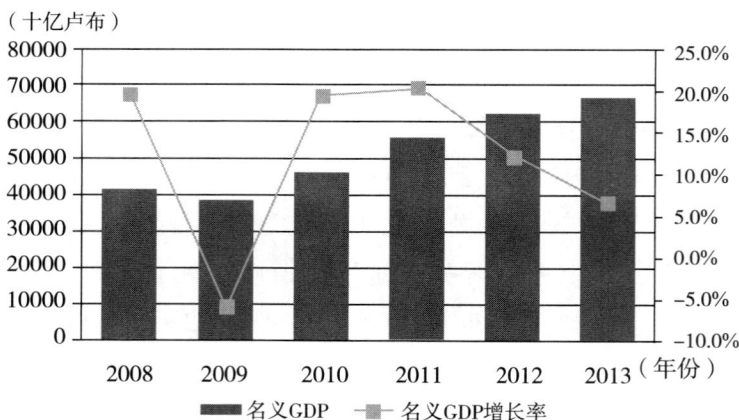

图 42.1　2008－2013 年俄罗斯国内生产总值及其增长率[①]

俄罗斯国家统计委员会的最新统计数据表明，俄罗斯 2013 年第二季度的国内生产总值（GDP）增长率仅有 1.2%，不仅没有达到预期的 1.9%，而且相对于第一季度 1.6%的增长速度甚至下降了 0.4 个百分点。在此之前，俄罗斯中央银行一直严格监控国内通货膨胀情况，不愿降低国内利率。

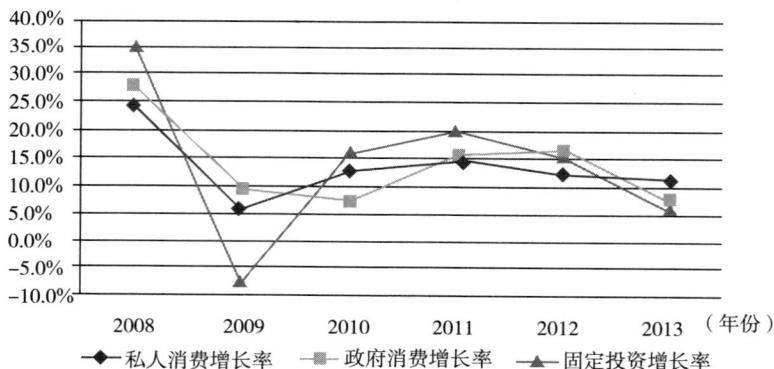

图 42.2　2008－2013 年俄罗斯私人消费、政府消费以及固定投资增长率

俄罗斯经济目前受制于固定投资带来的经济边际收益正逐渐减少，私人

---

① 本图数据来源于 BvD 全球金融分析、宏观经济指标数据库 www.bvedep.com。本章各图数据，如未作说明，皆来源于此。

消费增长率也在一轮经济刺激计划之后明显降低，2013 年降至 10％左右，如图 42.2 所示，导致俄罗斯经济增长乏力。目前看来，俄罗斯经济的增速远不及 2009 年经济危机谷底时期。

二、金融运行情况

根据俄罗斯联邦国家统计局公布的统计数据显示，2013 年俄罗斯的消费价格指数为 6.8％，较 2012 年有所提高，如图 42.3 所示，相比 2008－2009 年俄罗斯高通胀的情况已经有了明显改观，这也证明普京政府在控制通货膨胀方面做出的努力效果明显。

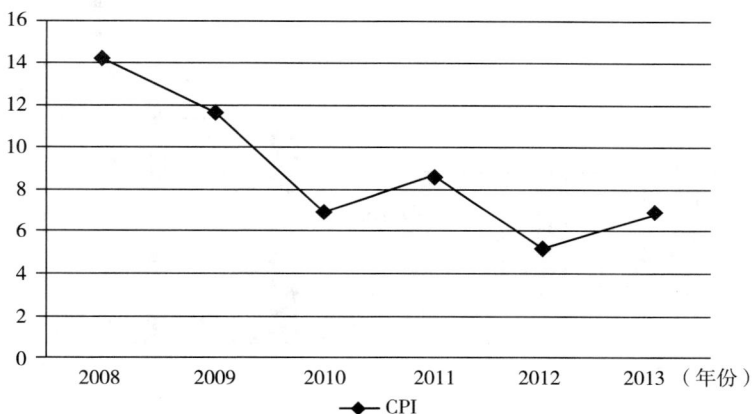

图 42.3　2008－2013 年俄罗斯消费价格指数

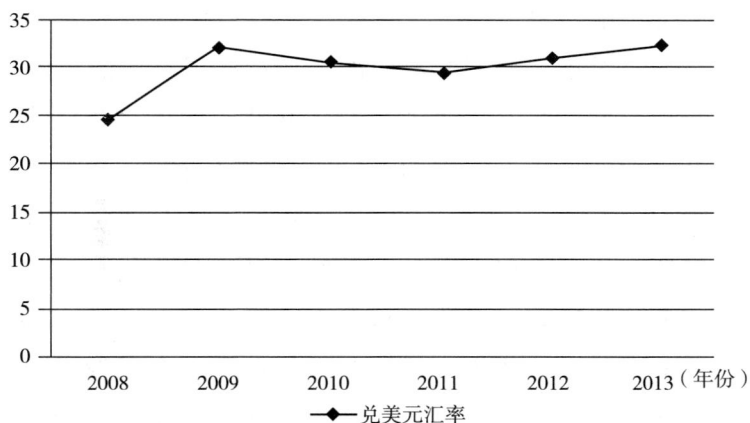

图 42.4　2008－2013 年俄罗斯卢布兑美元汇率变化

2009 年以来，俄罗斯卢布兑美元的汇率一直保持稳定，如图 42.4 所示，说明俄罗斯在美国发生经济危机之后的量化宽松政策采取了应对措施，使得美国乃至全球市场上的热钱难以涌入俄罗斯，规避了美国推出量化宽松政策后导致经济衰退的风险，但同时也导致了俄罗斯国内的资本外流，这一点将在本章的风险专题中详细描述。

第 2 节 俄罗斯公共部门风险分析

本节利用俄罗斯中央银行所披露的资产负债信息，构造公共部门资产负债数据图，分析得出俄罗斯公共部门虽然存在潜在资本结构错配风险，但目前总体上违约风险较小。

一、公共部门资产负债分析

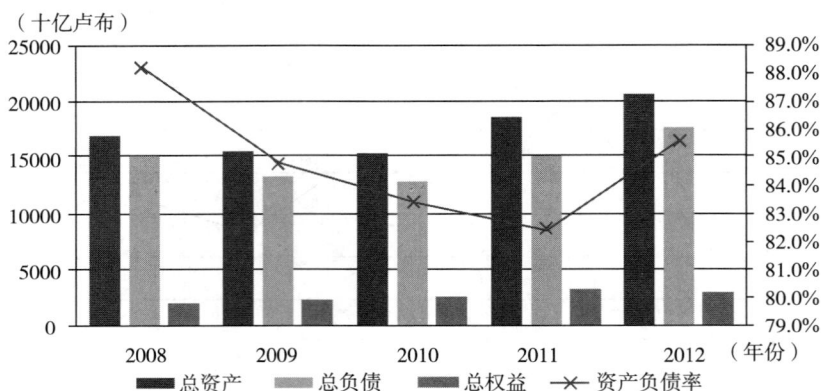

图 42.5 2008－2012 年俄罗斯公共部门资产负债结构[①]

俄罗斯公共部门的资产和负债在 2008 年经济危机之后都出现了大幅缩减，可见，经济危机对俄罗斯公共部门的经济造成了巨大的影响，直到 2011 年才恢复到经济危机发生前水平。俄罗斯公共部门的资产负债率在经济危机之前一直处于高负债的压力下，由图 42.5 可以看出在 2008 年曾达到 88％的高点。虽然 88％的资产负债率对于欧洲发达国家并不是一个难以接受的数字，但对于俄罗斯这样，人口大国且公共服务开支较大的国家，88％的资产负债率存在很高的违约风险。经济危机爆发以后，俄罗斯政府积极削减公共部门的债务，调节资产负债比率，使公共部门远离债务风险，避免发生主权债务危机。直到 2012 年，俄罗斯政府为了摆脱经济增长疲软的困境，加大了固定投资，产生了大量政府财政支出。普京政府出台了大量设计教育、卫生和国防方面的投资计划，使得资产负债率有所提高，但仍旧没有达到经济危机前的水平，违约风险相对 2008 年水平较低，但俄罗斯当前资产负债率

---

① 本图数据来源于俄罗斯联邦中央银行《 Annual Report》。

有上升的趋势，存在一定的潜在资本结构错配风险。

二、产权比例分析

俄罗斯公共部门产权比例的变化趋势基本和其资产负债率相同，在 2008
－2011 年间逐渐降低，在 2012 年有所回升。可见，俄罗斯自 2008 年以来公
共部门的权益并没有大幅度变化。由此可以看出，俄罗斯的公共部门的资产
负债率和产权比例都是随其公共部门负债的变化而变化的。公共部门或者说
政府部门风险很大程度上受其财政支出计划的影响较为明显。俄罗斯政府于
2012 年年初提出了五项措施改善经济结构，促进发展，其中三项都提到了政
府加大基础设施的建设，改善社会福利体系，另两项是加大对中小企业的支
持力度。这五项措施都导致提高俄罗斯公共部门的支出，造成产权比例和资
产负债率的上升，但产权比例依旧维持在 6 左右，公共部门违约可能性
较小。

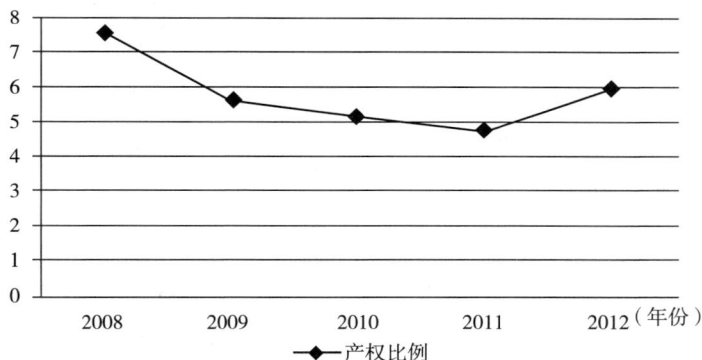

图 42.6 2008－2012 年俄罗斯公共部门产权比例

第 3 节 俄罗斯金融部门风险分析

本节选取了俄罗斯排名前 26 位的银行金融机构，通过对金融机构的资
产负债表进行加总，绘制账面价值资产负债结构图以及或有权益资产负债
图，分析出俄罗斯金融部资本结构尚在安全范围之内，而且由于金融市场趋
于稳定，金融部门的市值波动较小，或有风险也较小。

一、账面价值资产负债表分析

从账面资产负债表来看，俄罗斯金融部门同其公共部门一样在经济危机
中遭到了巨大的打击，金融部门的资产甚至出现了负增长。与其公共部门不

同的是，俄罗斯金融部门在经济危机后的一年内很快就恢复了元气并且实现了连续三年的快速增长。这与俄罗斯在 21 世纪采取的初一系列债务偿还政策不无联系。在大量的偿还债务之后，俄罗斯从债务国变成了债权国，降低了金融部门的违约风险。另外从图 42.7 中可以看出，俄罗斯金融部门提前预见到了俄罗斯经济的复苏，在经济危机之后积极调解了资产结构，增加了其资产负债率，在 2012 年达到了近 89％，这样的调整有利于俄罗斯经济的发展。

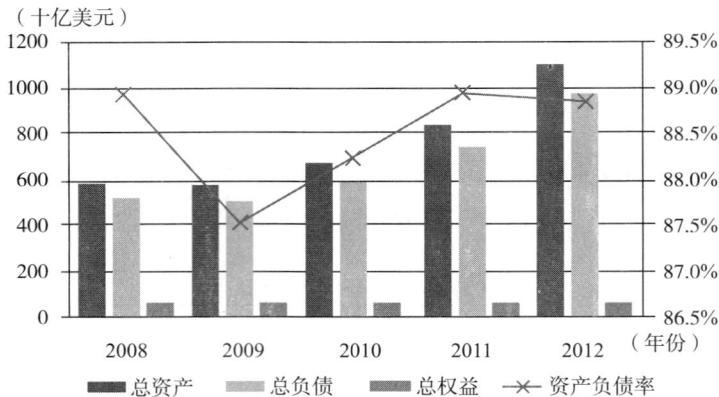

图 42.7 2008－2012 年俄罗斯金融部门资产负债结构[①]

二、或有权益资产负债表分析

通过计算俄罗斯金融部门的资产市值、负债市值和权益市值，我们可得俄罗斯金融部门的或有权益资产负债结构，如图 42.8 所示。可以看出，在发生经济危机的 2008－2009 年，俄罗斯金融部门的资产市值仍旧稳步提高，且 2009 年后资产市值的增长速度越来越快。同时，资产负债率也由最低点的 83％上升到近 90％，这与其账面价值的变化情况相同。说明俄罗斯国内金融部门的资产、负债和权益的市场价值较为稳定。

由或有权益资产负债表数据分析处理得到俄罗斯金融部门的资产波动率和违约距离，如图 42.7 所示。可以看出金融部门的资产波动率自 2008 年以来一直在下降，说明俄罗斯国内的金融市场逐渐稳定，市值的波动率在不断减小，证明金融部门的风险也在不断减小。同时我们可以看到金融部门的违约距离在 2008 年后总体呈先增后减的趋势，说明俄罗斯金融部门的资产错配风险在逐渐减小之后又有所回升，这与俄罗斯在 2010 年后采取的一系列

①　本图数据来源于 BvD 全球金融分析、宏观经济指标数据库 www.bvedep.com。

经济结构改革措施有关，风险由公共部门传导到金融部门，违约风险增加。

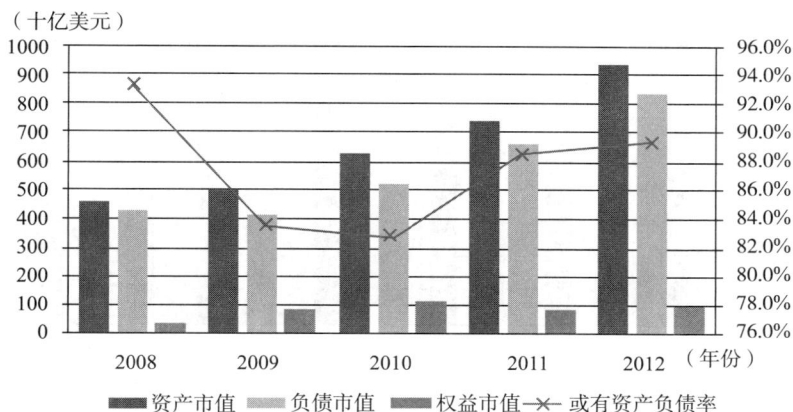

（十亿美元）

■资产市值　■负债市值　■权益市值　✕或有资产负债率

图 42.8　2008—2012 年俄罗斯金融部门或有权益资产负债结构

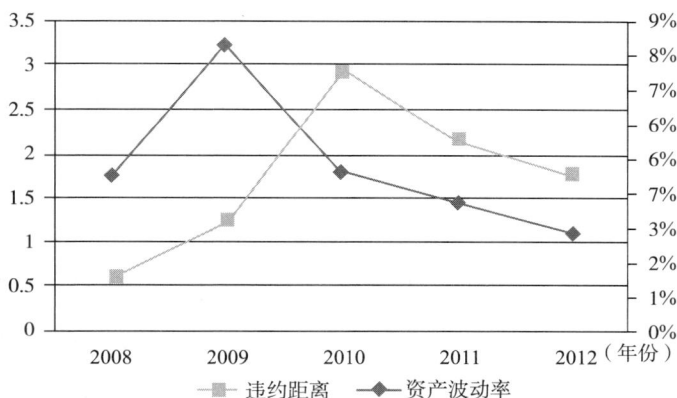

□违约距离　◆资产波动率

图 42.9　2008—2012 年俄罗斯金融部门资产波动率和违约距离

第 4 节　俄罗斯企业部门风险分析

根据俄罗斯前 100 名企业的各项账面数据加总得到俄罗斯企业部门资产负债表，并绘制俄罗斯企业部门的账面价值资产负债结构图及或有权益资产负债结构图，分析出俄罗斯企业部门的风险较小。

一、账面价值资产负债表分析

俄罗斯企业部门在全球经济危机中并没有受到很大的冲击，其资产与负债在 2008—2012 年都有缓慢增长。而从图 42.10 可以观察到，俄罗斯企业部门的资产负债率在逐渐降低，这反映了俄罗斯企业部门对俄罗斯的经济复苏仍在迟疑，通过降低资产负债率来规避经营风险。从账面价值资产负债表总体来看，俄罗斯企业部门违约风险较低。

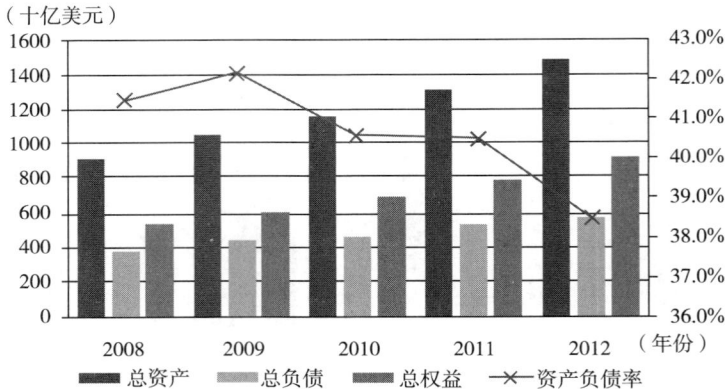

图 42.10　2008－2012 年俄罗斯企业部门资产负债结构[①]

二、或有权益资产负债表分析

本节通过企业部门的权益市值、无风险利率和权益波动率计算并绘制出俄罗斯企业部门或有权益资产负债结构图，如图 42.11 所示。与账面资产负债表相比，可以看出在 2011 年，受到欧债危机影响，俄罗斯企业部门的资产市值大幅缩水，虽然在 2012 年有所回升，但仍未达到 2010 年水平。资产负债率相比账面价值一直降低，或有权益资产负债表中的资产负债率在 2011 年和 2012 年有了明显回升，这表明俄罗斯企业持有的资产和负债受到了欧债危机的影响，或有权益负债的价值波动大于或有资产的价值波动，致使其或有权益资产负债率上升。

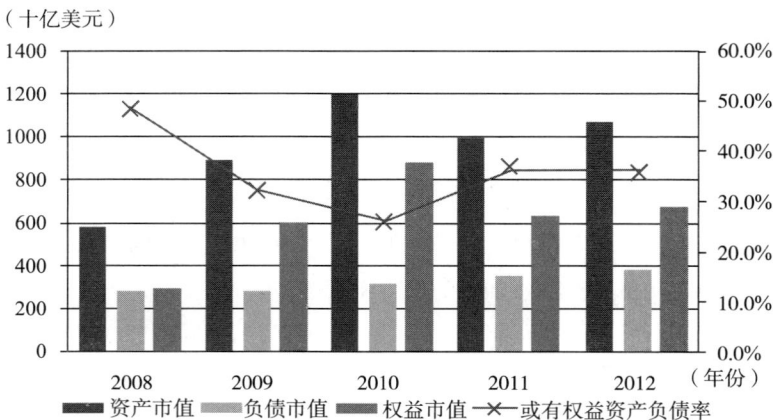

图 42.11　2008－2012 年俄罗斯企业部门或有权益资产负债结构

---

　①　本图数据来源于 BvD 全球金融分析、宏观经济指标数据库 www.bvedep.com。

通过对或有权益资产负债表的各项数据进一步处理可以得到俄罗斯企业部门的违约距离以及资产波动率，如图 42.12 所示。俄罗斯企业部门的资产波动率逐渐下降，这得益于俄罗斯政府出台了多项帮助和扶植企业的措施，风险逐步降低。而俄罗斯企业部门的违约距离总体上逐渐增加，表明俄罗斯企业积极调整其负债结构，减小其期限错配风险。总体来说，俄罗斯企业部门风险情况较好，风险小于其公共部门和金融部门。

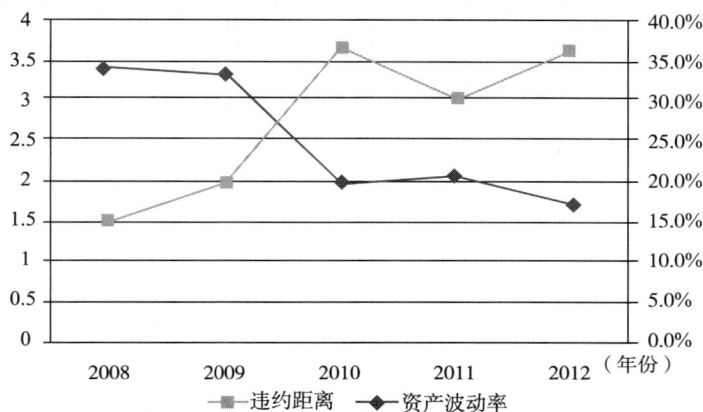

图 42.12　2008－2012 年俄罗斯企业部门资产波动率及违约距离

第 5 节　俄罗斯家户部门风险分析

新一届普京政府一直努力调节俄罗斯经济结构，改善民生。在医疗、教育、救济等多个方面加大投资力度，使得俄罗斯普通民众生活得到了极大改善，个人可支配收入等民生指标也有了大幅增加，故俄家户部门的风险较小。

一、家庭消费分析

俄罗斯相比欧洲其他国家个人消费占 GDP 比重一直低于 50％，在经济危机之后政府采取加大基础设施建设的措施，这在一定程度上降低了私人消费在 GDP 中的占比，从图 42.13 中我们也可看出私人消费在 GDP 中的占比自 2009 年的 54％一直降到 2012 年的 49％。而基础设施的建设增加了工作岗位，提高了俄罗斯民众的收入水平，使得私人消费量在 2008－2012 年稳步增加。

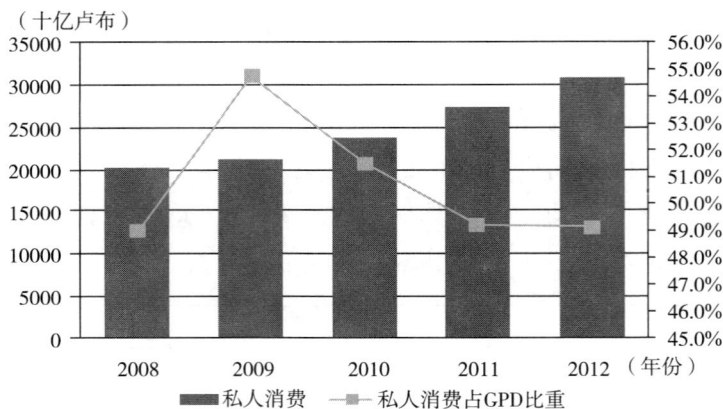

图 42.13　2008－2012 年俄罗斯私人消费情况

二、失业率分析

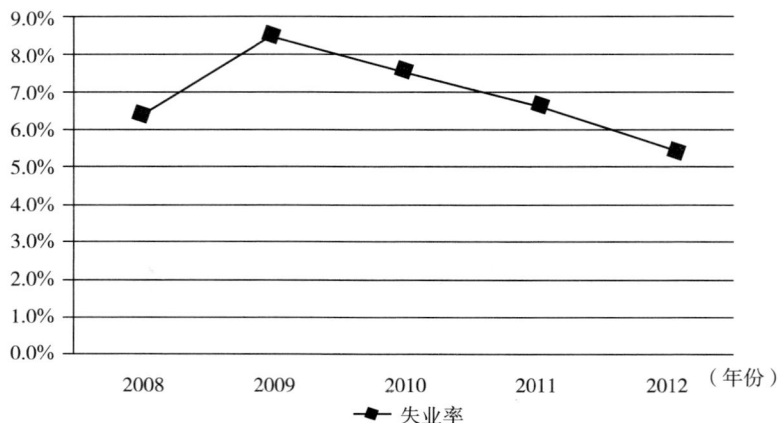

图 42.14　2008－2012 年俄罗斯失业率情况

俄罗斯国内的失业率除在经济危机后的 2009 年有所上升以外，在 2009
－2012 年连续四年下滑，2012 年已经下降到 5.45％，已经低于经济危机爆
发前水平，如图 42.14 所示。这说明俄罗斯政府在经济危机之后出台的政
策，尤其是加大基础设施建设的政策很好地缓解了国内的就业压力，降低了
失业率。另外，俄罗斯还规定任何大规模的解聘都要在俄罗斯劳动部备案，
获得允许后才能裁员，这有效地减小了经济危机之后俄罗斯企业为了维持自
身运营大面积裁员的可能。

三、可支配收入分析

新一届俄罗斯政府出台了多项政策改善民生，而政策的效果可以从俄罗
斯可支配收入中观察到。从图 42.15 可以看出，俄罗斯个人可支配收入从

2008 年的 145607 卢布攀升到 2013 年的 251762 卢布，增长了近 100%。可以看出普京政府的民生改善计划效果明显，有效地提高了俄罗斯的国民可支配收入。

（十亿卢布）

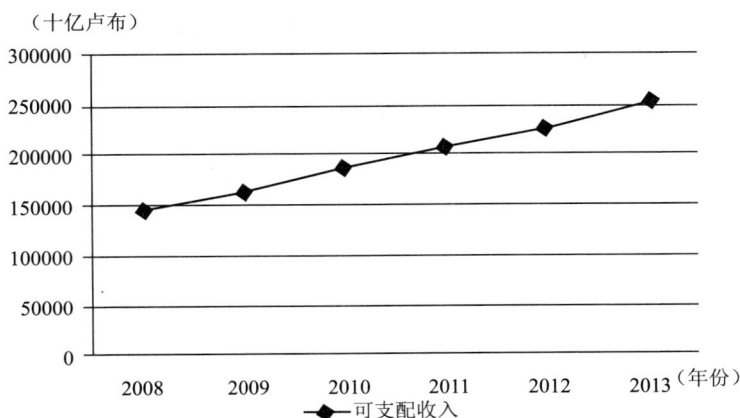

图 42. 15　2008－2012 年俄罗斯可支配收入情况 [①]

第 6 节　俄罗斯资本外流风险专题分析

一、资本外流情况严重

在俄罗斯吸引的直接投资中，有很大一部分实际是从俄罗斯流出，通过离岸公司又转移回来的资金。比如，荷兰、塞浦路斯和卢森堡是对俄罗斯投资最大的三个国家，分别占到 18.8%、15.9% 和 14.5%。之后依次是英国、德国、爱尔兰、法国、美国、维京群岛和日本。这种离岸经济已经对俄罗斯产生了非常重要的影响。虽然俄罗斯新一届政府致力于改善国内资本外流的困境，但是，2012 年的资本外流状况并未得到好转，资本外流总额达到了700 至 750 亿美元。

虽然俄罗斯各大金融机构对俄罗斯资本外流规模的估计不太一致，最低的估计为 400 亿美元，最高的估计为 900 亿美元，但对于俄罗斯资本外流的严重性都是认可的。如果俄罗斯政府对这样的现状无能为力，那只能通过大量的石油出口才能维持国际收支账户的平衡，而这样无奈的举措从长远来看是不利于俄罗斯经济的可持续发展的。

①　本图数据来源于 BvD 全球金融分析、宏观经济指标数据库 www.bvedep.com。

二、资本外流对俄罗斯国际收支影响

由国际收支净额的计算公式：国际收支净额＝净出口－净资本流出可知，一个国家的国际收支净额等于净出口和净资本流出的差值，净出口由一国的出口总额减去进口总额得到，净资本流出则由总资本流出（本国在国外的投资）减去资本流入（国外在本国的投资）得到。为得到俄罗斯的国际收支情况，首先计算该国的净资本流出，如表 42.1 所示：

表 42.1　俄罗斯资本外流情况表①

（单位：十亿美金）

年份	净资本流出	GDP 总值	净资本流出占 GDP 比重
2008	138.758	2088	0.07
2009	44.37	1925	0.023049
2010	26.419	2011	0.013137
2011	76.214	2099	0.03631
2012	35.558	2172	0.016371

俄罗斯的资本外流情况十分严重，如表 42.1 和图 42.16 所示。资本外流占 GDP 的比重也较大，且波动率较高，其原因是受国内政策影响。为保证该国的国际收支平衡，俄罗斯需要较高的净出口额来对冲净资本外流对国际收支项目的影响。接下来分析俄罗斯 2008—2012 年间的净出口情况，如表 42.2 所示：

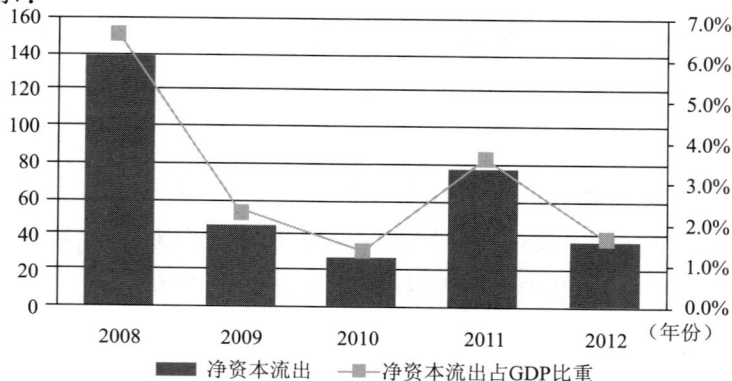

图 42.16　2008－2012 年俄罗斯净资本流出情况

---

① 本节数据均来源于俄罗斯联邦中央银行《Annual Report》。

表 42.2 2008—2012 年俄罗斯净出口情况表

（单位：百万美元）

年份	出口总额	进口总额	净出口总额
2008	522909	368210	154699
2009	345110	253400	91710
2010	444607	321008	123599
2011	576036	413803	162233
2012	591712	444724	146988

由表中数据可知，俄罗斯的净出口也保持着较高的数值，这使得俄罗斯的国际收支基本达到平衡，为了更进一步分析其净出口的情况，对进口比重较大的几个项目进行单独分析，结果如下，如表 42.3 所示：

表 42.3 2008—2012 年俄罗斯出口项目分析表

（单位：百万美元）

年份	出口总额	石油出口总额	石油产品出口总额	天然气出口总额
2008	522909	161147	79886	69107
2009	345110	100593	48145	41971
2010	444607	135799	70471	47739
2011	576036	181812	95710	64290
2012	591712	180916	103547	62987

由表 42.3 中数据可知，在 2008—2012 年间，俄罗斯的出口项目中能源出口项目的总额占出口总额的 50% 以上，具体数值如图 42.17 所示：

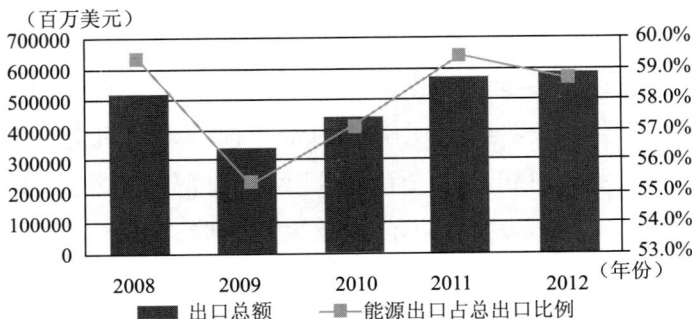

图 42.17 2008—2012 年俄罗斯出口总额及能源出口所占比例

经过分析我们可以看出，俄罗斯的净出口能够保持在较高的水平，很大程度上依赖其能源出口。但能源出口的可持续性不强，从长远来看，俄罗斯政府想要达到维持国际收支平衡的目的，必须减少净资本流出。

鉴于俄罗斯的资本外流情况严重，想要遏制其国际收支的恶化，仅仅依靠大量的能源出口已经不足以对冲资本外流的缺口。因此，在 2008－2012 年间，俄罗斯政府不断扩张其外债规模，以达到账面上减小资本外流的效果。从图 42.18 中我们可以看到，俄罗斯外债规模不断增加并且处于较高的数值之上，外债增长率亦呈逐年增加的趋势。

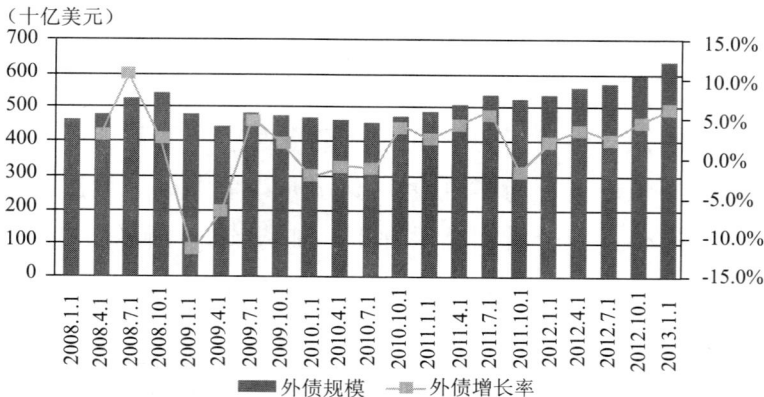

图 42.18　2008－2013 年俄罗斯外债规模及其增长率

三、资本外流对俄罗斯金融体系的影响

结合图 42.18 和图 42.16 我们可以看出，俄罗斯在近几年之所以能够控制其资本外流，其原因是采取了大量借入外债，强行在账面上减小了净资本流出这一项目的数额。这种看似简单的措施实则存在很大隐患。一方面俄罗斯政府以较高的成本从国际市场上借入外债，提高资本流入；另一方面通过外债借入的资金由以其他形式流出俄罗斯进入国际市场，成为国际金融市场上重要的资金提供者。这就使俄罗斯陷入了恶性循环，不断提高其借入外债的成本和规模，国际收支账户对外债依赖度不断增加。如果俄罗斯的外债规模不断膨胀，最终会使俄罗斯出现偿债困难，债务规模超过了实体经济的承受能力，进而从公共部门转移到金融部门和企业部门，引发主权债务危机，危急俄罗斯国家经济和金融安全，存在较大的风险。

第 7 节　结论及对中国的借鉴

本章描述了俄罗斯 2008－2013 年间的经济金融概况，我们不难看出俄罗斯经济在经济危机后的五年间快速增长，人民生活水平有了明显提高。这得益于普京重新回归克林姆林宫后提出的"一揽子"经济刺激计划，并且俄罗斯政府大力改善民生，将大量的财政资金投入到医疗、教育、救济等方面，开创了国进民进的大好局面。

从俄罗斯近几年的快速发展中我们可以看到政府财政的力量在经济发展中占有重要地位，尤其是对于俄罗斯、中国这样的大国，各区域之间发展不平衡，国家宏观调控的作用不能被忽视。这一点中国政府近几年的表现并不比俄罗斯政府差。另外，俄罗斯人民的可支配收入有了较大增长，而普通民众的可支配收入增长又带来了私人消费的增长，进一步促进了俄罗斯经济的增长，这一点是值得中国学习的。普京再次出任总统后，出台的五项措施，三项为增加政府财政支出，刺激经济发展并且改善民生；剩余两项均为扶植中小企业发展。如此明确高效的行政措施，带来的就是国进民进的良好增长态势。中国近几年也在改善民生和促进中小企业发展上做了很多努力，但目前收效甚微，应当借鉴俄罗斯的经验，出台目标明确且行之有效的政策，加快转变经济结构，促进中小企业发展和改善民生。

从国家经济金融风险来看，中国有达 3 万多亿美元的外汇储备以及严格的资本管制，这种资本外流不会因投机性而造成人民币汇率短期内的大幅波动。但是，如果资本持续地流出，导致外汇占款连续负增长，促使人民币不断升值，将对中国货币政策形成重大挑战。

由于中国目前也面临着与俄罗斯类似的资本外流，因此，对俄罗斯的金融风险状况分析也对中国产生了一定的借鉴意义。

第一，在汇率方面，中国应强化现有的的浮动汇率制度，坚持严格的外汇管制，防止资本的大量进出对中国的外汇体制构成威胁。针对美国量化宽松政策以及之后的退出量化宽松政策不应反应过激，控制国际热钱涌入对中国市场利率和价格的影响，维持中国经济和金融市场的稳定。

第二，针对中国的不合理资本流出，应当以促进国际收支平衡为目标，逐步完善外汇管理体制，建设多方位、多层次的最优对外投资体系，实现资本在国内外不同投资领域的平衡流动。近年来，中国政府也在有意引导央企、国企以及大型私企对外投资，构建健康的对外投资体系，制订有效的对外投资计划，不仅能够有效地利用外汇，还能够实现资本增值。

参 考 文 献

［1］The central bank of the Russian federation，Annual Report 2012.

［2］The central bank of the Russian federation，Annual Report 2011.

［3］The central bank of the Russian federation，Annual Report 2010.

［4］The central bank of the Russian federation，Annual Report 2009.

［5］The central bank of the Russian federation，Annual Report 2008.

［6］姜振军：《俄罗斯经济发展态势分析（上）》，载《中俄经贸时报》2008 年 10 月 21 日。

［7］邱璧：《央行：防范外汇资金大规模流出》，载《第一财经日报》2008 年 8 月 17 日。

第 43 章　意大利宏观金融风险研究

意大利是以私有经济为主的发达工业国家，是欧洲第二大工业国家，中小企业占企业总数的 98％ 以上，国内区域经济差距明显。由于自然资源贫乏，意大利经济的主要支柱是对外贸易。在全球经济危机和欧洲债务危机之后，以外贸为主的意大利中小企业遭受打击较为严重，且主权债务危机迫在眉睫，已经从公共部门传导到金融部门，意大利的国家风险不可忽视。

第 1 节　意大利经济金融运行概况

一、经济运行概况

意大利 2013 年 GDP 为 13631 亿欧元，较 2012 年下降了 1.87％。在此之前，意大利 GDP 在 2010－2011 年实现了经济的正增长。而在 2012－2013 年都出现了经济的负增长。虽然意大利政府在 2012 年采取积极措施抵御欧债危机的影响，但由于整个欧元区的经济下滑，以外贸为主的意大利经济仍旧疲软，未出现复苏趋势。2013 年 GDP 为近六年来的最低值，如图 43.1 所示。

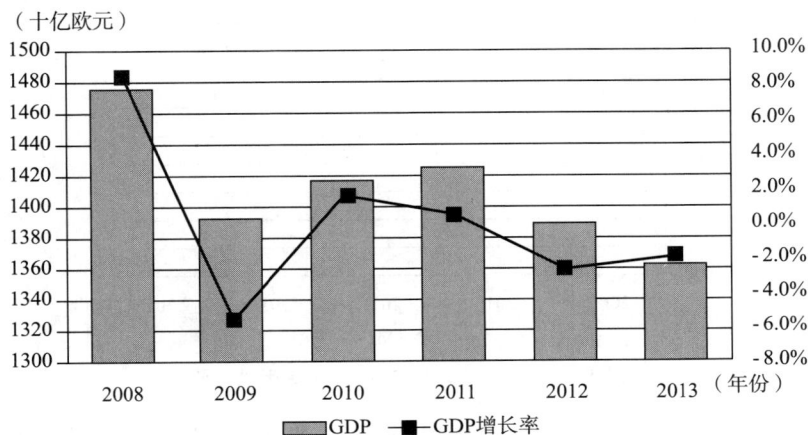

图 43.1　2008－2013 年意大利国内生产总值及其增长率

进一步分析意大利私人消费、政府消费与固定投资对 GDP 的贡献度，发现固定投资走势与 GDP 的增长率的走势几乎保持一致，如图 43.2 所示，这表明固定投资为影响 GDP 增长率重要因素之一。2013 年固定投资对 GDP 贡献度为 17.3％远低于私人消费的贡献度。固定投资中基础设施建设、机械和设备支出萎缩。除了大量闲置的生产能力，投资也受到了未来需求不确定因素的影响。此外，住宅建筑需求也在进一步下降。

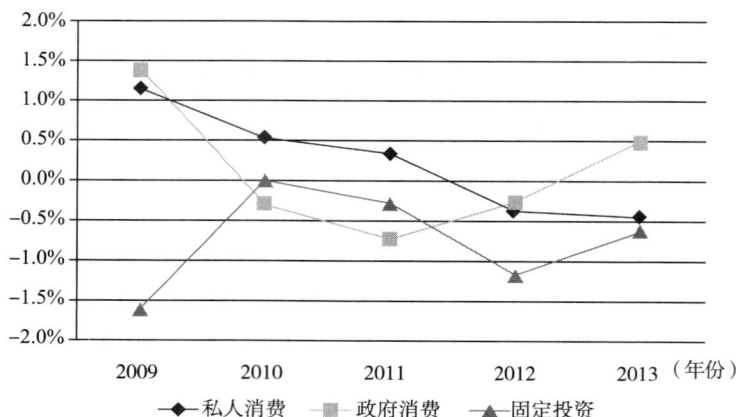

图 43.2　2009－2013 年意大利私人消费、政府消费、固定投资变化率

二、金融运行情况

在 2013 年，意大利政府被迫采取了多项措施推动经济的快速复苏，使得意大利 2013 年 GDP 下降幅度略低于 2012 年的－2.3％，但是伴随而来的是政府负债大幅增加。主权债务危机的爆发，导致国内市场压力倍增，进而导致银行业融资渠道出现问题，造成意大利对私营部门贷款紧缩。

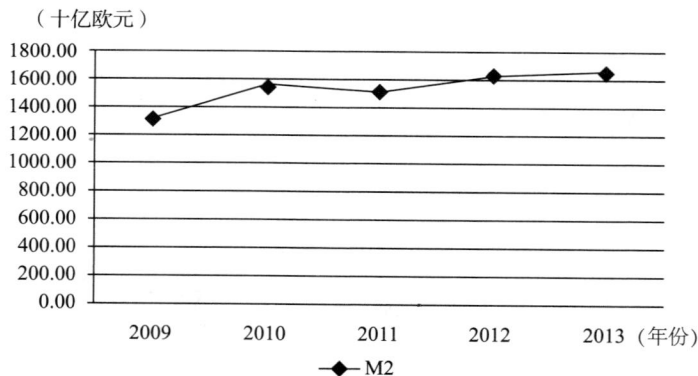

（十亿欧元）

图 43.3　2009－2013 年意大利货币供应量

意大利自 2009 年开始一直采用量化宽松政策，如图 43.3 所示，但整体经济并未出现明显增长。同时，意大利货币市场利率在 2010 年和 2012 年都

出现了明显降低，并在 2013 年继续下降，证明意大利政府在全球金融危机以及欧债危机之后采取的量化宽松政策对金融市场造成了明显影响，但并未达到刺激实体经济增长的目的。从目前的市场反应来看，如果继续采取量化宽松政策，通过政府投资拉动经济，那么，意大利的金融市场会不堪重负，先于实体经济崩溃。

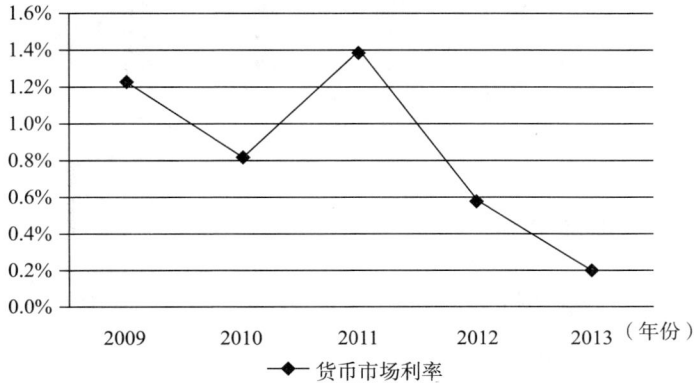

图 43.4　2009－2013 年意大利货币市场利率

第 2 节　意大利公共部门风险分析

本节利用意大利中央银行所披露的资产负债信息，构造公共部门资产负债数据图，由此分析出 2014 年意大利公共部门存在一定的潜在资本结构错配风险和政府违约风险。

一、中央银行资产负债表分析

意大利中央银行总资产与总负债在 2011 年大幅上涨之后，2012 年继续保持上升的态势，从 5389.78 亿欧元攀升至 6099.73 亿元，这一数值为 2009 年的两倍多，如图 43.5 所示。而总权益在近六年中维持稳定，这时资产负债率在 2012 年由 76.97％上升到 78.14％。资产负债表的扩大表明金融部门流动性增强，但也使中央银行的资本结构风险不断显现。

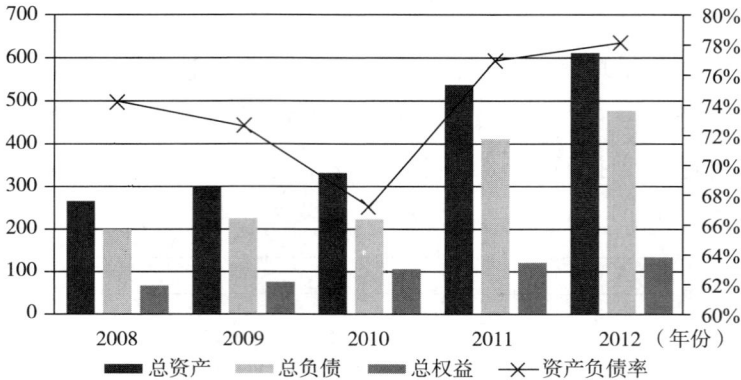

图 43.5　2008－2012 年意大利公共部门资产负债结构①

二、政府财政赤字分析

2013 年意大利政府财政赤字较 2012 年有所增加，由 2012 年的 453.64 亿欧元增加至 514 亿欧元。自欧债危机以来，意大利政府高额的财政赤字一直都是困扰意大利政府的难题，在 2009－2012 年四年中，意大利政府采取了各项经济措施来抑制其财政赤字上升，其财政赤字占财政收入的比例也明显降低，由最高时的 11.42％降至 6％左右，如图 43.6 所示。而 2012－2013 年，意大利经济出现负增长，意大利政府必须出台投资计划，拉动经济增长，所以财政赤字增加也在预测之中，但仍旧加大了政府部门的违约风险。

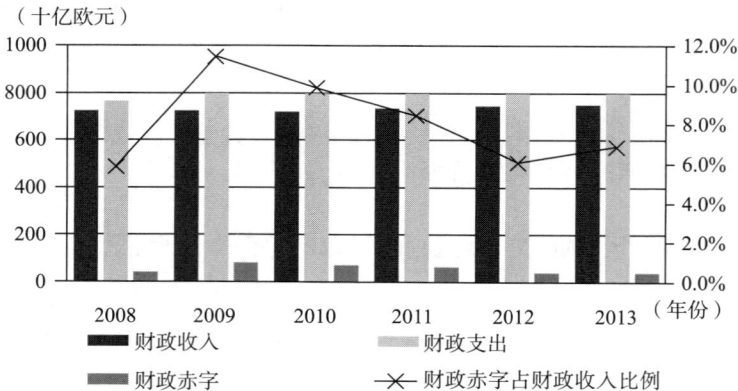

图 43.6　2008－2013 年意大利财政收支情况②

---

① 本图数据来源于 BvD 全球金融分析、宏观经济指标数据库 www. bvedep. com。

② 本图数据来源于 BvD 全球金融分析、宏观经济指标数据库 www. bvedep. com。

第 3 节　意大利金融部门风险分析

本节对意大利 24 家上市银行 2008－2012 年共 5 年的数据进行加总，绘制意大利金融部门资产负债结构和或有权益资产负债结构图，进行意大利金融部门的风险分析。

一、账面价值资产负债分析

意大利金融部门的资产负债率在 2008－2012 年的波动幅度较大，资产负债率从 2009、2010 年的 91％升至 2011 年的 92.89％。相对于 2011 年意大利金融部门的各项风险指数的攀升，2012 年有略微改善。资产负债率由 2011 年的 92.89％降至 92.5％，同时金融部门的资产也有略微增加，为 34565 亿美金，超过了 2010 年的水平，如图 43.7 所示。资产负债率的降低和资产的增加，基本回到全球金融危机发生时水平，使得意大利金融部门的风险缓解，违约风险有所降低。

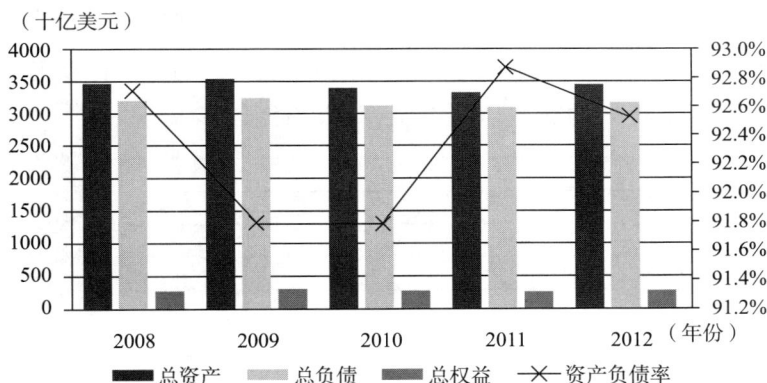

图 43.7　2008－2012 年意大利金融部门资产负债结构[①]

二、或有权益资产负债分析

通过对意大利上市金融部门的或有权益分析，可以看出意大利银行业欧债危机后对投资者吸引力逐步下降。意大利上市金融部门的资产和负债走势与账面资产负债表的资产和负债走势相似，但账面资产负债表中的总权益在 2008－2012 年平稳运行，没有较大变化；而或有权益资产负债表中的权益由 1347 亿美金降至 2012 年的低点，909.2 亿美金，降幅达 32.5％，如图 43.8

---

① 本图数据来源于 BvD 全球金融分析、宏观经济指标数据库 www.bvedep.com。

所示。权益市值的大幅下跌表明意大利银行业对投资者的吸引力减弱，投资者对意大利银行短期内恢复盈利能力的信心不足。与权益市值相对应的是或有权益资产负债率的持续走高，虽然在 2012 年出现了下跌，总体还是高于其账面价值资产负债率，显示出银行业较高的资本结构风险。

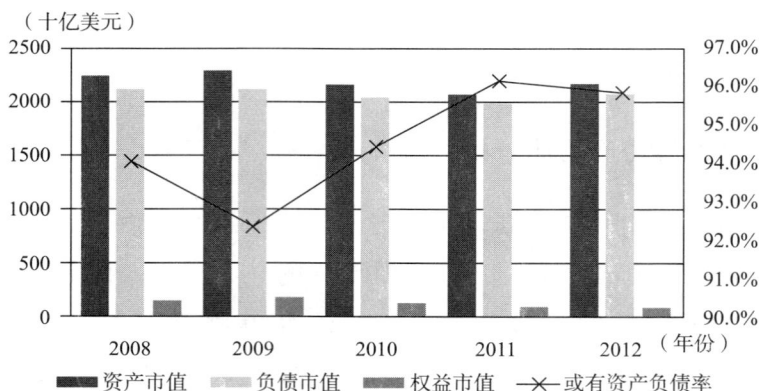

图 43.8　2008－2012 年意大利金融部门或有权益资产负债结构 [①]

意大利银行业的资产波动率在近年来持续下跌，资产市值波动率的表现反映出意大利银行业资产市值较为稳定。而违约系数不断走低，甚至在 2011 年后突破了 0 点，如图 43.9 所示。从数值上来说，意大利金融部门已经违约，但借助于政府救助，意大利金融部门仍在持续运转，未来仍面临着较高的违约风险，伴随而来的将是大批中小银行的倒闭。

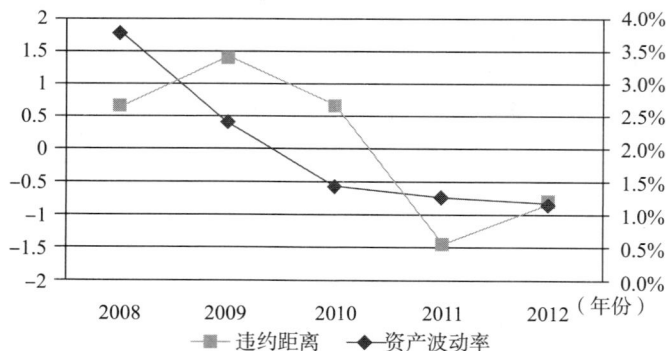

图 43.9　2008－2012 年意大利金融部门资产波动率和违约距离

第 4 节　意大利企业部门风险分析

意大利中小企业众多，占企业总数的 98％以上，且在制革、制鞋、纺织

---

①　本图数据来源于 BvD 全球金融分析、宏观经济指标数据库 www.bvedep.com。

及首饰等产业均占优势，但欧债危机使得意大利以进出口为主的中小企业的生存状况雪上加霜，实体经济的脆弱无法给意大利经济恢复以重要支撑。本节选取了意大利上市市值排名前 68 家的企业，对其 2008—2012 年共 5 年的数据绘制资产负债表及或有权益资产负债结构图，在此基础上进行分析，发现意大利企业部门的风险尚在可控范围之内。

一、账面价值资产负债表分析

意大利企业部门从账面资产负债表上来看并未受到全球金融危机和欧债危机的大幅度影响。资产在 2009 年、2010 年小幅下滑，但在 2012 年资产都有小幅上升，已经超过 2009 年水平。资产负债率在 2012 年发生了巨大的变化，从原本的 72.6％下跌至 2012 年的 68.5％，这表明大多数企业为了避免遭受违约风险，调整了自身的资产负债结构。从账面价值来看，意大利企业部门 2009—2012 年 5 年间停滞不前是其最突出的问题，金融危机和欧债危机虽然没有对企业部门造成巨大的冲击，但抑制了意大利企业部门的发展，从而抑制了意大利整体经济的复苏。

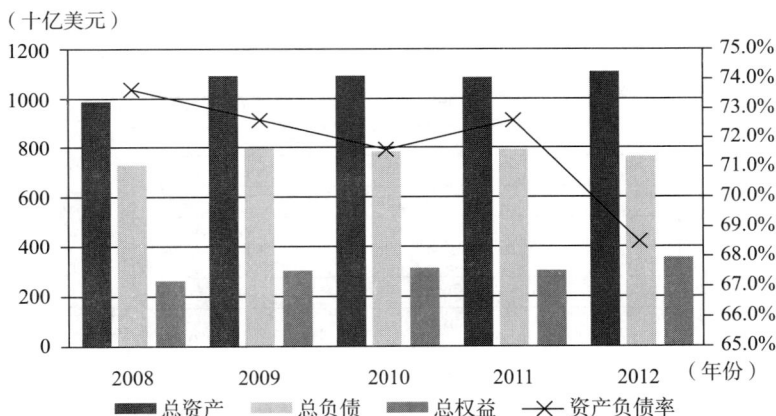

图 43.10　2008—2012 年意大利企业部门资产负债结构

二、或有权益资产负债表分析

意大利上市企业部门的或有资产负债率在 2008—2012 年波动率较大。受金融危机影响，意大利上市企业部门的资产负债率在 2009 年大幅下跌，由 64％下降至 59.5％。而或有权益资产市值相比账面资产价值下降速度更快，而 2012 年虽有小幅上升却未回到 2009 年水平。或有权益市值在 2009—2011 年也出现大幅下跌，由 3686 亿美元下降至 3005 亿美元，如图 43.11 所示。这说明从或有权益资产负债表来看，经济危机和欧债危机对意大利企业部门确实造成了巨大的影响。

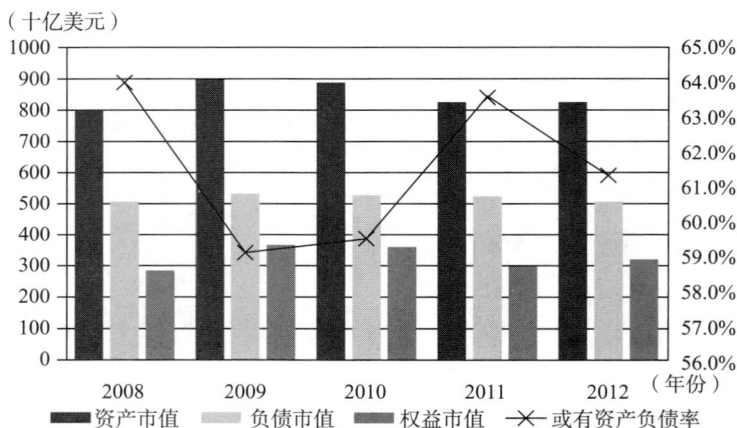

（十亿美元）

图 43.11　2008－2012 年意大利企业部门或有权益资产负债结构

从风险指标的变化来看，与或有权益资产负债表得出的结论一样，意大利企业部门的资产波动率一直在高位徘徊，一直高于 10%，在 2008 年甚至达到了 20.9%。而由于意大利企业部门在经济危机和欧债危机之后一直积极调整资产负债率，所以，意大利企业部门的违约距离自 2008 年以来一直在降低，违约风险也在降低。

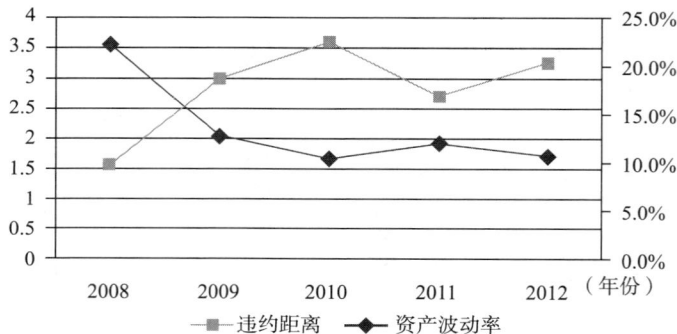

43.12　2008－2012 年意大利企业部门违约距离和资产波动率

第 5 节　意大利家户部门风险分析

近年来，意大利失业率高企，这是威胁意大利家户部门的最大风险，对意大利的宏观经济和社会稳定也造成了一定影响。

一、消费分析

2010 年欧债危机爆发后，意大利家庭消费停滞不前，连续三年呈负增长趋势，2013 年相比 2012 年私人消费量下降了 2.56%，如图 43.13 所示，下降至 6 年来最低水平。当计算上涨的通胀预期对金融资产的实际价值造成影响时，实际可支配收入的下降趋势更为明显。因此，萎缩的私人消费可能无法给深陷债务危机的意大利经济充足动力，拉动其宏观经济实现复苏。

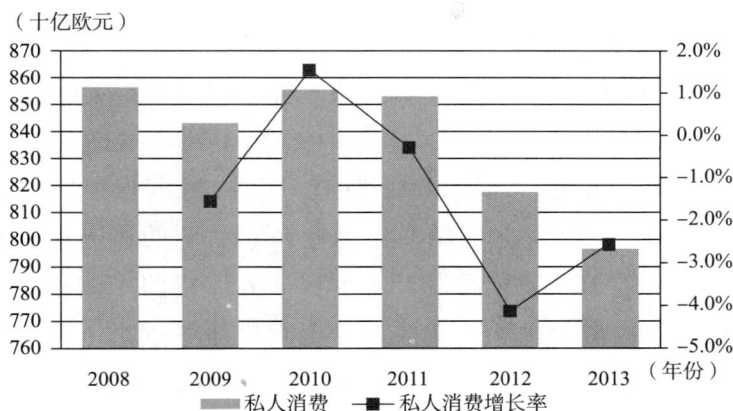

（十亿欧元）

图 43.13　2008—2013 年意大利私人消费水平及其增长率

二、失业率分析

2013 年意大利的失业率持续增加，由图 43.14 可知，意大利失业率自 2008 年以来总体一直在增加，已经达到了惊人的 12.4%。而每年就业的年轻人中，就有 40% 的人面临失业。本国经济的不景气，以及国内企业以小企业为主，易受国际国内因素干扰，是失业率不断上升的主要原因。而不断高企的失业率使得本已遭受经济危机打击的意大利还要面对来自国内群众的压力，可能引发类似希腊的社会动荡，阻碍意大利的经济复苏。

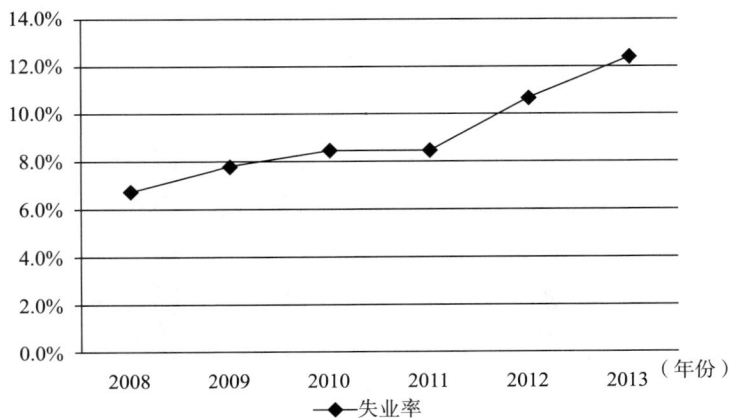

图 43.14　2008—2013 年意大利失业率情况

第6节   意大利债务风险专题

2011年7月以来，意大利主权债务问题趋向恶化，进而爆发了意大利主权债务危机。意大利10年期国债收益率达到了6％以上，创12年以来欧元区的最高水平。其与德国同期国债，即基准债券相比，利差高达390个基点。

作为欧元区第三大经济体，意大利的GDP总量占据了欧元区经济总量的17％，远远大于只占2.5％的希腊。因此，意大利的债务违约对欧元区的影响程度将比之前爱尔兰和希腊发生的主权债务危机的影响程度大得多。意大利是欧盟重要的成员国之一，如果其发生主权债务危机，将对欧盟甚至全球经济造成巨大震荡，有可能引起新一轮的经济危机。另外，若意大利发生债务违约，其2013年年底2万亿欧元的债务规模将不仅导致其经济出现衰退，而且会对欧元区其他成员国的经济状况产生负面影响。同时，意大利如果成为欧盟的救助对象，必然会使欧元区的金融救助成本成倍地增长，进而使得欧盟国家的内部分歧进一步加剧。

一、意大利财政赤字严重

2008年经济危机之后意大利政府财政赤字一直处于高位，且没有较大改善趋势，如图43.15所示。同时意大利的财政支出的很大一部分是用于偿还意大利政府的各项债务的利息，2013年利息偿还额已经达到837亿欧元，占2013年GDP的6.14％，其中包括外债和公共债务。

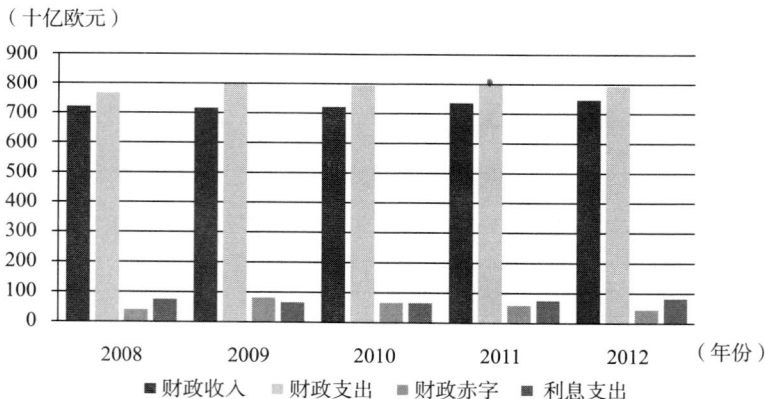

图43.15   2008—2012年意大利财政收支及利息支出

（十亿欧元）

图例：■财政收入　▨财政支出　■财政赤字　■利息支出

二、债务规模仍在扩大

意大利政府总体债务规模如图 43.16 所示，包括外债和公共债务以及对 IMF 等多边金融机构的债务。不难发现，意大利的债务问题在 2011 年主权债务危机爆发之后并没有得到改善，债务规模在 2012 年持续扩大，且增长速度比 2011 年更快。这使得意大利金融系统已不堪重负，持续增长的债务数额会加大政府的财政支出，扩大财政赤字而缩减国内建设资金。为了扭转 GDP 不断下降的颓势，意大利政府不得不断借入外债来发展国内经济，从而又恶化了其债务危机，形成恶性循环。

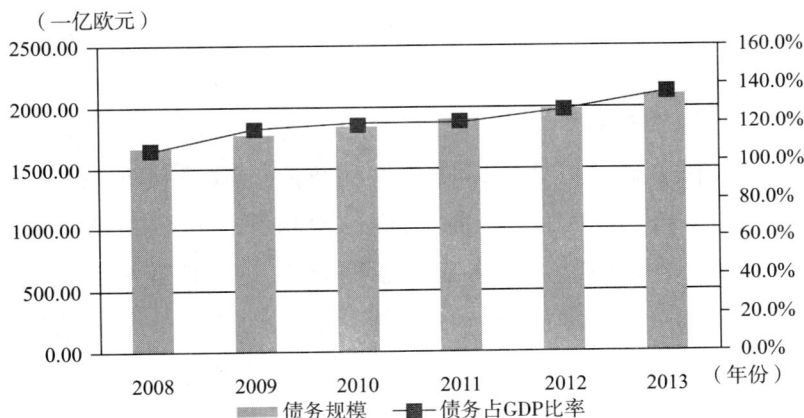

图 43.16　2008－2013 年意大利债务规模

而意大利截至 2012 年的债务规模已经达到其 GDP 的 126％，比 2011 年的 120％又增加了 6 个百分点，意大利债务风险已经逼近临界值。

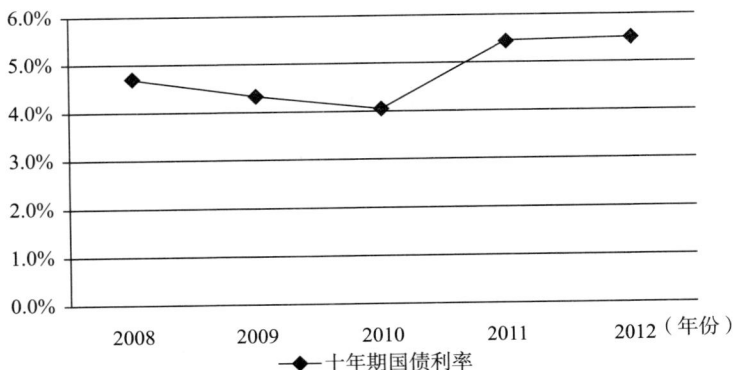

图 43.17　2008－2012 年意大利 10 年期国债利率

与此同时，由于债务规模的不断扩大，各大评级机构对意大利政府债券的评级已经从欧债危机以前的 A＋降为 A，并有继续调低其债务评级的预期。意大利债务危机无异于雪上加霜，2010 年后，意大利 10 年期国债利率不断攀升，2012 年已经达到 5.493，这导致意大利 10 年期国债相对于德国同期基准国债的收益率息差扩大至 2.7% 左右。

三、意大利主权债务困境

意大利主权债务危机爆发后，一直引起全欧洲乃至全世界的强烈关注。主要原因是意大利是全球第四大公债负债国，持有的巨额债务一旦出现违约，将远远超过欧洲救援基金的援救范围，届时将引起整个欧元区的震荡。

反观意大利国内，经济以及金融市场的援救陷入两难的境地。意大利于 2011 年推出了"一揽子"救援计划，旨在削减公共开支，推进结构改革，促进经济发展。但是，该救援计划顺利实施与否难以确定。不断增长的国内失业率给意大利财政政策的实施造成了困难，如果削减公共开支，会使国内福利水平下降，失业率进一步提升。这将会引起类似希腊的社会动荡，阻碍整个救援计划的顺利实施。另外，即使意大利政府的救援计划顺利实施，也不一定能使意大利走出目前的困境。由前面的分析我们可以看出，意大利政府的救援计划虽然对政府的财政收支起到了明显作用，但是并未大幅刺激经济的上涨。如果意大利的经济增长速度不能达到 6% 以上，意大利的债务增长速度依旧会超过其经济增长速度，经济的增长难以维持高额的债务，最终将会形成新一轮的债务危机。

第 7 节　结论及对中国的借鉴

意大利的主权债务危机从 2011 年爆发起，不仅影响了其政府财政收支，还通过其中央银行的主权债务渠道传导到金融系统，进一步放大了债务危机对实体经济的影响。公共部门的资产负债率上涨也使得金融部门的资产负债率不断上涨，同时经过或有权益分析方法，可以看到意大利整个银行系统已经出现了资不抵债的情况，自身运转已经十分困难，要依靠政府通过财政救助才能维持运转。

结合中国目前的现状，虽然中国政府以及中央银行并未出现债务危机，各项指标也在正常范围之内，出现风险的可能性较小，但地方政府的债务风险较大。根据各机构的估计结果，包括居民、企业和政府在内，目前，中国非金融部门的债务规模超过了 100 万亿，即达到了中国国内生产总值的 2 倍左右。大部分的债务都集中在地方政府层面上。中国地方政府债务的攀升主要是在全球经济危机之后，中国对外贸易受到了影响，各地政府通过财政资金加大基础设施投资力度拉动内需，维持经济快速发展。中国地方政府并未爆发债务危机的原因主要是中国目前依旧维持着 7％以上的高速增长，经济的发展还能维持地方政府顺利地偿还债务，但如果未来经济放缓，依旧会引发地方债务危机。对于目前的严峻形势，国家已经出台多项政策，转变经济结构，完善金融市场，努力实现中国经济的软着陆。结合 2013 年和 2014 年年初的情况，政策实施状况良好，各地政府缩减开支，加大扶植地方中小企业，力求更多的经济增长点。

参 考 文 献

［1］ Bank of Italy，Annual Report 2012.

［2］ Bank of Italy，Annual Report 2011.

［3］ Bank of Italy，Annual Report 2010.

［4］ Bank of Italy，Annual Report 2009.

［5］ Bank of Italy，Annual Report 2008.

［6］ 王宝锟：《意大利债务危机难解》，载《经济日报》2011 年 8 月 18 日。

［7］ 徐彬：《欧债危机与欧元前景》，载《中国证券期货》2011 年 11 月 25 日。

第44章 西班牙宏观金融风险研究

作为欧盟第四大经济体，西班牙经济以工业和服务业为主要支撑。由于 2008 年金融危机的爆发及受到欧债危机的波及，西班牙整体经济在 2008 年一直处于衰退状态。同时公共负债规模巨大、失业率节节攀升、融资成本上升、政局不稳定更是使得西班牙整体经济雪上加霜。为了缓解欧债危机的影响，西班牙政府实行紧缩的财政政策，使得西班牙整体经济发展难以为继。总的来看，造成西班牙主权债务危机的主要原因是结构性失衡，主要表现为产业结构失衡、公共债务失衡等。西班牙存在较大的结构性风险。

第1节 西班牙经济金融运行概况

一、经济运行概况

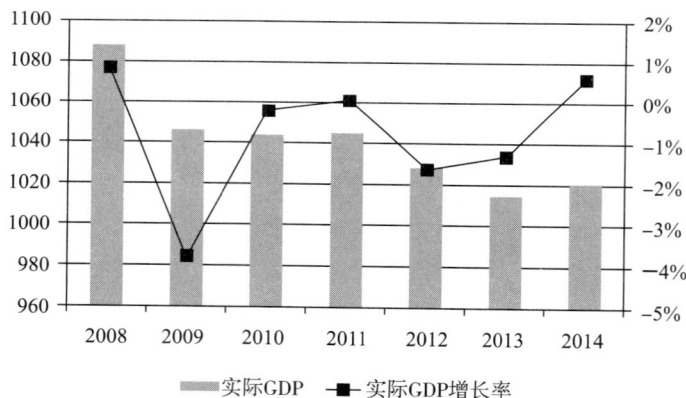

图 44.1 西班牙实际国内生产总值及增长率

2008 年全球金融危机爆发，全球经济受影响颇深，但由于西班牙在危机前的良好经济基础，使得西班牙在危机当年受影响并不大。随着危机的进一步加深，西班牙整体宏观经济的结构性失衡问题开始凸显，房地产泡沫破灭，在 2009 年，经济首度出现负增长，并在其后的时间里，增长率一直为负。2010 年欧债危机爆发，西班牙本就脆弱的经济不堪打击，遭遇节节下降，如图 44.1 所示。虽然西班牙政府积极应对，但国内政局不稳，公众信心下降，使得政府的政策并未实现预期效果，2013 年，西班牙经济仍旧处于衰退之中。

二、金融运行概况

由于整体经济低迷，西班牙金融部门面临较大的风险。西班牙国家主权信用评级的下调，使得投资者信心不足，再加上欧盟整体经济不够明朗，导致西班牙融资成本大大提高。这也是西班牙整体经济恢复的障碍之一。再加上西班牙之前产业结构失衡的问题，随着危机爆发而破裂的房地产泡沫，使得西班牙银行业受到牵连。政府只得于 2011 年接受外部援助，并针对本国金融体系进行改革。截至 2013 年，西班牙金融体系改革略有成效，西班牙国债融资成本有所降低。但在整体经济依然走低的大环境下，该国金融体系仍面对较大风险。

第 2 节 西班牙公共部门风险分析

作为"欧猪五国"之一。西班牙受欧洲主权债务危机影响颇深。各大评级公司纷纷下调西班牙国家主权信用等级，使得西班牙融资成本大大提高，政府负债累累。公共债务问题成为西班牙公共部门的主要问题。

一、公共部门资产负债表分析

由于数据来源限制，本节通过对西班牙中央银行资产负债表的分析，得到西班牙公共部门资产负债表，并以此表作为西班牙公共部门风险的分析基础，分析公共部门可能存在的风险。

（一）资本结构分析

西班牙公共部门的资产负债规模在欧债危机爆发后大幅提升，如图 44.1 所示。在 2012 年，西班牙公共部门的总负债达到 5477.3 亿欧元。资产负债率也因此达到了 99% 以上，为历史高峰。此外，西班牙公共负债占 GDP 的比重也创历史新高。西班牙公共部门存在较大的结构性风险，再加上政府推行紧缩的财政政策，受到民众的大量反对，政局的稳定性问题不断凸显。西班牙公共部门的风险不容小觑。

（百万欧元）

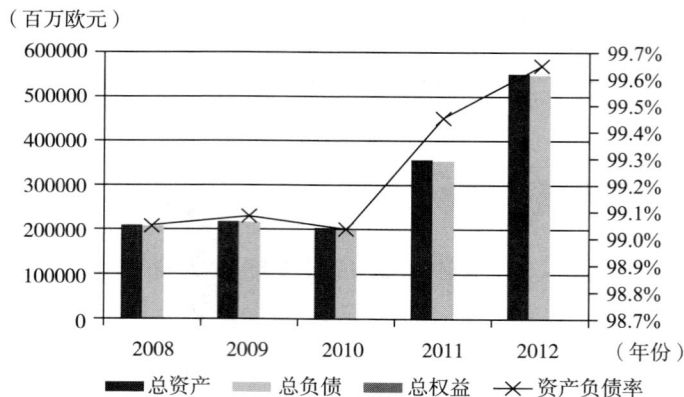

图 44.2　西班牙中央银行资本结构及资产负债率

二、公共债务分析

西班牙公共债务问题在危机中被进一步放大。2008 年以来，公共债务规模节节攀升，西班牙公共债务占 GDP 的比重也在整体经济衰退和债务规模扩大的双重影响下大幅上升。2013 年更是达到了 93％的高值，西班牙公共债务风险突出。此外，由于房地产业泡沫的破灭，银行坏账问题凸显，失业率高企，使得西班牙深陷债务危机的泥潭，再加上西班牙国债融资成本高，使得公共部门负担加重。而且西班牙的高福利支出，这一切都使得西班牙公共部门的偿债风险不容小觑。但随着 2013 年整体经济回温，西班牙政府采取的一系列措施不断向外释放积极信号，外界对西班牙走出危机阴霾信心上升，西班牙国债融资成本有所下降，情况有所好转。

（十亿欧元）

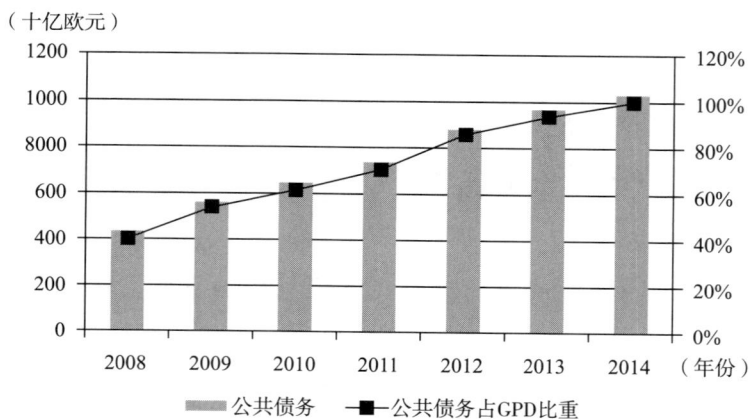

图 44.3　西班牙公共债务情况

从整体上来看，西班牙公共部门风险主要体现在债务风险上。但这一风险并不是孤立的，需与其他部门整合起来共同分析。

第 3 节　西班牙金融部门风险分析

作为欧盟第四大经济体，西班牙由于自身结构性问题，在欧债危机中受到极大的影响。但与"欧猪五国"中其他成员国家不同的是，西班牙在危机前经济发展迅速，金融基础质量相对较好。但由于其产业结构不平衡，导致危机爆发后整体经济遭受巨大的打击，房地产泡沫破裂，因此，银行坏账率大幅提高，西班牙银行业风险激增。本节选取西班牙国内资产市值位于前 11 名的银行编制合并资产负债表，分析西班牙金融部门风险状况。

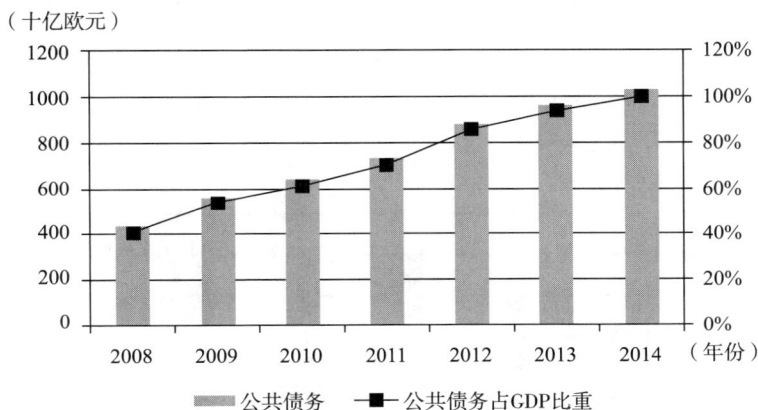

（十亿欧元）

图 44.4　西班牙上市银行部门资本结构及资产负债率

一、账面价值资产负债表分析

从资产负债规模来看，在 2012 年西班牙金融部门资产负债规模都有了小幅上涨，且负债规模上涨大于资产规模上涨，导致资产负债率在这一年也出现了大幅上涨。从总体来看，西班牙金融部门的资产负债规模一直保持上扬态势，仅在 2011 年出现了小幅下降。这是因为在 2011 年为了减少欧债危机的影响，西班牙金融部门有意识地降低其资产负债规模。但在 2012 年，负债规模有所提高，2012 年总资产为 54968 亿美元，总负债升至 54773 亿美元，资产负债率达到 94.36%。处于较高的范围，金融部门存在较大的结构性风险，需加强监管。

从流动比率的角度来看，西班牙金融部门的流动比率较佳。2008 年金融危机爆发后，西班牙金融部门流动比率经历了连续 4 年的下降，到 2011 年时仅为 1.43，仍然大于 1。在 2012 年，西班牙上市银行比率出现了上升。这说明其金融部门偿债力正在得到改善。随着西班牙政府紧缩政策的实行，西班牙银行业的偿债能力有所提高。由以上分析可以得到结论，西班牙金融部门存在一定的结构性风险，但短期偿债能力较好。由于西班牙整体经济不乐观，其部门风险不容乐观。

（十亿美元）

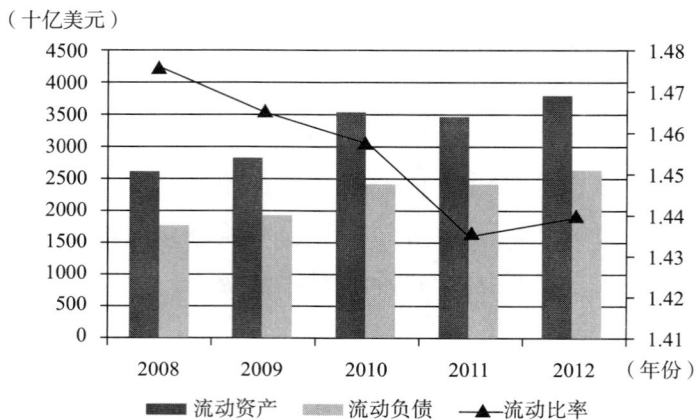

图44.5　西班牙上市银行部门期限结构

（十亿美元）

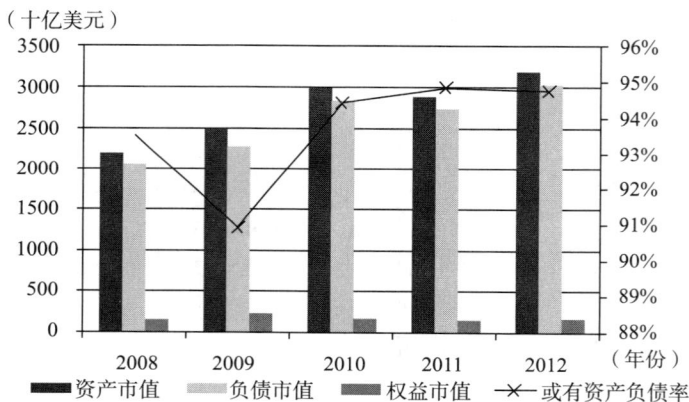

图44.6　西班牙上市金融部门或有资本结构及或有资产负债率

二、或有权益资产负债表分析

从或有权益资产负债表中我们可以看出，2009年政府受金融危机影响调整本国银行业，西班牙上市金融部门或有负债率达到较低值。之后随着欧债危机的爆发，该指标出现大幅上升。在2011年至2012年，或有资产负债率基本持平，至94.78％。与西班牙金融部门的账面资产负债表对比不难发现，或有资产负债率略低于账面资产负债率，说明投资者对西班牙市场的信心缺失，整体不被看好。

根据西班牙上市金融部门账面价值和资产市值图表可以看出，西班牙金融部门资产市值与账面价值呈上扬趋势，资产规模不断扩大。对比两列曲线不难得出，西班牙金融部门资产市值略低于账面价值，说明在整体经济衰退，外部经济不理想的情况下，外界对西班牙市场存在低估现象，市场表现出对西班牙市场的不看好，西班牙银行业的风险不容小觑。

（十亿美元）

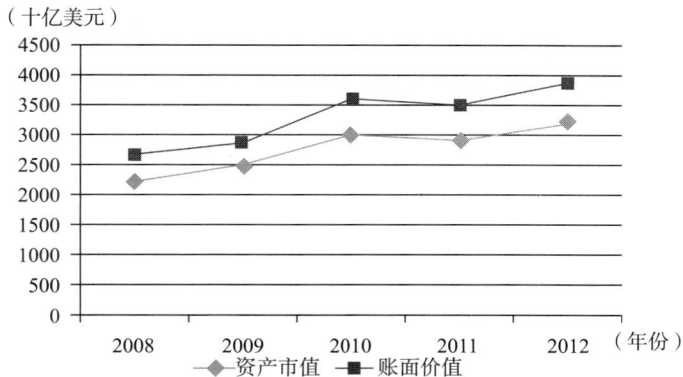

图 44.7　西班牙上市金融部门账面价值和资产市值

三、风险指标分析

（一）资产波动率

从整体趋势来看，西班牙上市金融部门的资产市值波动率呈下降趋势。虽然西班牙整体受到欧债危机影响深远，但西班牙金融部门资产市值波动率并未受其影响而产生大的波动。2012 年资产市值波动率与 2011 年基本持平，均在 1.4%，如图 44.8 所示。这表明西班牙上市金融部门在政府及自身的风险管理下，资产的稳定性保持良好。

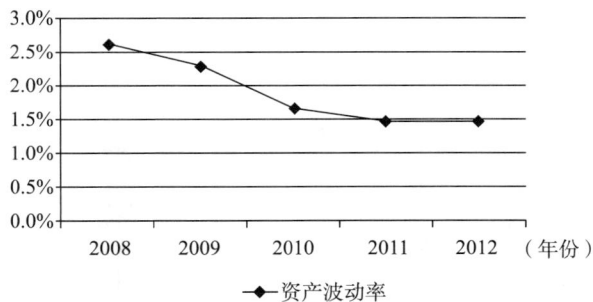

图 44.8　西班牙上市金融部门资产市值波动率

（二）违约距离

西班牙政府采取措施应对 2008 年全球金融危机，因此，2009 年违约距离出现小幅上涨，西班牙上市金融部门违约风险下降。但随着欧债危机的爆发，此后两年金融部门违约距离下降。西班牙上市金融部门违约距离在 2012 年出现小幅上升，为 1.48. 表明西班牙上市金融部门所对应的违约风险相对较小。2012 年，虽然欧债危机蔓延，但金融部门的违约距离反而小幅上升，表明西班牙金融部门有能力面对危机带来的负面影响，维持金融业稳定。

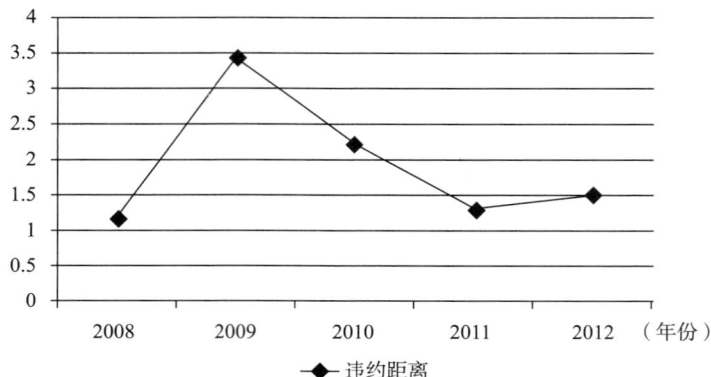

图 44.9 西班牙上市金融部门违约距离

第4节 西班牙企业部门风险分析

西班牙企业部门在整体环境低迷，失业率高企，房地产泡沫的影响下，虽然表现出一定的积极信号，但仍存在一定的潜在风险。本节通过计算西班牙资产市值排名靠前的 85 家上市企业得出该国企业部门资产负债表，并以此表为基础对西班牙企业部门风险进行分析。

一、账面价值资产负债表分析

（一）资本结构分析

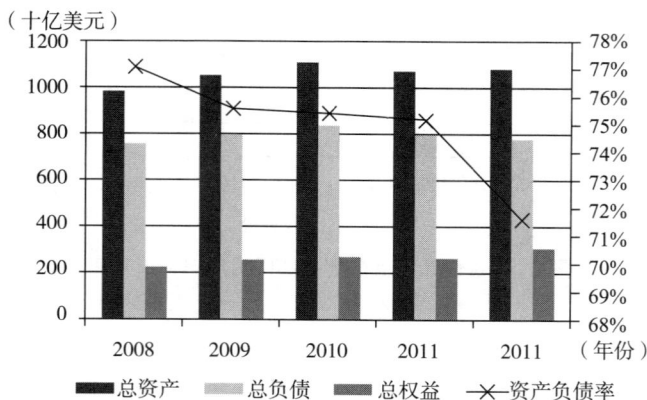

图 44.10 西班牙上市企业部门资本结构及资产负债率

西班牙上市企业部门的总资产与总负债在 2012 年出现极小幅上升。总资产由 10710 亿美元升至 10800 亿美元；总负债由 8070 亿美元降至 7740 亿美元；总权益在 2012 年也出现上升，由 2640 亿美元降至 3060 亿欧元。受西班牙企业部门总负债下降及总资产上升的双重影响，资产负债率在 2012 年回落至 71％，说明西班牙企业部门资本结构趋于优化，结构性风险降低。

（二）期限错配分析

西班牙上市企业部门流动负债与流动资产在 2012 年都有了小幅回升，说明欧债危机并未对该部门造成严重的影响，西班牙企业部门期限结构表现优良。从资产负债规模来看，西班牙企业部门的流动资产始终高于流动负债，这说明西班牙企业部门期限结构良好，短期偿债能力较强。适宜的流动比率使得西班牙企业部门发生流动性危机的概率较低。

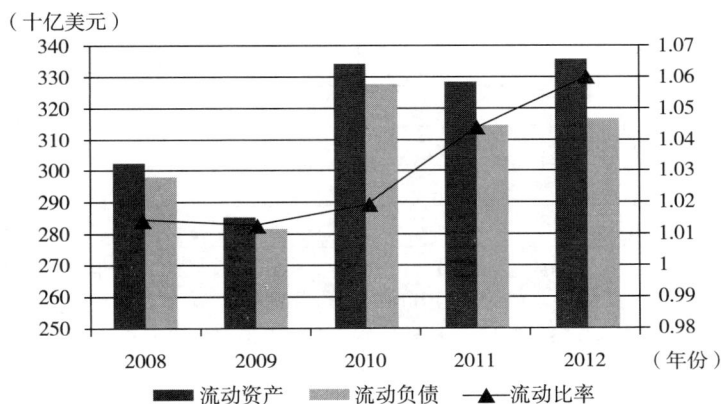

图 44.11　西班牙上市企业部门期限结构

二、或有权益资产负债表分析

西班牙企业部门的资本结构较为优良，如图 44.12 所示。从规模来看，虽然受到金融危机及欧债危机的影响，总体规模有所下降，但下降幅度并不大，说明企业很好地应对了欧债危机带来的负面打击。从资产负债率的角度来看，在 2012 年，西班牙企业部门的资产负债率出现了小幅下滑，由 59.82％降至 58.2％，且绝对值一直保持在 60％以下，进一步说明西班牙企业部门在危机中表现良好，结构性风险较低。

2008 年金融危机后，投资者对西班牙市场信心减退，西班牙上市企业市值存在明显的低估现象，且这一差额呈逐渐扩大的趋势，如图 44.13 所示。企业部门的资产市值在 2008－2012 年均略低于账面价值，且其差距在不断扩大，2012 年其差距由 1470 亿美元扩大至 1730 亿美元。这不仅仅与西班牙受欧债危机影响经济衰退有关，更与欧洲整体经济低迷有关。

（十亿美元）

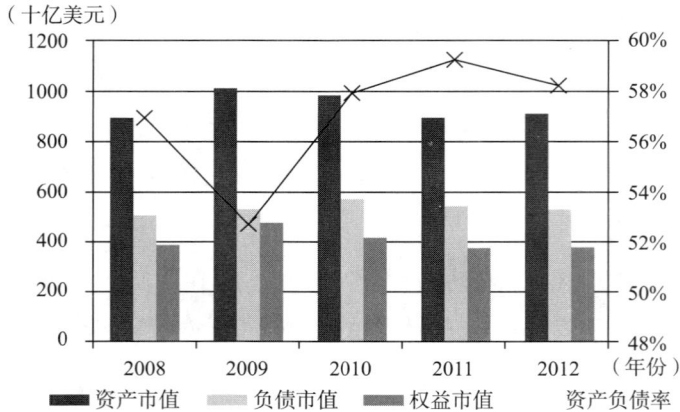

图 44.12　西班牙上市企业部门或有资本结构及或有资产负债率

（十亿美元）

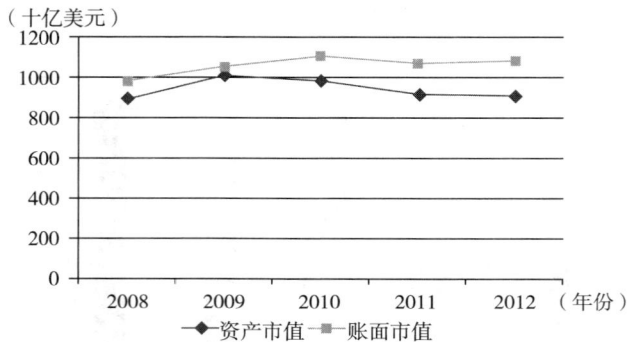

图 44.13　西班牙上市企业部门账面价值和资产市值

三、风险指标分析

（一）资产波动率

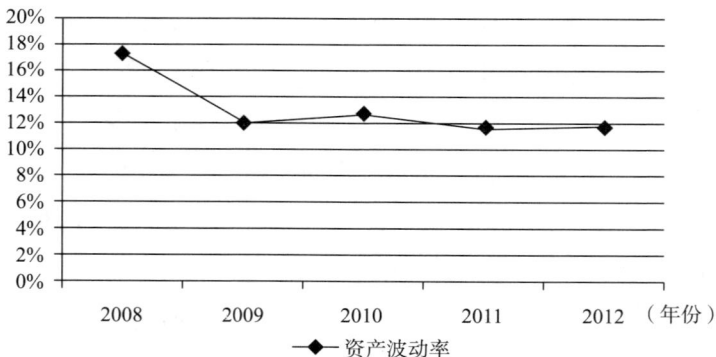

图 44.14　西班牙上市企业部门资产市值波动率

西班牙企业部门资产波动率一直处于较低的水平。除了 2008 年金融危机使得波动率上升之外，在此后的几年，西班牙企业部门该指标一直处于稳定状态，在 12％周围小幅波动。较低的资产波动率进一步说明了前文的分析结论，在危机之下，西班牙企业部门表现良好。但由于西班牙劳动力市场严重失衡，企业部门风险依然存在。

（二）违约距离

从 2009 年开始，西班牙企业部门违约距离一直处于较高的位置，而且 2012 年继续呈升态势，由 3.35 升至 3.40，与金融部门相比，西班牙企业部门风险较小。

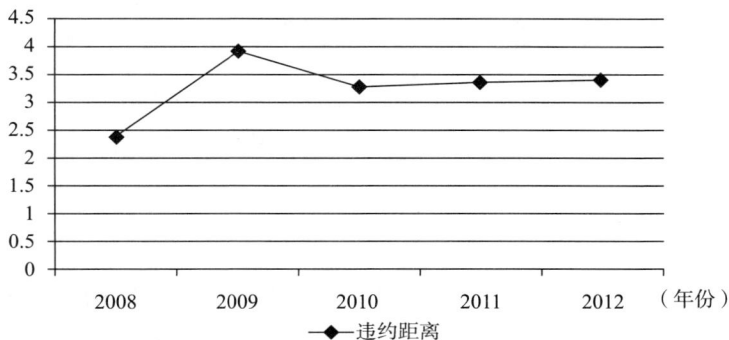

图 44.15　西班牙上市企业部门违约距离

第 5 节　西班牙家户部门风险分析

作为"欧猪五国"成员之一，由于西班牙之前的经济繁荣过度依赖房地产产业等原因造成整体经济结构性失衡，在欧债危机爆发后整体经济遭受巨大打击，GDP 出现持续性衰退，失业率高企，劳动力市场结构失衡。而且由于政府推行紧缩政策，西班牙就业问题可能仍将继续，家户部门风险巨大。

一、消费分析

西班牙居民实际私人消费在 2010 年出现上升后，在 2011—2012 年连续下跌，但随着欧洲整体经济回温及政府实施紧缩政策得到一定成效，向外界释放正面消息增多，在 2013 年这一下降势头得到遏制，开始出现小幅上涨，这一上扬势头将在 2014 年得到放大。在私人消费增长率持续 6 年为负之后，2014 年这一指标也将首度出现正增长。但失业率高企、内需不足，仅靠外部经济是无法实现经济的全面回升的。西班牙家户部门风险依然较大。但这一风险在 2014 年将得到有效降低。

（十亿欧元）

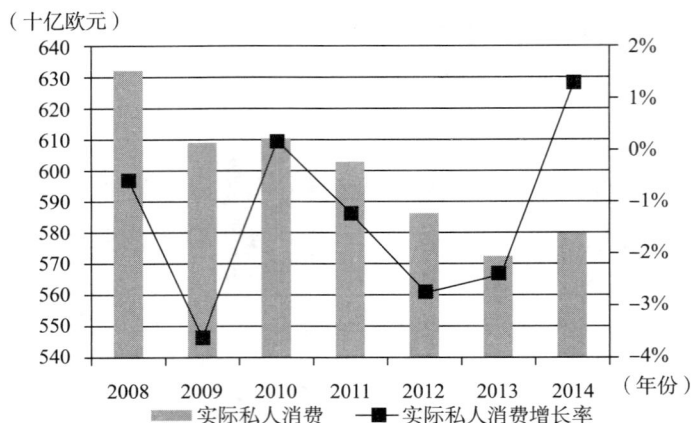

图 44.16　西班牙居民消费

二、失业率分析

欧债危机后，西班牙失业率持续攀升，并在 2013 年高达 26.6％。这是由于 2013 年西班牙经济陷入衰退，政府为了控制欧债危机对本国经济的打击而实施紧缩政策，同时推行劳动力市场改革，这也造成了短期内失业率增加。但由于西班牙存在较多地下经济，因此，实际情况可能比官方统计数字略有好转。经济和就业问题依旧是西班牙目前所面临的最大挑战。

（百万人口）

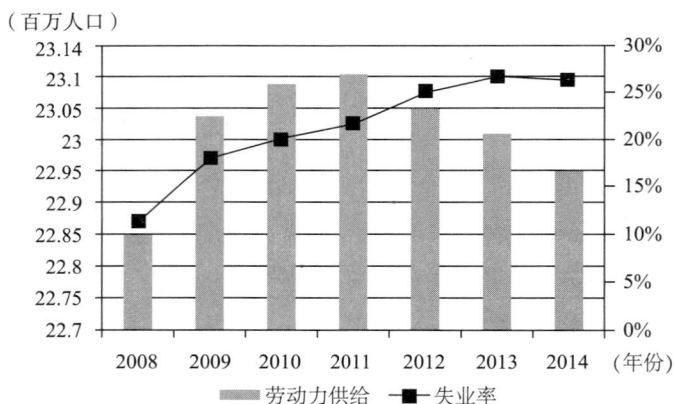

图 44.17　西班牙劳动供给及失业率

第6节　西班牙银行业风险分析

2013 年对西班牙整体经济来说充满困难的一年，饱受欧债危机影响的西班牙经济依然处于持续性衰退之中。但随着欧洲整体回温及西班牙政府积极应对危机采取的措施开始生效，西班牙整体经济复苏即将到来。自从 2009

年欧债危机爆发以来，欧洲的债务风险主要停留在主权债务层面，而西班牙银行问题的恶化，意味着主权债务危机将延伸到银行业。而以稳健著称的西班牙银行业早在 2000 年就开始实施动态拨备制度。同时，西班牙银行业注重信息披露，坚持保持信息的全透明，并大幅冲销其最有问题的资产。但是，西班牙银行危机只是被延迟，并未完全避免。随着美国次贷危机及欧债危机的爆发，西班牙房地产业全面崩盘，银行业也因此遭受冲击，西班牙银行危机爆发。2012 年 3 月，西班牙的银行坏账率升至 8.37％，为 18 年来最高。而此时的大环境却为西班牙整体经济低迷，GDP 出现负增长，银行的问题更加凸显。

欧洲银行业存在巨大的风险。2008 年次贷危机爆发，欧洲银行遭受巨大损失，但欧洲各国政府并未从根本上解决银行业存在的问题，随着欧债危机的爆发，这些问题都浮出水面，而持有大量欧洲债务国主权债务的欧洲银行业遭受巨大损失，超出能承受的范围。2011 年的压力测试显示，西班牙有 5 家银行未通过测试，7 家银行勉强通过测试。在未通过测试的 5 家银行中，银行核心一级资本充足率均低于 5％，而勉强通过的银行核心一级资本充足率介于 5％—6％间勉强过关。

目前，西班牙银行业无法通过常规渠道获得融资成了西班牙政府面临的最新难题。因为主权信用评级下降，西班牙国库券利率高升，导致西班牙银行融资成本高升，融资困难。因此，西班牙银行业应注重对问题银行的处理，同时欧洲央行应提供适当的流动性支持，提高西班牙银行业的灵活性。而西班牙政府应当针对问题银行采取措施，否则整个经济的复苏都将受到影响。

第 7 节　结论及对中国的借鉴

2013 年是西班牙经济依然处在持续性负增长势头的一年，但这一势头已经结束。综合分析西班牙四部门资产负债表，可以看到 2013 年是西班牙整体经济恢复过程中过渡的一年。西班牙公共部门和上市金融部门的资产负债率均较高，公共债务高企，存在较大的结构性风险。相对于公共部门和上市金融部门而言，企业部门表现优良，基本不存在明显的清偿力风险，并且在 2013 年通过出口极大地拉动了西班牙经济的回温。此外，西班牙家户部门受到欧债危机的影响较大，私人消费迅速减少，劳动力市场结构失衡导致西班牙失业率高企。公共部门面临较大风险。西班牙面临主权债务严重的困境，鉴于此，我国应在如下方面注意风险防范：首先，政府应当厘清自身在市场经济中所起的作用。其次，增加与非欧元区国家的贸易。贸易对象的单一会造成国家出口的依赖性增强，一旦贸易对象出现问题就不免受到波及。若能够增加与其余地区，如非欧元区国家的贸易，这样就能减少由于欧元区不景气带来的不利影响。再次，加快我国产业结构调整，避免出现产业结构失衡的问题。最后，加强对我国银行贷款的审批与监管，降低不良贷款对我国金融部门的威胁，提高金融信贷的质量，促进金融部门效益的提高。

参 考 文 献

［1］Banco de Espana，Annual Report 2007－2011。

［2］陈建奇：《欧债危机为何难以企稳》，载《国际贸易》2012 年第 4 期，第 30－37 页。

［3］王焯、广昭君：《西班牙主权债务问题分析》，载《国际金融》2011 年第 10 期，第 61－66 页。

［4］李洪林：《西班牙主权债务危机下的经济前景分析》，载《经济研究导刊》2012 年第 6 期，第 93－95 页。

［5］闫磊：《希腊僵局暂解西班牙救助再引担忧》，载《经济参考报》2012 年 11 月。

第 45 章　葡萄牙宏观金融风险研究

葡萄牙是一个欧洲小国，总人口 1061 万人，国土总面积 9.2090 万平方千米。葡萄牙整体经济在整个欧盟排名较后，工业基础薄弱，拉动国家经济增长主要靠农业及现代工业，尤其以酿酒、旅游、软木加工等轻工业为主。从整体上来看，受欧债危机的影响，葡萄牙整体经济停滞不前甚至出现负增长。失业率高企，公共负债规模巨大，国家主权信用评级下降造成葡萄牙四部门均表现出较大的风险。本章主要使用资产负债表分析方法对葡萄牙各个部门进行具体分析，探讨期限错配、资本结构错配、货币错配和清偿力风险问题。

第 1 节　葡萄牙经济金融运行概况

一、经济运行环境

2013 年葡萄牙国内生产总值为 1532 亿欧元，其整体经济在欧元区内相对较弱。葡萄牙支柱产业为农业及现代工业，工业方面以金属提炼、化工、石油为主。此外，还有旅游、模具、制鞋等也是葡萄牙的主要产业。

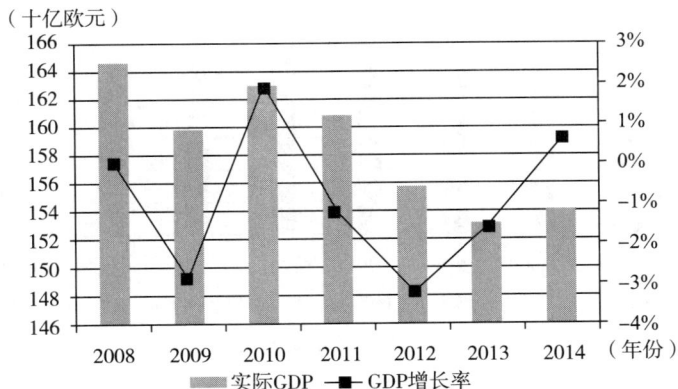

图 45.1　葡萄牙实际国内生产总值及增长率分析[①]

---

① 数据来源：BvD 全球金融分析数据库。本章其他图表数据如未指明，均来源于此。

近年来，葡萄牙整体经济发展一波三折。葡萄牙的主要问题是它的经济最近十年来一直增长缓慢。葡萄牙没有遭遇房地产危机是因为它和西班牙不同，没有出现过"不动产大繁荣"。相比其他国家，葡萄牙银行也没有受到世界金融危机的影响。但是经济增长缓慢并且极度依赖西班牙经济和出口产业的葡萄牙最终还是受到世界金融危机影响，2009年其宏观经济出现了严重的紧缩，GDP下降约2.91%。2010年，伴随着全球经济复苏，葡萄牙经济也逐渐回温，其实际GDP以1.94%的速率缓慢增长。但在2011年，受希腊主权债务危机的影响，作为葡萄牙经济复苏主要动力的出口部分受到较大波及，其国民生产总值在2011—2013年均出现负增长，如图45.1所示。2013年葡萄牙经济负增长趋势减缓，2014年GDP实现正增长，预计增长率由－1.6%恢复至0.6%。

葡萄牙的国民生产总值主要由投资、公共消费、私人消费及出口四个部分构成。从产业构成来看，葡萄牙GDP中服务业占比较大，为74.5%，工业占比22.9%，贡献不大，而农业贡献率更低，仅为2.6%。消费所占比例过高，投资、出口比率严重偏低，造成葡萄牙产业结构失衡，服务业占比高而农业及制造业贡献较少的局面。但葡萄牙的国际贸易结构存在不合理之处，如图45.2所示。2013年，葡萄牙进出口额达到1194亿欧元，比上年升高。但其实际进口额降至588亿欧元，实际出口额持续增长，达到了606亿欧元，如图45.2所示。机电产品、运输设备和矿产品是葡萄牙的主要出口商品。

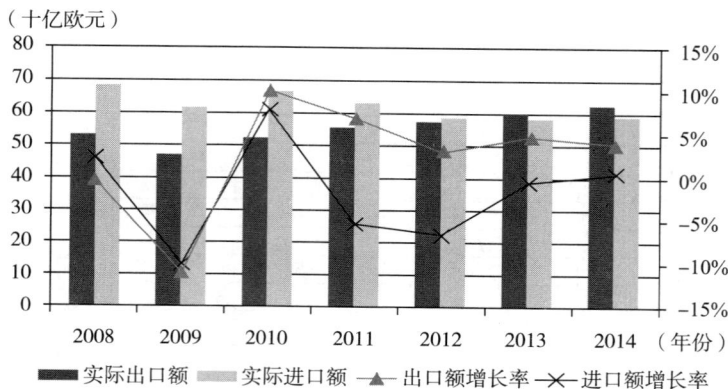

图45.2 葡萄牙进出口额及增长率

自从欧债危机爆发后，投资者对整个欧洲市场信心不足，导致外国对葡萄牙的直接投资大幅下降。2011年外国直接净投资出现负值，为－21.86亿美元，如图45.3所示。之后，随着葡萄牙经济的缓慢回温，外国直接投资额也有所上升。由于外国直接投资涉及的领域主要为已进入国际市场的创新技术产业，对于净投资额的增长较为不利，并且随着葡萄牙政府紧缩政策的实施，引起国内政治局势动荡，投资者信心更为不足。国际商业环境也不明朗，投资者态度谨慎。因此，2013 年外国直接投资净值出现大幅下降，由 2012 年的 7 亿欧元降至 2.93 亿欧元。2014 年外国对葡萄牙直接投资净额约为 2.42 亿欧元，略低于 2013 年。

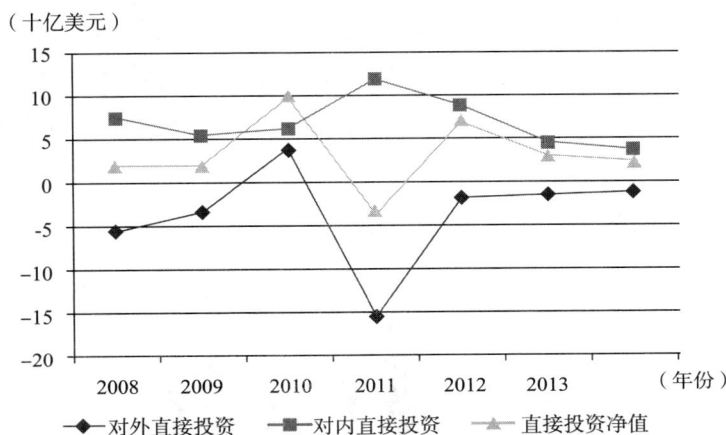

图 45.3　葡萄牙外国直接投资

二、金融运行环境

2008 年全球金融危机爆发，为防止危机继续扩大，葡萄牙央行对葡萄牙金融体系进行援助，其具体措施为出台和实行宽松的货币政策，执行无限额注资计划以及实行商业银行国有化等措施向金融体系注资。2009 年葡萄牙遭遇了主权债务危机，政府多次出台政策进行救助。2011 年 5 月，欧盟和国际货币基金组织为葡萄牙注入 780 亿欧元救援款项。葡萄牙政府继 2012 年削减薪金和养老金之后，2013 年政府又宣布提高税率，此举降低公众福利，引发强烈不满，导致政局十分动荡。

第 2 节　葡萄牙公共部门风险分析

葡萄牙公共部门的风险在某种程度上是因为葡萄牙经济规模较小，且政权不够稳定，当国家面临较大的冲击时，其政府并不能完全依靠自己的能力来解决本国的问题。本节主要选择葡萄牙中央银行的资产负债表作为其公共部门的数据进行研究，通过分析资产负债表和公共债务来分析说明葡萄牙公共部门的风险问题。

一、中央银行资产负债表分析

从整体上来看，葡萄牙中央银行的资产与负债呈逐年增长的趋势。其中2010年央行的资产负债出现跳跃式增长，偿债能力下降。与此同时，葡萄牙央行的资产负债率一直处于较高状态，持续逼近99％的高位，且有继续上升的趋势，如图45.4所示，这进一步说明葡萄牙央行的偿债能力下降。此外，由于投资者对国际形势仍持谨慎态度，且普遍认为葡萄牙政治形势不乐观，葡萄牙央行的权益变化幅度较小，且占比较小。综上所述，葡萄牙中央银行存在较大的资本结构问题。

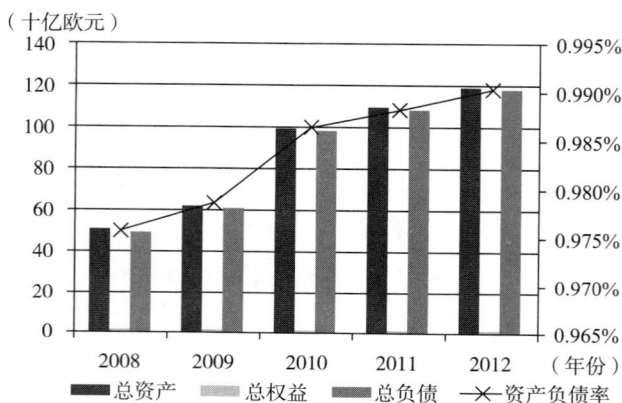

图 45.4　葡萄牙中央银行资本结构

二、政府公共债务分析

近年来，葡萄牙宏观经济呈下降趋势，且伴随着政府负债的增加，出现失业率高企等现象。2013年公共部门负债与GDP的比重达到了133％。继希腊与爱尔兰之后，2011年葡萄牙也陷入了主权债务危机。受到希腊主权债务危机的波及，市场对欧元区信心匮乏。另外，葡萄牙整体经济增长速度减缓，负债率与经济增长率之间差距日增。2011年4月，葡萄牙政府向欧盟提交了求援申请并获得援助款项。同时，葡萄牙主权信用评级遭遇下调，国债利率高涨。而到2014年1月，葡萄牙政府拟在近期发行5年期国债，试图效仿爱尔兰政府的做法，逐步摆脱国际援助，但是发行5年期国债将增加其在2019年到期债务的总规模。葡萄牙公共部门债务危机依然不容乐观。

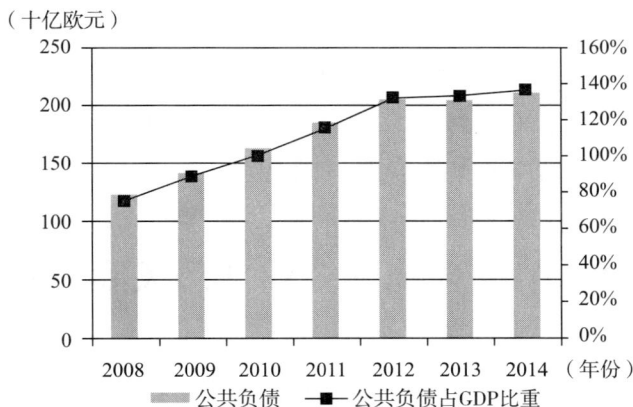

图 45.5　葡萄牙政府公共债务

第 3 节　葡萄牙金融部门风险分析[①]

葡萄牙的金融部门包括银行，资产管理公司，保险公司，投资基金，养老基金等，其中，葡萄牙中央银行是该国银行业的核心，其他知名银行有葡萄牙储蓄总行，圣灵银行及葡萄牙投资银行等。世界金融危机爆发以来，欧洲各国金融部门风险急剧增大，而相对较好的是葡萄牙银行业，因为没有经历过"不动产大繁荣"而使自身面临的风险更小。本节主要通过账面资产负债表的方法对葡萄牙金融部门的期限错配、资本结构错配、货币错配和清偿力风险问题进行分析。

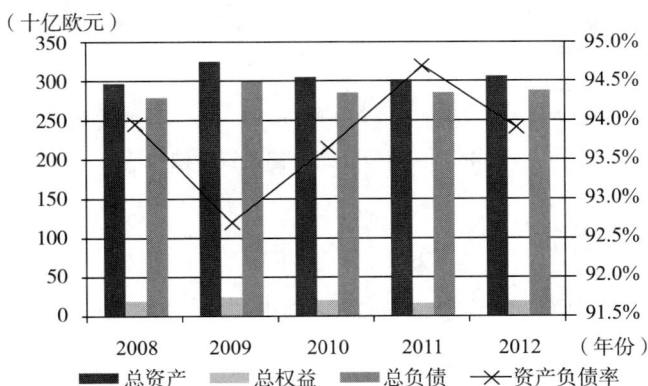

图 45.6　葡萄牙金融部门资本结构

从 2009 年开始，葡萄牙金融部门资产与负债出现了连续三年的下降，而在 2012 年，资产有了小幅升高，但变化较为平稳。由于资产的下降速度大

---

① 由于葡萄牙证券市场不够成熟，因此，在获取资产市值、负债市值和权益市值时难度较大，或有权益资产负债表的分析在本章内稍作删减。

于负债的下降速度，所以在2009—2011年，资产负债率出现大幅涨，升至95.2%，高于危机前93.87%的水平，而在2012年，葡萄牙金融部门的资产负债率基本回到危机前水平，为93.89%，如图45.6所示。但从整体上来说，葡萄牙金融部门资产负债率较高，说明该国金融部门存在较大的结构性风险。

第4节　葡萄牙企业部门风险分析

本节选取葡萄牙国内的45家上市企业，通过合并其资产负债表形成企业部门宏观资产负债表，并以此表为基础对葡萄牙企业部门进行宏观风险分析，发现葡萄牙企业部门流动性风险较大，同时存在一定的清偿力风险。

葡萄作为外部经济型国家，其产业结构以第三产业为主，存在一定的产业结构不完善的问题。葡萄牙人口中过半比例的人从事的都是服务业。葡萄牙的支柱产业主要集中在纺织、造纸、酿酒等，而软木制造产业位居全球第一。

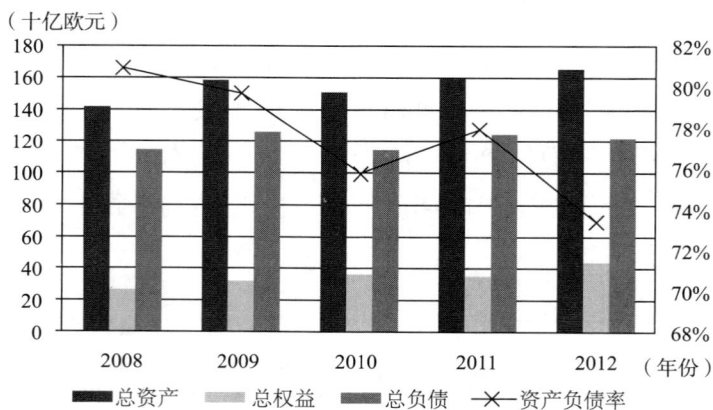

图45.7　葡萄牙企业部门资本结构

一、资本结构分析

2008年全球金融危机爆发，葡萄牙企业部门资产负债率在2008年升高，而后随着金融危机影响的消除，资产负债率出现了大幅下降。随着2011年欧债危机波及葡萄牙，葡萄牙主权评级下降，使得投资者对葡萄牙市场信心不足，企业不得不大量举债以维持自身运营，造成葡萄牙企业部门负债大幅上升，而相应的总资产上升速度较慢，导致2011年资产负债率出现小高峰，达到77.6%的水平。说明葡萄牙企业部门存在一定的结构性风险，但相对于金融部门而言，风险较小。从总资产总负债的角度来看，总资产在2010年后一直呈上扬态势，更进一步说明葡萄牙企业部门的恢复能力略强于金融部门。

二、期限错配分析

2008—2012 年，葡萄牙企业部门流动资产与负债均出现波动性变化，具体来看，在 2010 年，企业部门的流动资产超过流动负债，流动比率也因此达到 1 以上，为 1.13。而在其他几年，流动资产规模均小于流动负债，流动比率也因此小于 1。2012 年，葡萄牙企业部门流动负债与流动资产均出现小幅下降，但流动负债下降规模大于流动资产，流动比率依然小于 1，说明该部门存在一定的短期偿债风险，再加上葡萄牙受欧债危机影响导致经济发展停滞的大环境，其企业部门偿债能力堪忧。

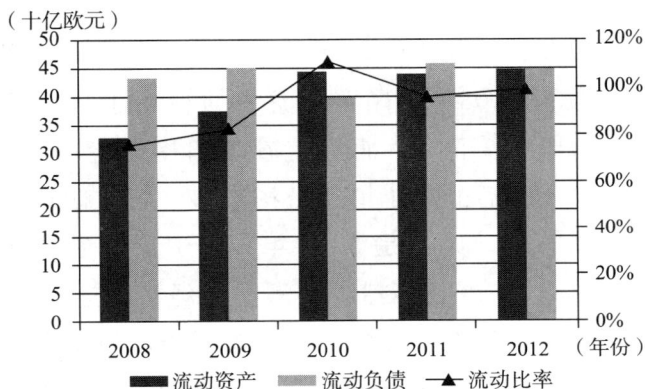

图 45.8　葡萄牙企业部门流动资产与流动负债

三、清偿力分析

2008—2012 年，葡萄牙产权比率呈波动式增长。在金融危机过去之后的两年，呈下降态势。而随着欧债危机对葡萄牙整体经济影响的逐步加深，葡萄牙企业部门产权比率再次呈上扬态势，2012 年，随着葡萄牙政府对企业部门扶持力度的加大，产权比率再一次有所下降。但从绝对值上来看，其企业部门产权比率较高，说明葡萄牙企业部门存在一定的清偿风险。

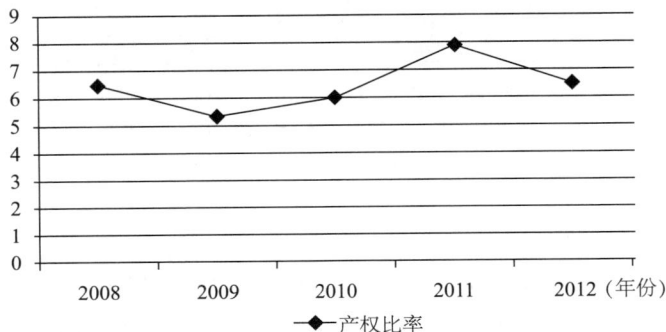

图 45.9　葡萄牙企业部门产权比率

第5节 葡萄牙家户部门风险分析

本节通过对葡萄牙家户部门的消费增长、收入水平和就业状况进行分析，发现失业风险是威胁葡萄牙家户部门的最大风险，由此引发消费下滑和其他社会问题。

一、居民消费、居民可支配收入分析

（一）居民消费分析

受全球金融危机及欧债危机的影响，葡萄牙私人消费的变化态势可分为两个阶段。第一阶段为 2008—2010 年，这一阶段由于次贷危机的影响，使得私人消费在 2009 年大幅下降，而后随着各国逐渐走出次贷危机的阴影，葡萄牙私人消费也在气其后的三年里呈上扬态势。第二阶段为 2011 年至今，这一阶段呈大幅下降态势。尤其是 2012 年，由于葡萄牙受欧债危机影响颇深，"欧猪五国"整体经济增长停滞，欧洲整体经济低迷，作为葡萄牙 GDP 主要支柱的旅游业受影响颇深。公众信心大幅下降，使得本国私人消费大幅下滑。同时，欧债危机爆发以来，葡萄牙私人消费占 GDP 比重也随之大幅下降，进一步说明了葡萄牙家户部门受欧债危机影响之深。但以图中的绝对值来看，私人消费依然是葡萄牙经济不可或缺的主要推动力之一。

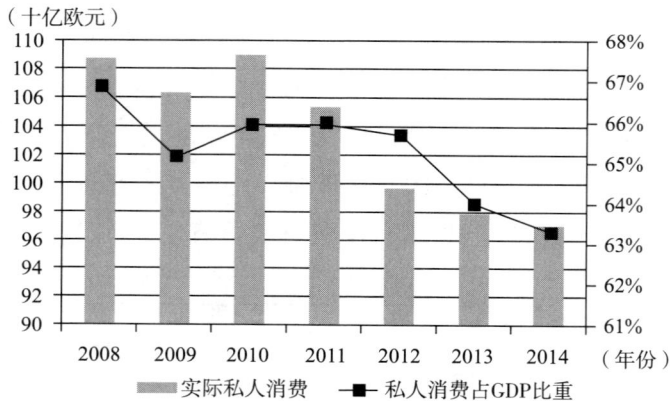

图 45.10 葡萄牙家户部门总消费

（二）个人可支配收入分析

受国家整体经济低迷的影响，葡萄牙个人可支配收入呈大幅下降趋势。欧债危机爆发后，作为外部性经济的主要代表国家，葡萄牙第三产业受影响颇深。在半数人口都从事旅游业的情况之下，外部经济低迷造成葡萄牙个人可支配收入大幅降低。而国家主权评级下降，劳动者收入不能得到保障更加剧了这一趋势。但在 2011 年后，实际可支配收入增长率有了大幅提高。但个人可支配收入下降的趋势并没有得到缓解，预计在 2014 年将依然继续。

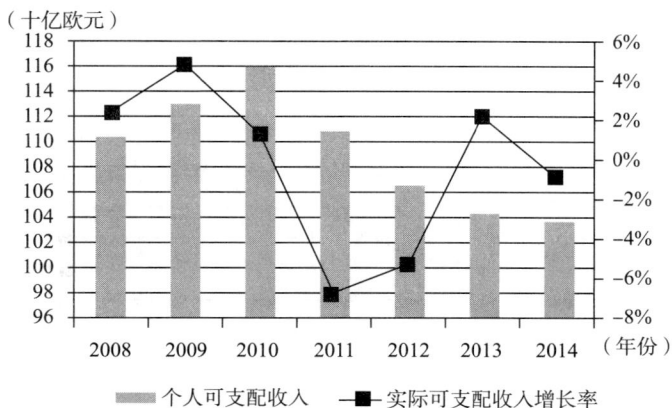

图 45.11　葡萄牙家户部门个人可支配收入分析

二、劳动力市场分析

自金融危机爆发以来，葡萄牙劳动力供给一直呈下滑趋势，尤其是在 2012—2013 年表现明显。与之相对应的是失业率的节节攀升，到 2013 年达到 15.2% 的历史最高值，并且预计这一趋势将在 2014 年延续。高企的失业率使得葡萄牙家户部门面临巨大的风险，再加上葡萄牙主权债务危机，失业率高企将成为该国接下来需要面对的主要问题。

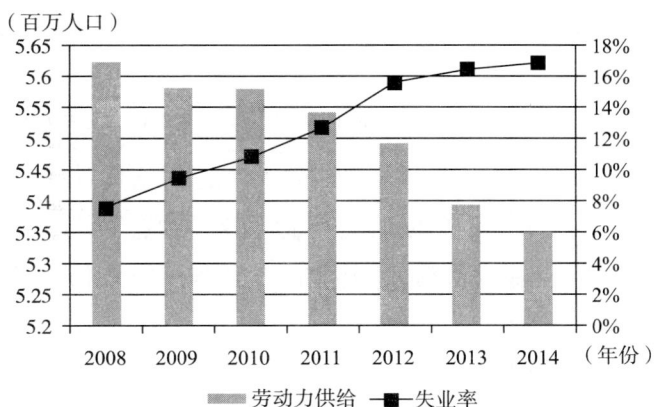

图 45.12　葡萄牙劳动力市场分析

第6节 葡萄牙主权债务风险专题分析

2011 年，各大评级机构纷纷下调对葡萄牙主权信用评级。各评级机构对葡萄牙评级依然受其表现良好的实体经济支撑，同时也受限于葡萄牙居高不下的主权债务。

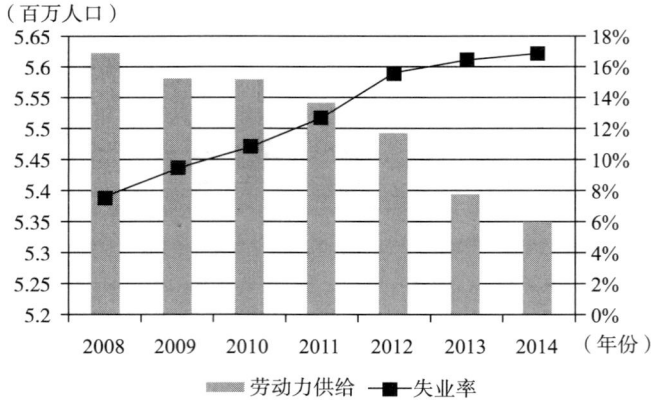

图 45.13 葡萄牙劳动力市场分析

自从欧债危机爆发以来，葡萄牙失业率不断攀升，从 2008 年的 7.6％一路升至 2013 年的 16.19％，如图 45.13 所示。而作为欧盟创始国之一，葡萄牙一直拥有高福利的特点，而遭遇欧债危机的葡萄牙不得不实施紧缩的政策，这就使得整个社会的福利水平大大下降，为了维持社会稳定，政府支出也随之增加。所以，失业率对葡萄牙的政府赤字产生很大的影响。若想解决该问题，可加快经济复苏的速度，或削减政府支出，如失业救济等项目的开支。

社会福利支出的增长必然导致公共部门支出增加，这无疑给原本已高企的政府债务带来更为沉重的负担。若政府负债过高，无法负担日益增长的社会福利，市场对超高公共债务的担忧将迫使各国政府实施更严厉的节约措施，失业率将进一步升高。葡萄牙如何在失业率和公共债务之间进行权衡显得尤为重要。

此外，葡萄牙也采取其他措施积极应对债务危机。与西班牙情况不同，由于葡萄牙在欧债危机爆发前其整体经济并未存在房地产泡沫的问题，因此，葡萄牙银行业问题与其他国家相比较小。但是银行业风险依然存在，那么葡萄牙如何加大力度对储蓄银行实施整合和清理，以提升金融部门的运行效率则成为当前主要问题。

2011 年 5 月，葡萄牙与欧盟和国际货币基金组织达成了为期三年、规模为 780 亿欧元的救助协议。协议规定，葡萄牙必须实行一系列的经济调整计划，到 2013 年必须改变预算赤字过高的局面，并对医保和公共管理制度进行改革。2013 年第四季度，葡萄牙经济同比增长了 1.6 个百分点，超过了欧元区包括德国在内的其他成员国，葡萄牙从危机中恢复的速度令人惊叹。葡萄牙政府于 2014 年 6 月退出援助计划。但葡萄牙能否走出危机阴影，仍需政府进一步加大改革，充分发展现有经济增长点，才是消除主权债务危机的根本方法。

第 7 节　结论及对中国的借鉴

本章通过对葡萄牙整体及四部门编写资产负债表，分析其风险，发现由于受欧洲主权债务危机的影响，葡萄牙整体经济发展停滞，失业率高企，公共负债规模巨大。随着国家主权评级下降，国债融资成本上涨，融资困难，且持有一大批债券到期，使得整个葡萄牙经济雪上加霜。具体来说，葡萄牙公共部门存在较大的资本结构风险。从对金融部门的分析来看，存在较大的结构性风险。通过对企业部门的分析表明，企业部门存在一定的错配风险及短期偿债风险。而对于家户部门，其连年下降的实际收入与步步升高的失业率将带来巨大的风险，而这一切都与葡萄牙整体经济的衰退紧密相关。

纵观葡萄牙主权债务危机的发展历程，由于过度依赖外部经济，本国内对经济的拉动力不足，是造成此次葡萄牙主权债务危机影响颇深的主要原因。因此，可以针对我国产业结构调整提出一些建议。首先，要发展内部经济，提高消费对本国经济的拉动作用，减少对投资及出口的依赖。其次，要改善本国产业结构，避免产业结构失衡，这就要求我们加快产业结构改革。最后，应当加强对政府债务的管理，减少债务风险。

参 考 文 献

［1］Activities and Financial Statements 2008—2012.

［2］崔寅：《基于产业结构视角的欧洲主权债务危机根源分析—以葡萄牙为例》，载《国际金融研究》2013 年第 12 期。

［3］周舟：《从欧元区各国的比较看欧债危机根源》，载《现代商贸工业》2013 年第 44 期。

［4］高弘：《基于私人部门债务通缩视角的欧债危机成因新解》，载《上海金融》2013 年第 4 期。

第 46 章 希腊宏观金融风险研究

希腊于 1981 年加入欧共体，2001 年加入欧元区，2002 年欧元开始在希腊正式流通。希腊是欧盟各国中经济发展较为落后的国家，工业发展落后，支柱产业是第三产业，旅游业、海运，侨汇创收较大。2009 年希腊爆发债务危机后，整个国家的经济一度跌到谷底，失业率居高不下、通货膨胀率下降，面临通货紧缩压力。由于欧洲国家经济关联度较高，债务危机蔓延至葡萄牙、意大利、爱尔兰、西班牙等国，对整个欧元区国家的经济造成了较大的冲击。希腊的金融风险主要体现在公共部门的债务问题上，受到公共部门的拖累，金融部门的违约风险也较高，主要是通过欧盟和 IMF 的救助和自身经济体制改革得以逐渐修复。本章对 2012－2013 年希腊宏观金融风险进行分析，并对希腊金融部门危机进行专题分析。

李婧姝（2014）提出希腊的经济形势依然不容乐观，GDP 等各项总量经济指标仍在下行，国内需求疲软，失业率依然徘徊在 27％ 的高位，年轻人的失业问题尤为突出。乔治·波沃伯拉斯（2013）认为希腊经济正在经历重大结构性改革，已经度过了危机，自 2012 年 6 月危机最严重时以来已经出现好转迹象：包括股价上涨、息差下降、私人部门存款增加、窖藏现金回流到银行体系等。

第 1 节 希腊经济金融运行概况

一、经济运行概况

从 2008 年开始希腊经济衰退，GDP 总量呈逐年下降的趋势，近六年均为负增长。2009 年年底希腊债务危机凸显，随后主权债务危机转变为经济危机，在 GDP 增速上可以体现。GDP 增速直线下滑，到 2011 年降至 －7.1％，而后采取经济救援等一系列措施，2012 年希腊经济恶化趋缓，预计 2013 年 GDP 增速为 －3.6％，如图 46.1 所示。

（十亿欧元）

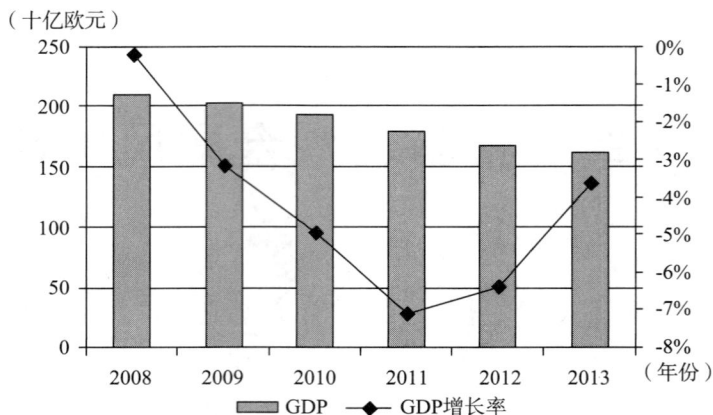

图 46.1 希腊国内实际生产总值及增长率[①]

（十亿欧元）

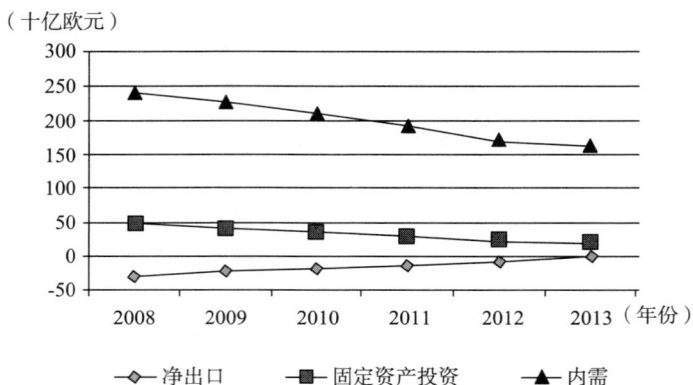

图 46.2 影响希腊 GDP 的三大因素

拉动经济增长的三大因素是：投资、内需和出口，如图 46.2 所示。从 2008 年开始，希腊固定资产投资占 GDP 的比重逐年下降，净出口为负值。随着希腊政府的财政紧缩政策，预计固定资产投资会进一步下降。希腊在欧洲各国中，出口竞争力一直不强，近六年来，出口额小于进口额，但净出口增长速度为正，债务危机爆发后，希腊在出口贸易上，竞争力有所增强，2008 年经常账户赤字占 GDP 的 15％，2012 年下降到 3.5％，2013 年继续下降。希腊正在恢复出口竞争力，主要内因是劳动力成本下降引起的商品价格下跌。债务危机爆发后，劳动力成本从 2011 年开始下降，是过去四年欧元区国家中下降较为严重的国家。相对固定资产投资，希腊内需下降的趋势较为缓慢。高失业率和低工资收入是抑制内需的主要因素，这也与经济衰败、紧缩的财政政策相关。希腊失业率不断攀升，创历史新高，2013 年 10 月公布的数据显示，希腊失业率高达 27.8％。同时，失业保障水平低，失业救济

---

① 数据来源：BVD 数据库，2014 年。此章数据均来源于此。

金领取条件苛刻，2010－2011 年及 2012 年，希腊政府先后大幅削减了公共部门和私营部门的薪金水平，家户部门的福利受到影响。

希腊的支柱产业是第三产业，对 GDP 的贡献高达 80％，如图 46.3 所示。农业在 2010 年以前产值呈增长趋势，工业和服务业均表现出增长疲软。随着债务危机向经济危机的转化，2010 年三个产业均表现出大幅下滑，2013 年三个产业的下降速度放缓，但改革仍需进一步深化，产业创收能力尚待进一步开发。

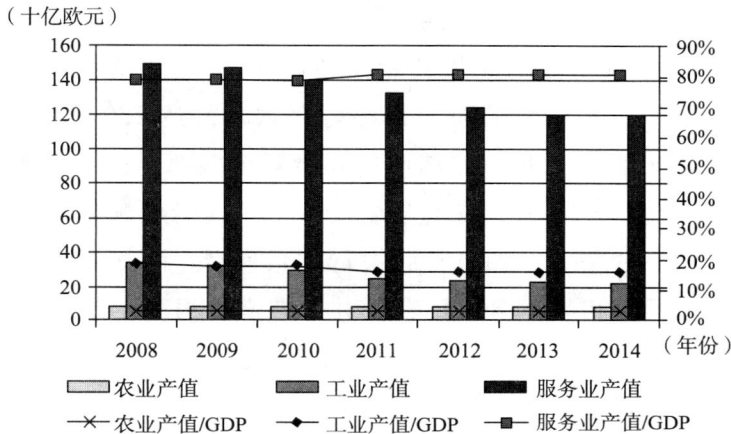

图 46.3　希腊产业结构及对 GDP 的贡献度

自 2010 年开始，希腊通胀率直线下降，根据欧盟公布的数据，2013 年希腊通货膨胀率估计为－0.9％，2014 年消费者物价进一步下降 1％，预计 2015－2018 年通货膨胀率逐步回升到平均水平 1.1．％左右。内需不足和较低的工资水平是通货膨胀回升的主要阻力，石油价格除 2015 年上升外，预计 2016－2018 年石油价格下降，因此，通货膨胀的外部价格压力很小。

希腊经济经历了近六年的萧条，自主权债券危机爆发以来，欧元区和 IMF 的帮助以及希腊政府的一系列改革措施使人们关于希腊会退出欧元区的预期逐渐转变为希腊经济将逐渐恢复的预期。国债收益的下降和股市的反弹反映了希腊经济正在恢复，希腊政府关于财政调整的举措受到了欧元区、欧洲央行和 IMF 的赞赏，但收紧财政是以未来的经济增长为代价的。希腊经济若要走上稳健发展的道路尚需欧元区和 IMF 的进一步救助以支持希腊经济体制改革的深化。近年来，由于希腊竞争力增强、国际贸易扩大、投资增长，2014 年希腊经济呈正增长。同时，财政调整和脆弱的银行资产负债体系仍然会限制内需，高失业率和通货紧缩在未来仍将延续。

二、金融运行概况

2014 年年初希腊 ASE 指数比 2012 年年初几乎翻了一倍，相比 2013 年 6 月的最低点，涨幅超过 140%，希腊股市上涨部分得益于欧洲央行债券购买计划。希腊被降级为新兴市场后，各大基金涌入希腊股市，希腊 ASE 指数一路飙升，希腊牛市不乏有炒作的因素，却也是对希腊政府利用国际援助，关于财政整顿、推进私有化和减少逃税等措施的肯定。伴随着股市回暖，希腊企业市值被低估的问题有所改善，资金的涌入改善了企业部门的流动性。

2011 年希腊存款下降的颓势开始扭转，如图 46.4 所示。表明市场对希腊银行业信心增强，2012 年希腊上市银行存款余额达 2200 亿美元，比 2011 年增长 11.4%。欧债危机后，希腊政府积极对金融部门进行整改，对银行机构进行整合、不良资产剥离、资本金注入等一系列措施恢复了金融稳定和人们对希腊银行体系的信心。如果希腊银行体系崩溃，那么希腊必然会退出欧元区，然而困境得到扭转，且居民存款并没有遭受损失。2013 年 6 月，四大银行接收希腊金融稳定基金（HFSF）的再注资，以填补私营部门债务置换中的损失，希腊银行业抵御风险的能力增强。

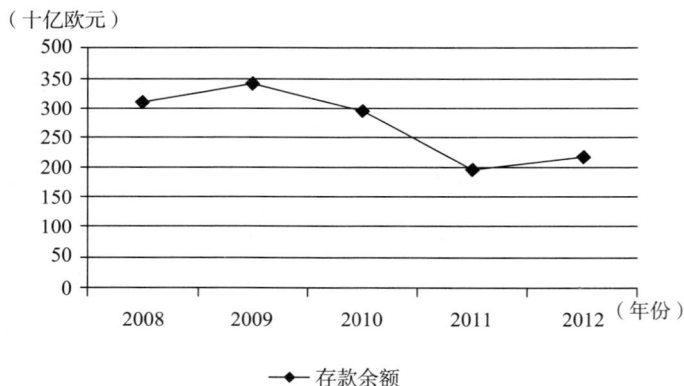

图 46.4 希腊上市银行存款余额

希腊的银行业是欧债危机的受害者，在过去的两年内，银行部门进行了大规模的兼并重组，形成了以四大银行——国民银行、欧元银行、比雷埃夫斯银行和阿尔法银行为核心的金融体系，市场占有率高于 90%。部分新组建的银行机构尚未开始盈利，且需要时间对资产进行整合，提高效率以充分发挥规模效应。

希腊 10 年期国债收益率在 2012 年 3 月急剧下降，市场对希腊国债市场逐渐恢复信心，2014 年年初希腊国债收益率下降到 8%，为 2012 年最高点的 1/7。2012 年以来，希腊国债与德国国债的收益率差距收窄且希腊主权债券 CDS 的价格下降，表明希腊政府的违约风险得到了一定控制。

2014 年希腊 GDP 恢复小幅增长，金融部门也随着经济的复苏而恢复生气。但希腊的金融市场仍存在巨大的风险和不确定性，希腊金融部门的复苏取决于该国国内经济改革、银行业重组、不良贷款的处理结果，应保持审慎的态度。

第 2 节　希腊公共部门风险分析

本节利用希腊中央银行所披露的资产负债信息，构造公共部门资产负债表，并对希腊公共部门进行风险分析。

一、公共部门资产负债表分析

近五年，希腊央行负债水平居高不下，且呈不断攀升的态势，如图 46.5 所示。2012 年希腊中央银行总负债有所减少，主要是希腊央行缩减资产规模导致的。希腊主权债务风险较高，公共部门的资产负债率达 90％以上。2009 年债务危机爆发后，希腊接受了两轮总额度为 2400 亿欧元的国际救助贷款，同时对国内的财政收支进行调控，2010 年开始希腊央行的资产负债率开始下行，表明希腊政府的财政紧缩在减小资本结构错配风险上卓有成效。

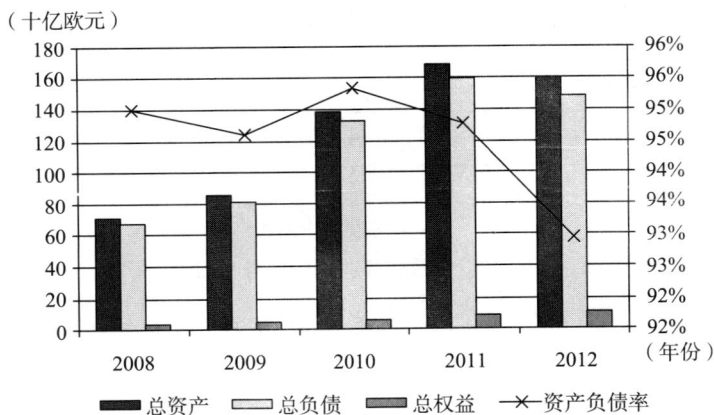

图 46.5　希腊中央政府资本结构

二、公共债务与财政赤字分析

希腊实行财政调整，增加税收力度，削减支出，欧债危机爆发后财政缺口占 GDP 比重明显减小，自 2011 年开始，赤字率降至欧盟规定的 3％以下，如图 46.6 所示。希腊将采取进一步的紧缩措施以应对欧元集团的要求，同时加大改革力度为了获得下一批援助。然而，通过紧缩的财政政策以降低政府负债水平是以未来的经济增长为代价的，且削减工资、补贴、养老金，以及裁员和增加税收使希腊人民的生活水平急剧下降，导致政治动荡。稳定的政治环境是经济可持续发展的土壤，紧缩的财政政策是不可持续的，因此，希腊政府需采取结构性改革措施促进实体经济的发展，尽量减少紧缩的财政政策对经济增长带来的负面影响。

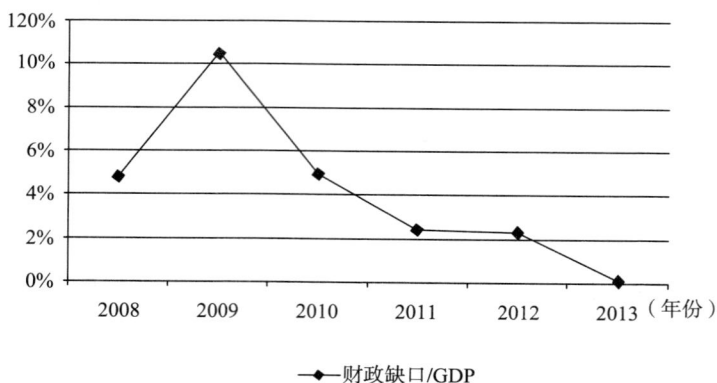

图 46.6 希腊公共部门赤字率

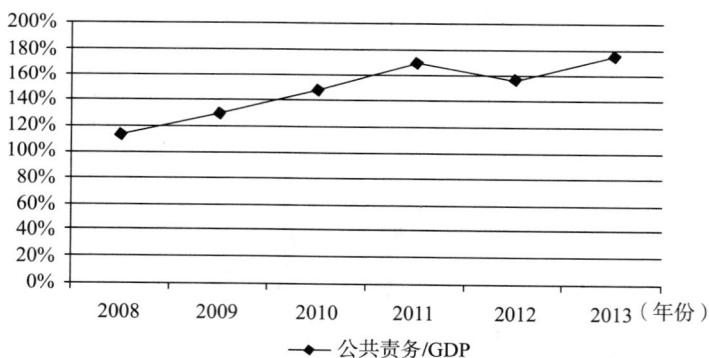

图 46.7 希腊公共部门债务负担

希腊出现债务危机的主要原因是维持高福利引起的政府外债负担过重，过去六年内，希腊公共部门负债比率呈上升态势，远高于欧盟规定的 60％的负债率上限，如图 46.7 所示。2009 年年底债务危机爆发后，希腊国债的评级下降为"选择性违约"，通过 PSI 计划和欧元区、IMF 的救助，2012 年年底希腊国债被上调 6 个等级。2012—2013 年公共债务增速放缓，主权债务收益率下降，但仍存在过高的负债水平及持续的财政缺口，所以希腊主权债务风险仍高。

第 3 节　希腊金融部门风险分析

本节选取希腊上市的银行机构为分析研究对象。对其资产负债表进行加总并构建或有权益资产负债表，分析希腊金融部门的风险。

一、账面价值资产负债表分析

希腊爆发主权债务危机后，危机波及金融部门，金融部门资产负债结构急剧恶化，随后实施银行业重整计划，将 500 亿欧元注入银行业体系以补充银行资本金，形成以四大银行为核心的体系。由于国内银行大量持有希腊主权债务，受债务危机影响，2010 年后金融部门资产严重缩水，经过希腊政府对金融部门进行不良资产剥离，资本金注入，2012 年总资产比 2011 年增加了 1.7％。金融部门的资产负债率居高不下，且仍然处于上升态势，2011 年增速最大，2012 年趋缓。为弥补坏账损失，自 2010 年开始，希腊金融部门的权益资产开始大幅下降，2012 年权益值降为负值，资产负债率高于100％，如图 46.8 所示，银行业深陷困境。在欧洲债权国的要求下，银行机构将出售非核心资产并进一步推进私有化改革，希腊金融部门仍需进一步结构重组。

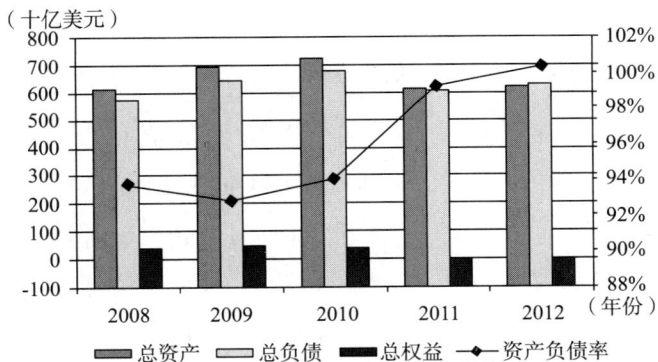

图 46.8　希腊金融部门资本结构

二、或有权益资产负债表分析

希腊上市金融部门或有资本结构错配风险呈上升态势，资产负债率由2008 年的 95％升至 2012 年的 99％。近五年的资产负债率均保持在 90％以上，希腊金融部门的资本结构错配风险严重，2009 年年底希腊债务危机爆发后，金融部门持有主权债券，市值严重缩水，而且在 PSI 计划中损失惨重。

2010—2012年资产市值下降幅度极大，2012年金融部门总资产不及危机爆发前的75％。由于希腊政府对银行业注资，2012年希腊金融部门资产市值较2011年有所上升，或有资产负债率仍高达99％，如图46.9所示，金融部门不良资产量极大，权益市值为极低，账面权益为负值。

（十亿欧元）

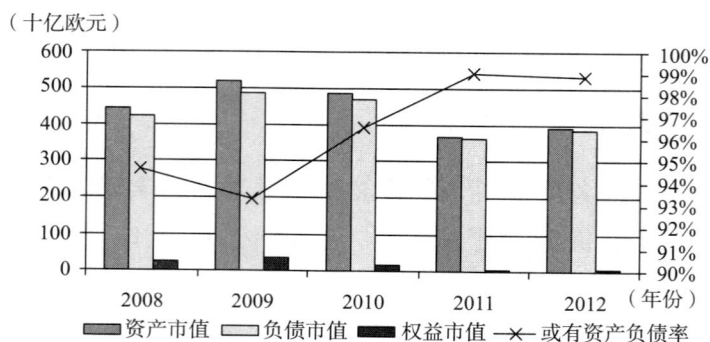

图46.9 希腊金融部门或有资本结构

（十亿欧元）

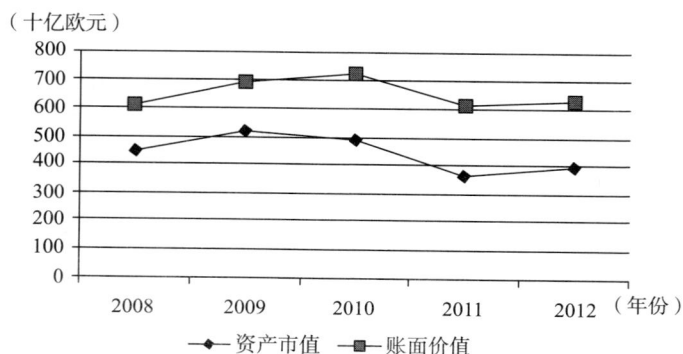

图46.10 希腊金融部门资产市场价值与账面价值

从2010年开始，希腊金融部门的资产账面价值和市值开始下降，这与政府对金融部门进行整顿有关，同时欧元区债权国要求银行剥离非核心资产，2014年希腊银行业资产进一步下降，如图46.10所示。2012年金融部门资产市值略有回调，但人们对希腊金融市场的悲观情绪仍存在，且2012年金融部门权益市值极低，资产市值偏离账面价值的程度仍较大，需要政府对其进行救助。希腊金融部门资产市值低于账面价值，且2010—2012年，总资产被严重低估，市场对金融部门的信心不足，希腊金融部门仍深陷债务危机的影响中。经过欧盟和希腊的共同努力，自2014年开始，金融部门的信用风险开始好转。

三、风险指标分析

希腊金融部门的总资产波动率从2009年开始呈下降态势，表明经过政府部门与金融部门的自身改善，资产市值波动幅度减小。2012 年资产波动率较 2011 年上升，如图 46.11 所示。由于 2012 年希腊金融部门的权益市值极低，或有资产负债率达 99％，希腊金融部门风险增大。虽然资产市值波动率处于较低的位置，但还需要结合其他指标判断。

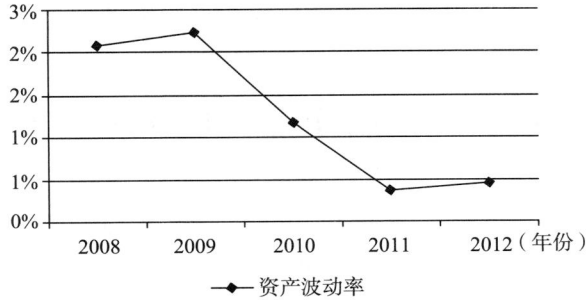

图 46.11　希腊金融部门资产波动率

2008 年受金融危机的影响，希腊金融部门的违约距离较小，2009 年、2010 年较 2008 年违约距离有所上升，如图 46.12 所示。随后希腊主权债务危机蔓延到金融部门，希腊金融部门的违约距离急剧下降。金融部门违约风险严重。

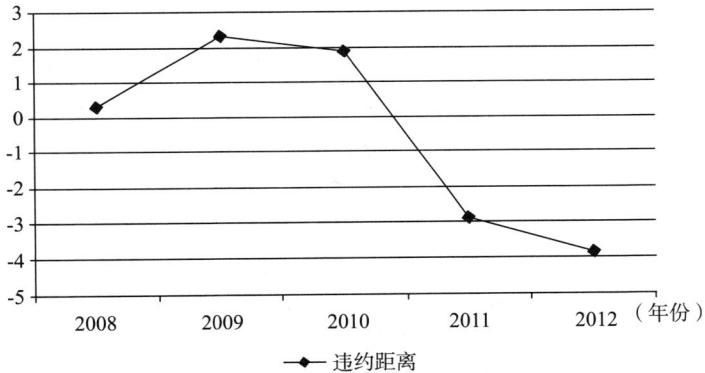

图 46.12　希腊金融部门违约距离

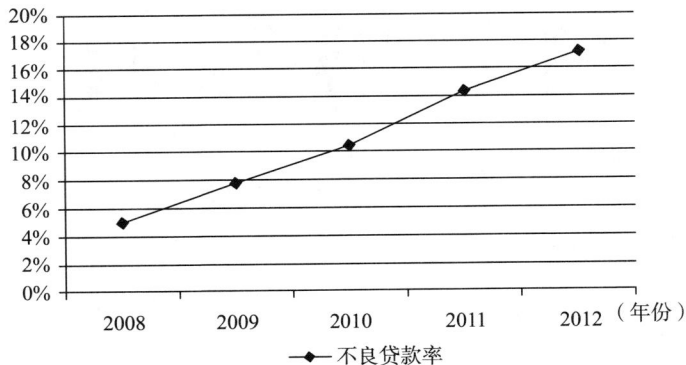

图 46.13　希腊金融部门不良贷款率

从 2008 年开始希腊银行业的不良贷款率不断攀升，如图 46.13 所示。不良贷款增长的主要原因是整体经济的衰败，家户部门和企业部门偿债能力下降。其次是由于希腊政府颁布了禁止银行没收抵押房产的法令，使得银行面临拖欠房屋抵押贷款的道德风险增加。2012 年，希腊金融部门的不良贷款比例高达 17％，目前希腊政府计划把企业税率降到 15％，以促进经济发展。

第 4 节 希腊企业部门风险分析

本节选取了希腊总资产排名前 230 位的上市企业，对其资产负债表加总并构建或有权益资产负债表，从而对希腊企业部门的风险进行分析。

一、资本结构分析

希腊企业部门资产负债率从 2009 年开始上升，2012 年有所下降，达65.8％，如图 46.14 所示。上市企业部门资产负债率处于 70％以下，波动幅度为 3 个百分点左右，受债务危机的影响，企业部门的资本错配风险显著增加，远高于债务危机发生前水平，较高的杠杆率放大了企业部门的风险。经济整体的衰退使上市企业部门企业家数量逐年减少，总资产呈逐年下降的态势，总体而言，经济衰退波及企业部门的发展，非上市企业受到的影响可能更大。

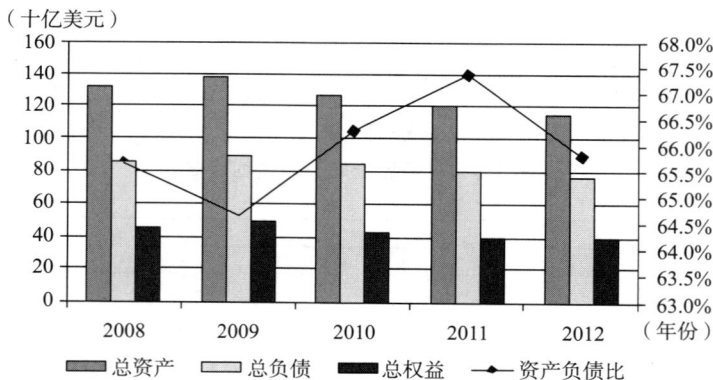

图 46.14 希腊企业部门资本结构

二、期限错配分析

希腊企业部门的期限错配风险较为严重，且有恶化的趋势。企业部门流动资产总额逐年减少，同时流动负债总额逐年增加，导致流动比率不断下降，短期偿债能力差。2012 年希腊企业部门流动比率低于 1，如图 46.15 所示。期限错配风险很大，这是由于企业部门营运能力受经济衰退的波及，通过短期负债来满足营运资金需求。

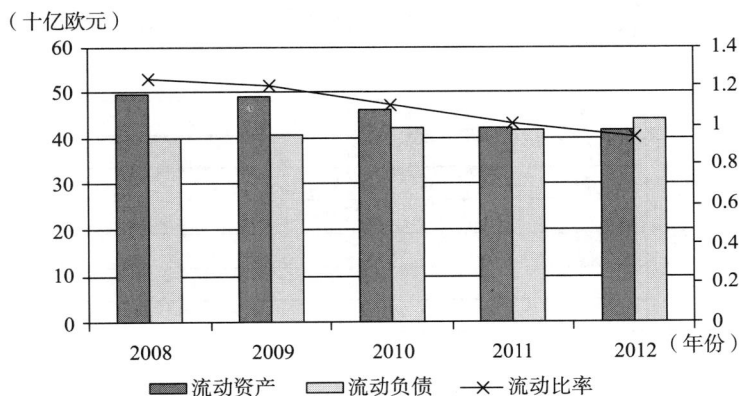

图 46.15　希腊企业部门流动资产与流动负债

三、或有权益资产负债表分析

从 2009 年开始的债务危机使希腊的经济陷入萧条，企业部门的生产力受到影响，资产市值呈下降趋势，2012 年有所好转。债务市值减少速度远低于资产减少速度，资产负债率从 2009 年开始上行，上行幅度较大，2011 年达到最高点。与金融部门相比，企业部门受危机的影响较小，2012 年资产负债率有所回落，如图 46.16 所示。企业部门最先显现复苏的迹象，但企业的长期偿债能力仍较弱。

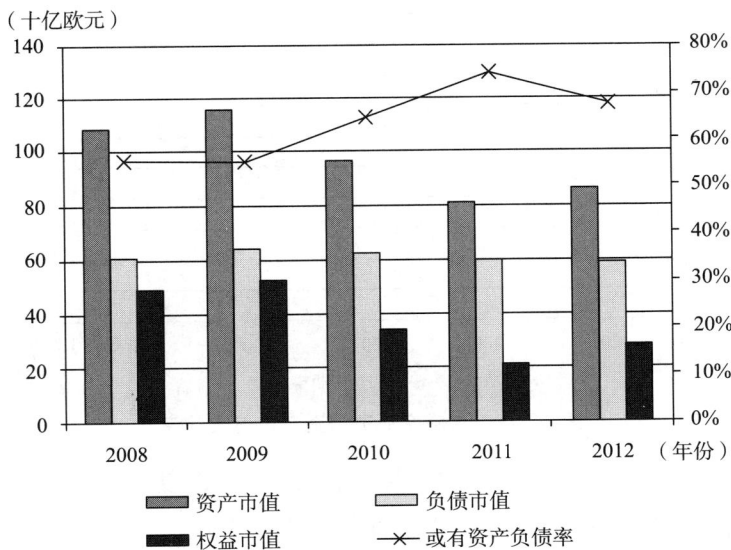

图 46.16　希腊企业部门或有资本结构

企业部门的资产市值低于账面市值，企业的价值被市场低估。自 2010 年开始，希腊经济危机全面爆发，市场对企业部门的信心下降，资产市值偏离账面价值的程度越来越大，2012 年有所好转，如图 46.17。

（十亿欧元）

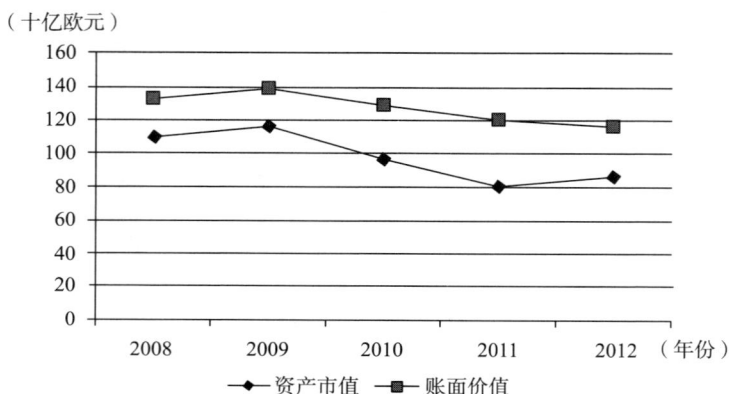

图 46.17　希腊企业部门资产市场价值与账面价值

三、风险指标分析

希腊企业部门市值波动率维持在 10% 以上，2008－2011 年企业部门市值波动率呈下降态势，如图 46.18 所示。受 2008 年金融危机的影响，企业部门自身风险抵御能力逐渐恢复，然而债务危机过后实体经济衰退的，企业部门盈利能力受到抑制，2012 年资产波动率略有上涨。企业部门受到希腊债务问题的影响相对较小。

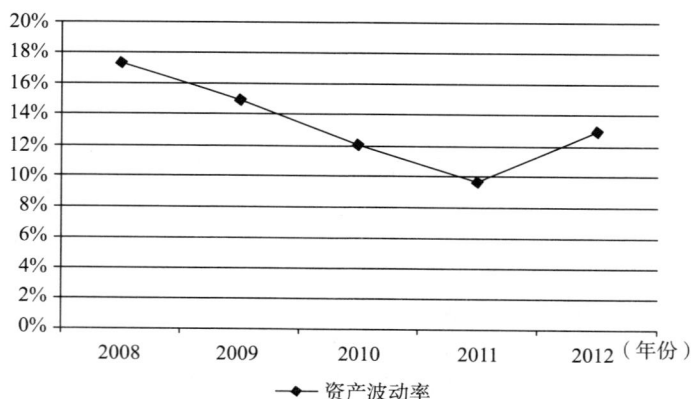

图 46.18　希腊企业部门资产市值波动率

希腊企业部门的违约距离基本保持在 2 以上 3 以下，如图 46.19 所示。总的来说，企业部门的违约风险较 2007 年显著增加，受 2008 年金融危机和随后的债务危机的影响，从 2009 年开始，企业部门的违约距离呈下降态势，但下降速度与幅度并不大，总体经济的萧条影响了企业部门的发展，企业部门的违约风险尚在可控范围内，值得持续关注。

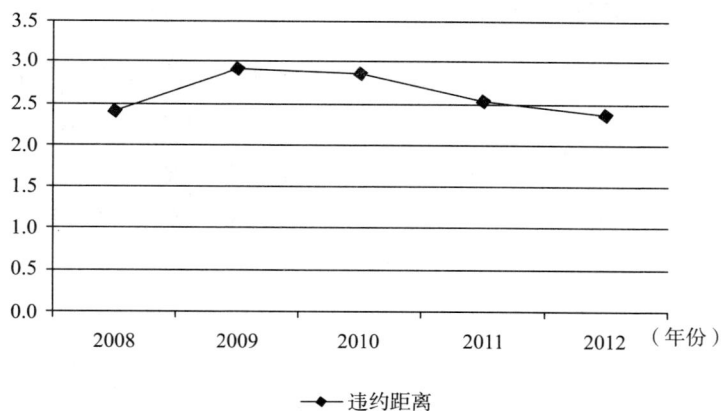

图 46.19　希腊企业部门违约距离

第 5 节　希腊家户部门风险分析

希腊家户部门最大风险来自于国内超高的失业率，由此引起家庭收入水平下降和诸多社会矛盾，所以希腊家户部门的风险很大。

一、居民消费分析

希腊经济衰退伴随着私人消费水平的下降，2012 年下降速度最大，如图 46.20 所示。由于大幅裁员、企业盈利能力较差，导致工资水平下降，且失业率攀升，私人部门采购下降，同时内需的减少又进一步影响了经济增长。危机爆发后希腊人民的生活水平急剧下降，失业保险、养老保险的水平均下降。2013 年是一个转折点，家户部门对 GDP 的贡献度开始提高。

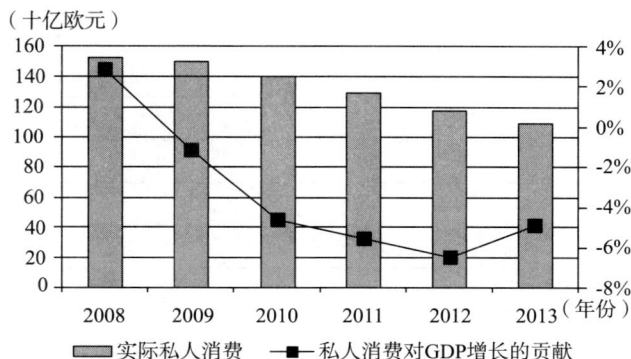

图 46.20　希腊家户部门私人消费水平

二、居民收入分析

从 2009 年开始希腊居民真实工资收入水平一路下降，如图 46.21 所示。经济萧条阻碍了工资水平的上涨，年轻人就业难成为普遍现象，危机爆发后，希腊的失业率在 27％高位徘徊，工资水平也不尽如人意，2014 年开始实际工资水平开始回升，随着经济回温，居民的工资水平也逐步恢复到危机前的水平。

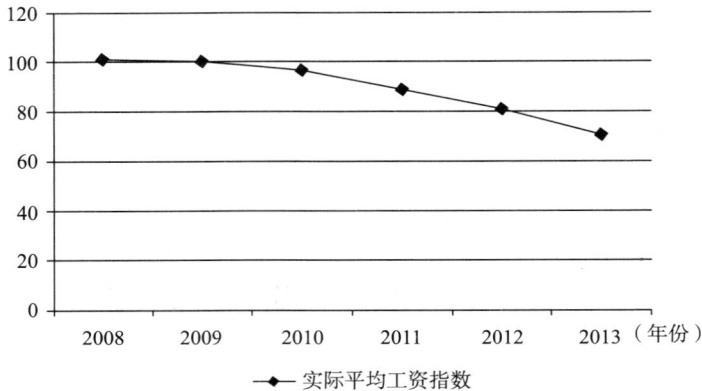

图 46.21　希腊家户部门实际平均工资水平

三、居民就业分析

政府削减开支、经济不景气等因素使希腊居民失业率一路攀升至 27％，如图 46.22 所示。平均三个劳动力中有一个失业者，加上失业救济的削减，希腊居民的生活水平可见一斑。年轻人的失业率相对较高，就业最为困难的群体的特征是低学历、年龄小的群体和女性。伴随着劳动力闲置的还有单位劳动成本的下降，希腊是欧元区成员国中，劳动力成本唯一下降的国家。高失业率不仅不利于经济的发展，也会引起社会问题，家户部门的风险较高，值得希腊政府高度重视。

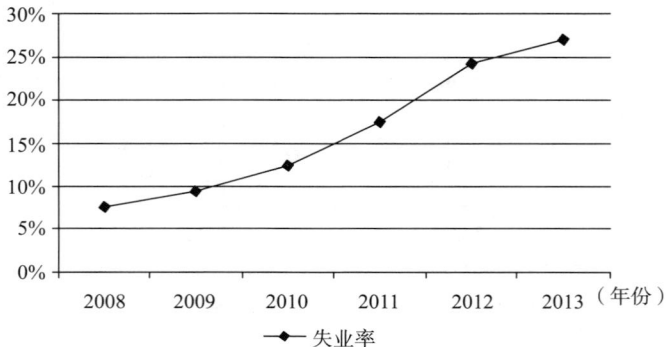

图 46.22　希腊家户部门失业率

第 6 节　希腊主权债务专题分析

一、导致希腊主权债务危机的原因

希腊在加入欧元区时财政赤字和公共债务就未达标，通过与高盛的联手操作，运用货币互换的金融创新手段变相重组，隐瞒了其高负债水平。自 2001 年开始，希腊年均公共债务为 99.2% 左右，远高于欧元区同期的平均水平 69%。希腊为了应对金融危机冲击，引入了大量财政刺激举措，进一步扩大了原本居高不下的财政赤字和公共债务，加速了主权债务危机的爆发。

从表面上看，导致希腊危机的原因是希腊政府过度借债。根据萨缪尔森的理论，如果国内的潜在的生产能力没有被利用或者债务能够促使 GDP 增加，那么就不会爆发危机，而且借债还能够促进生产和贸易，能提高社会福利。因此，导致此次债务危机的根本原因在于债务没有被运用到扩大产能上。原因有以下几点：

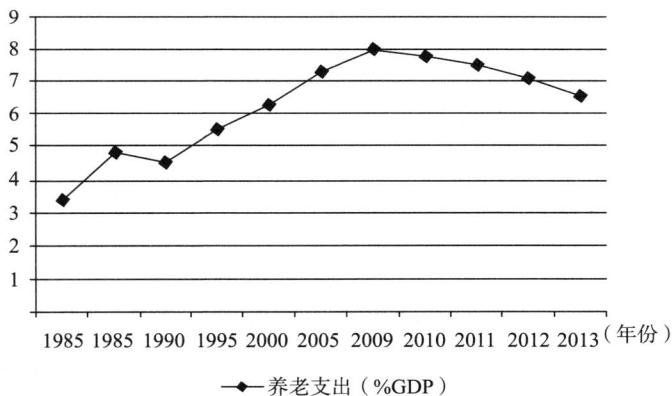

图 46.23　希腊养老支出占 GDP 比重

其一，高福利。希腊的财政收入中税收和社会捐赠所占的比例最大，达到 80% 左右，政府销售、财产性收入和其他收入约占 20%。主要开支项目包括公务员、社会福利、公共债务的利息、补贴以及固定资本形成总额。希腊在社会转移支付和公务员工资等支付上有超过 75% 的支出。希腊的社会转移支出中养老保障和医疗保障超过了 70%，如图 46.23 所示。以养老金为例，2009 年以前，希腊养老开支呈逐年攀升的态势，高达 GDP 的 8%，危机发生以后政府削减了养老金支出比例。其余还有残疾人保障、家庭保障、失业保障和住房保障等，2009 年以后各种福利均有所削减。

希腊较高的福利制度与其自身经济不匹配。希腊经济网站的数据显示，希腊政府每年公务员福利支出数以十亿计。公务员们每个月可以享受到 5 欧元到 1300 欧元的额外奖金，奖金的名目为会使用电脑、会说外语、能准时上班等。欧盟委员会预测到 2050 年，希腊的养老金开支将上升到国内生产总值的 12％，远高于欧盟成员国的平均养老金开支低于国内生产总值的 3％的水平。希腊劳动参与率不足 55％，低于欧盟平均水平，且居民储蓄率在2000 年以后大幅下降，至 2010 年不足 5％。随着希腊进入老龄化社会，社会福利负担进一步加重，影响经济的正常运行。同时高福利支出挤占了再教育、科研等方面的投入，给经济和养老带来了巨大的压力。

其二，偷税漏税问题。根据经济合作与发展组织的调查数据显示：逃税规模最大的欧盟成员国就是希腊，占到了希腊 GDP 的 25％—30％，因此，逃税导致的财政损失高达 150 亿欧元，大大地削减了政府的创始能力。希腊社会中个人和企业主对缴税的意识薄弱，导致政府财政收入不足，形成民富国穷的局面。

其三，经济结构问题。希腊是欧元区国家中发展比较落后的国家，其产业结构中工业占比不足 20％，主要是通过服务业中的海运、侨汇以及旅游业发展其经济。希腊对欧盟及世界经济的依赖程度较大，大部分生活用品依赖其他欧盟国家供给，其出口产品大部分是初级产品附加值低、竞争力弱，受2008 年金融危机的影响，其支柱产业海运、侨汇以及旅游业创汇能力大大下降，致使希腊负债率高举。

二、助推希腊走出债务危机的因素

第一，希腊打破退出欧元区的传闻，继续接受欧元区及国际货币基金组织的援助。希腊将接受的援助用来缓解债务危机对希腊经济造成的冲击，用于对经济结构改革。欧元区达成了对希腊的两轮救助计划，额度分别为 1100亿欧元、1300 亿欧元。希腊将接受的援助用于对银行业进行重组、对经济结构进行调整。

第二，希腊政府利用调控措施、经济的调整和重组对降低财政赤字和对外收支赤字上有所成效，如图 46.24 所示，财政收支缺口占 GDP 的比重下降，2014 年开始基础财政收支为正值。2009—2012 年，经常账户赤字和财政赤字占 GDP 的比重下降了 9％，结构性赤字下降高达 15％。持续的 GDP下降是债务比率居高不下的主要原因，2012 年 11 月欧元区宣布对希腊的减债决定，预计到 2020 年债务占 GDP 比例降至 124％。

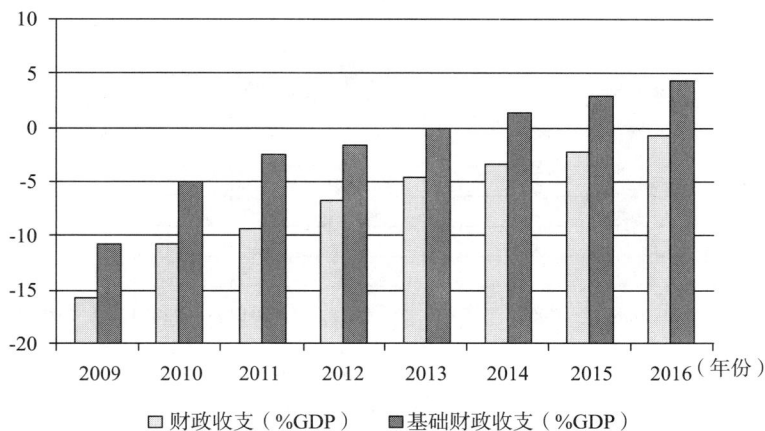

图 46.24　希腊公共部门财政收支和基础财政收支

第三，希腊对银行部门的救助较为成功。希腊政府对银行部门进行不良资产剥离、资本金注入等一系列措施恢复了金融稳定和人们对希腊银行体系的信心。如果希腊银行体系崩溃，那么希腊必然会退出欧元区，然而困境被扭转，而且居民存款并没有遭受损失。

第四，欧元区体制改革对希腊经济是利好因素。欧元区和欧洲央行提议建立联合金融体系，要求欧元区银行监管权集中，形成单一的监管系统并形成共同的存款保险体制。欧元区金融监管集权后，对整个欧元区金融风险的控制大有好处。

三、希腊主权债务风险程度分析

IMF 曾预测 2013 年希腊初级预算赤字为零，2013 年总预算赤字预计达 GDP 的 4.1%。初级预算赤字是政府除去须支付的利息以外的所有花费与其来自税收和其他权力的收入之差，这意味着国民债务利息是 GDP 的 4.1%。2013 年希腊政府的债务率为 170%，因此，希腊政府支出的平均利率为 2.4%，远低于 10 年期国债收益 9% 的水平，说明希腊政府在获取短期贷款方面享受了较好的待遇，只要名义 GDP 的增长速度超过 2.4%，希腊的债务负担将会降低，如图 46.25 所示。

从 10 年期国债收益率来看，希腊 10 年期国债与德国 10 年期国债的利差从 2012 年开始收窄。表明市场对希腊主权债务风险预期下降，截至 2013 年年底，长期国债收益率达 10% 左右，如图 46.26 所示，且希腊国债 CDS 的价格显著下行。

（十亿欧元）

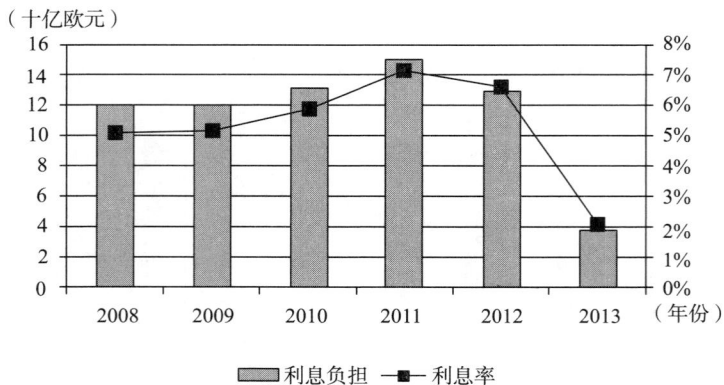

■利息负担 —■—利息率

图 46.25　希腊政府利息负担

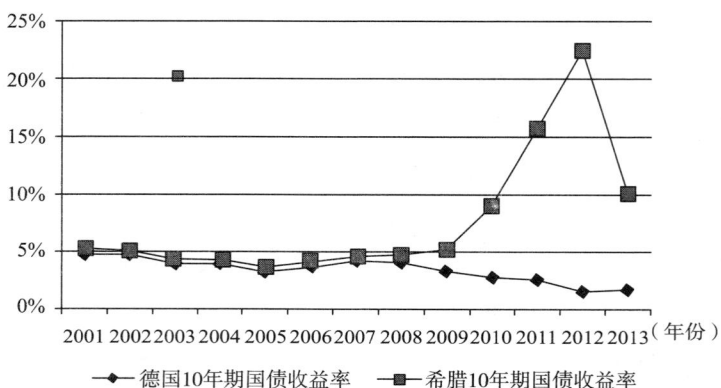

—◆—德国10年期国债收益率　—■—希腊10年期国债收益率

图 46.26　希腊 10 年期国债与德国 10 年期国债收益率

由于希腊国内经济不景气，税收收入减少，社会转移支付增加，财政收支压力仍大，通过一系列的财政紧缩手段，使财政缺口呈逐年缩小的趋势，但这种缩小趋势不具有可持续性。经常账户收支方面，希腊经常账户长期处于赤字状态，不得不使用 SDR 来弥补外汇储备的不足。随着希腊国内经济衰退、减少工资等，希腊在打破了退出欧元区的传闻后，2013 年进口减少和旅游业表现较好，经常账户实现盈余。随着欧盟国家的经济复苏和希腊劳动力成本的下降，希腊国内内需下降且出口竞争力增强，经常账户的盈余会减少希腊的债务负担。

目前，希腊的债务水平仍高，虽然主权债券的利率有所下降，市场对希腊主权债务风险的预期下降，但距离彻底摆脱主权债务危机仍需长时间的经济调整。

四、希腊经济复苏的展望

希腊经济从 2008 年开始陷入萧条状态，2013 年第三季度，实际 GDP

（通货膨胀调整后）比 2007 年同期实际 GDP 下降了 21.3%。希腊的经济景气指数在 2012 年年底达到 2 年的顶峰 86.9 之后，在 2013 年迎来了进一步的攀升，在 2013 年 7 月达到了 93 的高位，截至 2013 年年底经济景气指数为 90.9，较 11 月下降了 0.3。2013 年 12 月中旬，希腊央行将 2013 年经济表现的预估从之前的萎缩 4.6% 修正为 4.0%，2014 年希腊经济继续收缩约 0.3%，2015 年经济开始复苏，主要刺激因素是国际贸易。希腊国内需求不足导致进口减少，同时希腊的主要贸易伙伴的经济正在复苏，因而出口将增加。同时随着债务危机的逐步缓解，商业和消费者信心将回升。

第 7 节　结论及对中国的借鉴

希腊债务危机不仅影响了公共部门的资产负债项目，同时通过主权债券渠道、财政政策渠道传导到金融部门，金融部门从 2010 年开始账面资产负债率一路走高，2012 年资不抵债，总权益为负值。不仅如此，伴随着经济衰退，金融部门的不良贷款率急剧上升，资产总额也从 2010 年开始缩水，同时资产市值与账面价值偏离的程度扩大，表明市场对金融部门的信心下降。希腊的宏观金融风险仍集中在公共部门和金融部门。公共部门的财政赤字和债务负担有下降趋势，但其清偿力风险仍然很大，金融部门作为主权债务危机的受害者，其违约风险也极大。希腊去工业化趋势持续，对第三产业的依赖程度很高，经济结构性问题严重。目前，希腊政府迫于国际债权人的压力收紧财政支出、提高税收，这种改革路径是不可持续的，而且目前希腊政局不稳，经济发展没有良好的政治土壤。因此，希腊当局应出台强有力的刺激经济的措施，使实体经济复苏走在前面。

希腊危机的爆发，发人深省。首先，对中国来说，我国中央政府的资产负债表相当稳健，我国中央政府对债务的依赖程度低，风险爆发的可能性小。但地方政府的债务风险较大，财政收支不平衡问题凸显，因此，应当出台政策对地方债务风险进行管理。其次，我国金融部门和公共部门的风险联系相当紧密，金融部门的资产负债脆弱性可能是宏观风险的导火索。为预防金融部门的风险进一步扩大，我国应当尽快建立存款保险制度，打破金融部门对政府部门的依赖度。

参 考 文 献

［1］Bank of Greece，Annual Report 2008－2013.

［2］International Monetary Fund，"Global Financial Stability Report"，2008－2013.

［3］李婧姝：《希腊经济 2014 年复苏?》，载《21 世纪经济报道》2013年 8 月 2 日第 3 版。

［4］乔治·波沃伯拉斯、康以同：《从希腊经济危机到希腊变革》，载《中国金融》2013 年第 14 期，第 35－36 页。

第 47 章　爱尔兰宏观金融风险研究

爱尔兰位于欧洲西北海岸，1973 年加入欧共体，1999 年加入欧元区。爱尔兰历史上是农牧业非常发达的国家，后来农业占 GDP 比重被工业和服务业压缩，目前，爱尔兰的支柱产业是第三产业，出口贸易对爱尔兰经济贡献极大。由于爱尔兰具有教育程度高的人才，良好的投资环境以及较低的企业税，许多跨国公司的总部设在都柏林，形成了知识密集型的产业集群。2008 年金融危机过后，爱尔兰房地产泡沫破裂，政府财政连续出现赤字，于 2010 年年底正式请求欧盟和国际货币基金组织提供救助，继希腊之后成为欧元区主权债务危机的第二个牺牲品。本章介绍爱尔兰的经济金融运行现状，分四个部门进行具体分析。爱尔兰的主要风险集中在金融部门，公共部门由于对金融部门的救助而受到牵连。

熊思浩（2013）提出退出救助后的爱尔兰仍面临欧美经济低迷以及国内经济不确定因素的挑战。首先，爱尔兰债务水平居高不下。其次，爱尔兰银行系统依然存在难以处理的房贷过剩及资产重组问题，并且爱尔兰偿还救助贷款的压力巨大。此外，失业率仍高达 12.5％，居民购买力也受到减薪增税的影响。师琰（2013）认为爱尔兰成为欧债危机受援国中第一个告别 IMF 救助的脱困者，爱尔兰经济能迅速从欧债危机深度衰退中复苏，创新型企业功不可没。

第 1 节　爱尔兰经济金融运行概况

一、经济运行概况

2008 年受国际金融危机的影响，爱尔兰经济严重衰退，自 2011 年开始逐渐恢复，经济形势好转、现金流较为充足、国债融资成本明显下降促使爱尔兰在 2013 年 12 月退出欧盟的经济援助，同时放弃申请预防性信贷额度，收回财政和经济政策自主权。爱尔兰在债务危机后采取了一系列改革措施，对其银行业进行整顿、对经济进行结构性改革并且削减财政支出以减小财政赤字。2013

年 GDP 略有增长，IMF 预计 2014 年 GDP 实现增长 2%，如图 47.1 所示。

（十亿欧元）

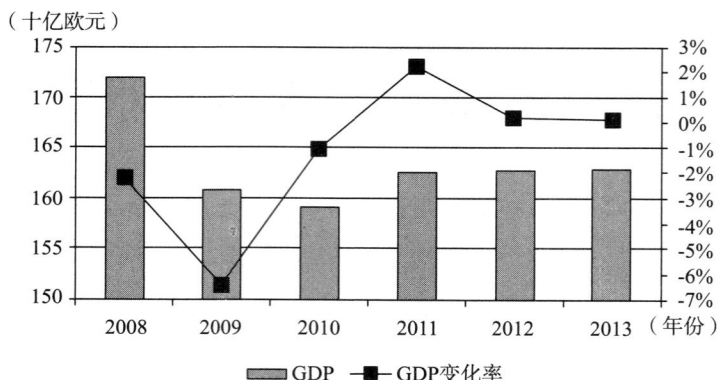

图 47.1　爱尔兰实际生产总值及增速[①]

出口是爱尔兰经济的支柱之一，2008 年金融危机并未影响爱尔兰进出口额，进出口呈增长态势，从 2012 年开始，进出口的增速放缓，GDP 缓慢回升。随着政府财政紧缩，固定资产投资额度呈下降态势，但占 GDP 的比重维持在 10% 以上，下降幅度不大，相反，固定资产投资对 GDP 的贡献度呈逐年上升的态势，如图 47.2 所示。爱尔兰退出欧盟的经济援助后，债权国对爱尔兰不再施加压力，财政紧缩对经济增长的压力也会释放。爱尔兰近年经济的萧条抑制了内需的上涨，同时爱尔兰政府出台的税收政策，减少社会福利以及高额的家户部门负债，抑制了家户部门的消费与投资，内需拉动 GDP 乏力。

（十亿欧元）

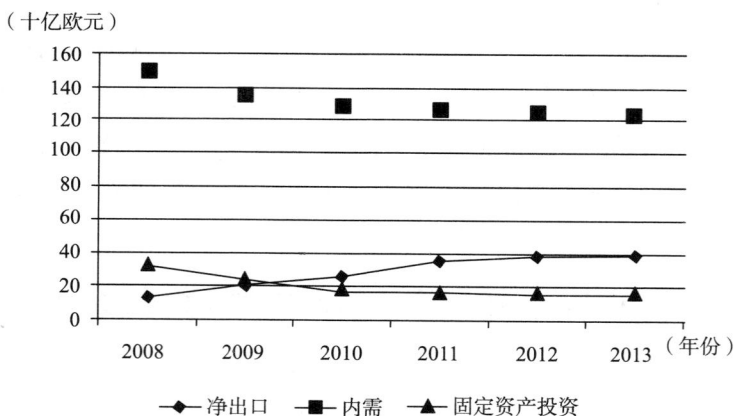

图 47.2　爱尔兰净出口、内需及固定资产投资规模

2008 年金融危机后，爱尔兰的通胀率急剧下跌，主要与房地产泡沫破裂相关，2009 年通胀率为负值，而后开始恢复，但 2012 年通胀率仍然很低，

---

①　数据来源于 BvD 全球金融分析、宏观经济指标数据库 https：//www.countrydata.bvdep.com/ip。下面如未作说明，数据来源均相同。

主要是房价下降导致的，如图 47.3 所示。近五年来，爱尔兰房价直线下降，直到 2013 年 6 月，爱尔兰房价第一次开始上涨。2013 年 10 月的数据显示，房价比前一年增长了 6.1 个百分点。然而，房价的上涨限于都柏林地区，上涨的原因是供不应求。商业用房价格的下降速度有所减缓，商业用房的交易量大幅增加。因此，低通胀水平仍会持续。

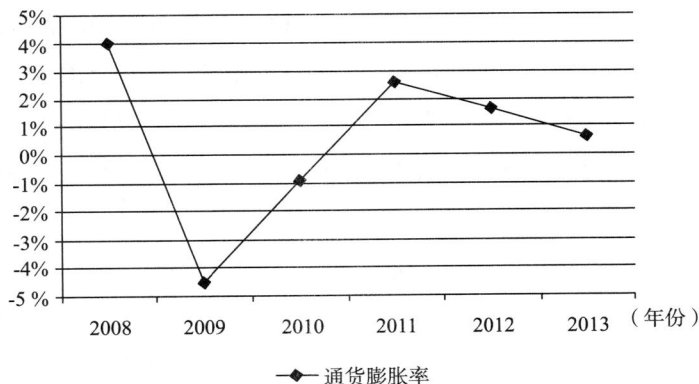

图 47.3 爱尔兰通货膨胀率

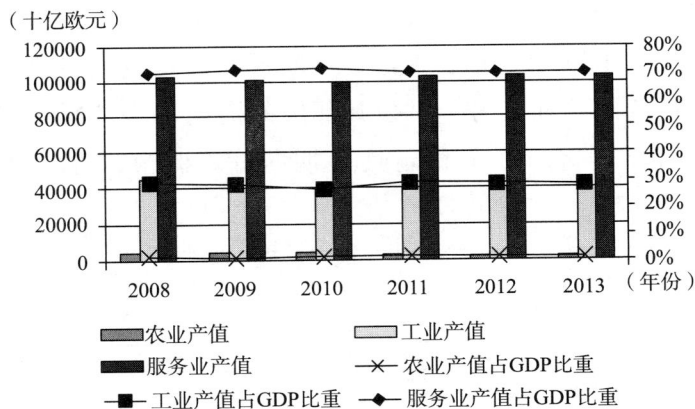

图 47.4 爱尔兰产业结构

爱尔兰第三产业占比为 70%，农业占比仅为 1%—2%。2010 年危机爆发后，第三产业对 GDP 的贡献度下降，如图 47.4 所示。出口是拉动爱尔兰经济增长最主要的因素，2013 年上半年 GDP 收缩的主要原因是药品出口的表现不好，尽管受制药业专利到期的影响，2013 年药品出口的恢复，2013 年全年的 GDP 增长达 0.5%。爱尔兰主要出口合作伙伴中欧元区和英国经济情况较 2012 年有所好转。2013 年的外部需求增加使整体经济的景气程度提高，在工业和服务业上有明显体现。2013 年欧元兑美元和英镑升值可能会对爱尔兰出口竞争力产生负面影响。

二、金融运行概况

从 2011 年年中开始，爱尔兰主权债券收益率不断下行，到 2013 年年底，10 年期国债的到期收益率跌破 4%，并且与欧元区核心成员国的主权债券之间的利差逐渐减小，与德国国债利差表现好于西班牙和意大利。2013 年预计财政赤字仍与欧盟救助项目的目标一致，比预想中的赤字增长速度低，然而中期的财政目标可能无法实现。市场对主权债务风险的重新判断会损害投资者信心，并且会影响长期负债的稳定性。美元负债上限和逐渐减少的联邦资产购买计划可能会造成不稳定的宏观财政环境，欧元区主权债务危机有所缓和，某些成员国的高负债比率仍值得关注。

2010 年债务危机爆发后不良贷款的总量不断攀升，2012 年攀升速度下降，如图 47.5 所示。不良贷款率过高使银行部门的资产负债表质量下降，对私人部门的贷款意愿降低，中小企业面临的融资环境恶劣。信贷收缩严重影响了银行业的盈利能力、企业的生存能力和居民就业，抑制了实体经济的发展。国内银行业的信用风险是值得关注的，2013 年第三季度不良贷款准备金有所增加，但关于银行业的准备金是否能覆盖不良贷款风险仍不确定，这取决于未来银行业的盈利能力。对公共部门的流动性支持减少以及存款利率下降的利好使市场对银行业的稳定性预期向好，但银行业总体盈利仍具脆弱性。

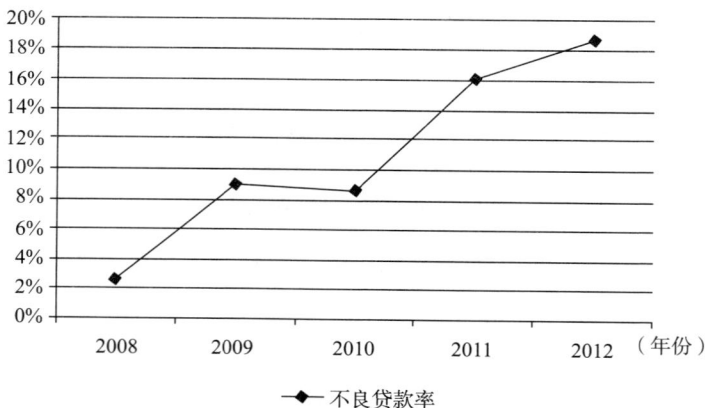

图 47.5　爱尔兰银行业不良贷款率[①]

2010 年爱尔兰债券危机爆发以来，股市阴跌，2011 年后半年爱尔兰综合指数一路放量上涨，继希腊之后，涨幅位列第二，爱尔兰股市上涨部分得

---

① 注：数据来源世界银行 http：//data. worldbank. org/indicator/FB. AST. NPER. ZS。

益于美国投资者对该地区的投资兴趣重燃。爱尔兰股市上涨伴随着该国实体经济的切实改善，表明市场对爱尔兰经济预期向好。

第 2 节　爱尔兰公共部门风险分析

本节利用爱尔兰中央银行所披露的政府资产负债信息，构造公共部门资产负债表，并对爱尔兰公共部门进行风险分析。

一、公共部门资产负债表分析

(一) 资本结构分析

与希腊不同，爱尔兰主权债务危机的爆发是银行部门导致的，政府为了救助银行部门产生了大量的负债，2010 年较 2009 年公共部门负债水平提高了 60%，2011 年开始爱尔兰公共部门的负债水平开始下降，得益于国债收益率下降、债务期限的延长以及对部分债务担保的撤销。2012 年资产负债率仍保持在 98% 的高位，较低的产出水平和潜在的银行业重组使爱尔兰的偿债能力仍具脆弱性，如图 47.6 所示。爱尔兰公共部门债务头寸也容易受到其他成员国普遍上升的利率和财政发展不利的可能性影响。

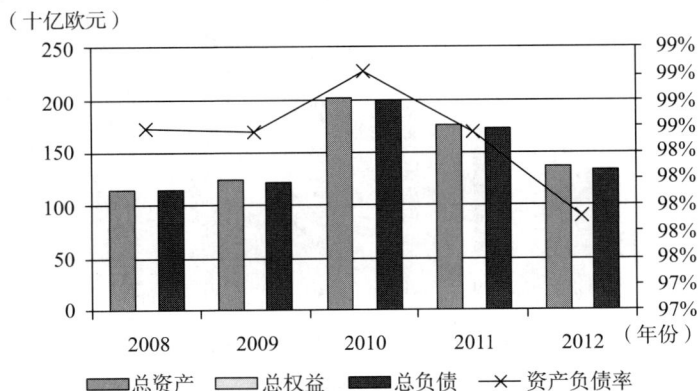

图 47.6 爱尔兰中央银行资本结构

(二) 清偿力风险分析

产权比率表示债权人提供资本与股东提供资本相对比率关系，债务危机爆发以前，公共部门产权比率保持在 70 左右，2010 年产权比率的猛增如图 47.7 所示，公共部门财务杠杆比率过高，导致了清偿力风险过大。之后爱尔兰政府采取一系列措施如减债、吸收国际援助和收紧财政来降低清偿力风险。

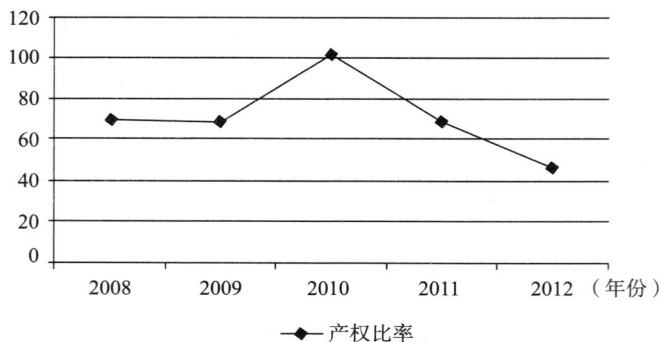

图 47.7 爱尔兰中央银行产权比率

二、公共债务与财政赤字分析

(一) 公共债务分析

爱尔兰公共债务呈逐年上升的态势，且公共债务占 GDP 的比重也逐年攀升，如图 47.8 所示，爱尔兰政府的偿债问题仍然值得关注。近期欧洲央行降低官方利率、评级机构对爱尔兰国债的评级上调以及美国的量化宽松政策对爱主权债券价格有提振作用，但爱尔兰的债务水平仍处于欧元区成员国中的较高水平，IMF 预计 2014 年爱尔兰政府的债务比重开始下降。

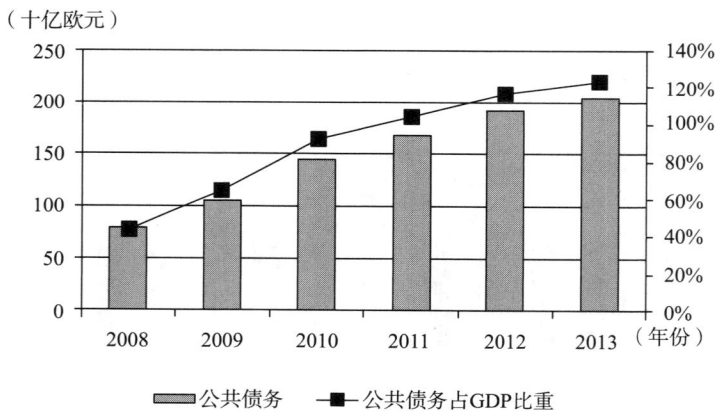

图 47.8 爱尔兰公共部门债务

(二) 财政赤字分析

2010 年爱尔兰主权债券危机爆发时，财政缺口占 GDP 的比重最大，随后财政缺口的绝对值和占 GDP 的比重均下降，主要归功于爱政府紧缩的财政政策，如图 47.9 所示。然而，财政紧缩是以未来经济增长为代价的，低于预期的经济增长可能导致中期财政目标以及 2015 年 3％的赤字水平无法实现。

（十亿欧元）

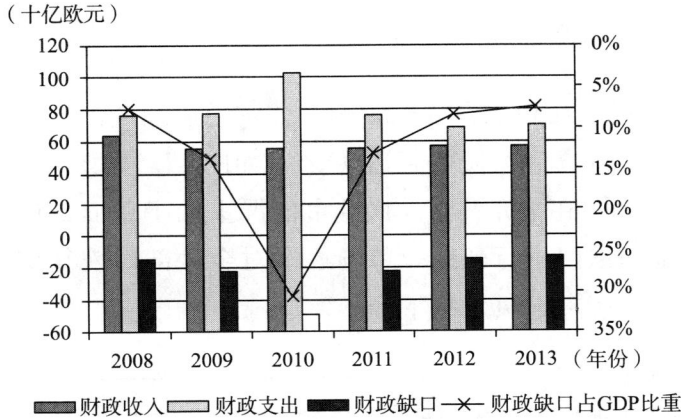

图 47.9　爱尔兰公共部门财政收支

第 3 节　爱尔兰金融部门风险分析

本节选取爱尔兰资产市值排名前 2 位的金融机构为分析研究对象。对其资产负债表进行加总并构建或有权益资产负债表，分析爱尔兰金融部门的风险。

一、账面价值资产负债表分析

2008 年爱尔兰房地产泡沫破灭，政府税源枯竭，多年积累的财政赤字问题显现，而银行业的信贷高度集中在房地产和公共部门，损失惨重。2010 年爱尔兰主权债务危机爆发后，金融部门资产随之严重缩水。随后政府对金融部门进行整治，2011 年资产账面价值继续下降，主要是减债导致的，权益价值上升，金融部门的资产负债率下降。相较 2011 年，2012 年金融部门资产负债率略有回升，金融部门的资本错配风险仍值得关注，如图 47.10 所示。

（十亿欧元）

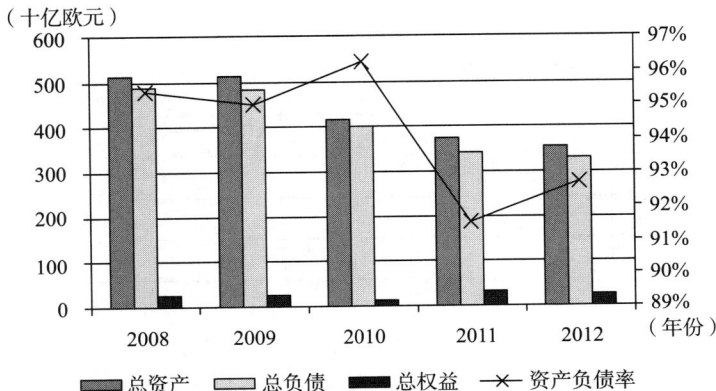

图 47.10　爱尔兰金融部门资本结构

二、或有权益资产负债表分析

2008—2010 年，受到金融危机影响，爱尔兰房地产泡沫破灭，金融部门出现严重危机，或有资产负债率高达 99％，如图 47.11 所示，且市场对爱尔兰金融部门的权益价值评价极低，权益市值严重低于账面价值。债务危机爆发后，政府对金融部门进行救助，市场逐渐对金融部门恢复信心，权益价值恢复正常水平，或有资产负债率下降。

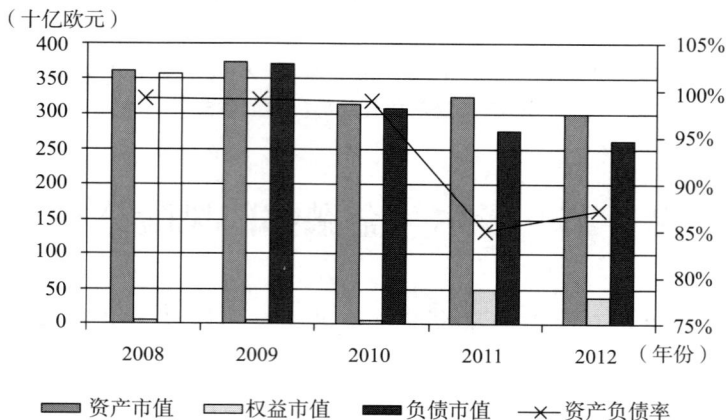

图 47.11　爱尔兰金融部门或有资本结构

爱尔兰金融部门受 2008 年金融危机的影响，市场对金融部门的资产评价低于账面价值，较高的不良贷款率以及较低的营业收入是市场对金融部门评价低的主要原因，随着金融部门不良贷款增速放缓、政府部门对金融部门的救助，资产市场价值与账面价值的差距减小，如图 47.12 所示。2010 年债务危机过后，银行业的存贷利差逐渐下降，自 2013 年开始，存贷利差上升，银行业的盈利能力开始恢复，金融部门资产市值将逐步恢复正常水平。

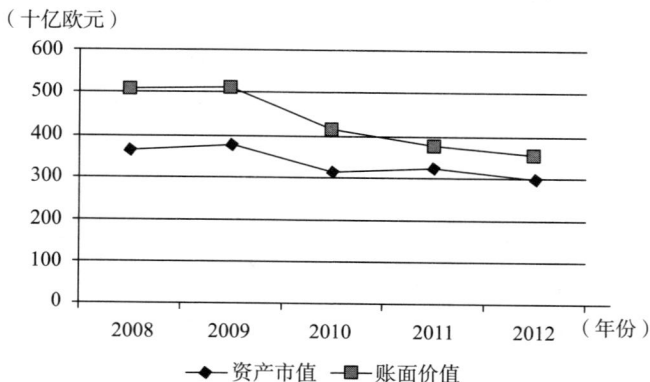

图 47.12　爱尔兰金融部门资产市值与账面价值

三、风险指标分析

2011 年结束了爱尔兰金融部门资产波动率的下降趋势，如图 47.13 所示，金融部门风险猛增，2012 年有所缓和，房地产泡沫破灭导致金融部门资产缩水后，爱尔兰主权债务危机爆发，实体经济的萧条抑制了金融部门的盈利水平，金融部门风险水平仍处高位，金融部门的改革有待进一步深入。

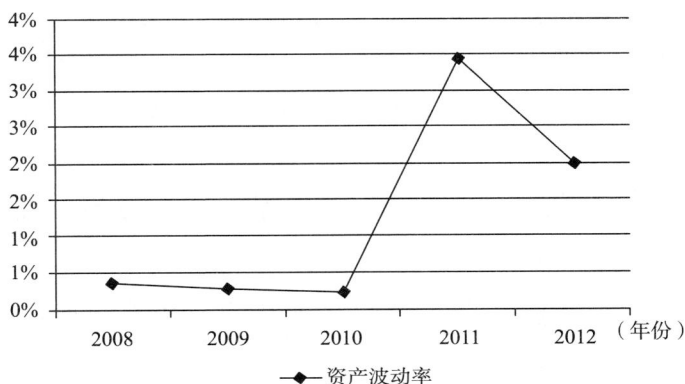

图 47.13　爱尔兰金融部门资产波动率

2011 年是一个转折点，爱尔兰金融部门的违约距离从负值变为正值，政府对金融部门的救助使金融部门的资产质量开始好转，随着实体经济的复苏，金融部门的违约风险进一步减小，2012 年违约距离达到 5，如图 47.14 所示。

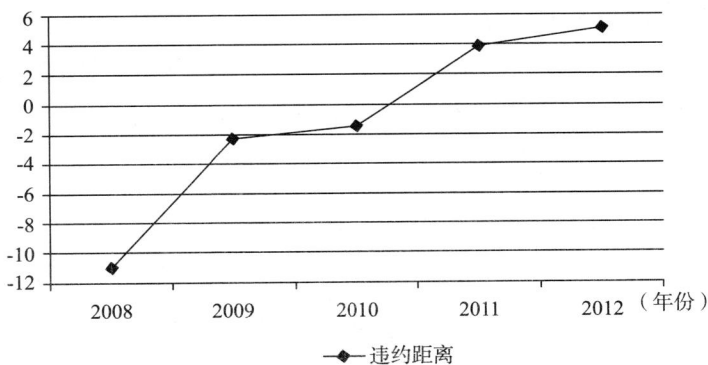

图 47.14　爱尔兰金融部门违约距离

爱尔兰金融部门的不良贷款率近五年中除 2011 年有所回落以外，不良贷款增加，且增速较大，金融部门资产质量进一步恶化，如图 47.15 所示。随着实体经济的复苏，银行的盈利能力开始增强，2014 年金融部门不良贷款率开始下降。目前，对于爱尔兰金融部门最大的挑战是对不良抵押贷款和中小企业贷款的有效管理。

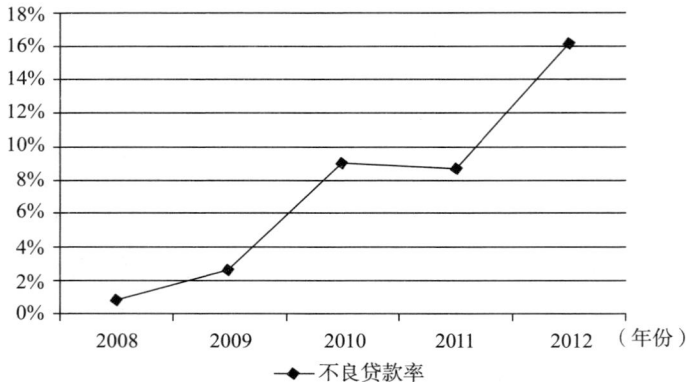

图 47.15　爱尔兰金融部门不良贷款率

第4节　爱尔兰企业部门风险分析

本节选取了爱尔兰总资产排名前 59 位的上市企业，对其资产负债表加总并构建或有权益资产负债表，从而对爱尔兰企业部门的风险进行分析。

一、资本结构分析

非金融企业所面临的主要挑战是持续疲软的国内需求、外部前景的不确定性和获取信贷的困难，特别是中小企业对银行贷款的依赖。企业部门债务仍高，但负债相对于整体资产规模减少，资产负债率呈下降态势。爱尔兰企业部门受债务危机的影响较小，从 2009 年开始，总资产增加，实体经济表现较好，如图 47.16 所示。爱尔兰企业部门资本结构错配风险较低，然而过低的资产负债率也反映了企业部门间融资渠道不畅，金融部门的改革应进一步深化，以免通过信贷途径影响实体经济的发展。

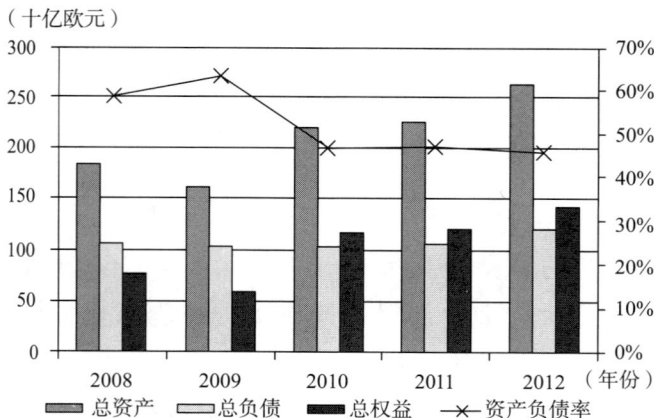

图 47.16　爱尔兰企业部门资本结构

二、期限错配分析

从 2009 年开始，爱尔兰企业部门的流动资产与总资产均呈增加趋势，企业的营运能力较强。流动负债也略有增加，但相较于流动资产增加的幅度较小。2010 年以后，企业部门的流动比率保持在 2.5 以上如图 47.17 所示，期限错配风险较小，企业部门短期偿债能力较强，但过高的流动比率说明企业部门可能存在积压的存货和闲置的资金，资金利用效率有待提高。

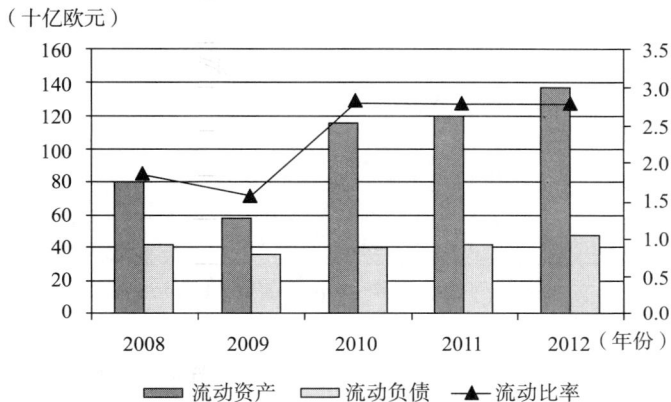

（十亿欧元）

图 47.17　爱尔兰企业部门流动资产与流动负债

三、或有权益资产负债表分析

企业部门的负债规模仍保持较高但平稳的水平，大约在 GDP 为 190％，如图 47.18 所示，是欧元区第二高的，这主要与跨国公司的规模有关。从企业部门的资产负债表来看，2008—2012 年资产负债率呈下降的趋势。爱尔兰企业部门的利息成本相对于欧元区其他国家而言更高，但占 GDP 的比重呈下降趋势。

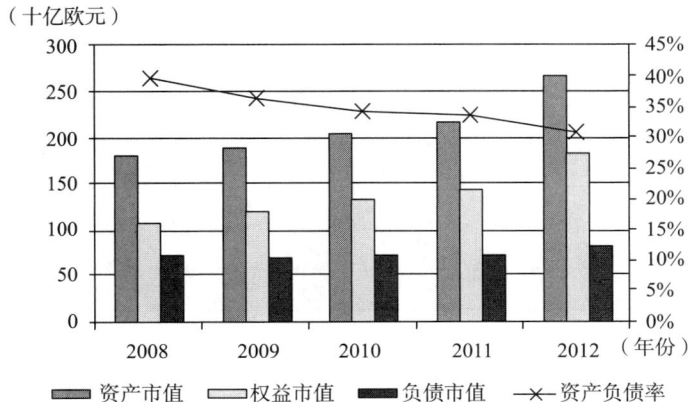

（十亿欧元）

图 47.18　爱尔兰企业部门或有资本结构

爱尔兰企业部门资产账面价值在 2010 年开始高于资产市值,企业部门的价值被低估,企业部门通过直接融资方式筹集的资金额度受限。爱尔兰企业部门除出口企业外主要靠国内信贷资金支持,受金融部门影响,企业部门产出水平受到限制。随着一系列鼓励银行对中小企业放贷措施的实行,市场对企业部门的预期向好,2012 年资产市值与账面价值达到一致,如图 47.19 所示,投资者对经济的信心也逐渐恢复。

（十亿欧元）

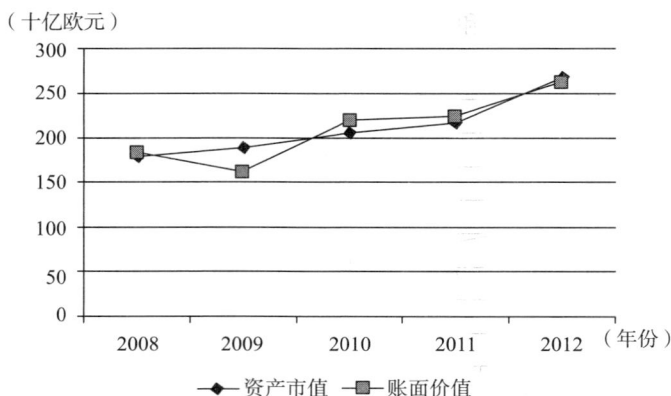

图 47.19　爱尔兰企业部门资产市值与账面价值

四、风险指标分析

（一）资产波动率分析

爱尔兰企业部门的资产波动率从 2008 年开始一路下降,如图 47.20 所示,相比金融部门,企业部门受欧债危机的影响较小,企业部门的风险较小。2008 年房地产泡沫破灭是企业部门风险水平较高的主要原因,房地产产业是爱尔兰 GDP 贡献大户,泡沫破灭后几乎 1/5 的 GDP 遁于无形,企业部门资产缩水,随着政府经济结构改革措施的实行,企业部门资产波动率下降。

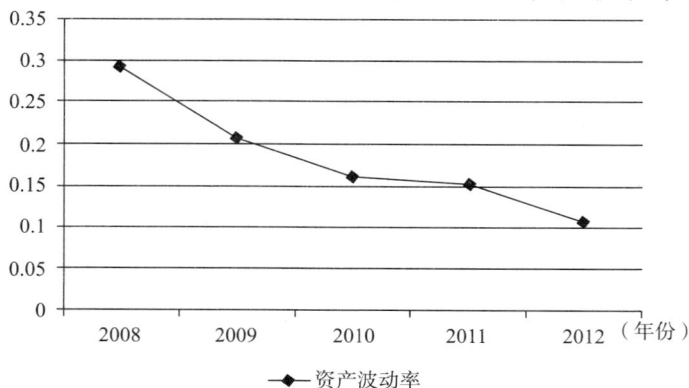

图 47.20　爱尔兰企业部门资产波动率

（二）违约距离

与资产波动率表现一致，爱尔兰企业部门的违约距离呈逐年上升的态势，企业部门违约风险逐年减小，如图 47.21 所示，随着爱尔兰经济的好转，爱尔兰企业的风险处于可控范围内。

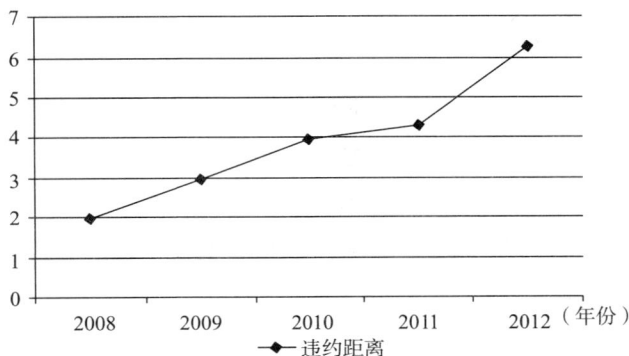

图 47.21　爱尔兰企业部门违约距离

第 5 节　爱尔兰家户部门风险分析

一、家户部门资本结构分析

2008 年金融危机后，从存量上看家户部门的总资产增长速度较慢，负债水平有所下降，但资产负债率仍保持在 55％以上，家户部门的杠杆率较高，但仍处于可控范围内，如图 47.22 所示。高失业率以及家户部门可支配收入的下降是家户部门总资产增长缓慢的主要原因，同时爱尔兰政府进一步紧缩财政支出以及高额的税赋仍对家户部门收入施加压力。

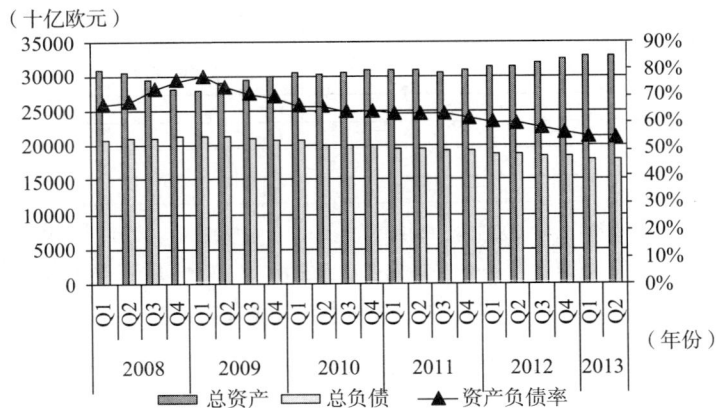

图 47.22　家户部门资本结构

从总量上看，爱尔兰家户部门的负债水平极高，2008 年以后债务水平占居民可支配收入的比重高达 200%，是 2004 年的 5 倍。长期来看，银行部门对家户部门的信贷有所紧缩，家户部门的可支配收入会随着经济复苏而逐渐恢复，但这个过程将十分漫长。

二、居民消费分析

房地产泡沫的破灭，导致家户部门的不动产贬值，家户部门的高额负债导致家户部门应对利率上涨和可支配收入的下降风险的脆弱性。财政紧缩政策、高失业率以及家户部门去杠杆化抑制了内需的上涨。私人消费对 GDP 的贡献度在 2010 年达到顶峰后，私人消费的绝对值呈逐年下降的趋势，2012 年略有回调，如图 47.23 所示。

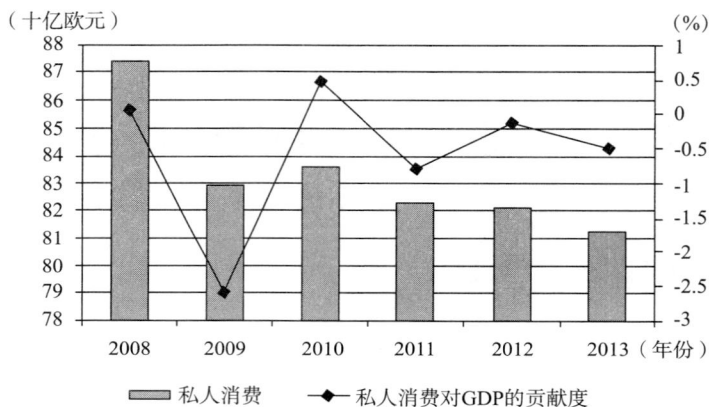

图 47.23 爱尔兰家户部门总消费

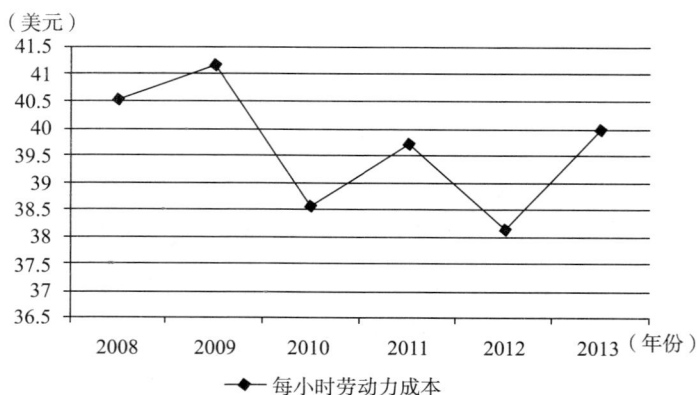

图 47.24 爱尔兰每小时劳动力成本

受经济不景气的影响，爱尔兰家户部门的失业率维持在高位，且每小时劳动成本远低于危机爆发前，可支配收入的减少抑制了部门的采购，对 GDP 的推动作用不强。名义可支配收入上升将有助于缓解高家庭债务比率，2013

年相较 2012 年单位时间劳动力成本有所上升，如图 47.24 所示，预计 2014 年家户部门的劳动力成本和失业率均会向有利的方向发展。

三、失业率分析

2008 年金融危机过后，爱尔兰房地产市场崩塌，导致失业率急剧上升，2011 年开始，失业率增速放缓，但失业率仍保持在高位。爱尔兰央行公布的数据显示 2013 年失业率开始下降，就业人数呈缓慢增加的趋势，对爱尔兰经济产生促进作用。国内的劳动力市场较多的剩余劳动力抑制了劳动力成本上涨的速度，居民的生活水平尚待进一步改善。

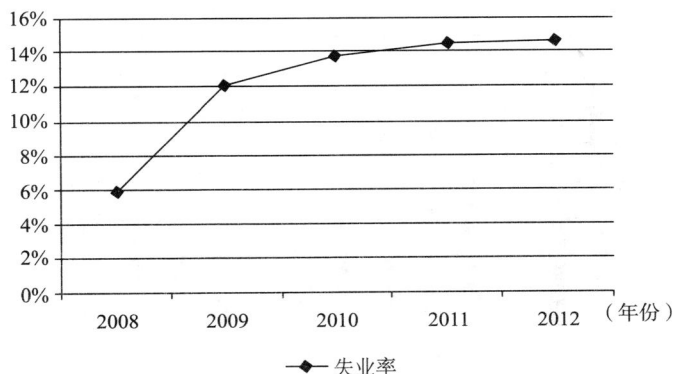

图 47.25　爱尔兰家户部门失业率

第 6 节　爱尔兰主权债务风险专题分析

一、引发债务危机的经济因素

与希腊不同的是，爱尔兰爆发债务危机的源头不在于公共部门自身。2001 年爱尔兰科技股泡沫破灭后，经济的发展模式发生了变化，房地产业和旅游业成为爱尔兰的支柱产业，银行房贷猛增，房地产价格高企，2007 年爱尔兰房地产价格较 2002 年上涨 2 倍，泡沫程度极为严重，如图 47.26 所示。受资产价格上升的推动，私人消费水平增加，经常账户从 2003 年开始转为赤字状态，如图 47.27 所示。2008 年以后爱尔兰房价大幅下跌，家户部门资产损失严重，导致银行部门的不良贷款率不断攀升，资产负债项急剧恶化，公共部门为维持金融稳定对金融部门的救助直接导致债务危机的全面爆发。

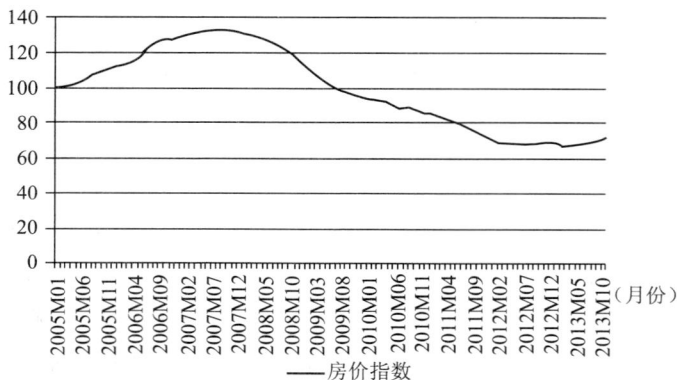

图 47.26　爱尔兰房价指数

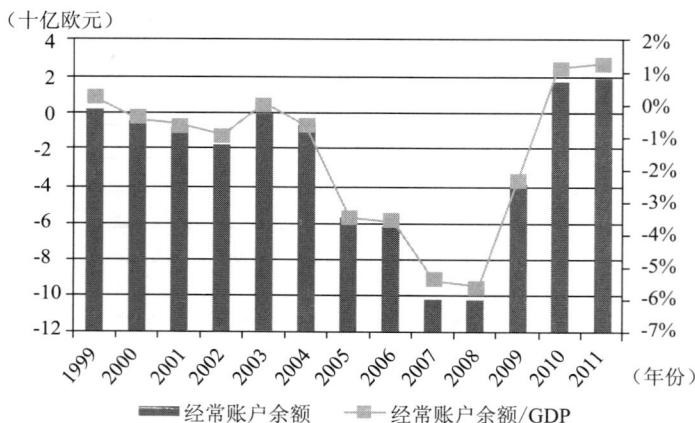

图 47.27　爱尔兰经常账户余额

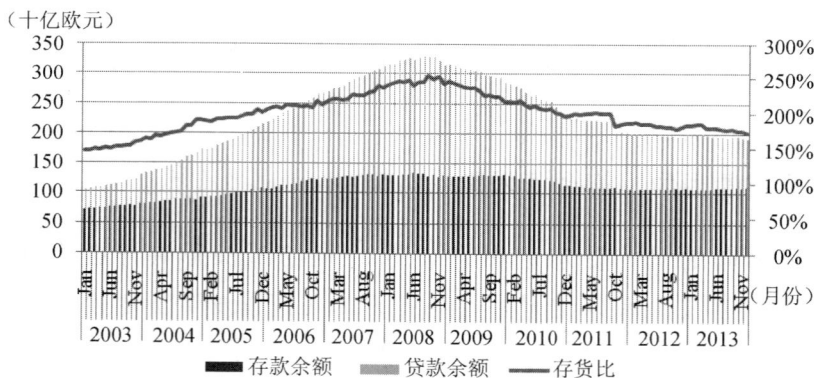

图 47.28　爱尔兰银行业存贷结构

　　2008 年国际金融危机爆发后，爱尔兰国际收支赤字、财政赤字、经济衰退和银行不稳同时出现，债务危机爆发。爱尔兰银行业对外资和金融市场的依赖程度高，2003 年至今存贷比均在 150％ 及以上，2008 年甚至达到 250％ 的水平，如图 47.28 所示。2008 年金融危机使以信贷支持的房地产经济受到重创，房产价格降至 2003 年以前的水平，不良贷款率不断攀升，至 2012 年达 16％，银行业资产不断缩水，盈利能力急剧下降。为了维持金融稳定，爱尔兰政府不得不出资解救陷入困境的银行部门。爱尔兰政府先后投入巨资解救深陷危机的三大银行，部分小银行被实施国有化，债务率和财政赤字的不断扩大，影响了政府再融资能力和支付能力。同时，受国际金融危机的影响，爱尔兰旅游业的收入也大幅下降，2009 年旅游收入 38.8 亿欧元，减少了 18.9％。两大支柱产业的崩溃导致政府财政收入下降，加速了债务危机的爆发。

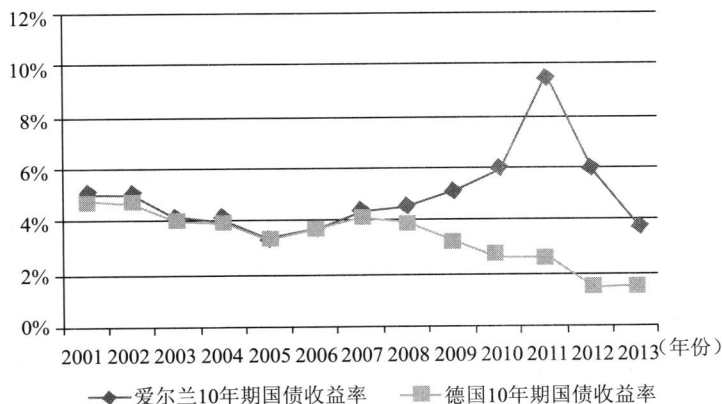

图 47.29　爱尔兰 10 年期国债与德国 10 年期国债收益率

爱尔兰 10 年期国债从 2008 年金融危机开始与德国十年期国债收益率偏离，程度越来越大，2011 年偏离程度最高，如图 47.29 所示，市场对爱尔兰主权债务的信用风险评估从国债市场上表露无遗。随着国际救援和爱尔兰政府的财政紧缩政策以及对银行部门的改革，国债收益利差开始下降，2013 年年底，爱尔兰宣布退出国际救援，恢复财政自主权。

二、导致债务危机的内在机制

从希腊和爱尔兰的债务危机中，我们可以发现公共部门、金融部门和实体经济间风险可以相互传导，爱尔兰金融部门和实体经济风险通过隐含担保渠道、信贷渠道、主权债券价值渠道以及财政收支渠道传导到公共部门，引发公共部门债务危机。传导渠道有以下四种：

1. 隐含担保渠道

当银行受到冲击时，风险反馈到公共部门的直接渠道是隐含担保。当金融部门无法吸收经济冲击造成的损失时，公共部门会对其进行救助，包括进行资产重组，不良资产收购，直接注入流动性等方式。因此，金融部门发生损失时，人们预期公共部门也会因为隐含担保制度而发生损失，对公共部门的价值预期下降。

2. 信贷渠道

当银行部门资产遭受损失时，银行部门通过减少对企业部门的信贷量来维持稳健性经营。企业部门可获取的营运资金减少，导致下一期的产出减少，GDP 预期增长下降，从而导致公共部门税收收入减少，同时失业补助，社会福利金以及财政刺激等引起公共部门支出增加。同时企业部门和家户部门发生风险时，也可以反作用于金融部门，由于贷款的违约风险增加，金融部门资产负债项恶化。

3. 主权债券价值渠道

当公共部门受到金融冲击时，主权信用风险增加，由于金融部门持有主权债券以抵御流动性风险，银行部门资产负债表项恶化，导致银行部门发生风险。同时由于巴塞尔资本协议规定，主权债券缩水后，金融部门一级资本减少，需要购进更多的主权债券来满足监管要求。

4. 财政收支渠道

当公共部门遭受危机时，公共部门可能会调整财政政策来抵御风险，如减小政府支出或增加税收。这样的财政政策环境下，银行部门的不良贷款比率增加，持有的资产价格下降。同时实体经济的衰败，会导致公共部门的税收下降，引起公共部门危机。

爱尔兰主权债务危机主要是由于房地产泡沫经济导致的，银行过度放贷助长了房价的高企，房价一旦下跌，不良贷款率不断攀升，金融系统瘫痪，伴随着全球经济不景气的外部环境，旅游业等创汇产业收入下降，公共部门收入减少，对金融部门的救助导致支出增加，公共部门爆发债务危机。

三、房地产信贷风险隐患及对策分析

爱尔兰银行信贷中个人住房贷款占比最高上升到总贷款的 37%，住房贷款占家户部门总负债的 80%。一旦房地产信贷风险失控，银行部门又会陷入危机，导致刚有复苏迹象的爱尔兰再次陷入经济危机。2008 年金融危机后房价的下跌使家户部门资产缩水，产生大量不良的不动产抵押贷。尽管目前失业率有所下降，部分地区的房价开始上涨，但爱尔兰家户部门高额的负债和高水平的抵押贷款拖欠仍然是爱尔兰经济平稳发展潜在的威胁。

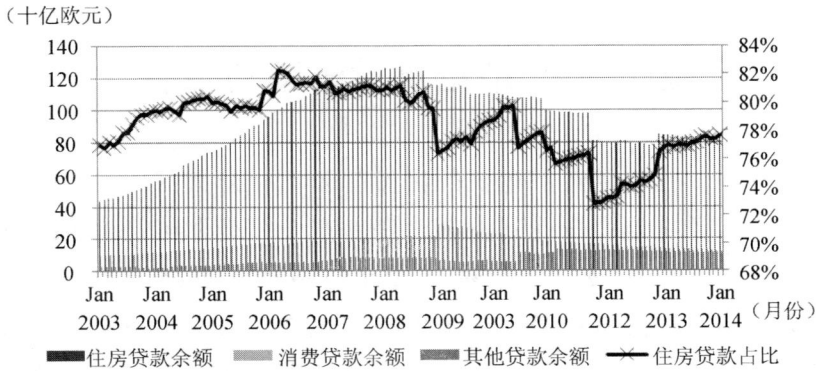

图 47.30　爱尔兰家户部门贷款结构

　　家户部门住房抵押贷款的拖欠比率从 2009 年第三季度的 4.1% 一路攀升至 2013 年第三季度的 17.4%，如图 47.31 所示。糟糕的就业环境是家户部门贷款拖欠的关键因素，2013 年第三季度统计的数据显示劳动力市场新增就业人数为 58000，预计 2014 年就业情况会进一步好转，但高失业水平的下降仍缓慢。爱尔兰政府亟须提出处理贷款拖欠问题的体系，不仅要考虑家户部门短期和长期清偿水平，同时要明确到期后抵押品的处理问题。

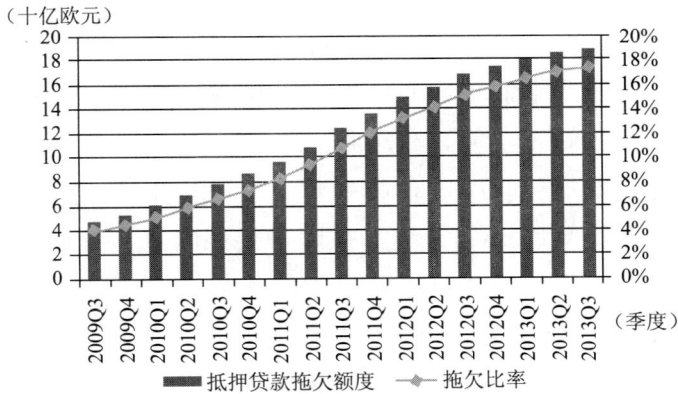

图 47.31　爱尔兰家户部门抵押贷款拖欠情况

　　控制房地产信贷风险是爱尔兰政府目前亟须解决的问题，较高的失业率和下降的工资水平加速了不良贷款率的攀升，银行业尚未水除 2008 年金融危机的影响，若房地产信贷风险加剧，银行业对政府部门的依赖将继续对财政支出施加压力。应尽快建立存款保险制度，减少银行部门对公共部门的依赖，同时收紧房地产贷款条件，稳定房价，并采取结构性调整，促进实体经济的发展。

第7节 结论及对中国的借鉴

与希腊不同，爱尔兰经济危机的爆发起源不在公共部门，2008年金融危机爆发后，爱尔兰房地产业受到重创，房地产业是爱尔兰公共部门的主要税源之一，房地产泡沫的破灭伴随着公共部门多年累积财政收支问题一并显现。同时金融部门的信贷业务主要集中在房地产业和公共部门，金融部门产生大量的不良贷款，资产质量变坏，需要公共部门进行救治，公共部门产生大量的财政支出，导致债务危机爆发。2010年年底，为了救助国内濒临崩溃的银行体系，爱尔兰接受了欧盟和国际货币基金组织提供的850亿欧元的紧急救助。

爱尔兰的公共部门的风险有所下降，资产负债率水平以及产权比率在债务均呈下降态势。公共部门的债务水平仍处在高位，但增速放缓，且财政紧缩措施收到成效，2013年财政赤字占GDP的比例预计降至7.3%，2014年预计降至4.8%，2015年降至2.9%，低于欧盟设定的3%的警戒线。爱尔兰的金融风险仍集中在金融部门，金融部门的资产负债率仍保持在90%以上的高位，且资产市值严重低于账面价值，市场对金融部门的评价不高。金融部门的盈利能力有所好转，但非利息收入仍低，且金融部门的复苏是爱尔兰经济复苏的关键，爱尔兰非出口企业主要依赖信贷支持，目前，爱尔兰国内银行体系的不良贷款率达16%，提高风险准备意味着信贷进一步收缩。

爱尔兰债务危机的教训是对房地产业的依赖、过于宽松的房贷条件、宽松的财政和货币政策导致资金过剩，推动房地产泡沫膨胀。公共工程不断上马，助长地价飙高，使房价飞涨。对我国而言要改革完善经济体制和机制，促进经济结构转型，不能过度依赖房地产业的发展。同时银行部门对审批房地产抵押贷款的机制要进一步完善，引导银行部门合理分配信贷结构，不能将信贷集中在房地产业和公共部门，使信贷资金流向高科技成长性好的产业。目前，我国已经出台了一系列政策抑制房价的上涨，对房价的控制需要进一步强化。

参 考 文 献

[1] 熊思浩：《爱尔兰"裸退"为进》，载《国际商报》2013 年 12 月 18 日 A07 版。

[2] 师琰：《爱尔兰率先脱困秘诀：以创新推动经济增长》，载《21 世纪经济报道》2013 年 12 月 1 日第 5 版。

第 48 章　瑞士宏观金融风险研究

　　瑞士是一个联邦制国家，是历史悠久的武装中立国，也是许多国际性组织总部的所在地。瑞士经济十分繁荣，是一个高度发达的资本主义工业国，世界第九大经济体，第二十大出口国，2013 年瑞信全球财富报告显示瑞士是全球人均财富最大的国家。瑞士有"钟表王国"的美誉，特别是近几年其钟表出口额大幅增加，为瑞士经济发展作出了巨大贡献。同时，瑞士具有稳定的政策体制、安全的金融体系以及良好的保密系统，是投资者的避税天堂。本章对 2012－2013 年瑞士宏观金融风险进行分析，并对瑞士的低利率风险进行专题研究。研究结果表明，瑞士总体宏观风险状况良好，主要的风险点集中在房地产行业及抵押贷款上。

　　余翔和金瑞郎（2011）认为，瑞士央行为保卫本国的的出口产业对汇率水平进行干预会造成一系列潜在的风险。第一，瑞士为抵住瑞郎升值压力需要承担买进外币的成本；第二，大量发行瑞郎会损害币值信誉；第三，对冲外币会引发通胀；第四，世界经济前景暗淡，瑞郎升值压力继续存在；第五，将瑞郎与欧元硬挂钩实质上是把问题留到明天；第六，丧失独立的货币政策可能引发政局混乱。

第 1 节　瑞士经济金融运行概况

一、经济运行概况

　　瑞士是欧洲经济强国，虽然面积较小，但 GDP 在世界排名靠前。受 2008 年的金融危机影响，2009 年瑞士的 GDP 水平有所下降，如图 48.1 所示。金融危机爆发后瑞士实施的低利率政策缓解了房贷的压力，促进了经济的增长。同时外来移民数量增长，也推动了瑞士经济的复苏，随后欧债危机的爆发也拖累了瑞士经济的发展，相比欧洲的其他国家，瑞士受到的影响较小，自身恢复能力较强，但是瑞郎升值的压力对瑞士出口产业的发展产生了阻碍，这也是瑞士经济增长缓慢的原因之一。抵押贷款和房地产市场的失衡进一步加剧也是阻碍瑞士经济发展的重要原因，2013年IMF预计2014年瑞士经济增长2.0%左右，基本与2013年持平。

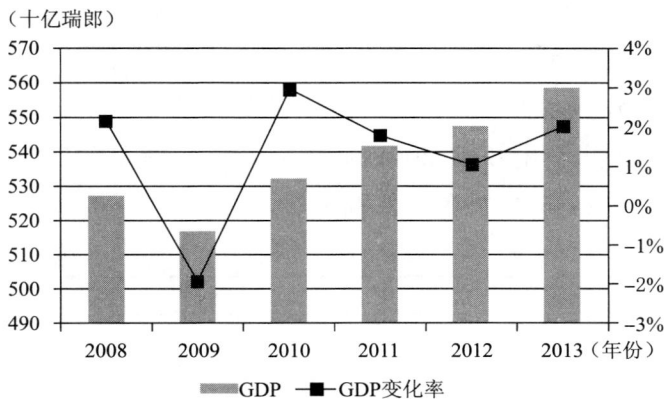

图48.1　瑞士国民生产总值及增速①

　为缓解瑞郎升值对瑞士经济带来的压力，瑞士央行对瑞郎汇率进行干预，瑞士将继续维持最低1.20瑞士法郎兑1欧元的汇率，并表示如果有必要，将无限量购买外国货币。随着三个月的瑞郎libor利率接近于0，最小汇率是避免财政收缩的最好工具。同时瑞士央行将把三个月的libor利率控制在0.00%—0.25%之间，如图48.2所示。由于瑞士低利率的实施，以及欧元区经济的持续低迷，瑞士通胀率一路下跌，同时欧元区通货膨胀率的下降以及石油价格的下跌，使瑞士面临通货紧缩的风险，IMF预计2014年瑞士通胀率达0.2%，2015年达0.6%。

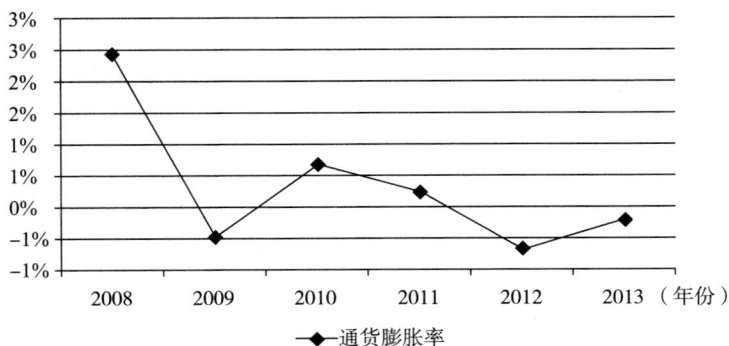

图48.2　瑞士通货膨胀率

---

　①　数据来源于BvD全球金融分析、宏观经济指标数据库https：//www.countrydata.bvdep.com/ip。下面如未作说明，数据来源均相同。

促进 GDP 增长的三大因素是投资、消费、净出口。固定资产投资基本保持在 1150 亿瑞郎，占 GDP 的比重呈下降的态势，2012 年对 GDP 的贡献度为－0.088，2013 年恢复到 0.3，如图 48.3 所示。消费是拉动瑞士经济增长的主要因素，由于瑞士国内物价水平下降，以及较低的失业率和较高的居民收入水平，内需呈逐年上升的态势。并且私人消费比政府消费的贡献大，受欧债危机的影响，大部分欧元区成员国的经济不景气，瑞士出口的主要对象是欧盟国家，因此净出口从 2008 年开始下降。随着瑞郎盯着欧元的汇率政策的实施，从 2011 年开始净出口额上升。

（十亿瑞郎）

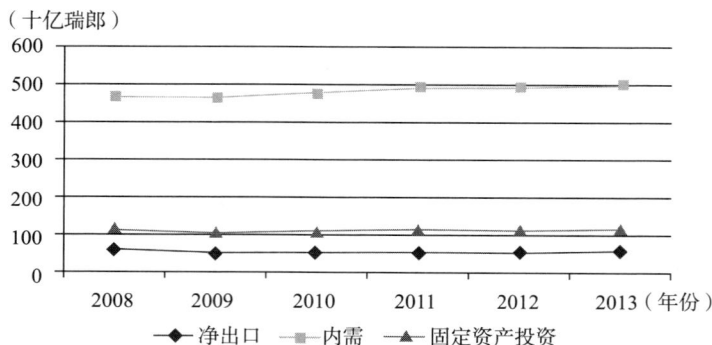

图 48.3　瑞士净出口、内需及固定资产投资规模

（十亿瑞郎）

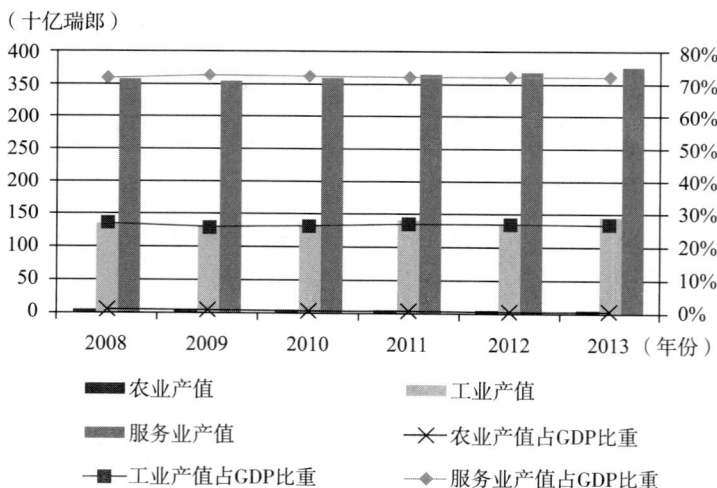

图 48.4　瑞士产业结构

瑞士的产业结构较为合理，第三产业占比达 73％。第三产业主要包括商业、金融、旅游等服务业。旅游业十分发达，机械制造、医药化工和旅游业是瑞士的三大创汇行业。同时瑞士的金融业也十分发达，苏黎世是国际金融中心之一，拥有世界第二大的黄金交易市场，也是投资者的避税天堂。瑞士工业技术水平先进，机械制造、化工、医药、高档钟表、食品加工、纺织业

是瑞士工业的支柱行业。瑞士实行自由经济政策，因此，瑞士的国际贸易往来十分频繁，由于瑞士资源匮乏，进口商品主要是原材料，出口则以机械设备、化工产品、医药、精密仪器、钟表为主，如图 48.4 所示。其主要贸易伙伴是欧盟国家和美国。瑞郎升值的压力可能使瑞士出口贸易受到影响。

二、金融运行概况

2012 年瑞士立法表示对影响市场的大银行进行救助，同时为减少抵押市场风险，从 2013 年 2 月开始组建法定准备金系统作为逆周期资本缓冲。逆经济周期资本缓冲根据信贷市场的不平衡从瑞士银行部门收取。随着欧债危机的升级，全球经济增长缺乏动力，国际银行体系的紧张态势和瑞士抵押和房地产市场的不均衡使瑞士银行部门风险增大。瑞士央行数据显示，瑞士银行部门的不良贷款率在 2009 年开始下降，且不良贷款率控制在 1％以下，如图 48.5 所示。但银行部门不良贷款的风险准备却急剧从 2008 年的 78.1％降至 2010 年的 44.1％。过去的三年，瑞士银行上调了风险加权资本比率，2012 年完全吸收亏损的资本占风险资本的 5.2％。2013 年第一季度这一比例增加了 1 倍达 10％，表明瑞士银行业总体风险状况存在一定程度恶化。

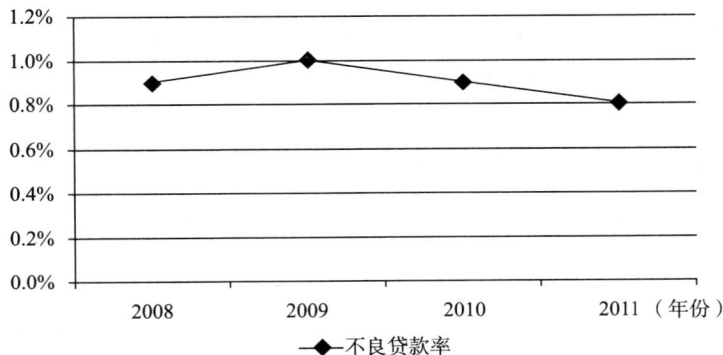

图 48.5　瑞士不良贷款率

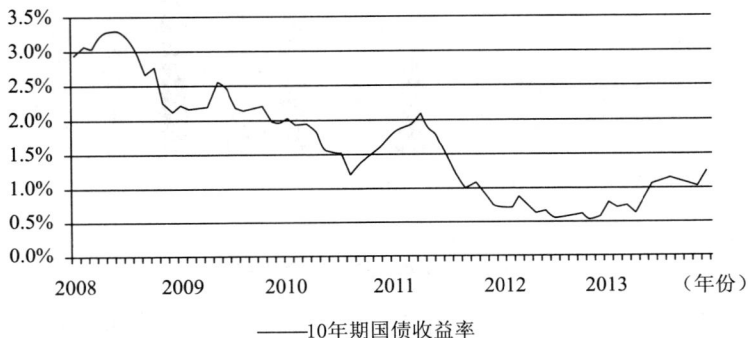

图 48.6　瑞士 10 年期国债收益率

瑞士主权债务风险较低,与欧元区发生债务危机的国家相比,瑞士的公共部门债务管理良好。金融危机后,瑞士 10 年期国债收益率一律下跌至 0.5％的最低点,以 2013 年开始国债收益率回升,如图 48.6 所示。总的来说,瑞士从市场上借贷的成本降低。瑞士 2 年期的国债收益率为负,这与瑞士通缩有关,同时也表明市场对瑞士经济金融发展预期较好,预期瑞郎升值。

瑞士 SMI 指数从 2008 年下跌至 2009 年上半年的最低点 4234.96 后,除 2011 年 6 月有所回调,SMI 指数呈一路上升态势。瑞士的股指走势强劲,至 2014 年年初达到 8544 的高位。与全球经济不景气相比,瑞士的经济走势较好,投资者对瑞士经济金融信心高涨,在股市上反映强烈。

汇率方面,由于瑞士央行的市场干预措施,瑞郎升值幅度在可控范围内。然而瑞士国内利率水平仍保持极低水平,较低的交易量以及低利率反映了高水平的流动性,根据利率平价理论,远期汇率升值压力较大。长期利率水平有所下降,2013 年第三季度利率上升主要是由于美国量化宽松政策投机导致的。

第 2 节　瑞士公共部门风险分析

本节利用瑞士中央银行所披露的资产负债信息,构造公共部门资产负债表,并对瑞士公共部门进行风险分析。

一、公共部门资产负债表分析

(一) 资本结构分析

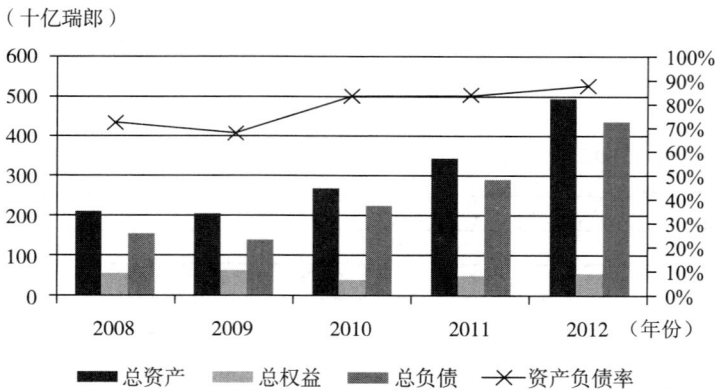

图 48.7　瑞士公共部门资本结构

瑞士公共部门的资产呈上升趋势,受 2008 年金融危机的影响,2009 年资产上升幅度很小,2009 年以后资产上升幅度较大,伴随着资产上升的还有负债水平。2010 年以后，瑞士公共部门的资产负债率保持在 80％ 以上，且呈增长的趋势，虽然瑞士公共部门的权益水平有所增加，但较高的杠杆率意味着公共部门的资本结构错配风险增加，如图 48.7 所示。

（二）清偿力风险分析

产权比率是负债总额与所有者权益总额的比率，用于反映资本结构的合理性。2009 年公共部门负债水平略有下降，导致产权比率的下降，随后产权比率一路攀升，至 2012 年达到 8 左右，公共部门的资本结构较为不合理，较高的债务负担会导致清偿力风险，如图 48.8 所示。瑞士经济产出能力较强，目前清偿力风险尚在可控范围内。

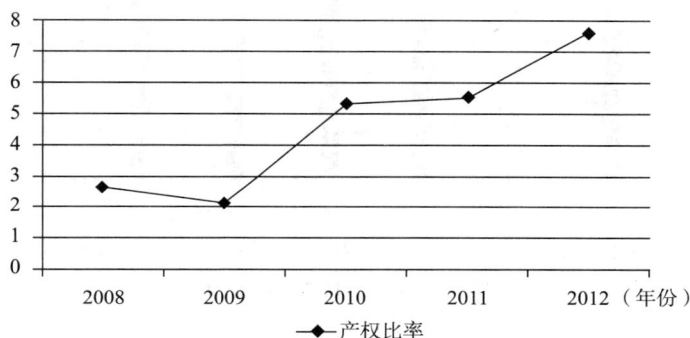

图 48.8　瑞士公共部门产权比率

二、公共债务与财政赤字分析

（一）公共债务分析

与欧洲其他国家相比，瑞士的公共债务水平极低，2008 年金融危机后，公共债务的绝对水平下降，且占 GDP 的比重下降幅度较大，如图 48.9 所示。瑞士受欧元区债务危机的影响较小，公共债务状况优于欧元区三巨头英法德。随着瑞士经济向好，公共债务占 GDP 比重可能进一步下降。

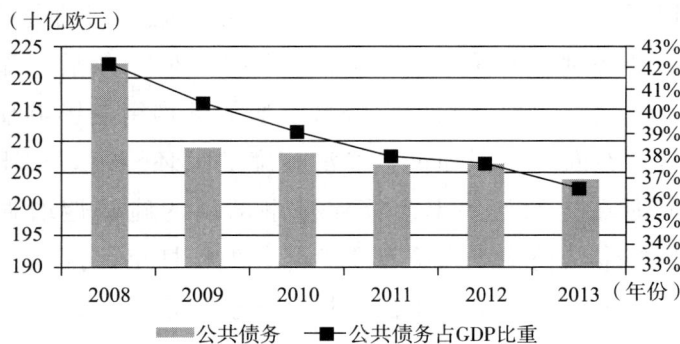

图 48.9　瑞士公共部门债务

（二）财政赤字分析

与欧元区国家大不相同的是，瑞士的公共财政收支账户是盈余的。随着经济的增长，公共部门财政收入和支出水平缓慢增长，且近五年来均呈现顺差。2009 年财政盈余占 GDP 的比重最大，2012 年财政盈余占 GDP 的比重最小，2013 年有所提高，如图 48.10 所示。由于瑞士央行对汇率市场进行干预失去了一部分货币政策自主性，财政政策的自主性较强，财政支出的增长有利于经济的发展。

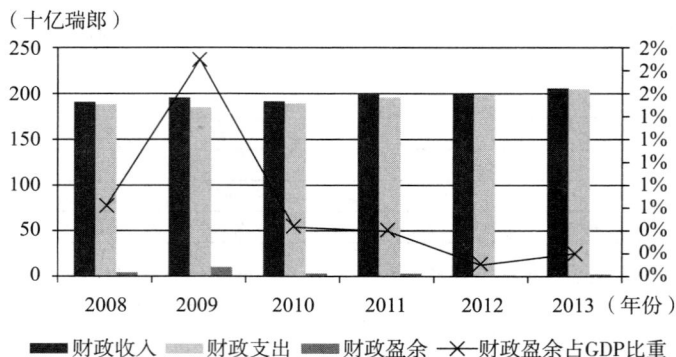

图 48.10　瑞士公共部门财政收支

第 3 节　瑞士金融部门风险分析

本节选取瑞士资产市值排名前 30 家金融机构为分析研究对象。对其资产负债表进行加总并构建或有权益资产负债表，分析瑞士金融部门的风险。

一、账面价值资产负债表分析

受 2008 年次贷危机的影响，瑞士金融部门的投行业务盈利水平大幅下降，而后瑞士银行对投行部门进行删减，2009 年金融部门的资产负债水平下降，随着政府的经济刺激政策 2010 年年底到期，2010 年后，瑞士金融部门的资产增长速度放缓。房地产和抵押贷款市场的不均衡是影响瑞士金融部门发展的主要因素。在欧洲各国和世界经济萎靡的大环境下，瑞士金融部门盈利水平下降，同时瑞士的低利率政策使金融部门的脆弱性增强。从账面上看，金融部门的资本结构错配风险有所下降，但杠杆率保持在 95％以上，对银行部门的资产管理以及风险准备的计提应当引起重视，如图 48.11 所示。

（十亿美元）

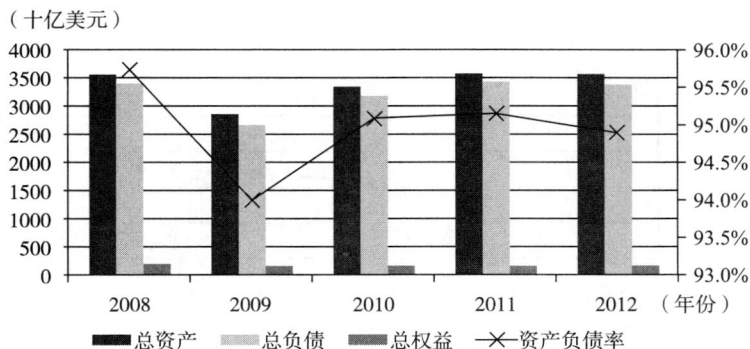

图 48.11　瑞士金融部门资本结构

二、或有权益资产负债表分析

从或有权益资产负债的数据来看，2009 年资产下降水平比账面少，市场对瑞士的金融恢复能力信心较强。2011 年金融部门的权益市值较前期下降，且或有资产负债水平成为近五年的最高点。2011 年瑞士金融部门的盈利水平提高源于建筑业繁荣带动的抵押贷款业务扩大。瑞士金融部门应严格管理房地产贷款的发放，低利率导致住房抵押贷款的需求上升，目前，瑞士房产价格仍处于缓慢上升阶段，如果利率上升或房价下降，不良贷款率将攀升，应注意防范房地产泡沫的产生。或有权益资产负债率低于账面水平，按市值计算的资本结构错配风险相对较低，或有资产负债率均保持在 95％以下，如图 48.12 所示。

（十亿美元）

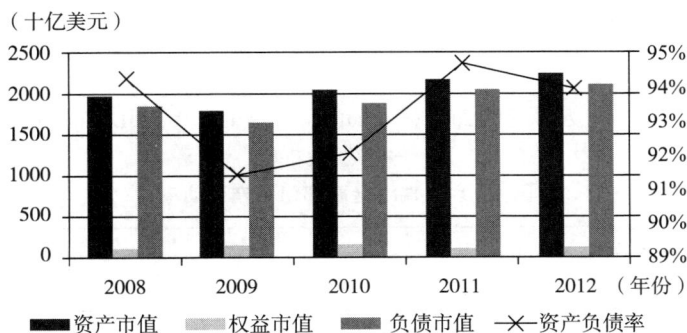

图 48.12　瑞士金融部门或有资本结构

瑞士金融部门的资产市值低于账面价值，金融部门的价值被低估，投资对金融部门的评价不够理性，2009 年资产市值与账面价值的差距最小，随后有扩大的趋势，2012 年有所缓解，如图 48.13 所示。金融部门的资产市值从2009 年开始呈上升的趋势，瑞士金融部门表现优于大部分欧元区成员国，受债务危机及房地产市场冲击的影响较小，自身恢复能力较强。

（十亿美元）

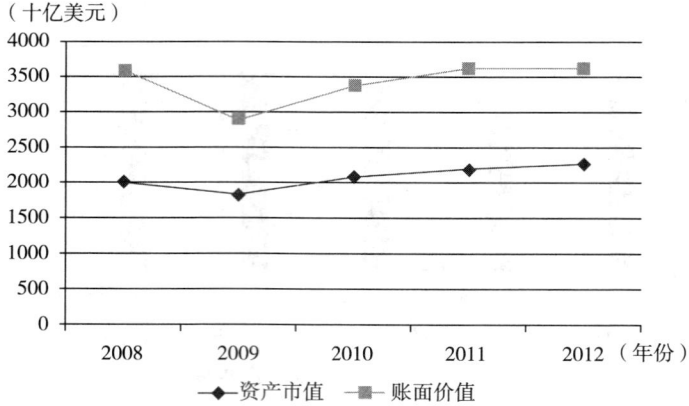

图 48.13　瑞士金融部门资产市值与账面价值

三、风险指标分析

从资产波动率指标来看，受到次贷危机的冲击，2009 年瑞士金融部门的资产波动率水平上升达 1.8%，随后金融部门风险下降，2012 达到 2.1% 的高点，高于 2009 年的水平，如图 48.14 所示。2012 年金融部门风险水平上升，不过还需结合其他的风险指标进行判断。

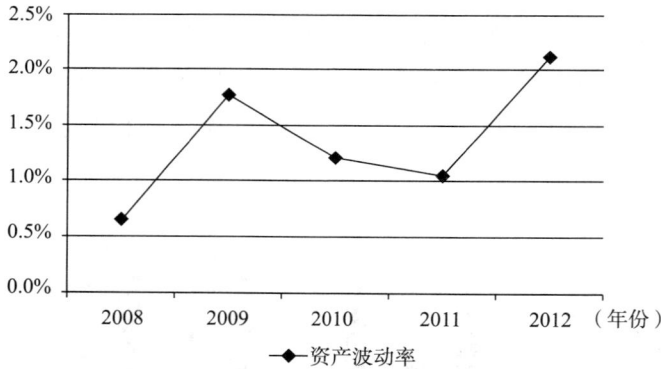

图 48.14　瑞士金融部门资产波动率

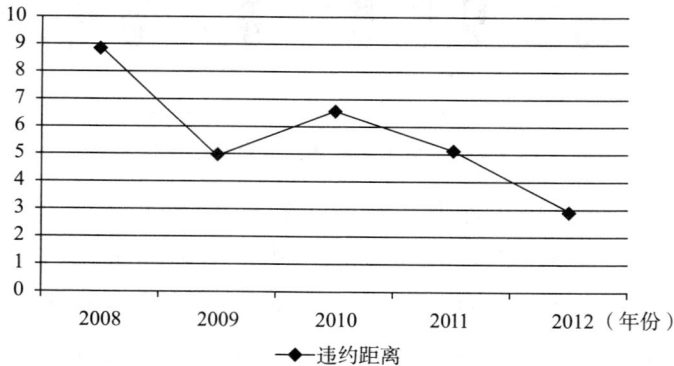

图 48.15　瑞士金融部门违约距离

从违约距离来看，瑞士金融部门的违约风险在 2009 年较大，这与 2009 年金融部门资产波动率上升一致表明瑞士金融部门受到了金融危机的影响，风险增加，如图 48.15 所示。自 2010 年开始，金融部门的违约距离急剧减小，但 2011 年以前违约距离均保持在 5 以上，违约概率接近于 0。2012 年违约距离骤降至 3，金融部门的违约风险需重视。

第 4 节　瑞士企业部门风险分析

本节选取了瑞士总资产排名前 200 位的上市企业，对其资产负债表加总并构建或有权益资产负债表，从而对瑞士企业部门的风险进行分析。

一、资本结构分析

与金融部门相比，瑞士上市非金融企业部门的资产总量较小。瑞士是一个高度发达的工业国家，同时其服务业发展占比达 70%，生产高附加值的产品和服务。因此，2008 年的金融危机和接踵而至的欧债危机对瑞士国内企业部门的生产力影响较小。瑞士主要贸易伙伴是欧盟成员国和美国。欧元区国家经济萧条，部分国家如希腊、爱尔兰等尚处在债务危机的影响当中，美国经济有缓慢增长的迹象，但贸易的外部环境总的来说较差。因此，企业部门的资产负债水平从 2010 年后呈攀升态势，且总资产的增长速度缓慢。瑞士企业部门的账面资产负债率保持在 55% 左右，如图 48.16 所示，离 75% 的临界值尚远，资本结构错配风险较小。

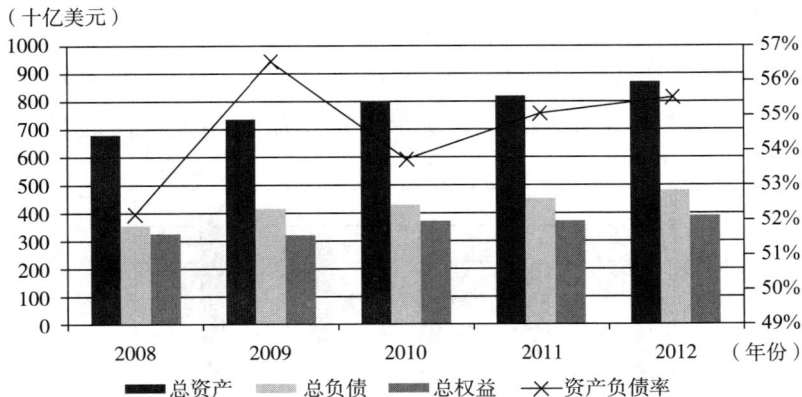

图 48.16　瑞士企业部门资本结构

二、期限错配分析

企业的流动比率保持在 2 左右较好，过高的流动比率意味着过多的存货和闲置的资金，而过低的流动比率意味着企业存在短期偿债能力风险。2010年以前，瑞士企业部门的流动比率在 1.5 左右，从 2011 年开始企业部门的流动比率有所下降，至 1.45 左右，如图 48.17 所示。企业部门的流动比率偏低，且有进一步下降的趋势，意味着企业部门短期偿债能力下降。流动比率保持在 1 以上，目前企业部门不会出现短期清偿力问题。

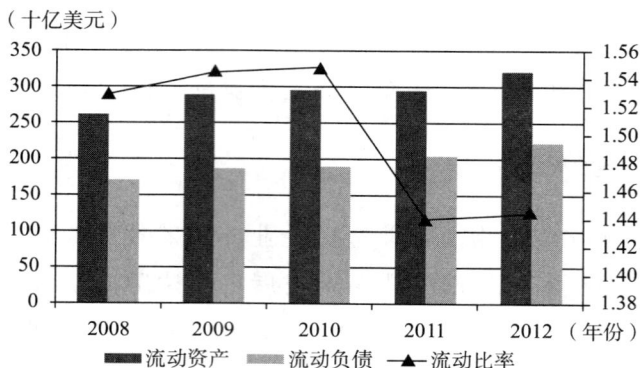

图 48.17　瑞士企业部门流动资产与流动负债

三、或有权益资产负债表分析

瑞士企业部门的权益市值远高于账面价值，因此，总资产市值也远高于账面价值，2010 年以后企业部门的资产市值的增速放缓，企业部门的盈利水平下降。瑞士出口对经济有重要的贡献作用，世界经济不景气影响了瑞士企业部门的创收能力，目前，瑞士企业正在寻找新的贸易对象国，但由于新型市场的贸易管制，效果不甚理想。由于权益市值的高估，或有资产负债比率较低保持在 30% 以下，如图 48.18 所示，资本结构错配风险较低。

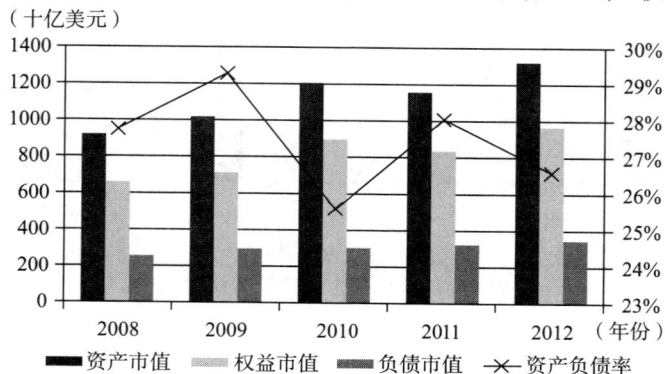

图 48.18　瑞士企业部门资本结构

与金融部门不同的是，瑞士企业部门的资产市值远高于账面价值，这也是欧洲国家的普遍现象，由于 2008 年的次贷危机导致了部分欧洲国家如爱尔兰、荷兰房地产泡沫的破灭，对金融部门产生重创，欧洲国家间金融部门联系甚密，因此金融部门的表现总体不佳。随后的欧债危机加剧了金融部门资产负债项目的恶化，市场对其信心大减。瑞士企业部门凭借其强劲的生产力水平和技术创新能力，得到了市场的认可，2012 资产市值与账面价值的差距进一步扩大，如图 48.19 所示。

（十亿美元）

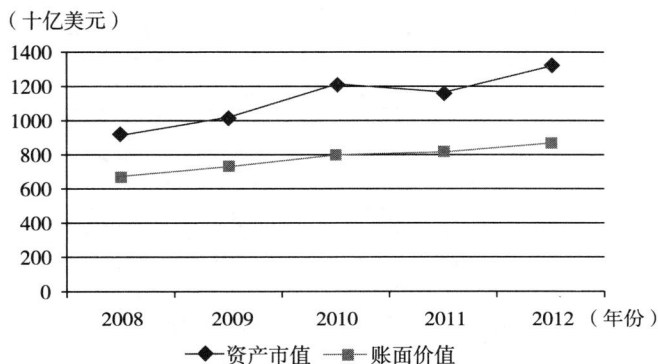

图 48.19　瑞士企业部门资产市值与账面价值

四、风险指标分析

（一）资产波动率分析

从资产负债表和或有资产负债的情况来看，瑞士企业表现较好，如图 48.20 所示。但从风险指标来看，瑞士企业部门的资产波动率从 2011 年开始大幅上升，2012 年达到 25％左右，较大的资产波动率意味着市场对瑞士企业部门的评价不稳定，企业部门的盈利能力受外界因素的影响较大，由于全球经济不景气，众多投资者将资金投入瑞士股市，导致了企业部门资产市值波动较大。

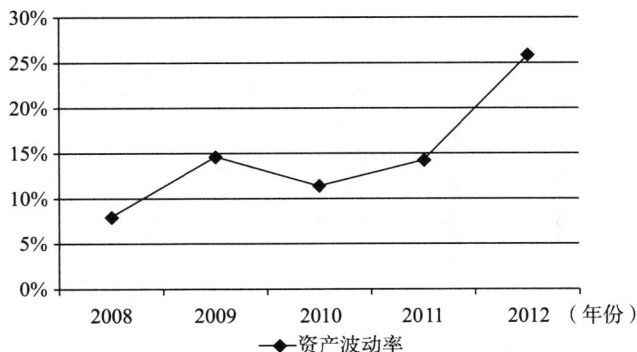

图 48.20　瑞士企业部门资产波动率

（二）违约距离

与资产波动率的表现一致，违约距离于 2009 年大幅下降，2010 年回调后继续下降，如图 48.21 所示。违约距离的大幅下降意味着企业部门的违约风险增加。利率的下降，使企业获得信贷资金的成本下降，但出口贸易的减少，影响了企业部门的供给水平，2012 年企业部门的违约距离下降至 3，但违约风险仍可控。

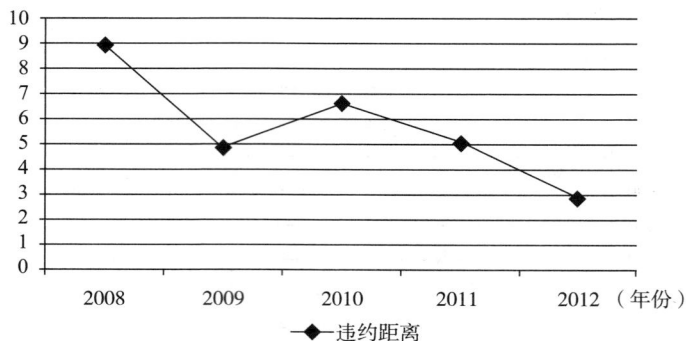

图 48.21 瑞士企业部门违约距离

第 5 节　瑞士家户部门风险分析

一、资本结构分析

瑞士家户部门的负债水平较高，资产负债率高达 66%，房地产市场波动对家户部门的影响较大，家户部门贷款中，抵押贷款占比 93%，如图 48.22 所示。因此，房价的上升以及利率的上升都会影响到家户部门的资产负债结构。2012 年家户部门资本结构错配风险有所缓解，随着全球经济的复苏，家户部门的收入水平提高，家户部门风险将下降。

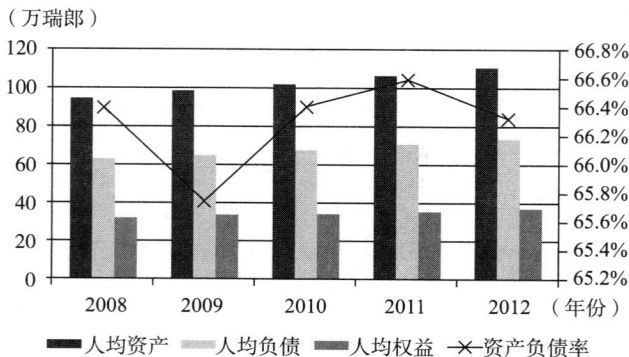

图 48.22 瑞士家户部门资本结构

二、居民消费分析

瑞士较低的失业率与逐年增长的实际工资水平使私人采购水平表现良好，呈稳定增长的趋势。私人消费对 GDP 增长有推动作用，2012 年私人消费对 GDP 的贡献度为近五年中最高的，如图 48.23 所示。瑞士居民拥有较高的生活水平，消费水平也较高。

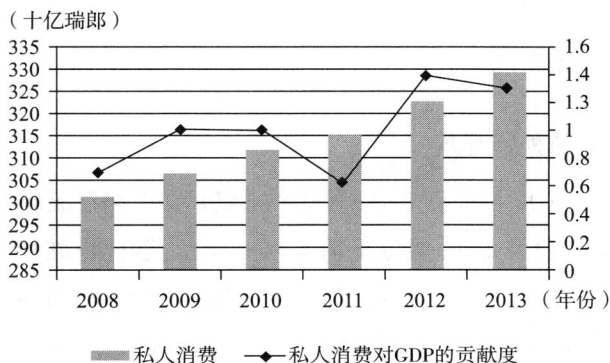

（十亿瑞郎）

图 48.23　瑞士家户部门总消费

三、失业率分析

受全球经济萧条的影响，瑞士的失业率从 2008 年开始缓慢上升，2011 年略有下降，2012 年失业率达 4%，如图 48.24 所示。瑞士的经济增长部分来源于外来劳动力的增长，近年来，本国的就业水平恶化，外来劳动力也呈下降趋势。但瑞士家户部门的收入水平仍较为稳定，逐年上涨的实际工资水平抵消了一部分失业率带来的影响。

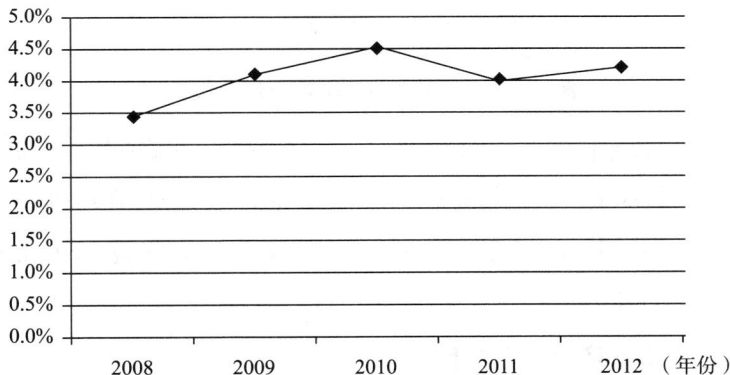

图 48.24　瑞士家户部门失业率

第6节 瑞士低利率政策专题分析

2013年中，瑞士央行（SNB）屡次公布的利率决议，均表示维持瑞郎 libor区间在0％－0.25％不变，并将坚守欧元兑瑞郎1.20的汇率下限。瑞士央行已连续十个月保持低利率政策不变，并表示可能实施负利率。

一、实施低利率的原因

（一）利率下降的外部环境

全球的名义利率水平具有长期下降的趋势，从G7成员国的通货膨胀率来看，从70年代中期开始从高位下降，到90年代中期维持着较低而稳定的水平，如图48.25所示。较低并逐渐下降的通货膨胀预期导致名义利率的下降（名义利率＝实际利率＋通货膨胀率）。不仅如此，G7成员国10年期国债实际收益率也呈下降的趋势。储蓄过剩以及投资者对投资收益中通货膨胀溢价的要求降低是导致利率水平下降的主要原因。

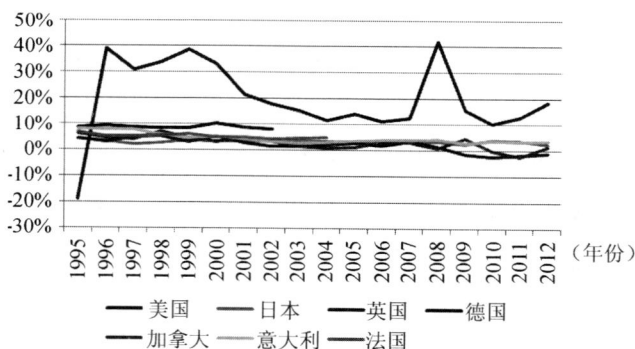

图48.25 G7国家10年期实际利率水平

近期来看，金融危机和全球经济不景气对利率下降起到了助推作用。许多发达国家的央行采取直接降低短期利率水平以及增加流动性或放宽信贷政策对利率间接影响。例如，美国的量化宽松政策就会降低私人部门借贷的成本，使利率水平下降。

（二）瑞士利率下降的市场原因

瑞士利率下降主要是世界经济环境不景气引起的。金融部门的风险不确定性以及宏观经济的萧条使投资者寻求安全的投资品种。在欧洲主权债券评价下降的背景下，瑞士债券以其长久的良好信用脱颖而出，受到投资者的追捧。由供需平衡关系可知，瑞士利率下降是必然的。同时美国的量化宽松政策使大量的热钱涌入瑞士市场，使瑞士的利率水平下降到空前的低水平，2011 年 9 月三个月 libor 下降为 0.003％，10 年期国债收益率降至最低点 0.376％。2012 年 12 月的利率期货价格也预示着未来的负 libor 利率。

同时，热钱的流入极大地促进瑞郎的升值，相较 2007 年的汇率水平，2011 年 8 月瑞郎对欧元和美元名义升值 60％。

（三）瑞士实施低利率的政策考虑

为了抑制瑞郎的升值，瑞士央行采取了一系列措施，如增加本国货币市场的流动性、购买外币等。增加货币市场的流动性以及购买外币间接的给利率上升施加压力，市场上流动货币的数量增加导致借贷成本的下降，如图 48.26 所示，libor 利率接近于 0，瑞士 2 年期国债利率甚至达到负值。

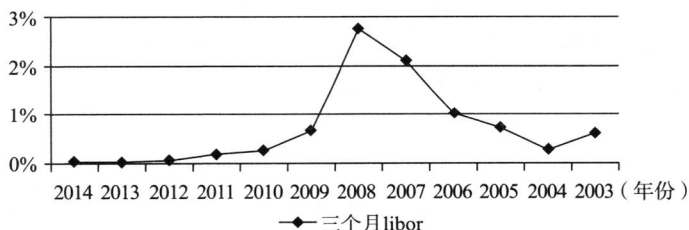

图 48.26　瑞士三个月 libor 利率

二、低利率政策效应

（一）存款替代效应

极低的存款利率可能导致双元金融体系，即民间金融市场和正式金融市场的共存。在低利率政策背景下，正式的金融市场存贷利率和服务对象均有严格的限制，非政策扶植的行业和企业获取资金困难，通过在民间金融市场借贷来满足自身发展要求。民间金融市场的活跃导致一部分存款通过地下金融市场贷给资金需求者。同时，低利率政策鼓励了当期消费、降低储蓄水平，如图 48.27 所示。

（二）投资补充效应

正式金融市场和民间金融市场是此消彼长的关系，共同为企业融资提供渠道。由于地下金融市场的活跃，中小企业和高风险企业通过民间市场进行更大规模的融资，实现自身发展。

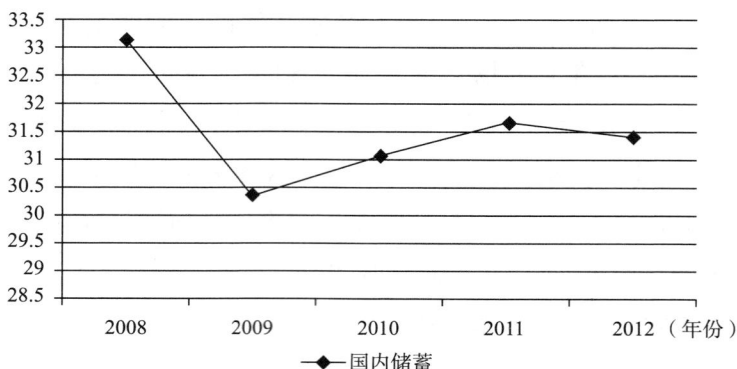

图 48.27   瑞士国内储蓄水平占 GDP 比重

（三）不均衡发展效应

低利率政策导致信贷被配给政府优先发展的区域和产业。低利率政策使金融部门的盈利空间被压缩，贷款条件更为严苛。低利率贷款属于稀缺资源，往往配给国家政策优先发展的行业。

（四）间接融资主导效应

由于间接融资的成本低，压缩了直接融资的份额。直接融资对在信贷市场上无法获取资金的企业提供了补充融资渠道，一定程度上弥补了低利率政策的负面影响。

三、低利率政策的利弊分析

（一）低利率政策的好处

维持低利率有助于企业贷款，让更多的人参与投资或做实业，间接提高就业率，促进本国经济发展。较低的利率水平也会促进国内消费水平的提高，内需的增加也是 GDP 增长的一大动力。同时较低的利率水平有助于改善家户部门和金融部门的风险水平，房地产市场波动导致抵押贷款风险增加，较低的利率水平使家户部门抵押贷款的成本下降，金融部门抵押贷款的质量得到保证。

（二）低利率政策的风险

尽管宽松的货币政策是适应目前瑞士宏观经济环境的必然结果，但仍存在风险和副作用。主要存在两个方面的风险：对价格稳定的负面影响、对金融稳定的负面影响。

持续的低利率水平和丰富的市场流动性不可避免地对通胀率造成压力。

大部分发达经济体资金利用率低下、产出不足正逐渐显现，央行放出的大量流动性并没有成比例地被利用在投资和消费上，通胀率攀升的风险较大。

持续的低利率水平会通过多种途径影响金融稳定。第一，低利率水平使信贷成本下降，促进了贷款业务的蓬勃，同时，资产的价格上涨。从瑞士抵押贷款和固定资产市场可以看出：固定资产价格和抵押贷款量已经连续上涨数年。较低的利率水平降低了家户部门抵押贷款的成本，促进了房地产业的繁荣，改善国内经济面貌的同时可能会促使房价进一步膨胀形成房地产泡沫。同时瑞士家户部门的负债水平较高，较低的利率促使家户部门借贷增加，家户部门面对利率上升风险的脆弱性增加。同时不动产抵押贷款增加，使家户部门和金融部门的风险关联度增加，使瑞士金融系统的脆弱性增加。第二，较低的利率水平会催生大量的投机行为。投资者不能或不愿意接受较低的回报从而通过承担高风险或增加杠杆率来达到高回报的目的。低利率通过推高资产价格和抑制价格波动率，掩盖了投资的真实风险。例如，投资者可能会高估自己的负债能力且低估未来的利息负担。第三，央行针对危机作出的经济刺激政策使市场参与者在受到负面冲击时过度依赖央行的支持产生道德风险问题。

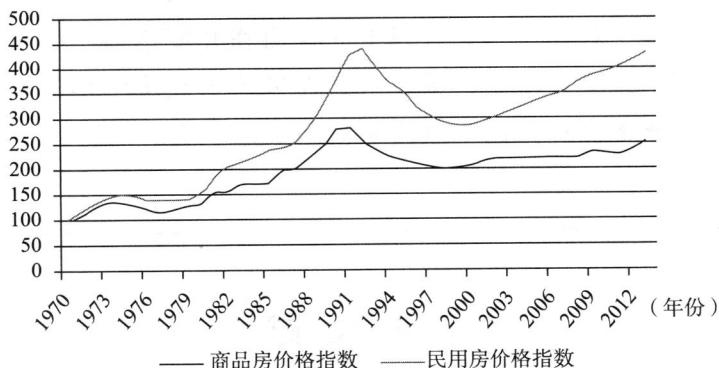

图 48.28　瑞士房价指数

除上述风险以外，较低的利率水平会对瑞郎升值产生助推作用，由利率平价理论，低利率水平的货币远期升水，如果维持汇率水平不变可能引发市场对瑞郎的攻击。根据凯恩斯的理论，接近零点的利率水平使瑞士的货币政策失效，只能通过宽松的财政政策刺激经济，但这将进一步对公共部门的财政状况施加压力。

第7节 结论及对中国的借鉴

与全球经济表现一致，2013 年瑞士经济增长仍较为缓慢，GDP 增速为 2%。公共部门资本结构错配风险有所增加，公共债务水平以及财政赤字水平较 2012 年表现良好，发生债务危机的可能性极低。受 2008 年金融危机和欧债危机的影响，欧元区金融部门的风险较大，瑞士金融部门的资本结构错配风险较大，2013 年不良贷款率水平以及风险资本准备水平有所改善。但房地产市场和抵押贷款市场的不均衡仍对金融部门产生威胁，资产波动率的增加以及违约距离的下降使金融部门的违约概率变大，成为瑞士风险较为突出的部门。瑞士企业部门资本结构错配风险较低，风险指标中资产波动率以及违约距离显示企业部门的违约概率有所增加，但企业部门表现仍较为稳定。家户部门的负债水平较高，大部分集中在抵押贷款，较低的失业率以及较高的工资水平使瑞士家户部门的生活水平仍处在世界的前端。

不管是瑞士还是中国，都应该注重房地产市场的发展，抑制房地产泡沫的产生，同时对金融部门的不动产抵押贷款加强管制，敦促银行业提高风险准备金水平。与瑞士相同的是，人民币同样面临升值压力，政府一味的干预以维持国内经济的稳定并不是长久之计。促进我国经济结构的转型，引导主导产业的转型升级提高产品的竞争力是目前亟须解决的问题。

参 考 文 献

[1] 余翔、金瑞郎：《能解瑞士经济之困》，载《世界知识》2011 年第 20 期，第 44—45 页。

第 49 章　荷兰宏观金融风险研究

荷兰是欧盟第五大经济体，经济高度发达，是外向型市场经济，60％以上产品供出口，经济十分依赖外部环境。荷兰的支柱产业是服务业，包括交通、仓储运输、金融和电讯等行业，服务业产值占国民生产总值的70％以上。2008 年以来，荷兰受到金融危机和欧债危机的严重冲击，经济持续低迷，复苏乏力。本章对 2008－2012 年荷兰的宏观金融风险进行分析，并对荷兰经济复苏作专题研究。研究结果表明，荷兰总体风险状况有所改善，企业部门流动性风险值得注意。

陈支农（2013）介绍了荷兰在金融危机以后采取的政策和对经济的影响，并介绍了荷兰银行部门面对危机采取的措施。

李奂哲（2013）对荷兰职业养老金制度、养老金模式进行了分析。从资产和未来负债两方面对养老基金基金率在金融危机期间及之后的波动情况进行了深入分析。通过对指数化政策的分析得出荷兰职业养老基金实际基金率仍在降低、财务状况堪忧的结论，并提出了相关对策和建议。

第 1 节　荷兰经济金融运行概况

一、荷兰经济运行概况

2008 年的金融危机对荷兰的银行系统和公共财政产生较大冲击，2010 年的欧债危机则进一步恶化了态势。危机从银行、政府逐步扩散到实体经济，投资者信心减弱、支出下降、失业率上升。从 2012 年开始欧元区出台了一系列措施，建成了永久性的金融救助机制、加强金融监管、筹建银行联盟、强化和巩固财政、签署财政契约等，同时向希腊、爱尔兰、葡萄牙、西班牙等国家提供紧急援助，这些国家也通过出台政策调整国内经济的不平衡。欧洲一些国家为应对债务危机采取了紧缩的财政政策，尽管改善了财政赤字，但是却对实体经济造成了长期的负面影响，经济复苏乏力，失业率居高不下，通货紧缩风险浮现。

在欧盟国家经济普遍好转的情况下，荷兰经济停滞不前，如图 49.1 所示，2009 年荷兰受经济危机的影响 GDP 下降－3.70％，近几年，荷兰经济虽然呈复苏态势，但是和欧元区其他国家相比，复苏更为缓慢，2012 年和 2013 年经济出现小幅萎缩，IMF 预期荷兰 2014 年经济增长率也不会超过 0.5％。

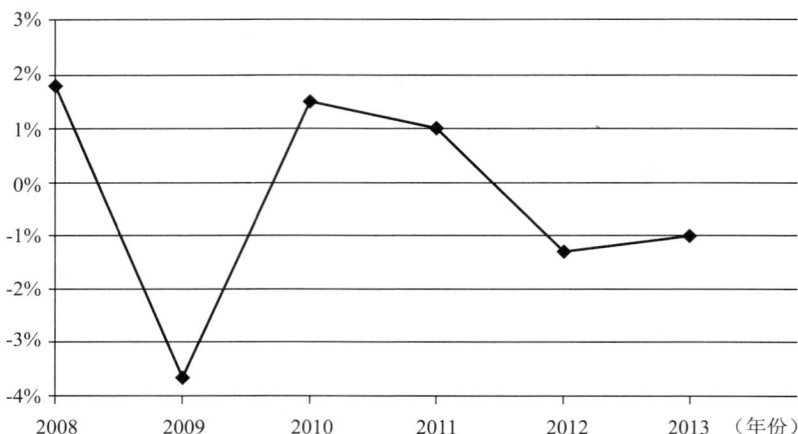

图 49.1 荷兰实际 GDP 增长率[①]

由于全球经济出现疲软，荷兰对新兴经济体国家的出口备受影响，但是凭借荷兰工业强大的竞争力和充足的现金储备，荷兰总出口从逐步恢复的世界贸易市场中受益，仍保持上升趋势，经济基本面也良好，如高弹性的劳动力市场、发达的基础设施、高额的养老金储备和政府的高信用等级。荷兰经济停滞的主要原因是房地产泡沫的逐步破裂。2008 年之前在政府对按揭贷款利息实行的免税政策和银行的宽松借贷政策的刺激下，荷兰房价不断上涨产生泡沫，也催生了巨额债务。2008 年金融危机以后荷兰的房产泡沫逐渐破灭，如图 49.2 所示，房价下跌超过 20％，房价的下跌带来负的财富效应，减少了对建设和相关金融服务的需求，物价严重下跌，失业率和企业破产率不断攀升，居民储蓄份额加大，消费支出锐减，内需严重不足。而荷兰得到充足资金支持的养老金体制更是加强了这种负效应。在 20 世纪 90 年代由于房市的火爆政府减少了对养老金的支持，近十年，为了弥补资产的损失，荷兰政府不得不加大对养老基金的投入。

在 2013 年的第三季度荷兰房市迎来了转折信号，这可以从荷兰房市交

---

① 数据来源于 BvD 全球金融分析、宏观经济指标数据库 https：//www.countrydata.bvdep.com/ip。下面如未作说明，数据来源均相同。

易量的提高和消费者对房市信心的增加中看出。尽管荷兰居民实际可支配收入降低、失业率升高、房贷政策更为严格，但是更低的抵押贷款利率、抵押贷款税负的减免都吸引了潜在的购房者。以上因素将使荷兰房价达到稳定均衡状态。

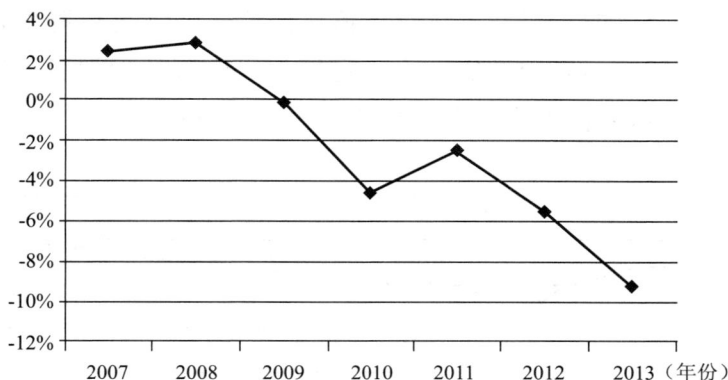

图 49.2　荷兰房价同比变化率

二、荷兰金融运行概况

2012 年荷兰政府财政赤字占国内生产总值的 4.1%，虽较上年下降 0.4 个百分点，但仍是连续四年超过欧盟规定的 3% 的标准。荷兰财政赤字的增加与对欧元区紧急救助的 90 亿欧元（约合 115 亿美元）的资金不无关系。为了达到欧盟规定的政府财政赤字和政府债务分别只能占国内生产总值的 3% 和 60% 的要求，荷兰一直以来采取的都是紧缩的财政政策，政府通过削减公共支出、养老金、事业补贴和医疗保障等支出来减少财政赤字，预计 2014 年还会削减 300 亿欧元的财政支出，居民消费能力将进一步受到抑制。

荷兰有着巨额财富储备，很大一部分被锁在养老基金里。荷兰的养老金福利居于世界前列，金融危机的爆发使得荷兰不得不对养老金制度进行改革。为削减财政赤字，荷兰从 2013 年开始提高领取国家养老金的年龄，从 65 岁提高到 67 岁。截至 2013 年 3 月底，在荷兰 9600 亿欧元的养老基金总资产中，仅 14%——约 1349 亿欧元投资于本国。投资的主要方向为固定利率债券（fixed－interest paper，871 亿欧元），包括购买 435 亿欧元的荷兰国债、127 亿欧元的抵押贷款以及 140 亿欧元的企业债券等。荷兰养老基金对世界房地产市场总投资为 913 亿欧元，其中对荷兰房地产投资为 217 亿欧元。荷兰央行表示，当前荷兰经济形势不景气，各方就加强养老基金对企业和家庭的资金支持呼声较高，但央行首先必须确保养老基金的盈利性和安全性，投资的国别和地域央行无权干预。

为了刺激经济复苏，实现通货膨胀率目标，危机发生以来欧洲央行（ECB）已经数次降息，2013年5月2日公布货币政策决议，将基准利率下调25个基点，至历史纪录新低0.50％。2013年11月7日ECB将再贷款利率下调25个基点至0.25％的新低。欧洲内部的通货紧缩风险和欧元的持续走强是欧洲央行降息的主要动机。对于荷兰来说，降息可以降低消费者和企业的借贷成本，虽然养老金增值面临一定压力，但荷兰近期股票市场持续复苏，如图49.3所示，仍可为养老金投资提供有力支撑。

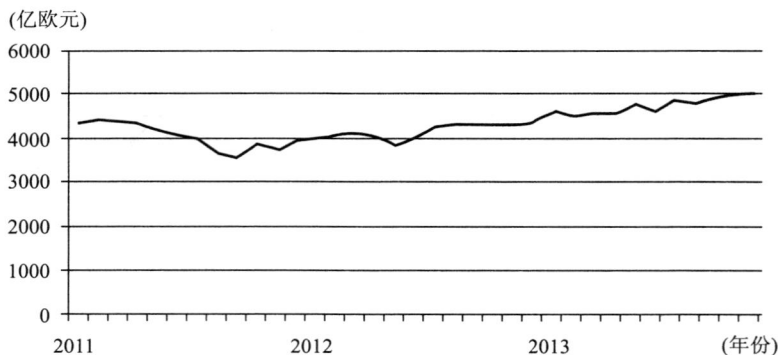

图 49.3　荷兰股票市场总市值

第 2 节　荷兰公共部门风险分析

本节利用荷兰中央银行所披露的政府资产负债信息，构造公共部门资产负债表，并对荷兰公共部门进行风险分析。荷兰公共部门的资本结构风险凸显，公共债务规模逐年扩大，但是财政赤字有所改善。

一、公共部门资产负债表分析

（一）资本结构分析

2008—2011年，荷兰央行总资产和总负债逐年上升，所有者权益每年都略有增加。如图49.4所示。2011年，荷兰央行负债大幅增加，从1056亿美元增加到2353亿美元，导致资产负债率从2010年的79.2％陡然增加到2011年的88.3％，2012年资产负债率下降了1个百分点，为87.3％，荷兰央行的资本结构风险凸显，应加强对负债规模的控制。

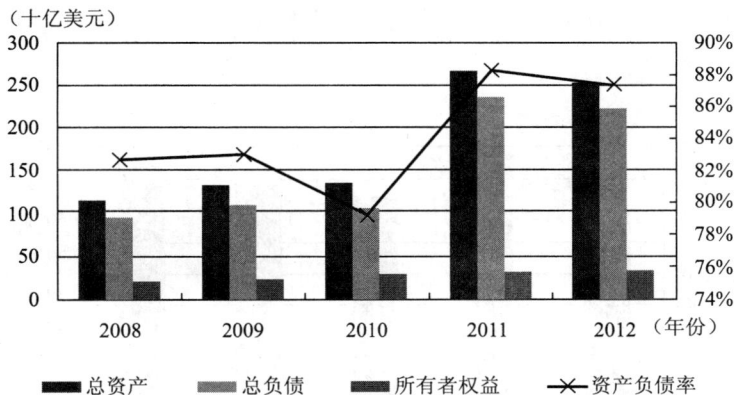

图 49.4　荷兰公共部门资本结构

(二) 清偿力风险分析

公共部门产权比率表示公共债务与所有者权益的相对比率，产权比例越大，清偿力风险越高。荷兰公共部门产权比率自 2011 年以来大幅增加，如图 49.5 所示。从 2008 年的 4.76 增加到 2011 年的 7.54，2012 年有所下降，为 6.91，应警惕清偿力风险继续扩大。

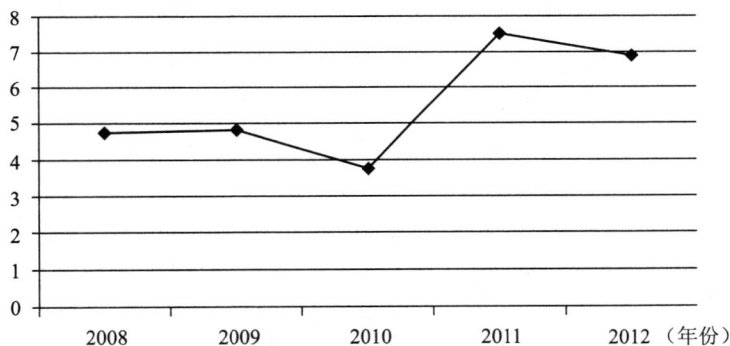

图 49.5　荷兰公共部门产权比率

二、公共债务与财政赤字分析

(一) 公共债务分析

荷兰公共部门债务风险较为严重。荷兰公共债务呈不断上升的趋势，如图 49.6 所示。公共债务由 2008 年的 3475 亿欧元增加至 2012 年的 4271 亿欧元，对 GDP 占比自 2009 年首次突破欧盟规定上限 60％ 的高位以来，不断上升，到 2012 年占比高达 71.22％，相对于 2011 年的 65.72％，上升了 6％。持续的财政赤字和疲弱的经济增长使得荷兰公共债务不断升高，IMF 预计

2015 年公共债务对 GDP 占比可能达到 GDP 的 78％，因此，荷兰公共部门债务风险不容忽视。

（十亿欧元）

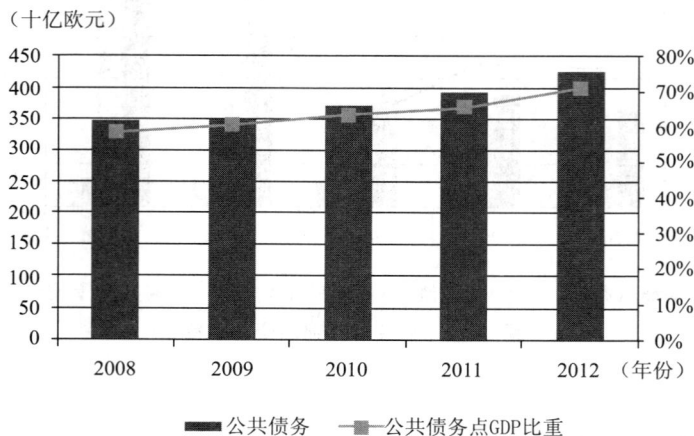

图 49.6　荷兰公共债务对 GDP 占比

（二）财政赤字分析

荷兰财政赤字规模逐年缩减，如图 49.7 所示。荷兰公共部门在 2008 年实现了财政盈余，2009 年财政赤字达到 238 亿欧元，占 GDP 比重高达 5.6％，远高于欧盟规定的 3％的上限。荷兰政府采取了紧缩的政策，增加税收，减少预算支出，财政赤字自 2009 年以来逐年下降，到 2012 年，财政赤字减少到 158 亿欧元，占 GDP 比重下降到 2.64％，处于欧盟规定范围内。此外，2013 年 4 月荷兰 4G 牌照的拍卖一次性增加了政府收入 38 亿欧元。

（十亿欧元）

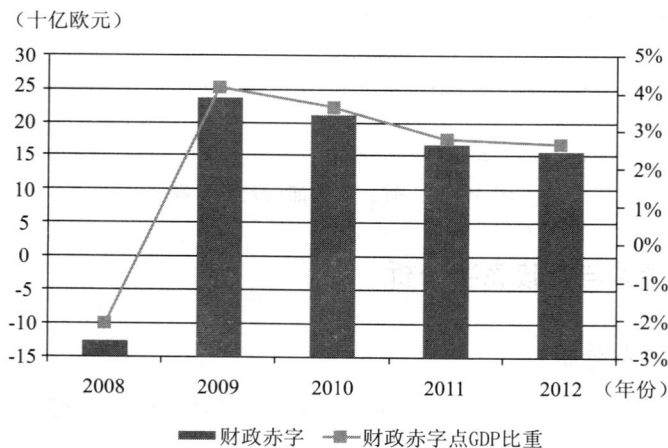

图 49.7　荷兰财政赤字规模及对 GDP 占比

第 3 节　荷兰金融部门风险分析

本节选取荷兰的 6 家上市金融机构为分析研究对象，对其资产负债表进行加总并构建或有权益资产负债表，分析荷兰金融部门的风险。金融危机以来，荷兰金融部门的贷款业务和中间业务受到了冲击，资产有一定程度的缩水，但是由于政府审慎的监管，违约风险不断降低。

一、账面价值资产负债表分析

金融危机以来，荷兰金融部门资产和负债逐年缓慢下降，如图 49.8 所示。负债下降速度快于资产下降速度，导致资产负债率的下降，相比 2011 年，2012 年荷兰金融部门总资产下降约 1049 亿美元，总负债下降约 1139 亿美元。荷兰金融部门资产缩水的原因主要是由于房产的贬值导致银行业 6000 多亿的房地产贷款余额不断缩水，大量住房抵押贷款出现问题。政府对贷款和养老金税收的优惠政策的减少降低了国内的金融需求，也减少了荷兰金融部门的收入。同时，2008 年以来，荷兰金融机构国际业务不断缩小，也给荷兰金融部门的利润带来冲击。

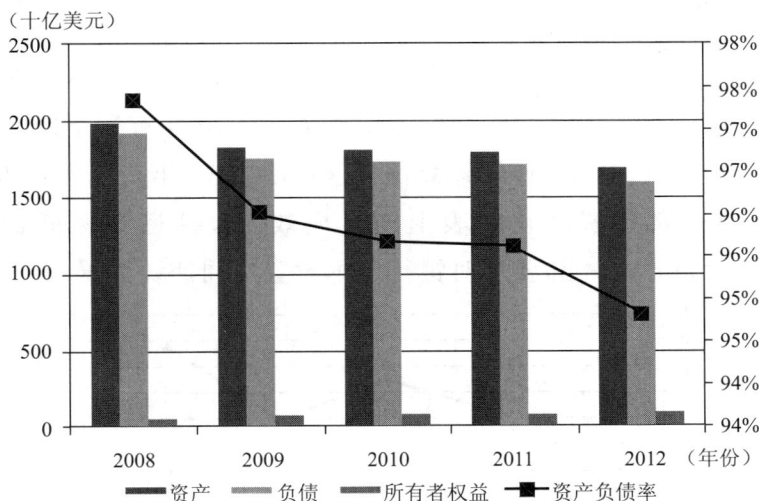

图 49.8　荷兰金融部门资本结构

二、或有权益资产负债表分析

荷兰上市金融部门资产市值和负债市值自 2008 年以来呈下降趋势，2012 年与 2011 年相比基本没有变化，从图 49.9 中可以看出，或有资产负债率从 2008 年的 97.34％下降到 2009 年的 95.74％，其后几年或有资产负债率保持稳定。这反映出荷兰金融部门的资本结构风险在可控范围之内。另外，荷兰金融部门账面价值始终高于资产市值，体现出荷兰投资者对荷兰金融部门的信心不足。这一方面却反映了荷兰资本市场是有效的，资本市场能充分反映真实市场中的波动与走势，且投资者比较成熟，以价值投资为主，但是另一方面却反映了荷兰金融部门市场价值被低估，不利于金融部门进行融资活动。

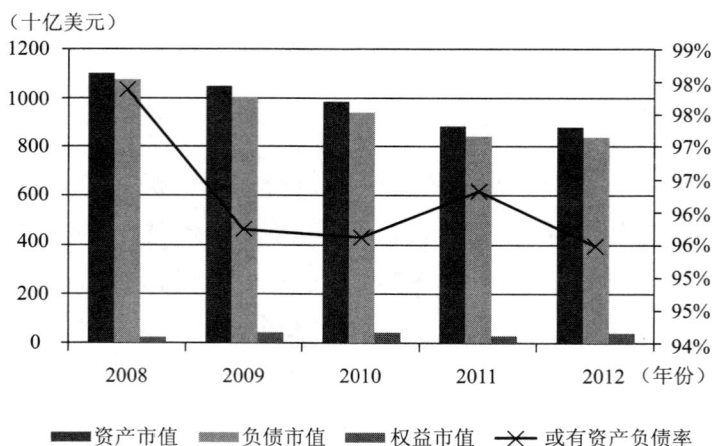

图 49.9　荷兰上市金融部门或有资产结构

三、风险指标分析

2008－2010 年荷兰上市金融部门违约距离不断加大，风险不断降低，从图 49.10 中可以看出，2011 年违约距离相对于 2010 年有所下降，2012 年违约距离显著提升，由 2.02 上升到 4.74。这说明 2012 年荷兰宏观审慎的政策在改善荷兰金融部门资产负债表上初显成效：包括逐渐降低贷款价值比（loan－to－value ratio）和要求对银行资本设置反周期缓冲器。

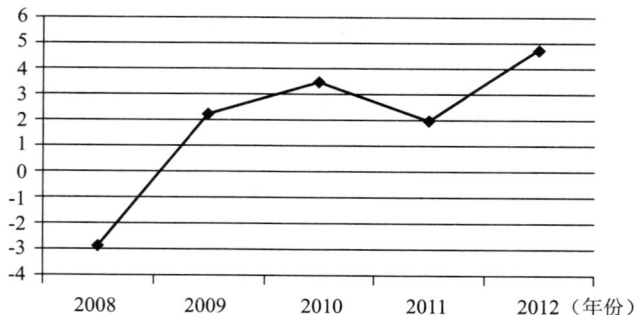

图 49.10　荷兰上市金融部门违约距离

第 4 节　荷兰企业部门风险分析

本节选取了荷兰的上市企业，对其资产负债表加总并构建或有权益资产负债表，从而对荷兰企业部门的风险进行分析。荷兰企业部门在此次金融危机中资本结构风险和期限结构风险有一定程度加大，但是仍处在安全水平，违约风险有所下降。

一、资本结构分析

金融危机发生后，由于需求的减少，荷兰企业部门复苏乏力，2013 年荷兰企业投资减少约 8％，产能降低，另外，银行由于需要提高流动性比率和资本充足率，对企业的贷款更为谨慎，使得荷兰企业部门的投资更加受到抑制。受益于全球经济的回暖，荷兰企业部门的总资产在 2012 年相比 2011 年实现了小幅上升，但是，荷兰企业部门资本结构风险状况有一定恶化，如图 49.11 所示，上市企业部门资产负债率从 2010 年低谷位的 66.6％上升到 70.24％，高于金融危机前水平。

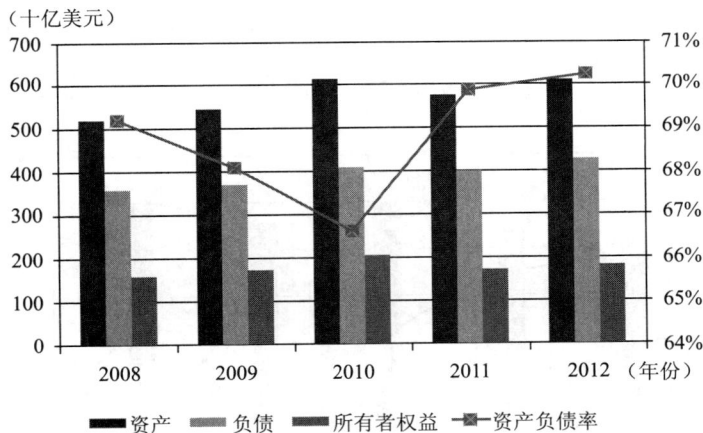

图 49.11　荷兰上市企业部门资本结构

二、期限错配分析

2012 年荷兰企业部门的流动资产和流动负债相比于 2011 年出现回升，从图 49.12 中可以看出，流动比率由 2010 年的最高位 115.30％逐步下降到 2012 年的 107.68％，资本期限结构风险正在加大，需引起警惕。

（十亿美元）

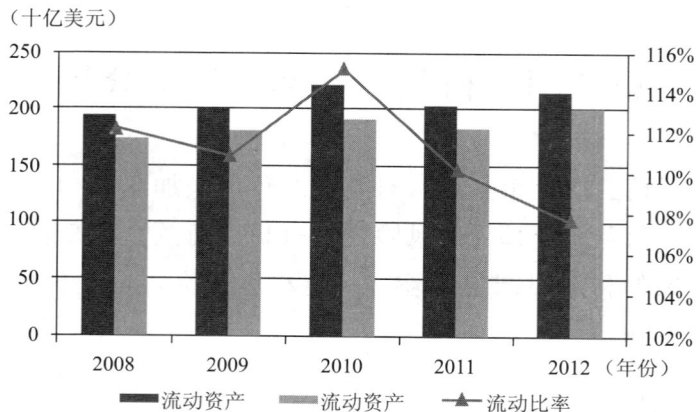

图 49.12　荷兰上市企业部门期限结构

三、或有权益资产负债表分析

如图 49.13 所示，在 2008－2010 年后金融危机时期，荷兰上市企业部门资产和负债市值不断上升，或有资产负债率降低，反映荷兰政府对中小企业的政策支持取得了一定成效。2011 年受欧债危机影响，荷兰企业部门或有资产负债率出现反弹。2011 年资产和负债市值萎缩，2012 年情况好转，但是或有资产负债率却小幅上升。2012 年或有资产负债率达到 63.11%，高于 2008 年的水平 61.41%。但是，荷兰企业或有资产负债率仍保持在安全水平，资本结构良好，但需防范或有资产负债率继续上升的潜在风险。

（十亿美元）

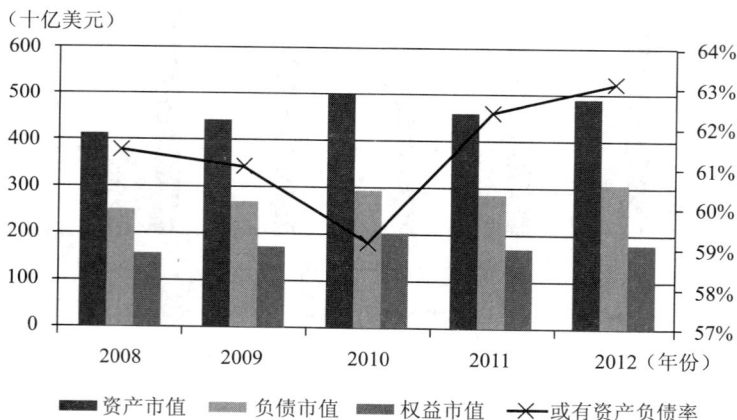

图 49.13　荷兰上市企业部门或有资产结构

四、风险指标分析

荷兰上市企业信用风险状况正在改善，违约风险不断降低，如图 49.14 所示，金融危机以来，荷兰上市企业部门违约距离不断上升，风险降低，在

2011 年欧债危机发生后违约距离有所下降，从 2010 年的 4.88 降到 2011 年的 4.17，2012 年违约距离大幅上升，升高到 6.11。

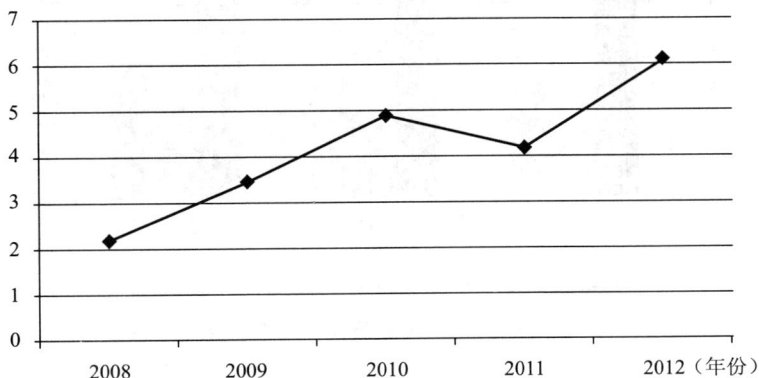

图 49.14　荷兰上市企业部门违约距离

第 5 节　荷兰家户部门风险分析

　　本节对荷兰居民的资产负债情况以及消费情况进行分析，研究荷兰家户部门的风险情况。金融危机以来，荷兰家户部门债务负担加重，但是负债增长速度趋缓，失业率逐年升高，存在通货紧缩风险，国内消费不足。

一、家户部门资产负债表

　　近几年，荷兰家户部门总资产和净资产不断增加，如图 49.15 所示，资产负债率从 2010 年的 46％降到 2012 年的 40.5％。居民总资产的增加主要原因是养老金的增加，养老金余额从 2010 年的 9862 亿欧元增加到 2012 年的 12081 亿欧元，增加了 22.5％，占总资产的比重由 2010 年的 68.8％上升到 2012 年的 72.3％。

　　从图 49.16 中可以看出，金融危机以来，荷兰居民债务负担不断加重，主要源于失业率的增加和房地产泡沫的破灭，政府采取紧缩的货币政策使家户部门负债逐年上升，居民债务负担上升的速度在近几年有所减慢，主要是由于人民减少消费、加大储蓄份额偿还贷款。此外，银行对住房抵押贷款的发放在近两年增速缓慢，在 2012 年住房抵押贷款余额只增加了 1％，这也不利于荷兰房地产业的好转。

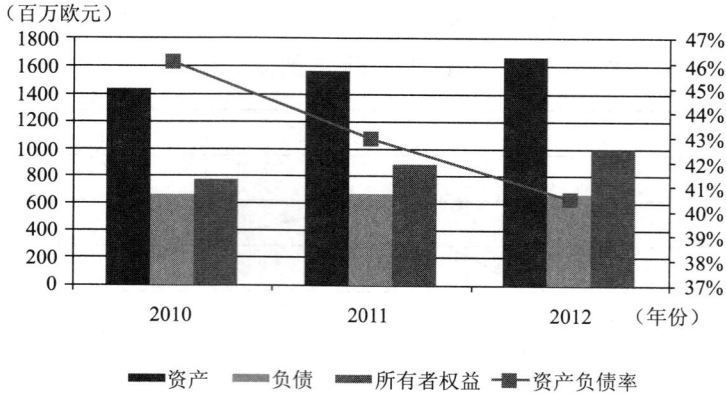

图 49.15　荷兰家户部门资本结构

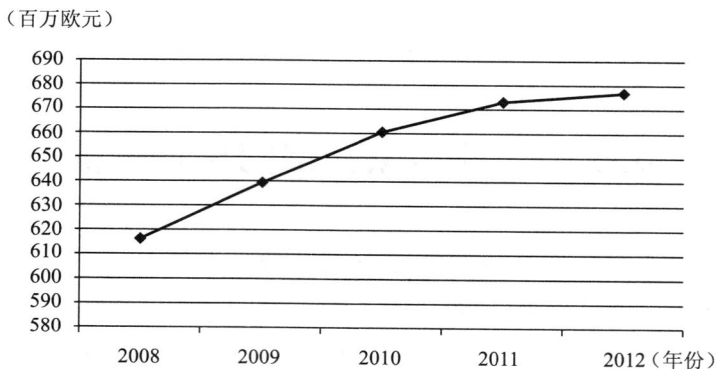

图 49.16　荷兰家户部门负债总额

多年以来，荷兰经济的增长是靠家户部门负债的增加推动，居民通过额外的负债来增加投资和消费。负债增长速度的减慢对荷兰的经济的停滞有一定影响，这种趋势还会延续。

二、居民消费水平分析

荷兰失业率在近几年持续走高，如图 49.17 所示。2011 年失业率为5.4％，2012 年失业率为 6.4％，2013 年失业率增加到 8.3％，低于欧盟平均失业率，这得益于荷兰劳动力市场的弹性，但是失业率的持续走高仍然不利于荷兰经济的稳定发展。

荷兰通胀率高于欧洲平均水平，是由于前几年石油价格走高，石油价格下降以后，荷兰政府从 2012 年年底开始提高增值税、保险税、能源税、烟酒消费税税率，高通胀率继续维持了一段时间，但是从图 49.18 中可以看出，2013 年年底通胀率从 2013 年 6 月的最高点 3.2％降到 10 月的 1.3％，这是自 2011 年 3 月以来通胀率首次低于 2％。通胀率降低的主要原因是增值税的增加对通胀的推动效应消失了，工业产品、能源、服装、食品价格普遍下降。预计 2014 年通胀率将持续保持在低位。

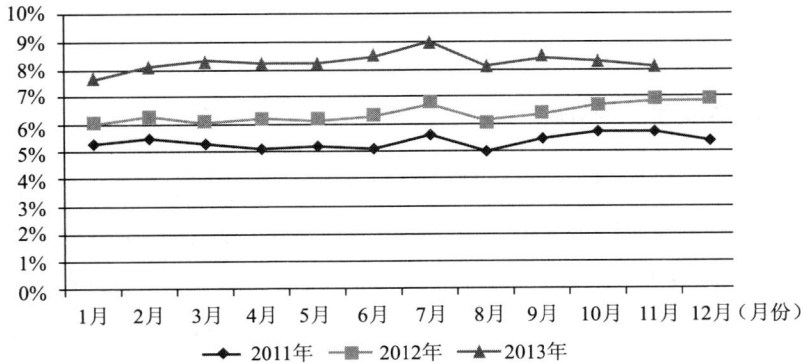

图 49.17　2011—2013 年荷兰月度失业率

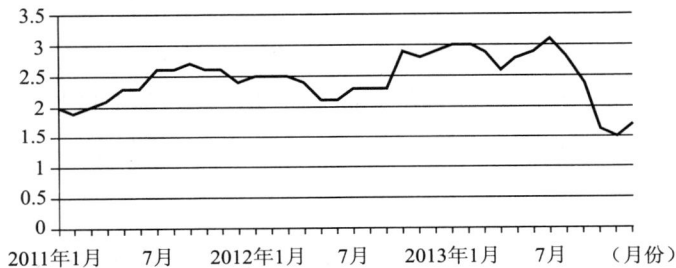

图 49.18　荷兰月度 CPI 同比变化率

2008 年以来，荷兰居民的实际可支配收入一直在减少，原因是失业率的不断增加、工资上涨率保持低水平、赋税的加重以及保险费用的增加，2012 年和 2013 年居民的实际收入总共降低了大约 6 个百分点，如图 49.19 所示。荷兰私人消费占 GDP 的份额从 2012 年的 45.57％降到 2013 年的 44.9％，相比于 2009 年的 45.95％已经减少了超过一个百分点。私人消费降低的速度低于实际收入降低的速度，可能是因为居民根据可支配收入调整消费存在时滞效应，这也导致 2012 年和 2013 年居民储蓄率降低。

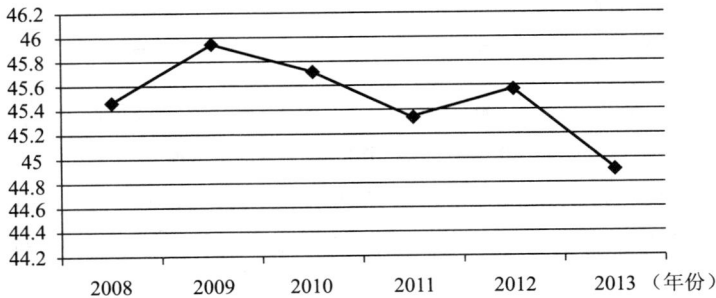

图 49.19　荷兰私人消费占 GDP 比重

第6节 荷兰银行部门风险分析

一、荷兰银行部门风险

荷兰金融部门规模庞大而集中，银行部门尤其如此。荷兰的借贷和支付服务仅仅由几家金融机构提供，它们对于荷兰经济的正常运行具有重大影响，也享有国家的隐性担保，但是这些金融机构受到更严格的管制。

2010年9月通过的《巴塞尔协议Ⅲ》要求全球商业银行在2015年1月前将一级资本充足率提高到6%以上，将核心一级资本充足率提高到4.5%以上。荷兰银行部门近年来正在努力修复资产负债表以达到要求，通过利润留存和资本发行来提高流动性和资本充足率。尽管近年来荷兰银行的资产负债率在降低，核心资本充足率也在升高，但是由于经济的萎靡，资产在不断缩水，仍然存在较大的风险。信用风险和融资风险是两个主要风险。

（一）信用风险

欧债危机和疲弱的经济导致失业率的上升和企业的破产，越来越多的家庭和企业不能偿还银行债务，房地产价格的下跌也给家庭的还债能力带来冲击。银行对家庭和企业的贷款中不良贷款率越来越高，如图49.20所示。金融危机以来，荷兰银行部门的不良贷款占总贷款的比率从危机前的1%以下迅速升高到3%左右。

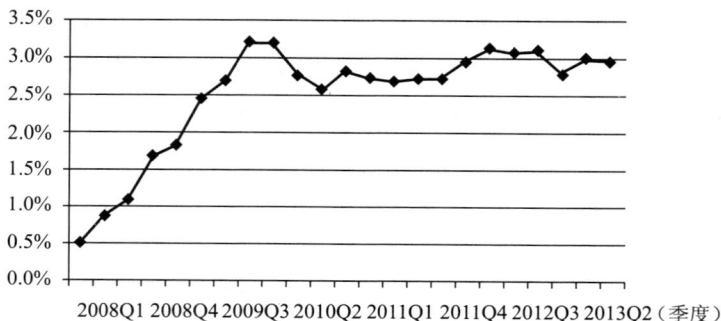

图 49.20 荷兰银行部门季度不良贷款率[①]

荷兰企业部门受到金融危机的冲击相对严重，而中小企业在盈利能力和偿付能力上弱于大企业，因此中小企业的坏账率升高最快。另外，部分中小

---

① 数据来源荷兰统计局，http://www.scb.se/sv_/。

企业贷款是用业主自己的住房作抵押，房价的下跌更恶化了这部分贷款的质量。

金融危机以来，荷兰商业地产市场价格已经从最高点降低了 15％，空闲的店铺和办公楼的数量也在增加，这也给银行部门的巨额商业地产抵押贷款带来了巨大风险。目前，银行已经为这部分贷款保留了 6 亿欧元的减值准备。

与住房抵押贷款有关的坏账问题没有那么严重，这是因为在荷兰房主中失业率并没有那么严重，然而，违约损失的可能性相对更高。由于住房抵押贷款初始金额大、贷款仅需偿还利息，房价下跌后，大约 30％ 的住房抵押贷款金额超过了作为抵押品的住房价值。

（二）融资风险

如果利率的升高是由于经济的复苏，那么荷兰银行可以通过增加的收入抵消融资成本的增加，但是如果利率的增加是由于外部因素的话，那么利率的上升就会增加银行的融资成本，挤压银行的利润。荷兰 10 年期政府债券利率在 2013 年上升了 0.8 个百分点，美国利率的升高是推动因素之一。上升的政府债务利率增加了政府的融资成本，也间接增加了荷兰银行部门的融资成本。荷兰和德国都属于欧洲主权信用评级为 AAA 的国家，但是荷兰和德国的主权债务利率差异正在扩大，荷兰和德国的政府债务利率差额从 2013 年 1 月的 0.2％ 上升到 9 月的 0.4％，原因是自金融危机以来，荷兰的财政赤字和政府债务问题十分严重，荷兰的经济增长滞后于欧盟其他国家，投资者对荷兰主权债要求更高的溢价。

由于荷兰银行的抵押贷款的规模远远超过其存款，而养老基金又主要投资于海外市场，因此，荷兰银行高度依赖国际资本市场来满足其融资需求，近几年，荷兰融资缺口数值稳定（约为 4600 亿欧元），现有的存款增长速度和信贷增速的下降使缺口有收窄趋势，但却是一个长期的过程，融资风险将长期处于较高水平。

二、银行部门风险与实体经济的联系

银行长期调整资产负债表也给经济带来了负面影响。因为对银行资本的要求限制了银行贷款的增长，银行保持高额的利差来抑制贷款需求，或者直接采取信贷配给的方式。金融部门对实体经济的支持减弱。和 20 世纪 90 年代日本的金融危机一样，一个银行资产负债表恶化—信贷配给—经济低速增长的恶性循环可能会出现。这种恶性循环出现的可能性会因为房价下跌、家庭负债减少、居民消费降低的现象而增加。

荷兰住房抵押贷款的增长率不断下降，如图 49.21 所示。住房抵押贷款同比增长率从 2004 年 10％以上降低到 2013 年 0.1％以下，2013 年以来，甚至在有的月份出现住房抵押贷款减少的现象，说明在更加审慎的监管政策下，荷兰银行部门对住房抵押贷款的发放条件更为严格。

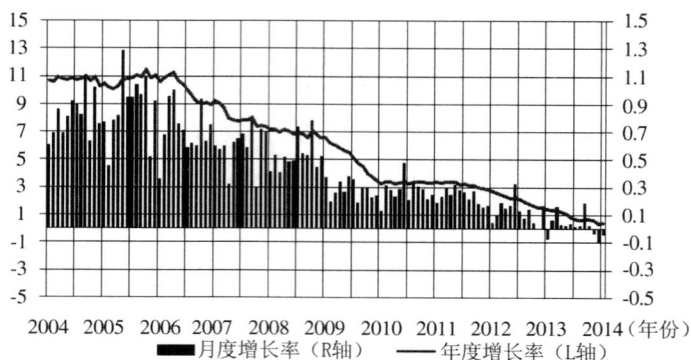

图 49.21　荷兰住房抵押贷款增长率

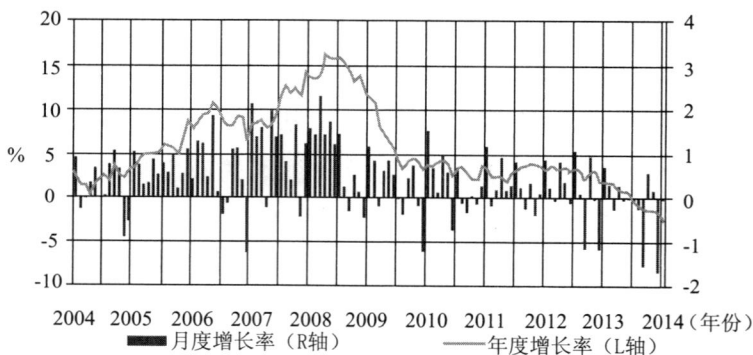

图 49.22　荷兰企业贷款增长率

2013 年以来，荷兰金融部门对企业的贷款不断减少，如图 49.22 所示，2013 年 1 月到 2014 年 1 月，金融机构对企业的贷款减少了 100 亿欧元，体现了荷兰金融部门对企业的支持力度不足，企业的贷款需求得不到满足。

第 7 节　结论及对中国的借鉴

经济危机使得荷兰四大部门的资产负债表状况都受到了严重的影响，近几年，荷兰四大部门一直在修复资产负债表，经济的增长因此受到抑制。从公共部门来看，荷兰政府债务占 GDP 的比重不断增加，财政赤字逐年减少，资产负债率和产权比率近几年大幅增加，这说明公共部门需警惕资本结构风险，且政府债务需要采取紧缩的政策来实现规定的目标；从金融部门来看，受金融危机的冲击，荷兰金融部门的资产在缩水，在调整资本结构的同时，资本负债率逐年降低，资本结构风险不突出；从企业部门来看，荷兰企业部门的总资产在 2012 年比 2011 年得到增加，但是资产负债率和流动比率的升高表明应警惕企业部门的资本结构风险和期限错配风险；从家户部门来看，荷兰家户部门受到危机的冲击，通货膨胀率和失业率的上升，使得居民消费占 GDP 比重呈下降趋势，但是家户部门资产负债率却逐年下降，抵御风险的能力提高。

对于中国来说，首先，要加强对政府部门资产负债表的管理。中国政府部门债务一方面包括中央财政债务，另一方面主要包括地方政府债务，这两类债务不仅包括负有偿还责任的债务，还包括负有担保责任的债务和可能承担一定救助责任的债务，其中负有偿还责任的债务占据债务总额的 90% 以上。2013 年 6 月底的统计数据显示，中国各级政府债务规模总额约为 30 万亿元，其中中央财政债务规模为 12 万亿元左右，而地方政府债务达到 18 万亿元以上。尽管地方债务规模很大，但是由于我国的地方政府债务主要用于支持地方基础设施项目建设，有稳定的偿债资金来源和充足的可供变现的资产，另外，我国积极推进政府债务融资方式创新和监管机制改革，也对化解地方债务起到了良好的推动作用。因此，从整体上看，我国地方债务风险是可控的，但是要警惕局部地区的风险。同时，要警惕地方债务融资成本高、资金运用不合理、债务和资产期限不匹配等风险。

第二，要灵活运用宏观调控政策实现经济目标。对于我国目前的经济发展状况来说，一方面要保持货币政策的稳健，货币政策与财政政策相结合，不仅要坚持总量调控，还要注重结构优化，根据经济的动态不断进行预调微调，加强货币政策创新，提高宏观调控水平，使更多的资金流入"三农"和中小微企业；另一方面要加快我国利率市场化和汇率市场化的进程，使得各种政策工具能够顺利传导，加强央行运用货币政策对经济实行调控的能力。

最后，中国要警惕房地产泡沫的破裂，以房地产为支柱产业的经济增长模式存在极大危险。房地产本身是耐用消费品，而不应该是投资、投机品，在中国，政府长期将房地产作为支柱产业，不断放宽货币政策，数据显示，房地产及其相关产业对 GDP 的带动作用高达 25% 左右。房地产的投资对基建投资、家具和建材零售等行业起到了拉动作用，同样，一旦房价进入下行周期，这些行业也将迎来寒冬。目前，随着我国房地产商去库存化和市场对房地产的下降预期，我国楼市进入了调整期，但是对一二线城市来说，随着我国城镇化进程的加快，刚需依然存在，楼市不会崩盘；对于部分三四线城市来说，房价将恢复到合理水平。尽管我国房地产出现泡沫，但是政府不能采取过紧的货币政策，否则将造成开发商资金链断裂，使我国经济硬着陆。因此，我国政府采取了稳中有升的货币政策，并实行了限购松绑、贷款新政以及公积金异地互认等政策以提振楼市。

参 考 文 献

［1］陈支农，荷兰：《"经济巨人"遭遇银行业之"痛"》，载《金融经济》2013 年第 9 期，第 58—59 页。

［2］李奂哲：《荷兰职业养老金制度及金融危机后基金财务状况分析》，载《郑州师范教育》2013 年第 3 期，第 34—36 页。

第 50 章　瑞典宏观金融风险研究

瑞典是一个仅有 960 万人口的北欧小国，拥有良好的制度结构和完整的工业体系，瑞典一直把研发和创新作为国家的核心竞争力，按照知识密集型和节能可持续发展型的原则发展国内工业，瑞典企业在国际上具有很强的竞争力。瑞典高度奉行自由化的经济政策，以高工资、高税收、高福利著称，着重发展以出口为导向的工业化经济，对外贸易依存度高达 80％，高于欧盟平均水平，出口利润占 GDP 的 45％以上，主要出口市场为北美和欧洲国家。本章对 2008－2012 年瑞典的宏观金融风险进行分析，并对瑞典房地产市场风险作专题研究。研究结果表明，瑞典总体的宏观风险状况较为稳定，短期内没有恶化的趋势。

沈文玮和刘凤义（2010）深入分析了瑞典模式的合理内核，说明瑞典之所以能在金融危机中保持经济稳定，与瑞典政府始终坚持自我调整的瑞典模式是分不开的。

嵇明和万平（2011）对芬兰和瑞典两国应对金融危机所采取的政策进行了总结，包括增加公共开支、减免税负、调整利率政策、加强金融监管、削减财政赤字等措施，并指出我国在金融危机中可以借鉴的有益经验。

第 1 节　瑞典经济金融运行概况

一、瑞典经济运行概况

受国际金融危机和欧债危机的影响，国际需求低迷，作为出口型经济，瑞典的进出口贸易大幅萎缩，国内消费市场信心不足，固定资产投资减少。瑞典国民生产总值在 2008 年和 2009 年出现十几年来首次负增长，如图 50.1 所示，实际 GDP 负增长率分别为－0.76％和－4.98％。尽管瑞典经济受危机影响很大，但却是输入型金融危机，瑞典社会制度层面并未产生太大的影响。危机以来，瑞典政府不断调整经济政策，通过减税、刺激出口、增加基础设施投资等激励措施，2010 年瑞典出口、国内需求和固定资产投资均有所恢复，促进了经济增长，瑞典国民生产总值出现大幅回升，实现了 6.27％的正增长。欧债危机以来，瑞典经济虽呈增长态势，但速度趋缓、增长乏力，实际 GDP 增长率从 2011 年的 3.01％降到 2013 年的仅 0.6％，尽管美国经济复苏，亚洲经济持续增长，但还是抵不过欧洲市场需求的疲弱给瑞典经济造成的负面影响。

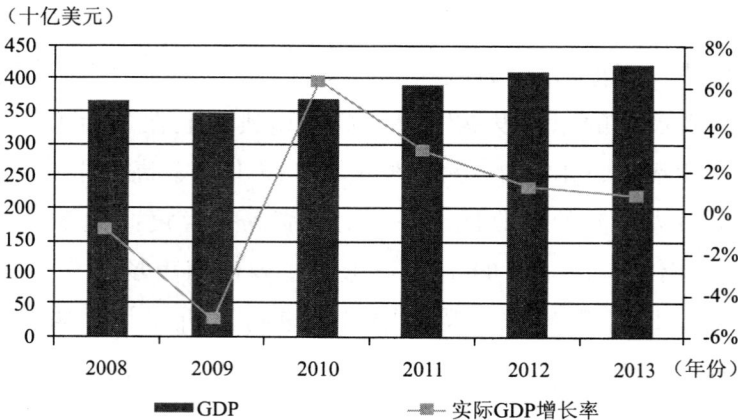

图 50.1　瑞典实际 GDP 增长率①

　　2008 年，瑞典出口对 GDP 占比达到 54％，但是受国际金融危机和欧债危机的影响，外需市场尤其是欧洲市场受到严重冲击，出口在 2009 年大幅萎缩，降到 48％，随后瑞典政府对中小企业采取支持政策，不断刺激出口，同时伴着全球各国经济的复苏，如图 50.2 所示，出口情况在 2010 年和 2011年有一定程度改善，但是从 2011 年年底开始又呈下滑趋势。

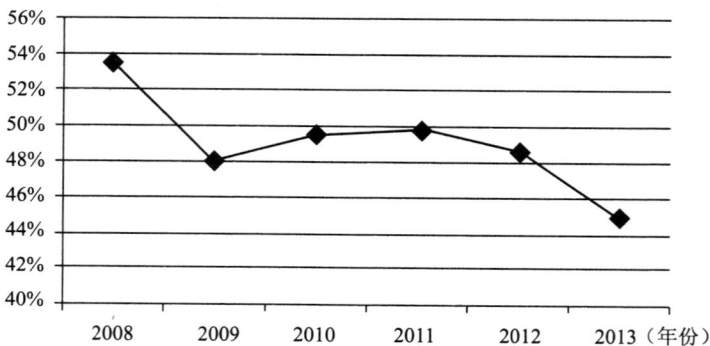

图 50.2　瑞典出口对 GDP 占比

---

　　①　数据来源于 BvD 全球金融分析、宏观经济指标数据库 https：//www.countrydata.bvdep.com/ip。下面如未作说明，数据来源均相同。

二、瑞典金融运行概况

主权债务危机虽然给国际金融市场带来了巨大的影响和不确定性，但是瑞典的金融体系受到的影响却很小，原因在于 20 世纪 90 年代初瑞典实行新自由主义政策，国内爆发金融危机，迫使瑞典政府通过改良金融体系和加强对金融系统的规范和监管，确立了一个完整、全面而规范的防范金融风险框架，大大增强了金融体系的抗风险能力。

尽管瑞典金融体系稳定，但高水平的家庭负债对出借方和实体经济构成了威胁。瑞典央行在声明中称："实际情况是家庭负债很高并在上升，对金融体系和实体经济的稳定构成很大的风险。""已经采取一系列措施应对这些风险，但央行的评估是需要采取进一步的措施。"由于担心家庭债务水平，经济增速低迷且通胀率远低于目标，瑞典央行利率设定委员会的多数委员投票决定维持基准利率不变。

第 2 节　瑞典公共部门风险分析

本节利用瑞典中央银行所披露的政府资产负债信息，构造公共部门资产负债表，并对瑞典公共部门进行风险分析。由于具有良好的公共部门财政管理能力，瑞典一直保持着较低的公共债务比率和财政赤字比率，金融危机以来，资本结构风险显著降低。

一、公共部门资产负债表分析

(一) 资本结构分析

金融危机和欧债危机以来，瑞典央行总资产大幅减少，如图 50.3 所示。主要原因是瑞典央行在 2009 年借入大量资金对信贷部门投放了 3688 亿瑞典克朗的固定利率结构性长期贷款，向市场释放持续低利率的信号，而 2010年年底仅向这些机构发放了 5 亿在 2011 年 1 月到期的瑞典克朗贷款。从2009 年的 5920 亿克朗削减到了 2010 年的 2180 亿克朗，并在随后的年份基本保持了这个数值。央行的资产负债率也从 2009 年的最高点 83.59％降到了2012 年的 68.56％，资本结构风险显著降低。

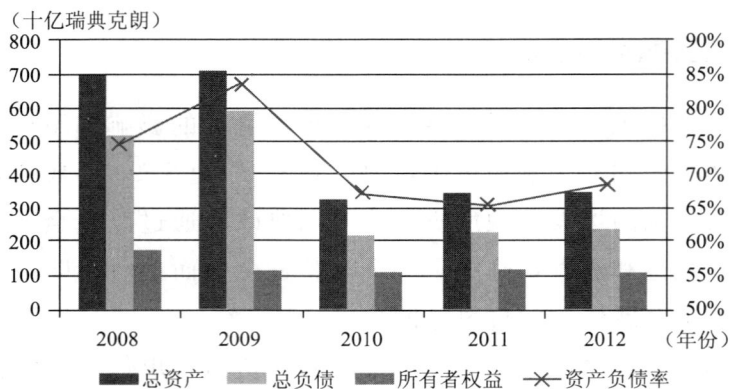

图 50.3 瑞典公共部门资本结构

（二）清偿力风险分析

瑞典央行产权比率除了从 2008 年的 2.93 上升到了 2009 年的最高点 5.1，2010 年产权比率大幅下降，随后几年都保持在 2 左右，如图 50.4 所示。这体现了瑞典央行清偿力风险大幅下降。

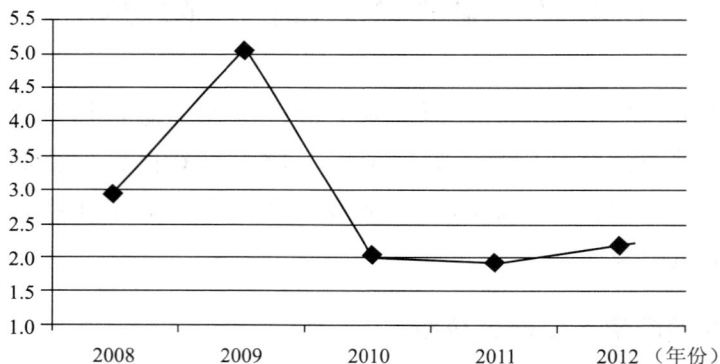

图 50.4 瑞典公共部门产权比率

二、公共债务与财政赤字分析

（一）公共债务分析

瑞典一直保持良好的财政状况，控制公共债务的规模，如图 50.5 所示，除了 2009 年政府公共债务增加了 800 亿克朗，占 GDP 比重由 2008 年的 38.8％上升到了 2009 年的 42.6％，2010 年公共债务规模下降，2011—2013 年公共债务绝对数值虽然缓慢增长，但是占 GDP 比重持续下降，都不超过 40％，为所有发达国家中最低水平。

（十亿瑞典克朗）

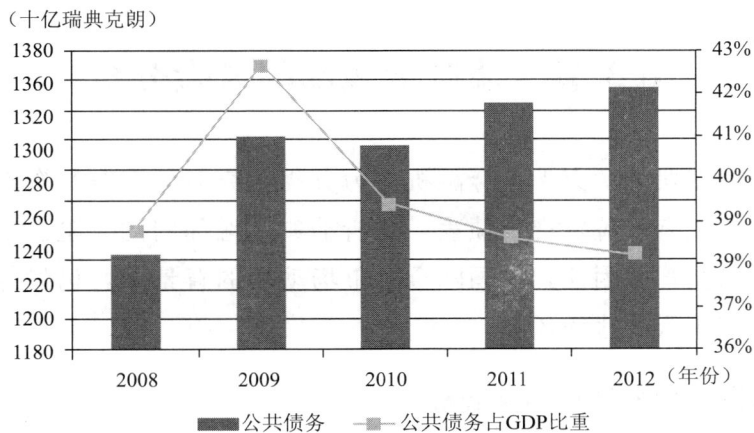

图 50.5 瑞典公共债务对 GDP 占比

（二）财政赤字分析

从 20 世纪 90 年代起，瑞典一直奉行财政平衡的政策。受金融危机的影响，2008 年瑞典产生了 851 亿克朗的财政赤字，占当年 GDP 比重为 2.66％，如图 50.6 所示。随后瑞典通过削减政府支出和稳定公共金融的方式，对财政预算作出周期性的调整，充分发挥了财政政策"自动稳定器"的作用，通过税收、转移支付、最低生活保障等根据经济形势变动而自行变动的收入和支出项目来调整国家财政预算。此后，瑞典财政赤字一直处于较低的水平，在 2009 年和 2012 年甚至实现了财政盈余。

（十亿瑞典克郎）

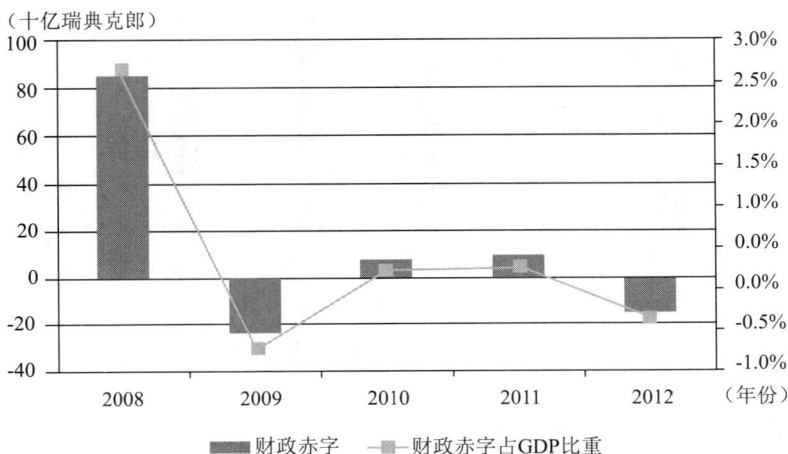

图 50.6 瑞典财政赤字对 GDP 占比

第3节　瑞典金融部门风险分析

　　本节选取瑞典的7家上市金融机构为分析研究对象，对其资产负债表进行加总并构建或有权益资产负债表，分析瑞典金融部门的风险。瑞典金融部门受到严格的监管，因此，在国际金融市场动荡的背景下，仍然保持着良好的资本结构和较低的违约风险。

一、账面价值资产负债表分析

　　受20世纪90年代金融危机的影响，在此次金融危机中，瑞典政府和金融部门提高了对风险的防范意识，基本没有参与美国次级贷款，瑞典金融部门受金融危机的影响并不严重。瑞典政府在2008年推出了一项高达1.5万亿瑞典克朗（约2050亿美元）的救市措施，为银行和金融机构提供贷款，成功缓解了瑞典金融体系的流动性危机。瑞典金融部门总体表现稳健，从2008年开始，金融部门总资产和所有者权益不断增加，如图50.7所示。资产负债率从2008年的96.22%降到了2012年的95.55%，这是因为瑞典金融部门在危机中加强监管，调整资本结构，降低了资本结构风险。

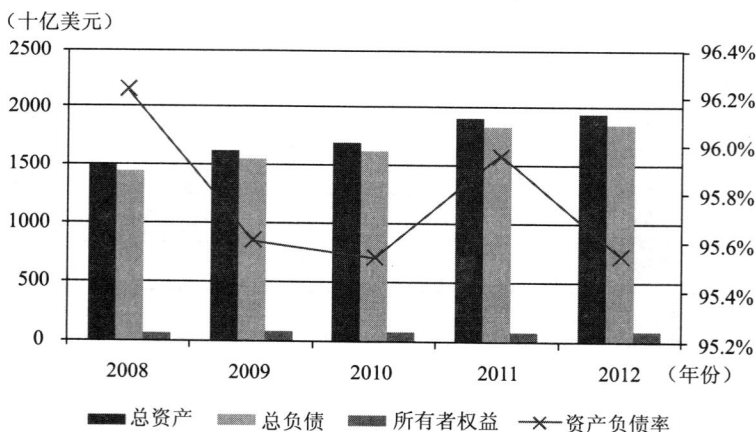

图50.7　瑞典上市金融部门资本结构

二、或有权益资产负债表分析

　　瑞典金融部门的资本结构风险呈好转趋势，如图50.8所示。瑞典上市金融部门资产市值和负债市值与账面价值的走向一致，2008年以来，不断上升，或有资产负债率从2008年的最高点96.06%降到2010年的最低点

91.43%，在 2011 年又升高到 93.8%，且权益市值缩水 24%。2012 年或有资产负债率降到 92.16%，权益市值回升到 2010 年水平。

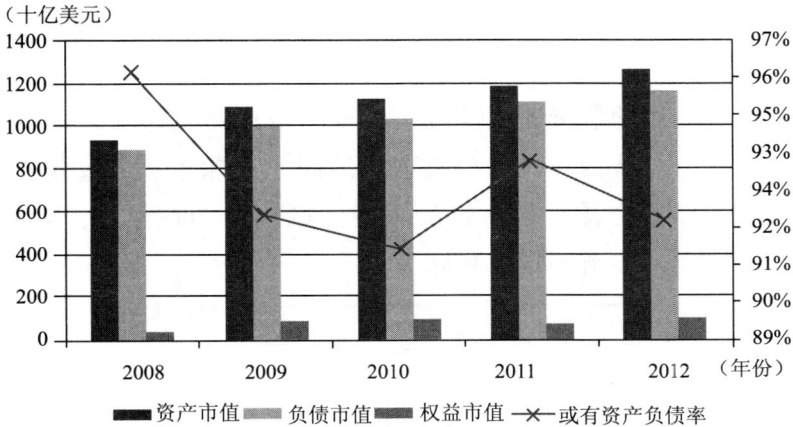

图 50.8　瑞典上市金融部门或有资产结构

瑞典金融部门账面价值始终高于资产市值，体现出投资者对瑞典经济的信心不足。从图 50.9 中可以看出，除了 2011 年出现反常外，瑞典上市金融部门或有资产负债率与账面资产负债率均逐年下降，但或有资产负债率始终高于账面资产负债率。

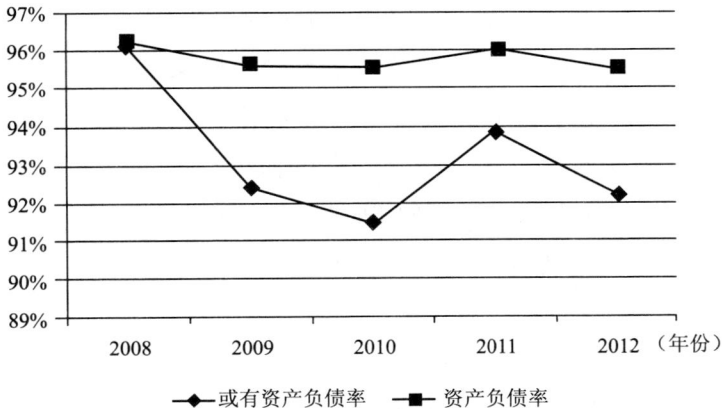

图 50.9　瑞典上市金融部门或有资产负债率和资产负债率

三、风险指标分析

2008 年—2012 年瑞典上市金融部门违约距离不断加大，风险不断降低，如图 50.10 所示。2011 年违约距离相对于 2010 年有所下降，2012 年违约距离显著提升，由 3.68 上升到 5.31。这说明 2012 年瑞典对金融部门采取的审慎政策在改善瑞典金融部门资产负债表上初显成效。

欧元区发展的不确定性仍然是影响瑞典金融稳定性的最大风险。瑞典四个主要银行集团自 2000 年以来外汇借款翻了四番，而外汇储备只翻了两番。欧元区几个国家是否会被迫采用金融援助给金融市场带来了不安情绪，这将会损害瑞典银行获得大额融资的能力，给高度依赖金融市场的瑞典金融部门带来不稳定性。

欧元区经济复苏的缓慢对瑞典经济活动造成的不利影响也可能会影响瑞典的房价。瑞典央行认为，一旦房价下跌的同时金融市场不安情绪泛滥，担保债券需求的下降将会使得瑞典银行获得大额融资的成本上升，难度加大。经济的不景气同样也会增加银行坏账。

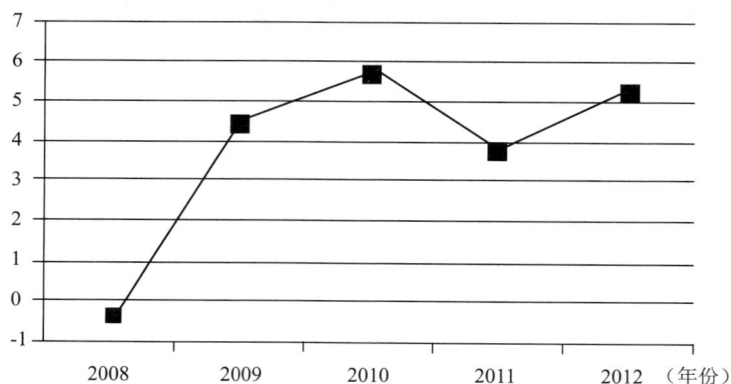

图 50.10　瑞典上市金融部门违约距离

然而，瑞典央行对瑞典银行部门的压力测试结果显示，即使坏账大幅增加，瑞典银行的核心资本比率仍会维持在较高水平。主要是由于瑞典金融部门良好的资本结构使它们有充足的市场信心，因此，可以更容易地实现融资。瑞典央行的分析也显示银行部门加强了它们的流动性缓冲，比 2008—2009 年更能应对短期流动性问题，也比欧洲其他国家的银行在应对短期流动性问题上更有优势。

尽管瑞典银行部门对经济衰退有很强的恢复力，但是在长期仍需提高对风险的抵御能力。瑞典银行之间关系十分密切，并高度依赖国际金融市场，这使得一个银行的风险将会在银行系统之间迅速传导，给金融系统带来不稳定性。因此，瑞典央行对银行资本充足率提出了更高的要求，要求银行核心资本充足率在 2013 年 1 月前达到 10% 以上，在 2015 年 1 月前达到 12% 以上。这些举措可以加强市场信心，降低瑞典银行在国际和国内的融资成本，从而在经济动荡时期也能为居民和企业提供贷款。

第 4 节　瑞典企业部门风险分析

本节选取了瑞典的 300 多家上市企业，对其资产负债表加总并构建或有权益资产负债表，从而对瑞典企业部门的风险进行分析。金融危机以来，瑞典的出口企业受到一定程度的冲击，但是得益于政府的扶持政策和企业自身的技术和成本优势，企业部门保持着健康的发展态势，风险不断降低。

一、资本结构分析

瑞典是世界上拥有跨国公司最多的国家，对进出口贸易的依存度很高。由于重视科技创新，技术转化率高，瑞典的制造业具有很强的国际竞争力，是瑞典经济发展的重要推动力量。金融危机以来，为了提振本国企业经营情况，瑞典政府不仅通过降低企业税等方式改善国内投资环境，并且向国有的瑞典出口信贷公司增资 30 亿克朗并提高其借贷上限，目的是促进出口，加大投资。为了保护中小企业和国家重点产业，瑞典政府向中小企业风险基金公司（ALMI）增资 20 亿克朗，并于 2008 年 12 月出台了一项针对汽车产业的 280 亿瑞典克朗（34.4 亿美元）的救市措施。

瑞典企业部门资产在 2010 年大幅增加，在 2011 年有所回落，2012 年略有回升，如图 50.11 所示。资产负债率在 2009 年达到最低点 56.52％，2010 年和 2011 年在 59％左右，2012 年下降到近几年最低水平 56.07％。

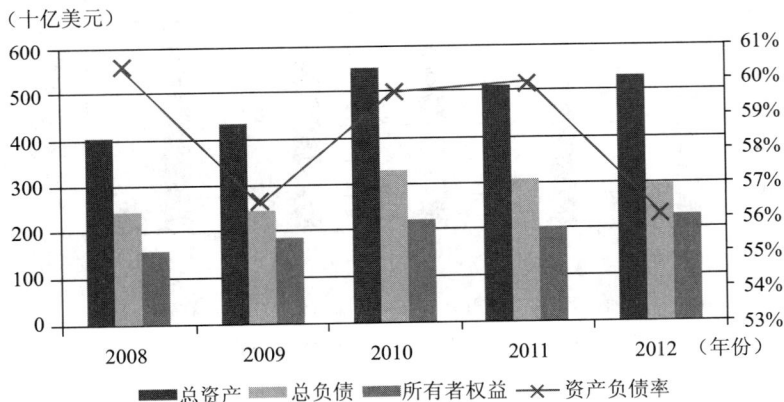

图 50.11　瑞典上市企业部门资本结构

二、期限错配分析

瑞典上市企业期限错配风险程度一直不高，如图 50.12 所示。瑞典企业部门流动比率从 2008 年和 2009 年的 135％－140％的水平下降到 2010 年和 2011 年的 112％左右，在 2012 年又上升到 135％，始终高于 1。

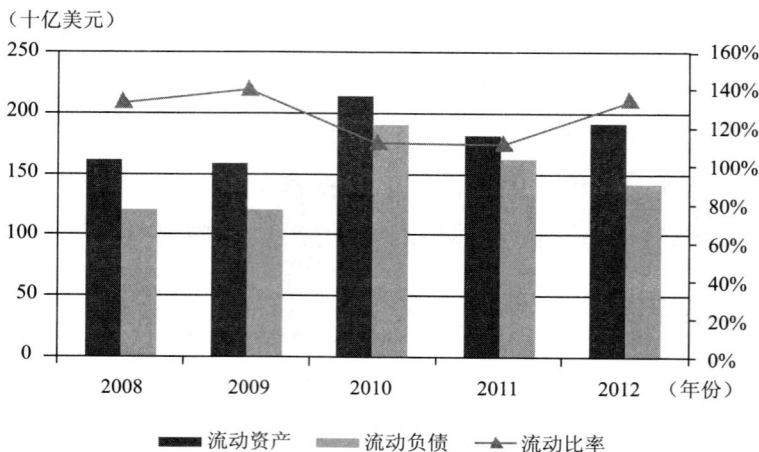

图 50.12　瑞典上市企业部门期限结构

三、或有权益资产负债表分析

瑞典上市企业部门或有资产负债率在 2008 年达到最高点，如图 50.13 所示，为 47.23％，2009 年显著下降了 11 个百分点到 36.23％，随后的几年虽然有波动，但总体平稳，一直低于 40％。这说明瑞典企业或有资产负债率仍保持在安全水平，资本结构良好，不存在明显的资本结构风险。

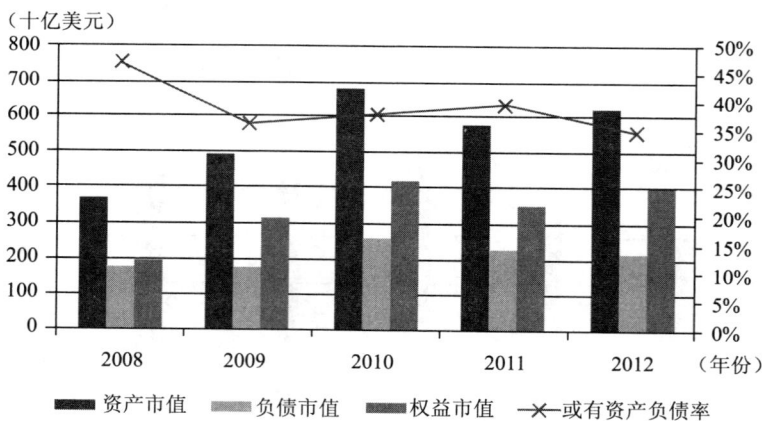

图 50.13　瑞典上市企业部门或有资产结构

四、风险指标分析

金融危机以来，瑞典上市企业部门违约风险不断降低，如图 50.14 所示，违约距离在 2011 年欧债危机发生后略有下降，2012 年违约距离大幅上升，升高到 6.91，说明瑞典上市企业资本结构正在改善。

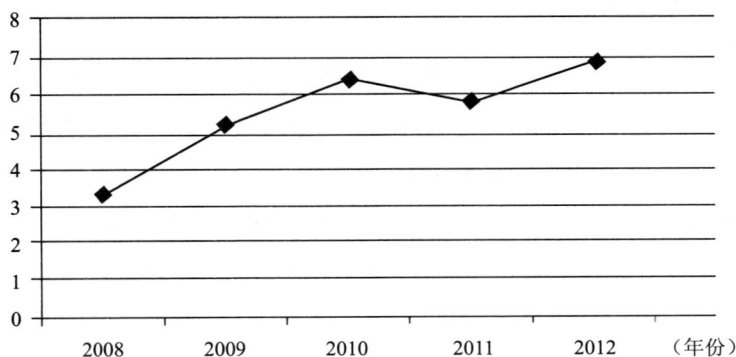

图 50.14 瑞典上市企业部门违约距离

第 5 节 瑞典家户部门风险分析

本节对瑞典家户部门的资产负债情况以及消费情况进行分析，研究瑞典家户部门的风险情况。金融危机中，在外需不足的情况下，瑞典国内需求强劲，拉动了经济增长，但是过高的家庭负债是瑞典经济的一个很大的风险点，同时也存在通货紧缩和失业率上升的风险。

一、家户部门资产负债表

2008 年以来，瑞典一直保持着非常低的基准利率，瑞典银行信贷规模长期大幅扩张，这促使近年来瑞典家庭消费主要转向了贷款消费，房地产市场价格不断上涨。瑞典家庭负债已经达到了历史最高点，在世界范围内也处于高位。综合瑞典工业日报、The Local 网站报道以及瑞典统计局的数据，截至 2013 年 1 月，瑞典家庭贷款总额为 27710 亿克朗（约合 2700 亿美元），较去年同期增加 1160 亿克朗；而瑞典家庭负债占可支配收入比例由 1995 年的 88％升至 2012 年的 173％，超过 20 世纪 90 年代初北欧金融危机时的 135％。

家庭负债率的大幅升高和房地产市场价格的攀升，使瑞典家户部门将难以抵御经济衰退、利率上升和房价下跌的风险。如果房价下跌，居民资产价值下跌，为了改善资产负债结构，居民将减少消费、增加储蓄，经济出现衰退。经济的衰退将进一步影响瑞典债务人、家庭和企业的还款能力，银行贷款损失增加，形成恶性循环。

二、居民消费水平分析

由于出口市场的不景气，瑞典国内居民消费成为经济增长的主要驱动力，国内需求市场弹性很大，对 GDP 占比并没有受到金融危机的冲击，如图 50.15 所示。2008—2013 年瑞典国内需求对 GDP 占比上升了 1.6 个百分点，值得注意的是，2012 年年初，欧元区国家财政状况和银行部门的问题导致居民和企业信心不足，股市下跌，国内消费和投资减少。瑞典国内需求的强劲离不开政府自危机以来对国内需求采取的刺激政策。为了刺激国内投资和消费，瑞典央行自金融危机数次降息，将基准利率从 4.75% 降到 1%。除了宽松的货币政策，政府还出台了一系列减税、免税和退税政策，减轻企业和家庭的税收负担，降低交易成本，扩大社会需求。

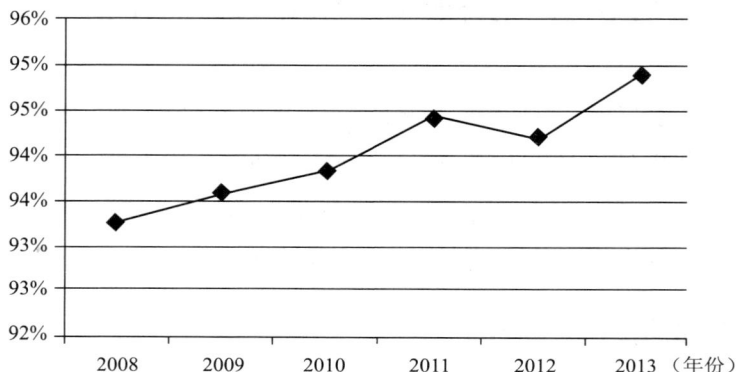

图 50.15 瑞典国内需求对 GDP 占比

有效的货币政策应该是能在保持经济稳定性的同时实现稳定且较低的通货膨胀率。根据瑞典法案，瑞典央行应该维持物价稳定，即通货膨胀率应当稳定并处于较低水平，央行设定的每年的通货膨胀率目标为 2%。2008 年瑞典的通货膨胀率达到 3.44%，2012 年瑞典克朗升值，物价下跌，虽然瑞典央行数次降息，降低居民和企业的借贷成本，刺激经济，但是自 2012 年以来，瑞典通货膨胀率仍然急剧下跌，如图 50.16 所示，从 2011 年的 3% 降到 2013 年的 0 左右。瑞典通货膨胀率低的另一个重要原因是能源价格的下跌。

金融危机以来，瑞典失业率大幅攀升，如图 50.17 所示。2008 年，瑞典失业率仅为 6.2%，在 2010 年达到 8.6% 的高点，随后的两年在政府促进增长和降低失业率措施的作用下，失业率有所下降，但是仍然维持在 8% 左右的高位。2012 年由于出口的下滑，国内经济增长乏力，失业率较 2011 年有所上升。

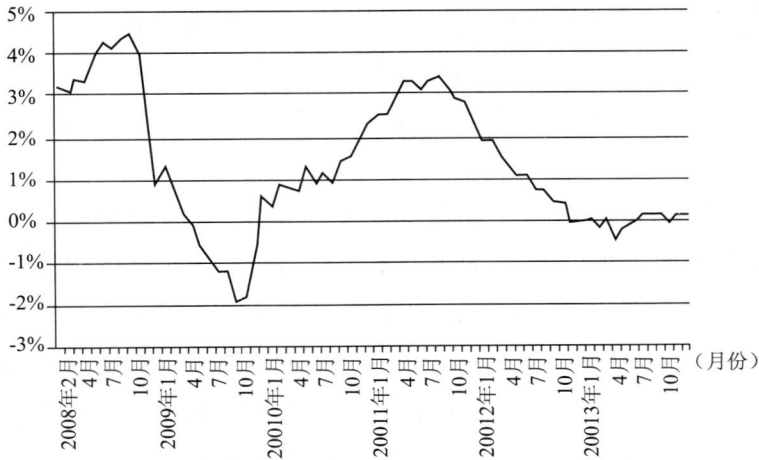

图 50.16　瑞典 CPI 同比变化率

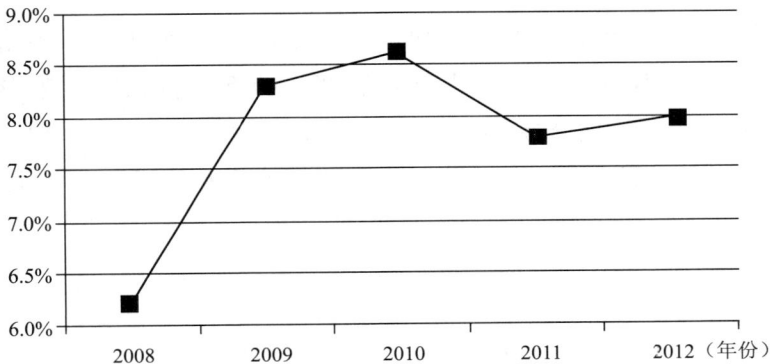

图 50.17　瑞典失业率

第 6 节　瑞典房地产市场风险研究

一、瑞典房地产市场影响宏观经济机制

　　历次的金融危机中，房地产价格的下跌都造成了巨大的影响。它们有一个共同的特点，就是在泡沫破灭前都经历了一个信用扩张和负债上升的阶段。在瑞典 20 世纪 90 年代的金融危机中，商业地产的价格泡沫是引起危机的主要原因。而最近瑞典住宅房地产价格已经上升超过长期的合理水平，这可能给瑞典带来风险。

　　近年来，瑞典的实际利率处在一个历史低位，这刺激了瑞典居民对住房的需求，住房价格持续走高，家户部门负债也快速增长。但是这次全球金融危机并没有对瑞典的住房价格造成大的冲击，瑞典银行业的贷款损失处于很低的水平。首先这是由于瑞典宏观经济并未受到经济危机的很大影响，其次与房产价格泡沫破灭国家不同的是，瑞典的家庭储蓄很高，能够更好地应对房产价格的下跌，并且房地产投资相对较低，这些都在一定程度上减少了风险。

目前，瑞典的家户部门对长期利率的预期低于瑞典央行的利率调整计划，一旦瑞典利率上升，那么瑞典房价和家户部门负债将迅速回到合理水平。近几年，瑞典的住房抵押贷款的贷款价值比（loan－to－value ratio）——贷款额与抵押资产价值的比值对新的借款者相对更高，贷款的固定利率还款期变短，分期偿还金额很小。高的贷款价值比和多变的抵押贷款利率会使瑞典家庭对利率的变化更为敏感，进而增加宏观经济风险。

瑞典的房地产市场对宏观经济的作用机制如图 50.18 所示。房地产市场受到居民家庭经济因素、制度因素和金融因素影响，比如人口的增加、税收和信用供给。货币政策主要通过影响家户部门的抵押贷款支出来影响房地产市场。房地产市场反过来作用于宏观经济，比如失业率、GDP 增长率和通货膨胀率。这种作用可以总结为两个渠道：消费渠道和金融稳定性通道。

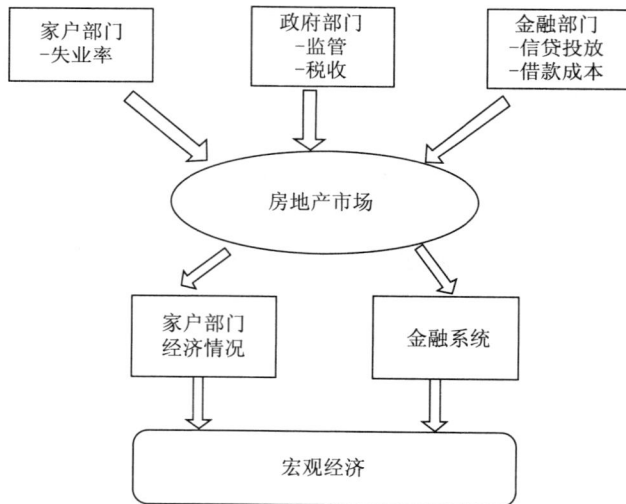

图 50.18 瑞典房市对宏观经济的影响渠道

（一）消费渠道

房价一旦下跌，将对经济造成严重的负面影响。首当其冲是对消费的影响。房价从多个方面影响居民消费，包括财富效应，信贷紧缩效应和资产负债表效应。

财富效应：根据财富效应的假设，消费是由预期未来收入的折现或者持久性收入水平决定的，而不是现在的收入。当房价上升时，居民增加消费，这不是因为居民现时的财富增加，而是因为将住房看作了一种股票。由于股价是未来每期股利的折现，因此，股价的变动代表持久性股利收入的变动，会影响居民消费。如果将住房也看成类似股票的资产，那么住房就是一种耐用消费品，房价也可以看作未来每期居住价值和居住成本之差的折现值，当房价下跌时，居民未来每期的效用下降，因此会减少当期的消费。

资产负债表效应：Dylan（2012）指出居民和企业一样，努力保持某个资产负债率，一个假设是他们希望避免出现房产价值低于抵押贷款价值的情况。房价下跌时，他们倾向于减少消费，将收入优先用来偿还贷款，减少负债水平来保持稳定的资产负债率。

（二）金融稳定性渠道

房价的下跌不仅会影响消费，更重要的是影响瑞典的金融稳定性。当房价下跌到低于居民的抵押贷款借款金额，且居民偿还贷款的能力恶化时，比如失业，那么就会产生银行坏账，如果贷款损失过多，机构的偿还能力出现问题，那么金融系统的稳定性就遭到威胁。然而，在情况恶化到这个地步前，金融机构的债权人由于担心投资的不确定性，就会大量将资金抽离，使得整个金融系统陷入流动性困境。不稳定的金融系统只能提供有限的金融服务，从而在资本供给而不是需求上影响实体经济。

这种风险的存在是由瑞典银行系统的弱点决定的。其一，银行系统是瑞典金融系统的核心组成部分，且瑞典的银行业高度集中，四家主要银行（Handelsbanken，Nordea，SEB 和 Swedbank）占据了瑞典借贷市场 70% 以上的份额，一旦发生危机，影响将十分广泛。四家主要银行的借款中，住房抵押贷款占据了很大份额。不仅如此，这四家银行还互相持有对方的证券，约占总权益的 40%。这说明瑞典的银行业不仅规模庞大，而且相对集中、互相之间紧密联系。

其二，瑞典银行十分依赖于国际金融市场来支持它们的抵押贷款。市场融资额几乎和存款额持平，这在国际上看来是很高的。担保债券占据了全部市场融资的一半，这些债券是以住房抵押贷款为担保发行的，这使得银行的融资能力直接与家庭负债率相关。

尽管瑞典的银行部门目前被认为很强大，但是其存在的结构性缺陷使得其可能在如下几个方面受到高额的家户部门负债的冲击：高额的家庭负债降低了银行的住房抵押贷款质量；高额的家庭负债对实体经济造成冲击后，需求的减退增加了银行对企业的贷款损失；高额的家户负债影响了银行的融资能力。

二、瑞典家户部门利率敏感性高

高额的负债比率表明居民收入的很大部分被用来偿还利息，因此提高了对利率变动的敏感性。瑞典央行对家户部门负债比率对不同的利率波动作出了检验。

第一，给定利率水平，家户支付的利息额随着负债比率的提高而提高，由于利息费用影响了居民的消费，因此负债比率越高，居民消费受到利率变动的影响越大。

第二，越来越多的居民采用的是浮动利率住房抵押贷款，目前，瑞典名义和实际利率都处于历史低位，但是未来利率恢复到正常水平后，将对居民的利息支出产生重大影响，增加居民的还款风险。

第三，房价下跌，银行的融资成本将提高，如果银行将融资成本通过增加浮动利率贷款的方式转嫁给借款者，那么，即使央行采取了降低基准利率的货币政策，那么刺激效果也会被削弱。

三、瑞典应采取的具体措施

即使货币政策对房地产和抵押贷款市场有一定的影响，瑞典政府还应当用其他的措施作为补充，因为货币政策是对整个经济起作用，而不能单独对信贷市场进行局部调整，Claussen，Jonsson 和 Lagerwall 对瑞典经济进行了建模，发现采用货币政策很难抑制房价的增长，并且对经济的其他方面有负面影响。Davis，Fic 和 Karim 的模拟结果表明抑制系统性风险的具体措施（比如审慎政策）在影响房价和降低负债率上比货币政策效果更好。

第7节 结论及对中国的借鉴

作为外向型经济，金融危机和欧债危机给瑞典经济增长带来了很大的冲击，但是并未对瑞典的社会结构和制度造成太大影响。从公共部门来看，瑞典央行表现出了健康的资产负债率，清偿力风险不高，公共债务和财政赤字均处于较低水平，瑞典公共部门风险很低。瑞典的金融部门在危机中也展现了很好的稳定性，资产负债率低于欧洲其他国家，违约距离不断增加，对风险的承受能力很高。从企业部门来看，瑞典企业部门受到欧债危机的冲击，资产有所缩水，但保持了较低的资产负债率，流动性风险也不高，并且在政府的扶持政策下，呈现出良好的发展趋势。家户部门是瑞典风险很大的部门，居高不下的失业率和过高的家庭债务都是瑞典政府下一步需要关注的目标。

瑞典四大部门在金融危机和欧债危机中的良好表现离不开政府有力的政策支持和审慎的监管措施，这给予我们很多启示。目前，我国经济呈现增长速度换挡期、结构调整阵痛期和前期刺激政策消化期的阶段性特征，面临前所未有的复杂局面。在这样的背景下，对我国政府的宏观调控能力提出了更大的挑战。

第一，要科学分析和判断经济形势，审慎选择宏观调控政策。一方面要保持财政政策和货币政策的稳健性，给市场主体以稳定的预期。改革开放30多年来，我国经济总量实现了跨越式发展，随着人口红利的消失和国内经济的结构性调整，我国GDP增长率呈放缓的趋势，2003—2007年我国GDP年均增长11.6％，2008—2011年年均增长9.6％，2012年增长7.8％，2013年GDP增长率为7.7％，今年预期增长率为7.4％。尽管经济下行压力大，但是政府部门并没有急于推出大规模刺激政策，而是贯彻实施"相机抉择"原则。在调控社会需求上，以"微刺激"促"稳增长"，依法治国，加强财税体制改革，并运用定向调整的货币政策，对经济结构进行优化，增加居民的可支配收入，支持中小企业发展，扩大内需。在社会供给管理方面，不断优化财政支出结构，区别对待，突出重点，对社会基础设施建设和民生等领域加大投入力度，改善社会保障体系。

第二，要加强财政风险管理，增强风险防控能力。改革开放以来，尤其是金融危机以来，我国地方债务急剧扩张，地方政府通过融资平台向银行和影子银行大量借款，数据显示，截至2013年6月底，我国地方政府承担的各类显性和隐性负债总共超过18万亿元，占据我国政府总债务的60％。地方债务构成复杂，管理不透明，还款也往往是通过借新还旧和出让土地的方式，这使得地方政府暴露在巨大的财政风险下，银行等金融机构也面临着坏账风险，在经济形势下滑的情况下，地方政府的违约风险就可能从局部扩散到整体，影响整个金融系统。要化解地方债风险，就必须从以下几个方面着手：一是通过金融创新拓宽直接融资渠道，改革地方城投公司运行模式，通过市场化运作，建立现代化的公司机制，加强风险控制；二是实施分类管理和限额控制，规范地方债管理；三是加强对地方债用途的限制，提高地方债资金的使用效益；四是建立有效的偿债机制，明确偿债主体，推动资产证券化，加强地方政府偿债能力。

第三，要加完善金融监管体系，防范金融风险。近年来，我国金融创新呈综合化、全能化的发展趋势，影子银行、互联网金融、民营银行等模式弥补了传统金融体系对我国经济支持方面的不足，但是本质上仍然具有金融属性和风险属性，因此，必须被纳入金融监管框架，防范风险，营造公平的金融环境。同时要注重监管的创新，发挥不同模式特有的优势，加快金融市场的改革。

第四，要大力加强科技创新。瑞典的经验说明，一个国家只有拥有较强的自主创新能力和研发能力，拥有核心技术，才能在面对经济危机时保持经济的稳定性，更快地从经济的疲弱中恢复活力。我国要加大科技产业的研发支出，制定相关政策支持高新技术产业发展，加强社会对于科技创新的重视程度。促进科技创新的产业化过程，将技术变为产品，加快经济结构调整，更好地参与国际竞争与合作。

参 考 文 献

[1] 沈文玮，刘凤义：《金融危机与瑞典模式调整》，载《教学与研究》2010年第7期，第35—37页。

[2] 嵇明，万平，芬兰：《瑞典应对国际金融危机的财经政策及其借鉴》，载《中国财政》2011年第8期，第24—26页。

第 51 章 挪威宏观金融风险研究

挪威地处北欧，经济高度发达，作为一个只有 509 万人口的小国，人均 GDP 却位居世界第二。挪威是北欧最大的产油国和世界第三大石油出口国，虽然与其他欧洲国家一样面临经济增长放缓、失业增加等压力，但凭借石油收益、节俭的作风和完善的福利制度，挪威保持了经济的稳定发展。本章介绍了挪威的经济和金融发展概况，然后从公共部门、金融部门、企业部门、家户部门四部门进行了风险研究，最后就挪威银行业风险进行专题研究。研究结果表明，挪威整体的风险状况有所好转，但需警惕家户部门的抵押贷款风险。

李东平、姚远（2013）介绍了挪威全球养老基金的发展历程，分析了基金管理的成功经验，并对我国解决养老保障问题提出了建议。

戴利研（2012）总结了挪威作为资源出口国的主权财富基金模式，对挪威全球养老基金的资金来源、资金配置和风险管理的方式进行了介绍。

第 1 节 挪威经济金融运行概况

一、挪威经济运行概况

尽管受到金融危机和欧债危机的冲击，挪威的经济却不同于欧洲其他国家，并未受到明显影响，保持着良好的发展势头，如图 51.1 所示，挪威 2009 年 GDP 首次出现负增长，负增长率为 -1.39%，此后 GDP 数额逐年上升，实际 GDP 增长率也保持上升趋势，在 2012 年增长率达到 2.79%，远高于欧盟平均水平。

挪威的出口占据 GDP 的比重在 40% 以上，尽管挪威的欧洲进口国经历着疲弱的经济走势，但是 2012 年中东国家局势紧张，国际油价大幅上扬，挪威的石油出口收入大幅增加。同时挪威国内建造业十分活跃，贸易环境良好。挪威央行在 2012 年 3 月将基准利率由 1.75% 降到 1.5% 以刺激经济，这些都成为驱动挪威经济强劲增长的因素。但是，由于欧洲经济不景气、国外需求减少以及挪威克朗的持续走强，挪威的一些出口部门受到了冲击。

（十亿美元）

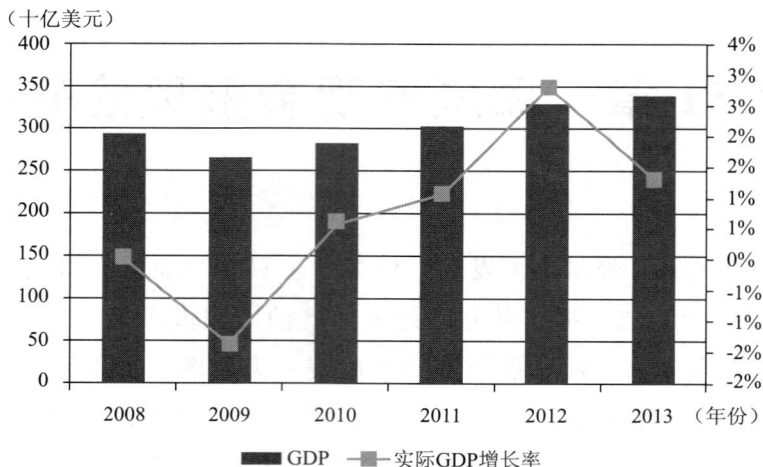

图 51.1　挪威 GDP 及 GDP 实际增长率[①]

二、挪威金融运行概况

得益于世界石油和天然气价格的持续走高，世界最大的主权财富基金——挪威全球养老基金的价值在 2014 年 1 月 8 日达到了 5.11 万亿挪威克朗（8286.6 亿美元）。根据最新统计，挪威人口为 5096300 人，理论上计算，挪威每个国民可以分到 100 万挪威克朗。

但是挪威并没有将这笔钱分给民众，该基金的运作目标是应对挪威国民及子孙后代的不时之需。挪威通过将资金投向国外，避免国内出现过度的经济周期性波动。每年，挪威政府可以动用基金中 4% 的款项，略高于基金的年收益。

挪威货币政策的目标是保持稳定的通货膨胀率——2.5% 左右，以维持挪威失业率和企业产出的稳定。2008 年挪威的基准利率达 5% 以上，金融危机发生后，挪威基准利率在 2009 年降到了 2% 以下，此后经过了数次调整，自 2012 年 3 月以来，挪威的基准利率一直保持在 1.5% 左右，远高于欧洲其他国家接近于 0 的利率，这使得挪威央行有一定的利率调整空间。目前，挪威的住房抵押贷款利率在 4% 左右，企业的贷款利率在 4.5% 左右。

受益于稳健的公共部门和良好的经济状况，2012 年挪威金融机构运营状况良好，政府对银行实行了审慎的金融监管措施，保证金融体系的弹性，银行业杠杆率较低。挪威银行业的资本充足率达到 13%，有一定的资本缓冲空

---

① 数据来源于 BvD 全球金融分析、宏观经济指标数据库 https：//www. countrydata. bvdep. com/ip。下面如未作说明，数据来源均相同。

间。值得注意的是，居高不下的家庭部门债务给挪威的金融系统带来了风险，银行在评估系统性风险时低估了居民抵押贷款的比重，因此，为抵御家庭负债风险，政府要求银行资本充足率进一步提高。

欧洲央行发表声明将在特定条件下购买政府债券以缓解欧债危机给市场带来的影响，缓解了国际金融市场的不安情绪，银行间市场和银行外部融资市场的风险溢价都有所降低。在货币政策的执行上，挪威央行利用银行在中央银行的存款来保证市场利率的稳定。

第 2 节　挪威公共部门风险分析

本节利用挪威中央银行所披露的政府资产负债信息，构造公共部门资产负债表，并对挪威公共部门进行风险分析。挪威的公共部门保持着良好的状况，资本负债率和清偿力风险不断下降，公共债务占 GDP 比重也保持在较低水平，同时保持着财政收支的平衡，并且每年都有一定的财政盈余。

一、公共部门资产负债表分析

（一）资本结构分析

2009 年挪威央行总资产和总负债相比于 2008 年大幅减少，随后几年央行资产和负债基本保持稳定，但是所有者权益逐年上升，资产负债率也不断下降，如图 51.2 所示，从 2008 年的 89.52％降到 2012 年的 77.30％。原因在于，在挪威央行资产中，外汇储备占据主要部分，而负债主要是无利率的法定纸币和铸币以及政府和企业的存款，因此一般会产生正的收益。

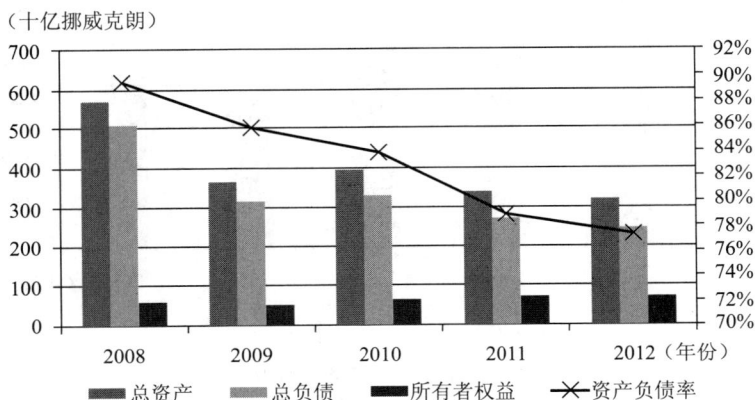

图 51.2　挪威公共部门资本结构

（二）清偿力风险分析

产权比率是资产负债表中负债与所有者权益的比率，这一数值越高，表明长期偿债能力越弱。挪威央行的清偿力风险正在不断降低，从图 51.3 中可以看出，挪威中央银行产权比率在 2008 年逐年下降，从 2008 年的 8.5 降到 2012 年的 3.41。

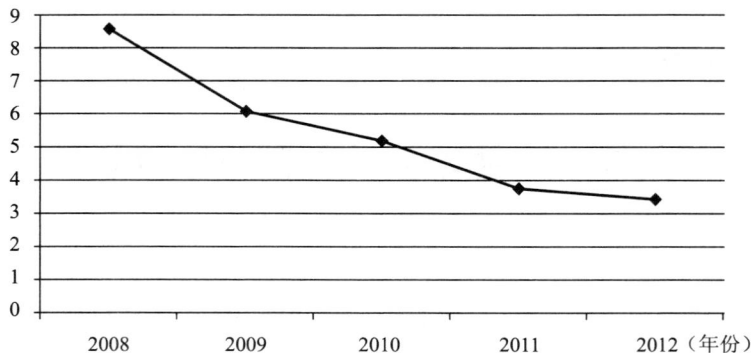

图 51.3　挪威公共部门产权比率

二、公共债务与财政赤字分析

（一）公共债务分析

挪威公共部门实施稳健的财政政策，财政状况良好，如图 51.4 所示。2008 年挪威的公共债务占 GDP 的比重为 48.23%，低于欧洲平均水平，2012 年公共债务占 GDP 比重进一步降低，仅为 29.32%，不仅均低于 60% 的安全警戒线，也远低于欧盟 85.3% 的平均水平，为财政政策提供了一定的扩张空间。

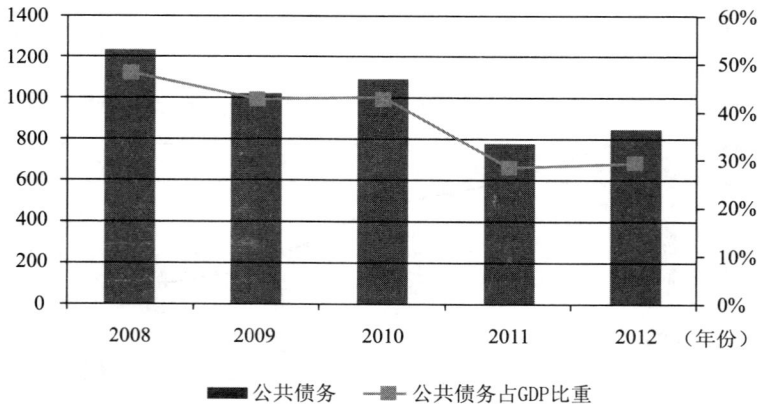

公共债务　　公共债务占GDP比重

图 51.4　挪威公共债务对 GDP 占比

（二）财政赤字分析

挪威政府保持长期稳定，其政府年度财政收支长期出现盈余的局面，如图 51.5 所示。2008 年挪威政府盈余为 4349 亿挪威克朗，占 GDP 比重高达 17%，2009 年财政盈余减少了近一半，占 GDP 比重也降到 9.54%，随后几年财政盈余实现了稳步增长，到 2012 年财政盈余为 3463 亿挪威克朗，占 GDP 的 12%，体现了挪威公共部门良好的财政状况，有利于维持公众对国家的信心。

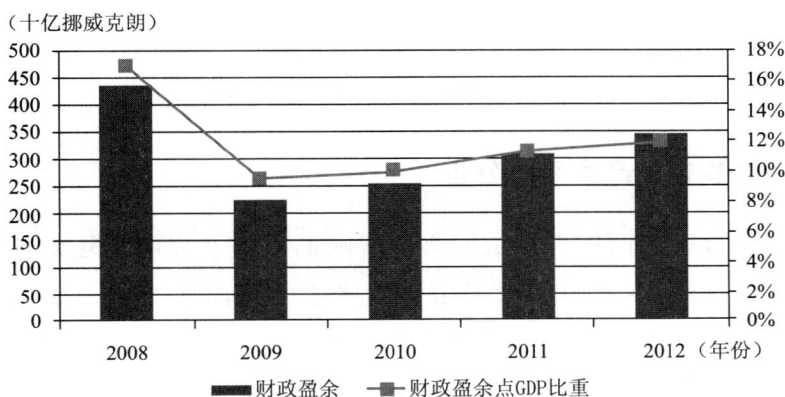

图 51.5　挪威财政盈余对 GDP 占比

第 3 节　挪威金融部门风险分析

本节通过汇总整理挪威 20 多家上市银行和 2 家保险公司的数据，编制金融部门资产负债表，对挪威金融部门的风险状况进行分析。挪威金融部门一直都受到严格的监管，运行稳定，受到金融危机的冲击小，恢复快，违约风险不断降低。

一、账面价值资产负债表分析

挪威的银行业总体上保持健康，对于借贷保持谨慎。挪威银行业资产规模在国家经济中仅占 2%，严格的监管体系增强了银行的风险承受能力，在此次金融危机中，挪威银行也很少涉及复杂的美国次级贷款结构化产品，加上政府及时的救市措施，因此，挪威金融部门在面对金融危机和欧债危机的冲击时表现出了很强的稳定性和恢复力，如图 51.6 所示。挪威上市金融部门自 2008 年以来资本规模逐年扩大，资产负债率近几年维持在 94% 左右。

（十亿美元）

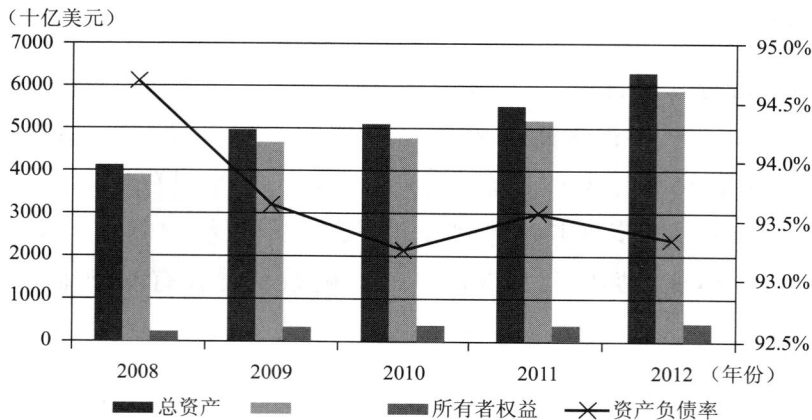

图 51.6　挪威上市金融部门资本结构

二、或有权益资产负债表分析

挪威上市金融部门资产市值始终低于账面价值，表明市场对挪威金融部门信心不足，从图 51.7 中可以看出，挪威金融部门或有资产负债率走势基本与账面资产负债率一致，呈下降趋势，稳定在 90％—91％之间，表现基本平稳，但是或有资产负债率始终低于账面资产负债率。这一方面反映了挪威资本市场是有效的，资本市场能充分反映真实市场中的波动与走势，且投资者比较成熟，以价值投资为主，但是另一方面反映了挪威金融部门市场价值被低估，不利于金融部门进行融资活动。

（十亿美元）

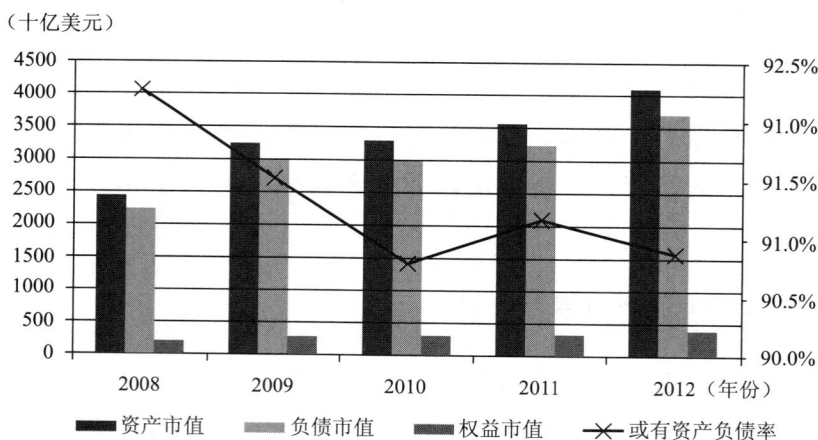

图 51.7　挪威上市金融部门或有资产结构

三、风险指标分析

挪威金融部门违约风险正在不断降低，如图 51.8 所示。挪威上市金融部门违约距离自 2008 年以来不断上升，在 2011 年违约距离相比于 2010 年有所下降，但是仍高于2009年的水平，2012年违约距离继续升高。这得益于挪威政府对金融部门采取的严格的监管措施和资本要求，但是仍需警惕挪威家户部门负债过高可能给银行部门带来的风险。

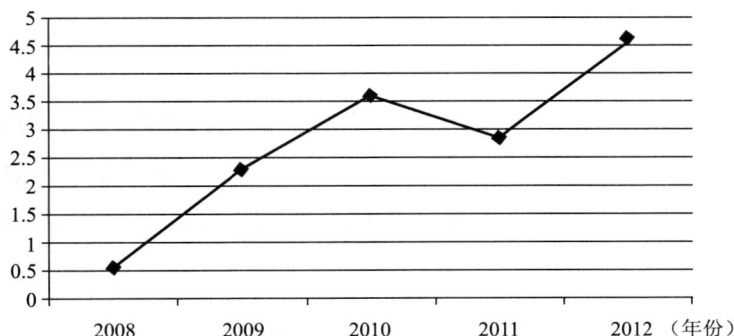

图51.8 挪威上市金融部门违约距离

第4节 挪威企业部门风险分析

本节选取了挪威的120多家上市企业，对其资产负债表加总并构建或有权益资产负债表，从而对挪威企业部门的风险进行分析。挪威企业部门的风险处在可控范围之内，但是或有资产负债率偏高，需要警惕。

一、资本结构分析

金融危机和欧债危机并未给挪威的企业带来很大影响，从图51.9中可以看出，挪威上市企业部门的总资产和权益自2008年以来一直不断增加，企业部门资产负债率从2008年的62.86%降到了2011年和2012年的58.5%

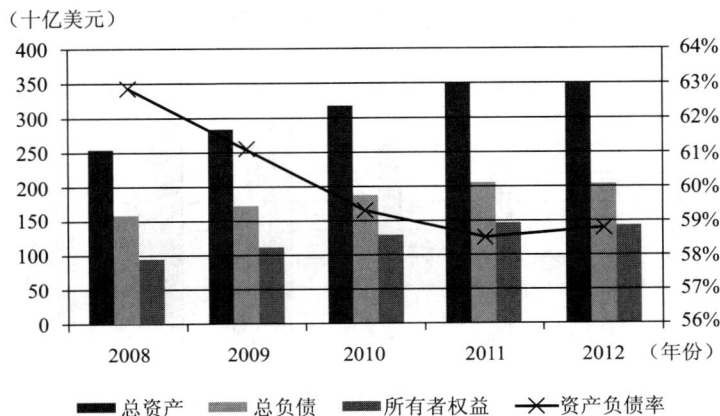

图51.9 挪威上市企业部门资本结构

左右，处于合理水平，因此，挪威企业部门的资本结构风险并不突出。尽管近两年挪威企业部门由于出口的不景气导致增长减缓，产出有略微的下降，但是资本利用率仍然处于合理水平。

二、期限错配分析

挪威企业部门流动比率在近几年保持基本稳定，如图 51.10 所示。流动比率从 2008 年的 115.23％升高到 2009 年的 130.14％，随后几年一直在 125％以上，但存在一定的下降趋势，期限错配风险暂时不高，但仍需保持警惕。

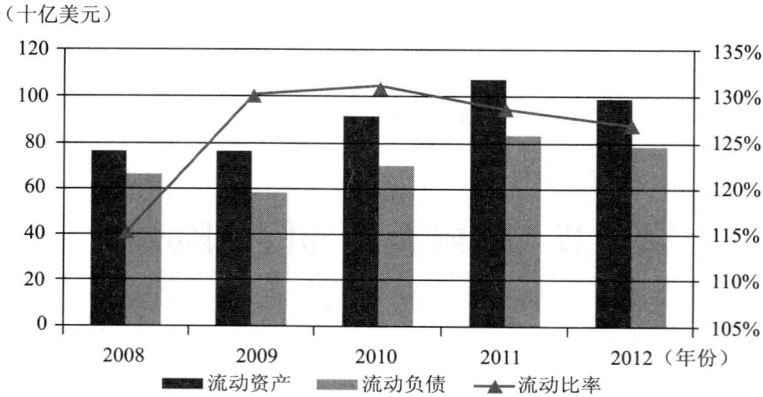

图 51.10　挪威上市企业部门期限结构

三、或有权益资产负债表分析

从图 51.11 中可以看出，挪威上市企业或有资产负债率从 2008 年的 90.67％降到 2009 年的 85.50％，在 2010 年又升高到 88.4％，2012 年又有所下降。且上市企业部门资产市值始终高于资产账面价值，体现投资者对上市企业的价值存在一定的高估。上市企业部门或有资产负债率也要高于账面资产负债率，处在较高的水平，需警惕资本结构风险。

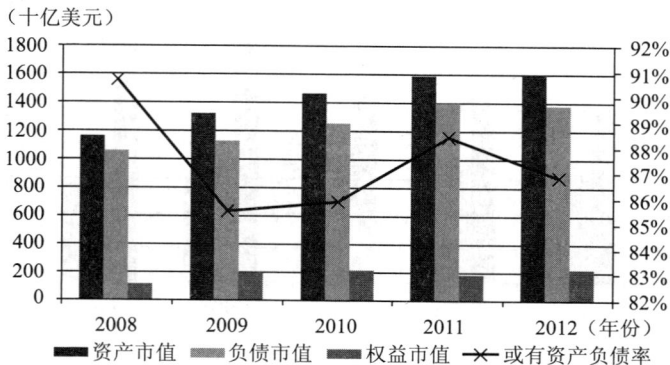

图 51.11　挪威上市企业部门或有资产结构

四、风险指标分析

挪威上市企业部门违约距离基本呈升高趋势，除了在 2011 年有所下降，在 2012 年又大幅增加，如图 51.12 所示，从 2008 年的 0.85 升高到 2012 年的 5.13，表明挪威上市企业部门的违约风险在不断降低。

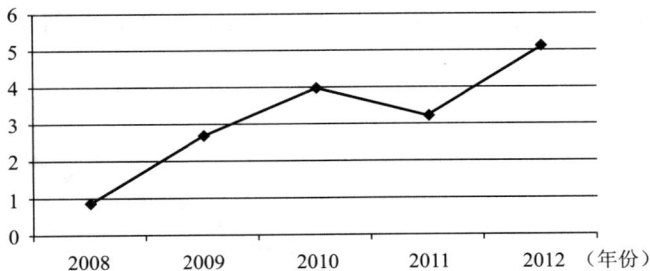

图 51.12　挪威上市企业部门违约距离

受金融危机的影响，挪威上市企业部门资产波动率在 2009 年达到最高点 4.60%，如图 51.13 所示，随后不断降低，到 2012 年仅为 2.17%，资产波动率始终处于较低水平，说明挪威资本市场风险并不突出。

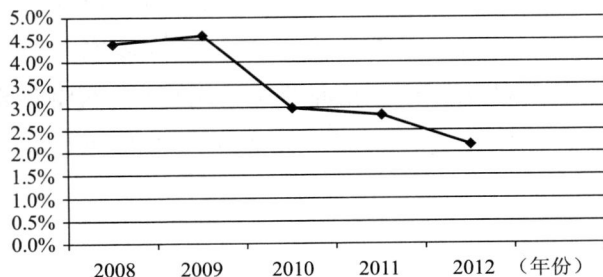

图 51.13　挪威上市企业部门资产波动率

第 5 节　挪威家户部门风险分析

本节对挪威居民的资产负债情况以及消费情况进行分析，研究挪威家户部门的风险情况。受房地产泡沫的影响，挪威家庭负债快速升高。挪威的失业率很低，但仍需适当提高通货膨胀率。

一、家户部门资本结构分析

低利率和低失业率刺激了挪威居民债务的增加，如图 51.14 所示，挪威家庭债务占可支配收入比重逐年上升，主因在于挪威的房地产市场泡沫。根据经合组织最新公布的数据，2013 年，挪威、瑞典和丹麦的房价收入比（即住房价格与城市居民家庭年收入之比）仍超出长期趋势 27％、23％和 10％，挪威房地产市场在过去十年已经上涨了两倍，房地产价格高估程度居世界前列。

一般而言，家庭部门的资产负债表中，房地产是居民最主要的资产，按揭贷款为家庭的主要负债，房地产市场繁荣时，银行就会放松住房抵押贷款的发放，家庭部门负债率上升。政府鼓励和信贷宽松促使了房地产泡沫的形成。挪威的按揭贷款模式中，贷款价值比（即贷款金额和抵押品价值的比例）高于 100％。

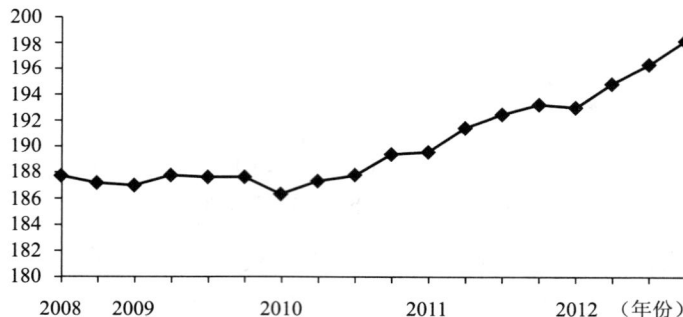

图 51.14　挪威家庭负债与可支配收入比率

挪威高企的家庭债务比例和快速上升的房价给挪威经济带来了脆弱性。当利率水平回到正常或者对经济的预期减弱时，许多家户部门将难以抵御冲击。随着美国逐步退出量化宽松，房地产业的融资成本将逐渐上升，如挪威家庭部门不能加快去杠杆化进程，其整体利率水平将出现螺旋式上涨，最终刺破房地产泡沫。

二、居民消费水平分析

国际金融危机和欧债危机对挪威的实体经济造成了较大冲击，如图 51.15 所示，挪威失业率从 2008 年的 2.60％上升到 2013 年的 3.60％，但是仍远低于欧盟平均水平并表现稳定。

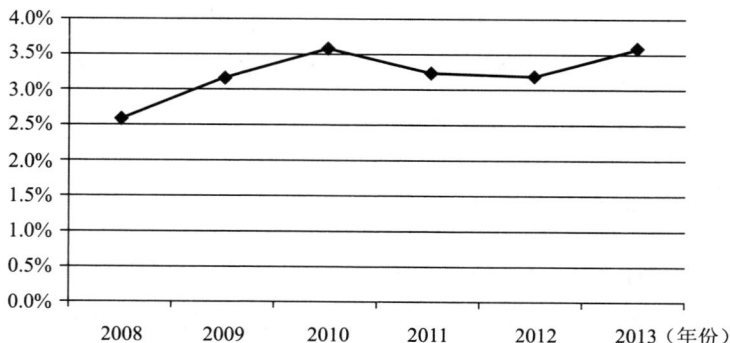

图 51.15　挪威失业率

　　在挪威克朗升值的背景下，挪威国内通货膨胀率保持稳定，如图 51.16 所示，通胀率近几年一直略低于挪威央行设定的 2.5％ 的通胀目标，挪威央行自 2011 年 12 月以来就曾通过两次操作降低利率基准 0.75 个百分点来降低挪威克朗收益，以刺激通胀。由于能源价格的波动，居民消费价格指数月度环比变化很大，但是月度同比变化率基本一直保持在 1％ 以下。

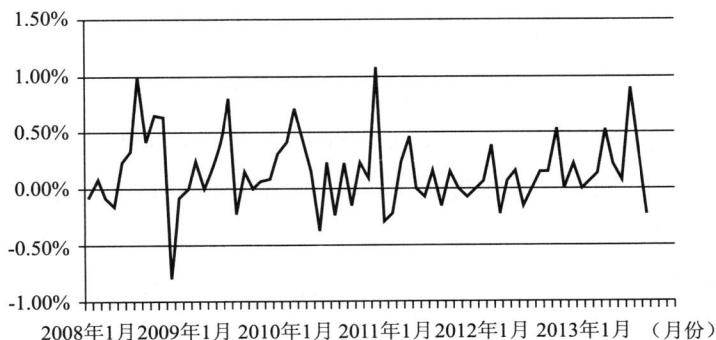

图 51.16　挪威月度 CPI 同比变化率

第 6 节　挪威银行业风险专题研究

　　尽管挪威有数量众多的银行，但是银行业高度集中，DNB 银行是挪威最大的银行和金融服务集团，占据了挪威借贷市场 30％ 以上的份额，排名第二的是 Nordea 银行挪威分行，占据了 13％ 的市场份额，排名第三的是两家外资银行——芬兰商业银行和丹麦银行在挪威的分行，占据 11％ 的市场份额。外资银行占据了挪威近三分之一的市场份额。

　　挪威居民和企业贷款的 80％ 以上来自于银行部门，居民贷款几乎全部来自于银行，企业资金在近两年更多地来自债券市场。这与美国不同，美国 80％ 以上的资金来源于债券市场。贷款在挪威银行的总资产中占据了绝大部分，这使银行承受了较大的信用风险。贷款的主要项目是居民住房抵押贷款、商业地产贷款和运输业贷款。

一、挪威银行部门债务结构风险

　　挪威银行的资金来源主要是居民存款和债券市场融资，从图 51.17 中可以看出，债券市场融资中，有 50％ 以上的负债是以外币计量的，对国际金融市场的依赖使得挪威银行部门暴露在国际金融市场动荡的风险和外汇风险之下，挪威银行部门广泛地使用互换工具用来规避外汇风险。

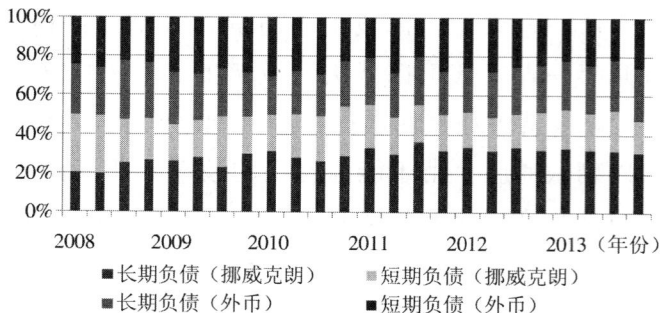

图 51.17 挪威银行部门债务结构[①]

银行的存贷比在一定程度上反映了银行在信贷市场的重要性。对于资金来源主要是债券市场的国家和贷款证券化业务发达的国家来说，银行在融资上起到的作用有限，存贷比一般比较高，如图 51.18 所示，挪威的公共部门和私人部门主要依靠银行信贷来融资，因此，挪威的存贷比仅为 63%，尽管相对于 2008 年的 58% 增长了 5%，但是远低于欧元区的 98%。

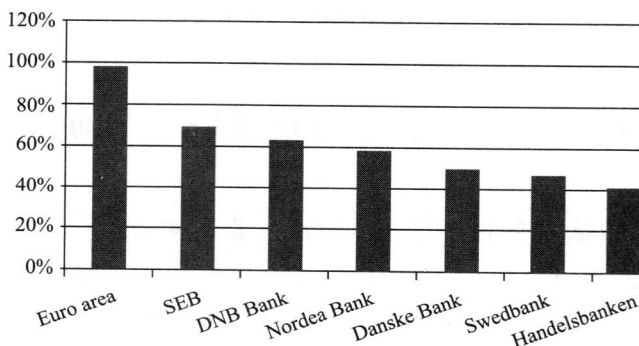

图 51.18 欧洲各国银行存贷比

二、挪威银行部门贷款风险

在未来几年如果全球经济复苏持续不景气，那么将导致油价下跌、失业率升高和市场利率上升，这可能会增加挪威银行对企业和家庭的不良贷款率。其中，企业的不良贷款率对经济环境的变化比家户部门更为敏感。这是因为企业的股东对公司负有限责任，而家庭可能破产，因此企业比家庭更容易违约。挪威的房价在经历了数年的快速增长后已经呈下跌走势，这种走势可能会在未来的两年持续下去，如图 51.19 所示。如果房价出现大幅下跌，而利率又没有相应下降，那么，挪威银行对家户部门的贷款的信用风险将会显著升高。

---

① 数据来源：挪威统计局，http://www.scb.se/sv_/。

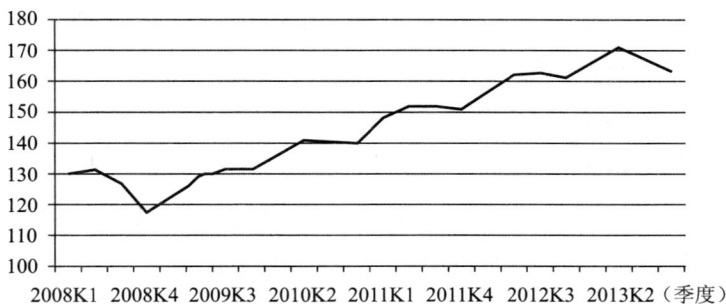

图 51.19　挪威房价指数（2005＝100）

　　挪威银行和住房抵押贷款公司对家庭贷款的违约率在 15 年来一直很低，近几年一直维持在 1％左右，但是房价的上升速度远远快于收入的上升速度，导致挪威的家庭负债与可支配收入的比率越来越高。高额的负债使得挪威的家户部门对收入降低的风险更为脆弱，为了防止违约，家庭不得不减少商品和服务的消费。如果房价大幅下跌，那么资产负债率很高的家庭就可能选择减少消费，提高储蓄，进而影响企业部门，引发经济衰退。

　　从整体上来说，挪威的家庭贷款信用风险比较低，高的信用风险主要集中在结合了以下几个风险点的家庭：高负债水平、低债务偿还能力和不充足的抵押品。在挪威的家庭债务结构中，34％的债务被家庭负债高于可支配收入 5 倍以上的家庭持有，31％的债务被家庭负债额高于房产价值的家庭持有，但是同时结合了几个高风险因素的家庭只占 2.4％——大约 3 万户家庭，当经济形势恶化时，这部分家庭的违约的可能性很大。

第 7 节　结论及对中国的借鉴

　　挪威经济在面对危机时展现出了很好的恢复力和弹性，这主要得益于挪威国内良好的经济结构和稳健的财政政策。从公共部门来看，挪威常年保持低的公共债务比重和财政盈余，资产结构风险逐年减少，这不仅保证了公共部门的强大实力，也坚定了市场对挪威的信心。从金融部门来看，受益于审慎的监管政策，次贷危机的不利影响并未对挪威金融部门造成严重影响，金融部门资产规模逐年扩大，资产负债率保持在合理水平，违约距离不断上升，资产波动率下降。从企业部门来看，挪威企业部门也表现出了稳定的增长，资产负债率调整到更低的水平，流动性风险和违约风险也显著降低。从家户部门来看，挪威需要警惕过高的家庭负债率，防范住房抵押贷款风险，同时失业率的升高和过低的通货膨胀率也给瑞典经济带来了不利影响。

挪威虽然人口密度小，但是人口老龄化也十分严重，利用石油这一经济资源优势，建立挪威全球养老基金，以应对石油资源的不可再生性和人口老龄化带来的挑战。挪威全球养老基金的长期预期收益率为4%，因此，政府规定财政赤字不得超过养老基金资产的4%。在养老金的投资上，全部投资于海外资产，逐步放宽投资范围，中长期投资与短期投资结合，以达到分散风险，保持国内经济稳定性的目的。随着我国老龄化进程的加快，未来我国基本养老金缺口将达到几十万亿，国家财政将难以负担。

我国养老金收入增长率除2011年外，其他年份均低于养老金支出增长率，从图51.20中可以看出，收入增长率自2011年以来下降超过10个百分点，养老保障资金来源不足、不可持续的矛盾日益突出。这一方面是因为我国人口老龄化压力增大，目前，企业职工养老保险缴费人和领取者的比例为3:1，提前进入深度老龄化社会；另一方面是因为国家加大民生投入，养老保险受益人群范围更广，保障水平更高；还有一方面是因为养老金收入是与工资增速挂钩的，工资增速的放缓是导致养老金增速放缓的原因之一；最后是养老保险隐性债务的支付也直接增加了养老金的支出。

目前，我国实行的是以"三支柱"为支撑的多层次养老保险体系。第一支柱为基本养老保险，实质上是"社会统筹加个人账户"模式，用人单位和个人按20%、8%的比例缴纳；第二、三支柱作为基本养老保险的补充，其中，第二支柱包括企业年金和职业年金，第三支柱为个人自行购买的商业养老保险等。相比于挪威，我国在养老金的结构和管理上存在诸多问题：

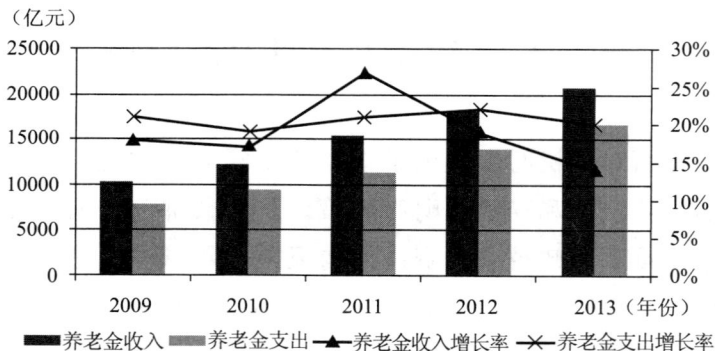

图51.20 我国养老金收支情况[①]

一是基本养老金对人口的覆盖率不到80%，还有2亿多人游离于养老保险制度外，已经参保但是由于缴不起险费而中断基本养老保险的人数也在上

---

① 数据来源：人力资源和社会保障部历年《人力资源和社会保障事业发展统计公报》。

升。基本养老保险仅能"兜底"，保障老年人的最低生活水平，人口老龄化进程的加快也使其将陷入"入不敷出"的窘境。

二是养老金结构不合理。在养老保险体系的三大支柱中，2013 年我国基本养老保险基金累计结余为 31275 亿元；企业年金 2013 年累计结余 6035 亿元，仅占 GDP 的 0.7%；商业养老保险几乎为空白，保费每年仅 1000 亿元，有效承保人仅有 940 万人次。第二和第三支柱养老金占比低，发展缓慢，没有充分承担补充基本养老保险的责任。

三是我国养老金管理碎片化，投资方式单一。我国目前实行社会统筹与个人账户相结合、社会统筹账户与个人账户混在一起管理、个人账户实行空账运行的过渡性措施，个人账户并无资金积累，存在巨大资金缺口。我国巨额的养老基金没有实现集中管理运营，大部分掌控在市级、县级政府等 2000 多个独立的行政单位手中。截至 2013 年年底，超过 2.7 万亿的基本养老金以活期存款和定期存款 4∶6 的比例被放在了银行存款账户上，剩下的也只能投资于国债，按照活期存款 0.35% 年利率、定期存款 3% 的年利率，扣除通货膨胀率的影响，养老金每年实际上贬值 178 亿元。

借鉴挪威的养老金管理经验，我国要加强养老保险顶层设计，制订适合我国国情的改革方案，具体包括以下几个方面内容：

第一，要提高我国养老保险的覆盖范围，通过制度安排保证城乡居民能够平等参与养老保险，增强我国养老保险制度的公平性、流动性和可持续性，减少重复参保和重复领取的矛盾，解决社会保险关系转移接续不畅等问题。

第二，要加快发展养老金的第二支柱和第三支柱，加强储蓄型养老保障体系建设，建立政府、企业和个人责任共担的养老金体系。目前，我国对缴纳基本养老金采取免征个人所得税的政策，对企业年金、职业年金实施个税递延优惠，但是对商业保险的税收优惠政策仍待推进。税收的优惠将对个人和企业参与第二支柱和第三支柱养老金形成激励，缓解养老财政压力。但是同时应该注意的是，参与企业年金的绝大部分是大型国企和垄断企业，中小企业参与企业年金的动力仍然不足，因此，要适时推出相应政策鼓励中小企业参与企业年金。可以适当降低企业缴费率，逐步从职工养老保险转移到补充养老保险，降低中小企业的人力成本。

第三，要加强养老金的管理。我国可以借鉴挪威、香港等国家和地区的养老基金管理经验，加强养老金的统筹管理，并把养老基金的管理交给专业的基金管理机构，从而提高管理效率，实现养老基金的保值增值。要遵循安全第一、获取收益、多元化投资三个原则，根据市场变化调整投资范围，对养老基金投资效果进行定期评估。

+·+

参 考 文 献

[1] 李东平，姚远：《挪威全球养老基金的成功经验对我国的借鉴意义》，载《新华网》2013年3月3日B03版。

[2] 戴利研：《主权财富基金研究：成因、影响及运营模式》，载《东北财经大学学报》2012年第8期，第57—60页。

第 52 章　波兰宏观金融风险研究

波兰位于欧洲中东部。20 世纪 90 年代初期，波兰是中东欧地区经济发展最快的国家之一，波兰人均收入增长较为迅速。受到苏联解体的影响，波兰的经济体制从 20 世纪 90 年代开始由计划经济体制向市场经济体制转型。到 20 世纪末，波兰经济转型较为成功，在转型期间，波兰经济保持快速增长。2004 年 5 月 1 日波兰加入欧盟，经济发展加速。本章运用资产负债表和或有资产负债表的方法来分析波兰公共部门、金融部门、企业部门和家户部门所面临的宏观金融风险。总体上看，波兰四大部门的整体风险处于安全可控水平。

在《波兰投资和经贸风险分析报告》（2012）中，较为系统地分析了波兰近年来的金融风险，文章指出波兰一直是外商直接投资的净流入国，波兰优惠的外商投资政策使波兰成为全球外商直接投资最受青睐的 15 个国家之一；波兰的金融体系较为开放，私有化程度高，实行浮动汇率制和货币自由兑换，外汇管制较松；波兰实行集中统一的财税体制，居民税收负担较重；在中波双边贸易方面，中国贸易顺差明显，投资合作项目多，但仍然存在摩擦和对话不足的问题。总体来看，波兰目前政治稳定，社会安定，爆发大规模冲突的可能性不大；受欧债危机影响，波兰财政赤字状况难以改善，并且波兰基础设施较落后，政府透明度不高，劳动力成本优势的逐步丧失，都将影响到波兰的外商投资。文章认为波兰的参考评级为 5/9 级，风险为中等偏高水平。

第 1 节　波兰经济金融运行概况

波兰农业主要以种植业和畜牧业为主，主要农作物为各种麦类和马铃薯、甜菜等，牲畜业主要养牛、猪和羊。波兰工业发达，工业以煤炭、冶金、机电为主。波兰煤炭资源丰富，煤炭储量居欧洲国家前列，煤炭工业最为发达。冶金工业主要为钢铁工业和其他金属加工工业。机电工业为波兰最重要的工业，包括机器制造、汽车、造船、精密仪器和电子工业等，其中汽车工业为最近迅速发展的行业之一。波兰是世界著名的旅游胜地，旅游业发达，旅游业收入一直是波兰重要的外汇收入来源。

一、宏观经济运行概况

波兰宏观经济运行良好，经济发展水平在欧盟成员国中处于前列。目前，波兰经济已达到中等发达国家水平。如图 52.1 所示，自 2008 年金融危机以来，波兰宏观经济指标 GDP 逐年正向增长，这表明金融危机之后，波兰经济正在逐步复苏。2013 年波兰 GDP 以比 2012 年更为温和的速度缓慢增加。2013 年波兰实际国内生产总值增长率为 1.49％，预计 2014 年 GDP 增长率约为 2.89％，反映出波兰宏观经济将在 2014 年逐步企稳并加速增长。

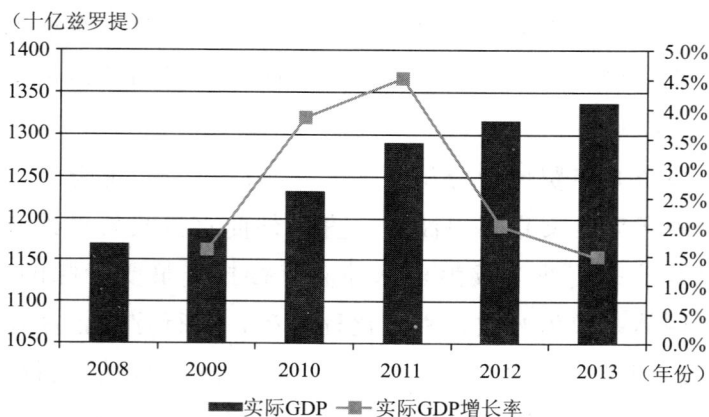

图 52.1　波兰国内生产总值及增长率分析[①]

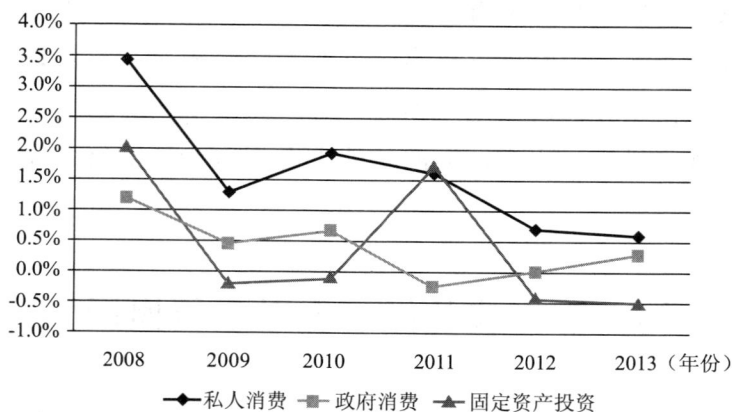

图 52.2　波兰私人消费、政府消费、固定资产投资对 GDP 增长率贡献度

---

　　① 数据来源于 BvD 全球金融分析、宏观经济指标数据库 https：//www. countrydata. bvdep. com/ip。下面如未作说明，数据来源均相同。

GDP 增长的主要动力是"三驾马车"，即消费、投资以及政府支出，此处选取私人消费、固定资产投资以及政府消费作为衡量指标。由图 52.2 可见，私人消费对波兰经济 GDP 增长率贡献度是最大的，这说明波兰经济主要是由消费拉动的，尤其是国内消费需求。从 2008 年经济危机开始，私人消费对 GDP 增长率的贡献度呈现下降趋势，该状况的改善预计将持续至 2014 年。

二、宏观金融运行环境

金融体制的稳定性，对于投资环境至关重要，下面将从中央银行、商业银行、金融市场三个方面，对波兰的金融环境进行说明。

1997 年 8 月 29 日，波兰国会通过了关于波兰国家中央银行的新法律和银行法，对国家中央银行的职能和组织结构做出了规定。决定设立货币政策委员会，由国家银行行长以及由总统、众议院和参议院共同提名的 9 个人组成。国家银行的主要职能是：实施货币政策委员会制定的货币政策；为保障金融安全和银行的稳定性，制定相关法规；制定保障经济运行的资金结算原则和机制；为国家预算提供银行服务，管理国家外汇储备；发行货币；监督和管理商业银行。

为了把本国银行和欧盟银行体系结合起来，波兰对本国的商业银行进行了合并。截至目前，波兰商业银行数量为 57 家，其中有 44 家商业银行由外国投资者控股，波兰的商业银行系统基本上由外资控制。波兰国家直接控制的银行有 6 家，其中国家经济银行是唯一具有国家银行地位的银行。此外，波兰还有 596 家总注册资金为 5 亿兹罗提的合作银行，主要是为全国各地方的金融市场服务。商业银行在全国的服务网点有 8500 个，合作银行有 3300 个。波兰商业银行绝大多数是综合性银行，可以提供形式多样的银行服务，不仅面向各种团体，也面向个人。

波兰的金融市场主要有债券市场、货币市场、股票交易市场和场外交易市场。债券市场主要是政府和企业发行的各类债券，波兰的股票交易市场是华沙证券交易所。波兰的证券交易所最早成立于 1817 年。波兰经济转轨后于 1991 年 4 月 12 日恢复股市交易，当年在股市挂牌上市的有 9 家公司，目前有 237 家公司挂牌上市。

总体上说，波兰的金融机构健全，金融市场完善，金融业务与国际接轨程度较高，波兰国内宏观金融运行环境良好，可以为市场提供便利的金融服务。

第2节　波兰公共部门风险分析

本节主要选取波兰中央银行的资产负债表作为其公共部门的数据进行研究，通过资产负债表和公共债务来分析说明波兰公共部门的风险问题。

一、中央银行资产负债表分析

波兰中央银行的资本结构如图52.3所示，从总体上来看，近几年波兰中央银行的资产负债率控制在90%左右，其资本结构错配风险不明显。2008年金融危机发生以来，波兰中央银行资产和负债规模逐年正向增长。2011年，波兰中央银行总资产较之2010年大幅增长，而总负债小幅增长，因而总权益增长幅度较大，资产负债率明显降低。

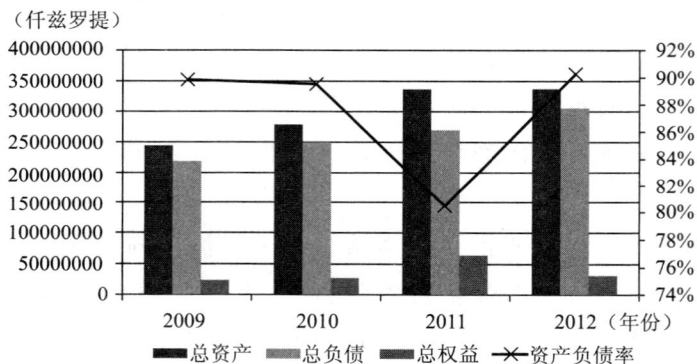

图 52.3　波兰中央银行资本结构

二、政府公共债务分析

2008年金融危机以来，波兰的公共债务呈现缓慢增长趋势，公共债务占GDP比重从2008年的44.45%持续上升至2011年的49.10%，达到历史最高点，之后呈持续下降趋势，如图52.4所示。预计2014年波兰公共债务规模将达到8402亿兹罗提，占GDP比重将升至48%，但这一比例仍低于欧盟《马斯特里赫特条约》60%的安全警戒，因此，波兰公共部门的债务风险处于安全可控的水平。

（十亿兹罗提）

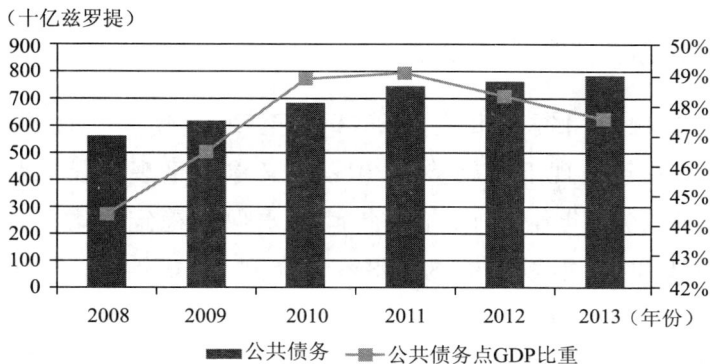

图 52.4　波兰公共债务规模及其占 GDP 比重

第 3 节　波兰金融部门风险分析

本节主要通过账面价值资产负债表和或有权益资产负债表的方法对波兰金融部门的资本结构错配、期限错配和清偿力风险问题进行分析。本节金融部门的资产负债表主要由该国上市金融机构的资产负债表合并而成。

一、账面价值资产负债表分析

波兰金融部门资本结构如图 52.5 所示。从整体上来看，自 2008 年金融危机以来，波兰金融部门的资产负债规模呈现正向增长趋势，并且资产的增幅要大于负债的增幅，因而总权益呈现正向增长。与此同时，资产负债率呈现下降趋势，到 2012 年，资产负债率降至 87.69％。因此，波兰金融部门没有明显的资本结构风险。

（仟美元）

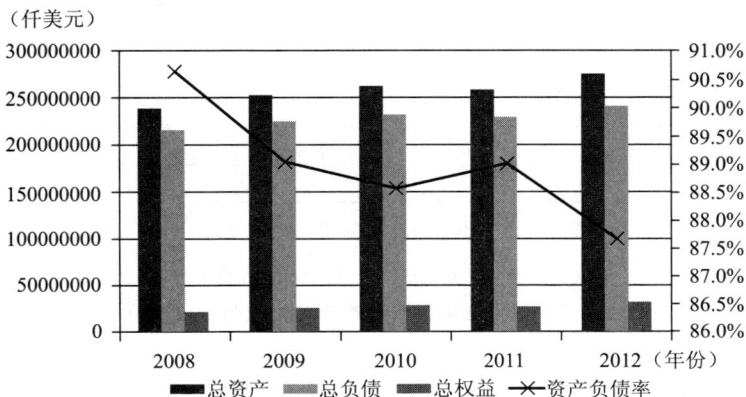

图 52.5　波兰金融部门资本结构

二、或有权益资产负债表分析

波兰上市金融部门资产市值在 2008 年至 2010 年间呈现逐年增长趋势，2011 年较之 2010 年出现下降趋势，2012 年又重新呈现增长趋势。波兰金融部门负债市值在 2008 年至 2012 年五年间基本保持稳定，增幅较小。因而或有资产负债率从 2008 年最高的 87.53％下降到 2010 年的 77.79％，2011 年上升到 83.57％，2012 年下降至 80.03％。如图 52.6 所示，从整体上看，波兰上市金融部门或有资产负债率控制在 90％以下，资本结构错配风险不明显。

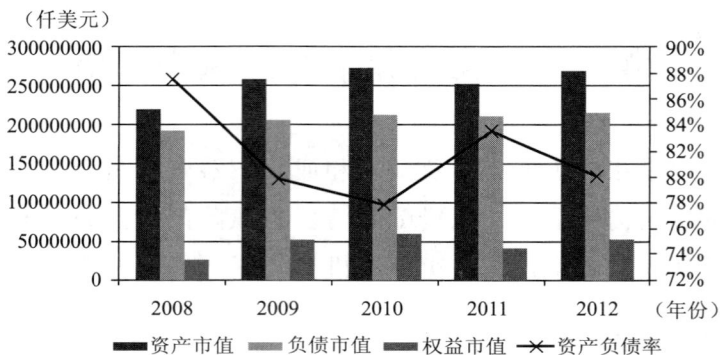

图 52.6　波兰金融部门或有资本结构

波兰上市金融部门资产的账面价值与市场价值均保持小幅增长趋势，并且账面价值与市场价值相差不大，如图 52.7 所示，这说明市场对于波兰上市金融部门的资产估值合理，投资者对波兰上市金融部门抱有信心。

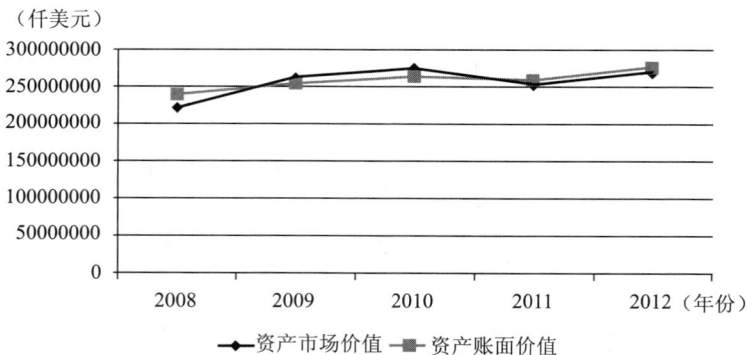

图 52.7　波兰金融部门资产市场价值与账面价值

三、风险指标分析

2008 年至 2012 年五年间，波兰上市金融部门资产市值波动率指标水平围绕 3％ 上下波动，其中 2009 年上升至最高的 4.02％，这与 2009 年波兰股市波动有关。2010 年资产市值波动率下降至最低的 2.22％；如图 52.8 所示，从整体上看，波兰上市金融部门资产市值波动不大。

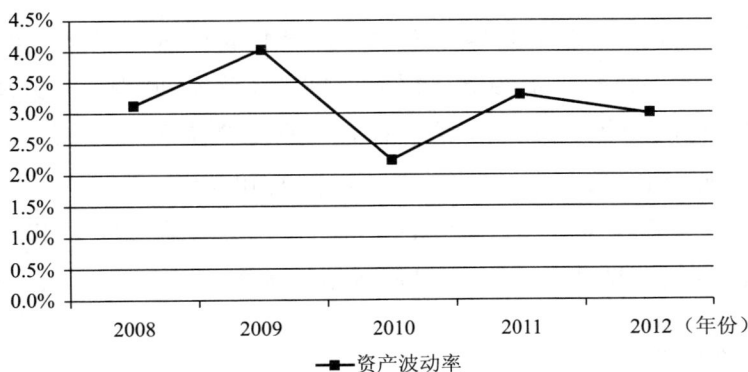

图 52.8　波兰金融部门资产市值波动率

与前面运用资产负债表分析得出的结论相一致，从整体上看，波兰上市金融部门违约距离呈现上升趋势。2008 年金融危机以来，波兰上市金融部门违约距离从 2008 年的 2.56 上升至 2010 年的 8.57，2011 年违约距离下降至 3.97，2012 年违约距离上升至 5.29，如图 52.9 所示。这说明波兰上市金融部门的资产市值是大于违约点的，不存在明显的违约风险。

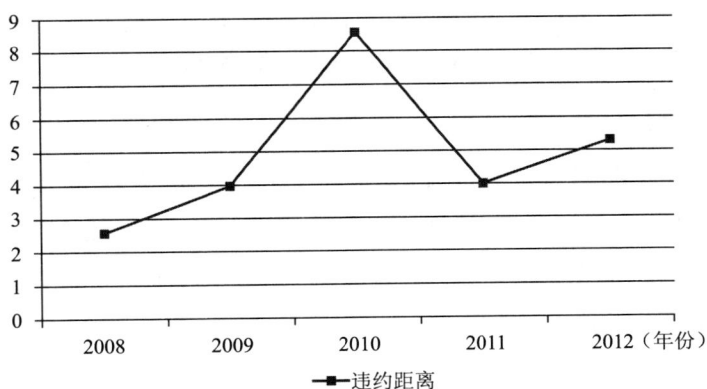

图 52.9　波兰金融部门违约距离

第 4 节　波兰企业部门风险分析

本节选取波兰国内的上市企业，进行资产负债表合并形成企业部门宏观资产负债表，基于此对该国企业部门的宏观风险进行分析。采用的分析方法与金融部门相同。

一、账面价值资产负债表分析

(一) 资本结构分析

总体来看，波兰上市企业部门资产负债率保持在 45.73％—50.86％，资本结构风险较小。2008 年金融危机以来，波兰上市企业部门的资产负债规模整体上呈现增长的趋势，并且总资产的增长速度要快于总负债，因而资产负债率整体呈现下降趋势。2008 年，波兰上市企业部门资产负债率为 50.86％，之后一直下降至 2010 年的 45.73％，2011 年为 47.22％，2012 年为 46.50％，由此可见波兰企业部门资本结构风险较小。

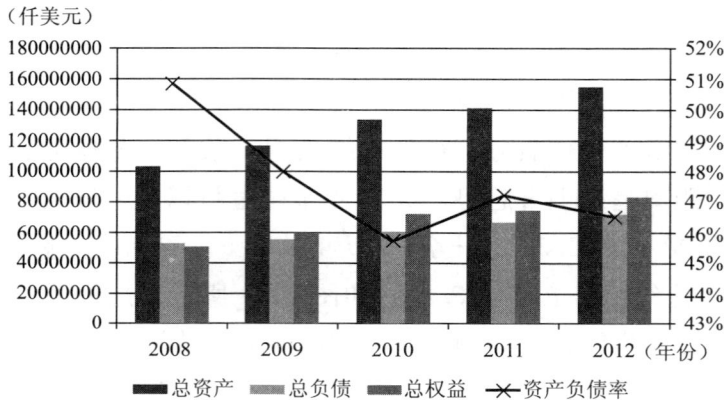

图 52.10　波兰企业部门资本结构

(二) 期限错配分析

波兰上市企业部门流动比率维持大于 1 的状态，短期偿债能力无明显风险。流动比率由 2008 年的 1.17 上升至 2009 年的 1.44，然后基本维持在 1.3 附近，说明波兰上市企业部门流动资产和流动负债控制较好，流动比率稳定，短期内不会出现违约现象。

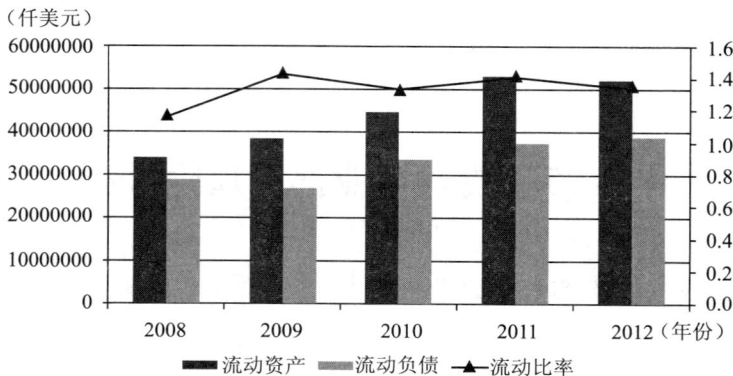

图 52.11　波兰企业部门流动资产与流动负债

二、或有权益资产负债表分析

金融危机和欧债危机对波兰上市企业部门影响并不严重，资本结构错配风险处于可控范围内。或有资本结构如图 52.12 所示，从资产市值来看，2008—2010 年期间，资产市值持续上升；受欧债危机影响，2011 年资产市值出现下降，2012 年再次上升。从负债市值来看，2008—2012 年期间，负债市值呈现小幅上涨趋势；权益市值的变化趋势与资产市值变化趋势一致。从总体来看，波兰上市企业部门或有资产负债率呈现下降趋势，从 2008 年的 48.33％下降至 2010 年的 32.20％，2011 年上升至 41％，2012 下降至 36.71％。因此波兰上市企业部门表现良好，权益市值呈现上升趋势，或有资产负债率处于较低水平。

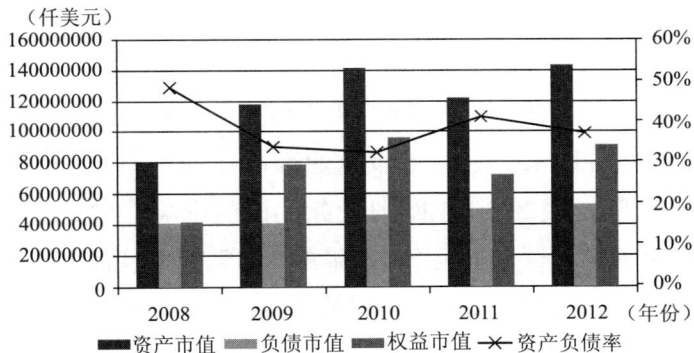

图 52.12　波兰企业部门或有资本结构

2008—2012 年期间，波兰上市企业部门资产市场价值和账面价值整体呈现增长趋势，表明投资者对波兰上市企业部门信心逐渐增加。从资产市场价值看，2011 年较之 2010 年出现下降，这主要是由于欧债危机发生后，波兰资本市场也受到冲击，投资者对市场信心出现下降。波兰上市企业部门资产账面价值与市场价值相差不大，这说明市场对于波兰上市企业部门的资产估值合理。

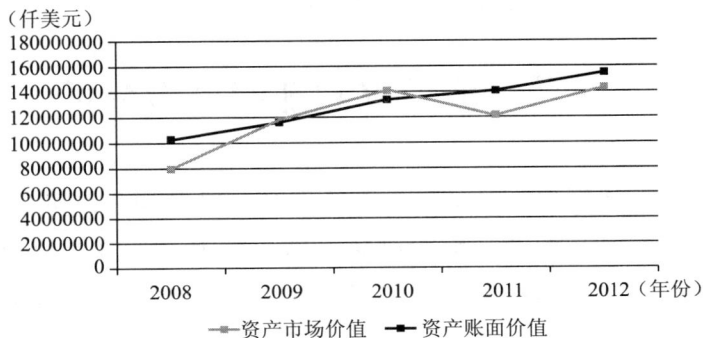

图 52.13　波兰企业部门资产市场价值与账面价值

三、风险指标分析

2008 年至 2012 年五年间，波兰上市企业部门资产市值波动率指标的区间范围是 10.17％到 17.72％。该指标从 2008 年的 15.5％下降至 2010 年的 10.17％，然后上升至 2012 年的 17.72％。整体而言，波兰上市企业部门资产市值波动率处于较低水平，风险水平较低。

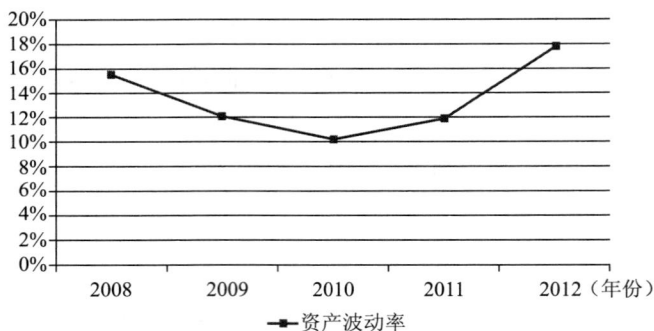

图 52.14　波兰企业部门资产市值波动率

2008 年金融危机以来，波兰上市企业部门违约距离从 2008 年的 3.17 上升至 2010 年的 6.54。受 2010 年欧洲债务危机的影响，波兰上市企业部门违约距离从 2010 年的 6.54 下降至 2012 年的 3.47。整体而言，波兰上市企业部门的资产市值是大于违约点的，不存在明显的违约风险。

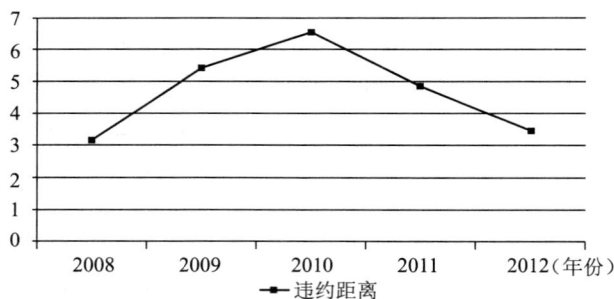

图 52.15　波兰企业部门违约距离

第 5 节　波兰家户部门风险分析

波兰是经济发达国家，人均 GDP 在欧洲位居前列。2008 年国际金融危机爆发后，波兰经济受到冲击增速放缓，失业率上升。波兰政府采取了一系列刺激经济和保障就业的措施，对于保持居民收入增长，拉动内需，稳定经济发挥了重要作用。本节主要通过对波兰居民的消费和可支配收入以及失业率的数据分析来说明其家户部门的风险。

一、居民消费与可支配收入分析

（一）居民消费分析

波兰实际私人消费支出一直处于逐年增长的趋势。2008 年金融危机以来，波兰国内经济迅速实现企稳回升，个人可支配收入逐年提高，加上波兰政府也采取了一些适度的财政金融措施以刺激消费，因而波兰实际私人消费呈现稳定增长趋势，预计 2014 年将达到 8165 亿兹罗提。由于波兰实际私人消费支出增长幅度小于 GDP 增长幅度，因而波兰私人消费占 GDP 比重呈现逐年下降的趋势。

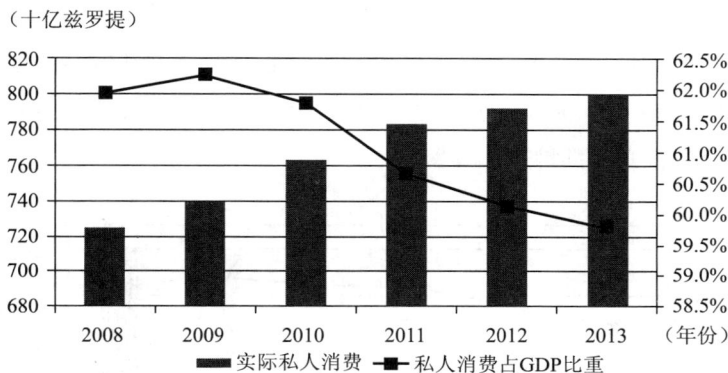

（十亿兹罗提）

图 52.16　波兰家户部门私人消费

（二）个人可支配收入分析

波兰家户部门的实际个人可支配收入于 2008 年金融危机后有所增长，但在 2010 年以后基本保持稳定。这表明金融危机后，波兰政府采取的一些刺激经济的财政金融措施，促使了波兰经济的企稳回升，从 2008 年到 2010 年波兰家户部门的实际个人可支配收入快速增长。但是 2010 年以后，受通货膨胀以及失业率上升等因素影响，波兰家户部门的实际个人可支配收入水平基本保持稳定。预计 2014 年波兰家户部门的实际个人可支配收入将实现 2% 左右的增长。

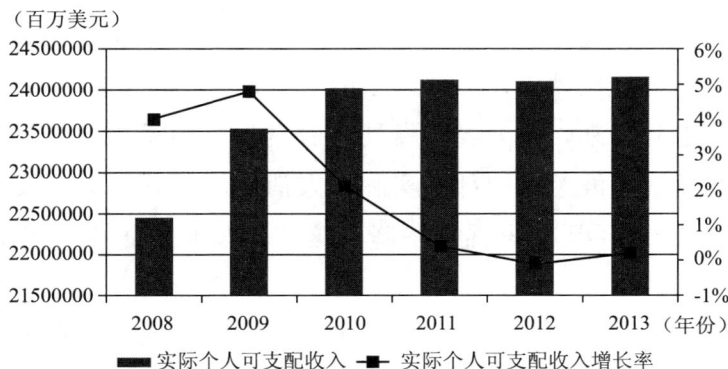

（百万美元）

图 52.17　波兰家户部门个人可支配收入分析

二、居民失业率分析

由波兰劳动力供给可以看出，2008 年至 2011 年劳动力供给整体上呈现小幅增长趋势，尤其是金融危机后的 2009 年，劳动力供给较 2008 年大幅上升，这主要是由于金融危机后，波兰国内经济复苏。2012 年波兰劳动力供给较之 2011 年大幅增长，增加了近 100 万人口，这与波兰国内宏观经济政策有关。从失业率来看，2008 年以来整体上呈现稳定增长趋势。2008 年至2010 年，受金融危机影响，失业率上升较快，但是 2011 年以后，尽管劳动力供给大幅增长，但是失业率并没有显著攀升。由于失业率的高低直接影响到实际个人可支配收入和实际私人消费，因此，波兰家户部门的风险高低与波兰失业率紧密相关。从目前数据来看，近几年来，波兰失业率水平接近14％，波兰家户部门的风险值得警惕。

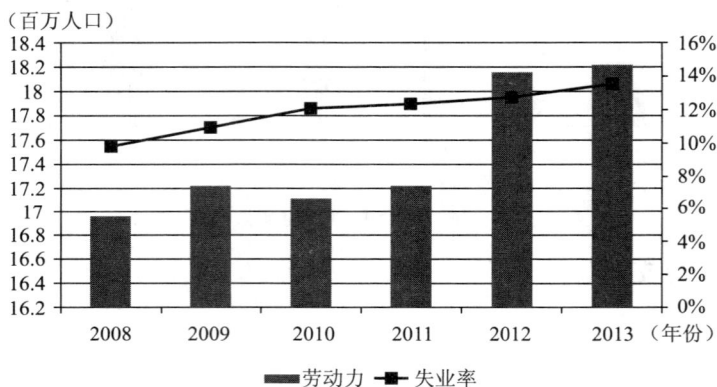

图 52.18　波兰居民劳动力与失业率分析

第 6 节　波兰家户部门失业风险专题分析

2008 年国际金融危机发生后，波兰经济增长速度放缓。得益于波兰国内消费、投资等内需的拉动以及波兰国家的宏观调控措施，2010 年波兰经济开始全面复苏。近几年来，波兰经济发展态势良好。但是，波兰经济也面临着失业率高企的挑战、波兰家户部门实际私人消费和实际个人可支配收入增长缓慢、私人消费占 GDP 比重逐年下降。这些均反映出波兰家户部门风险正逐年增大。

由于失业率的高低直接影响到实际个人可支配收入和实际私人消费，因此，波兰家户部门的风险高低与波兰失业率紧密相关。从目前数据来看，近

几年来，波兰失业率水平接近 14％。近几年来，波兰失业率居高不下主要有
以下几方面的原因：

一是受到欧盟其他国家失业率高企的大环境影响。近几年来，由于欧盟
很多国家实行高福利政策，欧盟的平均失业率也一直处于 10％－12％之间，
高失业率在欧盟是一个普遍性的问题。受到欧盟大环境的影响，波兰失业率
也达到甚至超过了这一水平。

二是波兰国内的经济结构不利于吸纳劳动力。20 世纪 90 年代以前，波
兰实行高度集中的计划经济体制。从 20 世纪 90 年代开始，波兰实行了市场
经济改革和产业结构调整，但与欧盟发达国家相比，波兰农业比重偏高，服
务业比重偏低，这样的产业结构不利于吸纳劳动力充分就业。

三是波兰国内投资环境有待改善。目前，波兰劳动力成本相对较低的优
势逐步弱化，交通基础设施落后，投资优惠措施无法落实，政府机构办事效
率低下，这在一定程度上影响外商投资环境。因此，波兰国内投资环境令人
却步，导致了波兰就业机会缺乏，失业率高企。

为了解决日趋严重的失业问题，波兰政府积极培育劳动力市场，免费对
失业者进行劳动技能培训，实施积极的财政政策和宽松的货币政策。结合波
兰国内的实际情况，具体包括以下三个方面：一是进行税收制度改革，大力
落实税收优惠措施，提高企业和投资者的投资积极性；二是改革波兰高福利
的社会保障制度，削减社会福利开支，鼓励人们积极就业，对失业者进行再
就业培训；三是改善投资的基础条件，促进投资。

第 7 节　结论及对中国的借鉴

本章通过资产负债表和或有资产负债表的方法来识别波兰公共部门、金
融部门以及企业部门的风险。从中央银行的资产负债表和公共债务来看，波
兰中央银行的资产负债率保持在 90％以下，公共债务占 GDP 比重保持在
50％以下，因此，整体上看波兰公共部门的整体风险处于安全可控水平。对
于波兰金融部门而言，2008 年金融危机发生后，金融部门首当其冲，政府对
金融部门采取一系列救助措施，使得 2008 年以来金融部门资产负债率呈现
逐年下降趋势。波兰企业部门负债规模合理，资产负债率保持在 50％以下，
资本结构风险较小；在流动性方面，流动资产长期保持适度高于流动负债的
规模，基本不存在期限错配风险。波兰家户部门的私人消费支出与 GDP 增

长息息相关，而住房消费贷款在爱尔兰家户部门中占据较大比重，因此，房价的波动会造成家户部门风险变化。

本章通过对波兰公共部门、金融部门、企业部门和家户部门所面临的宏观风险进行分析，并结合相关风险防范的经验教训，可提出我国提高宏观经济金融稳定水平的政策建议如下：首先，控制公共部门负债规模。我国在控制公共部门负债规模过程中，中央银行应控制货币和中央政府债券的发行规模，地方政府要控制地方融资平台公司的举债规模，缓解我国公共部门债务压力。其次，控制家户部门风险关键在于对房地产行业的宏观调控。美国的次贷危机表明，房地产泡沫破灭拖垮了银行，银行又拖垮了政府。目前，我国民众将房地产视为重要的投资渠道，民众将大量资金投资于房地产行业中，以此催生出大量泡沫。因此，为保持我国宏观经济稳定发展，控制家户部门风险，关键要减少房地产投资，建立更加健全与多样化的投资渠道满足民众的投资需求。

参 考 文 献

［1］Narodowy Bank Polski，Annual Report 2009—2012.

［2］Narodowy Bank Polski，Financial Stability Review 2008—2012.

［3］《波兰投资与经贸风险分析报告》，载《国际融资》2012 年第 8 期，第 60—63 页。

第 53 章　比利时宏观金融风险研究

比利时位于欧洲西北部，与法国、德国、荷兰和卢森堡接壤，有欧洲十字路口之称，欧洲三大组织中，欧盟委员会和欧洲部长委员会都坐落于布鲁塞尔，是欧洲著名的经济、文化、政治中心，为欧洲第六大经济体。

比利时是世界上最早发展工业的国家之一，其工业高度发达，但其地理面积比较小，故经济发展高度依靠外贸水平，是世界上进出口总量最大的十个国家之一，外贸为其贡献了约三分之二的 GDP。比利时进口的主要是原材料、未经琢磨的钻石、医药、食品、交通运输设备、石油产品。其主要出口产品是机械设备、化工、成品钻石、金属、金属制品和食品。

本章介绍了比利时的经济金融运行状况，并基于公共部门、金融部门、企业部门和家户部门四大部门对比利时的宏观金融风险进行分析，同时对比利时的福利危机进行专题分析。研究结果表明，比利时国内金融部门、企业部门和家户部门的表现都处于合理的风险可控范围之中，但是考虑到比利时是一个典型的外向型国家，其福利制度造成较大财政压力和欧元区的不景气，必须重视比利时可能产生衰退的风险。

郑秉文（2011）通过对欧债危机中高福利国家的福利政策对危机的影响程度做出分析，得出了欧债危机中，正是高福利的养老金制度诱发了欧债危机的产生，并利用养老金支出、养老金替代率、养老金待遇率、养老金财富总值四个数据，对比利时等欧洲国家进行分析，最后对中国养老金制度的改革提出了自己的意见。

张士斌、杨黎源和张天龙（2011）则通过对比日本与比利时等欧洲国家福利制度的不同和优缺点方面进行比较分析，认为过分高企的养老金支出不仅不会改善人民的生活质量，反而会引起更多的社会问题，提出了建立多元化的福利制度，强化对福利制度的顶层设计等办法，保障中国良性的福利制度改革。

第1节　比利时经济金融运行情况

一、宏观经济运行环境

2012年，比利时经济增速有所下滑，由2011年的3.8%下降到了1.79%，降低了2个百分点，其GDP为3758.81亿欧元，人均GDP为43175美元，位居世界第18位。在GDP占比重中，服务等产业附加值占GDP的百分比达到了77%。三次产业结构中，工业附加值所占比重为22%，而农业增加值所占GDP比重只有一成左右，三次产业呈现出第一产业基本不变、第二产业逐渐减少、第三产业不断发展的态势。比利时外向经济主导也是产业结构变化单一的原因之一。

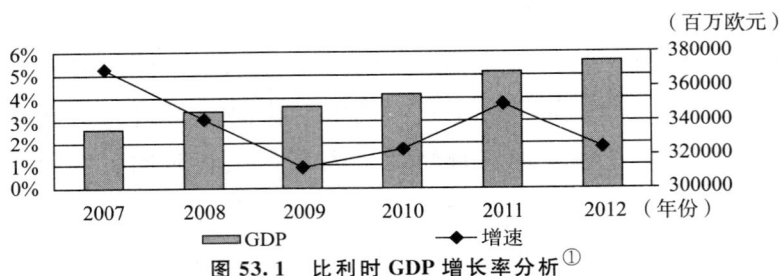

图53.1　比利时GDP增长率分析[①]

正因为其对世界经济高度的依赖性，所以比利时受世界经济大环境影响非常大，可以看出自2007年欧元区出现债务危机、美国爆发次贷危机之后，比利时经济遭受到了巨大的冲击，连续三年经济处于下行阶段，直到2009年，世界经济有所复苏之后，其增长趋势才有所抬头，之后又经历了2009—2011年三年的复苏发展期，但是，比利时经济在2011下半年表现不佳，陷

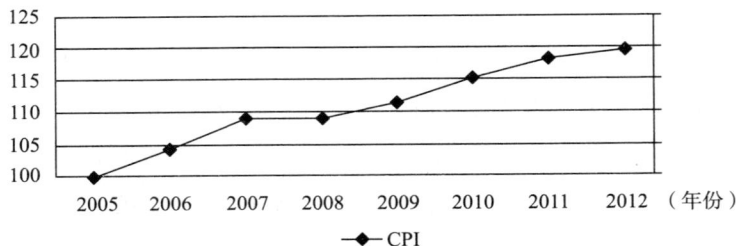

图53.2　比利时通货膨胀率分析

---

① 数据来源：BvD数据库，https://www.countrydata.bvdep.com/ip。下面如未作说明，数据来源均相同。

入了衰退，成为欧元区第一个重新返回衰退期的成员国，加之欧元区整体经济情况不佳，比利时经济再度陷入困境的可能性很大。

比利时的 CPI 指数（以 2005 年为基准 100），在 2005 年后处于一个缓慢上升的情况，其通货膨胀率处于正常水平，2012 年，比利时的通货膨胀率约为 3.3％，虽然在欧元区中其通货膨胀率处于第五位，但是考虑到其绝对水平不高，我们可以认为，比利时暂时并不存在通货膨胀严重的问题。

第 2 节　比利时公共部门风险分析

比利时属于世界上工业比较发达的国家之一，虽然在经历了欧元区债务危机和美国次贷危机之后，其经济增长速度有所起伏，但是宏观经济环境还是较为稳定的，本节将从比利时中央银行的资产负债表角度，对比利时的公共部门数据进行一系列的分析，在此基础上分析说明比利时公共部门可能存在的风险问题。

一、中央银行资产负债表分析

比利时中央银行的资产负债表结构呈现出一种先下降后上升的趋势，在总资产从 2008 年的 1532.05 亿欧元跌至 2010 年的 746.98 亿欧元，总负债从 1445.46 亿欧元下降到 622.21 亿欧元之后，中央银行资产和负债又出现了一定程度的回升，说明比利时已经在一定程度上走出了欧元区债务危机和美国次贷危机的阴影，虽然 2012 年总资产和总负债较 2011 年有所下降，但是已经基本恢复到 2009 年的水平。

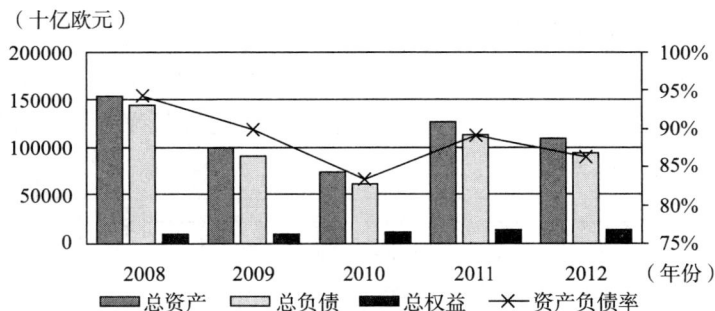

图 53.3　比利时中央银行资本结构

在资产负债率水平上，比利时的资产负债率愈加合理，从 2008 年的 94.25％的高位下降到了 2012 年的 86.25％，下降了 8 个百分点，IMF 预计在未来，比利时的资产负债率会进一步降低，使中央银行的资产负债结构更加合理。

二、财政赤字分析

2007 年之后，受金融危机爆发影响，比利时历年财政支出与财政收入平衡的情况被打破，比利时政府为了减弱金融危机影响，拉动比利时经济增长，采取了一系列的财政措施，通过扩大财政支出及政府消费的办法对经济下行的风险进行了对冲。受此影响，从 2008 年开始，比利时公共部门的财政赤字占 GDP 比重大幅上升，从 2007 年的 0% 左右的水平一路拉高，并在 2009 年达到顶峰，财政赤字占比达到了 5.38% 的历史高位，随后，随着经济复苏，其占比有所下降，但是离欧元区规定的财政赤字占 GDP 比重不得超过 3% 的要求，还有一定的差距。在 2012 年，比利时政府债务风险又有加大的趋势，占比较前两年有所回升，截至 2012 年，比利时公共部门财政收入 1913.26 亿欧元，财政支出 2067.36 亿欧元，财政缺口达到了 154.11 亿欧元，比利时公共部门的债务风险应引起高度重视。

（十亿欧元）

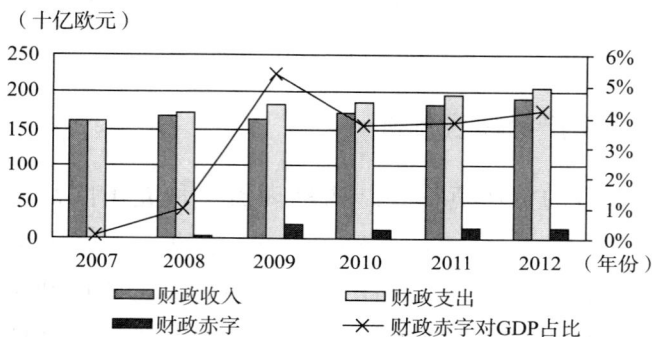

图 53.4 比利时外汇储备分析

三、政府债务分析

2012 年，欧洲主要发达国家和地区都出现了一定程度上的主权债务问题，比利时也深陷债务泥潭，公共债务逐年攀升，公共债务占 GDP 比重已经达到了 99.8%，繁重的债务危机已经为比利时的经济发展带来了不可忽视的负面影

（十亿欧元）

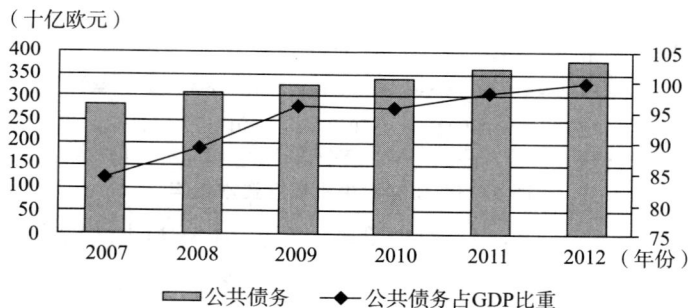

图 53.5 比利时政府公共债务占比

响，比利时政府应该致力于解决债务危机，使经济发展重新走上正轨。

第 3 节　比利时金融部门风险分析

在经历了 2002 年比利时金融危机后，政府对经济进行了改革，金融体系有了质的转变，在 2012 年，比利时金融政策大体上保持稳定，政府稳定外汇市场的措施收到了成效。

一、账面价值资产负债表分析

比利时金融部门资产负债表在 2008 年中迅速扩张，主要由于家户部门的贷款增多。金融部门存贷款数量的增加也加剧了比利时通货膨胀率的上升。在通胀率居高不下的情况下，不少资金流入房地产市场，导致金融部门的扩张。这种推动资产价格上涨类型的扩张导致泡沫的产生，是金融未能和实体经济发展相结合的典型例子。总体而言，比利时金融部门风险状况有所好转，但仍需警惕资产价格泡沫破灭的风险。

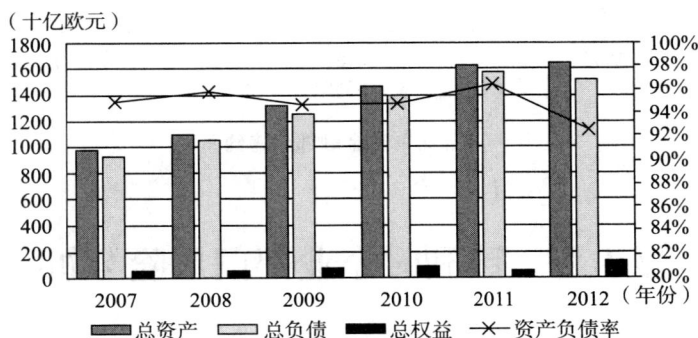

图 53.6　比利时金融部门资本结构

二、或有权益资产负债表分析

比利时金融部门或有资产负债表与账面价值资产负债表走势相反，其或有资产和或有负债绝对量不断下降，与 2008 年数值相比，2012 年只有其 1/3 左右，或有资产负债率也从 90.7％的高位逐渐降到 81.9％左右，总的来说，在或有资产负债表方面，比利时的金融风险恶化的可能性较小。

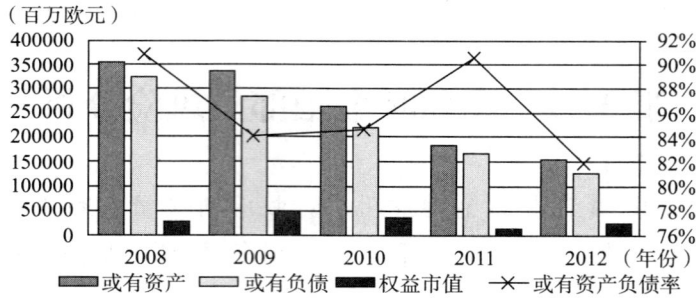

图 53.7　比利时金融部门或有资产负债表

三、风险指标分析

从违约距离的角度来看，2012 年比利时违约距离明显上升，说明违约风险有所降低。主要原因在于随着美国逐渐走出金融危机阴影，中国等新兴经济体后劲十足，世界经济转为向阳，对于比利时这样一个对外依赖度如此高的国家来说，对其经济发展和解决债务问题都是一个良好的环境。

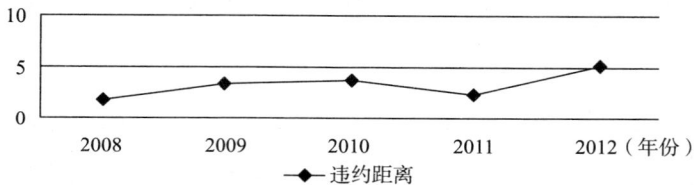

图 53.8　比利时金融部门违约距离

第 4 节　比利时企业部门风险分析

在 2012 年，外贸产业是比利时发展较为迅速的产业，为了保护国内企业，比利时政府采取了贸易保护的措施。在国际经济复苏迟缓的大背景下，比利时企业部门在 2012 年的表现中规中矩。

一、账面价值资产负债表分析

2012 年比利时企业部门资本结构相对于 2011 年有所改善。企业部门负债上升明显，快于资产的上升速度。主要原因在于 2010 年全球商品市场价格攀升，比利时为主要大宗商品出口国，得益于出口的推动，2010 年比利时企业部门实现了较为良好的发展。虽然在 2011 年，全球经济面临困境，国际贸易形势出现恶化，企业部门或有所减弱，但是通过 2012 年的数据表明，比利时的金融风险并没有继续扩大的趋势，整体来说比利时企业部门面临的风险水平较为一般。

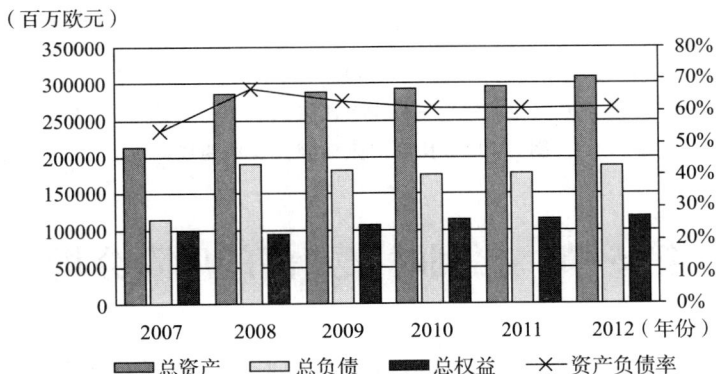

图 53.9　比利时企业部门资本结构

二、或有权益资产负债表分析

2012 年，比利时企业部门或有资本结构在 2011 年相比去年来说，有所改善。比利时经济经过一年的结构性调整，企业部门在控制风险和解决历史遗留性问题方面加快了对自身经济的调整，在或有资产增加的情况下，或有负债增长较为缓慢，或有资产负债率较前一年下降了 4 个百分点，总的来说，风险水平一般。

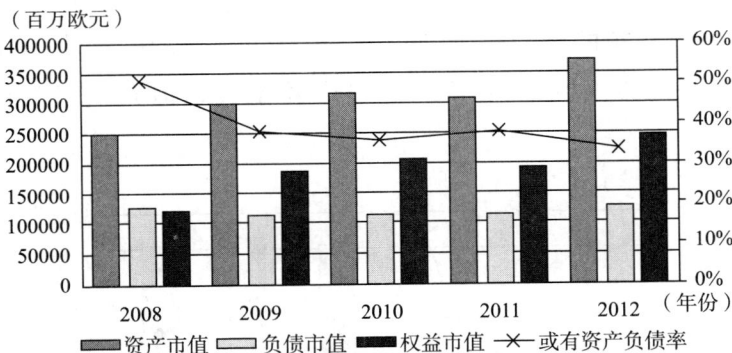

图 53.10　比利时企业部门或有资本结构

三、风险指标分析

从违约距离的角度来看，2012 年比利时企业部门违约距离却有了继续扩张的态势，究其原因，可能和 2012 年欧元区整体经济情况有所好转有关。比利时出口乏力，导致国内有效需求不足，企业部门面临着不小的压力，但是比利时企业部门经过调整，风险状况有较大改善，故比利时企业部门违约距离有了一定的攀升。

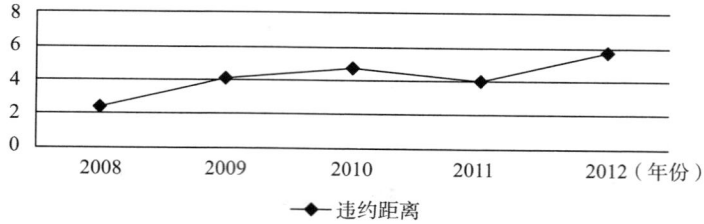

图 53.11　比利时企业部门违约距离

第5节　比利时家户部门风险分析

比利时为欧元区第六大经济体，在欧洲属于比较发达的国家，人均 GDP 在欧元甚至在全球范围内都处于前列，比利时良好的国民消费环境为比利时经济发展作出了很大的贡献，本节将从私人消费额及其消费增长率、个人可支配收入分析和失业率角度对比利时家户部门的风险进行分析。

一、消费增长率分析

比利时家户部门消费在 2007—2012 年间出现了一定的波动，在 2007 年甚至出现了负增长的情况，不过这种情况很快得到改善，经过四年的调整，比利时国民的消费增长率水平基本稳定在了 1.5％—2％的水平，但是在 2012 年，私人消费额的绝对值水平却由 2011 年的 1946.69 亿欧元下降到了 2012 年的 1941.72 亿欧元，虽然下降幅度并不大，但是也必须给予高度的重视。

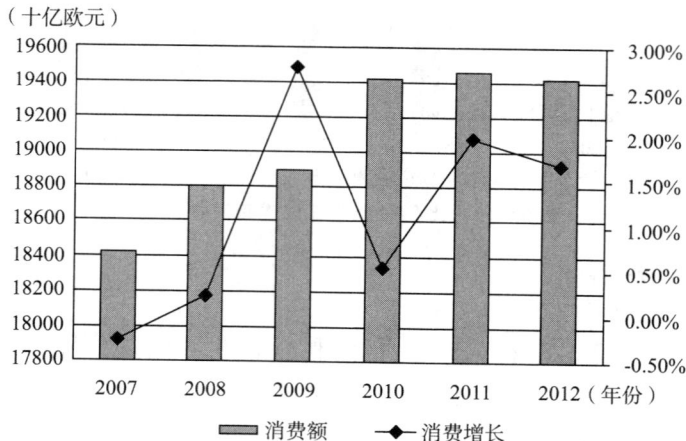

图 53.12　比利时家庭消费增长率

二、可支配收入增长率分析

与家庭消费增长率情况类似，在 2007—2012 年间，比利时家庭可支配收入增长率经历了一个先上升后下降之后再上升的过程，在 2010 年，家庭可支配收入的增幅不到 1%，在 2012 年，家庭可支配收入的增速仍然接近于 6%，说明比利时家庭可支配收入增长势头良好，从一个侧面反映出比利时家户部门的收入也处在一个上升的阶段，为拉动比利时的经济增长起到了关键作用。

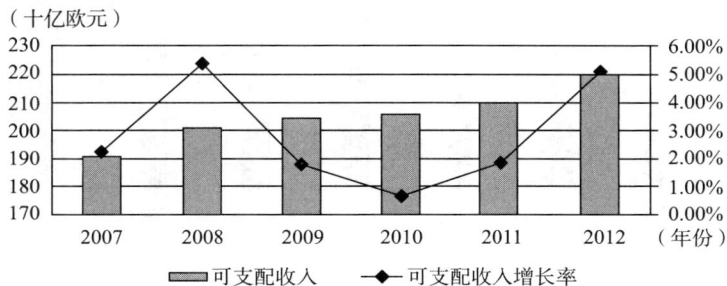

图 53.13　可支配收入增长率分析

三、失业率分析

总体来看，比利时家户部门在失业率上面情况基本比较稳定，这主要是因为比利时具有高福利、低人口、经济高度发达等优势，经济主要靠第三产业服务业支撑，因此不易受到外部的冲击。

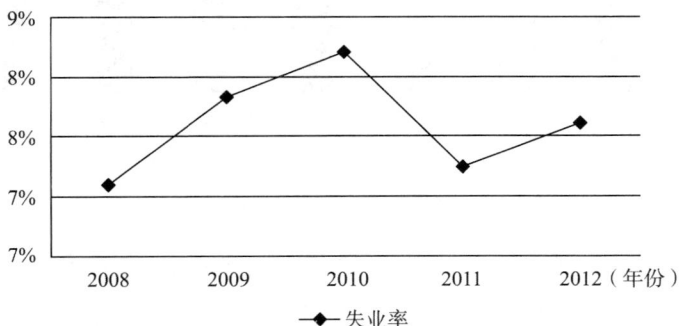

图 53.14　失业率情况分析

第 6 节　比利时福利危机风险分析

欧洲一直以来都以高福利著称，尤其是比利时这一类高度发达的经济体，养老金支出和国家福利都达到了世界较高水平，但是在如此高福利的背后，也隐藏着巨大的金融经济风险。比利时老龄化程度高，超过 65 岁的公民占比为 29.6%，并且仍有不断扩大的趋势，如此高昂的老龄化成本是比利时不得不面对的问题，老龄化成本可能会加剧比利时的隐性债务风险，对一国的经济、财政可持续性都造成了不可忽视的影响，本节就福利风险问题对比利时的情况进行相关分析。

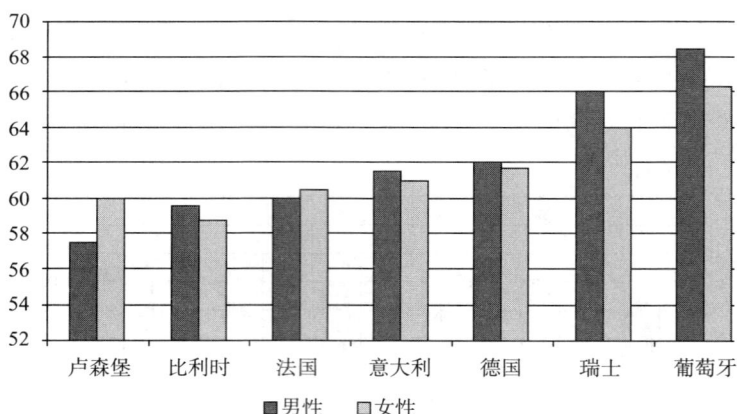

图 53.15　欧洲各国有效退休年龄分析

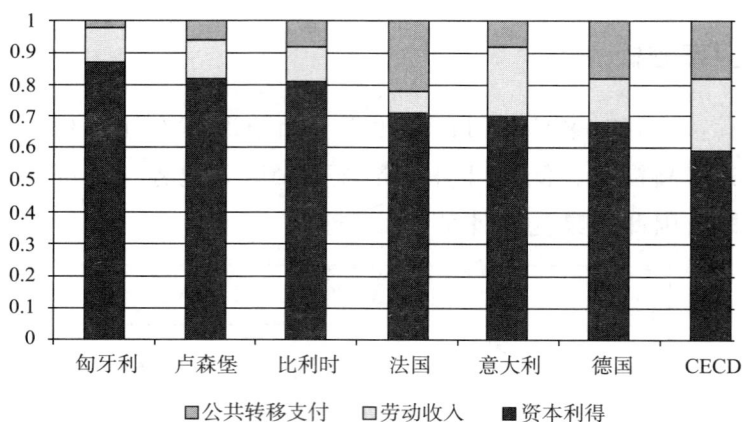

图 53.16　欧洲各国收入构成分析

从图中可以清楚地看到，比利时劳动市场的有效退休年龄在欧洲地区排名比较靠后，均在 58—60 岁左右，如此低的退休年龄对比利时的养老金系统和生产性活动都造成了巨大的影响。

同时，比利时的老年劳动参工率也比较低，从年龄段上来看，在 50—54 的年龄段上，比利时的老年劳动参工率还与 OECD 的平均水平持平，但是当分析 55—59 年龄段时，相对于 OECD 平均 69.9% 的参工率，比利时的参工率仅为 58.9%，比平均水平低了十一个百分点。随着年龄段的上升，这种情况进一步得到恶化，参工率只有 22%，在 OECD 国家中只比匈牙利、斯洛伐克、斯洛维尼亚和奥地利高。

　　众所周知，更晚的退休年龄有助于保险金系统的稳定，但是比利时的情况不容乐观，比利时公共养老金支出与 GDP 的比例已经达到了 11％，根据欧盟老龄情况报告，如果比利时并不对自身的养老金制度进行改进，这种情况便会持续恶化，比利时的公共养老金与 GDP 的比例在 2050 年将会达到50％，为 OECD 有记录以来的最高水平。

　　从图 53.16 可以看出，比利时年龄大于 65 岁的居民的收入构成中，81％都来自于政府的转移支付，劳动收入和资本利得只有 11％和 8％，如此高的政府转移支出占比，在 OECD 国家中仅次于匈牙利和卢森堡，远高于OECD 平均 59％的水平。除此之外，企业年金的覆盖率也相对较高，在OECD 中仅次于德国，达到了 45％。

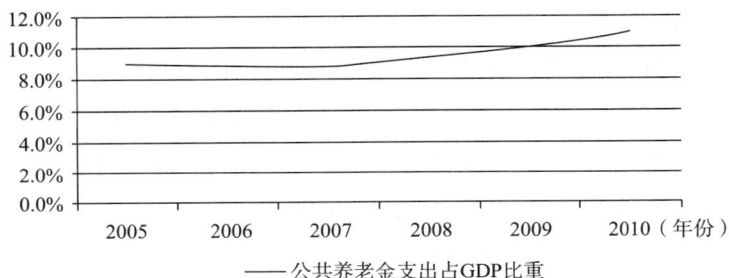

图 53.17　公共养老金支出占比分析

　　对于出现过债务危机的比利时来说，如此高的公共养老金支出对比利时的债务情况形成了巨大的压力，如果这种情况继续持续下去，比利时政府财政收入一旦无法承担，就可能出现被迫实行扩张的货币政策、发行债券已筹集维持高福利的财政资金的情况，进而会导致财政赤字扩大、通货膨胀和债务恶化的危机。

　　综上所述，比利时的福利风险已经有所凸显，如果不加以控制，可能会导致公共支出增多、财政收入减少、经济增长缓慢和债务问题重现等各种问题，当务之急，比利时必须对本国的福利制度和财政制度进行一系列的改革，比如延长退休年龄、强化私人保险机制、鼓励 DC 型积累制和建立福利制度防火墙等，从而在福利制度层面抑制住引发债务危机的可能性。

第 7 节　结论及对中国的借鉴

　　本章是对比利时宏观金融风险的分析，主要采用的是资产负债表的方法，将比利时整体分为四大部门进行分析，总体而言，比利时的风险主要集中在公共部门与金融部门，外汇市场与大规模的资金流入有可能是未来的风险来源。

从公共部门来看，比利时中央银行的资产负债表扩张速度稍快，2012年比利时中央银行动用了部分外汇储备来稳定外汇市场。未来，比利时较少的外汇储备有可能出现一定的货币错配风险。

从金融部门来看，在2012年，比利时金融政策大体上保持稳定，政府稳定外汇市场的措施收到了成效。在通胀率居高不下的情况下，不少资金流入房地产市场，导致金融部门的扩张。未来可能会出现资产泡沫破裂的风险。

从企业部门来看，国际经济复苏迟缓的大背景下，比利时企业部门在2011年的表现中规中矩，国际经济形势的恶化加大了企业出口的难度，国内资本市场的不景气降低了企业投资者的信心，风险较2011年略有上升。

从家户部门来看，2012年比利时家庭消费增长率与可支配收入增长率都较高，家庭部门有着良好的上升态势，需要注意的问题是防止比利时家庭部门出现过度的消费而削弱了抵御风险的能力。

最后本章对于比利时所面临的福利危机风险进行了介绍和总结，欧洲国家特别是比利时等以高福利著称的北欧国家在次贷危机和欧债危机的大环境下显得尤为脆弱，通过对比利时有效退休年龄、老年化人口收入构成和公共养老金占GDP比重方面与欧洲其他国家进行对比后，我们得出了比利时可能面临财政赤字扩大、通货膨胀和债务恶化的风险，特别是当前比利时福利危机苗头有所出现的时候，如若不能及时地对自身的福利制度进行一定程度的改革，势必影响比利时的经济和金融发展与安全。

对中国而言，随着中国经济水平的不断提升，如何进行社会保险保障制度的改革是一个不得不解决的问题，尤其是中国历来有着人口基数大、东西部地区发展差距大的问题，必然在改革的过程中遇到许多新的问题和困难，在解决这些困难的过程中，不仅要靠中国自身内部体制机制的改革，更应该学习他国的经验与教训。通过对比利时所面临的福利危机进行分析，我们认为其在福利制度方面给中国的启示主要存在以下几个方面：

首先，不断优化社保结构和经济增长之间的关系。虽然高福利利好于国民，但考虑到福利制度所面临的棘轮效应和越来越脆弱的经济结构，有必要对养老保障金缴纳水平、有效退休年龄和养老金缴费年限等做出合理的规划和安排。其次，可以建立社保制度的危机预警机制。随着风险管理的理念不断深入人心，加强福利制度方面的风险管理愈发变得重要，有必要集合各部门进行风险的统计和测量，建立合理的风险预警机制。最后，以健全的法律制度保障社保制度的长期有效发展。我国福利制度起步较晚，在很多制度设计方面还存在许多空白，当务之急就是建立有效的法律制度保障我们社保制度的健康发展。

参 考 文 献

［1］IMF：World Economic Outlook，2013 年 10 月。

［2］IMF：Global Financial Stability Report，2013 年 10 月。

［3］OECD. Pensions At A Glance－2013－Highlights－Belgium，2013 年 10 月。

［4］郑秉文：《欧债危机下的养老金制度改革——从福利国家到高债国家的教训》，载《中国人口科学》2011 年第 5 期，第 2—15 页。

［5］张士斌，杨黎源，张天龙：《债务危机背景下的老龄化成本与公共财政困境——基于日本和欧美国家比较的视角》，载《现代日本经济》2012 年第 5 期，第 55—64 页。

第 54 章　奥地利宏观金融风险研究

奥地利位于欧洲的正中位置，被称为欧洲的心脏，是连接东西欧的十字路口，是欧洲重要的交通枢纽。奥地利是高度发达的工业国，市场经济发展完善，生活水平很高，和德国等欧盟国家经济联系密切。奥地利经济体系包括庞大的服务业、成熟的工业及规模有限但高度发达的农业。奥地利出口贸易发展良好，就业市场十分稳定。

本章运用资产负债表和或有权益的分析方法对奥地利四大部门进行宏观金融风险分析，探讨了资本结构错配、期限错配和清偿力风险问题。总体上看，奥地利公共部门的风险呈现上升的趋势，但目前处于安全可控水平；奥地利金融部门受国际经济金融环境影响较大，资产市值波动率大，风险较大；奥地利企业部门负债规模合理，资本结构风险不明显；在流动性方面，流动资产长期保持适度高于流动负债的规模，基本不存在期限错配风险。2011 年以来，奥地利家户部门的实际个人可支配收入逐年上升，居民消费支出和 GDP 也呈现逐年增长趋势，因此，奥地利家户部门风险不大。

奥地利银行每年的年报（Austrian National Bank，Annual Report）对奥地利金融与经济发展概况作了详细的阐述，而奥地利银行每年的金融稳定性综述（Austrian National Bank，Financial Stability Review）则对奥地利的金融风险进行了揭示。针对奥地利金融风险的研究，国内的文献较少。王宝锟（2005）认为奥地利要防止金融犯罪，必须强化监管协作机制，集中全力监管，并与国外合作；王志成，周春生（2006）通过对金融风险管理方面的国际文献进行了整理，总结了风险管理度量技术的发展；王宝锟（2011）认为欧盟峰会旨在救助欧元区重债国的决议将使奥地利银行的负担加重，信贷规模缩小，对奥地利保险业和主权债务的评级也会有不良影响；杨友孙（2012）认为 2008 年金融危机后欧盟对银行监管机制的改革对奥地利等中东欧国家造成了挑战，过度强调监管一体化将使奥地利等中东欧国家丧失了金融主权。

第1节　奥地利经济金融运行概况

奥地利农牧业和林业都很发达，森林覆盖率 46.3%，有林场 400 万公顷，且机械化程度高，主要农产品自给有余。奥地利工业体系完整，工业产值占 GDP 一半左右，矿产资源主要有石墨、镁、褐煤、铁、石油、天然气等。奥地利工业以采矿、机电、化工为主，工业国有化程度高。进出口贸易在奥地利经济中占重要地位。奥地利风景秀丽，旅游业十分发达。

一、宏观经济运行概况

2008 年金融危机对奥地利的影响是显著的，从图 54.1 可以看出，2009 年奥地利实际 GDP 相比 2008 年出现了显著的下降，2009 年实际 GDP 增长率下降至－3.82% 的最低点。从 2009 年开始，奥地利经济开始复苏，实际 GDP 呈现逐年上升趋势，实际 GDP 增长率重新回到正值增长率。预计 2014 年，奥地利实际 GDP 将达到 2008 年金融危机以来最高的 2763 亿欧元。

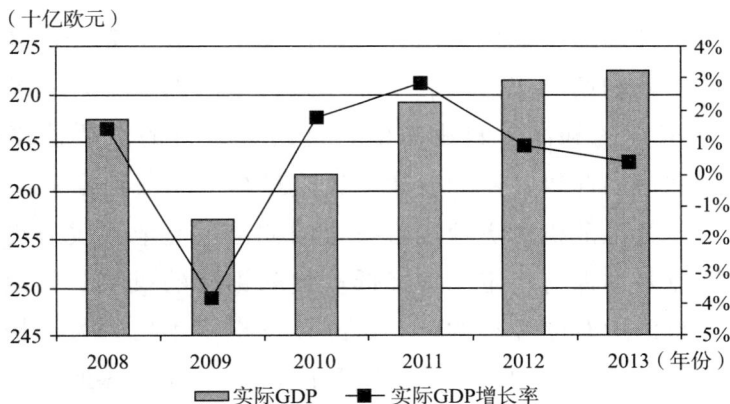

图 54.1　奥地利国内生产总值及增长率分析[①]

GDP 增长的主要动力是"三驾马车"，即消费、投资以及政府支出，此处选取私人消费、政府消费以及固定投资作为衡量指标。如图 54.2 所示，2008 年金融危机发生后，在经济衰退时期，固定投资对奥地利 GDP 负面影响较大；在经济回暖时期，固定投资对其拉动力较大。另外，私人消费对奥地利 GDP 增长率贡献较大，而政府消费则贡献很小。

---

① 数据来源于 BvD 全球金融分析、宏观经济指标数据库 https：//www.countrydata.bvdep.com/ip。下面如未作说明，数据来源均相同。

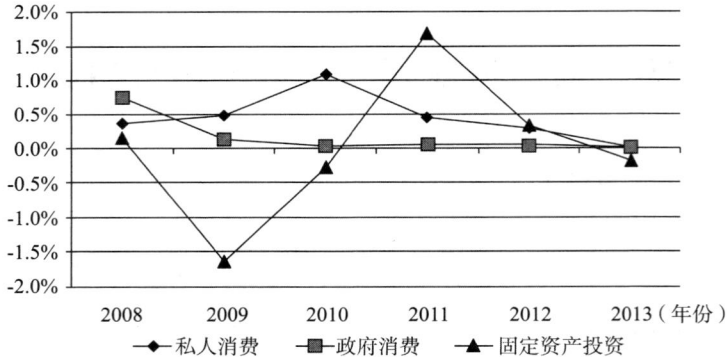

图 54.2 奥地利私人消费、政府消费、固定投资对 GDP 增长率贡献度

二、宏观金融运行概况

根据国际货币基金组织对各国金融系统的最新评估，奥地利位列全球最重要的 25 个金融中心之一。奥地利银行体系之所以拥有国际重要性，主要是考虑其对东欧和巴尔干地区的辐射作用，是中东欧的金融枢纽。奥地利银行机构大多数由私人控股，采用混业经营模式，即银行、证券、保险、租赁等业务均有涉猎。

奥地利金融部门面临的风险已在金融市场上得到了充分的体现。两大商业银行之一的奥地利第一银行净利润 2/3 来自中东欧，另外一家商业银行中央合作银行有 80％的利润来自中东欧，这两家银行的股票价格已经大幅下跌。目前奥地利信用评级在欧洲仅次于风险最高的冰岛和爱尔兰。

为应对全球金融危机对奥地利银行业的冲击，奥地利政府出台了银行救助计划，银行业基本保持稳定。为降低奥地利银行的风险，奥地利政府积极推动欧盟展开救助中东欧经济的行动。欧债危机发生后，为了扶助该国深陷于困境中的金融业，奥地利政府除了接受欧盟援助外，奥地利自身也采取了一系列经济紧缩和改革措施，以期帮助国内金融业摆脱困境，但是奥地利上市金融部门的资产质量和不良贷款却让信用评级机构颇感担心。

第 2 节　奥地利公共部门风险分析

奥地利属于发达国家，在遭受 2008 年国际金融危机后，其经济急转直下，实际 GDP 出现了负增长。本节主要选取奥地利中央银行的资产负债表和公共债务作为其公共部门的数据进行研究，通过资产负债表和公共债务来分析说明奥地利公共部门的宏观金融风险问题。

一、中央银行资产负债表分析

奥地利中央银行的资本结构如图 54.3 所示。从总体上来看，2008—2010 年期间，奥地利中央银行的资产负债率呈现下降趋势；2010—2012 年期间，该指标保持在 81% 左右波动，其资本结构错配风险不明显。受到 2008 年国际金融危机的影响，2009 年奥地利中央银行资产和负债规模较之 2008 年出现下降。在金融危机过后，各国采取了适度宽松的货币政策来刺激经济增长，中央银行大量释放流动性，导致了资产负债表的扩张，奥地利也不例外。2009—2012 年期间，奥地利中央银行总资产和总负债规模呈现逐年上涨趋势。

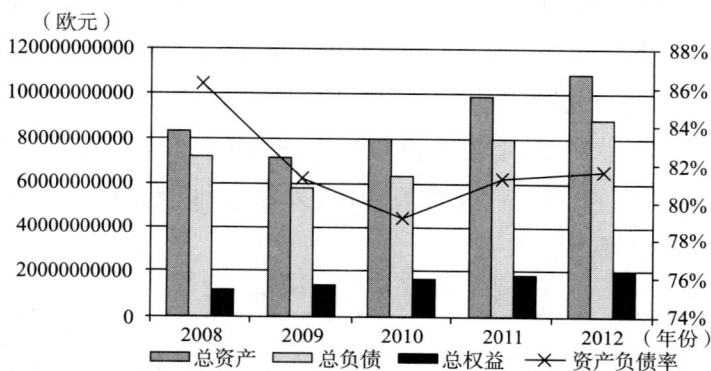

图 54.3　奥地利中央银行资本结构

二、政府公共债务分析

国际金融危机和欧债危机的发生加重了政府的债务负担，奥地利政府不得不加大公共债务的规模。从 2008 年以来，奥地利政府公共债务呈现逐年上升的趋势，预计 2014 年将达到 2449 亿欧元。奥地利公共债务占 GDP 比重从 2008 年的 63.80% 逐年上升至 2013 年的 75.30%，预计 2014 年将达到 75.90%，已经高于欧盟 60% 的上限，因此奥地利公共部门债务风险不容忽视。

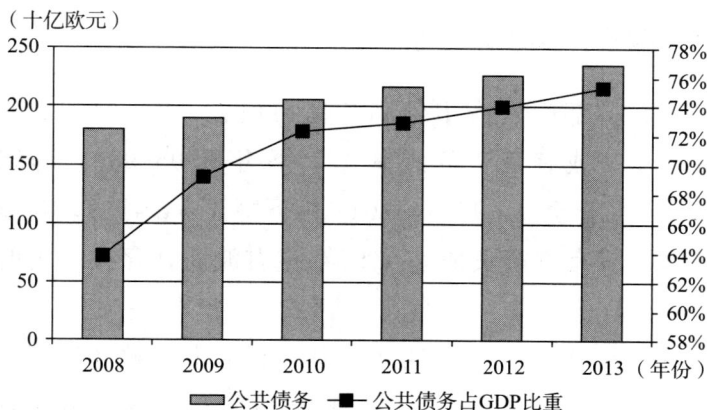

图 54.4　奥地利公共债务及其占 GDP 比重

第3节　奥地利金融部门风险分析

　　本节选取了奥地利的11家上市金融机构的资产负债表进行加总，运用账面资产负债表和或有资产负债表的分析方法，对奥地利金融部门的宏观金融风险进行分析。

一、账面价值资产负债表分析

　　奥地利金融部门资本结构如图54.5所示。从整体上来看，2008—2011年期间，奥地利金融部门的资产负债规模呈现小幅增长趋势，2012年资产负债规模较之2011年出现小幅回落。与此同时，资产负债率在2008—2010年期间呈现下降趋势，到2011年资产负债率回升至91.74%，2012年资产负债率下降至最低的91.05%，但总体在91.5%左右徘徊。因此，奥地利金融部门风险状况还未出现明显改善。

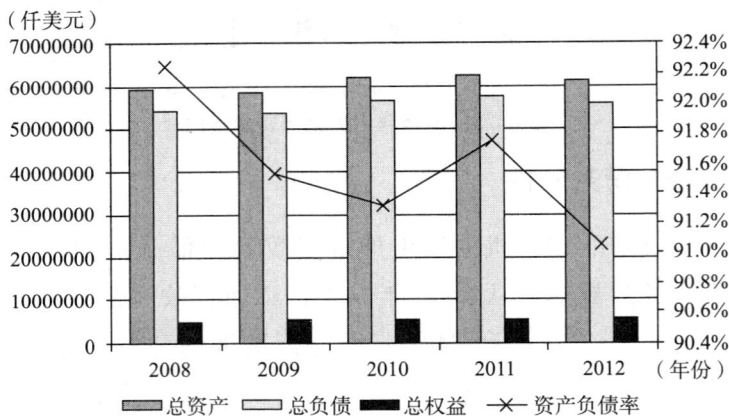

图 54.5　奥地利金融部门资本结构

二、或有权益资产负债表分析

　　奥地利上市金融部门资产市值和负债市值在2008—2012年期间基本保持稳定，增幅较小。或有资产负债率从2008年的95.95%下降到2010年的92.88%，2011年上升至95.98%，2012年下降至94.47%。从整体上看，奥地利上市金融部门或有资产负债率在95%左右波动，存在一定的资本结构错配风险。

　　从整体来看，2008—2012年期间，奥地利上市金融部门资产的账面价值与市场价值均保持小幅增长趋势，并且账面价值与市场价值相差不大，这说明市场对于奥地利上市金融部门的资产估值合理，投资者对奥地利上市金融部门抱有信心。

（仟美元）

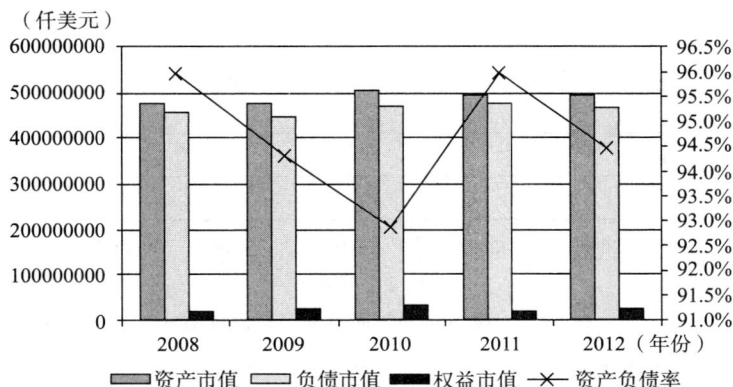

图 54.6　奥地利金融部门或有资本结构

（仟美元）

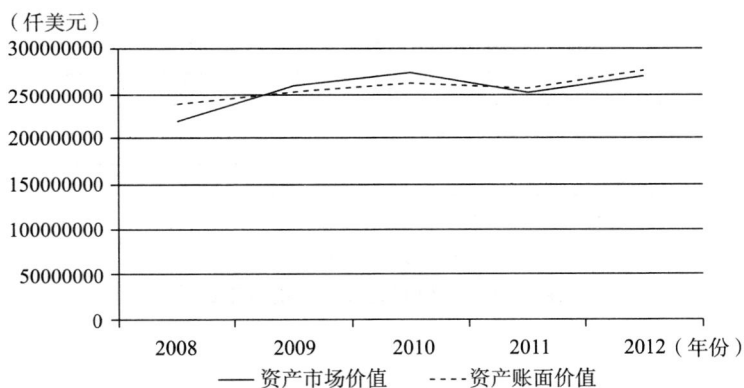

—— 资产市场价值　　---- 资产账面价值

图 54.7　奥地利金融部门资产市场价值与账面价值

三、风险指标分析

2008—2012 年期间，奥地利上市金融部门资产市值波动率指标水平从2008 年的 1.63% 上升至 2010 年的 3.24%，2011 年该指标水平回落至1.62%，2012 年上升至 1.94%，这与 2010 年欧债危机引起的奥地利股市波动有关。从整体上看，奥地利上市金融部门资产市值波动不大。

2008 年国际金融危机爆发，奥地利上市金融部门违约距离出现负值，这是因为受国际金融危机影响，奥地利金融部门的资产市值是小于违约点的，存在较大的违约风险。随着奥地利经济的复苏，2009 年该指标由负转正，2010 年该指标上升至 1.08。随着 2010 年欧债危机的爆发，受此影响，2011该指标下降至 0.09，2012 年该指标回升至 0.87。从整体来看，奥地利上市金融部门违约距离在 0 附近波动，违约风险较大。

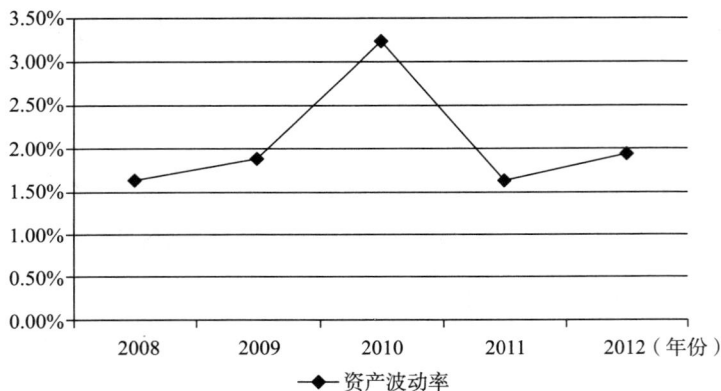

图 54.8　奥地利金融部门资产市值波动率

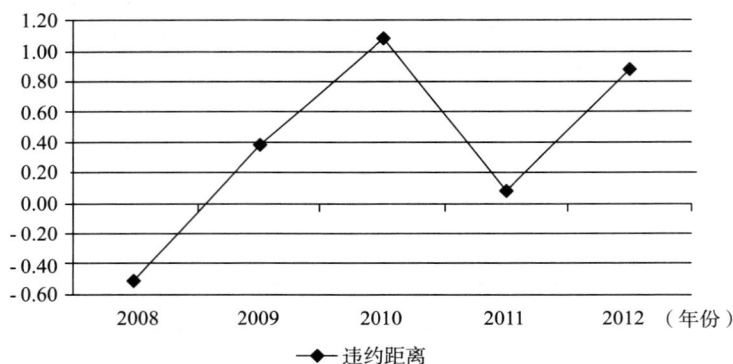

图 54.9　奥地利金融部门违约距离

第 4 节　奥地利企业部门风险分析

本节选取了奥地利的 70 家上市企业资产负债表进行合并，形成奥地利上市企业部门宏观资产负债表，基于此，运用账面资产负债表和或有资产负债表的分析方法，对该国上市企业部门的资本结构错配、期限错配和清偿力风险问题进行分析。

一、账面价值资产负债表分析

（一）资本结构分析

从总体来看，奥地利上市企业部门资产负债率保持在 63.96％—65.33％，资本结构风险较小。2008 年金融危机以来，奥地利上市企业部门的总资产规模整体上呈现增长的趋势，总负债规模基本保持不变，因而资产负债率整体呈现下降趋势。2008 年奥地利上市企业部门资产负债率为

65.33％，之后一直下降至 2012 年的 63.96％，由此可见奥地利企业部门资本结构风险较小。

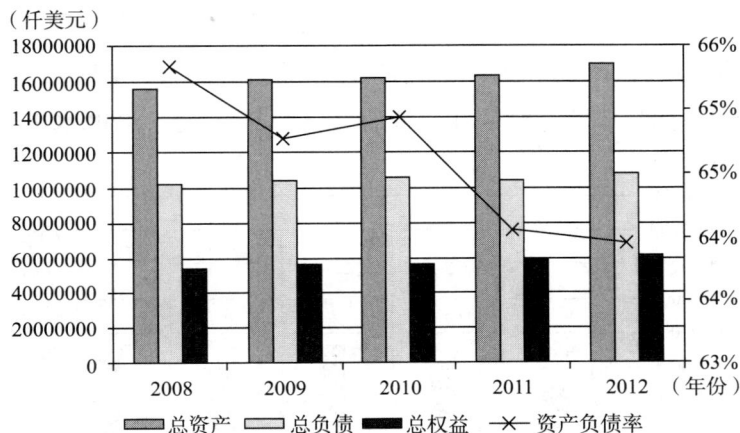

图 54.10　奥地利企业部门资本结构

（二）期限错配分析

奥地利上市企业部门流动比率维持大于 1 的状态，短期偿债能力无明显风险。2008 年金融危机后，流动比率由 2008 年的 1.18 上升至 2010 年的 1.32。2010 年欧债危机后，2011 年流动比率下降至 1.23，2012 年流动比率又回升至 1.33。这说明奥地利上市企业部门流动资产和流动负债控制较好，流动比率稳定。

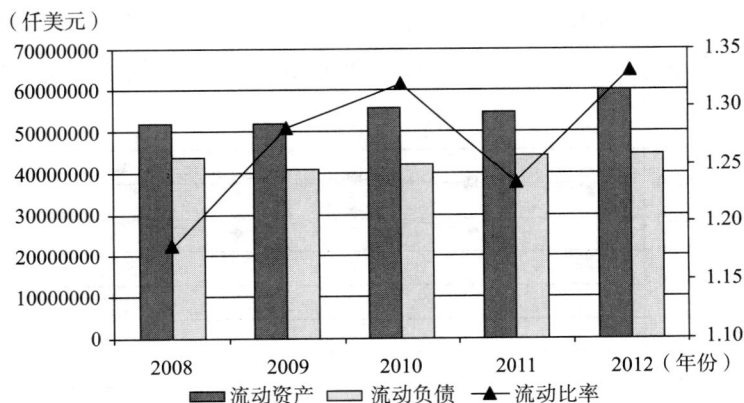

图 54.11　奥地利企业部门流动资产与流动负债

二、或有权益资产负债表分析

金融危机和欧债危机对奥地利上市企业部门影响并不严重，资本结构错配风险处于可控范围内。或有资本结构如图 54.12 所示，从资产市值来看，2008—2010 年期间，资产市值持续上升；受欧债危机影响，2011 年资产市值出现下降，2012 年再次上升。从负债市值来看，2008—2012 年期间，负债市值基本保持不变；权益市值的变化趋势与资产市值变化趋势一致。从总体来看，奥地利上市企业部门或有资产负债率呈现下降趋势，从 2008 年的 59.52％下降至 2010 年的 49.33％，2011 年上升至 54.59％，2012 下降至 53.38％。因此，奥地利上市企业部门表现良好，或有资产负债率处于适度水平。

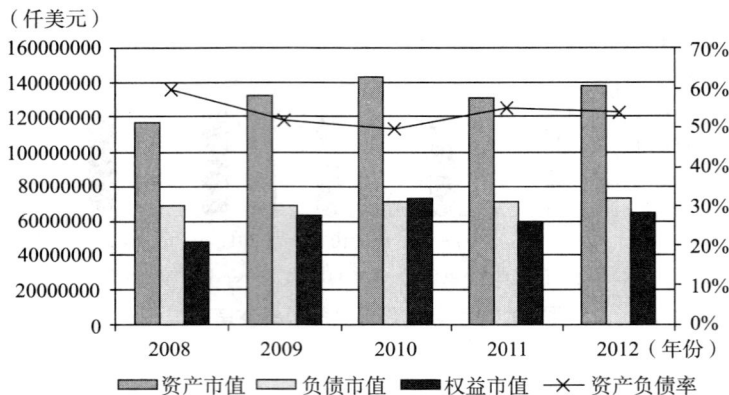

图 54.12　奥地利企业部门或有资本结构

2008—2012 年期间，奥地利上市企业部门资产账面价值整体上看呈现增长趋势。从资产市场价值看，2008—2010 年期间呈现上升趋势，2011 年较之 2010 年出现下降，这主要是由于欧债危机发生后，奥地利资本市场也受到冲击，投资者对市场信心出现下降，2012 年资产市值重新上升。奥地利上市企业部门资产市场价值低于资产账面价值，这说明市场对于奥地利上市企业部门的资产估值偏低，投资者对奥地利上市企业部门信心不足。

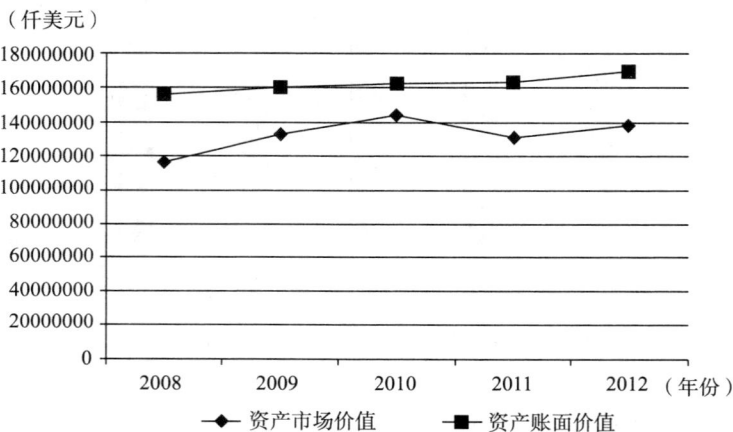

图 54.13　奥地利企业部门资产市场价值与账面价值

三、风险指标分析

2008 年至 2012 年五年间，奥地利上市企业部门资产市值波动率指标的区间范围是 4.54％到 13.36％。该指标从 2008 年的 13.36％下降至 2011 年的 4.54％，然后上升至 2012 年的 9.32％。从整体上看，奥地利上市企业部门资产市值波动率处于较低水平，风险状况不明显。

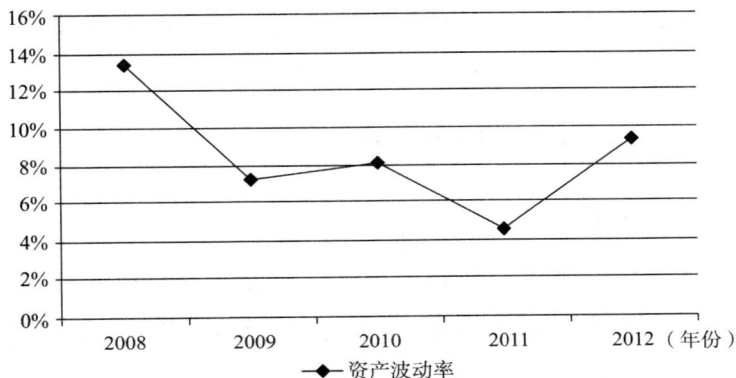

图 54.14　奥地利企业部门资产市值波动率

2008 年金融危机以来，奥地利上市企业部门违约距离从 2008 年的 2.80 上升至 2011 年的 9.51。受 2010 年欧洲债务危机的影响，奥地利上市企业部门违约距离从 2011 年的 9.51 下降至 2012 年的 4.77。整体而言，奥地利上市企业部门的违约距离是大于 0 的，资产市值是大于违约点的，不存在明显的违约风险。

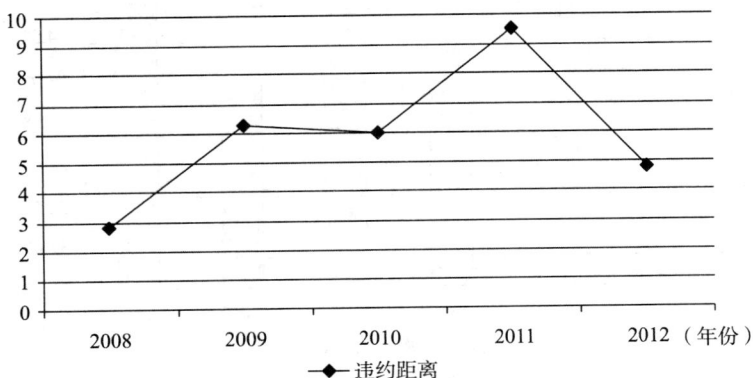

图 54.15　奥地利企业部门违约距离

第5节　奥地利家户部门风险分析

　　奥地利是经济发达国家，人均 GDP 在欧洲位居前列。2009 年国际金融危机爆发后，奥地利经济增长陷入停滞，失业率曾达到 5％。奥政府采取了一系列刺激经济和保障就业的措施，对于保持居民收入增长，拉动内需，稳定经济发挥了重要作用。本节主要通过对奥地利居民的消费和可支配收入以及失业率的数据分析来说明其家户部门的风险。

一、居民消费、居民可支配收入分析

（一）居民消费分析

　　2008 年金融危机以来，奥地利国内经济迅速实现企稳回升，加上奥地利政府也采取了一些适度的财政金融措施以刺激消费，因而奥地利实际私人消费在 2008—2010 年大幅增长，2011 年以后呈现小幅增长趋势，预计 2014 年将达到 1462 亿欧元。在 2008—2010 年期间，由于奥地利实际私人消费支出增长幅度大于 GDP 增长幅度，因而奥地利私人消费占 GDP 比重呈现上升的趋势；在 2010—2013 年期间，奥地利实际私人消费支出增长幅度较小，低于 GDP 增长幅度，奥地利私人消费占 GDP 比重呈现下降的趋势。

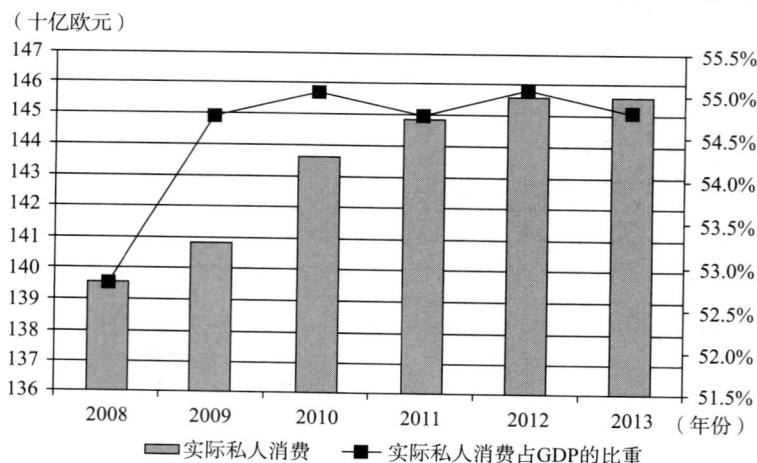

图 54.16　奥地利家户部门私人消费

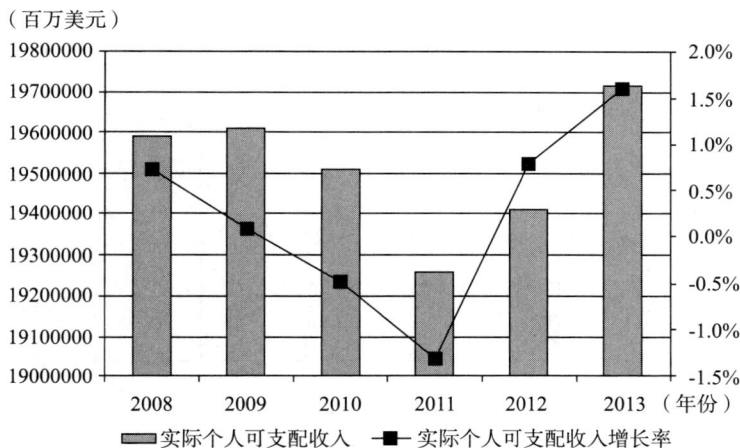

图 54.17　奥地利家户部门个人可支配收入分析

（二）个人可支配收入分析

2008 年金融危机发生后，奥地利家户部门实际个人可支配收入在 2008—2011 年期间呈现逐年下降趋势，2011 年达到最低的 1926 亿美元。奥地利政府采取了一系列措施来增加就业，恢复经济发展，控制通货膨胀率，该指标在 2011—2013 年期间呈现逐年上升趋势，预计 2014 年奥地利实际个人可支配收入将达到 1991 亿美元。

二、居民失业率分析

由奥地利劳动力供给可以看出，2008 年至 2010 年劳动力供给整体上呈现小幅增长趋势，2010 年欧债危机后，2010—2012 年期间劳动力供给大幅上升，这主要是由于欧债危机后，奥地利国内经济复苏，市场上对劳动力需求增加所致。从失业率来看，2008 年国际金融危机爆发后，2009 年失业率较之 2008 年有所上升。但是 2009 年以后，尽管劳动力供给呈现增长趋势，但是失业率不仅没有显著攀升，反而呈现小幅下降趋势，这是由于奥地利在金融危机后采取了一系列宏观经济调控措施，以刺激经济增长。由于失业率的高低直接影响到实际个人可支配收入和实际私人消费，因此奥地利家户部门的风险高低与奥地利失业率紧密相关。从目前数据来看，奥地利的失业率控制在 5% 以下，家户部门的风险不明显。

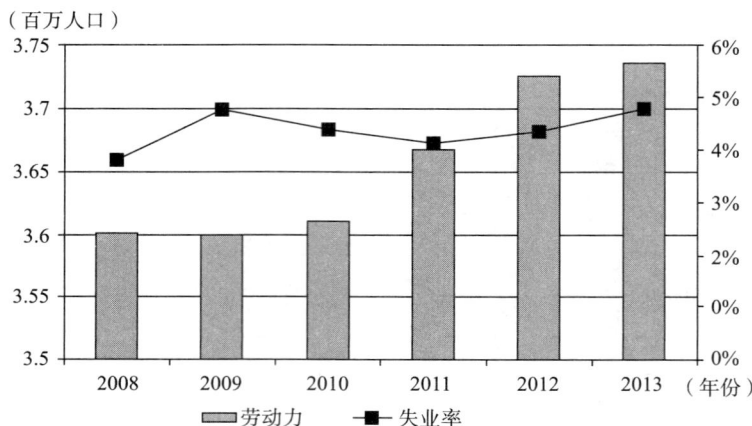

（百万人口）

图 54.18　奥地利居民劳动力与失业率分析

第6节　奥地利银行业违约风险专题分析

为应对全球金融危机对奥地利银行业的冲击，奥地利政府出台了银行救助计划，金融基本保持稳定。但是随着金融危机的深化，对实体经济的影响日益显现，中东欧经济在金融危机影响下发生逆转。一些国家经济增幅大减，一些国家经济陷入衰退，这些国家的共同特点是外债高筑，国际收支巨额逆差，政府财政捉襟见肘，个别国家甚至陷入经济崩溃的边缘。中东欧形势的变化给西欧国家带来新的巨大的风险。西欧国家近年来向中东欧国家提供了大量贷款，现在这些贷款的违约风险陡增，直接威胁到西欧国家的金融稳定，而在这一波冲击中，奥地利受到冲击最大。

奥地利银行向中东欧国家提供的贷款总额达 2240 亿欧元，是西欧中提供贷款最多的国家。德国和意大利也向中东欧提供了大量贷款，分别为 1780 亿欧元和 1800 亿欧元。但是奥地利银行的贷款总额占奥地利国内生产总值的比重为 78%，远高于其他西欧国家，如比利时的中东欧贷款占国内生产总值的比重为 32%，意大利为 11.3%，德国只有 7.1%。如果中东欧国家的经济形势继续恶化，贷款违约率上升，给奥地利银行业造成的损失要远高于其他国家，奥地利经济受到的影响也会比其他国家更严重。

第7节　结论及对中国的借鉴

本章通过资产负债表和或有资产负债表的方法来识别奥地利公共部门、金融部门、企业部门以及家户部门的风险。从中央银行的资产负债表和公共债务来看，奥地利中央银行的资产负债率保持在 88% 以下，公共债务占 GDP 比重呈现逐年上升趋势，预计这一指标在 2014 年将达到 75.9%。因此，从整体上看奥地利公共部门的风险呈现上升的趋势，但目前处于安全可控水平。对于奥地利上市金融部门而言，2008 年金融危机发生后，金融部门首当其冲，政府对金融部门采取了一系列救助措施，使得 2008—2010 年期间金融部门资产负债率呈现逐年下降趋势。2010 年欧债危机爆发后，奥地利金融部门再次受到影响，资产负债率上升，违约距离下降，风险增大。因此，从整体上看奥地利金融部门受国际经济金融环境影响较大，资产市值波动率大，风险较大。奥地利企业部门负债规模合理，2008—2013 年资产负债率呈现逐年下降趋势，资本结构风险不明显；在流动性方面，流动资产长期保持适度高于流动负债的规模，基本不存在期限错配风险。2011 年以来，奥地利家户部门的实际个人可支配收入逐年上升，居民消费支出和 GDP 也呈现逐年增长趋势，因此，奥地利家户部门风险不大。

本章通过对奥地利公共部门、金融部门、企业部门和家户部门所面临的宏观风险进行分析，并结合相关风险防范的经验教训，可提出我国提高宏观经济金融稳定水平的政策建议如下：首先，健全和完善金融体系，增强上市金融机构抵御风险的能力。随着经济全球化的深入发展，国与国之间的经济联系更加紧密，这在带来巨大商机和利润的同时，也使国与国之间的关联性风险加大。因此，为了防范和减少国际金融危机对我国金融业的不利影响，应该健全和完善金融体系，增强上市金融机构抵御风险的能力。其次，中国现在是世界第二大经济体，也是贸易大国，进出口贸易是推动中国经济增长的重要力量之一，但是对外贸易面临的不确定因素较多。所以中国要想保持经济的长期稳定增长，需要处理好消费、投资以及对外贸易三者的关系，尤其要注重扩大内需。

参 考 文 献

［1］Austrian National Bank，Annual Report 2008－2012.

［2］Austrian National Bank，Financial Stability Review 2008－2012.

［3］王宝锟：《奥地利如何防范金融犯罪》，载《经济日报》，2005 年 10 月 10 日。

［4］王志诚，周春生：《金融风险管理研究进展：国际文献综述》，载《管理世界》2006 年第 4 期，158－169 页。

［5］王宝锟：《欧盟峰会决议搅动奥地利金融市场》，载《经济日报》，2011 年 11 月 08 日。

［6］杨友孙：《欧盟银行监管改革及其对中东欧国家的影响》，载《金融教学与研究》2012 年第 1 期，12－18 页。

第55章 美洲宏观金融风险总论

美洲主要由以美国和加拿大为代表的发达国家和众多发展中国家构成，在经济金融上，也呈现出北美与拉丁美洲之间的差异化。北美包括美国和加拿大两个国家，而拉丁美洲则包含三十四个国家和地区。在本章中，将按照北美与拉丁美洲的分类来分析美洲整体的宏观金融风险。

2012年，美洲发达国家与发展中国家的经济出现分化的趋势。美国经济在2012年相比于2011年出现了强势的复苏，GDP增速提高了一个百分点，是自2008年国际金融危机后经济增长最快的一年，在金融市场上，股市和房地产市场表现都较为抢眼。反观拉丁美洲中的主要发达国家，在2012年经济增速时却出现了较为明显的下降，特别是阿根廷与巴西这两个拉丁美洲的主要发展中国家，经济增速下滑明显，同时国内面临的宏观经济形势较为严峻，通货膨胀和资本流出的压力加大，造成了经济增长率出现了大幅度的下滑。

整体来看，美洲的宏观金融风险主要集中于公共部门，美国的债务问题没有得到根本地解决，同时，通货膨胀与资本外逃均对拉丁美洲的发展中国家的公共部门造成了一定的压力。值得一提的是，加拿大的家户部门风险在2012年并没有出现明显的下降，仍值得注意。

美洲的经济金融格局具有很强的代表性，它突出表现了当今全球经济的一个主要方面：发达国家与发展中国家的关系问题。以美国为主的发达国家给以巴西、阿根廷为主的发展中国家经济金融带来了诸多影响，特别是美国的量化宽松政策对于发展中国家的金融市场造成了不小的冲击，如何更好的处理好两者之间的关系在一定程度上会影响美洲整体的经济金融发展态势。

第1节 美洲经济金融概况

美洲经济在2012年表现出了发达国家和发展中国家的差异性，发达国家表现出了较为强劲的复苏态势而发展中国家经济增速大幅度放缓，2013年，两者的经济增速均出现了下滑，但是拉丁美洲的发展中国家面临的经济金融态势相比于美国和加拿大而言更加严峻，经济的下行压力加大。

一、美洲经济发展概况

在国际金融危机带来的经济衰退过后，在 2010 年美洲经济出现了比较明显的复苏，然而在 2010 年过后，发达国家和发展中国家的经济增长则出现了两极分化的现象，如图 55.1 所示，以美国和加拿大构成的北美经济在2010 年后宏观经济波动明显要小于拉丁美洲的发展中国家，尽管美国经济在近年来出现了小幅度的不稳定性，但是拉丁美洲在 2010 年后经济出现了比较大幅度的下滑，国内外经济面临比较大的下行压力。在国际金融危机后，拉丁美洲经济缺乏比较明显的经济增长点，同时全球经济环境也对拉丁美洲国家的经济发展造成了不利的影响。拉美国家的经济主要以商品的生产为主，是典型的发展中国家，全球经济在 2011 年后整体上进入了一个调整的时期，抑制了拉美国家的出口增速。从整体来看，美洲经济在 2012 年与2013 年出现了比较大的分化，发展中国家经济增长面临困难更大。

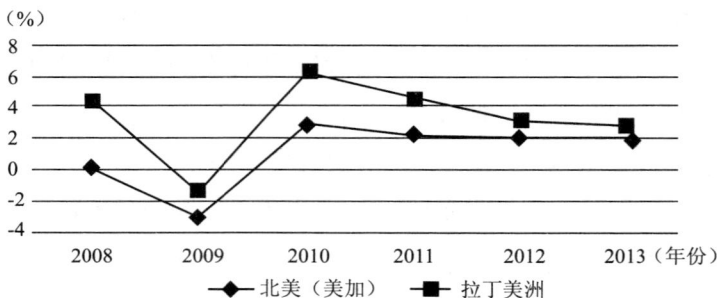

图 55.1 北美及拉丁美洲实际 GDP 增长率

二、美洲宏观经济指标分析

表 55.1 选取的是美洲主要的五个国家，发达国家两个，发展中国家三个。从表中可以明显地看出，发达国家增速与主要发展中国家增速之间的差距已经有了明显地缩小。在 2012 年，美国经济强势复苏，GDP 增长率上升到了 2.8%，加拿大维持以往的增速。反观发展中国家，巴西与阿根廷经济在 2012 年都出现了大幅度的下滑，经济增速低于发达国家。从 CPI 可以看出，美洲的发展中国家面临较为严重的通货膨胀，阿根廷的官方通胀率已经超过了两位数，这说明在当局较为频繁的刺激政策之下，整个实体经济并没有得到充分的发展，反而造成了一定程度上的资产泡沫。高通胀率已经成为了整个拉美经济面临的最大问题，在巨大的通货膨胀压力下，整个经济难以

稳定发展。从失业率的角度来说，整个美洲地区失业率均处于正常水平。从出口方面看，拉美发展中国家经常账户处于赤字水平，没有为经济增长做出应有的共享。

表 55.1　美洲地区主要国家 2012 年主要经济指标①

（单位:%）

	GDP 增长率	CPI	经常账户差额占 GDP 比重	失业率
美国	2.8	2.1	−2.7	8.1
加拿大	1.7	1.5	−1.2	7.3
墨西哥	3.6	4.1	−0.96	5.0
阿根廷	1.9	10.0	−0.041	7.2
巴西	0.9	5.4	−2.4	5.5

三、美洲政府后危机时代经济发展战略

（一）美加地区后危机时代经济发展战略

从发达国家的角度来看，美国在 2012 年继续实行了量化宽松的政策，为整个经济金融运行提供了充裕的流动性，中央银行购买了大量的资产，包括国债以及抵押支持债券，为金融部门的发展提供援助。在 2008 年国际金融危机后，美国政府出台了大量的政策来维持经济的稳步发展，这其中最主要的就是营造了宽松的货币环境。量化宽松政策以及长期维持的超低利率在一定程度上缓解了美国经济的下行压力。

（二）拉美地区后危机时代经济发展战略

拉美国家在 2012 年经济增速出现了较为明显的放缓，同时面临的宏观金融风险有加剧的可能性，随着发达国家经济金融的强势复苏，拉美发展中国家面临了比较严重的通货膨胀压力与资本流出风险。在这一阶段，拉美国家主要采取了扩大国际合作，争取借力于国际贸易市场，阿根廷甚至采取了民族保护主义来保证本国的利益。在外汇市场，拉美国家在防止本国货币短时间内大幅度升值的同时，也在出台政策抵御短期资本流动的风险。

总体来说，美洲经济在 2012 年出现了一定程度的分化，发达国家经济出现了较为强势的复苏，而发展中国家经济增长放缓。

---

① 数据来源：World Economic Outlook Database October 2013。

第2节 美洲公共部门风险分析

一、美洲公共部门资产负债表分析

由于数据所限，本节选取美洲五国（美国、加拿大以及巴西、阿根廷、墨西哥）中央银行的资产负债表加总得到美洲地区整体资产负债表。

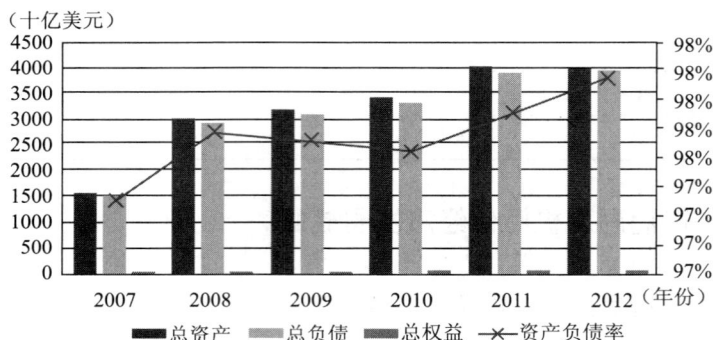

图55.2 美洲中央银行资本结构

美洲中央银行在2008年金融危机过后，资产负债表规模大幅度地扩张，如图55.2所示。在2010年后，随着美国实施量化宽松政策，资产负债表规模进一步扩张，通过大举购买各种类型的资产，中央银行为金融部门提供了大量的流动性。在整个经济体中，四部门的风险之所以集中于金融部门，正是由于这种资产负债表的扩张导致了公共部门在某种程度上承担了金融部门的风险。在2012年，美洲公共部门资产负债表规模与2011年基本相当，但是资产负债率有了小幅度的上升，公共部门的风险相对于2011年有所增加。相对而言，拉丁美洲发展中国家的中央银行并没有出现大规模的扩大资产负债表的状况，美洲中央银行的状况主要受到的是美联储资产负债表的影响。

二、美洲公共部门宏观金融风险比较

表55.2比较的是美洲五个国家中央银行的资产负债率情况，整体而言，从2008—2012年间，除了墨西哥央行资产负债率出现大幅度的波动外，其余四国资产负债率基本处于一个较为稳定的水平。在2012年，这四个国家资产负债率相比于2011年基本保持平衡。从国家之间的横向比较来看，除了阿根廷中央银行的资产负债率较低外，其余国家基本都处于98%以上的水平，墨西哥中央银行的资产负债率在2012年有了较大幅度的升高。总体来

看，2012 年，各国央行的政策相比于 2011 年有比较好的延续性，并没有造成资产负债表的大规模扩张，公共部门较好地控制住了自身的风险。

表 55.2　美洲各国中央银行资产负债率

	2008	2009	2010	2011	2012
阿根廷	88.62%	83.37%	89.77%	91.39%	89.18%
加拿大	99.47%	94.81%	97.31%	98.23%	96.93%
美国	98.12%	97.67%	97.66%	98.16%	98.13%
墨西哥	93.41%	103.67%	105.89%	94.66%	103.44%
巴西	98.64%	98.26%	98.76%	98.81%	98.81%

总体来看，2012 年美洲公共部门的风险相比于 2011 年略有上升，其原因是各国央行存在轻微扩张资产负债表的行为。

第 3 节　美洲金融部门风险分析

一、账面价值资产负债表分析

美洲金融部门资产负债表变化状况与公共部门类似，如图 55.3 所示，在 2012 年相比于 2011 年变化不大，资产负债表规模略有上升，而资产负债率出现了下降，其原因是各国公共部门在一定程度上承担了部分风险。从金融市场来看，美国在 2012 年金融市场表现较好，股市与房地产都出现了较为强势的上升。拉丁美洲的金融部门在 2012 年受到国际国内金融环境的影响，从账面价值资产负债表来看，整体而言风险相对于 2011 年有所上升，通货膨胀问题与短期资本流动问题成了限制拉丁美洲金融发展的障碍。

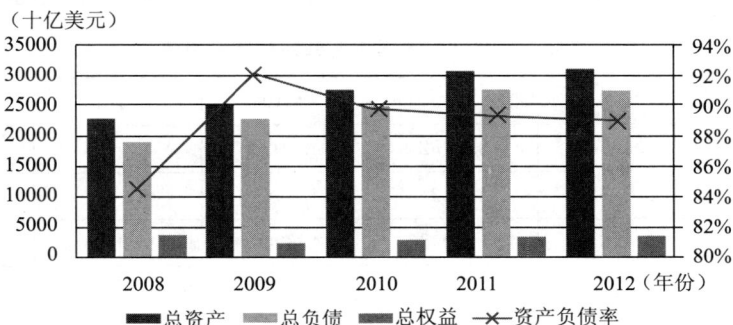

图 55.3　美洲金融部门资本结构

二、或有权益资产负债表分析

表 55.3 列出了美洲主要国家金融部门的或有资产负债率，2012 年，除了加拿大外，各国金融部门或有资产负债率均相比于 2011 年有所下降。相比于账面资产负债表的状况，根据市场价值计算的美洲金融部门风险低于根据账面价值计算的，说明市场对于美洲金融部门相比较为认可。在五个国家中，加拿大的金融部门或有资产负债率在 2012 年有了较大幅度的上升，而阿根廷与墨西哥有了较大幅度的下降，这种差异一定程度上来自于发展中国家与发达国家的差异。

表 55.3　美洲主要国家金融部门或有资产负债率

	2008	2009	2010	2011	2012
美国	88.91%	87.78%	89.79%	92.49%	89.34%
加拿大	74.01%	69.97%	71.45%	76.23%	89.03%
巴西	91.34%	83.47%	85.24%	89.12%	89.40%
阿根廷	92.02%	85.49%	79.37%	62.80%	64.50%
墨西哥	83.83%	79.58%	75.92%	87.45%	71.15%

三、风险指标分析

违约距离也属于反映宏观金融风险的指标，如表 55.4 所示，2012 年美洲五个主要国家金融部门违约距离相对于 2011 年均出现了较大幅度的上升，说明这五个国家金融部门的风险有所降低，特别是发展中国家，风险有了较大程度的下降，这与账面价值资产负债表反映出的结果有所不同。从国家之间的比较来看，加拿大、美国和墨西哥金融部门的风险并不大，而巴西和阿根廷金融部门在 2012 年风险有所降低，但金融部门风险仍然值得警惕。

表 55.4　美洲主要国家金融部门违约距离

	2008	2009	2010	2011	2012
加拿大	2.5057	3.7952	4.1028	4.0687	7.6500
美国	2.4245	3.6721	4.8464	4.2268	7.8312
巴西	1.4464	2.9298	4.8340	0.0895	1.4225
阿根廷	0.4288	1.0054	2.4258	0.5803	3.2451
墨西哥	2.2772	3.2212	6.2320	2.3478	7.5772

第 4 节　美洲企业部门金融风险分析

一、账面价值资产负债表分析

美洲企业部门账面价值资产负债表的计算与金融部门类似，也是选取美洲的五个主要国家作为资产负债表的构成部门，将它们加总起来得到总的资产负债表。

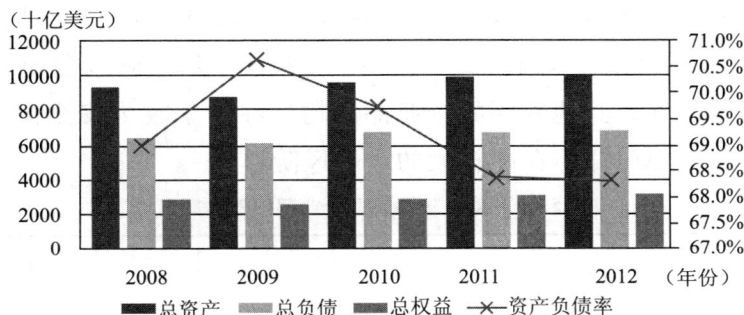

图 55.4　美洲企业部门资产结构

2012 年美洲企业部门账面资产负债表相比于 2011 年略有扩张，如图 55.4 所示，资产负债率基本保持不变，同时处在一个较为合理的区间。相对而言，美洲企业部门的金融风险要低于公共部门与金融部门。由于企业部门在 2012 年除了受到宏观经济形势影响外，并没有受到较大程度上的冲击，所以企业部门金融风险并没有上升。但是从经济增长的角度来说，美洲发展中国家的企业部门并没有为经济增长带来较大的动力。

二、或有权益资产负债表分析

从或有资产负债表率来看，如表 55.5 所示，这五个国家企业部门 2012 年相比于 2011 年风险基本持平，与账面价值资产负债表反映的情况一致。从横向比较来看，五个国家的或有资产负债表率均处于一个较为合理的水平，说明各国的市场对于企业部门的风险状况较为认可，市场对于企业部门的信心较强。

表 55.5　美洲主要国家企业部门或有资产负债率

	2008	2009	2010	2011	2012
美国	50.31％	46.24％	44.91％	46.02％	45.89％
加拿大	43.27％	35.36％	34.85％	37.50％	40.39％
阿根廷	28.19％	39.85％	35.28％	36.81％	35.55％
墨西哥	34.76％	27.76％	25.29％	26.66％	28.01％
巴西	56.68％	55.44％	47.27％	55.33％	46.45％

三、风险指标分析

从违约距离的角度看，如表 55.6 所示，2012 年美洲企业部门总体风险情况相比于 2011 年有所好转，从五个国家来看，除了阿根廷仍然处于一个少有风险的区间外，其他四国的企业部门均处在一个较为安全的状态。总体而言，美洲企业部门并不存在较大的金融风险。

表 55.6　美洲主要国家企业部门违约距离

	2008	2009	2010	2011	2012
美国	2.43	3.68	5.51	4.28	7.91
加拿大	2.21	5.19	4.79	4.10	8.26
阿根廷	2.01	2.57	3.91	2.79	3.78
墨西哥	2.70	3.66	6.83	6.13	8.44
巴西	1.87	3.17	4.93	3.59	8.44

第 5 节　美洲家户部门金融风险分析

受到数据可得性的局限，美洲家户部门的资产负债表只能以美国和加拿大家户部门加总得到，下面通过加总得到的资产负债表来分析美洲家户部门整体的情况。

一、美加地区家户部门资产负债表分析

在 2012 年，美加地区家户部门资产负债表规模有了明显的扩大，如图 55.5 所示，特别是总资产上升明显，资产负债率出现了较为明显的下降，说明 2012 年美加地区家户部门风险相比于 2011 年有所减小。具体到国家来看，2012 年由于美国金融市场变为强势，资产价格上升引起了居民总资产价值的上升，导致了风险的降低。然而加拿大的家户部门在 2012 年并没有出现明显的好转，家户部门的债务问题仍是加拿大面临的主要风险点之一。

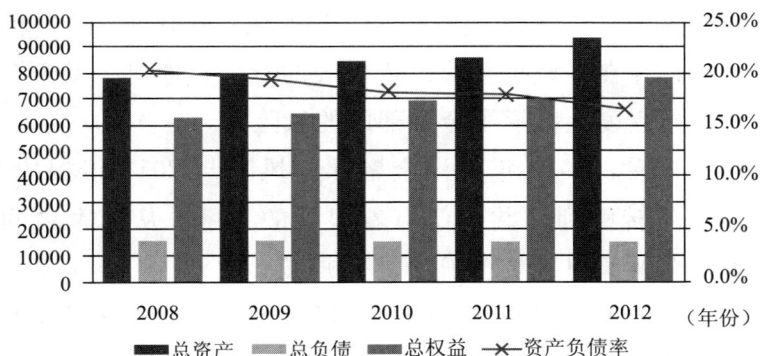

图 55.5　美加地区家户部门资本结构①

二、居民消费分析

从居民消费的角度来看，2012 年美洲整体消费增长率与 2011 年基本持平，如图 55.6 所示，具体到北美与拉美来看，两者也基本维持了 2011 年的水平，相对而言，发展中国家的消费增长率要快于发达国家，这是由于在经济增长速度上发达国家低于发展中国家。但是相比于 2010 年，消费增长率仍然较低，说明美洲经济增长在近年来较为缺乏新的增长动力。

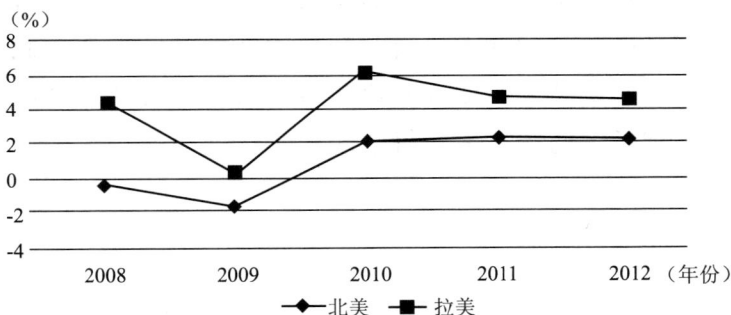

图 55.6　美洲家庭消费增长率

第 6 节　结论及对中国的借鉴

总体来看，2012 年美洲经济发展出现了一定程度的分化，美国经济出现了较大程度的增长，而发展中国家经济出现了一定程度的下滑。在风险方面，各国的金融风险主要集中于公共部门。拉丁美洲面临的主要是通货膨胀压力以及短期资本流动的风险。

---

①　注：数据来源于美联储网站与加拿大统计局（单位：十亿美元）。

从公共部门来看，2012年美洲公共部门的风险相比于2011年略有上升，其原因是各国央行存在轻微扩张资产负债表的行为。通过公共部门资产负债表的扩张，在一定程度上缓解了金融部门的风险。

从金融部门来看，2012年美洲金融部门风险与2011年相比变化不大，这与金融部门风险转嫁到公共部门有着很大的关系。从国家之间的比较来看，发达国家的金融部门风险小于发展中国家。

从企业部门来说，2012年美洲企业部门风险与2011年基本持平，从资产负债表的角度来看，各国企业部门的资产负债率均处于一个比较合理的空间。

从家户部门来看，2012年美洲各国家户部门资产负债率均处于一个较为安全的状态，美国家户部门资产大幅度升值，但是加拿大家户部门风险并没有出现显著性的下降。

在2012年，美洲整体经济出现了分化的现象，发达国家经济出现了增长活力而发展中国家面临经济下行压力。从根本上看，由于美洲发展中国家经济增长点不明显，国内改革进程跟不上经济形势的变化，造成了国内经济增长的困境。中国目前是世界上最大的发展中国家，在发展的过程中也面临着发达国家经济金融政策的冲击，面对全球复杂的经济形势，我国应该做到以我为主，抓紧时间调结构，促进产业转型升级，同时加大金融市场的建设力度，从而在全球经济的竞争中赢得主动。

第56章　美国宏观金融风险研究

2012年世界经济发展总体放缓，相比于2011年，经济增长速度有所下滑。从发达经济体来看，美国和日本经济呈现低速增长态势，欧元区依然没能摆脱负增长的格局，其深层原因依旧是困扰欧洲经济的欧债危机。经济低迷导致了较高的失业率，在欧洲部门国家出现了严重的失业危机。同时，各国债务问题依然没有得到妥善解决，在未来仍旧存在爆发区域性债务危机的风险。本章首先对美国经济金融的运行状况进行简要介绍，然后基于公共部门、金融部门、企业部门和家户部门四部门对美国宏观金融风险进行分析，并对美国量化宽松政策进行专题研究。研究结果表明，2013年美国经济相对来说表现较为抢眼，复苏较为强势，经济数据和股市表现良好，市场信心较高。虽然美国经济仍旧面临许多困难和挑战，金融风险也有望在经济复苏态势下降低。

昌忠泽（2010）认为美国金融危机背后的根本原因在于流动性冲击和货币政策的失误。其中，流动性冲击主要通过资产负债表渠道和资产价格渠道影响金融市场，而货币政策的失误导致了房地产泡沫破裂，进而成为美国金融危机的导火索。

第1节　美国经济金融运行概况

2013年美国经济相比于2012年呈现出稳步复苏的态势，虽然经济增长率略低于2012年，但在美国经济的众多数据中能够体现出一定的增长潜力。在金融风险方面，虽然美国经历了债务危机和政府停摆等风险事件，不过美国政府能够在较短时间内采取措施解决问题，使得经济在短期内不至于受到比较大的冲击。总体来看，在短期内美国经济面临比较良好的发展环境，在未来几年有可能继续保持强有力的增长态势。

如图56.1所示，在2013年的下半年，美国经济数据的表现要高于大众的预期，体现出美国经济的活力。在经历了2010年经济低迷后，美国经济在 2011—2013 年持续保持增长态势，整体表现要优于日本和欧洲。从具体经济指标来看，美国的个人消费和固定资产投资是支撑美国经济的主要动力。

如图 56.2 所示，2013 年美国的失业率为 7.35％，相比于 2012 年有比较明显的下降，处在一个比较低的水平。2010—2013 年美国失业率持续下降，与欧洲国家失业率高企的态势截然不同。主要原因在于美国政府十分重视失业问题，持续的增加非农部门岗位拉低了失业率。2013 年美国通货膨胀率为 1.5％，也略低于 2012 年，属于一个温和的通货膨胀态势，为经济增长提供了较为良好的环境。

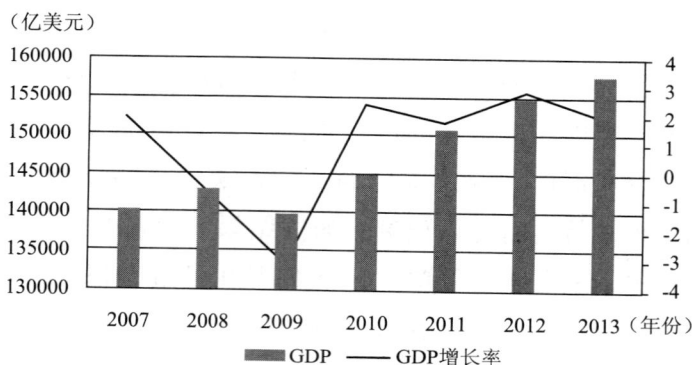

图 56.1 美国 GDP 及 GDP 增长率[①]

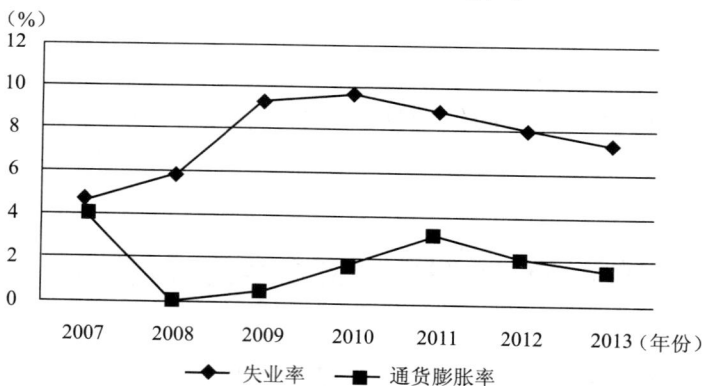

图 56.2 美国失业率和通货膨胀率

金融市场与房地产市场在 2013 年表现良好。2013 年美国股市表现抢眼，道琼斯指数与标准普尔指数均创造了历史新高，全年涨幅惊人，美国股市的表现极大地增强了投资者对于美国未来经济的信心。房地产市场在表现出了良好的复苏态势，美国住宅价格稳步提升，同时投资者信心也达到一个比较

---

① 数据来源于 BvD 全球金融分析、宏观经济指标数据库 https：//www.countrydata.bvdep. com/ip。下面如未作说明，数据来源均相同。

高的水平。金融资产价格的上升带来的财富效应能够有效地拉动美国居民的消费水平，支撑了实体经济的发展。

在经济金融政策上，美国政府在金融危机过后干预经济的幅度较大，主要采用了大规模的资金援助，以及宽松的货币政策和财政赤字来拉动美国经济。这其中最为引人关注的就是美国的量化宽松政策，在 2013 年，美联储依旧维持着近乎零利率的货币政策，整体来看，利率几乎没有下降的可能。同时，量化宽松政策也导致美联储向市场源源不断地注入流动性，整体来看，美国的货币政策极为宽松，基础货币存量处于历史最高水平，中央银行资产负债表大幅度地扩张。在财政政策上，美国政府的增税对于个人消费的影响较大，虽然有利于缓解国内的财政赤字，但在一定程度上降低了国家经济增长的速度。

第 2 节　美国公共部门风险分析

一、美联储资产负债表分析

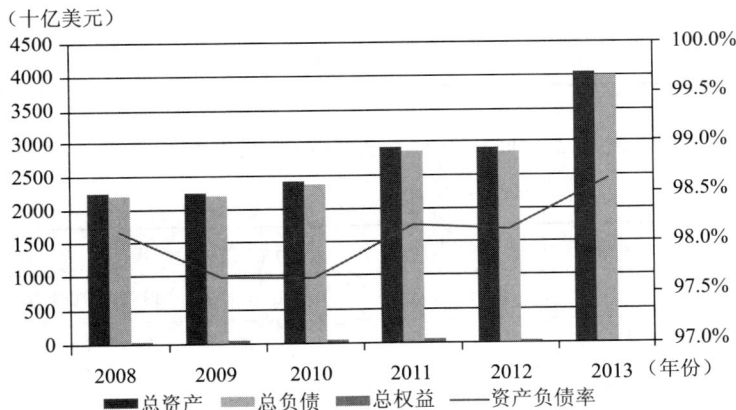

图 56.3　美联储的资本结构

如图 56.3 所示，2013 年美联储资产负债表相比于 2012 年有了大幅度的扩张，美联储的资产规模已突破四万亿美元，同时量化宽松政策使得美联储仍然在继续金融危机期间的大规模购买行为。美联储仍然在买 MBS 以及长期国债。这种大规模的购买行为向市场注入流动性，可以造成宽松的货币环境，压低利率。资产负债表的扩张伴随有资产负债率的上升，说明 2013 年美国中央银行的风险相比于 2012 年有一定程度的上升。持有的美国国债数量持续增加，是造成该机构资产负债表规模不断扩张的重要原因。从图 56.3

的数据可以看出，在 2010 年，美联储资产负债表规模不到 2.5 万亿美元，而在 2013 年超过了 4 万亿美元，说明美联储在 2011—2013 年间大幅度地扩张资产负债表，向市场注入了大量流动性。

二、美国联邦政府债务风险分析

经历了 2008 年次贷危机后，美国又经受了美债危机的考验，美国政府债务问题成为了影响世界经济走向的关键问题。如表 56.1 所示，在 2008—2012 年期间，美国联邦政府的总负债逐年上升，并且上升速度越来越快。在 2012 年，美国联邦政府总负债已经是 2008 年水平的 1.5 倍，并且总负债的规模远远超过总资产的规模，总体而言，美国联邦政府处于严重资不抵债的状况。

表 56.1　2008—2012 年美国联邦政府资产负债表

（十亿美元）

	2008	2009	2010	2011	2012
总资产	4121.60	4229.20	4569.80	4464.00	4627.20
总负债	9424.30	11003.50	12802.10	13988.30	15238.60
总权益	−5302.7	−6774.3	−8232.3	−9524.3	−10611.4
资产负债率	228.66%	260.18%	280.15%	313.36%	329.33%

表 56.2　2008—2012 年美国地方政府资产负债表

（十亿美元）

	2008	2009	2010	2011	2012
总资产	10811.90	10905.70	11308.00	11760.70	12058.00
总负债	4723.30	4730.60	5055.90	5307.80	5198.10
总权益	6088.60	6175.10	6252.10	6452.90	6859.90
资产负债率	43.69%	43.38%	44.71%	45.13%	43.11%

我们将美国政府的债务分成联邦政府债务与地方政府债务。如表 56.2 所示，联邦政府债务无论是在数量上，还是资产负债率上都大大高于地方政府。特别是美国联邦政府的资产负债率已经超过了 300%，印证了美国政府向世界其他国家大量负债的事实。短期内，美国政府很难妥善处理这么大的债务余额。美国经济以及美元的龙头地位才是支撑美国债务问题的关键。

在 2008—2012 年期间，美国联邦政府与地方政府的债务都处在一个上升的态势，2012 年与 2008 年相比，美国联邦政府的总负债扩大了 70%，地方政府的债务也扩大了将近 10%。对应的资产项目增长的速度很慢。债务增长的主要原因来自于美国政府对于经济的干预政策，无论是直接的资金注入或者财政资金兜底，都大大扩大了负债的规模。同时由于发达国家普遍面临比较大的债务问题，导致整体经济形势不乐观，财政刺激政策很难在短时间内退出，所以造成了美国政府债务积累的现象。美国政府对于这种赤字发展的行为引以为常，并没有采取措施来及时控制美国政府的债务规模。

第 3 节　美国金融部门风险分析

一、账面资产负债表分析

2008—2012 年美国金融部门资产负债表呈现缓慢上升的态势，如图 56.4 所示，资产负债率有小幅度的上升，在金融危机后，美国金融部门资产负债表规模进行了一定程度的扩张。美国金融部门的资产负债率在 2012 年升至了 99%，说明美国金融整体高度发达，金融产品丰富，金融市场较为完善，有着比较高的资金使用效率，但是较高的资产负债率也说明美国金融部门在面临金融冲击时，可能会造成金融部门权益不足的局面，容易产生系统性的金融风险。总体来说，美国金融部门在 2012 年风险略高于 2011 年，不过相比于 2011 年，整体的金融环境有所改善，出现系统性金融风险的可能性不大。

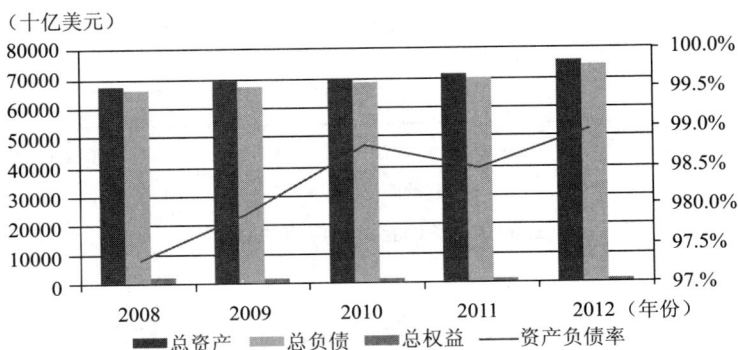

图 56.4　美国金融部门资本结构

二、或有权益资产负债表分析

2008—2012 年间，美国金融部门或有资产负债表呈现缓慢扩张态势，如图 56.5 所示，资产负债率逐年下降，金融部门权益市值逐年上升，说明市场对于美国金融部门的认可度在逐年上升。美国金融部门在次贷危机后采取了有效措施进行去杠杆化，从资产负债表中或有资产负债率逐年下降的趋势可以看出，去杠杆化的成效是明显的。2012 年相比于 2011 年金融部门或有资产负债表规模有所扩大，资产负债率降低，美国金融部门风险有所降低。

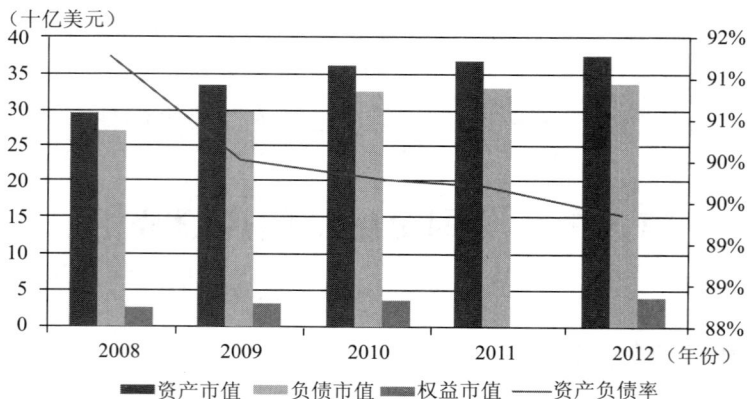

图 56.5　美国金融部门或有权益资产负债

三、风险指标分析

2008－2012 年美国金融违约距离整体上呈现上升趋势，如图 56.6 所示，在 2011 年有小幅度的下降，但是在 2012 年违约距离明显上升，到达了一个比较安全的水平。与或有资产负债表呈现出的结果类似，这说明美国金融部门在 2012 年风险状况有了明显地好转，发生违约风险的可能性很小。

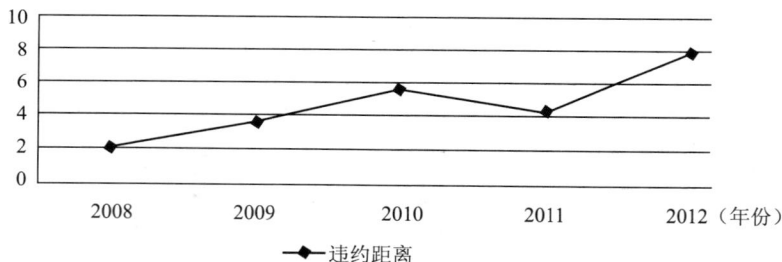

图 56.6　美国金融部门违约距离

第 4 节　美国企业部门风险分析

一、账面资产负债表分析

2008－2012 年间，美国企业部门资产负债表呈现稳步扩张态势，如图 56.7 所示，从 2012 年与 2011 年对比的情况来看，资产、负债与权益的规模都有所扩大，资产负债率小幅度上升，但是仍处于相对安全的区间内。2012
年美国经济增速相比于 2011 年有比较大幅度的上升，金融市场的表现较好，
同时美联储的零利率政策在一定程度上刺激了投资，所以 2012 年美国企业
部门在良好的国内环境刺激下，相比于 2011 年，美国企业部门在 2012 年风
险状况基本一致，但是发展速度有所加快。

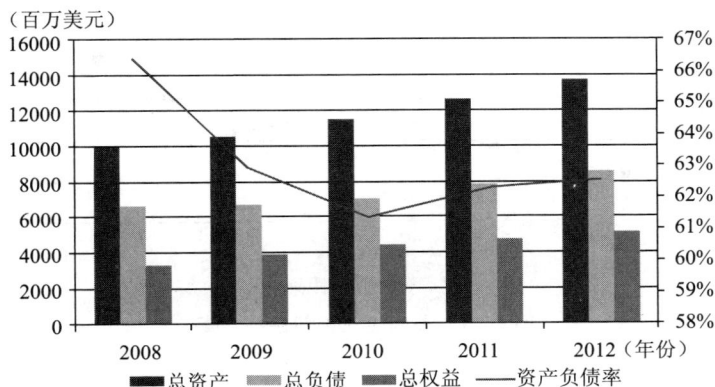

图 56.7　美国企业部门的资本结构

二、或有权益资产负债表分析

2008—2012 年，美国企业部门或有资产负债表规模逐年扩张，如图
56.8 所示，特别是权益市值上升明显，2012 年或有资产负债率跟 2011 年基
本持平，说明美国企业部门处在稳步发展阶段。这与美国近年来经济金融形
势有所缓解有关。在发达国家中，美国股市表现抢眼，投资者对于美国企业
部门的信心大大增强，企业部门的市场认可度也获得提高。从或有权益资产
负债表的状况来看，美国企业部门在 2012 年风险略低于 2011 年。

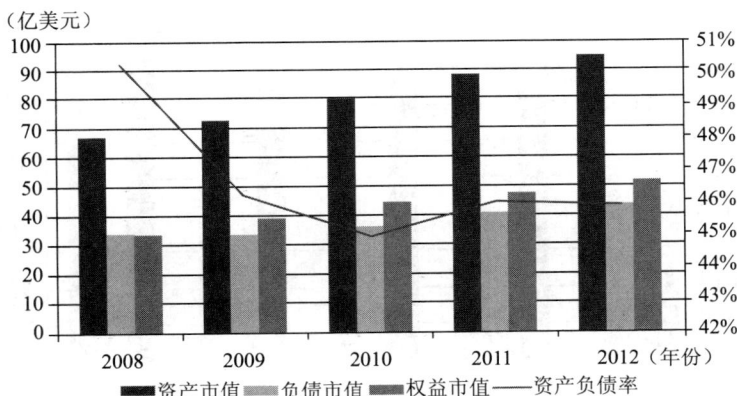

图 56.8　美国企业部门或有权益资产负债表

三、风险指标分析

美国企业部门违约距离与金融部门走势基本相同，如图 56.9 所示，在 2008－2012 年间，违约距离呈现明显的上升趋势，2012 年相比于 2011 年，违约距离有着明显的上升，说明企业部门的风险相比于 2011 年有所下降。

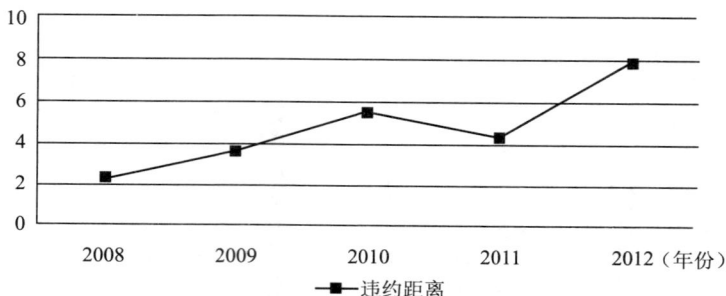

图 56.9　美国企业部门违约距离

第 5 节　美国家户部门风险分析

一、账面资产负债表分析

2008－2012 年，美国家户部门资产与权益规模稳步扩大，负债规模逐年下降，如图 56.10 所示，同时资产负债率明显降低，说明美国家户部门总体来说在 2008 年国际金融危机后的五年来逐年复苏，风险逐年降低。2012 年，美国金融部门情况较为良好，特别是房地产市场与股票市场这两个较为主要

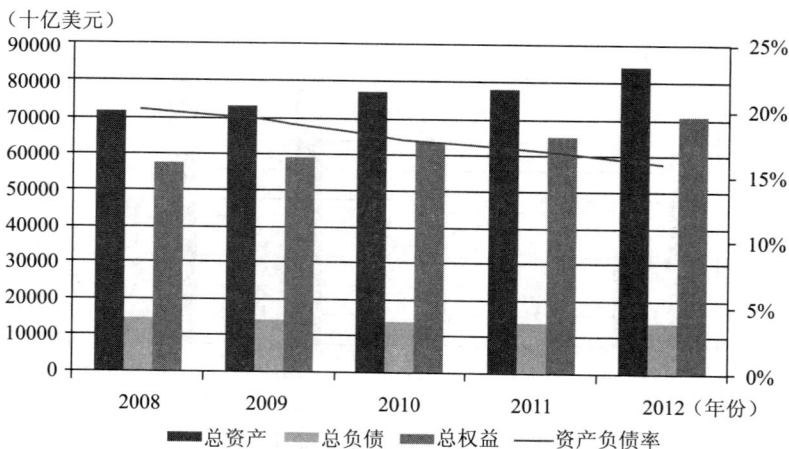

图 56.10　美国家户部门资产负债表

的金融市场的资产价格稳步提高，使得家户部门的总资产价值在 2012 年有了明显的上升，进一步改善了美国家户部门的资产负债表状况。同时，美国家户部门在次贷危机后采取了去杠杆化的措施，总负债降低较为明显。总体来看，美国家户部门在四大部门中表现是最好的，不仅在支撑经济发展中起到了重要的作用，金融风险也相比于 2011 年有了明显的下降。

二、家户部门消费与可支配收入分析

2012 年美国家户部门消费与可支配收入如图 56.11 所示，美国家户部门消费增长率与可支配收入增长率变化趋势基本相同，在 2007－2011 年间，两者都经历了先下降后上升的过程。家户部门受次贷危机影响，在 2009 年消费与可支配收入均出现了负增长，2011 年两者的情况与 2010 年基本相同，说明美国家户部门的收入与消费能力与 2010 年基本持平，总的来说，美国家户部门的风险不大。

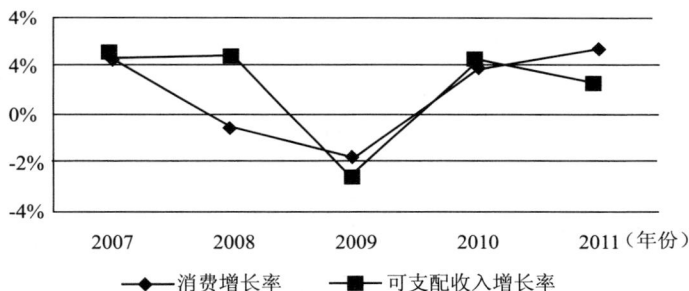

图 56.11　美国消费增长率与居民可支配收入增长率

第 6 节　美国量化宽松政策专题

量化宽松是一种特殊的货币政策，在最近 20 年间被日本、美国等发达经济体采用。当央行在实行接近零利率政策时，由于流动性陷阱的存在，调整利率的货币政策不再有效，此时央行通过购买中长期债券的放大，向市场注入流动性，降低借贷成本刺激经济。从本质上来说，量化宽松仍属于宽松的货币政策，通过购买中长期国债间接地增加了基础货币的供给，向市场释放流动性。传统的货币政策工具包括调整再贴现率、公开市场操作与调整存款准备金率，传统的货币政策主要针对的是货币的价格，而量化宽松政策则直指货币的数量，通过增加基础货币来向市场增加流动性。

一、量化宽松的概念

量化宽松一般运用在利率为零或者接近为零的时候，通常此时常规的货币政策已经失去了效果，但又不得不运用货币政策来进行宏观调控。最早运用量化宽松政策的国家是日本，日本多年的零利率已经使得常规的货币政策没有了操作空间，但是国内的通缩压力又比较大，于是采取量化宽松政策将资金注入银行体系。美国的量化宽松与日本做法有所不同，但是本质上都是为市场创造一个宽松的货币环境，从而提振经济。如表56.3所示，美国的做法是通过购买各种金融资产，最重要的为美元国债。通过美联储采购资产，压低利率的同时有利于金融部门的活跃。

表 56.3 美联储资产结构对比

（单位：百万美元）

日期	2013 年 1 月 2 日	2014 年 1 月 16 日
总资产	2918753	4071528
黄金凭证	11037	11037
特别提款权	5200	5400
铸币	2103	1987
证券、回购协议和贷款	2670180	3997192
总证券持有	2669592	3801068
美国国债	1666118	2220953
联邦机构债	76783	55611
抵押支持证券	92691	1525204
其他	218587	56114

二、量化宽松的过程

第一轮的量化宽松在缓解次贷危机对于美国金融以及企业的冲击，主要内容是购买机构债和抵押支持债券，由于这种债务在危机过后质量不高，不依靠政府市场很难消化这类衍生品，为了保证金融机构的信用，美联储通过这种购买行为稳定市场，起到了比较好的成效，同时并没有出现大规模的通货膨胀或者流动性过剩的情况，在危机中，这些购买资金挽救了美国的部分金融机构，此轮量化宽松历时两年。

第二轮量化宽松的背景是美国政府的财政危机，为了使美国度过财政危机，美联储购买了数千亿美元的国债，通过国内国债的回收和对外国债的卖出，美国政府相当于在短时间内投放出了大量的货币，增加了政府的资金状况，缓解财政上的困难。

第三轮量化宽松在 2012 年，此时美国经济已经基本企稳，但是为了维持美国的低利率货币环境，美联储决定采用每月采购 400 亿美元的方法继续量化宽松，购买对象是抵押支持债券，同时大量购买长期债券，营造更加宽松的金融环境。

第四轮量化宽松在第三轮的基础上再增加了 450 亿美元的资金，使得购买额度达到了 850 亿美金，更大地向市场投放流动性。至此，美联储总共进行了四轮的量化宽松政策，虽然每一次政策实施的背景不一样，但是作用和手段是比较类似的。通过向市场释放流动性，增加金融部门与企业部门的活跃度，从而拉动经济。

在 2013 年 12 月与 2014 年 1 月，美联储开始削减量化宽松规模，每次削减 100 亿美元。这两轮操作的背景是美国经济好转。这两次行动对于全球金融市场造成了比较大的影响，多个国家的股市出现大幅度的震动，大宗商品价格特别是黄金的价格波动明显，其原因正是量化宽松政策。

三、量化宽松的影响

第一是美联储资产负债表的大幅度扩张，2013 年美联储总资产规模已经突破了四万亿美元大关，在短短的 5 年时间内，资产负债表规模扩张了将近 1.5 倍，如此大规模的扩张是建立在美联储大规模的资产购买政策上的。由于在 2012 年后购买对象主要为美国政府国债，此时资产的质量相比于次贷危机时有所增加，对于美国本身来说，大规模的持有自身债券并不存在过多的风险，因为美元是世界货币，量化宽松造成的美元贬值现象并不会对美国造成非常严重的不利影响，反而会增加美元债券持有国面临的风险。

第二是美国基础货币规模迅速增加。量化宽松的本质就是向市场投放货币，基础货币的增加是必然的结果，基础货币的增加并没有在美国造成严重的通货膨胀，反而对于大宗商品的价格产生明显的影响，特别是黄金等商品价格波动频繁。这种过剩的流动性受到货币逐利的影响，会流向有升值趋势的发展中国家，有可能会造成热钱涌入带来的风险。

第三是美元的贬值。大规模的增加基础货币的后果就是美元贬值，对于美国经济来说，美元贬值会增加其出口规模，提振经济。对于发展中国家而言，美元贬值使得贸易环境恶劣。同时，美元贬值会使得大规模持有美元债券的中国受到损失，我国的外汇储备面临缩水的风险。同时，美元贬值有可能造成大量资金流出美国，造成一定的资本流动风险。

我们从四部门来分析量化宽松政策对美国的影响。

从公共部门来看，美联储资产负债表在2012年规模有所扩大。公共部门的风险主要集中于美国的债务风险，美债危机的爆发使得美国的债务风险问题影响到了全世界，虽然债务危机暂时过去，但是美国的偿债能力问题并没有得到彻底解决。

从金融部门来看，在2012年欧债危机与美债危机的阴影下，美国金融部门较高的资产负债率存在一定的资本错配风险，从或有权益的角度来看，美国金融部门的资产在2010年有一个比较大的提升，说明在全球市场繁荣时，美国金融部门的资产受到市场的青睐。

从企业部门来看，2012年企业部门账面价值资产负债表也出现了大规模的扩张，同金融部门一样，美国企业部门在2011年的表现也受到全球经济形势的影响。在2011年全球经济增长普遍放缓，美国国内消费增长不足，内需与外需都制约了美国企业部门的发展。

从家户部门来看，2012年家户部门状况与2011年基本相似，美国家户部门的收入与消费能力与2011年基本持平，总的来说，美国家户部门的风险不大。主要原因在于美国家户部门在2008年后经历了一轮去杠杆化的过程，风险有所降低。

美债危机反映的是美国整体的债务问题，而目前中国的债务问题主要表现为地方政府的债务问题。我国的政府债务总体上可控，但是地方政府的债务由于经营管理不当出现了一定的风险。地方债务总额数量巨大，并且偿还能力被广泛质疑。美国依靠世界经济霸主的地位，可以由其他国家来分担自己的债务，而中国的地方政府则没有这种特权，所以中国的地方政府债务不能指望中央政府来担保，而应该抓住流量部分，盘活存量部分，在经济的增长过程中降低债务风险。

第7节　结论及对中国的借鉴

2012年，美国经济强势增长，金融市场表现抢眼，股市与房地产市场为整个美国经济的复苏奠定了坚实的基础。从金融风险上来看，美国的金融风险主要集中于公共部门，政府债务问题以及美联储日益扩张的资产负债表为美国未来的经济金融发展埋下了隐患。

从公共部门来看，2012 年美联储资产负债表继续保持了小幅度的增长态势，量化宽松政策将风险由金融部门转嫁到公共部门。美国债务问题并没有得到根本上的解决，大规模的债务仍然可以引发下一次的美债危机。

从金融部门来看，2012 年美国金融部门风险相比于 2011 年略有上升，但是美国整体金融市场表现强势，引发系统性金融风险的可能性不大。从资产负债变中或有资产负债率逐年下降的趋势可以看出，去杠杆化的成效是明显的。

从企业部门来看，2012 美国企业部门在良好的国内环境刺激下，相比于 2011 年，美国企业部门在 2012 年风险状况基本一致，发展速度有所加快。

从家户部门来看，2012 年美国家户部门资产负债表出现了较为明显的改善，这种变化得益于美国金融市场的强势表现。美国家户部门在次贷危机后采取了去杠杆化的措施，总负债降低较为明显。

美国经济在 2012 年出现了一轮较为强势的增长过程，金融市场出现了较为明显的资产价格上升。反观中国经济，在 2012 年遇到了较大的下行压力，同时美国的量化宽松政策引起了国内金融市场的波动。随着我国金融市场化程度的日益升高，未来有可能受到国际市场更大的影响。我国应该吸取 2008 年国际金融危机教训，加大金融支持实体经济的力度，建议从金融市场角度入手，完善多层次的资本市场，利用金融的手段来支持产业的转型升级。

参 考 文 献

[1] IMF：World Economic Outlook，2013 年 10 月。

[2] IMF：Global Financial Stability Report，2013 年 10 月。

[3] 昌忠泽：《流动性冲击、货币政策失误与金融危机——对美国金融危机的反思》，载《金融研究》2010 年第 7 期，第 32—48 页。

第 57 章 加拿大宏观金融风险研究

作为西方七大工业国（G7 集团）之一，加拿大幅员辽阔，拥有丰富的自然资源与发达的科技。加拿大经济十分发达，生活水平也位居世界前列，同时也是全球十大贸易体之一。加拿大与美国在经济上联系紧密，2009 年的美国次贷危机对加拿大的经济与金融也产生了一定的冲击，但加拿大审慎的金融监管与严谨的货币政策对危机的扩散与化解起到了很大作用。本章将对加拿大的经济金融运行状况进行简要介绍，并分析 2008－2013 年加拿大公共部门、金融部门、企业部门和家户部门的宏观风险，同时对加拿大家户部门债务风险进行专题研究。研究发现，加拿大逐渐走出金融危机，经济开始向好，总体风险状况有所好转，风险存在但尚在可控范围之内。

刘锋、王敬伟（2004）详细介绍了 1999 年加拿大通过新的《金融监管框架》后金融监管体系发生的变革与改进。新的监管框架对金融风险的识别、衡量、监测和管理始终贯穿始末，并形成了一套完整综合的风险评估与管理体系，加拿大的金融体系因而能更好地抵抗金融风险。

第 1 节 加拿大经济金融运行概况

一、加拿大经济运行概况

2013 年全球经济总体上延续缓慢复苏态势。加拿大经济总体缓慢增长，如图 57.1 所示，2013 年全年 GDP 约为 1.81 万亿美元，比 2012 年的 1.82 万亿美元轻微下降，根据 BvD 数据库的资料，2013 年加拿大私人消费、政府购买、固定资产投资分别占 GDP 的 55％、20％ 和 25％，私人消费日益成为经济增长的主要动力，政府购买和固定资产投资对 GDP 增加的贡献呈逐年下降态势。背后原因也在于居民生产和消费从金融危机中恢复过来，内外需求缓慢增加，刺激经济增长，但政府部门为了减少公共开支，政府购买的增长将会受到限制，所以加拿大的经济增长将更加依赖私人消费和外部投资的增加。

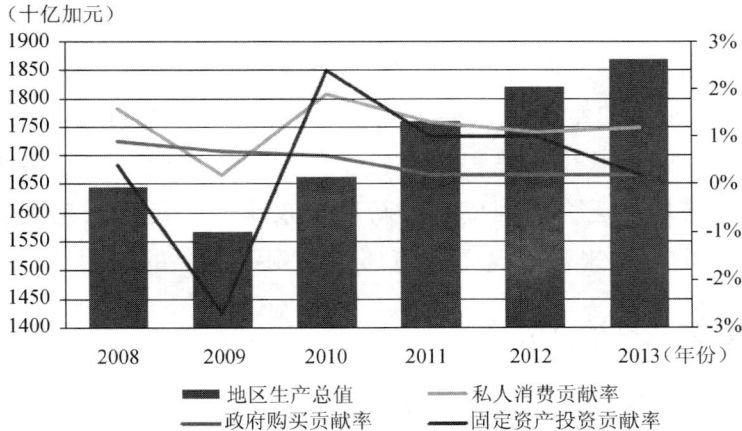

（十亿加元）

图 57.1 加拿大名义 GDP 与私人消费、政府购买、固定资产投资对 GDP 增长的贡献率[1]

如图 57.2 所示，2008 年加拿大失业率控制在 7% 以下，但金融危机爆发后加拿大经济深受影响，其失业率一度逼近 9%，此后加拿大政府采取了增加就业的措施，但由于全球经济的不确定性和加拿大自身经济增长放缓，失业率仍然没能降到金融危机之前的水平，预计在后面几年内维持在 7%－8% 之间。CPI 代表的居民消费价格指数呈现逐年缓慢上升的态势，与其他国家相比加拿大总体通货膨胀水平并不高，物价也比较稳定，这也得益于加拿大央行将控制通胀作为货币政策的基本目标之一。

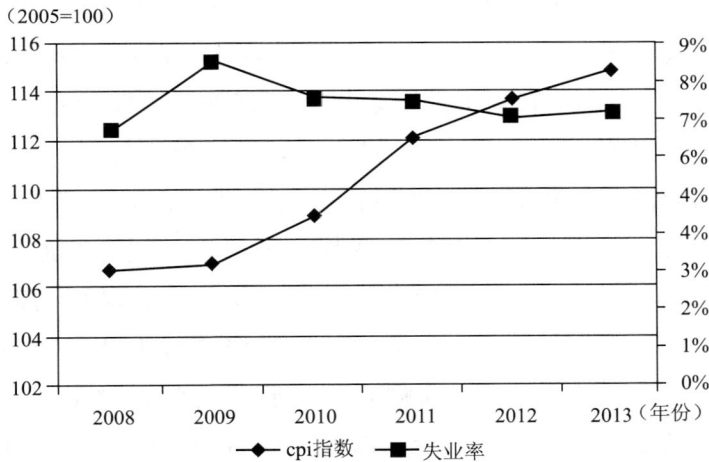

（2005=100）

图 57.2 加拿大失业率与 CPI

此外，加拿大政府在 2009 年出台"加拿大经济行动计划"，提供超过 300 亿加元以刺激经济增长。这一计划从多方面展开，包括投资 120 亿加元

———————————

① 数据来源于 BvD 全球金融分析、宏观经济指标数据库 https：//www.countrydata.bvdep.com/ip。下面如未作说明，数据来源均相同。

用于路桥、互联网等基础设施建设，向低收入家庭提供78亿加元帮助其改善住房环境，出资24亿加元改善并维护环境，以及计划减少个人和企业所得税2000亿加元。加拿大政府通过增加公共开支，实行宽松的货币政策，同时加强社会保障，减少居民和企业税收负担，旨在应对国外需求不足出口减缓和当前经济增长乏力的困境，重新获得较快的经济增长速度。从加拿大GDP稳健增长的态势来看，这个政策还是起到了积极的作用。

二、加拿大金融运行概况

加拿大金融业被普遍认为是全球最健康的金融业之一，主要由银行、信用联盟、保险、共同基金和风投机构组成。银行业方面，目前90%的资产集中于加拿大六大本土银行（加拿大皇家银行、道明银行金融集团、加拿大帝国商业银行、丰业银行、蒙特利尔银行、加拿大国民银行），此"六大行"涉足财富管理、投资和零售等，并在海外开展广泛的业务。信用联盟是合作性质的金融服务组织，通过发放个人和商业贷款，对社员的存款进行集中再投资获取利润，并进行分红。保险业也是加拿大重要的金融机构，主要分为生命人寿保险和财产意外保险两部分。2012年人寿保险和非人寿保险业务分别实现了518亿加元和707亿加元的保费，同时保险业也趋于集中化和垄断化，最大的三家保险机构（宏利保险、大西部人寿和阳光保险）占据了整个加拿大保险市场一半以上的份额。加拿大共同基金在过去十年内发展迅猛，2008年金融危机全行业管理的资产跌至5070亿加元，此后基金业开始恢复，2013年全行业管理的资产总计8710亿加元，发展势头良好。

加拿大的金融监管体系是两级平行监管体系，即联邦政府和省级政府，二者属于平行关系，相互协调合作。联邦一级的金融监管由加拿大金融机构监管署（OSFI）来执行，该机构是根据1987年的《金融机构监管署法》由联邦政府设立的一个专门的金融监管机构，其监管行为独立于制定货币政策的加拿大央行，受财政部领导。金融机构监管署的监管对象是在联邦政府注册的银行、养老金基金、信用联合会以及保险机构。随着金融服务业混业经营的发展，金融机构监管署开始全方位地对银行及其控股子公司从事银行、证券、保险、信托、资产管理等业务进行监管，这种混业综合监管可以有效地对整个金融业的宏观风险进行控制。省级监管对象是在各行政省内注册的金融机构，按当前的监管范围划分，联邦一级主要监管银行业和保险业，省级主要监管证券业，联邦与省级监管机构加强交流和合作，以便适应日益复杂的系统性风险对金融监管提出的更高要求。

加拿大金融监管体系的基本思想与框架就是以风险为核心，建立一套完整的风险评估体系，将金融风险的识别、测量、监控贯穿始末，而其中最关键的就是风险的识别与衡量。根据加拿大新的监管框架规定，对每一项重要金融活动的风险评估包括三个部分，即金融活动的内在风险、风险的管理质量和发展方向。其中，内在风险表现未来不定因素和风险敞口对金融业务的预期资本或收益产生负面影响，如信用风险、经营风险、市场风险等，包括低、中、高三个评估级别。风险管理质量是对日常经营业务的管理质量，着重于金融机构的风险管理控制能力，具体有财务分析能力、内部审计、合规性、风险管理水平、管理层运作与董事会监察六项内容，其评估级别包括弱、可接受、强三个级别。风险发展方向是风险的潜在影响因素在未来的变化态势，也包括上升、平稳、下降三个评价级别。在确定这三个部分之后进行净风险的评估，也即根据这三方面的评级定出一个综合风险水平，然后根据金融活动风险大小由监管机构决定是否予以干预。加拿大金融业在欧美债务危机中受到的负面冲击较小，并能迅速恢复正常增长，也得益于这个新的金融监管体系。

第 2 节　加拿大公共部门风险分析

本节主要利用加拿大银行披露的加拿大公共部门资产负债表进行资本结构和清偿能力分析，同时也对加拿大政府的财务收支状况进行分析。加拿大公共部门基本从金融危机中恢复过来，公共债务增加的同时财政缺口收敛，总体风险在可控范围内。

一、公共部门资产负债表分析

（一）资本结构分析

加拿大央行一直采取控制通货膨胀的货币政策，并且取得了较好的效果。受到金融危机的冲击和影响，2008 年至 2010 年加拿大央行的资产规模缩水明显，最低的 2010 年甚至低于 600 亿美元，明显低于金融危机之前的近 800 亿美元。此后随着经济的恢复，加拿大央行资产规模逐年增加，增幅较大，同时资产负债率也呈现下降态势，显示出其风险状况的逐渐好转。2013 年资产负债率有轻微上升，与加拿大执行宽松货币政策释放流动性有关，如图 57.3 所示。

（百万美元）

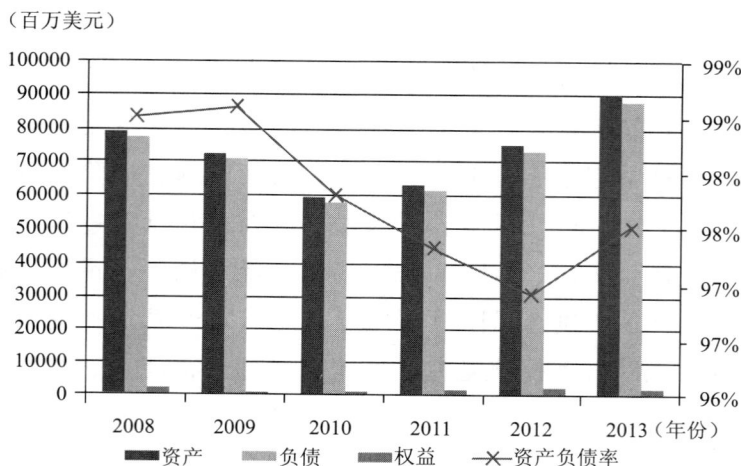

图 57.3　加拿大公共部门资本结构

二、公共债务与财政赤字分析

（一）公共债务分析

近 6 年来加拿大公共债务呈现逐年增加态势，从 2008 年的 1.2 万亿加元增至 2013 年的 1.8 万亿加元，累计增幅约为 50%，如图 57.4 所示。公共债务在 GDP 的占比也在不断增加，从 2008 年的 70% 左右增至 2013 年的 86%，反映出日益恶化的财政收支情况和沉重的债务压力。预计到 2015—2016 年，届时加拿大政府换届，加拿大政府可能会在大选年减少公共负债在 GDP 中的占比。

（十亿加元）

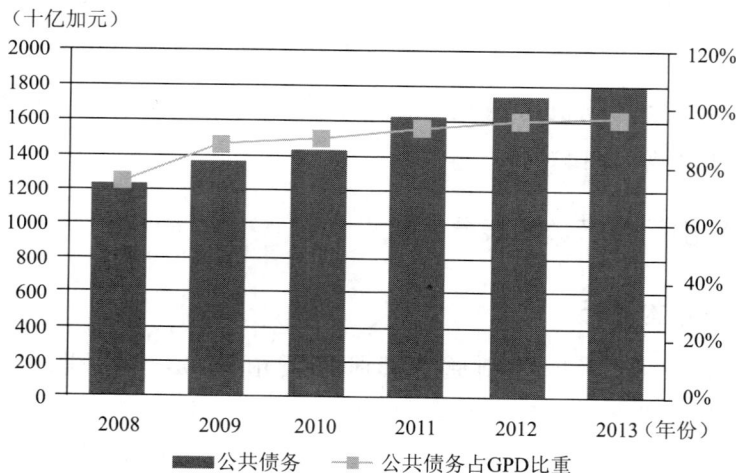

图 57.4　加拿大公共债务及其占 GDP 比重

（二）财政赤字分析

自 2008 年开始，加拿大政府开始出现财政赤字，尤其是 2009 年金融危机期间政府为了使用扩张的财政政策刺激经济，财政支出大幅增长，导致财政赤字占当年 GDP 的 5％，如图 57.5 所示。此后加拿大政府开始控制财政支出，财政赤字虽然继续存在，但占 GDP 比重明显下降，2013 年约为 3％。总的来说，加拿大政府的收支基本实现平衡。预计在 2015－2018 年期间加拿大政府财政缺口对 GDP 占比会控制在 2％之内，2018 年后能实现轻微的财政盈余。

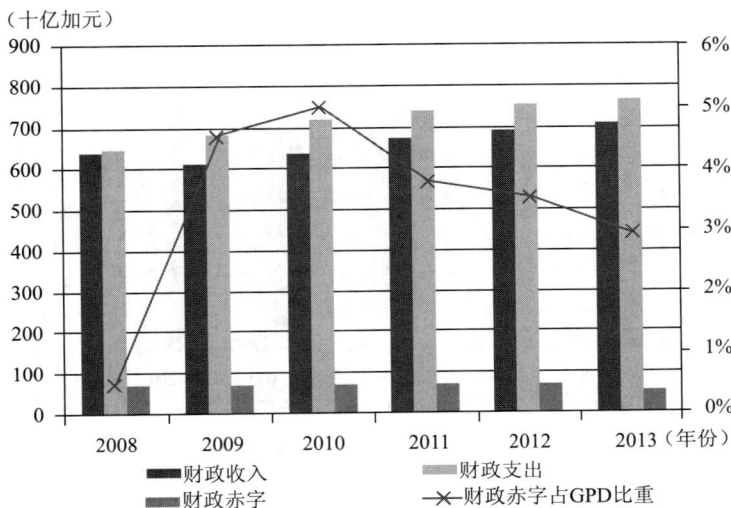

图 57.5　加拿大财政收支与财政赤字

第 3 节　加拿大金融部门风险分析

本节选取加拿大资产总值排名前 15 家银行为分析研究对象，对其资产负债表进行加总并构建或有权益资产负债表，以此分析加拿大金融部门的总体风险。加拿大金融部门在金融危机中未受到太大冲击，呈稳健扩张态势，总体风险状况良好。

一、账面价值资产负债表分析

加拿大银行体系被普遍认为是全球最稳健的银行系统之一，甚至在金融危机爆发后依然表现良好。加拿大实行的是联邦和省级两级平行金融监管体系，无垂直领导关系但有协调合作，并且金融监管机构独立于制定货币政策的加拿大央行，以风险管理为核心，对整个金融业实行综合监管。加拿大良好的金融监管体系是该国成功应对金融危机的重要原因之一。

加拿大银行业高度集中，90％的行业资产和存款集中于蒙特利尔银行、加拿大皇家银行等六家大型全国性银行，加之金融业门槛高，监管严格，利润空间相对较大。如图 57.7 所示，近 5 年加拿大银行业资产增长迅猛，从 2008 年的 2.3 万亿美元增长至 2012 年的 3.6 万亿美元，年平均增长率接近 10%。金融部门的资产负债率在 95% 上下波动，对比公共部门总体杠杆率依然偏高，折射出一定的资本结构风险和债务偿还风险。

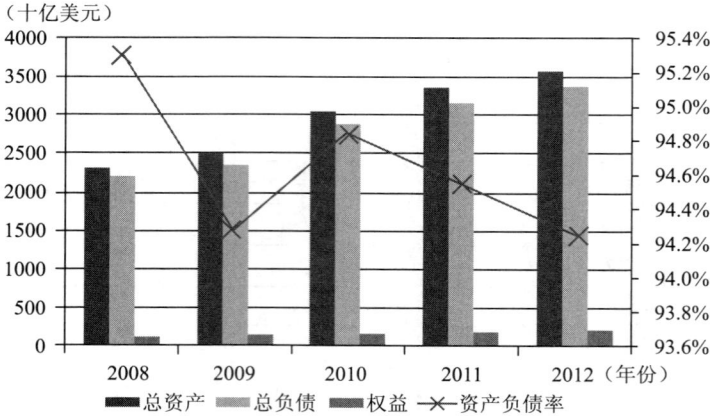

图 57.6　加拿大金融部门资本结构

二、或有权益资产负债表分析

加拿大银行业或有权益资产负债表与账面资产负债表结果相似。得益于加拿大银行业稳固的市场垄断地位和高利润率，如图 57.7 所示，近年来加拿大金融部门资产和负债均有大幅增长，总体或有资产负债率从 2008 年的 91% 大幅下降，后面几年均在 89% 左右波动，说明加拿大金融部门并没有受到金融危机的过多影响，从一个侧面体现该国金融体系的稳健与监管审慎严格，宏观金融风险存在但在可控范围之内。预计在未来几年内加拿大银行业资产规模仍然会持续快速增长，资本结构也会延续现状。

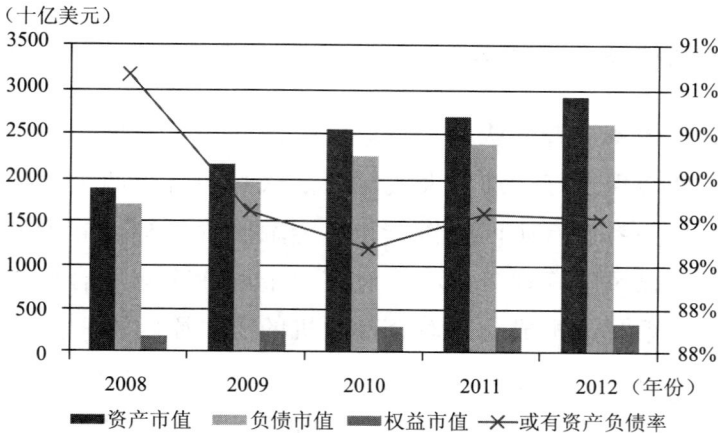

图 57.7　加拿大上市金融部门或有资产结构

三、风险指标分析

依据加拿大银行业或有权益计算出其上市银行整体的违约距离，由 2008 年的 1.19 升至 2010 年的 6.1，而后在 2011 年小幅下滑，在 2012 年反弹接近 7。如图 57.8 所示，总的来看，加拿大整个银行业风险较 2008 年有较大改观，并且发展态势良好，所以其整体风险不大。预计未来几年内加拿大央行会维持基准利率在 1% 左右，不太可能出现过宽或过紧的货币政策，银行业也会稳健发展。

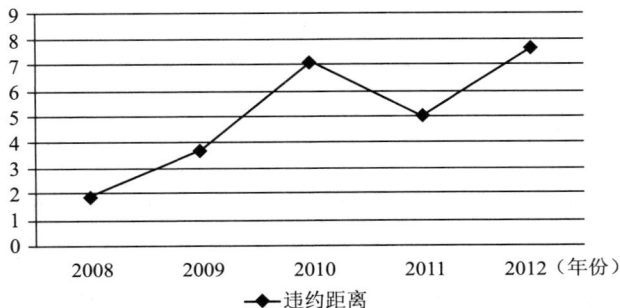

图 57.8　加拿大上市金融部门违约距离及资产波动率

第 4 节　加拿大企业部门风险分析

本节选取了加拿大资产规模排名前 500 位的上市企业，对其资产负债表加总并构建或有权益资产负债数据，从而对加拿大企业部门的风险进行分析。加拿大企业部门资产规模扩张，杠杆率相对较低，违约距离呈增加态势，说明企业部门总体风险状况良好。

一、资本结构分析

从加拿大上市企业部门整体资产负债表分析，企业部门资产规模稳步增长，从 2008 年的 12000 亿美元增至 2012 年的 22000 亿美元，增幅较大，如图 57.9 所示。企业部门的资产负债率在 43% 到 50% 之间波动，对比该国公共部门和金融部门，资本结构风险较小，这也与该国谨慎负债的文化习惯有关。

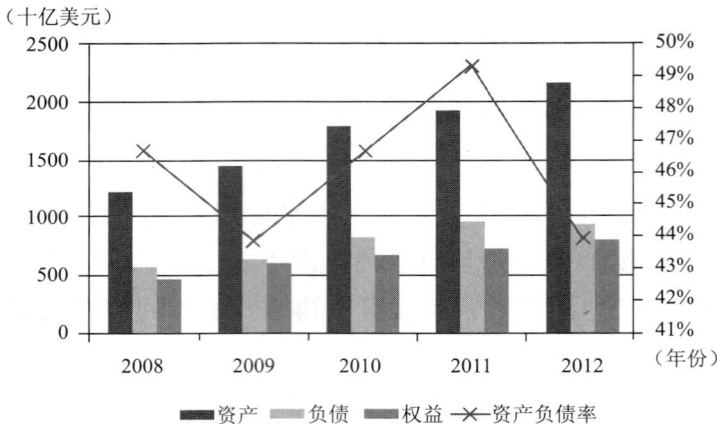

图 57.9　加拿大上市企业部门资本结构

二、期限错配分析

相比加拿大上市企业部门的整体情况，企业部门短期债务风险凸显。如图 57.10 所示，流动资产与流动负债规模在 2008－2011 年保持稳健增长，但 2012 年流动负债规模有一个陡升，导致流动比率由之前的 1.6 降至 2012 年的 1.2，可能由于加拿大 2012 年经济增长乏力，企业部门短期资金周转困难，债务负担增加，流动性风险值得警惕。

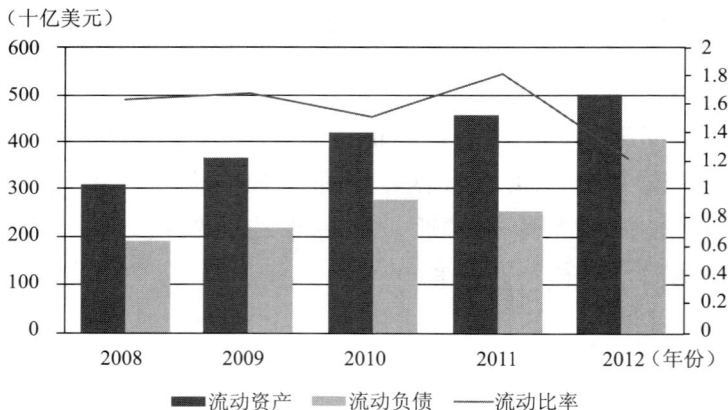

图 57.10　加拿大上市企业部门期限结构

三、或有权益资产负债表分析

如图 57.11 所示，加拿大上市企业部门资产市值总体呈现逐年快速增长的态势，但 2011 年出现了负增长，相比之下或有负债增速相对缓慢，权益市值则一直维持高速增长，尤其是 2012 年增幅超过 7％，反映出金融危机之后市场信心逐渐回升。或有资产负债率先降后升，自 2010 年达到低点

34.8％之后又慢慢增至 2012 年的 40.3％。企业部门的债务偿还风险有所增加，但整体形势还算乐观。

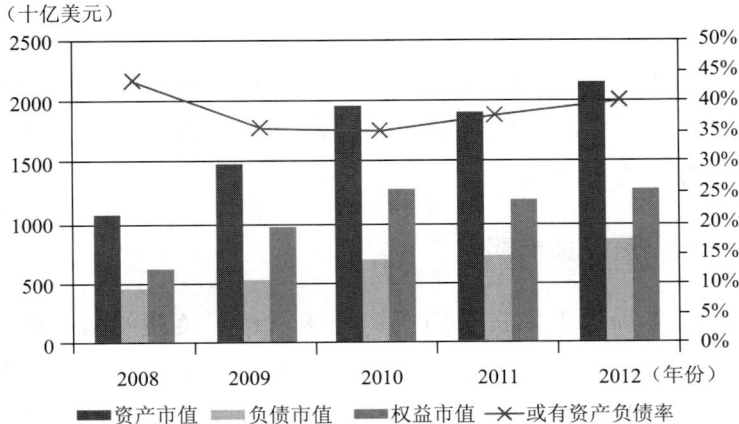

图 57.11　加拿大上市企业部门或有资产结构

四、风险指标分析

加拿大上市企业部门历年来违约距离均大于 2，在 2012 年超过 8，并且有增加的态势，仅在 2011 年有所下降，这与或有权益资产负债表中的结果一致，如图 57.12 所示。违约距离增加表明加拿大企业部门违约风险降低，对比金融部门和公共部门，上市企业部门表现良好，不存在明显的违约风险。但是全球经济的不确定性和加拿大自身经济增长放缓，投资环境恶化也会影响企业部门，这一点需要引起注意。

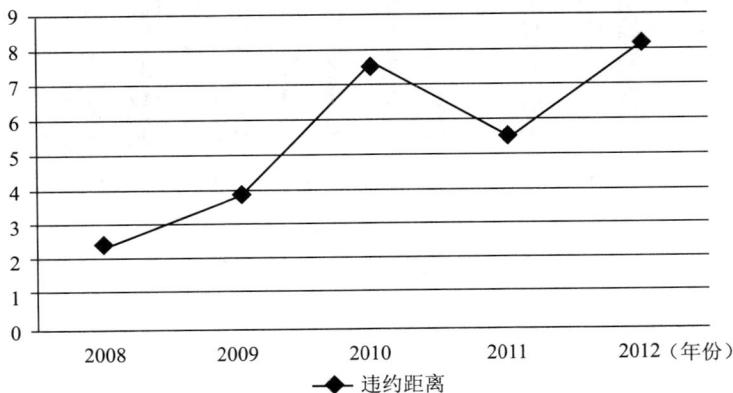

图 57.12　加拿大上市企业部门违约距离

第5节　加拿大家户部门风险分析

加拿大家户部门资产规模和收入水平增加，同时负债率呈下滑态势，总体风险状况良好，需要注意的是家户部门债务占可支配收入比重增加，这或许会成为一个潜在的风险点。

一、家户部门资产负债表

2008－2012年加拿大家户部门资产稳步增长，负债的增长幅度明显小于资产的增加，资产负债率维持在20%左右并有小幅下行态势，如图57.13所示。加拿大居民对贷款消费比较谨慎，不愿意拥有过多负债，整体风险在可控范围之内。但是加拿大居民家庭负债占可支配收入的比重由2008年的148%猛增至2013年第二季度的165.6%，折射出家户部门的清偿能力风险增大。此外，加拿大家户部门的储蓄率持续下降，家庭储蓄减少，消费增加，贷款消费的情形也有较之前变多。综合来看，加拿大家户部门资产结构良好，但需警惕其清偿能力风险。

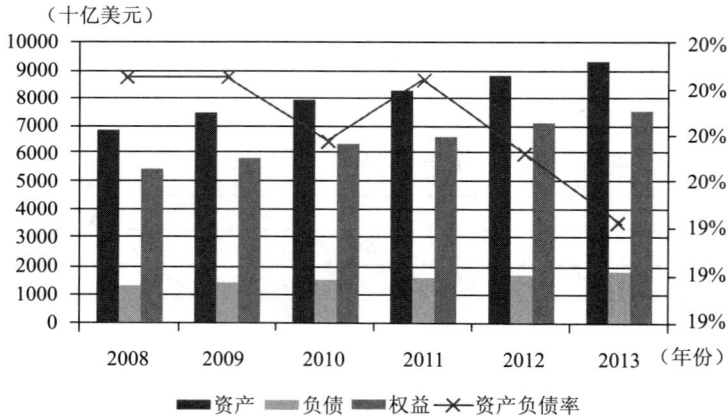

图57.13　加拿大家户部门资本结构

二、居民消费水平分析

稳定物价、控制通货膨胀是加拿大央行实行货币政策的重要目标，事实上2008－2013年加拿大的CPI均不超过2%，这也说明加拿大货币政策基本达到了目的。IMF也预期未来几年内加拿大物价不会有太大增长。

（2005=100）

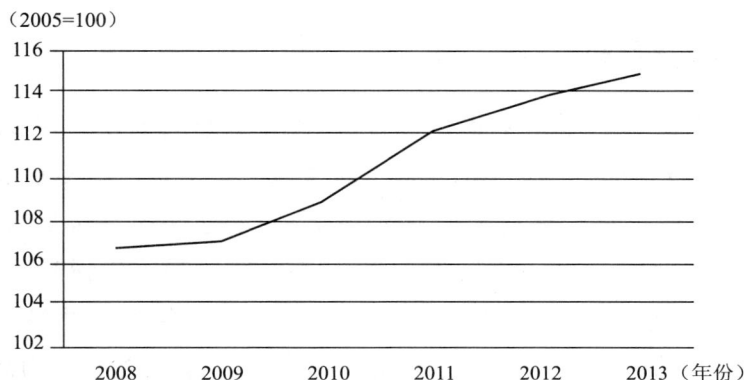

图 57.14　加拿大居民消费价格指数

三、居民可支配收入分析

加拿大居民可支配收入稳定增长，由 2008 年的 9000 亿加元增至 2013 年的 10600 亿加元，累计增幅超过 17%，可支配收入在 GDP 中的占比近年来维持在 56%－57% 之间，但家户部门负债在可支配收入中的占比逐年上升，反映了居民的过度消费和借贷消费可能与近年加拿大房地产市场的低息政策有关。

（十亿加元）

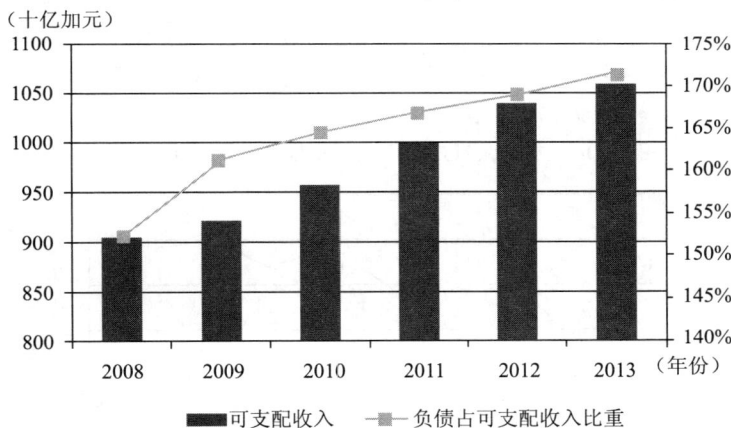

■可支配收入　─■─负债占可支配收入比重

图 57.15　加拿大居民可支配收入及负债占可支配收入比重

第 6 节　加拿大家户部门债务风险专题分析

加拿大金融业以稳健谨慎著称，也是全球公认的最健康的金融体系之一。然而近年来加拿大家户部门负债规模逐年上升，尤其是债务占可支配收入的比重不断攀升，加拿大家户部门的债务风险引起了广泛的关注，也值得警惕。

一、加拿大家户部门债务规模

如图 57.16 所示，近年来加拿大家户部门债务规模逐年增加，由 2008 年的 13246 亿美元增至 2013 年的 17506 亿美元，5 年累计增幅超过 32％，年均增幅约为 5.7％，大大超过了加拿大 GDP 的增速。家户部门债务在 GDP 中的占比也明显增大，2008 年约为 81％，2009 年金融危机骤升至 90％以上，2013 年年底更是超过 95％。目前加拿大家户部门债务规模并没有下降的态势，而债务规模的长期快速扩张已经使加拿大家户部门资本结构恶化，债务风险增大，并且风险有可能传导至金融部门。

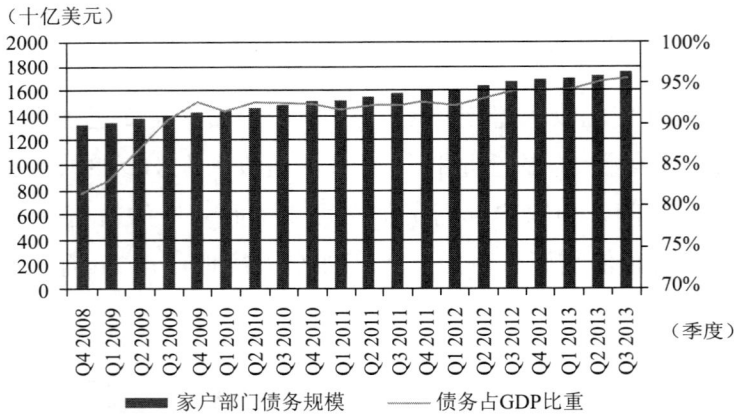

图 57.16　加拿大家户部门债务规模及其占 GDP 比重[①]

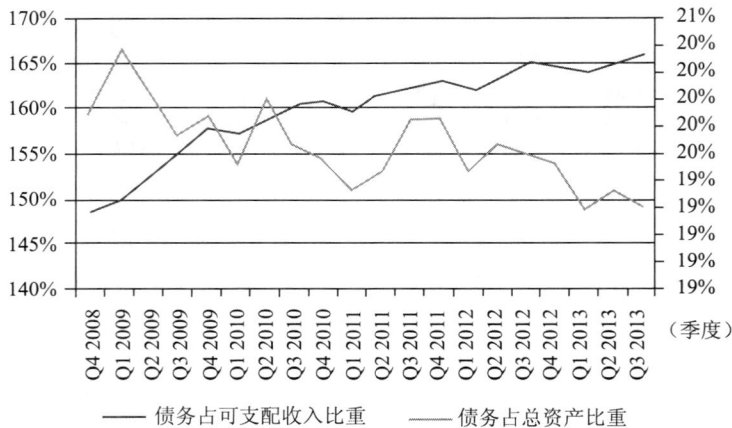

图 57.17　加拿大家户部门债务占可支配收入和总资产比重

加拿大居民的收入来源主要包括劳动收入、投资收入以及转移支付，三者分别占总收入的 70％、12％和 11％，如图 57.16 所示。近五年来加拿大居

---

① 数据来源加拿大统计局，http：//www.statcan.gc.ca/。

民可支配收入累计增幅约为 17％，远小于家户部门债务规模增幅，家庭债务规模占可支配收入的比重也逐年增加，由 2008 年的 148％增至 2013 年的 166％。然而，家户部门债务规模在家户部门总资产中的占比却稳定在 19％ —20％，甚至还有轻微的下降态势，如图 57.17 所示。这是因为加拿大家庭的资产以实物资产（主要是房产）和金融资产为主，由于近年加拿大经济稳定，并且执行低利率政策，房价和金融资产价格有所增高，导致了家户部门资产的扩张。总的来说，加拿大家户部门债务规模相对居民可支配收入增加过快，偿债能力风险凸显。

二、加拿大家户部门债务构成

加拿大家户部门债务主要包括消费贷款、抵押贷款和非抵押贷款，三者的占比相对稳定，分别约为 30％、63％和 7％，如图 57.18 所示。加拿大家户部门的大部分贷款都是有抵押的，主要用于生活消费以及耐用商品的购买，低的抵押贷款利率和持续走高的房价是抵押贷款规模持续增加的主要原因。非抵押贷款规模的增加很大程度上依赖于信用卡消费的普及，但是信用卡贷款属于无担保贷款，一旦出现债务危机，风险很可能由此传导到发行信用卡的金融机构。综合来看，加拿大的高房价和低利率以及人们对未来收入的良好预期导致了家户部门债务规模持续增加，虽然大部分贷款都是有抵押或者担保的，但仍需警惕抵押物贬值或担保方出现困难的情形。

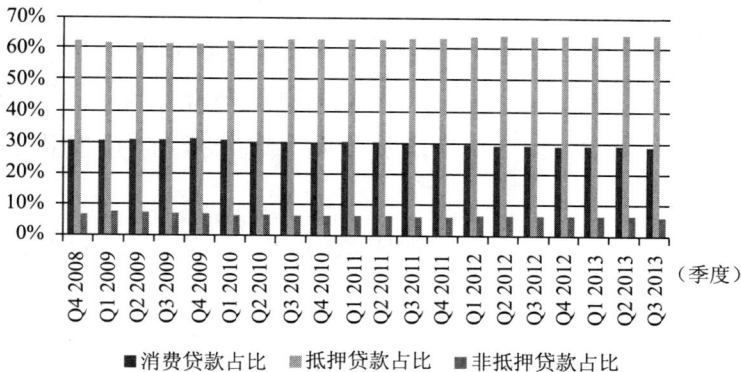

图 57.18　加拿大家户部门债务构成

三、家户部门债务风险状况分析

总体来说加拿大家户部门债务规模不断增加，偿债能力有所减弱，但还是处于可控范围，需要警惕以下两个可能导致家户部门风险状况恶化的情形。

一是利率升高。利率升高意味着融资成本增加，流动性减弱，信贷规模紧缩，贷款人需要支付更高利息费用。在贷款占可支配收入比例较高的情形下，这会更加恶化居民的财务状况，增加其债务负担，尤其是对于低收入家庭。大范围的信贷违约也会冲击金融机构，引起经济萧条和流动性紧缺。

二是房价降低。加拿大经济增速缓慢，房价持续走高，并且住房贷款规模也逐年增加，说明其房市可能存在一定泡沫。房产是家户部门贷款的重要抵押物，一旦房价下滑，银行可能面临家庭信贷的违约风险。这也意味着家户部门的风险将传导至整个金融部门。

第 7 节　结论及对中国的借鉴

2013 年全球经济缓慢复苏，加拿大经济增长放缓，基本保持与 G7 国家同步。加拿大政府为减少赤字限制政府购买的增加，整体经济增长更加依赖私人消费的拉动。公共部门的资产负债规模稳定增加，资本结构风险较金融危机期间有所好转但仍需警惕，同时政府财政赤字维持在较低水平，公共负债在 GDP 中比重上升，进一步凸显公共部门的债务偿还能力风险。金融部门依然稳健，多项风险指标相好，总体风险趋于稳定，得益于加拿大严格审慎的金融监管与健全的法律制度。企业部门较公共部门和金融部门资本结构优化，资产负债率维持在较低水平，但 2012 年流动负债突增，增加了短期流动性风险，但整体情况还比较乐观。家户部门资本结构良好，但 2013 年负债占可支配收入的比重上升至近 170%，表明家户部门债务沉重负担，偿还能力下降。综上，加拿大总体情形有所好转，风险存在但尚在可控范围之内。

根据前文对加拿大金融风险监管体系的介绍，结合我国现有金融监管体系及其发展方向，给出如下政策建议：一是学习加拿大金融混业监管的做法，综合管理国内金融业。鉴于当前我国金融市场并不成熟，可以在现有"一行三会"（人民银行、证监会、银监会、保监会）的体系设置上进行改进，分离出人民银行的监管功能与货币政策制定功能，加强"三会"之间的协作与信息共享，尝试设立类似加拿大金融机构监管署的统一监管机构对金融业统筹监管。二是学习加拿大以风险为核心的监管体系，结合我国国情建立一套科学完整的风险评估与管理体系。一方面要求各金融机构加强经营能力与风险管理能力；另一方面由中央确定统一的风险监管评估体制，对风险较大的金融活动予以干预。三是学习加拿大依法监管的经验，弥补现有金融法律的漏洞，适应金融发展的态势，制定合适有预见性的法规指导我国整体的金融监管。

+‑+

参 考 文 献

[1] IMF：World Economic Outlook，2013 年 10 月。

[2] IMF：Global Financial Stability Report，2013 年 10 月。

[3] Bank of Canada：Canada Annual Report 2012，2013 年 12 月。

[4] 刘锋，王敬伟：《加拿大金融监管框架及对我国金融监管的启示》，载《金融研究》2004 年第 1 期，第 87—97 页。

第 58 章　墨西哥宏观金融风险研究

作为拉丁美洲第二大经济体，墨西哥是北美自由贸易协定成员之一，也是全球重要的新兴市场之一。农业在墨西哥经济中占有重要地位，农产品主要出口品种有玉米、大豆、可可等。墨西哥也拥有比较完整和多样化的工业体系，纺织、服装等轻工业和化工、矿业、汽车、冶金等重工业均比较发达。墨西哥是拉美地区吸收外资最多的国家之一，外来投资主要来自美国和欧盟。本章首先对墨西哥金融经济运行状况进行简要介绍，并对墨西哥公共部门、金融部门、企业部门、家户部门四部门的宏观风险进行分析，同时对墨西哥出口结构风险进行专题分析，并提出对我国的经济发展的启示和建议。研究结果表明，墨西哥经济增速放缓，总体风险不大，但局部部门风险状况存在恶化趋势。

高静（2013）认为墨西哥 1994 年金融危机爆发后实施的金融改革富有成效，事实上墨西哥金融体系也的确经受住了全球金融危机的考验。金融改革主要体现为自由化改革，对内包括放宽行业准入、银行私有化、利率市场化等；对外包括开放资本账户、允许资本自由流动等。这些改革措施为墨西哥的金融体系注入了活力，但是能否真正着力于实体经济，仍旧值得深入思考。

第 1 节　墨西哥金融经济运行概况

一、墨西哥经济运行概况

在 2011—2012 年实现 3.8％的 GDP 年增长率之后，墨西哥的经济增长速度开始明显放缓，2013 年的前三个季度 GDP 平均增长率仅为 1.3％，这也反映出 2013 年全年墨西哥经济的不景气。究其原因主要有两点，一是外部需求的疲软，主要原因是墨西哥最大的贸易伙伴美国国内需求不足，导致墨西哥出口下降，经济增长减缓；二是墨西哥内需不足，国内基础设施建设投资受制于政策限制，同时私人消费也维持在不温不火的状态。内外需求的疲软直接导致了 2013 年墨西哥经济增长速度放缓。

纵观 2008—2013 年墨西哥经济走势，如图 58.1 所示，2009 年的金融危机导致墨西哥经济负增长，此后开始逐渐复苏，2010—2012 年经济增长幅度基本在 4％上下波动，但 2013 年经济增速有较大幅度下降。经济增长拉动方面，如图 58.2 所示，私人消费占墨西哥 GDP 比重较大，约为 70％，政府购买和固定资产投资的占比相对较小，分别为 10％和 20％，这一比重近五年基本维持不变，说明墨西哥经济很大程度上依赖于国内私人消费，而私人消费对 GDP 增长的贡献逐年下降，由 2010 年的 4％降至 2013 年的 2％，同时政府投资量也明显减少，这些因素共同造成了 2013 年墨西哥经济增长的放缓。

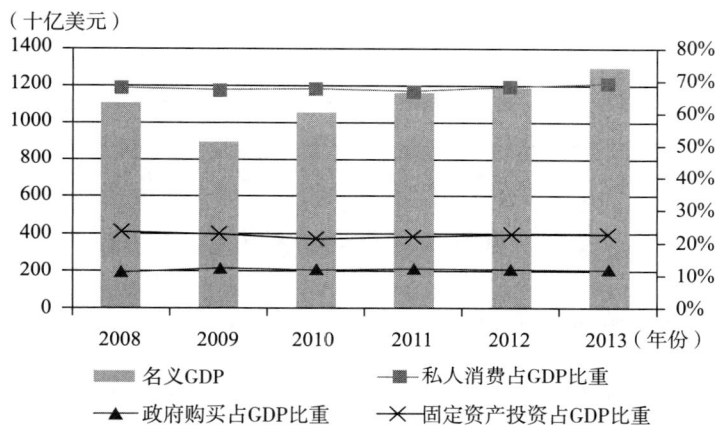

图 58.1　墨西哥 GDP 及各项占 GDP 比重[①]

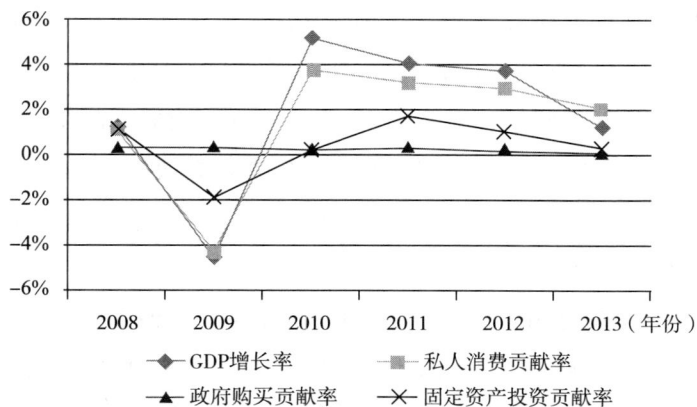

图 58.2　墨西哥 GDP 增长率及各项对 GDP 增长贡献率

---

① 数据来源于 BvD 全球金融分析、宏观经济指标数据库 https：//www.countrydata.bvdep.com/ip。下面如未作说明，数据来源均相同。

2008-2013年墨西哥的居民消费价格指数（CPI）呈现先升后降的态势，如图58.3所示，由2008年的5％升至2009年的5.4％，而后下降至4％左右，并且近几年维持在4％的通胀政策目标以下。2013年的总体低通胀得益于商品、服务、农产品等方面价格指数的下降，并且预计如果不存在过大的价格冲击，墨西哥在2014-2018年的通胀水平也会维持在2％-4％之间。低物价水平有利于降低生产和生活成本，也会促进国内消费和出口，推动经济发展。

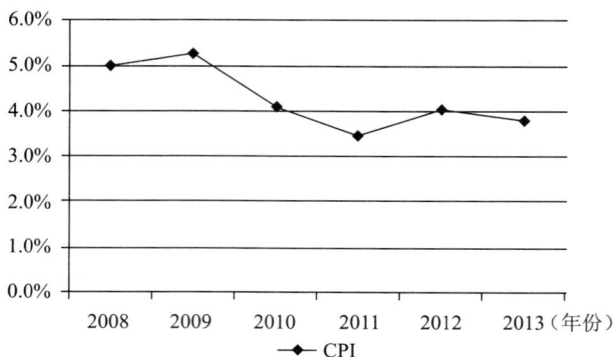

图58.3　墨西哥通货膨胀率

二、墨西哥金融运行概况

1994年，墨西哥政府在金融危机之后推出了一系列的金融自由化改革措施，包括对内的利率市场化、降低金融业准入门槛及银行业私有化和对外的资本账户开放、汇率市场化、资本自由流动等。这些金融改革措施旨在营造一个自由、稳定的金融运行环境，吸引内外投资，为墨西哥本国经济增长注入动力。然而，墨西哥经济增长的主要动力仍来自私人消费，内外投资对经济的拉动作用实在有限，这无疑没能实现当初金融改革的初衷。尤其是在全球经济不景气，国内外需求减弱的大环境下，私人消费和出口受到冲击，墨西哥经济增速的下滑不可避免。

IMF的统计数据表明，墨西哥的投资率长期维持在20％左右，银行业对私有部门的贷款也不足20％，相反，银行持有大量的墨西哥政府债券，结果导致墨西哥银行业不仅没能很好地为实体经济提供资金支持，而且和墨西哥政府捆绑在一起，一旦墨西哥发生主权债务危机，银行业也势必受到牵连。墨西哥国内的储蓄率为22％左右，不及中国的一半，这也与其私人消费高有关。低储蓄率也限制了墨西哥银行业的放贷能力，当墨西哥转向外国投资支持时，会增加本国经济对外部的依赖性，也更易受到国际主要经济体的影响。

第 2 节　墨西哥公共部门风险分析

本节主要结合墨西哥央行资产负债表和政府财政收支情况来分析公共部门的宏观风险。

一、公共部门资产负债表分析

墨西哥中央银行的资产负债情况一直不容乐观，如图 58.4 所示，尤其是 2009 年和 2010 年出现了资不抵债的情况。虽然 2011 年资本结构有所好转，资产负债率也达到近几年最低的 94％，但是 2012 年又反弹到近104％，负债规模也有大幅增加，央行资本结构风险增大，清偿力风险与脆弱性凸显。

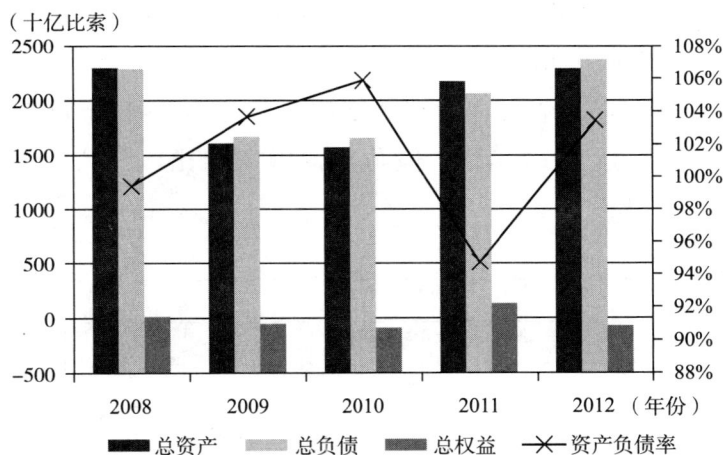

图 58.4　墨西哥中央银行资产负债表

二、政府财政收支情况分析

政府财政收支方面，如图 58.5 所示，2008 年墨西哥政府基本维持收支平衡，但自 2009 年金融危机之后开始出现财政赤字，这与金融危机后政府实施积极的财政政策刺激经济有关。近几年财政收入和支出均稳定增长，赤字规模也维持在 GDP 的 2.5％左右，处于合理水平。

（十亿比索）

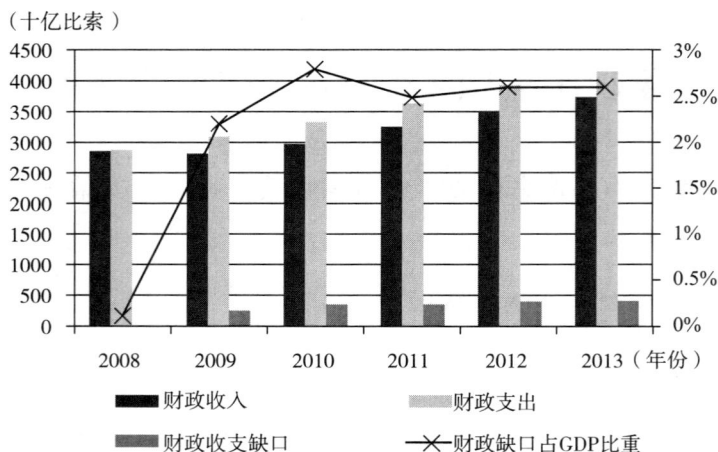

图 58.5　墨西哥财政收支及缺口

三、公共债务情况分析

2008—2011 年墨西哥公共债务规模增长稳定，如图 58.6 所示，但 2012 年和 2013 年有较大幅度增长，达到 6 万亿比索（约合 4416 亿美元）。公共债务占 GDP 的比重在金融危机之后开始下降，2011 年达到低点 35%，此后又有上升，在 2013 年达到 37.5%，但与其他国家相比，公共债务规模相对较小，债务风险也可控。

（十亿比索）

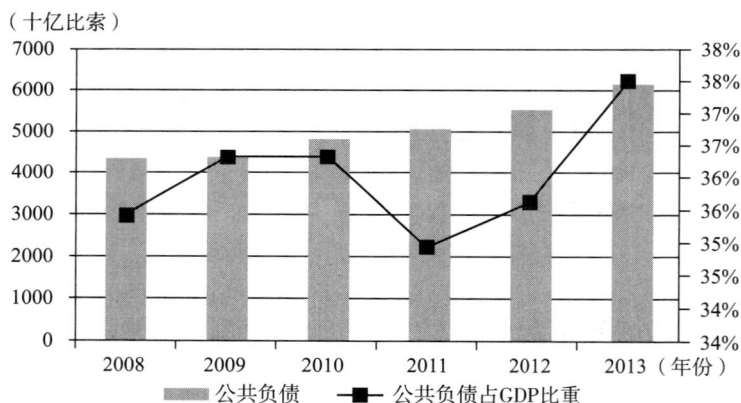

图 58.6　墨西哥公共债务及其占 GDP 比重

第 3 节　墨西哥金融部门风险分析

本节选取墨西哥 11 家上市金融公司，编制墨西哥金融部门账面资产负债表和或有权益资产负债表，并辅以相关风险指标对墨西哥金融部门风险进行分析。

一、账面资产负债表分析

2008—2012 年墨西哥上市金融部门的资产和负债规模均保持稳定增长速度，如图 58.7 所示，总资产由 2008 年的 1154 亿美元增至 2012 年的 2005 亿美元，总负债由 2008 年的 1016 亿美元增至 2012 年的 1773 亿美元，总体资产负债率维持在 87％—88.5％之间，相对稳定，也低于墨西哥央行的资产负债率，总体风险不大。

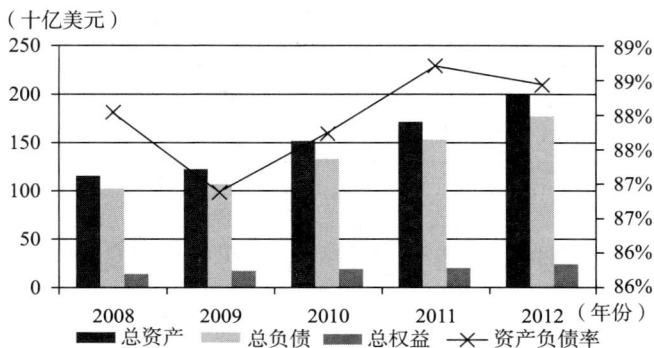

图 58.7　墨西哥金融部门账面资产负债表

二、或有权益资产负债表分析

墨西哥金融部门没有受到金融危机过多的影响，如图 58.8 所示，近几年资产市值和负债市值均有稳定增长，尤其是 2012 年资产和负债规模有大幅增加，分别达到 1729 亿美元和 1230 亿美元。权益市值除了在 2011 年有回落之外，其余年份均稳步增加，反映出墨西哥金融部门的业绩良好。墨西哥金融部门或有权益资产负债率总体呈下降的态势，从 2008 年的 80％降至 2012 年的 71％，反映出墨西哥金融部门的资本结构优化，违约风险减小。

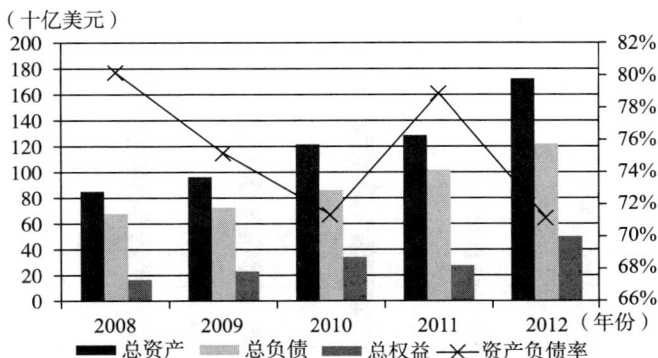

图 58.8　墨西哥金融部门或有权益资产负债表

三、风险指标分析

2008—2012 年墨西哥金融部门的违约距离总体呈现逐年增加的态势，如图 58.9 所示，在 2011 年有小幅回落，2012 年又回升至 7.5，较之 2008 年的 1.8 已有大幅增加。金融部门资产市值的波动率也呈下降态势，反映出金融部门的总体风险情形向好，基本已经从金融危机中恢复过来。

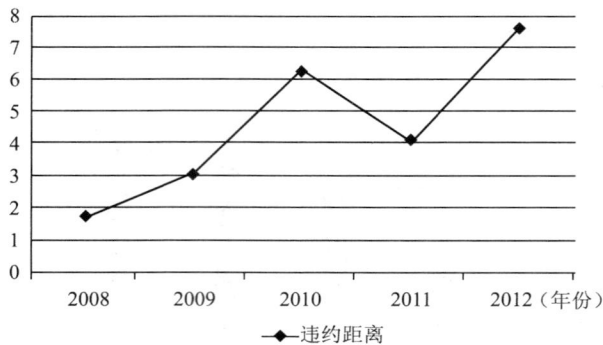

图 58.9　墨西哥金融部门资产违约距离

第 4 节　墨西哥企业部门风险分析

本节基于墨西哥 98 家上市企业，编制墨西哥企业部门的资产负债表和或有权益资产负债表，并结合相关风险指标对墨西哥上市企业部门的宏观风险进行分析。

一、账面资产负债表分析

总体来看，墨西哥企业部门资产规模逐年增加，如图 58.10 所示，除了

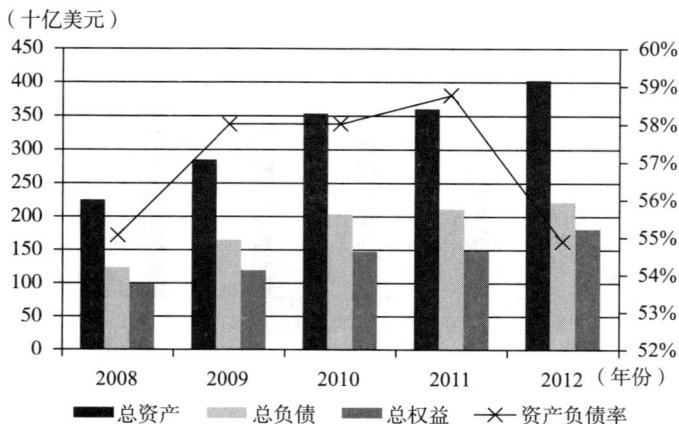

图 58.10　墨西哥企业部门账面资产负债表

2011 年增幅较小，其余年份均增长明显，反映企业部门保持着扩张发展的态势。企业部门的资产负债率在 55%－59%之间，并且 2012 年恢复到金融危机之前的水平，说明企业部门的资本结构总体向好，风险状况较 2011 年有所改善。

二、期限结构分析

2008－2012 年墨西哥企业部门流动资产规模总体维持增长态势，如图 58.11 所示，在 2011 年小幅下降，流动负债规模增幅相对较小，流动比率则从 2008 年的 1.14 增至 2009 年的 1.38，此后一直在 1.4 上下波动。综合来看，墨西哥企业部门的短期偿还风险存在但情形稳定，总体处于可控范围之内。

（十亿美元）

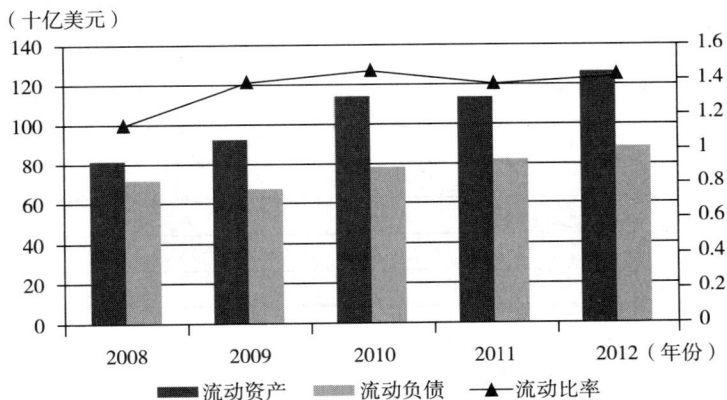

图 58.11 墨西哥企业部门期限结构

三、或有权益资产负债表分析

墨西哥企业部门或有权益资产负债表与账面资产负债表整体情况类似，如图 58.12 所示，除 2011 年资产和负债规模有所下降外，其余年份资产市

（十亿美元）

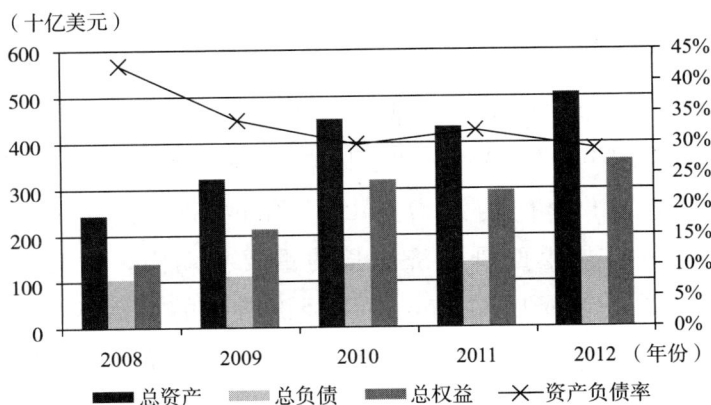

图 58.12 墨西哥企业部门或有权益资产负债表

值和负债市值均稳步增加，并且资产增加速度快于负债增加速度，结果是或有权益资产负债率的逐年下降，近年来维持在30％左右，与美国和欧盟等国家相比均处于较低水平。企业部门已经从2011年的挫折中恢复过来，市场表现和投资信心良好。

四、风险指标分析

2011年墨西哥上市企业部门违约距离有所减小，如图58.13所示，反映出市场对企业部门的认可不够，与企业部门或有资产负债表的分析结论相应。除去2011年，违约距离逐年增加，并在2012年达到新高，说明企业部门的总体风险有所减小，发展态势也比较乐观。

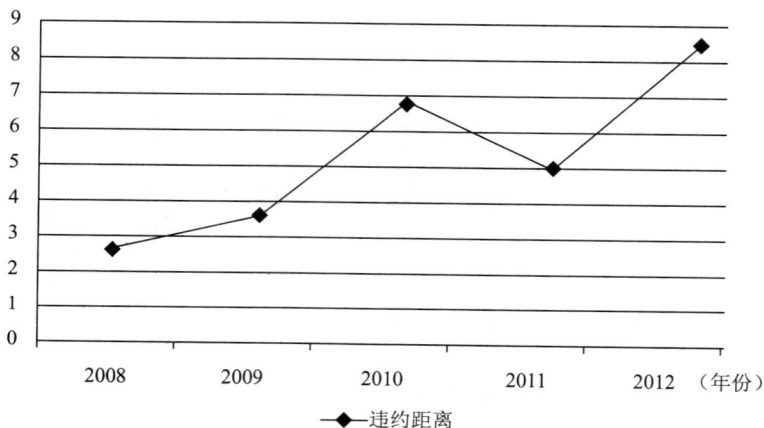

图58.13 墨西哥企业部门违约距离

第5节 墨西哥家户部门风险分析

一、私人消费分析

金融危机对私人消费的冲击非常大，如图58.14所示，2009年私人消费水平较之2008年下降了近20％，此后随着经济的恢复，私人消费开始逐年增加，从2009年的597亿美元增至2013年的885亿美元，累计增幅近50％。私人消费一直是墨西哥经济增长的重要拉动力，近几年私人消费占GDP的比重一直维持在70％左右，但对经济增长的贡献开始减弱。综合来看，私人消费水平的稳定增长体现出居民对墨西哥经济前景的信心。

（十亿美元）

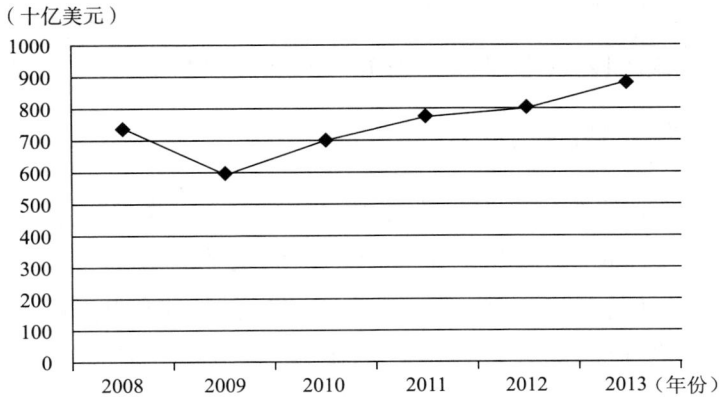

图 58.14　墨西哥私人消费水平

二、居民可支配收入分析

墨西哥居民可支配收入走势与私人消费水平相似，如图 58.15 所示，均实现了从 2009 年低谷的逐年增长。居民收入的增长速度略高于墨西哥 GDP 增速，并且相对稳定，这反映了居民购买力的增加，为私人消费水平的提高提供了基础，同时也为拉动经济增长提供了内在动力。整体而言，墨西哥居民可支配收入与私人消费保持稳定增长态势，家户部门也未发现明显的风险。

（十亿美元）

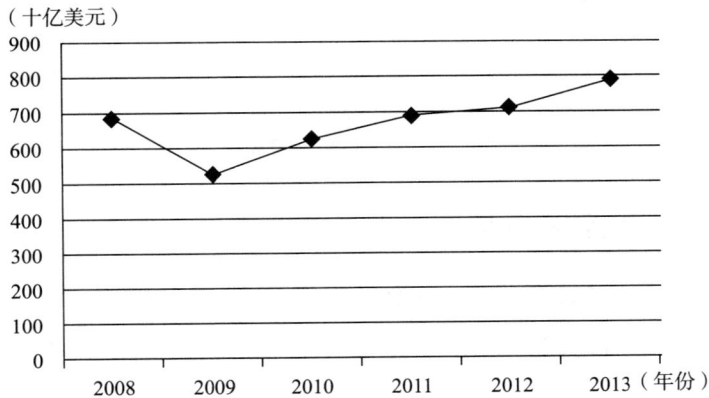

图 58.15　墨西哥居民个人可支配收入

第 6 节　墨西哥出口结构风险专题研究

墨西哥是拉美地区重要的经济体，而对外贸易是其重要的经济支柱和增长动力。1992 年墨西哥与美国、加拿大三方签订了《北美自由贸易协定》，此后墨西哥对外贸易规模实现了快速扩张。然而，墨西哥的出口对象主要是北美地区，尤其是美国，并且石油产品占其出口额的比重较大，这些情况凸显了墨西哥出口结构方面的风险，本节就此展开分析。

一、墨西哥出口规模分析

2012 年墨西哥对外贸易出口额已经达到 3710 亿美元，主要出口产品为石油、矿产、制造品和农产品，出口对象以北美为主。如图 58.16 所示，墨西哥出口额总体维持增长态势，但是在 2009 年金融危机期间有大幅下滑，此后又迅速恢复增长。此外，墨西哥总出口在 GDP 中所占的比例也是逐年增加，从 2008 年的 27.9% 增至 2012 年的 32.7%，反映出墨西哥经济对出口贸易的依赖越来越大，而过于依赖出口的经济自身比较脆弱，也容易受到国际需求波动的影响。

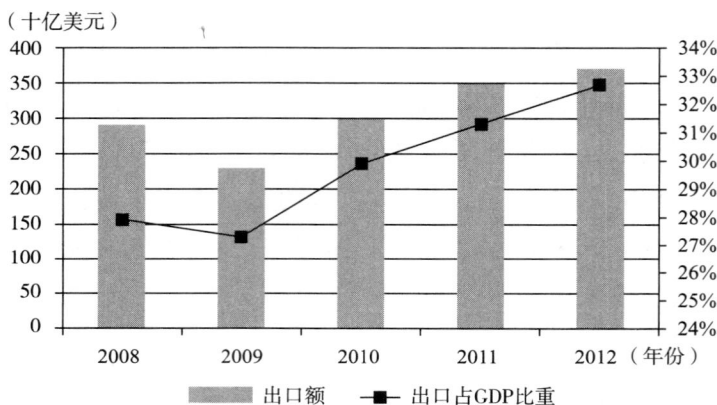

图 58.16　墨西哥出口规模

二、墨西哥出口结构分析

墨西哥与美国毗邻，经济也对美国产生了较高依赖性。虽然墨西哥对美国出口占比逐年下降，但还是处于较高的水平。如图 58.17 所示，以 2012 年为例，墨西哥对美国出口 2878 亿美元，占总出口的 77.6%，美国市场对墨西哥的出口以及经济重要程度可见一斑。对美国经济的过度依赖也意味着风险传导的可能性增加，一旦美国经济出现危机需求下降，比如 2009 年的金融危机，墨西哥经济很可能受到重大影响而产生萧条。

墨西哥的出口产品主要集中于石油、制造业和农业。如图 58.18 所示，农业和林业（这里指原材料，不包括食品、烟草、木材加工）的出口比重较低，基本都在 3% 以下；石油出口占比呈现波动中下降的态势，由 2008 年的 17.3% 降为 2012 年的 14.3%，主要原因为全球经济复苏减缓导致的石油需求降低，以及墨西哥石油工业生产潜能开发不足两个方面；制造品出口占比约为80%，电气设备、特种装备制造和汽车工业是其中最大的三个部分，2012年出口额分别为7.67亿美元、5.33亿美元和4.41亿美元，制造业出口增加也得益于北美经济复苏。总体来看，墨西哥主要出口源自石油工业、装备制造和汽车工业，比较依赖自然资源和北美市场，随着全球大宗商品价格走低和美国重拾制造业，墨西哥出口可能受到冲击。

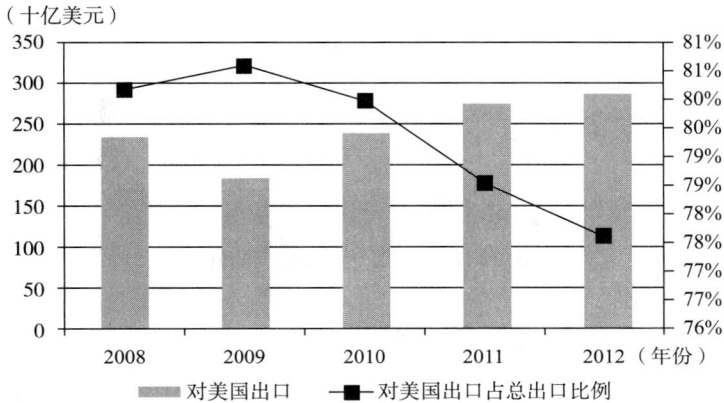

图 58.17　墨西哥对美国出口情况

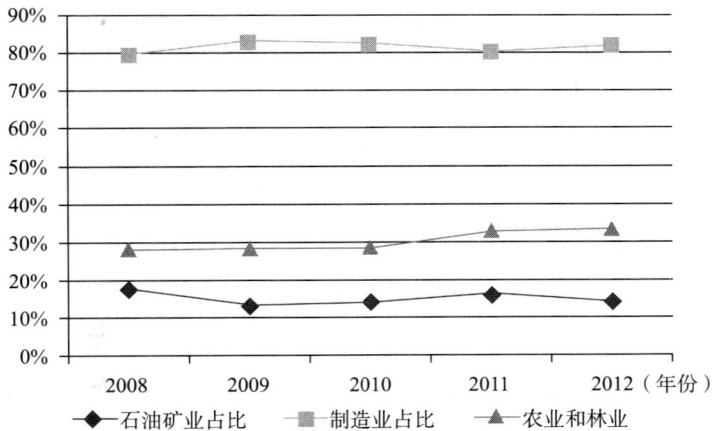

图 58.18　墨西哥出口行业分布情况

墨西哥是全球第五大产油国，石油工业也是墨西哥经济的重要支撑。以2012年为例，墨西哥石油出口额为531亿美元，约占总出口的15%，其中原油的直接出口额占总出口的12.7%和石油工业出口的90%以上，石油加工品则占比很小。如图58.19所示，原油出口份额随着墨西哥石油产量和国际原油市场行情波动，呈现逐年下降的态势。事实上，墨西哥国家石油公司为该国唯一的石油运营商，但石油收入的很大一部分都上缴到政府财政，导致技术升级资金不足、产量下降。墨西哥石油工业也过于依赖原油直接出口，石油的加工能力不高，生产潜能也开发不足，所以墨西哥石油产业前景不容乐观，并且石油工业的利润下降可能对墨西哥的财政收支情况造成负面影响。

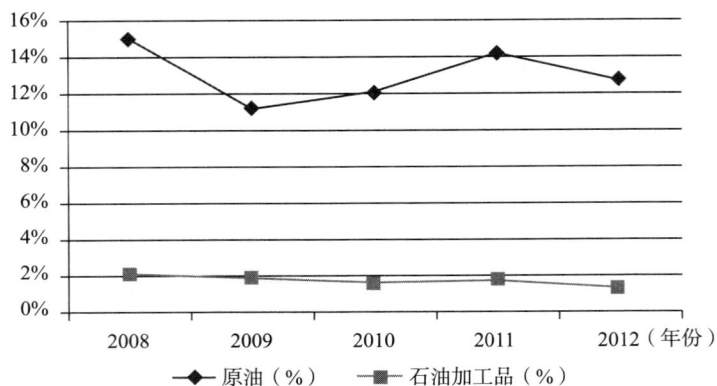

图 58.19　墨西哥石油出口占比

三、墨西哥出口可能面临的风险

通过以上分析可知，墨西哥经济增长对出口的依赖很大，并且对美国的出口占比很大，这意味着墨西哥的经济与美国经济相关程度很大，美国经济金融的风险也很可能会传导到墨西哥冲击其经济金融体系。根据墨西哥出口结构的现状，分析其可能面临的风险有以下三种。

一是美国经济波动带来的冲击。如金融危机期间美国经济的萧条和需求下降使墨西哥的出口大幅减少，是导致墨西哥 2009 年经济负增长的直接原因之一。美国经济的复苏一定程度上带动了墨西哥的出口和经济增长，但是随着美国重拾制造业，墨西哥的制造品势必受到更严峻的竞争，出口也可能受到影响。

二是美国退出量化宽松政策带来的冲击。随着美国失业率下降到 6.5% 门槛以下，美国可能逐步退出量化宽松政策，这会在全球范围内带来流动性紧缩的影响，新兴市场更是首当其冲。大量国际资本退出墨西哥，会导致墨西哥货币贬值，增加墨西哥的进口成本，也会减缓其实体经济的增长。

三是国际原油价格下滑带来的冲击。墨西哥作为重要的产油国，有较大的石油价格风险敞口。全球经济不景气，油价下跌会对墨西哥的石油工业产生较大的冲击，不利于其石油工业改革升级。

第 7 节　结论及对中国的借鉴

在世界经济缓慢恢复的大环境下，由于出口和国内需求不景气，墨西哥经济增长速度开始放缓。总体来看，墨西哥宏观金融风险不大，但局部风险状况存在恶化的态势。

公共部门方面，墨西哥中央银行资产负债率一直维持在较高水平，有几年甚至超过了 100%，这说明公共部门资本结构风险和清偿风险较大。墨西哥政府的财政规模稳定增长，公共债务规模较小，财政缺口和公共债务占 GDP 比重也相对稳定。总体而言公共部门风险可控，但需要警惕资本结构的恶化。

金融部门方面，金融部门资产负债规模延续较快增长速度，资产负债率小幅下降，违约距离总体也维持上升态势，说明金融部门整体风险状况向好。

企业部门方面，企业部门的资产负债规模增长稳定，资产负债率呈现下降态势，违约距离也逐年增加。总体而言，企业部门金融风险较小，并且预计在未来也会维持这一良好状况。

家户部门方面，墨西哥居民可支配收入和私人消费在金融危机之后一直维持稳定增长，同时通货膨胀率也在可控范围之内，反映出居民对经济的信心良好。但是墨西哥经济增长过于依赖私人消费，墨西哥总体经济增长前景也不甚乐观。

墨西哥经济对外贸出口依赖较大，并且根据前文出口结构专题分析，墨西哥外贸过于依赖美国和原材料，自身存在脆弱性，对国际风险的抵抗能力也较低。外贸出口同样是中国经济增长的重要支撑，因此结合墨西哥的情况对我国的建议是调整好贸易结构，包括产业结构层面的调整和贸易对象的分散化，即从资源密集型、劳动密集型的产业逐步转向资本密集型和高新技术支持的产业，同时避免过分依赖于某一国或地区经济依赖性过大。此外，我国也应该建立一套宏观的外贸风险监控体系，以促进我国贸易平稳发展并预防经由外贸传导的国际风险。

参 考 文 献

〔1〕 IMF：World Economic Outlook，2013 年 10 月。

〔2〕 IMF：Global Financial Stability Report，2013 年 10 月。

〔3〕 Bank of Mexico：Annual Report 2012，2013 年 4 月。

〔4〕 Bank of Mexico：Regional Economic Report July－September 2013，2013 年 10 月。

〔5〕 高静：《从发展角度看墨西哥金融稳定》，载《中国社会科学报》，2013 年 5 月 14 日，第 B03 版。

第 59 章　巴西宏观金融风险研究

巴西作为南美洲最大的经济体，是全球重要的发展中国家，也是"金砖四国"成员国之一。得益于丰富的自然资源与充足的劳动力，巴西拥有发达的农业和完整的工业体系，其经济结构也接近发达国家水平。然而近年来伴随着国内外需求不足和资本流出，巴西经济增长速度下滑严重，这也无疑增加了巴西的宏观金融风险。本章首先简要介绍了巴西经济金融的运行概况，然后从公共部门、金融部门、企业部门和家户部门四个方面对巴西的宏观风险进行分析，并对巴西经济结构风险予以专题讨论。结果表明，巴西经济增长乏力，资本外流严重，总体风险状况呈现恶化的趋势。

高蓓（2013）认为巴西自国际金融危机以来经济增速一路下滑的原因主要有两点，一是受 2013 年美国退出量化宽松政策预期的影响，巴西出现严重的资本外流和货币贬值，经济形势恶化；二是巴西国内存在严重的二元经济结构，城乡差距和贫富差距逐渐扩大，基础设施建设滞后。经济的下行也使巴西宏观风险状况恶化，文章建议巴西转变经济增长模式，不要过分依赖大宗商品的出口。

第 1 节　巴西经济金融运行概况

一、巴西经济运行概况

巴西是重要的新兴经济体，在金融危机爆发后经济增速出现明显下滑。如图 59.1 所示，2009 年经济出现负增长，然后在 2010 年反弹达到 7.5％的高增长率，此后巴西经济增速大幅下降，甚至在 2012 年 GDP 增长率仅为 0.9％，2013 年也只有 2.3％，在全球主要新兴国家中表现排名靠后。结合全球经济恢复放缓和国际需求疲软的大背景，加之巴西国内经济结构问题和劳动力素质不高，IMF 预计巴西经济的低迷状态可能持续。

（十亿雷亚尔）

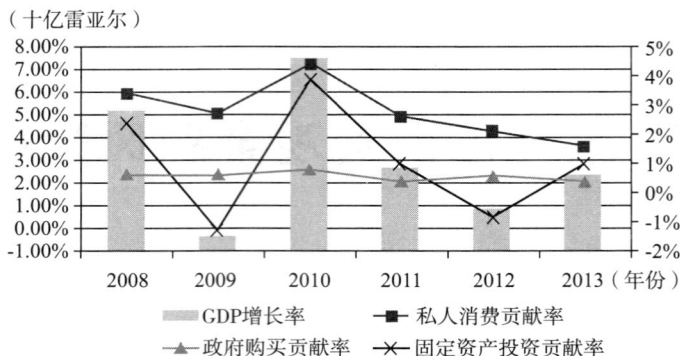

图 59.1　巴西 GDP 及私人消费、政府购买、固定资产投资占 GDP 比重[①]

　　私人消费、政府购买、固定资产投资在巴西 GDP 中所占比重分别为 60％、20％和 20％。私人消费占比较大，但鉴于巴西的高通胀和公众对经济信心不足，私人消费对经济的贡献率在近三年呈逐年下降的趋势，这是巴西经济增速减慢的重要原因。尽管延续扩张的财政政策，但政府购买对经济的贡献仍然不足 1％，作用有限。如图 59.2 所示，固定资产投资对经济增长的贡献率继 2012 年负增长后有小幅反弹，但由于巴西国内投资环境不佳，尚处于较低水平。总体来看，内外需求不足，缺乏投资是导致巴西经济增长乏力的主要原因。

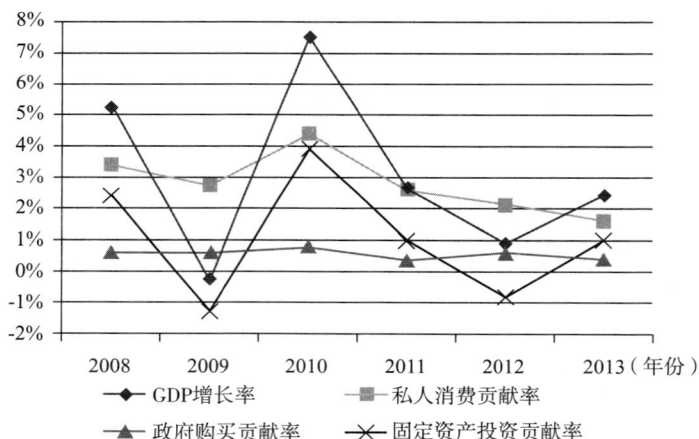

图 59.2　巴西 GDP 增长率及私人消费、政府购买、固定资产投资贡献率

　　政策方面，巴西政府增加对公路、铁路、机场等公用设施的投资，减少了超过 40 个行业（主要是制造业）的税收负担。同时政府也连续 5 次加息，希望控制住高通货膨胀。考虑到美国退出量化宽松的货币政策和巴西经济不景气，国际资

---

　　① 数据来源于 BvD 全球金融分析、宏观经济指标数据库 https：//www.countrydata.bvdep.com/ip。下面如未作说明，数据来源均相同。

本从新兴市场大量流出，巴西也面临着本币贬值和资本市场受挫的危机。

二、巴西金融运行概况

近年来巴西央行为了扭转经济增长的乏力，采用了一系列宽松的货币政策，如降低基准利率、增加货币供应量等。如图 59.3 所示，巴西国内基础设施建设滞后，劳动力素质不高，投资环境欠佳，因而资本的使用成本较为高昂，其利率也相对较高。执行扩张性的货币政策后，巴西基准利率从 2008 年 8 月的相对高点 14％降至 2013 年的 9％左右，其广义货币量（M2）也由 2008 年的 10132 亿雷亚尔增至 2013 年的 18446 亿雷亚尔。

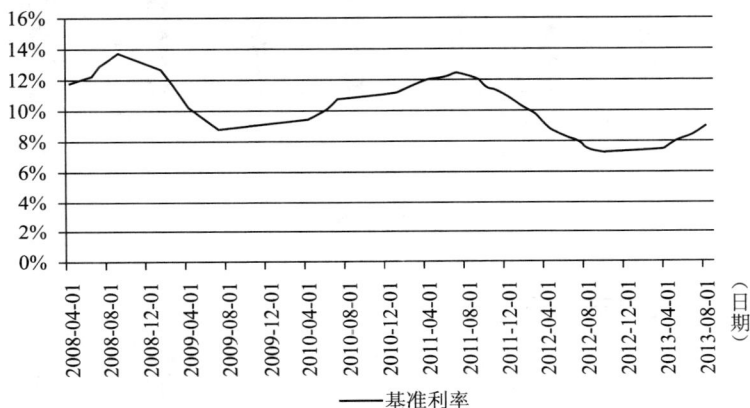

图 59.3 巴西基准利率

美国呈现退出量化宽松政策的趋势使巴西资本外逃严重，加之巴西国内经济不景气，巴西货币呈现贬值态势。2008 年 9 月美元兑巴西雷亚尔的中间价为 1.7305，2013 年 8 月美元兑巴西雷亚尔的中间价为 2.2386，累计贬值约 30％。巴西经济较为依赖大宗商品的出口，也需要从国外进口大量的原材料和商品。事实上，宽松的利率政策和本币贬值并没有帮助巴西的工业和出口获得快速增长，巴西的经济增长仍然乏力。

第 2 节 巴西公共部门风险分析

本节基于巴西中央银行的资产负债结构、政府的财政收支及公共债务情况，对巴西公共部门的风险状况进行分析。

一、公共部门资产负债表分析

巴西中央银行的资产和负债规模呈现逐年增加趋势，如图 59.4 所示，金融危机之后巴西央行资产规模反弹式的大幅扩张，在 2011 年和 2012 年增幅尤为明显，但 2013 年增幅下降，与巴西政府的加息收缩流动性政策有关。巴西央行的资产负债率一直维持在较高水平，2013 年更是达到近五年最高水平 99.2%，杠杆率增加凸显了偿还能力风险的上升。综合来看，巴西央行的资本结构状况不容乐观。

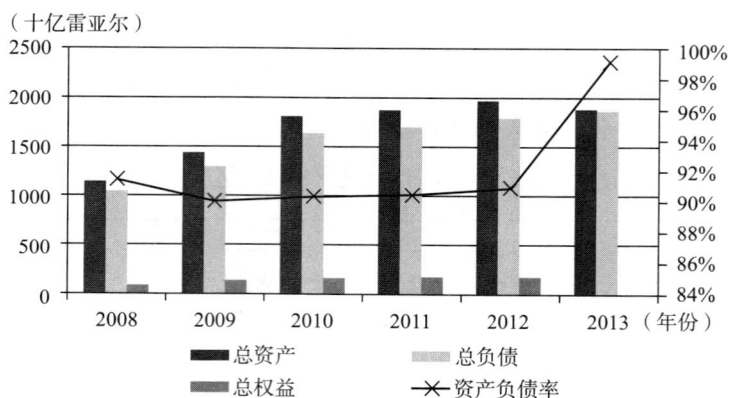

（十亿雷亚尔）

图 59.4　巴西中央银行资本结构

二、政府财政收支状况分析

从财政收支状况来看，如图 59.5 所示，巴西政府的财政收支规模稳步增加，并没有受到金融危机的过多影响，并且近年来一直保持财政盈余，财政盈余在 GDP 的比重也呈现上升趋势，达到 2013 年的 2.7%，整体收支情况良好。尽管巴西政府持续执行扩张性的财政政策，减税并加大基础设施和民生建设投资，但财政支出和政府购买在 GDP 中的占比基本维持在 36% 和 20% 左右，对经济增长的拉动作用并不明显。

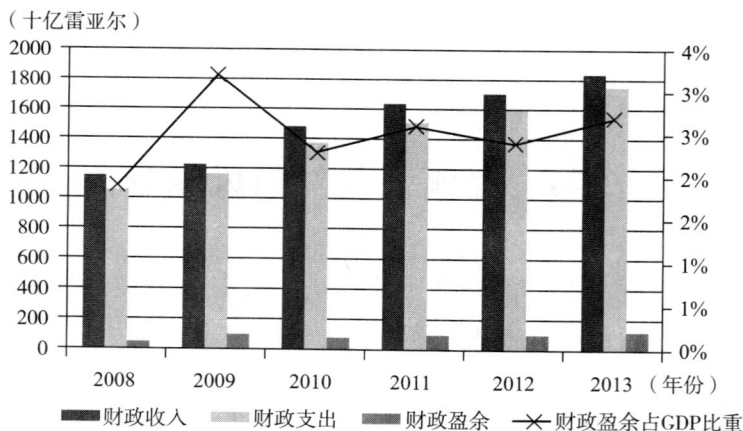

（十亿雷亚尔）

图 59.5　巴西政府财政收支情况

三、公共债务分析

总体上巴西公共债务规模逐年增加，如图 59.6 所示，尤其在 2011 — 2013 年增幅明显，主要原因在于这三年国债发行量增加，并且依靠外汇调节维系国际收支账户平衡，外债规模增加。巴西公共债务在 GDP 中的占比则是在金融危机之后大幅下降，但 2011 年又开始逐年上升，2013 年达到 59%，与西方发达国家相比还是相对较低。所以巴西公共债务风险增加，但总体仍在可控范围之内。

（十亿雷亚尔）

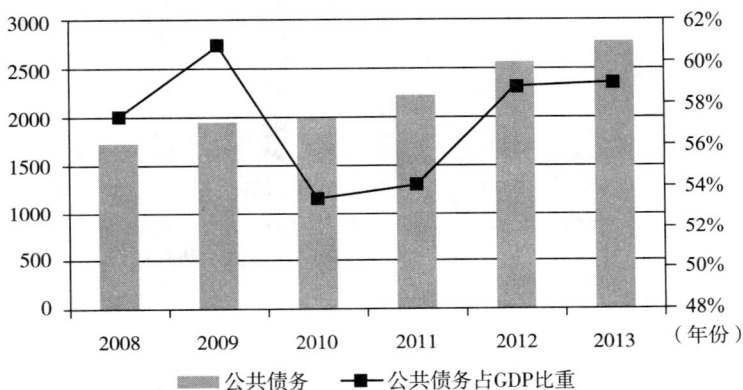

图 59.6 巴西公共债务及其在 GDP 中占比

第 3 节 巴西金融部门风险分析

本节选取巴西 23 家上市金融机构，汇总编制账面资产负债表和或有权益资产负债表，并借助风险指标对巴西金融部门宏观风险进行分析。

一、账面资产负债表分析

巴西金融部门资产规模在 2008 — 2010 年扩张明显，如图 59.7 所示，此后虽然延续扩张趋势但增幅明显下降。整体资产负债率在 2009 年下滑后维持稳步上升趋势，在 2013 年达到 91%。从账面数据来看，巴西金融部门规模增加，杠杆率增大，资本结构状况有所恶化。

二、或有权益资产负债表分析

巴西金融部门的资产市值和负债市值在 2008 — 2011 年逐年增加，如图

59.8所示，但2012年二者均有所下降。权益市值方面则是在2010年达到顶峰，然后连续2年下降，在2013年为1420亿美元。与此相应的是巴西股票市场受挫，投资者信心丧失，金融部门不可避免地受到影响。或有资产负债率则是从2008年的最高点93%大幅下降，后面几年又逐年上升，达到2012年的89%，总体趋势与账面资产负债率相似，巴西金融部门的风险状况不容乐观。

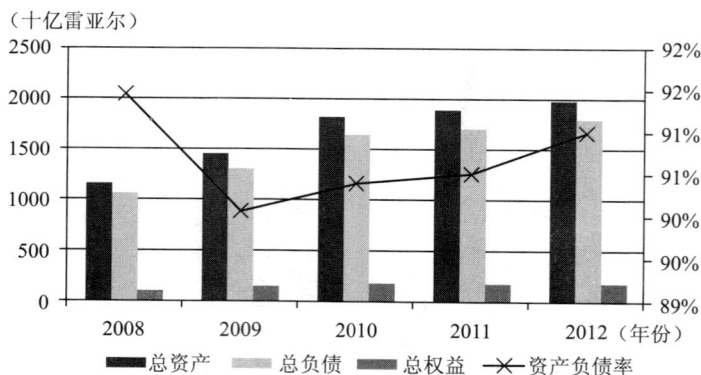

图 59.7　巴西上市金融部门账面资本结构

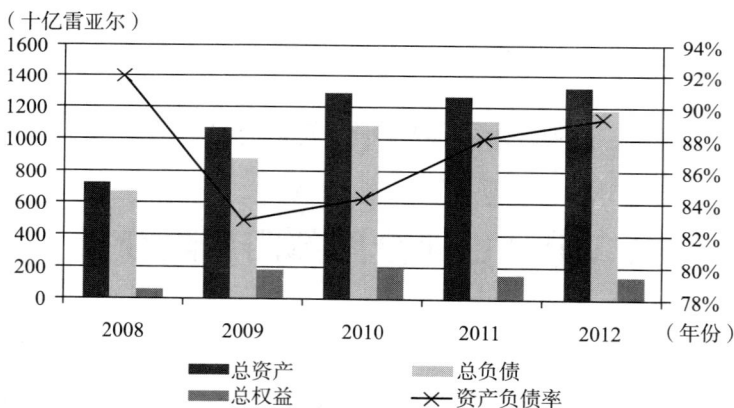

图 59.8　巴西金融部门或有权益资本结构

三、风险指标分析

从风险指标上来分析，如图59.9所示，巴西上市金融部门受金融危机影响，违约距离在2008年为负值，此后则是逐年增加，但2011年有大幅下降，反映出巴西金融部门的违约风险增加，与巴西经济与股市的不景气相应。2012年巴西金融部门违约距离有回升，但总体风险状况依旧严峻。

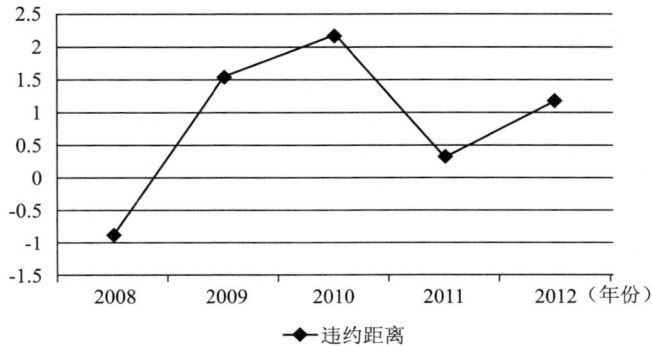

图 59.9 巴西上市金融部门违约距离

第 4 节 巴西企业部门风险分析

本节选取巴西 371 家上市企业编制企业部门资产负债表和或有权益资产负债表，并借助风险指标对巴西上市企业部门的宏观金融风险进行分析。

一、账面资产负债表分析

从账面数据来看，如图 59.10 所示，巴西企业部门在 2008－2010 年资产规模增幅明显，此后虽然延续增长趋势，但增幅很小，侧面反映出巴西经济不景气。事实上，2011－2012 年全球经济复苏减缓，国内外需求不足，巴西的经济很大程度上依赖农产品和大宗商品的出口，而这两年巴西农业减产，大宗商品价格走低，加之巴西劳动力素质不高，这些都严重影响了巴西企业部门的正常发展。资产负债率从金融危机期间的高于 58％的水平降至近三年的 55％的水平左右，资本结构状况较之金融部门良好。

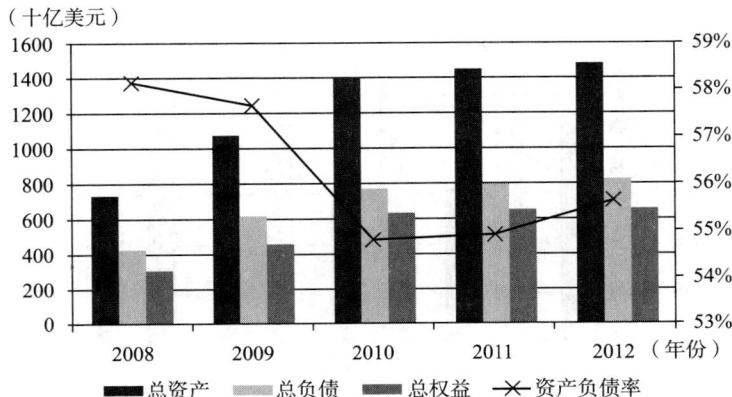

图 59.10 巴西上市企业部门账面资产负债表

二、期限结构分析

巴西企业部门流动资产和流动负债的规模与企业部门账面总资产和总负债走势相似，如图 59.11 所示，均为前几年大幅增长，而后增幅减小。流动比率始终维持在 1.5 以上，在 2010 年甚至达到 1.65，虽然 2011－2012 年流动比率有下降趋势，但仍然处于较高水平，体现巴西企业部门较好的短期偿还能力。

（十亿美元）

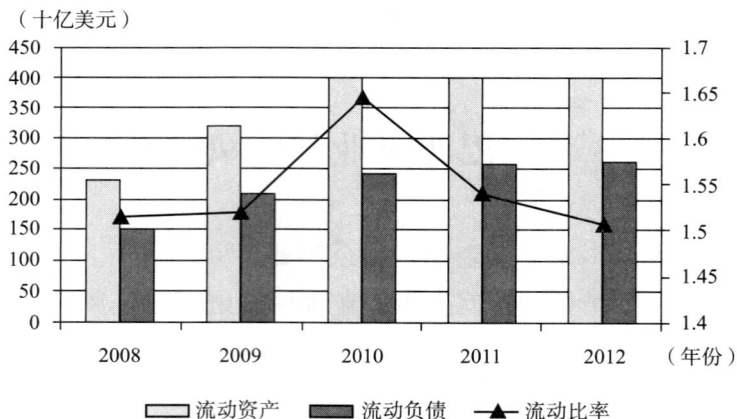

图 59.11　巴西上市企业部门期限结构

三、或有权益资产负债表分析

2008－2012 年巴西上市企业部门的资产市值在 10000 亿美元至 11000 亿美元之间波动，如图 59.12 所示，基本没有明显的增长。权益市值方面则是自金融危机之后大幅跳水，然后维持在低位波动，2012 年的企业部门权益市值仅为金融危机之前 2008 年的 67％，说明企业部门在金融危机之中受到重

（十亿美元）

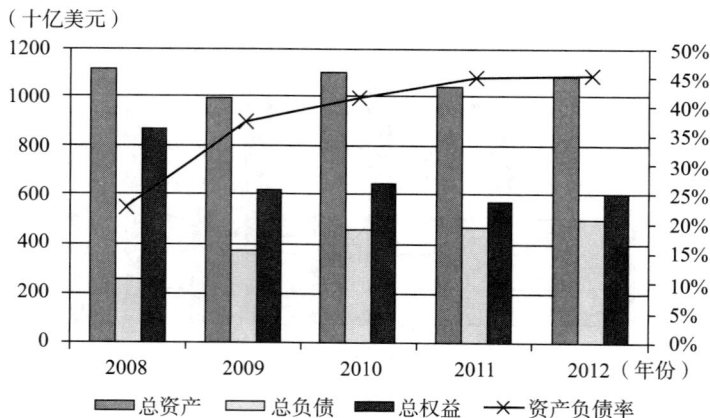

图 59.12　巴西上市企业部门或有权益资本结构

挫后一直没有恢复过来。事实上，巴西股市近年表现不佳，在 2013 年跌幅甚至超过 20％。企业部门的或有权益资产负债率则是一路上升，从 2008 年的 23％增至 2012 年的 45％，反映出巴西企业部门的资本结构恶化，债务偿还风险增大。

四、风险指标分析

根据风险指标，巴西上市企业部门的资产波动率整体呈现逐渐下降趋势，这点与金融部门类似，但是违约距离除了在 2011 年有下滑之外，其余年份逐年增加，反映出的是企业部门虽然增长乏力，但违约风险并不大，状况优于金融部门。

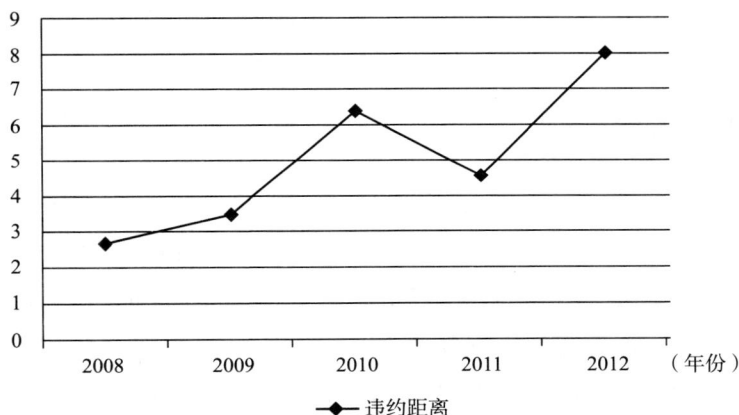

图 59.13　巴西上市企业部门违约距离和资产波动率

第 5 节　巴西家户部门风险分析

本节主要是基于巴西家户部门的私人消费水平和通货膨胀率，对巴西家户部门的宏观风险进行分析。

一、私人消费分析

私人消费一直是巴西经济增长的重要推动力，如图 59.14 所示，私人消费水平在 2008－2009 年大致相当，2010－2011 年随着经济的反弹增幅明显，但随后巴西经济增长减缓，私人消费也随之连续两年下滑，这体现出民众对经济前景信心不足，也预示巴西经济增长乏力。此外私人消费在 GDP 中的占比整体呈现波动上升趋势，由 2008 年的 59％增至 2013 年 63％，说明巴西经济对私人消费的依赖程度增大，但私人消费本身增长缓慢甚至负增长，无力支持经济的高增长。

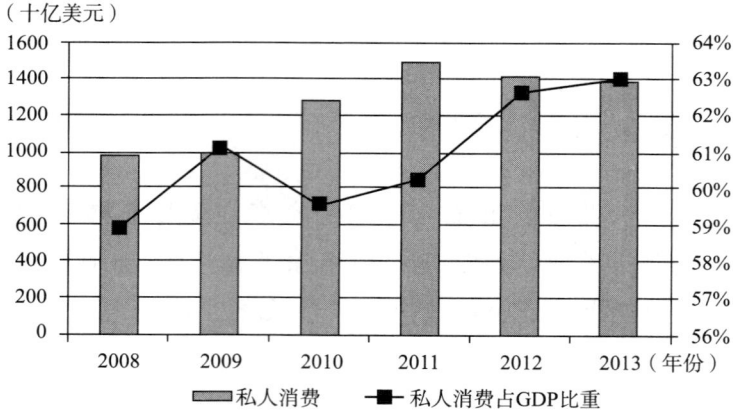

图 59.14　巴西私人消费水平

二、通货膨胀率分析

巴西的通货膨胀率一直高于货币政策目标的 4.5％，如图 59.15 所示，除去 2009 年金融危机萧条下通货膨胀率为 4％，其余年份的通货膨胀率均在 6％上下波动，且在最近两年有小幅下降。巴西的高通胀主要来自于服务价格和名义最低工资的上调，高通胀不仅对巴西政府的扩张货币政策施加了较大的压力，也使居民消费面对食品与能源冲击时更加脆弱。

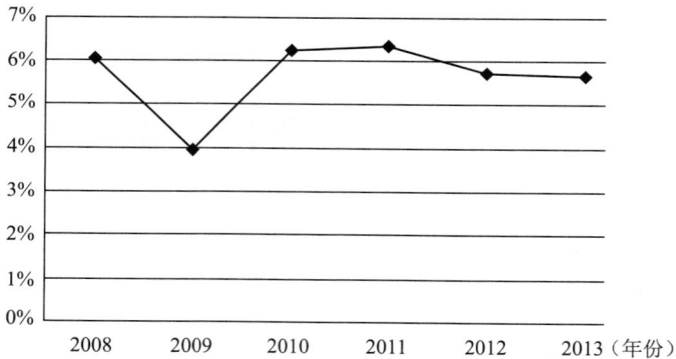

图 59.15　巴西居民消费价格指数

第 6 节　巴西经济结构及其面临的风险专题

在 2001－2010 年的十年里，巴西经济一直稳步发展，GDP 实现了 3.5％的年增长率。金融危机爆发以来，巴西经济增长速度开始下滑，2010

—2013 年经济增长率分别为 7.5％、2.7％、0.9％和 2.4％，目前仍然处于历史低位水平，在新兴经济体中排名也十分靠后。巴西拥有丰富的自然资源和充足的廉价劳动力，长期以来依靠大宗商品的繁荣和农产品大量出口获得快速发展。但是近几年随着全球经济复苏减缓，各大经济体需求不足，巴西国内吸收的投资减少，原材料如铁矿和石油价格下降，加之农业减收，巴西经济增长显得十分乏力。

当前巴西政府刺激经济的主要措施有两个方面：一是自 2011 年开始采取扩张的货币政策，放松银根，将基准利率由 12.5％降至 7.5％，希望减小企业的融资成本同时刺激消费；二是减税，改善投资环境，开放铁路、公路、机场等基础设施的投资，在物流、能源业、制造业等方面直接吸引外国投资。但是政策效果并不十分理想，减息和吸引投资并没能增加投资率，相反还增加了政府和居民的负债率，同时使通货膨胀率居高不下。

一、巴西经济结构缺陷

目前来看，巴西国内的经济结构问题是其经济增长乏力的根本原因，这一深层次结构问题主要表现在以下几个方面。

第一，显著的城乡二元结构和社会贫富分化。如表 59.1 所示，以 2012 年为例，无收入和小于 1 倍最低工资的人口比例约为 34.95％，也就是超过 1/3 的人口在最低收入水平之下，而超过 5 倍最低工资的高收入人群的人口比例为 7.3％，这说明巴西的收入分配不公，贫富差距扩大。社会两极分化不仅抑制私人消费需求的正常增加，也会阻碍劳动力素质的提高。私人消费是巴西经济增长的重要动力，同时劳动力素质不高是制约巴西经济尤其是制造业发展的重要瓶颈，巴西如果要重现以往的高增长，必须解决社会两极分化严重的问题。

表 59.1　巴西居民收入分布状况

月收入	人口比例（%）			
	2008	2009	2011	2012
无收入	9.49	8.86	7.55	7.11
小于 1 倍最低工资	29.00	29.31	25.99	27.84
1—2 倍最低工资	30.98	31.84	32.78	33.69
2—5 倍最低工资	20.50	19.85	21.46	21.11
5—10 倍最低工资	5.37	5.29	5.84	5.09
大于 10 倍最低工资	2.83	2.75	2.63	2.28

第二，长期的高通胀和高利率。高利率导致巴西储蓄率和投资率处于较低水平，高利率增大了企业的融资成本，这些都不利于巴西经济的发展。巴西长期以来就是一个高通胀国家，主要是因为巴西依赖外汇进口原材料，这增加了外汇储备的压力。一旦外汇储备不足，原料供应困难，国内便会发生成本上涨的通货膨胀。巴西政府的高利率政策正是为了应对这种高通胀，但也吸引了很多国际投机热钱涌入，抵消了净出口带来的收入并使经常账户为赤字。长期来看，这增加了巴西经济的泡沫，也带来不稳定因素。

第三，产业结构不合理。农产品和原材料在巴西的出口中占比很大，所以巴西经济会受到国际市场上大宗商品价格波动的影响，脆弱性凸显。而巴西国内制造业竞争力不强，税收负担重，劳动力素质不高，这些无疑抑制了巴西制造业的发展。制造业不够发达，也意味着经济生活对国外的依赖程度较大，这也会加重外汇储备和通货膨胀压力。

二、美国退出 QE 对巴西的可能影响

巴西是重要的新兴市场国家，近年来受困于经济增长乏力的局面。2013年12月美联储宣布从2014年开始将每月缩减国债，减少货币的投放量。美国退出量化宽松（QE）政策无疑会对新兴市场造成重大冲击。

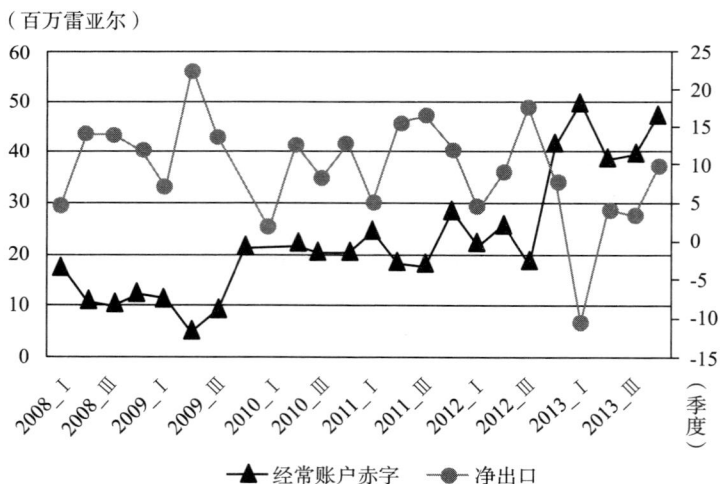

图 59.16 巴西经常账户赤字和净出口

巴西进出口基本维持平衡，如图 59.16 所示，并且在最近几年净出口有下滑趋势，虽然巴西凭借其丰富的资源与低廉的劳动力扩大了出口，但巴西国内制造业水平不高，很多产品也同样依赖进口，这也意味着巴西的出口并没能给其带来巨大的经济拉动和外汇储备。同时，巴西的经常账户近五年来

一直是赤字，赤字规模也呈现逐渐增大趋势，背后的主要原因在于巴西的服务和收入子账户均为赤字。一旦美国退出 QE，国际热钱流出巴西，必然引起巴西国内的利率水平进一步增高，对实体经济造成损害。

从 2011 开始巴西货币就呈现持续贬值的态势，如图 59.17 所示，从 2011 年第二季度的最高点累计贬值近 27%。货币贬值一定程度上刺激了巴西的出口，但巴西的高利率同样也吸引了大量的国际热钱进入巴西。一旦美国缩减流动性，投机热钱纷纷逃离，将会进一步加重巴西货币的贬值。然而如果巴西的经济结构和投资环境不改善，本币贬值不能促进出口的大幅提升，也就不能缓解经常账户恶化的趋势。

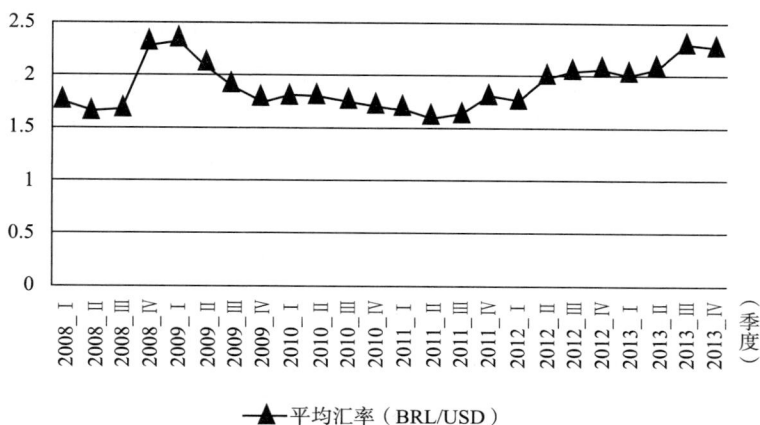

图 59.17　巴西雷亚尔兑美元平均汇率

三、巴西经济改革建议

巴西解决国内经济结构问题的出路在于改革，而改革的方向有以下几点。一是更多地关注民生问题，将经济发展的成果用来提高人民生活水平，加强对教育、社保的投资，缓解社会贫富分化的症状，提高劳动力素质。二是优化国内投融资环境，对重要行业进行财政支持。建议继续开放基础设施和原材料等方面的投资，减少流程手续，同时限制国际热钱的涌入。三是优化调整产业结构，将原材料和农业的红利用来发展制造业和旅游业，建立完整发达的工业体系，减少对国外的依赖。

第 7 节　结论及对中国的借鉴

自 2010 年之后巴西经济增长速度大幅下滑，在全球发展中国家和新兴市场中表现排名靠后。总体来看，巴西的宏观金融风险呈现增大的态势，具体表现为经济增长乏力，市场信心不足，高通胀以及本币贬值、资本外流，所以巴西的经济金融前景应该引起中国注意。

公共部门方面，巴西银行资产规模持续扩张的同时资产负债率也逐年增高，政府财政收支有盈余且规模相对稳定，公共债务规模有所上升，在 GDP 中的占比达到 60%。公共部门的风险呈上扬态势，但尚且可控。

金融部门方面，账面资产和负债规模稳步增加，或有权益的市值却是先升后降。总体资产负债率也是表现增加的趋势，违约距离在 2012 年有较大幅度下降。综合来看巴西金融部门的风险状况整体向好，但 2012 年经济增长率跌至历史低位，市场信心受挫，所以还需观望后续情形。

企业部门方面，2010 年之后资产规模增幅缓慢，权益市值也上下波动，没有明显增长趋势，整体资产负债率和流动比率都在可接受的范围内，违约距离也逐渐增大。总的来看，企业部门的违约风险较小，但市场信心严重不足。

家户部门方面，私人消费相对疲软，对经济增长的拉动作用减弱，通货膨胀率维持在 6% 上下，可控但仍然高于 4.5% 的目标值。家户部门消费意愿不强，面临较高的通货膨胀风险。

同样作为重要的发展中国家和"金砖四国"成员国之一，我国与巴西在经济上有很多相似之处，如经济增长过于依赖投资和出口，社会贫富差距大，劳动力素质有待提高等。结合巴西经济结构风险专题的讨论，针对我国经济的发展给出如下两点建议。一是继续缓解贫富差距，增加对社保、教育、基础设施的投资，增加劳动力素质，为我国经济增长提供后续动力。二是转变经济的动力，减少经济增长对投资和出口的依赖，刺激国内消费需求，处理好消费、出口、投资"三驾马车"之间的关系。

＋·＋

参 考 文 献

[1] IMF：World Economic Outlook，2013 年 10 月。

[2] IMF：Global Financial Stability Report，2013 年 10 月。

[3] 高蓓：《巴西经济改革：改变二元结构是重点》，载《中国财经报》2013 年 11 月 7 日，第 008 版。

第 60 章 阿根廷宏观金融风险研究

阿根廷位于南美洲最南端，它是拉丁美洲面积第二大国，世界面积第八大国。20 世纪初，阿根廷经济总量曾位居世界前十名。20 世纪 80 年代因债务危机，经济大幅衰退。2011 年下半年以来，随着世界经济危机的余波袭来，阿根廷金融市场震荡，资本外逃加剧，经济增速放缓，经济运行风险上升。阿根廷政府采取了刺激内需、鼓励和保护民族工业、加强金融管制、强化贸易保护等应对措施。2012 年以来，阿根廷政府加强对国民经济的管控，先后对有关石油、铁路等企业采取"国有化"举措。但是，阿根廷低增长、高通胀的态势在进入 2013 年后并未缓解，不断扩大的财政赤字将使未来的通胀形势更加严峻。

第 1 节 阿根廷经济金融运行概况

阿根廷经济从 2003 年开始，都保持了较高的经济增速，成功将 GDP 增长率保持在 8％这一高水平。此外，失业率和通货膨胀率都有所下降，归根究底，与其实施的扩张性的财政和货币政策有关。但是进入 2008 年下半年以后，受全球经济市场的不景气和国内严重的自然灾害影响，阿根廷的经济增长陷入泥潭，经济增长势头自 2003 年以来首次出现下滑态势。因此，在 2009 年下半年，阿根廷政府采取了一系列的刺激性经济措施使得阿根廷成功成为少数几个拉丁美洲地区经济维持正增长的国家，特别是 2010 年，阿根廷的 GDP 增长率更是达到了 9.2％的历史高位，说明阿根廷 2009 年的刺激政策在 2010 年取得了很好的效果，一直到 2011 年，阿根廷经济依旧延续了高速的增长态势，GDP 增长率为 8.9％。

但是进入到 2011 年下半年以后，随着阿根廷政府刺激政策效果锐减，前几年刺激政策的反作用凸显，阿根廷经济陷入新一轮的泥潭。由于政府刺激性的投资拉动，使得国内消费严重不足，引起阿根廷国内第一产业和第二产业企业利润下滑，生产处于停顿状态，阿根廷政府的财政状况日益恶化，财政支出自 2003 年以来首次出现超过财政收入的情况，从国际收支来看，因为阿根廷政府采取的贸易政策趋于保守，引起了其他国家不满，阿根廷外贸行业情况恶化，加上比索贬值严重，对于阿根廷国际收支的影响更是雪上加霜，2012 年阿根廷的经济情况不容乐观，存在不小的金融风险。

一、宏观经济运行概况

从阿根廷宏观经济运行环境上来看，2013 年阿根廷宏观经济运行环境并没有得到根本性的好转，阿根廷 2013 年 GDP 增速仅为 2.95%，虽然较 2012 年的 1.9% 有所上升，但是增速依旧缓慢，2013 年阿根廷 GDP 总额为 4882.13 亿美元，增长绝对值较低，人均 GDP 为 14457 美元，可见，阿根廷并没有从实际上解决经济不振的问题，加之通货膨胀率较高、比索贬值严重，使得阿根廷 2013 年宏观经济运行形势并不乐观（见图 60.1）。

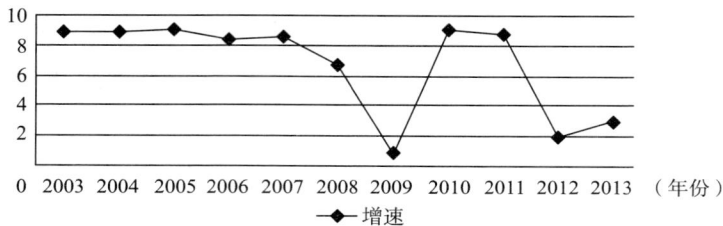

图 60.1 200—2013 年阿根廷 GDP 增长率分析

数据来源：根据各国中央银行资产负债表整理。

2008 年至 2012 年阿根廷与其他拉丁美洲国家相比，其宏观经济增长恢复较快，但是进入到 2012 年之后，阿根廷经济增长速度突然出现较大幅度的下滑。究其原因，可以从两方面进行讨论：第一出口创汇能力大幅下降，阿根廷一直以机械制造业强著称，出口主要以机械制造产品为主，2012 年阿根廷出口受阻，经济增长的单引擎失灵；第二对外石油过于依赖，因燃油引发的贸易赤字不断扩大，严重影响阿根廷国际收支能力，因此 2012 年阿根廷政府为了缓解国内极度依赖国外石油进口的情况，提出提高自身能源供给能力而对 YPF 石油公司国有化。图 60.2 为 2005—2013 年阿根廷通货膨胀率分析。

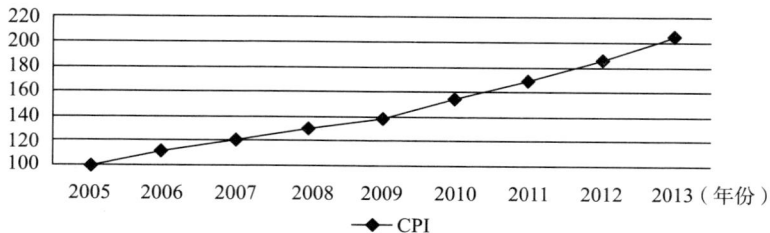

图 60.2 2005—2013 年阿根廷通货膨胀率分析

现在以 2005 年 CPI＝100 为基准对 2013 年阿根廷通货膨胀情况进行分析，可以明显地看出，在 2005 年以后，阿根廷的通胀膨胀水平不断走高，已由 2005 年的 100 基点攀升到 2013 年的 204 基点，较 2012 年增长了 10.8％，已经连续八年保持通货膨胀率 10％ 以上的增长速度，可见，2013 年阿根廷如果不能控制物价水平，将会对其经济恢复带来很大的压力。

二、金融运行概况

阿根廷国内工业生产不振。2012 年，阿根廷政府采取了紧缩性的货币政策，提高了已有的利率水平，在控制通货膨胀方面并没有取得预期的效果，反而拖累了实体经济的发展，使得居民的消费大幅下降，进而造成企业销售量下降，特别是制造行业萎缩较为严重。

外部融资环境出现恶化。2013 年，阿根廷政府为了保证国际收支平衡，调节国内外收支结构，对进口采取了严格的申报制度，限制进口的政策在一定的程度上改善了国际收支结构，但是引起了各大主要贸易国家的不满，使得和国际投资者的关系恶化，进一步推高了国内的通货膨胀水平。

汇率下行压力凸显。2012 年是阿根廷资本外逃比较严重的一年，为了躲避阿根廷经济的下行风险，大量的游资撤出阿根廷市场，加剧了资本外流的程度，阿根廷政府为了控制外资流出的风险，使用了较为严厉的外汇干预手段，造成了阿根廷金融市场的不稳定和外汇流出严重的状况，市场风险不断放大。

第 2 节　阿根廷公共部门风险分析

本节主要是针对阿根廷公共部门宏观金融风险进行分析，主要使用资产负债表方法，通过将阿根廷的公共部门分为中央银行和政府财政两大部分，对其面临的风险进行分析和判断。

一、中央银行资产负债表分析

如图 60.3 所示，与 2007－2011 年连续稳定增长的态势不同，阿根廷中央银行的资产负债表在 2012 年出现了一个明显的扩张，究其原因，是由于阿根廷央行为了改善流动性不足的状况，释放了大量的流动性，这样，使得中央银行的资产负债表增长显著，这样显著性的增长已对阿根廷造成了严重的通胀压力。

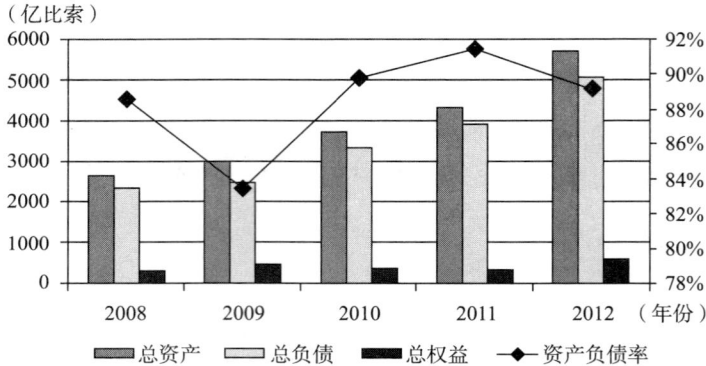

图 60.3 阿根廷中央银行资本结构

二、外汇储备分析

2012 年，阿根廷外汇储备总量延续了 2011 年的下降态势，跌至 432.46 亿美元，为近五年来最低水平（见图 60.4）。主要原因在于，一是阿根廷政府采取了财政政策和货币政策的扩张性策略，不仅扩大公共开支强化投资，而且还极大程度地放松了市场的流动性，导致货币超发严重，比索陷入不断贬值的困境。而为了应付贬值带来的压力，阿根廷中央银行动用了一定量的外汇储备，以稳定阿根廷比索的币值。二是随着阿根廷政府债务问题的恶化，阿根廷政府不得不通过拿出央行的外汇储备对可能造成违约的债务进行偿还，外汇储备总量出现下滑。

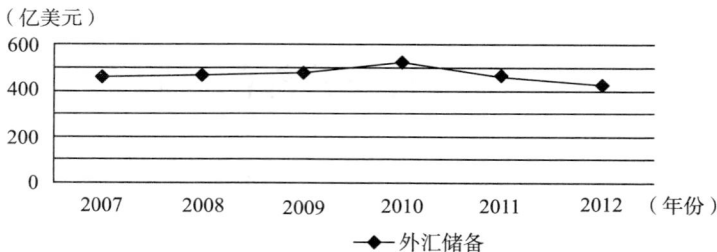

图 60.4 2007－2012 年阿根廷外汇储备分析

三、政府债务分析

2012 年，阿根廷公共债务 GDP 占比出现了一定程度上的反弹，达到了 44.77％。这主要是由于阿根廷政府过去拥有较差的偿债历史、不稳定的政治格局，这些都导致了新一轮的债务困境，使阿根廷面临严重的通胀压力和经济波动。图 60.5 为 2008－2012 年阿根廷政府公共债务占比。

（亿比索）

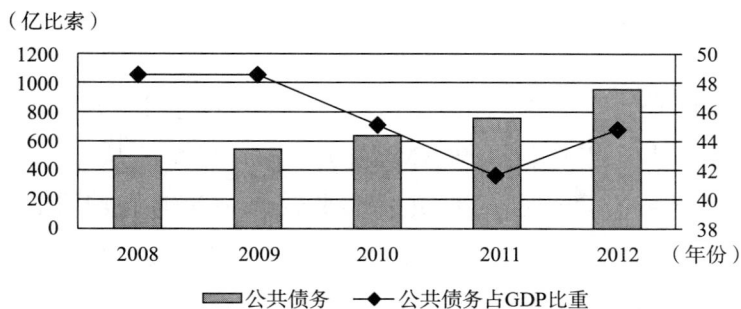

图 60.5　阿根廷政府公共债务占比

第 3 节　阿根廷金融部门风险分析

2012 年，阿根廷金融部门风险较 2011 年有了很大程度的改善，特别是在阿根廷政府出台一系列政策后改善更加明显，如上调个人所得税征缴额度等，阿根廷国内消费有所提升，带动金融部门优化资产负债表结构。总的来说，2012 年阿根廷的金融部门风险得到一定控制。

一、账面价值资产负债表分析

2012 年阿根廷金融部门资产负债表相对于 2011 年的显著扩张情况，其扩张态势并没有减弱。2012 年，阿根廷金融部门的资产负债率较 2011 年略有下降，但下降幅度仍然有限，由 89.68％下降至 89.16％，下降了 0.52 个百分点，说明阿根廷政府虽然已经致力于改善金融部门资产负债结构，但效果并不明显，金融部门风险没有得到缓解，反而有进一步恶化的迹象。

（百万比索）

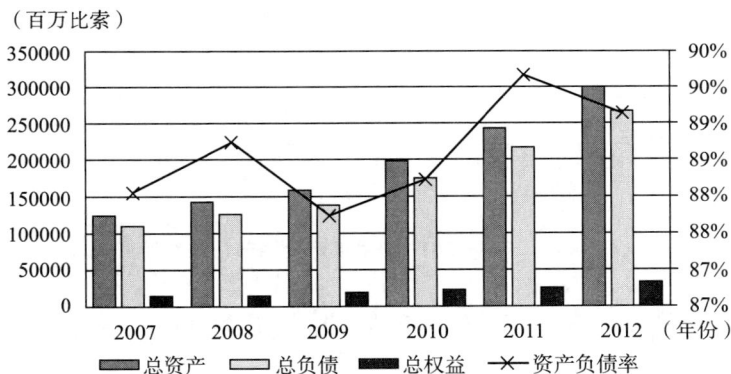

图 60.6　2007—2012 年阿根廷金融部门资本结构

二、或有权益资产负债表分析

2012 年，阿根廷金融部门的或有资产负债水平与阿根廷账面资产负债水平相比较而言，呈现出了不同的下降趋势，其或有资产从 2010 年的高位下降，虽然 2012 年或有资产和或有负债水平较前一年略有回升，但是回升幅度不大，或有资产负债率也保持在了相对较低的水平说明 2012 年阿根廷金融部门暂时不会出现很高的风险（见图 60.7）。

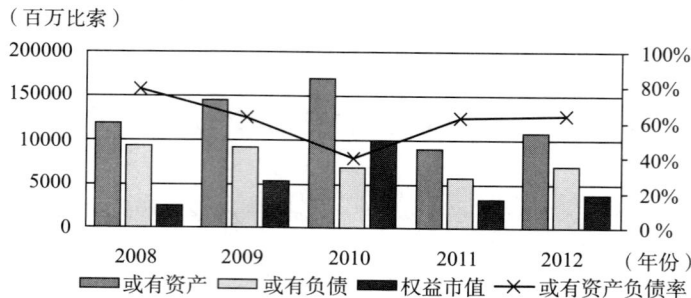

图 60.7　2008－2012 年阿根廷金融部门或有资产负债表

三、风险指标分析

2012 年，阿根廷金融部门的违约距离为 3.25，较 2011 年的 2.78 略有上升，从 2009 年开始，阿根廷的金融部门的违约距离一直处于震荡调整的状态，在 3 的水平上下波动，总的来说，阿根廷的金融部门违约风险一直处于高位，与其国内居高不下的通货膨胀风险有直接关系，2012 年虽然有所改善，但还是应该予以高度重视（见图 60.8）。

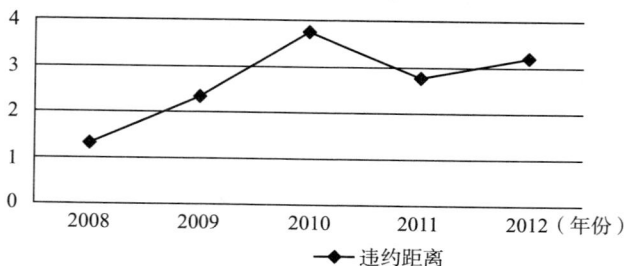

图 60.8　2008－2012 年阿根廷金融部门违约距离

第 4 节　阿根廷企业部门风险分析

虽然 2011 年阿根廷企业部门得益于外部市场环境改善和本国投资消费水平提升的影响而增长强劲，但是 2012 年后，阿根廷整体经济水平出现下滑严重、通货膨胀率居高不下、政府财政收支减少等情况，加之国内通胀水平上升抑制国内消费与投资、国外汇率波动加剧，比索贬值严重，不仅加速了国内的经济衰退，更出现了资本的大幅外逃。图 60.9 为 2008－2012 年阿根廷企业部门资本结构。

（百万美元）

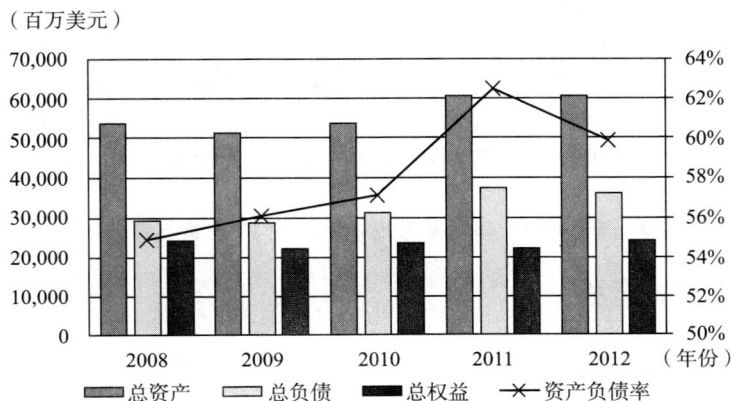

图 60.9　2008－2012 年阿根廷企业部门资本结构

一、账面价值资产负债表分析

2012 年阿根廷企业部门总资产和总负债值基本保持比较平稳的态势，总资产方面，2012 年仅比 2011 年增长了 0.89 个百分点，总负债方面，不仅没有增加，反而下降了 3.33 个百分点。从资产负债率方面来看，由最近五年来的高点 62.53％下降为 59.91％，下降了 2.62 个百分点，虽然资产负债方面有所改善，但从 2011 年来，阿根廷企业部门不仅没有有效地控制住国内价格上升的风险，反而进一步受到出口不利等因素影响，使得阿根廷企业部门陷入了增长停滞的状况，如果这种状况不能够得到改善，政府不出台适合的政策对阿根廷经济基本面给予支持的话，阿根廷企业部门势必进入下行通道，使得阿根廷不利状况雪上加霜。

二、或有权益资产负债表分析

相对于 2011 年的阿根廷企业部门的或有资产负债率而言，2012 年，阿根廷企业部门的或有资产负债率略有回落，但是这并不能表明 2012 年阿根廷企业部门的风险得到了一定程度的控制，从或有资产市值和或有负债市值上来看，阿根廷企业部门不仅实体经济上出现了萎缩，而且或有资产负债方面也出现了很大程度的萎缩，可见 2012 年阿根廷企业部门的风险不容忽视。图 60.10 为 2008－2012 年阿根廷企业部门或有资本结构分析。

（百万美元）

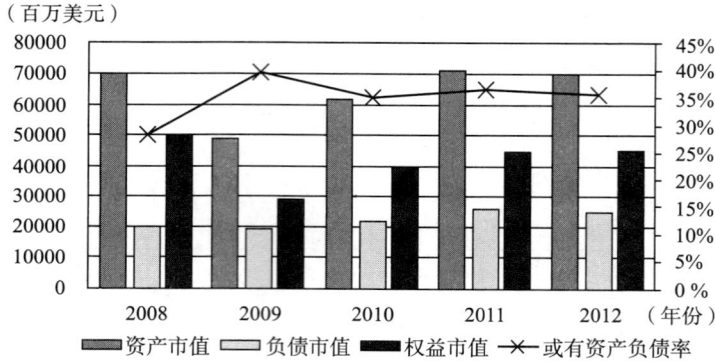

图 60.10　2008－2012 年阿根廷企业部门或有资本结构分析

三、风险指标分析

虽然 2012 年阿根廷企业部门违约距离较 2011 年略微有所提升，但是并不能作为说明阿根廷企业部门面临的违约风险下降的依据，主要原因在于其上升幅度有限，仍然在 3－4 的低位徘徊（见图 60.11）。

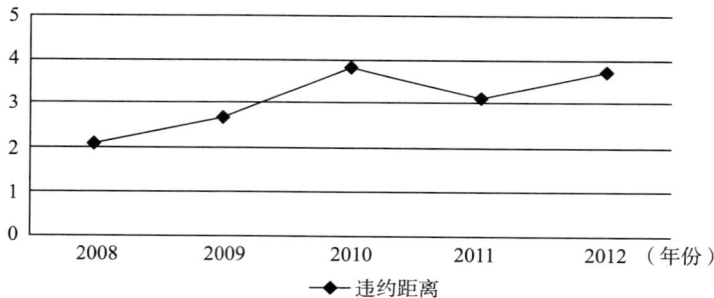

图 60.11　2008－2012 年阿根廷企业部门违约距离

第5节　阿根廷家户部门风险分析

本节对于阿根廷家户部门的风险，主要是包含了家户部门消费的增长率和家户部门可支配收入的增长率两个部分，将对二者分别进行分析，得出其风险水平。

一、消费增长率分析

阿根廷的消费增长率除了 2009 年外，一直处于较为稳定的水平。2012年，阿根廷消费增长率出现了一定的下滑，从 2011 年的 10.65％的高位迅速下滑了 6.25 个百分点，跌至 2012 年 4.40% 的水平（见图 60.12）。如此大幅度的下滑归因于 2012 年阿根廷经济出现的通货膨胀风险、比索贬值严重和私人消费乏力等因素。

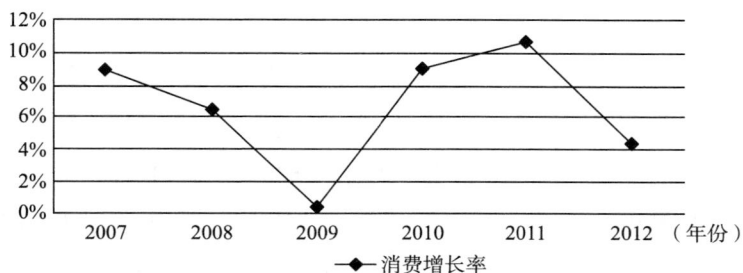

图 60.12　2007－2012 年阿根廷家庭消费增长率

二、可支配收入增长率分析

2012 年，家庭可支配收入的增速跌至 2%，说明阿根廷宏观环境的恶化已经严重影响到了私人消费的水平，进一步说明通过政府举债搞经济、居民举债高消费的模式已经出现了不可持续的特点，阿根廷的家户部门金融状况有进一步恶化的倾向，值得关注。图 60.13 为 2007－2012 年阿根廷可支配收入增加率分析。

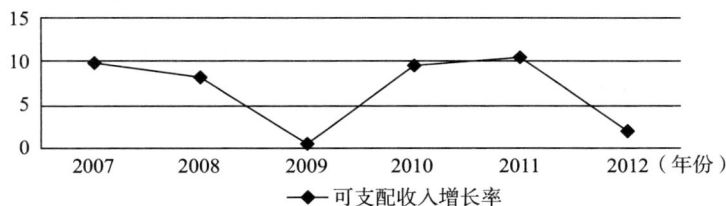

图 60.13　2007－2012 年阿根廷可支配收入增长率分析

第 6 节　阿根廷债务危机专题分析

2012 年年底，阿根廷再次出现严重的金融危机风险，其债务危机的外部直接诱因是其债务重组计划遭到美国联邦法院和美国联邦上诉法院的联合反对。美国联邦法院和美国联邦上诉法院为了保护美国企业的利益，对阿根廷提出的债务重组方案进行了否决，要求阿根廷政府全额偿还美国企业的债券而非通过旧债转新债的方案进行债务延期。如若阿根廷必须全额偿还此类债务，可以预期其他国际上的投资者将会要求获得平等的债务偿还权利，使得阿根廷本就积重难返的债务负担雪上加霜，而阿根廷内部的经济压力也推升了阿根廷出现新一轮债务危机的可能性，现就阿根廷国内经济形势对其债务危机风险进行分析。

一、经济乏力

2011 年年底，阿根廷再次爆发严重的通货膨胀，大量资金流出阿根廷，比索贬值严重，为了保持阿根廷汇率稳定，阿根廷当局采取了一系列的措施，使得自身外汇储备量不断下滑，相比于 2001 年阿根廷所爆发的债务危机，阿根廷的形势更加不容乐观，国际社会对阿根廷再次爆发债务危机的担忧日益加剧。图 60.14 为 2003—2013 年阿根廷 GDP 增长率分析。

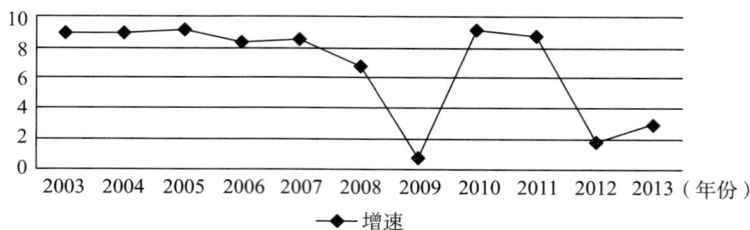

图 60.14　2003—2013 年阿根廷 GDP 增长率分析

2012 年，全球经济处于不景气的情况之下，而作为南美洲重要经济国家的阿根廷出现了债务危机爆发的风险，引发了新一轮的市场恐慌，如若阿根廷债务危机再次爆发，势必对世界经济的复苏造成重大打击，甚至有可能引发新一轮的全球范围内的经济危机。

二、通胀和比索贬值

通风膨胀风险是目前阿根廷最为显著的经济风险之一，阿根廷官方月度通胀率在 2011 年 11 月达到 9.51％的水平并且开始持续反弹，在阿根廷政府 10 月公布的统计数据中显示，阿根廷的通货膨胀率达到 10.24％，通货膨胀率不断走高。图 60.15 为 2005—2013 年阿根廷通货膨胀率分析。

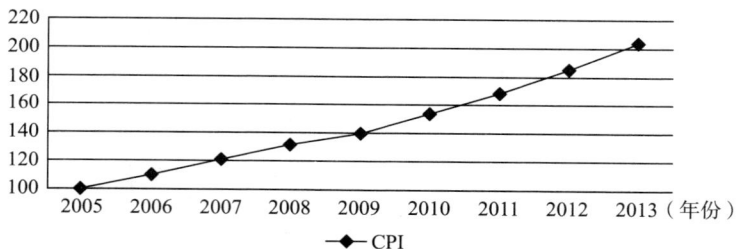

图 60.15　2005—2013 年阿根廷通货膨胀率分析

　　根据对阿根廷的经济环境分析，得出的结论是：阿根廷的通货膨胀是物价攀升和比索贬值双重影响下造成的。在物价方面，由于阿根廷采取新一轮的紧缩贸易政策，恶化了与其他国家的贸易关系，导致国内生产企业不管是原材料还是设备上都受到了一定的抑制，因此企业成本方面也不断上升，拉高了国内的商品价格；在比索贬值方面，阿根廷使用政府投资拉动的刺激计划，导致了比索的进一步贬值。

　　除了物价攀升和比索贬值之外，阿根廷实行的民族工业保护战略也加剧了阿根廷国内的通货膨胀风险，而外部经济大环境恶化，石油等能源价格不断逼近历史峰值，也对阿根廷这种依赖于能源进口的国家造成了严重的压力，可见阿根廷的通胀并不是单方面的因素造成的。

　　2005 年，阿根廷推出了债务重组计划，成功地避免了债务危机，2005 年过后，阿根廷的公共债务占 GDP 比重不断下降，但是进入到 2012 年后，阿根廷公共债务占 GDP 比重却出现了 10 年来的首次反弹，达到了 44.9%，高于 2011 年 3.1%，总额达到了 1974.64 亿美元，远超过国际公认的警戒线，存在较大风险。

三、资金外流和外汇储备减少

　　从短期债务方面来看，阿根廷的短期债务偿还能力仍然较强，暂时再次出现债务危机的可能性较小，值得关注的是，阿根廷大量资金外流现象致使阿根廷外汇储备有所缩水，如果未来阿根廷不能保持经济稳定增长和加快贸易制度改革，那么阿根廷外债违约风险会进一步加大，同时不排除由于经济增速大幅放缓和财政赤字锐增而引发的流动性危机。图 60.16 为 2007—2012 年阿根廷外汇储备分析。

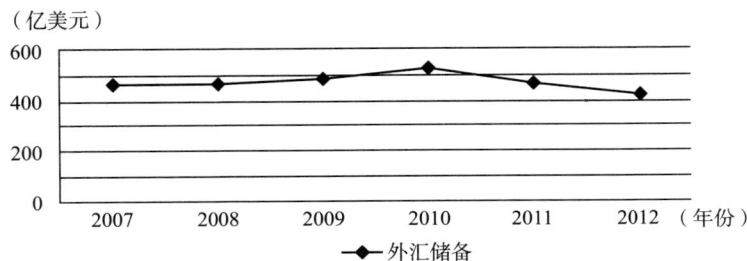

图 60.16　2007—2012 年阿根廷外汇储备分析

　　阿根廷需要对举债发展经济的模式进行变革和反思：举债虽然可以大幅度的刺激经济，但如果债务刚刚出现失衡，它的反作用力也相当巨大。

第7节　结论及对中国的借鉴

本章是对阿根廷宏观金融风险的分析，主要采用的是资产负债表的方法，将阿根廷整体分为四大部门进行，总体而言，阿根廷的风险主要集中在公共部门与金融部门，外汇市场与大规模的资金流入有可能是未来的风险来源。

从阿根廷的四大部门金融风险上来看，阿根廷公共部门的资产负债表长期处于不均衡的状态，多年没有得到改善。金融部门和企业部门在通货膨胀和经济增长缓慢的影响下又进一步恶化了其市场自我调整的能力，对于家户部门来说，居民消费水平下降，收入减少，有效需求不足，将会带来长期的经济增长压力，居民可支配收入不断下降，居民的消费需求在长期将难以维持当前水平。如何刺激居民消费，带动经济发展，从而使得阿根廷经济步入正轨是2013年阿根廷政府必须着重解决的问题。

最后本章对于阿根廷的债务风险做出专题分析。外部偿债压力大，货币贬值严重，内部居民反对意见大，消费迟迟得不到增长，严重阻碍了阿根廷债务偿付的正常化进程，对此，我们认为对于中国而言具有以下启示：

第一，通过发行债务和鼓励居民举债消费的办法来刺激经济不具有持续性，虽然在短期内可以让经济得到快速恢复，但是长期来看，反而会造成严重的反作用力，当债务处于集中偿付阶段时，如果不能合理安排债务偿付顺序，将会使得前期累积的系统性风险集中释放，造成经济循环瘫痪。

第二，维持一国的国际收支平衡是保持内外稳定的必要条件。强化自身的汇率控制手段和汇率控制方法、采用合理的措施控制进出口总量，不仅需要通过货币政策，更应采用财政政策控制住进出口企业的汇率风险，保持汇率变化在自身控制范围之内，着力于减少由于汇率冲击造成的对企业的影响。

参 考 文 献

［1］IMF："World Economic Outlook"，2013. 10.

［2］IMF："Global Financial Stability Report"，2013. 10.

［3］Barry Eichengreen，Poonam Gupta："The Impact of Expectations of Reduced Federal Reserve Security Purchases on Emerging Markets"，Policy Research Working Paper，2013. 1.

［4］范剑青：《阿根廷外债危机又拉警报》，载《人民日报》，2013 年第 22 期。

［5］林华：《阿根廷的经济改革及其启示》，载《经济观察》，2013 年第 8 期。

第 61 章　亚洲宏观金融风险总论

欧洲政府采取有力的政策和行动避免了欧元区的尾端风险；美国积极防范财政悬崖；日本主张扩张型宏观经济政策；主要新兴市场国家实行宽松的政策支持内部需求；2013 年全球金融状况得以改善，但全面复苏的道路仍然曲折。亚洲经济的复苏呈现出双轨趋势，日本经济在财政和货币政策双重刺激下出现反弹，新兴市场国家和发展中国家的产出增长稳步加速。

第 1 节　亚洲经济与金融运行概况

一、亚洲宏观经济运行概况

（一）亚洲整体经济运行概况

2013 年亚洲整体经济增长率为 5.1%，预计 2014 年将小幅上升至 5.3% 左右。市场对美联储退出量化宽松货币政策的预判导致资本从新兴市场国家向发达国家逆转，全球新兴市场金融资产重新定价对亚洲经济造成一定程度的冲击，亚洲部分国家信贷周期短、对外顺差降低、高通胀以及堪忧的财政状况注定了亚洲国家 2013 年面临复杂多变的全球经济局势。由于亚洲劳动力市场抵御冲击能力较强，金融市场条件依然有利，这使得亚洲整体在多变的全球环境中仍然保有强劲的经济增长势头。

（二）亚洲各主要国家经济运行概况

亚洲各主要国家经济运行存在一些差异。第一，中国大陆受金融市场波动影响较小，经济运行总体平稳，经济增长速度有所放缓，预计 2014 年降至 7.3%。第二，日本自推行安倍新政后，经济增长成为亚太地区的亮点。由货币宽松计划导致的日元疲软以及资产价格回升，汇率贬值、工业国家需求复苏、国内需求强劲导致出口前景改善是 2013 年日本经济增长的主要助推因素。但消费税上调预期及重建支出减少将拖累日本 2014 年经济增长速度，预计增速将为 1.2%。第三，印度受最近一段时间以来的金融压力影响，企业部门和金融部门的资产负债表更为脆弱。因此，印度目前已处在其增长的相对低位，增长预测也将进一步下调。第四，亚太地区发达经济体前景存在差异：韩国在财政和货币双重刺激措施推动下已迅速摆脱了全球金融市场波动的不利影响；澳大利亚经济发展受制于资源投资，资源投资热潮的降温拖累了经济增长。第五，亚太地区低收入经济体则由于与国际金融市场联系的局限性，现阶段基本未受到市场波动的影响，但未来几个月的影响可能通过贸易渠道逐渐显现。表 61.1 为亚洲总体及其主要构成部分经济增长率。

表 61.1　亚洲总体及其主要构成部分经济增长率

年份 \ 经济体	亚洲整体	东亚	日本	南亚	东盟
2011	5.8	8.2	−0.6	6.4	6.2
2012	5.1	6.6	2.0	3.5	5.0
2013	5.1	6.7	2.0	4.0	5.1
2014（预测）	5.3	6.6	1.2	5.2	5.6

数据来源：亚太地区经济展望，东亚地区包括中国大陆、中国香港、中国台湾以及韩国；南亚地区包括印度、孟加拉国以及斯里兰卡；东盟包括泰国、印度尼西亚、新加坡、马来西亚、越南等共十个国家。

二、亚洲宏观金融风险概述

亚洲面临的外部经济前景由于欧元区危机的逐渐平复、美国"财政悬崖"问题的缓和而变得稍显平衡，但外部冲击对亚洲地区的潜在影响仍然不容忽视。从亚洲内部来看，风险和挑战也凸显了出来：强劲的信贷增长和宽松的融资条件推高了资产价格，容易导致金融失衡；地缘政治的紧张局势导致贸易受阻；对日本经济恢复失去信心以及中国经济增长出乎意料的放缓。但亚洲地区目前最值得关注的金融风险是新一轮资本流出的冲击。

从历史上看，每一次资本大规模集中流出新兴市场国家都会将其带入一场动荡甚至金融危机。以 20 世纪 90 年代的墨西哥金融危机、亚洲金融危机和 2008 年全球金融海啸为例，美元利率上升、汇率走强导致国际资本撤离新兴市场国家，从而使其被卷入危机。当下，亚洲新兴市场国家因诸多发达国家多轮量化宽松政策而注入的避难资金或将同规模流出，甚至有被放大的风险。

2013 年上半年，美联储首次提出要退出量化宽松货币政策时，亚太股市就遭受了短暂冲击，部分国家的币值持续贬值。尽管亚洲新兴市场国家外债大都不多，汇率政策灵活，且注入的资金不全为投资性资金，但结构性问题和全球经济衰退使美联储政策大逆转带来的必然是新一轮的冲击。

三、亚洲经济体经济政策应对

亚洲经济体在应对现阶段和接下来可能发生的金融风险时应采取以下政策：第一，金融政策。宏观审慎政策是亚洲各经济体应对全球流动性势头减弱、利率上升、由杠杆和资产价格攀升诱发风险的最佳选择。强有力的监管和微观审慎措施的结合，在维护金融稳定方面卓有成效。第二，资本流动管理措施。亚洲经济体，特别是亚洲新兴市场国家，可以在国际资本涌入时，采取一定的管控措施。这种对国际资本流入的管控应该根据资本的性质进行差异化设置，应放开对资本流入的限制，加强对热钱的管控。第三，财政政策。对于整个亚洲而言，都必须进行财政整顿，特别是对于日本、印度和越南这种高债务高逆差国家。对于日本而言，其财政政策应该是上调消费税；对于新兴市场国家而言，应该实行结构性财政政策，减少对低效税收和针对性弱的补贴，转而多将财政预算向关键基础设施建设增加投资。

第2节　亚洲公共部门风险分析

一、中央银行宏观金融风险分析

从亚洲主要国家（中国大陆除外）2011年与2012年的中央银行资产负债率数值上看见表61.1，各国央行资产负债率普遍处于高位，特别是泰国，资产负债率甚至已经超出100％。从趋势上看，日本、印度、澳大利亚三国两年的资产负债率基本持平，韩国有所降低，泰国则升高约5个百分点。亚洲新兴国家央行资产负债表扩张过快，可能诱发通货膨胀风险，不利于金融系统稳定运行，容易造成金融市场扭曲。因此，各亚洲国家央行应采取措施限制乃至削减央行资产负债规模，从而防范相应风险。

从亚洲主要国家2012年度的央行资产负债率数据看出，除韩国和泰国的央行资产规模没有发生变动以外，其余国家均有所调整。其中，日本央行的资产规模有小幅缩水，印度和澳大利亚两国均有较大幅度的上升。2013年，澳大利亚央行为应对坏账增发了27.5亿澳元，导致央行资产规模扩张，资产负债率降至89.83％。在国际金融危机出现之后，世界经济总体的复苏一般是依靠央行扩大资产负债规模的方式来维系。这种扩大央行资产规模的方式可以通过实现流动性的转换和资产期限的转换进行，在一定程度上对经济产生有利影响。但央行资产规模扩张同时，也可能为今后的经济过热和通胀埋下灾难性后果。因此，对于印度和澳大利亚这类央行资产规模增速过高的国家需要注意防范这方面的风险。图 61.2 为 2011－2012 年亚洲部分国家中央银行资产负债率。

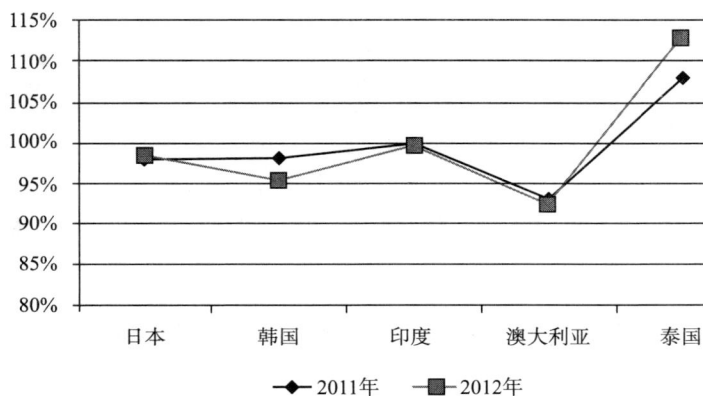

图 61.1　2011 年与 2012 年亚洲部分国家中央银行资产负债率

数据来源：根据各国中央银行资产负债表整理。

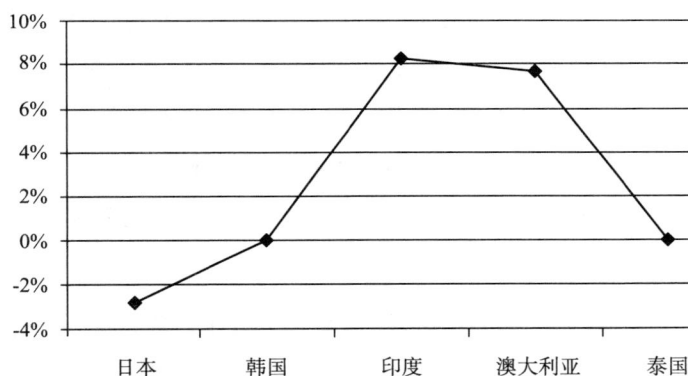

图 61.2　2011－2012 年亚洲部分国家中央银行资产规模增长率

二、亚洲政府宏观金融风险分析

在图 61.3 所涉及的亚洲国家中，2013 年日本公共部门债务占 GDP 比重为 226.1％，其余国家均保持在 50％上下。从债务占 GDP 比重指标来看，日本无疑是亚洲地区潜在债务风险最大的国家，但从近年来该指标的增速看来，泰国的公共部门债务风险也值得关注。

亚洲除日本与泰国以外，中国也需要重视公共部门的债务问题。虽然中国债务占 GDP 的比重并不居于亚洲首位，但债务集中于非金融领域、增速属亚洲最快。因此，中国需重视债务风险，并采取多方措施进行防范。

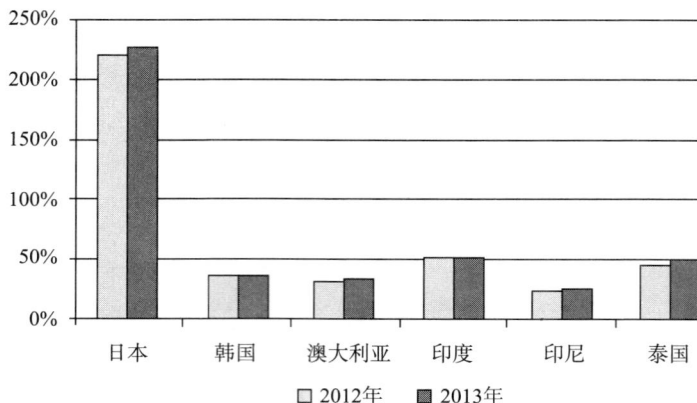

图 61.3　2012 年与 2013 年亚洲部分国家公共部门债务占 GDP 比重

第 3 节　亚洲金融部门风险分析

一、亚洲金融部门资产负债表分析

亚洲部分国家金融部门的账面资产负债率，是根据 BVD 系列数据库中 Osiris 全球上市公司分析库中的数据处理得来，选取的样本是六国 TOP50 的上市金融机构。由表 61.2 可以看出，除印度尼西亚外其他国家的金融部门账面资产负债水平都位于 90% 以上，金融部门杠杆率高。从 2011 年与 2012 年两年的数据来看，日本、澳大利亚、印度、印尼的金融部门资产负债率有所下降，而韩国和泰国则有所上升。

表 61.2　亚洲部分国家金融部门账面资产负债率

（单位：%）

年份＼国别	日本	韩国	澳大利亚	印度	印尼	泰国
2011	95.10	90.81	93.62	92.65	86.45	90.00
2012	94.93	91.12	93.45	92.54	85.79	90.40

从银行业机构的不良贷款率指标的变动趋势来看，除泰国有一个明显的下降趋势外，其余五国都相对较平稳；从 2012 年各国不良贷款率指标的数值来看，各国处于 1% 至 3% 的区间，差异并不明显。印尼银行业金融机构

的不良贷款率在亚洲范围内处于偏低的水平（见图61.4），但2013年印尼商业银行的不良贷款率有所上升，且银行业资产质量逐渐显露出令人担忧的迹象。这主要是由于宏观经济的下行压力和融资途径多元化导致的银行信贷规模增长缓慢；存贷的利率差随着利率市场化的改革而逐渐缩小；银行业等金融机构中间业务的增速因为银行业监管要求的加强而明显放缓。

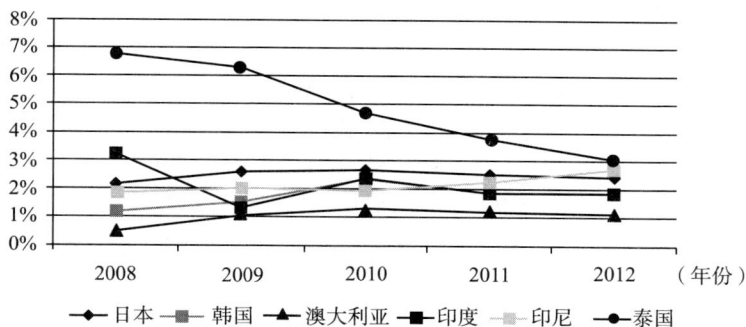

图61.4 2008－2012年亚洲部分国家银行业不良贷款率

二、亚洲金融部门或有权益资产负债表分析

从各国账面资产与资产市值指标可以明显看出，金融部门资产规模与各国经济发展排名一致。亚洲大多数国家金融部门的账面资产高于资产市值（见图61.5），只有泰国特殊，市账比为113.78％。这种现象说明市场对亚洲多数国家的金融部门存在低估，低估程度不同，其中印度尼西亚金融市场被低估的程度最深。这种低估现象说明市场对亚洲大部分国家金融部门发展的信心欠缺，虽然短时间内不会出现金融泡沫产生的风险，但也在一定程度上阻碍了其应有的发展。泰国金融市场发展与亚洲整体情况相悖，金融市场存在被高估的风险，说明市场对泰国金融部门信心较足。总体而言，亚洲金融部门风险隐患较小。

从亚洲部分国家金融部门或有权益资产负债率指标数据中可以看出（见图61.6），大部分国家金融部门的或有权益资产负债率在90％以上。在没有达到90％的国家中，印度与泰国也都处于85％以上，但印度尼西亚金融部门的或有权益资产负债率却处于约55％的低值。从亚洲国家和世界其他国家历年数据来看，金融部门或有资产负债率多处于较高位，类似印度尼西亚的国家少之又少。这说明印度尼西亚的金融部门发展相对滞后，杠杆不高，但整体风险不大，存在较大上升空间。

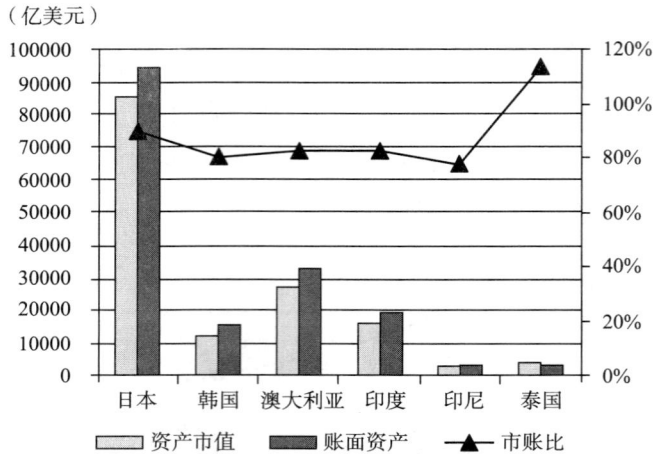

图 61.5　亚洲部分国家 2012 年资产市值、账面资产及市账比指标

数据来源：BvD 全球金融分析、宏观经济指数数据库，其他未说明数据来源均相同出处。

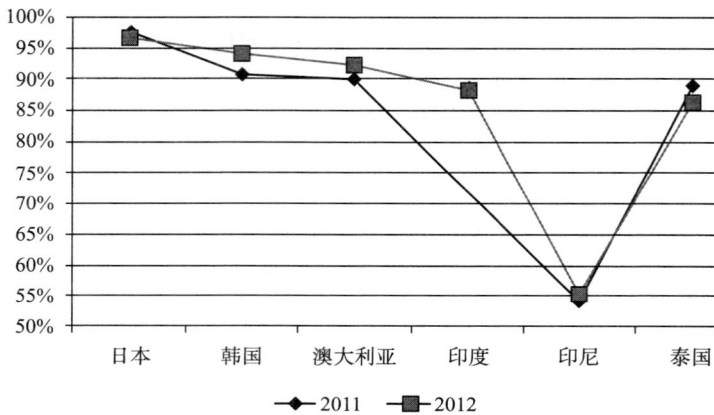

图 61.6　2011 年与 2012 年亚洲部分国家或有权益资产负债率

数据来源：根据各国金融部门或有权益资产负债表整理。

表 61.3　亚洲部分国家金融部门违约距离

	日本	韩国	澳大利亚	印度	印尼	泰国
2008	1.89	1.55	0.16	1.36	4.60	1.42
2009	3.559	2.60	2.93	1.65	8.07	3.61
2010	4.849	5.08	3.18	4.77	4.52	5.13
2011	4.139	2.65	1.72	3.10	5.69	3.43
2012	6.089	3.33	4.90	3.08	4.04	6.46

数据来源：根据各国数据汇总整理。

从亚洲部分国家金融部门违约距离指标变化趋势上看（见表 61.3），
2012 年亚洲大部分国家金融部门的风险较 2011 年有所下降。2012 年除印度尼西亚金融部门违约距离上升外，其余国家均有所下降，说明亚洲大部分国家受到欧美债务危机的影响较小且抵抗能力较强。预计亚洲各国金融部门2014年发展速度会加快，并且金融风险回落到危机前水平。

第4节　亚洲企业部门风险分析

将2011年与2012年亚洲部分国家企业部门账面资产负债率指标做比较，发现日本、韩国与印度三国企业部门账面资产负债率有小幅下降，澳大利亚、印尼与泰国相反，有小幅度上升。从数值而言，日本、韩国与印度三国的企业部门账面资产负债率均在60％以上（见表61.4），而澳大利亚、印尼、泰国的企业部门资产负债率均在60％以下。这是因为澳大利亚、印尼、泰国受全球经济金融环境影响相对滞后，且企业部门从危机中恢复的能力较弱所导致的结果。

表61.4　亚洲部分国家企业部门账面资产负债率

（单位：％）

国别\年份	日本	韩国	澳大利亚	印度	印尼	泰国
2011	66.06	60.85	50.65	64.26	54.8	57.5
2012	65.09	60.16	51.66	63.85	56.3	57.9

从违约距离指标来看（见表61.5），2012年除了印度尼西亚以外，其余五国企业部门的违约距离都有所上升，亚洲企业部门整体风险水平下降。2013年日本企业部门得益于日元贬值和国内一系列振兴措施，企业部门呈现繁荣的复苏态势。亚洲新兴市场国家由于大国相继实行量化宽松政策而导致外国资本流入，在一定程度上推动了企业部门的发展。因此2013年亚洲企业部门的整体发展优于2012年度，风险进一步降低。

表61.5　亚洲部分国家企业部门违约距离

国别\年份	日本	韩国	澳大利亚	印度	印尼	泰国
2008	2.18	2.46	2.83	2.08	4.80	2.91
2009	3.66	3.88	4.81	2.78	8.09	4.00
2010	4.82	6.46	6.35	5.97	4.52	5.64
2011	4.27	3.71	5.06	4.42	5.70	4.37
2012	6.21	6.32	8.39	6.34	4.04	7.73

第5节 亚洲家户部门风险分析

2013 年亚洲国家整体失业率为 6.5％，预计 2014 年有小幅下降，降至 6.3％。日本、韩国、澳大利亚、印度、印尼以及泰国，2013 年的失业率分别为 4％、3.2％、5.7％、8.8％、6.3％以及 0.8％（见图 61.7）。总体而言，发展中国家的失业率相对较高，但随着国际局势的好转，各国及亚洲整体的失业率都有下降的趋势。

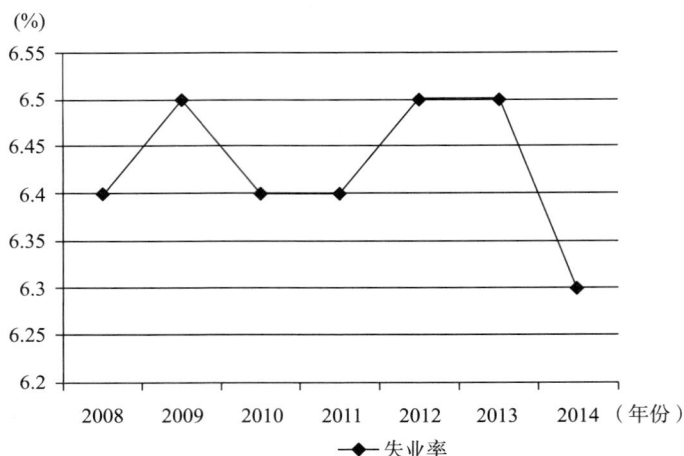

图 61.7　2008—2012 年亚洲地区总体失业率

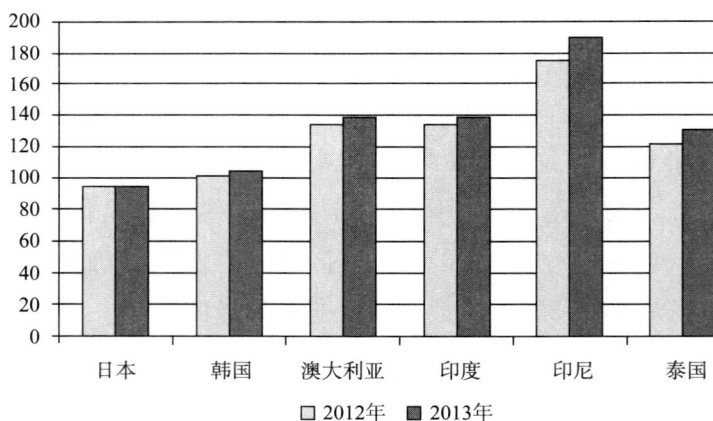

图 61.8　2012 年与 2013 年亚洲部分国家平均工资指数

从 2012 年与 2013 年两年亚洲部分国家的平均工资指数中，可以明显地发现日本与其他国家差别最大，两年的工资指数均低于基期 2005 年水平。从工资指数增长趋势上看（见图 61.8），日本 2013 年与 2012 年近乎持平，其他国家均有增势，其中印度尼西亚的增速最快，达到 8％。另外，无论是从增速还是从绝对数值角度而言，发展中国家的工资水平增长都远高于发达国家。以日本为例，国内持续通缩的状况、老龄化带来的创新能力下降导致的企业与金融部门盈利能力下降、经济持续低迷都是工资水平难以提升的原因。

居民可支配收入与居民生活质量和拉动消费存在较大的关联，图 61.9 是亚洲部分国家 2012 年与 2013 年两年居民可支配收入变化率。其中，日本的居民可支配收入增长缓慢；韩国 2013 年增速提升较快；澳大利亚 2013 年出现 0.4％的负增长最值得关注；印度处于稳步增长阶段；印度尼西亚增速大幅下滑，居民可支配收入增长缓慢；泰国居民可支配收入增长最快，超过了其他国家一倍以上。

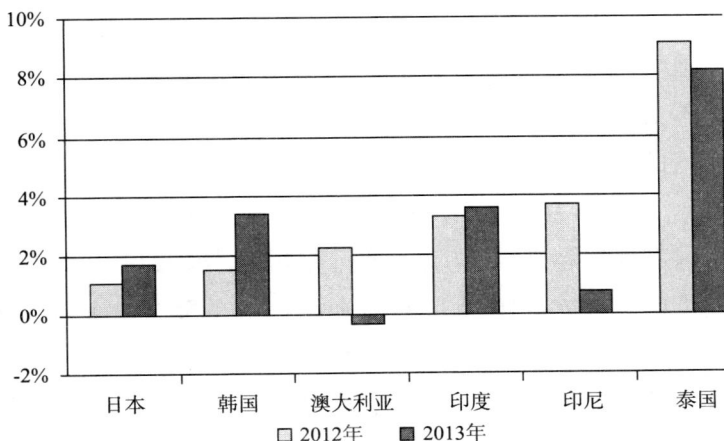

图 61.9　2012 年与 2013 年亚洲部分国家居民可支配收入变化率

从失业率、平均工资指数以及居民可支配收入变化率三个指标来看，亚洲地区家户部门的风险没有较大变动。受全球经济局势转好以及国内积极政策的推动，亚洲家户部门风险将呈现减小的趋势。

第 6 节　结论及对中国的借鉴

亚洲公共部门风险仍然集中在债务问题上，日本和中国以及个别新兴市场经济体都存在债务高企和结构性问题。企业部门的整体风险有所下降，量化宽松政策的实施导致资金流入亚洲接助推了企业部门的发展，亚洲企业部门发展整体转好，但此种发展存在不可持续性。家户部门在亚洲呈现两种情境，一是以日本为首的发达国家居民收入增长缓慢，澳大利亚甚至出现居民可支配收入的负增长；二是泰国、印度尼西亚等亚洲新兴市场国家在居民收入上保持稳定增长。总体来说，亚洲家户部门风险呈现下降趋势。

从亚洲四部门风险分析入手，提出对中国的政策建议如下：

第一，确保债务可持续性。公共债务问题自 2008 年以来就不断在攀升，2011 年更是爆发了欧美债务危机，发达经济体的公共债务水平已经处于非常高的水平，中国的公共部门债务问题也不容小觑。公共部门的债务积压对金融稳定和经济增长会带来挑战。因此评估债务可持续性和降低政府债务带来的脆弱性风险非常必要。首先，通过编制宏观资产负债表（中央、地方两级资产负债表）达到完善透明机制，在此基础上建立债务预警机制。其次，通过调整债务期限结构、资产证券化、发行市政债等措施改变政府地方举债方式。如在延长城投债偿债期限、控制政府债务规模的前提下，适当扩大城投债的发行规模。

第二，加强金融体系。全球金融危机爆发后，各国逐渐意识到金融机构的薄弱、监管不力、透明度欠缺在危机中所起的负面作用。此后，加强金融体系已成为各国的工作重点。不稳健的金融体系可能会损害货币政策支持经济复苏的有效性，基于这一点认识，中国更需要加速推进金融体系深化改革。首先，中国需要对微观金融基础进行重组再造，即让金融机构成为真正意义上的金融机构。其次，鼓励与推动金融市场的发展，加强金融创新。除加强金融体系外，中国还需要对金融体系的风险进行控制。首先，通过控制大范围的信贷增长抑制金融风险。使中国经济摆脱对信贷刺激下的资本和房地产投资的增长模式的过度依赖，实现经济再平衡。其次，对影子银行实行审慎监管，通过放开存款利率等一系列措施消除套利机会。再次，纠正"高风险公司贷款和储蓄产品有隐性担保和救助保证"这种普遍认识，因为信贷损失不由贷、储双方承担会导致国家面临不可预见且数额庞大的财政成本。

第三，金融支持企业落到实处。可以通过以下途径推进金融支持小微企业：（1）确定既定目标。将小微企业存款增速和对小微企业贷款增量作为具体执行目标，通过考核激励金融机构对小微企业的金融支持。（2）加强服务。通过积极发展以小微企业为目标客户群的金融机构，丰富和创新小微企业金融服务方式、着力强化对小微企业的增信服务和信息服务。（3）全面营造良好的小微企业发展环境。包括切实降低小微企业融资成本，加大对小微企业金融服务的政策支持，大力拓展小微企业直接融资渠道等。

第四，提高居民收入，缩小城乡收入差距。其一，确保城乡土地收益分配均等化，从根源上保障农民财产性收入增加。其二，将货币边际效用转移至低收入群体，拉动内需、促进经济增长。除此之外，在不减少城市居民收入前提下，提高农民收入，缩小城乡收入差距。

参 考 文 献

［1］ IMF：“Fiscal Monitor”，2014. 4.

［2］ IMF：“Global Financial Stability Report”，2014. 4.

［3］ IMF：“Global Financial Stability Report”，2013. 10.

［4］ IMF：“Regional Economic Outlook：Asian and Pacific”，2013. 4.

［5］ IMF：“Regional Economic Outlook：Asian and Pacific”，2013. 10.

［6］ IMF：“World Economic Outlook”，2013. 10.

［7］ IMF：“World Economic Outlook”，2014. 4.

第 62 章　日本宏观金融风险研究

2013 年日元贬值，日本国内出口企业业绩得到大幅改善，伴随工资上涨、设备投资增加，从而一定程度上扩大内需。美国经济迅速恢复、欧洲经济有所好转、中国经济触底反弹都是日本出口经济的利好消息。新一届政府上台后所提倡的"安倍经济学"通过包括无限度量化宽松和扩大政府投资等一系列经济措施，将一定程度上有助于日本提前结束通缩现状，推动日本经济增长。如此看来日本 2013 年经济处于好转态势，但在此经济好转现状的背后，仍然隐藏着诸如内需不足、金融及企业部门资产负增长、"安倍经济学"的弊端等金融经济风险。

2013《日本经济蓝皮书》研究指出，"安倍经济学"这种金融、财政、民间投资三管齐下的综合政策在短期看来可以显著增加日本投资、降低日元汇率、使股市回暖，但长期以来日本人口老龄化带来的社保负担、财政收不抵支、企业创新能力相对下降等结构性问题仍将存在。并且电力不足、中日关系不稳定性以及欧美经济体风险频发等变数都将是日本经济发展面临的不确定性。研究数据显示，日本至今仍然是世界第一大债权国、第二大外汇储备国以及第三大经济体。日本经济结构处于合理范围，创新能力仍保持世界前列，海外净资产极高、且大部分为优良资产，国内财富并未外流，国民生活水平也处于缓慢提升中，且社会公平化程度、城乡公共服务等也处于世界领先水平。因此，学者张季风就此指出，日本经济并非"萧条"，而是处于一种"长期低迷"的状态，其经济实力仍然不容小觑。

第 1 节　日本经济金融运行概况

一、经济运行概况

日本近 20 年来一直处于经济低速增长的状态，2013 年日本 GDP 增速为 1.7%，没有达到 IMF 预计的 2%。这是由于 2012 年受到欧美债务危机的拖累，世界经济呈现下行趋势，日本也陷入了技术型经济衰退。2013 年日本经济低迷，一方面，世界经济形势不佳，另一方面，日本政府挑起的购岛闹剧导致对中国的出口下降，二者构成了日本 2013 年经济复苏未取得预期成效的外因和内因。虽然如此，但在"安倍经济学"的无限度量化宽松和大规模公共投资政策的刺激下，2013 年日本宏观经济形势相对 2012 年而言有所好转（见图 62.1）。

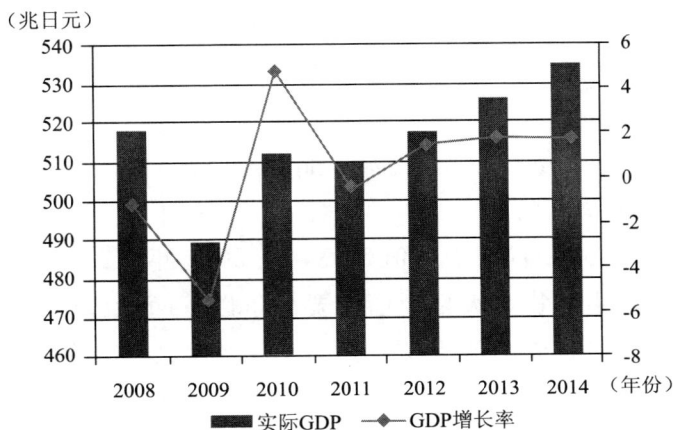

图 62.1　日本 2008—2014 年实际 GDP 及增长率

数据来源：BvD 全球金融分析、宏观经济指数数据库（以下数据如未标注来源均相同）。

根据日本财务省披露的进出口数据显示，截至 2013 年，日本已连续三年呈现逆差态势，2013 年逆差总额为 11.47 万亿日元，比上年增幅 65.3％，日本"贸易立国"模式将受到一定程度的挑战。日元贬值，日本国内核电站停运导致的原油、液化天然气的缺口，是 2013 年日本进口增长的主要原因。2013 年日本进口总额为 81.26 万亿日元，增幅为 15％；其中从中国的进口额为 17.65 万亿日元，占进口总额的 21.72％，主要进口物品为半导体等电子部件以及智慧型手机。2013 年日本出口总额为 69.78 万亿日元，比上年增长 9.5％，增幅小于进口增长率（见图 62.2）。中国和美国是日本主要的贸易伙伴国，2013 年美国反超中国成为日本最大的出口市场，2013 年日本对美国出口额为 11.4 万亿日元，对中国出口额为 11.3 万亿日元。其中值得一提的是，中日贸易虽受钓鱼岛争端影响，但两国间贸易自 2013 年 4 月起开始呈现反弹态势，日本品牌车在中国汽车市场的份额回升至 16％以上。

预计 2014 年日本的出口将增长，主要得益于以下两个原因：第一，日本政府实施的包括企业减税等措施在内的一系列经济刺激政策；第二，欧美国家复苏，欧美市场的进口需求逐步走强。

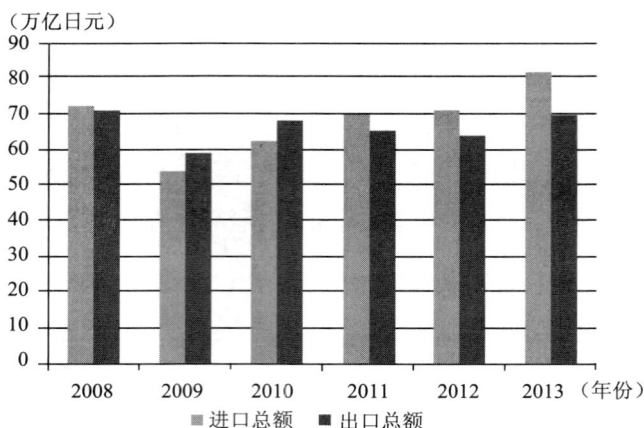

图 62.2　日本 2008－2013 年进出口总额

数据来源：日本财务省。

自 2011 年起日元一直处于贬值趋势，且 2012 年、2013 年两年贬值幅度较大。日元对全球主要货币大幅贬值主要由于以下两大原因：第一，2012 年安倍上台后制定了以日元贬值为核心的安倍方案，专门针对日本近年遭遇的通货紧缩问题；第二，日本央行行长推出的超大规模量化宽松政策。

全球经济逐步复苏、美联储退出量化宽松等趋势导致日元成为融资货币，因此预计日元的大范围深度贬值将在 2014 年得到延续。图 62.3 为日本 2008－2014 年汇率。

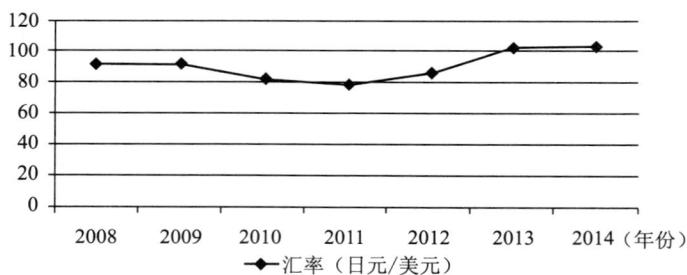

图 62.3　日本 2008－2014 年汇率

二、金融运行概况

近两年日本股市呈现大涨趋势，2013 年日本股指增幅 49％，领跑全球股票市场。新兴市场国家的投资资金流向发达国家也为日本股市出现大牛市提供了大背景；2013 年日本政府试验的结构性改革推动了日本公司更好地成长；安倍经济学导致的日元疲软提振了日本出口型企业的利润从而成为日本股市上涨动力之一。美联储缩减量化宽松，日元疲软将在 2014 年得到持续，再加上目前日本股市的估值依然处于合理范围，因此预计日本股市 2014 年

仍将保持领跑全球的态势。（见图 62.4）

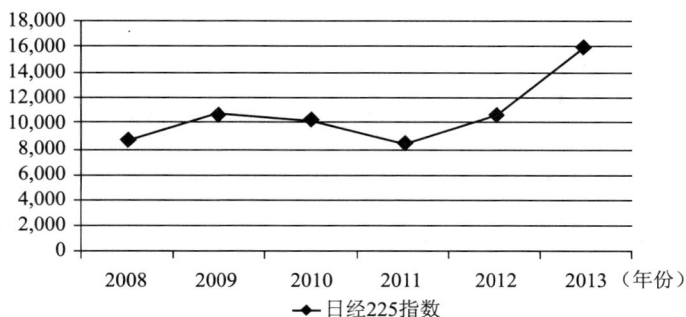

图 62.4　日本 2008－2013 年股价指数

第 2 节　日本公共部门风险分析

一、日本中央银行资产负债表分析

日本央行的资产负债表在 2013 年呈现大规模扩张，资产规模为 208.86 万亿日元，较上年增长 42.15％，负债规模为 205.72 万亿日元，较上年增长 39.53％，资产负债率为 98.5％（见图 62.5）。2013 年日本政府的量化宽松政策、日本央行的资产购买政策是日本央行资产负债规模扩大的主要原因。由于从 2014 年日本政府开始实施引入开放式资产的购买措施，从 1 月起，日本央行每月将购买 13 万亿日元的资产，因此预计日本 2014 年央行资产负债规模仍将持续扩张，资产负债率较稳定。

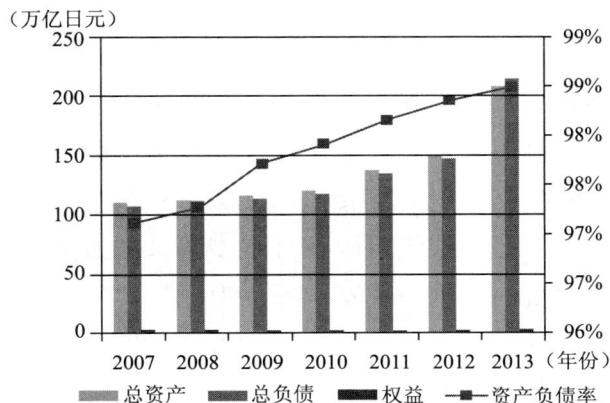

图 62.5　日本 2007－2013 年中央银行资本结构

二、日本政府财政收支分析

赤字问题已经成为日本财政的常态。2013 年日本政府赤字规模为 39.2 万亿日元，财政收支增幅甚微，规模基本与 2012 年水平持平，财政收入为 168.3 万亿日元，财政支出为 207.5 万亿日元。日本政府长期以来实行的超低税率政策是导致财政收入增长缓慢的主要原因，因此 2013 年，日本出口的增长对减少财政赤字的作用并不大。日本政府曾制定目标，计划在 2015 年将基础财政收支赤字金额降低至 2010 年赤字金额的一半，但想要改善长期积累的赤字规模，并非易事，预计 2014 年日本财政赤字规模缩减速率较小（见图 62.6）。

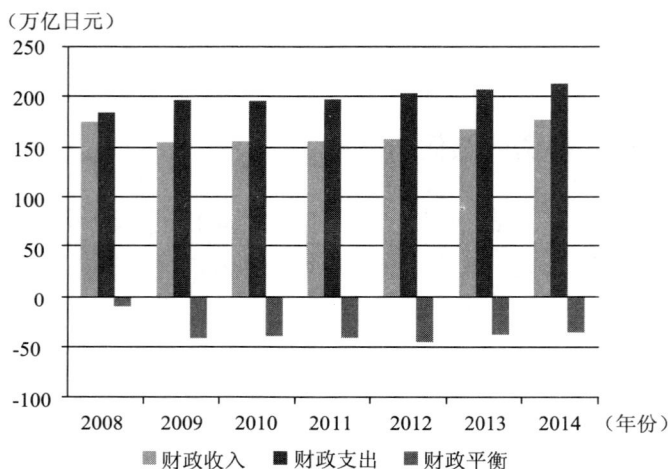

图 62.6　日本 2008－2014 年政府收支及平衡

三、日本外汇储备分析

日本的外汇储备一直以来数量较大，这是由于 20 世纪 80 年代中期以来日本一直是经常项目收支顺差国，除此之外，日本不断增加的对外投资所得收支也日益成为国际收支顺差的重要来源。除自然积累原因之外，还存在人为干预产生的日本外汇储备扩张原因：日本多年来通过买入美元、卖出日元达到压低日元汇率的目的，这一政府干预行为即是人为原因。

截至 2013 年 12 月，日本央行的外汇储备为 12668 亿美元，规模仅次于中国，居全球第二。截至目前，日本巨额外汇储备完全由政府管理，日本央行有计划"外包"部分业务给私营金融机构，以减轻央行压力。考虑到日本贬值趋势继续以及日本央行用外汇储备购买外国债券的计划，据此预计 2014 年日本外汇储备将有小幅缩水。图 62.7 为 2008－2012 年日本外汇储备。

（亿美元）

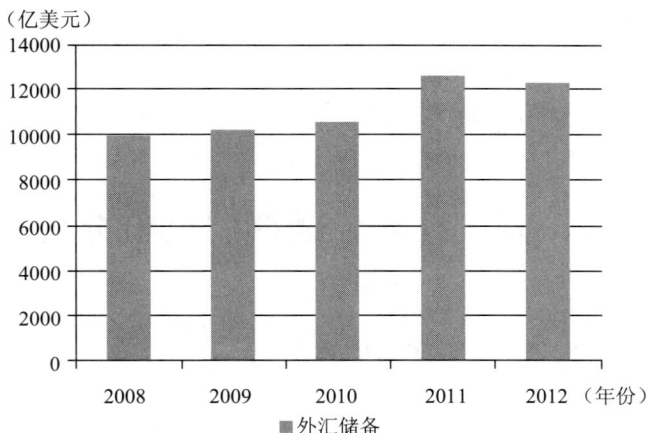

图 62.7　日本 2008－2012 年外汇储备

四、日本政府负债分析

欧债危机后国家主权债务问题成为全球的热点，各国都在控制债务规模。如图 62.8 所示，日本的政府债务问题没有得到显著的改善，规模仍然处于递增态势，但增速放缓。2013 年日本政府债务规模达到 1083 万亿日元，政府债务与 GDP 比重达到 226.1％，是发达国家中负担最重的。日本央行推行量化宽松的货币政策，调用金融机构的存款，大量购买国债。而日本国债绝大多数的持有者是民间银行等国内投资者，这致使国民在没有直接购买国债的情况下，通过金融机构间接的持有国债。2013 年，日本人均负债 792 万日元。

（万亿日元）

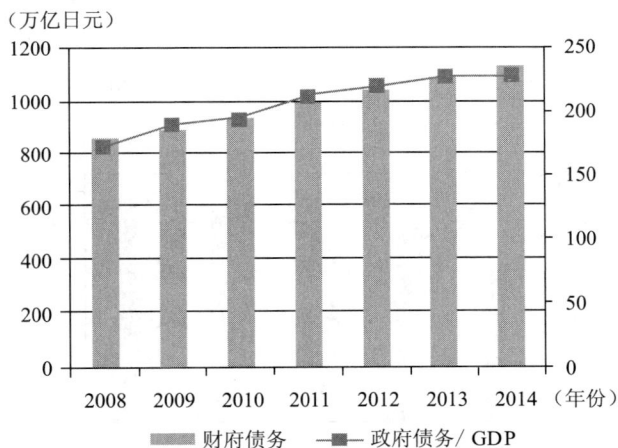

图 62.8　日本 2008－2014 年日本政府负债及占 GDP 比重

日本政府起草在 2014 财年计划发债 1800 亿日元国债，因此预计 2014 年日本政府债务仍将有增无减。2008 年金融危机期间发行的 5 年期国债以及 2011 年地震、海啸灾难中发行的 2 年期国债规模均较大，对日本政府造成了比较沉重的债务压力，同时借旧还新又给日本政府造成了债务压力的恶性循环。根据日本财务省的计算，如果利率提高一个百分点，那么日本 2014 年债券融资成本将会上升 1 万亿日元，日本在处理债务问题的道路上困难重重。

第3节　日本金融部门风险分析

一、日本金融部门账面资产负债表分析

2008 年至 2011 年间，日本金融部门的资产、负债规模处于增长的趋势，资产负债率处于震荡下降的趋势，见图 62.9。2012 年的资产负债规模不仅没有增长，还出现小幅下滑：总资产降幅与总负债降幅均约为 6%。由于日本金融部门 2011 年与 2012 年权益值近乎一致，因此资产负债规模的下降导致资产负债率的降低，2012 年资产负债率为 94.93%。日本经济增长缓慢是导致金融部门资产规模缩水的主要原因，而经济不振导致各大金融机构的信贷规模下降是日本金融部门资产减少的直接原因。

2013 年日本金融部门资产规模较 2012 年有所扩张，这是由于 2013 年 5 月日本央行行长黑田东彦呼吁资本充足的商业银行扩大信贷投放，这一举措也是日本摆脱通缩的关键方式之一。虽然日本金融体系整体一直运行稳定，且在 2012 年后开始有好转迹象，但据日本央行发布的金融系统报告称，日本金融部门仍然面临核心盈利能力下滑的风险。因此，2014 年日本金融机构需要致力于盈利能力的提高、资本基础的加强以及风险管理的改善。

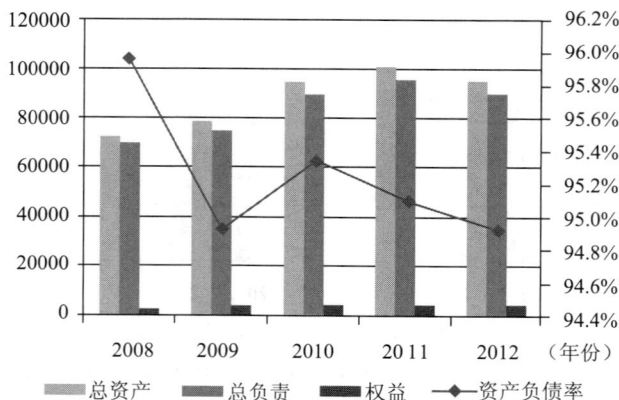

图 62.9　日本 2008－2012 年日本金融部门资本结构

日本银行业金融机构的不良贷款率自 2010 年起呈下降趋势，2012 年不良贷款率为 2.41%。2011 年日本发生地震海啸等自然灾害，以及受经济增

速制约的贷款规模下降，2012 年日本银行业不良贷款率较 2011 年有所下降。日本银行业不良贷款率近 5 年内基本稳定在 2％至 2.5％之间，没有大变动，不良贷款情况相对稳定，短期不会有大问题出现（见图 62.10）。

日本金融部门的平均资产回报率近 5 年来较稳定，相比之下权益收益率变动趋势则较为明显，自 2008 年来呈现震动上升的态势。

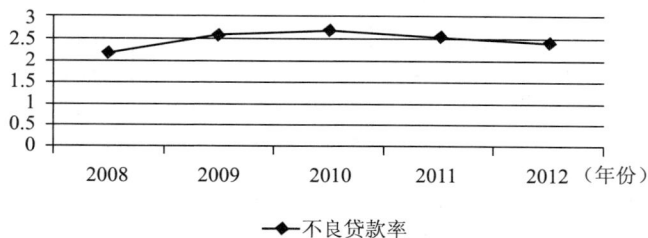

图 62.10 日本 2008－2012 年商业银行不良贷款率

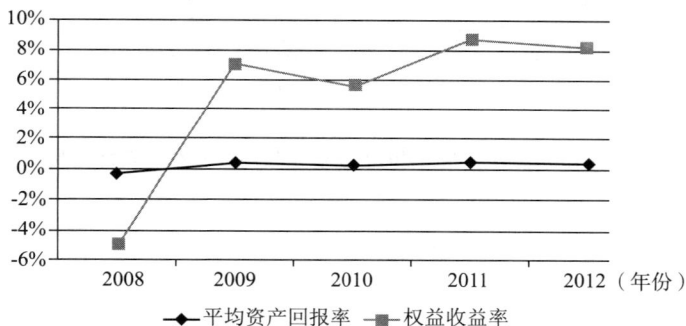

图 62.11 日本 2008－2012 年商业银行权益收益率与平均资产回报率

二、金融部门或有权益资产负债表分析

日本金融部门或有权益资产负债表与账面资产负债表保持高度的一致性。2012 年日本金融部门资产市场与负债市值与 2011 年水平相比均出现小幅下降，降幅分别为 4.3％和 5.0％。比较日本金融部门账面资产负债表与或有权益资产负债表中反映出的资产负债规模，可以发现资产负债市值低于账面价值。日本金融部门被低估的现象长期存在，这也从侧面印证了日本经济金融发展较为缓慢的现实情况（见图 62.12）。

近 5 年日本金融部门资产市值波动率指标以 2010 年为分界点，2010 年以前波动率较高，2010 年至 2012 年波动率较低。2008 年与 2009 年两年日本金融部门资产市值波动率从 0.0116 降至 0.0094，这种由高到低反映的是日本经历金融危机后金融部门受到影响及逐渐转好的趋势；2010 年后日本金融部门资产市值波动率低且平稳，这对应了日本金融部门资产负债缩水的低迷表现（见图 62.13）。

日本金融部门近 5 年的违约距离指标在 2008 年和 2011 年两年呈现波谷值，与之对应的是全球金融危机和欧美债务危机，危机后的违约距离指标均呈现快速上升的趋势。这说明日本金融部门应对危机的能力较强。违约距离指标较亚洲其他国家而言较大，因此也说明日本金融部门出现危机的可能性不大。

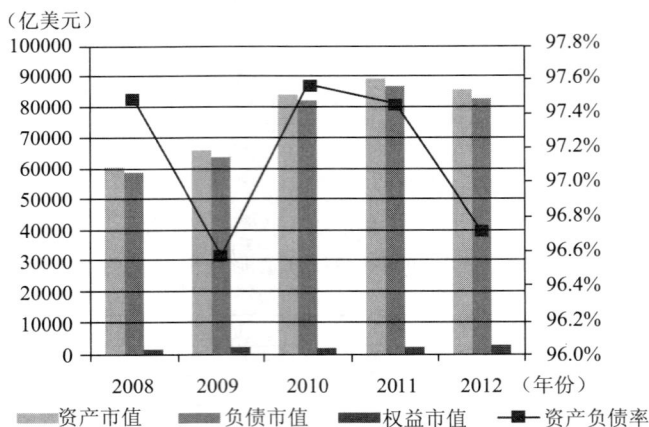

图 62.12　日本 2008－2012 年金融部门或有权益资本结构

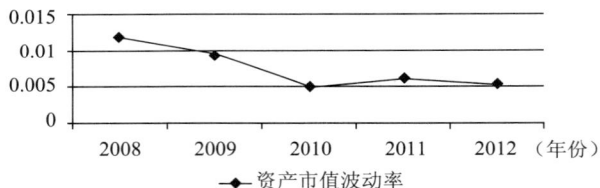

图 62.13　日本 2008－2012 年金融部门资产波动率

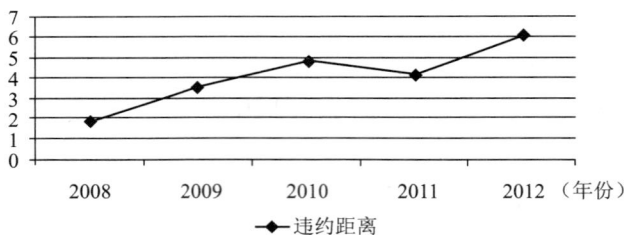

图 62.14　日本 2008－2012 年金融部门违约距离

第4节　日本企业部门风险分析

一、日本企业部门账面资产负债表分析

日本企业部门账面资产负债表走势基本与金融部门相一致，2012 年企业

部门资产负债规模也存在缩水问题。2012 年日本企业部门资产规模为 64430.6 亿美元、降幅为 5.9%，负债规模为 41937.4 亿美元、降幅为 7.3%（见图 62.15）。日本企业部门的资产负债缩水与 2012 年日本企业倒闭数量较多有着一定关联。据日本东京商工调查公司（TSR）发表的统计数据表看，仅 5 月份日本倒闭的企业数量就为 1148 家，同比增长 7.1%，倒闭企业中以中小企业居多。这主要是由于日本经济发展速度缓慢以及金融机构的贷款门槛增高。

从 2013 年年底情况来看，日本企业部门总体上呈现复苏态势。在日本股市持续上涨的现实背景和日元贬值、摆脱通缩的预期背景下，日本上市企业股票市值大幅增加，总市值扩大至两倍以上的有近 500 家。2014 年日本企业在沿袭良好发展态势的同时也将面临因日元贬值、消费税提高带来的原材料价格上涨等消极因素。如果日本民间企业改革的推进顺利，中小企业可以得到振兴，则 2014 年日本企业部门发展将迎来新机遇。

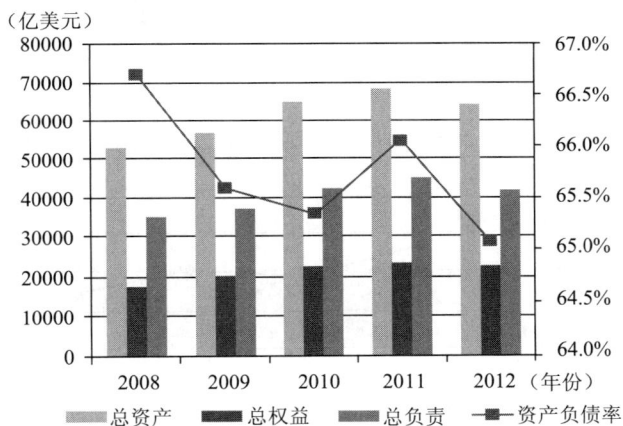

图 62.15　日本 2008－2012 年日本企业部门资本结构

二、日本企业部门或有权益资产负债表分析

日本企业部门资产市值与负债市值近 5 年走势与账面资产负债相同，2012 年资产市值与负债市值也存在缩水。日本企业部门与金融部门一样，存在长期被低估的现象，被低估比率基本稳定在 10%，2011 年企业部门资产被低估约 13%，2012 年被低估 10%。从企业部门权益市值变动来看，2012 年权益市值高于 2011 年，虽然增幅微小，但好过 2011 年权益负增长情况。日本企业部门发展风险较低的同时面临着发展缓慢的困境（见图 62.16）。

资产市值波动率指标反映的结果是日本企业部门的资产波动在逐年减

小，看似企业部门发展趋于稳定，但资产波动率降低的背后隐藏着日本企业部门发展缓慢，资产负债负增长的危机（见图62.17）。

日本企业部门的违约距离指标与金融部门一致，且数值相近，自2008年起违约距离处于上升趋势，除2011年日本受内忧外患影响而有所降低外，其余年份都处于日渐转好的状态。通过违约距离指标指示的日本企业部门短期内不会爆发危机，但发展缓慢的症状仍然存在，日本企业部门短期内将不会有太大起色（见图62.18）。

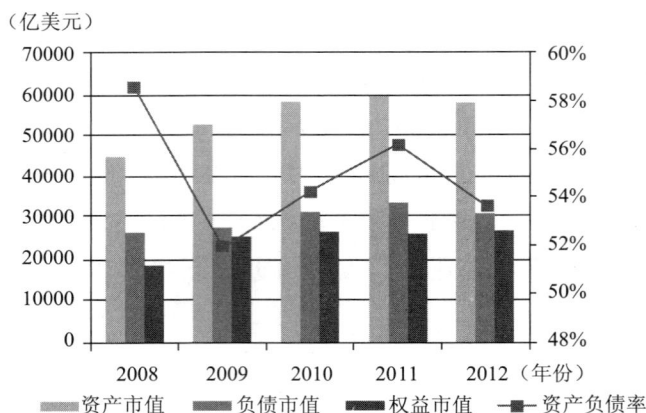

图 62.16　日本 2008—2012 年企业部门或有权益资本结构

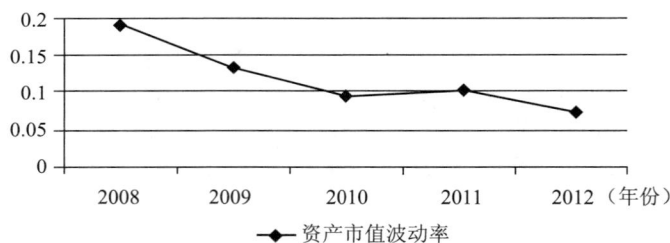

图 62.17　日本 2008—2012 年企业部门资产波动率

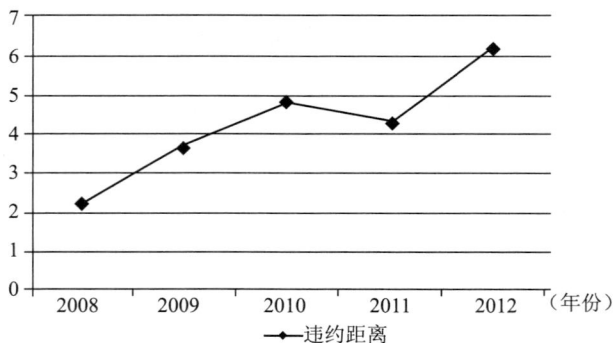

图 62.18　日本 2008—2012 年企业部门违约距离

第 5 节　日本家户部门风险分析

一、劳工市场分析

归功于日本政府为振兴经济和结束通缩的"安倍经济学"开始进一步取得成效，日本失业率近年来呈现一路走低的态势，2013 年失业率为 4%，比 2012 年降低了 0.35%，预计 2014 年失业率将进一步减少，预计将减少至 3.5%（见图 62.19）。

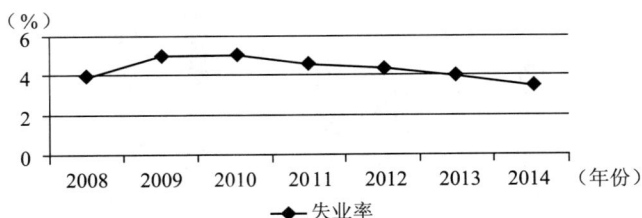

图 62.19　日本 2008－2014 年失业率

日本的平均工资水平除危机后的反弹外，一直处于下滑状态（见图 62.20），在过去十五年中，日本平均工资水平下降了 15%。2013 年 12 月，扣除奖金和加班薪水后的底薪同比下滑 0.2%，降至人均 24.15 万日元/月。为解决工资水平过低的问题，首相安倍晋三开始游说各公司上调工资并且说服大型公司分享财富。但英国经济学家 Tom Orlik 则指出，抑制日本工资增长的第一大关键因素是日本国内的急速老龄化。客户群体逐年减少的国家，加上公司盈利能力的丧失使得日本想要提高收入难上加难。

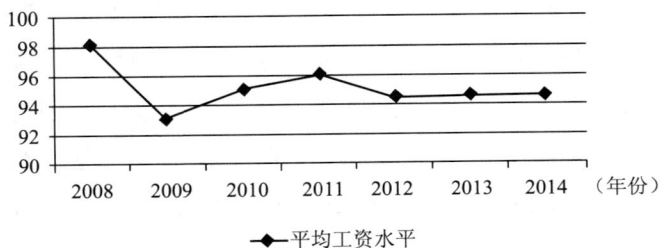

图 62.20　日本 2008－2014 年平均工资指数

二、家户部门收支分析

2013 年日本个人可支配收入为 292.7 万亿日元，比 2012 年增长了 5.32 万亿，增长率约为 1.8%。由图 62.21 可以看出日本个人可支配收入基本处于 285 万亿日元至 295 万亿日元之间，增长非常缓慢，2009 年和 2011 年还出现负增长。家户部门的收入增长缓慢在一定程度上抑制了日本内需，并且对企业部门和金融部门的发展没有起到推动和支持的作用。针对此现象，日本首相安倍晋三要求经济界提高劳动者工资，部分上市企业对增加底薪进行考虑，因此，预计 2014 年日本个人可支配收入将较前几年有较快的增长，预计增速将提高 1.5 个百分点。

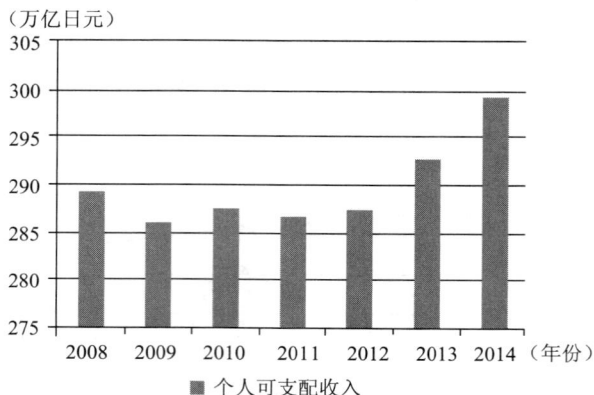

图 62.21　日本 2008－2014 年个人可支配收入

第 6 节　日本"安倍经济学"专题分析

2013 年日本政府为了让日本走出通货紧缩的恶性循环、振作日本经济，实施了首相安倍晋三推出了一系列促进经济金融改革的措施，也就是这里我们要对其进行专题分析的"安倍经济学"。

安倍经济学笼统来说分为三个主轴：其一是强制日本央行配合印发钞票，其二是通过政府举债进行政府投资；其三是促使日元持续、大幅地贬值。采取这三大措施的主要目标是力争达到 2% 的通胀，创造流动性，缓解日本通缩压力；通过新的公共开支项目激活日本经济；兑现结构性改革的承诺。通过将政策利率降为负值、无限期实施量化宽松政策、开展大规模政府公共投资以及银行业通过公开市场操作购入建设性国债等具体措施，日本的安倍经济学在 2013 年确实略有成效。

第一，工业生产的复苏、公共投资的增加、企业投资信心的提升以及私人消费的企稳等诸多迹象表明日本经济各方面都已经处于复苏阶段。第二，日本长期以来的通货紧缩状况逐渐得到缓解。第三，得益于日元贬值导致的出口提振。

从理论上看，安倍经济学将对刺激经济、缓解通缩有一定积极作用，但该政策应用与复杂的现实环境所导致的长期影响将与理论预测存在一定出入。制约安倍经济学发挥效力的主要现实原因如下：

第一，财政因素。这里所说的财政因素主要指日本政府因陷入长期赤字而不得不大肆举债的巨额债务问题。日本在欧美爆发债务危机时虽然没有被卷入其中，但值得注意的是，日本目前是全球第一大债务国。日本债务在2013 年中旬突破 1000 亿日元，截止 2013 年 6 月底，日本包括借款在内的公共债务余额已经升至 1008.6 万亿日元，占 GDP 比重高达 244%。债务约90% 份额的持有人均来自日本国内，是日本债台高筑却没有爆发的首要原因，但目前国债收益率上升令日本财政的持久性面临新挑战。安倍经济学因此面临两难处境：一方面，安倍经济学的目标是消除通缩，用适度通胀促进日本经济发展。另一方面，理性投资者将抛售收益率较低的日本政府债券，转而将资本投入收益较高的其他市场。日本国债收益率的抬高带来的偿债成本的提高将令日本政府面临更加严重的财政问题。

第二，结构性因素。首先，日本的老龄化程度处于全球最高水平。根据日本统计局的数据显示，日本 2013 年 65 岁老人人数首次超过其总人口的25%，且老龄化速度仍在加快。根据 IMF 的预测数据显示，日本适龄劳动者预计从 1955 年顶峰期的 8700 万人降至 5500 万人左右，与其第二次世界大战时期相差无几。根据国富银行的分析，日本严峻的老龄化问题导致日本国内利率的扭曲，老年人对日本国债收益率的影响力超过了日本央行 2013 年史无前例的量化宽松。除了削弱增长潜力，老年人口还在对日本利率施加下行压力。由于老年人风险厌恶度高而导致其对持有日本政府债券这类避险天堂资产，这种行为是其增加日本利率下行压力的主要原因。除此之外，老龄化直接导致了劳动力丧失、限制了国内消费能力的延续、从而制约日本企业扩大再生产。其次，20 世纪 80 年代日元大幅升值导致日本企业加大海外投资、向外转移生产和经营基地，产业空心化现象日趋严重，结出苦果。

第三，政治因素。日本政局动荡，换届频繁，安倍晋三的支持率已经开始出现下滑，安倍经济学可能受其任期结束的影响而无以为继。

第四，心理因素。日本股市连续出现暴跌、长期国债利率不跌反升、汇市大起大落，日本金融市场动荡加剧。市场对安倍经济学能否达到预期的质疑；安倍经济学是否导致财政状况恶化的担忧；安倍经济学经济增长战略新意的缺乏与对细节的规避等都是心理层面的因素。

第五，战略因素。政策笼统、缺乏配套可行性措施，期限太长从而导致的政治不确定性被扩大都是安倍经济学的战略规划因素。

第六，国际因素。国际社会反对日元过度贬值的呼声始终存在；安倍推动日本加入 TPP 的进程不会一帆风顺；日中、日韩关系停滞甚至恶化，这些都是日本经济复苏的障碍。

这六大制约安倍经济学的主要原因，导致安倍经济学的实施也伴随着消极影响。第一，加剧了金融市场的波动。日本股市自 2013 年以来频繁出现暴涨暴跌过山车式的现象；日本国债也一改被视为安全资产的常态，变得极具风险。第二，刺激出口的同时带来了如提升进口成本、日元贬值优势在未来可能减弱、贬值过程中盈利企业的资金流向问题等隐患。第三，对提振中小企业信心作用甚微。第四，未能普惠日本普通民众。股价上涨和地产升值并没有为工薪阶层带来真正的财富效应，反而以食品为代表的生活必需品出现了物价上涨，增加了大部分人的消费负担。综上所述，安倍经济学的消极影响面将会直接覆盖金融部门、企业部门和家户部门。如此一来，三大部门若同时遭受较大的消极影响，那危机必将快速传导至公共部门。因此，稍有差池，安倍经济学将给日本带来影响范围极大的金融风险。

第7节　结论及对中国的借鉴

本章基于宏观金融工程视角，对日本四部门的资产负债表及或有权益资产负债表进行了较为完备的分析。

日本公共部门最主要的就是债务问题，日本债务占 GDP 比重已经位居发达国家之首，借新债还旧债的举动已经使日本债务陷入恶性循环的过程中。一旦利率有所升高，日本政府债务的利息将大规模上涨，融资成本的增加或使债务危机从公共部门向金融部门传导。

日本金融部门发展状况有所改善，资产、负债均有上升。贷款规模的扩大是其得到改善的主要原因，但金融部门的核心竞争力减弱及盈利能力的下滑是日本金融部门亟待改善的问题。

日本企业部门得益于日元的持续贬值，出口规模的扩大提高了企业盈利，从而部分企业得以扩大生产，进而做大做强。但日本企业同时面临两极分化的现状，大企业发展态势良好，中小微企业生存环境恶劣。

日本家户部门相关的各指标都呈现好转态势，失业率进一步降低、收入和消费均有提高。但收入的增速不及消费增速快，这在一定程度上限制了内需的扩大，不利于企业部门和金融部门的发展。

考量日本的实际风险状况，在防范宏观风险的同时促进日本经济、金融的发展，应从以下几个方面进行调整：

首先，迅速彻底地清除不良债权，实现金融稳定，完善金融市场，强化金融中介功能。开展信息技术革命、完善内部风险管理机制，从而提高金融业自身效率；健全宏观金融监管体系，确保金融市场公平、有效的运作；继续深化与土地相关的税制改革，解决地价下跌问题，从而缓解不良债务问题；强化金融中介功能，以金融活动带动整个经济的发展，同时完善风险资本市场。这样一来，不仅原有不良债权问题可以得到解决，而且新的不良债权产生也能得以防范。

其次，采取相机抉择的财政政策，推行结构性财政改革。伴随经济的回暖，财政政策要相应调整，从一味地扩大财政支出，转变为提高公共投资的乘数效应，刺激经济增长；实行有增有减的税制改革，既刺激经济，又控制财政赤字的扩大；进行行政改革，削减政府开支。只有这样才能达到刺激经济和重振财政的双重目标。

再次，将信息技术产业作为重点突破口，推动产业结构向高级化、服务化过渡，以此提高产业竞争力。从整个国家的角度讲，要形成具有广阔市场前景的新产业群，形成新的经济增长点，从而带动日本经济真正走上持续增长的轨道。一是大力发展信息产业。要以企业为创新载体，继续推进企业的信息化，形成具有较强竞争力的企业群体；要加强国家创新体系的基础作用，加强政府在研究与开发和技术创新中的政策引导作用；要充分发挥市场的中介作用，使科研成果能够迅速转化为生产力；要形成一个鼓励创新的社会文化氛围。二是以高科技制造业为依托，提高服务业在国民经济中的地位。日本的优势是高科技制造业，日本应以此为立足点，提高金融、物流等服务业的水平，使之成为拉动国民经济的新引擎。

最后，构筑适应经济信息化和全球化需要的竞争性社会经济体制，使日本真正融入国际社会。改革科研、教育体制，培养具有创新精神、适应时代需要的人才，提高生产力。而政府机构改革是保证经济改革和科研教育改革成功的关键。

在对日本做出金融风险分析的同时，我国作为世界主要经济体，应从中获得警醒。与日本相同，我国公共部门风险也与债务问题相关，虽然根源不尽相同，但潜在风险不容忽视。因此，地方政府债务问题的根源在于分权制下财税体制弊端，应改革财税体制，从根源上防范地方政府债务问题。就既已存在的债务潜在问题，应通过资产证券化等途径化解，并配以风险预警机制、政策法规制定等手段，将潜在风险最小化。

参 考 文 献

［1］IMF："Global financial stability report"，2012. 10.

［2］IMF："World economic outlook"，2013. 4.

［3］朱海燕：《"安倍经济学"解析》，载《现代日本经济》，2013 年第 6 期。

［4］易宪容：《"安倍经济学"的金融分析》，载《金融与经济》，2013 年第 6 期。

第 63 章　韩国宏观金融风险研究

国际金融危机发生以后，受美联储量化宽松货币政策的影响，国际资本流入韩国等新兴经济体。世界各国对美联储退出量化宽松货币政策的预期导致新兴经济体整体受到冲击，韩国是少数几个平稳度过本次金融风暴的新兴市场。韩国稳定的金融环境归功于政府 60 年来积极发展工业，谨慎制定货币政策和财政政策。韩国是以出口拉动经济为战略导向的国家，近年来韩元不断升值，韩国在出口方面并未受到巨大创伤，反而出口额保持增长。不可忽视的是，韩元升值对部分出口产业的企业造成的不良影响。在韩国经济发展的同时，风险不容忽视，运用宏观金融工程分析方法对韩国的宏观金融风险进行研究具有重要的意义。

对韩国宏观金融风险的研究较少，现有的研究往往是针对韩国某一市场或是某一领域的风险或者金融监管的研究。本章基于宏观金融工程的理论，运用宏观资产负债表法和或有权益资产负债表法，对韩国公共部门、金融部门、企业部门以及家户部门的宏观金融风险展开分析。

第 1 节　韩国经济金融运行概况

一、韩国经济运行概况

国际金融危机发生后，韩国经济增长放缓。2008 年至 2012 年期间，GDP 增长率波动较大。2012 年，经济增长率降至 2.04％。为提振经济，韩国当局推出 153 亿美元的刺激方案，以资助新创企业、推动基础建设、延长低利率融资期限，并放宽中小企业贷款条件等。2013 年，韩国经济增长率和贸易差额等经济指标出现回升向好的势头。受日元走低、美联储退出量化宽松政策等因素的影响，未来的经济走势尚不明朗。图 63.1 为 2008－2013 年韩国 GDP 及 GDP 增长率。

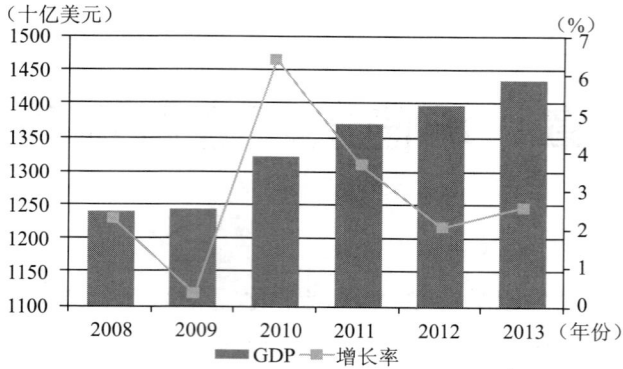

图 63.1　2008 年至 2013 年韩国 GDP 及 GDP 增长率

数据来源：BvD 全球金融分析、宏观经济指数数据库（以下数据如未标注来源均相同）。

图 63.2 显示了私人消费、政府消费和固定投资对韩国 GDP 的贡献度，整体而言，私人消费对韩国 GDP 的贡献度最大，政府消费对 GDP 贡献度变化较小。2010 年，韩国经济快速增长得益于需求驱动和固定投资的增长。2013 年，受韩国放宽中小企业贷款条件等经济刺激政策的影响，国内扩大投资，同时，GDP 增长率上升的财富效应带动私人消费的上升，固定投资和私人消费对 GDP 贡献度有所上升，经济出现回暖迹象。

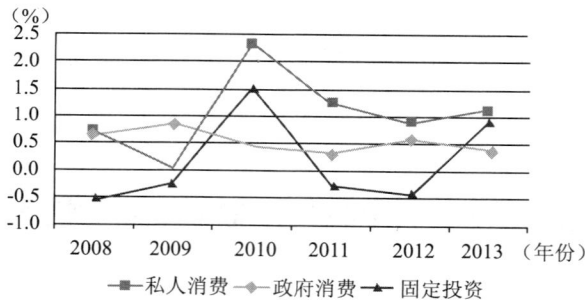

图 63.2　2008 年至 2013 年韩国私人消费、政府消费和固定投资对 GDP 贡献度

国际金融危机发生以来，韩国经常账户上持续出现贸易盈余，并且贸易盈余在逐年增长。金融危机爆发后不久，韩国出口额和进口额均有所下降，净出口出现上升，在各国受到金融危机冲击、全球贸易情况萎缩的情况下，韩国实现了贸易顺差的增长。2013 年，净出口占 GDP 的比重由 2008 年的－1.18％大幅增长至 3.71％，贸易情况的改善，对经济增长作出很大贡献（见图 63.3）。受"安倍经济学"下日元走弱的影响，韩国贸易顺差增长幅度减小，但贸易顺差占 GDP 比重仍在提高。

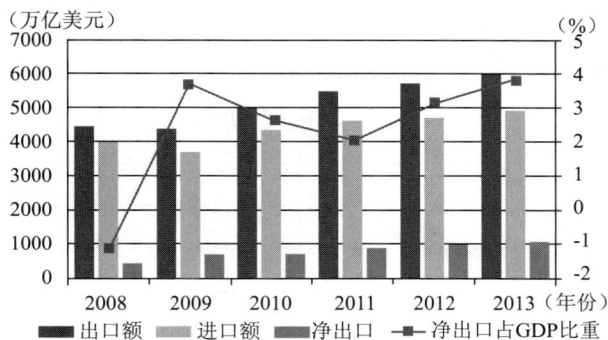

图 63.3　2008 年至 2013 年韩国进出口额及净出口占 GDP 比重（亿美元）

2008 年至 2012 年间，韩国的通货膨胀率保持在 4.5% 以下，波动较大。2009 年至 2012 年，通货膨胀率从 2.7% 增长至 4.1%，增长幅度较大。2013 年，韩国通货膨胀率虽然有所回升，但水平较低，仅有 1.9%（见图 63.4）。

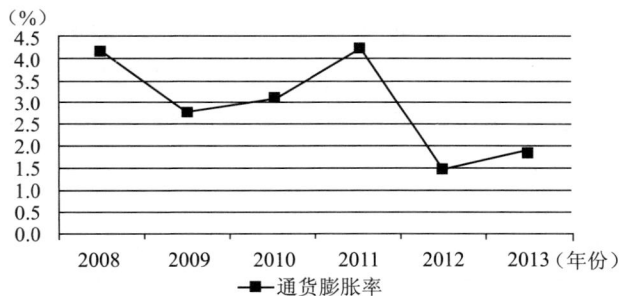

图 63.4　2008 年至 2013 年韩国通货膨胀率

二、韩国金融运行概况

2008 年以来，韩国并未实行扩张性的货币政策，从图 63.5 可以看出，M2 的增长率基本处于下降趋势。韩国政府并未跟进世界发达国家采取宽松的货币政策，在这种情况下，韩元保持了持续升值趋势。

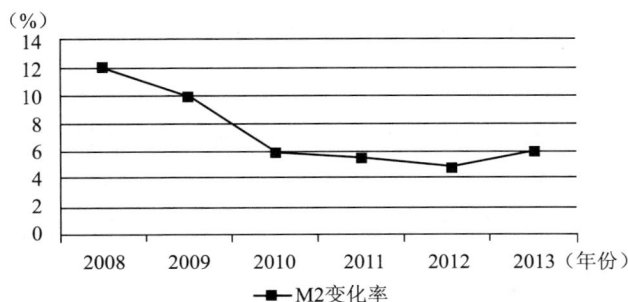

图 63.5　2008 年至 2013 年韩国货币供应量变化率

韩国证券市场指数与经济增长情况并不完全一致。2008 年至 2010 年期间，证券市场指数有所下降。2010 年韩国经济转型获得成功，韩国 KOSPI

指数跃上 2051 点。2013 年，受日元贬值影响，韩元持续贬值，韩国 KOSPI 指数表现并不乐观，截至 2013 年年底报收于 2011.34 点，虽然略高于 2012 年的 1997.05 点，但远远低于 2500 点的预期值（见图 63.6）。

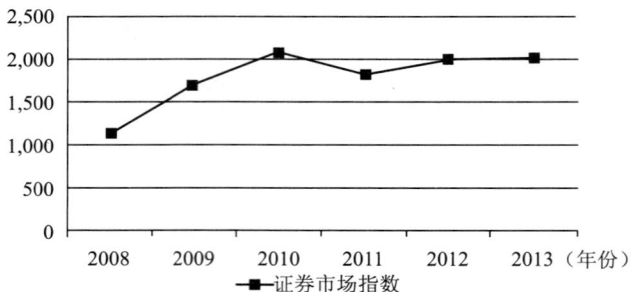

图 63.6　2008 年至 2013 年韩国证券市场指数

2008 年以来，韩元对美元汇率处于上升轨道中。2011 年，受美联储退出量化宽松政策预期、全球流动性紧缩等宏观因素影响，韩元汇率略有下降，随后于 2012 年继续上升。2013 年，"安倍经济学"导致的日元贬值，在这种影响下，韩元持续升值。截至 2013 年底，韩元升值幅度继欧元、人民币、英镑之后位居第四。

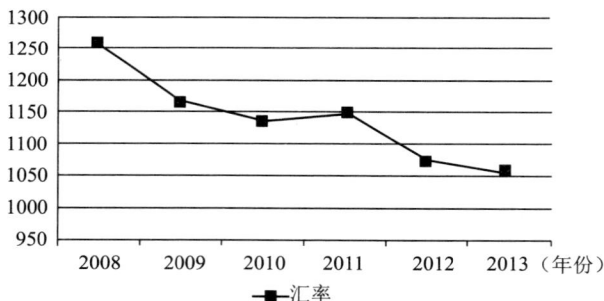

图 63.7　2008 年至 2013 年韩元汇率走势

第 2 节　韩国公共部门风险分析

本节利用韩国中央银行提供的数据，构建公共部门资产负债表。在此基础上，主要从资本结构和清偿力风险两个方面对韩国公共部门的风险进行分析。同时，基于韩国公共债务与财政赤字情况对公共部门风险进行分析。

一、韩国银行资产负债表分析

（一）资本结构分析

韩国银行的资产负债结构如图 63.8 所示。2008 年至 2011 年，韩国银行

的总资产、总负债规模逐年上升，资产负债率处于较高水平，总体上保持在
97.5％以上的高水平。韩国银行的风险暴露较为严重，2012 年韩国银行的资
产负债率大幅下降，但资产负债率水平仍高于 95％，中央银行的高风险状况
并未得到根本改善。

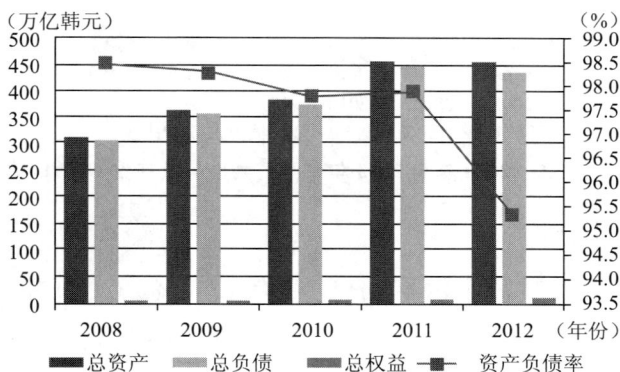

图 63.8　2008 年至 2013 年韩国银行资产负债结构

数据来源：韩国央行年报。

（二）清偿力风险分析

相比大多数危机中的国家，韩国银行的产权比率较低，但清偿力风险依
然存在。2008 年至 2012 年，韩国银行的产权比率总体处于下降趋势，韩国
中央银行出现清偿力危机的可能性较小（见图 63.9）。

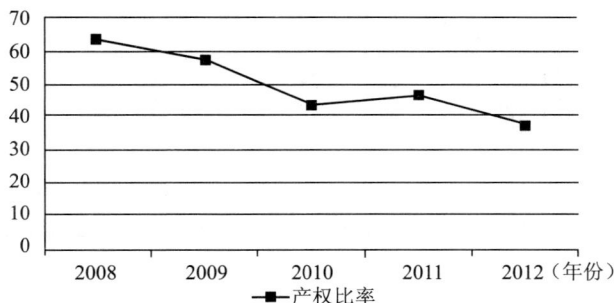

图 63.9　2008 年至 2013 年韩国银行产权比率

数据来源：韩国央行年报。

二、公共债务与财政赤字分析

（一）公共债务分析

如图 63.10 所示，2008 年至 2011 年，韩国公共债务规模及公共债务占
GDP 比重逐年上升。公共债务从 2008 年的 312.51 万亿韩元上升至 2011 年
的 446.7 万亿韩元。2012 年，公共债务涨速减小，公共债务占 GDP 比重略

有下降。2013 年公共债务占 GDP 水平同 2012 年基本持平。

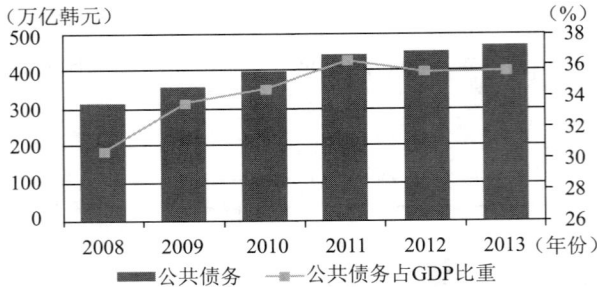

图 63.10　2008 年至 2013 年韩国公共债务及其占 GDP 比重

（二）财政赤字分析

2008 年，韩国财政盈余占 GDP 比重为 1.54％。2009 年，受宏观经济衰退影响，政府部门大幅扩大财政支出，财政收入略有减少，韩国出现小额财政赤字，赤字水平占 GDP 比重为 1.65％。2010 年以后，财政盈余占 GDP 比重再次回到 1.5％左右的水平，并基本保持稳定，财政收入和财政支出稳定增长。2013 年，财政盈余规模缩小，财政盈余占 GDP 比重出现下滑（见图 63.11）。

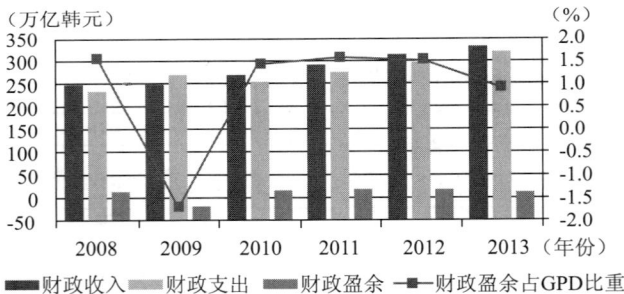

图 63.11　2008 年至 2013 年韩国财政收支及财政盈余占 GDP 比重

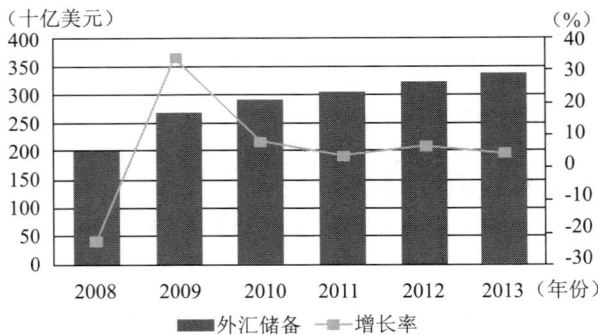

图 63.12　2008 年至 2013 年韩国外汇储备及增长率

（三）外汇储备分析

2009 年，韩国外汇储备规模出现大幅扩大，从负增长转变为正增长，外汇储备增长率达到 34.2％的高水平，抵抗外币冲击能力较强。2010 年，外汇储备规模增速减缓。随后，外汇储备以相对稳定的增长率稳步增长。

第 3 节　韩国金融部门风险分析

本节选取韩国总资产排名前 24 名的上市银行，通过对金融机构资产负债表进行加总，构建账面价值资产负债表和或有权益资产负债表，对韩国金融部门风险进行分析。

一、账面价值资产负债表分析

（一）资本结构分析

韩国金融部门的总资产和总负债逐年上升，金融业务呈现出稳步增长。2008 年至 2011 年资产负债率从 93.31％下降至 90.81％，下降幅度不断减小。总体而言，韩国上市金融部门的资产负债率水平较高，但资本结构逐渐优化。2012 年资产负债率回升至 91.12％，风险水平略有提高（见图 63.13）。

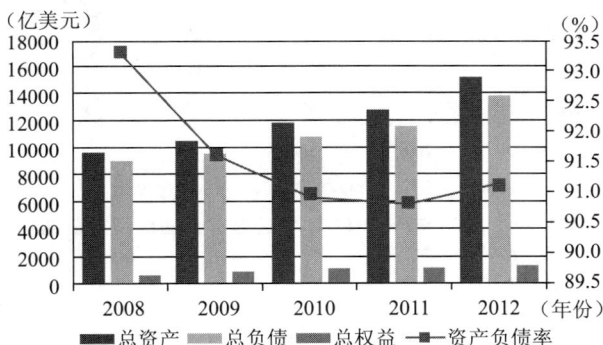

图 63.13　2008 年至 2012 年韩国上市金融部门资产负债结构

数据来源：BvD 全球金融分析、全球上市公司库（以下数据如未标注来源均相同）。

（二）清偿力风险分析

2008 年至 2012 年韩国金融部门的产权比率出现先下降，后趋于平稳的趋势，总体处于 10 到 14 之间的水平。2008 年，韩国金融部门相比其他国家，韩国金融部门的产权比率略高，清偿力风险相对较高。随后四年，产权比率有所下降并保持平稳，但整体水平仍然达到 10 左右的较高水平。

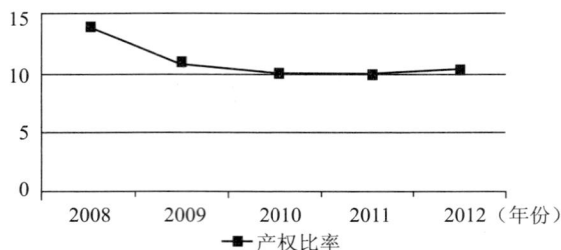

图 63.14　2008 年至 2012 年韩国上市金融部门产权比率

（三）存贷结构分析

图 63.15 显示了韩国上市金融部门存贷结构的变化情况。2008 年至 2012 年，韩国金融部门的存款总额和贷款总额均呈现不断上涨趋势，部分年份的存贷比高于 100％。不同于其他国家，2008 年至 2009 年韩国的贷款总额大于存款总额，韩国金融业存款不足，存在支付危机。2010 年起，韩国金融部门的存贷比降至 100％ 以下，并呈现出小幅下降。2012 年，韩国金融部门的存款和贷款规模增长速度加快，存贷比达到 95％，存贷情况趋于好转。

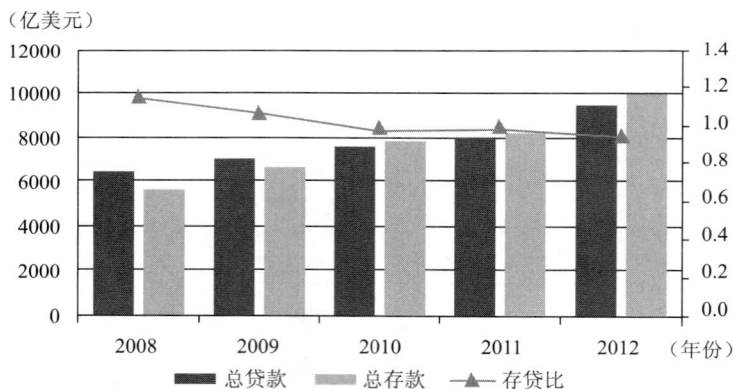

图 63.15　2008 年至 2012 年韩国上市金融部门存贷结构

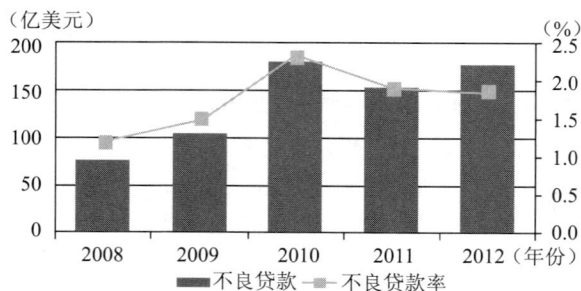

图 63.16　2008 年至 2012 年韩国上市金融部门不良贷款

2008 年至 2010 年，韩国上市金融部门的不良贷款规模大幅上升，不良贷款率从 1.18% 上升至 2.34%。2011 年，不良贷款规模大幅减小，不良贷款率下降至 1.9%。2012 年，韩国金融部门金融业务扩张，贷款总规模大幅增长，虽然不良贷款规模再次上升，不良贷款率与 2011 年基本持平。

二、或有权益资产负债表分析

通过构造韩国金融部门的或有权益资产负债表，对韩国的或有权益资产负债结构进行分析，韩国金融部门资产市值和负债市值整体呈现上升趋势，资产市值和负债市值的变化率不一致，导致或有权益资产负债率波动较大。总体而言，韩国金融部门的或有资产负债率维持在较高水平。2009 年或有权益资产负债率水平从 2008 年的 89.19% 骤升至 94.85%，至 2011 回落至 90.87%。2012 年，或有资产负债率再次达到 94.1% 的高水平（见图 63.17）。可见，资产市值和负债市值的变化极不协调。

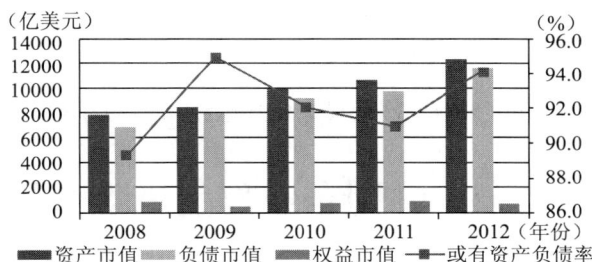

图 63.17　2008 年至 2012 年韩国上市金融部门资产负债市值及或有资产负债率

三、风险指标分析

韩国金融部门资产的账面价值高于市场价值，市场价值与账面价值的比值在 80% 至 84% 之间徘徊，表明投资者信心不足，市场对金融部门的资产存在一定的低估。2010 年，韩国的经济转型产生了一定效果，证券市场情况向好，金融部门资产价值被低估的情况有所好转。2012 年，资产账面价值被低估的情况再次加剧，金融部门资产的市场价值与账面价值的比值下降至 80.57%（见图 63.18）。

韩国金融部门的违约距离同样呈现出先增加后减小的态势。2010 年，随着韩国经济转型获得成功，金融部门的违约距离明显提高，达到 5.08，金融部门违约风险大幅减小。2011 年，随着宏观经济的衰退，金融部门的违约距离减小，违约风险有所提高。2012 年的违约距离出现回升，达到 3.33，随着 GDP 增长率的提高，金融部门的风险情况也有一定的好转（见图 63.19）。

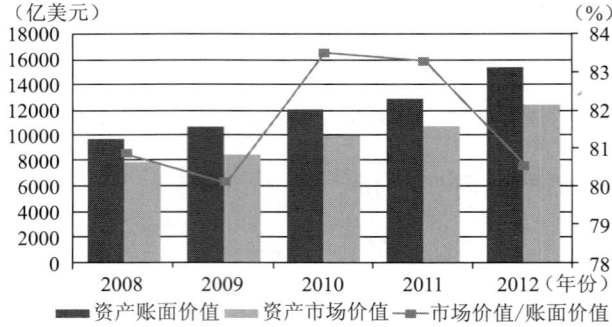

图 63.18　2008 年至 2012 年韩国上市金融部门资产账面价值、市场价值及其比值

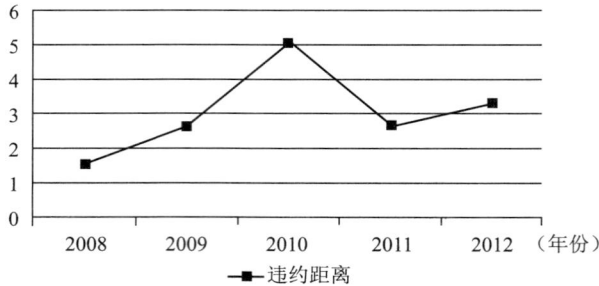

图 63.19　2008 年至 2012 年韩国上市金融部门违约距离

第 4 节　韩国企业部门风险分析

本节选取韩国总资产排名前 447 家上市公司，并对上市公司资产负债表进行加总，构建账面价值资产负债表和或有权益资产负债表，对韩国企业部门的风险进行分析。

一、账面价值资产负债表分析

（一）资本结构分析

2008 年至 2010 年，企业部门的总资产逐步上升，负债的增长速度慢于资产，资产负债率逐年下降，权益规模逐年稳步增长，企业部门发展态势良好。2011 年，上市企业部门的总资产和总负债规模减小，负债规模降幅大于资产的降幅，资产负债率仍在下降，但上市企业整体规模萎缩。至 2012 年，资产规模恢复增长，资产负债率同 2011 年相比保持平稳。总体而言，企业部门的资产负债率处于 60％至 70％之间，资产负债率较为合理，企业部门资本结构较合理（见图 63.20）。

（二）清偿力风险分析

总体而言，韩国的产权比率略高于亚洲新兴市场国家。2008 年，产权比率为 2.7，随后逐年下降，2011 年产权比率降至 1.55，企业部门清偿力风险明显降低，风险暴露情况明显好转。2012 年，企业部门的产权比率继续下降，但下降幅度很小，产权比率基本与 2011 年持平（见图 63.21）。

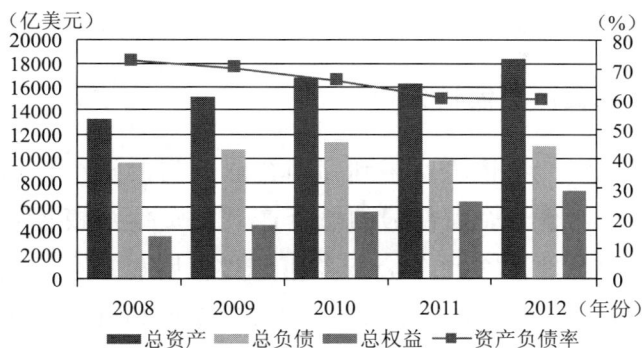

图 63.20　2008 年至 2012 年韩国企业部门资产负债结构

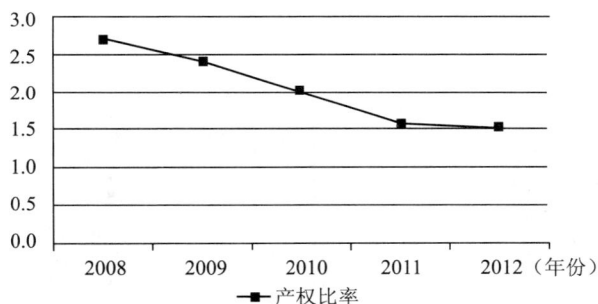

图 63.21　2008 年至 2012 年韩国企业部门产权比率

（三）期限错配分析

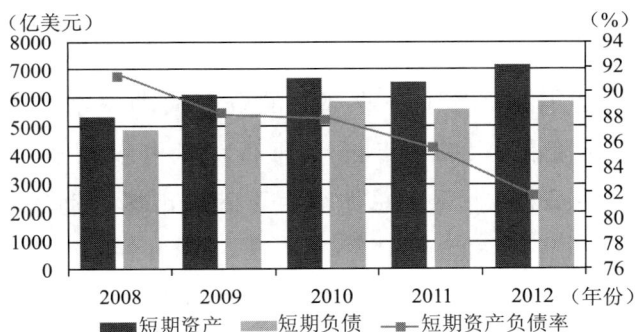

图 63.22　2008 年至 2012 年韩国企业部门流动资产、流动负债及流动比率

2008 年至 2012 年期间，如图 63.22 所示，韩国上市企业部门的流动比率加速下降，但是流动比率仍然高达 80％以上，企业部门期限错配风险较大。2008 年至 2010 年，韩国流动资产和流动负债逐渐上升，流动资产与流动负债的水平接近，流动比率保持在 87％以上的水平。2011 年，随着宏观

经济的衰退，流动资产和流动负债的规模均出现下降，虽然同期的流动比率出现下降，但企业部门的经营状况出现恶化。2012年，流动资产规模恢复上升，并且增幅大于负债规模，流动比率大幅下降。虽然2012年韩国企业部门的期限错配风险有所减小，但流动比率高的现实并未得到转变。

二、或有权益资产负债表分析

构建或有权益资产负债表，得到韩国企业部门的资产市值、负债市值以及权益市值。总体而言，企业部门的总资产、总负债规模逐年上升，或有资产负债率水平较为合理。2009年，权益市值规模明显缩小，或有资产负债率升高至68.73%，企业部门的风险加剧。2010年至2011年，或有资产负债率大幅下降，企业部门发展向好。2012年，虽然或有资产负债水平再次上升，但或有资本结构处于合理水平（见图63.23）。

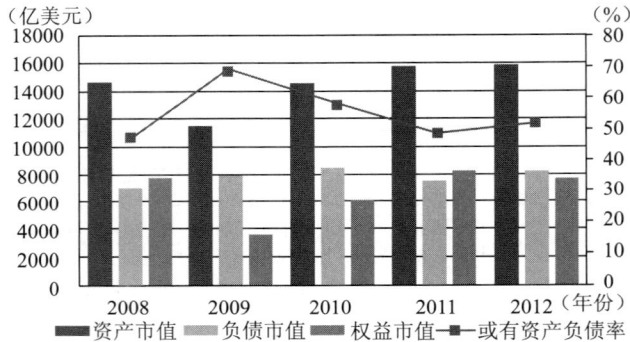

图63.23　2008年至2012年韩国企业部门或有资产负债结构及或有资产负债率

三、风险指标分析

2008年至2012年间，韩国企业部门的资产波动率水平较低。2009年资产波动率出现明显降低，2011年再次升高，但也仅仅达到0.02的水平。2012年，资产波动率继续下降。总体而言，韩国市场波动较为平稳，并未出现剧烈的大涨大跌（见图63.24）。

韩国企业部门的违约距离和金融部门较为相像。2008年至2010年，违约距离从2.46升高到6.46。在此期间，随着韩国经济转型产生成效，企业部门整体的违约风险明显降低。2011年，宏观经济严重衰退，企业部门违约距离大幅下降，违约风险再次暴露。2012年，违约距离回升至2010年水平附近，风险再次缩小。总体而言，韩国企业部门的违约风险处于降低趋势中，违约概率较小（见图63.25）。

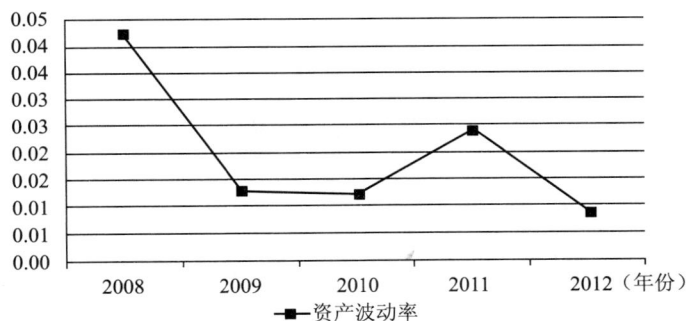

图 63.24　2008 年至 2012 年韩国企业部门资产波动率

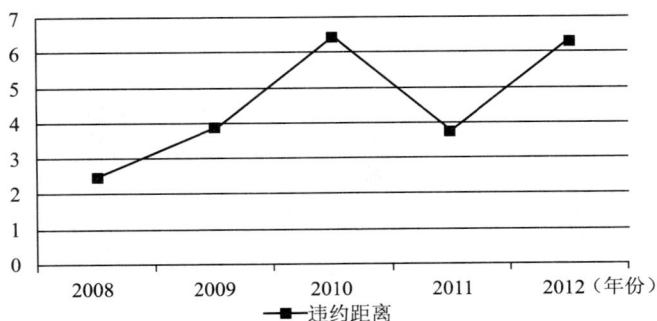

图 63.25　2008 年至 2012 年韩国企业部门违约距离

第 5 节　韩国家户部门风险分析

一、劳工市场分析

韩国劳工市场失业率存在波动。2008 年至 2010 年，失业率水平逐年上升。至 2010 年失业率上升至 3.725％，但失业率的增长率大幅减小。2010 年以后，失业率连年下降。截至 2012 年，失业率降低为 3.23％。2013 年的失业率继续下降。总体而言，韩国的就业状况较好，劳工市场发展向好（见图 63.26）。

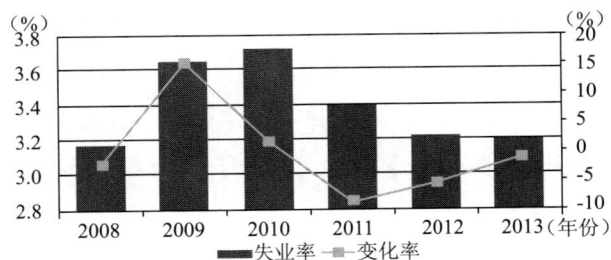

图 63.26　2008 年至 2012 年韩国失业率

二、居民收入水平分析

韩国人均实际工资指数的变动与国民经济增长情况基本一致，2008 年至 2013 年期间，人均实际工资指数随着国民经济的变动而较大波动。2008 年至 2010 年，随着宏观经济增长回暖，人均实际工资指数出现上升。2011 年，国民经济出现衰退，韩国人均实际工资指数下降。随后，人均实际工资指数再次上升。受宏观经济影响，韩国私人部门工资情况呈现出一定的不稳定性（见图 63.27）。

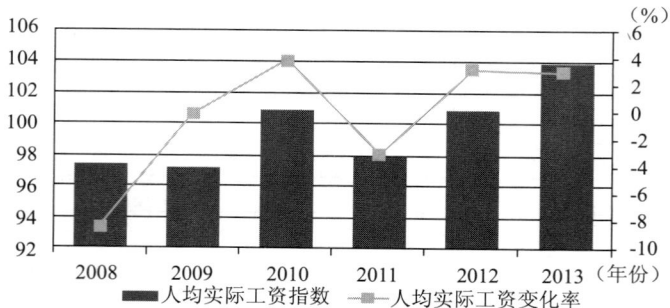

图 63.27　2008 年至 2012 年韩国人均实际工资指数及变化率

第 6 节　韩国汇率升值专题分析

国际金融危机发生以后，世界各国纷纷放宽流动性，新兴经济体出现了货币升值。在美联储退出量化宽松货币政策的预期席卷全球时，世界主要新兴经济体货币暴跌，而韩元汇率依旧坚挺，并且延续升值态势。2012 年，韩元兑美元汇率突破 1100 大关。2013 年，升值速度减缓，但升值趋势并未改变。受外围环境影响，韩元升值为韩国经济带来了风险。

一、韩元升值的原因

2013 年 5 月，美联储释放可能退出宽松货币政策的信号，在此消息影响下，国际资本大规模抛售风险资产，印度、巴西、墨西哥等新兴市场国家的货币币值大幅下跌。相比之下，韩元兑美元汇率却相对保持稳定，甚至出现了 2009 年以来的单边升值态势。韩元快速升值除了受到全球流动性宽松影响外，还有内在的原因。

首先，韩元升值最主要的因素是发达国家宽松的货币政策。从全球来看，国际金融危机发生以后，美联储率先推出量化宽松货币政策，世界各国纷纷效仿，放松流动性。在亚洲，日本也跟进实行量化宽松货币政策，日元竞争性贬值。全球流动性宽松的条件下，发达国家货币竞争性贬值，韩元汇率不断攀升。

其次，在全球流动性旺盛的背景下，韩国受到国际资本的追捧，大量热钱流入韩国，引起韩元升值。在世界各国纷纷实行宽松性的货币政策后，韩国引来了国际热钱的追捧，国际资本大量流入韩国，影响了外汇市场，韩元供不应求。1998 年，韩国资本市场全面开放，在过去十年间，年度外商直接投资增长了 1.5 倍，并于 2012 年达到了 163 亿美元，外商直接投资占 GDP 的比重则从 1.0% 上升到 1.4%。同时，亚洲金融危机期间，国际资本再次大规模进入韩国的证券市场。截至 2013 年 10 月，外商对韩国的投资中，32.8% 的投资进入股票市场，6.9% 的投资进入了债券市场。

最后，韩国经常账户持续盈余，使国内韩元需求趋于稳定。1997 年亚洲金融危机期间，韩国的出口额对 GDP 的贡献为 31%，2012 年上升至 58.7%。1998 年，韩国的贸易赤字就已转为贸易盈余，2009 年后，韩国贸易盈余以年均超过 300 亿美元的速度显著扩大，这种速度约为美国金融危机爆发前的两倍。1997 年末，韩国经常账户盈余占 GDP 的比重为 -0.9%，2012 年也上升至 5.9%。在韩国贸易盈余持续上升的背景下，出口商对于贸易盈余的结汇形成了稳定的韩元需求。

二、韩元升值的影响

韩元的升值速度迅猛，这对于一直靠出口带动经济的韩国而言，存在不可忽视的风险。

第一，韩元升值对韩国的国际收支将产生不利影响，使韩国在国际贸易竞争中处于被动地位。虽然韩国得益于其出口企业历来的强大实力，保持住了出口增长，但其国际竞争较激烈的产业却受到了影响。在国际贸易中，韩国和日本在汽车与电子等出口产业竞争激烈，日元的竞争性贬值对韩国的出口引擎造成严重威胁。2010 年后，韩国汽车和无线通信器材出口额增长率出现明显下滑。在承受成本攀升和韩元升值压力的同时，韩国还面临制造业缺乏创新的窘境。

第二，韩元快速升值对韩国的出口企业形成打击，汇率波动也加剧了韩国跨国企业的汇率风险。由于韩元升值，出口企业的成本升高，同时外币的相对贬值，压缩了韩国出口业务的利润空间，对韩国出口依赖型的中小企业造成了影响。

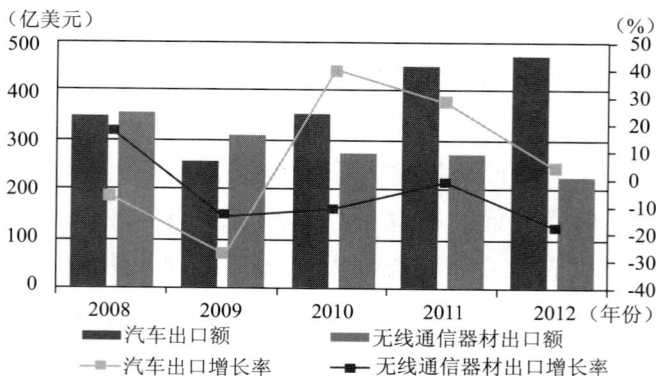

图 63.28　2008 年至 2012 年韩国汽车和无线通信器材出口额及增长率

注：数据来源于 wind 数据库。

第三，韩元升值对韩国国内通货膨胀起到了一定的缓解作用。观察 2008 年至 2013 年韩国通货膨胀率的变化趋势，2011 年韩元汇率出现反弹后，通货膨胀率也出现上升。从一定意义上说，韩元升值意味着进口价格将有所下降，这对于稳定国内物价会产生一定正的影响。

三、对策和建议

为应对韩元升值，减小韩元升值为韩国经济带来的负面影响，韩国需要采取以下措施：

首先，韩国是一个以出口为主要战略导向的国家，并且出口企业在国际上长期具有优势，结构调整对韩国而言可行性较弱。韩国需要利用现有优势，韩国需要加强出口企业的竞争力，出台减免税率等政策，鼓励企业出口，保持韩国在国际市场的贸易地位。尤其需要鼓励新兴产业作为贸易增长点。

其次，韩国需要对出口企业进行金融扶持。由于汇率会对韩国的出口贸易造成不利影响，使韩国出口企业陷入困境，对此，需要加强对出口企业的金融扶持，利用金融手段帮助企业渡过这一困难时期。出口对韩国经济来说具有重要作用，对出口企业进行金融扶持，避免韩国企业资金链条断裂形成连锁反应，也将有利于韩国经济持续稳定发展。

最后，稳定金融市场，加强金融监管。面对国际资本的流动，韩国对外需要加强对短期国际资本进出的监管，对内需要引导市场向理性发展，在发展经济的同时重视金融监管的作用。发挥韩国一向在监管上的优势和经验，减少市场投机带来的价格泡沫，使市场与经济发展相对应，以预防国际资本短期流动对国内资本市场带来冲击。

虽然韩元升值压力对韩国经济会带来冲击和影响，但需要避免一味地调节汇率，经济发展才是硬道理，韩国需要在控制风险的前提下发展本国经济，在国际市场上不断巩固自身的经济地位。

第 7 节　结论及对中国的借鉴

韩国是以出口经济为战略导向的国家，2013 年韩国经济出现反弹，经济表现依旧不尽如人意。在全球贸易需求低迷，日元贬值的背景下，韩国经济的真正复苏仍然存在挑战。

通过对韩国四部门进行资产负债表分析和或有权益资产负债表分析，韩国的风险主要集中于公共部门和金融部门。公共部门的资产负债率很高，存在较大风险，产权比率处于下降趋势，清偿力风险相对较低。目前，韩国财政略有盈余，外汇储备基本保持稳定，公共债务规模较大，存在债务违约风险。金融部门的资产负债率存在抬头的趋势，清偿力风险较低，金融部门存在资产持续被低估的现象，存在市场信心不足。企业部门的资产负债和产权比率较低，清偿力风险有所降低，但短期资产负债率较高，仍存在一定的期限错配风险。受到日元竞争性贬值和韩元汇率快速升值的影响，国际贸易竞争加剧，出口企业存在风险。受韩国大企业经营不景气影响，家户部门的失业率略有提高，但失业率水平仍然很低，人均收入情况较为良好，家户部门风险较小。

中国需要借鉴韩国贸易和金融市场的经验。首先，实现经济和金融稳定。韩国依赖其长期以来在国际贸易中的竞争力，在国际市场上具有重要地位。由于本国出口产业实力强劲，才能在韩元贬值的环境中保持出口的增长。中国需要利用自身优势，发展国民经济支柱产业和经济增长点。具体而言，需要改变现有的经济格局和贸易格局，中国首要的任务是进行经济结构调整，通过内生性增长实现经济发展。其次，中国需要借鉴韩国金融监管上的经验，加强金融监管。银行部门严守巴塞尔协议中对资本充足率的要求，完善风险管理机制。最后，中国需要减少市场投机，引导金融市场向理性发展，为国民经济的增长创造健康的金融环境。

参 考 文 献

［1］ The Bank of Korea，Annual Report 2012.

［2］ The Bank of Korea，Annual Report 2011.

［3］ The Bank of Korea，Annual Report 2010.

［4］ The Bank of Korea，Annual Report 2009.

［5］ The Bank of Korea，Annual Report 2008.

第 64 章　澳大利亚宏观金融风险研究

　　澳大利亚是全球贸易中重要的资源大国，其中矿产品是其外贸的主要产品，外贸依存度高。国际金融危机发生之后，澳大利亚迅速运用利率政策，率先从国际金融危机中恢复。然而，近年来，国内投资过剩为经济发展带来隐患。2013 年，由于矿业投资大幅减少，政府计划收紧财政支出，国内经济急剧下滑。由于澳大利亚在全球贸易舞台上占有重要地位，对澳大利亚进行金融风险研究，将对全球经济、贸易的稳定发展具有重要意义。

　　目前少有学者对澳大利亚的整体宏观金融风进行研究，现有的研究基本是对某一市场或是某一领域的风险或者金融监管的研究。Allen 等（2012）研究了澳大利亚新兴市场指数涵盖内实体部门的尾部风险，发现在危机阶段，成熟企业和新兴企业投资组合之间的价差有所缩小，违约风险价差在分布的尾部最大。邬玉婷（2010）采用 VaR 风险模型方法，从微观角度分析了澳大利亚 REITs 整体市场和特定个体的风险。

　　本章基于宏观金融工程的理论，运用宏观资产负债表法和或有权益资产负债表法，对澳大利亚的公共部门、金融部门、企业部门以及家户部门的宏观金融风险展开分析。

第 1 节　澳大利亚经济金融运行概况

一、澳大利亚经济运行概况

　　澳大利亚是 G20 成员国中最早从国际金融危机中恢复的国家，2009 年开始，GDP 增长率逐年上升，这主要得益于危机后该国的利率政策。2011 年，受自然灾害影响，GDP 增长速度减缓，但增长态势并未改变。2012 年第 4 季度，受澳元升值和欧债危机影响，澳大利亚 GDP 增速急剧下滑。2013 年，澳大利亚矿业出现投资过剩，由于矿业投资大幅减少，政府计划收紧财政支出，澳大利亚经济增速急剧下滑，GDP 增长率下降至 2.45％（见

图 64.1）。

澳大利亚私人消费、政府消费和固定投资对 GDP 贡献度的变化情况如图 64.2 所示，固定投资与 GDP 的变化情况基本一致，可见澳大利亚的经济发展受固定投资变动的影响较大。2010 年以来，私人消费和政府消费对 GDP 的贡献度则逐年下降。国际金融危机爆发以来，澳大利亚的经济回暖主要得益于其投资拉动型的经济增长。从图 64.2 可以看出，2013 年澳大利亚经济下滑的主要原因是固定投资的大幅下降。由于澳大利亚矿业投资过剩，政府大幅缩减矿业投资，减少财政支出，对澳大利亚经济产生冲击。

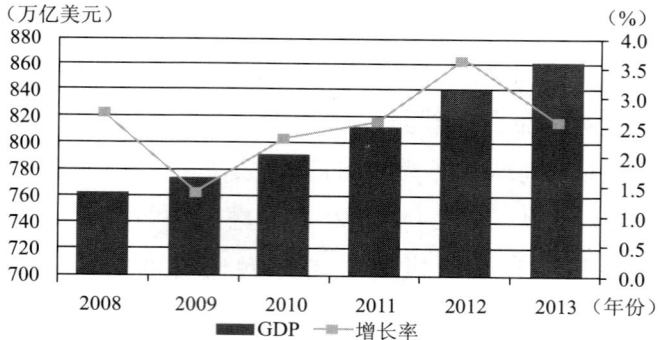

图 64.1　2008 年至 2013 年澳大利亚 GDP 及 GDP 增长率

数据来源：BvD 全球金融分析、宏观经济指数数据库（以下数据如未标注来源均相同）。

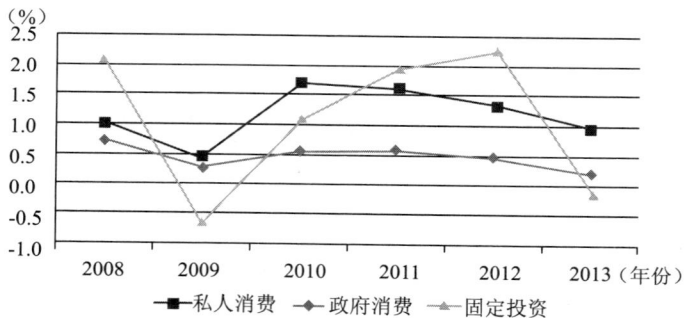

图 64.2　2008 年至 2013 年澳大利亚私人消费、政府消费和固定投资对 GDP 贡献度

2008 年至 2011 年，澳大利亚出口额小幅波动，进口额总体呈现上升，基本保持贸易顺差，净出口占 GDP 比重逐年上升。2012 年，澳大利亚出现贸易逆差，净出口占国民经济的比重大幅下降。澳大利亚贸易对矿业依赖程度很高，2013 年，澳大利亚缩减矿业投资，调整国内投资结构，但还未改变澳大利亚对矿业的高度依赖。虽然 2013 年澳大利亚恢复贸易顺差，但顺差水平仍然很低，无法为澳大利亚的经济增长提供助力（见图 64.3）。

如图 64.4 所示，2008 年澳大利亚的通货膨胀率接近 4％。2009 年，澳大利亚的通货膨胀率大幅下降至 2.1％。此后，受自然灾害影响，2011 年澳大利亚物价上涨，通货膨胀率略有上升。总体而言，2008 年至 2013 年期间，澳大利亚的通货膨胀率保持在 5% 以下小幅波动，持续处于较低水平。2013 年，澳大利亚通货膨胀率有所反弹，但通货膨胀水平仍然很低。

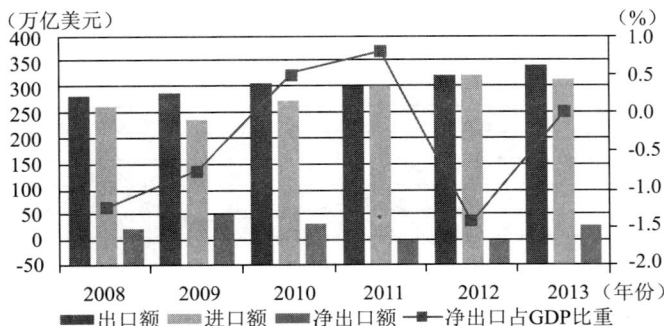

图 64.3　2008 年至 2013 年澳大利亚进出口额及净出口占 GDP 比重

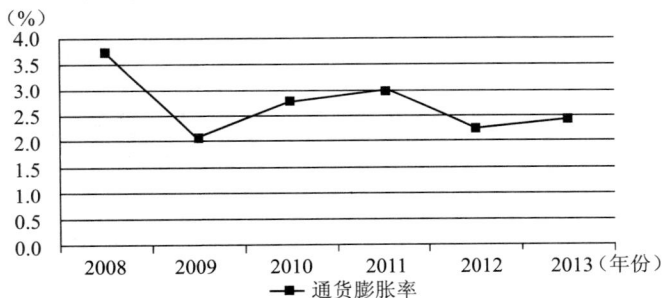

图 64.4　2008 年至 2013 年澳大利亚通货膨胀率

二、澳大利亚金融运行概况

2008 年至 2013 年期间，澳大利亚的货币供应量增长率出现了较大波动。2008 年，澳大利亚的货币供应量大幅增长，增长率达到 14.2%，2009 年又急剧下降，几乎为零涨幅。到 2010 年，货币供应量再次大幅上升，增长率达到 9.4%。随后至 2012 年，在美联储退出量化宽松货币政策的预期下，M2 的增长率逐年下降。2013 年，货币供应量增长速度再次大幅提高（见图 64.5）。

国际金融危机发生以后，随着澳大利亚经济回暖，股票市场指数从 2008 年 3659.3 点上涨至 2009 年的 4882.7 点，但此后一直在 5000 点以下徘徊。2011 年，受自然灾害影响，澳大利亚股票市场指数出现下滑。2012 年，国内经济再次回暖，证券市场指数再次上扬，但仍未达到 5000 点（见图 64.6）。

澳大利亚作为 G20 成员中最早从经济危机中复苏的国家，国内经济发展态势良好。受国际资本的追捧，2009 年至 2011 年，澳元兑美元持续升值。近年来，受美国退出量化宽松政策预期影响，澳元币值出现下滑。2013 年，澳大利亚缩减矿业投资，减小政府支出，国内投资减少，经济出现下滑，澳元轻微贬值（见图 64.7）。

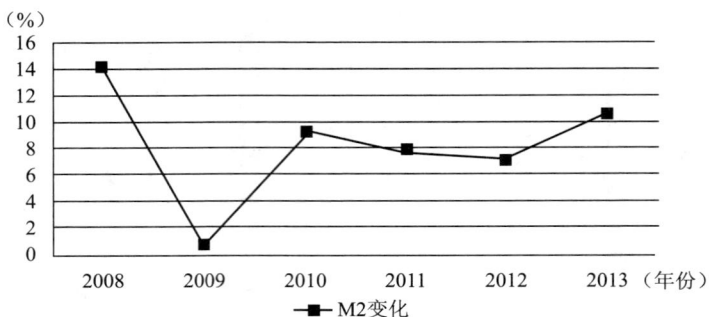

图 64.5　2008 年至 2013 年澳大利亚货币供应量变化率

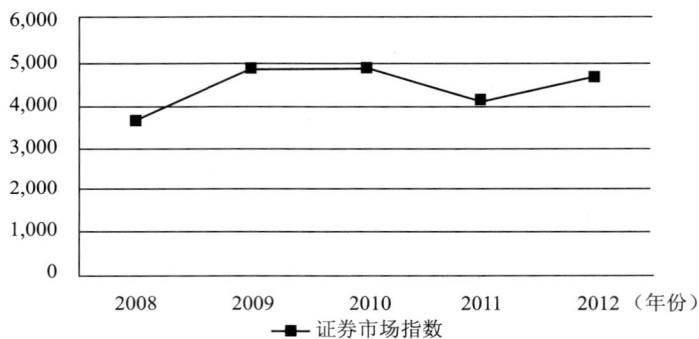

图 64.6　2008 年至 2013 年澳大利亚证券市场指数

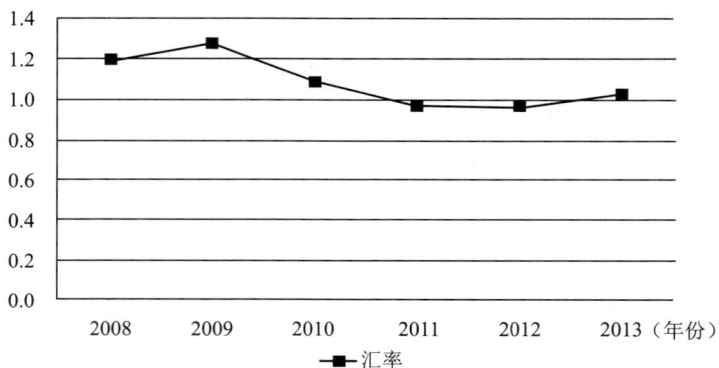

图 64.7　2008 年至 2013 年澳大利亚汇率走势

第 2 节　澳大利亚公共部门风险分析

一、澳大利亚中央银行资产负债表分析

(一) 资本结构分析

受国际金融危机影响，2008 年，澳大利亚中央银行的资产负债规模较大，由于国内经济刺激政策，中央银行资产负债率较高。自 2010 年起，随着国民经济复苏，中央银行的资产负债规模逐渐减小。2011 年，自然灾害对国内经济造成影响，澳大利亚中央银行提高资产负债率，达到 92.9% 的高水平，此时澳大利亚中央银行的风险较为突出。随后，澳大利亚中央银行资产负债率下降。2013 年，资产、负债规模再次上升，资产负债率下降至 89.8%，资本结构趋于合理（见图 64.8）。

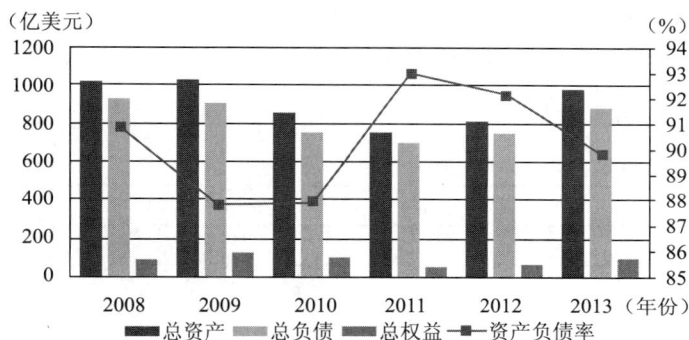

图 64.8　2008 年至 2013 年澳大利亚中央银行资本结构

数据来源：澳大利亚央行年报。

(二) 清偿力风险分析

澳大利亚中央银行的产权比率处于较低水平，清偿力风险远远小于同时期的多数国家。国际金融危机发生后不久，澳大利亚经济出现回暖，产权比率从 2008 年的 10 降低至 2009 年的 7.2。2011 年，中央银行产权比率大幅上升，达到 13.1 的水平，此时澳大利亚央行的清偿力风险凸显。随后两年，产权比率加速下降，2013 年，中央银行产权比率降低至 8.8（见图 64.9）。

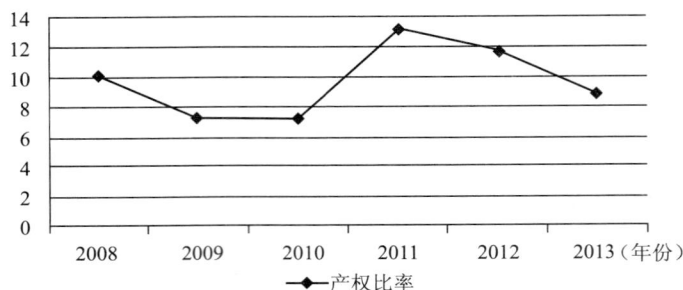

图 64.9　2008 年至 2013 年澳大利亚中央银行产权比率

数据来源：澳大利亚央行年报。

二、公共债务与财政赤字分析

(一) 公共债务分析

2008 年至 2012 年，受国际金融危机影响，澳大利亚公共债务规模不断扩张，公共债务占 GDP 比重逐年增长，持续处于较高水平。2013 年，澳大利亚公共债务呈现增长态势。出于澳大利亚削减政府支出，公共债务增长幅度减小，但澳大利亚的公共债务水平处于较高水平，需要控制公共部门债务水平，控制违约风险（见图 64.10）。

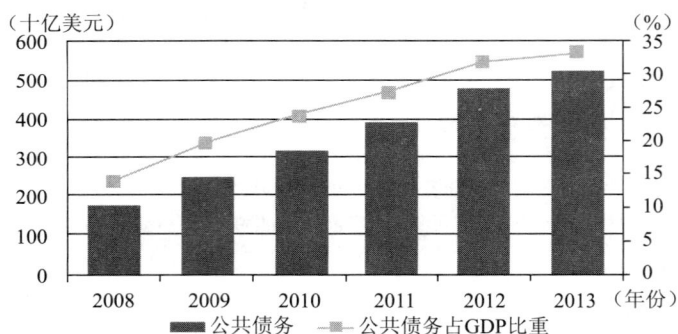

图 64.10　2008 年至 2013 年澳大利亚公共债务及其占 GDP 比重

(二) 财政赤字分析

2008 年至 2013 年期间，澳大利亚处于国际金融危机后的复苏阶段，持续处于财政赤字状态。2009 年，为应对国际金融危机，澳大利亚的财政赤字大幅扩大，财政赤字占 GDP 比重高达 4.9％，并于 2010 年进一步增长，但是增幅减小。随后，财政赤字规模和其占 GDP 比重均有所下降。2013 年，澳大利亚政府减少矿业投资，削减政府支出，财政赤字占 GDP 比重减小至 2.1％（见图 64.11）。

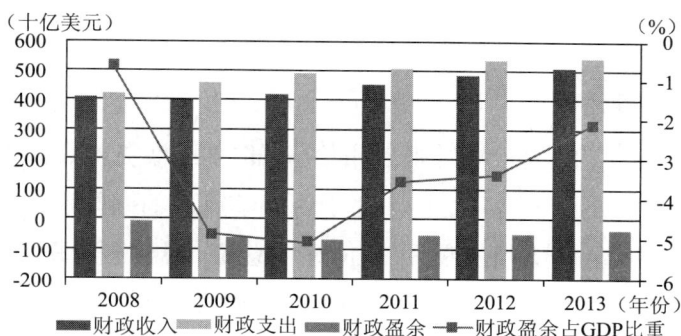

图 64.11　2008 年至 2013 年澳大利亚财政收支及财政盈余占 GDP 比重

（三）外汇储备分析

受美联储量化宽松政策和新兴市场国家经济回暖情况影响，国际资本流入澳大利亚等新兴市场国家。2009 年，澳大利亚外汇储备规模上升，从 2008 年的 30.7 万亿美元上升至 39 万亿美元。2010 年，澳大利亚外汇储备出现下降，此后呈现逐年稳步上升态势。至 2013 年，外汇储备规模已达到 49.3 万亿澳元（见图 64.12）。总体而言，澳大利亚外汇储备规模稳定增加，具有应对外部波动的能力。

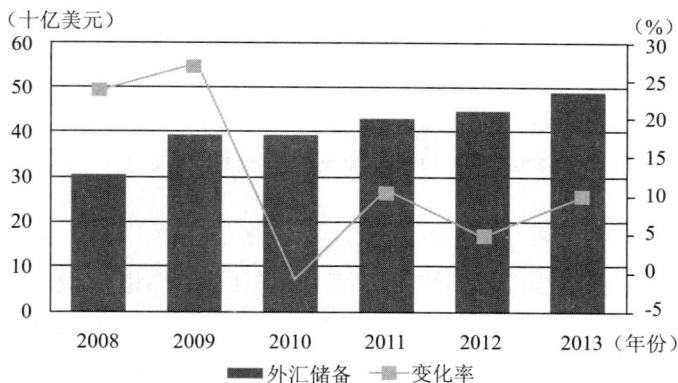

图 64.12　2008 年至 2013 年澳大利亚外汇储备及变化率

第 3 节　澳大利亚金融部门风险分析

本节选取澳大利亚总资产排名前 10 名的银行金融机构，通过对金融机构资产负债表进行加总，构建账面价值资产负债表和或有权益资产负债表，对澳大利亚金融部门风险进行分析。

一、账面价值资产负债表分析

(一) 资本结构分析

2008 年至 2012 年，澳大利亚上市金融部门的总资产、总负债规模逐年上升，资产负债率处于 93% 之上，处于下降趋势。在国际金融危机的影响下，澳大利亚上市金融部门发展不断向好，总资产规模扩张快于总负债，资产负债率逐年下降。虽然 2011 年受国内自然灾害影响，国民经济增长减缓，资产负债率略有回升，但 2012 年以后，资产负债率再次回到下降趋势（见图 64.13）。总体而言，澳大利亚上市金融部门的资产负债率仍较高，存在一定的违约风险。

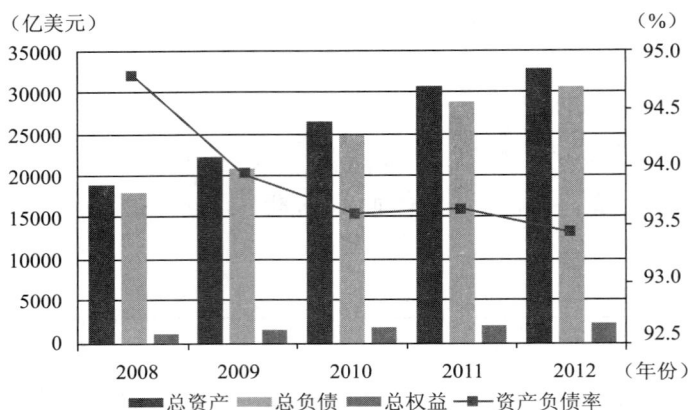

图 64.13　2008 年至 2013 年澳大利亚上市金融部门资本结构

(二) 清偿力风险分析

澳大利亚上市金融部门的产权比率在 20 以下，相比其他国家，产权比率较低，金融部门出现清偿力危机的可能性较小。2008 年以来，澳大利亚上市金融部门的资产负债率逐年下降，清偿力风险不断减小（见图 64.14）。

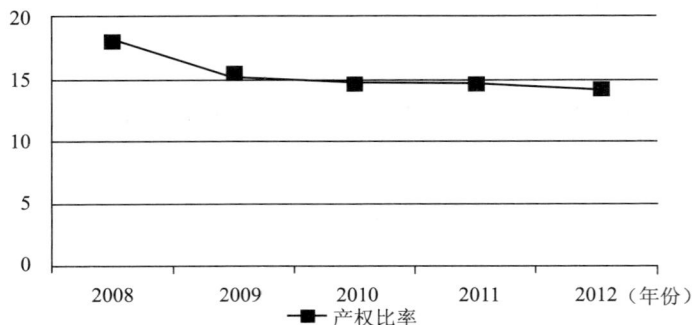

图 64.14　2008 年至 2012 年澳大利亚上市金融部门产权比率

二、或有权益资产负债表分析

通过构造澳大利亚金融部门的或有权益资产负债表，对澳大利亚的或有权益资产负债结构进行分析。2008 年至 2012 年澳大利亚上市金融部门的资产市值和负债市值不断上升，或有资产负债率水平高于 92％，在经历一段下降后基本保持平稳。随着澳大利亚经济复苏，澳大利亚金融部门的资产负债率从 2008 年的 93％降低至 2010 年的 92％，资产负债率的波动较小，资产负债率水平较高，金融部门存在风险暴露（见图 64.15）。

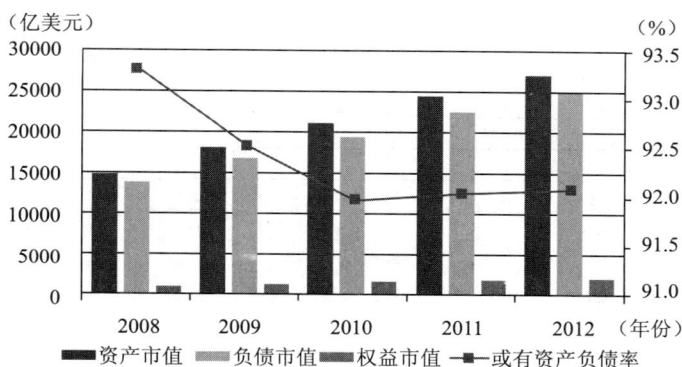

图 64.15　2008 年至 2012 年澳大利亚金融部门资产负债市值及或有资产负债率

三、风险指标分析

澳大利亚金融部门资产负债市值及或有资产负债率变动情况。如图 64.16 所示，2008 年至 2012 年，金融部门资产账面价值高于资产市场价值，资产市场价值与账面价值之比处于 81％上下，可见，在此期间，受国际金融危机和欧债危机影响，澳大利亚市场对金融部门信心不足，存在较大的价值低估。2012 年，市场价值与账面价值比升高至 83％，市场对金融部门的信心有所增强，但被低估的风险仍然存在。

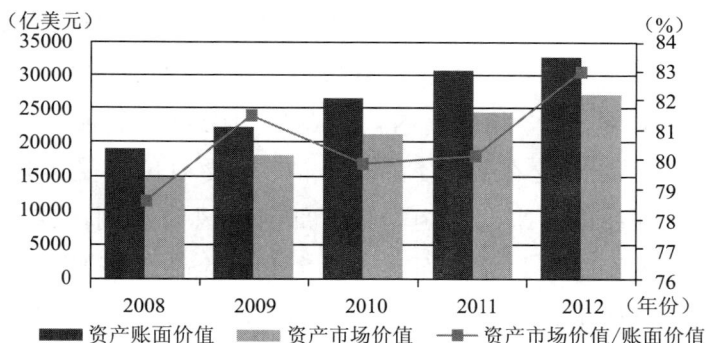

图 64.16　2008 年至 2012 年澳大利亚金融部门资产账面价值与市场价值

国际金融危机爆发后，澳大利亚金融部门的违约距离较低，违约概率较大，随着经济的复苏，澳大利亚经济实力不断增强，上市金融部门的违约风险基本处于减小趋势。2008年，金融部门的违约距离仅有0.16，存在巨大的违约风险。2009年，国民经济开始复苏，违约距离快速上升至2.93，虽然仍有较大的违约风险，但风险情况有所改善。2011年，受自然灾害影响，国内经济增速减缓，金融部门提高负债水平，违约距离降低至1.72，上市金融部门的风险有所加大。2012年，澳大利亚上市金融部门的违约距离大幅上升至4.89的较高水平，金融部门的违约风险减小（见图64.17）。

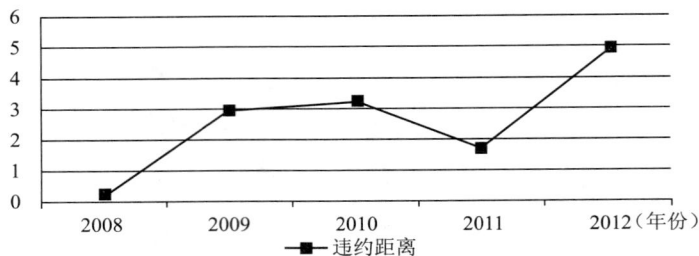

图64.17　2008年至2012年澳大利亚金融部门违约距离

第4节　澳大利亚企业部门风险分析

本节选取澳大利亚总资产排名前463家上市公司，并对上市公司资产负债表进行加总，构建账面价值资产负债表和或有权益资产负债表，对澳大利亚企业部门的风险进行分析。

一、账面价值资产负债表分析

（一）资本结构分析

澳大利亚上市企业部门的总资产于2009年下降至8040.35万亿澳元，随后不断攀升。相比2011年，2012年企业部门的总资产规模仍在扩大，但涨幅减小。企业部门的总负债和总权益规模较为接近，2009年资产负债率下降至53.3％以后，至2012年四年内，企业部门的资产负债率一直在51％上下波动。澳大利亚的矿业在国民经济中占有重要地位，受国内矿业投资过剩，矿业出口受到冲击带来的影响，企业部门的风险加剧，这在一定程度上对企业部门带来风险隐患。总体而言，澳大利亚企业部门从国际金融危机中恢复态势较好，资产负债率水平较低，企业部门出现违约风险的概率较小，但近年来有抬头的趋势（见图64.18）。

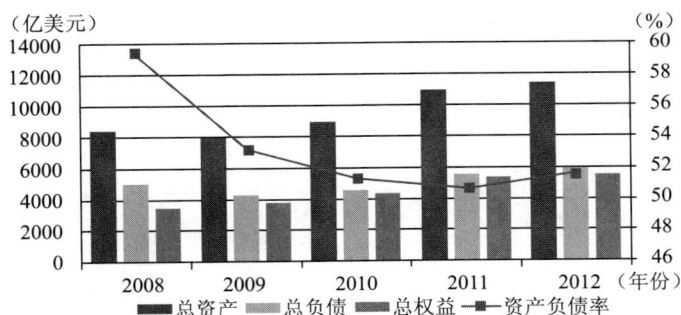

图 64.18　2008 年至 2012 年澳大利亚上市企业部门资本结构

(二) 清偿力风险分析

澳大利亚上市企业部门的产权比率较低，清偿力水平较高。在国际金融危机发生以后，澳大利亚出现债务违约的概率较小，受到国际市场的青睐。因此，澳大利亚成为最早实现经济复苏的国家之一。2008 年至 2012 年，伴随着澳大利亚经济的向好，上市企业部门的产权比率逐年下降（见图 64.19）。在企业发展相对稳定之后，企业部门逐步以股权融资替代债务融资，企业部门的清偿力风险持续降低。

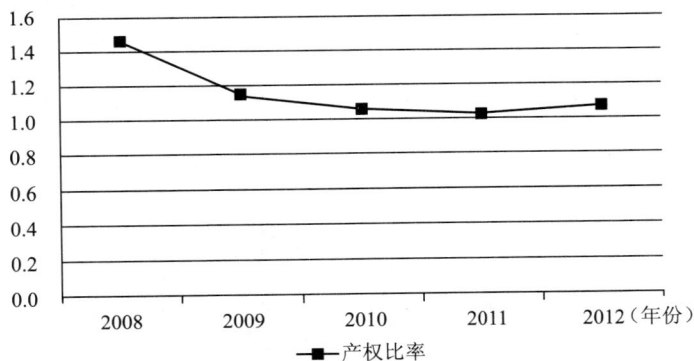

图 64.19　2008 年至 2012 年澳大利亚上市企业部门产权比率

(三) 期限错配分析

澳大利亚上市企业部门的流动资产和流动负债的变化同宏观经济总体一致，流动比率较高，呈现出先降低后升高的趋势。2009 年受国际金融危机影响，澳大利亚宏观经济出现衰退，企业部门流动资产和流动负债规模减小。2010 年开始，随着国内经济刺激政策出现成效，同时，在美联储量化宽松政策影响下，国际资本进入澳大利亚，企业部门流动资产和流动负债的规模逐年扩张。2008 年至 2010 年流动比率逐年下降，但流动比率水平较高，保持在 70％以上，企业部门存在短期偿债风险。2011 年，受国内飓风、洪水等自然灾害影响，国民经济增速减缓，企业部门为求发展借入短期债务，流动比率出现上升。2012年，企业部门的流动比率再次出现上升（见图64.20）。总体而言，企业部门的流动比率水平较高，澳大利亚企业部门存在短期债务违约风险。

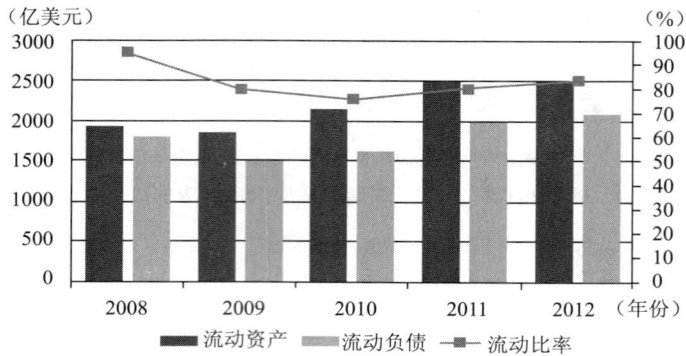

图64.20　2008年至2013年澳大利亚上市企业部门流动资产、流动负债和流动比率

二、或有权益资产负债表分析

如图64.21所示，澳大利亚上市企业部门的资产负债市值及或有资产负债率。2008年至2012年期间，澳大利亚上市企业部门的资产市值总体呈现逐年上升态势，或有资产负债率逐年小幅下滑。总体而言，澳大利亚企业部门的或有资产负债率水平较低并基本保持稳定，企业部门的风险较小。

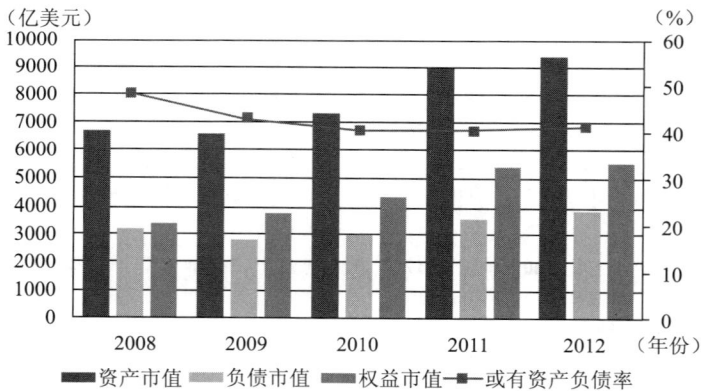

图64.21　2008年至2012年澳大利亚上市企业部门资产负债市值及或有资产负债率

三、风险指标分析

澳大利亚的资产波动率水平较低，并基本处于逐年下降趋势，投机现象不明显。国际金融危机发生后，澳大利亚作为率先复苏的G20成员国，2008年至2010年，澳大利亚资产波动率从0.17大幅下降至0.09。2011年，国内经济增速减慢，资产波动率有所回升，但2012年再次大幅下降（见图64.22）。

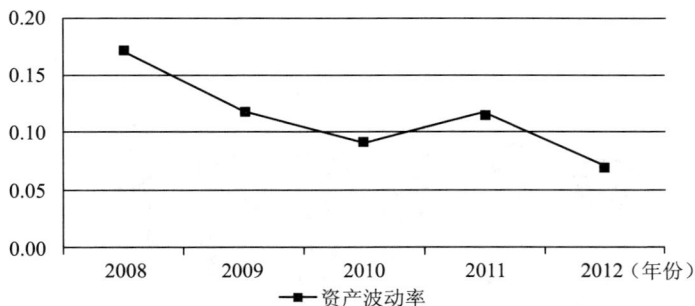

图 64.22　2008 年至 2012 年澳大利亚上市企业部门资产波动率

澳大利亚上市企业部门的违约距离变化趋势与国内经济发展基本匹配，企业部门的违约距离逐年增长，违约风险逐年减小。2008 年，受国际金融危机和欧债危机的影响，澳大利亚企业部门的违约距离较低，为 2.83。在此之后，国内经济回暖较为迅速，至 2010 年，企业部门违约概率上升至 6.35。2011 年，国内经济受自然灾害影响产生波动，违约距离出现回落，但仍处于较高水平。2012 年，违约距离再次上升至 8.38，企业部门违约风险很小（见图 64.23）。

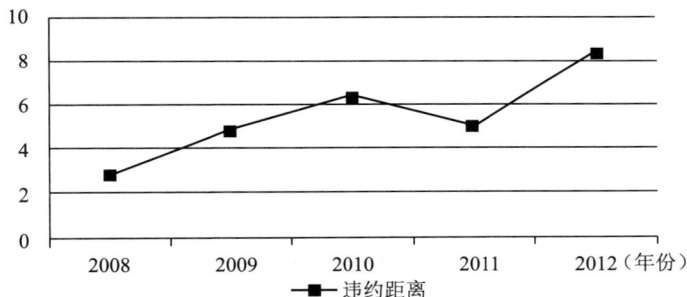

图 64.23　2008 年至 2012 年澳大利亚上市企业部门违约距离

第 5 节　澳大利亚家户部门风险分析

一、劳工市场分析

澳大利亚私人部门的失业率维持在 5％上下，并且波幅较小，澳大利亚的就业情况较好。2009 年，受国际金融危机影响，澳大利亚经济增长减缓，劳工市场的失业率上升至 5.6％。2010 年以后至 2012 年，澳大利亚加大政府支出以刺激经济。在一系列经济刺激政策的影响下，经济恢复情况较好，经济逐年稳步增长，失业率水平下降。2013 年，澳大利亚缩减矿业投资，减少政府支出，劳工市场受到影响，失业率再次上升，达到 5.7％（见图 64.24）。

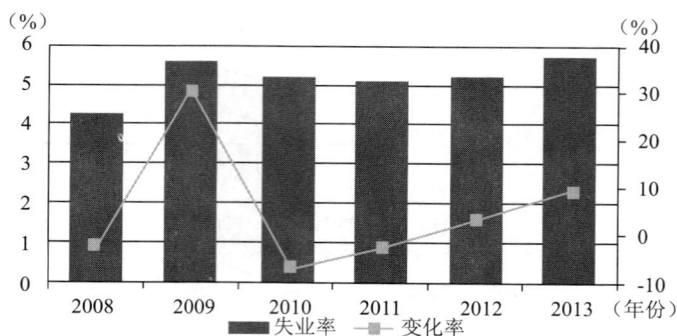

图 64.24　2008 年至 2013 年澳大利亚失业率及变化率

二、居民收入水平分析

　　澳大利亚私人部门的居民可支配收入与经济增长情况基本一致。受 2009 年国民经济衰退影响，个人可支配收入没有出现增长。2010 年至 2012 年，随着国内经济刺激政策的实施和国际资本的流入，澳大利亚经济复苏，国民经济增长加快，个人可支配收入逐年增加，但 2012 年的增速减缓。2013 年，澳大利亚缩减政府开支，减少矿业投资，个人可支配收入出现下降，但人均可支配收入水平仍然保持在较高水平（见图 64.25）。

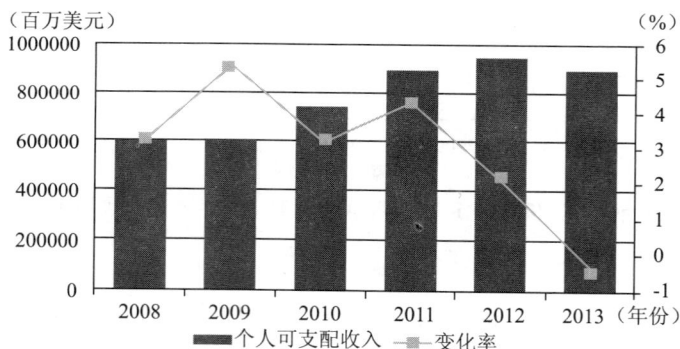

图 64.25　2008 年至 2013 年澳大利亚个人可支配收入及变化率

第 6 节　澳大利亚出口贸易结构专题分析

　　国际金融危机发生后，澳大利亚经济率先复苏。对外贸易在澳大利亚经济发展中具有重要作用，并在澳大利亚经济复苏中产生了关键性的影响。在金融危机发生前后，澳大利亚进出口保持增长态势。而 2012 年以来，受国际贸易竞争和资源需求减小的影响，国内矿业等主要出口性资源投资过剩，大企业纷纷缩减矿业投资，澳大利亚贸易情况恶化。

一、澳大利亚出口贸易结构特征

国际金融危机发生以后，至 2010 年澳大利亚的贸易保持顺差。2011 年第二季度起，澳大利亚出现小额贸易逆差，并且在接下来的几个季度内，贸易逆差逐渐扩大，直至 2012 年第四季度才恢复贸易顺差（见图 64.26）。

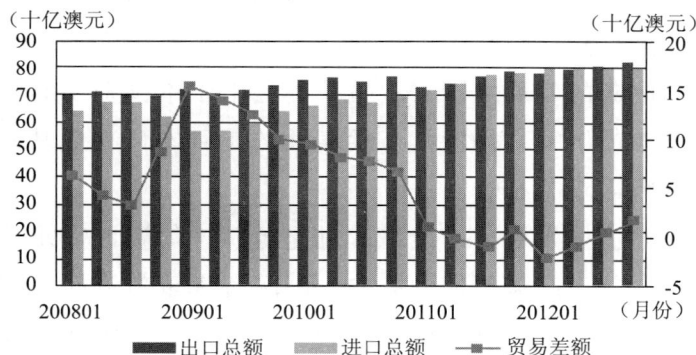

图 64.26　2008 年至 2013 年澳大利亚季度贸易数额

澳大利亚的出口商品结构呈现出单一化的格局。澳大利亚统计局信息显示，澳大利亚的主要出口产品是煤炭、铁矿石等能源和矿产品。澳大利亚的能源、矿业出口产品在澳大利亚的对外贸易上占有重要地位。中国是澳大利亚重要的出口国，如图 64.27 所示，澳大利亚对华出口呈现出明显的周期性，并且，在对华贸易出口中，矿产品出口额远远大于其他产品出口总额。

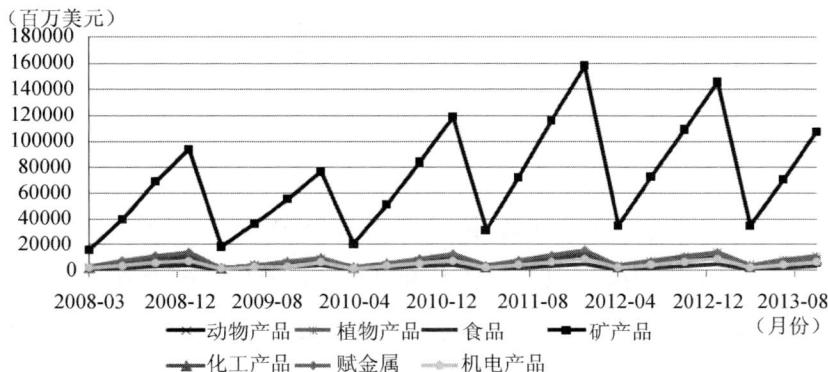

图 64.27　2008 年 1 月至 2013 年 12 月澳大利亚对华贸易主要产品出口额

数据来源：wind 数据库。

在澳大利亚的众多出口国中，中国、日本、韩国、印度是澳大利亚的前四大出口国，出口总额占澳大利亚总出口比例高达 50% 以上。其中，对中国和日本的出口占澳大利亚总出口的 40% 以上。可见澳大利亚贸易出口地集中度同样很高。

二、澳大利亚出口贸易供需分析

(一) 出口需求分析

从需求角度来看,澳大利亚的出口产品主要为能源矿产等资源类产品,主要的出口贸易国是中国、日本等资源需求国,这些国家主要分为两类:一类是经济快速发展,对能源和矿产等原材料产品具有极大需求的国家,如中国、印度等快速崛起的发展中国家;另一类是由于本国资源有限,经济发展严重依赖资源进口的国家,比较具有代表性的是日本。在此基础上,对澳大利亚出口产品进行需求分析。

第一,新兴经济体发展速度减慢,对能源矿产等资源需求下降。受到美联储退出量化宽松货币政策预期的影响,国际资本重新流回美国等出现复苏迹象的发达国家,在国际金融危机发生后一直表现良好的新兴经济体集体疲软,产出下降,对原材料需求下降。

第二,受能源矿产等价格上涨的影响,同时,澳大利亚长期以来在铁矿石市场上占有垄断地位,使需求国在议价处于弱势,中国等国家对铁矿石为原材料产品的生产意愿减弱,同时转而寻求资源替代品。

第三,对于进口依赖型国家,进口需求基本保持稳定,难以形成新的增长和突破。如日本的煤炭进口主要来源于澳大利亚,但长期来看,煤炭等传统能源并没有很大的增长空间,澳大利亚对日本的煤炭出口基本保持稳定。

(二) 出口供给分析

从澳大利亚出口产品的供给角度来看,受国内外两方面因素影响,澳大利亚能源、矿产供给减弱。

一方面,澳大利亚进行征收资源租赁税和碳税,提高了本国出口的成本。2011年7月,为力行环保,澳大利亚开始征收矿产资源租赁税和碳税,提高了矿业开采成本,减小了作为澳大利亚主要出口产品之一的矿产供给。

另一方面,由于矿石价格持续走高,巴西、加拿大等资源国大力开发本国资源,与澳大利亚共同形成了国际竞争格局,加剧了澳大利亚出口产品的竞争。

三、改善出口贸易结构的建议

澳大利亚的主要出口产品是能源、矿业等资源类产品,主要出口国集中在中国、日本等发展中国家以及资源依赖国。对此，对澳大利亚贸易出口结构提出以下建议：

首先，调整出口产品结构，寻找出口增长点。一直以来支撑澳大利亚出口的能源、矿业结构单一，在长期看来没有增长空间。澳大利亚需要前瞻性地预测全球的能源需求格局，发现传统能源产品的弊端，寻求新的贸易增长点。

其次，调整出口地结构。澳大利亚的出口地集中度很高，出口主要集中于中国、日本等地，不利于分散非系统性风险，一旦这些主要贸易国需求发生较大变化，将对澳大利亚出口贸易形成较大影响。对此，澳大利亚需要调整出口地结构，以分散非系统性风险。

最后，利用国内资源，对产品深加工。澳大利亚的主要出口商品为能源类原材料产品，这类产品处于价值链上游，产品附加值不高，而且在竞争中存在较高的同质性；同时，在全球新能源开发如火如荼的大背景下，这类传统能源长期来看不具前景。由此，澳大利亚需要利用其资源禀赋优势，对能源类产品进行深加工，提高产品附加值，降低产品的可替代性，以获取更强的国际竞争力。

第 7 节　结论及对中国的借鉴

国际金融危机发生以后，世界各国陷入经济增长的困境，在此背景下，澳大利亚凭借其贸易带来的巨大贡献，成为率先从危机中复苏的国家之一。

通过对澳大利亚四部门进行资产负债表分析和或有权益资产负债表分析，相比其他国家而言，澳大利亚的风险相对并不突出，但依然存在风险苗头。具体而言，澳大利亚四部门均存在一定风险。公共部门的资本结构风险和清偿力风险相对较低，财政赤字和外汇储备指标不断好转，但公共债务规模不断扩大，仍需防范风险。金融部门的清偿力风险很低，但市场低迷，金融部门存在资产持续被低估的现象。企业部门的清偿力风险有所降低，但2012 年出现抬头的迹象，而且短期资产负债率较高，仍存在一定的期限错配风险。受到矿业投资过剩的影响，近年来大企业纷纷减少矿业投资，为澳大利亚能源、矿业等重要产业埋下风险隐患。受矿业等产业投资缩减的影响，家户部门的失业率持续提高，由负转正，人均实际收入也受到影响，连续下降。

中国需要借鉴澳大利亚经济复苏的经验，避免澳大利亚对风险控制中的错误。为迎接新的增长，改变现有的经济格局或贸易格局，中国首要的任务是进行经济结构调整，切实找到需求的增长点，通过内生性增长实现经济发展。其次，银行部门满足巴塞尔协议对资本充足率的要求，完善风险管理机制。第三，澳大利亚通过矿业垄断地位保持贸易优势，从而实现复苏，中国需要借鉴宝贵的经验，争取国际竞争中的定价权，使中国在国际市场上更具有主动权。此外，中国需要防范国外的风险传递至中国。对此，中国需要稳中求进，建立并完善风险监测体系和监管体系，稳定外汇储备规模，做好充分的应对措施。

参 考 文 献

［1］Reserve Bank of Austria，Annual Report 2013.

［2］Reserve Bank of Austria，Annual Report 2012.

［3］Reserve Bank of Austria，Annual Report 2011.

［4］Reserve Bank of Austria，Annual Report 2010.

［5］Reserve Bank of Austria，Annual Report 2009.

［6］Reserve Bank of Austria，Annual Report 2008.

［7］D. E. Allen，A. R. Kramadibrata，R. J. Powell，A. K. Singh："Journal of Translation from Foreign Literatures of Economics"，2012. 4.

［8］邬玉婷：《基于澳大利亚房地产信托基金市场的 VAR 模型实证分析》，载《金融理论与实践》，2010 年第 10 期。

第 65 章　印度宏观金融风险研究

国际金融危机发生以后，受美联储量化宽松货币政策的影响，国际资本流入新兴市场，印度等新兴经济体在国际经济增长中发挥着主力军的作用，一度出现了经济飞速增长的景象。随着近年来美联储退出量化宽松货币政策预期的影响，国际资本开始从新兴市场外流，对印度等国家产生影响。金融危机发生五年，包括印度在内的新兴市场国家从强势崛起到后继乏力，债务风险、期限错配等风险因素开始暴露。

目前对印度金融风险的研究主要停留在微观层面，并且主要集中于金融部门，对宏观整体风险相关研究较少。崔凌云（2013）针对印度的小额信贷危机，提出印度需要改善小额信贷机构的监管方式，需要兼顾农村地区资金输入和借款人获得足够保护。段蕾（2013）对印度银行间外汇市场的风险管理展开研究，提出印度需要在银行间逐步推出多元化清算模式和风险管理。董涛（2010）发现印度实行改革之后外汇储备迅速增加，并提出充足的外汇储备有利于国家金融安全与经济稳定。

本章在对印度经济金融运行概况进行分析的基础上，运用宏观金融工程的手段，通过宏观资产负债表分析和或有权益资产负债表分析等工具对印度四大经济部门运行中存在的宏观风险进行了进一步的分析，随后对印度进行了专题分析，最后就相关风险情况提出了相应的政策建议。

第 1 节　印度经济金融运行概况

一、印度经济运行概况

2013 年全球经济增长格局出现了新变化，发达国家逐渐从经济危机中复苏，重新成为全球经济增长的主动力，而受美联储退出量化宽松货币政策预期的影响，作为国际金融危机后全球经济主推力的新兴经济体集体疲软。

作为亚洲新兴经济体，国际金融危机发生后，印度经济总体呈现快速增长，经济增长率水平高，近两年有所回落。图 65.1 显示了 2008 年以来印度的经济增长情况，总体而言，印度经济增长波动剧烈。受美国量化宽松政策的影响，印度 2008 年至 2010 年，经济快速增长，GDP 增长率快速上升，随后，受美联储计划退出 QE 政策的影响，经济回落。2013 年，印度经济十分不景气，GDP 增长率持续回落。受美联储即将退出 QE 政策的影响，印度出现经常项目和政府财政双赤字，卢比贬值，国内发生"洋葱危机"，通货膨胀加剧。2013 年 8 月，新一届央行行长主张通过加息和严厉控制黄金进口等手段，谋求改善经常项目收支状况以及抑制通货膨胀。为避免美联储 QE 退出计划下国际资本外流，采取了吸引外资的方案。

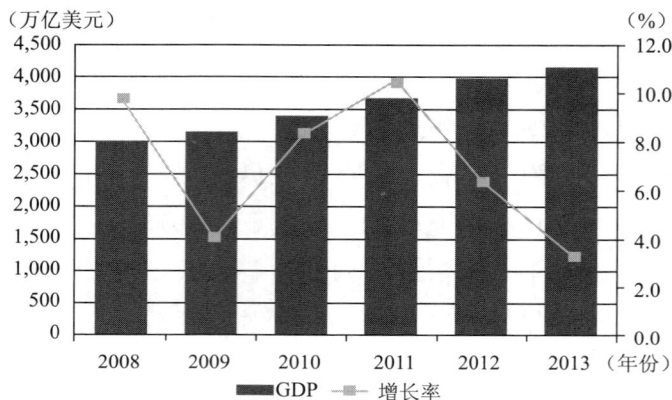

图 65.1　2008－2013 年印度 GDP 及增长率

数据来源：BvD 全球金融分析、宏观经济指数数据库（以下数据如未标注来源均相同）

从各主要成分对 GDP 的贡献度来看，印度 2008 年至 2010 年的 GDP 呈现快速增长，很大程度上得益于固定投资的增长。近年来，受美联储退出量化宽松货币政策的影响，国际资本外逃，印度固定投资剧烈下滑。2013 年 8 月，新一届央行行长上台，提出了放开本国投资等吸引外资的一系列措施，借助中国、韩国等资本力量扩大本国投资，在此影响下，固定投资在国民经济中的地位企稳，但整体经济水平依旧下降，新一轮刺激计划的成效有待观察。图 65.2 为 2008－2013 年印度个人消费、政府消费、固定投资及进出口对 GDP 贡献度。

印度长年以来贸易赤字，对国际市场的依赖程度很高。整体而言，2008 年至 2012 年期间，印度一直维持着经常项目赤字，赤字情况基本处在逐步恶化的趋势中，2013 年，印度贸易赤字继续加重。2013 年第三季度，印度严格控制黄金等奢侈品的进口，使经常项目赤字有所缩减，但仍然难以弥补前两季度的贸易赤字。同时，此举造成国内金价走高，黄金走私猖獗，国内对黄金的需求受到抑制。图 65.3 为 2008－2013 年进出口总额及净出口占 GDP 比重。

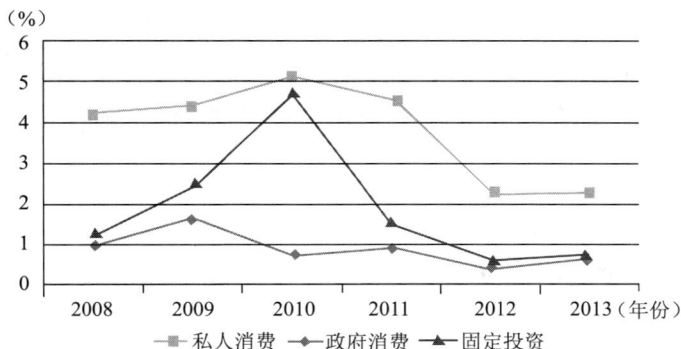

图 65.2　2008－2013 年印度个人消费、政府消费、固定投资及进出口对 GDP 贡献度

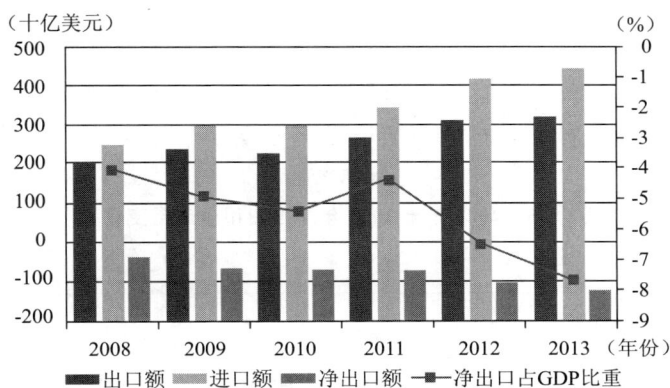

图 65.3　2008－2013 印度年进出口总额及净出口占 GDP 比重

国际金融危机发生以后，受国内刺激政策和多国量化宽松货币政策的影响，印度通货膨胀率居高不下。2013 年，卢比贬值加剧了输入型通胀，通货膨胀率居高不下，其中最显著的影响当属"洋葱危机"。季风以及基础设施不完善影响了洋葱的储运，加上政府监管不力，洋葱价格持续上涨带动了食品价格的上涨，加剧了印度的通货膨胀。图 65.4 为 2008－2013 年 CPI 季度增长率。

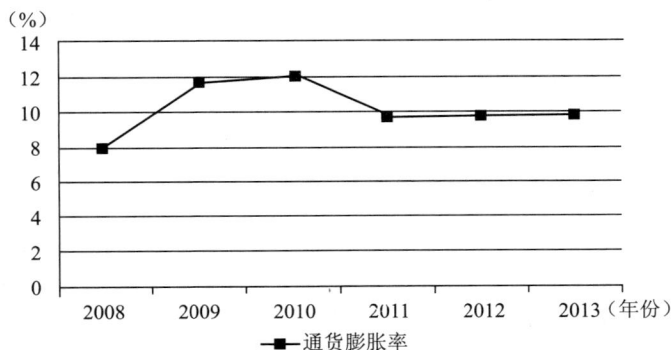

图 65.4　2008 年至 2013 年印度 CPI 季度增长率

二、印度金融运行概况

2008 年以来，印度的货币供应量不断增长，增长率逐年下降。从货币供应量的变化率可以看出，2008 年 M2 的季度增长率达到 21.72%，可以看出印度央行采取扩张性货币政策以应对国际金融危机带来的冲击。随后，M2 的增长率不断下降（见图 65.5）。

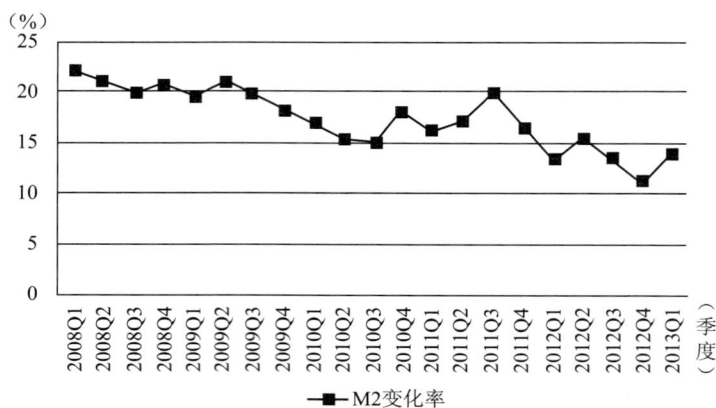

图 65.5　2008 年至 2013 年季度货币供应量变化率

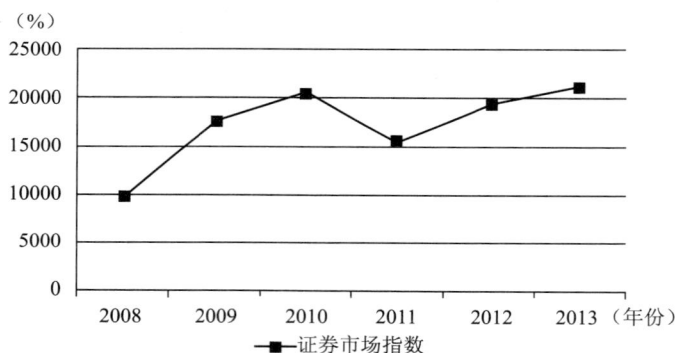

图 65.6　2008 年至 2013 年印度证券市场指数

国际金融危机爆发以后，印度等新兴经济体经济增长表现良好。受发达国家量化宽松货币政策影响，市场资金充盈，交易频繁。2008 年以来，印度孟买 SENSEX30 指数整体趋势向上。2011 年，受经济回落的影响，SENSEX 指数出现回调。2012 年市场指数继续向上，2013 年再创新高。与此同时，受美联储退出量化宽松政策的影响，市场货币供给减少，成交活跃度并不高。

国际金融危机爆发以来，印度卢比持续贬值。印度采取一系列措施缓解卢比贬值趋势，2012 年贬值态势有所缓解。2013 年，印度经常项目持续赤字，外加美联储计划退出量化宽松政策的刺激，外国投资者大规模从印度的债券和股票市场上撤资，导致卢比加速贬值。虽然美联储后来决定暂不退出量化宽松政策，同时，印度出台资本控制政策，限制对外投资，却无力挽救卢比贬值和国际收支平衡危机。图 65.7 显示，2013 年卢比汇率回到下跌通道，贬值趋势再次延续。

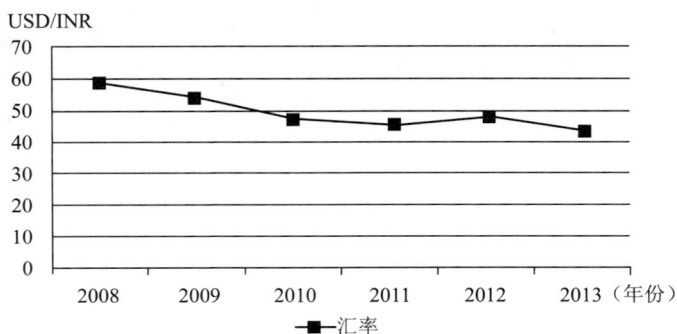

图 65.7　2008 年至 2013 年美元兑卢比汇率

第 2 节　印度公共部门风险分析

本节利用印度中央银行提供的数据，构建公共部门资产负债表。在此基础上，主要从资本结构和清偿力风险两个方面对印度公共部门的风险进行分析。同时，基于印度公共债务与财政赤字对公共部门风险进行分析。

一、印度储备银行资产负债表分析

（一）资本结构分析

印度储备银行在 2008—2013 年间的资产负债率水平很高。如图 65.8 所示，除 2009 年资产规模有所回落外，印度储备银行的资产、负债规模以及资产负债率不断增加，2010 年至 2012 年出现快速上涨，债务风险加速积累。2013 年，资产负债率的涨速减慢，债务风险持续增加的趋势有所缓解，但并未改变持续上升的趋势，资产负债率水平仍然较高，存在债务风险。

（二）清偿力风险分析

从 2008 年至 2013 年印度储备银行的产权比率可以看出，印度储备银行的产权比率较高，并基本处于不断攀升的态势，从 2009 年的 215.48 增长至 2013 年的 366.52。其中，2010 年至 2012 年是产权比率加速上升阶段，2012 年涨幅达到 22%。在此期间，印度储备银行的清偿力风险不断加剧。2013 年，产权比率的增长速度减缓，为 8%，清偿力风险不断加剧的趋势得到缓和（见图 65.9）。

（亿卢比）　　　　　　　　　　　　　　　　　　（%）

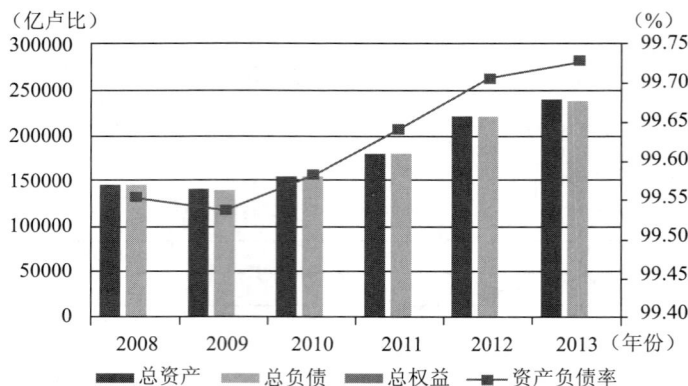

图 65.8　2008 年至 2013 年印度储备银行资本结构

数据来源：印度央行年报。

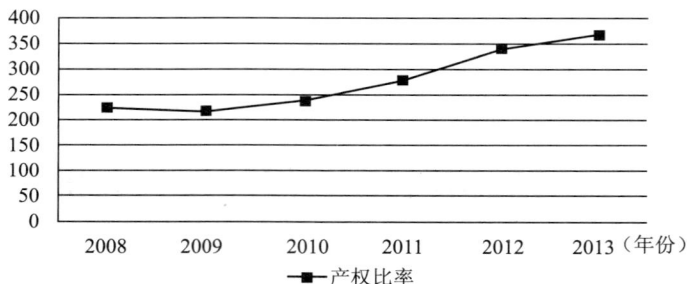

图 65.9　2008 年至 2013 年印度储备银行产权比率

数据来源：印度央行年报。

二、公共债务与财政赤字分析

（一）公共债务分析

2008 年至 2013 年，印度公共债务呈现平稳增长，公共债务占 GDP 比重较高。国际金融危机以后，印度通过削减公共支出控制公共债务风险，同时，对美国退出量化宽松政策的预期，使得公共部门债务占 GDP 比重逐年下降。2011 年，公共债务占 GDP 比重由 2008 年的 56.43％快速下降至 2011 年的 45.95％。基于刺激经济的需要，2012 年公共债务占 GDP 比重略有提高，达到 51.78％。2013 年，国民经济呈现好转，公共债务占 GDP 比重略微下降（见图 65.10）。

（二）财政赤字分析

2008 年以来，印度公共部门的财政收支一直处于赤字状态，并且赤字规模逐渐增加，2012 年达到 4.9 万亿卢比。2013 年，印度政府实施了严厉的财政整顿措施，使其赤字下降至刚刚达到目标值。但是 2013－2014 年上半财年的赤字已达全年赤字目标的 76％，赤字规模比前一年同期扩大 22％。整体而言，印度财政赤字占 GDP 比重不高，整体在 −3.5％ 至 −1.5％ 之间运行，六年间呈现震荡下降趋势。图 65.11 显示，印度财政支出水平连年攀升，财政收入的增长低于财政支出的增长，由此可见财政收入的水平较低是印度财政赤字的主要原因。

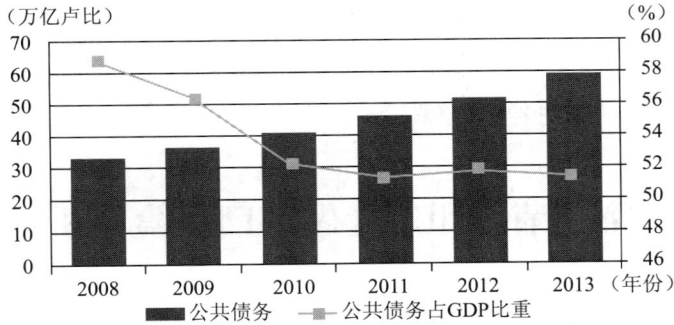

图 65.10　2008 年至 2013 年印度公共债务及其占 GDP 比重

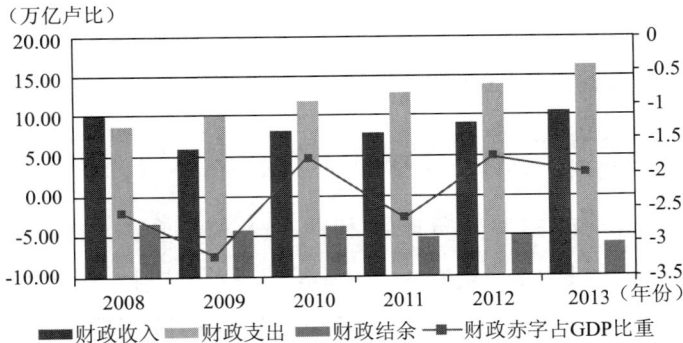

图 65.11　2008 年至 2013 年印度政府财政收支

（三）外汇储备分析

总体而言，印度外汇储备波动较大。国际金融危机爆发至 2010 年期间，受世界发达国家量化宽松货币政策的影响，国际资本流入印度等新兴市场国家，导致印度的外汇储备呈现大幅上升。2010 年，外汇储备的增速有所放缓。近年来，受美联储退出量化宽松货币政策预期的影响，新兴经济体普遍受到国际资本流动的冲击，卢比兑美元的汇率不断下降。为应对国际资本流动的冲击，2010 年以后，印度公共部门外汇储备有所下降，违约风险逐步呈现（见图 65.12）。

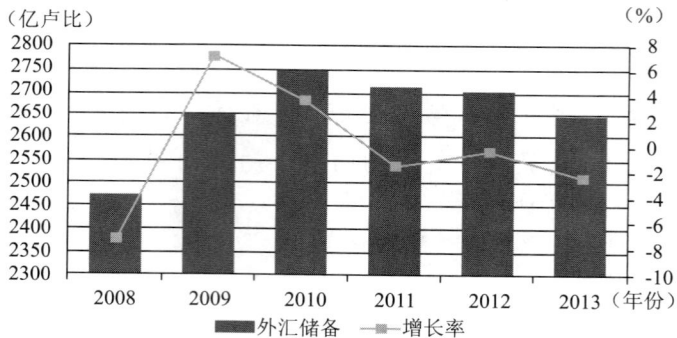

图 65.12　2008 年至 2013 年印度外汇储备

第 3 节　印度金融部门风险分析

本节选取印度总资产排名前 59 名的上市银行，通过对金融机构资产负债表加总，构建账面价值资产负债表和或有权益资产负债表，对印度金融部门风险进行分析。

一、账面价值资产负债表分析

（一）资本结构分析

债务是金融机构的主要融资来源和业务来源，金融机构的债务比例高于其他行业。印度金融机构的资产负债率高达 92% 以上。2008 年以来印度金融部门的资产、负债规模持续提高，资产负债率持续下降。2010 年资产负债率有所上升，债务的上升幅度大于资产的扩张幅度，债务风险加大。受本国经济下滑等影响，2011 年起印度金融部门的资产有所缩水，资产负债率加速下降。2012 年资产规模再次扩张，但资产负债率继续下降，金融部门的风险暴露有所好转（见图 65.13）。

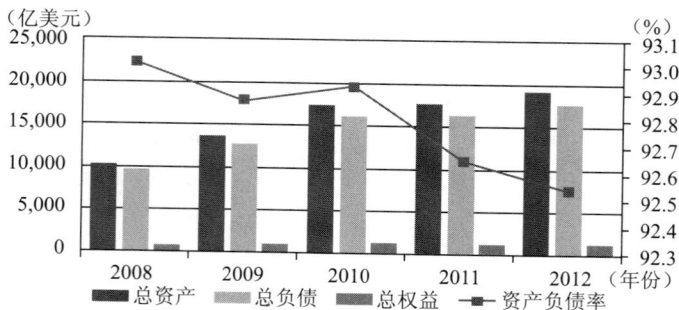

图 65.13　2008 年至 2012 年印度上市金融部门资本结构

(二) 清偿力风险分析

金融机构主要依赖于债务融资，通常具有较高的产权比率。若商业银行采取高收益高风险战略，累积大量中短期债务将使银行暴露在风险之下，一旦国际流动性紧缩，银行将面临流动性风险。相比其他国家，印度金融部门的产权比率处于较低水平。2008 年至 2012 年，印度的产权比率处于 8.4 到 8.8 之间。从一定意义上来说，较高的资本充足率有助于降低银行业风险水平。2010 年经济飞速发展时期，产权比率达到了 8.78 的峰值。随后，伴随着经济下滑以及美联储退出量化宽松货币政策的预期，国际资本从新兴市场流出，对印度金融部门产生影响。2012 年印度的产权比率回落至 8.55 的低位水平（见图 65.14）。

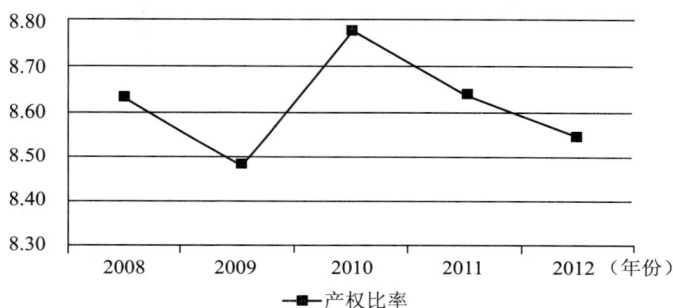

图 65.14 2008 年至 2012 年印度上市金融部门产权比率

(三) 存贷结构分析

2008 年至 2011 年印度金融部门的存贷比不断提高，总体而言，资金利用效率不断提高。2011 年，总贷款规模并未出现较大改变，同时，由于美联储释放出退出量化宽松货币政策的信号，国际资本大规模流出印度等新兴市场国家，导致这些国家的流动性趋紧，存款规模有所缩小，存贷比仍在上升。2012 年的存贷比与 2011 年基本持平，依然保持在较高水平，存款和贷款基本成比例增长（见图 65.15）。

二、或有权益资产负债表分析

运用各年份资本市场数据，构建印度上市金融部门或有权益资产负债表。图 65.16 显示的是印度上市金融部门或有资本结构。金融部门的或有资产负债率维持在 91％ 以上。2008 年至 2009 年，受发达国家量化宽松货币政策的影响，国际资金流入印度等新兴市场国家，全球新兴经济体迎来了经济增长的黄金时期。伴随着经济的增长，金融业务得到扩张，印度等新兴经济体为国际金融危机后全球经济增长起到了重要的助推作用。2009年印度经济快速发展，金融部门资产负债率从2008年的91.93％提高至92.31％。2010年至2011年，或有资产规模大幅增加，但或有资产负债率却大幅下降。2012年，或有资产负债率的降幅进一步增大，这与美联储退出量化宽松货币政策造成的流动性短缺有关。

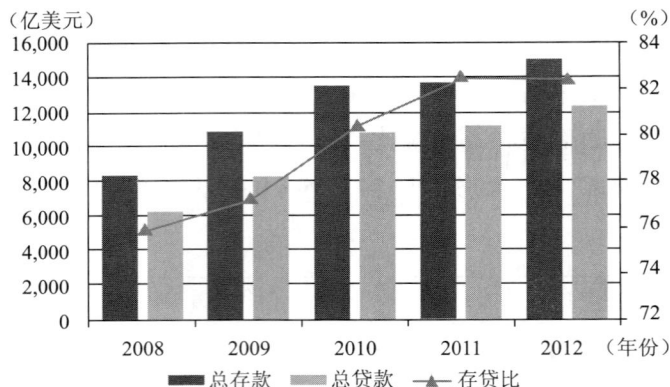

图 65.15　2008 年至 2012 年印度上市金融部门存贷结构

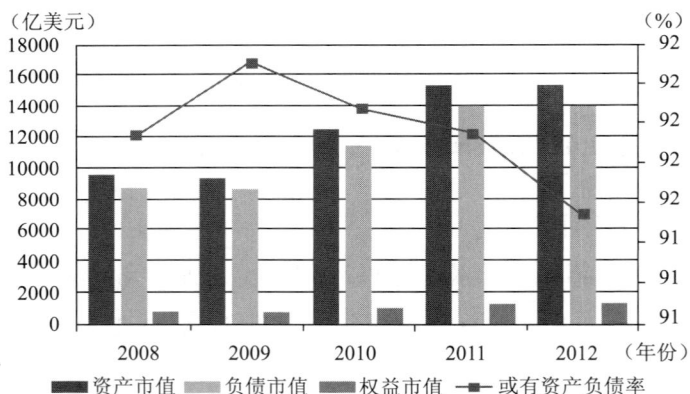

图 65.16　2008 年至 2012 年印度上市金融部门或有资本结构

三、风险指标分析

近年来，印度金融部门的资产市场价值低于账面价值，但都保持在90％以上。受国际金融危机影响，2009年资产市场价值与账面价值的比值下降，随后出现上升。2012年，该比值降至90％（见图65.17）。美联储退出量化宽松货币政策的预期，减弱了投资者对金融部门的信心，导致金融部门资产被低估。

2008年至2012年印度上市金融部门的违约距离先增大后减小。2008年印度上市金融部门的违约距离较低。至2010年，印度经济增长较快，受到美联储量化宽松货币政策影响，国际资本不断流入，印度金融部门获得充裕的廉价资金。与此同时，金融部门违约距离达到 3.53，违约风险降低。2011
年，受资本外逃影响，违约距离大幅降低至 2 以下，金融部门违约风险加
剧。2012 年，违约距离仍在降低，但降速减缓。说明金融部门风险有所减
小，并趋于稳定（见图 65.18）。

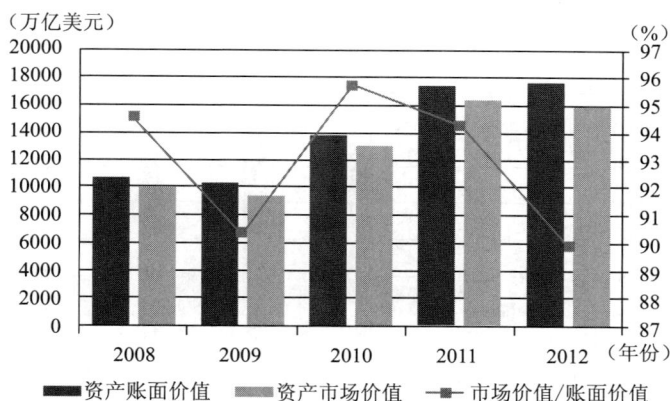

图 65.17　2008 年至 2012 年印度上市金融部门资产账面价值与市场价值

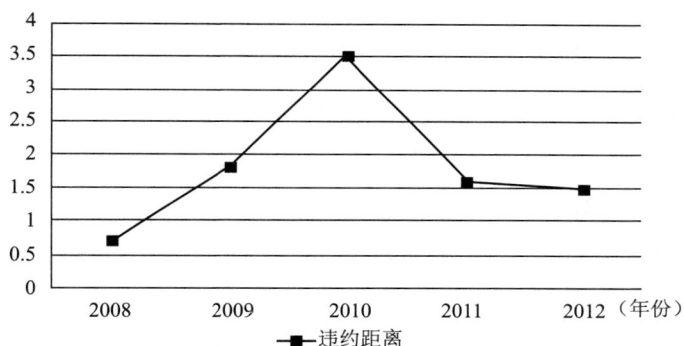

图 65.18　2008 年至 2012 年印度上市金融部门违约距离

第 4 节　印度企业部门风险分析

本节选取印度总资产排名前 435 家上市公司，并对上市公司资产负债表
进行加总，构建账面价值资产负债表和或有权益资产负债表，对印度企业部
门的风险进行分析。

一、账面价值资产负债表分析

（一）资本结构分析

印度企业部门的资产负债率水平与金融部门相似，同样保持在 60％到

65％之间。2009 年至 2011 年，印度企业部门的资产负债率不断提高。企业总体规模由 2009 年的 6845.88 亿美元上升到 2011 年的资产规模的 12034.65 亿美元，资产规模增速减缓，债务规模大幅扩大，企业部门的风险暴露逐渐增加。2012 年，企业部门的资产规模减少至 11018.95 亿美元，呈现负增长态势，其资产负债率略有下降（见图 65.19）。

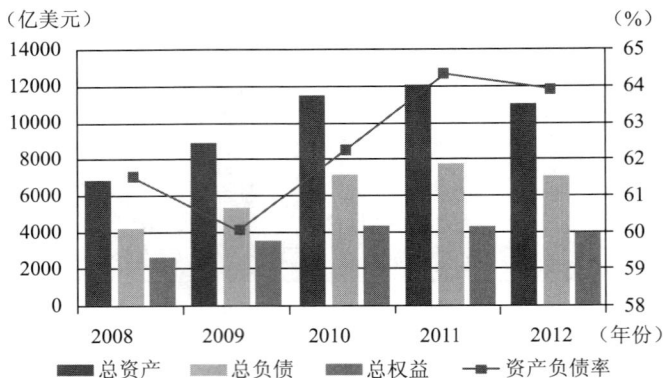

图 65.19　2008 年至 2012 年印度企业部门资本结构

（二）清偿力风险分析

印度企业部门的产权比率与资产负债率趋势类似，企业部门的总资产和总权益总体上成比例变动。企业部门的产权比率水平处于 1.5 至 1.85 之间，2009 年至 2011 年逐年上升，债务出现扩张趋势（见图 65.20）。企业部门的债务和权益的规模相对接近，企业出现清偿力危机的可能性相对较小。

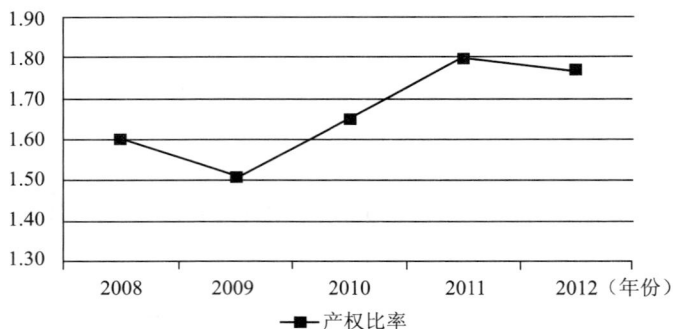

图 65.20　2008 年至 2012 年印度企业部门产权比率

（三）期限错配分析

印度企业部门的短期资产大于短期负债。2010 年伴随着印度经济的快速增长，企业部门短期债务出现大幅扩张，短期资产负债率由 2009 年的 59.33％大幅增长至 78.22％，期限错配风险逐渐凸显。2011 年至 2012 年，受国际市场影响，企业部门的短期资产、短期债务规模增长受到抑制，增速减缓，但短期资产负债率仍处于较高水平，仍然存在期限错配风险（见图65.21）。

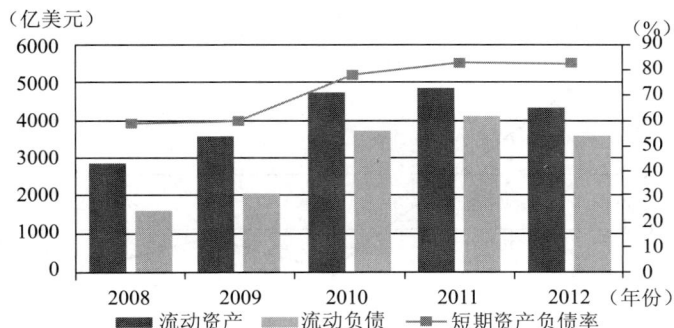

图 65.21　2008 年至 2012 年印度企业部门流动资产、流动负债及短期负债率

二、或有权益资产负债表分析

2008 年至 2012 年，印度上市企业部门的或有资产负债率在 50％至 60％之间运行，呈现先升高后降低态势。2008 年至 2010 年，全球流动性充裕，美联储量化宽松货币政策的推出，降低了资金成本，这段期间，企业的或有负债和或有资产规模逐步上升，资产负债率不断提高，企业部门风险也逐渐暴露。2011 年至 2012 年，全球流动性有所紧缩，企业部门或有资产负债率不断下降（见图 65.22）。

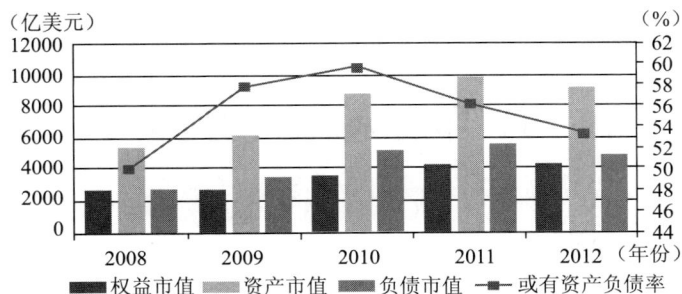

图 65.22　2008 年至 2012 年印度上市企业部门或有资本结构

三、风险指标分析

2008 年，印度企业部门的资产波动率高达 22％，印度受金融危机影响较大，市场波动剧烈。截至 2010 年，印度经济快速增长，资产波动率持续降低。2011 年，随着经济增长情况的恶化，波动率有所上升，但 2012 再次下降，市场逐步趋于平稳（见图 65.23）。

除 2011 年有所下降，2008 年至 2012 年印度企业部门的违约距离总体上不断上升。2010 年，印度企业部门的违约距离上升至 5.97 的高水平，在 2011 年经历了一定下降之后，2012 年再次站上 6.34 的水平。企业部门的违约距离升高，违约概率减小，企业部门违约风险较低（见图 65.24）。

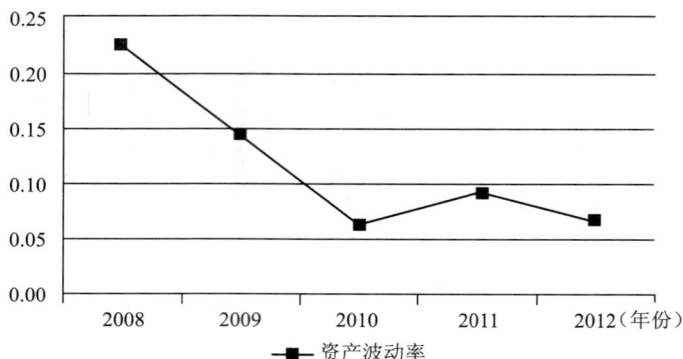

图 65.23　2008 年至 2012 年印度上市企业部门资产市值波动率

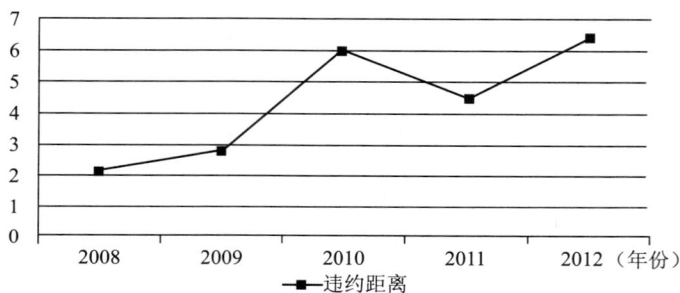

图 65.24　2008 年至 2012 年印度上市企业部门违约距离

第 5 节　印度家户部门风险分析

一、劳工市场分析

受到人口因素影响，印度家户部门的劳工市场运营情况不容乐观，近五年来失业率最低水平也达到 8%，失业率变化情况同国家经济增长水平匹配。2008 年至 2010 年经济快速增长期间，家户部门失业率不断降低，呈负增长态势。2011 年至 2012 年的经济下滑过程中，家户部门就业状况严重恶化，失业率大幅增长。2012 年，失业增长率达到 5% 的高水平。2013 年，印度经济情况有所缓解，失业率增长至 8.8%，但增速减缓为 3.5%（见图 65.25）。

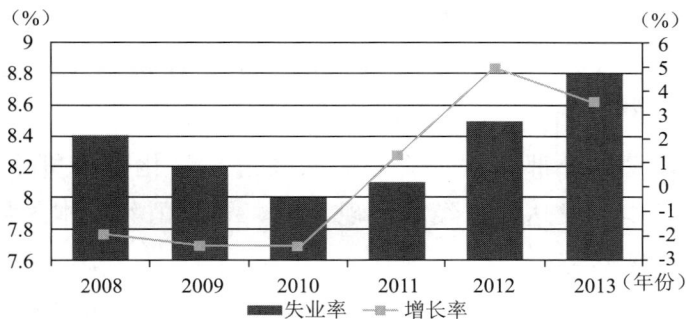

图 65.25　2008－2013 年印度失业率及增长率

二、居民收入水平分析

图 65.26 显示的是 2008 年至 2013 年印度人均实际收入变化率，六年间印度人均实际收入波动较大。2010 年，印度国民经济情况达到顶峰，人均实际收入增长率出现新高，达到 2％。2011 年，经济快速下滑，人均实际收入出现严重的负增长，下降率达到 4％。2012 年和 2013 年，人均实际收入下降程度得到缓解，但其负增长的情况未得到根本改变。

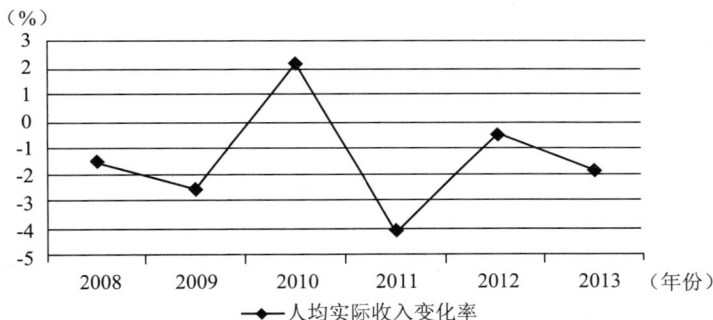

图 65.26　2008－2013 年人均实际收入变化率

第 6 节　印度金融市场动荡专题分析

2013 年全球经济格局发生变化，发达国家再次变成全球经济增长的主要角色，印度等新兴市场国家从金融危机后的快速崛起转变为后继乏力，金融市场动荡加剧。

一、金融市场动荡表现及外部原因

2013 年，国际资本大规模外逃，流出新兴经济体，金融危机后表现突出的新兴经济体经济疲软。其中，过于依赖国际资本的印度流动性紧缺，货币贬值，经济增长受到抑制。在本次金融动荡中，印度卢比贬值，贸易逆差加大，外汇储备规模大幅缩减，失业率急剧上升，印度本国的经济受到严重冲击。

本次金融动荡的外部因素主要是美联储退出量化宽松货币政策的预期，以及欧元区、日本等发达国家经济呈现复苏，导致国际资本纷纷流出新兴经济体，向发达国家转移。

首先，国际金融危机爆发后，以美联储为代表的发达国家中央银行推行了量化宽松货币政策，全球流动性充足，新兴市场国家纷纷利用廉价资金发展自身经济，并在经济增长上呈现良好的表现。近年来，随着美国经济复苏，美联储退出量化宽松货币政策逐渐明朗。受 QE 退出预期的影响，国际资本外逃，卢比贬值。虽然印度采取了一系列应对政策，但仍未能扭转卢比贬值的趋势。

其次，日本推行"安倍经济学"，加剧了金融市场的波动性。自日本大选以来，新一届政府推崇金融市场套利，短期资金频繁在金融市场中进出，加剧了热钱对印度等新兴市场国家的冲击。

二、金融市场动荡的内部原因

本次金融动荡的内部原因可以归结为以下几个方面：

第一，经济结构不合理。一直以来，印度一直维持出口拉动和投资驱动型增长，目前，这种增长方式已难以为继。印度取得的增长，很大一部分受益于人口红利。相比发达国家，印度在资本、资源、劳动力等方面不具备竞争优势，提高这三方面的效率是印度亟待解决的问题。

第二，脆弱的国际收支。印度目前的贸易逆差仍然十分严重，2012 年的贸易逆差占 GDP 比重高达 7.73%。2013 年，虽然贸易赤字有所改善，但仍然达到 5% 的高水平。面对印度脆弱的国际收支，国际资本看空印度，转而流向逐渐从金融危机中恢复过来的发达国家。

第三，错配风险严重。错配问题主要体现在货币错配和期限错配两个方面。一方面，印度经济依赖国际资本，经济发展严重受到美元币值和流动性的影响，具有很强的被动性。另一方面，国际金融危机发生后，大量短期国际资本流入印度，而这些资本多用于长期借贷，借短贷长的现象明显。随着国际资本持续外逃，期限错配风险加剧。

第四，外汇储备缩水。外汇储备是用来应对市场动荡的重要工具。2010年以来，受国际资本流动冲击和卢比贬值的影响，印度外汇储备规模连年下降。至 2012 年，印度的外汇储备仅有 2705.87 亿卢比，2013 年，这一规模仍在缩小。对印度来说加剧了市场动荡的风险隐患，一旦市场动荡加剧，印度将面临经济失衡的威胁。

三、措施及建议

在经济发展过程中，印度需要采取以下措施，防范金融风险，防止印度国内经济受到巨大冲击：

第一，改革推动经济结构转型。印度亟需改变目前出口拉动和投资驱动型的增长模式，改变外生性经济增长为内生性经济增长。只有这样，才能从根本上改变印度严重依赖国际资本以及财政、贸易赤字的现状，从而稳定卢比的币值。

第二，期限匹配。印度需要平衡不同币种的资产负债以及长短期资产负债，在宏观资产负债表上做到货币匹配和期限匹配，以减小汇率波动和短期资本流动对国内经济造成的冲击。

第三，调节外汇储备。对于发展中国家，尤其是印度这样的新兴经济体而言，对外依赖程度较高，从而容易受到外部市场的冲击，在发展中面临很大的不确定性。因此，将外汇储备维持在稳定较高的水平，对印度而言具有重要意义。

第 7 节　结论及对中国的借鉴

印度作为国际市场上的新兴经济体，在国际金融危机发生后不久，充当了全球经济增长的重要角色。近年来，随着美联储退出量化宽松货币政策的预期越演越烈，印度经济受到资本外逃的冲击，经济增长受挫，卢比持续贬值。

通过对印度四部门进行资产负债表分析和或有权益资产负债表分析，印度公共部门、企业部门和家户部门均存在风险。公共部门的资本结构风险和清偿力风险仍然较高。公共债务占 GDP 比重有所下降，但财政赤字继续恶化，外汇储备规模连年缩小，公共部门的风险依旧比较严重。金融部门的资本结构风险和清偿力风险都有所好转。同时，印度金融部门存在资产持续被低估的现象，投资者对金融部门信心不足。企业部门的清偿力风险有所降低，短期资产负债率较高，仍存在一定的期限错配风险。家户部门的失业问题十分严重，高失业率未得到根本改变，人均实际收入波动较大。

印度目前比较明显的问题主要表现在，经济结构不合理，对国际资本依赖程度较高；财政、贸易双赤字情况未得到改善；以及外汇储备规模连年缩小，应对国际冲击的能力有限。中国与印度都是发展中国家，拥有巨大的经济总量和人口。为减小对外冲击，无论中国或印度，首要的任务是进行经济结构调整，通过内生性增长实现经济发展。其次，银行部门满足巴塞尔协议对资本充足率的要求，完善风险管理机制。最后，中国需要借鉴印度开放资本项目的经验，在逐步放开市场的过程中，重视风险的防范。此外，中国目前还需要防止印度此次的金融动荡传导至中国。对此，中国需要稳中求进，建立并完善风险监测体系和监管体系，稳定外汇储备规模，做好充分的应对措施。

参 考 文 献

［1］Reserve Bank of India，Annual Report 2012－2013，2013.

［2］Reserve Bank of India，Annual Report 2011－2012，2012.

［3］Reserve Bank of India，Annual Report 2010－2011，2011.

［4］Reserve Bank of India，Annual Report 2009－2010，2010.

［5］Reserve Bank of India，Annual Report 2008－2009，2009.

［6］崔凌云，张建峰：《印度小额信贷危机的监管策略及对中国的启示》，载《经济研究导刊》，2013年第3期。

［7］段蕾：《印度银行间外汇市场中央对手方清算及其风险管理制度研究》，载《银行业经营管理》，2013年第2期。

［8］董涛：《外汇储备的增长对印度金融安全的影响》，载《管理工程师》，2010年第12期。

第66章 泰国宏观金融风险研究

在全球经济危机持续的大背景下，国际经济的增长很大一部分是依靠新兴经济体来带动。2012年东南亚经济保持快速增长，比全球平均水平的3.3%高出2个百分点。而泰国作为一个依赖出口的新兴经济体，是东南亚各国中，发展较好、较快的国家。2011年，泰国遭受洪灾，但是，政府救援措施及时有效，洪灾之后经济得到快速恢复，GDP增长率达到6.4%，位居亚洲前列，可见，泰国经济较为稳定，抵御风险的能力较强。但是，政局的不稳定是制约泰国经济发展的重要因素。

李国章（2012）介绍了泰国面对2011年洪灾和国际金融危机这些困境中的举措和表现，并分析泰国如何走出困境实现经济复苏。方芳、赵净（2012）用实证模型测算了泰国金融脆弱性指数，将泰国发展的历程划分为多个阶段，最后得出了对中国的启示和借鉴。熊爱宗（2013）介绍了2011年以来，亚洲新兴经济体在金融市场动荡中的各种金融风险，并分析了部分原因。

第1节 泰国经济金融运行概况

一、经济运行概况

受国际金融危机影响，泰国经济在2008年第四季度出现了自1990年以来的首次负增长。国内局势动荡、全球经济不振以及全球贸易低迷是泰国经济表现不佳的主要原因。2009年，泰国经济开始走出低谷，从此，经济逐渐恢复，但是GDP增长率并不平稳，一直处于波动状态。自2009年起，泰国的实际GDP增长率没有出现负值。2010年，泰国"红衫军"示威事件造成泰国社会严重动荡，影响了泰国经济的发展，2010年和2011年跌幅达到8%。2012年，泰国政府采取了及时有效的措施，加强基础建设，在这些政策的刺激下，泰国经济恢复较快，GDP增长达到6.5%。2008年到2013年，泰国的私人消费、固定消费、固定投资和出口增长都较为平稳，在2012年，泰国的洪灾政策刺激导致固定投资增长较快（见图66.1，图66.2）。

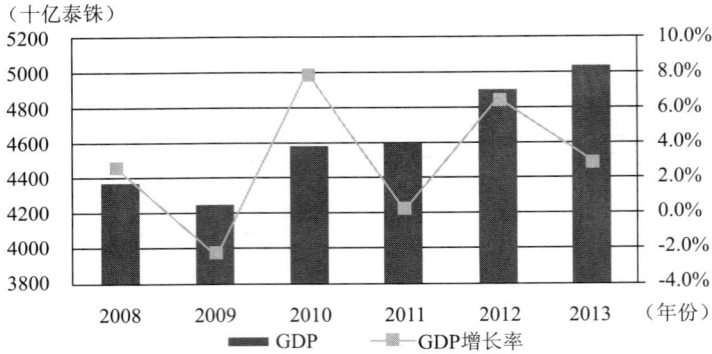

图 66.1　泰国 2008－2013 年实际 GDP 增长及增长率

数据来源：BvD 全球金融分析、宏观经济指数数据库。(以下数据如未标注来源均相同)。

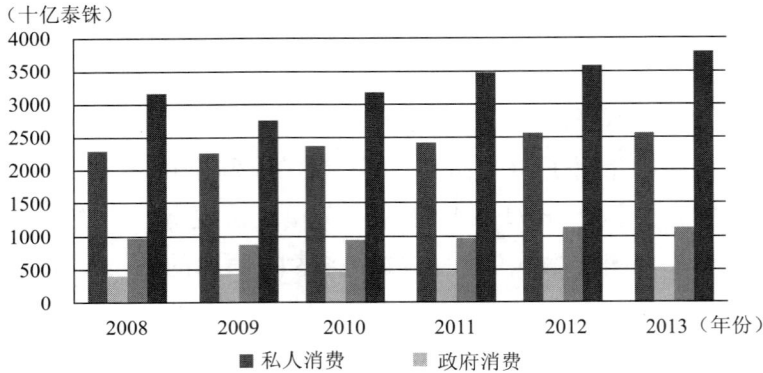

图 66.2　泰国 GDP 主要构成

2008 年国际金融危机导致泰国的消费物价指数有所下降，自 2009 年开始，该指数一直处于上涨趋势，在 2012 年达到 126.3。自 2000 年 5 月起，泰国中央银行确立有效控制通货膨胀率作为货币政策目标，因此，一直以来，泰国的通胀率并不高。2008 年，由于金融危机以及油价推升了通胀压力，泰国面临相对较高的通胀水平，尤其是在经历了金融危机以后，泰国政府为应对危机，采取了一系列的货币政策控制通胀水平，使其保持在较低的水平（见图 66.3）。

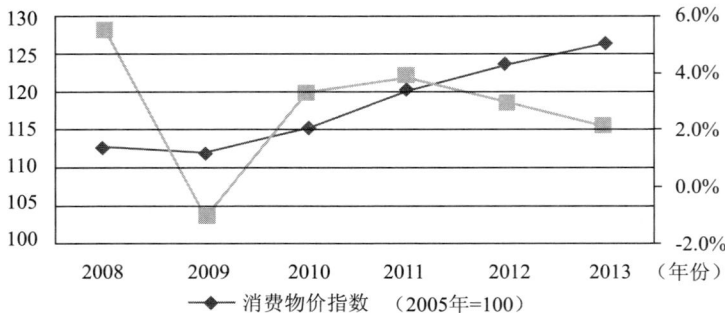

图 66.3　泰国通胀情况

　　泰国的进出口差额一直保持在一个比较稳定的水平，该国的进出口涨跌较为同步。2008 年金融危机，泰国出口有所下降，但是自 2009 年开始，泰国的出口一直保持增长态势。受国际经济低迷和 2011 年洪灾影响，2012 全年出口维持在 3.12％的增幅，并没有达到预计的 4.5％的目标（见图 66.4）。

（十亿泰铢）

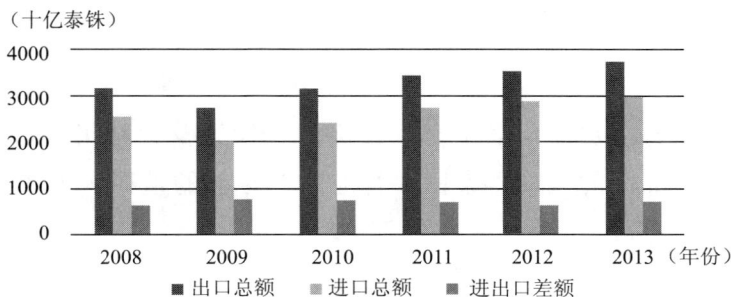

图 66.4　泰国对外贸易情况

二、金融运行概况

　　受金融危机影响，泰国央行自 2008 年 10 月起下调基准利率，将利率保持在较低水平，以促进投资。2010 年以来，泰国经济逐渐复苏，为稳定物价，降低通胀压力，央行开始上调基准利率，2013 年，泰国基准利率达到 3.0％（见图 66.5）。

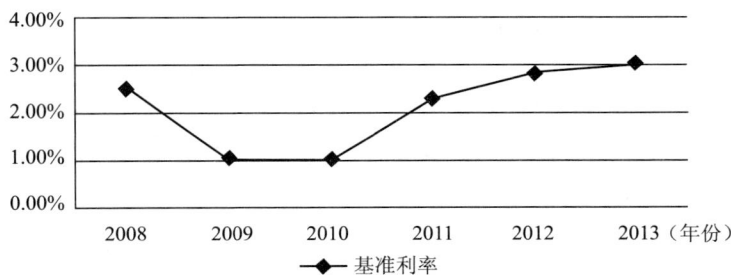

图 66.5　泰国基准利率

　　作为新兴经济体，泰国的经济增长势头强劲，吸引大量资金涌入，推动股指攀升。2009 年以来，泰国的股指一直稳定增长。2012 年泰国的直接投资流入高达 126 亿美元，在东盟各国居于首位（见图 66.6）。

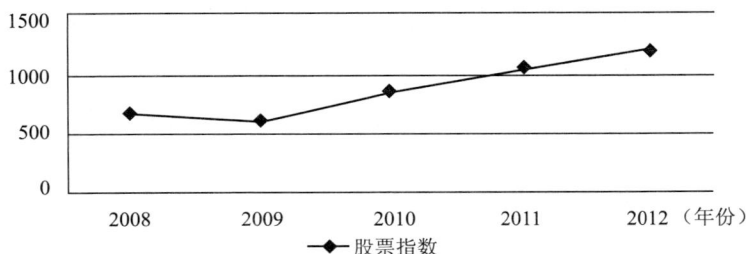

图 66.6　泰国股票指数

第 2 节　泰国公共部门风险分析

一、公共部门资产负债表分析

自 2008 年起，泰国央行的资产负债规模均在增加，但是泰国央行的资产负债率高位运行，负债均高于资产，这是负债经营的结果，过高的资产负债率会加大公共部门的风险，泰国央行应给予足够的重视（见图 66.7）。

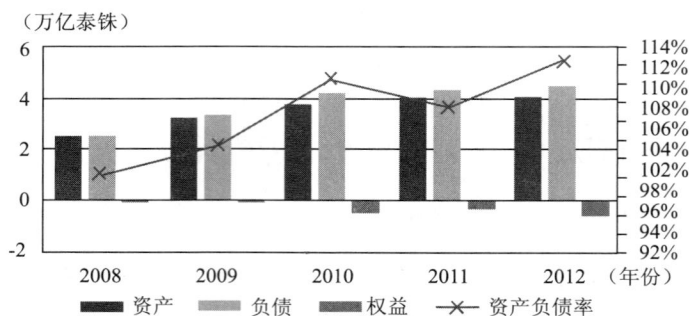

图 66.7　泰国央行资本结构

二、政府收支与债务分析

自 2010 年开始，经济复苏，泰国财政收入逐年增加。2012 年，财政收入增长，归因于灾后复苏多项重要税收的比例的提高和国营企业上缴收入的增加。

泰国的财政支出呈逐年增长的势态，这是由于泰国需要通过财政支出来拉动泰国经济，来应对金融危机。2012 年，泰国出台政策应对 2011 年洪灾，产生大规模基建项目，推动了财政支出的增加。

2008 年至 2013 年，泰国一直存在财政赤字，主要是政局不稳和自然灾害等不利事件，迫使泰国政府加大公共投入，以缓解内需下降对经济增长带来的压力。2009 年和 2012 年的财政缺口较大，因为 2009 年泰国需要通过财政支出来缓解金融危机的压力，而 2012 年需要通过财政支出来解决洪灾难题。持续存在的财政赤字表明泰国面临通货膨胀的压力。图 66.8 为 2008—2013 年泰国政府收支情况。

（十亿泰铢）

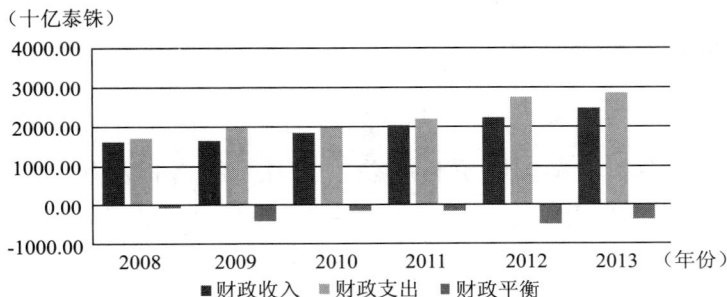

图 66.8　泰国政府收支情况

2008 年开始，泰国的公共部门债务逐年增加，债务在 GDP 占比则较为稳定，维持在 40％上下，没有太大波动。2010 年泰国债务有所下降，受欧债危机的影响，为防范债务风险，泰国适度降低其持债量。2012 年，泰国债务在 GDP 占比增加，由于泰国推出了上万亿泰铢的经济刺激政策，旨在升级国内基建、打通物流。相比欧美债务危机发生的国家，泰国的公共部门债务状况处于可控范围内，但仍存在相应的债务偿还风险（见图 66.9）。

（十亿泰铢）

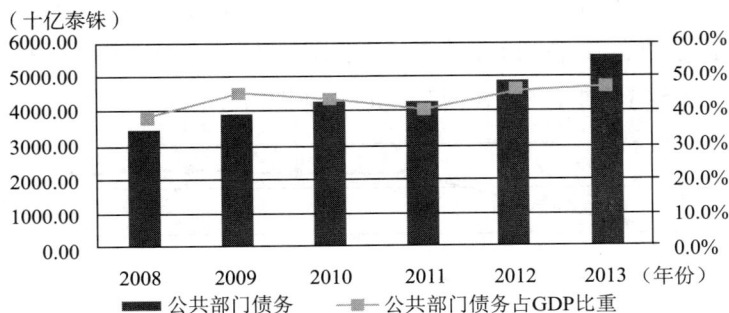

图 66.9　泰国政府债务情况

泰国的总外债一直在 900 亿美元以下，外债规模不大，有扩张的趋势，这是由于泰国经济复苏强劲，吸引诸多国外资金流入。近年来，泰铢持续走强，泰国持有的外债较少，所以涉及的汇率风险较低（见图 66.10）。

（十亿美元）

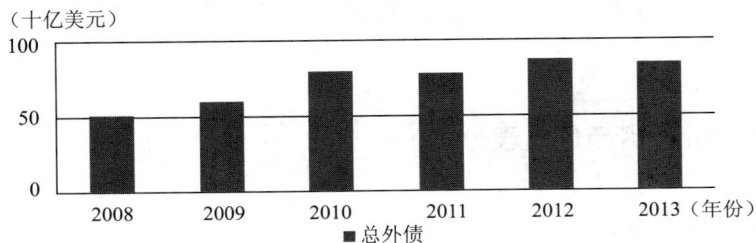

图 66.10　泰国外债

三、政府外汇储备分析

美元的疲软，给泰铢造成了升值的压力，自 2011 年以来，泰铢有走强趋势。泰铢走强不利于泰国的贸易顺差，这对于经济依赖出口贸易的泰国来说并不是一个好消息。图 66.11 为 2008—2013 年泰铢汇率。

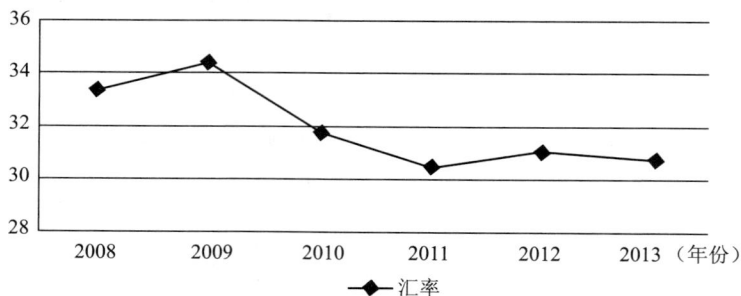

图 66.11 2008－2013 年泰铢汇率

2011 年，泰国将人民币纳入外汇储备，成为全球第二个将人民币纳入外汇储备的国家。2008 年至 2010 年，泰国的外汇储备持续增加，这对于维持泰国的稳定是必要的。自 2010 年起，泰国的外汇储备基本保持不变，2013 年泰国的外汇储备达到 1658.89 亿美元（见图 66.12）。

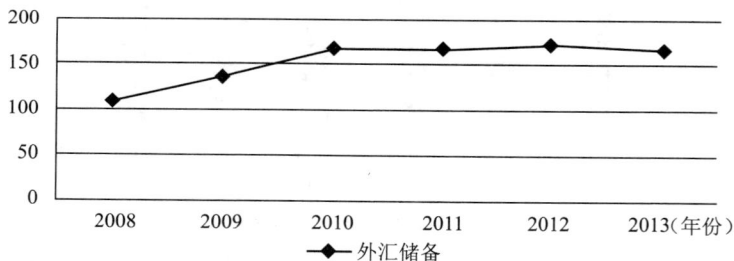

图 66.12 泰国外汇储备

第 3 节 泰国金融部门风险分析

一、账面价值资产负债表分析

（一）资本结构分析

2008 年至 2012 年，泰国金融部门账面资产、负债、权益持续增长，泰国金融部门规模逐年扩大。2012 年，账面资产、负债以及权益分别达到 3519 亿美元、3180 亿美元和 339 亿美元。但是，三项指标的增长率都比前一年低，这是由于 2011 年泰国洪灾，对泰国的经济打击严重。泰国金融部门的资产负债率在 2009 年达到最高 90.6％，自 2010 年起，泰国金融部门的资产负债率逐年增加，金融部门的风险增大（见图 66.13）。

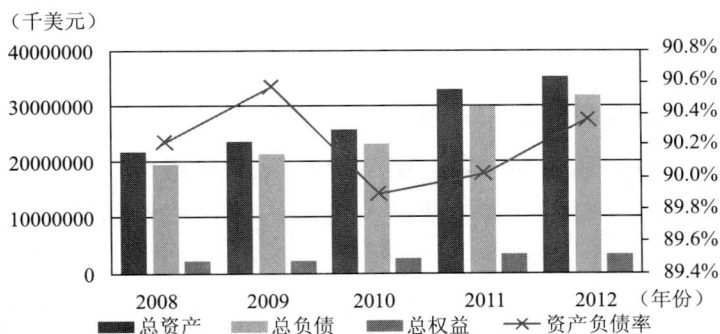

图 66.13　泰国金融部门资本结构

（二）存贷结构比率

泰国的存贷比一直很高，2008 年至 2011 年，存贷比持续增加，这是由于经济复苏，国内投资增加。2010 年存贷比突破 100％，达到 101.5％，2011 年持续走高，达到 109.8％，这造成了泰国金融业的支付危机。而到 2012 年，存贷比回落至 97.5％，存贷结构改善，但是，存贷比仍然处于高位，造成金融部门的流动性压力大，存在较大的流动性风险（见图 66.14）。

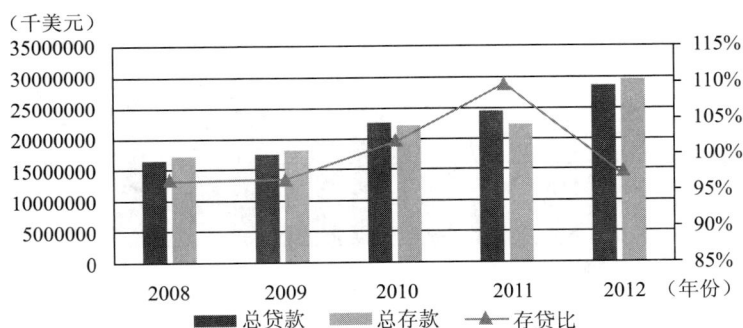

图 66.14　泰国金融部门存贷结构

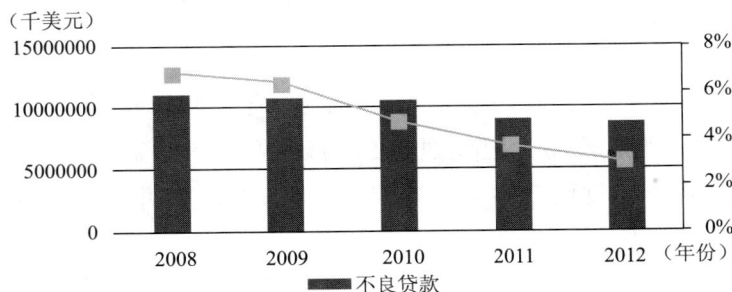

图 66.15　泰国金融部门不良贷款情况

泰国的不良贷款和不良贷款率一直在减少（见图66.15），表明泰国金融部门运作较好。相对于泰国现有的不良贷款来说，泰国商业银行的财务基础相对雄厚，金融部门的信贷资产较为安全，贷款回收的风险小。

二、或有权益资产负债表分析

从泰国的金融部门或有权益资本结构来看，或有权益资产负债率呈现上升趋势，说明泰国的金融部门资产结构风险有上升苗头。通过与账面资产负债表比较，或有资产和负债高于账面价值，均存在被低估的现象，而或有权益则高于账面价值，存在被高估的现象（见图66.16）。

2008年到2012年，泰国金融部门的资产账面价值一直高于资产市值，上市金融部门的资产被低估，上市投资者对金融部门的信心不足（见图66.17）。

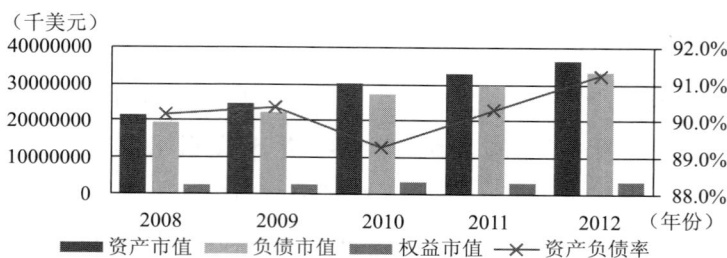

图66.16　泰国金融部门或有资本结构

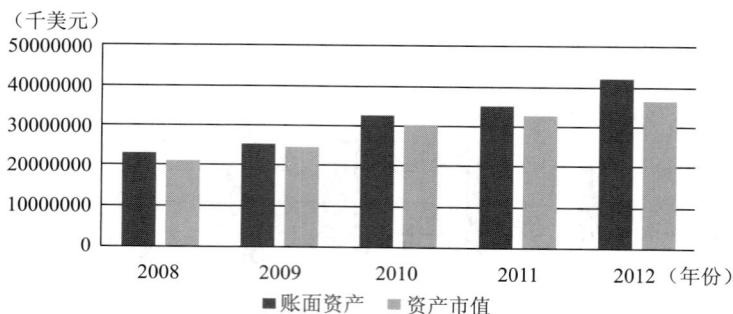

图66.17　泰国金融部门市账资产对比

三、风险指标分析

自2008年以来，泰国的资产波动率持续下降，受金融危机的影响，2008年的资产波动率较高，但通过政府的宏观调控和金融部门的自我调节，泰国金融部门的资产负债率在2012年降至0.8%，表明泰国金融部门的风险在一定程度上得到控制（见图66.18）。

2008年开始，泰国金融部门的违约距离持续上升，在2010年达到5.02之后有所回落，2011年继续上升，在2012年达到4.21。2008年至2012年，泰国金融部门的违约距离一直是正值，表明泰国金融部门违约风险不大（见图 66.19）。

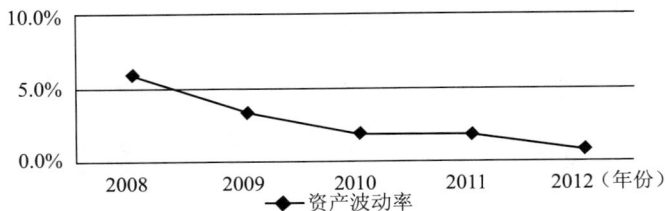

图 66.18 泰国金融部门资产波动率

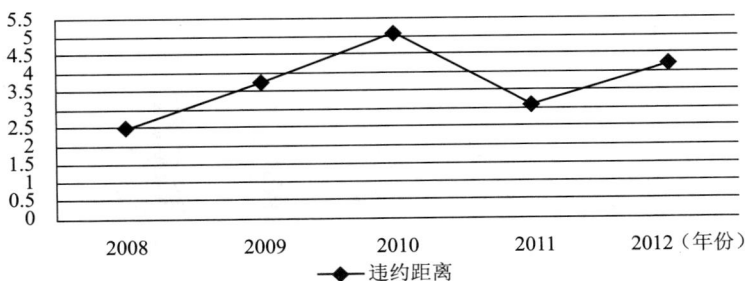

图 66.19 泰国金融部门违约距离

第 4 节 泰国企业部门风险分析

一、企业部门账面资产负债表分析

（一）资本结构分析

从规模上看，在 2008 年至 2012 年，泰国企业部门的总资产和总负债都有所上升，而企业部门的总权益也呈现稳定增长的趋势。资产负债表扩张表明泰国企业部门在 2008 年至 2012 年一直保持着良好的增长势头。泰国企业部门的资产负债率一直在攀升，2012 年达到 57.9%，企业的资产负债率上升与外部环境有关，美国等国家的量化宽松政策导致热钱流入，导致泰国的负债增多，进而提高了泰国企业部门的资产负债率。总体来看，泰国企业部门的资产负债率较低，资本结构风险很小（见图 66.20）。

（二）期限结构分析

泰国的流动资产和流动负债从 2008 年开始持续增加，流动比率一直高于 120%，在 2010 年最大，达到 142.9%，2012 年回落到 134.4%，流动比率较大，表明泰国企业部门的资金流畅，期限错配风险较小（见图 66.21）。

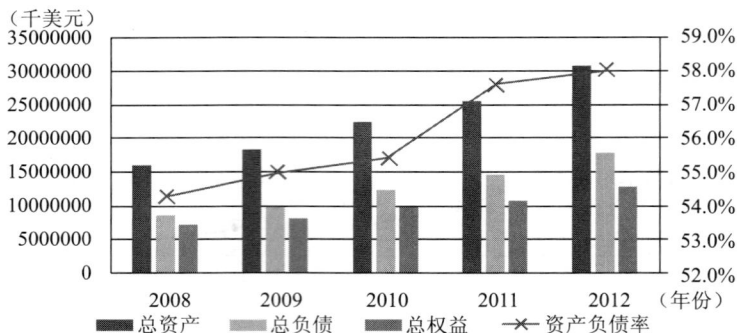

图 66.20　泰国企业部门账面资本结构

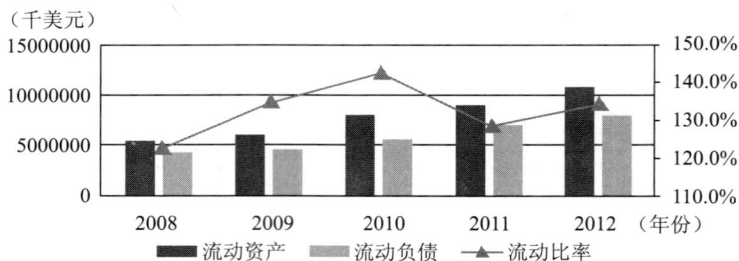

图 66.21　泰国企业部门期限结构

二、企业部门或有权益资产负债表分析

企业部门的或有资产负债率从 2008 年开始持续上升，在 2011 年达到最大 49.3%，或有资本结构风险扩大，2012 年资产负债率与 2011 年持平，归因于资产市值增速高于负债市值增速（见图 66.22）。泰国企业部门的资产市值和负债市值都低于账面价值，表明企业部门的资产和负债被高估，存在一定的风险（见图 66.23）。

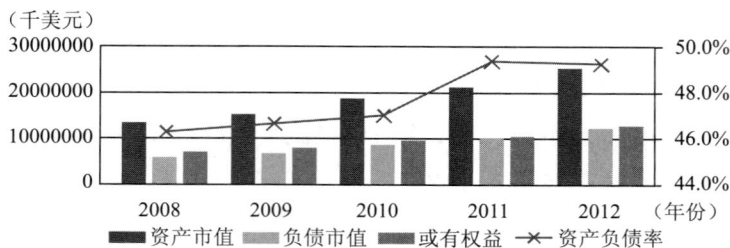

图 66.22　泰国企业部门或有资本结构

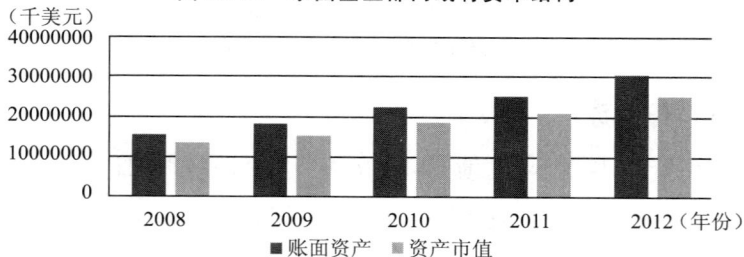

图 66.23　泰国企业部门市场资产比较

泰国企业部门的资产市值自 2008 年起就低于账面价值，一直被高估，且差值逐年扩大，这表明投资者对企业的信心十足，企业资产受市场认同。

三、风险指标分析

泰国企业部门的资产市值波动率在 2008 年开始持续下降，在经过了 2011 年小幅上升后，继续下降，在 2012 年资产市值波动率达到 0.064，表明企业部门在经历了金融危机以后，伴随泰国经济的复苏，一直在进行调整。总体来看，企业部门比较稳定，风险较小（见图 66.24）。

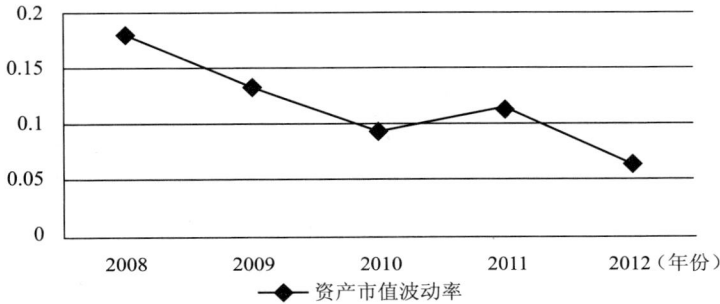

图 66.24　泰国企业部门资产市值波动率

2008 年至 2011 年，企业部门的违约距离先升后降，2010 年达到高点 5.64，2010 年以后有所下降，但整体来看违约距离较为稳定，风险控制较好。整体来看，2008 年至 2011 年，违约风险较大，2012 年违约风险降低（见图 66.25）。

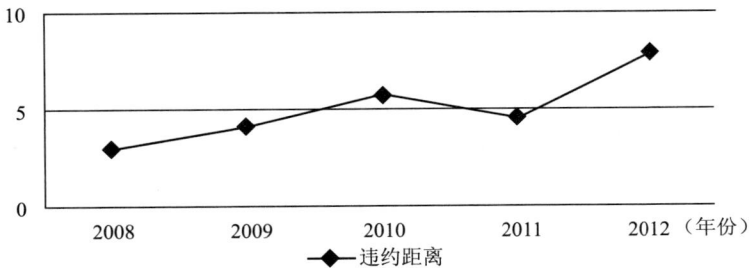

图 66.25　泰国企业部门违约距离

第 5 节　泰国家户部门风险分析

一、劳工市场分析

受国际金融危机影响，2008 年至 2009 年泰国的失业率由 1.4％ 上升至

1.5%，随着泰国经济的复苏和政府的政策刺激，泰国的失业率从2009年开始持续下降，在2011年达到最低，为0.7%，2012年失业率持平于2011年，在2013年有所回升，达到0.8%（见图66.26）。泰国是一个新兴经济体国家，依赖出口，劳动力廉价，因此，许多国家在泰国发展企业，带动了泰国的整体就业，因此，从总体上来看，泰国的失业率较低。

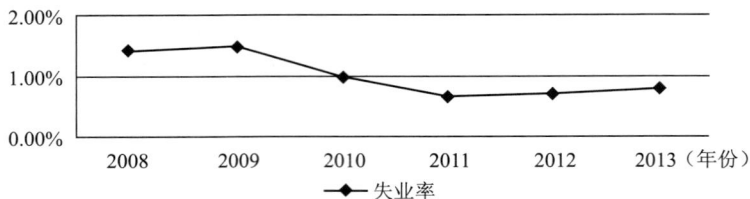

图 66.26　泰国失业率

　　在经历了金融危机以后，2009年开始，泰国的平均工资指数持续上升，由2009年的105.183上升至2013年的130.8，这与泰国的经济复苏密不可分，同时，物价的上升也推动了工资水平的提高（见图66.27）。

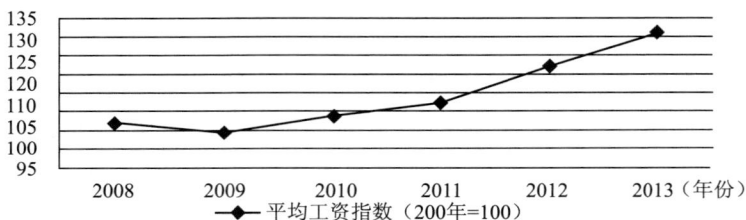

图 66.27　泰国平均工资指数

二、家户部门收入与消费分析

　　自2008年开始，泰国的个人可支配所得逐年增加，在2013年达到8万亿泰铢，约为2008年的1.5倍。而个人可支配所得的增长率在2008年至2012呈波浪形增长，2013年有所回落（见图66.28）。个人可支配所得的增长率波动较大，说明家户部门的存在风险加剧的隐患。

　　自2009年开始至2013年，泰国的实际私人消费持续上升，但是，受到欧债危机的影响，2011年的实际私人消费增速较小，在2013年，实际私人消费达到2.67万亿泰铢。从实际私人消费对GDP的贡献率来看，2008年到2013年这6年以来，贡献率波动较大，2008年和2011年的减少都是受到国际金融危机的影响，而2013年的实际私人消费的增幅放缓，私人消费对GDP贡献率随之下降，家户部门消费低迷在一定程度上放缓了泰国经济的复苏，家户部门存在一定的风险（见图66.29）。

（十亿泰铢）

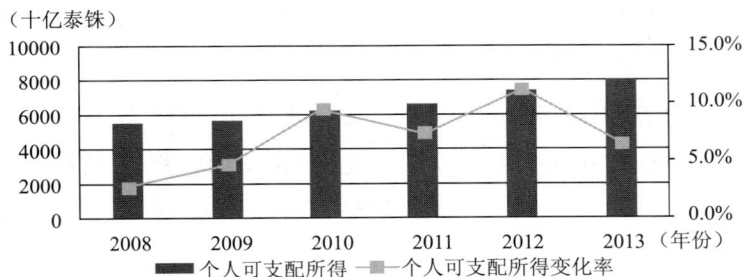

图 66.28　泰国个人可支配所得情况

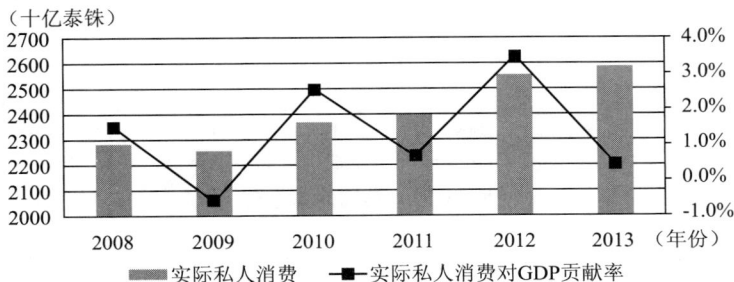

图 66.29　泰国实际私人消费

第 6 节　泰国金融风险专题分析

作为亚洲新兴经济体，泰国经济发展一直良好，在面对国际金融危机的过程中表现稳定，而危机过后的复苏也十分强劲。欧美为应对危机，实施宽松的货币政策，造成大量热钱流入泰国等新兴国家，但是伴随发达国家经济的复苏，国际对美国退出量化宽松政策的预期越来越强，而这些流入泰国的热钱也逐渐撤离，这对泰国的金融市场造成冲击，引起了泰国金融市场的动荡，金融风险加剧。

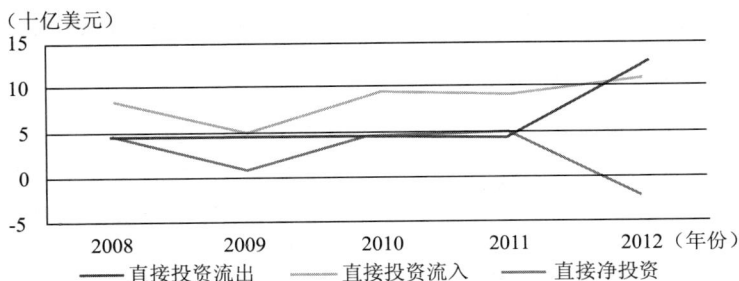

图 66.30　泰国直接投资情况

从图 66.30 可以看出，从 2009 年开始，泰国的 FDI 呈现上升趋势，且数值加大。同时，2008 年到 2011 年，泰国的对外直接投资变动很小，总体来看，2008年到2011年，泰国有净的直接投资流入，这部分热钱流入对于泰国经济的发展起到了很大的推动作用。

由于有大量的热钱流入，助推了泰国股市持续高涨，由2009年的584.5753上涨到2012年的1208.759（见图66.31）。股市的高涨表明了投资者对于泰国经济的强烈信心，但是也伴随着相应的经济泡沫。

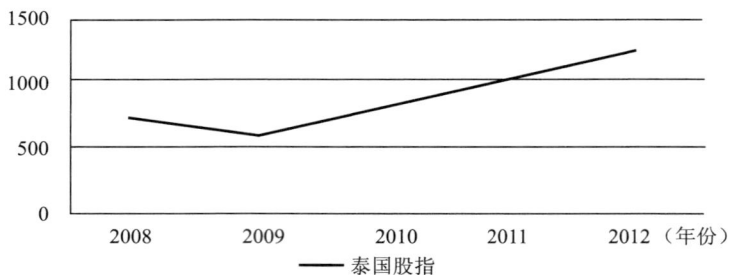

图66.31　泰国股指走势

热钱的流入促进了泰国经济的发展，但是也可能伴随相应的风险，一旦美国退出量化宽松政策，热钱撤出泰国，那么泰国的经济将遭受重创。而2012年以来，随着发达国家经济复苏，国际对于美国退出量化宽松政策的预期越来越高。2013年5月22日，美联储主席在国会关于退出QE进行表态，6月11日，10年期美国国债收益率升至2.19％，为2012年4月以来最高，30年期国债收益率也升至3.433％，为2012年4月来最高。这些举措都表明美国开始发出退出量化宽松政策的信号，流入泰国的热钱开始撤离泰国，同时，泰国的对外直接投资增加，这造成了泰国股市的大幅波动，股市暴跌4.97％，一直到2014年2月，泰国的股市表现一直很萎靡（见图66.32）。

不仅泰国的股市出现动荡，自2013年6月以来，泰国货币泰铢也经历了汇率的波动，先升值后大幅贬值（见图66.33），截至2013年12月31日，泰铢兑美元的比价下跌了8.8％。同时，为了减少资本外流，泰国的国债收益率也出现较大涨幅，这减少了泰国资产的价值。汇率与资产价格波动的重要原因来自国际资本外流。

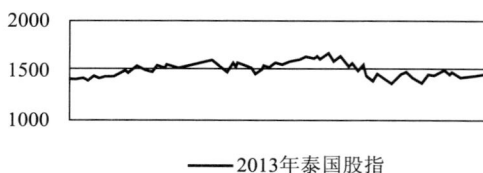

图66.32　2013年泰国股指走势

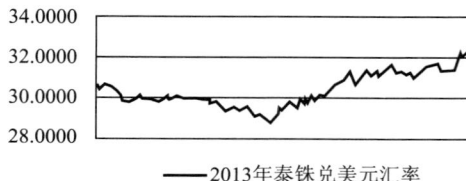

图66.33　2013年泰铢汇率走势

泰国金融风险加剧的原因除了美国量化宽松政策调整这个外部因素，还存在其自身内部的因素。2012年以来，泰国经济减速，通胀高企，与前几年的高速发展相比，泰国的出口和内需同时不振，泰国经济陷入技术性衰退。相比而言，发达国家的经济在经过调整之后出现了好转的迹象，这也导致部分资金开始抽离泰国，综合以上因素，使得泰国经济发展动力不足。

目前泰国的金融风险仍有持续趋势，短期内或将加剧，但这种金融风险转化为金融危机的可能很小，同 1997 年亚洲金融危机相比，泰国目前面临的形势大不相同。

第一，泰国外债占 GDP 之比比 1997 年亚洲金融危机时有所下降。严重依赖外债发展经济是亚洲金融危机爆发的重要原因之一，1997 年，泰国外债达到 900 亿美元，占 GDP 之比达到 50%。在充分吸取金融危机教训之后，泰国加强外债管理，2013 年，泰国外债达到 863.21 亿美元，占 GDP 之比达到 22.3%，与 1997 年相比，下降 56%。

第二，泰国积累了充足的外汇储备，抵御金融风险的能力大大提高。1996 年，泰国的外汇储备只有 361 亿美元，占 GDP 比重只有 20% 左右，1997 年在受到国际投机家攻击之后，外汇储备很快耗尽，最后引发金融危机。金融危机后，泰国增加外汇储备，截至 2013 年，泰国的外汇储备已达到 1659 亿美元，是 1996 年的 4.6 倍，外汇储备占 GDP 之比也达到 42.8%，增加了 1.14 倍。

第 7 节　结论及对中国的借鉴

泰国是小国经济，产业结构对外部市场的要求高，经济本身极易受到全球经济的影响，因此，近几年的金融危机对于泰国经济的影响较大。而由于经济结构的外向性特点，泰国经济的危机后恢复很大程度上也依赖于全球经济复苏的情况。

从公共部门来看，泰国中央银行的资产负债表一直在扩张，但是存在负债经营的问题，泰国的资产负债率一直大于 1，泰国公共部门的结构风险较高。同时，泰国一直存在财政赤字，尤其是 2009 年和 2012 年财政赤字很大，这与泰国应对金融危机和灾后经济整修有关，2013 年财政赤字也较大，存在相应的债务偿还风险。

从金融部门来看，金融部门的存贷比较高，这给泰国带来流动性风险的压力。同时，泰国的资产市值低于账面价值，资产被低估，表明投资者的信心不足，但从金融部门的违约距离较大，整体来看，金融部门的风险不大。

从企业部门来看，泰国的总资产和总负债都在扩张，资产负债率也有所增加。在 2012 年，泰国资产负债率较高，但与亚洲其他国家相比，其资产负债率并不高，因此，企业部门的结构性风险不高。但是，企业部门的资产市值要低于账面价值，说明投资者对泰国的企业信心不足，泰国企业需要作出调整，恢复投资者的信心。

从家户部门来看，2012 年，泰国的可支配所得和私人实际消费增长率都较高，但是泰国家户部门的风险防范能力较弱，会出现过度消费进而削弱风险抵御能力，因此，泰国家户部门的风险较大。

可以看到，泰国公共部门和家户部门的风险较高。结合泰国宏观风险分析，提出我国控制宏观风险的建议：第一，要控制公共部门的债务，维持资产负债率稳定。泰国公共部门的负债很高，资产负债率大于 1，是负债经营，面临负债危机的潜在威胁。我国在控制公共负债的时候，央行要控制债券发行的规模，制定资产负债率风险临界点，以缓解公共债务的压力，减少债务危机的风险。第二，泰国存在过度消费的倾向，家户部门低于风险的能力较低，但是，中国则存在相反的情况，中国的内需不足，不能让私人消费带动经济发展。中国在提高内需的过程中，要把控好度，虽然需要刺激内需，但也要防止出现过度消费的情况，在提高家户部门刺激经济能力的同时，控制好家户部门的风险。

参 考 文 献

［1］ Annual Report on Indonesia 2008－2012，2012.

［2］李瑞霞：《浅析以出口为导向的泰国经济》，载《东南亚》，2005 年第 2 期。

［3］何静，李村璞：《泰国金融发展与经济增长：存在门限的非线性关系》，载《暨南学报（哲学社会科学版）》，2012 年第 34 期。

［4］沈铭辉，葛伟：《新兴经济体群体性崛起及其外部风险》，载《国际经济合作》，2013 年第 1 期。

［5］靳玉英，周兵：《新兴市场国家金融风险传染性研究》，载《国际金融研究》，2013 年第 5 期。

第 67 章　印度尼西亚宏观金融风险研究

印度尼西亚是东南亚最大的经济体，也是东南亚国家联盟创立国之一以及 20 国集团成员国。依国际汇率计算，印度尼西亚是世界第 16 大经济体，以购买力平价计算则为世界第 15 大经济体。印尼国民经济在历经上一个 15 年的艰辛努力后，经济发展迅速。2012 年，其经济延续了 2011 年的发展态势，在世界经济萎靡和疲软的环境下，印尼保持了较高的经济增长率、宏观经济的稳定还有较低的通胀率。

吕卓（2012）肯定了印度尼西亚快速的经济发展，并解释了快速发展背后的各种因素。张远鹏（2012）介绍了全球金融危机以来印度尼西亚的经济以及前景展望，指出印尼很可能成为"金砖第六国"。

第 1 节　印度尼西亚经济金融运行概况

一、经济运行概况

2008 年国际金融危机，对印尼的影响并不明显。2008 年印尼经济增长率为 6％，略逊于 2007 年，但仍保持良好的发展势头。2009 年，金融危机的影响开始凸显，印尼的经济增长率达到 4.6％，比 2008 年略有下降，但是，经济增速领跑东南亚各国。自 2009 年开始，印尼经济开始复苏，GDP 逐年增加，经济增速稳中有降。2011 年印尼 GDP 增长率达到 6.5％，2012 年略有下降，但仍高达 6.2％。印尼经济增长率保持在 6％以上，主要是由于内需和投资的拉动，国内实际部门的增长也是一大助力。国际评级机构惠誉以及日本信用评级都在 2012 年 11 月给予印尼投资级的评级。在印尼的经济发展过程中，私人消费对 GDP 的贡献一直最大，远远超过政府消费和固定投资。印度尼西亚是世界第四人口大国，因此，国内消费巨大，内需成为印尼经济增长的坚实支撑，对于经济的促进非常明显。自 2008 年以来，印尼的私人消费一直呈现增长趋势，并未受到 2008 年的金融危机和 2010 年的欧债危机影响（见图 67.1，图 67.2）。

（十亿印尼盾）

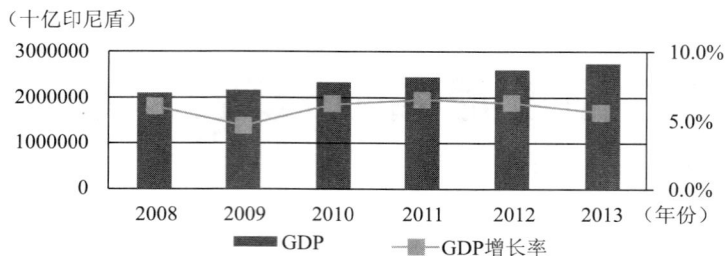

图 67.1　印度尼西亚 2008—2013 年实际 GDP 增长及增长率

数据来源：BVD 全球金融分析、宏观经济指数数据库。（以下数据如未标注来源均相同）。

（十亿印尼盾）

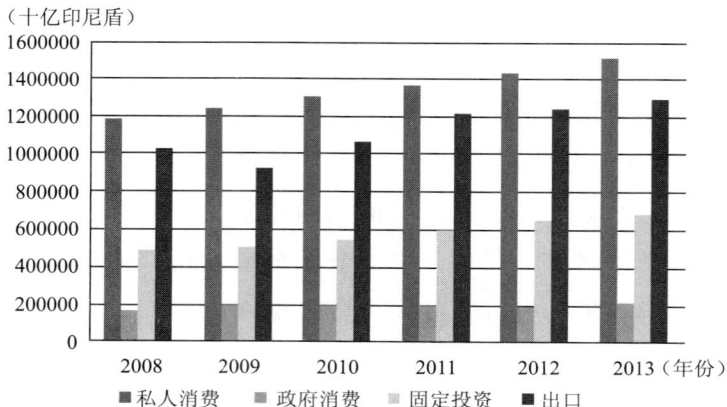

图 67.2　印度尼西亚 GDP 主要构成

　　印尼是一个依靠内需支撑经济发展的国家，在近几年的两次金融危机中，印尼都是依靠其坚实的内需，使其经济保持稳定的高速增长。自 2008 年起，印尼的消费物价指数一直保持增长势头，增速平稳，符合印尼经济高速增长的事实。2013 年印尼的消费物价指数达到 171.142。印尼在取得较快经济增长的同时成功控制了通货膨胀。2009 年，印尼为了应对国际金融危机，主动调控，使通货膨胀率从 2008 年的 9.9％降到 4.8％，并且一直维持较低的通胀率，2012 年延续了 2011 年的低通胀水平和高经济增长的态势。2012 年，通胀率达到 4.3％，低于 2010 年的 5.1％和 2011 年的 5.4％。印尼之所以能维持低通胀的水平，主要是因为央行的通胀控制措施以及世界粮食价格下降。2013 年，世界经济开始复苏，逐渐走出欧债危机的阴影，印尼适度放开对通胀的管制，因此，2013 年，印尼的通胀率有所上升，达到 7％，但仍然低于 2008 年的 9.9％（见图 67.3）。

　　印尼作为亚洲新兴经济体，出口一直是拉动其经济高速增长的一个重要因素。出口对于 GDP 的贡献仅次于私人消费，高于政府投资和固定投资。除了 2008 年金融危机印尼的进出口额都有所下降以外，其他年份中，印尼的进出口额都保持增长的趋势。2013 年，印尼出口额达到 1300 万亿印尼盾，出口增长率为 4.4%；进口额为 1013 万亿印尼盾，进口增长率为 0.77%；进出口差额为 287 万亿印尼盾，增长率达到 19.6%（见图 67.4）。

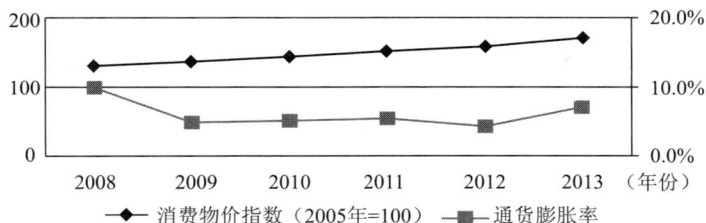

图 67.3 印度尼西亚通胀情况

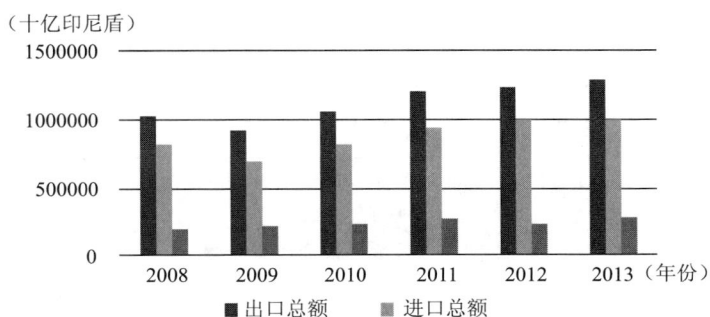

图 67.4 印度尼西亚对外贸易情况

二、金融运行概况

受金融危机影响，印尼央行自 2008 年年末开始实行扩张性的货币政策，下调基准利率，将利率保持在较低水平。2009 年 8 月，印尼央行将基准利率下调至 6.5%，达到 2005 年以来的最低点。2010 年开始，印尼经济逐渐复苏，为了稳定物价，缓解通胀压力，央行开始上调基准利率。而 2012 年，全球经济有所下滑，印尼为应付经济下行风险，下调基准利率至 5.95%，以促进投资。2013 年，印尼的基准利率有所上升，达到 3.0%（见图 67.5）。

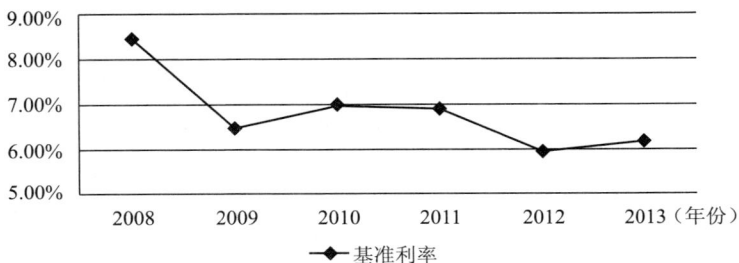

图 67.5 印度尼西亚基准利率

伴随新兴经济体发展，2009 年以来，印尼的股指一直稳定增长，使印尼成为国际关注的重点经济体，而随着欧债危机得到缓解，大量资金跨境流动寻找投资机会，印尼成为了这些资金流入的一个主要目的地，造成印尼股指攀升。2011年印尼证交所综合股指上涨3.2%，成为全球表现最好的三大股指之一。虽然印尼股市表现很好，吸引了巨额国际资本，但是其中有相当一部分属于短期的投机资本，这对于印尼的股市来说是一个风险点。同时，资本外流和美国量化宽松的货币政策引起的金融市场动荡，使印尼经济还面临汇价贬值、通胀加速与投资趋缓等诸多风险，印尼应该对这些风险给予重视（见图67.6）。

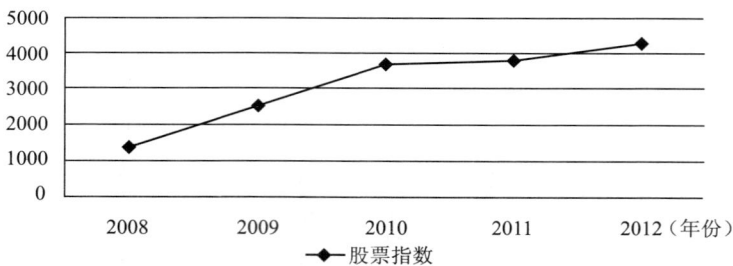

图 67.6 印度尼西亚股票指数

第 2 节 印度尼西亚公共部门风险分析

一、政府收支与债务分析

印尼的出口对经济的贡献度大，印尼的经济除了依赖内需拉动，还依赖出口。2008年全球金融危机爆发，减少了印尼出口企业的订单数量，抑制了印尼财政收入的增长，因此2009年，印尼财政收入减少。2010年，经济开始复苏，印尼财政收入开始增长，并且一直保持稳步增长的势态。2010年印尼财政部根据全球和印尼自身形势发展，相继出台税收、能源、基础设施建设、工业、商业和地方经济等6个领域的财政刺激措施，并在实施过程中根据实际情况予以调整，刺激了财政收入的增加。印尼财政收入主要源于税收，而宏观经济稳定以及提高税收比例等因素促进了印尼税收的增加，2011年印尼该国税收较2010年增加20.6%，达到872.6万亿盾。2012年，财政收入继续保持增长，达到1417474万亿盾。而2013年，印尼的财政收入显著减少，这与金融市场动荡有关。

印尼的财政支出也是在2009年由于金融危机的影响而有所减少，从2010年开始逐年增加，且增长趋势显著，这是由于印尼的经济发展，对国内的基础建设提出了硬性的要求，印尼为了完善国内基础建设，相应增加了财政支出，并且财政支出逐年增加。

2009 年开始，印尼一直存在财政缺口。2009 年和 2011 年由于全球金融危机和欧债危机，印尼的财政缺口较大，但是伴随经济的复苏和发展，财政缺口都有所减小。从图 67.7 中可以看出，虽然在前几年，印尼存在财政缺口，但是缺口并不大。值得注意的是在 2013 年，印尼的财政缺口相比前几年，十分巨大，一方面财政支出的增加，另一方面金融动荡引起的财政收入减少，两方面造成了巨大的财政缺口。可见 2012 年以来美国的量化宽松货币政策引起的金融动荡对于印尼公共部门的影响是十分巨大的。

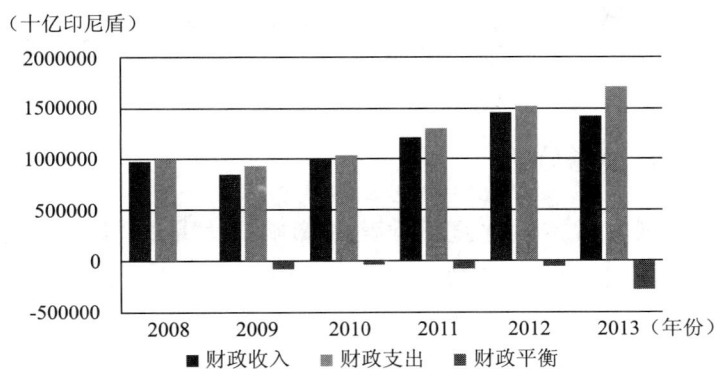

图 67.7　印度尼西亚政府收支情况

2008 年开始，印尼公共部门的债务一直保持增长，在 2010 年和 2011 年则保持持平，这主要是因为 2011 年欧债危机爆发，各国为了防范风险，都相应减少了债务的持有量，因此，印尼的公共部门在 2011 年的债务基本与上年持平。从图 67.8 中可以看到，印尼公共部门的债务持有量并不多，而且这些债务在 GDP 中所占的比重是逐年减少的，可见，印尼在公共部门的债务风险控制上效果明显。

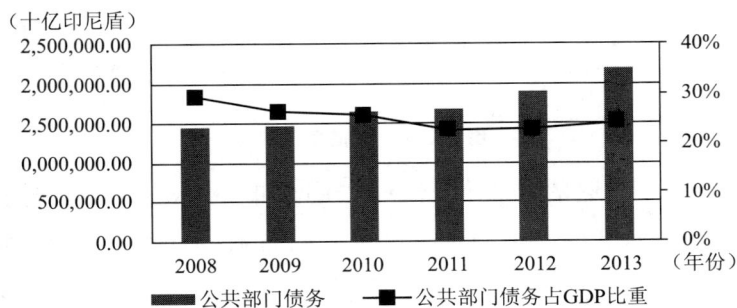

图 67.8　印度尼西亚政府债务情况

作为新兴经济体，印尼一直在与国际接轨，经济发展迅速，因此，印尼的外债也一直在增加。2012年，印尼的外债增速较快，2013年增速则相对缓慢，在2013年印尼的外债总额达到2566.684亿美元。从图67.9中可以看出印尼的外债一直有扩张的趋势，这是由于印尼经济复苏强劲，经济增长迅猛，吸引国外资金流入造成的（见图67.9）。

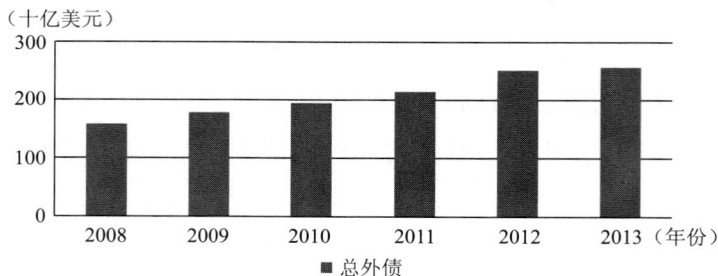

图 67.9　印度尼西亚外债

二、政府外汇储备分析

受欧洲、美国、日本量化宽松政策的影响，大量投机基金流入亚洲新兴国家，而作为新兴国家中发展势头非常好的印尼自然也吸引了很多的资金；而且美元的疲软，也给印尼货币造成了升值的压力，因此，2009到2011年，印尼货币一直在升值，然而2012年，印尼盾汇率相比2011年有所贬值。印尼盾贬值，一方面是因为国际经济从金融危机复苏缓慢，另一方面是因为印尼进口旺盛而出口减少。2012年开始，印尼盾一直再贬值，这对于印尼的出口是有好处的，但是，也伴随着相应的汇率风险（见图67.10）。

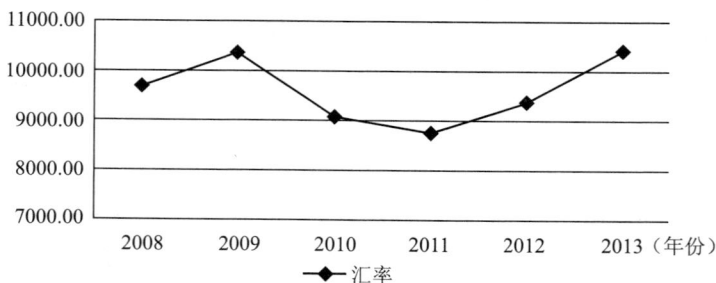

图 67.10　印尼盾汇率

2008年开始，印尼的外汇储备一直在增加，到2012年，外汇储备达到1088.37亿美元，而2013年，印尼的外汇储备有所下降，回落到96.915亿美元（见图67.11）。总体来看，相较于其他东南亚新兴经济体国家，印尼的外汇储备较少，这不足以调节国际收支平衡和抵抗金融风险。

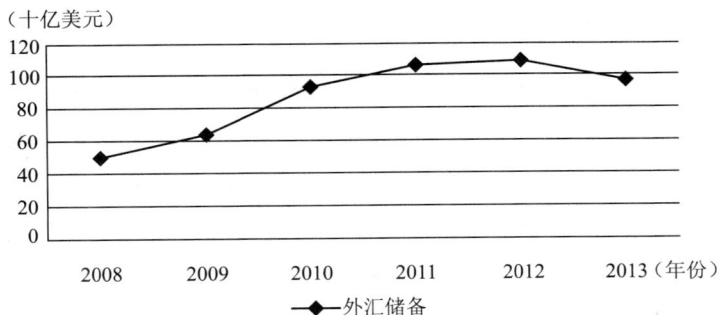

（十亿美元）

图 67.11　印度尼西亚外汇储备

第 3 节　印度尼西亚金融部门风险分析

一、账面价值资产负债表分析

（一）资本结构分析

2008 年至 2012 年，印尼金融部门账面资产、负债、权益持续增长，其中总资产和总负债增长明显，这与印尼的经济迅速发展是一致的。2012 年，账面资产 3585.1 亿美元，实现增长率 7.6%，是 2008 年 2.6 倍。负债在 2012 年达到 3075.6 亿美元，增长率 6.8%，是 2008 年的 2.5 倍。从这两方面的数据来看，印尼的经济增长非常迅速。而权益在 2012 年达到 509.4 亿美元，实现增长率 12.7%，是 2008 年的 3.3 倍。但是，三项指标的增长率都比前一年低，这是因为金融市场动荡，对印尼经济的发展有影响，经济增速放缓。2008 年开始，印尼的资产负债率一直呈现下降趋势，这是由于印尼实行稳健的货币政策和财政政策，在经济快速发展的同时也会相应的控制风险，因此，金融部门的资产负债率逐年下降，从该项指标来看，金融部门运行较为稳定（见图 67.12）。

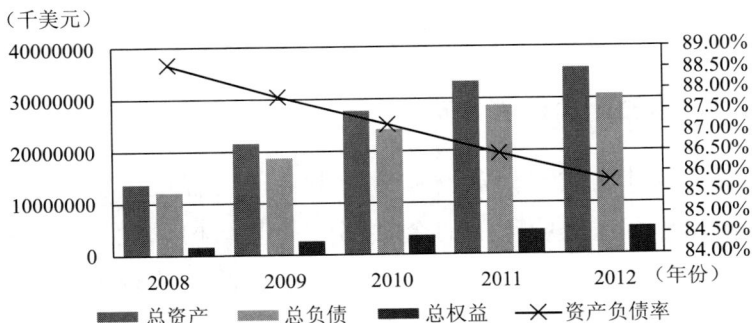

（千美元）

图 67.12　印度尼西亚金融部门资本结构

（二）存贷结构比率

印尼的金融部门一直在扩张，存贷款额逐年增加，且发展较快。同时，伴随经济的发展，金融部门对经济的支持也逐年变大，2009年开始，印尼金额部门的存贷比逐年增加，在2012年，印尼金融部门的存贷比达到81.7%，相比于欧盟其他新兴经济体来看，印尼的存贷比相对较低。印尼的金融体系较为稳定，银行的风险控制能力和信贷功能都有所增强，这有力支持了印尼经济的增长（见图67.13）。

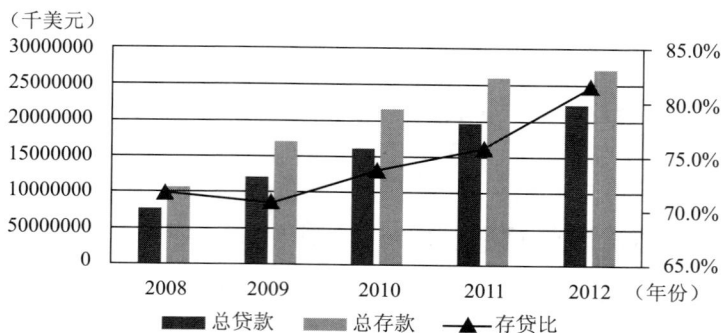

图 67.13　印度尼西亚金融部门存贷结构

2009年的不良贷款率在印尼的预防金融危机的措施下，得到有力的抑制。虽然，经济的复苏，使得不良贷款率有所回升，但是从2010年开始，不良贷款率一直保持在相对稳定的状态，但是，印尼的金融部门对于不良贷款仍需注意，防范其引起金融危机（见图67.14）。

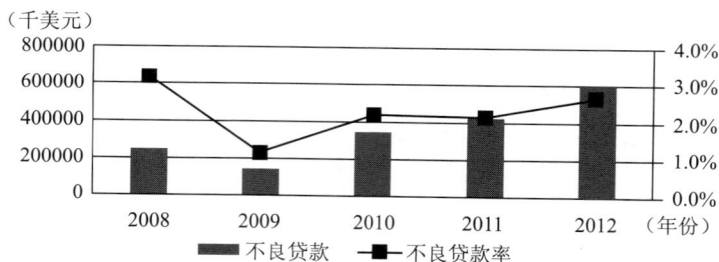

图 67.14　印度尼西亚金融部门不良贷款情况

二、或有权益资产负债表分析

从印尼的金融部门或有权益资本结构来看，或有权益资产负债率呈现先下降后上升的趋势，这说明印尼的金融部门资产结构风险有上升的苗头。通过与账面资产负债表比较，资产和负债均存在被低估的现象，而权益则存在被高估的现象。或有权益资产负债率低于账面资产负债率，主要原因是金融危机后，印尼处于经济复苏时期，股市回暖，权益被高估，因此资产负债率变低，这也说明金融部门对债务融资的依赖有所改善（见图 67.15）。

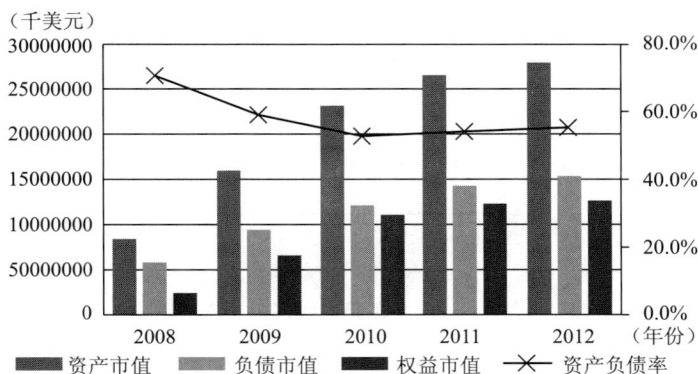

图 67.15　印度尼西亚金融部门或有资本结构

2008 年到 2012 年，印尼金融部门的资产市值一直低于资产的账面价值，并且，期间的差额有逐年扩大的趋势。这就表明，市场对于上市金融部门的资产估值偏低，而投资者对于金融部门的信心不足，引发市场价值被低估的现象（见图 67.16）。

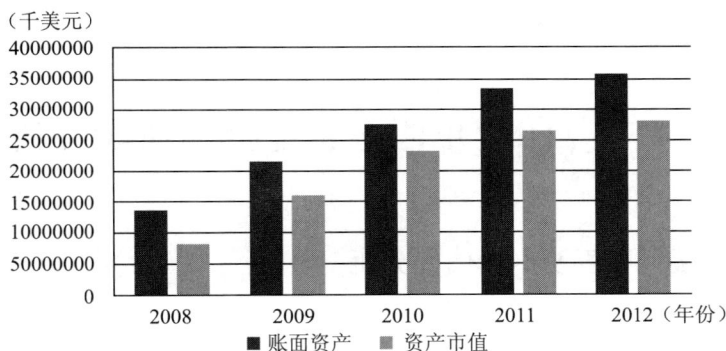

图 67.16　印度尼西亚金融部门市账资产对比

三、风险指标分析

自 2008 年以来，印尼的资产波动率整体呈上升趋势（见图 67.17）。在 2010 年，印尼的资产波动率达到 10.5％，这是受到欧债危机的影响，造成资产的波动较大。2011 年，有所下降，但 2012 年又继续攀升到 11.1％。与其他东盟国家相比，印尼的资产波动率偏高，说明印尼的金融部门还存在风险隐患，金融部门应该予以重视，并适度调控部门风险。

2008 年至 2012 年，除了 2009 年违约距离很大，高达 8.07，其他今年的违约距离基本比较稳定。2008 年发生国际金融危机，印尼金融部门为防范风险，加强风险控制，使违约距离上升。其他年份中，违约距离最低也达到

4.04，违约距离一直较高，表明印尼的金融部门违约风险不大（见图67.18）。

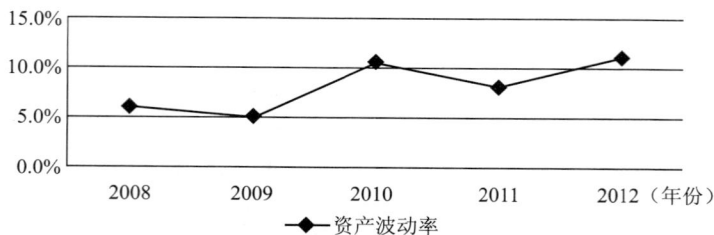

图 67.17 印度尼西亚金融部门资产波动率

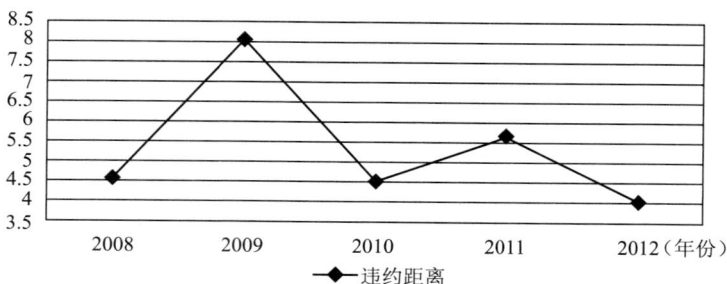

图 67.18 印度尼西亚金融部门违约距离

第 4 节 印度尼西亚企业部门风险分析

一、企业部门账面资产负债表分析

（一）资本结构分析

从规模上看，2008 年至 2012 年，印尼的企业部门总资产和总负债都保持增长态势，且增长速度迅速，表明印尼的企业部门一直在扩张，这与印尼的经济增长密不可分。同时，由于印尼的经济发展势头强劲，吸引了大量国际资本，对于印尼本国的企业发展是一个强大的推动力。而印尼的总权益也呈现出稳定增长的势头。从资产负债率这个指标来看，除了 2009 年印尼的资产负债率达到 60.2% 以外，其余年份的资产负债率都维持在 56% 左右，较低的资产负债率表明印尼的企业部门债务风险较小（见图 67.19）。

（二）期限结构分析

2008 年到 2012 年，印尼的流动资产和流动负债持续增加，说明企业的运行情况良好。而 2008 年到 2010 年，印尼的流动比率一直上升，期限错配风险较小，而 2011 年流动比率有所下降，2012 年与上年基本持平，表明这两年，印尼的企业逐渐稳定。2012 年的流动比率高达 151.％，数值较高，印尼企业部门面临的期限错配风险较小（见图 67.20）。

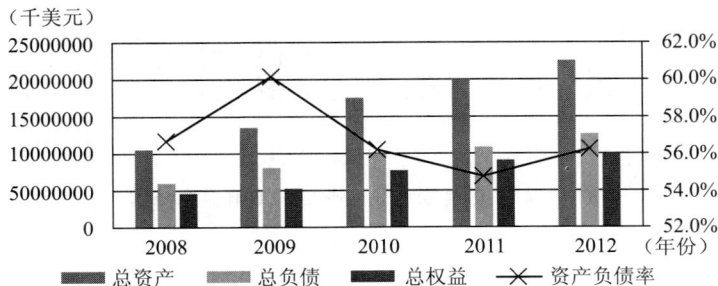

图 67.19 印度尼西亚企业部门账面资本结构

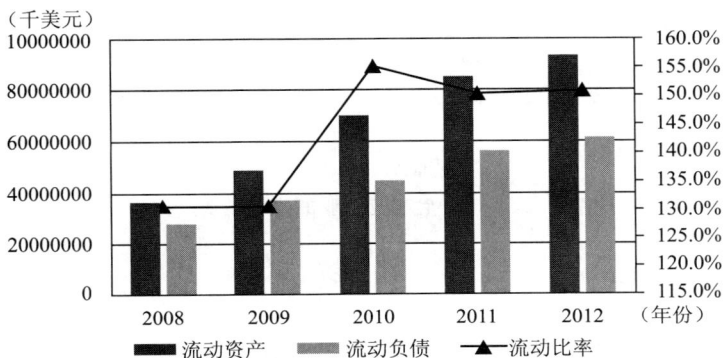

图 67.20 印度尼西亚企业部门期限结构

二、企业部门或有权益资产负债表分析

2008 年到 2012 年，企业部门的资产市值和负债市值逐年增加，而权益市值则较为稳定。企业部门的或有资产负债率总体呈现下降趋势，表明印尼金融部门的资本结构不断优化。印尼企业部门的资产市值和权益市值都要高于账面价值，表明企业部门的资产和权益被低估。而印尼企业部门的债务市值低于账面价值，债务被高估。印尼企业部门或有权益资产负债率低于账面资产负债率，这主要是因为印尼的发展势头良好，股市出现涨势，权益市值增长，进而拉低了资产负债率。或有权益资产负债率低于账面资产负债率表明市场的表现较好，企业的风险较低（见图 67.21）。

印尼企业部门的资产市值一直高于账面价值，且差值逐年扩大，这表明投资者对企业的信心较高。图 67.22 为 2008—2012 年印度尼西亚企业部门市场资产比较。

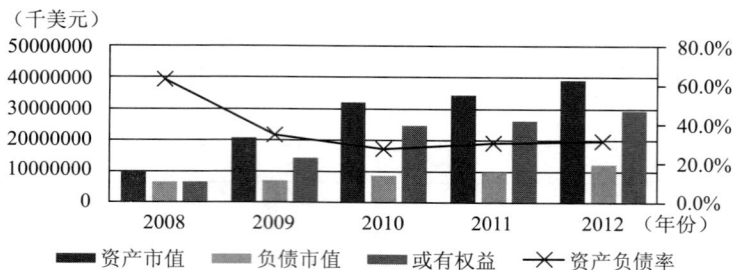

图 67.21　印度尼西亚企业部门或有资本结构

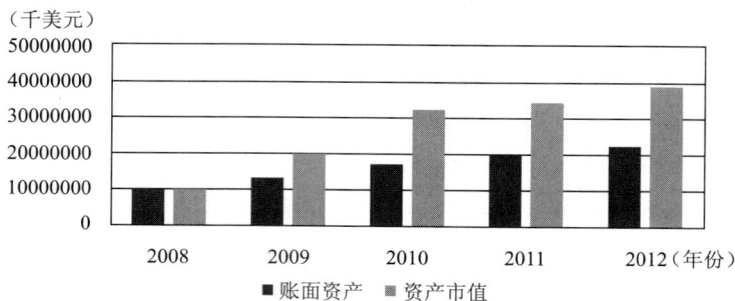

图 67.22　印度尼西亚企业部门市场资产比较

三、风险指标分析

　　印尼企业部门的资产市值波动率呈波浪形态上升，是一个逐渐调整上升的过程。2008 年至 2012 年，企业部门的资产市值波动率最小达到 0.086，而最大则是在 2012 年达到 0.186（见图 67.23）。总体来看，印尼在经历了金融危机以后，资产市值波动率不大，企业部门的稳定性较好，风险不高。

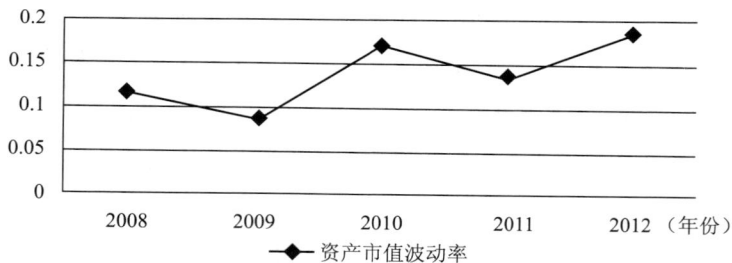

图 67.23　印度尼西亚企业部门资产市值波动率

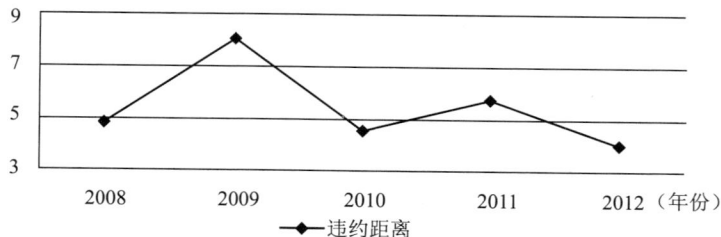

图 67.24　印度尼西亚企业部门违约距离

2008 年至 2012 年，企业部门的违约距离也呈现波浪形态，在 2009 年达到最高，而 2012 年下降至最低，达到 4.04（见图 67.24）。但是，总体来看，企业部门的违约距离为正值，且较为稳定，印尼企业部门的违约风险不大。

第 5 节 印度尼西亚家户部门风险分析

一、劳工市场分析

2008 年至 2012 年，印尼的失业率持续下降，由 8.39％降至 6.14％。印尼作为一个新兴经济体，经济发展迅速，经济发展依赖出口，劳动力廉价，因此，许多国家在印尼发展企业，带动了印尼的整体就业。而 2013 年的失业率有所上升，这是受到金融市场动荡影响，印尼经济增速放缓造成的。印尼经济虽然增长迅速，但是其经济增长仍然低于创造足够就业以及消除贫困的水平，失业率较高，居民整体生活水平也不高。

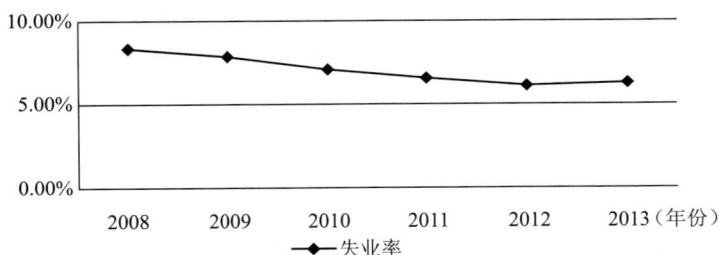

图 67.25 印度尼西亚失业率

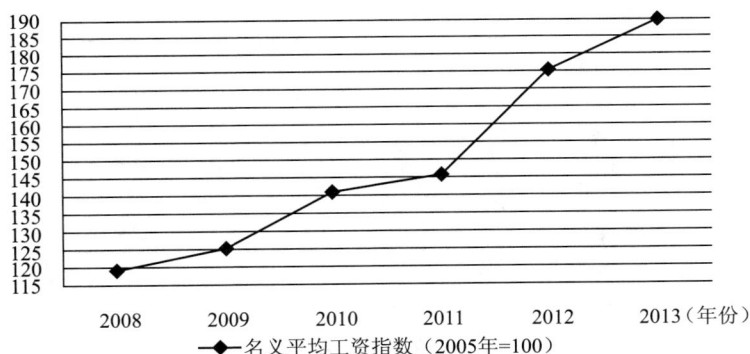

图 67.26 印度尼西亚名义平均工资指数

近年来，印尼经济发展迅速，内需成为支持经济的坚实动力，而印尼的人均收入也大大提高。2008 年至 2012 年，印尼的名义平均工资指数持续增长，从 119.25 增加到 189.8（见图 67.26）。而印尼的真实平均工资指数也呈增长趋势，但是，2011 年较上一年有所下降，这是由于印尼受 2011 年欧债危机影响，通胀率有所上升，造成了真实平均工资率的下降（见图 67.27）。

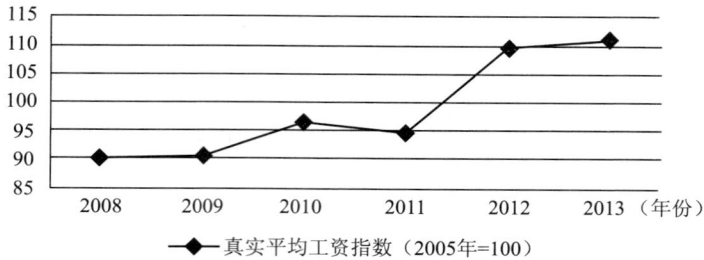

图 67.27　印度尼西亚真实平均工资指数

二、家户部门收入与消费分析

自 2008 年开始，印尼的个人可支配所得逐年增加，在 2013 年是 2008 年的 1.6 倍。而个人可支配所得变化率在 2009 年经历了 2008 年大跌之后，一直保持较为稳定的态势。表明家户部门较为稳定，风险不大（见图 67.28）。

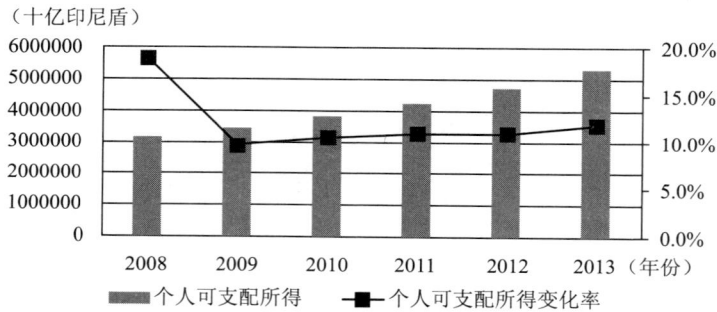

图 67.28　印度尼西亚个人可支配所得情况

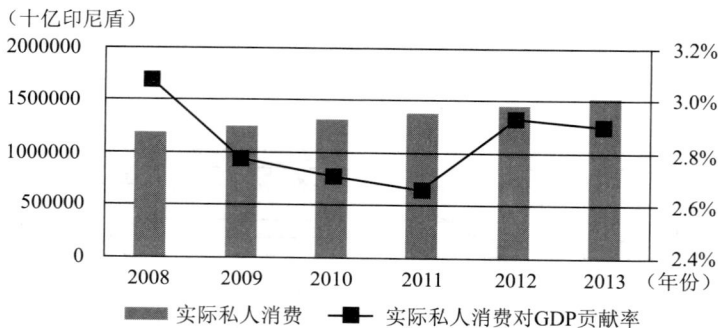

图 67.29　印度尼西亚实际私人消费

2008 年开始，印尼的实际私人消费一直在平稳增长，但增速不大，表明家户部门的风险不大。实际私人消费对 GDP 的贡献率从 2008 年开始到 2011 年持续下降，2012 年则反转上升，2013 年有所回落（见图 67.29）。总体来看，印尼的实际私人消费对 GDP 的贡献率较高，这是由于印尼是一个依靠内需拉动经济发展的国家。

第 6 节　印度尼西亚矿业专题分析

印度尼西亚矿产资源十分丰富，其中石油、天然气和锡的储量在世界上占有重要地位，一直以来，印度尼西亚都是东南亚的产油大国，是全球液化气主要产地，因此，在全球能源市场占有举足轻重的地位。印尼每年都会出口大量的石油和天然气，能源产业已经成为印尼国民经济的支柱产业。而且，印尼煤炭储量丰富，是亚洲地区的主要煤炭来源。矿业在印度尼西亚整体经济中占有重要地位。

从部门来看，矿业部门的产值逐年上升，2008 年到 2010 年，矿业部门对 GDP 的贡献度基本维持稳定，在 8％上方微小波动，而从 2010 年开始，贡献度则逐渐下降。油气制造业的产值相对稳定，但是对于 GDP 的贡献度却在波动，走势与矿业部门产值一样，从 2010 年开始下降。整体来看，矿业及其相关产品对于 GDP 的贡献度达到 10％左右，对于印尼整体的经济具有重要的作用（见表 67.1）。

表 67.1　矿业和石油制造业产值及对 GDP 贡献度

部门	类别	2008 年	2009 年	2010 年	2011 年	2012 年
矿业部门	产值（十亿盾）	172496	180201	186635	189179	192600
	对 GDP 贡献	8.3％	8.3％	8.1％	7.7％	7.4％
油气制造业	产值（十亿盾）	47663	46935	47199	46767	45492
	对 GDP 贡献	2.3％	2.2％	2.0％	1.9％	1.7％

从对外贸易来看，印度尼西亚虽然是一个依靠内需力量拉动经济发展的国家，但是由于其优越的资源禀赋，使得其他国家对于其产品有很大的需求，对外出口在整体国民经济中也占有重要地位。从 2008 年到 2012 年的数据来看，印尼的外贸依存度接近 50％，可见出口对于经济的贡献是很大的。而在所有的出口中，矿业所占的比重很高，2011 年最高达到 36.04％，其中又以石油和天然气的出口最为重要，油气的出口占所有出口的比重已经接近 20％。因此，在整个贸易结构中，矿业是有很重要的地位（见表 67.2）。

表 67.2　油气和矿业出口情况

年份	2008	2009	2010	2011	2012
出口总额（百万美元）	139606	119646	158074	200788	188146
外贸依存度	49.57	42.70	46.36	49.51	47.59
油气产品出口总额（百万美元）	31720	20616	28659	38067	35571
油气产品占出口比重	22.72%	17.23%	18.13%	18.96%	18.91%
矿产出口总额（百万美元）	45599	40562	54206	72356	66802
矿业总和占出口比重	32.66%	33.90%	34.29%	36.04%	35.51%

由于金融危机的影响，以及油价的波动，造成外部需求下降，2012年，不管是油气产品还是矿业出口都有所下降，这拉低了出口总额，使得印尼的出口出现负增长，出口对于 GDP 的贡献也比上年下降。通过以上数据分析可以发现，不管是从整体的国民经济来看，还是从对外贸易来看，矿业都占有很大的比重，其中石油和天然气所占比重最大。但是，这也造成了印尼内部产业结构不合理，第二产业过多依赖于自然资源开发和利用，产业结构升级缓慢，这对于印尼经济长期的发展是不利的，为其未来的发展埋下了一个风险隐患。在技术进步与环保意识逐渐增强的趋势下，全球对矿产品的需求在未来将逐渐减少，随着资源枯竭和环境污染等诸多国际问题的出现，矿产业将逐渐走下坡路，这对于印尼经济的打击无疑是巨大的。同时，由于印尼经济对于矿业的高依赖，使得银行有很大一部分贷款集中在矿业部门，而且多以长期贷款为主，一旦资源型产业出现衰退，银行将面临无法收回贷款的风险，这会加剧印尼金融部门的风险，造成金融部门不稳定。

第 7 节　结论及对中国的借鉴

印尼作为新兴经济体，经济发展十分迅速，2012年，印尼继续保持了宏观经济的稳定和较高的经济增长，在保持经济增长的同时，印尼也成功控制了通货膨胀。宏观经济表现良好吸引了大量投资流入，受其影响，印尼股市表现强劲。但是印尼发展也存在风险因素，可以看到，出口对于印尼经济的增长也具有相当的影响力，全球能源以及其他主要商品的频繁变动构成了印尼经济发展的风险因素。同时，由于大量热钱流入印尼，这部分资金并不稳定，当投资预期发生改变的时候很有可能突然撤离，这会对印尼的国际收支以及汇率体系造成冲击。

从公共部门来看，印尼一直存在财政赤字，在 2013 年财政缺口达到最大，是 2012 年的 4.5 倍，这主要是由于金融市场动荡和能源补贴的增加造成的，存在较高的债务偿还风险。

从金融部门来看，银行部门的风险主要存在以下几个方面：第一，印尼有将近 20 家大银行其资产占所有 140 多家银行的总资产的 75%，资产过于集中，银行部门需要进一步整合；第二，相对于整个银行的贷款而言，外币贷款比重过高，存在较大的外币敞口，当出现投机时，极易产生风险；第三，银行贷款集中于若干大型借款者，其不良资产比率高于平均值。

从企业部门来看，印尼的总资产和总负债都在扩张，但是资产负债率呈现下降趋势，在 2012 年，印尼的资产负债率有所回升，与亚洲其他国家相比，其资产负债率并不高，印尼企业部门的结构性风险不高。但是，企业部门的资产市值要高于账面价值，说明投资者对印尼企业的信心不足，企业会出现融资困难。

从家户部门来看，印尼的失业率持续下降，而其工资指数则持续上升。而个人可支配所得和私人实际消费的变化率十分平稳，这表明印尼家户部门的风险不大，这主要是由于印尼是一个靠内需支撑经济发展的国家，因此，对于家户部门的风险控制做的较为到位。

印尼的经济发展良好，由于印尼一直实行稳健的货币和财政政策，其整体的经济金融风险并不高，四部门中公共部门的风险相对较高。印尼经济所面临的风险并非短期内陷入危机的可能，而是由于经济改革进展缓慢而导致的长期经济竞争力下降，以及国内市场难以发挥有效作用，无法成为推动经济持续稳定增长的主要动力。结合印尼宏观风险分析，提出我国控制宏观风险的建议：第一，要控制公共部门的财政缺口，将财政缺口控制在一定范围内，这对于维持政治的稳定是十分必要的。第二，合理搭配货币政策和财政政策，在宏观经济稳定与经济增长之间找到平衡点。扩张性财政、货币政策，多管齐下刺激就业和内需。在面临金融危机的时候，选择适度宽松的货币政策，并且把控制通胀作为货币政策的首要内容，其次是促进经济的增长，在保证通胀控制目标的前提下追求经济的增长。第三，中国也应该通过多种手段刺激内需，使内需成为经济发展的坚实支撑，在面对经济金融危机的时候，内需能够成为经济恢复和发展的动力。

参 考 文 献

［1］Bank of Thailand，Annual Report 2008－2012.

［2］吴崇伯：《当代印度尼西亚经济研究》，载《厦门大学出版社》，2011 年。

［3］张远鹏：《印度尼西亚：浮现中的"金砖第六国"——全球金融危机以来的印度尼西亚经济及前景展望》，载《世界经济与政治论坛》，2012 年第6 期。

［4］宋国明：《2009—2010 年印度尼西亚矿业管理动态及投资环境影响》，载《国土资源情报》，2011 年第 1 期。

［5］侯文婷：《印度尼西亚——东南亚投资热点国家》，载《全球化》，2013 年第 10 期。

第68章 中国香港宏观金融风险研究

实行货币局制度的香港地区，同时又是一个进出口繁荣的经济金融贸易特区，本身对外开放的经济特点，使其易受外界风险的影响。继 2008 年金融危机之后，香港各部门包括政府、金融、企业以及家户部门均受到严重的影响，但香港地区金融体系较发达，金融监管较为严格，处理风险的能力较高，使香港地区重创之后，各层面基本迅速恢复，并且发展状况良好。2010年爆发的欧债危机对香港经济的影响也并不大。2013 年美国量化宽松政策的实施，香港的进出口情况有所改善，同时拉动旅游业及私人消费，香港经济总体呈良好的发展势头，已开始逐渐复苏。

自 2008 年金融危机以来，香港地区各方面受到重创，进出口严重萎缩，引起各界的关注。不少学者对香港地区经济未来走向相当关心。叶竹盛（2013）谈及香港经济及社会特点，表示对香港地区经济发展的担忧。严爱群、林俊泓（2013）发表了有关香港经济前景的探讨，表示香港地区虽进出口状况较不乐观，但内需的私人消费零售业有望拉动香港地区经济的复苏。

第 1 节　中国香港经济金融运行概况

一、经济运行概况

继 2008 年的金融危机之后，香港的经济发展一直处于增长不稳定的阶段。由图 68.1 香港地区 2008 年至 2013 年的实际 GDP 以及 GDP 增长率可看出，在 2008 年金融危机的影响下，香港经济受到重创，迅猛发展的经济态势受到遏制，在 2008 年至 2009 年一年的时间，GDP 下降了 2.46％。然而，香港在其发达的金融体系和严格的监管制度的支撑下，从 2009 年至 2010 年间，经济恢复较快，GDP 实现了 6.79％的增长。随后的两年，GDP 呈现出缓慢的增长趋势。2013 年，香港内需推动、货币政策大体维持宽松、美国财政状况缓解等，2013 年 GDP 有较明显的增长（见图 68.1）。

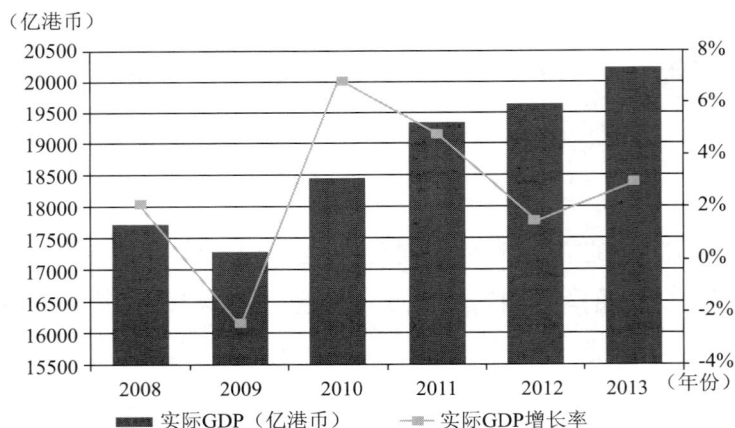

图 68.1 香港 2008－2013 年实际 GDP 及 GDP 增长率

数据来源：BvD 全球金融分析、宏观经济指数数据库（以下数据如未标注则来源均相同）。

香港是个世界范围内贸易量可观的贸易经济特区，其进出口贸易很大程度上支持香港的经济发展，但也因此受世界范围内风险影响的程度较大。明显地，2008 年至 2009 年的出口占 GDP 比重下降很多。随后，至 2010 年，香港的出口占 GDP 比重上升，但在往后的几年，由于欧债危机的深化与影响，2013 年美国与日本等重要贸易对象的贸易额减少，一定程度上缩小了香港进出口的贸易额度，外需表现疲软，出口占 GDP 比重增长放缓，均保持在 225％（见图 68.2）。

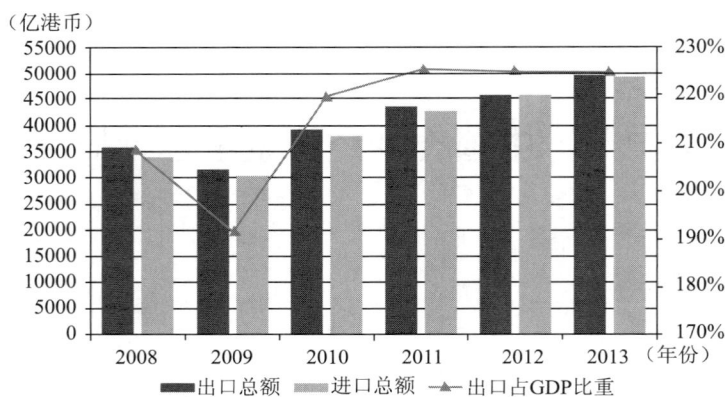

图 68.2 香港 2008－2013 年进出口总额及出口占 GDP 比重

受全球性金融危机的影响，香港经济陷入衰退，2008 年到 2009 年期间，香港的出口额大幅下跌，2010 年开始，香港进出口逐渐全面恢复，到2013 年，出口总额已经达到 5 万亿港币的水平，较 2008 年上涨了 38.5％。进出口受价格下调的影响，一定程度上缓解了香港通货膨胀的压力，甚至于后半年有通货紧缩的形势出现。随后，香港进出口价格上升、房价上涨以及量化宽松政策等等的共同影响，导致通货膨胀再次飙升。直至2012年的欧洲债务危机深化，通货膨胀率有所下降。2013年，房价上涨，内需推动，以及四月份气候欠佳导致蔬菜价格短期上升，推高通货膨胀的上升（见图68.3）。

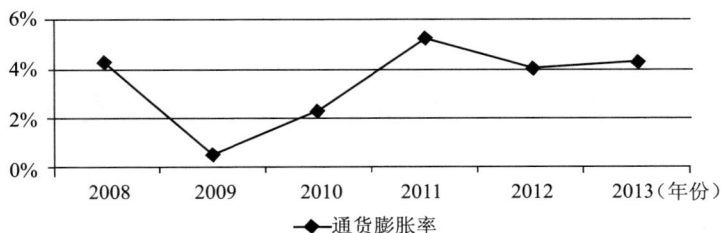

图 68.3　香港 2008—2013 年通货膨胀率

二、金融运行概况

2012年香港金融市场和银行体系整体运作正常。港元汇价整体稳定，外汇市场运作正常。同业市场资金充裕，同业拆借利息水平保持平稳。2008年后基准利率随着美国利率的下降而调低，刺激了市场的资金流动性，推动经济复苏。2009年后基本维持在0.01%左右的水平（见图68.4）。

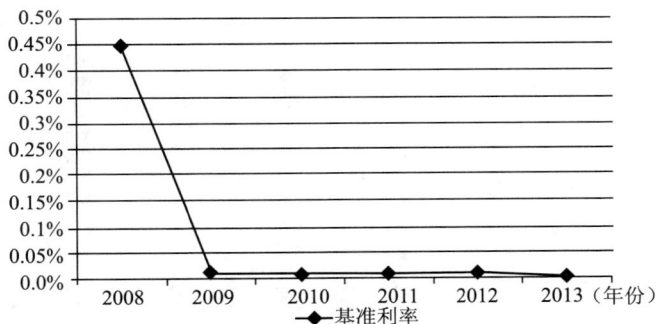

图 68.4　香港 2008—2013 年基准利率

注：在此以 HIBOR 作为基准利率。

在金融危机之后，香港股市回温较快，2008年至2010年香港恒生指数明显增长，两年共增长了6847.97点。但好景不长，欧债危机的深化，股市下降近两万点。随后，2013年的经济略显复苏，投资增加，香港股市前景看好，恒生指数上升4200点（见图68.5）。

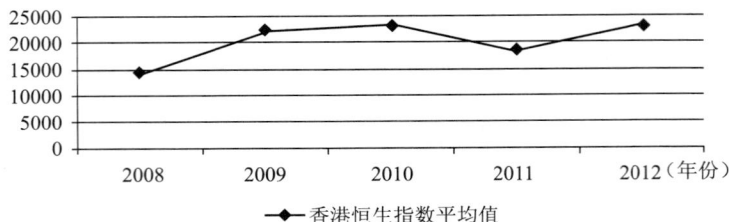

图 68.5　香港 2008－2012 年股价指数

第 2 节　中国香港公共部门风险分析

一、　财政收支分析

香港的财政收支自 2008 年实现收入与支出的基本平衡后，到 2013 年一直保持着小额的财政盈余（见图 68.6）。基于其较强的财政实力，香港地区在民生领域采取了一系列的政策措施：发放居民补贴、津贴、减轻居民税收负担、大力发展教育、医疗及养老服务、开发建设工程等，进一步提高了香港居民的生活质量。另外，香港财政常年处于小额盈余也反映出香港政府有能力抵御潜在的财政风险。

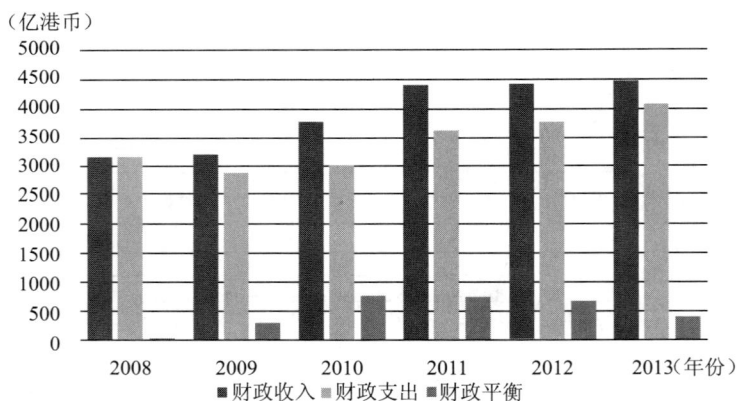

图 68.6　香港 2008－2013 年财政收支及平衡

二、　政府债务分析

为缓解经济形势，刺激经济发展，保证财政增收等，香港发行的公债数量在 2008 年迅速增加，一共增发了近 4000 亿港币的公共债务。随后，发行公债数目下降，直至 2013 年，债务占 GDP 比重仍相当高，为 35.4%，危机情况仍未解除（见图 68.7）。

（亿港币）

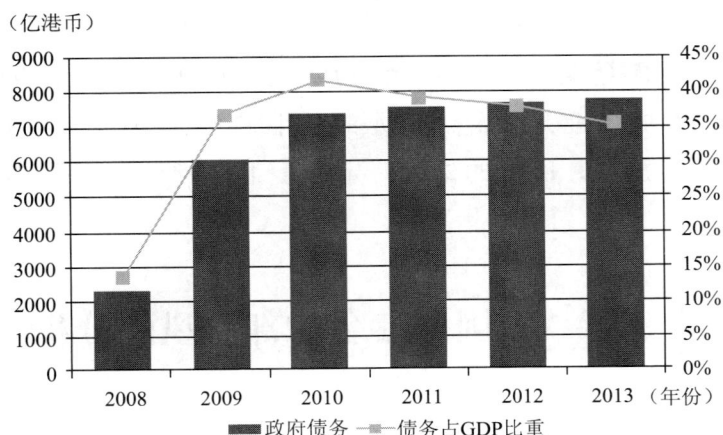

图 68.7　香港 2008－2013 年政府债务及占 GDP 比重

三、　外汇储备分析

香港实行货币局制度的货币政策，其特点是港币与美元挂钩。金融危机影响着汇率的波动，香港有关当局为维持汇价，在 2012 年大量卖出港币买入美元，使 2011 年 7.784 的港币兑美元汇率下降至 2013 年的 7.755。在此情况下，由于美元尚处疲软，大量投资者进入香港（见图 68.8）。

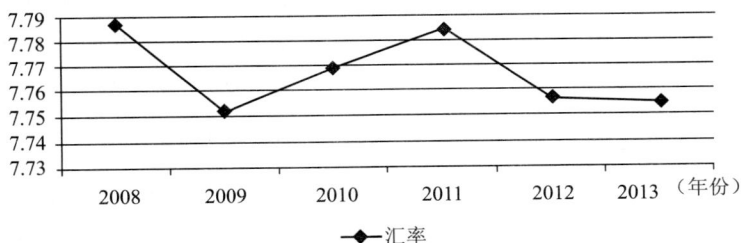

图 68.8　香港 2008－2013 年汇率

（亿美元）

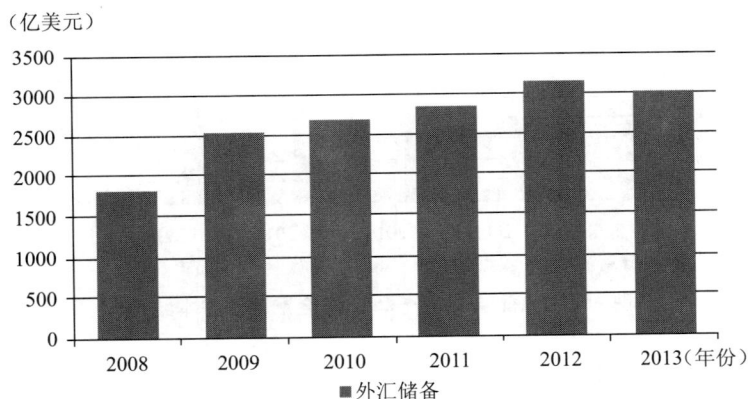

图 68.9　香港 2008－2013 年外汇储备及外债总额

由于香港是首个世界范围内的自由贸易区，因此需持有巨额的外汇储备准备金。但2008年金融危机的爆发，为防范风险暴露，香港迅速增加外汇储备，2008年增加了近700多亿美元的外汇储备。2010年再次迅速增加，直至2013年有所放缓。巨额的外汇一定程度上给货币管理带来了难度（见图68.9）。

第3节　中国香港金融部门风险分析

一、金融部门账面资产负债表分析

（一）资本结构分析

香港金融部门的资产负债率总体呈现波动下降的趋势，2008年到2009年资产负债率的下滑最为显著，且近几年在86％－87％这个区间小幅波动，表明香港金融部门结构性风险正在不断改善。一方面，美国、中国、日本以及新加坡作为香港银行业资金的主要来源，2008年金融危机香港凸显了税制及监管稳定的优势，国际金融中心的吸引力增强，2010年美国推出两轮量化宽松货币政策以来，流入香港的资金也大量增加；另一方面，欧美国家经受债务危机经济放缓的现状仍在持续，所以总资产增速放缓。从图68.10可以看出，香港金融部门的总负债增速基本与总资产增速持平，因此，近几年香港金融部门资产负债率水平仍然处于较高水平，因此香港金融部门存在着资本结构错配的风险。近几年资产负债率在86％－87％的区间小幅波动，表明香港金融部门结构性风险正在得到控制。

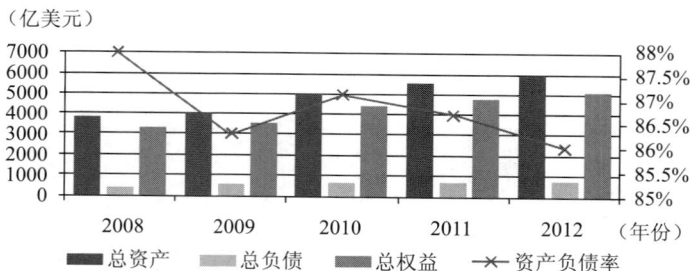

图68.10　香港2008－2013年金融部门资本结构

（二）存贷结构分析

2008年以来，香港的存贷比不断攀升，2008年存贷比就为较高的水平56.28％，且2010年后增长迅猛，为58.47％，到2013年再创新高，为63.68％，其中主要是因为中国内地的贷款需求增加，代表有违约风险的可能性存在。存贷比较为合理，但也表示金融部门风险加大，可能存在隐患（见图 68.11）。

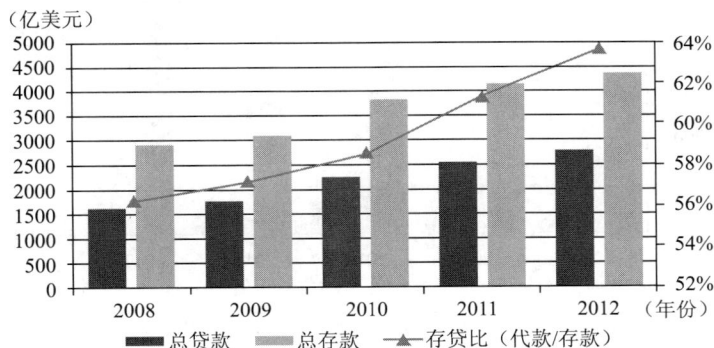

图 68.11　香港 2008－2012 年金融部门存贷结构

香港金融部门的不良贷款率从 2008 年开始有明显的下降，最为显著是在 2009 年，下降了近一倍。近年来，均保持在 0.2％与 0.3％之间，2011 年略显上升，但总的来说，香港金融部门的不良贷款率均小于 1％，属合理范围（见图 68.12）。

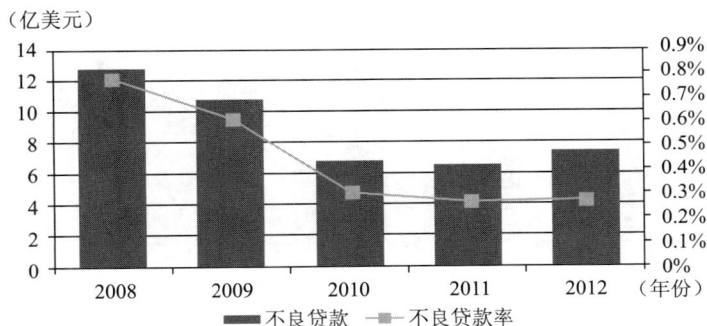

图 68.12　香港 2008—2012 年不良贷款及不良贷款率

二、金融部门或有权益资产负债表分析

金融部门或有权益资产负债表分析从权益资产负债率、账面资产与资产市值比较情况、资产市值波动率以及违约距离四个指标，分别说明部门资产风险情况、资产高低估情况、资产市值风险情况以及部门的违约风险情况。

香港地区金融部门的或有权益资产负债率总体呈下降的趋势，说明香港地区的金融部门资产结构风险逐渐下降。金融部门的或有权益资产负债结构图可以分析金融部门的资产结构风险，2008 年金融危机的金融部门资本结构风险较高，但随后高风险的情况改善，直至 2012 年，金融部门的或有权益资产负债率达到近五年的最低点，为 82.77％（见图 68.13）。

（亿美元）

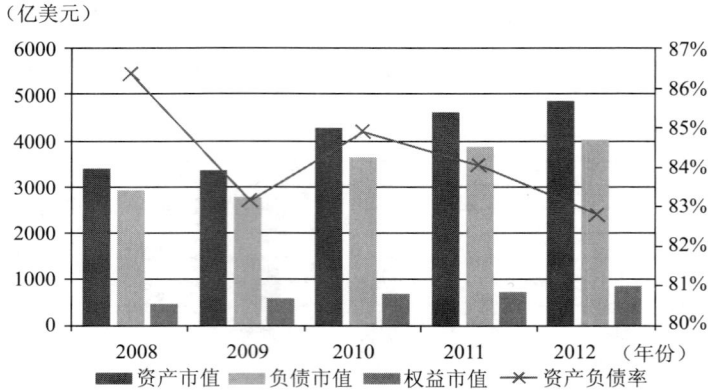

图 68.13　香港 2008－2012 年金融部门或有权益资本结构

从近五年的金融部门的账面资产与资产市值图来看，通过两者的比较，账面市值与资产市值两者保持的差距逐年加大，并且资产市值均低于账面市值，代表香港金融部门的资产近五年来均是被低估的状况，表明香港的金融监管较严格，基本上不存在资产被高估的风险（见图 68.14）。

（亿美元）

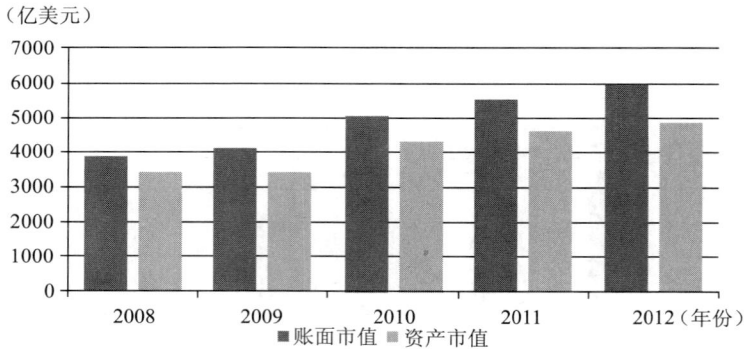

图 68.14　香港 2008－2012 年金融部门的账面资产市值及资产市值

香港地区的金融部门资产市值波动率总体呈下降趋势，且近两年均保持在 0.02％－0.04％之间。自 2008 年金融危机之后，资产市值波动率开始下降，并且在近两年保持在一定的波动区间里，说明香港地区的金融部门应对金融风险的能力较高，恢复的较快（见图 68.15）。

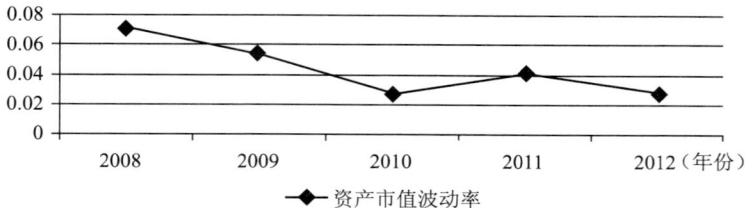

图 68.15　香港 2008－2012 年金融部门的资产市值波动率

香港地区的金融部门违约距离逐渐加大，总体呈上升趋势。2008 年金融危机带来了严重的影响，该年的违约距离为 1.81，说明金融部门的违约风险较大。但随后恢复的很快，违约距离上升，2009 年下半年以后开始大于 3，虽然 2010 年之后受欧美债务危机的影响有些许下降，但 2011 年之后开始迅速上升，2012 年达 3.03，属于合理水平，说明 2012 年香港金融部门违约风险较低（见图 68.16）。

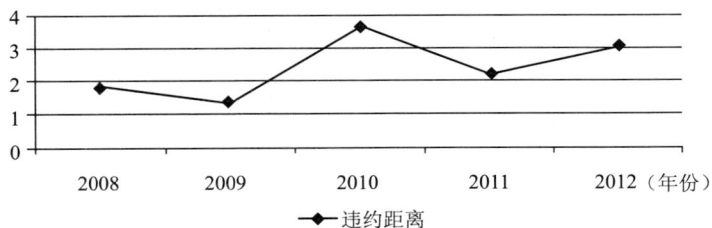

图 68.16　香港 2008－2012 年金融部门违约距离

第 4 节　中国香港企业部门风险分析

一、　企业部门账面资产负债表分析

（一）资本结构分析

香港地区企业部门资产负债率总体呈波动上升的趋势，如图 68.17 所示，2009 年到 2012 年间的资产负债率较为平稳，在区间 45.5％－46.5％内波动，资产结构仍在合理范围之内。2008 年金融危机后，香港企业部门的资产与负债均逐年增加，比较平稳。在世界经济动荡的时期，香港与内地经济关系的加深，内地经济的稳速发展和坚挺为香港经济起到了支撑作用。2012 年香港企业部门金融危机后恢复较好，保持了良好的发展势头，流动比率较高。但香港经济仍然离不开商品和服务的出口，企业部门仍面临进出口冲击导致的结构性风险，但从整体来看，香港企业部门的结构性风险不大，处于可控的范围内。

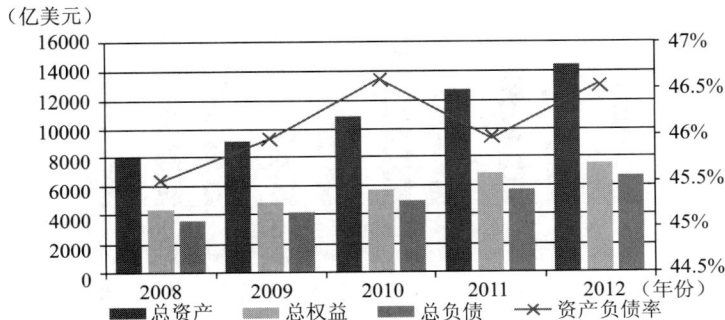

图 68.17　香港 2008－2012 年企业部门资本结构

（二）期限结构分析

从企业部门的期限结构图来看，流动资产与流动负债逐年上升，流动比率呈"U"型结构。2008年金融危机影响之后，香港企业部门的流动资产与流动负债逐年上升，说明香港企业部门经营状况逐渐改善。同样地，流动比率在2008年金融危机的影响之后，2010年达最低点为135.14％，之后开始匀速上升，直至2013年达143.69％，香港地区企业部门的流动比率开始逐渐回升，表示香港地区企业发展状况良好（见68.18）。

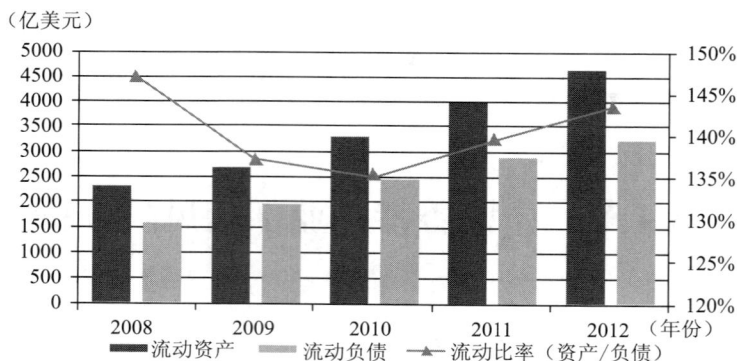

图68.18　香港2008—2012年企业部门期限结构

二、企业部门或有权益资产负债表分析

香港地区的企业部门或有资产负债率总体呈上升趋势。2008年金融危机之后企业部门的或有权益资产市值与负债均呈上升趋势，资产负债率上升直至2010年欧美债务危机的影响下降，2011年之后又恢复上升。近五年来的或有权益资产负债率维持在区间33.5％—35％，与账面资产的资产负债率45％相差明显，说明香港地区企业部门的或有权益被高估（见图68.19）。

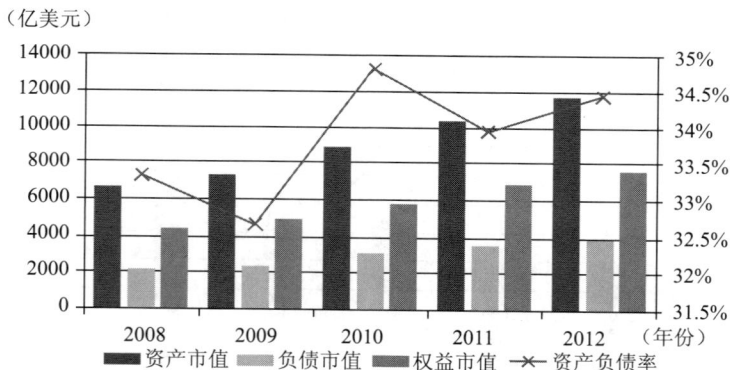

图68.19　香港2008—2012年企业部门或有权益资产结构

从香港地区企业部门的账面资产与资产市值的比较情况可明显看出，近

五年的账面资产均高于资产市值，并且差距有增加的趋势，说明香港地区企业部门的资产均是被低估的情况（见图 68.20）。

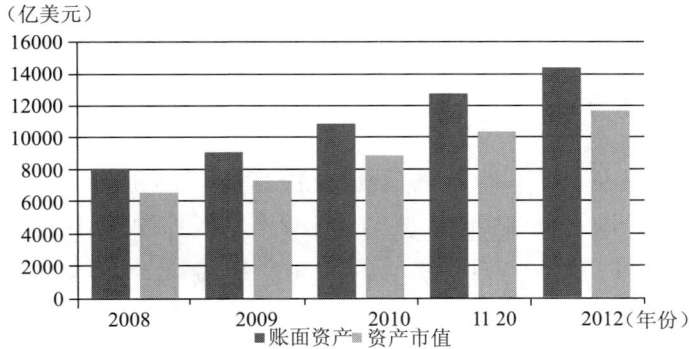

图 68.20　香港 2008—2012 年企业部门账面资产与资产市值

香港地区企业部门的资产市值波动率总体呈下降趋势。2008 年企业部门的资产市值波动率开始下降，说明企业部门的风险逐渐减小，企业营运状况逐渐改善。2010 年由于受到欧美债务危机的影响资产市值波动率稍微上升，2011 年开始下降。近两年均在区间 0.1%—0.2% 间，属于较低的水平，说明企业面临的风险较小（见图 68.21）。

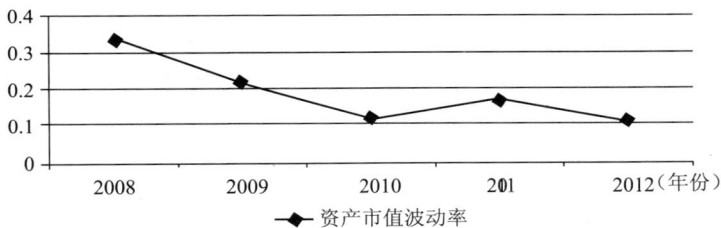

图 68.21　香港 2008—2012 年企业部门资产市值波动率

香港企业部门的违约距离总体呈震荡上升趋势。2008 年金融危机给企业部门带来严重的影响，违约距离低至 2，说明企业违约风险较高。2008 年后开始上升，说明企业部门恢复较快，但 2010 年受到欧美债务危机的影响导致违约距离小幅度下降，2011 年违约距离为 4，尚且属于合理水平。近两年均保持在 3 以上，说明违约风险较小，2012 年达五年来最高，说明香港企业部门违约风险很小（见图 68.22）。

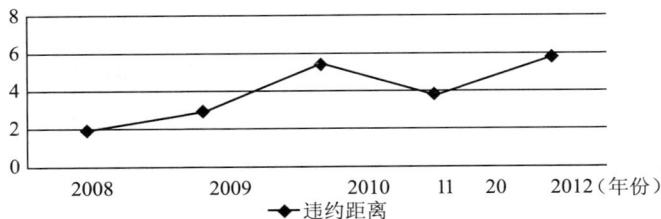

图 68.22　香港 2008—2012 年企业部门违约距离

第5节　中国香港家户部门风险分析

一、劳动市场分析

香港的失业率在 2008 年金融危机之后有显著的上升，可见香港不仅资本市场受创严重，劳动市场也受到波及，仅一年时间失业率增加近 1.3％。2009 年后，受到消费与旅游服务业的拉动，失业率逐步下降，2011 年逐渐恢复平稳，并且在近两年保持稳定的水平，为 3.3％左右（见图 68.23）。

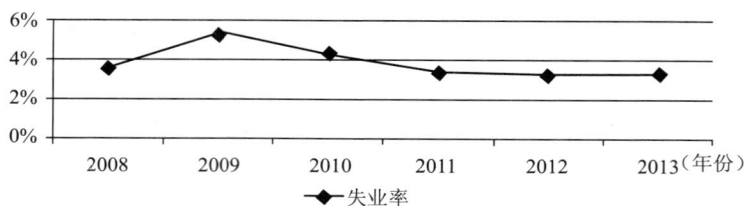

图 68.23　香港 2008－2013 年失业率

受金融危机重创之后，2008 年后的两年，香港平均工资水平呈现较低的状态。但 2010 年后平均工资指数开始回升，表现较为平稳，波动水平不明显，总体呈上升趋势。2010 年上升略为明显，相较之下，2012 年增长较缓，2013 年达最高水平，表明在危机之后，大体情况有所改善（见图 68.24）。

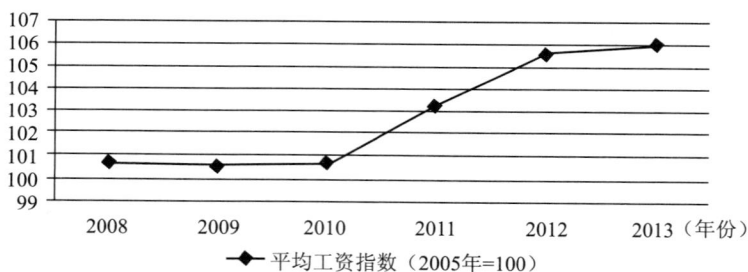

图 68.24　香港 2008－2013 年平均工资指数

二、家户部门收入及消费分析

香港的个人可支配收入在 2008 年有所下降，可见香港地区不仅政府和企业部门遭受巨大损失，家户部门也受到严重影响。但之后，个人可支配收入开始有明显的回升，2011 年增长情况表现较为明显，共增长近 1000 元港币。之后也保持着稳步增长，呈乐观态势（见图 68.25）。

（亿港币）

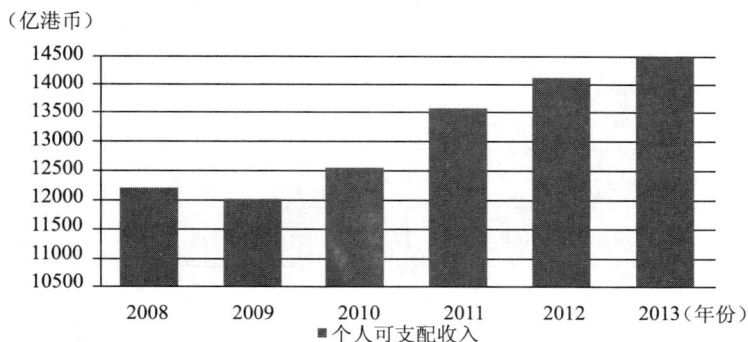

图 68.25　香港 2009－2013 年个人可支配收入

香港地区实际个人消费呈增长趋势，但增长缓慢，实际个人消费对 GDP 贡献率总体震荡上升。2008 年金融危机之后实际个人消费下降，对 GDP 贡献率也下降。2009 年后，香港经济开始转好，劳动力市场逐渐改善，实际个人消费及对 GDP 贡献率开始上升（见图 68.26）。

（亿港币）

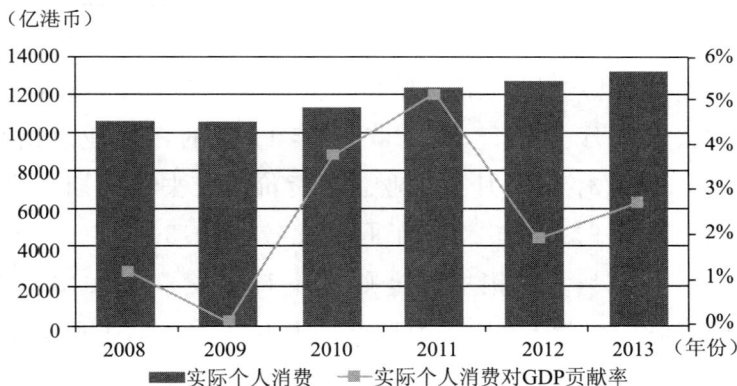

图 68.26　香港 2008－2013 年实际个人消费及对 GDP 贡献率

第 6 节　私人消费促进中国香港经济复苏专题分析

2008 年金融危机之后，香港的进出口贸易大受影响，虽近年有缓慢的回升，但外贸仍表现疲软，复苏之路较崎岖。相较之下，私人消费对香港经济复苏影响较为深远。从 2010 年起，香港地区生产总值开始逐渐回升，香港地区的私人消费开支占香港地区生产总值均保持在 60% 以上，并且，从 2010 年以来总体呈现上升趋势（见表 68.1）。

表 68.1　香港 2010 年－2013 年 GDP、私人消费开支及占 GDP 比重

年度/季度		本地生产总值		私人消费开支		私人消费开支占本地 GDP 比重（%）
		百万港元	按年变动率	百万港元	按年变动率	
2010		1846505	6.8	1129569	6.1	61.1734
2011		1936083	4.9	1224823	8.4	63.2629
2012		1965153	1.5	1261151	3.0	64.1757
2012	第 3 季	498333	1.5	307466	1.5	61.6989
	第 4 季	526684	2.8	333426	2.7	63.35
2013	第 1 季	486681	2.9	683441	6.3	66.4585
	第 2 季	482169	3.2	319181	4.2	66.1969
	第 3 季	512600	2.9	315945	2.8	61.6358

数据来源：香港政府统计处。

　　私人消费中零售业增长最为强劲。据调查，预估 2013 年 11 月零售业总销货价值较去年同月上升 8.5%，2013 年 11 月的零售业总销货数量较去年同月上升 9%；2013 年 10 月零售业总销货价值较去年同期上升 6.3%，而总销货数量则上升 5.9%。与 2012 年同期比较，2013 年前 11 个月的零售业总销货价值上升 11.6%，总销货数量则上升 11.1%。按 2013 年各月份零售业总销货价值来看，2 月份增长较为显著，上升 22.7%，4 月份继增长 20.7%，之后虽有稍微下降，但均保持增长的态势（见表 68.2）。

表 68.2　香港 2013 年各月份零售业总销货价值及数量变动情况（按年变动百分率%）

月份	价值	数量
1	10.5	10.4
2	22.7	21.9
3	9.8	10.1
4	20.7	19.4
5	12.9	12.2
6	14.7	13.3
7	9.3	8.7
8	8.1	7.2

续表

月份	价值	数量
9	5	4.9
10	6.3	5.9
11	8.5 *	9 *

数据来源：香港政府统计处《零售业销货额按月统计调查报告》。

注：＊表示临时数字。

　　按零售商类别划分零售价值指数，提取靠前的六个类别。受到黄金价格下跌、劳动市场紧缩及港民和内游客涌入购买的影响，零售业位居增长之首的珠宝首饰、钟表及名贵礼物类，在与同期比较之下，2012 年增长了11.3％，2013 年 6 月份增长了 42.6％，2013 年 1－11 月增长了 24.6％，零售销货价值较去年增长了近 10 倍。百货公司货品类和服装类上半年均显示两位数的增长。超级市场货品和药物及化妆品类均保持基本的增长。然而属本地主要的消费项目的食品、酒类饮品及烟草（除超级市场）类增长却较不明显（见表 68.3、表 68.4）。

表 68.3　香港 2012－2013 年 11 月按零售商类别划分的零售价值指数

零售商类别	2012 年	2013 年				
		3	6	9	11 *	1－11 *
珠宝首饰、钟表及名贵礼物	224.5	184.5	227.9	160.3	181.2	206.3
	（＋11.3）	（＋11.2）	（＋42.6）	（＋5.6）	（＋8.6）	（＋24.6）
百货公司货品	211.8	145.5	150.5	145.9	187.7	157.5
	（＋10.7）	（＋19.9）	（＋28.7）	（＋23.2）	（＋12.1）	（＋19.1）
服装	199.3	161.6	129.1	122.1	153.4	151.4
	（＋5.7）	（＋12.6）	（＋10.2）	（＋3.5）	（＋9.5）	（＋8.1）
超级市场货品	134.8	126.2	134.3	139.7	168	135.1
	（＋7.2）	（＋5.3）	（＋7.2）	（＋7.1）	（＋6.7）	（＋7）
药物及化妆品	163.3	170.4	157	136	155	162.5
	（＋3.2）	（＋5.4）	（＋15.5）	（＋7.1）	（＋11.3）	（＋11.6）
食品、酒类饮品及烟草（除超级市场）	121.3	103	97.9	143.1	117	115
	（－3.5）	（－3.7）	（＋0.3）	（＋0.9）	（＋6.5）	（＋3.2）

表 68.4　香港 2012－2013 年 11 月按零售商类别划分的零售销货价值（百万港币）

零售商类别	2012 年	2013 年				
		3	6	9	11 *	1－11 *
珠宝首饰、钟表及名贵礼物	10565	8681	10725	7540	8525	106769
百货公司货品	43811	3823	3955	3834	4933	45530
服装	50084	4653	3719	3515	4418	47946
超级市场货品	45998	3808	4053	4217	3983	44852
药物及化妆品	34241	3306	3047	2638	3007	34689
食品、酒类饮品及烟草（除超级市场）	34569	2642	2510	3670	3002	68443

　　从香港的私人消费来看，零售业发展较为迅猛，在进出口欠佳的情况下，目前对香港经济起到一定促进作用。在金价下跌、劳动力市场紧缩及港民和游客的涌入购买等因素的影响下，珠宝首饰等奢侈品类增长的最为明显，有望推进香港地区经济复苏。但目前香港楼价较高，楼价的影响是否会抵消零售业的拉动效益，使私人消费带来的经济作用减少，此问题还需探讨。但总体上来说，楼价波动尚未带来较明显的影响，因此，私人消费促进香港经济复苏前景较为乐观。

第 7 节　结论及政策建议

　　2013 年香港地区整体宏观经济状况逐渐转好。虽然受到金融及债务危机的影响，GDP 下降且回升缓慢，进出口萎缩，但从各方面数据来看，香港地区的经济呈良好态势。

　　2013 年香港地区公共部门总体呈现良好发展势头。具体来说，财政盈余近几年较少，债务情况缓解，外汇储备逐年增高有一定管理难度。具体到部门，金融部门监管力度与能力较好，资产结构性风险较低，存贷比与不良贷款率属合理水平，违约率较低。企业部门资产负债率有改善，资产风险与违约风险属合理情况，但企业部门存在企业资产被高估的情况，可能存在经济泡沫。家户部门表现良好、失业率大大改善、平均工资指数、个人可支配收入及实际个人消费均上升，香港居民生活保障程度较高。

　　综上所述，香港总体呈现经济迅速复苏的态势，但为有效防范未来无预警的经济与金融危机风险带来的损失，以下提出建议：

第一，合理调节财政收入与支出，以预防财政赤字的增加。香港地区注重社会建设与人民福利，税收较少，财政收入较少，注重建设，公民津贴补助丰厚，财政支出较多，使财政盈余较少。为避免财政赤字的逐年增加，建议适当增加财政收入与合理分配财政支出。

第二，维持楼价稳定，避免经济过热。由于最近香港地区房价居高不下，就业大学生买房困难，通货膨胀，减少内需推动经济的复苏等等问题的出现，影响私人消费推动经济复苏，因此建议稳定楼价，适当增加对公民的土地供给。

参 考 文 献

［1］IMF："World Economic Outlook"，2013.4.

［2］IMF：Global Financial Stability Report，2013.10.

［3］范婉儿：《香港经济将增长 4. 5％》，载《沪港经济》2011 第 2 卷。

［4］屠海鸣：《香港经济仍疲软中小企陷生死战》，载《沪港经济》，2012 第 6 卷。

［5］林俊泓：《香港经济增长再成焦点》，载《沪港经济》，2012 第 1 卷。

［6］姚少华：《香港经济放缓迹象明显》，载《沪港经济》，2012 第 5 卷。

第69章 中国台湾宏观金融风险研究

　　台湾是个外向型经济开放的小岛，地区出口比重大，依靠出口程度高。近年来由于加强与内地的沟通与协作，台湾地区经济受大陆影响深远，走上经济复苏之路。90年代末，由泰铢贬值引发金融危机席卷亚洲，台湾经济也受到强大的冲击。最近几年，台湾经济受2008年全球金融危机、欧美债务危机以及自然灾害的影响，经济运行呈下滑态势，台湾产品的竞争力正在逐渐消退，电子产品、光学器材及工具机的出口大幅度减退。过去以代工为主的台湾产业结构，缺乏创新能力，正面临淘汰转型的命运，产业的困境如何突破，成为2014年台湾经济发展亟需解决的问题。

　　诸多学者一致认为，加强与大陆的和平友好与经贸协作是台湾地区复苏的重要道路。朱正浩、刘丁己（2013）从台湾地区领导人马英九的政策角度分析经济政治各个方面，主张防止台湾经济"边缘化"，并指出台湾地区与大陆还有扩大合作的空间。盛九元（2013）指出台湾受经济危机影响后，台湾地区借助与大陆签订ECFA及其后续协定，加快台企升级与转型，增强竞争力。同样庄芮、蔡彤娟及郑学党（2013）也指出应推进两岸合作，ECFA及其后续的签署。

第1节　中国台湾经济金融运行概况

一、台湾地区经济运行概况

　　出口是台湾地区的一大经济支柱，占GDP的比重较高，因此岛内的GDP波动受经济金融危机影响显而易见。2008年金融危机之后，台湾经济严重滑落，GDP增长率不容乐观，甚至出现负增长，达五年新低，增长率为－1.81%，台湾民众看待经济前景并不乐观。好在"拼经济"的呼声之下，2009年台湾的GDP增长率出现回升，增长率为10.761%，随后2010年起经济复苏缓慢，即使GDP逐年增加，GDP增长率却逐年下降，直至2012年，复苏好转逐渐明显，增长率有所上升，2013年的GDP增长率为1.8%（见图69.1）。

（万亿新台币）

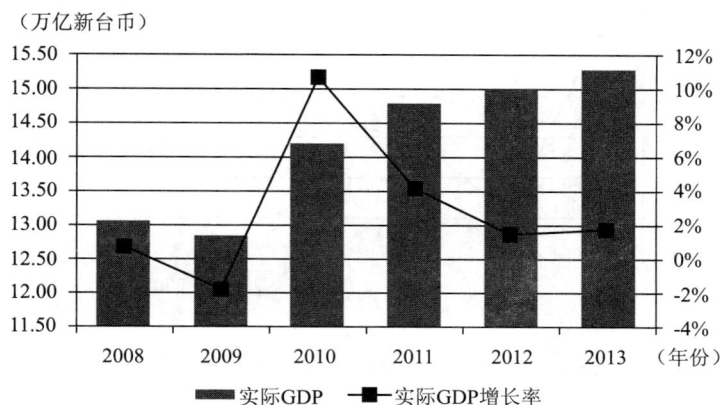

图 69.1　中国台湾 2008－2013 年实际 GDP 及增长率

数据来源：BvD 全球金融分析、宏观经济指数数据库。以下未标注数据来源均相同。

外向型开放经济的台湾地区，经济依靠出口程度较高，出口占 GDP 比重较大，全球性的经济金融危机影响深远，台湾地区的出口情况不乐观。2008 年金融危机，进出口总额均下降，出口占 GDP 比重从 2008 年的72.96％滑落至 2009 年的 62.48％。随后各年的进出口额均保持平稳，出口占 GDP 比重在 70％至 75％之间变动，2011 年欧债危机因素使得出口占 GDP的比重开始缓慢下降，出口对经济复苏贡献并不大（见图 69.2）。

（亿新台币）

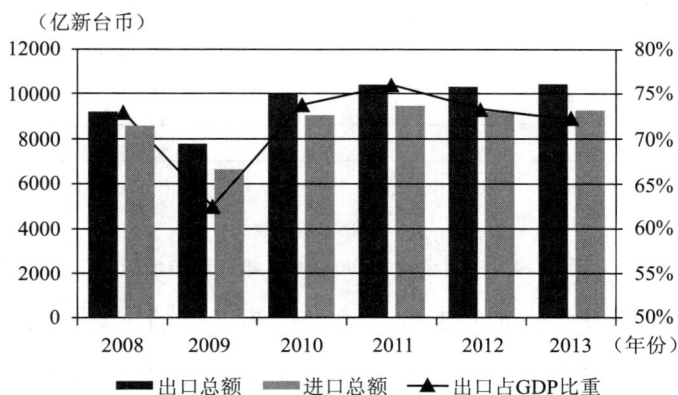

图 69.2　中国台湾 2008－2013 年进出口总额及出口占 GDP 比重

二、台湾金融运行概况

台湾地区的通货膨胀率变动较为明显，近年来维持在 0％至 2％的区间内，属合理水平。2008 年的高通货膨胀未持续很久，便在随后的一年通货紧缩，通货膨胀率下降至 －0.872％，2009 年后通货膨胀率开始回升，2012 年达近几年最高，为 1.932％，随后下降，直至 2013 年的 0.8％，均为较低的水平（见图 69.3）。

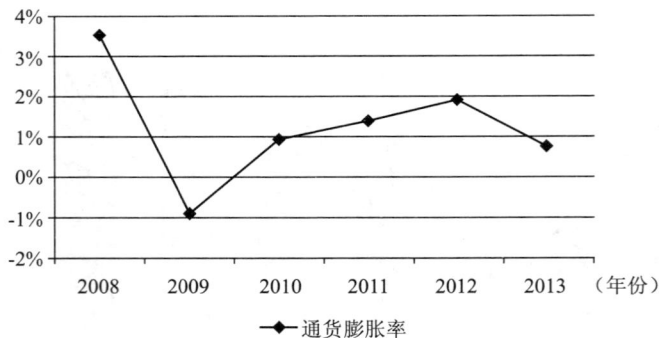

图 69.3　中国台湾 2008－2013 年通货膨胀率

台湾地区的股票市场指数总体呈上升趋势。2008 年后虽受金融危机的影响，但由于与中国大陆合作加强，上市公司数量增加，股票市场呈现良好态势，股票市场指数从 2008 年的最低点 4591 点开始迅速上升，2010 年创下五年新高 8972.5 点，随后受欧债危机的影响，民众对股票市场前景预期不乐观，2011 年股票指数下跌至近几年最低 7072 点，但下降未持续，随后股票指数回升，直至 2013 年突破 8000 点（见图 69.4）。

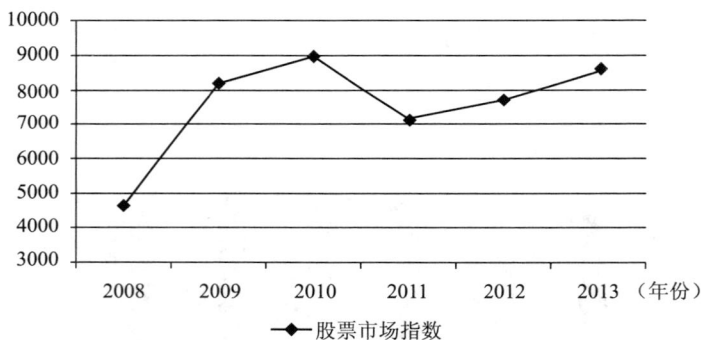

图 69.4　中国台湾 2008－2013 年股票市场指数

台湾地区新台币兑美元的汇率总体呈震荡下降的态势。2008 年金融危机之后，2009 年汇率升高至 33，随后因美国量化宽松政策的影响，汇率一路下降，直至 2011 年为最低，该年汇率是 29.47，此期间吸引大量热钱，汇率有所上升，直至 2013 年汇率升为 29.77，为最近几年的较低水平（见图 69.5）。

台湾地区近五年的基准利率属较低水平，均不超过 1%，最高为 0.9%。2008 年为近五年最高 0.91%，之后在 2009 年迅速下降至近五年最低点 0.47%，随后持续攀升至 2011 年的 0.88%，并且从 2011 年以来均维持在这一水平（见图 69.6）。

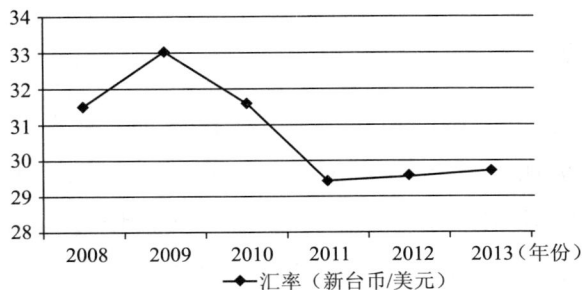

图 69.5　中国台湾 2008－2013 年汇率

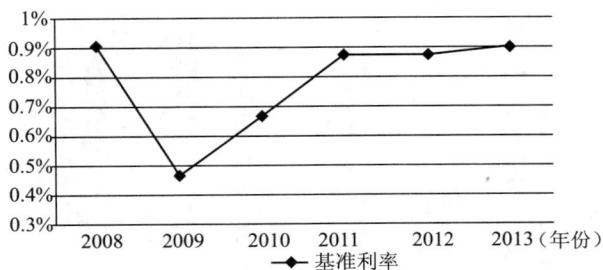

图 69.6　中国台湾 2008－2013 年基准利率

第 2 节　中国台湾公共部门风险分析

一、财政收支分析

台湾地区的财政平衡账户均为负数，连年财政支出大于收入（见图 69.7）。2009 年财政支出大于收入的情况最为明显，财政赤字为－5572.54 亿新台币，随后有所下降，但 2010 年尚处于明显支出大于收入的状况，直至 2011 年，致力于减轻财政困难，财政支出大于财政收入的情况稍微改善，但财政赤字均处小于－3000 亿新台币的位置。政府过度的财政赤字会迫使政府发行纸币，甚至超过外汇储备所能承受的范围，最终引发货币危机。

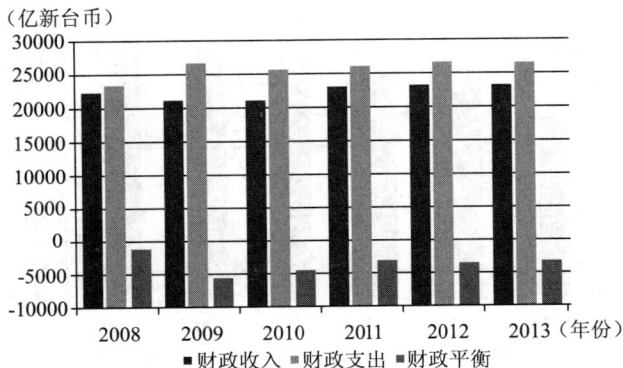

图 69.7　中国台湾 2008－2013 年财政收支及平衡

二、政府债务分析

台湾地区政府债务 2008 年以来每年都在增加，经济复苏缓慢，政府债务占 GDP 比重也呈现缓慢上升的趋势。2008 年和 2013 年两年各较前一年相比，政府债务占 GDP 比重增加情况较为明显，中间几年属较平稳阶段，2013 年政府债务达五年最高，为 56112 亿新台币（见图 69.8）。

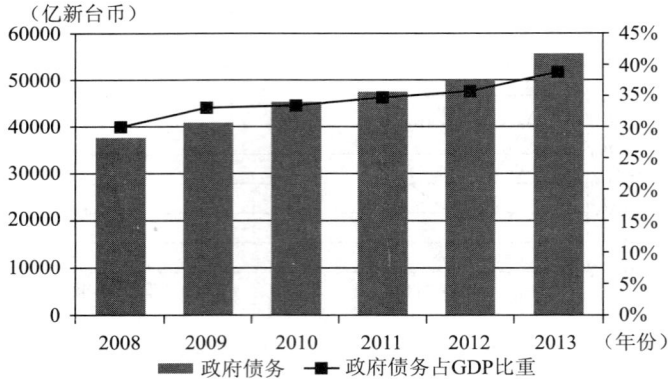

图 69.8　中国台湾 2008－2013 年政府债务及占 GDP 比重

三、外汇储备分析

中国台湾是个外向型经济导向的小岛，出口占 GDP 比重高，依靠出口程度大，因此持有较多的外汇储备，外汇储备最近几年均处于较高水平。尽管外汇储备占总外债的比重有下降的趋势，2008 年金融危机之后外汇储备占总外债比重上升，直至 2009 年开始下降，2013 年外汇储备占总外债的比重达最低，为 285.4％，但由于全球性的金融危机及欧债危机的影响，使得外汇储备成本增加，风险加大，导致外汇储备在这之后增加，2013 年外汇储备数额达最高，为 4202.6 亿美元（见图 69.9）。然而，较多的外汇储备也带来了较高的汇率风险。

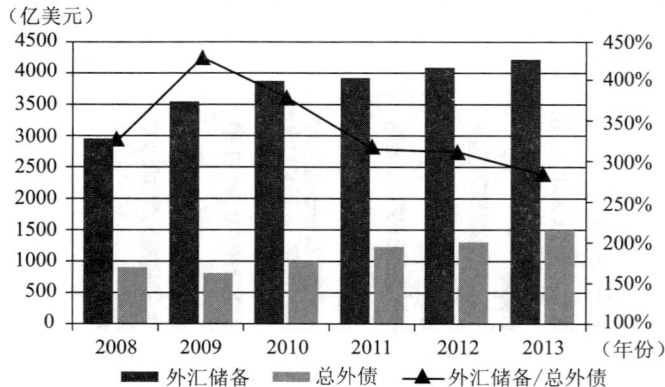

图 69.9　中国台湾 2008－2013 年外汇储备、总外债及外汇储备/总外债

第 3 节　中国台湾金融部门风险分析

一、金融部门账面资产负债表分析

台湾地区金融部门风险分析分为账面资产负债表分析与或有权益资产负债表分析，通过比较两表分析台湾地区的金融部门风险与盈利情况。

（一）资本结构分析

台湾地区金融部门的总资产与总负债逐年上升，资产负债率呈震荡下降趋势，但总体呈较高水平。2008 年金融危机，台湾地区金融部门的资产负债率最高，为 93.1％，随后下降又上升，直至 2011 年为近几年最高点 93％，仅次于 2008 年，2012 年下降至 92.73％（见图 69.10）。尽管总体金融部门的资产负债率为下降的趋势，但均保持在 92.7％以上的水平，属相当高的水平，因此台湾地区金融部门存在较大的财务风险。

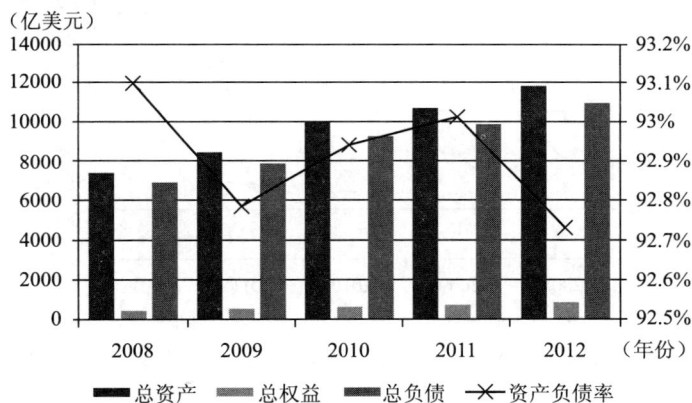

图 69.10　中国台湾 2008－2012 年金融部门资本结构

数据来源：BvD 全球金融分析、全球上市公司库。图 69.12、图 69.17、图 69.18、图 69.20、图 69.21 数据均来源于此。

（二）存贷结构分析

台湾地区金融部门的总贷款与总存款连年上升，存贷比呈先下降后上升的趋势。2008 年受金融危机的影响，台湾地区金融部门存贷比较高，随后下降至近五年最低点，为 70.5％，但从 2009 年开始，存贷比一路上升，其中受欧债危机的影响，2011 年上升最快，较去年增长近 3％，直至 2012 年，达近几年最高点，存贷比为 74.726％，说明台湾地区金融部门存在一定风险（见图 69.11）。

（亿美元）

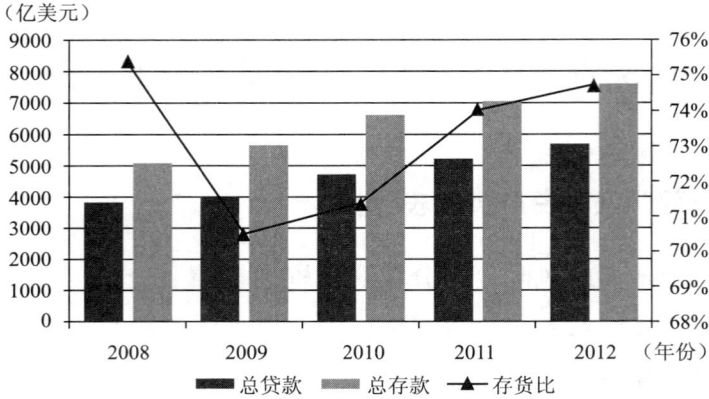

图 69.11　中国台湾 2008－2011 年金融部门存贷比

　　台湾地区金融部门权益收益率与平均资产回报率总体呈上升趋势，近五年，台湾地区金融部门权益收益率均处在 6.9％以上，2012 年达五年最高，为 7.27％。平均资产回报率从 2008 年最低点－0.07％一路上升至 2011 年最高点 1.22％，之后下降至 2012 年的 0.53％（见图 69.12）。

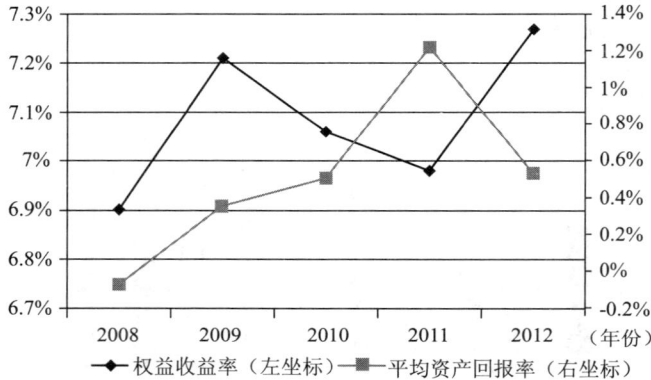

图 69.12　中国台湾 2008－2012 年金融部门权益收益率及平均资产回报率

二、金融部门或有权益资产负债表分析

　　从台湾地区金融部门或有权益资产负债表可以看出，金融部门资产市值与负债市值呈上升趋势，或有权益资产负债率则呈下降趋势。2008 年金融部门或有权益资产负债率为最高，为 91％，2009 年有所下降，随后至 2011 年有所上升，2012 年下降至 90％，为近五年最低点，但此数值仍属较高水平（见图 69.13）。

　　台湾地区金融部门近五年的账面市值均高于资产市值，且高出额度较大，资产存在明显低估倾向（见图 69.14）。

　　台湾地区金融部门资产市值波动率总体呈下降趋势，近五年均在区间

0.015 至 0.03 之间。2008 年金融危机资产市值波动率较高为 0.03，随后开始下降，直至 2010 年欧债危机，资产市值波动率上升，在 2011 年达 0.02，2012 年再次下降达 0.015，相当于 2010 年的水平（见图 69.15）。

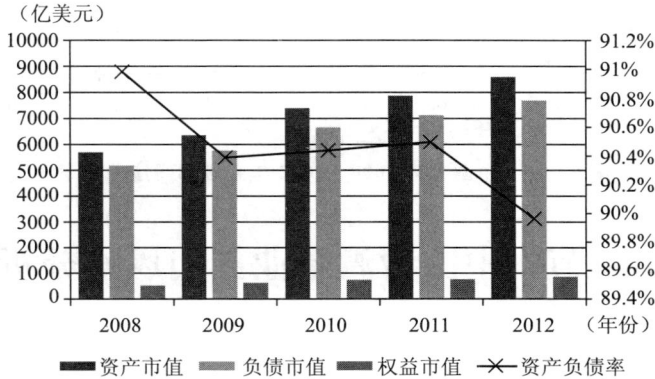

图 69.13　中国台湾 2008－2012 年金融部门或有权益资本结构

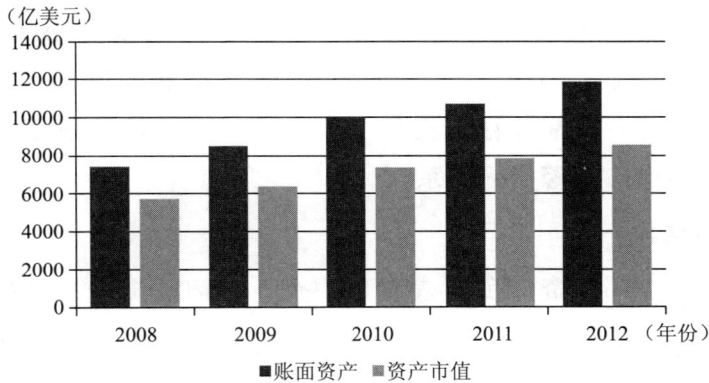

图 69.14　中国台湾 2008－2012 年金融部门账面资产与资产市值

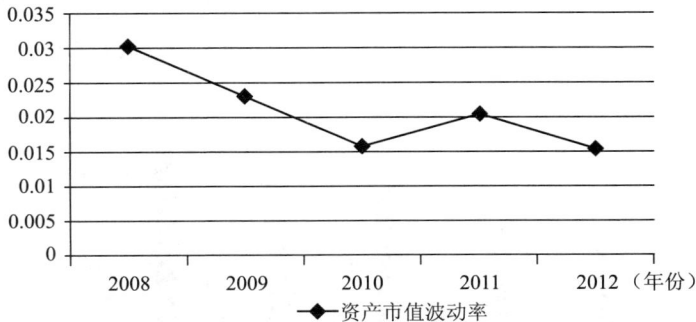

图 69.15　中国台湾 2008－2012 年金融部门资产市值波动率

　　台湾地区金融部门违约概率为稳定水平。2008 年金融危机之后，违约概率从不到 0.001 处下降至近 0 的位置，2009 年之后均稳定在此水平，说明台湾地区金融部门违约风险较低（见图 69.16）。

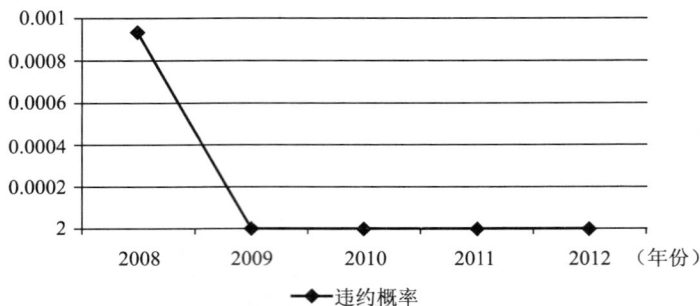

图 69.16　中国台湾 2008－2012 年金融部门违约概率

第4节　中国台湾企业部门风险分析

一、企业部门账面资产负债表分析

通过比较台湾地区企业部门账面资产负债表分析和或有权益资产负债表分析台湾地区的企业部门风险与盈利情况。研究行业的流量指标（成长性、盈利性、流动性等）和部分存量指标（资产规模、资产负债率等），有利于构建有前瞻性的风险预警指标体系。

（一）资本结构分析

台湾地区企业部门资产负债表看出，企业部门总资产自 2010 年后增长缓慢，而负债增加较快，资产负债率呈上升趋势。2008 年资产负债率下降，之后在 2009 年达最低点 55.35%，之后开始加速上升，2011 年达 59.32%，缓慢上升至 2012 年，为近五年最高点，资产负债率为 59.326%（见图 69.17）。台湾地区企业部门的资产负债率目前尚处合理水平，但资产负债率持续上升仍存在隐患。

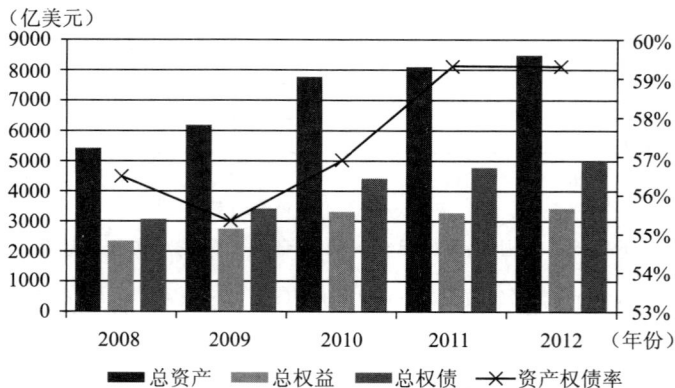

图 69.17　中国台湾 2008－2012 年企业部门资本结构

（二）期限结构分析

台湾地区流动资产均大于流动负债，流动资产与流动负债有逐年下降趋势，流动比率先上升后下降。从流动资产大于流动负债的情况看，台湾地区企业部门不存在期限结构错配问题，然而流动资产增加速度慢于流动负债增加速度，流动比率在 2008 年至 2011 年处上升水平，2011 年达最高，为152％，之后下降，直至 2012 年为 143.4％（见图 69.18）。

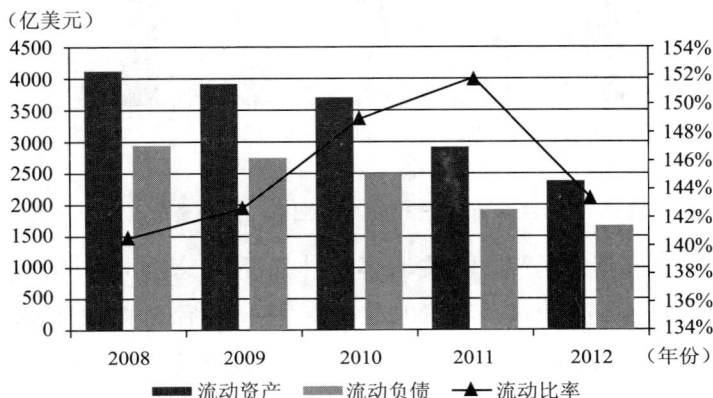

图 69.18　中国台湾 2008－2012 年企业部门期限结构

二、企业部门或有权益资产负债表分析

台湾地区或有权益资产负债率大致呈上升趋势，2009 年达近五年最低之后开始一路上升，至 2012 年的 50.79％，尚且属合理水平。但相较于账面资产负债表的资产负债率而言较低，因此台湾地区企业部门资产存在被高估的现象（见图 69.19）。

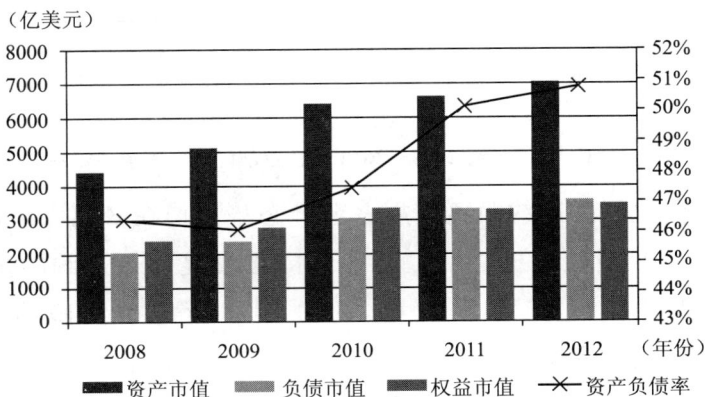

图 69.19　中国台湾 2008－2012 年企业部门或有权益资本结构

台湾地区企业部门从事进出口产业较多，受全球经济及进出口环境影响

较明显，金融危机之后资产上升较慢，且账面市值均大于资产市值（见图69.20）。

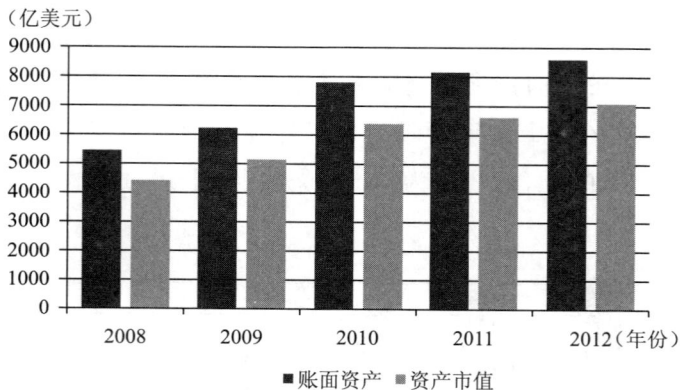

图 69.20 中国台湾 2008－2012 年企业部门账面资产及资产市值

台湾地区企业部门资产市值波动率总体呈下降态势，2008 年资产市值波动率最高，之后下降至 2010 年，2011 年有所上升后又再次下降，2012 年达五年资产市值波动率最低点，为 0.0755。台湾地区企业部门资产市值波动率受全球性危机影响，同时也说明台湾地区企业较为敏感，抵御风险能力较低（见图 69.21）。

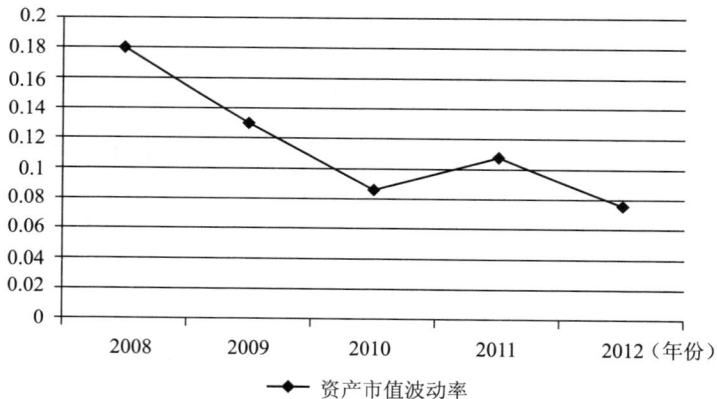

图 69.21 中国台湾 2008－2012 年企业部门资产市值波动率

台湾地区企业部门违约距离呈震荡上升态势，均在 3 以上，2012 年达五年最高点。2008 年金融危机之后，企业部门缓慢复苏，违约距离逐渐加大，从 2008 年的 3 增加至 2010 年的 6，2010 年欧债危机使违约距离下降至 4.56，但仍处较高水平，2011 年回升，2012 年达最高，违约距离为 6.42，说明台湾地区企业部门恢复较快，违约风险较低（见图 69.22）。

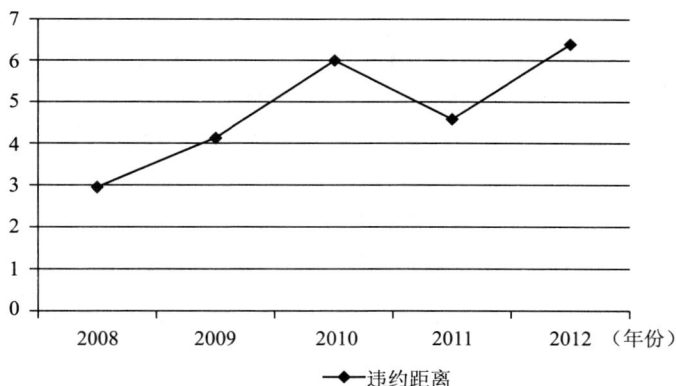

图 69.22　中国台湾 2008－2012 年企业部门违约距离

第 5 节　中国台湾家户部门风险分析

一、劳工市场分析

台湾地区产业结构转型及青少年受高等教育程度不平均，导致失业率近五年处较高水平（见图 69.23），均大于 4％。2008 年金融危机之后失业率再度飙升至 6％，达近五年最高点，之后开始缓慢下降，恢复到 4％ 的水平，但失业率仍然处较高水平。台湾经济的发展需要拥有良好教育背景的劳动力，教育差距导致劳动力市场不平衡状况明显，进而影响到失业率。

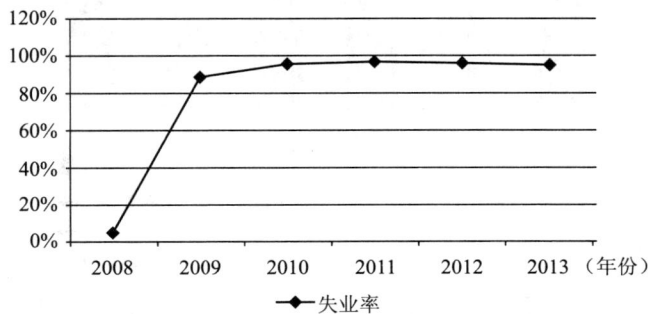

图 69.23　中国台湾 2009－2013 年失业率

台湾地区平均工资指数变动较为明显，2008 年金融危机之后，平均工资指数迅速下降至 89，之后缓慢回升，近几年呈下降趋势，2013 年为 95（见图 69.24）。

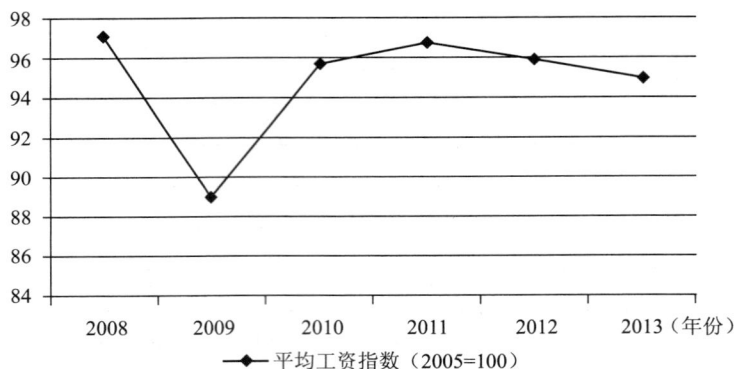

图 69.24　中国台湾 2008－2013 年平均工资指数

二、家户部门收入与消费分析

台湾地区个人可支配收入逐年增加，其中 2010 年增加最快。2008 年金融危机之后，个人可支配收入较低，均不过 88000 亿新台币，随后增加迅速，2010 年近 92000 亿新台币，2013 年达近五年最高，为 97137 亿新台币，说明台湾地区家户部门在金融危机之后恢复较快（见图 69.25）。

（亿新台币）

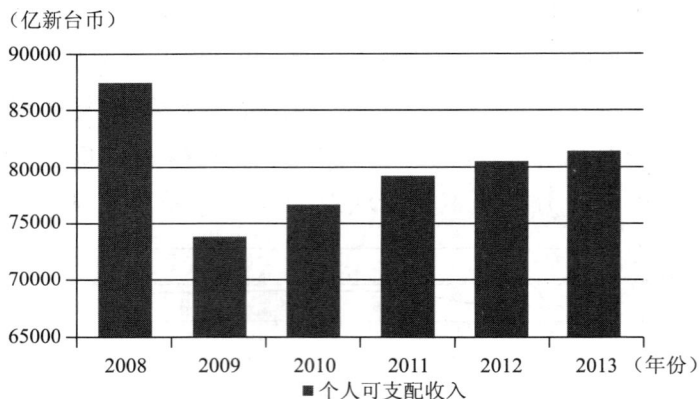

图 69.25　中国台湾 2008－2013 年个人可支配收入

台湾地区实际私人消费有逐年增加的趋势，但 2010 年受欧债危机的影响，实际私人消费变化率开始下降。2008 年后实际私人消费增加较快，实际私人消费变化率上升至 2010 年并达到最高，变化率近 4％，然后经济复苏缓慢，实际私人消费变化率开始下降，直至 2013 年为 1％左右（见图 69.26）。

台湾地区消费物价指数 2008 年到 2009 年呈下降趋势，2009 年达最低点 105，2009 年后开始飙升，2013 年达最高点 110.5（见图 69.27）。消费物价指数的不断走高，给台湾地区家户部门带来消费压力。

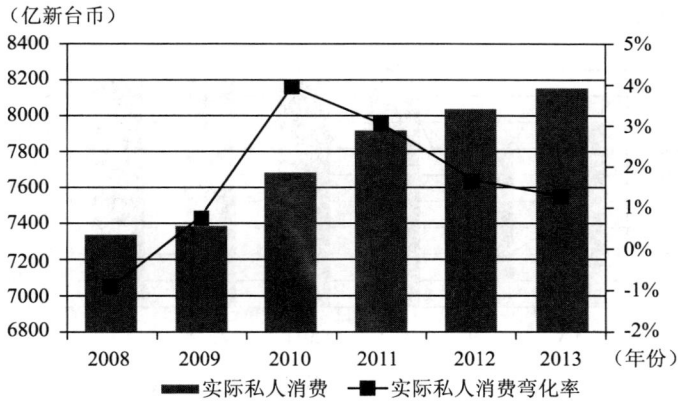

图 69.26　中国台湾 2008－2013 年实际私人消费及变化率

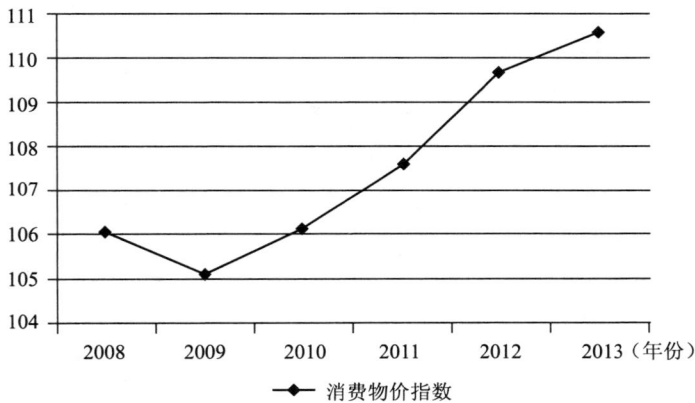

图 69.27　中国台湾 2008－2013 年消费物价指数

第6节　中国台湾外销接单风险专题分析

近年来，随着全球经济不断复苏，台湾经济不断回暖，台湾出口情况好转，外销接单金额连年增加。由图 69.28 可以看出，2008 年金融危机之后，外销接单金额下降明显，外销接单甚至出现负增长，2010 年外销接单增长率达 25％，达五年增长率最高。2010 年之后外销订单增长较缓慢，但外销接单金额均维持在 4000 亿美元之上。

台湾地区出口情况好转，外销接单逐年增加，与此同时，台湾地区外销接单占海外生产比亦逐年上升，从 2008 年的 47％上升至 2013 年的 51.5％，并且近几年均维持在 50％以上的水平，说明全球范围内，台湾地区外销接单在海外生产占有总额过半（见图 69.29）。

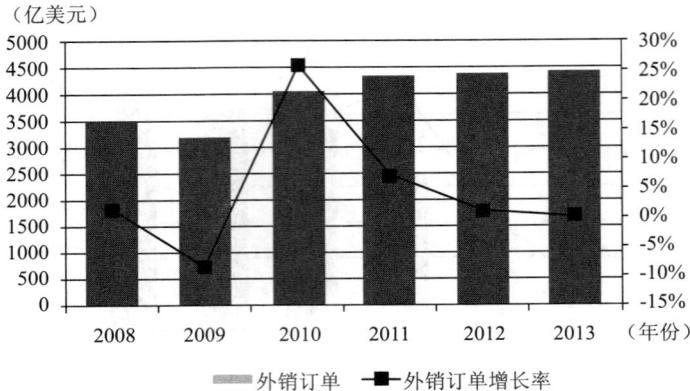

图 69.28 中国台湾 2008－2013 年外销接单产值及增长率

数据来源：台湾经济部。图 69.29、图 69.30、图 34.31 数据均来源于此。

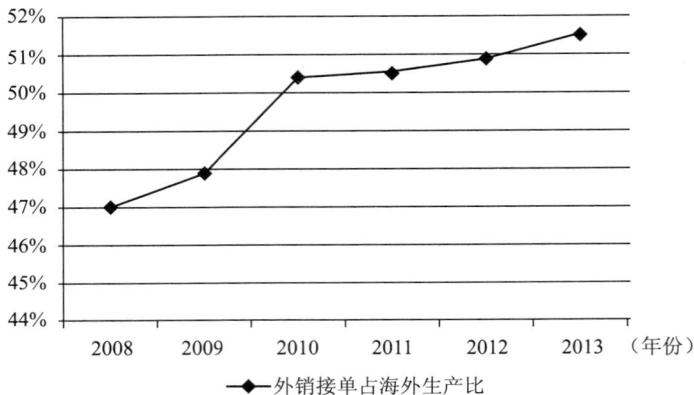

图 69.29 中国台湾 2008－2013 年外销接单占海外生产比

由于近年经济回暖回升，台湾地区出口中的外销接单表现良好。具体来看，台湾地区电子产业的电子产品出口比重一直较高，正逢全球经济回暖，消费者信心增温，苹果 i 系列电子产品热销，紧接着 2013 年年关将近，是出货旺季，外销接单的最大比重电子资讯通信产品的海外生产比亦逐年增高。2008 年与 2010 年的两次全球性危机使电子资讯通信产品的海外生产比有些许下降，说明台湾地区出口受外界影响传递快且明显，但随后恢复很快，资讯通信海外生产比总体呈上升趋势，2013 年创新高，为 87.3%，说明台湾地区近九成的资讯通信产品在海外生产（见图 69.30）。

2013 年经济复苏明显，苹果系列及其周边电子产品火热。从 2013 年前11 个月的外销接单变化情况来看，外销接单金额总体呈上升趋势，外销接单年增长率趋于稳定（见图 69.31）。未来由于欧美经济情势转好，股票市场前景预期良好，大陆消费与出口增长快速，对台湾地区外销接单产生正面影响，未来台湾地区外销接单将保持乐观态度。

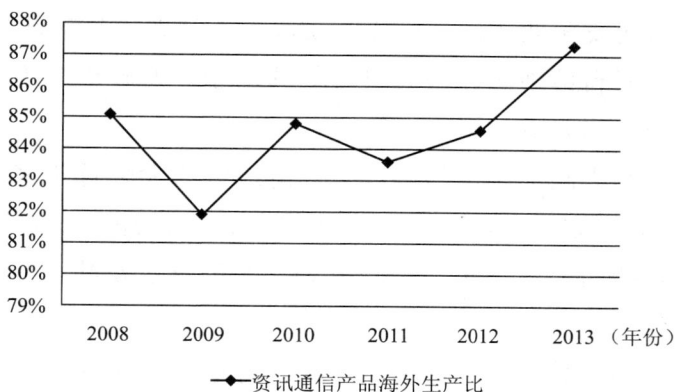

图 69.30　中国台湾 2008－2013 年资讯通信产品海外生产比

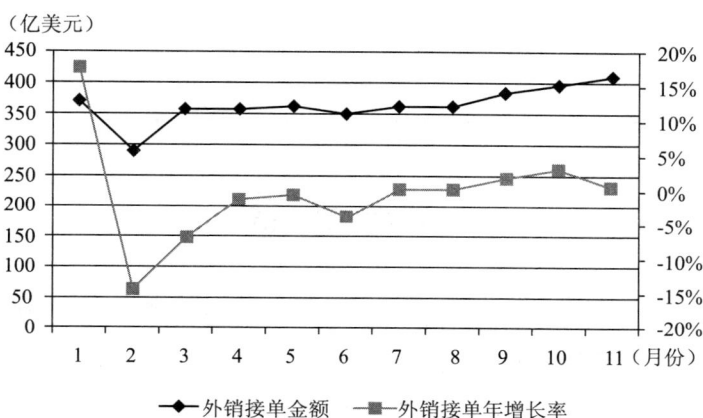

图 69.31　中国台湾 2013 年前 11 个月外销接单金额及年增长率

台湾地区企业外销接单额增长，导致企业资源的大量投入，如果出现风险，必然会对台企造成巨额损失。

由于外销接单金额的增长较快，因此风险控制显得极为重要。建议台湾地区尽快建立接单风险评价体系，审慎接单，防范市场风险、信用风险和道德风险等，实现台湾地区对外贸易的健康平稳发展。

第 7 节　结论及政策建议

台湾地区经济缓慢复苏，出口逐渐恢复但增长表现缓慢，拉动经济力度不足。相较之下金融情况表现良好，基准利率及美元兑新台币汇率均保持较低水平，股票市场指数上升，持乐观态势。公共部门债务问题明显，政府支出大于政府收入。企业部门在全球性危机之后表现经营不善，面临风险较高，抵御风险能力较弱。家户部门表现不佳，失业率较高、平均工资指数有下降趋势、个人可支配收入增长缓慢、实际个人消费增长率低。

鉴于此，针对台湾地区经济及出口复苏缓慢，财政赤字为负值，以及失业率较高的情况，提几点建议：

第一，加强与大陆的沟通与协作。台湾地区与大陆近年来关系良好，大陆地区作为台湾地区的一大经济合作伙伴，无论是经贸、旅游还是教育方面，都有着较强的沟通与合作。要推进 ECFA 的落实及其后续的签署，促进两岸进一步协作。

第二，整顿高等教育，降低失业率。台湾地区失业率过高，并非找不到工作而是不愿意工作，这样学历与工作的不匹配问题，长期下来是制约经济发展的瓶颈。

参 考 文 献

[1] 朱正浩，刘丁己：《马英九两岸经贸政策的影响因素研究》，载《重庆社会主义学院学报》2013 年第 6 期。

[2] 盛九元：《台资企业转型升级路向何方》，载《两岸关系》2013 年第 7 期。

[3] 庄芮，蔡彤娟，郑学党：《欧债危机对台湾经济及两岸经贸影响分析》，载《国际贸易》2013 年第 6 期。

[4] 程慧敏：《造船厂接单风险综合评价研究》，江苏科技大学硕士学位论文 2013 年 5 月。

第70章　中国澳门宏观金融风险研究

澳门地区是个小型外向的经济体，拥有特色的旅游业，博彩业独大的产业优势，不仅带来澳门地区经济增长，还增加财政收入与缓解就业压力。在澳门各产业中，以第三产业较为发达，但门类不全，主要偏重于旅游博彩业。旅游博彩、出口加工、金融和房地产建筑4个行业是其支柱产业，然而这样的优势，在一些经济学者的眼中看来，并不是一件十足的好现象。陈国平、姚枝仲及李众敏（2012）认为，正是因为澳门地区博彩业的独大，该地区受到产业结构的制约，长期的经济发展受到阻碍，建议致力于地区发展多元化，以实现澳门地区的长期繁荣。吴伟东（2013）同样也对澳门单一的产业结构状况感到担忧，但他主要分析劳动市场方面，指出目前教育及劳动市场的不良现象，主张推动劳动力资源的开发，以防隐患。由此看来，澳门地区单一的经济结构是当地经济持续平稳运行的一大隐患。

第1节　中国澳门经济金融运行概况

单从实际GDP的角度来看，澳门地区继2008年的金融危机之后，实际GDP缓慢上升经济缓慢回暖，2013年的实际GDP为近五年最高点。从实际GDP增长率来看，2008年的金融危机，澳门地区旅游业博彩业受影响，GDP有所下降，2009年为近五年最低点，为1.712%。但随后的一年经济回暖快，GDP较去年增长近25%。然而2010年受欧债危机影响，旅游博彩业经营利润下降，澳门GDP受影响较大，直至2012年经济开始复苏出现反转，由于财政与金融等问题尚未完全解决，2013年的实际GDP增长率较低，为10.7%（见图70.1）。

澳门地区的出口主要是依靠其传统制造业，纺织品占的比重较大，在世界市场上有比较优势，受金融危机影响较小，2008年的出口占GDP比重有些许滑落之后回升较快，直至2011年达最高，当时出口占GDP的比重为111%（见图70.2）。由于近年澳门地区逐渐失去了传统制造业在世界市场上的优势，澳门地区出口性质与结构的改变，使纺织品的出口货值下降，相反非纺织品出口货值上升，总体来说，2011 年以来，出口占 GDP 比重下降。

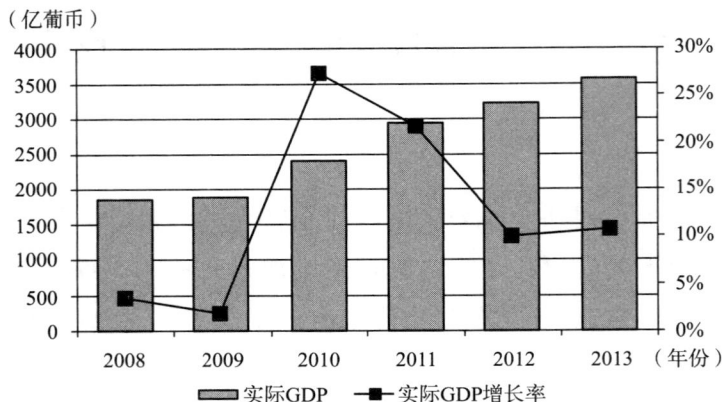

图 70.1　中国澳门 2008－2013 年实际 GDP 及增长率

数据来源：BvD 全球金融分析、宏观经济指数数据库。以下未标注数据来源均相同。

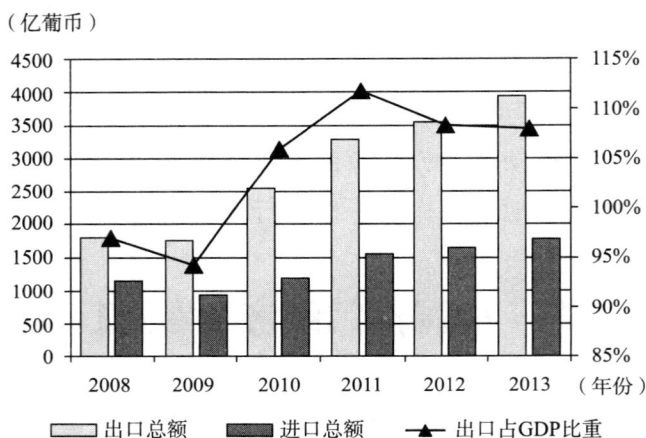

图 70.2　中国澳门 2008－2013 年进出口总额及出口占 GDP 比重

近年来，葡币兑美元的汇率呈现震荡趋势，均在 8 左右震荡变动。2009 年为汇率最低点，近一年表现增长的势头，预计汇率将会维持在 8 附近（见图 70.3）。

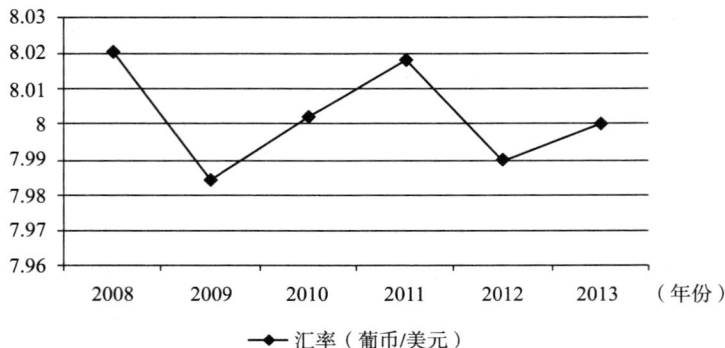

图 70.3　中国澳门 2008－2013 年汇率

　　澳门地区的基准利率在 2008 年开始下降接近至 0%。其目的在于 2008 年金融危机之后，刺激地区内的经济、消费及各方面，以复苏经济。2008 年的基准利率从 1.1% 下降至近 0%，并且近五年均保持在这一水平，仅有稍微的上升，2013 年为 0.1%（见图 70.4）。

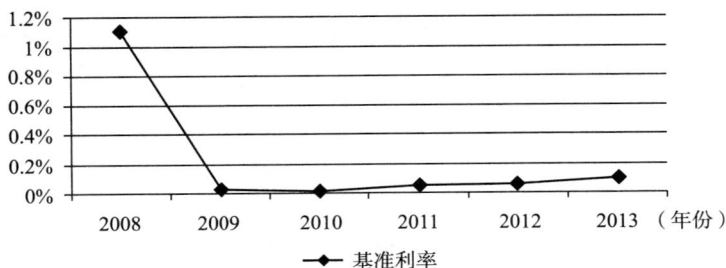

图 70.4　中国澳门 2008－2013 年基准利率

第 2 节　中国澳门公共部门风险分析

一、澳门地区金融管理局资产负债表分析

　　澳门地区金融管理局的总资产与总负债总体呈上升趋势，2013 年有稍微下降，而资产负债率总体上升。2010 年为近五年资产负债率的最低点，为 90.5%，2012 年为近五年的最高点为 93.4%。2013 年由于澳门金融管理当局将一定数额的公共部门存款转移，以成立"临时投资组合"，使资产减少，负债上升，资产负债率下降至 92.46%（见图 70.5）。

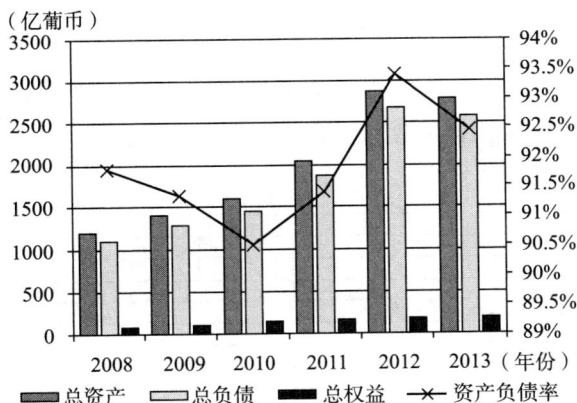

图 70.5　中国澳门 2008－2013 年金融管理局资产负债表

　　数据来源：中国澳门金融管理局年报，http：//www.amcm.gov.mo/cIndex.htm。

二、财政收支分析

澳门地区的财政收支情况表现良好，近五年的财政收入均保持增长的趋势，并且财政平衡均保持一定的水平（见图70.6）。2008年及2009年财政收入相当，2009年至2011年增长最快，各自较上年增加近300亿葡币，2011年至2013年，博彩业受到反"腐"的影响，利润有一定的下降，财政收入增长较缓慢。但由于澳门的博彩仍火热，博彩业带来大量的收入，是财政收入增长的主要来源。

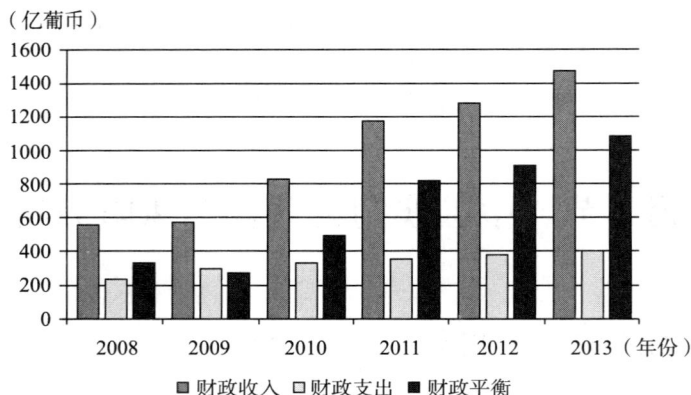

（亿葡币）

■ 财政收入　□ 财政支出　■ 财政平衡

图 70.6　中国澳门 2008－2013 年财政收支及财政平衡

三、外汇储备分析

澳门的外汇储备在2011年以前呈增长的趋势，2012年后下降较快。2008年至2009年澳门地区外汇储备大致呈均速增长，2010年加速增长，从237亿美元增长至340亿美元，涨幅近134%。然而由于2012年澳门地区颁布的财政储备法律体系开始生效，大量金融资产从原外汇储备拨至财政储备，使2012年的外汇储备下降甚为明显（见图70.7）。

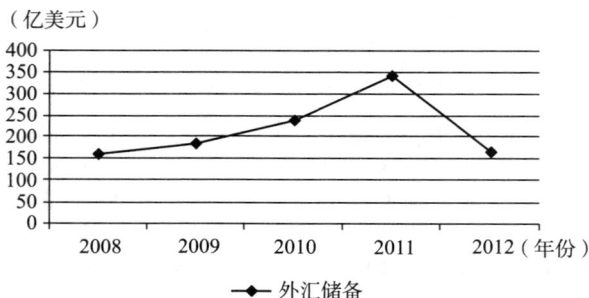

（亿美元）

◆ 外汇储备

图 70.7　中国澳门 2008－2012 年外汇储备

第 3 节　中国澳门金融部门风险分析

一、金融业发展概况

2012 年金融危机的影响仍未完全消失，澳门地区乃至世界范围内的经济与金融市场表现尚不稳定，但澳门地区的旅游博彩业仍表现火热，支撑着澳门的经济，同时银行业仍旧保持着审慎监管的风险管理体系，确保澳门地区的金融业健康的发展，资产情况良好，资本充裕流动性佳。直至 2012 年年底，澳门地区不良贷款率创新低，为 0.2%，资本充足率较高为 14.6%，流动性比率健康，一个月及三个月的流动性比率为 55.6% 及 63.5%。

二、存贷比分析

澳门地区金融部门总存贷款呈上升趋势，存贷比也呈上升趋势，唯独 2011 年后下降。2008 年至 2011 年金融部门存贷比直线上升，2009 年后上升较快，说明 2011 年以前澳门地区金融部门存贷结构存在风险，并且有增加的倾向。然而 2011 年存贷比下降，解除存贷比逐年上升的压力，但 2012 年下降的程度不及 2011 年上升的程度（见图 70.8）。

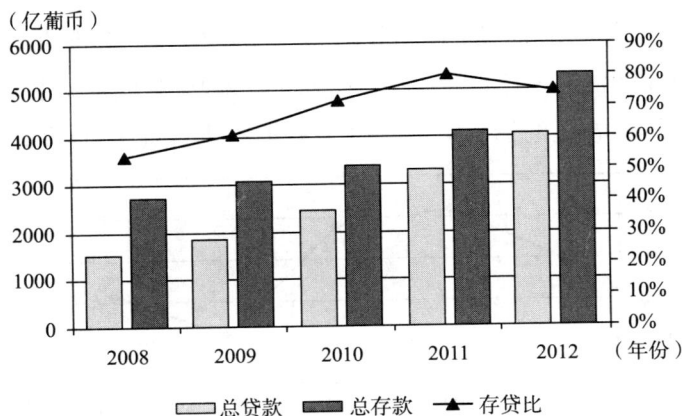

图 70.8　中国澳门 2008－2012 年金融部门总贷款、总存款及存贷比

数据来源：澳门金融管理局。图 70.9、图 70.10、图 70.11 数据均来源于此。

三、银行业分析

(一) 盈利能力分析

澳门地区的银行业盈利分析主要有四个指标组成，净利息收入、其他收入、营运支出及营运利润。总体来说，四个指标在近五年来第一次达到同增长。横向来看，2012年澳门地区银行业的利息支出较2011年增长了64.2%，因此净利息收入较2011年仅增长了14.5%，其他收入增长13.3%，营运支出增长3.9%，营运利润较去年则增长24.4%。纵向来看，净利息收入2012年增加至75.81亿葡币，其他收入增加至40.3亿葡币，营运支出增加至53.26亿葡币，营运利润增加至62.85亿葡币。澳门地区银行业本持着优良的客户服务理念，并不断地寻求金融产品纵向和横向的新拓宽，使澳门地区银行业经营状况及发展良好（见图70.9）。

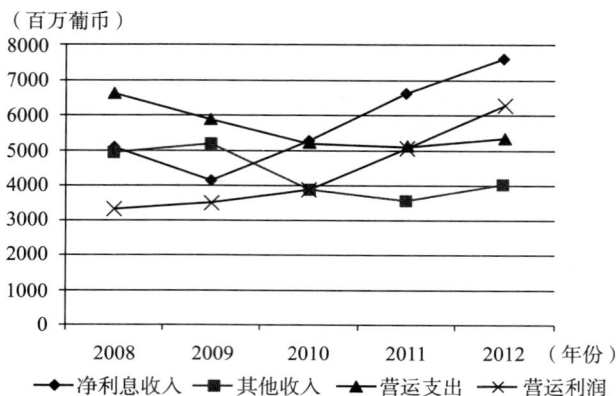

图70.9　中国澳门2008－2012年银行业净利息收入、其他收入、营业支出与利润

（二）资本充足率分析

澳门地区在近五年来资本充足率均保持在14%以上（见图70.10），是一个相当好的水平，不仅符合了新巴塞尔协议的资本充足率的监管要求（8%），并且还超出了一定的比例，说明澳门地区银行业风险较低，偿债能力强。虽然受金融危机的影响，但在2011年资本充足率回升。

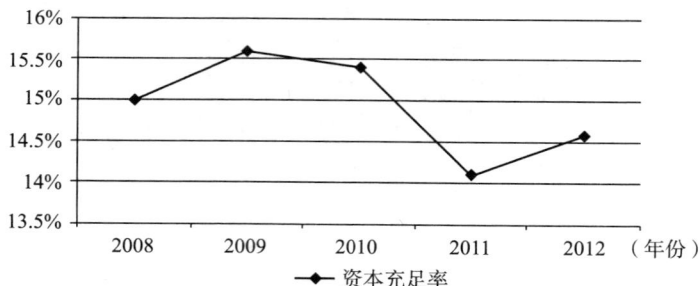

图70.10　中国澳门2008－2012年银行业资本充足率

（三）不良贷款率分析

澳门地区银行业不良贷款率逐年下降（见图70.11）。2008年金融危机时期为不良贷款率的最高点，为1%，之后迅速下滑，直至2010年的0.4%，2011年后再次下降，下降至0.2%，说明金融危机之后澳门地区银行业的不

良贷款率保持在一定的水平，银行业面临的不良贷款风险较小。

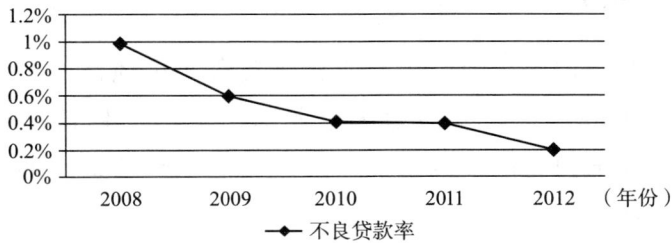

图 70.11　中国澳门 2008－2012 年金融部门不良贷款率

第 4 节　中国澳门企业部门风险分析

一、账面资产负债表分析

澳门地区地域面积小，人口少，市场小，上市公司企业数量相对较少。以下选取五家在香港上市的公司，对其资产负债表进行加总并分析，以此代表澳门地区的企业部门分析。五家上市公司包括澳博控股、新濠国际发展、信德集团、银河娱乐、永利澳门。

从图 70.12 澳门地区的企业部门资产负债表可以看出，总资产与总负债呈逐年上升的趋势，资产负债率逐年下降，说明澳门地区企业部门资产负债情况逐渐改善。由于澳门地区上市公司主要从事博彩业，因此资产负债表受博彩业变动影响较大，2012 年资产增加较多。澳门博彩业的发展与中国内地以及香港居民收入、赴澳旅游人数、当地交通设施、配套娱乐产业息息相关，此外，潜在的政治及政策风险也对澳门博彩行业有很大的影响。因此，保持资金的流动性，对澳门博彩业防范风险，应对可能发生的危机至关重要。

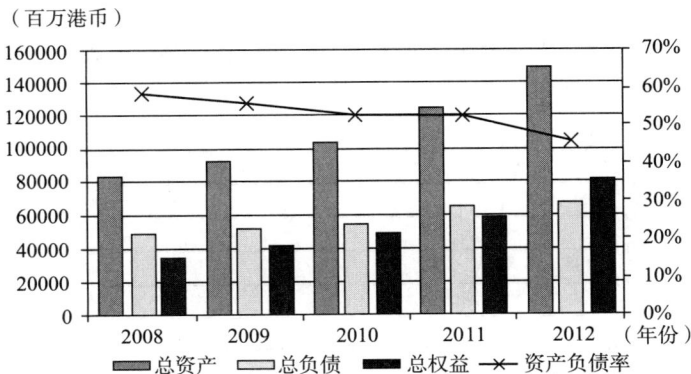

图 70.12　中国澳门 2008－2012 年企业部门账面资产负债表

数据来源：新浪财经公司报表。

二、或有权益资产负债表分析

从图 70.13 澳门地区企业部门的或有权益资产负债情况看出，或有权益资产负债率逐年下降，说明澳门地区企业部门资产结构情况逐年改善。同时，澳门地区企业部门资产市值与负债市值均低于账面资产的情况，说明企业存在被低估的情况。

澳门地区企业部门的资产波动率总体呈震荡下降趋势（见图 70.14）。2008 年金融危机之后下降，2010 年后又有所上升，2011 年再次下降，但 2012 年较 2010 年仍偏高。

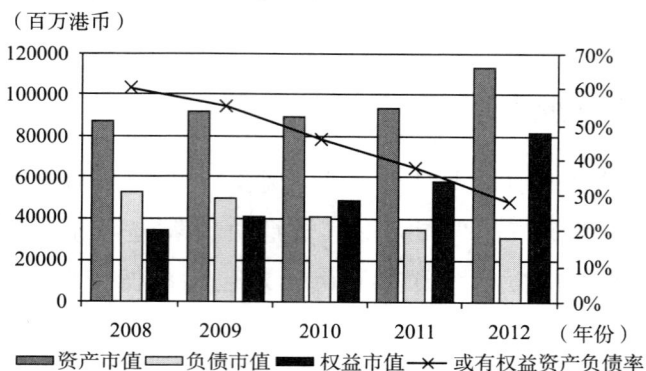

图 70.13　中国澳门 2008－2012 年企业部门或有权益资产负债情况

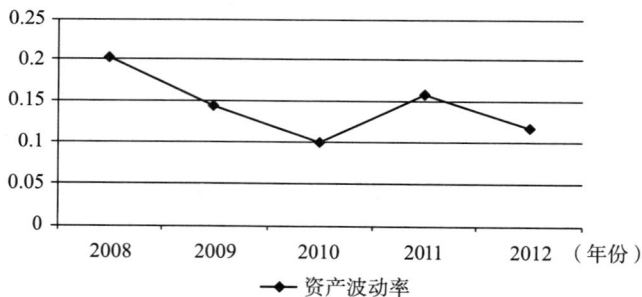

图 70.14　中国澳门 2008－2012 年企业部门资产波动率

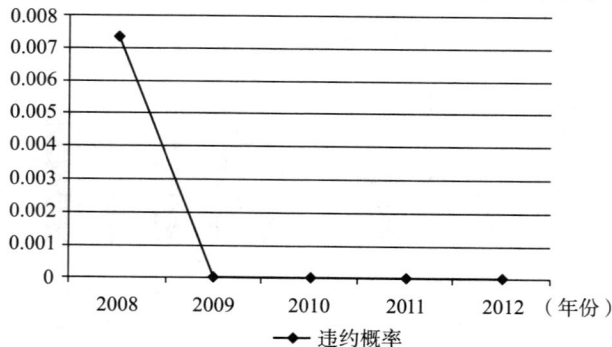

图 70.15　中国澳门 2008－2012 年违约概率

澳门地区企业部门的违约概率在 2008 年后急速下降，直至 2012 年，概率均保持在近 0 的位置，说明金融危机之后澳门地区企业部门恢复较快较好，抵御风险能力较强（见图 70.15）。

第 5 节　中国澳门家户部门风险分析

一、劳工市场分析

澳门地区失业率总体呈下降趋势。2008 年的金融危机之后导致失业率从 3％上升至 3.5％，但之后开始缓慢下降，直至 2012 年，劳动力市场优化，失业率达 2％，为近五年新低（见图 70.16）。从就业情况来看，澳门地区就业第一大雇主为澳门博彩企业，雇员占 2012 年总劳动人口的 23％。

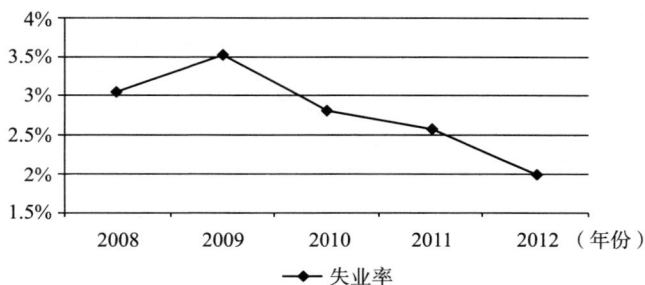

图 70.16　中国澳门 2008－2012 年失业率

二、家户部门收入及消费分析

澳门地区本地居民人均收入逐年增加，2010 年后增加较快（见图 70.17）。2008 年及 2009 年受金融危机的影响，澳门地区人均本地居民总收入增加相当缓慢，2009 年后加速增加。澳门地区是个外向型的经济体，其地区内物价的变动易受外界的影响，因此澳门地区的物价变动较为敏感，澳门地区家户部门存在一定风险。

澳门地区人均消费呈上升态势，2010 年后加速上升，但增加的额度不大（见图 70.18）。澳门地区家户部门生活情况改善，人均消费的逐年增加，但由于澳门居民较少，人均消费增加额度不大，相较之下内需拉动力较小。

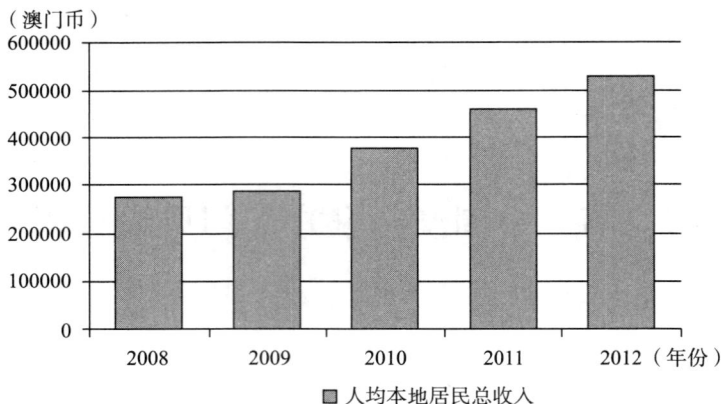

图 70.17 中国澳门 2008－2012 年人均本地居民总收入

数据来源：澳门特别行政区政府统计暨普查局，http：//www.dsec.gov.mo/default.aspx。

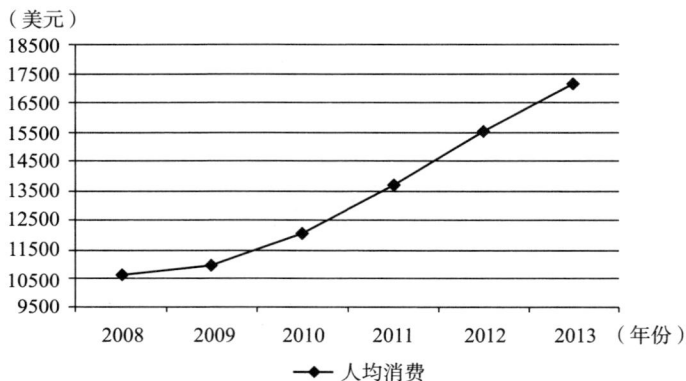

图 70.18 中国澳门 2008－2013 年人均消费

澳门地区消费物价指数呈逐年上升趋势，且 2010 年后开始加速上升。由 2008 年的 120 上涨至 2010 年的 125，直至 2013 年为近五年最高，为 148.4（见图 70.19）。尽管 2010 年至 2013 年澳门地区的经济增长有下降情况出现，但消费物价指数仍加速上升，通货膨胀情况也未有所改善。

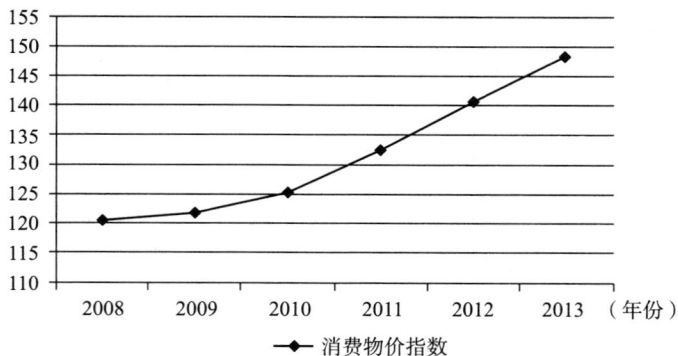

图 70.19 中国澳门 2008－2013 年消费物价指数

第 6 节　中国澳门博彩业专题分析

澳门地区是个旅游胜地,有特色的美食与建筑,最具标志性的旅游景观当属澳门赌场。澳门博彩产业独大,博彩业给澳门地区带来丰富的经济利润,旅游业拉动着经济、财政收入的稳定,在香港上市的博彩业公司、为就业的最大雇主,博彩业可称是澳门地区的经济支柱。

澳门博彩业在近五年发展情况良好,博彩年度毛收入逐年增加,但增长率并不十分稳定,其中增加最快的是 2009 年,较去年增长 57.5%,2008 年金融危机,2010 年欧债危机以及中央"反腐",力改官员作风的种种影响下,增长率下降(见图 70.20)。

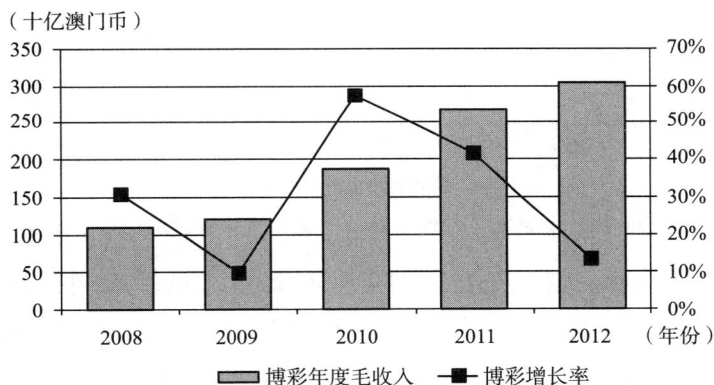

图 70.20　中国澳门 2008－2012 年博彩年度毛收入及增长率

数据来源:澳门金融管理局年报,http://www.amcm.gov.mo/cIndex.htm。图 70.21、图 70.22 数据均来源于此。

尽管博彩年度毛收入增长率表现不佳,但澳门博彩业仍旧表现火热。2012 年博彩业的回暖预示着澳门博彩业仍旧是较大的市场,澳门赌场的收入已超过拉斯维加斯赌场的收入,香港赛马的收入也远不及澳门赌场的收入,暗示着澳门每年因博彩业带来的直接税收数量庞大,澳门博彩业的直接税收增长幅度同博彩毛收入增长率息息相关(见图 70.21)。

博彩直接税是澳门稳定的财政收入的主要来源,2008 年以来博彩直接税占总税收比均保持在 88% 以上,近年来在 90% 上,比例有不断加大的趋势,说明澳门博彩业发展情况仍相当好(见图 70.22)。

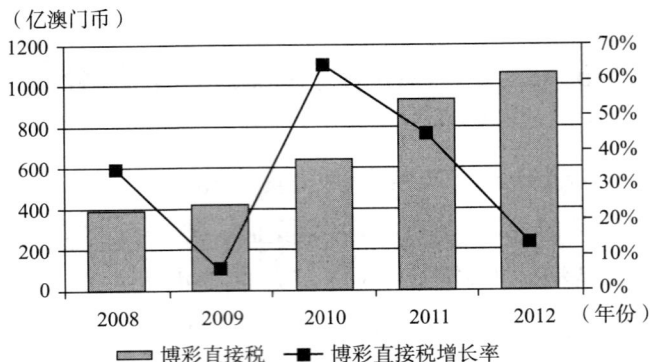

图 70.21 中国澳门 2008—2012 年博彩直接税及增长率

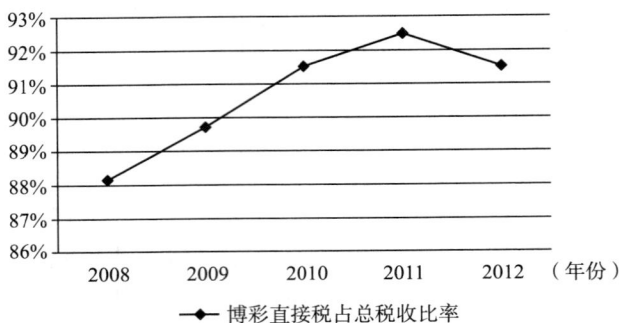

图 70.22 中国澳门 2008—2012 年博彩直接税占总税收比率

从澳门地区就业的情况来看，博彩业在就业领域影响同样深远，博彩业是澳门地区最大的雇主。近五年来澳门地区博彩业均是该地区的最大雇主，除 2008 年博彩业雇员占总劳动人数的比例有些许下降之外，2009 年后均呈上升趋势，2012 年达五年新高，为 23%，说明博彩业有减轻澳门地区失业率上升的压力（见图 70.23）。

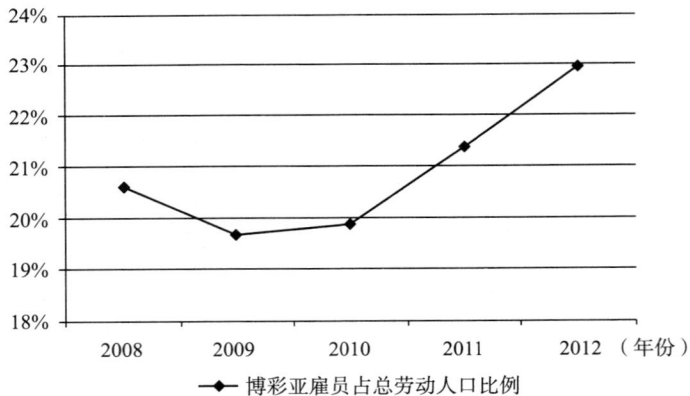

图 70.23 中国澳门 2008—2012 年博彩业雇员占总劳动人口比例

数据来源：澳门金融管理局年报，http://www.amcm.gov.mo/cIndex.htm。

然而澳门地区博彩业独大的产业结构，使澳门地区产业结构过于单一。

澳门没有第一产业，第一产业占 GDP 产值为 0，第二产业不发达，产值很低，第三产业相当高，其中博彩业为第三产业的主要部分。近五年来，澳门地区第二产业占 GDP 比重逐年下降，第三产业占 GDP 比重逐年上升，2008年至 2009 年表现最为明显（见图 70.24）。

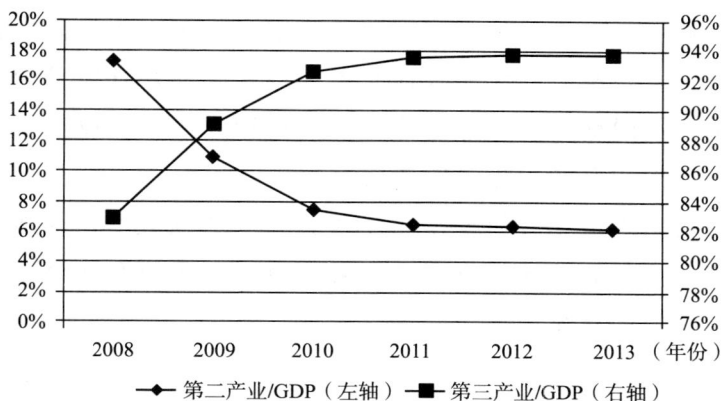

图 70.24　中国澳门 2008－2013 年第二产业与第三产业占 GDP 的比重

过于单一的产业结构使澳门地区须依靠外向经济来源，并且受外界经济金融影响深远。从近五年澳门地区 GDP 与 GDP 增长率情况来看，两次全球性的危机对澳门地区均有影响。因此，在产业方面，应注重发展多元化产业。

第 7 节　结论及政策建议

总的来说，澳门地区经济状况运行良好，GDP 总体呈上升趋势，虽然受到金融危机与欧债危机的影响，GDP 变化率不稳定，但均在后一年开始恢复。旅游博彩业的支撑，是澳门地区主要的经济来源，近年来发展情况良好。通过以上公共部门与家户部门的各项指标分析，澳门地区总体发展表现良好。

具体而言，澳门地区财政收入稳步增加，财政平衡水平良好。银行业各指标为良好水平，资本充足率、流动性及不良贷款率均在合理范围，并且监管能力强，盈利能力好。企业部门各指标受经济金融危机影响明显，主要是由于博彩业为上市公司主导产业。家户部门各指标呈现好转，生活品质得到保障。

然而如本章专题提出的澳门地区产业结构过于单一的情况，鉴于此，提出几点建议：

第一，继续发展多元澳门。放松博彩业的管制，利用旅游业博彩业的优势，开发周边多元化商机，如开发多元休闲度假中心，以促进澳门地区的长期繁荣。

第二，注重教育，提高劳动力素质。澳门地区博彩业为就业主要的雇主，高薪且待遇良好，不要求苛刻的专业技术，吸引着大批高中大学生。长期的眼光来看，会限制新一代受教育的水平与意愿，并且劳动力素质存在下降的隐患，况且澳门地区受外界经济金融影响较大，博彩业的就业不能得到十足的保证，再次的全球危机可能造成大批失业。

第三，加强与内地交流与合作。在两次的全球危机下，内地的经济复苏贡献澳门地区经济复苏的效果显著，未来为减轻再次的经济金融危机带来的损失，加强与内地的交流与协作。

参 考 文 献

［1］陈国平，姚枝仲，李众敏：《如何实现澳门的长期繁荣？》，载《国际经济评论》2012 年第 6 期。

［2］吴伟东：《博彩业发展与澳门劳动力资源开发》，载《城市观察》2013 年第 6 期。

［3］程波：《论法治与澳门博彩业之理性预期》，载《佛山科学技术学院学报（社会科学版）》2014 年第 1 期。

［4］中国澳门金融管理局：《中国澳门金融管理局年报》，http：//www.amcm.gov.mo/cIndex.htm。

［5］澳门特别行政区政府统计暨普查局，http：//www.dsec.gov.mo/default.aspx。

第71章 中东非洲宏观金融风险总论

本年度世界风险报告中东非洲部分包括六个国家，它们是：阿拉伯联合酋长国，沙特阿拉伯、埃及、南非、伊朗、土耳其，其中伊朗是本年度新加进来的一个国家。这些国大多数石油资源丰富，有一定的经济实力，对世界政治经济格局有一定的影响力。

近年来，中东非洲的经济出现了一些新的变化，传统的石油大国如中东非洲和沙特阿拉伯对石油经济的依赖进一步降低。如中东非洲的纺织业、塑料制造和时装业发展十分迅速，迪拜的航空业在世界上首屈一指，阿联酋打造世界金融中心的努力也初见成效。沙特的最大的经济风险来自于社会问题，如什叶派穆斯林和外籍劳工遭遇的不公正待遇等都使得这个国家在发展中存在一些不安定的因素，而美国页岩气革命也给这个石油输出大国带来了一系列的影响，沙美关系出现的一些微妙的变化也使沙特经济增长在长期中可能缺乏动力。2013年埃及政府格局仍旧在混乱之中，短期内风险突现，但长期来看乱中有治，埃及对外开放会进一步发展，其长期经济和政府风险小于短期风险。2013年南非最大的问题是失业问题，大规模的罢工使得经济雪上加霜，此外本币贬值，外资出逃也使这个金砖国家风险重重，但是祖马的连任使得南非政府稳定，在进一步强化与金砖国家合作的外动力推动之下，经济有望缓慢增长。2008年之后，土耳其实现了经济连续16季度增长，制造业复苏、内需增长，已经成为伊斯兰世界第一大经济体，民主政治和市场化改革的效果正在逐步显现，不过该国2013年末爆发的一系列政治和货币危机，造成了短期经济风险。伊朗目前最大的风险来自欧美各国对伊朗的核制裁，此轮制裁的范围十分广泛，影响十分巨大，同期国际油价处于低位徘徊，也使伊朗经济的重大利空，所以伊朗经济下行压力很大，GDP增速大幅放缓，很多经济和金融风险暴露出来。

本章先介绍中东非洲各国2012—2013年经济运行概况，结合图表和数据分析中东非洲六国四大部门的金融风险，在此基础上对该区域未来经济发展做出方向性预测，同时提出相应的建议。

第1节　中东非洲经济金融运行概况

最近两年，中东非洲这个区域经济比较分化，沙特阿拉伯、阿拉伯联合酋长国和土耳其的经济发展较好，社会也相对稳定，而埃及、伊朗和南非的经济发展则面临很多问题，而这种形势在今后两年都很难改观。

一、经济运行概况

近几年来，中东非洲整体经济可以用参差不齐来形容。从图 71.1 可以看出，阿联酋、沙特和土耳其三国得益于政府经济环境的相对稳定，经济总量逐步增加，埃及和南非人口相对较多，但经济总量却相对小很多，伊朗从2011 年起，由于受到国际经济制裁等各种利空因素的影响，经济总量进入了下行通道。经过计算，2008－2013 年，中东非洲六国的平均 GDP 增长率为3.09％、－0.17％、5.43％、4.89％、1.79％和 2.00％。

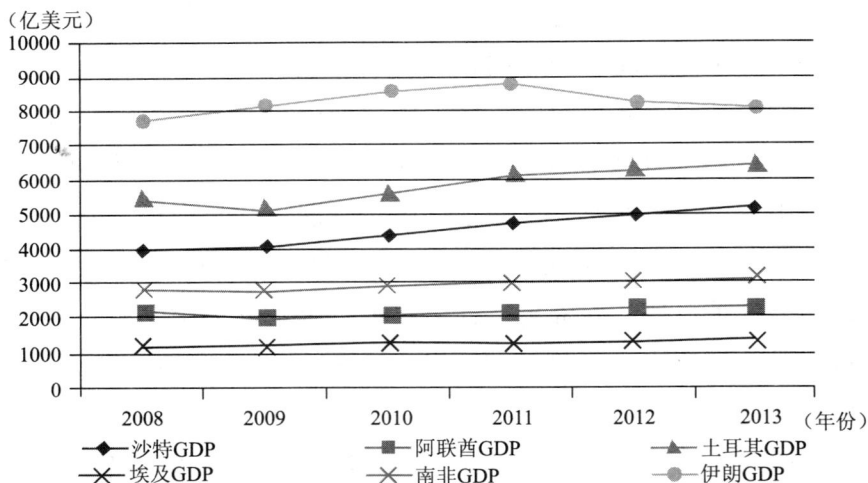

图 71.1　2008－2013 年中东非洲或国 GDP 及 GDP

数据来源：BvD 全球金融分析、宏观经济指标数据库，http:// www. Countrydata. bvdep. com/ip。

2009 年，除伊朗逆势增长之外，其它五国受国际金融危机的影响，经济出现下行，尤其是南非、土耳其和阿联酋出现了负增长，说明这些国家经济外向度较高，如图 71.2 所示。具体来看，自 2009 年之后，阿联出现平衡增长；沙特和土耳其的经济在 2010 年和 2011 年出现高于 6％的高增长，之后逐年回落，到 2013 年此二国经济增长率回落到 3％左右。值得注意的是，土耳其的经济增长率在 2010 年一度突破 9％，令世人瞩目，说明其政治经济改革成效明显；埃及由于政治比较不稳定，经济增长每况愈下，2013 年保住了 2％ 的增长率，为近六年的次低点；南非经济增长率在 2011 年出现 3.6％ 的高增长率之后，一路下滑，2013 年增长率跌破 2％；伊朗经济是最差的，2011 年之后经济就出现了负增长，说明国际经济制裁对该国的影响十分明显。阿联酋、沙特和土耳其三国的经济增长动力来自于稳定的国内国际环境和经济适度的对外开放和去石油化的经济转型；而伊朗、埃及和南非的经济负增长或缓慢增长说明恶劣的国际国内经济环境、政治不稳定和高失业率是宏观经济风险的重要来源。

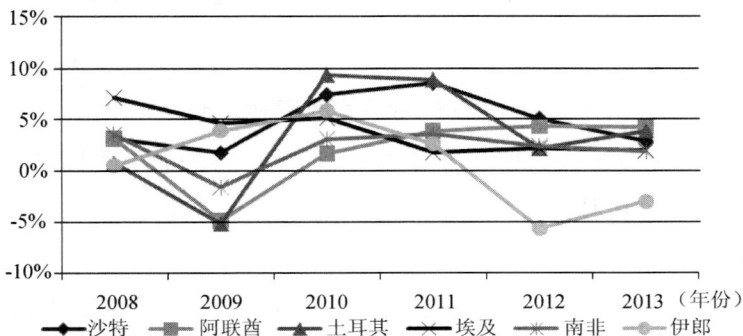

图 71.2　2008－2013 年中东非洲 GDP 增长率

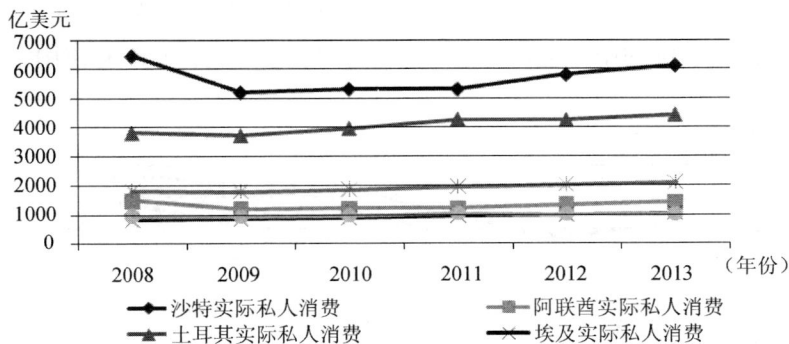

图 71.3　2007－2012 年中东非洲私人消费

从私人消费来看，经济成长性较好的沙特和土耳其的私人消费自 2009 年之后出现平稳较快的上涨；南非失业率虽较高，但是总体私人消费还是出现了微幅的增长；阿联酋近年来消费增长很缓慢，说明经济增长来自于其他方面；总体经济最不乐观的埃及和伊朗近年来消费几乎没有增长，如图 71.3 所示。

政府消费方面，2008 年至 2013 年，除伊朗外，中东非洲政府消费逐年增长，其中沙特、土耳其和南非政府的消费增长较快，埃及和阿联酋政府消费增长很缓慢。值得注意的是 2001 年之后伊朗政府的消费支出出现了缓慢下降的趋势（见图 71.4），这从一个侧面反映了伊朗政府的财政收入可能大幅减少，存在一定的政府信用风险。

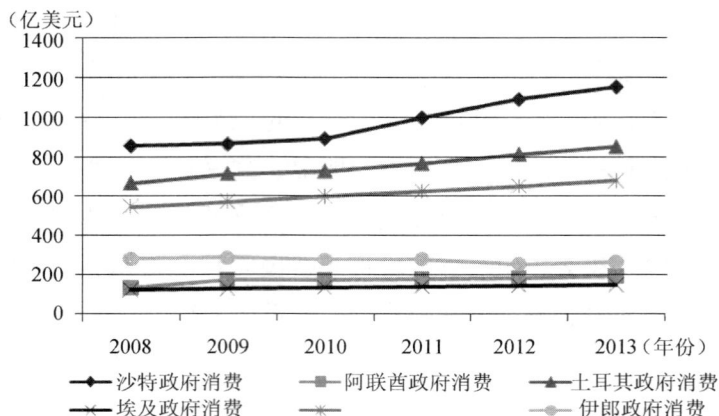

图 71.4 2007－2013 年中东非洲政府消费

从固定投资来看，沙特、土耳其、南非和阿联酋四国固定投资逐年增长，其中沙特和土耳其的固定投资增长速度较快，而同期二国的经济增长速度也比较快。

由于国内政治环境不稳定，埃及的固定资产投资近两年出现了缓慢的下降，同期其经济增长速度较慢。伊朗近两年的固定投资出现了大幅下降，经济出现了负增长，如图 71.5 所示。各国固定资产投资与其经济增长之间的关系说明，固定资产投资对于拉动中东非洲地区经济增长仍起着非常重要的作用。

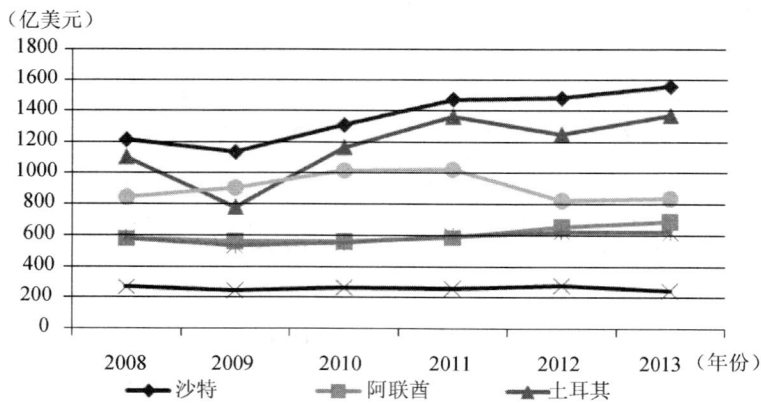

图 71.5 2007－2012 年中东非洲固定投资

2008 年至 2013 年，中东非洲六国除伊朗之外，其它五国通货膨胀水平较低。从图 71.6 可以看出，近年来土耳其和埃及 CPI 指数出现了小幅平衡的上涨，说明此二国有温和的通货膨胀。沙特、阿联酋和南非的 CPI 指数上升十分缓慢，说明此三国基本无通货膨胀压力。与上述五国形成鲜明对比的是，伊朗的 CPI 指数近年来出现了快速的上涨，对于经济出现负增长的伊朗来说更是雪上加霜。

（亿美元）

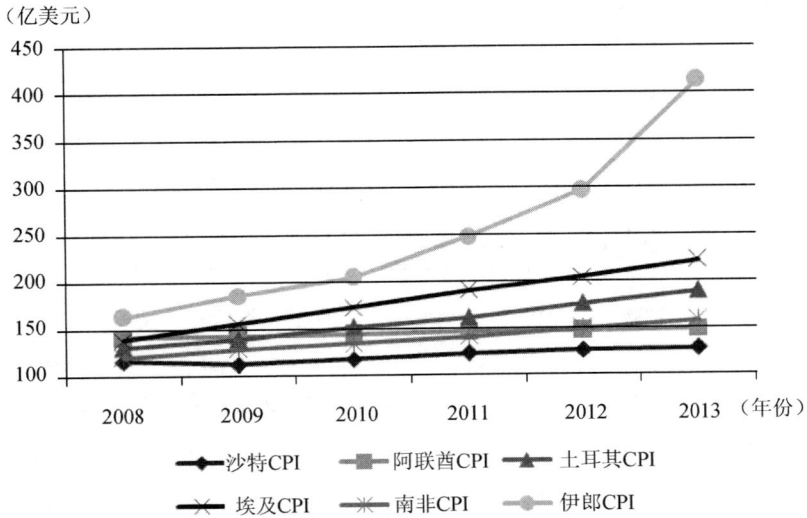

图 71.6　中东非洲通货膨胀率

　　从国际贸易来看，无论是商品和服务的进口还是出口，阿联酋都远超中东非洲其他五国，而且自 2010 年之后出现了快速的增长，出口总额 2010 年之后超过了 8000 亿美元，2013 年之后更是突破了 10000 亿美元；进口总额 2010 年之后突破了 7000 亿美元，2013 年更是突破了 9500 亿美元，这些都说明其去石油化经济转型取得了很大的成效。沙特、土耳其和南非近年来商品和服务出口总额和进口总额出现缓慢增长，正好与此三国整体经济缓慢增长相对应。埃及和伊朗两国的商品和服务进出口总额在 2011 年之后都出现了负增长，2013 年埃及的进出口总额仅为 1012 亿美元，伊朗的进出口总额仅为 1147 亿美元，如此低规模的进出口总额严重地拉低了此二国的经济增长。如图 71.7 和图 71.8 所示。

（亿美元）

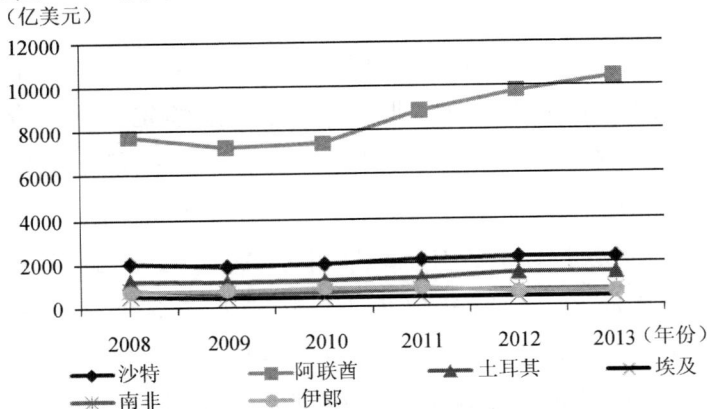

图 71.7　2008—2013 年中东非洲商品和服务出口总额及增长率

（亿美元）

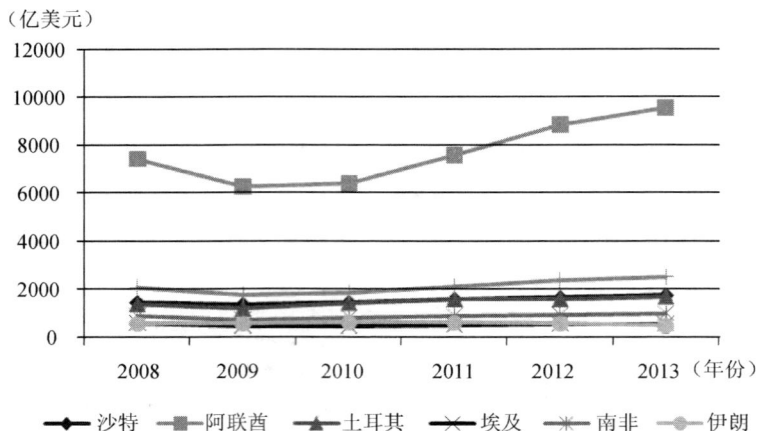

图 71.8　2008－2013 年中东非洲商品和服务进出口总额及增长率

综上所述，中东非洲经济增长较差的伊朗和土耳其的私人消费、政府消费、投资和进出口都处于下行通道，而成长性较好的阿联酋、沙特和土耳其在这些方面的增长也较快或较平衡。南非宏观经济的挑战来自于固定资产投资的不足和进出口增长动力不强。

二、金融运行概况

近年来中东非各国的金融业和发展也出现了很大的分化，总体来说阿联酋、沙特和土耳其的金融业态良好，运行稳定，而伊朗和埃及金融业现出了恶性发展。

在中东非洲六国中，沙特和阿联酋二国实行的是钉住美元的汇率制度，近年来汇率基本上没有变化；其他五国的汇率可以在一定程度内浮动，土耳其和埃及的本币近年来逐年小幅贬值，南非的本币在 2011 年升值之后，有较大幅度的贬值。伊朗近年来本币贬值的速度非常快，汇率指数从 2008 年的 9825 飙升至 2013 年的 24870，在本币贬值和高通货膨胀的双重压力之下，投资萎缩，经济倒退。

从图 71.9 中可以看出，沙特、阿联酋和土耳其三国的外汇储备增长较快，尤其是沙特的外汇储备在中东非洲 6 国中遥遥领先，2013 年更是超过了 7000 亿美元，而其它 5 国的外储备长期以来均在 1000 亿美元以下，2013 年只有土耳其的外汇储备超过 1000 亿美元。特别要注意的是，伊朗的外汇储备自 2008 年来一直处于下降之中，2013 年仅为 67 亿美元；其次要注意埃及的外汇储备也极其匮乏，2013 年仅为 165 亿美元，不及 2011 年的一半。南非的外汇储备近来年增长也比较缓慢，且总规模不过 500 亿美元。埃及、南非和伊朗三国过低的外汇储备说明这些国家容易受国际金融危机的影响，抵抗国际经济风险的能力十分脆弱。

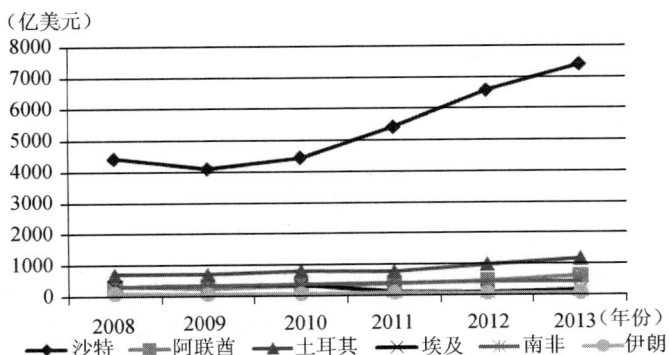

图 71.9　2008－2013 年中东非洲外汇及外汇储备

近三年来，除埃及和伊朗的银行业发展停滞之外，其他四国的银行业平稳发展，而伊斯兰债券近年来在阿联酋也迅速发展，伊斯兰银行业将成为中东非洲银行金融的一个重要组成部分；不过沙特还是遵守不放债不收利息的严格教义。近年来，中东非洲六国的股票市场已经走出了 2011 年的大熊市。2012 年各国的股市均出现了快速拉升的态势，2013 年增长速度有所下降，但仍处于上升通道之中，如图 71.10 所示。值得注意的是，近两年经济负增长的伊朗的股市指数出现了快速增长，与经济基本面出现了背离，市场投机气氛热烈，隐藏着巨大风险。

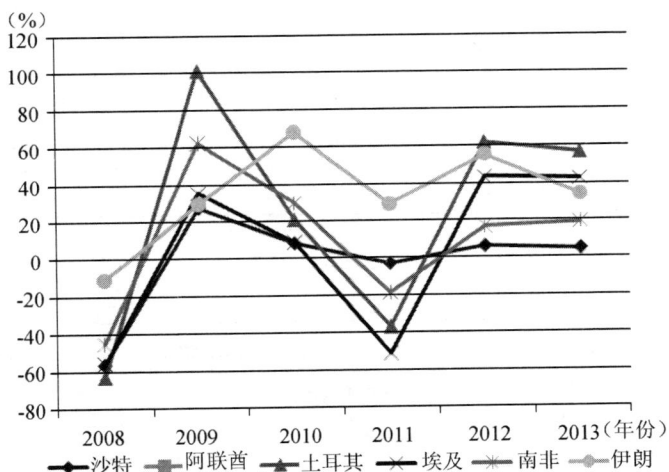

图 71.10　2008－2013 年中东非洲股市增长率

第 2 节　中东非洲公共部门风险分析

中东非洲主要国家的公共部门风险也出现了分化，其中沙特、阿联酋和土耳其比较乐观；而埃及、南非和伊朗则问题比较严重。

一、公共部门资产负债表分析

(一) 资产负债率分析

近年来，沙特、阿联酋、南非和土耳其的公共部门总资产呈逐年增长的态势，埃及公共部门的总资产2010年之后出现下降，2012年小幅回升，但仍旧小于2010年的水平，伊朗公共部门的总资产在2011年之前总体呈上涨趋势，但近两年的数据缺失。从中东非洲各国中央政府权益来看，只有沙特和阿联酋两国实现增长态势，土耳其和南非近两年出现下降，伊朗在2011年之前逐年增加，近两年数据缺失。从图71.11可以看出，除沙特之外，中东非洲其它五国的资产负债率都较高，近年来基本都高于90%，埃及中央政府资产负债率一度高于100%，这些都表明此区域各国公共部门存在较高的信用风险。

表71.1　中东非洲中央政府权益

（单位：亿美元）

	沙特	阿联酋	土耳其	埃及	南非	伊朗
2008	4616.669	41.06195	80.475013	1698.75	9904.616	128.1598
2009	4050.385	43.67597	69.814653	655.75	10904.17	130.4478
2010	4425.765	43.67597	80.564295	967.84	9877.219	145.1298
2011	5292.788	56.77332	177.55781	−10.86	8713.122	201.8555
2012	6368.368	49.23077	131.86951	−249.41	8404.608	*
2013	*	52.02831	*	*	7047.411	*

注：表中 * 号处表示数据缺失。

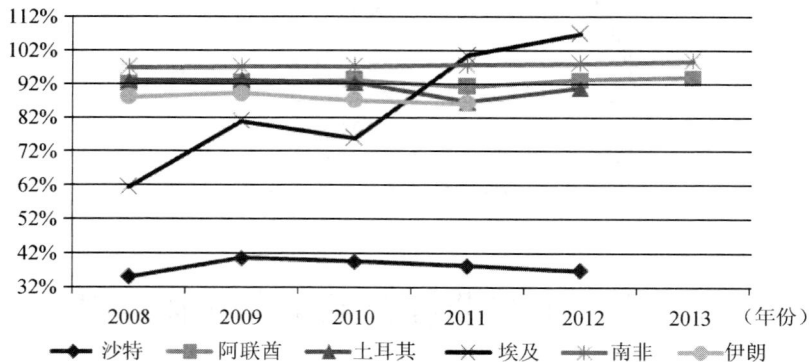

图71.11　2008－2013年中东非洲中央政府资产负债率

注：伊朗缺少2012－2013年的数据，沙特、土耳其和埃及缺少2013年数据。

（二）清偿力风险分析

本章采用国家公共部门产权比率表示其债务清偿能力。对于公共部门而言，产权比率可以用公共部门总负债与总权益之比来表示。图 71.12 是中东非洲各国公共部门产权比率变动对照图。从中可以看出，除埃及以外，各国的产权比例均在可控范围之内。不过南非的产权比例上升非常快，在未来不排除有超过百分之百安全线的可能。而埃及的产权比率在 2011 年之后变为负数，这是因为该国在这期间公共部门的总权益为负值。由此可见在中东非洲区，埃及公共部门，已经丧失了债务清偿能力，资本结构错配风险已经显现；其他各国债务清偿能力均在可控范围之内，尤其是沙特公共部门基本不存在债务清偿风险。

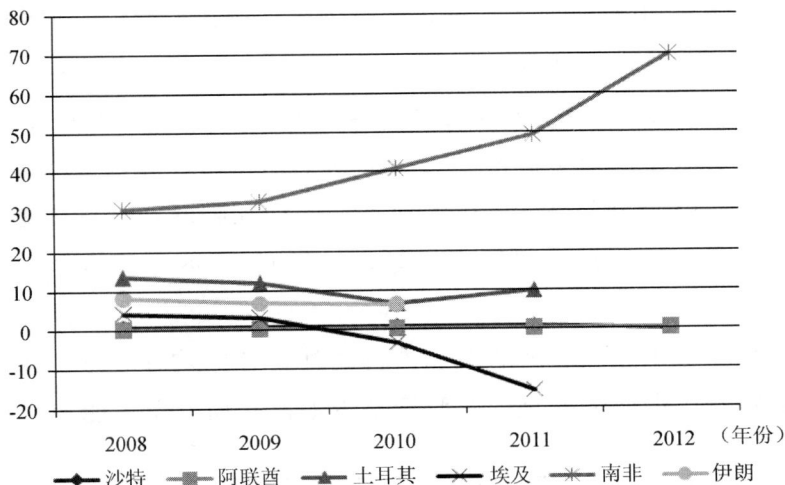

图 71.12　2008－2013 年中东非洲中央政府产权比率

二、公共债务与财政赤字分析

（一）公共债务分析

近年来中东和非洲地区国家公共债务总体呈增长趋势，但是还是出现了一定程度的分化。具体来说。阿联酋、埃及和南非的公共债务增长速度较快，占 GDP 的比重也愈来愈大；土耳其公共债务占 GDP 的比重越来越低，显示出该经济成长性较好、中央政府控制公共债务的能力越来越强。沙特和伊朗的公共债务占 GDP 的比重一度下降，在 2011 年之后呈现小幅回升，但总体呈下降趋势，如图 71.13 所示。

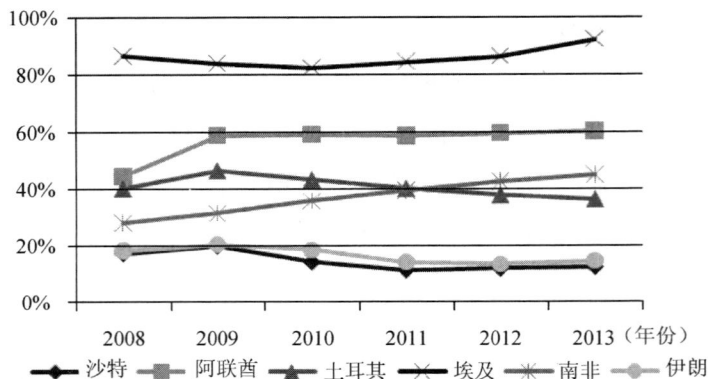

图 71.13　2008－2013 年中东非洲公共债务对 GDP 占比

（二）财政收支分析

2010 年之后，中东非洲各国财政支出均呈现增长的趋势，但财政收入增长的国家只有沙特、阿联酋和土耳其，埃及、南非和伊朗的财政收入近三年均呈下降的趋势。图 71.14 是中东非洲各国财政盈余，整体上看 2009 年是该区域各国财政盈余的历史低位，2009 年之后该区域财政盈余总体呈上升趋势。具体来看，财政盈余增长较快的国家是沙特和阿联酋，其他四国财政盈余近年来都是负数。特别值得注意的是，埃及自 2008 年至今财政盈余均为负数。

由此可见，中东非洲除阿联酋和沙特之外，各国均存在或大或小的债务清偿风险，特别值得警惕的是埃及政府基本上没有债务偿还能力。

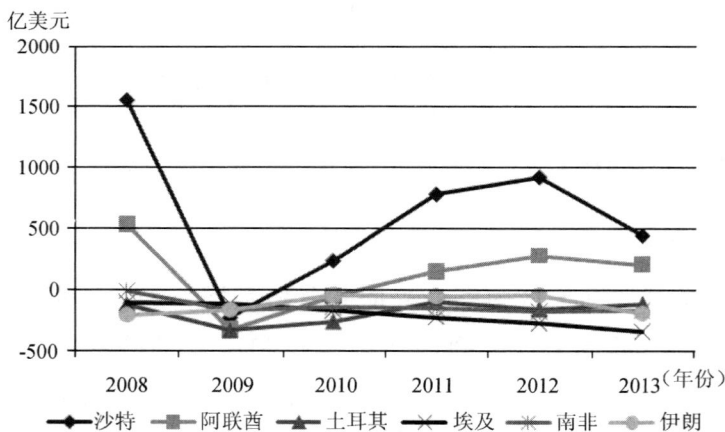

图 71.14　2008－2013 年中东非洲各国财政盈余

第3节 中东非洲金融部门风险分析

本节选取中东非洲六国资产市值排名前几十家金融机构为代表,对其数据进行分析研究。通过对这些金融机构的资产负债表进行加总,然后计算或有权益资产负债表,在此基础上分析中东非洲金融部门的风险。

一、资产负债表分析

(一) 资本结构分析

自2008年以来,沙特、阿联酋、土耳其和埃及金融部门的总资产和总负债均呈增长趋势。南非金融部门总资产和总负债自2011年起,有小幅回落。伊朗金融部门的,总资产和总负债自2011年之后,有大幅的回落。由此可见南非和伊朗上市公司的表现乏善可陈,从一个侧面反映,此二国经济下行压力较大,具体见各国部相应章节的分析。本节仅对中东非洲各国的资产负债率进行分析。埃及金融部门资产负债率呈平缓增长的趋势。阿联酋和沙特金融部门资产负债率,处于85%左右,相对较低的水平,如图71.15所示。

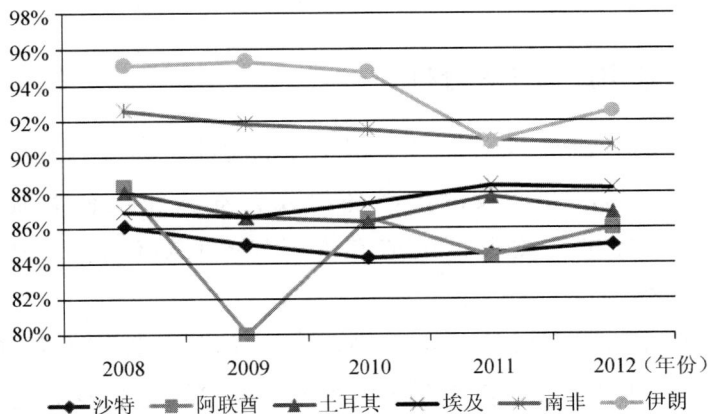

图71.15 2008—2012年中东非洲金融部门资产负债率

总体来说,中东非洲金融部门资产与负债规模目前暂时在可控范围之内,但是如果伊朗核问题不能有效解决、埃及政治动荡不能尽快平稳,就会进一步带动中东非洲出现结构性风险。

(二) 存贷结构分析

从金融部门资本结构来看,2008年以来,沙特、阿联酋、土耳其和埃及金融部门的总资产，总负债和总权益均呈增长态势，但是南非和伊朗的金融部门的总资产和总负债自 2011 年之后，出现了下滑，尤其是伊朗金融部门总资产在 2012 年仅为 2001 年的三分之一，总权益还不到 2010 年的四分之一。

自 2008 年以来，中东非洲各国金融部门存贷比处于下降之后的平稳运行中枢。具体来看，埃及金融部门的存贷比出现了显著的下降，到 2012 年不足 50％，结构错配风险明显。2012 年，沙特、阿联酋、土耳其、埃及和南非的存贷比基本上在 80％以上，显示金融市场借贷比较活跃，短期内资本结构错配风险相对较小，如图 71.16 所示。

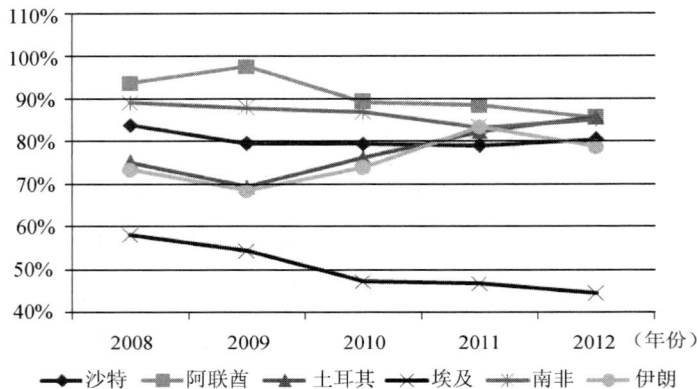

图 71.16　2008－2012 年中东非洲金融部门存贷比

二、或有权益资产负债表分析

2008 年，沙特、阿联酋、土耳其和埃及金融部门的或有资产和负债均出现增长，其中，土耳其和埃及的金融部门或有资产和或有负债上涨幅度较大。值得注意的是南非金融部门的或有资产和或有负债自 2010 年之后，出现较大幅度的下滑。

近年来中东和非洲区域的上市金融部门或有资产负债率总体变化不大，如图 71.17 所示。阿联酋近年来的或有资产负债率增长较快，这与其大举借债扩大固定资产投资有关。2012 年，土耳其、埃及和南非金融部门或有资产负债率有所下降，或有资产结构错配风险不明显。需要注意的是，一旦未来中东非洲市场利率或资产波动率上升，其金融部门的或有资产负债率可能会恶化，应该引起警觉和重视。

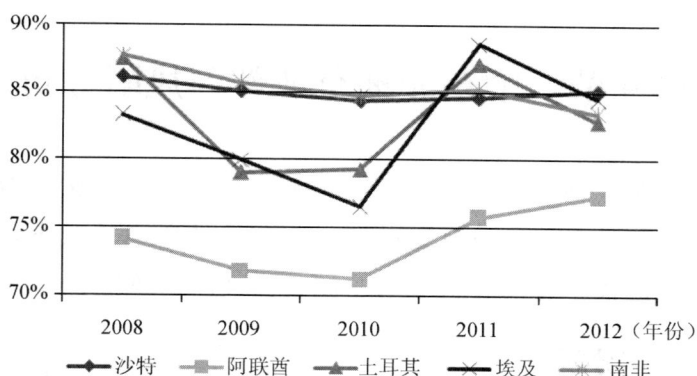

图 71.17　2008－2012 年中东非洲上市金融部门或有资产负债率

从或有资产负债率来看，近年来中东和非洲区域的上市金融部门或有资产负债率总体变化不大，如图 71.18 所示。

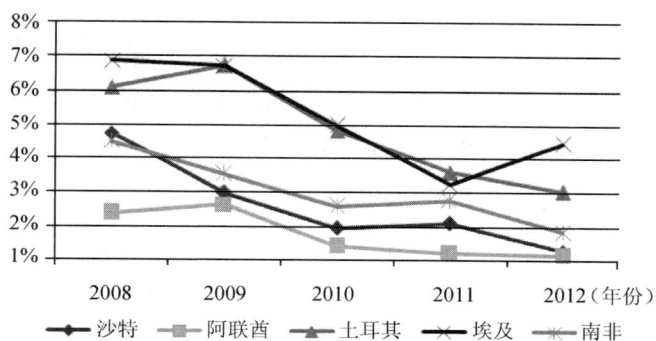

图 71.18　2008－2012 年中东非洲金融部门资产市值波动率

三、风险指标分析

从图 71.19 可以看出，整体上中东非洲金融部门的违约距离近年来呈增长趋势，违约可能性降低，其中沙特和阿联酋的违约距离均大于 10，表明违约可能性非常小。但是，埃及的违约距离 2012 年接近于零，表明违约可能性非常大。

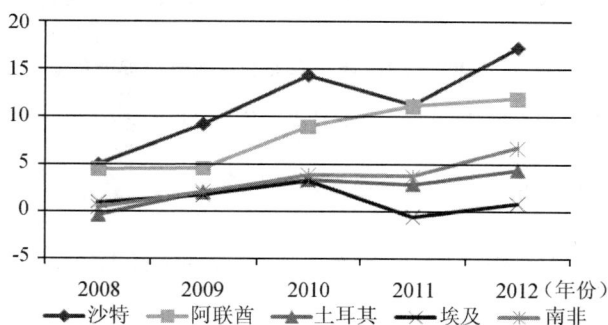

图 71.19　2008－2012 年中东非洲金融部门违约距离

第4节　中东非洲企业部门风险分析

本节综合中东非洲六国上市企业近年来的数据进行分析，经过计算其资产市值和负债市值从而得到或有资产负债率和违约距离等数据，然后再与账面资产负债率相比较，进而分析中东非洲企业部门的风险。

一、资本结构分析

从总体上看中东非洲企业部门近年来的总资产和总负债均有所增加，总权益的变化有增有减，此处仅对各国企业部门的资产负债率作横向对比。

2010 年以前中东非洲各国企业部门的资产负债率基本上呈增加的趋势，2011 年以后资产负债率有所下降。其中资产负债率较高的国家有沙特、土耳其和埃及，阿联酋、南非和伊朗企业部门的资产负债率相对较低，但 2012 年以后，所有 6 国企业部门资产负债率都低于 60%，资本结构错配的风险较低，尚在可控范围之内，如图 71.20 所示。

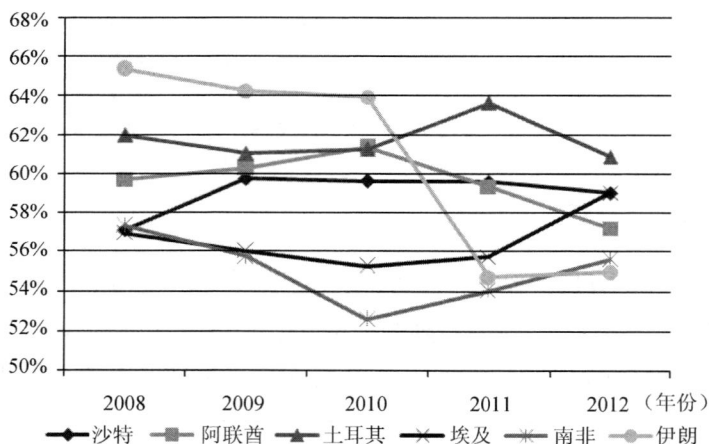

图 71.20　2008－2012 年中东非洲企业部门资产负债率

数据来源：BvD 数据库 OSIRIS 分库——全球上市公司分析，http://www.osiris.bvdep.com/ip。

二、期限错配分析

近年来，除伊朗之外，中东非洲各国企业部门的流动资产和流动负债基本上都是先升后降。

从流动比率来看中东非洲各国企业部门的数据整体趋于平稳。近年来伊朗企业部门的流动比率逐年升高，2008 年，流动比率只有 0.9 左右，期限错配风险非常高，2012 年其流动比率已经超过 1.2，期限错配风险明显降低。值得注意的是，阿联酋企业部门的流动比率 2009 年为 1.5 左右的安全水平，而到了 2012 年下降为 1.3 左右，存在一定程度的潜在期限错配风险。土耳其、埃及和南非的企业部门近年来的流动比率变化幅度不大，多年来一直保持在 1.2—1.3 之间，虽然短期内期限错配风险较小，但如果国际国内形势恶化，不排除产生期限错配风险的可能性。在中东非洲六国中，沙特企业部门的流动比率近年来基本上保持在 1.4 之上，说明该国企业部门短期内期限错配风险较小（见图 71.21）。

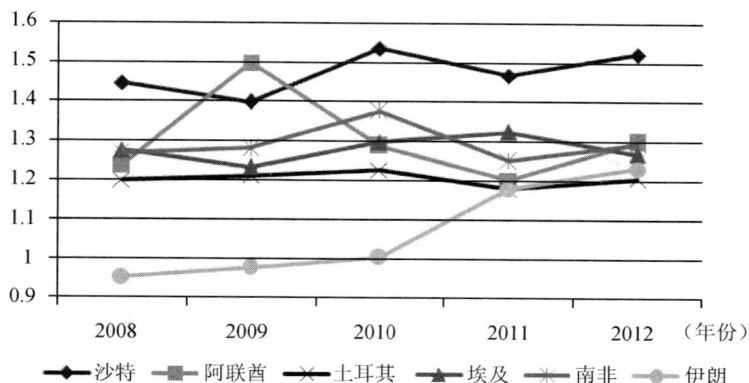

图 71.21　中东非洲企业部门流动比率

三、或有权益资产负债表分析

近年来，尤其是 2010 年之后，中东非洲企业部门的资产市值和负债市场基本保持稳定，变化幅度不大，这也导致近年来中东非洲企业部门近年来的权益市场变化不大，稳定在 550—630 亿美元之间，从总体趋势来看，权益市值稳中有涨。

近年来中东非洲各国企业的或有资产负债率变化幅度不大，且均低于 0.8 的警戒水平。具体来看，沙特企业部门的或有资产负债率，近两年从 0.5 上升到 0.6 左右。阿联酋的企业部门的或有资产负债率多年以来一直保持在 0.5 左右，土耳其企业部门的固有资产负债率多年以来一直在 0.35 到 0.45 之间波动。埃及对企业部门的或有资产负债率多年来一直低于 0.45。南非企业部门的或有资产负债率多年来一直在 0.2 左右徘徊，从一个侧面反映了该国企业部门规避风险的意愿非常强烈。具体各国上市企业部门或有资产负债率如图 71.22 所示。总之，从或有资产负债角度来看，中东非洲企业部门短期内风险不明显。

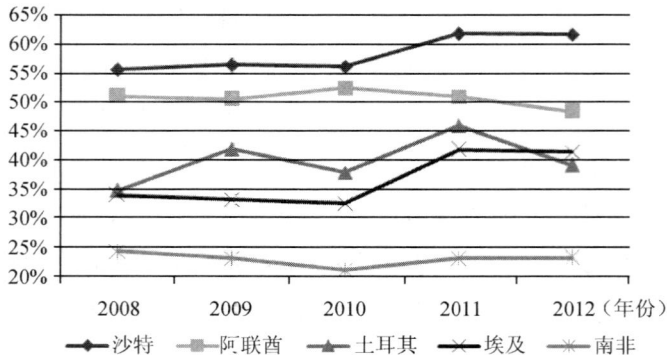

图 71.22　2008－2012 年中东非洲上市企业部门或有资产负债比率

四、风险指标分析

（一）资产波动率分析

资产市值波动率是系统性风险、非系统风险性与投资者预期的表现，该值越低表明系统性风险和非系统性风险越低，投资者的预期越乐观；反之则不是。近几年中东非洲企业部门的资产市值波动率呈逐年下降的趋势，2012年之后，中东非洲各国企业部门的资产市值波动率基本上都低于1％，只有土耳其企业部门的资产市值波动率略高于1％，如图 71.23 所示。可见，中东非洲资本市场比较稳定，波动率小，出现系统性风险的可能性不大，在短期内企业资产不大可能出现大幅缩水的风险。

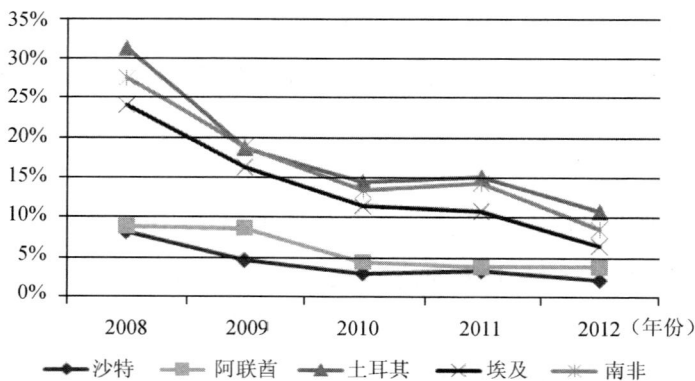

图 71.23　中东非洲上市企业部门资产市值波动率

（二）违约距离

2008－2009 年，由于受到国际金融危机的冲击，中东非洲企业部门的违约距离处于近年来最低水平，具有较大的违约风险。沙特和阿联酋很快扭转这种状况，2010 年之后，此二国企业部门的违约距离都已经上升到 10 以上，处于较安全的水平。土耳其、埃及和南非三国企业部门的违约距离也总体呈上升态势，2012 年爬升到 5 以上（见图 71.24），处于中度偏低的安全水平，表明违约的可能性逐年下降。总之，逐年攀升的的违约距离表明中东非洲企业部门近年来不大可能出现大面积违约。

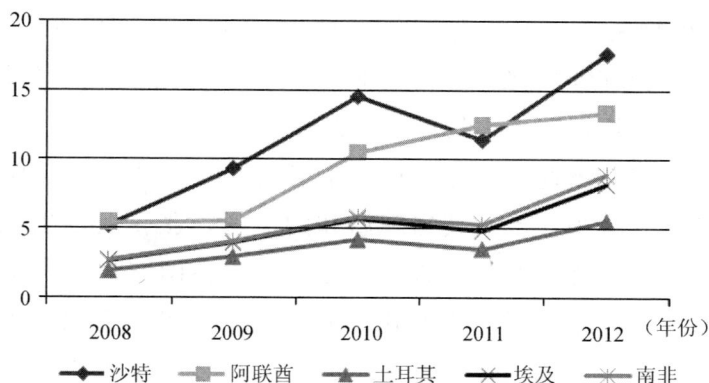

图 71.24 2008—2012 年中东非洲上市企业部门违约距离

第 5 节 中东非洲家户部门风险分析

中东非洲六国中，沙特和阿联酋两国的劳动人口结构很特殊，阿联酋 85％的劳动力是外来人口，沙特也有大量的外来劳动人口，其它四国的外来劳动人口数量和比例都比较少。所以此区域劳动人口的变化出现两类分化，这从图 71.25 可以看出。本节从劳动力的变化和个人消费的变化研究中东非洲家户部门的风险。

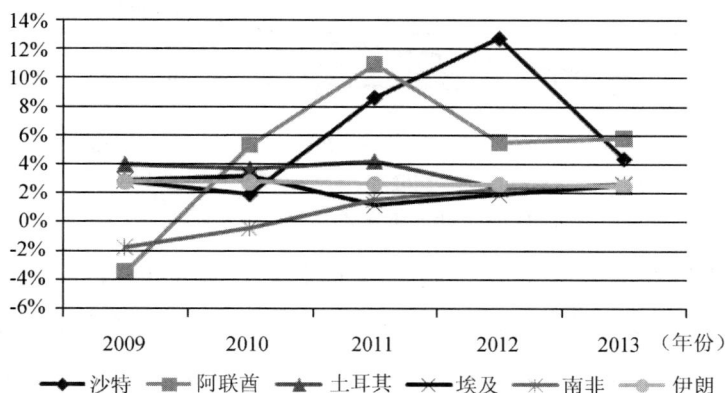

图 71.25 中东非洲劳动人口变化率

近年来，沙特和阿联酋两国的劳动人口呈先增后减的走势，沙特外来人口的高峰期在 2011 年，阿联酋外来人口的高峰期在 2012 年，高峰期之后，由于面临增加本国人口就业的压力，就业人口增长率出现了大幅下降，大量的外籍人口离开此二国，一度给此二国企业带来劳动力短缺的短期困难，但是本国就业人口的增长缓解了此二国的社会矛盾。从图 71.25 可以看出，土耳其、埃及和伊朗的劳动人口增长率近年来呈现缓慢下降的趋势，2013 年均处于 2% 的自然增长率水平。南非自 2010 年之前劳动人口处于负增长之中，到 2013 年，增长率已经达到 2% 的自然率水平。可见，今后几年，中东非洲劳动力供给比较充裕，劳动力短缺的风险短期内不会出现。

近年来，中东非洲通货膨胀总体呈上升态势，其中沙特、阿联酋和南非的通货膨胀升幅非常小，土耳其出现温和的通货膨胀，埃及出现较严重的通货膨胀，而伊朗出现恶性通货膨胀。受此影响，各国家户部门的平减指数变化也与该国的通货膨胀水平同步变化。从图 71.26 可以看出，沙特、阿联酋和南非三国家户部门平减指数只有平缓的上升；土耳其家户部门平减指数有温和的上升（考虑到土耳其经济的高成长性，该指数温和上升是正常的）；埃及家户部门平减指数上升的速度较快，反映埃及国内现出了严重的通货膨胀，这与埃及国内的政治动荡有关；伊朗家户部门平减指数 2013 年上升为 2008 年的 4 倍左右，表明该国出现了恶性通货膨胀，说明欧美各国对伊朗的经济制裁给伊朗经济带来了沉重的打击。

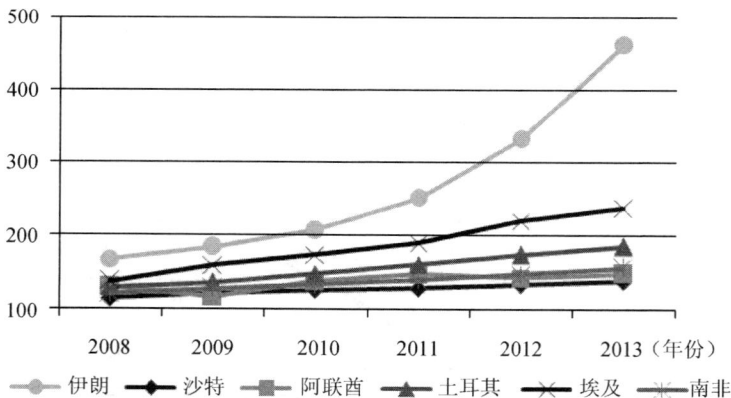

图 71.26　中东非洲家户部门平减指数

从家户部门的消费来看，近两年中东非洲近两年增长缓慢。2012—2013年，家户部门消费增长较快的国家只有土耳其——从 2012 年的负增长突然增长到 5% 左右，说明该国的经济改革卓有成效。从图 71.27 可以看出，2012—2013 年，沙特和南非家户部门消费均出现增长放缓的迹象，说明此三国居民收入水平增加有限。阿联酋家户部门的消费增长率从 2012 年的 10% 大幅下降到 2013 年的 5%，属于高速增长之后的理性回归。受外国经济制裁的影响，伊朗 2012—2013 年家户部门的消费从 2011 年的高增长大幅跌到负增长之中。

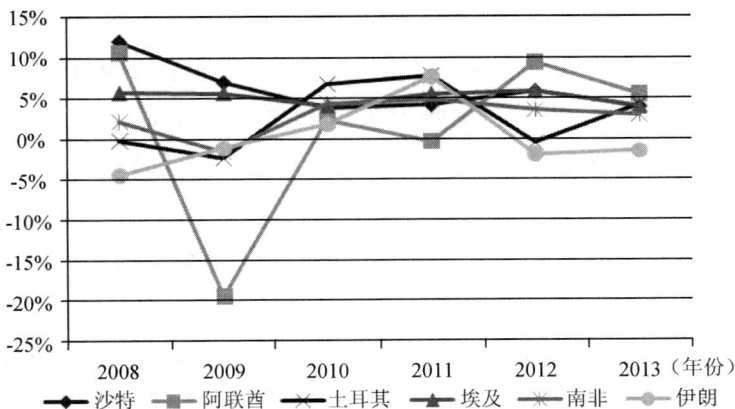

图 71.27　2008－2013 年中东非洲家户部门个人消费增长率

从消费占 GDP 的比重来看，中东非洲各国的情况也大不相同。个人消费占 GDP 比重最高的国家是埃及，个人消费占 GDP 比重多年来一直保持在 70％以上，2012－2013 年达到 80％以上，并未受政局动荡的影响，说明该国经济是消费驱动型的。土耳其家户部门消费占 GDP 的比重多年以来一直保持在 70％左右。南非家户部门消费占 GDP 的比重多年以来一直保持在 60％左右，2013 年微涨到 63％。阿联酋家户部门消费占 GDP 的比重从 2008 年的 60％下降到 2013 年的 50％，这是因为该国加大了基础设施的投资。

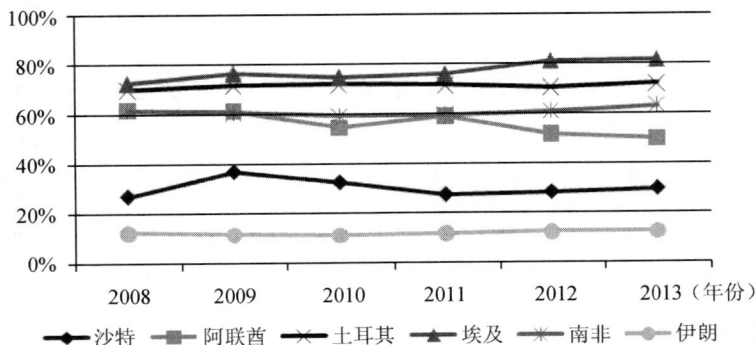

图 71.28　2008－2013 年中东非洲家户部门个人消费占 GDP 比重

第 6 节　结论及对中国的借鉴

中东和非洲地区国家公共债务总体呈增长趋势，除沙特之外，中东非洲其它五国的资产负债率都高于 90％，尤其是埃及公共部门基本已经丧失了债务清偿能力，资本结构错配风险已经显现；相比之下土耳其公共债务占 GDP 的比重越来越低，说明土耳其的政治经济改革卓有成效。

2009 年之后，中东非洲各国金融部门资产负债率总体上有所下降，但是伊朗金融部门风险值得关注，其总权益还不到 2010 年的四分之一。

2013 年，尽管中东非洲的某些国家政府和经济环境有所恶化，但是各国企业部门资产负债率都低于 60％，资本结构错配的风险尚在可控范围之内。中东非洲资本市场比较稳定，波动率小，所以该区域企业市值波动较小，在短期内企业资产不大可能出现大幅缩水的风险，同时，各国企业部门的违约距离逐年攀升，也表明中东非洲企业部门近年来不大可能出现大面积违约。

2012 年以来，埃及、南非、阿联酋、沙特和伊朗的私人消费增长率一直停滞不前，仅有土耳其家户部门消费增长较快，进一步说明土耳其改革收到了良好效果。

总之，中东非洲六国的经济实力、金融实力以及经济和社会发展过程中存在的风险各不相同，总体来看，沙特、阿联酋和土耳其的经济实力越来越强，经济和金融风险相对较小，南非经济发展增速放缓，金融风险集聚，埃及受政治风波的影响短期风险较大，伊朗受到的核危机制裁严重地影响了该国的经济，各类经济和金融风险十分突出。

从中东非洲各国经济发展的差距中可以看出：沙特、阿联酋的经济发展得益于国内政治经济环境的稳定，南非经济发展困难重重是因为其经济太过于依赖消费，土耳其的经济发展来源于改革的红利，埃及各类经济和金融风险集聚归因于政局不稳，伊朗的经济快速滑坡是受到了欧美经济制裁的打击。中东非洲各国经济发展差距的原因告诉我们，我国经济要保持持续、稳定、健康地发展，应具备以下几个条件：首先，要保持国内政治经济环境的稳定和良好的市场秩序；其次，要坚定不移地开展政治和经济各领域的改革，理清政府和市场的关系，在这一点上可以学习土耳其的成功经验，我国当前的政府经济改革的前景是乐观的；再次，要保持良好的国际关系，与世界其它国家发展互惠贸易，实现中国的和平崛起，伊朗的困境应作为我们的前车之鉴；最后，保持投资和消费的适当比例，过高的消费比例（如南非）不利于生产的发展，过低的消费比例也会制约生产的发展（如沙特和伊朗）。经过多年刺激消费，2013 我国消费占 GDP 的比重仍只有 49.99％以下，经济增长仍然主要是投资推动的，这种状况不利于我国经济的长远健康发展。

参 考 文 献

［1］International Monetary Fund："Global Financial Stability Report"，2011.4.

［2］International Monetary Fund："World Economic Outlook（WEO"，2014.4.

［3］张茉楠：《伊朗局势恶化将导致全球"多输"》，载《理论导报》2012年第2期，第6页。

［4］俊林：《阿联酋走在世界纺织工业前列》，载《中国纤检》2013年第21期。

［5］唐军，张春宇：《南非包容性增长战略的进展及启示》，载《当代世界》2013年第7期，第39—42页。

［6］国家统计局：《中国统计年鉴2014》。

第72章　沙特阿拉伯宏观金融风险研究

沙特经济受国际油价影响很大。20 世纪 90 年代，由于油价低迷，人均 GDP 从 1981 年的 17000 美元下降到 1998 年的 6300 美元。2000 年之后，由于国际油价大幅上升，沙特的人均 GDP 又上升到历史高位。虽然沙特阿拉伯是世界上最富裕的国家之一，但是社会并不安定，各种暗流涌动。由于石油企业大都是国有企业，政府是石油经济的最大受益者，下层民众似乎没有分享到经济增长的成果。虽然沙特政策规定报导国内贫困是非法的，但是有些记者的秘密报导指出，沙特有高达 22% 的人口处于贫困。近年来该国失业率高升，贫富差距越来越大，社会矛盾重重。不过沙特政府力图改革，试图扩大民营经济的比例，减少对石油的依赖，从而扩大就业，缓和社会矛盾。

许多研究者对沙特阿拉伯的经济和社会问题感兴趣，他们的研究也使我们看到这个石油王国的更多问题。艾林（2013）研究了沙特阿拉伯的社会问题，指出社会经济转型过快导致的利益纷争、西方经济制度和自由民主的思想与沙特政教合一的体制产生的巨大冲突、社会弱势群体如什叶派穆斯林和外籍劳工遭遇的不公正待遇等都是沙特社会不稳定的重要因素。Alqathani-Khaled Mohammed（2011）研究了沙特的中小企业，指出与其它国家一样，沙特中小企业的创新是成功的关键因素，不过，在沙特中小企业需要更多的政府支持。王海霞（2013）和刘建（2013）分别研究了美国的页岩气和页岩油的开采，指出美国的页岩气和页岩油在未来可能会对沙特的石油产业构成一定的威胁。王国栋（2011）研究了美国的石油利润与沙特阿拉伯经济现代化的进程，发现长期以来的沙美合作积累了很多问题，在这种合作之下，沙特的非石油产业大多没有发展成进口替代型产业，而美国与俄罗斯的石油合作又降低了对沙特石油的依赖，沙美合作正在发生一些微妙的变化。张婧姝（2013）研究了沙特经济发展对维持社会稳定的作用只有保持经济增长、优化经济结构、改善下层人民的生活水平，才能增强沙特社会抗变的能力，才能保持该国的长治久安。

第 1 节　沙特阿拉伯经济金融运行概况

一、经济运行概况

沙特经济严重地依赖国际油价，2008 年第四季度以后，国际油价一落千丈，虽然 2009 年全年国际油价呈上涨趋势，但是还是低于 80 美元/桶，这导致沙特 2009 年 GDP 增长速度处于近年来最低水平。2009 年至 2011 年，国际油价快速上涨，沙特 GDP 增长率也由 2009 年低位快速上涨至 2011 年的 8.6％的历史高位。2012－2013 年，由于国际油价比较平稳，没有出现大的涨幅，沙特的 GDP 增长率明显下降，到 2013 年 GDP 增长率只有 2.9％（见图 72.1），而邻国阿拉伯联合酋长国同年 GDP 增长率却高达 4.7％。从表 72.1 沙特近年石油产量可以看出，2012－2013 年沙特的石油产出较 2011 年有较大的增长，但是 GDP 增长率却出现了快速的下降。这一方面说明沙特经济受石油价格影响很大，另一方面也说明沙特的经济结构比较单一，非石油经济发展缓慢，甚至有恶化的可能。

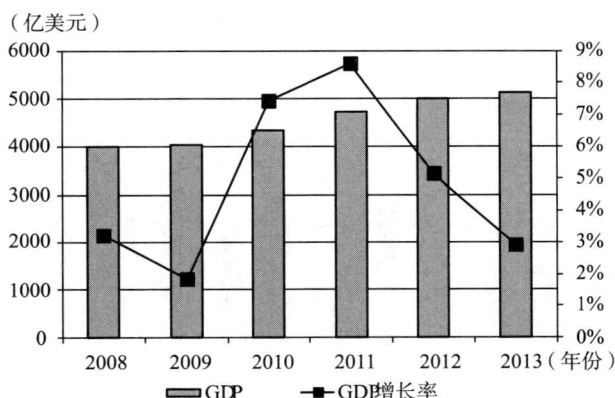

图 72.1　2008－2013 年沙特阿拉伯 GDP 及 GDP 增长率

数据来源：BvD 全球金融分析、宏观经济指数数据库（以下数据如未标注则来源均相同）。

表 72.1　2007－2013 年沙特阿拉伯石油产量

单位（万桶/天）

年份	2007	2008	2009	2010	2011	2012	2013
石油产量	876.000	915.833	819.583	835.250	933.792	987.500	968.000

由于国际油价总体平稳，沙特经济目前总体上处于平稳增长的过程中，经济下行的压力主要来自两个方面：其一是由于页岩气和页岩油开采成本的下降可能会导致国际油价的下跌；其二是沙特国内贫富差距越来越大及什叶派穆斯林所遭受的不公平待遇可能会导致社会动荡。此外，外籍劳工的减少也可能使沙特面临缺少廉价劳动力的困境。随着2013年11月4日沙特签证大赦的结束，100万外籍人不得不离开沙特，他们的离开抑制了国内需求，同时某些产业受到劳工短缺的影响，导致在具体建设项目方面的延误，所以经济有一定的下行风险。然而，尽管如此，建筑业、零售业和运输业在2013年都健康发展。总体看来，沙特经济未来的增长速度可能放缓。

沙特阿拉伯经济稳健增长放缓的原因之一可能是消费水平的下降。纵观近年来的数据可以看出，私人消费、政府消费和固定资产投资占GDP的比重高达80%以上，消费占GDP的比重近年来都在50%左右，所以消费在沙特经济中还是占有最大比重。从图72.2可以看出2009—2011年沙特经济快速增长的时期，私人消费虽然总量增长，但是占GDP的比重是下降的，这是由于私人企业在沙特经济中占的比重太小、民营经济落后，广大中下层人民并没有分享到多少实际的经济增长成果。2014年，国际油价预期稳中有降，而民营经济的落后可能会导致沙特经济增长进一步入放缓。长此以往，在更远的未来沙特经济可能会出现负增长。

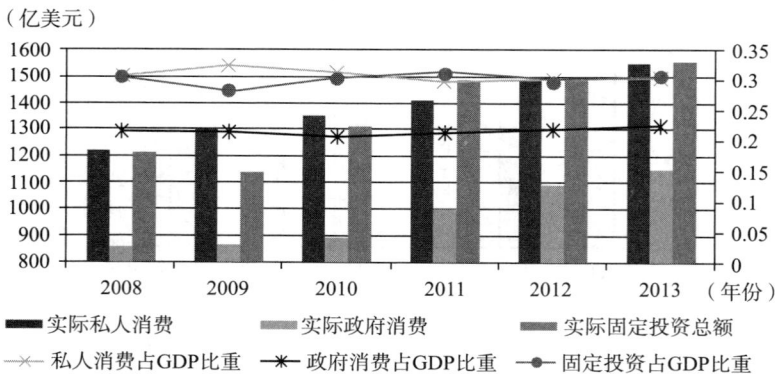

图72.2　2008—2013年沙特阿拉伯消费、投资、政府消费对GDP贡献度

从CPI来看，除2008年受世界金融危机影响通胀率高达8.89%之外，近几年沙特阿拉伯的通货膨胀率已经控制到了比较理想的低水平，2011年低于3%，2012年和2013年低于4%，如图72.3所示。从GDP平减指数来看，在2009年该指数为负之后，迅速回升为正，2010年上升到14.28%，2011年更是上升到17%以上，表明经济增长的过程中存在物价上涨的压力，不过在 2012 年之后，GDP 平减指数降到了接近 0 的水平，说明近两年沙特经济缓慢增长的同时，物价保持了相当的稳定。

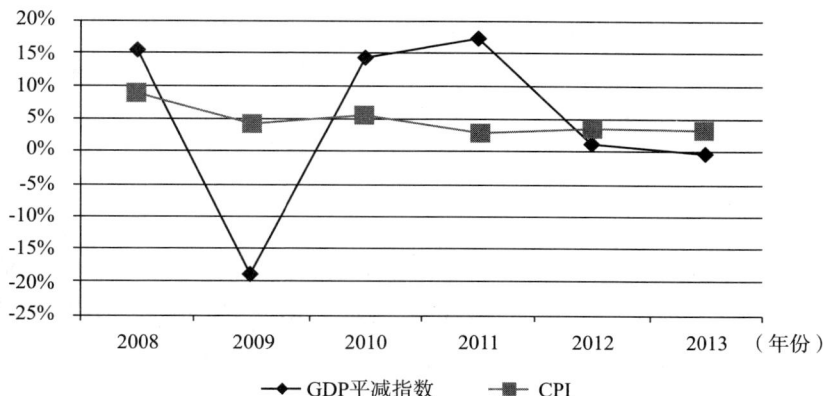

图 72.3　沙特阿拉伯通货膨胀率

沙特的通胀压力主要来自食物价格的上涨和高额的租金成本。然而，近年来沙特政府推出了"沙特化计划"，要求企业增加沙特本地人的就业、提高本地人的工资水平。此外，沙特政府的补贴政策改革趋于增加沙特人的消费从而会对物价产生影响。这样，沙特的消费在未来可能增长，从而推动物价上涨。由于全球商品价格持续下滑，预计 2014 年沙特的通胀率在 3.3％左右。

在对外贸易方面，2009 年受阿联酋迪拜债务危机和欧洲债务危机影响，沙特阿拉伯的进出口出现了负增长，不过这之后出现了快速的增长，2011 年进出口达到了 20％的高增长率，2013 年的进出口增长率下降到 5％左右。从图 72.4 中还可以看出，2011 年之后，沙特进口增长率高于出口增长率，贸易顺差在逐渐缩小。

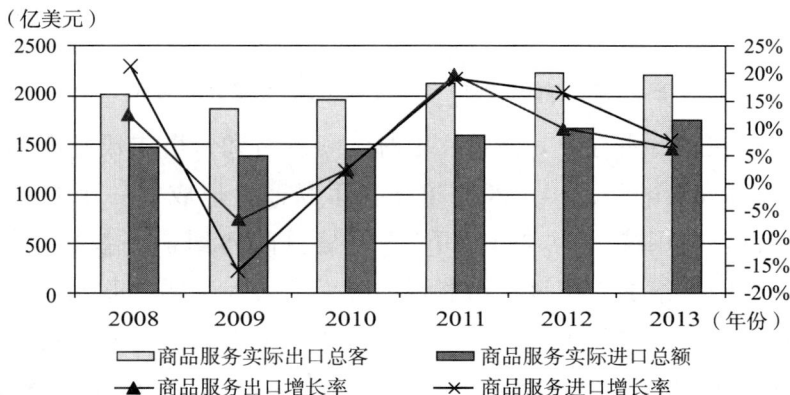

图 72.4　2007－2012 年沙特阿拉伯商品和服务进出口总额及增长率

虽然进口比重有所增加，但是沙特石油及石化产品出口趋于增加，从而抵销进口，使进出口仍旧保持顺差。然而国际油价趋于看跌，而进口商品和服务趋于增加，未来沙特的贸易顺差还会进一步缩小。

在资本项目方面，由于沙特在海外拥有巨额投资，来自这些海外投资的收益可能会增加。这是因为美国有退出量化宽松货币政策的预期，从而利率有上升的趋势，沙特海外贷款的利息收益会增加。所以，沙特未来在资本项目也将持续顺差。

二、金融运行概况

像其它许多海湾国家一样，沙特阿拉伯也实行钉住美元的汇率制度，近年来的汇率一直是 1 美元＝3.75 沙特里亚尔。虽然 20 世纪 90 年代以来的几次大的货币危机（墨西哥货币危机、亚洲货币危机、阿根廷货币危机）都与钉住美元的汇率制度相关，但是由于美国和沙特多年来的战略合作关系，这种汇率制度有利于沙特宏观经济的稳定，利大于弊。从图 72.5 可以看出，近年来，除 2009 年外，沙特各年外汇储备呈稳步增长的趋势。

（亿美元）

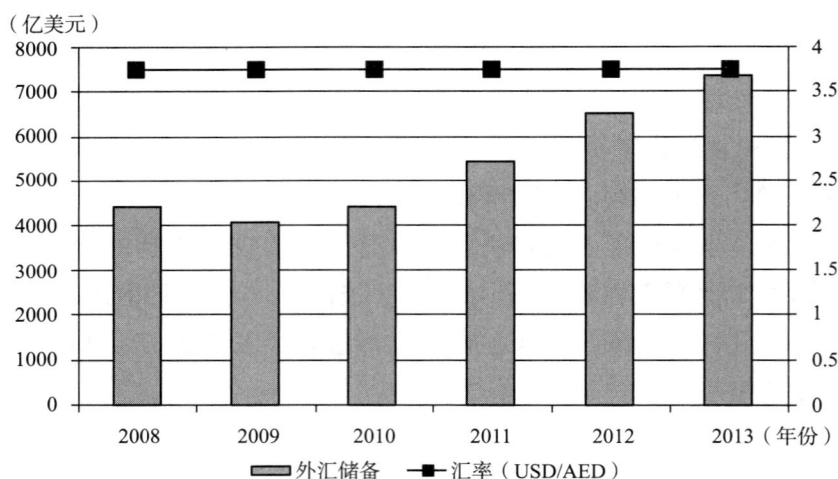

图 72.5 2008－2013 年沙特阿拉伯外汇及外汇储备

近年来，在沙特主导下，沙特、巴林、科威特和卡塔尔成立海湾合作委员会（Gulf Cooperation Council）筹划建立货币联盟，拟成立一个像欧洲央行那样的跨国央行，使用统一的"海湾币"，但是目前遇到了一些技术性的问题，阿联酋和阿曼的拒绝加入使该货币联盟的吸引力大为削弱，欧元区债务危机也令该货币联盟的运行望而生畏。所以至今海湾区货币联盟还未正式运行。

沙特阿拉伯国是一个政教合一的国家，伊斯兰教在国内的势力很强大，所以该国银行必须遵守伊斯兰教义中不收取利息的规定，所以该国的银行体系比较特殊，它不是一般的中央银行和商业银行的二级结构，而是由央行、半政府性质的投资机构和公共投资基金三个平行机构管理下的各类银行和基金，如图 72.6 所示。由于不能收取利息，在沙特阿拉伯，类似于西方的商业银行体系并不发达，尤其是私营的商业银行数量较少，影响非常有限；相反半政府性质的各类基金组织、公共投资基金组织、农业银行和信贷银行比较活跃，这些半政府性质的金融机构基本上掌控了对工业、农业和商业的间接融资。

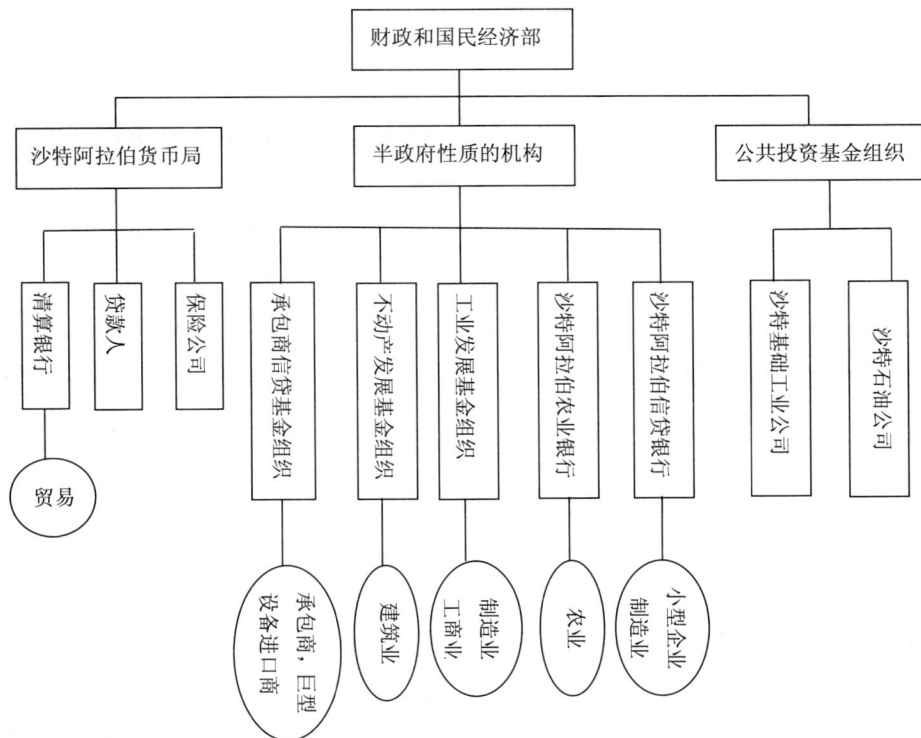

图 72.6　沙特阿拉伯金融系统简图

沙特阿拉伯的这些基金组织对国内企业提供的贷款条件是十分优惠的，一般以低息或无息贷款或利润分成的形式提供。这些基金组织在沙特经济现代化的过程中起到了重要的作用。但是这样金融体系也隐藏着诸多问题：首先是沙特四大货币兑换公司和商业银行之间存在不公平竞争，这是因为货币兑换公司可以从事贷款业务，而不必遵守货币局（沙特央行）准备金制度的限制，而商业银行却面临着十分严苛的准备金管制。其次，由于上述基金组织都是半政府化的，所以一旦政府从基金中抽调资金，就会导致资金奇缺而无法正常运行。其三，由于沙特里亚尔和美元是可自由兑换的，一旦美元大幅升值，人们就大量地从商业银行取出里亚尔兑换成美元，这样就会造成商业银行的清偿能力严重不足，产生流动性危机。其四，虽然沙特的商业银行表面上声称其贷款为低息或无息，但是利息其实以手续费的形式或利润分成的形式提取，所以沙特的商业银行的利润率并不低，但是一旦宗教势力游说政府加强管理，商业银行可能举步维艰。

多年来，虽然沙特金融体系改革困难重重，但是沙特的金融业还是得到了快速的发展。2007年沙特建成世界上规模最大的主权基金。2010年，沙特在首都利雅得建成阿卜杜拉金融中心，使之成为超越阿联酋迪拜的中东第一大金融中心，并将 Tadawul 证交所（TASE）部分私有化，沙特股票交易市场逐步对外开放。

第2节 沙特阿拉伯公共部门风险分析

沙特阿拉伯的财政收入绝大部分来自于石油和天然气，2009年之后，由于油气价格走高并维持高位，沙特的财政收支逐年改善，债务占 GDP 的比重越来越小。本节根据沙特阿拉伯货币局（中央银行）提供的国家资产和负债信息以及 BvD 数据库中有关该国的相关数据，分析得出公共部门在资本结构、公共债务等各方面的风险不明显，但如果未来国际油价下跌，风险可能突现。

一、公共部门资产负债表分析

（一）资本结构分析

近年来，沙特阿拉伯公共部门除2009年资产负债率高于40％之外，其它各年都低于40％。2009年之后，沙特公共部门的资产和负债保持较快增长，同时资产负债率却逐年下降，2012年更是低于37％。自2009年之后，沙特阿拉伯的财政收支保持较大的盈余。由于沙特公共部门资产负债率趋于下降而财政盈余又在逐年增加，所以沙特阿拉伯资本结构上的风险不明显。

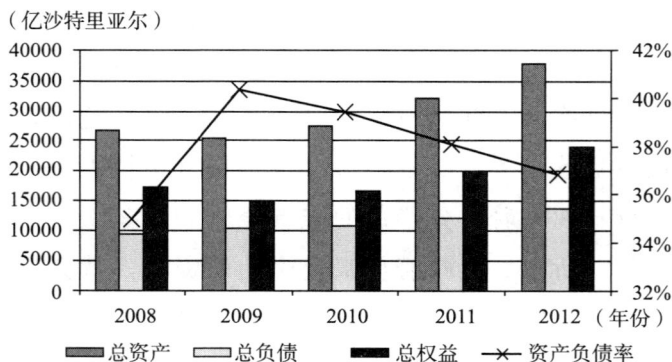

图 72.7 2008－2013年沙特阿拉伯中央政府资本结构

注：2008－2012年的数据为年度数据，2013年为9月份的数据。

（二）清偿力风险分析

沙特阿拉伯的主权债务风险历年来比较低，2013 年国际评级机构对沙特的主权债务评级为 AA 级，这是因为沙特具有大量的财政盈余、较低的国内公共债务及高额的外汇储备。沙特政府名义上没有外债，但是通过半政府性质的企业，其实际外债水平逐年上升，从 2005 年的 440 亿美元增加到 2013 年的 1490 亿美元。此外，沙特政府参股的一些上市公司也大举借债，如沙特基础产业公司为实现金融扩张而发行了巨额债券。由于王室和宗教势力的庇护，这些公司的财务并非像西方上市企业那样透明，所以其潜在的风险十分大。例如，沙特国家信贷机构 2012 年的国内未清偿债务高达 665 亿美元，被评为高违约风险的机构，这些债务已成为国家公共财政的巨大负担。尽管具有如此高额的债务，主权债务风险水平仍旧很低，因为其公债占 GDP 的比重只有 12.3%，而其它评级为 A 的国家的比重都大于 28.4%。

从公共部门产权比率来看，沙特阿拉伯的债务清偿能力也很好。一国公共部门的产权比率可以用该国公共部门总负债与该国公共部门的总权益之比来表示。如图 72.8 所示，沙特阿拉伯公共部门产权比率自 2009 年之后呈缓慢下降的趋势，从 2009 年的 70% 下降到了 2012 年的 60% 以下，远低于 100% 的理论风险水平。较低的产权比率得益于沙特阿拉伯多年来一直坚持的保守的投资策略。沙特的投资策略与邻国阿联酋大不相同，阿联酋的迪拜多年来的发展方式是高投资高风险的方式，而沙特政府很少投资于高风险项目，主权基金大多投入风险较小的国家债券。综合看来，沙特阿拉伯联邦政府未来不大可能存在违约风险和潜在资本结构的错配风险。

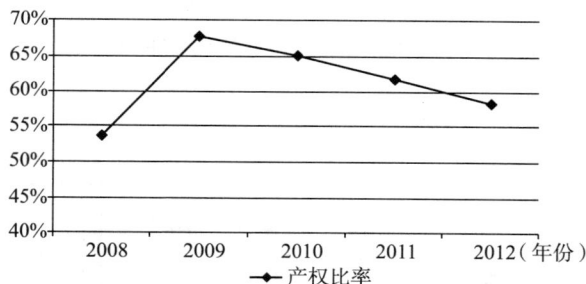

图 72.8　2008－2013 年沙特阿拉伯中央政府产权比率

二、公共债务与财政赤字分析

（一）公共债务分析

2008 年以来，沙特阿拉伯公共债务呈先降后升的走势：2008 年沙特的公共债务水平较高，为 3329 亿美元，到 2010 年下降到 2791 亿美元，之后又逐年增加，到 2013 年又上涨到 3369 亿美元，如图 72.9 所示。尽管公共债务水平总量很高，但是占 GDP 的比重却很低，2009 年为 19.68%，之后逐年下降，到 2013 年下降到 12.3% 的超低水平。可见沙特阿拉伯公共部门债务风险水平较低，除非未来国际油价大幅度下跌，否则沙特不大可能出现公共债务危机。

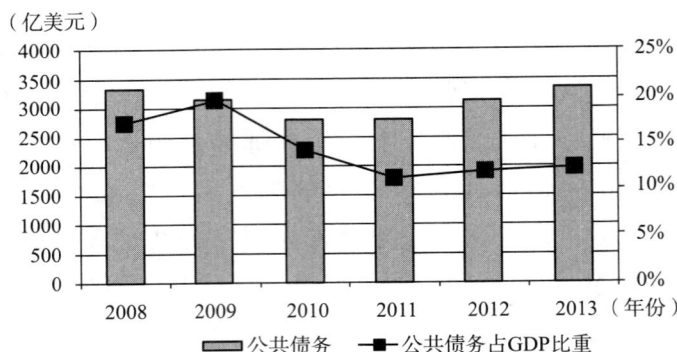

图 72.9　2008－2013 年沙特阿拉伯公共债务对 GDP 占比

(二) 财政收支分析

2009 年，沙特阿拉伯的邻国阿联酋的迪拜发生重大债务危机，沙特也卷入其中，因而出现沙特历史上少见的财政赤字，不过 2010 年沙特就转赤字为盈余。2011－2012 年，沙特阿拉伯财政收入与财政支出基本持续上涨，到 2013 年财政收入稍有下降，而财政支出还在增加，故财政盈余有所减少。财政支出的增加的一个很重要的原因是政府支持非石油经济的民营企业的发展，而民营经济在 2013 年有了长足的发展，故这些财政支出的增加是具有积极意义的。总体看来，近年来沙特保持了较高的财政盈余且非石油经济发展较好，具备了一定的抗国际油价下跌能力，预期未来沙特阿拉伯出现财政风险的可能性较小。

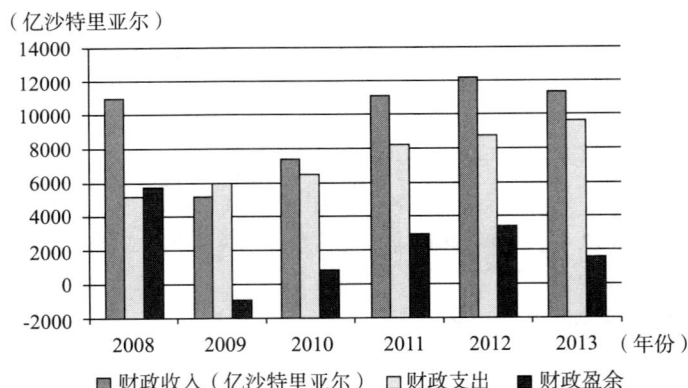

图 72.10　2008－2013 年沙特阿拉伯财政收支

第 3 节　沙特阿拉伯金融部门风险分析

一、资产负债表分析

（一）资本结构分析

通过对 2008—2012 年沙特阿拉伯 11 家排名靠前的金融机构的资产负债数据进行加总，得到图 72.11 对应的数据。从图中可以看出，2008 年至 2012 年，沙特阿拉伯金融部门的总资产和总负债都呈现出平稳上升的趋势，但是总权益上升得非常缓慢，这就使得金融部门的资产负债率呈现出先降后升的态势。从图 72.12 中还可以看出，沙特阿拉伯金融部门的资产负债率一直高于 80%，近两年更是上升到 85% 以上。不过还是低于 90% 的警戒水平。由于未来国际油价下行的可能性比较大，而沙特阿拉伯进口商品成本和数量都有相对上升的趋势，经济有下滑的可能，预期沙特阿拉伯金融部门资产负债表有进一步恶化的可能。就目前数据来看，沙特阿拉伯金融部门资产与负债规模尚在可控范围之内，但是沙特上市的金融机构大多是半政府性质的机构，这些机构大都受到政府的庇护，财务报表并不透明，潜在的风险水平可能很高。一旦沙特阿拉伯经济增长停滞，这些问题可能就会暴露，结构性风险也可能会浮出水面。

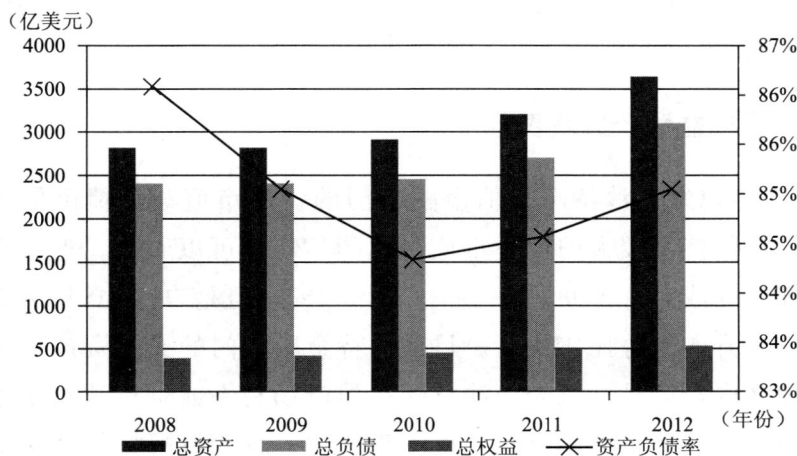

图 72.11　2008—2012 年沙特阿拉伯金融部门资本结构

数据来源：BvD 数据库 OSIRIS 分库——全球上市公司分析，http://www.osiris.bvdep.com/ip。

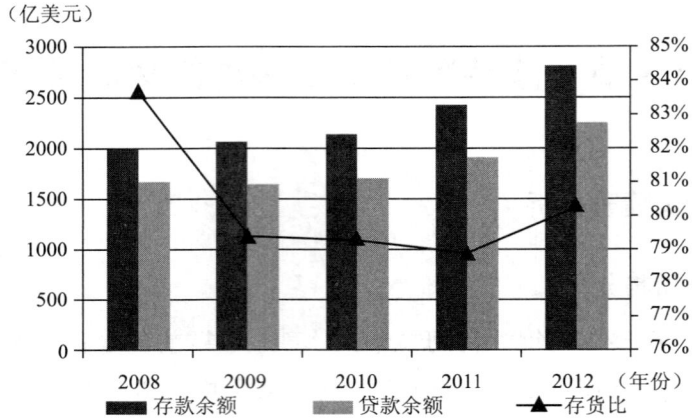

（亿美元）

图 72.12　2008－2012 年沙特阿拉伯金融部门存贷结构

（二）存贷结构分析

在存贷结构方面，近年来沙特阿拉伯金融部门存款余额和贷款余额都呈平稳上升的态势，2011 年之后上升较快。存贷比在 2009－2011 年之间低于80%，在 2012 年之后又略高于 80%，但比起另一产油大国阿联酋的比率要低。沙特阿拉伯金融机构的存贷比例不算太高，但是由于近年来沙特阿拉伯加快了金融自由化进程，沙特里亚尔和美元兑换比较方便，在美元升值时，人们可能抛售本币而持有美元，导致金融机构本流动性过剩；在美元贬值时，人们又抛售美元而从银行取出本币，可能会导致流动性不足。此外，受阿拉伯之春运动的影响，沙特潜伏着社会运动和社会不安定的因素，一旦发生社会冲突事件，可能会发生银行挤兑风潮，沙特金融机构的流动性风险就可能凸现出来。

二、或有权益资产负债表分析

自 2008 年以来，沙特阿拉伯金融部门的资产市值与负债市值均出现平稳的增长，且保持了较大的权益市值。从图 72.13 可以看出，近年来沙特阿拉伯金融部门的或有资产负债率一直低于 80%，但是自 2010 年之后，或有资产负债率上升的趋势比较明显。目前沙特金融部门的或有资产负债水平尚在可控范围之内，但是一旦未来沙特阿拉伯市场利率或资产波动率上升，其金融部门的或有资产负债率可能会进一步恶化，故沙特阿拉伯金融部门存在一定的潜在结构性风险，应该引起注意。

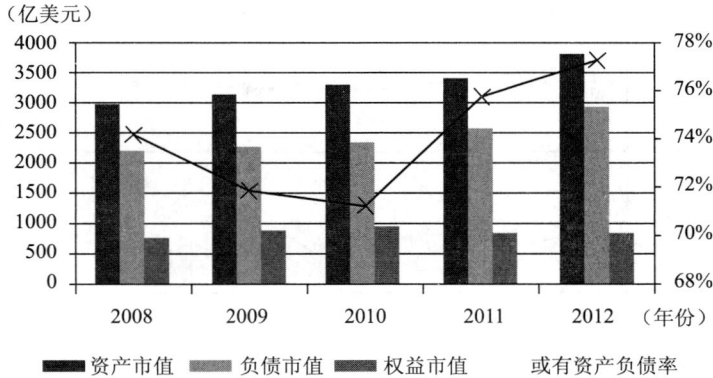

图 72.13　2008－2012 年沙特阿拉伯上市金融部门或有资产结构

近年来，沙特阿拉伯金融部门的资产市值波动率总体呈下降的趋势，2012 年之后更是处于略高于 1％的低水平，如图 72.14 所示。在近两年沙特打造中东区域金融中心的过程中，开放的金融市场并未出现大的波动，金融市场比较稳定，投资者对未来比较乐观，上市企业的资产回报稳定，这对于降低金融部门或有资产负债率、避免或有资产负债风险是具有积极意义的。

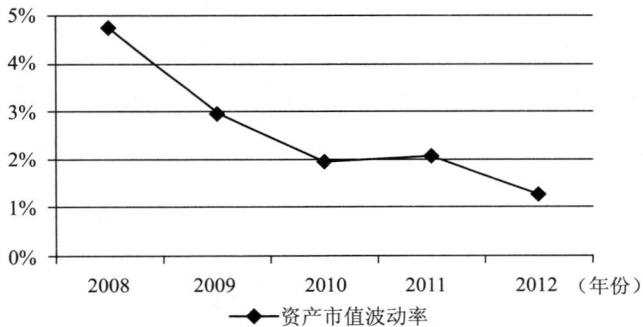

图 72.14　2008－2012 年沙特阿拉伯金融部门资产市值波动率

从图 72.15 所示的沙特阿拉伯上市金融部门或有资产负债率与账面资产负债率对比可看出，近年来二者保持大体一致的走势，而且账面资产负债率与或有资产负债率的差距越来越小，2012 年之后二者的差距更是缩小到了8％以内。这说明沙特打造中东金融中心的努力是比较成功的，而其资本市场在改革的推动下也越来越趋向于一个有效的市场，资本市场能较真实地反映实际市场的价值，其金融部门得到了市场较充分的估值。从这方面来看，近年来沙特阿拉伯的金融市场效率较高，价值得到充分地发现，风险相对较低。

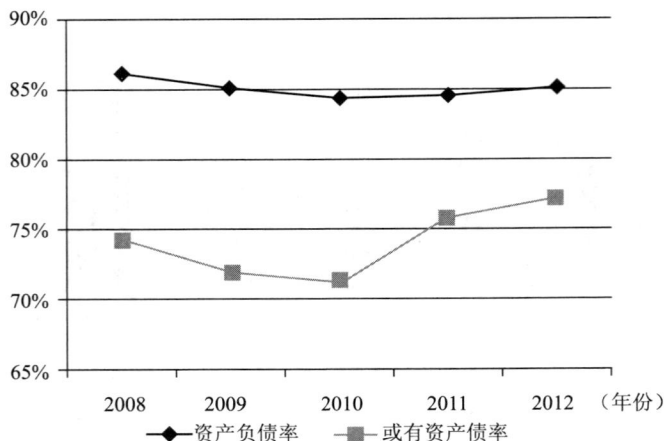

图 72.15　2008－2012 年沙特阿拉伯上市金融部门或有资产负债率与资产负债率

三、风险指标分析

从违约距离来看，沙特阿拉伯近年来的违约距离都在 4.8 之上，说明该国经济实力很强，属于不大可能违约的国家。从图 72.16 可以看出，近年来沙特阿拉伯的违约距离总体呈现不断上升的趋势，说明该国出现违约的可能性越来越小。这一方面得益于沙特历年来奉行的低风险投资策略，另一方面也说明该国打造区域性金融中心的举措和金融改革是比较成功的。

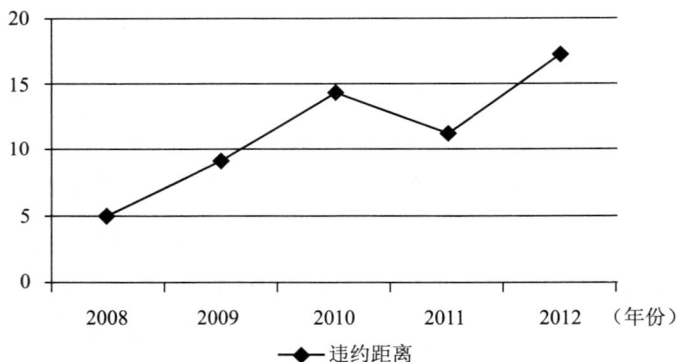

图 72.16　2008－2012 年沙特阿拉伯金融部门违约距离

第 4 节　沙特阿拉伯企业部门风险分析

2008－2013 年，沙特阿拉伯的上市企业从 107 家增加至 116 家，2013 年上市企业的盈利总和达 275 亿美元，达到历史最高水平。本节根据这 107－116 家上市企业的汇总数据，经过计算其资产市值和负债市值从而得到或有资产负债率和违约距离等信息，然后再与账面资产负债率相比较，进而分析出沙特阿拉伯企业部门的各项风险并不明显。

一、资本结构分析

沙特阿拉伯的上市企业大多从事与石油和天然气相关的产业，资本实力雄厚。近年来沙特鼓励私营经济发展，取得了很大的成效，私营企业也有不少上市。从总资产和总负债来看，这 107－116 家沙特阿拉伯上市企业在近几年都在平稳地增长，同时，保持了总权益平稳地增加，2012 年这些上市企业的总权益高达近 1500 亿美元。沙特阿拉伯的上市企业资产负债率一向比较低，2008 年的资产负债率低于 57％，2009 年之后保持在 60％－59％之间，并且呈缓慢下降的趋势。虽然从 2013 年起沙特决定减少石油产量，但是由于私营经济发展迅速，上市企业的资产负债率还是保持了下降的趋势。总之，沙特阿拉伯近年来资产负债水平是比较安全的，且其前景较乐观。预期沙特阿拉伯企业部门 2014 年资产结构风险并不明显。

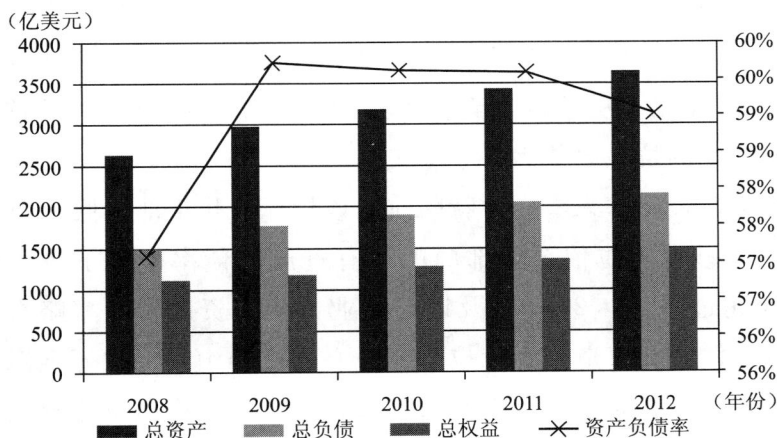

图 72.17　2008－2012 年沙特阿拉伯企业部门资本结构

二、期限错配分析

近年来沙特阿拉伯企业部门不仅资产负债率比较低，而且从流动比率较来看也很乐观。从图 72.18 可以看出，近年来，沙特阿拉伯企业部门的流动资产和流动负债整体上呈上升趋势，但近两年来流动资产上升更快。从流动比率来看，近几年沙特阿拉伯保持了波动上升的趋势，2012 年之后流动比率将超过 1.5，属于比较安全的水平。预期 2015 年沙特阿拉伯企业部门发生流动性风险的可能性也较小。

（亿美元）

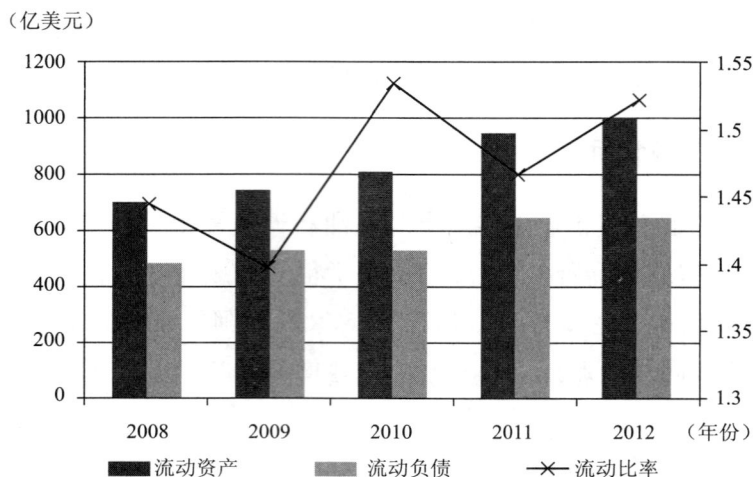

图 72.18　沙特阿拉伯企业部门期限结构

三、或有权益资产负债表分析

2008 年以来，沙特阿拉伯企业部门的资产市值和负债市值基本上保持了缓慢的增长，权益市值在 2010 年达到最高，之后稍有回落。2012 年沙特企业部门的资产市值为 2256.72 亿美元，负债市值为 1391.46 亿美元，权益市值为 865.26 亿美元。从总量来看，沙特阿拉伯企业部门保持了较高的权益市场，具备一定的抗风险能力。

从或有资产负债率来看，沙特阿拉伯该指标近几年都远低于 80%，但是2010 年以来，沙特阿拉伯企业部门的或有资产负债率呈现了较大幅度的上升，2012 年超过 62%。2011 年及以后企业部门的资产负债率略有上升的原因可能是因为沙特在打造阿卜杜拉金融中心的过程中，加快了金融自由化的进程，市场的开发、竞争的加剧导致上市企业或有资产负债率有所上升。尽管如此，沙特阿拉伯企业部门总体运营良好，资本结构得到优化，短期内不大可能出现资本结构风险。

（亿美元）

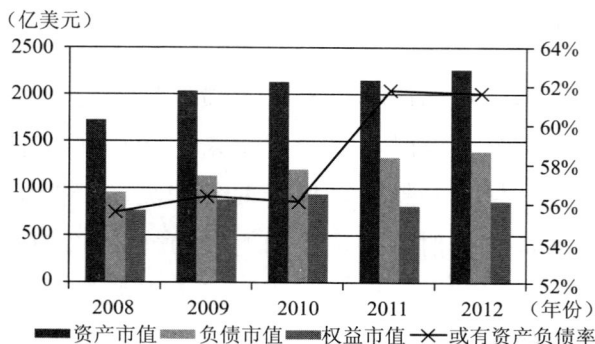

图 72.19　2008—2012 年沙特阿拉伯上市企业部门或有资产结构

四、风险指标分析

(一) 资产波动率分析

从图 72.20 可以看出，近几年沙特阿拉伯企业部门的资产波动率基本上呈现出下降的趋势，2012 年该比率更是接近于 2%，这在其它经济富裕的国家都很少见，属于非常理想的水平。由此可见，沙特阿拉伯的资本市场稳定、运行平稳、波动率低，而且投资者对该国企业的未来发展充满信心，预期乐观。所以，在短期内，沙特阿拉伯资本市场不大可能出现大的风险。

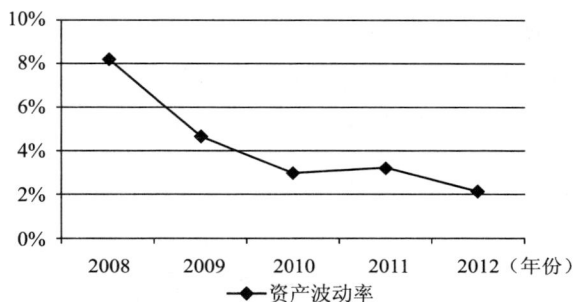

图 72.20 沙特阿拉伯上市企业部门资产市值波动率

(二) 违约距离

如同金融部门一样，沙特阿拉伯企业部门的违约距离多年来也一直高于 5，而且从图 72.21 还可以看出，近年来，沙特企业部门的违约距离整体上呈上升趋势，2012 年更是高于 17，表明违约可能性较低。逐渐上升的违约距离可能得益于沙特阿拉伯金融市场的开放，也说明沙特阿拉伯打造区域性金融中心的努力取得了有效的成果。由于资本市场稳定、收益良好、系统性风险较低、投资者期望乐观，所以，近期沙特阿拉伯企业部门不大可能出现大面积的违约。

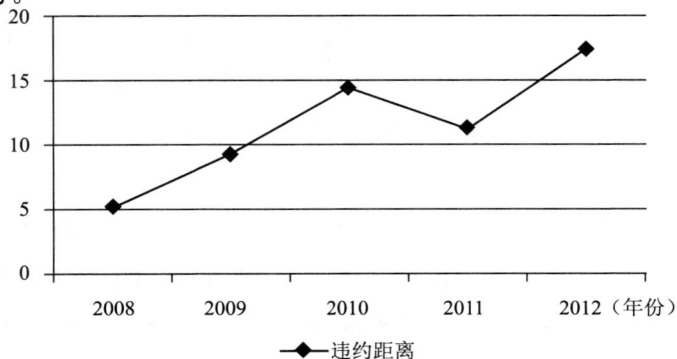

图 72.21 2008－2012 年沙特阿拉伯上市企业部门违约距离

第5节　沙特阿拉伯家户部门风险分析

与其它海湾国家一样，沙特阿拉伯的劳动力严重依赖外来人口，近来沙特的外籍劳工的比重虽然有所下降，但是还占劳动人口50％以上的比例。2004年以来，为了缓解本国人高企的失业率（9.9％以上），沙特颁布"沙特阿拉伯化"法令，规定10人以下的中小企业不得雇用外籍劳工，沙特本国人的就业率有所上升。2004年之后，每年新加入沙特的外籍劳工不得超过40万人，更多的外籍劳工如果想要进入沙特，就只有等待大赦，大赦期限一般不超过一年。2013年9月，新的一批大赦到期，大量外籍劳动回国，一度引起沙特国内劳动力短缺。本节研究沙特阿拉伯劳动力的变化和个人消费的变化，从而提示其家户部门的风险。

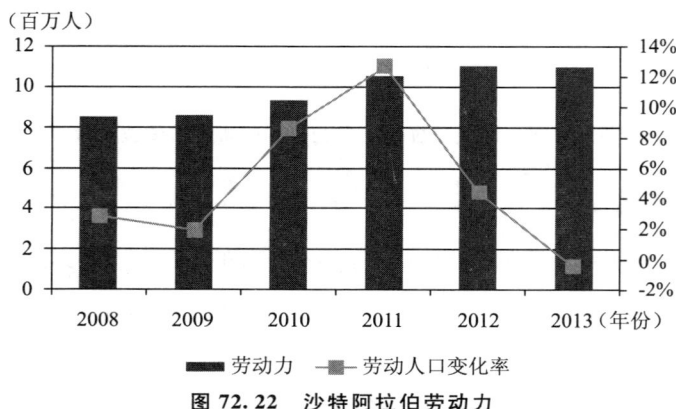

图72.22　沙特阿拉伯劳动力

2008－2011年，沙特阿拉伯劳动力稳步增加，但到了2011年之后几乎没有增长，2013年甚至出现了负增长，如图72.22所示。2011年之前劳动人口的快速增长主要来自于沙特本国国民，说明沙特阿拉伯化的就业政策起到了一定的成效，但是到了2011年之后，这种政策发挥到了极限，不能在实质上改进本国的就业率了。此外，由于大赦的期限都太短，大赦过后，有的外籍工短期内不愿意及时离开沙特，造成的非法劳工问题在近两年也成为沙特的一大社会问题。

近年来，沙特阿拉伯的个人消费支出平减（CSD）指数降中有升，2011年该指数最低，接近2％，2013年又上升到接近4％的水平，如图72.23所示。个人消费支出平减指数是一国当前物价与实际消费支出的比例，从而将以货币表示的名义个人消费支出调整为实际的个人消费支出，它能反映该国在不同时期内个人消费支出总水平变动程度，是衡量国内通胀压力最恰当的指标。由于近年来沙特阿拉伯的通胀降到低谷后出现小幅反弹，可见该国物价有一定的上涨压力，但上涨压力不大。

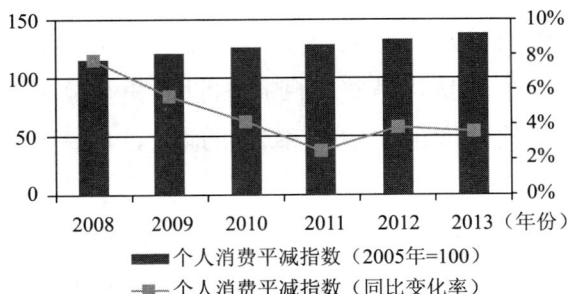

图 72.23　沙特阿拉伯家户部门通胀压力

近年来，沙特阿拉伯实行沙特化的就业政策，同时大量培训沙特人的就业技能，增加非石油经济的产业，鼓励私营经济的发展，所以沙特本国人的收入水平有所增加，私人消费在总量上逐年增加，2013 年已达 1550.65 亿美元。从个人消费占 GDP 的比重来看，虽然近年来有所下降，但仍旧维持在30%左右，如图 72.24 所示。但是从实际个人消费增长率来看，近年来有不断下降的趋势。说明消费已经快达到饱和点，消费增长有停滞的风险。未来，沙特只有保持经济增长的同时，实现民营企业的创新、提高劳动者的技能和生产效率，继续增加劳动者的收入水平，消费才能在拉动经济增长的过程中发挥更积极的意义。

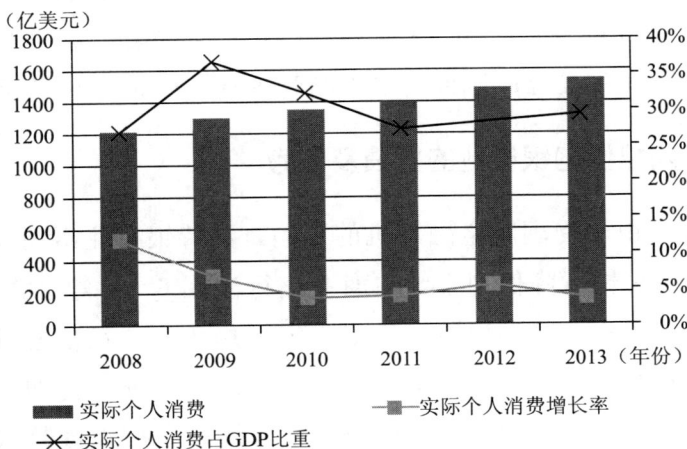

图 72.24　2008－2013 年沙特阿拉伯家户部门个人消费

第6节 沙特阿拉伯银行业专题分析

沙特的金融业比较发达，其股票市场每年的交易额高达 160 亿美元，在全球范围内可实现电子交易，是整个阿拉伯世界里资本化程度最高的；其银行系统错综复杂，贷款额度也在中东和北非地区首屈一指。本节重点研究沙特的银行业。

沙特的银行业可分为广义和狭义之分。狭义的银行业仅指商业银行所进行的业务；广义的银行业指除商业银行之外其它的信贷机构和基金组织等开展的类银行业务。本节如无特殊说明，银行业指的是广义的银行业。

目前沙特阿拉伯有 13 家商业银行，这些银行在全沙特开展个人及企业业务、投资理财服务，经济服务及衍生品交易等服务，广泛使用信用卡、ATM 机和 POSE 机。除商业银行之外，还有一些类似商业银行的机构，如各类基金组织，它们提供伊斯兰银行服务，即遵守古兰经不收取利息、不进行高风险的投资的原则。这些组织的利润一般来自于手续费、利润分成、合作投资收益或实物资本等形式。除银行之外，沙特还设立了五家特别的基金组织，它们是沙特工业发展基金组织、沙特农业银行、沙特不动产发展基金组织、沙特承包商信贷基金组织、沙特信贷银行。

沙特阿拉伯的银行业和其它金融部门由几家政府机构监管。沙特财政部监管经济政策；沙特货币局（SAMA）管理财政政策、货币政策、皇家财产，同时还监管商业银行；沙特资本市场管理局监管证券市场及交易。

一、沙特阿拉伯的银行业的业绩及优势

2008 年底，由于受国际金融危机的影响，沙特银行业出现动荡，为了挽救局势，沙特中央银行降低利率，向商业银行注入 63 亿美元的存款备用金，偿付更多的国内债务。这些措施很快就稳定了局势：市场信心开始恢复、对个人的贷款也开始恢复。近两年来，由于沙特银行监管机构加强了对银行资产和负债的管理、再加上沙特国内经济的平稳增长，所以沙特银行业风险评级为安全。2013 年，12 家沙特商业银行实现利润 78 亿美元，连续两年实现 8% 的增长率，这些利润多来自于基础项目的贷款、信用卡业务及营运成本的降低。2013 年，沙特的伊斯兰银行业务也得到了很大的发展，四家伊斯兰银行的资产发展到 860 亿美元。

沙特银行业的优势主要表现在以下几个方面：

其一，沙特银行系统的资金实力十分雄厚，抗外来冲击的能力比较强。在沙特商业银行的全部负债中，外债只占 4.6％，所以即使外资撤离沙特，沙特的金融市场也会波澜不惊。

其二，沙特银行业由于受到伊斯兰教规的限制，很少涉及高风险的业务，在国内外的投资都比较保守，发生流动性风险的可能性较低。

其三，2012 年，沙特通过了房屋抵押贷款法，该法律为当前沙特全面开发的房屋抵押贷款市场提供了明确法规，这使为沙特银行开辟了一个巨大的潜在市场。

二、沙特银行业面临的挑战

尽管沙特银行业发展势头良好，但是也面临着巨大的竞争压力和潜在的风险。

其一，来自国家的直接拨款一直以来都在与商业贷款竞争。例如，沙特电力公司就接受了来自政府为期 25 年的 136 亿美元的资金支持；政府信贷机构的净贷款在 2011 年和 2012 年分别增长 64％ 和 57％。

其二，从 2012 年下半年起，非政府的信贷规模已经超过了银行的存款，而且 2013 年消费贷款的规模也创出历史新高。由于商业大量的贷款都投向了商业地产，未来潜在的到期未偿还贷款可能升高。

其三，沙特的银行向大企业集团发放了过多的"慕名贷款"，这些贷款没有经过严格的审核，也没有足够的担保，这使得银行潜在的坏账水平可能上升。2009 年，有两家沙特企业集团发生违约事件，引发市场对慕名贷款的担忧。

其四，由于受到国内政府和宗教势力的保护，沙特的银行内部管理并不透明，银行高层的权力得不到有效地监督，容易发生道德风险。

第 7 节　结论及对中国的借鉴

总的看来，2013 年，沙特阿拉伯宏观经济保持了持续增长，但增长速度明显放慢。2013 年沙特人民收入水平有所增加，但私人消费占 GDP 的比重却在下降。近年来沙特通货膨胀率较低，汇率没有变化，进出口逐年增长且维持了较大的贸易盈余。

沙特阿拉伯公共部门近年来资产负债率均低于40%，资本结构良好。由于沙特公债占GDP的比重只有12.3%，故该国债务风险较小。由于沙特中央政府产权比率高于50%，且主权基金投资策略趋于保守型，所以未来沙特政府不大可能存在违约风险和潜在资本结构的错配风险。沙特政府近年来财政盈余很丰富，短期内不大可能出现财政危机，但是由于用于防范阿拉伯之春的国内和国际支出越来越高，不排除未来沙特政府财政收支恶化的可能。

沙特阿拉伯金融市场近年来发展比较迅速，市场发展平稳，没有大起大落，投资者预期乐观，资本市场收益率较理想。沙特阿拉伯金融机构资产负债尚在警戒水平之下，但不排除未来恶化的可能。由于存贷比较高，在美元大幅升值的情况下，沙特阿拉伯金融部门可能会出现挤兑风潮。由于沙特阿拉伯金融部门近三年账面资产负债水平与或有资产负债水平大体持平且趋势一致且有收紧的迹象，所以金融部门的在市场上得到了充分的估值。所以沙特金融部门的违约距离较大，不大可能出现大面积违约现象。

沙特阿拉伯企业部门资产负债结构良好，或有资产负债水平也在可控范围之内，流动比率较高，不大可能出现流动性风险，也不大可能出现大面积违约。相应地，沙特阿拉伯个人消费近年来有所增长，但个人消费比重占GDP的比重有所下降，说明政府还是主导经济发展的力量。

沙特阿拉伯政府缓和社会矛盾，减少贫富差距的很多做法和经验都值得中国借鉴。首先，中国应学习沙特阿拉伯逐步开放金融市场，逐步推进利率市场化和资本项目下的可自由兑换，加强证券交易的监管，实现金融市场的充分竞争。从上面的分析中我们可以看出，沙特阿拉伯近年来打造中东地区第一金融中心的努力是有成效的，这使得沙特资本市场更加开放、竞争更加充分、市场波动更小、投资回报率更稳定、投资者信息更充足。中国的金融机构没有得到充分的竞争，市场不是一个有效的市场，各种金融欺诈层出不穷，所以投资者没有信心。其次，沙特阿拉伯对私营经济的支持也值得中国借鉴。沙特是以发展非公私营经济的方式来减少对石油的依赖，同时也实现了扩大就业、缓和社会矛盾的目的。中国当前也面临就业难，贫富差距拉大的问题，沙特原经验是值得借鉴的。

参 考 文 献

［1］Saudi Arabia Monetary Agency Annual Report2013.

［2］Saudi Arabia Monetary Agency Annual Statistics 2013.

［3］AlqathaniKhaled Mohammed："Key Success Factors of Innovation in SMEs：A Case of Information Technology Industry in Saudi Arabia."PhD dissertation of Wuhan University of Technology，2011.

［4］艾林：《当代沙特阿拉伯王国的社会不稳定因素研究》，北京外国语大学 2013 年博士学位。

［5］王海霞：《美国页岩气威胁沙特经济》，载《中国能源报》，2013 年 8 月 5 日第 007 版。

［6］刘建：《美国页岩油革命威胁沙特石油经济》，载《期货日报》，2013 年 8 月 1 日。

［7］王国栋：《美国的石油利益与沙特阿拉伯经济现代化进程》，载《经济导刊》，2011 年 10 月。

［8］金文：《沙特阿拉伯　发展塑料加工业》，载《中国化学工业年鉴2013》，中国统计出版社，2013 年。

［8］张婧姝：《沙特经济发展对维持社会稳定的作用研究》，北京外国语大学硕士学位论文，2013 年。

第73章　阿联酋宏观金融风险研究

在中东各国中，阿联酋经济实力一直名列前茅。过去阿联酋的经济一直严重依赖石油，近年来石油收入占 GDP 的比重已经下降到 30% 左右。除石油和天然气产业外，水泥、炼铝、塑料制品、建筑材料、服装、食品加工等也是其重要的产业，农业不能自给，但是国家给予农、牧、渔业以支持，近年来旅游业和酒店业发展迅速。此外国际贸易在其经济中占有重要比重，多年来一直保持贸易顺差。

俊林（2013）研究了近年来阿联酋的纺织业，发现其纺织业不仅发展迅速，而且覆盖面非常广，其纺织品已经占全球纺织服装交易总额的 5.5%，而迪拜也已经成为世界第四大时装中心，其织造与贸易并进的模式非常值得一些发展中国家学习。金文（2013）研究了阿联酋的塑料产业，认为该国塑料产业之所以能以 20% 的年增长率高速发展，得益于其石油化工的强大实力。安江（2013）研究了阿布扎比国际金融中心（ADWFM），指出它可能成为世界第五大金融中心，表明金融业在阿联酋经济中的地位也在不断上升。

第1节　阿联酋经济金融运行概况

一、经济运行概况

整体来看，2013 年阿联酋的经济增长在 4.3% 左右，增长态势良好。这可能一方面得益于 2013 年油价的稳定，另一方面也得益于非石油经济的快速发展。从表 73.1 可以看出，阿联酋近几年逐渐增加了石油的产出，在国际油价稳定的前提之下，对于拉动该国经济增长还是有重要意义。2013 年，国际油价基本稳定在 100 美元/桶以上，由于石油经济目前在阿联酋经济中仍占有约 30% 左右的比重，国际油价的稳定对于阿联酋的经济的稳定增长起着基础性作用。2013 年，石油经济在阿联酋经济增长中的比重已经大幅下降，据估计大约下降了 3%，非石油部门经济正在加速发展。

表 73.1　2007－2013 年阿联酋石油产量

单位：（万桶/天）

年份	2007	2008	2009	2010	2011	2012	2013
石油产量	252.000	259.083	227.083	231.083	250.500	265.250	272.000

　　得益于在中东地区避风港一样的地理位置，阿联酋经济一直持续增长。从近几年阿联酋 GDP 的增长来看，阿联酋经济自 2009 年债务危机之后实现了稳步增长。从图 73.1 可以看出，在 2009 年，由于受迪拜债务危机的影响，阿联酋当年经济出现了负增长。但债务危机很快得到抑制，到 2011 年，阿联酋的经济就恢复到危机前的水平，2012－2013 年，阿联酋的 GDP 更是实现了超过 4% 的增长，其中迪拜的实际 GDP（占整个阿联酋经济的 1/3）增长率在 2013 年上半年就高达 4.9%。总体来看，阿联酋经济发展前景比较乐观。

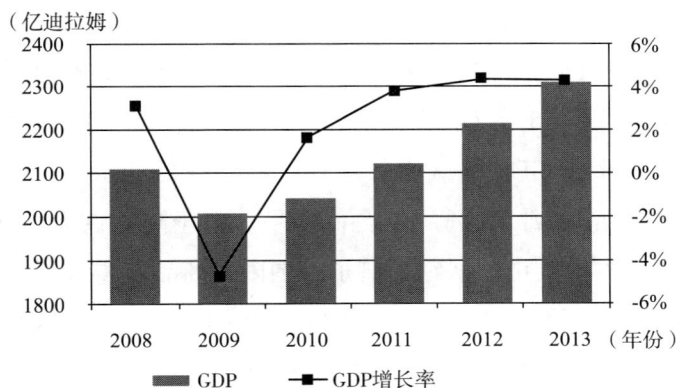

图 73.1　2008－2013 年阿联酋 GDP 及 GDP 增长率

　　数据来源：BvD 全球金融分析、宏观经济指标数据库，http：// www. Countrydata. bvdep. com/ip。

　　阿联酋经济稳健增长的另一个重要原因是国内消费和投资的平稳增长。从图 73.2 可以看出，自 2009 年之后，私人消费和政府消费稳步增长，固定资产投资也在平稳中增长。由于阿布扎比和迪拜政府致力于新项目的投资，如建筑业和制造业，其非石油经济也得到了长足的发展。由于个人消费、贸易、运输和旅游业的强劲增长，阿联酋的服务业也得到快速发展。

（亿迪拉姆）

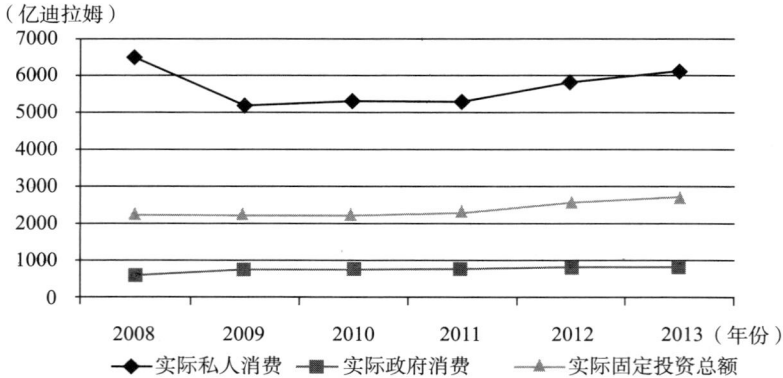

图 73.2 2007—2012 年消费、投资、政府消费对 GDP 贡献度

　　尽管多年来阿联酋一直努力降低石油经济的比重，但是石油及天然气仍然是其支柱产业，其经济受到油价的波动影响较大。石油价格在 2011 年 2 月上升到近两年的高点 116.06 美元/桶之后进入下跌通道，到 2013 年 4 月下旬达到近两年的最低点 96.46 美元/桶，这之后进入上升盘整阶段，价格稳定在 100 美元/桶之上。显然，稳定高企的石油价格，对阿联酋的经济起到了重大的支撑作用。

　　以 CPI 看来，自 2008 年之后，阿联酋的通货膨胀率处于比较理想的低水平，如图 73.3 所示。从 GDP 平减指数来看，在 2009 年该指数为负之后，迅速回升为正，2011 年更是上升到 15％以上，表明经济增长的过程中存在物价上涨的压力。2013 年阿联酋的 CPI 和 GDP 平减指数双双下降到很低的水平，CPI 只有 1.9％，而 GDP 平减指数更是降到 1.1％的历史低水平。由于阿联酋政府实行补贴政策，占人口比重 15％的本国人可以从官方篮子范围内的商品获得大量的补贴，又由于非石油类商品价格的上涨，内需强劲，这也将带来物价上涨的压力。由于房价也在持续上涨。所以阿联酋预计 2014 年的平均通胀率为 2.5％。总体看来，阿联酋的通货膨胀水平较低，不大可能发生超过 5％（以 CPI 计）的通货膨胀。

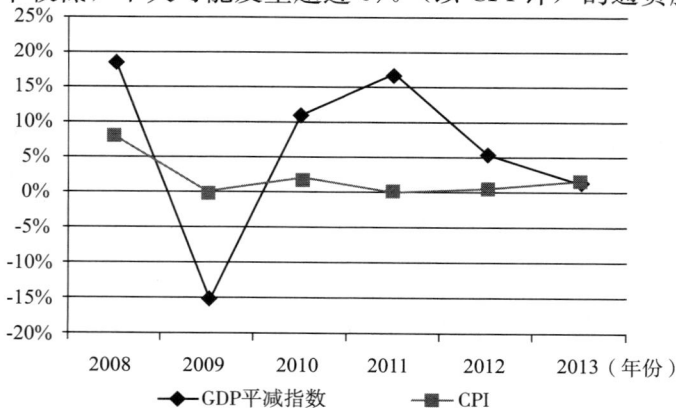

图 73.3 阿联酋通货膨胀率

从对外贸易来看，自 2009 年债务危机之后，阿联酋的进出口在 2011 年就恢复到了 2008 年的水平，2012 年至 2013 年阿联酋对外贸易实现了平衡增长，这两年的进出口增长率都在 5％以上。从图 73.4 中可以看出，近两年的进口增长率超过了出口增长率，可见阿联酋的贸易顺差有缩小的趋势。

由于未来油价可能进入下行通道且进口会增加，预计阿联酋的贸易顺差将从 2013 年的（占 GDP 的）13％下降到 2018 年的 3.7％。2014 年的顺差估计在 GDP 的 10.5％左右。由于商品进口成本的上涨，服务贸易的逆差将拉大。但是，未来随着诸如港口和经济开发区等大型项目的建成，非石油出口将会增长，这可能会有助于实现贸易顺差。

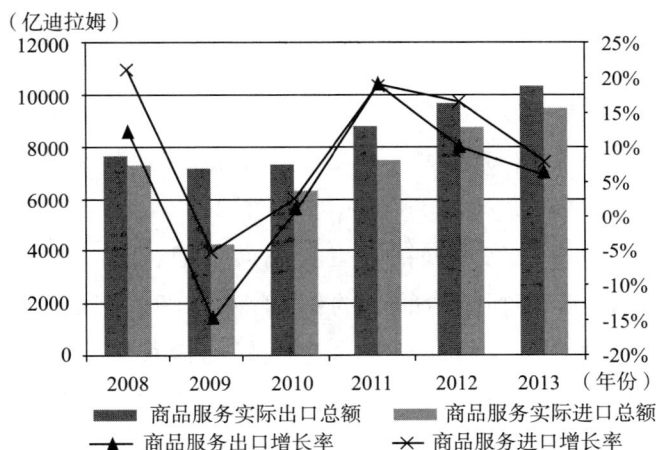

图 73.4　2007－2012 年阿联酋商品和服务进出口总额及增长率

二、金融运行概况

近年来阿联酋的外汇储备稳步增长，汇率也保持了稳定。从图 73.5 可以看出，2013 年阿联酋的外汇储备已经超过 600 亿美元，具有较强的抵抗国际货币危机的能力。在外汇储备稳步增长的同时，汇率也保持了稳定：官方汇率长期稳定在 1 美元＝3.6725 阿联酋迪拉姆，直到 2013 年变为 1 美元＝3.6730 阿联酋迪拉姆。

阿联酋的金融制度比较自由，资本可以自由流进或流出，同时阿联酋实行钉住美元的汇率制度。从 20 世纪 90 年代以来的几次大的货币危机（墨西哥货币危机、亚洲货币危机、阿根廷货币危机）来看，缺乏弹性的钉住汇率制度和高度开放的资本项目并存时，在外界冲击之下，很可能爆发货币危机。

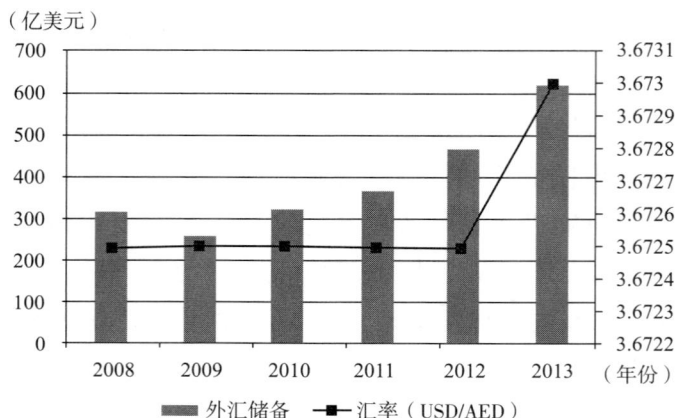

图 73.5   2008－2013 年阿联酋外汇及外汇储备

阿联酋国内银行主要的风险暴露是与迪拜政府关联实体（GRE）相关的债务重组。然而，得益于政治环境的稳定，金融部门还是处于稳定的增长之中。由于成功地实现了削减成本，不良贷款也得到了有效地控制，在股票交易所上市的 17 家阿联酋银行在 2012 年实现了 11.4％的利润增长率。2013 年这种态势也得到了延续，许多大银行也实现大幅增长。

2012 年至 2017 年整个金融部门的信贷将从 3200 亿美元增加到 4140 亿美元，但是信贷的增长步伐将比全球金融危机前慢很多，也将比阿联酋的名义 GDP 的增长速度慢。这样一来，全部信贷占阿联酋 GDP 的比重将从 2012 年的 83％下降到 2017 年的 70％。

商业银行在阿联酋的金融系统中占有支配地位，其贷款占全国金融部门总借贷额的 90％以上。基金经理和保险公司只掌握阿联酋金融资产的一小部分。2012 年，阿联酋的贷款市场比较疲软，同比只增长了 2.6％。相比之下，借贷市场在 2003－2008 年期间曾以两位数高速增长。

2012 年，阿联酋的不良贷款大幅上涨了 25％，因为阿国内银行继续保持对迪拜 GRE 的高风险暴露，这导致许多银行与债权人达成了资产重组。

除此之外，商业银行也受到来自阿联酋央行的一些新规则的制约，这些规则旨在加紧对不负责任贷款的控制。贷款规则的收缩可能使贷款在短期和中期的增长放缓。

地产领域有复苏的迹象，阿联酋经济在多领域的表现也很强劲，这对于金融部门来说也释放了积极的信号。但阿联酋银行业面临着一些风险，这些风险一方面来自于迪拉姆区的债务危机，另一方面也来自于全球经济增长的放缓，这使得迪拜 GRE 难以对其债务实现再融资。

值得注意的是，由于来自欧洲银行的资金越来越少，所以伊斯兰银行业将成为阿联酋银行金融的一个重要组成部分。2012—2013 年，包括迪拜伊斯兰银行及第一海湾银行的几家银行发行了伊斯兰债券。

第 2 节　阿联酋公共部门风险分析

阿拉伯联合酋长国的财政收入主要来自阿布扎比和迪拜，近几年阿联邦政府的财政收支已经扭赤为盈。本节根据阿拉伯联合酋长国中央银行上提供的国家资产和负债信息以及 BvD 数据库中有关该国的相关数据，分析阿联酋公共部门可能存在的风险。

一、公共部门资产负债表分析

（一）资本结构分析

总体来看，阿联酋近几年资产和负债都在平衡增长，联邦政府的财政收支总体保持一定程度的盈余：2008 年的盈余为 150.8 亿迪拉姆，到 2011 年上涨到 208.5 亿迪拉姆，2012 有所下降，2013 年又上升到 191.1 亿迪拉姆。从图 73.6 可以看出，阿联酋历年资产负债率都超过了 90%，远超 40%—60% 的适宜水平，而且近三年来资产负债率有上升的趋势。由此可见阿联酋公共部门的资产负债率高企导致公共部门风险上升，资本结构上存在较大的潜在风险。

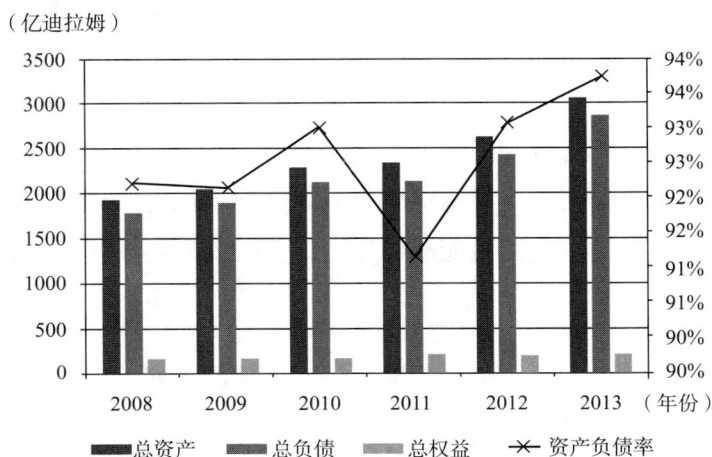

图 73.6　2008—2013 年阿联酋中央政府资本结构

（二）清偿力风险分析

本章采用国家公共部门产权比率表示其债务清偿能力。对于公共部门而言，产权比率可以用公共部门总负债与公共部门的总权益之比来表示。经过计算得知,阿联酋公共部门产权比率总体上呈平衡增长的态势,维持在 10—15 之间,均超过了 100％ 的理论安全水平,如图 73.7 所示。虽然阿布扎比和联邦政府加强了对信贷的监管,但是迪拜政府却通过 GER 计划扩大债务重组,这使得产权比率在 2011 年后又有上升的趋势。但是考虑到阿联酋尤其是迪拜的高风险高收益的投资发展模式,近年来产权比率不算太高,还在可控范围内。由于预期未来阿联酋经济发展会放缓,所以阿联酋联邦政府未来可能存在一定程度的潜在违约风险和潜在资本结构的错配风险。

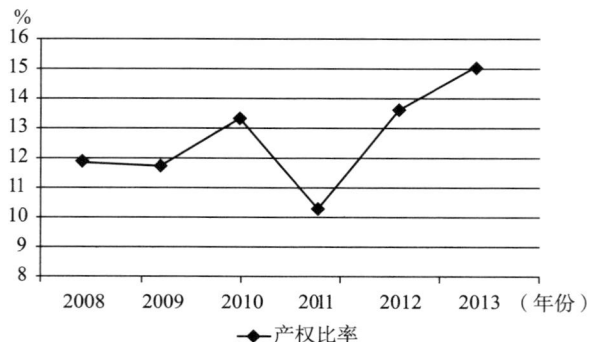

图 73.7　2008—2013 年阿联酋中央政府产权比率

二、公共债务与财政赤字分析

(一)公共债务分析

近年来,阿联酋公共债务呈现缓慢上升的趋势,由 2009 年的 5461.75 亿迪拉姆增加至 2013 年的 6438.75 亿迪拉姆。从图 73.8 可以看出,阿联酋公共债务占 GDP 的比重自 2008 年以来一直维持在 44％ 以上,且呈不断上升的趋势,2013 年更是超过了 60％ 这一警戒水平,可见阿联酋公共部门债务风险较为严重。未来一旦国际油价大幅下跌同时进口商品成本上升,阿联酋的经济增长可能会放缓,政府财政收支可能会恶化,进而可能会导致一定程度的公共债务危机。

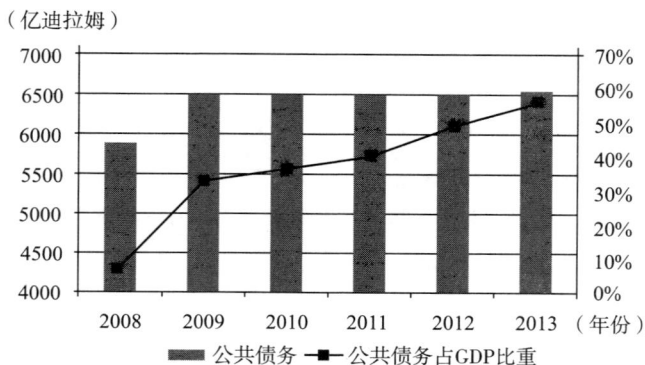

图 73.8　2008—2013 年阿联酋公共债务对 GDP 占比

（二）财政收支分析

2009 年，由于受迪拜债务危机的影响，阿联酋财政收入出现负增长，而财政支出大幅增加，因而出现财政赤字，这在阿联酋历史上比较少见。赤字持续到 2010 年，2011 年阿联酋就实现了扭赤为盈。2011 年以来，阿联酋财政收入与财政支出基本处于稳步上升的趋势，而且具有一定程度的财政盈余。由于近年来阿联酋非石油经济发展较好，抵御国际油价下跌风险的能力逐年增强，预期未来阿联酋出现财政风险的可能性较小。

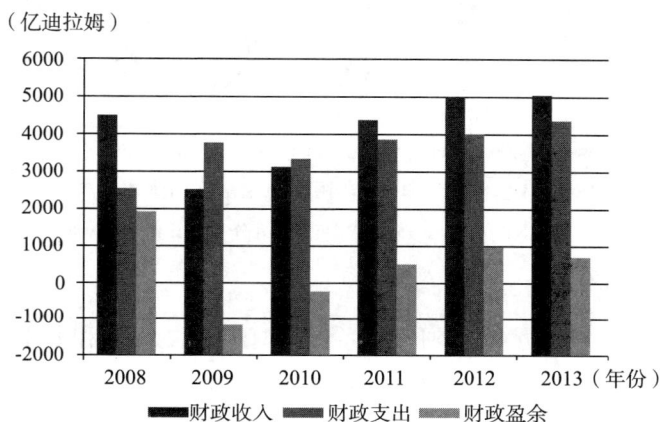

（亿迪拉姆）

图 73.9　2008－2013 年阿联酋财政收支

第 3 节　阿联酋金融部门风险分析

本节选取阿联酋资产市值排名前 22 家金融机构为代表，对其数据进行分析研究。通过对这些金融机构的资产负债表进行加总，然后计算或有权益资产负债表，在此基础上分析阿联酋金融部门的风险。

一、资产负债表分析

（一）资本结构分析

通过对 2008－2012 年阿联酋 22－24 家排名靠前的金融机构资产负债表加总处理之后，得到阿联酋金融部门资本结构图，即图 73.10。2008 年至 2012 年，阿联酋金融部门的总资产呈平稳上升的趋势，总负债基本上也表现出上升的趋势。值得注意的是，阿联酋金融部门的资产负债率一直高于 80％，近两年更有上升的趋势，2012 年更是高达 86％，已经接近 90％的警戒水平。未来由于国际油价有下跌的预期，而阿联酋进口商品成本有上升的预期，经济有下滑的可能，而这可能导致阿联酋金融部门资产负债表的进一步恶化。总体来说，阿联酋金融部门资产与负债规模目前暂时在可控范围之内，但是如果未来国际国内经济形势恶化，可能会出现结构性风险。

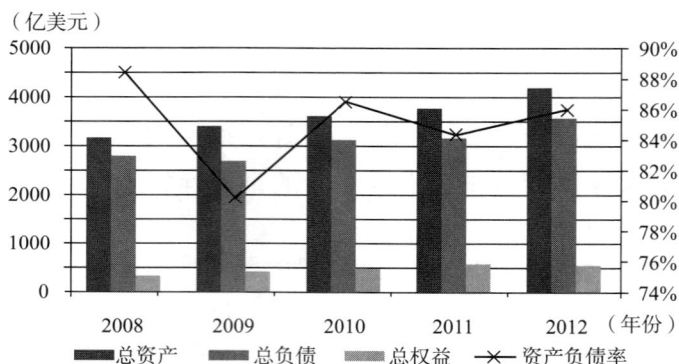

图 73.10　2008－2012 年阿联酋金融部门资本结构

数据来源：BvD 数据库 OSIRIS 分库——全球上市公司分析，http：//www.osiris.bvdep.com/ip。

（二）存贷结构分析

从存贷结构来看，近年来阿联酋金融部门存款余额和贷款余额都呈稳步上升的态势。存贷比自 2009 年以来呈下降的趋势，但是仍旧高于 84％（如图 73.11 所示），高企的存贷比可能给阿联酋金融机构带来潜在流动性风险。当前，阿联酋经济处于平衡增长的上升通道，但是社会矛盾和南北成员国的矛盾日益加深，如果未来发生社会动荡或发生金融冲击，金融机构的流动性风险都可能凸现出来。

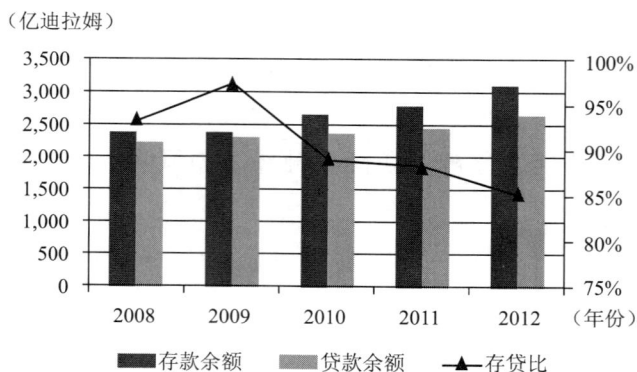

图 73.11　2008－2012 年阿联酋金融部门存贷结构

二、或有权益资产负债表分析

自 2008 年以来，阿联酋金融部门的资产市值与负债市值均出现平衡的增长，其中资产市值增长的幅度略大于负债市值。但是，阿联酋金融部门的或有资产负债率多年来一直处于高位，自 2008 年之后有所下降。从图 73.12 可以看出，自 2009 年之后，或有资产负债率只是出现非常平缓的下降，2012 年或有资产负债水平仍旧在 84％ 之上。一旦未来阿联酋市场利率或资产波动率上升，其金融部门的或有资产负债率还会恶化。阿联酋金融部门存在较高的潜在结构性风险，应该引起警觉和重视。

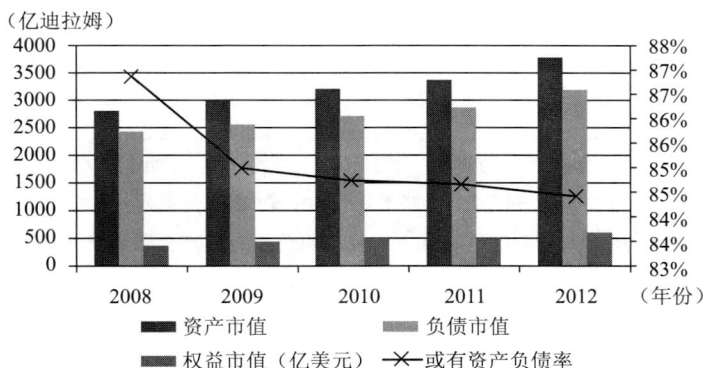

图 73.12　2008－2012 年阿联酋上市金融部门或有资产结构

近年来，阿联酋金融部门的资产市值波动率呈下降的趋势，2011 年之后更是处于略高于 1％ 的低水平，如图 73.13 所示。较低的资产市场波动率表示阿联酋的金融市场比较稳定，投资者信心比较充足，资产回报稳定，没有出现大起大落，这对于降低金融部门或有资产负债率是具有积极意义。

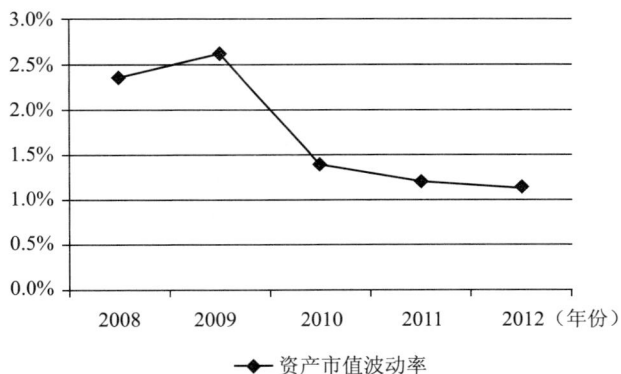

图 73.13　2008－2012 年阿联酋金融部门资产市值波动率

由于投资者对阿联酋金融部门信心比较充足，近两年阿联酋金融部门账面价值与资产市值差距不大。从图 73.14 所示的阿联酋上市金融部门或有资产负债率与账面资产负债率对比可看出，近年来二者走势大体保持一致，且但账面资产负债率与或有资产负债率越来越接近。这一方面反映了阿联酋资本市场属于一个有效的市场，资本市场能较大程度地反映真实市场中的波动与走势，同时由于账面资产负债率与或有资产负债率比较接近，阿联酋金融部门市场价值得到了合理的估值。从这方面来看，近年来阿联酋的金融市场效率较高，价值能得到充分的发现，所以比较适合于价值投资。

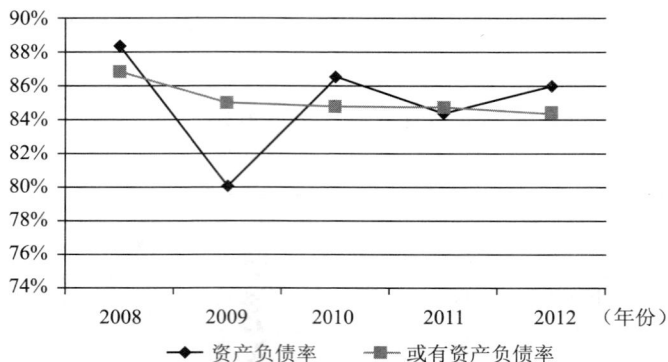

图 73.14　2008—2012 年阿联酋上市金融部门或有资产负债率与资产负债率

三、风险指标分析

受 2008 年金融危机的冲击和 2009 年迪拜债务危机的冲击，2008—2009 年，阿联酋金融部门的违约距离在 4.4 左右，违约的可能性较大。2010 年之后，尽管迪拜政府以 GRE 的方式扩大融资，但是阿联酋央行加强了对金融部门的监管，违约距离逐年上升，2012 年更是上升到 12 之上，违约的可能性较小。这说明阿联酋央行收紧信贷的政策是有效的，联邦政府应坚持这种政策（见图 73.15）。

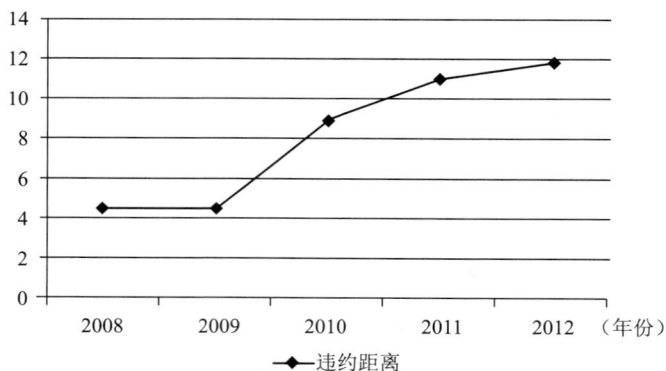

图 73.15　2008—2012 年阿联酋金融部门违约距离

第4节　阿联酋企业部门风险分析

2008—2011 年，阿联酋共有 56 家上市企业，虽然阿联酋经济发展良好，但到了 2012 年，上市企业减少一家，为 55 家。本节根据这 55—56 家上市企业的汇总数据，经过计算其资产市值和负债市值从而得到或有资产负债率和违约距离等数据，然后再与账面资产负债率相比较，进而分析阿联酋企业部门的风险。

一、资本结构分析

从这55－56家阿联酋上市企业的总资产和总负债来看，二者在2009年达到最高值，之后变化不大，比较平稳。从总权益来看，变化也不大，自2009年之后基本保持在600亿美元左右。这说明阿联酋近几年国内经济平稳发展，市场波动不大。从这些企业的资产负债率来看，每年均在62%之下，2010年之后更是逐年逐步下降，2010年下降到57%左右。由于近几年阿联酋固定资产投资水平很高，57%左右的资产负债水平是比较安全的，在可控范围之内。可见，阿联酋企业部门资产结构风险并不突出（见图73.16）。

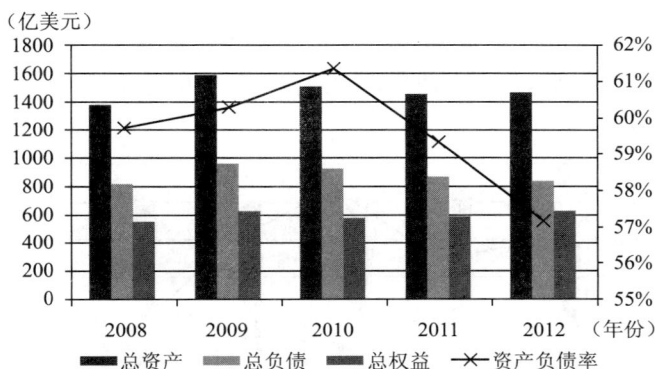

图73.16　2008－2012年阿联酋企业部门资本结构

二、期限错配分析

近年来，阿联酋企业部门的流动资产和流动负债都是先升后降，而流动负债的升降幅度并不大，稳定在360－400亿美元之间，如图73.17所示。阿联酋企业部门的流动比率近年来在1.2左右波动，且波动幅度很小，如2012年为1.3。这说明阿联酋企业部门的短期偿债能力比较弱，容易发生期限错配风险，应该引起重视。

三、或有权益资产负债表分析

近年来，尤其是2010年之后，阿联酋企业部门的资产市值和负债市场基本保持稳定，变化幅度不大，这也导致近年来阿联酋企业部门权益市值变化不大，稳定在550－630亿美元之间，从趋势来看，权益市值稳中有涨，这与该国近年来经济平稳增长的状况相一致。

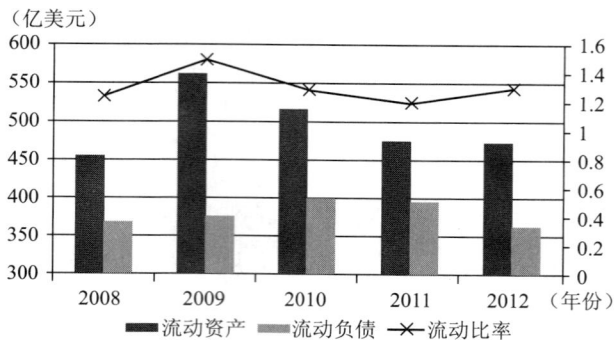

图 73.17　阿联酋企业部门期限结构

与之相对应的是，阿联酋企业部门的或有资产负债率出现了小幅波动，但整体上看该比率并不高，各年均在 53％以下，近三年更是有明显下降的趋势，2012 年更是达到 48％的低位，处于比较安全的水平，如图 73.18 所示。较低的或有资产负债水平一方面说明阿联酋资本市场运行平稳，另一方面说明企业部门资本结构良好，短期内不大可能出现资本结构风险。

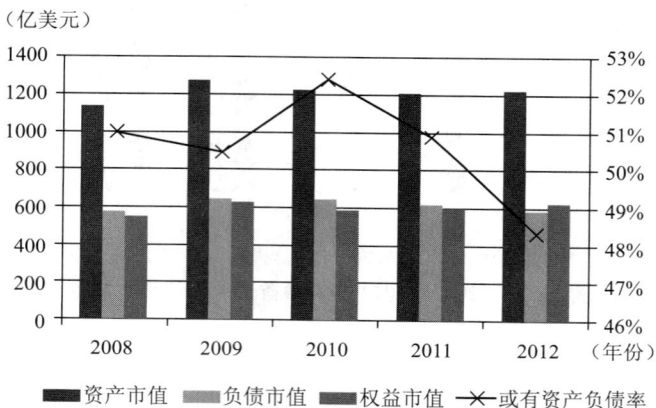

图 73.18　2008—2012 年阿联酋上市企业部门或有资产结构

四、风险指标分析

（一）资产波动率分析

资产市值波动率是系统性风险、非系统风险性与投资者预期的表现，该值越低表明系统性风险和非系统性风险越低，投资者的预期越乐观；反之则反是。从图 73.19 可以看出，近几年阿联酋企业部门的资产波动率呈逐年下降的趋势，2011 年之后更是低于 4％，这在全世界范围内都是比较少见的理想水平。这反映出阿联酋的资本市场比较安定，系统性风险较小，投资者对市场具有信心。可见，阿联酋资本市场在短期内并无大的风险。

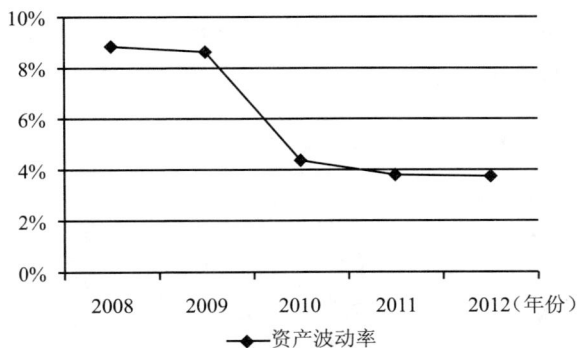

图 73.19　阿联酋上市企业部门资产市值波动率

（二）违约距离

2008—2009 年，由于受到国际金融危机和迪拜债务危机的冲击，阿联酋企业部门的违约距离较低，徘徊在 5.4 左右，具有较大的违约风险。但是这种状况很快得到扭转，2010 年之后，阿联酋企业部门的违约距离就上升到 10 的较安全水平，之后逐年上升，如图 73.20 所示。逐渐上升的违约距离可能得益于阿联酋稳定的资本市场、较低的系统性风险和较高的投资者信心。总之，较高的违约距离表明阿联酋企业部门近年来不大可能出现大面积的违约。

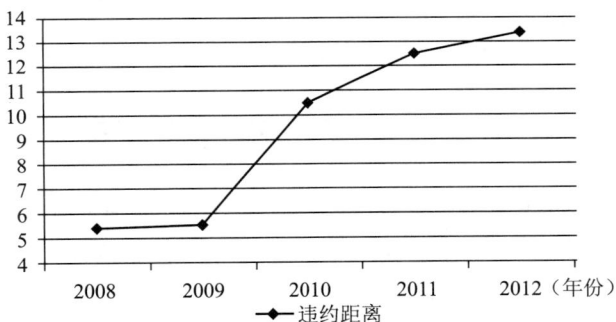

图 73.20　2008—2012 年阿联酋上市企业部门违约距离

第 5 节　阿联酋家户部门风险分析

阿联酋的人口结构很特殊，85％的劳动力是外来人口，虽然阿联酋政府设法增加酋长国国民的就业，但是外来劳动力仍旧是推动经济增长的主要动力。本节从劳动力的变化和个人消费的变化研究阿联酋家户部门的风险。

近年来，阿联酋劳动力正在逐年增加，近两年的增长率维持在 5％左右，如图 73.21 所示。增加的劳动力主要来自外籍劳工，这是因为一方面阿本国居民劳动力成本过高，另一方面也是因为本国劳动力数量较少。本国籍劳工和外籍劳动同工不能同酬，劳资矛盾历年来都较严重。

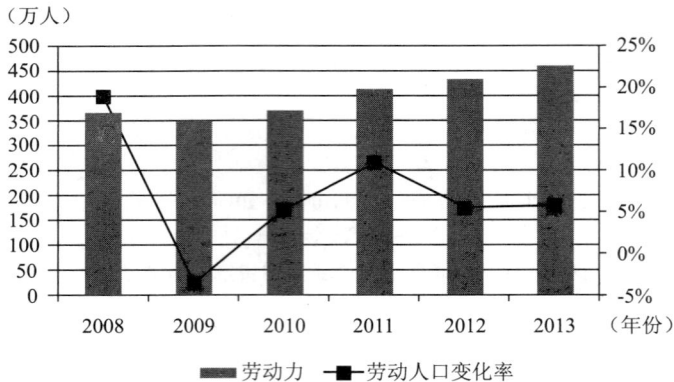

图 73.21　阿联酋劳动力

近年来，阿联酋的个人消费支出平减（CSD）指数一直比较稳定，国内通胀压力不大，如图 73.22 所示。个人消费支出平减指数是一国当前物价与实际消费支出的比例，从而将以货币表示的名义个人消费支出调整为实际的个人消费支出，它能反映该国在不同时期内个人消费支出总水平变动程度，是衡量国内通胀压力最恰当的指标。由于近年来阿联酋的 CSD 指数变化不大，可见该国物价稳定，通胀压力不大。

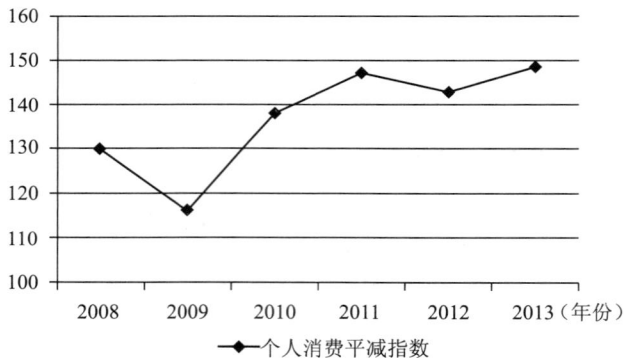

图 73.22　阿联酋家户部门通胀压力

2009 年，由于受到迪拜债务危机的冲击，阿联酋个人收入大量减少，个人消费也出现负增长。2008—2013 年，由于阿联酋经济持续增长，投资者对资本市场信心充足，消费者的消费信心也在增强，2011 年实际个人消费增长率大幅上涨，超过 9%，2012 年虽有所下降，但增长率还是 5% 以上，如图73.23 所示。由于阿联酋政府加大了固定资产投资的力量，近年来阿联酋个人消费占 GDP 的比例近年来呈下降的趋势，但是仍然维持在 50％以上，消费仍然是拉动阿联酋经济增长的最重要的动力。

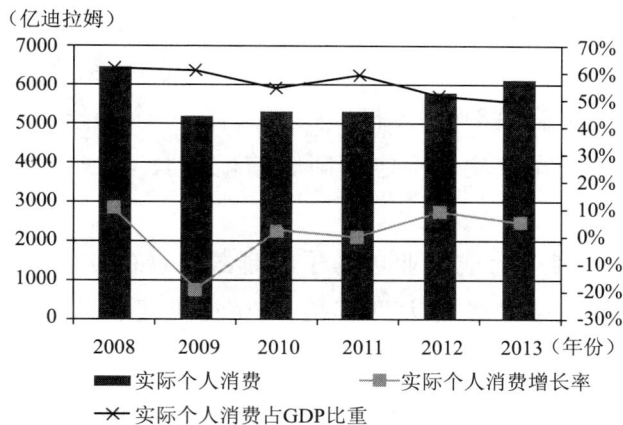

图 73.23　2008－2013 年阿联酋家户部门个人消费

第 6 节　阿联酋航空业专题分析

阿联酋的航空业虽然起步较晚，但是由于其高速的发展业绩、大笔的采购风格、高水准的服务质量而迅速在全球航空界站稳了脚跟并享有盛誉。如今航空业在阿联酋的非石油经济中占有重要地位，成为阿联酋旅游经济的重要一环，同时为阿联酋经济的去石油化做出了巨大的贡献。

一、阿联酋航空业概况

阿联酋的航空业主要由阿联酋航空公司（Emirates Airline，简称阿联酋航空）运营。阿联酋航空公司总部位于迪拜，是阿联酋集团公司（Emirates group）的子公司，该集团公司由迪拜政府的迪拜投资公司全资所有，所以实际上阿联酋航空公司是一家国有企业。该公司是中东最大的航空公司，全球第五大航空公司，也是全球发展最快的航空公司，其盈利水平在全球 20 大航空公司中位于首位。目前阿联酋航空在迪拜枢纽机场每周的航次达 3400 架次，飞往世界 74 个国家的 150 多个城市。阿联酋的货运航空在世界排名第二。

1985 年至 1992 年是阿联酋航空业的起步阶段。1985 年阿联酋航空公司租用了一架空客 300 和一架波音 737 飞机，仅有迪拜至卡拉其一条航线。1986 年，阿联酋航空增加了至科伦坡、达卡、阿曼、开罗的航线，1987 年又开通了至法兰克福、伊斯坦布尔、马尔代夫等地的航线，航线增至 11 条。

1993 年至 1999 年是阿联酋航空业的成长阶段。20 世界 90 年代初，阿联酋航空是世界上发展最快的航空公司之一，收益增加至约 1 亿美元/年，到 1993 年收益接近 5 亿美元。到 1995 年，阿联酋航空已经拥有 6 架空客 A330S 飞机及 8 架空客 A310S 飞机，共有飞往 30 个国家的 37 条航线。1998 年阿联酋国际货运公司成立，标志着阿联酋航空具有独立于客运之外的强大货运能力。

2000 年之后，阿联酋航空业进入了跨越式发展的阶段。这一阶段的最明显特征就是大手笔地采购各类大型客机。2000 年阿联酋航空订购了 25 架波音 777－300s 客机，8 架空客 A340－600s 客机，3 架空客 A330－200s 客机，22 架双层的空客 A380 客机。2001－2002 年是阿联酋航空史上艰难的一年：首先是受到经济衰退的影响，然后又出现了科伦坡机场爆炸案。数月之后，美国纽约发生 911 恐怖袭击，成千上万的航班被取消，阿联酋航空也受到巨大冲击，空座率急剧上升。但是当时阿联酋航空并没有裁员，只是宣布停招新员工，同时减少飞往各地航班的次数。

2003 年，在巴黎航展上，阿联酋航空以 190 亿美元订购了 71 架飞机，随后又订购了 21 架空客 A380－800s 客机，租用两架 A380－800s 客机，同时也租用 27 架波音 777－300ER 客机。这之后，阿联酋继续花费重金，大量购买波音和空客高端机型。到 2009 年，阿联酋航空已经是世界上最大的波音 777 运营商。

在 2013 年迪拜的航展上，阿联酋航空以史无前例的大手笔采购了 150 架波音 777 客机和 50 架空客 A380 客机，总金额高达 1660 亿美元。这些飞机从 2020 年开始交付使用，到 2025 年后逐渐淘汰掉旧有机型，为公司未来的发展做好准备。

二、阿联酋航业高速整发展的原因

阿联酋航空高速发展并非得益于政府的支持。事实上，阿联酋航空没有获得来自联邦政府任何资助，来自迪拜政府的支持也只不过是最初的 1000 万美元，之后阿联酋航空就没有向政府要过一分钱。可以说阿联酋航空能够在激烈的竞争中生存并且高速发展有其自身的原因。

其一，优秀的成本控制。阿联酋航空成功的成本控制主要有两个因素：其一是采用波音和空客最新型的飞机，大手笔采购的背后是为了降低维护和运营成本。例如，阿联酋航空大量定购并投入运营的空客 A380 飞机的燃油消耗仅为 3.1 升/百人/公里，比丰田混合动力汽车普锐斯还要低。其二是因为该公司有专业的团队进行燃油套期保值。从近几年的业绩来看，该公司的套期保值团队的动作都是相当成功的。

其二，卓越的服务水准。首先阿联酋航空几乎每年都在全球范围内招聘优秀的空乘人员，保证了其空乘服务人员的高素质和国际化。其次是食物的高质量与多元化，乘客能享受不同国家不同宗教特色的美味食物，屡次被著名航空杂志 OAG 评选中获"最佳机上美食"殊荣。

其三，大规模的广告营销。广告营销，尤其是体育广告也是阿联酋航空成功的重要秘诀。每逢世界杯足球赛、大型车赛和其它大型体育赛事，阿联酋航空都要投入巨额的广告，这在很大程度扩大了其知名度，吸引了大量乘客。

二、阿联酋航空业中潜在的风险

阿联酋航空业发展势头一片大好，仔细分析起来，还是存在一些潜在的风险。

首先，阿联酋航空的快速发展引起了其它航空公司的不满和批评。例如，德国汉莎航空公司和加拿大航空公司就声称阿联酋航空进行了不公平的竞争。汉莎航空公司一直都在游说德国政府限制阿联酋航空在德国的发展，使得阿航自 2004 年起不能在柏林和斯图加特运营。与汉莎航空的做法类似，加拿大航空反对阿联酋航空在加的一切扩张。这种争端已经引起阿联酋和加拿大两国政府的关注，尽管两国政府多次谈判，但是加拿大还是没有给予阿联酋航空更多的着陆地点，如不允许阿航在卡尔加里（加拿大西南部城市）和温哥华着陆。

其次，在全球经济发展放缓的背景之下，如何将运力和需求相互匹配是摆在阿联酋航空面前的最大的问题。以 A380 客机为例，阿联酋航空推出三种客舱共 600－644 个座位，而竞争对手 Air Austral 则推出单一客舱 840 个座位，平均每个座位的成本和价格都更低。

再次，阿联酋航空以债券代替股票融资的方式带来了偿债风险。由于种种原因，阿联酋航空没有上市，不能以权益证券融资。目前阿联酋航空的主要融资方式是发行债券。由于阿联酋实行钉住美元的汇率制度，而现在美国已经退出量化宽松政的货币政策，美元正在回流美国，进而引入货币借贷的成本上升，阿联酋航空的债券利率正在上升，所以未来阿联酋航空的违约风险可能会增加。

第7节　结论及对中国的借鉴

总体看来，2013年阿联酋宏观经济形势比较乐观。自2009年之后，阿联酋经济出现4%以上的稳步增长，通货膨胀率较低，汇率比较稳定，进出口逐年增长。

阿联酋公共部门近年来资产负债率高企，存在较大的潜在风险，如果经济发展放缓，还可能出现资本结构错配的风险。由于阿联酋财政近年来都有盈余，故财政风险较小。

阿联酋金融市场发展比较平稳，市场波动小，投资者信心足，收益率稳中有升。阿联酋金融机构资产负债水平暂时安全，但不排除未来恶化的可能。由于存贷比较高，在经济形势恶化的情况下，阿联酋金融部门可能会出现流动性风险。由于阿联酋金融部门近三年账面资产负债水平与或有资产负债水平大体持平且趋势一致，所以金融部门在市场上得到了充分的估值，金融市场是比较有效的市场。阿联酋金融部门的违约距离逐年升高，发生债务违约的可能性较小。

阿联酋企业是经济增长的受益者，从资产负债率、流动比率、或有资产负债率、违约距离等各项指标来看，企业部门风险都不大。相应地，阿联酋个人消费近年来有所增长，消费者对未来比较有信心，消费依然是阿联酋经济增长的最重要动力，家户部门不大可能出现风险。

对于中国而言，阿联酋的很多做法和经验值得借鉴。首先，中国应学习阿联酋逐步开放金融市场，逐步实现资本项目下的可自由兑换，实现金融市场的充分竞争。从上面的分析中我们可以看出，阿联酋经济增长的一个很重要的原因是具有一个比较有效金融市场，资产回报率波动很小，没有大起大落，因而投资者信心十足。其次，阿联酋去石油经济转型的成功也为中国的经济结构转型提供了很好的经验。中国目前要改变高能耗高污染的发展方式，阿联酋的环保式经济发展方式也是非常值得学习的。最后，阿联酋平稳地而不是大幅度地增加固定资产投资从而拉动经济增长的方式是值得学习的。

参 考 文 献

［1］International Monetary Fund："Global Financial Stability Report"，2007－2013.

［2］International Monetary Fund："World Economic Outlook"，2003－2012.

［3］俊林：《阿联酋，走在世界纺织工业前列》，载《中国纤检》2013 年第 21 期。

［4］社论：《阿联酋站上世界航空舞台定义未来》，载《空运商务》2013 年第 10 期。

［5］金文：《阿联酋发展塑料加工业》，载《中国化学工业年鉴 2013》，中国统计出版社，2013 年。

第 74 章　土耳其宏观金融风险研究

　　2008 年金融危机后，土耳其作为世界第 17 大经济体，实现了连续 16 季度增长，其经济增长表现次于中国。2013 年前三季度土耳其实现同比增速平均 4%，国内经济增长来源于制造业复苏和国内消费需求复苏，PPI 指数从年初 208.26 上升到 11 月的 221.86，国内消费需求从年初 75.8 上升到 11 月 77.5。

　　土耳其的企业部门风险很小，股市表现良好；金融部门存在一定风险，存贷比不断趋高，存在信贷失控风险；公共部门风险较大，央行资产负债率居高不下，政府财政赤字有所改善但依然较严重，公共部门整体风险较高；家户部门风险较大但趋于下降，2013 年失业率实现了小幅上升，个人消费变化率增加，但失业率水平在全球依然属于较高水平。

　　学者对土耳其经济环境的研究逐渐增多。丁工（2013）研究了土耳其崛起的根源及对未来走势的影响，研究表明土耳其日渐稳健的民主政治、富有成效的市场化改革以及多元化的全方位外交政策是土耳其快速崛起的根源，土耳其已经稳居中东——伊斯兰世界第一大经济体宝座。IMF（2010）对土耳其未来发展形势进行预测，结果显示：土耳其目前正在积极加入欧盟，其作为与中国类似的新兴发展国家，发展速度较快，到 2050 年其 GDP 总量能够位列世界前十位，加入欧盟后能够逐渐达到经济大国水平。但是土耳其 2013 年末爆发的一系列政治和货币危机，已经破坏了政治稳定的有利局面，对国内消费和国外投资造成极大冲击，若不能够及时消除，将会对 IMF 预测结果产生较大偏离，甚至会出现经济倒退。而且由于长期积极的货币与财政政策，政府刺激消费力度不减，政府债务情况愈加恶劣，目前其最大风险是经常账户赤字过大。

第 1 节　土耳其经济金融运行概况

　　土耳其产业结构中，制造业约占两成半，服务业占将近六成半，主要以金融、旅游、通讯和交通为主。土耳其经济对国外短期资金依赖较大，又受制于国内的政局发展，其经济整体波动性较大。土耳其经济存在的最大风险是经常账户赤字过大，而这与商品服务的进出口、实体经济的支持以及资本市场情况相关。本文通过 GDP 增长率、PPI 指数和商品服务的进出口等指标来反映土耳其经济运行情况，并通过股市指数和外汇汇率来体现土耳其资本市场金融运行情况。

一、经济运行概况

土耳其 2012 年 GDP 增速回落，2013 年初步估计上升到 4％。中东变革以来，土耳其凭借着有利的国际环境、良好的政治局势和经济发展态势，活跃于地区外交的多个舞台，成为中东——伊斯兰地区第一大经济体，其经济大幅提升，并抵御住 2008 年金融危机，实现了 2010、2011 年的快速复苏。2012 年土耳其与周边国家摩擦增加，国际环境不利，2013 年又相继发生里拉贬值、反贪风暴与正发党破裂危机，致使私人部门投资下降，国内消费者信心指数有下降趋势，土耳其经济呈现低位振荡态势（见图 74.1）。

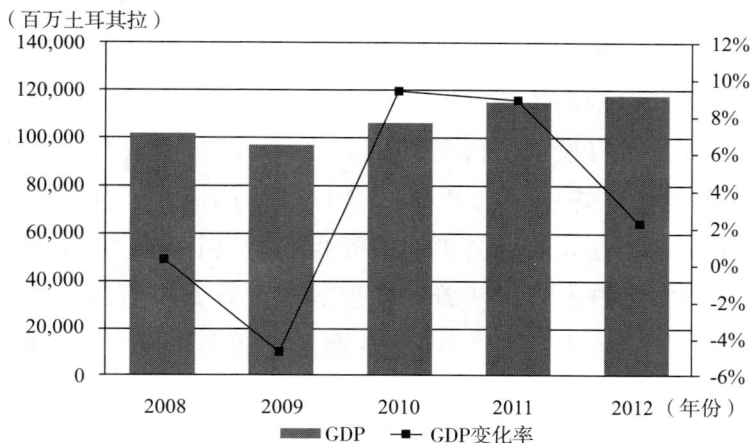

图 74.1 土耳其历年 GDP 及 GDP 增长率

数据来源：BvD 全球金融分析、宏观经济指标数据库，http://www.countrydata.bvdep.com/ip。

2013 年土耳其通货膨胀率已经回落到 8％以下，但依然高于 IMF 预期的 6.2％。PPI 指数是经济预先指示器，2012 和 2013 年同比变动大幅下降，预示着土耳其通货膨胀将会持续呈现下降趋势，这与全球石油价格较为稳定和土耳其政府采取的一系列控制措施有关。较低的通货膨胀率会放缓 GDP 增长，但其对于就业和长期经济稳定有促进作用（见图 74.2）。

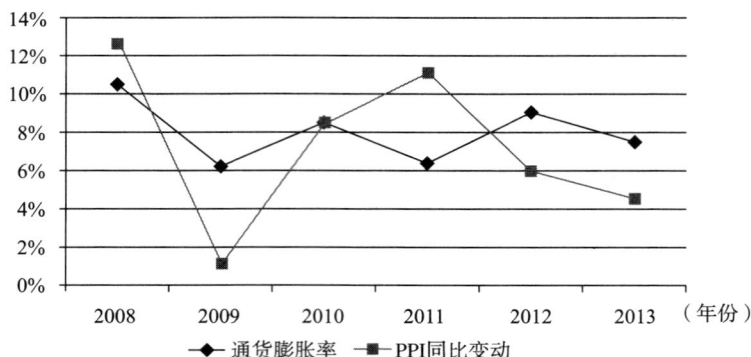

图 74.2　土耳其通货膨胀率与 PPI 同比变动

数据来源：BvD 全球金融分析、宏观经济指标数据库，http://www.countrydata.bvdep.com/ip。

2012 年出口呈现下滑趋势，2013 年第三季度出口同比下降 2.2％，而上年同季度增速为 13％，出口进一步恶化。土耳其经济依赖于国外投资，其经济目前最大的风险是经常账户赤字过大，进出口商品和劳务的实际变化率能够反映土耳其经济风险状况。土耳其 2013 年前 10 个月外贸逆差已经累积到825.63 亿美元。2013 年商品和劳务的出口变化率大于进口变化率，土耳其居民需求弹性降低，经济呈现下滑趋势，而且在土耳其目前政治不稳、国际环境不利的局面下，这种下滑趋势将会延续下去（见图 74.3）。

2012 年土耳其政府将经常账户赤字从 773 亿美元至 489 亿美元，但是由于出口下滑，私人部门投资下降等原因，土耳其政府做出的努力将会无效，2013 年 11 月的经常账户赤字已经冲高至 GDP 的 7.5％。土耳其经济最大风险就是经常账户赤字过大，这会影响国际机构对其评级，而土耳其政府也一直致力于减小经常账户赤字。随着国际形势对土耳其不利以及土耳其国内隐患的爆发，土耳其经济将面临 2008 年金融危机后又一次重大的挑战。

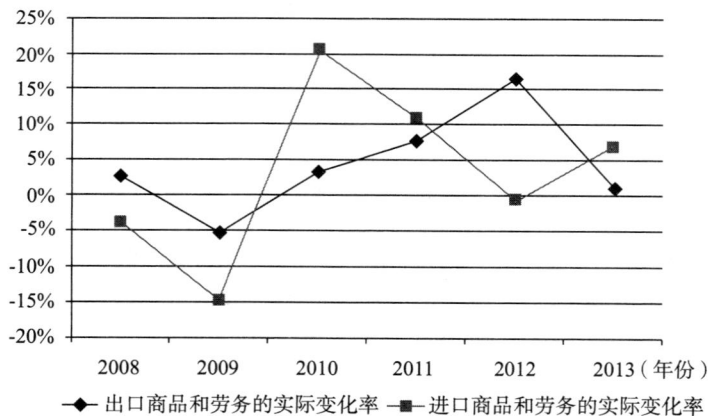

图 74.3　土耳其商品和服务进出口实际变化率

二、金融运行概况

2009 年新土耳其里拉的发行，使得土耳其里拉有一定的升值。但是
2010 年后，土耳其里拉开始不断的贬值。2013 年里拉贬值趋势恶化，这与
投资者预期相反，国外短期资金流入放缓，私人部门投资下降，资本市场活
跃度下降。这对依靠国外投资的土耳其经济是不利的冲击，金融市场对实体
经济支持的力度也因此而下降，经济增长放缓（见图 74.4）。

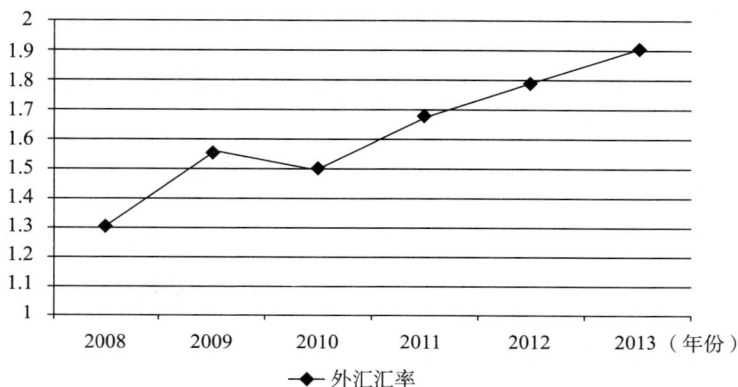

图 74.4　土耳其外汇汇率

土耳其股市指数 2012 年呈现涨势，这与制造业的复苏和国内消费需求
的复苏有关，实体经济的良好发展有利于股市市场的增长表现。2012 年的股
市指数超过 2007 年，恢复到金融危机之前水平并且有较大的增幅。但是，
需要注意的是，土耳其股市波动较为剧烈，这与土耳其经济模式有关，其制
造业占比较小，大部分为服务业，自身经济结构不合理导致稳定性较差，容
易受到外部经济影响（见图 74.5）。

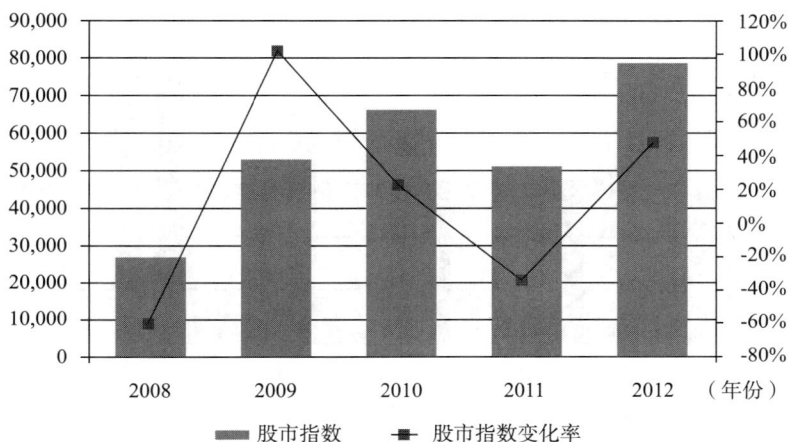

图 74.5　土耳其股市指数

整体上，2012 年土耳其经济继续实现了增长，土耳其政府的一系列经济政策和货币政策发挥了效果，出口商品和劳务实现了较大增长，经常账户赤字也得到有效缩减。新里拉贬值增加了出口，其升值预期也活跃了资本市场，股市表现良好。但随着 2013 年爆发的一系列的政治危机，新里拉的进一步贬值与投资者预期相反，使得国外短期资金进入放缓，出口商品和劳务大幅下降，国内消费者需求呈现下降趋势，2013 年的经济形势不容乐观。土耳其政府将面临着政治和经济双重挑战。

第 2 节　土耳其公共部门风险分析

土耳其中央银行资本结构整体上是存在一定风险的，而且政府收支赤字问题严重，这与土耳其经济发展模式相关。本节主要从中央银行资产负债表和政府财政预算两个方面对土耳其公共部门的金融风险进行分析。

一、中央银行资产负债表分析

2012 年土耳其中央银行资本结构风险增加，主要表现在总负债的大幅上涨，其中银行同业存款债务增幅最高，同时央行的银行存款的下降幅度较高，这也与 2012 年土耳其央行实施的一系列宽松的货币政策有关。2008 年至 2012 年的土耳其中央银行资产负债率平均在 90% 以上，2011 年有所降低，但 2012 年出现反弹，其资本结构风险有不断增加的趋势。宽松的货币政策有助于刺激经济增长，但同时会不断增加中央银行负债，中央银行整体风险会增加（见图 74.6）。

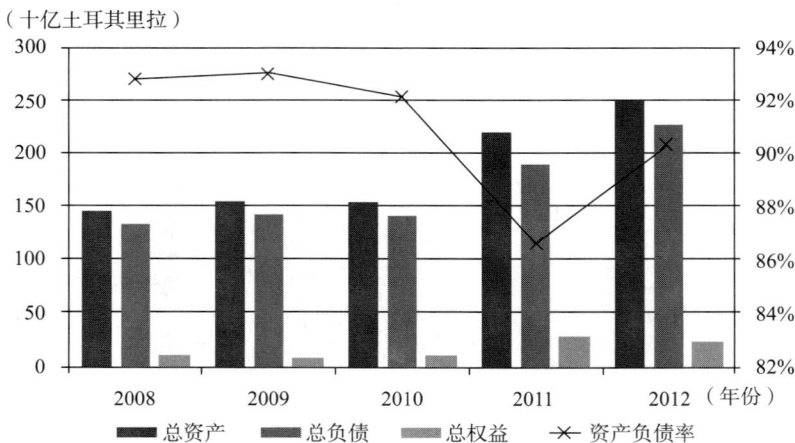

图 74.6　土耳其中央银行资本结构

二、政府财政收支分析

2013 年土耳其政府财政赤字相比 2012 年有所减小，但依然不容乐观。从 2008 年至 2012 年，土耳其政府长期处于赤字状态，这一方面说明土耳其经济发展极度依赖投资，无论是国外投资还是政府投资，另一方面说明土耳其目前政府的收入能力没有得到根本性的解决。土耳其政府财政赤字有利于对国内经济的刺激和拉动，但同时财政赤字无法得到有效的改善会加大债务风险，甚至引发国内债务危机。因此，土耳其政府需要权衡经济发展和债务风险，选择合适的经济发展战略（见图 74.7）。

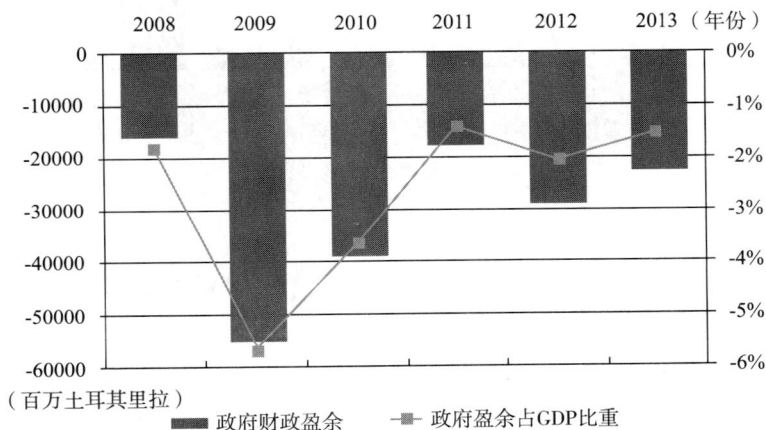

图 74.7　土耳其政府财政收支

第 3 节　土耳其金融部门风险分析

至 2013 年末，土耳其共有 29 家上市金融机构，其中 22 家银行，7 家保险公司，在全球金融危机的背景下维持了较小的波动。本节依据 2008 年至 2012 年数据完整性以及代表性，选择其中 22 家银行，通过资产负债表、或有权益资产负债表、风险表和压力测试以及敏感性分析等方法来对土耳其金融部门存在的风险进行分析。

一、资产负债表分析

（一）资本结构分析

2012 年土耳其金融部门资本结构继续保持稳定趋势，资本充足率高于巴塞尔协议所规定值。金融部门资产负债率在 2011 年小幅上升后反弹回落，整体上保持在 87% 左右，资本结构风险较小。这一方面说明土耳其金融部门对资本充足率控制较为严格，对风险把控非常到位，从另一方面说明土耳其金融部门对实体经济的支持还有上升空间（见图 74.8）。

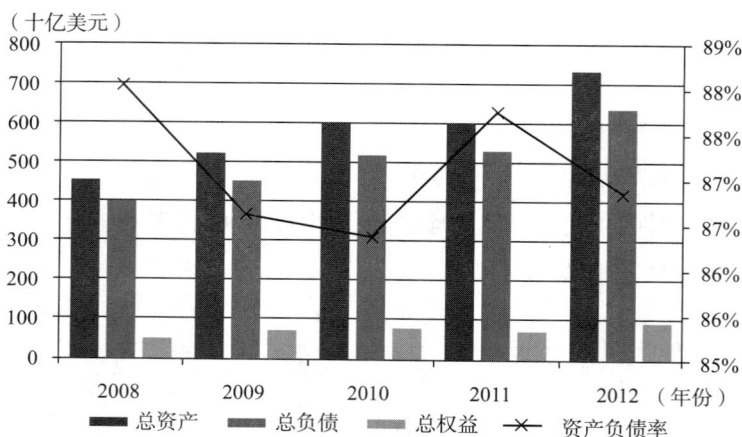

图 74.8　土耳其金融部门资本结构

（二）存贷结构分析

土耳其上市银行自 2008 年以后扩大了信贷规模和信贷比例，其存贷结构有了很大的改善。2012 年土耳其的存贷比创下新高，达到 85.56%，较高的存贷比意味着资金的有效利用，土耳其金融市场对实体经济的支持力度在不断增加。但同时另一方面，过高的存贷比隐含着较大风险，对信贷的管理和控制不当都会造成金融部门风险失控，并在金融部门间进行风险传染，引起一系列连锁反应，最后引发金融危机（见图 74.9）。

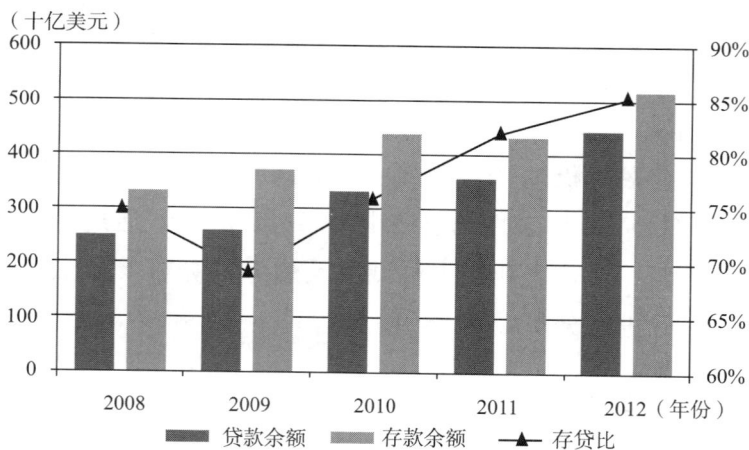

图 74.9　土耳其金融部门存贷结构

二、或有资产负债表分析

2012 年土耳其金融部门资产市值有较大增幅，这源自 2012 年土耳其股市的高涨，且已经恢复到 2008 年金融危机之前并有较大增幅。资产市值与账面价值差距维持较小局面，股市泡沫较小。2012 年土耳其金融部门或有资产负债率下降，金融部门的风险有改善趋势。或有权益资产负债率是实际资产负债率，相比于资产负债率更具有实际意义。土耳其金融部门或有权益资产负债率低于资产负债率，如图 74.10，一方面说明土耳其金融部门资本结构的实际风险偏小，另一方面也指出土耳其金融部门可以扩大其信贷规模，进一步加大金融支持实体经济的力度（见图 74.11）。

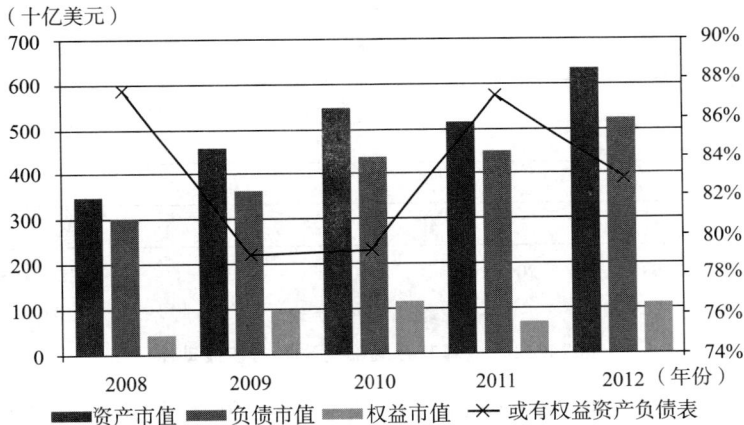

图 74.10　土耳其金融部门或有资本结构

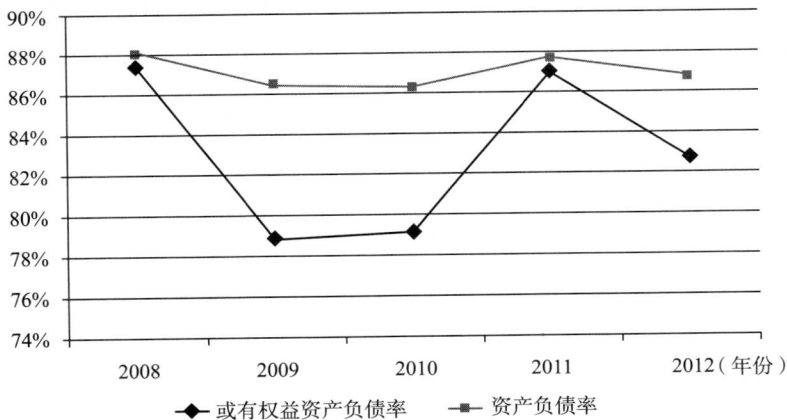

图 74.11　土耳其金融部门资产负债率和或有资产负债率

三、风险表分析

2012 年土耳其金融部门的资产市值波动率下降到 3％以下，自 2009 年以后，资产市值波动上呈现下降趋势。违约距离自 2008 年较低之后，一直处于上升趋势，2011 年出现轻微下落，2012 年延续总体上升趋势，已经突破 4，达到 4.31 的水平，违约风险较小。2012 年土耳其金融部门整体发展态势较好，资产市值波动率和违约距离的良好表现可以清晰反映出，金融部门整体风险不断降低（见图 74.12）。

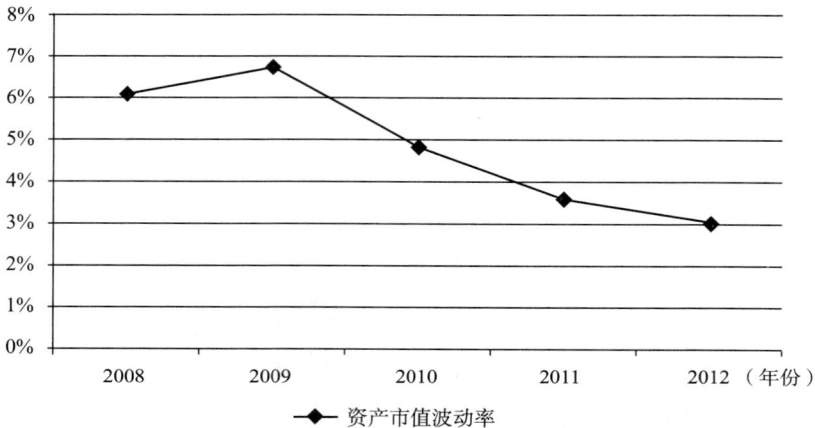

图 74.12　土耳其金融部门资产市值波动率

通过对 2012 年土耳其金融部门的或有资产负债表分析，发现土耳其金融部门的整体风险在改善，其经济风险中金融部门占比较低，说明土耳其金融部门的风险管理不断增强。考虑到 2012 年土耳其 GDP 增速放缓，只有 2％，土耳其金融部门应该在控制风险情况下放大信贷，刺激经济增长（见图 74.13）。

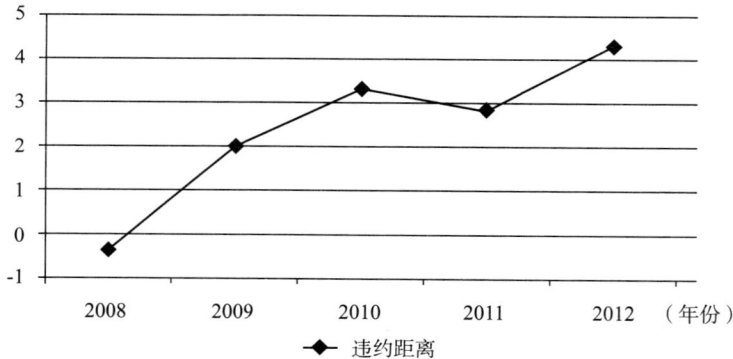

图 74.13　土耳其金融部门违约距离

四、压力测试及敏感性分析

2012年土耳其金融部门发展态势良好，为了考量土耳其金融部门抗压性，通过上下调节利率，对其进行压力测试，测试相应指标结果见表74.1。结果表明，土耳其金融部门应对利率较大波动能力较强，抗压性较好。无风险利率大幅上升，金融部门资产市值波动率变化较小，但违约距离有较大的变化，从4.31下降到2.95水平，说明利率大幅变化对土耳其金融部门风险影响是存在的，但程度偏小；无风险利率大幅下降会进一步改善金融部门风险，各项指标表现很好。

表 74.1 土耳其金融部门压力测试

情景	情景 1	情景 2	情景 3
	现实利率	利率上调至	利率下调至
	5.00%	10.00%	1.00%
资产市值（十亿美元）	635.35	609.25	656.35
资产市值波动率	3.03%	3.16%	2.93%
违约距离	4.31	2.95	5.40
违约概率	0.00%	0.00%	0.00%

通过对土耳其金融部门进行敏感性分析，来测量金融部门的稳定性，测试相应指标见表74.2。结果表明，土耳其金融部门的稳定性较好，市场小幅变动对其影响较小。无风险利率的小幅上升，各项指标均未发生明显变化，金融部门对利率变化不敏感。

表 74.2 土耳其金融部门利率敏感性分析

情景	情景 1	情景 2
	现实利率	利率上调至
	5.00%	5.10%
资产市值	635.35	634.39
资产市值波动率	3.03%	3.03%
违约距离	4.31	4.26
违约概率	0.00%	0.00%

第4节   土耳其企业部门风险分析

2012 年土耳其共有 357 家上市企业，相比 2008 年增加 102 家，在 2012 年土耳其股市表现良好的背景下，企业部门风险有了较大的改善，目前整体风险较小。

一、资产负债表分析

（一）资本结构分析

2012 年土耳其企业部门资产负债率相比去年小幅下降，整体资产负债率在 60% 左右，且波动较小，其资本结构风险较小。2012 年土耳其总资产和总负债规模实现了较大增幅，权益也有了较大增长，实体经济实现了复苏。2012 年土耳其上市公司的整体态势较好，股市指数也创下新高，2012 年末的股指收盘价为 78208.44，比 2011 年末的 51266.62 上升 52.55%，股市实现大幅增长。2012 年土耳其上市公司表现良好原因在于出口的上升和国外投资的增加。2012 年土耳其出口占 GDP 比重由 7.91% 急剧上升到 16.62%，出口的大幅增加刺激了实体经济的发展，上市公司业绩良好。2012 年由于新里拉的继续贬值以及国外投资者升值预期，土耳其国外投资增幅达到 44.2%，大规模的国外投资活跃了金融市场。由于实体经济的复苏和大规模资金流入，2012 年土耳其企业部门表现良好，整体风险得到极大改善（见图 74.14）。

但值得注意的是，随着 2013 年土耳其政治危机的爆发以及新里拉持续贬值，出口出现下滑，国外短期资金流入放缓，企业部门风险呈现增加趋势。

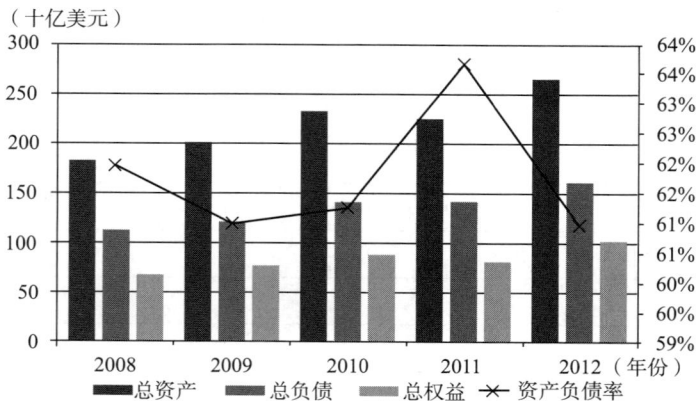

图 74.14   土耳其企业部门资本结构

数据来源：Bvd 数据库 OSIRIS 分库—全球上市公司分析，http://www.osiris.bvdep.com/ip。

（二）期限错配分析

2012 年由于大规模国外短期资金的流入，土耳其企业部门流动资产和流动负债较上年出现大幅上升，流动比率也提高近 3 个百分点，企业部门期限结构进一步改善。2008 年到 2012 年，上市企业部门的流动比率一直在 1.17 以上，而且波动较小，整体期限结构保持稳定，企业部门期限错配风险较小（见图 74.15）。

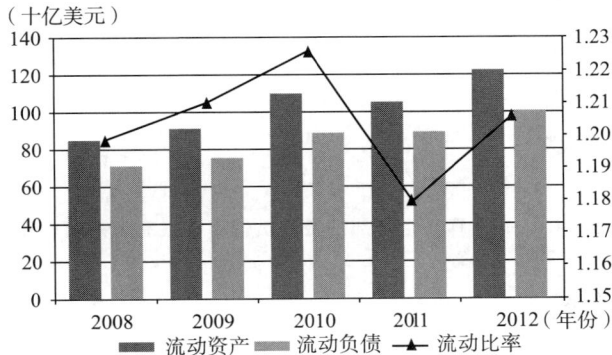

图 74.15　土耳其企业部门期限结构

数据来源：Bvd 数据库 OSIRIS 分库—全球上市公司分析，http：//www.osiris.bvdep.com/ip。

二、或有资产负债表分析

2012 年土耳其资产市值同比大幅提升，负债市值增幅较小，权益市值也出现较大增长。2012 年土耳其企业部门或有权益资产负债率下降至 39.09%，相比去年下降接近 4.2 个百分点，这与土耳其 2012 年实体经济复苏和股市表现良好有关，制造业复苏，企业部门利润逐渐增加，股市表现良好，企业部门资产市值大幅上升。通过对比或有权益资产负债率和资产负债率，发现或有权益资产负债率远低于资产负债率，一方面说明土耳其企业部门的实际违约风险较小，另一方面说明土耳其企业部门可以通过加大负债进一步扩大市场规模，从而推动土耳其整体经济发展（见图 74.16、图 74.17）。

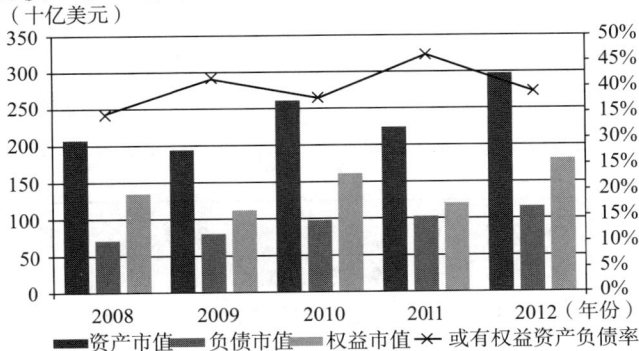

图 74.16　土耳其企业部门或有资本结构

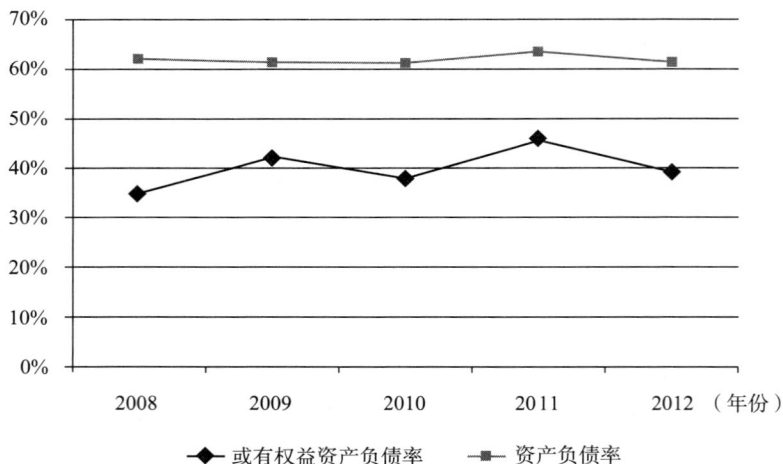

图 74.17　土耳其企业部门资产负债率和或有资产负债率

三、风险表分析

2012 年土耳其企业部门资产市值波动率下降至 10.72％，相比 2011 年实现了大幅下降，并延续总体下降趋势，土耳其企业部门整体风险在不断减小。2012 年土耳其企业部门违约距离突破 5，达到 5.50 水平，违约风险进一步降低，企业部门整体违约风险很小（见图 74.18）。但需要注意的是，由于土耳其经济长期依赖于国外投资和进出口贸易，如果 2013 年土耳其国内政治的不稳定，将会极大影响进出口贸易，新里拉的持续贬值与投资者预期相反，国外投资呈现下降趋势。而土耳其企业部门将首先受到波及，2013 年年末乃至到 2014 年，其整体风险将会大幅上升，故土耳其企业部门资产市值波动率依然处于近 11％的水平（见图 74.19）。

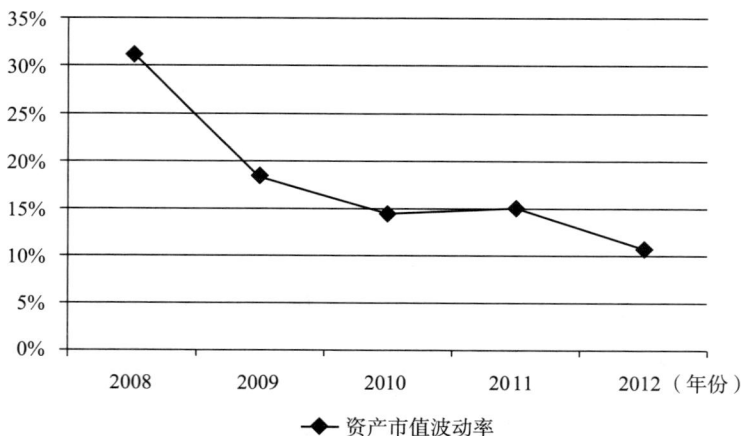

图 74.18　土耳其企业部门资产市值波动率

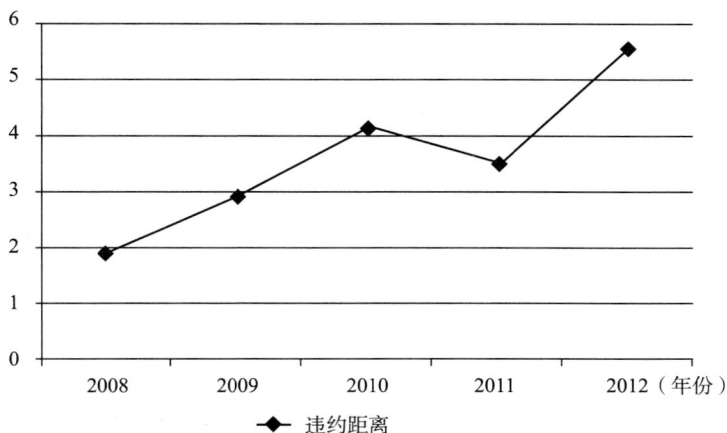

图74.19　土耳其企业部门违约距离

四、压力测试及敏感性分析

2012年土耳其企业部门发展态势良好，为了研究土耳其企业部门抗压性，本节通过上下调节利率，对其进行压力测试，测试相应指标结果见图74.3。结果表明，土耳其企业部门应对利率大幅波动能力较强，抗压性较好。无风险利率大幅上升，企业部门资产市值波动率变化较小，而且违约距离变化不大，从5.50下降到5.32水平，说明利率大幅变化对土耳其企业部门风险影响较小，企业部门的抗压性好；无风险利率大幅下降会进一步改善金融部门风险，各项指标表现良好。

表74.3　土耳其企业部门压力测试

情景	情景1	情景2	情景3
	现实利率	利率上调至	利率下调至
	5.00%	10.00%	1.00%
资产市值（十亿美元）	297.79	292.07	302.50
资产市值波动率	10.72%	10.93%	10.55%
违约距离	5.50	5.32	5.64
违约概率	0.00%	0.00%	0.00%

通过对土耳其企业部门进行敏感性分析，来测量企业部门的稳定性，测试相应指标见表74.4。结果表明，土耳其企业部门的稳定性较好，市场小幅变动对其影响较小。无风险利率的小幅上升，各项指标几乎没有发生变化，企业部门对利率变化不敏感。

表 74.4 土耳其企业部门利率敏感性分析

情景	情景 1	情景 2
	现实利率	利率上调至
	5.00%	5.10%
资产市值	297.79	297.65
资产市值波动率	10.72%	10.73%
违约距离	5.50	5.49
违约概率	0.00%	0.00%

第5节 土耳其家户部门风险分析

土耳其劳动力规模在不断增加，其劳动力结构也比较合理，但从近几年来看，土耳其失业率一直处于较高水平。2012 年土耳其失业率出现明显下降，土耳其个人消费与国民经济走势基本一致，2012 年出现明显下降。本节从失业率和个人消费两方面对土耳其家户部门的金融风险进行分析。

一、失业率分析

2012 年土耳其劳动力实现了小幅增长，但增幅小于往年，2013 年劳动力持续增长。由于劳动力增幅较小，2012 年就业压力减缓，2013 年就业压力有抬头趋势，这与劳动力增加和国外投资减少有关。土耳其劳动力平均受教育水平较高，但存在低龄人口结业现象，很多毕业大学生自愿性失业。而且第一产业劳动力占比偏低，这也直接导致土耳其第一产业占比不到一成，这不利于国家长期经济发展。一旦发生巨灾风险和社会不稳定情况，其劳动力结构会扩大风险（见图 74.20）。

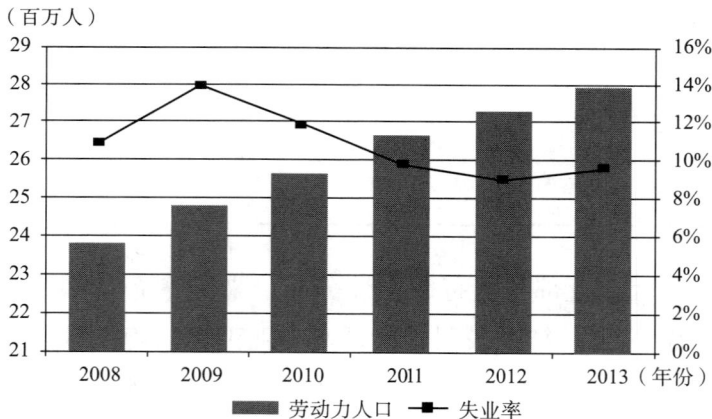

图 74.20 土耳其劳动力

数据来源：BvD 全球金融分析、宏观经济指标数据库，http://www.countrydata.bvdep.com/ip。

二、个人消费分析

土耳其 2012 年由于国外大规模投资的流入，资本市场活跃，股市表现良好，个人投资也因此而大幅度上升，这是 2012 年个人消费同比增幅大幅下降的原因之一，其他还有如欧债危机、国际大宗商品贸易下降、美国经济不景气等原因。2012 年个人消费甚至出现了负增长，反映出国内个人消费需求不足，个人消费意愿下降。

2013 年由于制造业的复苏，以及出现出口下滑和国外投资的减少，个人消费大幅上升，国内消费需求复苏。国外短期资金流入的放缓，减少了私人部门投资意愿，私人部门投资下降，更多的资金流向消费。而出口的下滑，进口的上涨，个人对进口商品的需求增加。2013 年个人消费初步估计将实现 4.2% 的增长，与经济增长趋势一致。

但随着 2013 年末爆发的一系列政治危机，个人对未来经济预期下降，刚恢复的消费需求又一次跌入低谷，家户部门的风险呈现增加趋势（见图 74.21）。

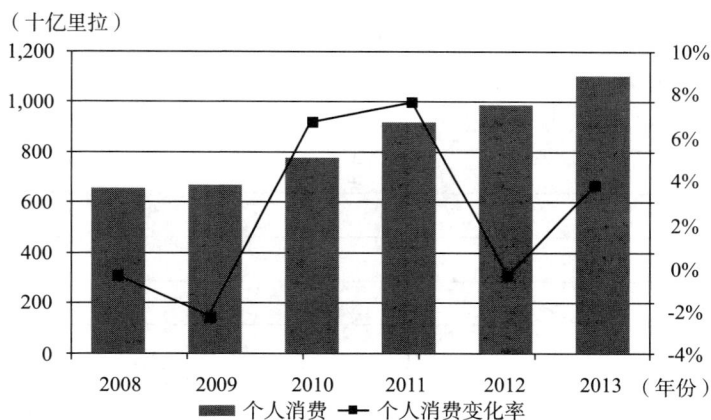

图 74.21 土耳其个人消费

数据来源：BvD 全球金融分析、宏观经济指标数据库，http://www.countrydata.bvdep.com/ip。

第6节　土耳其经常账户赤字风险专题分析

土耳其经济目前存在的最大风险是国内经常账户赤字过大，而全球经常账户也是处于失衡状态。

通过图 74.22 可知，2012 年土耳其政府通过一系列的措施缩减了经常账户赤字，但 2013 年又出现了恶化。而由图 74.23 可知，2012 年土耳其出口上升，国外投资增加，而 2013 年出口大幅下滑，国外投资下降。由此可知

　　土耳其经常账户赤字增加的直接原因是出口的下滑和国外投资的下降，出口下滑，致使贸易赤字增加，国外短期资金流入放缓，经常账户赤字进一步增加。其根本原因是国内政局不稳定，土耳其2013年内隐含的政治危机，以及2013年末实际爆发的一系列事件，致使出口商品竞争力下降以及国外投资部门出现观望态度，2014年土耳其经常账户赤字有进一步恶化趋势。

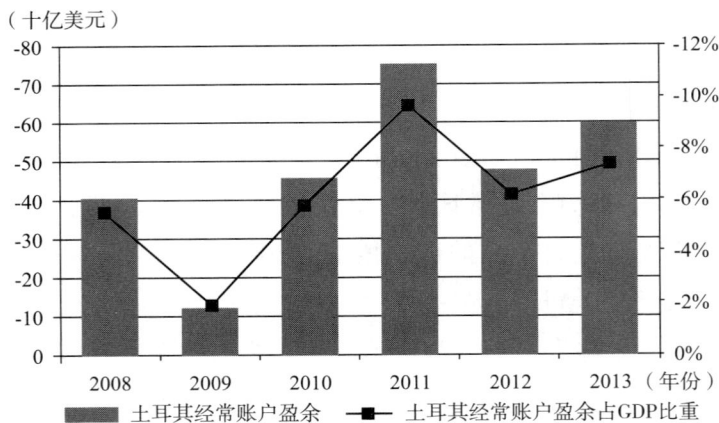

图 74.22　土耳其经常账户盈余及占 GDP 比重情况

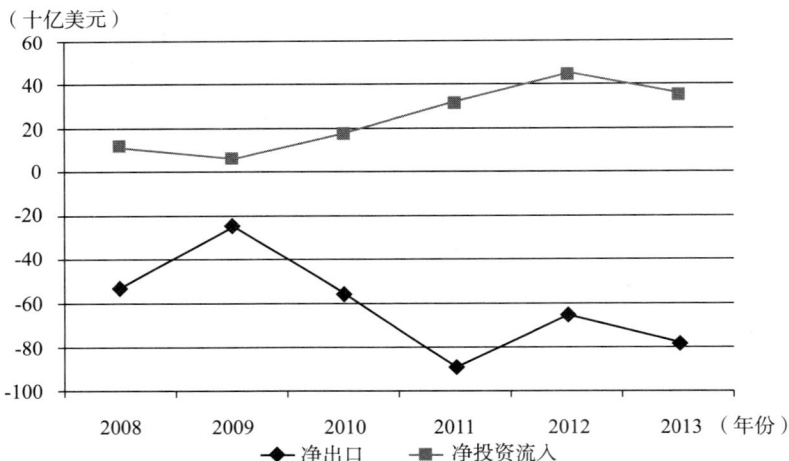

图 74.23　土耳其国际收支账户净出口和净投资流入

　　张建清和张天顶（2008）研究了1980至2005年全球范围内106个国家或地区的经常账户失衡的调整，研究表明经常账户赤字调整（初始为负），储蓄率在赤字调整前会下降，投资率在赤字调整后下降；赤字调整后经济出现负增长发生率不高；赤字调整后出口占 GDP 比率上升和进口占 GDP 比率下降发生率较高。对土耳其经常账户赤字调整的一些建议：（1）改善政府财政收支。（2）加大国内外贸易支持。（3）提高国内投资环境，吸引国外资金流入。

第 7 节　结论及对中国的借鉴

　　2012 至 2013 年，土耳其经济实现了低速平稳增长，其增长来源于制造业的复苏和国内消费需求的复苏。其整体经济形势较上年有小幅上涨，总体处于良好状态。企业部门风险很小，股市表现良好；金融部门存在一定风险，存贷比不断趋高，存在信贷失控风险；公共部门风险较大，央行资产负债率居高不下，政府财政赤字有所改善但依然较严重，公共部门违约风险较高；家户部门风险较大但趋于下降，2013 年失业率实现了小幅上升，个人消费变化率增加，但失业率水平在全球依然属于较高水平，巨大的就业压力会对社会的安定和谐造成威胁。

　　中国与土耳其同属发展中国家，二者之间存在着大量的贸易往来。由于土耳其贸易常年处于较大逆差，经常账户赤字在 2013 年有进一步扩大趋势。因此土耳其对中国实行大量的反倾销，而这不利于中国与土耳其经贸关系。随着 2014 年到来，土耳其政局不稳，中土经贸关系更加脆弱，中国应与土耳其政府共同协商，营造有利于贸易的国内和国外环境，推进中土经贸健康发展。

　　中国是制造大国，因此中国出现"双顺差"，这与土耳其正好相反。中国需要实行经常账户盈余调整，对于国内投资，要降低投资增长速度，进而强化投资质量，同时要降低国内储蓄水平；而且政府应该采取有效措施规范进出口贸易，加大科技创新自主研发力度，大力开拓国外市场，并加强国内消费，以促使进出口贸易结构的优化。

参 考 文 献

[1] 丁工：《土耳其崛起的根源及对未来走势的影响》，载《世界经济与政治论坛》，2013 年第 1 期，第 59—70 页。

[2] 世界经济展望预测（IMF），http：//www. Imf. org/external/english/pubs/ft/2010/update。

[3] 土耳其全球竞争力大幅跃升，载《世界经济论坛》，http：//www. weforum. org/reports。

[4] 茅锐，徐建炜，姚洋：《经常账户失衡的根源——基于比较优势的国际分工》，载《金融研究》2013 第 12 期，第 23—37 页.

[5] 张晓晶，汤铎铎，林跃勤：《全球失衡，金融危机与中国经济的复苏》，载《经济研究》，2009 年第 5 期。

[6] 张建清，张天顶：《经常账户失衡的调整：国际经验及其对中国的启示》，载《世界经济》2009 年第 10 期，第 12—21 页.

第 75 章　埃及宏观金融风险研究

2013 年，埃及政治延续剧烈动荡局面，社会再次陷入分裂，让 2012 年稍有好转的经济再次陷入困境。自 2011 年埃及发生政治危机后，埃及的经济就受到极大冲击，经济严重扭曲，消费者信心和投资者信心急速下降，主要工业和制造业公司暂时停止生产，支柱产业旅游业受到严重影响。2011 年埃及 GDP 增速从 5.14% 下降至 1.78%，2012 年稍有好转，但 2013 年又爆发了政治危机和社会动乱，经济再次受创，GDP 增速再次下滑。

埃及目前主要的风险为政治危机风险，其他风险大部分是因此而诱发。总体来说埃及企业部门风险较小，其主要风险来源于公共部门、金融部门和家户部门。埃及中央银行为维持汇率稳定，资产负债规模加大，而临时政府上台，干预经济力度加大，政府支出上升，财政赤字进一步扩大，公共部门风险加大；由于持续高利率的实行，商业银行存款余额激增，而信贷规模却受到严格控制，金融部门经营风险加大；家户部门中，失业率的攀升，个人消费率的急降，而且面临这政治局势的不明朗，家户部门风险较大。

第 1 节　埃及经济金融运行概况

埃及经济结构中，工业占比超过三成半，服务业占将近一半，支柱产业为旅游业。自 2011 年政治变局以来，2012 年埃及经济出现下滑，2013 年经济形势更加严峻，增长率下降，外汇储备减少，贫困率上升，支柱产业旅游业受到极大冲击。而且埃及依赖国际救助，国内经济发展比较单一化，经济整体波动性较大。本文通过 GDP 增长率、PPI 指数和商品服务的进出口等指标来反映埃及经济运行情况，并通过股市指数和外汇汇率来体现埃及资本市场金融运行情况。

一、经济运行概况

埃及 2012 年 GDP 增速有略微上升，2013 年又继续下滑，为 2%。埃及在 2008 年金融危机背景下依然实现了较快的经济增长。但自 2011 年以来，埃及政局开始动荡，经济陷入低谷，GDP增速突降至1.78％，2012年并无改善，在2013年新一轮政治动荡下经济发展进一步恶化（见图75.1）。较低的经济增长率会加重埃及社会负担，埃及40％的人处于贫困线以下，有30％的年青人处于失业状态，在政治动荡期这些社会矛盾更加凸显。

（十万埃及镑）

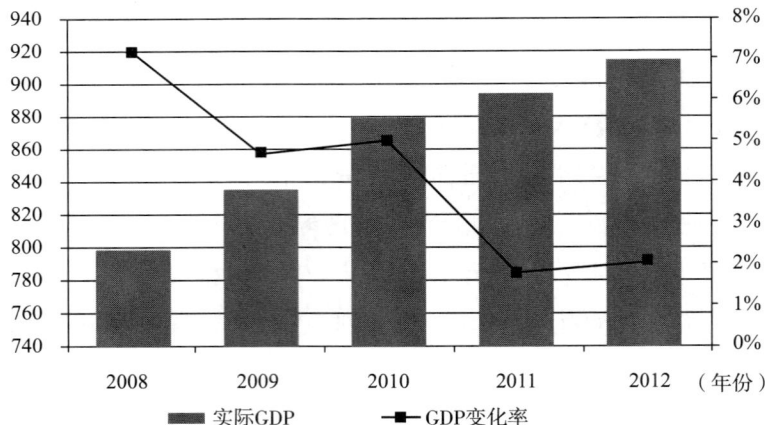

图75.1　埃及历年GDP及GDP增长率

数据来源：BvD全球金融分析、宏观经济指标数据库，http://www.countrydata.bvdep.com/ip.

2013年埃及通货膨胀率较2011年有所下降，但依然处于较高水平，这主要与埃及临时政府实行的一系列限制措施相关。PPI指数反映工业中价格变化情况，是经济预先指示器，2012年和2013年要低于CPI水平，说明埃及经济中实际通货膨胀水平处于较合理水平，这预示着埃及政府取消限制措施后通货膨胀水平将会恢复正常。较高的通货膨胀率会刺激GDP增长，但其对于就业和长期经济稳定有消极影响（见图75.2）。

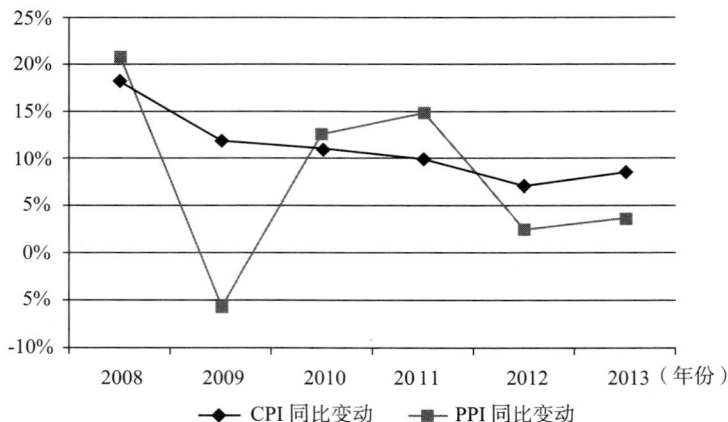

图75.2　埃及CPI与PPI同比变动

数据来源：BvD全球金融分析、宏观经济指标数据库，http://www.countrydata.bvdep.com/ip.

2012 年出口出现负增长，同比大幅下降，2013 年出口虽然上涨较多，但这主要是由于埃及镑大幅贬值，刺激了出口，其经济本身出口能力在下降，而且折算成美元，2013 年的出口亦出现负增长。埃及常年出现贸易逆差，进出口贸易波动较大，而且在埃及目前处于新一轮政治动荡且前景不明朗的局面下，商品和劳务的实际出口下滑趋势将会延续下去。这对本就低迷的埃及经济无疑造成严重影响（见图 75.3）。

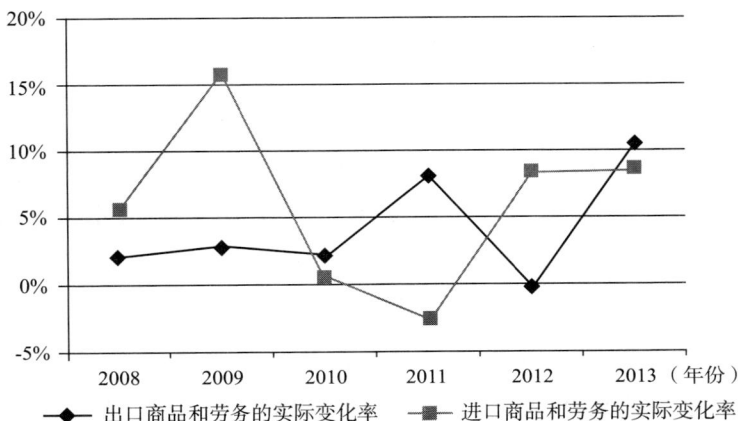

图 75.3　埃及商品和服务进出口实际变化率

数据来源：BvD 全球金融分析、宏观经济指标数据库，http：//www.countrydata.bvdep.com/ip。

埃及政府经常账户赤字 2014 年预计扩大，虽然埃及镑的贬值会增加出口，但是目前埃及国内的政治局势会极大影响企业产出，在对内供应不足情况下，很难保证出口的大幅增加。埃及外债风险也在持续加大，2012 年世界评级机构标普调整埃及国家信用评级，从 B 级降至 B－级，2013 年又进一步降至 CCC ＋级，埃及外债风险较大，埃及的货币市场利率也长期处于较高水平。

二、金融运行概况

2013 年埃及镑出现大幅度贬值，自 2008 年后，埃及镑一直呈现不断贬值态势，到 2014 年初，目前汇率水平依旧降至 7.25 埃及镑/美元。贬值主要原因是由于常年出现贸易逆差以及严格的外汇管制，埃及目前外汇储备严重不足，由动荡前 2010 年底的 360 亿美元降至 2012 年底的 150 亿美元。目前，埃及主要是依靠沙特、阿联酋、科威特等国际援助和利比亚、卡特尔等国际贷款来支持埃及外汇储备和临时政府支出，但依然严重不足，2013 年底埃及储备为 170.5 亿美元。外汇储备的减少以及埃及镑大幅度的贬值，这将会导致埃及货币危机的发生，造成埃及国内资产大幅度缩水，虽然有利于出口，且 2013 年的出口形势在好转，但是整体上造成了埃及经济的进一步困难。

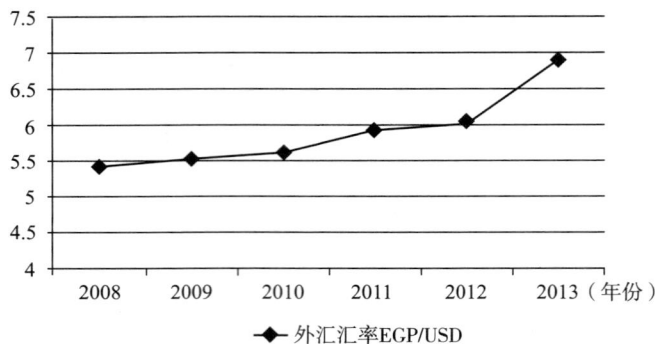

图 75.4　埃及外汇汇率

数据来源：BvD 全球金融分析、宏观经济指标数据库，http：//www. countrydata. bvdep. com/ip。

　　埃及股市指数 2012 年呈现涨势，但股市依然较政治危机前跌幅加大。2008 年金融危机后，埃及股市逐渐复苏，并实现连续两年较高增长，但自 2011 年政治危机爆发，股市骤降，跌破 4000 点，股市表现甚至不如 2008 年。2012 年由于国际援助以及相对政治局势相对缓和，经济稍有好转，但是 2013 年新一轮政治动荡，股市受到严重影响，会再次大跌，资本市场陷入低迷，对实体企业会造成更大的影响。埃及股市整体波动性较大，大涨大跌，受国内政治环境影响较大，风险较大（见图 75.5）。

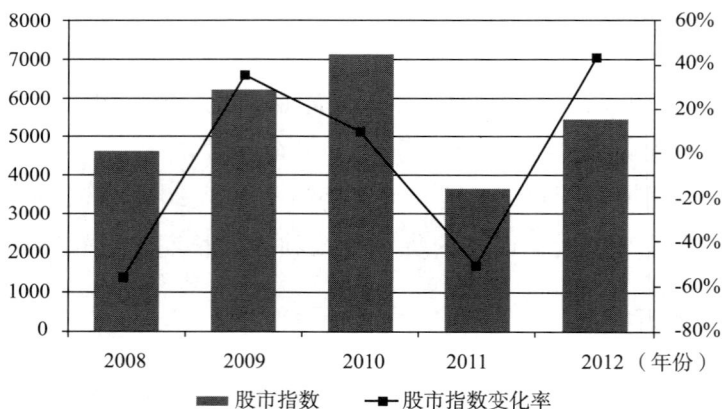

图 75.5　埃及股市指数

数据来源：BvD 全球金融分析、宏观经济指标数据库，http：//www. countrydata. bvdep. com/ip。

　　整体上，2012 年埃及经济稍有好转，但依然与政治危机爆发前经济增速 5％相差甚远，而且 2013 年新的政治危机下，埃及经济将会再次陷入低谷。埃及的通货膨胀目前还较合适，但上升压力较大。埃及镑的持续贬值以及外汇储备的大幅减小会引发埃及货币危机，为本就衰退的埃及经济造成更大困难。埃及的消费者信心和投资者信心都受到严重影响，消费水平下降，资本市场低迷，股市表现较差，埃及的经济金融环境处于不利局面。

第 2 节　埃及公共部门风险分析

外汇储备的大幅减少和埃及镑的持续贬值使得埃及中央银行资本结构更加不合理，而埃及政治危机的爆发加大了政府财政支出，扩大财政缺口，公共部门风险增大。本节主要从中央银行资产负债表和政府财政预算两个方面对埃及公共部门的金融风险进行分析。

一、中央银行资产负债表分析

埃及中央银行主要资产为政府债券，而主要负债为存款准备金。2012 年政府债券急剧增加，这主要是政府支出的大量增加，而由于国际评级机构对埃及国家信用的连续下调，政府债券风险增加，债券价值降低，中央银行面临的风险加大。另一方面，存款准备金微幅上升，这是利率控制较稳定的结果，但是由于国际借款的增加，国际负债增加，埃及央行的债务风险增加。从中央银行的主要资产和主要负债比来看，一直是处于下降趋势，中央银行的优良资产在相对减少，已经不足以支付主要负债，中央银行资本结构风险较大（见图 75.6）。

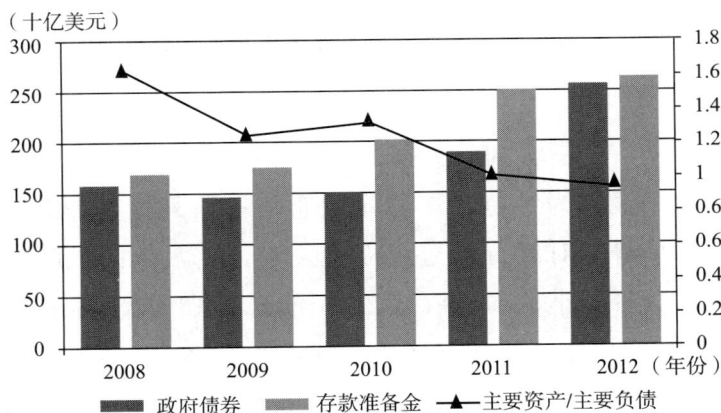

图 75.6 埃及中央银行资本结构

数据来源：埃及中央银行网站，http://www.cbe.org.eg。

二、政府财政收支分析

2013 年埃及政府财政赤字相比 2012 年大幅增加，政府财政缺口进一步扩大。从 2008 年至 2013 年，埃及政府长期处于赤字状态，这说明埃及经济发展极度依赖投资，而且政府对经济的干预力度也在逐渐加大。2013 年由于新一轮政治危机爆发，临时政府成立，此时国内经济处于严重衰退中，社会问题十分严重，需要政府扩大财政支出，通过国家宏观调控来干预经济。但政府的干预在目前看来并未产生实质性的影响，而政府的财政风险却在逐步扩大，国际评级机构已经两次降低埃及国家信用评级，这也进一步扩大了埃及政府的外债风险，埃及经济陷入困境（见图75.7）。

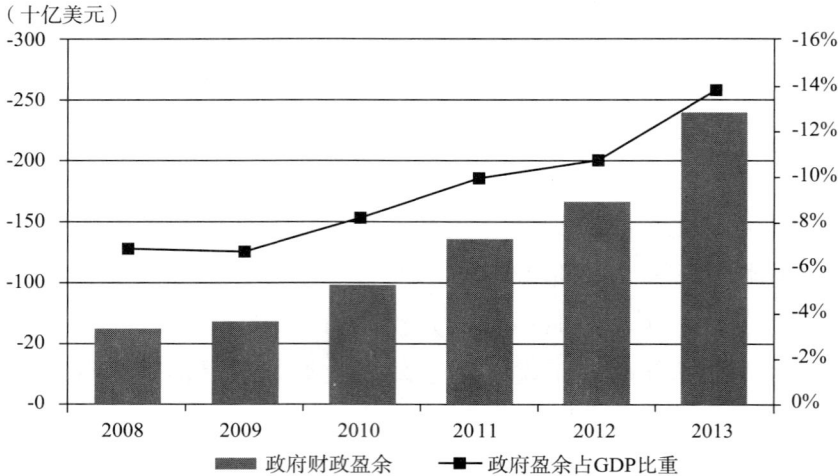

图 75.7 埃及政府财政收支

数据来源：BvD 全球金融分析、宏观经济指标数据库，http://www.countrydata.bvdep.com/ip。

第 3 节　埃及金融部门风险分析

至 2013 年年末，埃及共有 17 家上市金融机构，其中 14 家银行，3 家保险公司，由于中央银行为维持汇率稳定颁布的一系列措施影响了上市银行，而且国内的动荡局势也对银行也造成极大影响，金融部门风险较大。由于 3 家保险公司资产总量较小，本节依据 2008 年至 2012 年数据完整性以及代表性，选择 14 家银行，通过资产负债表、或有权益资产负债表、风险表和压力测试以及敏感性分析等方法来对埃及金融部门存在风险进行分析。

一、资产负债表分析

（一）资本结构分析

2012 年埃及金融部门资本结构稍有好转，2008 年至 2012 年资本充足率都高于巴塞尔协议所规定值。金融部门资产负债率在 2009 年后就快速上升，2011 年达到最高水平，整体上保持在 88% 左右，资本结构风险目前还是处于相对安全水平。埃及上市银行的资产负债规模在迅速持续扩大，主要原因是由于埃及较高的存款利率和埃及不稳定的政治经济环境，这致使居民减小消费，增加储蓄，而且在政治危机持续进行下，埃及银行将会受到很大冲击，迅速扩大的资产负债规模也包含了很大的风险因素，这不断加大了金融部门的风险，一旦经济出现衰退，企业违约增加，会引发金融危机（见图75.8）。

（十亿美元）

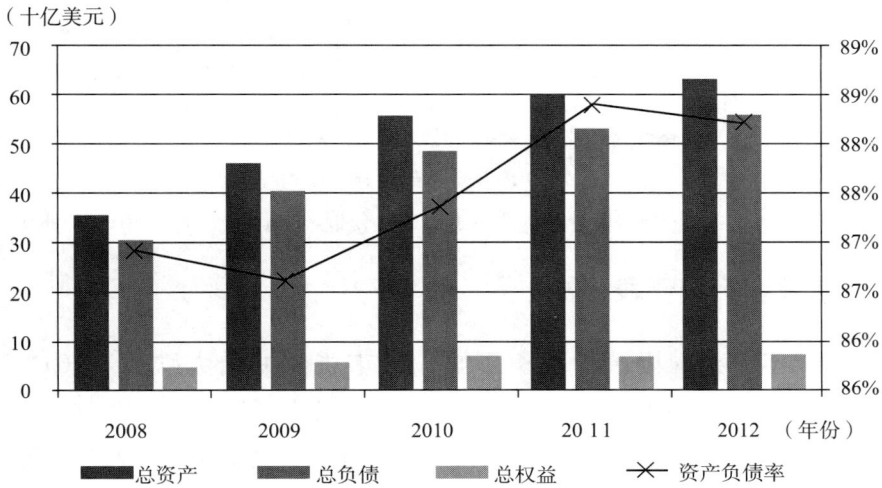

图 75.8 埃及金融部门资本结构

数据来源：Bvd 数据库 OSIRIS 分库—全球上市公司分析，http：//www. osiris. bvdep. com/ip。

（二）存贷结构分析

埃及上市银行自 2008 年后存款余额在不断增加，但贷款余额却控制在一定范围，信贷规模受到控制，信贷比例在不断下降，2012 年降至44.43％，存贷结构在不断恶化。其原因还是由于 2006 年后埃及国内政治局势不稳，主要工业和制造业公司产出下降，国内经济增长放缓，银行出于控制风险目的，严格控制了信贷规模，而较高的存款利率和居民不断增加的储蓄意愿，使得存款余额在快速上升，这造成了存贷结构不断恶化。如此低的存贷比意味着资金的低效率利用，埃及金融市场对实体经济的支持减弱，银行自身的利润也在大规模缩水，虽然控制贷款规模能够一定程度上控制信贷风险，但不断增加的存款以及不断降低的存贷比会增加经营风险。

（十亿美元）

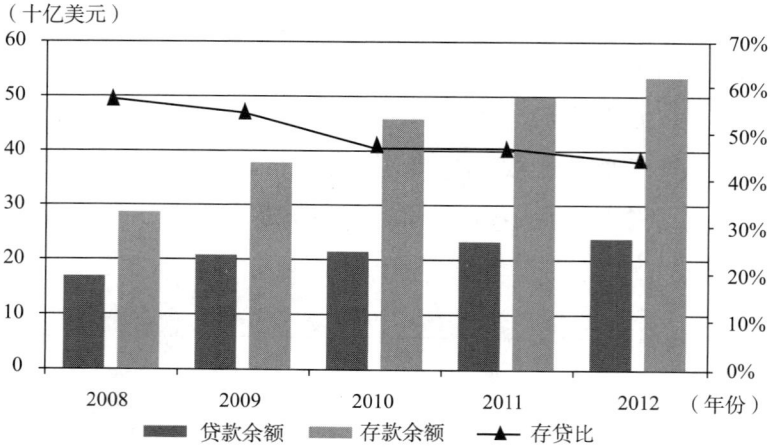

图75.9 埃及金融部门存贷结构

数据来源：Bvd 数据库 OSIRIS 分库—全球上市公司分析，http：//www. osiris. bvdep. com/ip。

二、或有资产负债表分析

自 2011 年受到国内政治危机影响，股市受到冲击大跌后，2012 年有所好转，或有权益负债率也有所下降，但依然处于较高水平。资产市值与账面价值差距维持较小局面，股市泡沫较小。埃及金融部门或有权益负债率与资产负债率相近，说明埃及金融部门资产负债规模已经接近极限，若无法控制日益增长的存款负债，埃及金融部门的资本结构风险会迅速扩大，在低迷的埃及经济中，一旦发生社会剧烈动荡，很可能会引发挤兑危机（见图 75.10、图 75.11）。

（十亿美元）

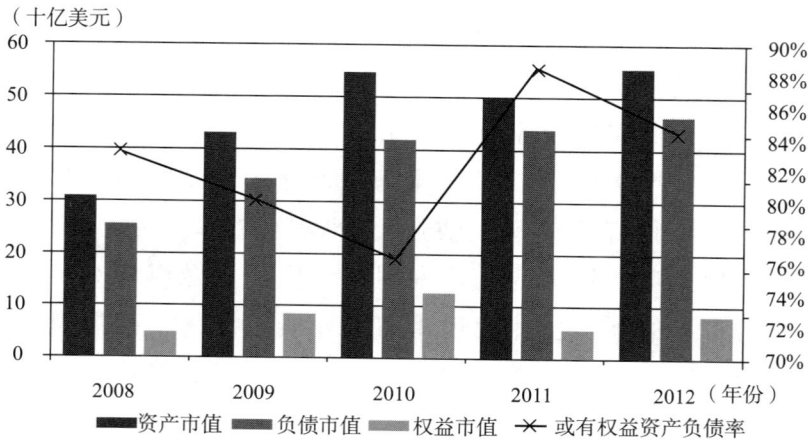

图75. 10 埃及金融部门或有资本结构

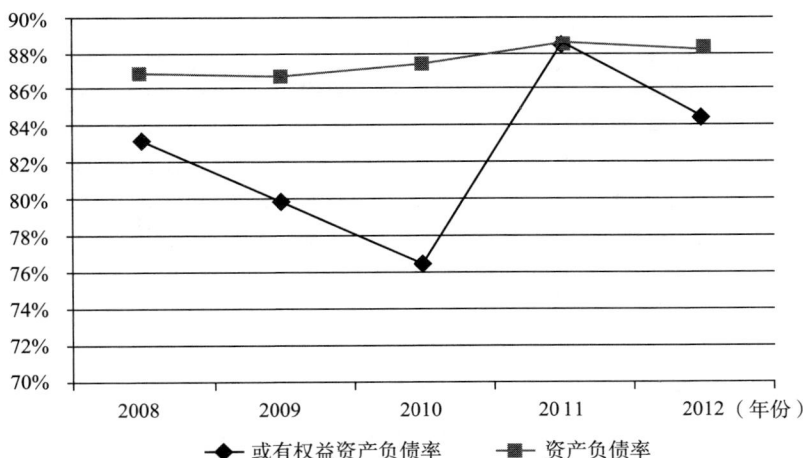

图 75.11　埃及金融部门资产负债率和或有资产负债率

三、风险表分析

2012 年埃及金融部门的资产市值波动率回升至 4.45%，资产市值波动总体上呈现下降趋势，但整体值偏高。违约距离自 2008 年较低之后，处于上升趋势，2011 年埃及爆发全国范围的政治危机，商业银行受到极大冲击，违约距离降至负值，商业银行违约风险极大，严重性甚至超过 2008 年金融危机，2012 年埃及金融部门违约距离有所回升，但依然在 1 以下，处于风险较大区域。资产市值波动率和违约距离指标反映出埃及金融部门风险较大。尽管埃及金融部门在极力控制风险，但国内外的经济环境导致其不得不面临高风险（见图 75.12、图 75.13）。

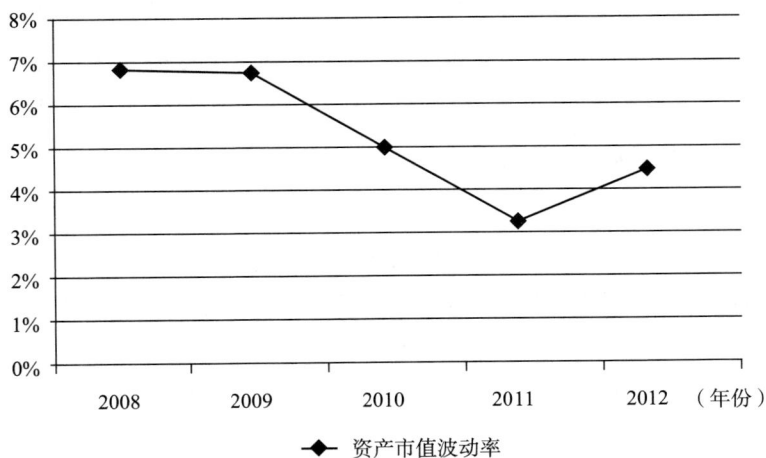

图 75.12　埃及金融部门资产市值波动率

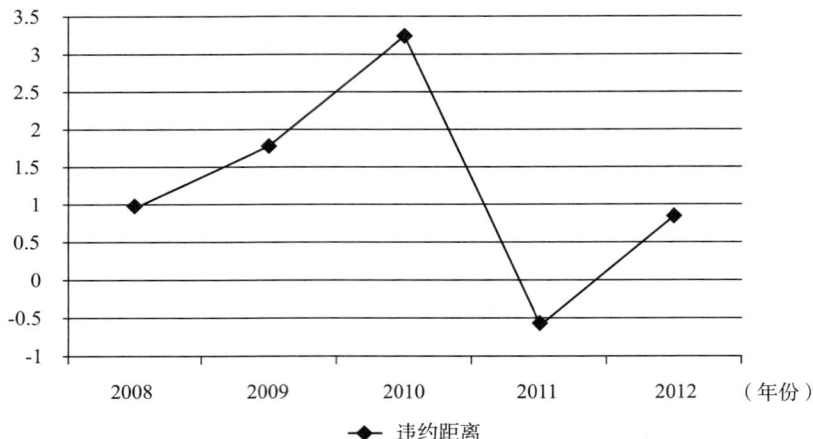

图 75.13　埃及金融部门违约距离

通过对 2012 年埃及金融部门的或有资产负债表分析，发现埃及金融部门的整体风险虽有改善，但仍然处于危险区域，其经济风险中金融部门占比较高，说明埃及金融部门受到国内恶化的政治经济环境影响较大。目前埃及金融部门无法改变自身处境，其对增长放缓的埃及经济也无法给予更大帮助，随着 2014 年政治危机影响减小、2015 年政局逐渐稳定的情况下，埃及金融部门才能更好支持实体经济发展。

四、压力测试及敏感性分析

2012 年埃及金融部门风险减小，但依然处于危险区域，为了考量埃及金融部门抗压性，通过上下调节利率，对其进行压力测试，测试相应指标结果见表 75.1。结果表明，埃及金融部门应对利率较大波动能力较弱，抗压性较差。无风险利率大幅上升，金融部门资产市值波动率变化较小，但违约距离有较大的变化，从 0.86 下降到 −0.43 水平，说明利率大幅变化对埃及金融部门风险影响较大；无风险利率大幅下降会改善金融部门风险，各项指标表现很好，说明目前埃及实行的持续高利率大幅增加了金融部门的风险。

表 75.1　埃及金融部门压力测试

情景	情景 1 现实利率 12.96%	情景 2 利率上调至 20.00%	情景 3 利率下调至 1.00%
资产市值（十亿美元）	55.72	52.52	61.69
资产市值波动率	4.45%	4.72%	4.02%
违约距离	0.86	−0.43	3.28
违约概率	0.01%	0.01%	0.01%

通过对埃及金融部门进行敏感性分析，来测量金融部门的稳定性，测试相应指标见表 75.2。结果表明，埃及金融部门的稳定性较差，市场小幅变动对其影响较大，1％的利率变化，资产市值波动率小幅波动，但违约距离有较大变化。无风险利率的小幅上升，违约距离指标发生明显变化，金融部门对利率变化较敏感，这进一步说明了公共部门实行的高利率极大影响了金融部门。

表 75.2　埃及金融部门利率敏感性分析

情景	情景 1	情景 2
	现实利率	利率上调至
	12.96％	13.96％
资产市值	55.72	55.25
资产市值波动率	4.45％	4.48％
违约距离	0.86	0.68
违约概率	0.01％	0.01％

第 4 节　埃及企业部门风险分析

2012 年埃及共有 208 家上市企业，相比 2008 年增加 18 家，增加企业数较少。2012 年埃及股市表现出好转，但依然没有恢复至政治危机前水平，企业部门风险有了较大的改善，目前整体风险较小。

一、资产负债表分析

（一）资本结构分析

2012 年埃及企业部门资产负债率相比去年大幅上升，整体资产负债率在 57％左右，且波动较小，其资本结构风险较小，但有增加趋势。2012 年埃及企业部门总资产负债规模增加，但权益减少，说明在政治危机背景下，企业盈利减少，投资者信心下降，大规模的资金撤出，实体经济发展低迷。2012 年主要工业和制造业产出下降，而且负债增多，企业部门资产负债率上升，企业部门的风险增加。但从整体上看，埃及企业部门风险处于安全水平，目前只是受到国内政局动荡影响，其本身经营风险较小（见图 75.14）。

（十亿美元）

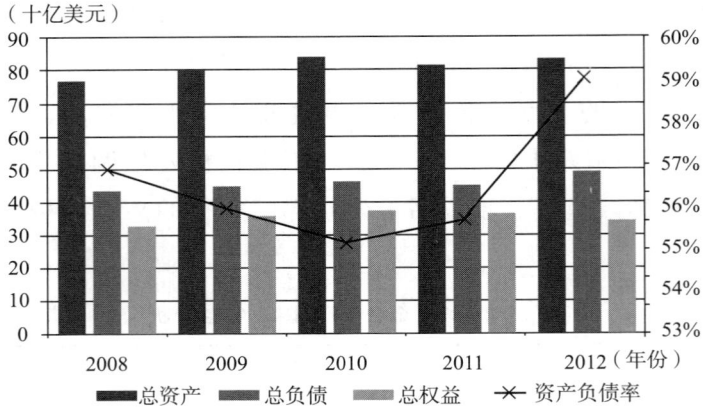

图 75.14　埃及企业部门资本结构

数据来源：Bvd 数据库 OSIRIS 分库—全球上市公司分析，http：//www.osiris.bvdep.com/ip。

（二）期限错配分析

2012 年由于股市表现出好转，埃及企业部门流动资产和流动负债较上年都出现大幅上升，但流动比率却下降了近 6 个百分点，企业部门期限结构出现恶化，说明由于持续受到国内政治经济环境影响，企业负担加重。但从 2008 年至 2012 年，埃及企业部门的流动比率一直在 1.23 以上，且波动不大，整体的期限结构维持稳定，企业部门的期限错配风险还是处于较小水平（见图 75.15）。

（十亿美元）

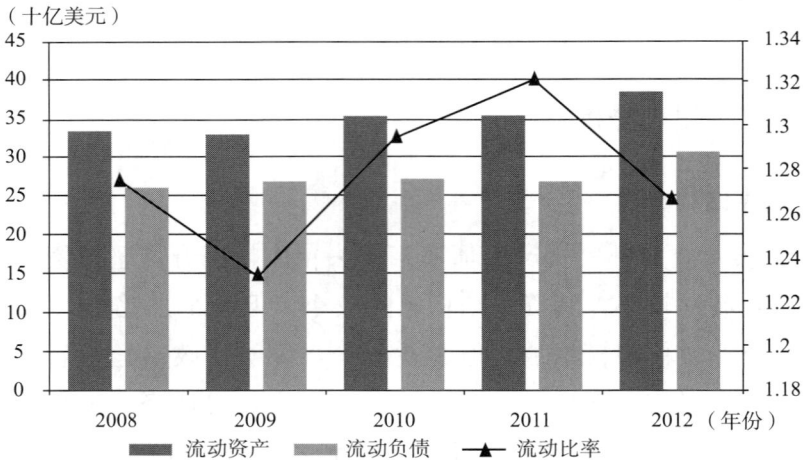

图 75.15　埃及企业部门期限结构

数据来源：Bvd 数据库 OSIRIS 分库—全球上市公司分析，http：//www.osiris.bvdep.com/ip。

二、或有资产负债表分析

2012 年埃及企业部门资产市值较上年上升，但依旧受到 2011 年政治危机爆发影响，资产市值远低于危机爆发前，而且 2012 年埃及企业部门或有权益资产负债率依旧处于相对较高水平。但整体上，埃及企业部门的或有资产负债率一直在 45% 以下，实际违约风险较小，或有资产负债率的增加系受到国内政治经济影响，而且或有资产负债率远低于资产负债率，企业部门进一步负债能力较强（见图 75.16，图 75.17）。

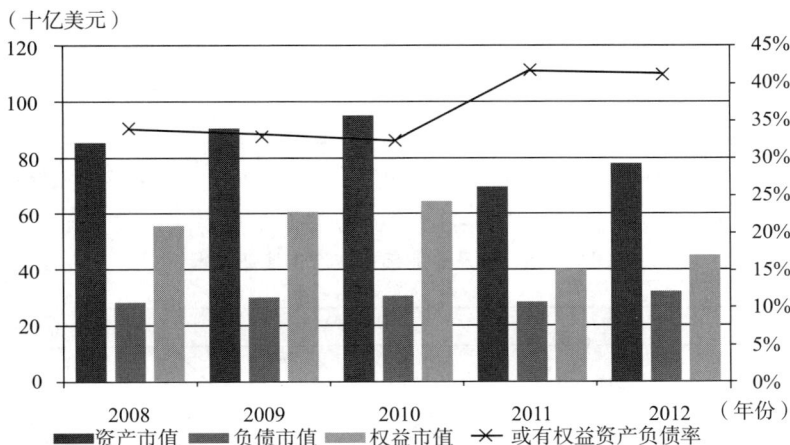

图 75.16　埃及企业部门或有资本结构

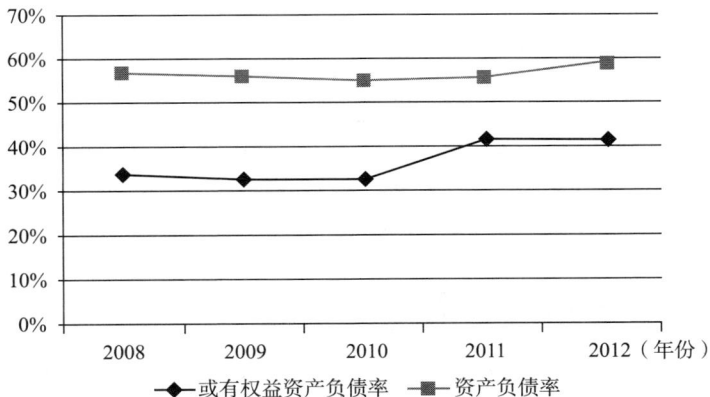

图 75.17　埃及企业部门资产负债率和或有资产负债率

三、风险表分析

2012 年埃及企业部门资产市值波动率下降至 6.49%，相比去年实现了大幅下降，延续总体下降趋势，埃及企业部门整体风险依旧处于较小水平。2012 年埃及企业部门违约距离在 2011 年下降后出现回升，达到 8.15 水平，违约风险进一步降低，企业部门整体违约风险很小。但需要注意的是，埃及企业部门由于长期以来的低负债使得企业部门的债务违约风险较小，但是埃及经济目前发展缓慢，而且受到国内政局不稳影响，企业部门的产出下降，盈利减少，埃及企业部门存在经营风险（见图75.18，图75.19）。

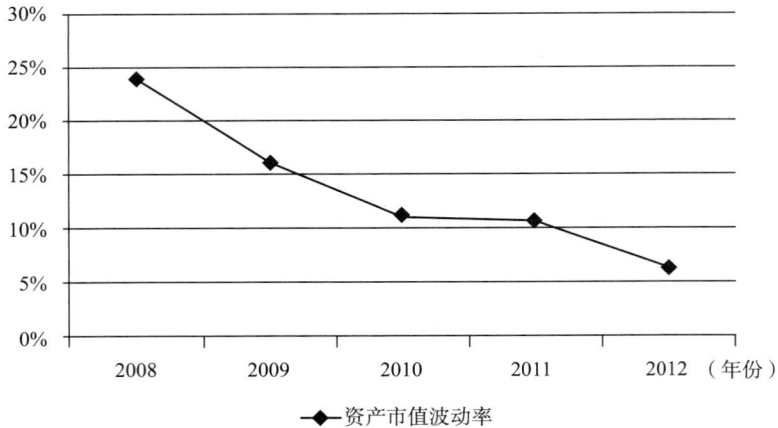

图 75.18　埃及企业部门资产市值波动率

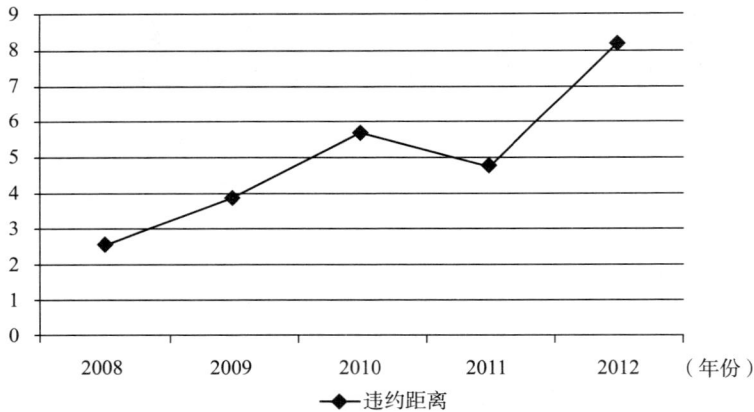

图 75.19　埃及企业部门违约距离

四、压力测试及敏感性分析

2012 年埃及企业部门发展态势良好，为了研究埃及企业部门抗压性，本节通过上下调节利率，对其进行压力测试，测试相应指标结果见表75.3。结果表明，埃及企业部门应对利率大幅波动能力较强，抗压性较好。无风险利率大幅上升，企业部门资产市值波动率变化较小，而且违约距离变化不大，从 8.15 下降到 7.72 水平，说明利率大幅变化对埃及企业部门风险影响较小，企业部门的抗压性好；无风险利率大幅下降会进一步改善企业部门风险，各项指标表现良好。

表 75.3 埃及企业部门压力测试

情景	情景 1	情景 2	情景 3
	现实利率	利率上调至	利率下调至
	12.96%	20.00%	1.00%
资产市值（十亿美元）	78.51	76.31	82.64
资产市值波动率	6.49%	6.68%	6.16%
违约距离	8.15	7.72	8.97
违约概率	0.00%	0.00%	0.00%

通过对埃及企业部门进行敏感性分析，来测量企业部门的稳定性，测试相应指标见表 75.4。结果表明，埃及企业部门的稳定性较好，市场小幅变动对其影响较小。无风险利率的小幅上升，各项指标几乎没有发生变化，企业部门对利率变化不敏感。

表 75.4 埃及企业部门利率敏感性分析

情景	情景 1	情景 2
	现实利率	利率上调至
	12.96%	13.96%
资产市值	78.51	78.19
资产市值波动率	6.49%	6.52%
违约距离	8.15	8.09
违约概率	0.00%	0.00%

第 5 节　埃及家户部门风险分析

埃及人口自然增长率为 2%，劳动力增长率为 2.5%，而埃及逐渐放缓的经济增长，显然会导致较高的失业率。由于受到国内政治动荡影响，埃及个人消费出现先增长后下降的局面，这与民众心理预期有关。本节从失业率和个人消费两方面对埃及家户部门的金融风险进行分析。

一、失业率分析

2012 年埃及劳动力实现了小幅增长，2013 年劳动力持续增长。劳动力的持续增长，且 2013 年增幅预计超过 GDP 增长，增加了本就较高的就业压力。从 2008

年到 2013 年，埃及失业率在不断攀升，到 2013 年埃及失业率达到 13.40％，而且其中 30％为大学毕业生，接近 40％为年轻人。埃及失业率攀升与经济增长放缓和旅游业受到极大冲击有关，国内政治危机爆发严重影响了埃及经济增长，企业部门产出下降，金融部门信贷规模受到控制，失业人数增加，而且旅游业效益也因为政治动荡而大规模缩减，旅游业从业人员失业率增加。埃及目前三次产业从事劳动力结构不合理，服务业尤其是旅游业从业人员过多，一旦国内政治不稳定，国外旅客减少，会对埃及就业造成很大影响（见图 75.20）。

（百万人）

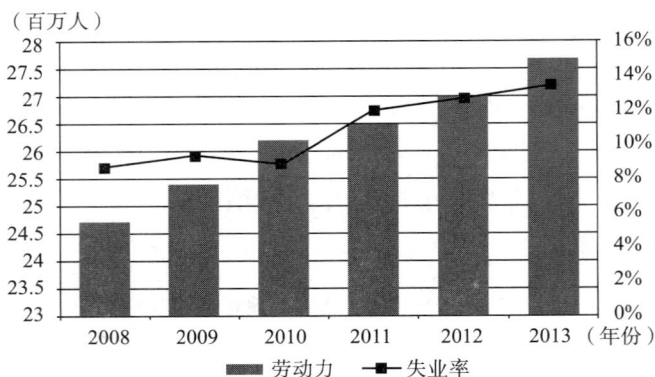

图 75.20 埃及劳动力

数据来源：BvD 全球金融分析、宏观经济指标数据库，http：//www.countrydata.bvdep.com/ip。

二、个人消费分析

2013 年，个人消费率的下降，国内需求的不足会进一步减小企业产出，这会抑制实体经济的发展，而由于埃及国内实行的持续高利率，大部分收入都被用于储蓄，而银行却严格控制了信贷规模，国内实际投资并未增加，高储蓄并未推动埃及经济发展，反而增加了银行业风险。

（十万埃及镑）

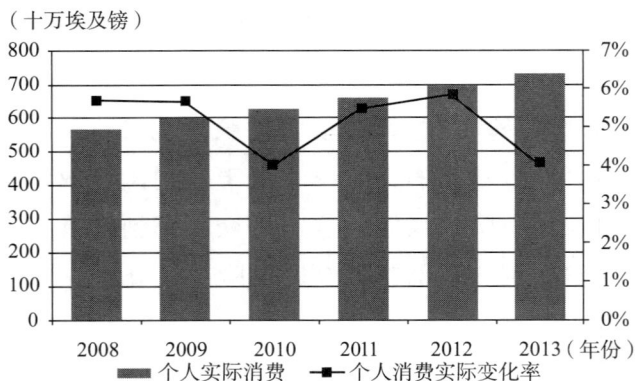

图 75.21 埃及个人消费

数据来源：BvD 全球金融分析、宏观经济指标数据库，http：//www.countrydata.bvdep.com/ip。

第 6 节　埃及旅游业风险专题分析

一、埃及旅游业发展现状

埃及是中东地区最佳旅游胜地，而且多次被评为世界十大旅游胜地，其旅游业非常发达。埃及是发展中国家，其农业和工业占 GDP 比率之和只有一半，服务业在产业结构中占据将近一半，而其中旅游业是支柱产业。2012 年，服务业生产总值达到 7235.28 亿埃及镑，而旅游收入每年将近 1000 亿埃及镑，占服务业七分之一，而且旅游带动的其他产业，如交通运输、酒店服务等产业对经济的推动作用更大。在埃及，每 10 个工作机会有 6 个来自于旅游业。而埃及政府的外汇收入大都来自于旅游业，旅游业发展受制于国内政治环境和国外经济环境，而且受到外汇汇率波动影响。埃及旅游业一直是埃及支柱性产业，其发展影响就业率和国际收支平衡，也是埃及政府重点扶持和建设的产业。

二、埃及旅游业发展面临的问题

旅游业本身具有季节性和不稳定性，埃及旅游业第四季度和第一季度为旺季，而且自 2006 年以来受国内政治局势动荡影响，旅游业受到冲击，各国家纷纷发出不适合旅游警告，埃及旅游收入呈现逐年下滑趋势。从图 75.22 可知，2008 年由于全球金融危机，旅游业受到较大冲击，2009 年复苏以来就处于下滑趋势，2012 年由于埃及国内较短的平稳期，旅游业有了小幅度复苏，但是 2013 年埃及新一轮政治局势危机的爆发，国内社会不稳定因素增加，旅游业又一次遭受极大冲击。从图 75.23 可知，2012 年前三季度埃及旅游业游客主要来源于欧洲，占比将近 74％，其次来源于中东，占比 17％，而欧洲游客群体对于埃及国内社会稳定敏感性较高，埃及旅游业波动性较大。

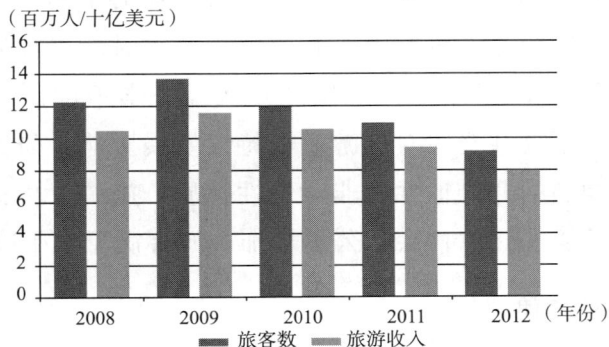

图 75.22　埃及旅游业游客数与收入

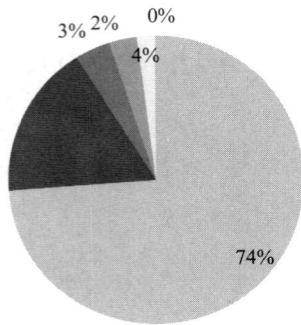

图 75.23　埃及旅游业游客数来源

三、埃及旅游业的可持续发展研究

　　旅游业是世界上最大的产业之一，也是发展经济和吸纳就业最重要产业之一，其本质属于资源型产业。资源性产业特点是：随着资源地区经济的快速增长，资源型产业会产生负面性影响，如旅游业愈加发达，游客数的增加会导致环境的恶化，产生负外部性，因此旅游业需要可持续发展。旅游业是埃及支柱产业，埃及有着丰富的旅游资源和世界遗产景区，对埃及旅游业的可持续发展研究对埃及乃至世界都是有意义的。

　　对埃及旅游业可持续发展研究较多。较为著名的是 Ihab Mohamed Shaa-lan（2005）的研究，其研究对象是埃及红海沿岸的旅游业，研究指出大规模的旅游开发对环境和居民带来一系列负面影响，而埃及政府也开始采用和实施环保政策以避免自然资源退化，从而实现旅游业的可持续发展。

　　从经济视角研究旅游业可持续发展的学者也比较多。Alan Collins（1999）从旅游业的供给与需求出发，研究不同承载能力下的旅游业的供需曲线。其研究表明：不同走向的供需曲线表明旅游目的地不同的可持续发展能力，而且供需曲线的不同时期标志着旅游目的地的不同发展阶段，当出现溢出效应问题时，传统方法可能无法有效解决，此时严格控制游客数量将会是很好的选择。Helen Briassoulis（2002）从经济学角度研究旅游业可持续发展的难题，分析了公共资源对旅游业可持续发展影响，研究指出旅游目的地资源具有公共物品的非排他性和非竞争性特质，旅游业可持续发展会遇到经济利益下降、环境恶化、社会不公平增加、游客满意度下降等问题。

四、结论和政策建议

　　发展旅游业是发展中国家增加国民就业、改善基础设施建设、推进贸易的重要举措之一，但也不能盲目发展，要有序的实行可持续发展，在实行旅游资源的合理运用和可持续利用下实现经济效益最大化。埃及有着丰富的旅游资源，虽然目前国内政治局势不稳定，对旅游业造成了极大冲击，而且恐怖袭击对埃及旅游国际影响较大，但随着新政府的建立，民众对新政府的支持和信心较高，2015 年埃及的旅游业将会逐渐恢复。而想实现 2016 年埃及旅客数超过 1600 万的政府规划，目前看来难道较大，而且短期内游客过多会超过旅游资源承载力，破坏环境，产生一系列负面影响。埃及政府支持旅游业稳定发展唯一途径是在政局稳定情况下实行可持续发展规划，制定有利于埃及旅游资源可持续利用的长期方案。

总体而言，旅游业对埃及有着非常重要的意义，不仅可以创造收入、增加就业，还是其吸引外资，宣传国家形象的重要渠道。就其行业本身来讲，其发展较为成熟，目前由于国内政治危机和恐怖事件遭受巨大冲击，但其本身发展潜力巨大，而且风险较小。但需要注意的是旅游资源自身有着强烈约束，即承载力有限，埃及政府应该合理发展旅游业，并不断优化产业结构，在可持续发展前提下实行旅游资源效益最大化。

第 7 节　结论及对中国的借鉴

2012 至 2013 年，由于受到 2011 年政治危机和 2013 年新一轮政治动荡影响，埃及经济受到极大冲击，经济增速较危机前下降一半还多。经济增长放缓也带来了一系列社会经济问题，工业和制造业产出下降，旅游业效益骤降，失业率攀升，贫富差距进一步扩大，而且贸易逆差进一步扩大，埃及镑贬值趋势恶化，外汇储备减小，政府财政赤字加大，国家信用评级连续下降，2012 和 2013 年的埃及经济发展低迷。

2013 年，埃及企业部门风险较小，其主要风险来源于公共部门、金融部门和家户部门。埃及中央银行为维持汇率稳定，资产负债规模加大，而临时政府上台，干预经济力度加大，政府支出上升，财政赤字进一步扩大，公共部门风险加大；由于持续高利率的实行，商业银行存款余额激增，而信贷规模却受到严格控制，金融部门经营风险加大；家户部门中，失业率的攀升，个人消费率的急降，而且面临政治局势的不明朗，家户部门风险较大。

中国与埃及同属发展中国家，中国的社会问题也比较严重，而且都存在失业率较高、贫富差距较大的社会问题。但中国由于国内政治稳定，经济发展较快，而且经济金融制度在不断完善，公共部门和金融部门的风险较小。

中国与埃及都有着悠久的历史，中国发展也面临着很多历史问题，中国经济高速发展的模式已经逐渐在改变，传统高污染高能耗高投资高出口经济发展方式在逐渐转型，产业结构的升级，经济结构的转变，中国虽然 GDP 增速下降，但却是朝好的方向发展。埃及也曾经历过高速发展期，但历史遗留下来的问题也比较严重，而且政治局势动荡，社会不稳定，中国目前对国外资金的依赖在逐渐减小，国际美元量化宽松政策的取消对中国经济发展不会造成多大影响，中国需要注意的是国内社会稳定情况，高速经济发展必然会带来一系列的社会问题，解决这些问题的重要性已经逐渐占据中心位置，这值得政府去深思。

+·—·+·—·+·—·+·—·+·—·+·—·+·—·+·—·+·—·+·—·+·—·+·—·+·—·+·—·+·—·+·—·+·—·+·—·+

参 考 文 献

［1］褚王涛，谢波：《埃及政治乱局演进趋势与埃及油气投资环境分析》，载《国际石油经济》2013 年。

［2］戴晓琪：《中产阶级与埃及政局变化》，载《阿拉伯世界研究》2012 年第 1 期，第 7 页。

［3］杨福昌：《中阿关系的历史和现实》，载《国际问题研究》2013 年第 4 期，第 13—16 页。

［4］Ahn B Y, Lee B K, Shafer C S："Operationalizing sustainability in regional tourism planning：an application of the limits of acceptable change framework"，Tourism Management，2002，23（1）：1—15.

［5］Tosun C："Challenges of sustainable tourism development in the developing world：the case of Turkey"，Tourism Management，2001，22（3）：289—303.

［6］Grainger J："People are living in the park'. Linking biodiversity conservation to community development in the Middle East region：a case study from the Saint Katherine Protectorate，Southern Sinai"，Journal of arid environments，2003，54（1）：29—38.

［8］Shaalan I M："Sustainable tourism development in the Red Sea of Egypt threats and opportunities"，Journal of Cleaner Production，2005，13

（2）：83—87.

　　[9] Collins A："Tourism development and natural capital"，Annals of tourism research，1999，26（1）：98—109.

　　[10] Briassoulis H："Sustainable tourism and the question of the commons"，Annals of tourism research，2002，29（4）：1065—1085.

第76章　南非宏观金融风险研究

2013 年南非经济增长放缓，实际 GDP 增幅为 1.9%。2013 年南非国内面临着失业率居高不下、罢工此起彼伏局面；国外环境上遭遇本币急剧贬值，资金大量外逃，南非经济发展陷入困境。作为非洲第一大经济体、G20以及"金砖四国"之一，南非资源丰富，且属于中等收入发展中国家，与中国相似，而且南非也面临着"中等收入陷阱"、贫富差距过大等社会经济问题，其经济发展形势较为复杂。

2013 年，南非金融部门和企业部门风险较小，主要风险来自公共部门和家户部门。由于常年贸易逆差，南非兰特持续贬值，2014 年贬值趋势恶化，而且中央银行的资产负债规模在不断增加，资产负债率上升，结构风险增大，政府财政支出上升，财政缺口增加，公共部门风险增加；家户部门由于失业率过高，而且个人消费在不断下降，在经济增长放缓的南非，社会不稳定因素增加，家户部门风险较高。

有一些学者对南非经济发展战略及环境进行研究。唐军、张春宇（2013）年研究了南非的包容性增长战略，研究将南非经济增长分为四个阶段，在第四阶段，由于"中等收入陷阱"和贫富收入差距过大，祖马政府提出包容性增长战略，将经济增长与就业置于经济发展的中心位置，并且未来十年优先发展基础设施建设、农业、矿业、绿色经济、制造业、旅游及服务业等六个重点领域。付俊文、赵阳（2012）研究了南非资本项目开放政策及效果，研究表明南非通过强有力的宏观经济政策、健康发达的金融体系、审慎的金融监管以及完善的财务制度，实现了成功的渐进式资本项目开放。

第 1 节　南非经济金融运行概况

南非产业结构中，制造业约占三成，服务业占将近七成，主要以金融、旅游、外贸和交通为主。南非经济对制造业、外贸和金融依赖性较重，南非近几年经济增长缓慢也与制造业发展缓慢、商品服务进出口、金融市场利率等实体经济与资本市场情况相关。本文通过 GDP 增长率、PPI 指数和商品服务的进出口等指标来反映南非经济运行情况，并通过市场利率、外汇汇率和股市指数来体现南非资本市场金融运行情况。

一、经济运行概况

南非 2012 年 GDP 增速回落，2013 年 GDP 增速将进一步放缓，初步估计为 1.9%（见图 76.1）。受全球经济下滑影响，新兴经济体 2013 年表现普遍堪忧，南非 GDP 增速大幅下降，通胀压力也在不断增加，南非经济陷入滞胀困境。而在南非国内又发生大规模的矿工骚乱及罢工，这无疑给 2013 年的南非经济带来严重影响。2014 年，随着祖马连任、罢工风潮的渐息、国际环境的改善等一系列利好信息，南非 GDP 增速呈现回升趋势。

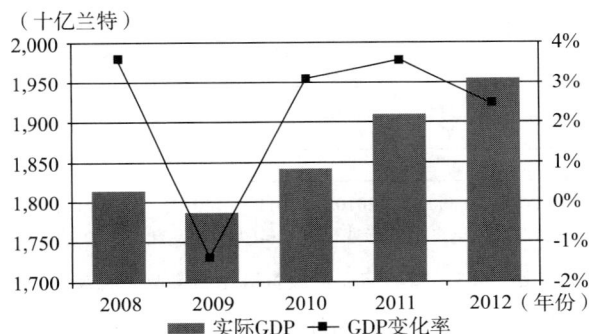

图 76.1 南非历年 GDP 及 GDP 增长率

数据来源：BvD 全球金融分析、宏观经济指标数据库，http://www.countrydata.bvdep.com/ip。

2013 年南非通货膨胀率已经回落到 6% 以下，但相对于 2010 年的 4% 水平依然有较大上涨，而且随着 2014 年政府对经济增长放缓的干预，通胀压力将进一步加大 PPI 指数可以反映工业发展状况，南非制造业发展受制于基础设施与工业设备瓶颈，PPI 指数的回落说明了南非工业增速放缓，这也是导致 GDP 增速放缓的主要原因之一（见图 76.2）。

2012 年出口增速下降，实际出口增幅小于进口增幅，贸易逆差进一步扩大。到 2013 年，出口增幅实现小幅度增长，但进口增幅增加较多，商品劳务贸易逆差趋势进一步恶化。南非是资源丰富型国家，其国内自身内需增长不快，而进出口贸易的恶化，其原因是南非国内企业的设备和基础设施落后，技术含量较低，而随着罢工浪潮，劳动力成本又在不断上升，导致出口难度上升。南非主要的贸易出口国和进口国是中国，其与中国的贸易关系也在不断强化与升级，两国双向投资规模也在不断增大（见图76.3）。

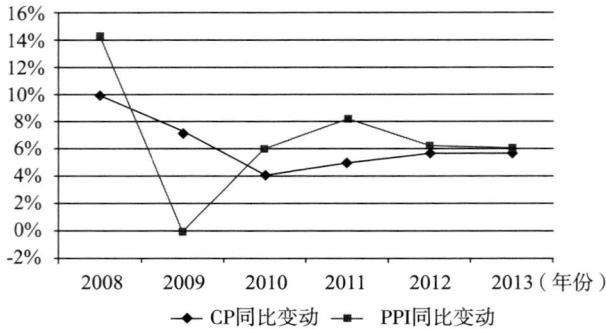

图 76.2 南非 CPI 与 PPI 同比变动

数据来源：BvD 全球金融分析、宏观经济指标数据库，http：//www. countrydata. bvdep. com/ip 。

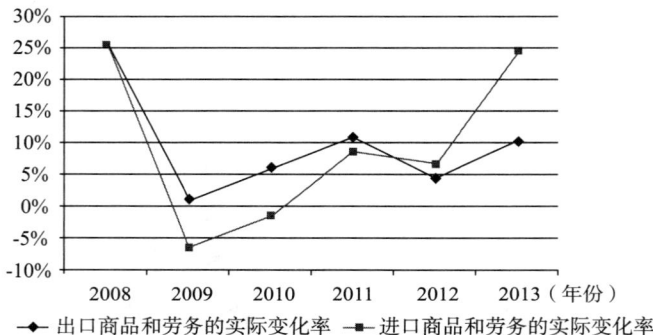

图 76.3 南非商品和服务进出口实际变化率

数据来源：BvD 全球金融分析、宏观经济指标数据库，http：//www. countrydata. bvdep. com/ip。

南非经济中存在滞胀风险，表现为经济增长放缓和通货膨胀压力增加。南非人口增长率由于艾滋病原因在逐年下降，但人口总数还是在不断增加，因此其失业率居高不下，2012 年失业率为 25.125％，年轻人失业率接近一半，2014 年由于经济逐渐恢复，失业率有所好转，预计为 24.9％，但依然处于非常高的水平。高失业率会导致一系列社会问题，如贫富差距过大，南非基尼系数为全球最高，高达 0.63，这与南非长期历史发展背景有关。

二、金融运行概况

2012 年，由于贸易逆差的不断扩大，对外汇需求增加，外币升值，南非兰特出现贬值，这是自 2009 年后南非兰特一直处于升值趋势后的首次下降。而且 2013 年将会贬值趋势将会延续，且贬值幅度更大，超越历史最低水平，为 9.615 兰特每美元，2014 年这一贬值趋势将会继续并恶化。兰特贬值很大程度原因是贸易逆差，而贬值对南非的进出口贸易是有利的，但同时也会加重国内的通货膨胀压力（见图 76.4）。

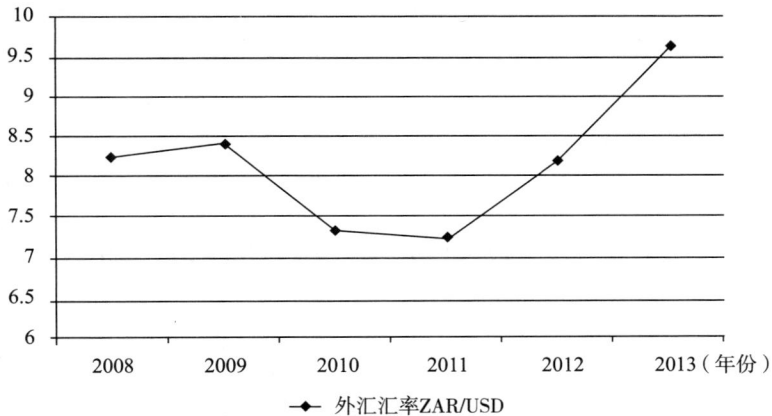

图 76.4　南非外汇汇率

数据来源：BvD 全球金融分析、宏观经济指标数据库，http：//www. countrydata. bvdep. com/ip。

　　南非股市指数 2012 年呈现涨势，相比 2011 年涨幅高达 16.79%，股市表现良好。2013 年，南非股市延续涨势，截至 2014 年 2 月 21 日，南非股市指数达到 42952.99，较 2012 年增长 9.43%。南非股市吸引了众多国外投资者，约翰内斯堡证券交易所股票总量的 31% 是由国外投资者所持有，而且黄金采矿业、零售业和银行业受到青睐度更高，国外投资者持有股票数更多。由于大量资金的流入，南非股市自 2011 年后呈现上涨的趋势。但也因此更需要注意，南非股市波动性较大，增长和下降幅度都比较大，而且一旦国外资金大量撤出，会引发南非股市崩盘，从而引发金融危机（见图 76.5）。

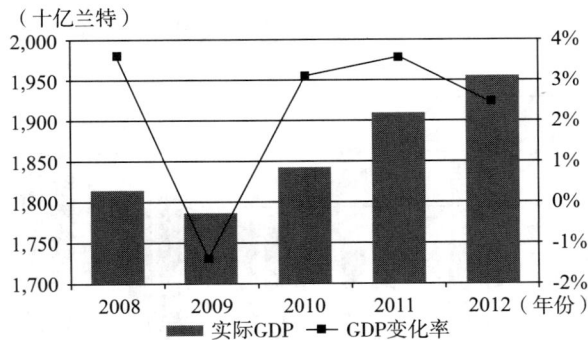

图 76.5　南非股市指数

数据来源：BvD 全球金融分析、宏观经济指标数据库，http：//www. countrydata. bvdep. com/ip。

　　整体上，2013 年南非经济在 2008 年金融危机之后继续实现增长，这得益于南非政府的一系列经济政策和货币政策，但增幅处于下降趋势，这是由进出口、国内国外政治经济环境等多方面原因造成。但 2012 年和 2013 年南非股市表现良好，资本市场较为活跃，这说明主要是南非的实体经济遭受较大冲击，一方面是工业自身原因，另一方面是受到罢工浪潮等外部因素影响。随着 2014 年罢工骚乱结束，祖马政府连任，国内国外环境的改善，2014 年南非经济将会逐渐复苏，经济增长将会加快。

第2节　南非公共部门风险分析

南非中央银行资本结构上存在较大风险，而且政府收支赤字问题严重，这与南非实行的一系列扩张性的货币政策和财政政策有关。中央银行与政府是公共部门两大主题，本节主要从中央银行资产负债表和政府财政预算两个方面对南非公共部门的金融风险进行分析。

一、中央银行资产负债表分析

南非中央银行的资产负债率一直处于较高的位置，在 97.5％以上。2012年南非中央银行资产负债率增加，2013 年达到 98.59％，资本结构风险进一步扩大。这与 2012 年和 2013 年南非央行实施的一系列宽松的货币政策有关，大量的基础货币投入市场，南非中央银行总资产负债规模在急剧扩大。而且南非央行实行持续低利率政策，货币市场利率从 2008 年 11.324％下降到 2012 年 5.068％，2013 年估计下降到 4.6％，低利率扩大信贷规模，促进投资，刺激经济增长，但同时会不断增加中央银行风险（见图 76.6）。

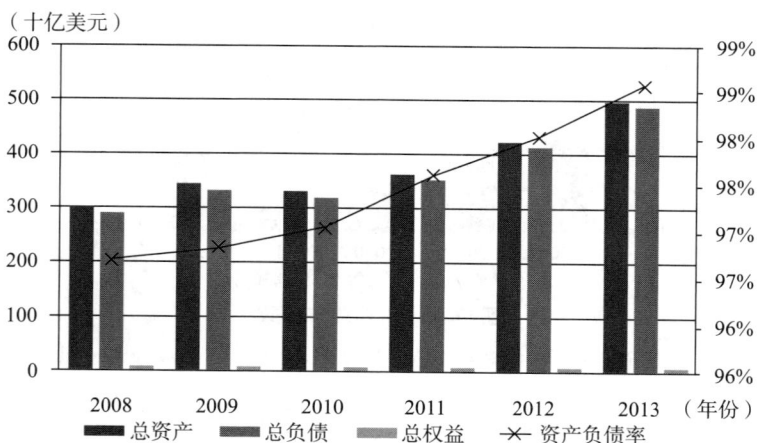

图 76.6　南非中央银行资本结构

数据来源：南非中央银行网站，http：//www.resbank.co.za。

二、政府财政收支分析

自 2010 年南非政府财政缺口大幅减小后，南非政府财政缺口呈现不断扩大态势，2013 年财政缺口超过 2009 年水平，达到 1643 亿兰特，占 GDP 比重达到 4.8％，2014 年财政缺口预计将会进一步扩大。南非政府长期处于赤字状态，这一方面说明南非经济发展极度依赖投资，无论是国内外投资还是政府投资，而且适量的财政缺口有利于国内经济的发展；但另一方面说明南非目前政府的收入能力没有得到根本性的解决。财政缺口有利于对国内经济的刺激和拉动，这在南非经济增长放缓现状下是十分必要的，但同时财政缺口过大会加重政府负担，甚至会引发国内债务危机。因此，南非政府需要注意并控制缺口规模，在控制政府债务风险下促进国内经济快速增长（见图 76.7）。

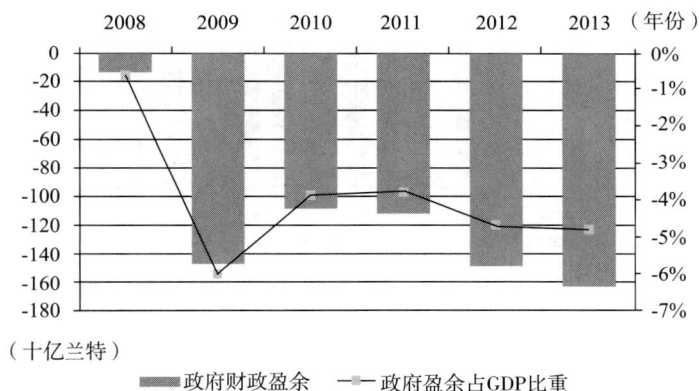

图 76.7 南非政府财政收支

数据来源：BvD 全球金融分析、宏观经济指标数据库，http：//www.countrydata.bvdep.com/ip。

第 3 节 南非金融部门风险分析

至 2013 年末，南非共有 20 家上市金融机构，其中 12 家银行，8 家保险公司，由于全球经济低迷，银行业总资产负债规模出现缩水，而养老保险的增加，保险业总资产负债规模增加。由于保险公司资产相对银行业比总量较小，本节依据 2008 年至 2012 年数据完整性以及代表性，选择 12 家银行，通过资产负债表、或有权益资产负债表、风险表和压力测试以及敏感性分析等方法来对南非金融部门存在风险进行分析。

一、资产负债表分析

（一）资本结构分析

2012 年南非金融部门资本结构继续保持改善趋势，但依然不容乐观。自 2008 年金融危机后，南非金融部门受到极大冲击，资本充足率一度低于巴塞尔协议规定值，银行业违约风险极大。此后，南非央行致力于改善银行业资本结构，通过缩小银行业总资产负债规模来减小资产负债率，而资产负债率也一直处于下降趋势，2012 年为 90.65%，已经接近安全水平，资本结构风险下降（见图 76.8）。

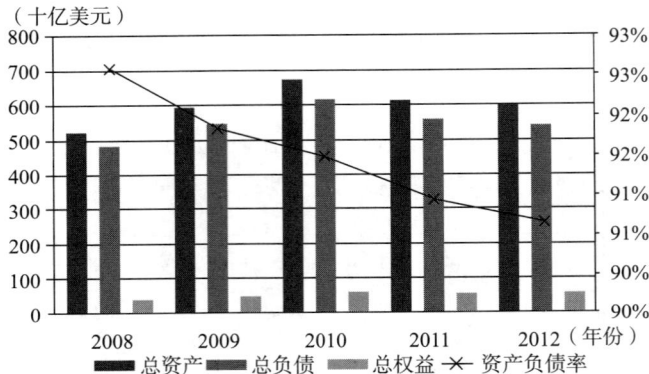

图 76.8　南非金融部门资本结构

数据来源：Bvd 数据库 OSIRIS 分库—全球上市公司分析，http://www.osiris.bvdep.com/ip。

（二）存贷结构分析

由于 2008 年后银行利率较高，虽然南非央行不断降低利率，上市银行也不断扩大信贷规模，但是存款余额增长要高于贷款余额增长，存贷比呈现下降趋势。随着央行致力于减小商业银行资本结构风险，不断减小银行业资产负债规模，2010 年后信贷规模出现缩水，而且持续低利率的实施，存款余额也在不断下降。2012 年存贷比为 84.93%，相比去年增长 2.15%，这得益于贷款规模的相对增长。较高的存贷比意味着资金的有效利用，南非金融市场对实体经济的支持力度在不断增加，但另一方面，过高的存贷比隐含着较大风险，对信贷的管理和控制不当都会造成金融部门风险失控（见图 76.9）。

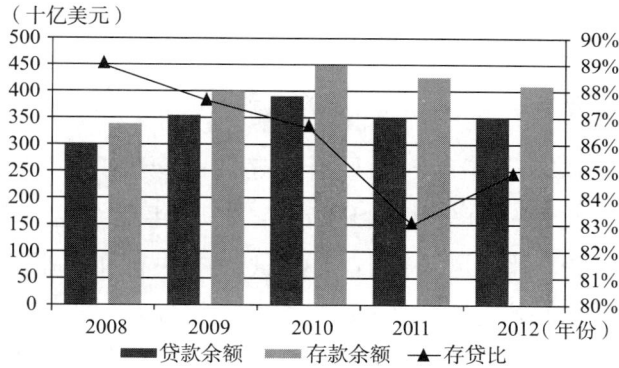

图 76.9　南非金融部门存贷结构

数据来源：Bvd 数据库 OSIRIS 分库—全球上市公司分析，http：//www.osiris.bvdep.com/ip。

二、或有资产负债表分析

2012 年南非金融部门资产市值和负债市值都小幅度缩水，而且市值与账面价值差距较小，股市泡沫较小。2012 年南非金融部门或有资产负债率下降，金融部门的风险有改善趋势。如图 76.10 所示，一方面说明南非金融部门资本结构的实际风险偏小，另一方面也说明南非央行缩减上市银行资产负债规模措施成果显著，而金融部门可以扩大其信贷规模，进一步加大金融支持实体经济力度（见图 76.11）。

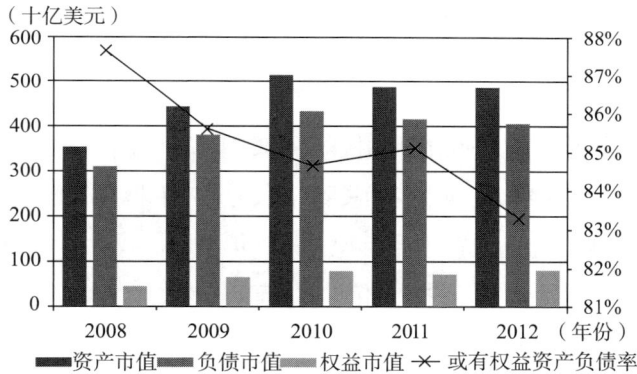

图 76.10　南非金融部门或有资本结构

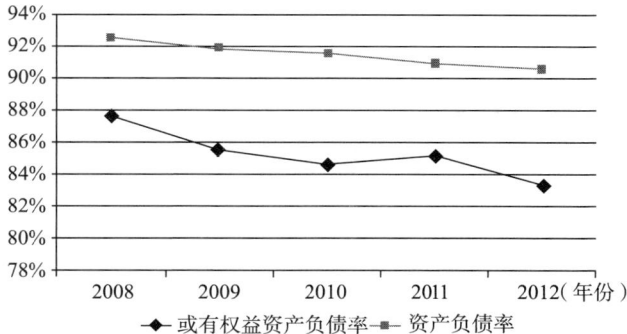

图 76.11　南非金融部门资产负债率和或有资产负债率

三、风险表分析

2012 年南非金融部门的资产市值波动率下降到 2% 以下，资产市值波动总体上呈现下降趋势，2011 年有轻微回升。违约距离 2008 年较低接近 0，存在较大的违约风险，此后一直处于上升趋势，2012 年延续这一趋势，已经突破 6，达到 6.67 的水平，违约风险较小，这说明南非央行和商业银行风险控制措施效果显著。2012 年南非金融部门整体风险控制态势较好，资产市值波动率和违约距离的良好表现可以清晰反映出金融部门整体风险不断降低（见图 76.12）。

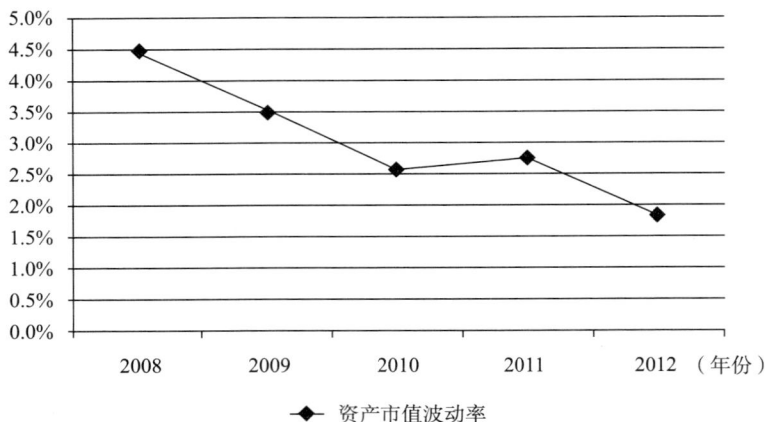

图 76.12 南非金融部门资产市值波动率

通过对 2012 年南非金融部门的或有资产负债表分析，发现南非金融部门的整体风险在改善，其经济风险中金融部门占比较低，说明南非央行和金融部门的风险管理不断增强。考虑到 2013 年南非 GDP 增速放缓，只有 1.9%，而且南非银行业信贷规模相比 2010 年减小，与 2011 年持平，南非金融部门应该在控制风险情况下扩大信贷规模，刺激经济增长（见图 76.13）。

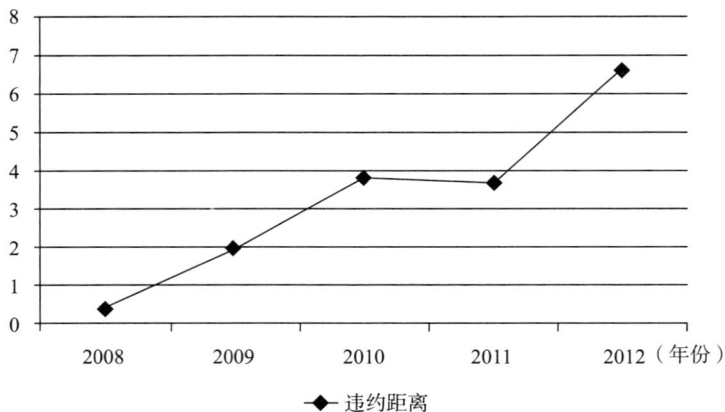

图 76.13 南非金融部门违约距离

四、压力测试及敏感性分析

2012 年南非金融部门风险控制态势较好，为了考量南非金融部门抗压性，通过上下调节利率，对其进行压力测试，测试相应指标结果见表 76.1。结果表明，南非金融部门应对利率较大波动能力较强，抗压性较好。无风险利率大幅上升，金融部门资产市值波动率变化较小，但违约距离有较大的变化，从 6.67 下降到 4.49 水平，说明利率大幅变化对南非金融部门风险影响是存在的，但程度偏小；无风险利率大幅下降会进一步改善金融部门风险，各项指标表现很好。

表 76.1　南非金融部门压力测试

情景	情景 1	情景 2	情景 3
	现实利率	利率上调至	利率下调至
	5.07%	10.00%	1.00%
资产市值（十亿美元）	489.88	470.22	506.86
资产市值波动率	1.84%	1.91%	1.78%
违约距离	6.67	4.49	8.56
违约概率	0.00%	0.00%	0.00%

通过对南非金融部门进行敏感性分析，来测量金融部门的稳定性，测试相应指标见表 76.2。结果表明，南非金融部门的稳定性较好，市场小幅变动对其影响较小。无风险利率的小幅上升，各项指标均未发生明显变化，金融部门对利率变化不敏感。

表 76.2　南非金融部门利率敏感性分析

情景	情景 1	情景 2
	现实利率	利率上调至
	5.07%	5.20%
资产市值	489.88	489.34
资产市值波动率	1.84%	1.84%
违约距离	6.67	6.61
违约概率	0.00%	0.00%

第4节　南非企业部门风险分析

2012 年南非共有 279 家上市企业，相比 2011 年减少 11 家，在 2012 年南非股市表现良好的背景下，企业部门风险有了较大的改善，目前整体风险较小。本节选择每年度南非所有上市企业，从资产负债表、或有权益资产负债表、风险表和压力测试及敏感性分析四个方面，对南非企业部门的金融风险进行分析。

一、资产负债表分析

（一）资本结构分析

2012 年由于企业数量的下降，南非企业部门资产规模下降，而随着国外资金的涌入，企业负债小幅度增加，企业部门的资产负债率上升幅度较大，达到 55.59%，相比去年上升接近 1.6 个百分点。南非企业部门 2008 年至 2012 年整体负债率较小，在 60% 以下，资本结构风险较小，但波动较大。2012 年南非企业部门权益减少，实体经济发展受到制约，股市态势较好大部分原因是由于国外投资，大量资金的进入活跃了资本市场，而企业部门自身的盈利并没有改善，反而多数企业处于盈利下降甚至亏损，企业数量的减少更能说明这一问题。2013 年由于实体经济中遇到的一系列问题，如罢工、骚乱、进出口、政府选举等一系列国内国外问题，实体经济未能恢复，经济增长进一步放缓，因此企业资产规模将进一步下降。但由于兰特继续贬值，国外投资者的升值预期及对南非经济的看好，大量资金的投入，使得 2013 年股市表现良好，企业部门风险较小（见图 76.14）。

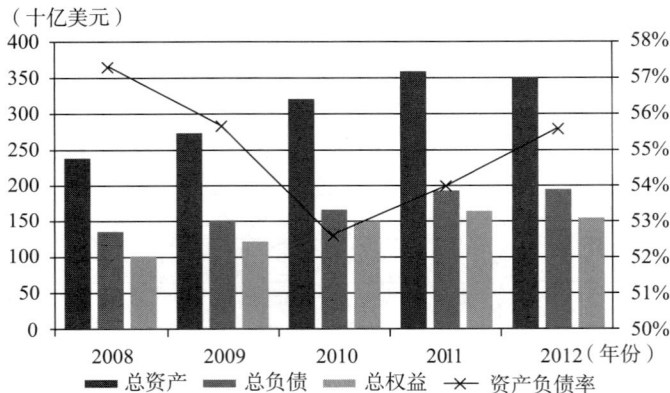

（十亿美元）

图例：总资产　总负债　总权益　资产负债率

图 76.14　南非企业部门资本结构

数据来源：Bvd 数据库 OSIRIS 分库—全球上市公司分析，http://www.osiris.bvdep.com/ip。

（二）期限错配分析

2012 年由于国外投资者对南非股市的青睐，大量资金流入企业部门，企业的流动资产实现小幅上升，企业的流动性增加，流动比率提高了将近 4 个百分点，企业部门期限结构进一步改善。企业部门 2008 年到 2012 年，上市企业部门的流动比率一直在 1.24 以上，而且波动较小，整体期限结构维持稳定，企业部门期限错配风险较小（见图 76.15）。

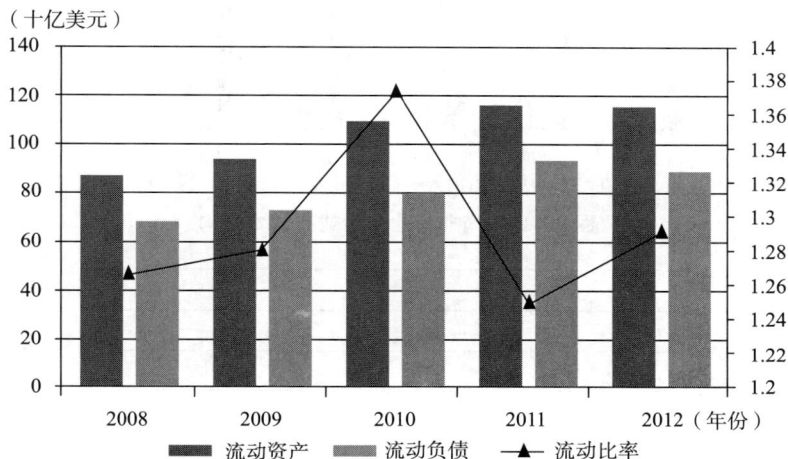

（十亿美元）

图 76.15　南非企业部门期限结构

数据来源：Bvd 数据库 OSIRIS 分库—全球上市公司分析，http：//www.osiris.bvdep.com/ip。

二、或有资产负债表分析

2012 年南非资产市值和负债市值小幅下降，权益市值也有轻微缩水，或有权益资产负债率小幅上升。从图 76.16 可知，南非企业部门的权益市值非常大，2012 年权益市值为 3738.85 亿美元，而负债市值只有 1126.33 亿美元，这是由国外大量投资流入南非，国外投资者持有大量股票，致使权益市值过高，而企业部门没有扩大资产负债规模，因此造成权益过多而资产负债规模较小的局面。2012 年南非企业部门的或有资产负债率只有 23.15％，远远低于资产负债率，一方面说明南非企业部门的实际违约风险非常小，但同时也说明南非企业部门过于谨慎，发展过于保守，资产负债规模过小。通过图 76.17 可知，南非企业部门的或有权益资产负债率偏离资产负债率太多，虽然股市中存在一定泡沫，但大部分原因是来自于对权益资金的不合理运用。

南非 2013 年的经济增速只有 1.9％，而金融部门和企业部门的规模都偏小，无法支持南非经济的快速发展。所以南非企业部门可以通过加大负债扩大市场规模，通过合理改善资本结构和投资结构来支持实体经济快速发展，从而推动南非整体经济发展。

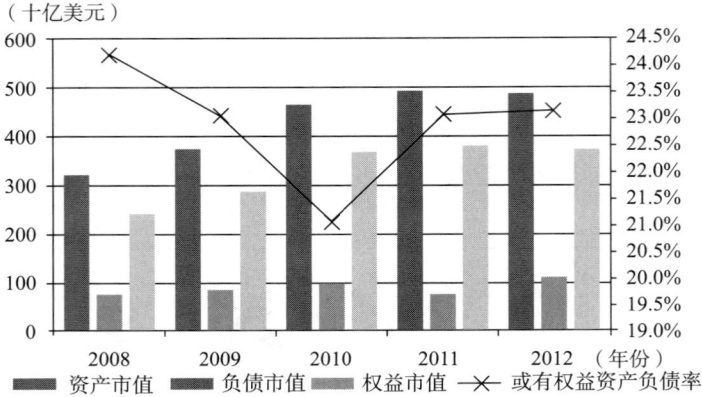

图 76.16　南非企业部门或有资本结构

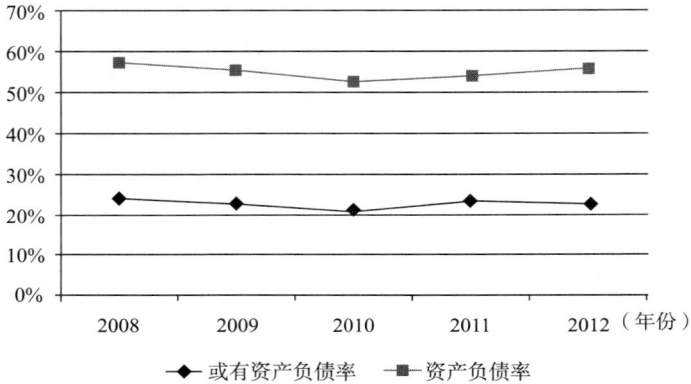

图 76.17　南非企业部门资产负债率和或有资产负债率

三、风险表分析

2012 年南非企业部门资产市值波动率下降至 8.50％，相比去年实现了大幅下降，延续总体下降趋势，南非企业部门整体风险在不断减小（见图 76.18）。2012 年南非企业部门违约距离突破 8，达到 8.90 水平，违约风险进一步降低，企业部门整体违约风险很小（见图 79.19）。但需要注意的是，南非企业部门的权益很高，而且大部分股票都被国外投资者持有，一旦南非国内经济出现突发因素，而且南非兰特若延续贬值恶化趋势，国外投资将会急速下降，而这会对南非的企业部门造成极大冲击，这也是企业部门存在的风险源之一。但由于南非股市目前泡沫较小，投资价值较高，受冲击风险较小。

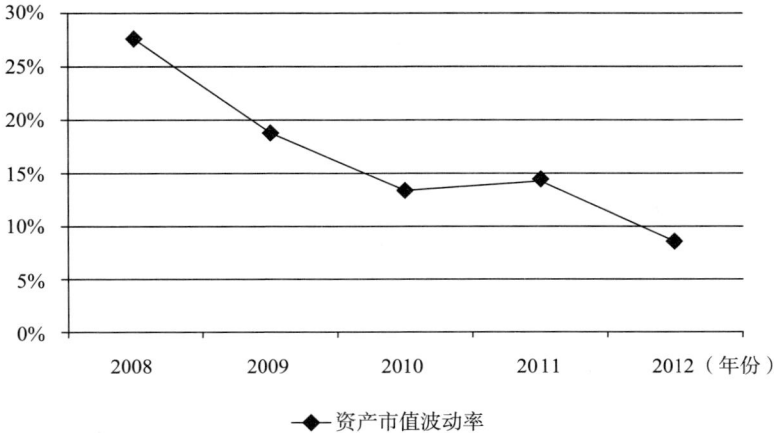

图 76.18　南非企业部门资产市值波动率

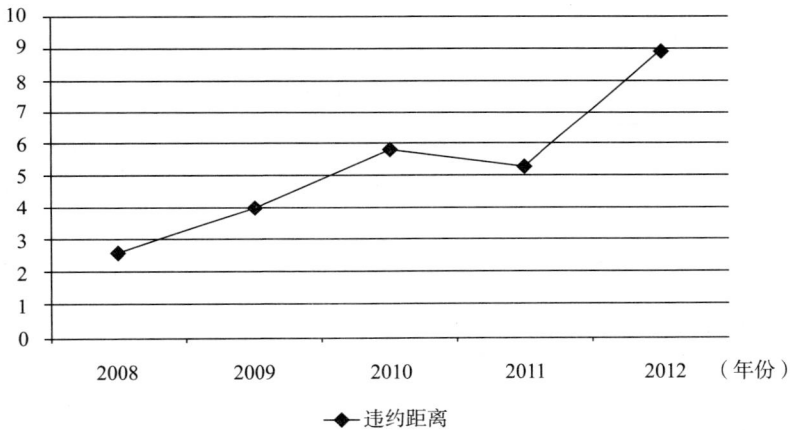

图 76.19　南非企业部门违约距离

四、压力测试及敏感性分析

　　2012 年南非企业部门发展态势良好，为了研究南非企业部门抗压性，本节通过上下调节利率，对其进行压力测试，测试相应指标结果见表 76.3。结果表明，南非企业部门应对利率大幅波动能力较强，抗压性较好。无风险利率大幅上升，企业部门资产市值波动率变化较小，而且违约距离变化小，从 8.90 下降到 8.76 水平，几乎不变，说明利率大幅变化对南非企业部门风险影响较小，企业部门的抗压性好；无风险利率大幅下降会进一步改善金融部门风险，各项指标表现良好。

表 76.3 南非企业部门压力测试

情景	情景1	情景2	情景3
	现实利率	利率上调至	利率下调至
	5.07%	10.00%	1.00%
资产市值（十亿美元）	486.52	481.10	491.19
资产市值波动率	8.50%	8.60%	8.42%
违约距离	8.90	8.76	9.01
违约概率	0.00%	0.00%	0.00%

通过对南非企业部门进行敏感性分析，来测量企业部门的稳定性，测试相应指标见表 76.4。结果表明，南非企业部门的稳定性较好，市场小幅变动对其影响较小。无风险利率的小幅上升，各项指标几乎没有发生变化，企业部门对利率变化不敏感。

表 76.4 南非企业部门利率敏感性分析

情景	情景1	情景2
	现实利率	利率上调至
	5.07%	5.17%
资产市值	486.52	486.05
资产市值波动率	8.50%	8.51%
违约距离	8.90	8.89
违约概率	0.00%	0.00%

第5节 南非家户部门风险分析

由于南非经济放缓，南非失业率一直处于较高水平，而这也是导致南非贫富差距和社会不稳定的原因之一，2012 年南非失业率达到最高水平。

一、失业率分析

2012 年南非劳动力实现了小幅增长，增幅超过往年，2013 年劳动力持续增长，且增速增加。由于劳动力增幅微升，而经济增长进一步放缓，2012 年就业压力增加，失业率达到最高水平，2013 年就业压力有下降趋势（见图 76.20）。南非政府每年教育支出占比较大，但劳动力平均受教育水平依然不高，大量劳动力由于受教育程度和素质较低而处于失业状态，其中年轻人占一半。南非高失业率导致社会上存在大量闲置劳动力，尤其是年轻人，因此也诱发犯罪等社会不稳定因素，南非是世界犯罪率最高的国家。

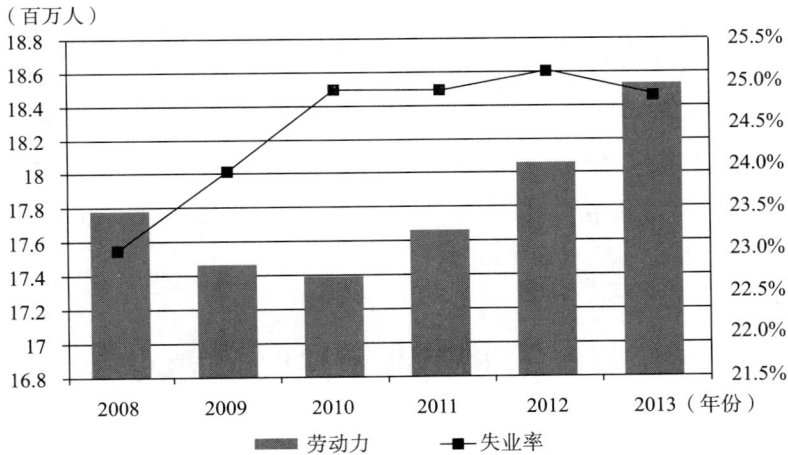

图 76.20 南非劳动力情况

数据来源：BvD 全球金融分析、宏观经济指标数据库，http：//www.countrydata.bvdep.com/ip。

二、个人消费分析

由于国外投资者大量资金的流入，资本市场活跃，2012 年南非股市表现良好，个人投资也逐渐上升，2012 年个人消费同比增幅较大幅度下降，2013年南非延续股市表现良好的趋势，个人消费同比增幅进一步下降。而 2012年南非进口商品大幅度增加，出口增幅较小，个人对国外商品需求增加，而这说明个人对国内商品的需求在大幅度下降，国内商品产出也在同比缩水，实体经济发展陷入泥潭，这也间接反映了南非经济增长放缓（见图 76.21）。

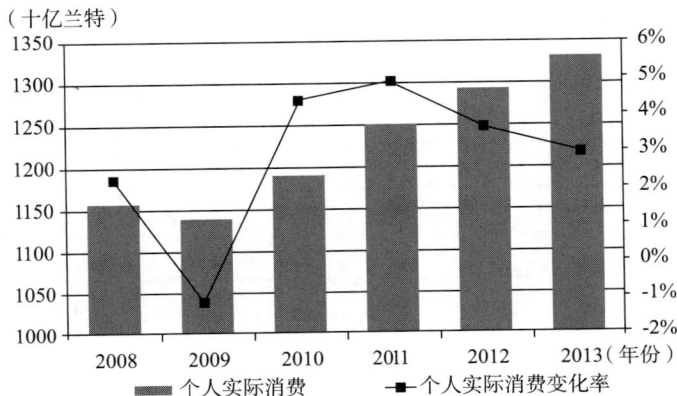

图 76.21 南非个人消费情况

数据来源：BvD 全球金融分析、宏观经济指标数据库，http：//www.countrydata.bvdep.com/ip。

2013 年由于国内罢工等骚乱发生，国内商品产出增速进一步下降，工业等经济支柱性产业增长放缓甚至倒退，GDP 增速降至 1.9％，进口商品大幅上升，出口商品增速下降，个人消费进一步下降，个人消费增速降至 3.00％。而且由于股市延续表现良好趋势以及持续低利率，个人大部分收入用于投资，这也致使股市中企业部门权益市值过高。

随着 2014 年南非国内政局稳定，社会也逐渐正常运转，南非经济将逐渐复苏，GDP 增速也将逐渐恢复到正常水平，失业率有望进一步改善。而且随着南非兰特的持续贬值，国外投资者的资金流入会放缓，出口也会逐渐增加，个人消费也将呈现增加趋势。

第 6 节　南非失业率风险专题分析

南非失业率风险主要表现为总量风险和结构风险。总量风险主要是失业人数在不断增加，失业率居高不下，而且 2014 年有上升趋势。结构风险主要表现在：年轻人群失业率高于其他人群，女性失业率高于男性失业率，受教育人群失业率高于文盲失业率，以及较低教育失业率高于高教育失业率。

失业率过高会对南非经济产生一系列不利影响。从宏观上讲会导致经济产出下降，社会不稳定，贫富差距增加，并形成恶性循环；从四部门风险传导来看，失业率过高会加重公共部门负担，公共部门风险增加，而公共部门会通过对金融部门施加一系列政策来稳定失业率，如降低利率，增加信贷供给等，从而金融部门风险增加，同时企业也要面临较高的劳动力成本，企业部门压力增大。

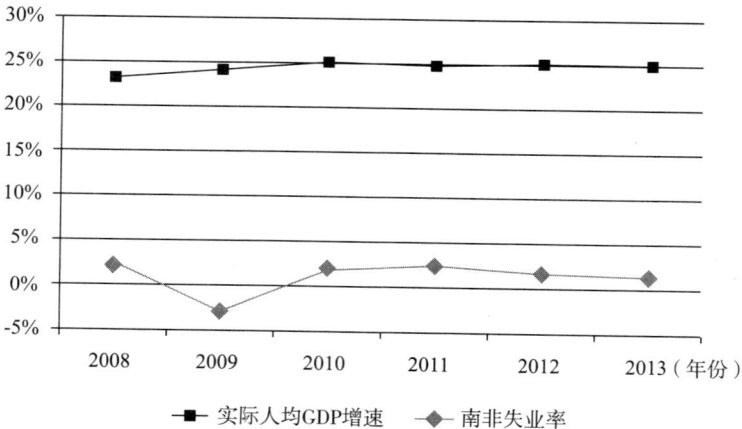

图 76.22　南非实际人均 GDP 增速和失业率

通过图 76.22 可知，奥肯定律适用于南非，而且南非的失业主要是结构性失业。南非目前面临"中等收入陷阱"，而且正处于经济转型中，失业率过高导致的社会不稳定会造成严重的资本流入损失，目前美国取消了新一轮的量化宽松政策，资本流入减少，南非已经完全开放的资本账户将会严重恶化，这对于 2014 年的南非经济发展无疑是不利的。因此失业率过高是目前南非金融经济发展中面临的最大风险。

南非政府也实施了一系列的解决措施。2010 年，南非政府根据当时国内实际尖锐矛盾提出"新增长路线"发展战略，即包容性增长战略。该战略不仅强调经济发展的中心地位，而且加强了对就业的重视程度，在 1996 年、2003 年颁布的计划的基础上，进一步加大政府对就业市场的干预程度和力度，从而将就业置于与经济发展并向齐驱的中心位置。南非政府预计，通过不断加大就业问题干预力度，增加就业岗位和实行就业和再就业培训，在不损失经济发展前的提下将目前将近 25％的失业率逐步下降至初步计划的15％左右。

从南非政府一系列措施可以看出，就业重要性提升，而且对就业的关注和从就业角度去制定并实施经济金融政策更加符合一国国情，也能够让民众更大程度理解并支持政府，从而全方位带动一国经济金融发展。本专题也提出降低失业率的几点建议：1、推行结构改革，促进经济增长，创造新市场，培育新产业；2、优化制度环境，减少制度成本；3、建立更加完善的信息平台，消除劳动力市场上供求的结构性失衡；4、提高劳动力市场自由度和流动性，减少持续性失业；5、实施教育改革，提高基本教育质量。

第 7 节　结论及对中国的借鉴

2012 年，南非经济增长放缓，2013 年，南非经济增速下降至 1.9％，其经济表现下降的原因主要来自于实体经济的低迷，而这与全球经济低迷以及南非社会不稳定相关。南非资本市场表现良好，股市呈现涨势，国外大量资金流入南非，这也导致南非兰特贬值趋势恶化，国内通货膨胀压力增加。

2013 年，南非金融部门和企业部门风险较小，主要风险来自公共部门和家户部门。由于常年贸易逆差，南非兰特持续贬值，2014 年贬值趋势恶化，而且中央银行的资产负债规模在不断增加，资产负债率上升，结构风险增大，政府财政支出上升，财政缺口增加，公共部门风险增加；家户部门由于失业率过高，而且个人消费在不断下降，在经济增长放缓的南非，社会不稳定因素增加，家户部门风险较高。

中国与南非都属于发展中国家，正处于经济发展转型、发展体制改革生产中，而且都面临着"中等收入陷阱"、收入分配不均、贫富差距过大、失业率高等问题，中南之间的贸易关系合作也非常密切，研究南非宏观金融风险对中国经济社会发展有很大启示。中国是南非最大贸易伙伴国和目标国，南非近几年投资环境恶化，但2014年随着祖马连任，包容经济增长战略的持续实施，在南非较为发达的金融业支持下，有效克服国际环境影响，实体经济发展会一改颓势，经济投资环境将会优化。

中国目前社会问题也较为严重，较南非而言，中国人口增长率非常高，就业压力较大，一旦陷入"中等收入陷阱"，经济增速下降，失业率将会急剧攀升。而且长期依靠能源高消耗高污染和低劳动力成本支持经济发展途径行不通，只能依靠产业结构升级和经济结构转型，而失业率的提高会对经济体制改革和经济发展转型产生不利影响。通过对南非失业率和政府经济政策实施的研究可以得到对中国经济社会发展有益的建议，要提高就业重要性，实施以就业为中心的政策和积极的社会再分配政策，加大财政对教育投入，推动绿色经济发展，并且对政府干预政策带来的不利影响进行预防和控制。

参 考 文 献

[1] 唐军，张春宇：《南非包容性增长战略的进展及启示》，载《当代世界》2013年第7期，第39—42页。

[2] 付俊文，赵阳：《南非资本项目开放的现状，效果与启示研究》，载《经济问题探索》，2012年第1期，第85—89页。

[3] 韩军，李宏彬，张俊森：《中国城市失业率——从出生组分析经济转型的影响》，载《南开经济研究》，2006年第1期，第23—43页。

[4] 杜厚文，章星：《美国财政赤字和贸易赤字之间的经济联系》，载《经济评论》1992年第6期，第3页。

[5] 谢武，陈晓剑：经济转型国家高失业率的经济成本分析．当代经济研究，2002年第8期，第30—34页。

第 77 章　伊朗宏观金融风险研究

伊朗经济实力较强，是亚洲主要经济体之一。伊朗为世界石油天然气大国，对于世界经济的发展具有重要的战略意义，而且由于在内贾德上任以来，伊朗对于核问题态度强硬，美国为了维持其世界霸主的地位，多次对伊朗进行经济制裁，严重阻碍伊朗的经济发展。2011 年末以来，伊朗局势的变动成为影响国际安全局势的重要因素。由于伊朗核计划问题，欧美国家对伊朗经济和金融制裁，严重影响伊朗经济正常运行。与此同时，石油价格的波动严重影响了伊朗经济发展。伊朗经济的发展前景不好，经济金融风险很大。

第 1 节　伊朗经济金融运行概况

一、经济运行概况

2008 年至 2011 年，虽然受到国际金融危机的影响，但是，得益于石油等能源价格的持续坚挺，以及伊朗政府持续的经济改革计划，伊朗的经济是在逐步强劲发展的。GDP 从 2008 年的 493 万亿里亚尔上涨到 2011 年的 557 万亿亚尔。GDP 增长速度从 2008 年持续增加，2010 年达到顶峰，在 2011 年有所回落。2011 年开始，以美国为主的西方发达国家开始对伊朗进行严厉的经济制裁，大大阻碍了伊朗的经济发展，2012 年伊朗的经济出现负增长，GDP 的增长速度下降到 -5.6%，2013 年经济总量继续减少，降至 510 万亿里亚尔（见图 77.1）。可见，欧美的经济制裁对伊朗的影响，严重阻碍了伊朗的经济发展，这对于伊朗的打击是十分巨大的。同时，由于近年来，油价的波动，石油的出口并没有支撑起伊朗的经济，伊朗的发展可谓雪上加霜。

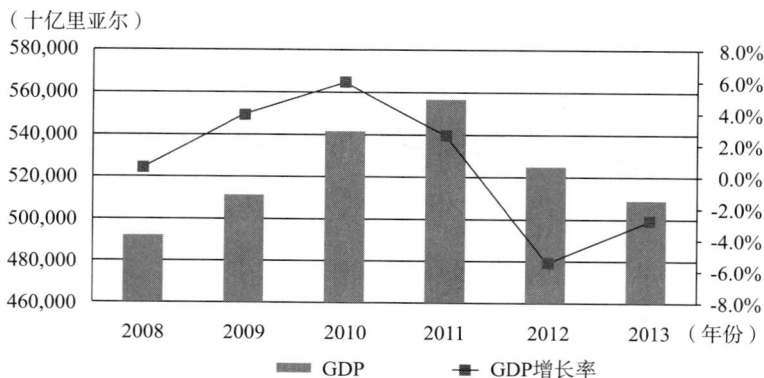

（十亿里亚尔）

图 77.1　伊朗 2008－2013 年实际 GDP 增长及增长率

数据来源：BvD 全球金融分析、宏观经济指数数据库。（以下数据如未标注来源均相同）。

对于伊朗而言，内需和固定投资是带动 GDP 增长的主要因素，而由于伊朗是石油大国，其石油的出口对于经济的增长也功不可没。2008 年和 2011 年的金融危机影响了伊朗私人消费，因此 2009 年和 2012 相较于上一年私人消费都有所下降。2011 年开始，伊朗受到严厉的经济制裁，国内经济出现负增长，同时，国内面临巨大的通货膨胀压力，致使私人消费下降，国内固定投资也大量减少。西方国家对伊朗进行经济制裁，取缔了与伊朗的多项贸易，同时，由于国际油价的波动，2012 年开始，伊朗的出口额急剧下降（见图 77.2）。

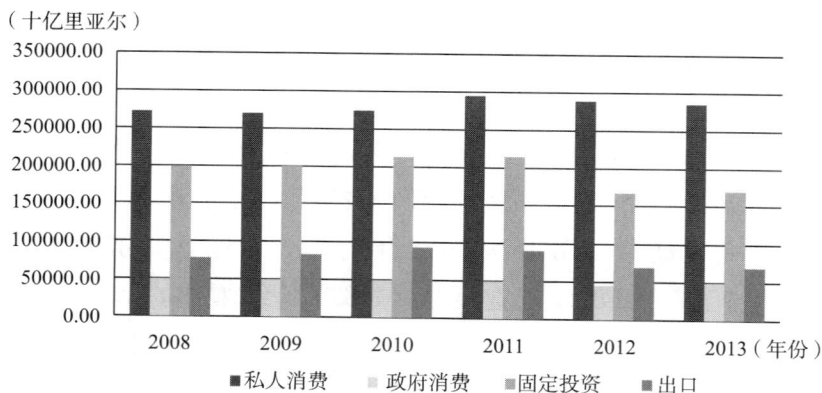

（十亿里亚尔）

图 77.2　伊朗 2008－2013 年 GDP 主要构成

2008 年至 2013 年，伊朗的消费物价指数持续上涨，且上涨幅度巨大，从 2008 年的 164.062 上涨至 2013 年的 413.4，足足上涨了 2.52 倍，可见，伊朗存在高额的通货膨胀。通过计算不难发现，2008 年至 2013 年伊朗一直面临高通胀的压力，2013 年的通货膨胀率达到 39.3％，远高于官方预期的 25％，出现了滞涨的局面（见图 77.3）。伊朗严重的通货膨胀现象是由于政府补贴项目过多，政府支出大，金融市场流动性偏高，进口商品价格上涨，加之中央银行货币政策调控工具有限。

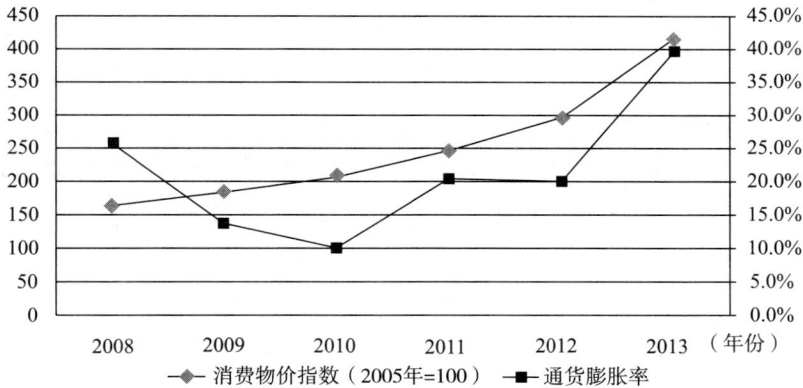

图 77.3 伊朗通货膨胀情况

对外贸易在伊朗国民经济中占有重要地位，而石油出口则占伊朗外汇总收入的 80％左右，但是，近年来，油价的波动对于伊朗的出口打击很大。伊朗一直存在贸易赤字。2008 年的贸易赤字较高，这是由于受到国际金融危机的影响。2012 年伊朗出现巨额的贸易赤字，是 2011 年的 1.6 倍之多，这主要是由于一方面受到金融危机的影响，更重要的是欧美国家单方面的经济制裁和油价的波动，导致伊朗在 2012 年的出口额急剧下降，虽然进口额也受到金融危机的影响有所下降，但是下降幅度远没有出口多，因此，导致了伊朗出现巨额的贸易赤字，这对于伊朗的经济发展是十分不利的，可见，美国对伊朗的经济制裁的后果十分严重（见图 77.4）。

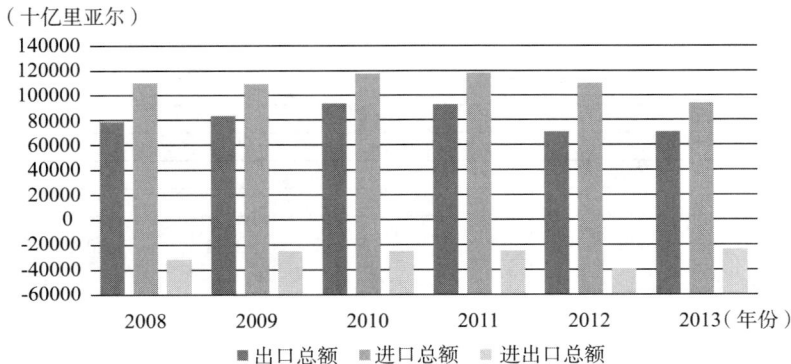

图 77.4 伊朗对外贸易情况

二、金融运行概况

总体来看，伊朗的基准利率都是处于较高水平的，这主要是因为伊朗严重的通货膨胀，因此，伊朗央行希望制定较高的利率，实行紧缩的货币政策，来缓解通胀的压力。但是，受到其他因素的影响伊朗的通胀问题并没有因为较高的利率水平得到缓解。2008 年至 2011 年，基准利率都没有太大的波动，但是，2011年开始，受到经济制裁的影响，伊朗经济发展受阻，同时，出现高额的通货膨胀，在滞涨的局面中，央行还是决定以缓解通胀压力为第一目标。因此，从2012年开始收缩银根，提高了基准利率，想借此来控制国家的高额通胀率，但是收效甚微，伊朗仍然面临严重的通货膨胀。经济的停滞、高额的通胀和高失业率，成为发展面临的严重问题（见图77.5）。

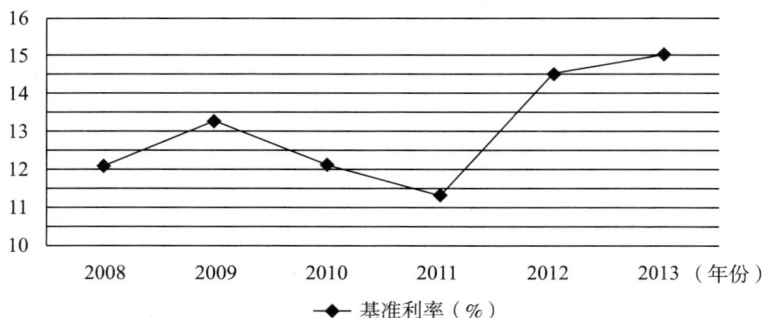

图 77.5 伊朗基准利率

2008年以来，伊朗的股指呈现持续上涨的趋势，从2008年的8656上涨至2012年的37861（见图77.6）。伊朗股指的攀升与其作为石油出口大国的地位是密不可分的。许多投资者看好伊朗拥有丰厚石油资源的战略地位，对其进行投资，但是，伴随着伊朗政局的不稳定，西方国家的经济制裁以及国际油价的波动，伊朗存在很大的投资风险。

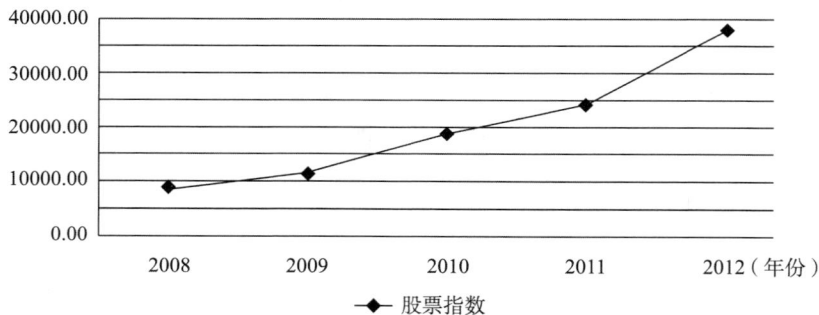

图 77.6 伊朗股票指数

第2节 伊朗公共部门风险分析

2008年至2013年，伊朗央行的资产负债率并不高，公共部门债务虽然逐年增加，但债务规模处于合理区间，在GDP中所占比重也是呈下降趋势，伊朗公共部门的债务风险和经济风险并不大。但是，2013年，伊朗货币里亚尔大幅贬值，面临严重的货币风险。

一、公共部门资产负债表分析

2008 年起，伊朗央行的资产和负债规模呈现增加趋势，只有 2010 年较上一年有所下降，2011 年，伊朗公共部门的资产值和负债分别达到 14306832 亿里亚尔和 12323605 亿里亚尔。而公共部门的资产负债率与中东其他国家相比并不高，没有突破 90%。总体来看，伊朗公共部门的债务风险不大（见图 77.7）。

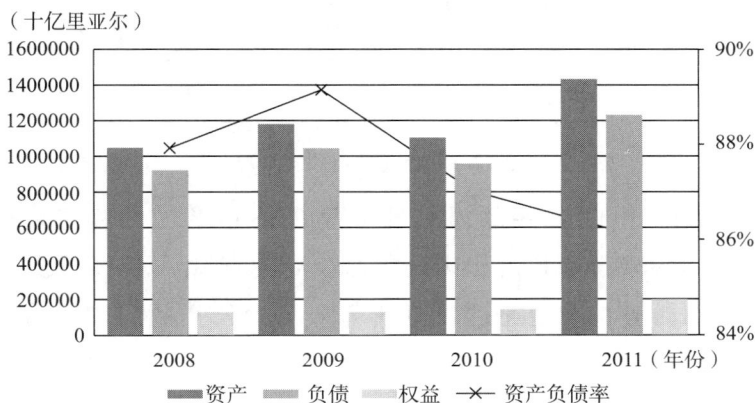

图 77.7 伊朗央行资本结构

二、政府收支与债务分析

伊朗是一个依靠石油出口的国家，金融危机的爆发减少了伊朗出口企业的订单数量，抑制了伊朗财政收入的增长。因此，2009 年，伊朗财政收入减少基本与上年持平，而 2012 年受到欧债危机和经济制裁的双重影响，其财政收入较上一年有所下降，2013 年财政收入有所回升。

伊朗的财政支出走势基本与财政收入走势一样。伊朗的财政支出一直较高，国内多项基建需要政府补贴，同时，由于伊朗一直存在严重的通货膨胀，国家对于居民会有燃油补贴，这就增加了政府的财政支出。对国内的燃油补贴在政府全部开支的 15%。同时，政府决定向全国 7000 万人每月发放 40 美元的现金补贴，每年需要 450 亿美元，因此，从 2012 年开始，政府财政支出减少。

伊朗一直以来都存在财政赤字，2008 年到 2011 年，其财政支持逐年减少，而 2011 年以后，财政赤字则逐渐增加。2012 年，伊朗议会批准了 2012/2013 财年 4920 亿美元的财政预算，约比上一财年减少 9%。财政赤字或将比 2011/2012 财年的 4.1% 有所增长。受美国、欧盟石油禁运的影响，2012 年，伊朗石油产品出口或将下跌 20% 左右，而石油收入占 2010/2011 财年预算收入的 53%（见图 77.8）。

（十亿里亚尔）

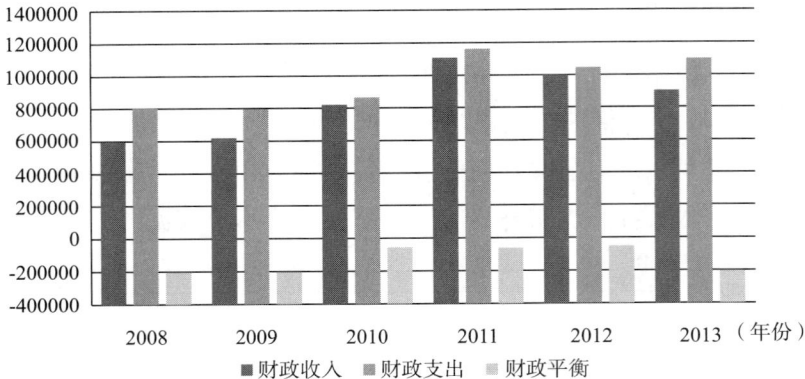

图 77.8　伊朗政府收支情况

2008 年开始，伊朗公共部门的债务呈现逐年增加的趋势，但是，2009年至 2012 年，债务在 GDP 占比则逐年减少，这是由于伊朗面对复杂的国际经济局势和政治局势，希望通过减持债务来减少公共部门的风险，尽力维持政局的稳定。2011 年至 2013 年，伊朗公共部门债务在 GDP 占比较为稳定，在 14％左右浮动（见图 77.9）。总体来看，公共部门债务占 GDP 的比重不高，低于亚洲其他国家，这对于政局不稳的伊朗当局来说是有利的，降低了公共部门的债务风险，尤其是在近几年，公共部门减持债务，拿出更多的力量来应对欧美的经济制裁。相比于伊朗的政治风险，公共部门的经济风险较小。

（十亿里亚尔）

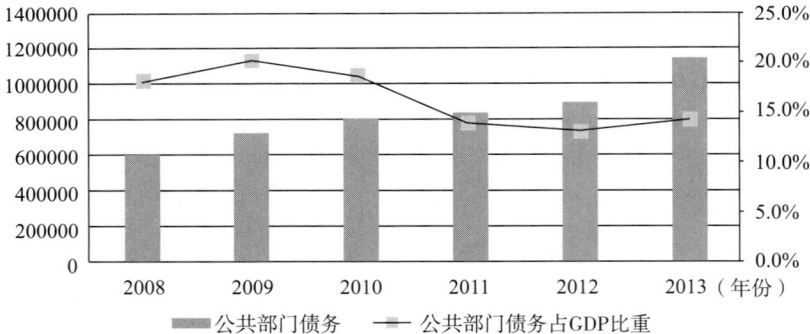

图 77.9　伊朗政府债务情况

2008 年至 2013 年，伊朗的总外债呈现先增后降的趋势，在 2010 年达到最大值 200.4 亿美元，之后则有所滑落。伊朗自 2010 年开始减持外债，这是受到欧债危机的影响。同时，由于美国对伊朗的单边经济制裁，取缔对于伊朗的相关贸易，减少欧美地区对伊朗的债务，因此，2011 年开始，伊朗的外债总量逐年下降（见图 77.10）。总体来看，审慎的外债政策和有限的融资渠道使伊朗的外债处于合理区间，外债增量需求并不强烈，外债具有可持续性，伊朗的外债规模不大。

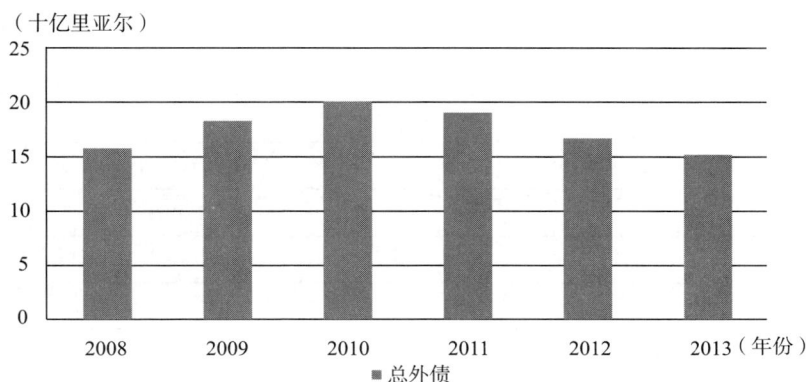

图 77.10　伊朗外债

三、政府外汇储备分析

虽然国内面临严重的通货膨胀，存在货币泛滥的现象，但是伊朗的汇率在 2008 年至 2011 年基本保持稳定。2012 年，伊朗对美元的汇率开始抬头，伊朗里亚尔在 2012 年轻微贬值，但是 2013 年，伊朗大幅贬值，对美元的汇率急剧上升，一美元可以兑换 2.49 万里亚尔，是 2012 年的 2.03 倍，在 2013 年一年间汇率也是波动较大的，最高升至达到 1 美元兑换 3.7 万里亚尔。与一年前相比，里亚尔已经贬值了 80% 以上。伊朗面临严重的货币风险（见图 77.11）。

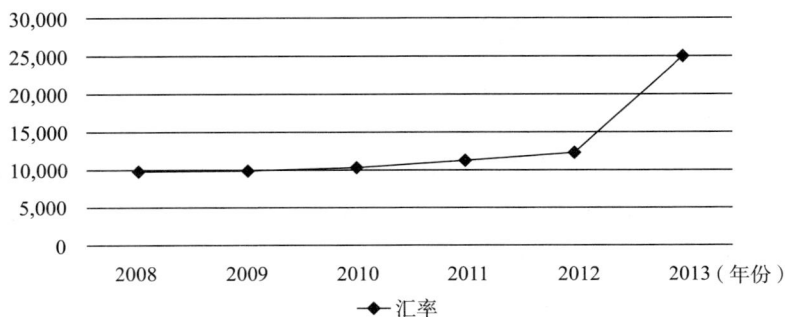

图 77.11　里亚尔汇率

目前，外国居民及投资者不能在伊朗当地银行开设外汇账户，必须兑换成当地货币方可进行储蓄，外国公民储蓄需获得当地合法居民身份。因此，伊朗对于外汇的开放程度不高，导致其外汇储备规模不大。2008 年至 2013 年，伊朗的外汇储备总体上呈现下降的趋势，除了 2011 年有小额增加以外，其他年份的外汇储备都在减少。尤其是在 2011 年受到欧美经济制裁的打击以后，伊朗开始减持美元、欧元等外汇，导致伊朗的外汇储备缩小（见图77.12）。总体来看，石油收入充实了伊朗的外汇储备，伊朗的对外偿付能力较强。

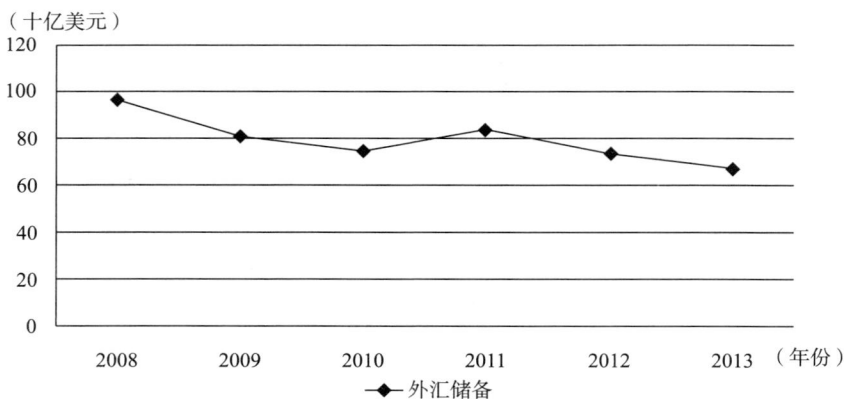

图 77.12　伊朗外汇储备

第3节　伊朗金融部门风险分析

面对欧美国家的经济制裁，伊朗金融部门收到剧烈的冲击，2011年开始，伊朗金融部门的大规模都出现大规模的缩水，存款和贷款也大量流失，可见经济制裁对其造成的影响。金融部门的大规模缩水，资产负债率波动剧烈，风险较高，但是存贷结构还较为稳定，流动性风险较小。

一、账面价值资产负债表分析

（一）资本结构分析

2008年至2010年，伊朗金融部门账面资产、负债持续增长，而2011年则大幅回落，2013年资产和负债与2012年持平。金融部门的权益则相对较低，没有太大的起伏。2011年，账面资产305.4亿美元，比2010年低67.3％。负债在2011年降至277.3亿美元，比2011年低68.6％。资产和负债大规模减少，金融部门的规模大大降低。而金融部门的权益则相对稳定，且数额较小，在2012年，伊朗金融部门的权益账面价值为22.4亿美元。美国的经济制裁不仅严重影响伊朗的经济发展，对于伊朗金融部门的影响也是极其巨大的，使金融部门的规模严重缩水。而金融部门的资产负债率一直高于90％，2009年最高，达到95.3％，虽然2012年有所下降，但是仍然达到92.6％。从走势上来看，金融部门的资产负债率波动较大，说明其存在较高的风险（见图77.13）。

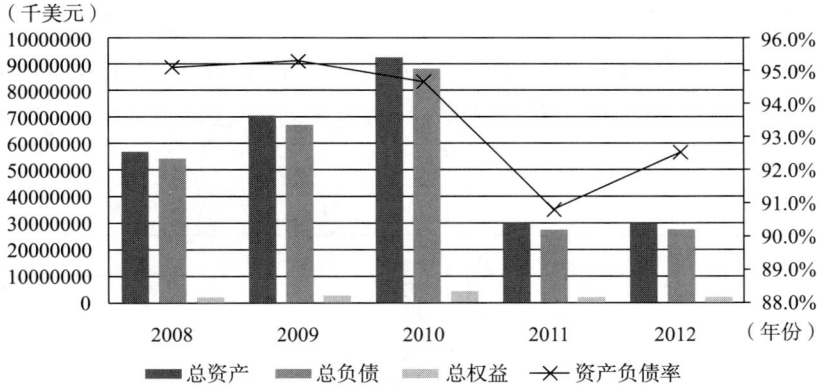

图 77.13　伊朗金融部门资本结构

（二）存贷结构比率

伊朗央行在内贾德干涉下，实行低利率的货币政策，这向国民经济体系注入了大量的资金，但同时对相关的项目缺乏有效监管，导致许多计划用于工农业发展的资金流向房地产等短期能获得高回报的产业，严重影响银行系统，使之资本不足，同时也因为金融危机下房地产需求萎缩导致大量贷款无法偿还，给金融部门带来很大的风险。金融部门的总贷款和总存款也在 2011 年由于金融部门受到巨大打击而有所下降，面对高通胀的局面，伊朗的资金都不愿意留在银行等金融部门，而偏向投放于实物资产。因此，金融部门的存款总额大幅减少，同时，金融部门面对复杂不稳定的经济形势，也减少了贷款规模，所以总贷款和总存款在 2011 年和 2013 年规模都很小。相比于贷款和存款的规模，金融部门的存贷比则表现的相对稳定，走势比较平缓，2009 年存贷比最低，达到 68.5%，2011 年则最高达到 83.3%。金融部门的存贷比并不高，因此，流动性风险的压力不大（见图 77.14）。

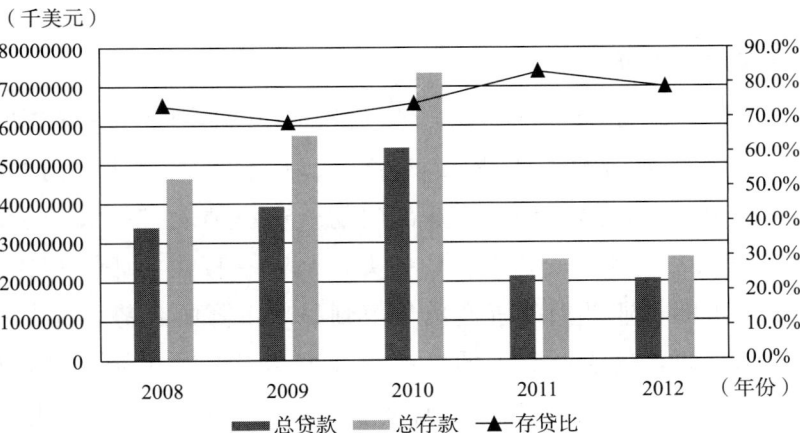

图 77.14　伊朗金融部门存贷结构

2008 年至 2012 年，伊朗的不良贷款呈上升趋势，尤其是在 2010 年有一个大的增长，2011 年又有所回落，而伊朗的不良贷款率也是在 2010 年大幅上升，2011 年有所回落。总体来看，伊朗的不良贷款率并不高，金融部门的贷款经营方面风险相对较低（见图 77.15）。

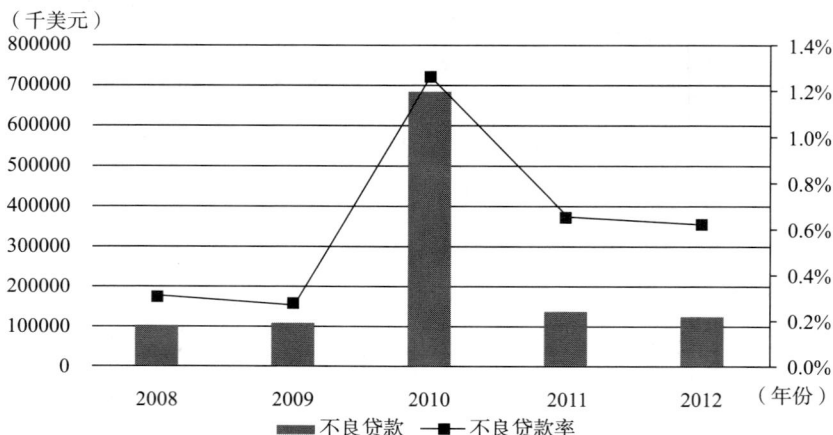

图 77.15　伊朗金融部门不良贷款情况

第 4 节　伊朗企业部门风险分析

相比于金融部门收到经济制裁的冲击，伊朗的企业部门收到的影响要小很多，整体来看，伊朗企业部门在 2011 年和 2012 年出现规模减少的恶劣情况。同时，企业部门资产负债率不高，企业的资金流动较为顺畅，因此，企业部门的风险不大。

一、企业部门账面资产负债表分析

（一）资本结构分析

从规模上看，在 2008 年至 2012 年，伊朗企业部门的总资产有大规模的上升，2012 年企业部门的资产是 2008 年的 2.43 倍。而企业部门的总负债和总权益也呈现稳定增长的趋势。企业部门的资产负债表扩张表明伊朗企业部门在 2008 年至 2012 年一直保持增长势头，企业一直在扩张。相比于资产和负债的规模，伊朗企业部门的资产负债率则呈现下降的趋势，尤其是在 2011 年有一个大的跌幅，这表明欧美的经济制裁虽然没有减少企业的规模，但是由于单边取缔了许多贸易，致使伊朗企业的负债率减少，到 2012 年，企业部门的资产负债率降至 54.9%（见图 77.16）。总体来看，伊朗企业部门的资产负债率较低，资本结构风险不大。

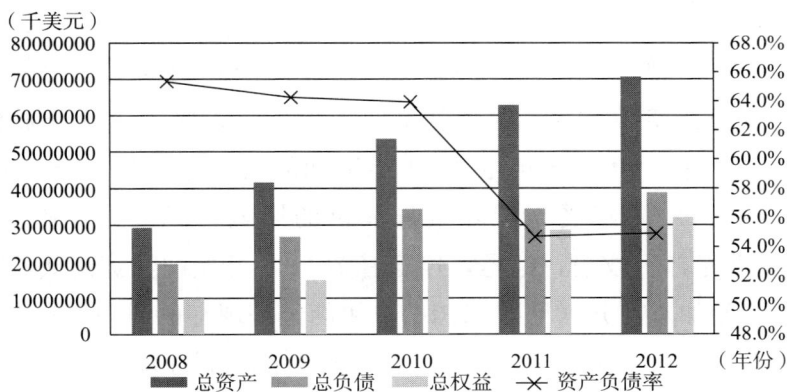

图 77.16　伊朗企业部门账面资本结构

（二）期限结构分析

2008 年至 2012 年，伊朗的流动资产持续增长，流动负债也保持增长的趋势。企业部门的流动比率也呈现逐年上升的趋势，2012 年，企业部门的流动比率达到 123.2％，表明企业部门受到经济制裁的波及不大，企业的资金流动顺畅，运营较好，企业的期限错配风险较小（见图 77.17）。

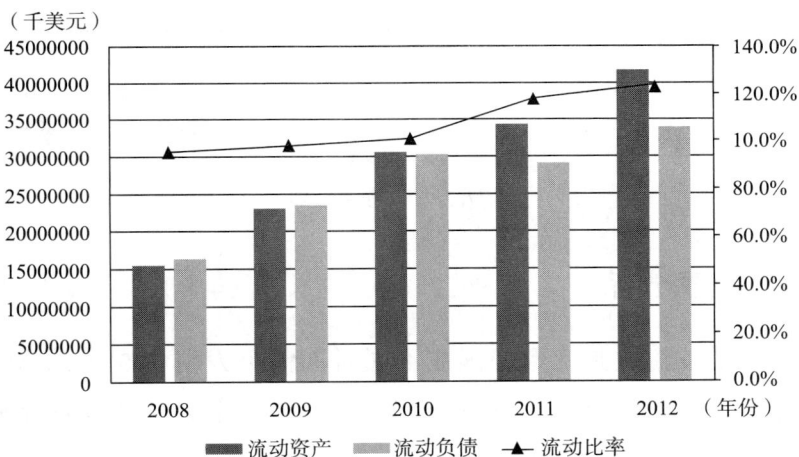

图 77.17　伊朗企业部门期限结构

第 5 节　伊朗家户部门风险分析

伊朗家户部门一直存在较大的风险隐患，高失业率伴随高通胀造成伊朗居民生活十分困难，这有很大的原因是因为伊朗政局动荡不稳，政治风险很大，造成居民恐慌，传递到家户部门，形成很大的风险。

一、劳工市场分析

高失业率一直是困扰伊朗的另一个顽疾。因国际制裁引起国外投资活动日益减少，私营经济发展缓慢，新的就业岗位不足以吸纳迅速膨胀的劳动力大军。从整体上来看，2008 年至 2012 年伊朗的失业率逐年上升，2012 年失业率达到 16％。2008 年受到国际金融危机的影响，伊朗失业率开始上涨，2011 年上涨速度有所减缓，但是，伴随着 2011 年开始的经济制裁，2012 年伊朗的失业率开始加速上升（见图 77.18）。伊朗经济现存的问题是滞涨，即经济停滞，伴随有高通胀和高失业率，伊朗家户部门整体的风险较大。目前的形势，要求伊朗政府必须采取一系列触及本质的改革措施，包括思考短期的能源政策及长期经济改革计划，并将现有的能源拉动型经济发展模式转为劳动密集型等。

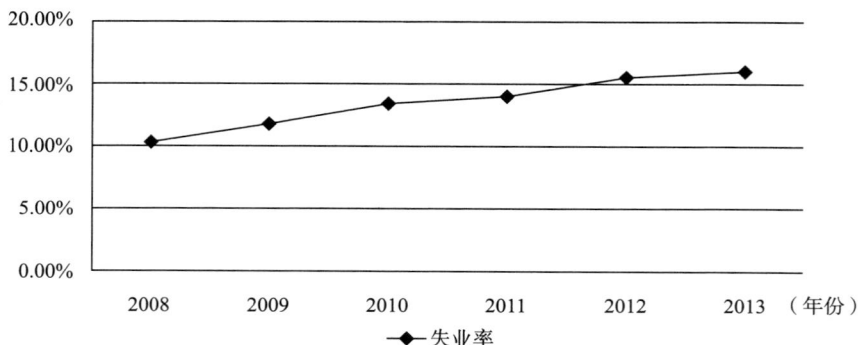

图 77.18　伊朗失业率

二、居民消费分析

私人消费平减指数是衡量一国在不同时期内个人消费支出总水平变动程度的经济指数，通过物价指数将以货币表示的名义个人消费支出调整为实际的个人消费支出，是衡量国内通胀压力最恰当的指标。2008 年至 2013 年，伊朗的私人消费平减指数持续上升，从 2009－2012 年维持直线上升，表明伊朗国内通货膨胀压力持续上升，而伊朗也的确存在严重的通货膨胀（见图 77.19）。

受国际金融危机的影响，2009 年伊朗的实际私人消费有所下降，在 2013 年达到最高，之后有所下降。但是，整体来看，私人消费还是有所上升的，这是由于伊朗的高通胀使得人们更愿意以实物资产的形式来持有自己的资产，因此，相比于存储，人们更偏向于消费，所以，随着通货膨胀率的上

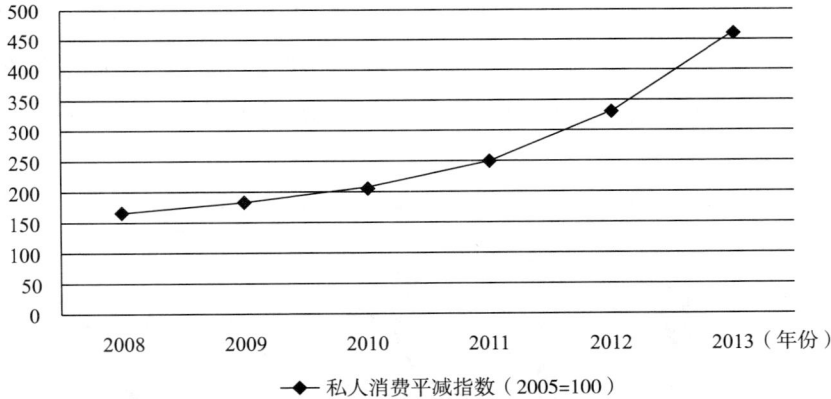

图 77.19　伊朗私人消费平减指数

升，人们的私人消费有所增加。从私人消费对 GDP 的贡献来看，2012 年相较于 2011 年大幅下降，这主要还是受到欧美经济制裁的影响，使私人消费下降的幅度要高于 GDP 下降的幅度，说明经济制裁不仅对伊朗经济产生影响，而且也深刻影响了居民的生活（见图 77.20）。

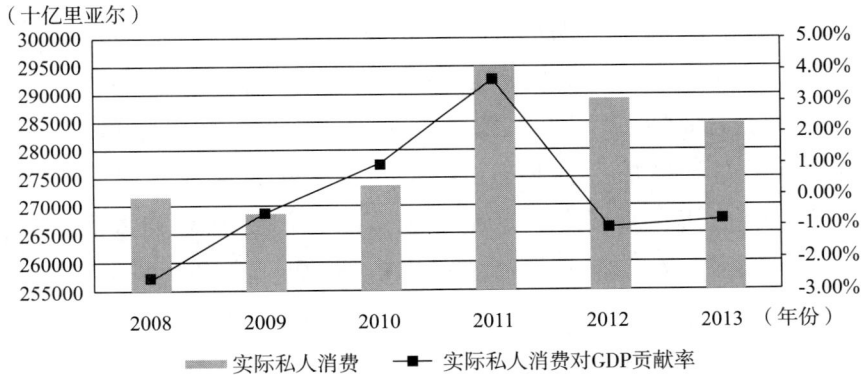

图 77.20　伊朗实际私人消费

第 6 节　伊朗经济制裁专题分析

2011 年 11 月，以美国、英国为首的欧美国家宣布，对伊朗进行新一轮的经济制裁，这次制裁十分严厉，不仅对伊朗进行贸易制裁，更罕有的包括金融制裁，要求本国金融机构必须停止与伊朗任何银行及其分支机构和子公司之间的交易和商业往来，其中包括伊朗中央银行。这一轮的经济制裁对于伊朗国内金融形成了巨大的打击。从图 77.21 可以看出，2011 年伊朗金融部门的资产和负债出现大规模缩水，相比于 2010 年，2011 年伊朗金融部门的资产和负债分别缩水 67.3% 和 68.6%。资产负债率也出现较大的波动，这次金融制裁给伊朗金融部门造成的风险已经暴露出来。不仅仅金融部门的资产负债大幅缩水，银行机构的存贷款也出现大规模的减少，伊朗在许多国家设立的银行分点被迫关闭，金融部门遭受到巨大的打击。

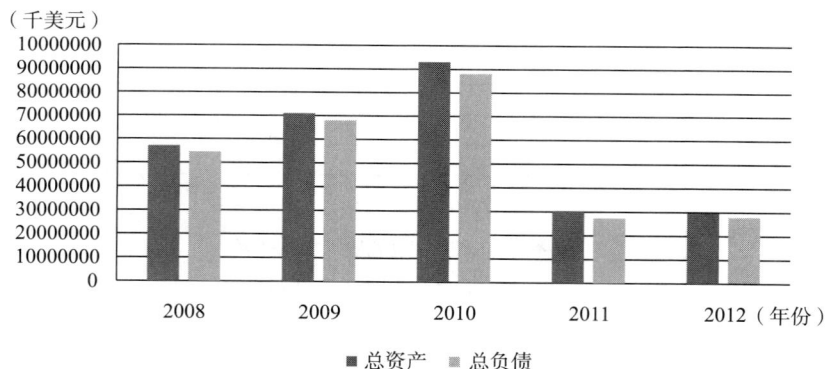

图 77.21　伊朗金融部门规模

　　伴随这次金融制裁的还有比以往更加剧烈的贸易制裁。欧美不仅对伊朗的石油出口进行严厉的限制，同时用于工业或军事目的的原材料和金属出口也将被禁止。这其实对于伊朗的企业造成了很大的打击，然而，从图 77.22 中可以看出，伊朗企业部门的资产是持续增加的，这主要是因为石油行业具有刚性，虽然欧美限制了伊朗的出口，但是，石油的开采不可能马上减少，而随着石油开采量的增加，企业部门的资产也会随着增加。相反，2011 年开始，企业部门的负债有所减少，这是由于金融部门受到影响太大，无法提供足够的贷款。整体来看，企业部门的资产负债率是大幅减少的，这是一个风险减小的信号，具体剖析可以发现，受到贸易制裁的影响，开采出的石油无法出口，这就会造成石油产品的囤积，最终的结果是，国际上由于石油的供给减少，国际油价飙升，而在伊朗国内，石油囤积，供给泛滥，最终造成石油在外升值，而在国内贬值，这对依靠石油的伊朗经济打击巨大，同时，由于企业部门不能得到金融部门资金的支持，技术和设备无法更新，势必造成石油行业的衰退，届时，企业无法偿还银行贷款，企业部门的风险又将蔓延至金融部门，这形成一个恶性循环。在对于伊朗的金融制裁中，还有专门针对伊朗保险和再保险的限制，这进一步加大了企业部门的风险。伊朗企业部门的潜在风险巨大，虽然还没有暴露出来，但是一旦暴露对于伊朗企业部门的打击将十分沉重。

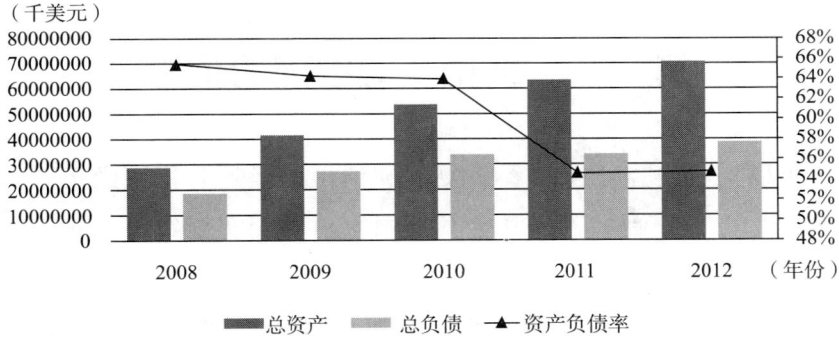

图 77.22 伊朗企业部门规模

严厉的经济制裁影响了整个伊朗经济，造成了经济倒退、高通胀、高失业率的滞涨局面。各部门受到重大影响，各种风险也在部门之间传导（见图77.23）。

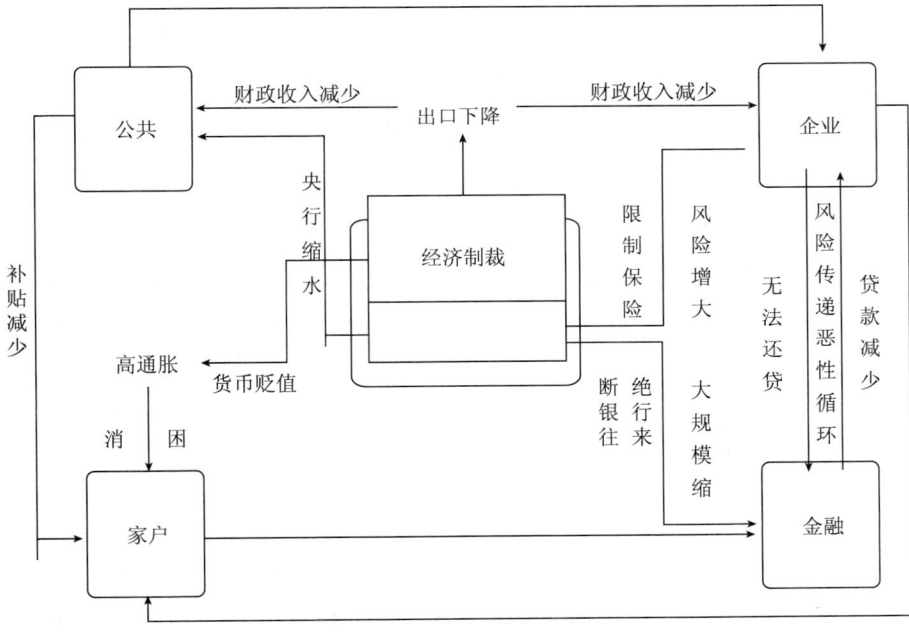

图 77.23 经济制裁对伊朗四部门的影响和风险传递

由于美国如今对于伊朗的经济制裁已经超过了联合国决议的范畴，已经有不少欧盟国家对于美国的做法开始表示不满，从美国和英国等一些欧盟国家一系列的制裁举措来看，对于伊朗的制裁力度仍有加剧的趋势。随着制裁的加剧，第四次石油危机爆发的可能性也随着增加。一旦爆发石油危机，油价将飙涨，世界会面临高额的通货膨胀率，危机将蔓延到欧美、亚洲国家，对全球的经济造成巨大影响，甚至会改变世界格局。

第7节 结论及对中国的借鉴

2010年以前，得益于全球经济复苏和油价的坚挺，伊朗经济增长势头较强，但是，2011年开始，美国联合其他国家对伊朗实施经济制裁，导致伊朗经济发展出现严重阻碍，GDP大幅减少。2012年，GDP的增长速度下降到－5.6％，伊朗出现了经济倒退，通货膨胀严重和失业率高并存的的经济滞胀现象，国家存在严重的风险隐患。

从公共部门来看，伊朗一直存在财政赤字，但是规模并不大，同时，公共部门的债务规模不大，债务在GDP中的占比也较低。但是，伊朗的货币里亚尔持续贬值，这会产生货币风险，造成本国居民对国有货币的信心不足，产生经济恐慌，但是相比于伊朗的政治风险，公共部门的经济风险并不大，公共部门许多恶劣的经济形式都是由于政治风险引起的。

从金融部门来看，2011年受到经济制裁的影响，伊朗金融部门出现大规模缩水的现象，资产和负债都大规模减少，同时，金融部门的资产负债率波动幅度较大，风险较大。

从企业部门来看，与金融部门不一样，经济制裁并没有制约企业部门的发展，伊朗企业部门自2008年以来，规模持续扩张，资产负债率也有所下降，资本结构风险不大。而且，企业部门的流动比率较高不存在流动性的压力，期限错配风险较小。整体来说，伊朗企业部门的风险相对较小，但是潜在的风险很大。

从家户部门来看，2008年以来，伊朗的失业率一直在攀升，在2012年，失业率达到16％。与此同时，伊朗的私人消费平减指数也在逐年上升，表明的高失业率还伴随着高通货膨胀率。2012年，伊朗私人实际消费对GDP贡献率相较于前年大幅下降，这表明经济制裁对于家户部门的影响也非常大。伊朗政局不稳，造成伊朗民众心生恐慌，家户部门的风险也很大。

可以看到，伊朗除了企业部门的风险相对较小以外，其他三部门都存在很大的风险。结合伊朗宏观风险分析，提出我国控制宏观风险的建议：首先，要发展多项特色贸易，不要把经济命脉与单一产品挂钩。伊朗的经济对于石油的出口十分依赖，然而，近几年油价的波动使伊朗的贸易情况持续恶化，对于伊朗经济的发展影响很大。其次，要高度重视通货膨胀，在面对经济发展和控制高通货膨胀这两个经济目标的时候，要把控制通货膨胀放在首位，只有这样，经济的发展才能有一个安定的环境，而人们对于本国的经济才有信心，不会造成恐慌。

+-+

参 考 文 献

［1］Central Bank of Iran. Annual Review 2008－2012.

［2］张永振：《伊朗贸易风险与防范》，载《商业文化》（学术版）2011年第 4 期，第 392—393 页。

［3］李瑞华：《美欧加码对伊朗经济制裁欲断其金融命脉》，载《经济》2012 年第 5 期，第 70—71 页。

［4］赵俊：《对当前伊朗困境的思考》，载《南昌高专学报》第 2011 年第 2 期，第 3 页。

［5］何超，闫永军，刘德慧：《伊朗冶金工程项目风险分析及对策》，载《价值工程》2012 年第 30 期，第 85—86 页。

［6］张茉楠：《伊朗局势恶化将导致全球"多输"》，载《理论导报》，2012年第 2 期，第 6 页。

第78章 全球宏观金融风险总体研究

2012 年是次贷危机和欧洲主权债务危机后全球经济缓慢复苏的一年。由于欧洲主权债务危机的影响，2012 年发达国家和发展中国家经济增长速度放缓，宏观金融风险经过释放后有所降低，金融体系规模和活跃程度有所上升，企业部门和家户部门的融资能力逐渐恢复。本章首先对 2012 年全球经济和金融运行情况进行总体分析，然后从公共部门、金融部门、企业部门和家户部门等方面对宏观金融风险进行结构性研究，最后提出应对宏观经济和金融风险的政策建议。

第1节 全球经济金融运行概况

一、全球经济运行概况

2012 年全球经济延续复苏的态势，增长速度普遍放缓，通货膨胀水平下降，呈现出增长速度和通货膨胀水平都下降的特点。虽然发达国家和发展中国家经济增长速度都在下降，但经济不均衡发展的特点仍然比较突出。在发达国家中，美国经济增长速度较高，日本经济增长继续保持较低水平，欧元区核心国家经济出现停滞或衰退。发展中国家经济增长速度与危机前相比有较大幅度下降，并且通货膨胀水平处于较高水平。

(一) 经济增长状况

金融危机爆发后 2008 年主要国家推出了大规模的经济刺激计划，在宽松的财政政策和货币政策作用下，全球经济从 2009 年的低谷复苏，2010 年经济增长 5.3%。由于主权债务危机和主要国家政府债务受限的影响，从表 78.1 可以看到发达国家经历了 2010 年经济快速增长后，2012 年和 2013 年经济增长速度下降。发展中国家由于外需不足和内部经济结构调整，2012 年和 2013 年经济增长速度下滑。

从代表性国家来看，受宽松货币政策和居民消费意愿恢复的影响，美国经济在 2012 年和 2013 年稳定增长，成为推动全球经济恢复的重要力量。受主权债务危机和紧缩财政政策影响，欧元区国家整体在 2012 年和 2013 年经济下滑，德国和法国经济增长速度下降，意大利连续两年出现衰退。中国、印度和巴西等发展中国家由于外需不足和内部经济结构调整，经济增长速度自 2010 年来持续下降。中国在 2012 年和 2013 年经济增长水平降低到 8％以下，巴西经济增长速度在 2012 年降低到 1％，印度在 2012 年和 2013 年维持在 4％的水平。

表 78.1　2008—2013 年主要国家和地区经济增长速度

（单位：％）

国别/区域	2008	2009	2010	2011	2012	2013
全球	3.0	−0.6	5.3	3.9	3.2	3.0
发达国家	0.5	−3.2	3.2	1.6	1.4	1.3
美国	0.4	−2.4	3.0	1.8	2.8	1.9
加拿大	0.4	−2.6	3.2	2.6	1.7	2.0
日本	−1.2	−5.2	4.4	−0.6	1.4	1.5
英国	0.5	−4.9	2.1	0.9	0.3	1.8
欧元区	0.6	−4.1	1.9	1.4	−0.7	−0.5
德国	1.2	−5.0	3.9	3.1	0.9	0.5
法国	0.3	−2.2	1.4	1.7	0	0.3
意大利	−1.3	−5.0	1.8	0.4	−2.4	−1.9
发展中国家	6.1	2.4	7.5	6.3	5	4.7
中国	9.6	8.7	10.4	9.3	7.7	7.7
印度	7.3	5.7	10.6	7.9	4.7	4.4
巴西	5.1	−0.2	7.5	2.7	1	2.3

数据来源：IMF，World Economic Outlook 相关各期。

（二）通货膨胀状况

随着扩张性货币政策效果不断显现，虽然 2012 年全球通货膨胀水平有所回落，但仍然处于较高水平。如表 78.2 所示，在发达国家中，英国和意大利的通货膨胀水平较高，美国、德国和法国通货膨胀水平下降，但也在 2％水平以上。日本在 2009 年以来一直存在通货紧缩，2012 年通货紧缩状况有所缓解。在发展中国家中，印度的通货膨胀水平较高，巴西的通货膨胀处于中等水平，中国的通货膨胀水平在 2012 年有所下降。

表 78.2 2008—2012 年主要国家和地区通货膨胀水平

（单位：%）

国别/区域	2008	2009	2010	2011	2012
全球	5.99	2.48	3.68	4.84	3.95
发达国家	3.4	0.15	1.55	2.69	1.97
美国	3.82	−0.32	1.64	3.14	2.08
加拿大	2.39	0.3	1.78	2.89	1.52
日本	1.37	−1.35	−0.72	−0.28	−0.04
英国	3.63	2.12	3.34	4.45	2.82
欧元区	3.29	0.3	1.62	2.72	2.50
德国	2.75	0.23	1.15	2.48	2.13
法国	3.16	0.1	1.74	2.29	2.22
意大利	3.5	0.76	1.64	2.9	3.30
发展中国家	9.21	5.18	6.06	7.14	5.99
中国	5.9	−0.68	3.33	5.42	2.65
印度	8.35	10.88	11.99	8.63	10.23
巴西	5.68	4.89	5.04	6.64	5.40

数据来源：IMF，World Economic Outlook database.

结合经济增长速度和通货膨胀指标可以看到欧洲国家宏观经济风险较大，表现为经济衰退和较高的通货膨胀水平，其中意大利尤为突出。对于发展中国家，要关注经济增长速度下降和通货膨胀水平上升的问题。

二、全球金融运行概况

经过次贷危机和主权债务危机的风险释放，2012 年全球金融体系基本稳定，金融活跃程度上升。全球金融体系包括金融机构和金融市场两个重要部分。下面从金融体系的规模、信贷供给和股票市场等方面分析 2012 年全球金融体系的运行状况。

（一）金融体系规模和活跃程度

从表 78.3 可以看到，由于欧美主要股票市场上升和发展中国家信贷规模扩张，2012 年全球体系在金融规模和活跃程度方面都有所上升。从发展中国家和发达国家占全球金融的比重来看，2012 年发展中国家金融规模继续上升，发达国家的金融规模下降。发展中国家金融规模占全球金融体系比重自 2007 年至 2012 年分别为 19.49%、13.04%、15.24%、17.2%、17.41% 和 19.16%，可见次贷危机后发展中国家占全球金融规模的比重逐渐回复到危机前的水平。就具体国家而言，美国和加拿大 2012 年的金融规模与 2011 年持平，金融状况指数有所下降，德国、法国和意大利 2012 年金融规模和活跃程度都有所上升。

表 78.3　2009—2012 年主要国家和地区金融规模和金融状况指数

（单位：10 亿美元）

国别/区域	2009		2010		2011		2012	
	规模	指数	规模	指数	规模	指数	规模	指数
全球	242264	4.18	256900	4.07	255855	3.66	273769	3.80
发达国家								
美国	60887	4.31	64000	4.4	63976	4.24	66870	4.12
加拿大	6300	4.71	7420	4.7	7769	4.46	7985	4.38
日本	26359	5.23	39425	5.36	31666	5.39	30555	5.15
英国	18551	8.5	20978	9.27	19055	7.83	20076	8.08
欧元区	66483	5.33	61271	5.04	58874	4.48	62638	5.14
德国	12535	3.75	12089	3.67	11606	3.21	14666	4.28
法国	17063	6.42	16258	6.34	15759	5.67	15654	5.99
意大利	10219	4.82	8217	3.98	7890	3.58	7618	3.78
发展中国家	36936	2.04	44206	2.04	44553	1.75	52443	1.95

注：金融规模由债券、股票和银行资产三类构成；金融状况指数＝金融规模/GDP。

数据来源：IMF，Global Financial Stability Report，Statistical Appendix，2009—2013.

（二）信贷供给状况

银行信贷供给是金融体系发挥资金筹集和分配功能的重要机制，对金融危机后经济恢复和增长有重要影响，在间接金融体系为主的国家银行信贷对经济增长的影响更加强烈。从表 78.4 可以看到，由于银行"去杠杆化"和资本约束的影响，另一方面由于发达国家和发展中国家金融体系性质的差异，发达国家信贷增长速度显著地低于发展中国家。从发达国家来看，美国 2012 年和 2013 年企业部门和家户部门融资能力有所恢复，信贷规模延续了 2009 年来信贷增长的趋势，在 2013 年信贷规模已经超过了危机前的水平。法国和意大利信贷增长较快，日本信贷增长较慢，英国、德国在 2013 年信贷出现负增长。由于英国和德国是间接融资为主的国家，信贷规模减少对经济增长有较大影响。从发展中国家来看，中国、印度和巴西在 2012 年和 2013 年信贷增长速度较高。

表 78.4　2007—2013 年主要国家信贷规模

年份 国别	2007	2008	2009	2010	2011	2012	2013
发达国家							
美国（十亿美元）	34126	31572	32561	33640	35210	—	41379
加拿大（十亿加拿大元）	2358	2848	—	—	—	—	—
日本（千亿日元）	1092	1110	1114	1128	1137	1153＊＊	1236＊＊＊
英国（十亿英镑）	2636	3060	3195	3258	3223	3222＊	3154
欧元区							
德国（十亿欧元）	3027	3132	3160	3268	3236	3312＊	3189
法国（十亿欧元）	2302	2403	2428	2573	2664	2745＊	2763
意大利（十亿欧元）	1992	2079	2151	2405	2480	2598＊	2619
发展中国家							
中国（十亿人民币元）	33965	37937	49458	58732	68797	77886＊	92700
印度（十亿卢比）	30326	38100	45441	56002	66523	74371＊＊	86051
巴西（十亿里尔）	2436	2992	3076	3652	4214	4929＊	5334

数据来源：IMF，International Financial Statistics，2012 Yearbook，2013 February，2014 May.

注：＊为 2012 年 11 月数据，＊＊为 2012 年 8 月数据，＊＊＊为 2013 年 11 月数据。

（三）股票市场发展状况

金融危机期间主要国家实施宽松的财政政策和货币政策，向市场注入了较多的流动性。在此背景下，主要金融市场指数在 2012 年和 2013 年上涨幅度较大。从表 78.5 可以看到不同国家股票市场受金融危机的影响程度有较大差异。发达国家的股票市场在 2012 年和 2013 年上涨幅度较大，发展中国家股票市场波动幅度较大，中国和巴西股市在 2013 年出现下跌。美国道琼斯指数自 2009 年到 2013 年都延续了上涨的趋势。由于美国是以直接融资为主的国家，金融市场在资金供给方面起着重要作用，金融市场活跃为美国经济在 2012 年和 2013 年恢复带来积极影响。

表 78.5　2008—2013 年主要国家股票市场指数增长率

（单位：%）

年份 指数	2008	2009	2010	2011	2012	2013
美国道琼斯指数	−33.8	18.8	11	5.53	7.26	15.77
日经指数	−42	19	−3	−17.33	22.95	49.17
英国金融时报 100 指数	−31.3	22.1	9	−5.54	5.83	12.69

续表

指数＼年份	2008	2009	2010	2011	2012	2013
德国 DAX 指数	−40.4	23.9	16.1	−14.5	29.06	21.28
法国 CAC40 指数	−42.7	22.3	−3.3	−16.96	13.92	18.08
中国上证综合指数	−65.4	80	−14.3	−21.69	3.18	−1.24
印度孟买证券敏感 30 指数	−52.4	81	17.4			11.95
巴西 BOVESPA 指数	−41.22	82.66	1.04	−18.1	7.4	−9.94

数据来源：中国人民银行《国际金融市场报告》相关各期，招商证券。

三、全球经济金融发展的特点

(一) 全球经济缓慢复苏，通货膨胀水平下降，结构性风险突出。

2012 年受主权债务危机和部分国家财政政策紧缩的影响，全球经济增长放缓，呈现出缓慢复苏的态势。另一方面由于持续宽松货币政策的实施，全球通货膨胀仍然处于较高水平。在全球经济缓慢复苏的背景下，不同国家的经济增长速度虽然都普遍下滑，但不平衡性增长的特点仍然比较突出。在发达国家中，美国经济增长速度较快，恢复到正常的经济增长水平，成为推动全球经济增长的重要因素。日本由于经济的特殊性，在 2012 年和 2013 年有低水平的经济增长，通货紧缩有所缓解。欧盟国家受到主权债务危机的影响，经济增长缓慢，部分欧元区核心国家出现经济衰退，成为全球经济增长不稳定的因素。发展中国家增长速度下降较快，在 2012 年和 2013 年呈现出中等速度经济增长和较高通货膨胀水平的新态势。发达国家经济增长放缓和发展中国家经济增长速度下降表明当前全球经济增长的特征和危机前已经有较大差异。

不同国家针对经济增长和通货膨胀的具体情况采取了相应的宏观经济政策。美国和日本以经济增长为主要目标，继续实行宽松的货币政策。美国维持零利率政策，于 2012 年推出第三轮量化宽松政策，并且表示超低水平的联邦基金利率政策将延续到 2015 年中期。日本实施无限度的量化宽松政策，通过举债扩大政府投资，同时推动日元大幅度的贬值来缓解通货紧缩和刺激经济。欧盟国家为了提高市场对主权债务的信心，继续采取紧缩的财政政策和宽松的货币政策。2012 年 2 月欧洲中央银行实施第二轮长期再融资操作，9 月推出新的量化宽松政策。中国 2012 年货币政策主要目标为经济增长，在 2012 年 2 月和 5 月两次下调存款准备金，6 月和 7 月两次下调存贷款基准利率。

（二）全球金融体系运行平稳，系统性金融风险下降。

经过次贷危机和主权债务危机的风险释放，全球金融体系运行比较平稳，活跃程度上升。发达国家股票市场在 2012 年和 2013 年都有较大幅度上涨，银行信贷规模增加，反映出发达国家金融体系得到一定程度的修复，值得关注的是德国、英国和意大利等国家。德国和英国信贷规模在 2013 年有所下降，意大利信贷规模维持不变，反映出在欧洲"去杠杆化"进程还在延续。由于德国和英国是以间接融资为主的国家，银行信贷下降影响了经济的恢复。发展中国家在 2008 年来银行信贷增长速度较高，推动了发展中国家的经济增长，但较高的信贷增长速度和波动较大的金融市场导致经济对间接融资的依赖程度上升，由此带来金融风险集中值得关注。

第 2 节　全球金融风险分析

全球金融体系经过次贷危机和主权债务危机后，金融风险得到释放，在 2012 年宏观金融风险有所下降。全球金融体系的风险涉及到公共部门、金融部门、企业部门和家户部门，本节对全球宏观金融风险分析从四大部门展开。

一、公共部门风险状况

次贷危机爆发后主要国家实施了经济刺激计划，实行积极的财政政策和货币政策。尽管在 2010 年后部分国家从积极的宏观经济政策中逐步退出，但公共部门风险累积起来，2012 年公共部门风险继续上升。

（一）中央银行风险状况

扩张性的货币政策在中央银行资产负债表上反映为负债增加，持续的扩张性货币政策导致全球主要国家中央银行资产负债率上升到较高水平。从表 78.6 可以看到，对于发达国家而言，尽管在 2009 年和 2010 年资产负债率有小幅下降，但 2011 年和 2012 年都有小幅上升。对于发展中国家而言，中国、印度和巴西中央银行资产负债率也都处于较高水平。

表 78.6　2008—2012 年主要国家和地区中央银行资产负债率

（单位：%）

国别/区域	2008	2009	2010	2011	2012
发达国家					
美国	98.12	97.67	97.66	98.16	98.13
加拿大	99.47	94.81	97.31	98.23	96.93
日本	97.27	97.72	97.91	98.15	98.35
英国	97.75	98.1	98.07	98.92	99.15
欧元区					
德国	91.35	93.78	96.79	98.69	98.42
意大利	74.19	72.61	67.22	76.97	78.14
发展中国家					
中国	99.59	97.37	96.36	97.23	98.05
印度	99.56	99.54	99.58	99.64	99.71
巴西	98.64	98.26	98.76	98.81	98.81

数据来源：本书相关章节。

（二）财政部门风险状况

财政部门金融风险来源于两个方面，一方面是财政部门负债带来的风险，另一方面是金融部门和企业部门向财政部门转移来的风险。从表 78.7 可以看到，次贷危机后扩张性的财政政策导致 2007 年后发达国家财政部门负债水平普遍上升，在 2012 年达到高点，2013 年有所下降。发展中国家债务水平在 2007 年至 2013 年间比较稳定，并略有下降。2013 年发展中国家债务负担率为 34.9%，反映出发展中国家财政风险比发达国家财政风险小。

在发达国家中，美国和日本在 2007 年到 2012 年期间债务负担率不断上升，在 2012 年分别达到 106.5% 和 237.9%，财政风险达到较高水平。英国的债务负担率 2012 年快速上升，达到 90.3%。欧元区核心国家债务负担率处于较高水平。德国的债务负担率在 2010 年达到高点，在 2012 年和 2013 年不断下降。意大利 2012 年到 2013 年债务负担率持续上升，目前处于风险较高的区域。

对于发展中国家而言，整体的财政风险较小，并且在 2013 年有所下降。印度和巴西债务负担率水平比较稳定。中国债务负担率虽然在 2010 年有较大幅度上升，但在 2012 年和 2013 年不断回落，在发展中国家处于较低水平。

表78.7 2008—2013年主要国家和地区债务负担率

（单位：%）

国别/区域	2008	2009	2010	2011	2012	2013
发达国家	81.3	94.9	101.5	105.5	110.2	107.1
美国	75.5	89.1	98.2	102.5	106.5	104.5
加拿大	71.3	81.4	83	83.4	85.6	89.1
日本	191.8	210.2	216	230.3	237.9	243.2
英国	52.5	68.1	79.4	85.4	90.3	90.1
欧元区	70.3	80	85.6	88.1	92.9	95.2
德国	66.8	74.5	82.5	80.5	82	78.1
法国	68.2	79.2	82.3	86	90.3	93.9
意大利	106.1	116.4	119.3	120.8	127	132.5
发展中国家	33.5	36	40.3	36.7	35.2	34.9
中国	17	17.7	33.5	25.5	22.8	22.4
印度	73.3	75	68.5	66.4	66.8	66.7
巴西	63.5	66.9	65.2	64.9	68.5	66.3

注：债务负担率＝公共债务/GDP。

数据来源：IMF，Fiscal Monitor，2011—2013.

（三）对公共部门金融风险的评价

通过对中央银行和财政部门进行分析可以看到发达国家公共部门2012年风险上升，2013年在紧缩的财政政策作用下财政风险得到一定程度缓解。欧元区核心国家虽然实行了紧缩的财政政策，但财政风险仍然较为严重，意大利的债务负担率在2012年和2013年已经达到较高水平。发展中国家公共部门金融风险较小，财政部门债务负担率较低。

二、金融部门风险状况

（一）金融体系规模和结构

全球金融体系规模在2012年实现较快速度的增长，金融规模已经超过危机前水平。发展中国家金融规模增长速度较快，但占全球金融总体规模的比重仍然较低。在发达国家中，美国、德国和英国的金融规模在2012年都有较快的增长，法国和意大利金融规模持续萎缩。

表 78.8　2009－2012 年主要国家和地区金融体系规模和增长速度

（单位：10 亿美元）

国别/区域	2009		2010		2011		2012	
	规模	增长（%）	规模	增长（%）	规模	增长（%）	规模	增长（%）
全球	242263	9.37	256900	6.04	255855	−0.4	273769	7.00
发达国家								
美国	60887	8.12	64000	5.11	63976	−0.037	66870	4.52
加拿大	6300	24.16	7420	17.77	7769	4.7	7985	2.78
日本	26359	5.09	29425	11.63	31666	7.61	30555	−3.51
英国	18551	−0.07	20978	13.08	19055	−9.16	20076	5.36
欧元区	66483	2.22	61271	−7.83	58874	−3.91	62638	6.39
德国	12535	−7.01	12089	−3.55	11606	−3.99	14666	26.37
法国	17063	−1.14	16258	−4.71	15759	−3.06	15654	−0.67
意大利	10219	10.35	8217	−19.59	7890	−3.97	7618	−3.45
发展中国家	36936	27.82	44206	19.68	44553	0.78	52443	17.71

数据来源：IMF，Global Financial Stability Report，Statistical Appendix，2008－2013.

从表 78.9 来看，全球金融体系资产以银行为主，依次为债券市场和股票市场。由于 2012 年全球主要股票市场的上涨，股票市场占全球金融体系总资产比重有所上升。但发达国家和发展中国家在金融结构上仍然存在显著差异，发展中国家主要依赖于银行体系，资金供给以间接融资为主，发达国家直接金融和间接金融发展比较均衡。发达国家在金融结构方面也存在差异。欧元区国家和英国银行占金融体系的规模较大，由此德国和英国在 2012 年信贷规模下降对经济增长带来负面影响。发展中国家金融体系以银行为主，依次为股票市场和债券市场，2012 年银行占金融总体规模的比重上升到 57.99%，反映出发展中国家间接融资的地位继续得到强化。

表 78.9　2012 年主要国家和地区金融结构

（单位：10 亿美元）

国别/区域	金融	股票		债券		银行	
	规模	规模	占比（%）	规模	占比（%）	规模	占比（%）
全球	273769	52848.5	19.30	98973.9	36.15	121946.5	44.54
发达国家							
美国	66870	16855.6	25.21	35191.7	52.63	14822.5	22.17
加拿大	7985	2027.6	25.39	2100.6	26.31	3856.5	48.30

续表

国别/区域	金融	股票		债券		银行	
	规模	规模	占比（％）	规模	占比（％）	规模	占比（％）
日本	30555	3638.6	11.91	14592.4	47.76	12324.3	40.33
英国	20076	3415.7	17.01	5778.2	28.78	10882.0	54.20
欧元区	62638	5845.7	9.33	21822.9	34.84	34969.7	55.83
德国	14666	1567.1	10.69	4355.2	29.70	8743.8	59.62
法国	15654	1662.7	10.62	4533.0	28.96	9458.2	60.42
意大利	7618	509.7	6.69	3895.4	51.13	3212.9	42.18
发展中国家	52443	11196.3	21.35	10834.1	20.66	30412.8	57.99

数据来源：IMF，Global Financial Stability Report，Statistical Appendix，2013.

（二）银行业风险状况

从表78.10可以看到，从2009年到2010年银行不良贷款率呈现上升趋势，2011年和2012年不良贷款率持续下降。从不良贷款准备金率来看，2009年和2012年准备金率有一定程度上升。

发展中国家的银行业风险比发达国家低，表现为不良贷款率比发达国家低，准备金率比发达国家高。在发达国家中，美国银行业不良贷款率在2009年和2010年处在较高水平，2011年不良贷款率有所下降，2012年不良贷款率下降到3.3％，反映出银行信贷风险已经处于较低水平。法国和意大利银行信贷风险较大，尤其是意大利，不良贷款率在2009年到2012年间不断上升，不良贷款准备金率也处于较低水平。在发展中国家中，印度2012年不良贷款率上升，不良贷款准备率下降，反映印度银行业金融风险上升。

表78.10　2009—2012年主要国家和地区银行不良贷款和准备金比例

（单位:％）

国别/区域	2009		2010		2011		2012	
	不良率	准备率	不良率	准备率	不良率	准备率	不良率	准备率
发达国家								
美国	5.4	57.7	5.2	64.4	4.3	63.7	3.3	65.6
加拿大	1.3	26.9	1.2	25.4	0.8	30.1	0.6	22.3
日本	1.6	83.2	2.5	83.7	2.4	82.6	2.4	23.9
英国	3.5	41.1	4	35.4	4	37.4	3.7	—
欧元区								

续表

国别/区域	2009		2010		2011		2012	
	不良率	准备率	不良率	准备率	不良率	准备率	不良率	准备率
德国	3.2	40.9	3.2	—	3	—	—	—
法国	4.2	56.9	4.3	57.8	4.3	59	4.3	56.9
意大利	9.5	40	10	40.3	11.7	40.2	13.7	40.0
发展中国家								
中国	1.6	155	1.1	218.3	1	278.1	1.0	170.7
印度	2.3	52.1	2.4	51.5	2.4	55.1	3.4	51.3
巴西	4.2	157.3	3.1	171.3	3.5	155	3.4	256.5

注：不良率＝不良贷款/全部贷款，准备率＝贷款准备金/不良贷款。

数据来源：IMF，Financial Soundness Indicators Tables，April 2013.

（三）对金融部门风险的评价

结合金融体系规模、银行业不良贷款比重和主要股票市场指数走势来看，2012 年全球金融部门风险下降，表现为全球金融规模基本稳定，银行业不良贷款率下降。法国和德国等欧元区国家金融部门风险比较突出，表现为金融规模持续萎缩，不良贷款率较高，贷款准备金率水平较低。

三、企业部门风险状况

全球经济在 2010 年后经济缓慢复苏，与之相对应企业部门的资产负债规模在 2010 年有所上升，在 2011 年和 2012 年维持稳定。从表 78.11 来看，2012 年美国、英国、法国等国家资产负债率上升，反映出有关国家企业部门的融资能力在不断恢复，但恢复速度较慢。加拿大、日本、德国、意大利等国家企业资产负债率下降，反映这些国家企业部门的"去杠杆化"进程还在持续。在发展中国家中国、巴西企业资产负债率上升，印度的资产负债率下降。

表 78.11　2008—2012 年主要国家上市企业部门资产负债率

（单位：%）

国别/区域	2008	2009	2010	2011	2012
发达国家					
美国	66.38	62.91	61.34	62.23	62.51
加拿大	46.64	43.81	46.73	49.3	43.87
日本	66.7	65.58	65.35	66.06	65.09

续表

国别/区域	2008	2009	2010	2011	2012
英国	65.74	64.24	62.57	62.06	62.91
欧元区					
德国	78.13	77.19	72.9	73.43	72.4
法国	70.92	70.15	69	69.96	70.99
意大利	73.63	72.6	71.57	72.6	68.46
发展中国家					
中国	54.35	57.55	57.97	59.6	60.64
印度	61.54	60.13	62.28	64.26	63.85
巴西	58.13	57.65	54.79	54.91	55.61

数据来源：本书相关章节。

四、家户部门风险状况

由于数据的可获得性，对家户部门的风险分析主要以 OECD 国家为对象。从表 78.12 来看，在 2012 年加拿大家户部门资产负债率最高，英国次之，日本、德国、法国和意大利等国家户部门资产负债率较低。就主要国家而言，美国家户部门资产负债率 2008 年逐步回落，在 2012 年家户部门资产负债率开始上升，表明家户部门的融资能力在逐渐恢复。

表 78.12 2008—2012 年代表性国家家户部门资产负债率

（单位:％）

国别/区域	2008	2009	2010	2011	2012
发达国家					
美国	20.82	19.95	18.61	18.12	19.18
加拿大	20.76	21.23	21.59	21.92	24.26
日本	14.23	14.15	14.16	14.09	15.84
英国	19.21	17.66	16.77	—	20.38
欧元区					
德国	14.25	13.83	13.45	13.16	14.62
法国	10.82	11.42	11.32	11.29	13.12
意大利	8.64	8.92	9.21	9.45	9.41

数据来源：OECD Economic Outlook，No. 95 (database)，Household wealth and indebtedness，2014.5.

第 3 节　结论与政策建议

一、结论

第一，全球经济缓慢复苏，通货膨胀水平下降，结构性风险突出。在经历了 2010 年短暂的恢复性快速增长后，2012 年受到主权债务危机和部分国家财政政策紧缩的影响，全球经济增长速度下降，呈现出缓慢复苏的态势。由于持续宽松货币政策的实施，虽然 2012 年通货膨胀水平下降，但通货膨胀仍然处于较高水平。在全球经济缓慢复苏背景下，不同国家的经济增长速度都普遍下降，但不平衡性增长的特征仍然比较突出。在发达国家中，美国经济增长速度较快，成为维持全球经济稳定的重要因素。欧元区国家经济增长较为缓慢，通货膨胀水平较高，是全球经济波动的主要原因。发展中国家增长速度明显放慢，呈现出中等速度增长的新态势，通货膨胀水平较高，成为影响未来全球经济稳定和宏观金融风险的新诱因。

第二，全球金融体系运行平稳，系统性金融风险降低，部分发达国家金融波动较大，发展中国家风险演变趋势值得关注。从 2012 年全球金融规模和主要国家的信贷增长来看，金融规模和活跃程度都有所上升，不良资产率下降，反映出全球金融风险下降，但欧洲国家金融风险仍然较大，发展中国家部分风险指标也值得关注。

第三，从国别来看，部分欧元区核心国家金融风险较大，印度的金融风险有所上升。法国和意大利金融活跃程度有所上升，但金融规模和信贷规模都呈现下降趋势，并且银行信贷不良资产率也处于较高水平，反映主权债务危机对欧洲国家的金融体系影响在继续深化。印度的银行不良贷款率上升，不良贷款准备金率下降，反映出银行金融风险在上升。

二、政策建议

第一，充分发挥金融对经济的支持作用，在控制风险的情况下推动经济增长。发达国家的"去杠杆化"已经取得成效，企业部门和家户部门的融资能力逐渐恢复。要通过扩大金融规模和活跃金融市场来推动经济结构调整和经济增长。

第二，发展中国家要在控制通货膨胀水平和实现可持续的经济增长之间找到平衡，重视经济增长速度放缓背景下宏观金融风险的演变。金融危机中发展中国家信贷增长速度较快，间接金融地位上升，要发展股票和债券市场，推动金融风险及时释放和分散化，避免风险的过度集中和集聚。

第三，重视公共部门与金融部门、企业部门和家户部门风险性质的差异，加强公共部门金融风险管理。强化公共部门风险的约束机制，改善财政部门的资产负债表状况，建立公共部门风险的准备基金制度。

参 考 文 献

［1］International Monetary Fund："Financial Soundness Indicators（FSIs）Tables"，2014.4.

［2］International Monetary Fund："Fiscal Monitor"，2013.4.

［3］International Monetary Fund："Global Financial Stability Report"，2014.4.

［4］International Monetary Fund："International Financial Statistics"，2014.5.

［5］International Monetary Fund："World Economic Outlook"，2014.4.

［6］OECD："OECD Economic Outlook"，2014.5.

［7］中国银行国际金融研究所：《全球经济金融展望季报》，2014年3月27日。

图书在版编目（CIP）数据

2014 中国与全球金融风险发展报告 / 叶永刚等著 . —北京：人民出版社，2014.12
ISBN 978－7－01－014289－0

Ⅰ.①2… Ⅱ.①叶… Ⅲ.①金融风险—研究报告—世界—2014 Ⅳ.①F831.5

中国版本图书馆 CIP 数据核字（2014）第 296684 号

2014 中国与全球金融风险发展报告

2014 ZHONGGUO YU QUANQIU JINRONG FENGXIAN FAZHAN BAOGAO

叶永刚等著

责任编辑	巴能强　车金凤	
出版发行	人 民 出 版 社	
地　　址	北京市东城区隆福寺街 99 号	
邮　　编	100706	
网　　址	http：//www.peoplepress.net	
经　　销	新华书店	
印　　刷	北京明恒达印务有限公司	
版　　次	2014 年 12 月第 1 版　2014 年 12 月北京第 1 次印刷	
开　　本	710 毫米×1000 毫米　1/16	
印　　张	78.75	
字　　数	1300 千字	
书　　号	ISBN 978－7－01－014289－0	
定　　价	188.00 元